国学经典

二十四史

高山 编著

中国文联出版社

图书在版编目（CIP）数据

二十四史 / 高山编著. -- 北京：中国文联出版社，2016.8（2023.3重印）
（翰墨文库）
ISBN 978-7-5190-1836-8

Ⅰ.①二… Ⅱ.①高… Ⅲ.①二十四史 Ⅳ.①K204.1

中国版本图书馆CIP数据核字（2016）第192817号

编　　著　高　山
责任编辑　陈若伟
责任校对　郑红峰
装帧设计　余　微

出版发行　中国文联出版社有限公司
社　　址　北京市朝阳区农展馆南里 10 号　　邮编　100125
电　　话　010–85923025（发行部）　010–85923091（总编室）
经　　销　全国新华书店等
印　　刷　唐山富达印务有限公司

开　　本　880 毫米 ×1230 毫米　1/32
印　　张　23
字　　数　657 千字
版　　次　2016 年 8 月第 1 版　　印　　次　2023 年 3 月第 4 次印刷
定　　价　36.00 元

前言

《二十四史》由二十四部史书组成，是中国古代史书中最有代表性的著作。它被历朝历代纳为正统史书，故又称为“正史”。它记叙的时间，从第一部《史记》记叙传说中的黄帝起，到最后一部《明史》记叙到明崇祯十七年（1644）止，前后历时四千多年。共计三千二百一十三卷，约四千万字，用统一的纪传体形式编写。

二十四史包括西汉司马迁所著《史记》、东汉班固所著《汉书》、南朝范晔所著《后汉书》、西晋陈寿所著《三国志》、唐代房玄龄等人所著《晋书》、梁代沈约所著《宋书》、梁代萧子显所著《南齐书》、唐代姚思廉所著《梁书》《陈书》、北齐魏收所著《魏书》、唐代李百药所著《北齐书》、唐代令狐德棻等人所著《周书》、唐代魏征等人所著《隋书》、唐代李延寿所著《南史》《北史》、后晋刘昫等人所著《旧唐书》、宋代欧阳修、宋祁所著《新唐书》、宋代薛居正等人所著《旧五代史》、宋代欧阳修所著《新五代史》、元代脱脱等人所著《宋史》《辽史》《金史》、明代宋濂等人所著《元史》、清代张廷玉等人所著《明史》。

书中记载了我国自上古洪荒时代至明代数千年的历史，展示了数十个王朝的兴衰变迁，是研究中国历史最具权威性的史料，也是考察我国周边国家历史的珍贵资料，堪称“中华文明的百科全书”。由于其内容的博大精深，《二十四史》不仅为研史之人所必读，而且被政治家、军事家、思想家、科学家、企业家奉为治国安邦、运筹帷幄、推陈出新、建功立业的宝典，也被有识之士视为修身治家、安身立命、为人处世的明镜。

伟大的政治家、思想家、军事家毛泽东一生酷爱读史，尤其钟爱《二十四史》，对其中许多篇章反复研读。1952 年，工作人员为毛主席添置了一部清乾隆武英殿版的《二十四史》，从此，无论在京还是外出，无论健康还是生病，这部史书始终伴随着他。直到逝世之前，重病缠身的他还用颤抖的手在几册《晋书》的封面上分别记下了“1975.8 再阅”、“1975.9 再阅”“一九七五、八”等字样。

风雨春秋二十四载，毛泽东在日理万机之余，用顽强的毅力通读了这部历史长卷，有些史册和篇章还两遍、三遍、四遍地研读过。他在研读二十四史时，用不同颜色的笔写下了大量图画和批语。这些是毛泽东情感和思想的率直流露，是情怀不能自抑的感慨，是思绪如飞的激越，“五帝三皇神圣事，一篇读罢头飞雪。”这或许就是毛泽东心境的最好写照。由此可见《二十四史》的地位。

《二十四史》是中国史学对世界史学的重大贡献，是人类文化工程中的一个罕与其匹的奇迹。如此系列的浩大工程，在全世界的史学发展史上是绝无仅有的。

本书不但规模巨大、体系完备，而且对此后的纪传体史书影响很深，历朝正史皆采用这种体裁撰写。随后，各代史官似乎也都继承了这种奇妙的轮回。二十四史中的主编史官们，有的在狱中身亡，有的在屡次被贬的失意中病逝，有的在御医的殷勤侍奉下安享了人生的最后时光。他们各自的境遇不同，人生轨迹也不一样，却无一不是有胆有谋、忧国忧民的国之栋梁。身为史官的他们见证了前人的辉煌和落魄，同时又认真为后世留下当前的真实记录，一笔一画细心斟酌的字句。

中华民族五千年的文明在历史的河流中洗练，悠久的历史，传奇的人生，给后人留下了多少学习和思考的空间。一部《二十四史》道尽千古历史。作为中国史学主干的《二十四史》，全面展现了各个历史时期王朝家族、官僚体制、农业科学、手工经济、文化律法、税收制度等方方面面的情况，是当之无愧的中华文明百科全书。

因篇幅所限，本次出版的《二十四史》采取精选精译的方式，选出具有代表性的篇目，由相关专家进行古文翻译。疏漏之处，敬请广大读者指正。

目　录

宋　书

南齐书

梁　书

陈　书

魏　书

北齐书

周　书

隋　书

〔史记〕

秦始皇本纪

秦始皇帝者，秦庄襄王子也。庄襄王为秦质子于赵，见吕不韦姬，悦而取之，生始皇。以秦昭王四十八年正月生于邯郸。及生，名为政，姓赵氏。年十三岁，庄襄王死，政代立为秦王。当是之时，秦地已并巴、蜀、汉中，越宛有郢，置南郡矣；北收上郡以东，有河东、太原、上党郡；东至荥阳，灭二周，置三川郡。吕不韦为相，封十万户，号曰文信侯。招致宾客游士，欲以并天下。李斯为舍人。蒙骜、王齮、麃公等为将军。王年少，初即位，委国事大臣。

晋阳反，元年，将军蒙骜击定之。二年，麃公将卒攻卷，斩首三万。三年，蒙骜攻韩，取十三城。王齮死。十月，将军蒙骜攻魏氏畼、有诡。岁大饥。四年，拔畼、有诡。三月，军罢。秦质子归自赵，赵太子出归国。十月庚寅，蝗虫从东方来，蔽天。天下疫。百姓内粟千石，拜爵一级。五年，将军骜攻魏，定酸枣、燕、虚、长平、雍丘、山阳城，皆拔之，取二十城。初置东郡。冬雷。六年，韩、魏、赵、卫、楚共击秦，取寿陵。秦出兵，五国兵罢。拔卫，迫东郡，其君角率其支属徙居野王，阻其山以保魏之河内。七年，彗星先出东方，见北方，五月见西方。将军骜死。以攻龙、孤、庆都，还兵攻汲。彗星复见西方十六日。夏太后死。八年，王弟长安君成蟜将军击赵，反，死屯留，军吏皆斩死，迁其民于临洮。将军壁死，卒屯留、蒲鶮反，戮其尸。河鱼大上，轻车重马东就食。

【译文】

秦始皇帝是秦庄襄王的儿子。庄襄王在赵国做秦国人质时，看见吕不韦的姬妾，很喜欢，就把她娶了过来，生了始皇。始皇在秦昭王四十八年正月生于邯郸。等到出生时，取名为政，姓赵氏。十三岁，庄襄王死了，政继位为秦王。当时，秦国已经兼并了巴、蜀、汉中，越过宛占有了郢，设置了南郡；往北取得了上郡以东，占有了河东、太原、上党郡；往东攻占了荥阳，消灭了西周、东周，设置了三川郡。吕不韦做丞相，封邑十万户，封号为文信侯。他招揽宾客游士，打算吞并天下。李斯为舍人，蒙骜、王齮、麃公等为将军。秦王年幼，即位初期，国家政事交由大臣处理。

晋阳反叛，始皇元年，将军蒙骜出兵讨伐平定了叛乱。二年，麃公率军攻打卷邑，杀死了三万人。三年，蒙骜攻打韩国，夺取了十三个城邑。王齮死了。十月，将军蒙骜攻打魏国的畼邑、有诡。这一年粮食大歉收。四年，攻克畼邑、有诡。三月，撤回了军队。秦国的人质从赵国返回，赵国太子也离开秦国回到赵国。十月庚寅这一天，蝗虫从东方飞来，遮蔽了天空。天下瘟疫流行。百姓缴纳一千石粟米拜爵一级。五年，将军蒙骜进攻魏国，平定了酸枣、燕邑、虚邑、长平、雍丘、山阳城，都是使用武力攻克的，共夺取了二十个城邑。开始设置东郡。冬天打雷。六年，韩国、魏国、赵国、卫国、楚国一起进攻秦国，夺取了寿陵。秦国出兵，五国的军队撤了回来。秦国攻克卫国，进逼东郡，卫君角率领他的支属迁居野王，凭借山险保卫魏国境内的河内地区。七年，彗星先出现在东方，又出现在北方。五月出现在西方。将军蒙骜死了。是因为攻打龙邑、孤邑、庆都，又回军攻打汲邑（而死去的）。彗星又在西方出现了十六天。夏太后死了。八年，秦王的弟弟长安君成蟜率领军队攻打赵国，举兵反叛，死在屯留，他的军吏都被杀死，把屯留民众迁徙到临洮。将军壁死了，士卒屯留人蒲鹝反叛，斩断他的尸体。河鱼被大量冲到平地上，秦国人轻车重马地到东边来就地食用。

嫪毐封为长信侯。予之山阳地，令毐居之。宫室、车马、衣服、苑囿、驰猎恣毐。事无小大皆决于毐。又以河西、太原郡更为毐国。九年，彗星见，或竟天。攻魏垣、蒲阳。四月，上宿雍。己酉，王冠，带剑。长信侯毐作乱而觉，矫王御玺及太后玺以发县卒及卫卒、官骑、戎翟君公、舍人，将欲攻蕲年宫为乱。王知之，令相国昌平君、昌文君发卒攻毐。战咸阳，斩首数百，皆拜爵，及宦者皆在战中，亦拜爵一级。毐等败走。即令国中：有生得毐，赐钱百万；杀之，五十万。尽得毐等。卫尉竭、内史肆、佐弋竭、中大夫令齐等二十人皆枭首。车裂以徇，灭其宗。及其舍人，轻者为鬼薪。及夺爵迁蜀四千余家，家房陵。是月寒冻，有死者。杨端和攻衍氏。彗星见西方，又见北方，从斗以南八十日。十年，相国吕不韦坐嫪毐免。桓齮为将军。齐、赵来，置酒。齐人茅焦说秦王曰："秦方以天下为事，而大王有迁母太后之名，恐诸侯闻之，由此倍秦也。"秦王乃迎太后于雍而入咸阳，复居甘泉宫。

大索，逐客。李斯上书说，乃止逐客令。李斯因说秦王，请先取韩以恐他国，于是使斯下韩。韩王患之，与韩非谋弱秦。大梁人尉缭来，说秦王曰："以秦之强，诸侯譬如郡县之君，臣但恐诸侯合从，翕而出不意，此乃智伯、夫差、湣王之所以亡也。愿大王毋爱财物，赂其豪臣，以乱其谋，不过亡三十万金，则诸侯可尽。"秦王从其计，见尉缭亢礼，衣服食饮与缭同。缭曰："秦王为人，蜂准，长目，挚鸟膺，豺声，少恩而虎狼心，居约易出人下，得志亦轻食人。我布衣，然见我常身自下我。诚使秦王得志于天下，天下皆为虏矣。不可与久游。"乃亡去。秦王觉，固止，以为秦国尉，卒用其计策。而李斯用事。

【译文】

嫪毐被封为长信侯。赐给他山阳地区，让他居住。宫室、车马、衣服、苑囿、游猎对嫪毐一律不加限制。事无大小都由嫪毐决断。又把河西、太原郡改为嫪毐的封国。九年，彗星出现，有时光芒竟天。攻打魏国的垣邑、蒲阳。四月，秦王住宿在雍地。己酉，秦王举行冠礼，佩戴宝剑。长信侯嫪毐作乱阴谋被发觉了，就诈用秦王印信和太后印信调动县邑的军队和警卫士卒、国家骑兵、戎翟首领、舍人，打算进攻蕲年宫，发动叛乱。秦王知道了这个消息，派相国昌平君、昌文君调遣士卒，进攻嫪毐。在咸阳交战，杀死了几百人，（斩首有功的人）都得到了爵位，宦官参加战斗的，也得到一级爵位。嫪毐等人战败逃跑了。秦王就在全国下令：有活捉嫪毐的，赏钱一百万；杀死嫪毐的，赏钱五十万。全部抓获了嫪毐等人。卫尉竭、内史肆、佐弋竭、中大夫令齐等二十人都被斩首悬挂。又把他们五马分尸，巡行示众，夷灭了他们的宗族。嫪毐的舍人，罪轻的服刑三年。削除爵位迁徙蜀地的有四千多家，居住在房陵。这个月天寒地冻，有被冻死的。杨端和攻打衍氏。彗星出现在西方，又出现在北方，跟随北斗向南移动了八十天。十年，相国吕不韦由于嫪毐的牵连获罪，被免去了相国职务。桓齮为将军。齐国、赵国的使者来了，摆酒设筵。齐国人茅焦劝告秦王说："秦国正在以经营天下为己任，而大王有流放母太后的名声，恐怕各国诸侯听到这件事，由此背叛秦国。"秦王就去雍地迎接太后，回到咸阳，太后又重新居住在甘泉宫。

秦王大规模地进行搜索，驱逐从诸侯国来的宾客。李斯上书劝阻，秦王就废除了驱逐宾客的命令。李斯乘机建议秦王，首先攻取韩国，使其他诸侯国感到恐惧。于是秦王派李斯攻打韩国。韩王很忧虑，和韩非商量削弱秦国的力量。大梁人尉缭来到秦国，劝告秦王说："以秦国的强大力量（与诸侯相比），诸侯就像一个郡县的君主。但是我担心诸侯联合起来，不露声色，出其不意地攻打秦国，这就是智伯、夫差、湣王所以灭亡的原因。希望大王不要吝惜财物，贿赂他们有权势的大臣，破坏他们的计划，失去的不过三十万斤黄金，而诸侯则可以全部消灭。"秦王听从了他的建议，每次接见尉缭时都以平等的礼节相待，衣服、饮食也与尉缭一样。尉缭说："秦王这个人，高鼻梁，细长的眼睛，鸷鸟一样的胸膛，豺狼一样的声音，刻薄寡恩，心如虎狼，处于穷困时容易谦卑下人，得志时也容易吞噬人。我是一个平民百姓，然而接见我时，常常甘居我下。如果秦王得志于天下，天下人都要成为他的俘虏了。不能和他长期相处。"尉缭就逃走了。秦王发觉了，坚决地挽留他，让他做秦国国尉，终于采用了他的计策。而这时李斯主持朝政。

十一年，王翦、桓齮、杨端和攻邺，取九城。王翦攻阏与、橑杨，皆并为一军。翦将十八日，军归斗食以下，什推二人从军。取邺、安阳，桓齮将。十二年，文信侯不韦死，窃葬。其舍人临者，晋人也逐出之；秦人六百石以上夺爵，迁；五百石以下不临，迁，勿夺爵。自今以来，操国事不道如嫪毐、不韦者籍其门，视此。秋，复嫪毐舍人迁蜀者。当是之时，天下大旱，六月至八月乃雨。

十三年，桓齮攻赵平阳，杀赵将扈辄，斩首十万。王之河南。正月，彗星见东方。十月，桓齮攻赵。十四年，攻赵军于平阳，取宜安，破之，杀其将军。桓齮定平阳、武城。韩非使秦，秦用李斯谋，留非，非死云阳。韩王请为臣。

【译文】

十一年，王翦、桓齮、杨端和攻打邺邑，夺取了九个城邑。王翦攻打阏与、橑杨，把全部士卒合并成一支军队。王翦统率全军，过了十八天，遣返军队中斗食以下的无功人员，十人中推选二人从军。桓齮领兵攻克邺邑、安阳。十二年，文信侯吕不韦死了，其门人偷偷地埋葬了他的尸体。吕不韦的舍人来哭吊的，如果是晋人就驱逐出境；如果是秦人，俸禄在六百石以上的削除爵位，迁离旧居，五百石以下没有来哭吊的，也迁离旧居，不削除爵位。从此以后，治理国家政事，像嫪毐、吕不韦一样为逆不道的，抄没他的全家，按照这个样子处理。秋天，嫪毐的舍人应该迁徙蜀地的得到了赦免。当时，天下大旱，从六月到八月才下雨。

十三年，桓𬺈攻打赵国的平阳，杀死了赵国将领扈辄，斩首十万。赵王逃往河南。正月，彗星出现在东方。十月，桓𬺈攻打赵国。十四年，在平阳进攻赵国军队，夺取了宜安，打垮了赵国军队，杀死了它的将军。桓𬺈平定了平阳、武城。韩非出使秦国，秦国采纳李斯的计策，把韩非羁留在秦国，韩非死在云阳。韩王请求作为秦国的臣属。

十五年，大兴兵，一军至邺，一军至太原，取狼孟。地动。十六年九月，发卒受地韩南阳，假守腾。初令男子书年。魏献地于秦。秦置丽邑。十七年，内史腾攻韩，得韩王安，尽纳其地，以其地为郡，命曰颍川。地动。华阳太后卒。民大饥。

十八年，大兴兵攻赵，王翦将上地，下井陉，端和将河内，羌瘣伐赵，端和围邯郸城。十九年，王翦、羌瘣尽定取赵地东阳，得赵王。引兵欲攻燕，屯中山。秦王之邯郸，诸尝与王生赵时母家有仇怨，皆阬之。秦王还，从太原、上郡归。始皇帝母太后崩。赵公子嘉率其宗数百人之代，自立为代王，东与燕合兵，军上谷、大饥。

二十年，燕太子丹患秦兵至国，恐，使荆轲刺秦王。秦王觉之，体解轲以徇，而使王翦、辛胜攻燕。燕、代发兵击秦军，秦军破燕易水之西。二十一年，王贲攻荆。乃益发卒诣王翦军，遂破燕太子军，取燕蓟城，得太子丹之首。燕王东收辽东而王之。王翦谢病老归。新郑反。昌平君徙于郢。大雨雪，深二尺五寸。

【译文】

十五年，秦国大举出兵，一支军队到达邺邑，一支军队到达太原，攻下了狼孟。发生地震。十六年九月，派兵接收韩国南阳地区，腾暂时代理郡守。开始下令男子登记年龄。魏国向秦国献纳土地。秦国设置丽邑。十七年，内史腾攻打韩国，抓获了韩王安，兼并了全部韩国领土，把它的领土设置了一个郡，命名为颍川。发生地震。华阳太后死了。百姓发生严重的饥荒。

十八年，秦大举出兵进攻赵国，王翦统率上地士卒，攻下井陉。杨端和统率河内士卒，羌瘣也率军攻打赵国，杨端和围攻邯郸城。十九年，王翦、羌瘣全部攻占和平定了赵国的东阳地区，抓获了赵王。率兵准备进攻燕国，军队驻扎在中山。秦王来到邯郸，凡是他生在赵国时曾与母亲家里有仇怨的，全部坑杀。秦王从太原、上郡返回秦国。始皇帝的母亲皇太后去世。赵国公子嘉带领他的宗族几百人前往代地，自立为代王，向东与燕国的军队联合起来，驻扎在上谷。这一年发生严重饥荒。

二十年，燕国太子丹担忧秦国的军队打到燕国，心里惶恐不安，派遣荆轲刺杀秦王。秦王察觉了，肢解了荆轲的尸体巡行示众，派王翦、辛胜进攻燕国。燕国、代国出兵攻击秦国军队，秦国军队在易水西边打败了燕国军队。二十一年，王贲进攻荆地。调遣更多的士卒前往王翦军队，于是打垮了燕太子的军队，攻下了燕国的蓟城，得到了太子丹的脑袋。燕王东去聚集辽东兵力，在那里称王。王翦推托有病，告老还乡。新郑反叛。昌平君迁徙到郢地。下大雪，雪有二尺五寸深。

二十二年，王贲攻魏，引河沟灌大梁，大梁城坏，其王请降，尽取其地。

二十三年，秦王复召王翦，强起之，使将击荆。取陈以南至平舆，虏荆王。秦王游至郢陈。荆将项燕立昌平君为荆王，反秦于淮南。二十四年，王翦、蒙武攻荆，破荆军，昌平君死，项燕遂自杀。

二十五年，大兴兵，使王贲将，攻燕辽东，得燕王喜。还攻代，虏代王嘉。王翦遂定荆江南地；降越君，置会稽郡。五月，天下大酺。

二十六年，齐王建与其相后胜发兵守其西界，不通秦。秦使将军王贲从燕南攻齐，得齐王建。

【译文】

二十二年，王贲进攻魏国，挖沟引河水淹灌大梁，大梁城墙毁坏，魏王请求投降，秦国占领了全部魏国领土。

二十三年，秦王又征召王翦，坚持要起用他，派他率军攻打荆国。王翦攻下陈地以南至平舆一带，俘虏了荆王。秦王巡游到达郢陈。荆将项燕立昌平君为荆王，在淮水南边起兵反秦。二十四年，王翦、蒙武进攻荆地，打败了荆军，昌平君战死，项燕也就自杀了。

二十五年，大举出兵，派王贲为将，率军进攻燕国辽东地区，抓获了燕王喜。回军进攻代国，俘虏了代王嘉。王翦平定了荆国江南地区；降服了越君，设置会稽郡。五月，天下欢聚宴饮。

二十六年，齐王建和齐相后胜调遣军队防守西部边界，不与秦国来往。秦国派将军王贲从燕国南下进攻齐国，俘虏了齐王建。

秦初并天下，令丞相、御史曰："异日韩王纳地效玺，请为藩臣，已而倍约，与赵、魏合从畔秦，故兴兵诛之，虏其王。寡人以为善，庶几息兵革。赵王使其相李牧来约盟，故归其质子。已而倍盟，反我太原，故兴兵诛之，得其王。赵公子嘉乃自立为代王，故举兵击灭之。魏王始约服入秦，已而与韩、赵谋袭秦，秦兵吏诛，遂破之。荆王献青阳以西，已而畔约，击我南郡，故发兵诛，得其王，遂定其荆地。燕王昏乱，其太子丹乃阴令荆轲为贼，兵吏诛，灭其国。齐王用后胜计，绝秦使，欲为乱，兵吏诛，虏其王，平齐地。寡人以眇眇之身，兴兵诛暴乱，赖宗庙之灵，六王咸伏其辜，天下大定。今名号不更，无以称成功，传后世。其议帝号。"丞相绾、御史大夫劫、廷尉斯等皆曰："昔者五帝地方千里，其外侯服夷服，诸侯或朝或否，天子不能制。今陛下兴义兵，诛残贼，平定天下，海内为郡县，法令由一统，自上古以来未尝有，五帝所不及。臣等谨与博士议曰：'古有天皇，有地皇，有泰皇，泰皇最贵。'臣等昧死上尊号，王为'泰皇'。命为'制'，令为'诏'，天子自称曰'朕'。"王曰："去'泰'，著'皇'，采上古'帝'位号，号曰'皇帝'。他如议。"制曰："可。"追尊庄襄王为太上皇。制曰："朕闻太古有号毋谥，中古有号，死而以行为谥。如此，则子议父，臣议君也，甚无谓，朕弗取焉。自今已来，除谥法。朕为始皇帝。后世以计数，二世三世至于万世，传之无穷。"

【译文】

秦国刚刚兼并天下，下令丞相、御史说："前些时候韩王交出土地，奉献国王的印章，请求成为藩臣。不久背弃了约定，与赵国、魏国联合起来背叛秦国，所以我兴兵讨伐，俘虏了韩王。我以为这是件好事，大概可以停止战争了。赵王派他的丞相李牧来签订盟约，所以送回了他做人质的儿子。不久赵国背叛了盟约，在我国太原起兵反抗，所以我兴兵讨伐，抓获了它的国王。赵国公子嘉自立为代王，所以我又发兵消灭了他。魏王最初说定臣服秦国，不久与韩国、赵国阴谋袭击秦国，秦国吏卒前往讨伐，摧毁了魏国。荆王献纳青阳以西的土地，不久违背约定，进攻我国南郡，所以我发兵讨伐，抓到了荆国国王，平定了荆地。燕王头昏脑乱。他的太子丹暗中指使荆轲行刺，秦国吏卒前去讨伐，灭亡了他的国家。齐王采用后胜的计策，不让秦国使者进入齐国，打算兴兵作乱，我派吏卒去讨伐，俘虏了齐国国王，平定了齐地。我这微不足道的人，发兵诛暴讨乱，靠着祖先宗庙的威灵，六国国王都已各服其罪，天下完全平定了。现在不改换名号，就不能颂扬建立的功业，流传后世。希望议论一下帝王的称号。"丞相王绾、御史大夫冯劫、廷尉李斯等都说："过去五帝管辖千里见方的地区，在这个地区之外的侯服、夷服，有的诸侯朝贡，有的诸侯不朝贡，天子不能控制。现在陛下调遣义军，诛暴讨贼，平定天下，四海之内，设置郡县，统一法令，这是从上古以来所没有过的，五帝也望尘莫及。我们谨慎地和博士讨论，都说：'古代有天皇，有地皇，有泰皇，泰皇最高贵。'我们冒着死罪献上尊号，王称为'泰皇'。天子之命称为'制'，天子之令称为'诏'，天子自称叫'朕'。"秦王说："去掉'泰'字，留下'皇'字，采用上古表示地位称号的'帝'字，叫作'皇帝'。其他遵照议定的意见。"（对已经决定了的名号）下达制命说："可以。"追尊庄襄王为太上皇。皇帝下达制命说："我听说远古有称号，没有谥号，中古有称号，死后根据生前行迹确定谥号。这样做，就是儿子议论父亲，臣子议论君王，很没有意义，我不采取这种做法。从此以后，废除谥法。我是始皇帝。子孙后代用数计算，从二世、三世至于万世，传袭无穷。"

始皇推终始五德之传，以为周得火德，秦代周德，从所不胜方今水德之始。改年始，朝贺皆自十月朔。衣服旄旌节旗皆上黑。数以六为纪，符、法冠皆六寸，而舆六尺，六尺为步，乘六马。更名河曰德水，以为水德之始。刚毅戾深，事皆决于法，刻削毋仁恩和义，然后合五德之数。于是急法，久者不赦。

丞相绾等言："诸侯初破，燕、齐、荆地远，不为置王，毋以填之。请立诸子，唯上幸许。"始皇下其议于群臣，群臣皆以为便。廷尉李斯议曰："周文武所封子弟同姓甚众，然后属疏远，相攻击如仇雠，诸侯更相诛伐，周天子弗能禁止。今海内赖陛下神灵一统，皆为郡县，诸子功臣以公赋税重赏赐之，甚足易制。天下无异意，则安宁之术也。置诸侯不便。"始皇曰："天下共苦战斗不休，以有侯王。赖宗庙，天下初定，又复立国，是树兵也，而求其宁息，岂不难哉！廷尉议是。"

【译文】

始皇根据五德终始的嬗递次序进行推演，认为周朝得到了火德，秦朝代替周朝的火德，遵循五行相胜的法则现在应是水德的开端。改变一年的首月，十月初一群臣入朝庆贺。衣服、旄旌、节旗都崇尚黑色。数目用六作标准，符、法冠都六寸，舆车宽六尺，六尺为步，驾车用六匹马。把黄河改名叫德水，作为水德的开始。始皇为政强硬果决，暴戾苛细，事情都依法决断，刻薄严峻，没有仁爱恩德，没有温情道义，认为这样才符合五德演变的原则。于是急迫地加强法制，囚禁很久的罪犯也不赦免。

丞相王绾等建议说："各国诸侯刚被消灭，燕、齐、荆地辽远，不在那里立王，就没有人来安定燕、齐、荆。请把皇帝的几个儿子立为王，希望得到皇帝的赞成。"始皇把王绾等人的建议交给群臣讨论，群臣都认为很适宜。廷尉李斯建议说："周文王、周武王所封立的同姓子弟很多，然而后来的族属疏远，互相攻击，如同仇敌，诸侯交相讨伐，周天子不能禁止。现在依靠陛下的神灵统一了天下，都划分成为郡县，皇帝的子弟和功臣，都用国家的赋税重加赏赐，（这种局面）很容易治理。天下没有二心，这就是国家安定的方法。封立诸侯是不适宜的。"始皇说："天下苦于无休止的战争，是因为有诸侯王的缘故。依靠宗庙之灵，刚刚平定了天下，再去建立诸侯国，这是自我树敌，而要求得安宁，岂不是很困难的吗！廷尉的建议是正确的。"

分天下以为三十六郡，郡置守、尉、监。更名民曰"黔首"。大酺。收天下兵，聚之咸阳，销以为钟鐻，金人十二，重各千石，置廷宫中。一法度衡石丈尺。车同轨。书同文字。地东至海暨朝鲜，西至临洮、羌中，南至北向户，北据河为塞，并阴山至辽东。徙天下豪富于咸阳十二万户。诸庙及章台、上林皆在渭南。秦每破诸侯，写放其宫室，作之咸阳北阪上，南临渭，自雍门以东至泾、渭，殿屋复道周阁相属。所得诸侯美人钟鼓，以充入之。

二十七年，始皇巡陇西、北地，出鸡头山，过回中。焉作信宫渭南，已更命信宫为极庙，象天极。自极庙道通郦山，作甘泉前殿。筑甬道，自咸阳属之。是岁，赐爵一级。治驰道。

二十八年，始皇东行郡县，上邹峄山。立石，与鲁诸儒生议，刻石颂秦德，议封禅望祭山川之事。乃遂上泰山，立石，封，祠祀。下，风雨暴至，休于树下，因封其树为五大夫。禅梁父。刻所立石，其辞曰：

【译文】

把全国划分为三十六郡，郡设守、尉、监。百姓改称“黔首”。天下欢聚宴饮。收集天下兵器，集中在咸阳，熔铸成钟鐻，又铸造了十二个铜人，每一个重一千石，安置在宫廷中。统一法律制度和度量衡标准。统一车子两轮距离。书写采用统一的文字。全国地域东至大海和朝鲜，西至临洮、羌中，南至门朝北开的地区，北据黄河为屏障，顺着阴山直至辽东。把天下豪富十二万户迁徙到咸阳。秦国各王的陵庙和章台、上林苑都在渭水南岸。秦国每消灭一个诸侯国，就描摹它的宫殿，在咸阳北坡上仿效建造，南临渭水，从雍门以东到达泾水、渭水汇流地区，宫殿室宇、空中栈道和缭绕回旋的阁道连续不断。从诸侯国掳掠来的美女、钟鼓，都安置在里面。

二十七年，始皇巡行陇西、北地，来到鸡头山，（返回时）路过回中。于是在渭水南面建造信宫，不久把信宫改名为极庙，象征天极星。从极庙修路通往郦山，又建造了甘泉宫前殿，修筑甬道，连接了与咸阳的交通。这一年，赐予全国民爵一级。修建驰道。

二十八年，始皇向东巡行郡县，登上邹县的峄山。竖立石碑，和鲁地的一些儒生商议，刻写石碑颂扬秦朝的功德，又讨论封禅和望祭山川的事情。于是（秦始皇）就登上泰山，竖立石碑，积土成坛，祭祀上天。下山时，忽然来了风雨，始皇停留在树下（躲避风雨），因此封这棵树为五大夫。又到梁父辟地为基，祭祀了大地，在所立的石碑上进行刻辞，碑文说：

皇帝临位，作制明法，臣下修饬。二十有六年，初并天下，罔不宾服。亲巡远方黎民，登兹泰山，周览东极。从臣思迹，本原事业，祗诵功德。治道运行，诸产得宜，皆有法式。大义休明，垂于后世，顺承勿革。皇帝躬圣，既平天下，不懈于治。夙兴夜寐，建设长利，专隆教诲。训经宣达，远近毕理，咸承圣志。贵贱分明，男女礼顺，慎遵职事。昭隔内外，靡不清净，施于后嗣。化及无穷，遵奉遗诏，永承重戒。

于是乃并勃海以东，过黄、腄，穷成山，登之罘，立石颂秦德焉而去。

【译文】

皇帝即位，创立制度，申明法令，臣下修治严整。二十六年，开始兼并了天下，四方没有不顺从的。亲自巡视远方的百姓，登上这座泰山，遍览最东边的疆域。随从的臣属回忆走过的道路，探求事业的来龙去脉，恭敬地颂扬秦朝的功德。治国的方法得到贯彻执行，各项生产安排适宜，都有一定的规则。伟大的真理美好而又光明，要流传后世，继承下来，不要改变。皇帝本身神圣，已经平定了天下，仍坚持不懈地治理国家。早起晚睡，谋求长远的利益，特别重视对臣民的教导。有关治国的教诲和法则传播四方，远近都得到治理，完全接受了皇帝的神圣意志。贵贱等级分明，男女依礼行事，谨慎地遵守各自的职责。明显地使内外有别，无不感到清静而纯洁，这种情况要延续到子孙后代。教化所及，无穷无尽，遵循遗留下来的诏令，永远继承这重要的告诫。

于是沿着渤海东行，经过黄县、腄县，攀上成山的最高点，登上之罘的顶峰，竖立石碑，颂扬秦朝的德业，然后离去。

南登琅邪，大乐之，留三月。乃徙黔首三万户琅邪台下，复十二岁。作琅邪台，立石刻，颂秦德，明得意。曰：

维二十八年，皇帝作始。端平法度，万物之纪。以明人事，合同父子。圣智仁义，显白道理。东抚东土，以省卒士。事已大毕，乃临于海。皇帝之功，勤劳本事。上农除末，黔首是富。普天之下，抟心揖志。器械一量，同书文字。日月所照，舟舆所载。皆终其命，莫不得意。应时动事，是维皇帝。匡饬异俗，陵水经地。忧恤黔首，朝夕不懈。除疑定法，咸知所辟。方伯分职，诸治经易。举错必当，莫不如画。皇帝之明，临察四方。尊卑贵贱，不逾次行。奸邪不容，皆务贞良。细大尽力，莫敢怠荒。远迩辟隐，专务肃庄。端直敦忠，事业有常。皇帝之德，存定四极。诛乱除害，兴利致福。节事以时，诸产繁殖。黔首安宁，不用兵革。六亲相保，终无寇贼。欢欣奉教，尽知法式。六合之内，皇帝之土。西涉流沙，南尽北户。东有东海，北过大夏。人迹所至，无不臣者。功盖五帝，泽及牛马。莫不受德，各安其宇。

【译文】

向南登上琅邪山，非常高兴，停留了三个月。于是把三万户百姓迁徙到琅邪台下，免除十二年徭役。修建琅邪台，立碑刻辞，颂扬秦朝的德业，表明符合天下的意志。刻辞说：

二十八年，刚开始做皇帝。制定了公正的法律制度，这是天下万物的准则。以此来明确人和人之间的关系，使父子同心协力。皇帝神圣明智而又仁义，明白一切事物的道理。向东巡视东部地区，检阅士卒。巡视已经完全结束，就来到了海边。皇帝的功勋，在于辛勤地操劳国家的根本大事。重农抑商，百姓富裕。举国上下，一心一意。器物有一致的标准，统一书写文字。凡是日月所照之处，舟车所至之地，都能完成皇帝的使命，他所作所为没有不符合天下意志的。只有皇帝，根据适当的时机来办理事情。整顿不良的风俗，跨山越水，不受地域的限制。优恤百姓，早晚都不懈怠。消除疑虑，制定法令，大家都知道避免触犯刑律。郡守分别管理地方政务，各项政务的处理方法简单易行。采取的措施都恰如其分，没有不整齐划一的。皇帝神明，亲自到四方巡视。尊卑贵贱，不逾越等级。奸诈邪恶的现象不允许存在，百姓都力求做一个正直善良的人。大小事情务尽全力，不敢懈怠疏忽。不论远处近处，还是偏僻的地方，都一心做到严肃庄重，正直忠厚，办事有一定的规则。皇帝的德泽，安定了四方。讨伐暴乱，消除祸患，兴办好事，带来福祉。根据时令来安排事情，各种产品不断增多。百姓安宁，不再进行战争。六亲相安，终身没有盗贼。高兴地遵守国家的教化，人人通晓法律制度。天上地下，四面八方，都是皇帝的领土。西边到达流沙，南边以门朝北开的地方为极限。东边有东海，北边越过了大夏。人们足迹所至，没有不臣服的。功勋超过了五帝，恩惠施及牛马，人人得到皇帝的德泽，过着安定的生活。

维秦王兼有天下，立名为皇帝，乃抚东土，至于琅邪。列侯武城侯王离、列侯通武侯王贲、伦侯建成侯赵亥、伦侯昌武侯成、伦侯武信侯冯毋择、丞相隗林、丞相王绾、卿李斯、卿王戊、五大夫赵婴、五大夫杨樛从，与议于海上。曰："古之帝者，地不过千里，诸侯各守其封域，或朝或否，相侵暴乱，残伐不止，犹刻金石，以自为纪。古之五帝三王，知教不同，法度不明，假威鬼神，以欺远方，实不称名，故不久长。其身未殁，诸侯倍叛，法令不行。今皇帝并一海内，以为郡县，天下和平。昭明宗庙，体道行德，尊号大成。群臣相与诵皇帝功德，刻于金石，以为表经。”

既已，齐人徐市等上书，言海中有三神山，名曰蓬莱、方丈、瀛洲，仙人居之。请得斋戒，与童男女求之。于是遣徐市发童男女数千人，入海求仙人。

【译文】

秦王兼并了全国，确定了皇帝这一称号，于是抚巡东部地区，到达琅邪。列侯武城侯王离、列侯通武侯王贲、伦侯建成侯赵亥、伦侯昌武侯成、伦侯武信侯冯毋择、丞相隗林、丞相王绾、卿李斯、卿王戊、五大夫赵婴、五大夫杨樛随从，他们和始皇在海边议论秦朝的功德说：“古代称帝的人，领土不过纵横千里，诸侯各自固守自己的疆域，有的朝贡，有的不朝贡，互相侵伐，为暴作乱，残杀无已，然而还是刻金勒石，记载自己的功业。古代五帝、三王，实行的知识教育不一样，法律制度没有明确，借助鬼神的威力，来欺骗远方的百姓，实际情况和称号不相符，所以国家命运不会长久。人还没有死去，诸侯就背叛了，法令不能推行。如今皇帝统一了四海之内，把全国分为郡县，天下安宁而和谐。发扬光大宗庙的威灵，服膺真理，广布恩德，名副其实地得到了皇帝这一尊号。群臣一起颂扬皇帝的功德，镌刻在金石上，作为后世的楷模。”

立石刻辞已经结束，齐人徐市等上书，说海中有三座神山，名叫蓬莱、方丈、瀛洲，仙人居住在那里。希望斋戒沐浴，和童男童女寻求三座神山。于是派遣徐市挑选童男童女数千人，到海中寻找仙人。

始皇还，过彭城，斋戒祷祠，欲出周鼎泗水。使千人没水求之，弗得。乃西南渡淮水，之衡山、南郡。浮江，至湘山祠。逢大风，几不得渡。上问博士曰：“湘君何神？”博士对曰：“闻之，尧女，舜之妻，而葬此。”于是始皇大怒，使刑徒三千人皆伐湘山树，赭其山。上自南郡由武关归。

二十九年，始皇东游。至阳武博浪沙中，为盗所惊。求弗得，乃令天下大索十日。

【译文】

始皇返回的时候，路过彭城，斋戒祈祷，想要从泗水打捞周鼎。让成千人潜入水中寻找，都没有找到。于是就向西南走去，渡过淮水，前往衡山、南郡。泛舟江上，来到湘山祭拜。遇上大风，几乎不能渡水上山。始皇问博士说："湘君是什么神？"博士回答说："听说是尧的女儿，舜的妻子，死后埋葬在这里。"于是始皇非常生气，让刑徒三千人把湘山上的树木砍光了，全山露出红色的土壤。始皇从南郡取道武关回到咸阳。

二十九年，始皇向东巡游。到了阳武博浪沙，被强盗惊吓了一场。追捕强盗，没有抓获，就命令全国大肆搜查十天。

登之罘，刻石。其辞曰：

维二十九年，时在中春，阳和方起。皇帝东游，巡登之罘，临照于海。从臣嘉观，原念休烈，追诵本始。大圣作治，建定法度，显箸纲纪。外教诸侯，光施文惠，明以义理。六国回辟，贪戾无厌，虐杀不已。皇帝哀众，遂发讨师，奋扬武德。义诛信行，威燀旁达，莫不宾服。烹灭强暴，振救黔首，周定四极。普施明法，经纬天下，永为仪则。大矣哉！宇县之中，承顺圣意。群臣诵功，请刻于石，表垂于常式。

【译文】

始皇登上之罘山，镌刻石碑。碑文说：

二十九年，在春季第二个月的时候，天气开始暖和起来。皇帝向东巡游，登上了之罘，面对着大海。随从的臣属看到这美好的景色，回忆皇帝的丰功伟绩，追念统一大业的始末。伟大的皇帝开始治理国家，制定了法律制度，彰明纲纪。对外教诲诸侯，普施教化，广布惠泽，阐明道理。六国诸侯奸回邪僻，贪婪乖戾，欲壑无厌，残虐杀戮，永无休止。皇帝哀怜民众，就调遣征伐的大军，奋武扬威。进行正义的讨伐，采取诚信的行动，武威烨耀，远播四方，天下没有不降服的。消灭了强暴的势力，拯救了百姓，安定了天下。普遍推行严明的法律制度，治理天下，成为永久的准则。伟大啊！普天之下，都遵循皇帝的神圣意志。群臣颂扬皇帝的功勋，请求镌刻在石碑上，记载下来永垂后世，作为永恒的法则。

其东观曰：

维二十九年，皇帝春游，览省远方。逮于海隅，遂登之罘，昭临朝阳。观望广丽，从臣咸念，原道至明。圣法初兴，清理疆内，外诛暴强。

武威旁畅，振动四极，禽灭六王。阐并天下，甾害绝息，永偃戎兵。皇帝明德，经理宇内，视听不怠。作立大义，昭设备器，咸有章旗。职臣遵分，各知所行，事无嫌疑。黔首改化，远迩同度，临古绝尤。常职既定，后嗣循业，长承圣治。群臣嘉德，祗诵圣烈，请刻之罘。

旋，遂之琅邪，道上党人。

【译文】

东面台阁处的石碑刻辞说：

二十九年，皇帝在春天巡游，视察远方。到了海边，就登上之罘山，而对着初升的太阳。观望辽阔而又秀丽的景色，随从的臣属都怀念往事，回忆走过的道路是非常光明的。英明法治最初施行的时候，就对国内的坏人坏事进行了清理，对外讨伐强暴的敌人。军威远扬，四方震动，消灭了六国，俘获了他们的国王。开拓领土，统一天下，消除了战乱祸患，永远停止了战争。皇帝圣德明智，治理国家，处理政务，毫不懈怠。创立重要的法律制度，明确设置统一的标准器用，都有一定的规则。有职之臣都遵守本分，知道自己该做些什么，事情没有疑猜之处。百姓发生了变化，远处近处都制度统一，是自古以来最好的时代。每人已经确定了固定的职务，子孙后代循守旧业，永远继承这英明的政治。群臣颂美皇帝的恩德，恭敬地赞扬他的伟大功业，请求在之罘山上立碑刻辞。

不久，就前往琅邪，从上党回到咸阳。

三十年，无事。

三十一年十二月，更名腊曰“嘉平”。赐黔首里六石米，二羊。始皇为微行咸阳，与武士四人俱，夜出逢盗兰池，见窘，武士击杀盗，关中大索二十日。米石千六百。

三十二年，始皇之碣石，使燕人卢生求羡门、高誓。刻碣石门。坏城郭，决通堤防。其辞曰：

【译文】

三十年，没有发生重大的事情。

三十一年十二月，把腊祭改名叫“嘉平”。赏赐百姓每里六石米，两只羊。始皇易服出行咸阳，有四个武士随从。夜间出来时，在兰池遇上盗贼，被盗贼所困逼。武士杀死了盗贼，在关中大肆搜查了二十天。粮价一石达到一千六百钱。

三十二年，始皇前往碣石，派燕地人卢生访求羡门、高誓。在碣石城门上刻辞。摧毁城郭，挖通堤防。城门上的刻辞说：

遂兴师旅，诛戮无道，为逆灭息。武殄暴逆，文复无罪，庶心咸服。惠论功劳，赏及牛马，恩肥土域。皇帝奋威，德并诸侯，初一泰平。堕坏城郭，决通川防，夷去险阻。地势既定，黎庶无繇，天下咸抚。男乐其畴，女修其业，事各有序。惠被诸产，久并来田，莫不安所。群臣诵烈，请刻此石，垂著仪矩。

因使韩终、侯公、石生求仙人不死之药。始皇巡北边，从上郡入。燕人卢生使入海还，以鬼神事，因奏录图书，曰“亡秦者胡也”。始皇乃使将军蒙恬发兵三十万人北击胡，略取河南地。

【译文】

于是调遣军队，诛伐无道，为暴作逆的人被消灭了。用武力平息暴乱，用文治保护无罪的人，全国上下人心归服。加恩论叙有功人员的功劳，连牛马都得到了赏赐，恩惠润泽了大地。皇帝奋武扬威，依靠正义的战争兼并了诸侯，第一次统一了全国，天下太平。拆毁六国的城郭，挖通河堤，铲平险阻。地面上各种军事障碍已经夷平，百姓不再服事徭役，天下安定。男的高兴地耕种他的土地，女的从事她的家庭手工业，各项事业井然有序。各项生产都蒙受皇帝的惠泽，当地的农民和外来的农民，无不安居乐业。君臣颂扬皇帝的功绩，请求镌刻这一石碑，为后世垂示规范。

于是派韩终、侯公、石生寻访仙人求取长生不死的灵药。始皇巡行北方边境，从上郡回到咸阳。被派入海中寻找仙人的燕地人卢生回来了，因为向始皇报告鬼神之事，就借机献上抄录的图书，上面说“灭亡秦朝的是胡”。始皇就派将军蒙恬发兵三十万，向北攻打胡人，略取河南地带。

三十三年，发诸尝逋亡人、赘婿、贾人略取陆梁地，为桂林、象郡、南海，以适遣戍。西北斥逐匈奴。自榆中并河以东，属之阴山，以为三十四县，城河上为塞。又使蒙恬渡河取高阙、阳山、北假中，筑亭障以逐戎人。徙谪，实之初县。禁不得祠。明星出西方。

三十四年，適治狱吏不直者，筑长城及南越地。

【译文】

三十三年，征发曾经逃亡的罪犯、入赘别人家的男子、商人攻取陆梁地区，设置桂林郡、象郡、南海郡，把有罪应当流徙的人派去戍守。在西北方驱逐匈奴。从榆中沿着黄河往东，直至阴山，（在这一地区）设置三十四个县，在黄河附近修筑要塞。又派蒙恬渡过黄河攻占高阙、阳山、北假地带，修筑亭障来驱逐戎人。迁徙被贬谪的人，安排到刚刚建立的县邑中。禁止民间祭祀。彗星出现在西方。

三十四年，贬谪那些听讼断狱不公平的官吏，让他们去修筑长城和戍守南越地区。

始皇置酒咸阳宫，博士七十人前为寿。仆射周青臣进颂曰："他时秦地不过千里，赖陛下神灵明圣，平定海内，放逐蛮夷，日月所照，莫不宾服。以诸侯为郡县，人人自安乐，无战争之患，传之万世。自上古不及陛下威德。"始皇悦。博士齐人淳于越进曰："臣闻殷周之王千余岁，封子弟功臣，自为枝辅。今陛下有海内，而子弟为匹夫，卒有田常、六卿之臣，无辅拂，何以相救哉？事不师古而能长久者，非所闻也。今青臣又面谀以重陛下之过，非忠臣。"始皇下其议。丞相李斯曰："五帝不相复，三代不相袭，各以治，非其相反，时变异也。今陛下创大业，建万世之功，固非愚儒所知。且越言乃三代之事，何足法也？异时诸侯并争，厚招游学。今天下已定，法令出一，百姓当家则力农工，士则学习法令辟禁。今诸生不师今而学古，以非当世，惑乱黔首。丞相臣斯昧死言：古者天下散乱，莫之能一，是以诸侯并作，语皆道古以害今，饰虚言以乱实，人善其所私学，以非上之所建立。今皇帝并有天下，别黑白而定一尊。私学而相与非法教，人闻令下，则各以其学议之，入则心非，出则巷议，夸主以为名，异取以为高，率群下以造谤。如此弗禁，则主势降乎上，党与成乎下。禁之便。臣请史官非秦记皆烧之。非博士官所职，天下敢有藏《诗》《书》、百家语者，悉诣守、尉杂烧之。有敢偶语《诗》《书》者弃市。以古非今者族。吏见知不举者与同罪。令下三十日不烧，黥为城旦。所不去者，医药卜筮种树之书。若欲有学法令，以吏为师。"制曰："可。"

【译文】

始皇在咸阳宫摆酒设宴。七十个博士上前敬酒祝寿。仆射周青臣颂扬道："从前秦国的地域不超过一千里，依靠陛下神灵圣明，平定了天下，驱逐了蛮夷，太阳和月亮所能照到的地方，没有不降服的。把各国诸侯的领土置为郡县，人人安居乐业，没有战争之忧，这功业可以流传万世，从远古以来没有人能赶得上陛下的威德。"始皇很高兴。博士齐人淳于越进谏说："我听说殷周称王天下一千多年，分封子弟和功臣，作为自己的辅助势力。现在陛下拥有天下，而子弟却是平民百姓，偶然出现田常、六卿一样的臣属，无人辅佐，要靠什么来挽救呢？事情不效法古代而能长久不败的，我没有听到过。如今青臣当面阿谀，来加深陛下的过错，实在不是忠臣。"始皇把他们的建议交下去讨论。丞相李斯说："五帝的制度不互相重复，三代的制度不互相因袭，各自都得到治理，不是后代一定要与前代相反，这是时代变化的缘故。如今陛下开创了伟大的事业，建立了万世不朽的功勋，本来就不是愚蠢的读书人所能理解的。况且淳于越说的又是三代的事情，有什么可效法的？从前诸侯竞争，用优厚的待遇招揽游学之士。现在天下已经平定，颁布统一的法令，百姓在家则努力从事农业生产和家庭手工业，士人则学习法律禁令。如今这些读书人不向现实学习，而去模仿古代，来指责现行的社会制度，惑乱百姓。我丞相李斯冒着死罪说：古代天下分散混乱，不能统一，所以诸侯同时兴起，人们的言论都称道古代，损害现行的政策，文饰虚言空语，搅乱事物的本来面貌，每个人都以为自己的学说是最完善的，非议君主所建立的制度。现在皇帝兼并了天下，分辨是非，确立了至高无上的地位。（而人们仍在）私自传授学问，一起批评国家的法令教化，听到法令下达，就各自用自己的学说去议论，回家时在心里非难，出来时街谈巷议，在君主面前自我吹嘘，以此来沽名钓誉，标新立异，认为超人一等，带着下面的一群信徒编造诽言谤语。这种情况不加以禁止，上则君主的权威下降，下则形成党徒互相勾结。禁止出现这种情况才是合适的。我希望史官把不是秦国的典籍全部烧掉。不是博士官所主管的，国内敢有收藏《诗》《书》、诸子百家著作的，都要送到郡守、郡尉那里焚毁。有敢相互私语《诗》《书》的，在闹市处死示众。借用古代的事来抨击现在的要杀死全族。官吏知情而不检举的，和他同罪。命令下达三十天不烧掉书籍，就在脸部刺上字，成为刑徒四年。所不烧毁的，有医药、卜筮、农林方面的书籍。如果想要学法令，可以到官吏那里学习。”始皇下达命令说：“可以照此办理。”

三十五年，除道，道九原抵云阳，堑山堙谷，直通之。于是始皇以为咸阳人多，先王之宫廷小，吾闻周文王都丰，武王都镐，丰镐之间，帝王之都也。乃营作朝宫渭南上林苑中。先作前殿阿房，东西五百步，南北五十丈，上可以坐万人，下可以建五丈旗。周驰为阁道，自殿下直抵南山。表南山之颠以为阙。为复道，自阿房渡渭，属之咸阳，以象天极阁道绝汉抵营室也。阿房宫未成；成，欲更择令名名之。作宫阿房，故天下谓之阿房宫。隐宫徒刑者七十余万人，乃分作阿房宫，或作丽山。发北山石椁，乃写蜀、荆地材皆至。关中计宫三百，关外四百余。于是立石东海上朐界中，以为秦东门。因徙三万家丽邑，五万家云阳，皆复不事十岁。

卢生说始皇曰：“臣等求芝奇药仙者常弗遇，类物有害之者。方中，人主时为微行以辟恶鬼，恶鬼辟，真人至。人主所居而人臣知之，则害于神。真人者，入水不濡，入火不爇，陵云气，与天地久长。今上治天下，未能恬倓。愿上所居宫毋令人知，然后不死之药殆可得也。”于是始皇曰：“吾慕真人，自谓‘真人’，不称‘朕’。”乃令咸阳之旁二百里内宫观二百七十复道甬道相连，帷帐钟鼓美人充之，各案署不移徙。行所幸，有言其处者，罪死。始皇帝幸梁山宫，从山上见丞相车骑众，弗善也。中人或告丞相，丞相后损车骑。始皇怒曰：“此中人泄吾语。”案问莫服。当是时，诏捕诸时在旁者，皆杀之。自是后莫知行之所在。听事，群臣受决事，悉于咸阳宫。

【译文】

三十五年，开辟道路，通过九原，直达云阳，挖山填谷，修建一条笔直的大道连接起来。始皇认为咸阳人口众多，先王的宫廷狭小，听说周文王建都丰，武王建都镐，丰镐之间，是帝王的都城所在。于是就在渭水南岸的上林苑中兴建朝宫。首先建造前殿阿房宫，东西五百步，南北五十丈，殿堂上可以坐一万人，殿堂顶下可以竖立五丈高的旗帜。周围环绕着架起阁道，从殿下直达南山。在南山的山顶上修建标志，作为门阙。在空中架设道路，从阿房宫渡过渭水，与咸阳相连接，以此象征天下阁道越过天河直至营室。阿房宫尚未完工；完工后，想另外选择一个好的名字称呼它。在阿房建造宫殿，所以天下称它阿房宫。受过宫刑、徒刑的七十多万人，分成几批营造阿房宫，或修建丽山工程。挖运北山的石头，输送蜀地、荆地的木材，都集中到这里。关中共计宫殿三百座，关外四百多座。于是在东海附近朐县境内竖立石碑，作为秦国的东门。迁徙三万户居住丽邑，五万户居住云阳，都免除十年的徭役。

卢生劝始皇说："我和其他人寻找灵芝奇药以及仙人，常常遇不上，好像有东西在伤害它们。仙方中要求，君主时时隐蔽行迹，来躲避恶鬼，躲避了恶鬼，真人就来到了。君主居住的地方，臣属知道了，就会妨碍神仙。真人没入水中不会被水浸湿，进入火中不感到热，凌云驾雾，与天地一样长寿。现在您治理天下，不能恬静无欲。希望您居住的宫殿不要让人知道，然后长生不死的仙药大概可以找到。"于是始皇说："我羡慕真人，自称'真人'，不称'朕'。"就命令咸阳附近二百里内的二百七十座宫殿，用空中架设的道路和地面上的甬道连接起来，把帷帐、钟鼓、美人安置在里面，各种布置不得移动。所临幸之处，如果有人把地点说出去，罪当处死。始皇帝临幸梁山宫，从山上看见丞相随从车骑众多，很不以为然。宫中侍从把这件事告诉了丞相，后来丞相减少了随从的车骑。始皇非常生气地说："这是宫内的人泄漏了我的话。"审问后没有人认罪。这时，下令逮捕当时在他身边的人，全部杀掉。从此以后没有人知道他的行迹在什么地方了。听理国政，群臣受命决断事情，都在咸阳宫。

侯生、卢生相与谋曰："始皇为人，天性刚戾自用，起诸侯，并天下，意得欲从，以为自古莫及己。专任狱吏，狱吏得亲幸。博士虽七十人，特备员弗用。丞相诸大臣皆受成事，倚辨于上。上乐以刑杀为威，天下畏罪持禄，莫敢尽忠。上不闻过而日骄，下慑伏谩欺以取容。秦法，不得兼方，不验，辄死。然候星气者至三百人，皆良士，畏忌讳谀，不敢端言其过。天下之事无小大皆决于上，上至以衡石量书，日夜有呈，不中呈不得休息。贪于权势至如此，未可为求仙药。"于是乃亡去。始皇闻亡，乃大怒曰："吾前收天下书不中用者尽去之。悉召文学方术士甚众，欲以兴太平，方士欲练以求奇药。今闻韩众去不报，徐市等费以巨万计，终不得药，徒奸利相告日闻。卢生等吾尊赐之甚厚，今乃诽谤我，以重吾不德也。诸生在咸阳者，吾使人廉问，或为妖言以乱黔首。"于是使御史悉案问诸生，诸生传相告引，乃自除。犯禁者四百六十余人，皆坑之咸阳，使天下知之，以惩后。益发谪徙边。始皇长子扶苏谏曰："天下初定，远方黔首未集，诸生皆诵法孔子，今上皆重法绳之，臣恐天下不安。唯上察之。”始皇怒，使扶苏北监蒙恬于上郡。

【译文】

侯生、卢生一起商量说：“始皇为人天生刚愎暴戾，自以为是，从诸侯中兴起，吞并了天下，万事称心如意，为所欲为，认为自古以来没有人能赶上自己。专门任用治狱的官吏，治狱的官吏受到宠幸。虽然有博士七十人，只是充数人员，并不信用。丞相和大臣都是接受已经决断的公事，一切依赖皇帝处理。皇帝喜欢采用刑罚杀戮来确立自己的威严，天下人害怕获罪，只想保持禄位，没有人敢竭尽忠诚。皇帝不能听到自己的过失，日益骄横，臣下恐惧而屈服，用欺骗来取得皇帝的欢心。根据秦朝的法律，一人不能兼有两种方术，方术不灵验，就处以死刑。然而观察星象云气预测吉凶的人多至三百人，全都学问优秀，（但对皇帝）畏忌阿谀，不敢正面指出他的过错。天下之事无论大小都取决于皇帝，皇帝甚至用秤来称量文书，一天有一定的额数，不达到额数不能休息。贪恋权势至于这种地步，不能给他寻找仙药。”于是就逃走了。始皇听说侯生、卢生逃走的消息，就非常气愤地说：“我以前收取天下书籍，不合时用的全部烧毁。招集了很多文学方术之士，想要使国家太平，这些方士打算炼丹得到奇药。现在听说韩众离去后一直不来复命，徐市等人耗费巨万，最后还是没有得到仙药，只是每天传来一些为奸谋利的事情。我对卢生等人很尊敬，赏赐丰厚，如今却诽谤我，来加重我的不仁。在咸阳的一些儒生，我派人察问，有的制造怪诞邪说来惑乱百姓。”于是派御史审问儒生，儒生辗转告发，就能免除自己的罪过。触犯法禁的四百六十多人，全部在咸阳活埋，使全国都知道这件事，借以警诫后人。更多地调发徒隶去戍守边境。始皇长子扶苏劝告说：“天下平定不久，远方百姓尚未安定，儒生都学习和效法孔子，现在您用严厉的刑罚制裁他们，我担心天下动乱。希望您明察此事。”始皇很生气，派扶苏到北方的上郡监视蒙恬。

三十六年，荧惑守心。有坠星下东郡，至地为石，黔首或刻其石曰“始皇帝死而地分”。始皇闻之，遣御史逐问，莫服，尽取石旁居人诛之，因燔销其石。始皇不乐，使博士为《仙真人诗》，及行所游天下，传令乐人歌弦之。秋，使者从关东夜过华阴平舒道，有人持璧遮使者曰：“为吾遗滈池君。”因言曰：“今年祖龙死。”使者问其故，因忽不见，置其璧去。使者奉璧具以闻。始皇默然良久，曰：“山鬼固不过知一岁事也。”退言曰：“祖龙者，人之先也。”使御府视璧，乃二十八年行渡江所沉璧也。于是始皇卜之，卦得游徙吉。迁北河、榆中三万家。拜爵一级。

三十七年十月癸丑，始皇出游。左丞相斯从，右丞相去疾守。少子胡亥爱慕请从，上许之。十一月，行至云梦，望祀虞舜于九疑山。浮江下，观籍柯，渡海渚。过丹阳，至钱唐。临浙江，水波恶，乃西百二十里从狭中渡。上会稽，祭大禹，望于南海，而立石刻颂秦德。其文曰：

【译文】

三十六年，火星接近心宿。有一颗星星坠落在东郡，落到地面变为石头，百姓中有人在这块石头上刻写说“始皇帝死而地分”。始皇听到了，派御史挨个审问，没有人认罪，把在石头附近居住的人全部抓起来处死，就用火烧毁这块石头。始皇闷闷不乐，让博士创作《仙真人诗》，等到巡视天下所至之地，传令乐工弹唱。秋天，使者从关东来，夜里经过华阴平舒地方，有人拿着璧玉拦住使者说：“替我送给滈池君。”又趁机说：“今年祖龙死去。”使者问他什么原因，这个人忽然不见，留下他的璧玉走开了。使者向始皇献上璧玉，讲述了事情的全部经过。始皇很长时间沉默无语，后来说：“山野的鬼怪只不过知道一年之内的事情。”退朝后又说：“祖龙是人们的首领。（‘今年祖龙死’，说的难道是我吗？）”让御府看这块璧玉，竟然是二十八年出行渡江时沉入水中的那块璧玉。于是始皇使人占卜吉凶，卦象是巡游迁徙就会吉利。迁徙到北河、榆中三万家。赐给爵位一级。

三十七年十月癸丑日，始皇出外巡游。左丞相李斯随从，右丞相冯去疾留守。始皇的小儿子胡亥很羡慕，要求跟着去，始皇答应了他。十一月，走到云梦，朝九疑山方向望祭虞舜。浮江而下，观览籍柯，渡过江渚。途经丹阳，到达钱塘。在浙江岸边，看见波涛凶险，就向西走了一百二十里，从江面狭窄的地方渡了过去。登上会稽山，祭祀大禹，又望祭南海，竖立石碑，刻辞颂扬秦朝的功德。碑文说：

皇帝休烈，平一宇内，德惠修长。三十有七年，亲巡天下，周览远方。遂登会稽，宣省习俗，黔首斋庄。群臣诵功，本原事迹，追首高明。

秦圣临国，始定刑名，显陈旧章。初平法式，审别职任，以立恒常。六王专倍，贪戾慠猛，率众自强。暴虐恣行，负力而骄，数动甲兵。阴通间使，以事合从，行为辟方。内饰诈谋，外来侵边，遂起祸殃。义威诛之，殄熄暴悖，乱贼灭亡。圣德广密，六合之中，被泽无疆。皇帝并宇，兼听万事，远近毕清。运理群物，考验事实，各载其名。贵贱并通，善否陈前，靡有隐情。饰省宣义，有子而嫁，倍死不贞。防隔内外，禁止淫泆，男女洁诚。夫为寄豭，杀之无罪，男秉义程。妻为逃嫁，子不得母，咸化廉清。大治濯俗，天下承风，蒙被休经。皆遵度轨，和安敦勉，莫不顺令。黔首修洁，人乐同则，嘉保太平。后敬奉法，常治无极，舆舟不倾。从臣诵烈，请刻此石，光垂休铭。

【译文】

皇帝建立丰功伟绩，统一了天下，德惠深远。三十七年，亲自巡行全国，周游观览遥远的地方。于是登上会稽山。视察风俗习惯，百姓都很恭敬。群臣颂扬皇帝的功德，回顾创业的事迹，追溯决策的英明。秦国伟大的皇帝君临天下，开始确定了刑法制度，明白地宣布过去的规章。首次统一了处理政务的法则，审定和区分官吏的职掌，借以建立长久不变的制度。六国的诸侯王独断专行，违谬无信，贪婪乖张，傲慢凶猛，拥众称霸。他们暴虐纵恣，倚仗武力，骄狂自大，屡次挑起战争。做间谍的使者暗中互相联系，进行合纵抗秦，行为邪僻放纵。在内伪饰阴谋诡计，对外侵略秦国边境，因而带来灾难。皇帝出于正义，用武力去讨伐他们，平息了暴乱，消灭了乱贼。圣德宏大而深厚，天地四方，蒙受了无限的恩泽。皇帝统一天下，听理万机，远近都政清民静。运筹和治理天地间的万物，考察事物的实际情况，分别记载它们的名称。不论是尊贵的人还是卑贱的人，都洞察他们的活动，好事坏事都摆在面前，没有隐瞒的情况。纠正人们的过错，宣扬大义，有了儿子而改嫁他人，就是背弃死去的丈夫，不守贞操。把内外隔离开来，禁止纵欲放荡，男女要洁身诚实。做丈夫的和别人的妻子通奸，杀死他也没有罪，这样，男人才能遵守道德规范。做妻子的跑掉另嫁，儿子不能认她作母亲，这样人们都会被廉洁清白的风气所感化。进行大规模地整顿，涤荡不良的风俗习惯，天下百姓接受文明的社会风尚，受到了一种良好的治理。人们都奉规守法，和睦平安，敦厚勤勉，没有不服从国家法令的。百姓德修品洁，人人高兴地遵守统一的规定，欢乐地保持着太平的局面。后世认真地奉行法治，就会无限期地长治久安下去，车船不倾，（国家安稳）随从的大臣颂扬皇帝的功业，请求镌刻这一石碑，使这美好的记载光垂后世。

还过吴，从江乘渡。并海上，北至琅邪。方士徐市等入海求神药，数岁不得，费多，恐谴，乃诈曰："蓬莱药可得，然常为大鲛鱼所苦，故不得至，愿请善射与俱，见则以连弩射之。"始皇梦与海神战，如人状。问占梦，博士曰："水神不可见，以大鱼蛟龙为候。今上祷祠备谨，而有此恶神，当除去，而善神可致。"乃令入海者赍捕巨鱼具，而自以连弩候大鱼出射之。自琅邪北至荣成山，弗见。至之罘，见巨鱼，射杀一鱼。遂并海西。

至平原津而病。始皇恶言死，群臣莫敢言死事。上病益甚，乃为玺书赐公子扶苏曰："与丧会咸阳而葬。"书已封，在中车府令赵高行符玺事所，未授使者。七月丙寅，始皇崩于沙丘平台。丞相斯为上崩在外，恐诸公子及天下有变，乃秘之，不发丧。棺载辒凉车中，故幸宦者参乘，所至上食。百官奏事如故，宦者辄从辒凉车中可其奏事。独子胡亥、赵高及所幸宦者五六人知上死。赵高故尝教胡亥书及狱律令法事，胡亥私幸之。高乃与公子胡亥、丞相斯阴谋破去始皇所封书赐公子扶苏者，而更诈为丞相斯受始皇遗诏沙丘，立子胡亥为太子。更为书赐公子扶苏、蒙恬，数以罪，赐死。语具在《李斯传》中。行，遂从井陉抵九原。会暑，上辒车臭，乃诏从官令车载一石鲍鱼，以乱其臭。

【译文】

返回时经过吴县，从江乘县渡江。沿着海边北上到达琅邪。方士徐市等人到海中寻找神药，几年都没有找到，耗费了很多钱财，害怕受到谴责，就欺骗始皇说："蓬莱的神药是可以得到的，然而常常苦于鲨鱼的袭击，所以不能到达蓬莱，希望派一些擅长射箭的人和我们一起去，鲨鱼出现就用连弩射死它。"始皇梦中与海神交战，海神像人一样的形状。询问占梦的博士，博士说："水神是看不到的，（它的到来，）是以大鱼和蛟龙为征候的。现在陛下祷告和祭祀周到而又恭谨，却出现了这个凶恶的海神，应当把它铲除，然后善良的神物就能到来。"于是让到海中去的人携带捕获大鱼的用具，而自己使用连弩，等待大鱼出现时射死它。从琅邪往北到达荣成山，没有见到大鱼。到了之罘，看见了大鱼，射死了一条。于是沿海西行。

始皇到了平原津就病倒了。始皇厌恶说死，群臣没有人敢提到死的事情。始皇的病日益加重，于是就写了一封盖有皇帝玺印的诏书送给公子扶苏，说："回来参加我的丧礼，在咸阳埋葬我。"诏书已经加封，放在中车府令赵高代替符玺郎掌管印玺符节事务的地方，还没有送给负责传递的使者。七月丙寅日，始皇死于沙丘平台。因为始皇死在外面，丞相李斯怕始皇那些儿子以及国内百姓有人造反，就封锁了消息，不举办丧事。把棺材装在辒凉车中，原来亲近的宦官陪乘，所到之地，照旧送上饭食。百官和过去一样上奏国事，宦官就从辒凉车中批准他们所奏之事。只有始皇的儿子胡亥、赵高和五六个亲近的宦官知道始皇已经死去。赵高过去曾经教胡亥学习文字和刑狱法律，胡亥私下对他很是亲近。赵高就同公子胡亥、丞相李斯搞阴谋诡计，毁掉了始皇封好送给公子扶苏的诏书，而另外诈称丞相李斯在沙丘接受始皇遗诏，立儿子胡亥为太子。又另写了诏书送给公子扶苏、蒙恬，列举他们的罪状，命令他们自杀。这些事情都记载在《李斯传》中。胡亥等人继续前进，于是从井陉到了九原。正赶上暑天，始皇的辒凉车散发出臭味，就命令随从官员每车装载一石鲍鱼，用来混淆始皇尸体的臭味。

行从直道至咸阳，发丧。太子胡亥袭位，为二世皇帝。九月，葬始皇郦山。始皇初即位，穿治郦山，及并天下，天下徒送诣七十余万人，穿三泉，下铜而致椁，宫观百官奇器珍怪徙臧满之。令匠作机弩矢，有所穿近者辄射之。以水银为百川江河大海，机相灌输，上具天文，下具地理。以人鱼膏为烛，度不灭者久之。二世曰："先帝后宫非有子者，出焉不宜。"皆令从死，死者甚众。葬既已下，或言工匠为机，臧皆知之，臧重即泄。大事毕，已臧，闭中羡，下外羡门，尽闭工匠臧者，无复出者。树草木以象山。

二世皇帝元年，年二十一。赵高为郎中令，任用事。二世下诏，增始皇寝庙牺牲及山川百祀之礼。令群臣议尊始皇庙。群臣皆顿首言曰："古者天子七庙，诸侯五，大夫三，虽万世世不轶毁。今始皇为极庙，四海之内皆献贡职，增牺牲，礼咸备，毋以加。先王庙或在西雍，或在咸阳。天子仪当独奉酌祠始皇庙。自襄公已下轶毁。所置凡七庙。群臣以礼进祠，以尊始皇庙为帝者祖庙。皇帝复自称‘朕’。”

【译文】

胡亥等人从直道回到咸阳，宣布始皇死亡的消息。太子胡亥继位，为二世皇帝。九月，把始皇埋葬在郦山。始皇刚即位时，就在郦山开山凿洞，等到统一了全国，把天下各方的七十多万刑徒送到郦山，把隧洞一直挖到见水的地方，用铜封锢，然后把棺材安放在里面，仿制的宫殿、百官和各种珍奇宝物都迁置其中，藏得满满的。让工匠制造带机关的弩箭，有人掘墓接近墓室时就会自动射向目标。拿水银作成千川百溪和江河大海，使用机械互相灌注流通，墓中上面各种天象齐备，下面有地上景象万千。利用人鱼的脂肪作蜡烛，估计很长时期不会熄灭。二世说：“先帝后宫的姬妾没有儿子的，放出宫去不太合适。”（于是）都让她们殉葬，死去的非常多。已经把始皇埋葬了，有人说工匠制造机关，奴隶们都知道，奴隶人数众多，就会泄漏出去。葬礼结束，已经封藏了墓室的随葬品，又关闭了当中的墓道，放下了最外面一段墓道的大门，把工匠和奴隶全部关死在里面，没有一个逃出去的。在坟上种植草木，就像山一样。

二世皇帝元年，二世二十一岁。赵高任郎中令，掌握处理国家事务的权力。二世发布诏令，增加始皇陵庙的祭牲，以及对山川等各种祭祀的礼数。让群臣讨论怎样尊崇始皇庙。君臣都跪在地上磕着头说：“古代天子七庙，诸侯五庙，大夫三庙，（太祖庙）即使是万世之后也不废除。现在始皇为极庙，四海之内都献上本地的产品，增多祭牲的数量，祭礼都很完备，没有什么可增加的了。先王庙有的在西雍，有的在咸阳。按天子的礼仪来说，应当亲自手持酒爵祭拜始皇庙。自襄公以下各庙都废除。所设祖庙共有七座。群臣按照礼仪进行祭祀，尊崇始皇庙为秦国皇帝的祖庙。皇帝还是自称‘朕’。”

二世与赵高谋曰：“朕年少，初即位，黔首未集附。先帝巡行郡县，以示强，威服海内。今晏然不巡行，即见弱，毋以臣畜天下。”春，二世东行郡县，李斯从。到碣石，并海，南至会稽，而尽刻始皇所立刻石，石旁著大臣从者名，以章先帝成功盛德焉：

皇帝曰：“金石刻尽始皇帝所为也。今袭号而金石刻辞不称始皇帝，其于久远也如后嗣为之者，不称成功盛德。”丞相臣斯、臣去疾、御史大夫臣德昧死言："臣请具刻诏书刻石，因明白矣。臣昧死请。"制曰："可。"遂至辽东而还。

【译文】

二世和赵高商量说："我年龄小，即位不久，百姓还没有归附之心。先帝巡行郡县，以显示力量的强大，用武威压服天下。现在安然不动，不去巡游，就显得软弱无力，这样是没有办法统治天下的。"春天，二世向东巡行郡县，李斯随从。到达碣石，沿海而行，向南来到会稽，又在始皇所立刻石上全部刻写了文字，石碑旁刻上随从大臣的名字，用来显示先帝取得的功绩和隆盛的德业。（石碑旁刻写的文字是：）

皇帝说："这些金石刻辞都是始皇帝镌刻的。现在我继承了皇帝的称号，而这些金石刻辞不称始皇帝，等到天长日久，好像后来嗣位的人刻写的，这同始皇帝取得的功绩和隆盛的德业是不相称的。"丞相大臣李斯、大臣冯去疾、御史大夫大臣德冒着死罪说："臣下请求把诏书全部刻在石碑上，这样就清楚了。臣下冒着死罪来提出这一要求。"二世下令说："可以。"

二世到辽东后就返回了。

于是二世乃遵用赵高，申法令。乃阴与赵高谋曰："大臣不服，官吏尚强，及诸公子必与我争，为之奈何？"高曰："臣固愿言而未敢也。先帝之大臣，皆天下累世名贵人也，积功劳世以相传久矣。今高素小贱，陛下幸称举，令在上位，管中事。大臣鞅鞅，特以貌从臣，其心实不服。今上出，不因此时案郡县守尉有罪者诛之，上以振威天下，下以除去上生平所不可者。今时不师文而决于武力，愿陛下遂从时毋疑，即群臣不及谋。明主收举余民，贱者贵之，贫者富之，远者近之，则上下集而国安矣。"二世曰："善。"乃行诛大臣及诸公子，以罪过连逮少近官三郎，无得立者，而六公子戮死于杜。公子将闾昆弟三人囚于内宫，议其罪独后。二世使使令将闾曰："公子不臣，罪当死，吏致法焉。"将闾曰："阙廷之礼，吾未尝敢不从宾赞也；廊庙之位，吾未尝敢失节也；受命应对，吾未尝敢失辞也。何谓不臣？愿闻罪而死。"使者曰："臣不得与谋，奉书从事。"将闾乃仰天大呼天者三，曰："天乎！吾无罪！"昆弟三人皆流涕拔剑自杀。宗室振恐。群臣谏者以为诽谤，大吏持禄取容，黔首振恐。

【译文】

这时二世采纳了赵高的建议，申明法令。私下和赵高商量说："大臣不顺服，官吏也还势力强大，那些公子们一定和我争夺权力，该怎么办呢？"赵高说："我本来就想说，但没有敢说。先帝的大臣，都是出自几代负有名望的权贵之家，累世功勋，代代相传，为时已久。我赵高一向卑微低贱，如今陛下亲近抬举我，使我的官品居上，掌管宫中事务。大臣们怏怏不乐，只是表面上顺从我，实际上他们心里并不服气。现在您外出巡行，何不趁这个时机，查究郡县守尉有罪的就处死他，上则威震天下，下则铲除您平生所不满的人。当今这个时代，不能师法文治，而是武力决定一切，希望陛下顺时从势，不要犹豫不决，而群臣还来不及策划造反。您这英明的君主可以收揽起用遗民，低贱的使他高贵，贫穷的使他富有，疏远的亲近他，那样就会上下和睦，国家安定。"二世说："很好。"于是杀戮大臣和那些公子们，假借罪名互相株连，来逮捕地位较低的近侍之臣和三署郎官，没有一个人能够保住他的官位，把六个公子处死在杜县。公子将闾兄弟三人被囚禁在宫中，最后审议他们的罪行。二世派使者对将闾下令说："你不像大臣的样子，按所犯罪行应当处死，法官将给予法律制裁。"将闾说："宫廷的礼仪，我从来不敢不服从司仪人的指挥；朝廷上的位次，我从来不敢违背礼节；承命回答问题，我从来不敢辞语差错。为什么说我不像大臣的样子呢？希望知道我的罪行之后再死去。"使者说："我不能参预谋划，只是奉诏办事。"于是将闾仰面连声大呼苍天，喊着说："天啊！我没有罪！"兄弟三人都涕泪俱下，拔剑自杀。宗室为之震动，恐惧不安。群臣进谏的都认为是诽谤朝廷，大臣拿着俸禄，谄媚讨好，百姓惊恐。

四月，二世还至咸阳，曰："先帝为咸阳朝廷小，故营阿房宫。为室堂未就，会上崩，罢其作者，复土郦山。郦山事大毕，今释阿房宫弗就，则是章先帝举事过也。"复作阿房宫。外抚四夷，如始皇计。尽征其材士五万人为屯卫咸阳，令教射。狗马禽兽当食者多，度不足，下调郡县转输菽粟刍藁，皆令自赍粮食，咸阳三百里内不得食其谷。用法益刻深。

七月，戍卒陈胜等反故荆地，为张楚。胜自立为楚王，居陈，遣诸将徇地。山东郡县少年苦秦吏，皆杀其守尉令丞反，以应陈涉，相立为侯王，合从西乡，名为伐秦，不可胜数也。谒者使东方来，以反者闻二世。

二世怒，下吏。后使者至，上问，对曰："群盗，郡守尉方逐捕，今尽得，不足忧。"上悦。武臣自立为赵王，魏咎为魏王，田儋为齐王。沛公起沛。项梁举兵会稽郡。

二年冬，陈涉所遣周章等将西至戏，兵数十万。二世大惊，与群臣谋曰："奈何？"少府章邯曰："盗已至，众强，今发近县不及矣。郦山徒多，请赦之，授兵以击之。"二世乃大赦天下，使章邯将，击破周章军而走，遂杀章曹阳。二世益遣长史司马欣、董翳佐章邯击盗，杀陈胜城父，破项梁定陶，灭魏咎临济。楚地盗名将已死，章邯乃北渡河，击赵王歇等于钜鹿。

【译文】

四月，二世回到咸阳，他说："先帝因为咸阳宫廷狭小，所以兴建阿房宫。殿堂还没有建成，碰上先帝逝世，停止了工程，去郦山覆土筑陵。郦山的工程大体已经结束，如今放弃阿房宫不去完成，就是表明先帝所做的事情是错误的。"（于是）又开始修建阿房宫。对外安抚四方夷狄，和始皇的策略一样。把健武的士卒五万人全部调来驻守咸阳，让人教习射御。这些人加上畜养的狗马禽兽，要吃粮食的很多，估计储存的粮食不够吃的，就向下面的郡县调用，把粮食草料运送到咸阳，运送的人都自带粮食，咸阳三百里以内的百姓不能食用这批粮谷，（拿去解决咸阳的缺粮问题。）执法更加严厉苛刻。

七月，屯戍的士卒陈胜等人在过去的荆地起兵造反，建立了张楚。陈胜自封为楚王，住在陈县，派遣将领攻城略地。山东郡县的青年人苦于秦朝官吏的统治，都杀死了他们的守尉令丞起来造反，来响应陈涉，相互推立为诸侯王，联合起来向西进军，以讨伐秦朝为名，造反的人多得无法计算。谒者出使东方回来，把叛乱的事情报告了二世。二世非常生气，把谒者交给了狱吏治罪。后面的使者回来了，二世问他情况，使者回答说："是一群盗贼，郡守郡尉正在追捕，现在全部抓获了，不值得担忧。"二世很高兴。武臣自封为赵王，魏咎为魏王，田儋为齐王。沛公在沛县起义。项梁在会稽郡起兵。

第二年冬天，陈涉所派遣的周章等将领西进，到达戏水，有几十万军队。二世大为震惊，和群臣商量说："怎么办呢？"少府章邯说："盗贼已经来到这里，兵众势强，现在调发近处县城的军队为时已晚。郦山刑徒很多，希望能够赦免他们，并且发给兵器，让他们出击盗贼。”于是二世大赦天下，派章邯为将领，打垮了周章的军队，周章逃走，章邯在曹阳杀死了周章。二世又增派长史司马欣、董翳协助章邯进攻盗贼，在城父杀死了陈胜，在定陶打垮了项梁，在临济消灭了魏咎。楚地盗贼的有名将领都已经死了，章邯就向北渡过黄河，在巨鹿进攻赵王歇。

赵高说二世曰：“先帝临制天下久，故群臣不敢为非，进邪说。今陛下富于春秋，初即位，奈何与公卿廷决事？事即有误，示群臣短也。天子称朕，固不闻声。”于是二世常居禁中，与高决诸事。其后公卿希得朝见，盗贼益多，而关中卒发东击盗者毋已。右丞相去疾、左丞相斯、将军冯劫进谏曰：“关东群盗并起，秦发兵诛击，所杀亡甚众，然犹不止。盗多，皆以戍漕转作事苦，赋税大也。请且止阿房宫作者，减省四边戍转。”二世曰：“吾闻之韩子曰：‘尧舜采椽不刮，茅茨不翦，饭土熘，啜土形，虽监门之养，不觳于此。禹凿龙门，通大夏，决河亭水，放之海，身自持筑臿，胫毋毛，臣虏之劳不烈于此矣。’凡所为贵有天下者，得肆意极欲，主重明法，下不敢为非，以制御海内矣。夫虞、夏之主，贵为天子，亲处穷苦之实，以徇百姓，尚何于法？朕尊万乘，毋其实，吾欲造千乘之驾，万乘之属，充吾号名。且先帝起诸侯，兼天下，天下已定，外攘四夷以安边竟，作宫室以章得意，而君观先帝功业有绪。今朕即位二年之间，群盗并起，君不能禁，又欲罢先帝之所为，是上毋以报先帝，次不为朕尽忠力，何以在位？”下去疾、斯、劫吏，案责他罪。去疾、劫曰：“将相不辱。”自杀。斯卒囚，就五刑。

【译文】

赵高劝告二世说：“先帝统治天下的时间很长，所以群臣不敢为非作歹，向先帝提出邪说。现在陛下正是年轻的时候，刚刚即位，怎么能和公卿大臣在朝廷上决议事情呢？如果事情有了差错，就把自己的短处暴露给群臣了。天子自称朕，本来群臣就不应该听到天子的声音。”于是二世常常住在宫中，和赵高决断各种政务。从此以后公卿大臣很少有朝见的机会。盗贼越来越多，关中士卒被调发向东去攻打盗贼的一批接一批。右丞相冯去疾、左丞相李斯、将军冯劫进谏说：“关东成群的盗贼一块儿起来造反，秦朝廷出兵讨伐，杀死了很多，然而盗贼还是没有被平息。盗贼这样多，都是因为屯戍边地、水路运载、陆路转输和土木兴作等各种杂泛差役致使百姓太劳苦，赋税也过于沉重。希望停止阿房宫的兴建，减少四方边境的屯戍和运输任务。”二世说：“我从韩子那里听说：‘尧、舜的栎木屋椽不加整治，茅草屋不加修葺，吃饭用土碗，喝水用瓦盆，即使是供给看守城门的吃食和用品，也不俭薄到这种程度。禹开凿龙门，使大夏畅通，修治河道，疏导积水，引入大海，亲自拿着筑墙的杵和挖土的锹，（两条腿整天泡在泥水里，）小腿上的毛都掉光了，奴仆的劳苦程度也不比这更厉害。’凡是尊贵而掌握了天下的人，应该随心所欲，为所欲为，主要着重宣明法治，下面的臣民不敢胡作非为，以此来统治天下。像那虞、夏的君主，贵为天子，亲自处于穷苦的状况，来顺从百姓，这还有什么法治可言？我被尊为万乘之君，却没有万乘之实，我要制造一千乘车驾，设置一万乘的随从徒众，来符合我的万乘之君这一名号。而且先帝起于诸侯，兼并天下，天下已经安定，对外抗御四方夷狄，使边境安宁，兴修宫殿，以显示自己的得意之情，你们看到了先帝功业的开端和发展。如今在我即位的两年之间，成群的盗贼同时并起，你们不能加以禁绝，又想废除先帝所做的事情，这是对上无以报答先帝，其次也是不给我尽忠竭力，凭什么处在现在的职位上？”把冯去疾、李斯、冯劫交给狱吏囚禁，审查追究他们的其他各种罪行。冯去疾、冯劫说：“将相不能身受侮辱。”自杀而死。李斯最后被监禁狱中，遭受了各种刑罚。

三年，章邯等将其卒围钜鹿，楚上将军项羽将楚卒往救钜鹿。冬，赵高为丞相，竟案李斯杀之。夏，章邯等战数却，二世使人让邯，邯恐，使长史欣请事。赵高弗见，又弗信。欣恐，亡去，高使人捕追不及。欣见邯曰：“赵高用事于中，将军有功亦诛，无功亦诛。”项羽急击秦军，虏王离，邯等遂以兵降诸侯。八月己亥，赵高欲为乱，恐群臣不听，乃先设验，持鹿献于二世，曰：“马也。”二世笑曰：“丞相误邪？谓鹿为马。”问左右，左右或默，或言马以阿顺赵高。或言鹿，高因阴中诸言鹿者以法。后群臣皆畏高。

高前数言“关东盗毋能为也”，及项羽虏秦将王离等钜鹿下而前，章邯等军数却，上书请益助，燕、赵、齐、楚、韩、魏皆立为王，自关以东，大氐尽畔秦吏应诸侯，诸侯咸率其众西乡。沛公将数万人已屠武关，使人私于高，高恐二世怒，诛及其身，乃谢病不朝见。二世梦白虎啮其左骖马，杀之，心不乐，怪问占梦。卜曰："泾水为祟。"二世乃斋于望夷宫，欲祠泾沈四白马。使使责让高以盗贼事。高惧，乃阴与其婿咸阳令阎乐、其弟赵成谋曰："上不听谏，今事急，欲归祸于吾宗。吾欲易置上，更立公子婴。子婴仁俭，百姓皆载其言。"使郎中令为内应，诈为有大贼，令乐召吏发卒，追劫乐母置高舍。遣乐将吏卒千余人至望夷宫殿门，缚卫令仆射，曰："贼入此，何不止？"卫令曰："周庐设卒甚谨，安得贼敢入宫？"乐遂斩卫令，直将吏入，行射，郎宦者大惊，或走或格，格者辄死，死者数十人。郎中令与乐俱入，射上幄坐帏。二世怒，召左右，左右皆惶扰不斗。旁有宦者一人，侍不敢去。二世入内，谓曰："公何不蚤告我？乃至于此！"宦者曰："臣不敢言，故得全。使臣蚤言，皆已诛，安得至今？"阎乐前即二世数曰："足下骄恣，诛杀无道，天下共畔足下，足下其自为计。"二世曰："丞相可得见否？"乐曰："不可。"二世曰："吾愿得一郡为王。"弗许。又曰："愿为万户侯。"弗许。曰："愿与妻子为黔首，比诸公子。"阎乐曰："臣受命于丞相，为天下诛足下，足下虽多言，臣不敢报。"麾其兵进。二世自杀。

【译文】

三年，章邯等人率领他们的军队包围巨鹿，楚国上将军项羽带领楚国士卒前往巨鹿援救。冬天，赵高做了丞相，彻底审查李斯，杀死了他。夏天，章邯等人在战场上屡次退却，二世派人斥责章邯，章邯心里恐惧，派长史司马欣请示事情。赵高不肯接见，又不信任他。司马欣很害怕，就逃走了。赵高派人追捕，没有追上。司马欣见到章邯说："赵高在朝廷中操纵大权，将军有功也要被杀，无功也要被杀。"项羽迅速地攻打秦军，俘虏了王离，章邯等人就率军投降了各路诸侯。八月已亥日，赵高想要作乱，害怕群臣不肯服从，就预先做了一个试验，拿一只鹿献给二世，说："这是一匹马。"二世笑着说："丞相错了吧？把鹿说成是马。"赵高问左右大臣，左右大臣有的缄默不语，有的说是马，来阿谀迎合赵高。有的说是鹿，赵高就假借法律暗中陷害那些说是鹿的人。后来大臣们都很惧怕赵高。

赵高以前多次说"关东的盗贼不会有什么作为"，等到项羽在巨鹿俘虏了秦军将领王离等人，继续向前推进，章邯等人的军队屡次退却，上书请求增加兵员，燕、赵、齐、楚、韩、魏都自立为王，从函谷关以东，差不多都背叛了秦朝官吏，响应各路诸侯，诸侯们率领自己的军队向西推进。沛公率领几万人屠毁了武关，派人私通赵高，赵高害怕二世发怒，遭到杀身之祸，就推说有病，不去朝见。二世梦见白色的老虎咬他驾车的左边的那匹马，最后马被咬死了，二世心里闷闷不乐，感到奇怪，就去问占梦的人。占梦的人占卜说："（这是）泾水的水神在作祟。"于是二世在望夷宫斋戒，打算祭祀泾水的水神，沉入水中四匹白马。派使者以有关盗贼的事情去指责赵高。赵高很恐慌，就暗中和他的女婿咸阳令阎乐、他的弟弟赵成商量说："皇帝不听劝告，如今事已危急，想要嫁祸于我们的家族。我打算废掉二世，另立公子婴做皇帝。公子婴仁爱俭约，百姓都听信他的话。"赵高派郎中令作内应，欺骗说有一大群盗贼来了，命令阎乐叫来官吏发兵追击，又劫持阎乐的母亲，安置在赵高的家里，（逼迫阎乐不能三心二意。）赵高派阎乐带领吏卒一千多人来到望夷宫殿门，把卫令仆射捆绑起来，说："盗贼跑进这里，为什么不加阻止？"卫令说："四周墙垣内的庐舍设有士卒，防卫非常严谨，盗贼怎么敢闯入宫内？"阎乐就杀了卫令，带领吏卒直入宫内，一边走，一边射箭，郎官和宦者大为惊慌，有的逃窜，有的上前搏斗，搏斗的人都被杀死，死了几十人。郎中令和阎乐一起进入二世住处，用箭射向二世坐息的帷帐。二世大怒，叫来了左右侍从人员，左右侍从人员都惶恐纷扰，不敢上前搏斗。身边有一个宦官，陪侍着二世，不敢走掉。二世逃入室内，对陪侍的宦官说："你为什么不早告诉我？（现在）竟到了这种地步！"宦官说："我不敢说，所以才能保住性命。假如我早说了，就已经被杀死，哪里会活到现在？"阎乐上前来到二世面前，列举他的罪状说："你骄横纵恣，屠杀吏民，无道已极，天下百姓一起背叛了你，你自己作打算吧。"二世说："我可以见见丞相吗？"阎乐说："不可以。"二世说："我希望得到一个郡，去做一郡之王。"阎乐不答应。二世又说："我愿做万户侯。"阎乐仍不答应。二世说："希望和妻子儿女成为平民百姓，和那些公子们一样。"阎乐说："我受命于丞相，替天下百姓处死你，虽然你说了很多话，我不敢向丞相报告。"阎乐指挥他的士卒向前进击。二世自杀。

阎乐归报赵高，赵高乃悉召诸大臣公子，告以诛二世之状。曰："秦故王国，始皇君天下，故称帝。今六国复自立，秦地益小，乃以空名为帝，不可。宜为王如故，便。"立二世之兄子公子婴为秦王。以黔首葬二世杜南宜春苑中。令子婴斋，当庙见，受王玺。斋五日，子婴与其子二人谋曰："丞相高杀二世望夷宫，恐群臣诛之，乃详以义立我。我闻赵高乃与楚约，灭秦宗室而王关中。今使我斋见庙，此欲因庙中杀我。我称病不行，丞相必自来，来则杀之。"高使人请子婴数辈，子婴不行，高果自往，曰："宗庙重事，王奈何不行？"子婴遂刺杀高于斋宫，三族高家以徇咸阳。子婴为秦王四十六日，楚将沛公破秦军入武关，遂至霸上，使人约降子婴。子婴即系颈以组，白马素车，奉天子玺符，降轵道旁。沛公遂入咸阳，封宫室府库，还军霸上。居月余，诸侯兵至，项籍为从长，杀子婴及秦诸公子宗族。遂屠咸阳，烧其宫室，虏其子女，收其珍宝货财，诸侯共分之。灭秦之后，各分其地为三，名曰雍王、塞王、翟王，号曰三秦。项羽为西楚霸王，主命分天下王诸侯，秦竟灭矣。后五年，天下定于汉。

太史公曰：秦之先伯翳，尝有勋于唐虞之际，受土赐姓。及殷夏之间微散。至周之衰，秦兴，邑于西垂。自缪公以来，稍蚕食诸侯，竟成始皇。始皇自以为功过五帝，地广三王，而羞与之侔。善哉乎贾生推言之也！曰：

【译文】

阎乐回来报告赵高，赵高就把所有大臣和公子都召集起来，告诉他们杀死二世的情况。赵高说："秦本来是诸侯王国，始皇君临天下，所以号称皇帝。现在六国又都各自建立了政权，秦国地域日益缩小，竟仍然称帝，空有其名，这是不可以的。应该像过去一样称王，这样比较合适。"就立二世哥哥的儿子公子婴为秦王。用百姓的礼仪把二世埋葬在杜县南面的宜春苑中。赵高让子婴斋戒，到宗庙参拜祖先，接受秦王印玺。斋戒了五天，子婴和他的两个儿子商量说："丞相赵高在望夷宫杀死二世，害怕群臣诛伐他，就假装以大义为名，要立我为王。我听说赵高和楚约定，由他消灭秦国宗室，在关中称王。现在让我斋戒，拜见祖庙，这是想要趁我在祖庙的时候杀死我。我就说有病不去，丞相一定会亲自来我这里，来时就杀死他。"赵高好几次派人去请子婴，子婴不去，赵高果然亲自来了，说："国家大事，你怎么不去？"子婴就在斋戒的宫室里刺死了赵高，全部处死赵高家的三族，在咸阳示众。子婴做了四十六天秦王，楚将沛公打垮了秦军，进入武关，来到霸上，派人去让子婴签约投降。子婴就用丝带系着脖子，白马素车，捧着天子的印玺和符节，在轵道旁投降。沛公于是进入咸阳，封闭宫室府库，回军霸上，过了一个多月，各路诸侯的军队到了，项羽为诸侯联军的领袖，杀死了子婴和秦公子的宗族。于是屠毁咸阳，焚烧宫室，俘虏了秦国子弟和妇女，把珍宝财物搜刮在一起，诸侯们共同瓜分了。消灭了秦国以后，把它的土地分为三部分，（封立三个王，）名叫雍王、塞王、翟王，号称三秦。项羽为西楚霸王，负责分封天下诸侯王，秦朝终于灭亡了。过了五年，汉朝统一了全国。

太史公说：秦国的祖先伯翳，曾在唐、虞之际建立了功勋，获得了土地，被赐予嬴姓。到了夏、殷之间，势力衰微分散。及至周朝没落，秦国兴起，在西垂建筑了城邑。从缪公以来，渐渐蚕食诸侯，统一事业最后由始皇完成了。始皇自认为功劳超过了五帝，疆域比三王还广阔，耻于和三王五帝相提并论。贾生的论述非常好。他说：

秦并兼诸侯，山东三十余郡，缮津关，据险塞，修甲兵而守之。然陈涉以戍卒散乱之众数百，奋臂大呼，不用弓戟之兵，鉏櫌白梃，望屋而食，横行天下。秦人阻险不守，关梁不阖，长戟不刺，强弩不射。楚师深入，战于鸿门，曾无藩篱之艰。于是山东大扰，诸侯并起，豪俊相立。秦使章邯将而东征，章邯因以三军之众要市于外，以谋其上。群臣之不信，可见于此矣。子婴立，遂不寤。借使子婴有庸主之材，仅得中佐，山东虽乱，秦之地可全而有，宗庙之祀未当绝也。

秦地被山带河以为固，四塞之国也。自缪公以来，至于秦王，二十余君，常为诸侯雄。岂世世贤哉？其势居然也。且天下尝同心并力而攻秦矣。当此之世，贤智并列，良将行其师，贤相通其谋，然困于阻险而不能进。秦乃延入战而为之开关，百万之徒逃北而遂坏。岂勇力智慧不足哉？形不利，势不便也。秦小邑并大城，守险塞而军，高垒毋战，闭关据厄，荷戟而守之。诸侯起于匹夫，以利合，非有素王之行也。其交未亲，其下未附，名为亡秦，其实利之也。彼见秦阻之难犯也，必退师。安土息民，以待其敝，收弱扶罢，以令大国之君，不患不得意于海内。贵为天子，富有天下，而身为禽者，其救败非也。

【译文】

秦兼并了各个诸侯国，山东三十多郡，修筑津渡和关口，占据险隘和要塞，训练军队，加以防守。然而陈涉率领几百个散乱的戍卒，振臂大呼。不用弓戟一类的兵器，只用锄、耰木棍，（军无存粮，）看到有人住的屋子就过去吃饭，横行天下。秦人有险阻而不能固守，有关口桥梁而不能封锁，有长戟而不能刺杀，有强弩而不能发射。张楚的军队深入腹地，在鸿门作战，连越过篱笆一样的困难都没有。于是山东大乱，诸侯同时并起，豪杰俊士互相推立为王。秦派章邯率军东征，章邯在外利用自己统率的军队相要挟，猎取私利，图谋他的君王。群臣不讲信用，从这里就可以看出来了。子婴即位，最终也没有醒悟。如果子婴具有一般君主的能力，只要得到中等才能的辅佐大臣，山东虽然叛乱，秦国故地还是可以保全的，宗庙祭祀也不会断绝。

秦地被山带河，地势险固，是四面都有屏障和要塞的国家。从缪公以来，一直到秦始皇，有二十多个君主，常常称雄于诸侯。难道秦国世世代代都是贤明的君主吗？那是它的地理形势所造成的。而且天下曾经同心协力进攻秦国。在这个时候，贤人智者会集，优秀的将领统率指挥军队，贤明的宰相互相交流彼此的谋略，然而被险峻的地形所困阻，不能前进。秦就给他们敞开关门，诱敌人深入，进行交战，于是六国百万之众败逃，土崩瓦解。这难道是武力和智慧不足吗？是地形不利，形势不便的缘故。秦国把小聚邑合并成大城市，在险阻要塞驻军防守，高筑营垒，不去交战，封锁关口，占据险隘，持戟把守这些地方。诸侯都是从平民百姓中起来的，以利相合，没有素王那样的德操。他们的交谊并不亲密，他们的下属还没有诚心归服，表面以灭秦为名，实际上图谋私利。他们看到秦国地势险阻，难以侵犯，必然撤军。秦使百姓休养生息，等待诸侯的衰败，收养贫弱，扶持疲困，来向大国诸侯发号施令，不怕不得意于天下。贵为天子，富有天下，而自己被抓去成为俘虏，是因为他挽救败亡的策略不正确。

秦王足己不问，遂过而不变。二世受之，因而不改，暴虐以重祸。子婴孤立无亲，危弱无辅。三主惑而终身不悟，亡，不亦宜乎？当此时也，世非无深虑知化之士也，然所以不敢尽忠拂过者，秦俗多忌讳之禁，忠言未卒于口而身为戮没矣。故使天下之士，倾耳而听，重足而立，拑口而不言。是以三主失道，忠臣不敢谏，智士不敢谋，天下已乱，奸不上闻，岂不哀哉！先王知雍蔽之伤国也，故置公卿大夫士，以饰法设刑，而天下治。其强也，禁暴诛乱而天下服。其弱也，五伯征而诸侯从。其削也，内守外附而社稷存。故秦之盛也，繁法严刑而天下振；及其衰也，百姓怨望而海内畔矣。故周五序得其道，而千余岁不绝。秦本末并失，故不长久。由此观之，安危之统相去远矣。野谚曰“前事之不忘，后事之师也”。是以君子为国，观之上古，验之当世，参以人事，察盛衰之理，审权势之宜，去就有序，变化有时，故旷日长久而社稷安矣。

秦孝公据崤函之固，拥雍州之地，君臣固守而窥周室，有席卷天下，包举宇内，囊括四海之意，并吞八荒之心。当是时，商君佐之，内立法度，务耕织，修守战之备，外连衡而斗诸侯，于是秦人拱手而取西河之外。

【译文】

秦王骄傲自满，不能虚心下问，因循错误而不进行变革。二世继承下来，沿袭不改，残暴凶虐，加重了祸患。子婴势孤力单，没有亲近的人，地位危险脆弱，无人辅助。这三个君主一生迷惑不悟，国家灭亡，不是应该的吗？在这个时候，世上不是没有深谋远虑、知权达变之士，然而所以不敢尽忠直谏，纠正错误，是因为秦国习俗有很多禁忌，忠诚的话还没有说完，而自己已被杀害。所以天下之士，侧耳听命，叠足而立，闭口不言。这三个君主丧失了治国的原则，忠臣不敢直言规劝，智士不敢出谋划策，天下已经大乱，奸邪的事情没有人向君主报告，这难道不是太可悲了吗？先王知道上下壅塞蒙蔽会损害国家的利益，所以设置公卿、大夫、士，以整饬法令，建立刑罚，而使天下太平。国势强盛时，能够禁止残暴，讨伐叛乱，天下归服。国势弱小时，有五霸代替天子征讨，诸侯顺从。国势衰削时，内有所守，外有所附，国家可以存而不亡。秦国强盛时，法令繁密，刑罚严酷，天下震恐。到了它衰落时，百姓怨恨，天下叛离。周朝天子依次得到了治国的规律，所以一千多年间，国运不绝。秦朝本末俱失，因此不能长久。由此看来，国家安危的基础相差太远了。俗话说“前事不忘，后事之师”。因此有道德修养的人治理国家，观察远古的得失，考察当代的所作所为，参酌人的因素，了解盛衰的道理，明悉权力威势的恰当运用，弃取有一定的次序，变革有适当的时间，所以历时久远，而国家安定。

秦孝公据守崤山、函谷关这样坚固的地方，拥有雍州地域，君臣坚守自己的国土，窥视周朝的政权，有席卷全国、收取天下、囊括四海的意图，吞并八方的心愿。在这个时候，商君辅佐秦孝公，对内建立法治和各种制度，致力于耕织，整修攻守的武器，对外采取连衡的策略，使诸侯互相争斗，于是秦国人轻而易举地取得了西河以外的一片土地。

孝公既没，惠王、武王蒙故业，因遗册，南兼汉中，西举巴、蜀，东割膏腴之地，收要害之郡。诸侯恐惧，会盟而谋弱秦，不爱珍器重宝肥美之地，以致天下之士，合从缔交，相与为一。当是时，齐有孟尝，赵有平原，楚有春申，魏有信陵。此四君者，皆明知而忠信，宽厚而爱人，尊贤重士，约从离衡，并韩、魏、燕、楚、齐、赵、宋、卫、中山之众。于是六国之士有宁越、徐尚、苏秦、杜赫之属为之谋，齐明、周最、陈轸、昭滑、楼缓、翟景、苏厉、乐毅之徒通其意，吴起、孙膑、带佗、兒良、王廖、田忌、廉颇、赵奢之朋制其兵。常以十倍之地，百万之众，叩关而攻秦。秦人开关延敌，九国之师逡巡遁逃而不敢进。秦无亡矢遗镞之费，而天下诸侯已困矣。于是从散约解，争割地而奉秦。秦有余力而制其敝，追亡逐北，伏尸百万，流血漂卤。因利乘便，宰割天下，分裂河山，强国请服，弱国入朝。延及孝文王、庄襄王，享国日浅，国家无事。

及至秦王，续六世之余烈，振长策而御宇内，吞二周而亡诸侯，履至尊而制六合，执棰拊以鞭笞天下，威震四海。南取百越之地，以为桂林、象郡，百越之君俯首系颈，委命下吏。乃使蒙恬北筑长城而守藩篱，却匈奴七百余里，胡人不敢南下而牧马，士不敢弯弓而报怨。于是废先王之道，焚百家之言，以愚黔首。隳名城，杀豪俊，收天下之兵聚之咸阳，销锋铸鐻，以为金人十二，以弱黔首之民。然后斩华为城，因河为津，据亿丈之城，临不测之溪以为固。良将劲弩守要害之处，信臣精卒陈利兵而谁何，天下以定。秦王之心，自以为关中之固，金城千里，子孙帝王万世之业也。

秦王既没，余威震于殊俗。陈涉，瓮牖绳枢之子，氓隶之人，而迁徙之徒，才能不及中人，非有仲尼、墨翟之贤，陶朱、猗顿之富，蹑足行伍之间，而倔起什伯之中，率罢散之卒，将数百之众，而转攻秦。斩木为兵，揭竿为旗，天下云集响应，赢粮而景从，山东豪俊遂并起而亡秦族矣。

【译文】

孝公死后，惠王、武王继承旧业，沿用遗留下来的策略，向南兼并了汉中，向西攻占了巴、蜀，向东割取了肥沃的地方，获得了地势险要的郡县。诸侯恐惧，开会结为同盟，商量削弱秦国，不吝惜奇珍异宝和肥美的土地，用来罗致天下之士，合纵缔盟，互相结合在一起。这时，齐国有孟尝君，赵国有平原君，楚国有春申君，魏国有信陵君。这四个人，都明智忠信，宽厚爱人，尊贤重士，相约以合纵来破坏秦国的连衡策略，集合了韩、魏、燕、楚、齐、赵、宋、卫、中山的士卒。当时六国之士有宁越、徐尚、苏秦、杜赫这一类人为各国出谋划策，齐明、周最、陈轸、昭滑、楼缓、翟景、苏厉、乐毅这一伙人沟通各国的意见，吴起、孙膑、带佗、兒良、王廖、田忌、廉颇、赵奢这一批人训练和统率各国的军队。曾经用十倍于秦的土地，上百万大军，冲击函谷关，进攻秦国。秦人开关迎战，九国军队徘徊逃遁，不敢前进。秦国没有耗费一箭一镞，而天下诸侯已处于困境。于是合纵瓦解，盟约废弃，各诸侯国争先恐后地割地奉献给秦国。秦国有余力来利用各国的短处来制服他们，追赶败北逃亡的敌人，使百万尸体横卧在地，流的血把大盾都漂浮了起来。趁着战争胜利的便利条件，宰割天下诸侯，把山河一块一块地割取过来，强国请求归附，弱国入秦朝拜。延续到孝文王、庄襄王，在位时间短暂，国家没有发生重大的事情。

等到秦始皇的时候，继承六代先王遗留下来的功业，挥舞长鞭，驾御天下，兼并了西周、东周，消灭了各国诸侯，登上帝位，控制了天地四方，手执鞭杖来抽打天下，威震四海。向南取得了百越地区，设置了桂林、象郡，百越的君主低着头，用绳子系着脖子，把生命交给秦国的下级官吏。又派蒙恬到北方修筑长城，守卫边界，使匈奴退却七百多里，胡人不敢南下牧马，武士不敢挽弓复仇。于是废除古代帝王的原则，烧毁诸子百家的典籍，以此来愚弄百姓。毁坏坚固的名城，杀死豪杰俊士，没收全国的兵器，集中在咸阳，把这些兵器全部销毁，熔铸成钟鐻，又做了十二个铜人，以此来削弱百姓的反抗力量。然后劈开华山作为城垣，利用黄河作为护城河，据守高达亿丈的城池，下临深不可测的溪流，作为固守的凭借。优秀的将领、强劲的弓弩手把守要害的地方，忠实的大臣、精锐的士卒摆开锋利的武器，盘问过往行人，天下得到安定。秦始皇的心里，自以为关中地方坚固，就像有千里铜墙铁壁，子孙可以世代做帝王，功业流传千秋万代。

秦始皇已经死了，余威还远震四夷。陈涉是用破瓮做窗户、用绳捆做门轴的穷人家子弟，为人佣耕的农民，而又是流徙之徒，才能赶不上一个中等人，并不具有仲尼、墨翟那样的贤智，陶朱、猗顿那样的财富，跻身于士卒行列之间，从田野间突然奋起发难，率领疲惫散乱的士卒，带着几百个徒众，转身攻秦。砍断树木作为兵器，高举竹竿当作旗帜，天下百姓像云一样聚集起来，回声似的应和他，携带着粮食，如影相随，山东豪杰俊士同时并起，消灭了秦的家族。

且夫天下非小弱也，雍州之地，崤函之固自若也。陈涉之位，非尊于齐、楚、燕、赵、韩、魏、宋、卫、中山之君；钽耰棘矜，非铦于钩戟长铩也；谪戍之众，非抗于九国之师；深谋远虑，行军用兵之道，非及乡时之士也。然而成败异变，功业相反也。试使山东之国与陈涉度长絜大，比权量力，则不可同年而语矣。然秦以区区之地，千乘之权，招八州而朝同列，百有余年矣。然后以六合为家，崤函为宫，一夫作难而七庙隳，身死人手，为天下笑者，何也？仁义不施而攻守之势异也。

秦并海内，兼诸侯，南面称帝，以养四海，天下之士斐然乡风，若是者何也？曰：近古之无王者久矣。周室卑微，五霸既殁，令不行于天下，是以诸侯力政，强侵弱，众暴寡，兵革不休，士民罢敝。今秦南面而王天下，是上有天子也。既元元之民冀得安其性命，莫不虚心而仰上，当此之时，守威定功，安危之本在于此矣。

秦王怀贪鄙之心，行自奋之智，不信功臣，不亲士民，废王道，立私权，禁文书而酷刑法，先诈力而后仁义，以暴虐为天下始。夫并兼者高诈力，安定者贵顺权，此言取与守不同术也。秦离战国而王天下，其道不易，其政不改，是其所以取之守之者无异也。孤独而有之，故其亡可立而待。借使秦王计上世之事，并殷周之迹，以制御其政，后虽有淫骄之主而未有倾危之患也。故三王之建天下，名号显美，功业长久。

【译文】

再说秦国并没有变得弱小，雍州的土地，崤山、函谷关的险固，还是和从前一样。陈涉的地位，并不比齐、楚、燕、赵、韩、魏、宋、卫、中山的君主尊贵；锄头木棍，并不比钩戟长矛锋利；被遣送远方戍守的一群人，并不能与九国的军队相抗衡；深谋远虑，行军用兵的方法，比不上过去的谋士。然而成败情况大不相同，所建立的功业大小截然相反。如果拿山东各诸侯国与陈涉比较长短大小，衡量权势和力量，则是不能相提并论的。秦凭借一块小小的领土，一千辆兵车的力量，招致八州诸侯国，使与自己地位同等的诸侯来秦朝见，（这种情况）已有一百多年。然后把天地四方当成自己的家私，用崤山、函谷关作为宫垣，（但是）一人发难，宗庙全部毁灭，生命死在别人手中，被天下人笑话，这是为什么呢？是因为不施行仁政，进攻防守的形势发生了变化。

秦国统一了四海之内，兼并了各国诸侯，南面称帝，来供养海内百姓，天下之士闻风倾服，如此局面是什么原因呢？可以回答说："这是因为近古以来很长时间没有帝王的缘故。"周室衰微，五霸已经去世，天子政令在全国不能下达，因此诸侯使用武力进行征伐，强国侵略弱国，人口多的欺压人口少的，战争连绵不断，百姓疲敝。现在秦王南面而坐，称王天下，是在上面有了一个天子。凡是庶民百姓都希望能人生安定，没有不虚心敬仰天子的。在这个时候，保持威势，巩固功业，国家安危的关键就在这里。

秦始皇怀着贪婪卑鄙的心理，运用一己私智，不信任功臣，不亲近士民，废弃仁义治国的原则，树立个人的权威，禁止典籍流传，使刑法残酷，以权术暴力为先，以仁义为后，把暴虐作为统治天下的开端。兼并天下的人崇尚权术暴力，安定天下的人重视顺应民心，知权达变，这就是说攻取征战和持盈守成在方法上是不同的。秦摆脱了战国纷争的局面，称王天下，它的统治原则没有更替，它的政令没有改变，它用以创业和守业的方法没有什么差异。秦始皇（没有分封子弟功臣）孤单一人占有天下，所以他很快地灭亡了。假使秦始皇能够考虑一下上古的事情，以及殷、周兴衰的踪迹，来制定和实行他的政策，后世虽然有骄奢淫逸的君主，也不会出现危亡之患。所以三王建立国家，名号显扬而完美，功业传世长久。

今秦二世立，天下莫不引领而观其政。夫寒者利裋褐而饥者甘糟糠，天下之嗷嗷，新主之资也。此言劳民之易为仁也。乡使二世有庸主之行，而任忠贤，臣主一心而忧海内之患，缟素而正先帝之过，裂地分民以封功臣之后，建国立君以礼天下，虚囹圄而免刑戮，除去收帑污秽之罪，使各反其乡里，发仓廪，散财币，以振孤独穷困之士，轻赋少事，以佐百姓之急，约法省刑以持其后，使天下之人皆得自新，更节修行，各慎其身，塞万民之望，而以威德与天下，天下集矣。即四海之内，皆欢然各自安乐其处，唯恐有变，虽有狡猾之民，无离上之心，则不轨之臣无以饰其智，而暴乱之奸止矣。二世不行此术，而重之以无道，坏宗庙与民，更始作阿房宫，繁刑严诛，吏治刻深，赏罚不当，赋敛无度，天下多事，吏弗能纪，百姓困穷而主弗收恤。然后奸伪并起，而上下相遁，蒙罪者众，刑戮相望于道，而天下苦之。自君卿以下至于众庶，人怀自危之心，亲处穷苦之实，咸不安其位，故易动也。是以陈涉不用汤武之贤，不藉公侯之尊，奋臂于大泽而天下响应者，其民危也。故先王见始终之变，知存亡之机，是以牧民之道，务在安之而已。天下虽有逆行之臣，必无响应之助矣。故曰"安民可与行义，而危民易与为非"，此之谓也。贵为天子，富有天下，身不免于戮杀者，正倾非也。是二世之过也。

【译文】

如今秦二世即位，天下百姓无不伸长脖子来观察他的政令。挨冷受冻的人有件粗布短衣就很满意，饥饿难忍的人觉得糟糠也是甜美的，天下百姓饥寒哀吟，正是新皇帝（治国安民）的资本。这就是所谓对于劳苦的民众容易实行仁政。如果过去二世具有一般君主的德行，而任用忠臣贤士，君臣同心，把天下百姓的苦难挂在心上，在穿着丧服的时候就纠正先帝的错误，割裂疆土，划分民户，分封给功臣的后裔，让他们创立诸侯王国，设置君主，用礼制治理天下，使监狱空无一人，百姓免遭刑戮，废除收捕罪人妻子儿子为徒隶和各种污秽的罪名，让罪犯回到他们的家乡，打开贮藏粮食的仓库，散发钱财，用来救济孤独穷困的人，轻徭薄赋，帮助百姓解决困急，减少刑罚，只有等到礼义教化无效时才运用刑罚，使天下百姓都能得到重新做人的机会，改变态度，修养品德，每人都谨慎地立身处世，满足千千万万民众的愿望，使用威震天下的仁德来治理全国，全国就会安定了。那么四海之内，都欢欢喜喜，各自安居乐业，唯恐发生变化，虽然有狡诈顽猾的人，天下百姓也没有背叛皇帝的想法，（这样，）行为不轨的大臣就无法掩饰他的阴谋诡计，不再发生暴乱一类的邪恶事件。二世不实行这种治国方法，而是更加暴虐无道，损害国家和人民，又开始修筑阿房宫，刑罚繁细，严于诛杀，官吏处置事情刻薄残酷，赏罚不当，无限制地征收赋税，天下事情繁多，官吏都不能全部办理，百姓穷困，而君主不去安抚救济。于是奸诈邪伪的事情一起爆发，上下互相隐瞒，获罪的人很多，受刑被杀的人充塞道路，天下百姓痛苦不堪。从卿相以下至于庶民百姓，人人怀着自危的心情，亲身处于穷困苦难的境地，都不安心自己的地位，所以很容易动摇。陈涉不必利用商汤、周武王那样优秀的才能和德行，不必凭借公侯一样尊贵的地位，在大泽乡奋臂而起，天下响应，这是由于百姓心怀危惧的缘故。古代先王洞察事物从始至终的变化，知道国家存亡的契机，因此，统治人民的原则，在于尽力使人民安定而已。（这样，）天下虽然有倒行逆施的臣子，但一定不会得到人民的响应和帮助。所以常言说“生活安定的人民可以和他们一起奉公守法，而危惧不安的人民容易和他们一起为非作歹”，就是说的这个道理。贵为天子，拥有天下的财富，自身没有免遭杀害，是因为挽救危亡的方法不正确。这是二世的错误。

襄公立，享国十二年。初为西畤。葬西垂。生文公。

文公立，居西垂宫。五十年死，葬西垂。生静公。

静公不享国而死。生宪公。

宪公享国十二年，居西新邑。死，葬衙。生武公、德公、出子。

出子享国六年，居西陵。庶长弗忌、威累、参父三人，率贼贼出子鄙衍，葬衙。武公立。

武公享国二十年。居平阳封宫。葬宣阳聚东南。三庶长伏其罪。德公立。

德公享国二年。居雍大郑宫。生宣公、成公、缪公。葬阳。初伏，以御蛊。

宣公享国十二年。居阳宫。葬阳。初志闰月。

成公享国四年。居雍之宫。葬阳。齐伐山戎、孤竹。

缪公享国三十九年。天子致霸。葬雍。缪公学著人。生康公。

康公享国十二年。居雍高寝。葬竘社。生共公。

共公享国五年。居雍高寝。葬康公南。生桓公。

桓公享国二十七年。居雍太寝。葬义里丘北。生景公。

景公享国四十年。居雍高寝。葬丘里南。生毕公。

毕公享国三十六年。葬车里北。生夷公。

【译文】

襄公即位，在位十二年。开始修建西畤。襄公埋葬在西垂。生了文公。

文公即位，居住在西垂宫。在位五十年死去，埋葬在西垂。生了静公。

静公没有即位就死了。生了宪公。

宪公在位十二年，居住在西新邑。死后埋葬在衙邑。生了武公、德公、出子。

出子在位六年，居住在西陵。庶长弗忌、威累、参父三个人，率领盗贼在鄙衍把出子杀害了，埋葬在衙邑。武公嗣立。

武公在位二十年。居住在平阳封宫。埋葬在宣阳聚东南。三个庶长伏法被诛。德公嗣立。

德公在位二年。居住在雍邑大郑宫。生了宣公、成公、缪公。埋葬在阳邑。开始规定三伏节令，在城郭四门杀狗，禳除暑热瘟疫。

宣公在位十二年。居住在阳宫。埋葬在阳邑。开始记载闰月。

成公在位四年，居住在雍邑的宫殿里。埋葬在阳邑。齐国讨伐山戎、孤竹。

缪公在位三十九年。天子给予霸主的地位。埋葬在雍邑地区。缪公向宫殿门屏之间的守卫人员学习。生了康公。

康公在位十二年。居住在雍邑高寝。埋葬在竘社。生了共公。

共公在位五年。居住在雍邑高寝。埋葬在康公南面。生了桓公。

桓公在位二十七年。居住在雍邑太寝。埋葬在义里丘北面。生了景公。

景公在位四十年。居住在雍邑高寝。埋葬在丘里南面。生了毕公。

毕公在位三十六年。埋葬在车里北面。生了夷公。

夷公不享国死，葬左宫。生惠公。

惠公享国十年。葬车里。生悼公。

悼公享国十五年。葬僖公西。城雍。生剌龚公。

剌龚公享国三十四年。葬入里。生躁公、怀公。其十年，彗星见。

躁公享国十四年。居受寝。葬悼公南。其元年，彗星见。

怀公从晋来。享国四年。葬栎圉氏。生灵公。诸臣围怀公，怀公自杀。

肃灵公，昭子子也。居泾阳。享国十年。葬悼公西。生简公。

简公从晋来。享国十五年。葬僖公西。生惠公。其七年，百姓初带剑。

惠公享国十三年。葬陵圉。生出公。

出公享国二年。出公自杀，葬雍。

献公享国二十三年。葬嚣圉。生孝公。

孝公享国二十四年。葬弟圉。生惠文王。其十三年，始都咸阳。

惠文王享国二十七年。葬公陵。生悼武王。

悼武王享国四年。葬永陵。

昭襄王享国五十六年。葬茝阳。生孝文王。

孝文王享国一年。葬寿陵。生庄襄王。

庄襄王享国三年。葬茝阳。生始皇帝。吕不韦相。

【译文】

夷公没有即位就死了，埋葬在左宫。生了惠公。

惠公在位十年。埋葬在车里。生了悼公。

悼公在位十五年。埋葬在僖公西面。在雍邑筑城。生了剌龚公。

剌龚公在位三十四年。埋葬在入里。生了躁公、怀公。剌龚公十年，彗星出现。

躁公在位十四年。居住受寝。埋葬在悼公南面。躁公元年，彗星出现。

怀公从晋国返回。在位四年。埋葬在栎圉。生了灵公。群臣围攻怀公，怀公自杀。

肃灵公是昭子的儿子。居住泾阳。在位十年。埋葬在悼公西面。生了简公。

简公从晋国返回。在位十五年。埋葬在僖公西面。生了惠公。简公七年，百姓开始佩带剑器。

惠公在位十三年。埋葬在陵圉。生了出公。

出公在位二年。出公自杀，埋葬在雍邑。

献公在位二十三年。埋葬在嚣圉。生了孝公。

孝公在位二十四年。埋葬在弟圉。生了惠文王。孝公十三年，开始建都咸阳。

惠文王在位二十七年。埋葬在公陵。生了悼武王。

悼武王在位四年。埋葬在永陵。

昭襄王在位五十六年。埋葬在茝阳。生孝文王。

孝文王在位一年。埋葬在寿陵。生了庄襄王。

庄襄王在位三年。埋葬在茝阳。生了始皇帝。吕不韦为丞相。

献公立七年，初行为市。十年，为户籍相伍。

孝公立十六年，时桃李冬华。

惠文王生十九年而立。立二年，初行钱。有新生婴儿曰“秦且王”。

悼武王生十九年而立。立三年，渭水赤三日。

昭襄王生十九年而立。立四年，初为田开阡陌。

孝文王生五十三年而立。

庄襄王生三十二年而立。立二年，取太原地。庄襄王元年，大赦，修先王功臣，施德厚骨肉，布惠于民。东周与诸侯谋秦，秦使相国不韦诛之，尽入其国。秦不绝其祀，以阳人地赐周君，奉其祭祀。

始皇享国三十七年。葬郦邑。生二世皇帝。始皇生十三年而立。

二世皇帝享国三年。葬宜春。赵高为丞相安武侯。二世生十二年而立。

右秦襄公至二世，六百一十岁。

孝明皇帝十七年十月十五日乙丑，曰：

周历已移，仁不代母。秦直其位，吕政残虐。然以诸侯十三，并兼天下，极情纵欲，养育宗亲。三十七年，兵无所不加，制作政令，施于后王。盖得圣人之威，河神授图，据狼、狐，蹈参、伐，佐政驱除，距之称始皇。

【译文】

献公即位第七年，开始设置市场，进行贸易。十年，建立户籍，按五家为一伍进行编制。

孝公即位第十六年，当时桃树李树在冬天开花。

惠文王生后十九年即位。即位第二年，开始铸造发行钱币。有一个刚生下来的婴儿说“秦国将要称王天下”。

悼武王生后十九年即位。即位第三年，渭水红了三天。

昭襄王生后十九年即位。即位第四年，开始在耕地上设置新田界。

孝文王生后五十三年即位。

庄襄王生后三十二年即位。即位第二年，攻取了太原地区。庄襄王元年，大赦天下，崇敬先王的功臣，广施恩德，亲厚宗室骨肉，播惠于百姓。东周和各国诸侯图谋秦国，秦国派相国吕不韦消灭了东周，兼并了它的国土。秦国不断绝它的祭祀，把阳人地区赐予周君，在那里奉事周先祖的祭祀。

始皇在位三十七年。埋葬在郦邑。生了二世皇帝。始皇生后十三年即位。

二世皇帝在位三年。埋葬在宜春。赵高为丞相，封安武侯。二世生后十二年即位。

从秦襄公至秦二世，共六百一十年。

孝明皇帝十七年十月十五日乙丑，班固说：

周朝的历数已经过去了，按照仁德规范，处在子位的王朝不能代替母位王朝的位置。（秦对周来说，应处在子位，）它却自居母位，（成为历史发展规律以外的一个多余的王朝，因此，）吕政为政残酷暴虐。然而却能以十三岁的一个诸侯，兼并了天下，放纵私欲，抚养宗族。三十七年之间，兵锋无所不至，制定政令，传给以后的帝王。他大概得到了圣人的神威，河神给了他图录，身据狼、狐，脚踏参、伐，上天帮助他驱除天下，最后终于（统一天下），号称始皇。

始皇既殁，胡亥极愚，郦山未毕，复作阿房，以遂前策。云"凡所为贵有天下者，肆意极欲，大臣至欲罢先君所为"。诛斯、去疾，任用赵高。痛哉言乎！人头畜鸣。不威不伐恶，不笃不虚亡，距之不得留，残虐以促期，虽居形便之国，犹不得存。

子婴度次得嗣，冠玉冠，佩华绂，车黄屋，从百司，谒七庙。小人乘非位，莫不怳忽失守，偷安日日，独能长念却虑，父子作权，近取于户牖之间，竟诛猾臣，为君讨贼。高死之后，宾婚未得尽相劳，餐未及下咽，酒未及濡唇，楚兵已屠关中，真人翔霸上，素车婴组，奉其符玺，以归帝者。郑伯茅旌鸾刀，严王退舍。河决不可复壅，鱼烂不可复全。贾谊、司马迁曰："向使婴有庸主之才，仅得中佐，山东虽乱，秦之地可全而有，宗庙之祀未当绝也。"秦之积衰，天下土崩瓦解，虽有周旦之材，无所复陈其巧，而以责一日之孤，误哉！俗传秦始皇起罪恶，胡亥极，得其理矣。复责小子，云秦地可全，所谓不通时变者也。纪季以酅，《春秋》不名。吾读《秦纪》，至于子婴车裂赵高，未尝不健其决，怜其志。婴死生之义备矣。

【译文】

始皇死后，胡亥极其愚蠢，郦山工程还没有结束，又去继续修建阿房宫，来完成以前始皇遗留下来的计划。说什么"凡是尊贵而掌握了天下的人，应随心所欲，为所欲为，大臣们竟然想废除先君所做的事情”。他杀死了李斯、冯去疾，任用赵高。二世说的话，真是令人痛心啊！长着人头，说的话却像畜生在叫唤。不凭借帝王威势就不能夸耀自己的邪恶，邪恶不积累很多就不会轻易灭亡，到了君位无法保持时，残酷暴虐使他在位时间更加短促，虽然占据地形有利的国土，还是不能存身立国。

子婴按照次序嗣立为王，头戴玉冠，身佩华丽的系印丝带，车子使用黄缯作盖里，身后随从百官，拜谒列祖的灵庙。如果小人登上不符合自己身份的位子，都会恍恍惚惚，若有所失，天天苟且偷安，而子婴却能作长远打算，排除忧虑，父子使用计谋，就近在门户之内，竟然杀死了狡猾的奸臣，替已死的皇帝诛戮了这个贼子。赵高死后，宾亲姻娅还没有全部慰劳，饭还没有来得及咽下去，酒还没有来得及沾着嘴唇，楚国士卒已经屠戮关中，仙人翔至霸上，子婴素车白马，用丝带系着脖子，捧着他的符节和印玺，来归降真正的皇帝。真有点像当年郑伯左持茅旌、右执鸾刀，楚庄王后撤七里。黄河决口不能再堵塞，鱼腐烂了不能再使它完整。贾谊、司马迁说：“如果当时子婴具有一般君主的能力，只要得到中等才能的辅佐大臣，山东虽然叛乱，秦国故地还是可以保全的，宗庙祭祀不会断绝。”秦国的衰败局面是日久天长积聚而成，天下土崩瓦解，虽然有周旦这样的人才，也无法再施展他的聪明才智，去责备即位短暂的一个君主，那是错误的！民间流传一种说法，认为罪恶起源于秦始皇，胡亥时登峰造极，这一看法是有道理的。贾谊、司马迁又责备子婴，说是秦国故地可以保全，这就是所谓的不懂得形势变化的人。（齐国将要吞灭纪国，）纪季把酅邑送给齐国，（成为齐国的附庸，使纪国的宗庙祭祀保存下来，）《春秋》赞美他，（记载这件事时，）不直呼其名。（纪季就是一个通权达变的人。）我读《秦纪》，读到子婴车裂赵高，未尝不认为他决断果敢且雄武，对他的心意表示同情。子婴就死生大义而言，是很完备的。

项羽本纪

项籍者，下相人也，字羽。初起时，年二十四。其季父项梁，梁父即楚将项燕，为秦将王翦所戮者也。项氏世世为楚将，封于项，故姓项氏。

项籍少时，学书不成，去学剑，又不成。项梁怒之。籍曰：“书足以记名姓而已。剑一人敌，不足学，学万人敌。”于是项梁乃教籍兵法，籍大喜，略知其意，又不肯竟学。项梁尝有栎阳逮，乃请蕲狱掾曹咎书抵栎阳狱掾司马欣，以故事得已。项梁杀人，与籍避仇于吴中。吴中贤士大夫皆出项梁下。每吴中有大繇役及丧，项梁尝为主办，阴以兵法部勒宾客及子弟，以是知其能。秦始皇帝游会稽，渡浙江，梁与籍俱观。籍曰："彼可取而代也。"梁掩其口，曰："毋妄言，族矣！"梁以此奇籍。籍长八尺余，力能扛鼎，才气过人，虽吴中子弟皆已惮籍矣。

【译文】

项籍是下相人，字羽。开始起兵时二十四岁。他的叔父是项梁，项梁的父亲就是楚军将领项燕，是被秦将王翦杀掉的。项氏世世代代为楚将，封在项，所以姓项。

项籍年少时，学习读书认字没有成就，就去学剑，又没学成。项梁很生他的气。项籍说："字只不过用来记住姓名而已。剑也只能抵敌一人，不值得学，要学能抵抗万人的。"于是项梁就教项籍兵法，项籍非常高兴，粗略地知道了兵法大意，但又不肯认真学完。项梁曾因栎阳罪案受到牵连，就请蕲县狱掾曹咎写信给栎阳狱掾司马欣，因此事情得到了结。项梁杀了人，和项籍到吴中躲避仇家。吴中有才能的士大夫都比不上项梁。每当吴中有大规模的徭役和丧葬，项梁常常主持办理，暗中用兵法部署调度宾客和子弟，因此了解了每个人的能力。秦始皇帝巡游会稽，渡过浙江，项梁和项籍一同去观看。项籍说："那个皇帝，我可以取而代之。"项梁捂住他的嘴，说："别胡说，会灭族的！"项梁因此认为项籍是奇才。项籍身高八尺多，力能扛鼎，才气过人，连吴中子弟也都已经畏惧项籍。

秦二世元年七月，陈涉等起大泽中。其九月，会稽守通谓梁曰："江西皆反，此亦天亡秦之时也。吾闻先即制人，后则为人所制。吾欲发兵，使公及桓楚将。"是时桓楚亡在泽中。梁曰："桓楚亡，人莫知其处，独籍知之耳。"梁乃出，诫籍持剑居外待。梁复入，与守坐，曰："请召籍，使受命召桓楚。"守曰："诺。"梁召籍入。须臾，梁眴籍曰："可行矣！"于是籍遂拔剑斩守头。项梁持守头，佩其印绶。门下大惊，扰乱，籍所击杀数十百人。一府中皆慴伏，莫敢起。梁乃召故所知豪吏，谕以所为起大事，遂举吴中兵。使人收下县，得精兵八千人。梁部署吴中豪杰为校尉、候、司马。有一人不得用，自言于梁。梁曰："前时某丧使公主某事，不能办，以此不任用公。”众乃皆伏。于是梁为会稽守，籍为裨将，徇下县。

广陵人召平于是为陈王徇广陵，未能下。闻陈王败走，秦兵又且至，乃渡江矫陈王命，拜梁为楚王上柱国。曰：“江东已定，急引兵西击秦。”项梁乃以八千人渡江而西。闻陈婴已下东阳，使使欲与连和俱西。陈婴者，故东阳令史，居县中，素信谨，称为长者。东阳少年杀其令，相聚数千人，欲置长，无适用，乃请陈婴。婴谢不能，遂强立婴为长，县中从者得二万人。少年欲立婴便为王，异军苍头特起。陈婴母谓婴曰：“自我为汝家妇，未尝闻汝先古之有贵者。今暴得大名，不祥。不如有所属，事成犹得封侯，事败易以亡，非世所指名也。”婴乃不敢为王。谓其军吏曰：“项氏世世将家，有名于楚。今欲举大事，将非其人，不可。我倚名族，亡秦必矣。”于是众从其言，以兵属项梁。项梁渡淮，黥布、蒲将军亦以兵属焉。凡六七万人，军下邳。

【译文】

秦二世元年七月，陈涉等在大泽乡起义。这一年九月，会稽郡守殷通对项梁说“江西都造反了，这也是上天灭亡秦朝的时候。我听说先发则能制人，后发则为人所制。我想发兵，派你和桓楚带领。”当时桓楚逃亡在湖泽之中。项梁说：“桓楚亡匿在外，人们不知道他的下落，只有项籍知道。”项梁走出来，吩咐项籍持剑在外面等候。项梁又走进去，与郡守一块儿坐着。项梁说：“请允许我叫项籍进来，让他接受命令召回桓楚。”郡守说：“好吧。”项梁招呼项籍进来。不一会儿，项梁使眼色给项籍说：“可以行动了！”于是项籍拔出剑来砍掉了郡守的脑袋。项梁拿着郡守的脑袋，身上系着郡守的官印。郡守的侍从护卫大为惊慌，一片混乱，项籍杀死了百十来人。全府中的人都慌惧畏服，没有人敢动手反抗。项梁就召集昔日所熟悉的有胆识的府吏，把所要做的起兵反秦这件事情向大家讲清楚，于是征集吴中士卒起义。派人搜罗下属各县丁壮，得到精兵八千人。项梁安排吴中豪杰为校尉、侯、司马。有一人没有得到任用，自己去向项梁申述。项梁说：“前些时候有一丧事，让你主办一件事，你不能办，因此不能任用你。”大家都很佩服项梁。于是项梁任会稽郡守，项籍任裨将。镇抚下属县邑。

广陵人召平这时在为陈王争夺广陵，没能攻下。听说陈王败逃，秦军又要来到，于是渡过长江假托陈王的命令，任命项梁为楚王上柱国。

说："江东已经平定，赶快引兵西进攻打秦军。"项梁就以八千人渡江向西进发。他听说陈婴已经攻下东阳，便派遣使者，想要与陈婴联合西进。陈婴这个人，是原来的东阳令史，在县里一向诚实谨慎，人们称之为忠厚长者。东阳的青年杀死了他们的县令，聚合了几千人，想要选出一个首领，没有找到可用的人，就请陈婴来担任。陈婴推辞说不能胜任，大家就强行推立他做首领，县中随从的有两万人。青年们打算推举陈婴就便称王，士兵为了同其他各路军队相区别，头上裹以青巾，表示异军突起。陈婴的母亲对陈婴说："自从我做了你们陈家的媳妇，未曾听说你的前辈有过高官贵爵。现在突然得到很大的名声，不是好兆头。不如有所归属，事情成功了，犹能得到封侯；事情失败了，也容易逃脱，因为不是社会上指名道姓的人。"因此陈婴不敢为王。对他的军吏说："项家世代为将，有名于楚。现在想要干成大事，将帅不得其人不行。我们依附名门大族，一定能使秦朝灭亡。"于是大家听从了他的话，把军队归属项梁。项梁渡过淮水，黥布、蒲将军也率军归附。项梁共有六七万人，驻扎在下邳。

当是时，秦嘉已立景驹为楚王，军彭城东，欲距项梁。项梁谓军吏曰："陈王先首事，战不利，未闻所在。今秦嘉倍陈王而立景驹，逆无道。"乃进兵击秦嘉。秦嘉军败走，追之至胡陵。嘉还战一日，嘉死，军降。景驹走死梁地。项梁已并秦嘉军，军胡陵，将引军而西。章邯军至栗，项梁使别将朱鸡石、余樊君与战。余樊君死。朱鸡石军败，亡走胡陵。项梁乃引兵入薛，诛鸡石。项梁前使项羽别攻襄城，襄城坚守不下。已拔，皆坑之。还报项梁。项梁闻陈王定死，召诸别将会薛计事。此时沛公亦起沛，往焉。

居鄛人范增，年七十，素居家，好奇计，往说项梁曰："陈胜败固当。夫秦灭六国，楚最无罪。自怀王入秦不反，楚人怜之至今，故楚南公曰'楚虽三户，亡秦必楚'也。今陈胜首事，不立楚后而自立，其势不长。今君起江东，楚蜂午之将皆争附君者，以君世世楚将，为能复立楚之后也。"于是项梁然其言，乃求楚怀王孙心民间，为人牧羊，立以为楚怀王，从民所望也。陈婴为楚上柱国，封五县，与怀王都盱台。项梁自号为武信君。

居数月，引兵攻亢父，与齐田荣、司马龙且军救东阿，大破秦军于东阿。田荣即引兵归，逐其王假。假亡走楚。假相田角亡走赵。角弟田间故齐将，居赵不敢归。田荣立田儋子市为齐王。项梁已破东阿下军，遂追秦军。数使使趣齐兵，欲与俱西。田荣曰：“楚杀田假，赵杀田角、田间，乃发兵。”项梁曰：“田假为与国之王，穷来从我，不忍杀之。”赵亦不杀田角、田间以市于齐。齐遂不肯发兵助楚。项梁使沛公及项羽别攻城阳，屠之。西破秦军濮阳东，秦兵收入濮阳。沛公、项羽乃攻定陶。定陶未下，去，西略地至雍丘，大破秦军，斩李由。还攻外黄，外黄未下。

【译文】

这时，秦嘉已立景驹为楚王，驻扎在彭城东面，想要抵挡项梁。项梁对军吏说：“陈王首先起事，作战不利，不知道下落。现在秦嘉背叛陈王而立景驹，大逆不道。”项梁就进兵攻打秦嘉。秦嘉的军队败逃，项梁追到胡陵。秦嘉回军打了一天，秦嘉阵亡，士卒投降。景驹逃走，死在梁地。项梁已经合并了秦嘉的军队，驻扎在胡陵，将要引军西进。章邯的军队到达栗县，项梁派别将朱鸡石、余樊君和他交战。余樊君战死，朱鸡石军败，逃跑到胡陵。项梁便带兵进入薛县，杀了朱鸡石。项梁在这之前派项羽另率一军攻打襄城，襄城坚守不降。攻克以后，全部坑杀了守城军民，回来报告项梁。项梁听说陈王确实死了，召集各路将领会合到薛县商讨大事。这时沛公也起兵于沛，前往薛县。

居鄛人范增，七十岁了，平常住在家里，好出奇计，去游说项梁道：“陈胜失败本来是应该的。秦灭六国，楚国最没有过错。自从楚怀王入秦不返，楚人至今还十分想念他。所以楚南公说‘楚国即使只有几户人家，也能灭掉秦国’。如今陈胜首先起事，没有立楚国的后裔而自立为王，他的局面不会长久。现在你起兵江东，楚地将领有如群蜂纵横，都争先恐后地归附你的缘故，是因为项家世代为楚将，能够再立楚国的后裔。”项梁认为他说的对，就在民间寻访到了楚怀王的孙子心，他在给人放羊，项梁立他为楚怀王，顺从人民的愿望。陈婴为楚上柱国，封地有五个县，和楚怀王一起，建都盱台。项梁自称为武信君。

过了几个月，项梁带兵攻打亢父，与齐田荣、司马龙且的军队一起援救东阿，在东阿大败秦军。田荣率军回到旧地，赶跑了齐王田假。田假逃到楚国。田假的相国田角逃到赵国。田角的弟弟田间原来是齐国的将领，留在赵国不敢回去。田荣立了田儋的儿子田市为齐王。项梁已经打垮了东阿方面的秦军，于是乘胜追击。屡次派遣使者催促齐国军队，打算与他联兵西进。田荣说："楚国杀了田假，赵国杀了田角、田间，我就出兵。"项梁说："田假是楚国友好国家的国王，走投无路才来依附我，不忍心杀他。"赵国也不杀田角、田间，作为与齐交换的条件。于是齐国不肯发兵帮助楚国。项梁派沛公和项羽另率一支军队攻打城阳，屠毁了县城。向西在濮阳东面击破了秦军，秦军收兵进入濮阳。沛公、项羽就攻打定陶。没有攻下定陶，率军离去，西进略地，到达雍丘，大破秦军，杀了李由。回军攻打外黄，没有攻下来。

项梁起东阿，西，比至定陶，再破秦军，项羽等又斩李由，益轻秦，有骄色。宋义乃谏项梁曰："战胜而将骄卒惰者败。今卒少惰矣，秦兵日益，臣为君畏之。"项梁弗听。乃使宋义使于齐。道遇齐使者高陵君显，曰："公将见武信君乎？"曰："然。"曰："臣论武信君军必败。公徐行即免死，疾行则及祸。"秦果悉起兵益章邯，击楚军，大破之定陶，项梁死。沛公、项羽去外黄攻陈留，陈留坚守不能下。沛公、项羽相与谋曰："今项梁军破，士卒恐。"乃与吕臣军俱引兵而东。吕臣军彭城东，项羽军彭城西，沛公军砀。

章邯已破项梁军，则以为楚地兵不足忧，乃渡河击赵，大破之。当此时，赵歇为王，陈余为将，张耳为相，皆走入钜鹿城。章邯令王离、涉间围钜鹿，章邯军其南，筑甬道而输之粟。陈余为将，将卒数万人而军钜鹿之北，此所谓河北之军也。

楚兵已破于定陶，怀王恐，从盱台之彭城，并项羽、吕臣军自将之。以吕臣为司徒，以其父吕青为令尹。以沛公为砀郡长，封为武安侯，将砀郡兵。

初，宋义所遇齐使者高陵君显在楚军，见楚王曰："宋义论武信君之军必败，居数日，军果败。兵未战而先见败征，此可谓知兵矣。"王召宋义与计事而大说之，因置以为上将军；项羽为鲁公，为次将，范增为末将，救赵。诸别将皆属宋义，号为卿子冠军。

【译文】

项梁从东阿出发，向西，等到达定陶，再次打败秦军，项羽等又杀死了李由，因此越发轻视秦军，有骄傲之色。宋义就劝项梁说："打了胜仗而将领骄傲、士卒懈怠的就要失败。现在士卒稍有懈怠，秦兵日益增多，我替你担心。”项梁不听劝告。就派宋义出使齐国。路上遇到齐国使者高陵君显，问他：“你将要去见武信君吗？”回答说：“是的。”宋义说：“我断定武信君的军队一定失败。你慢走就可以免死，快走就要遭殃。”秦果然发动全部兵力增援章邯，攻打楚军，大破楚军于定陶，项梁战死。沛公、项羽离开外黄攻打陈留，陈留坚兵固守，不能攻下。沛公、项羽互相商量说：“如今项梁的军队垮了，士卒恐惧。”于是就领兵同吕臣的军队一起向东进发。吕臣驻扎在彭城东面，项羽驻扎在彭城西面，沛公驻扎在砀。

章邯已经打垮了项梁的军队，以为楚地的敌人不用担心了，就渡过黄河攻打赵地，大破赵军。这个时候，赵歇为赵王，陈余为将，张耳为相，都跑进了钜鹿城。章邯命令王离、涉间围攻钜鹿，章邯驻扎在钜鹿南面，修筑甬道输送粮食。陈余作为将领，统率士卒数万人驻扎在钜鹿的北面，这就是所说的河北之军。

楚军已在定陶被打败，怀王害怕，从盱台来到彭城，合并项羽、吕臣的军队亲自统率。任命吕臣为司徒，任命吕臣的父亲吕青为令尹。任命沛公为砀郡长，封为武安侯，统率砀郡的军队。

以前宋义所遇到的齐国使者高陵君显还在楚国的军队里，他见到楚怀王说：“宋义断定武信君的军队一定失败，过了几天，他的军队果然失败了。军队没有开战而先看到了失败的征兆，这可说是懂得军事了。”楚怀王召见宋义，和他商量事情，大为高兴，因此委任他为上将军；项羽为鲁公，担任次将，范增为末将，去援救赵国。各路别将都统属于宋义，宋义号为卿子冠军。

行至安阳，留四十六日不进。项羽曰：“吾闻秦军围赵王钜鹿，疾引兵渡河，楚击其外，赵应其内，破秦军必矣。”宋义曰：“不然。夫搏牛之虻不可以破虮虱。今秦攻赵，战胜则兵罢，我承其敝；不胜，则我引兵鼓行而西，必举秦矣。故不如先斗秦赵。夫被坚执锐，义不如公；坐而运策，公不如义。”因下令军中曰：“猛如虎，狠如羊，贪如狼，强不可使者，皆斩之。”乃遣其子宋襄相齐，身送之至无盐，饮酒高会。天寒大雨，士卒冻饥。项羽曰：“将戮力而攻秦，久留不行。今岁饥民贫，士卒食芋菽，军无见粮，乃饮酒高会，不引兵渡河因赵食，与赵并力攻秦，乃曰‘承其敝’。夫以秦之强，攻新造之赵，其势必举赵。赵举而秦强，何敝之承！且国兵新破，王坐不安席，埽境内而专属于将军，国家安危，在此一举。

今不恤士卒而徇其私，非社稷之臣。”项羽晨朝上将军宋义，即其帐中斩宋义头，出令军中曰：“宋义与齐谋反楚，楚王阴令羽诛之。”当是时，诸将皆慑服，莫敢枝梧。皆曰：“首立楚者，将军家也。今将军诛乱。”乃相与共立羽为假上将军。使人追宋义子，及之齐，杀之。使桓楚报命于怀王。怀王因使项羽为上将军，当阳君、蒲将军皆属项羽。

项羽已杀卿子冠军，威震楚国，名闻诸侯。乃遣当阳君、蒲将军将卒二万渡河，救钜鹿。战少利，陈余复请兵。项羽乃悉引兵渡河，皆沉船，破釜甑，烧庐舍，持三日粮，以示士卒必死，无一还心。于是至则围王离，与秦军遇，九战，绝其甬道，大破之，杀苏角，虏王离。涉间不降楚，自烧杀。当是时，楚兵冠诸侯。诸侯军救钜鹿下者十余壁，莫敢纵兵。及楚击秦，诸将皆从壁上观。楚战士无不一以当十，楚兵呼声动天，诸侯军无不人人惴恐。于是已破秦军，项羽召见诸侯将，入辕门，无不膝行而前，莫敢仰视。项羽由是始为诸侯上将军，诸侯皆属焉。

章邯军棘原，项羽军漳南，相持未战。秦军数却，二世使人让章邯。章邯恐，使长史欣请事。至咸阳，留司马门三日，赵高不见，有不信之心。长史欣恐，还走其军，不敢出故道，赵高果使人追之，不及。欣至军，报曰：“赵高用事于中，下无可为者。今战能胜，高必嫉妒吾功；战不能胜，不免于死。愿将军孰计之。”陈余亦遗章邯书曰：“白起为秦将，南征鄢、郢，北阬马服，攻城略地，不可胜计，而竟赐死。蒙恬为秦将，北逐戎人，开榆中地数千里，竟斩阳周。何者？功多，秦不能尽封，因以法诛之。今将军为秦将三岁矣，所亡失以十万数，而诸侯并起滋益多。彼赵高素谀日久，今事急，亦恐二世诛之，故欲以法诛将军以塞责，使人更代将军以脱其祸。夫将军居外久，多内却，有功亦诛，无功亦诛。且天之亡秦，无愚智皆知之。今将军内不能直谏，外为亡国将，孤特独立而欲常存，岂不哀哉！将军何不还兵与诸侯为从，约共攻秦，分王其地，南面称孤；此孰与身伏𫓧质，妻子为僇乎？”章邯狐疑，阴使候始成使项羽，欲约。约未成，项羽使蒲将军日夜引兵度三户，军漳南，与秦战，再破之。项羽悉引兵击秦军污水上，大破之。

【译文】

走到安阳，停留四十六天而不前进。项羽说：“我听说秦军把赵王围在钜鹿，赶快带兵渡河，楚军从外面攻打，赵军在内响应，一定能打垮秦军。”宋义说：“不是的。咬牛的牛虻不能伤害虱子。现在秦军攻打赵军，打胜了则兵疲力尽，我们可乘秦军疲惫发动进攻；打不胜，我们就率领军队鸣鼓西进，一定能打垮秦军。所以不如先让秦、赵相斗。身披甲胄，手执利器，冲锋陷阵，宋义不如你；坐下来运筹划策，你不如宋义。”因此向军中下令说：“凶猛如虎，狠戾如羊，贪婪如狼，倔强不听指挥的人，一律斩首。”宋义又派遣他的儿子宋襄去辅助齐国，亲自送他到无盐，摆酒设筵，大会宾客。当时，天寒大雨，士卒冻饿交加。项羽说：“本来打算并力攻秦，却长期停留不进。现在年荒岁饥，人民贫困，士卒只吃半升豆子，食不果腹，军中没有存粮，宋义却还设酒宴，会宾客，不率领军队渡河就地取用赵国的粮食，而说什么‘等待秦军疲惫’。像秦那样强大的兵力，进攻新建立的赵国，形势发展的结果必定是秦军打垮赵国的军队。赵国的军队被打垮了，而秦军更加强大，还有什么疲惫的机会可乘！而且楚军最近被打败，国王坐不安席，把国内的所有兵力都集中起来统属于上将军，国家安危，在此一举。如今不体恤士卒，而徇情营私，不是与国家同休共戚之臣。”项羽早晨参见上将军宋义，就在他的帐幕中割下了宋义的脑袋，出来发令军中说：“宋义和齐国阴谋反楚，楚王秘密命令我杀死他。”这时，将领们都恐惧屈服，没有敢抗拒的。都说：“创建楚国的，是将军一家。现在又是将军处死了叛乱的人。”将领们就共同推立项羽为假上将军。派人去追宋义的儿子，在齐国赶上了，杀死了他。项羽派桓楚向楚怀王报告。楚怀王就让项羽做上将军，当阳君、蒲将军都归项羽节制。

项羽已经杀了卿子冠军，威震楚国，名闻诸侯。他便派遣当阳君、蒲将军带领两万士卒渡河，援救钜鹿。战事稍有胜利，陈余又向项羽请求救兵。项羽就率领全军渡河，凿沉船只，砸破炊具，烧毁营舍，携带三天口粮，用以表示士卒愿拼死决战，没有一个有活着回来的打算。军队一到就围困了王离，与秦军遭遇，打了九仗，截断了秦军的甬道，大破秦军。杀了苏角，俘虏了王离。涉间不向楚军投降，自焚而死。这时候，楚军勇冠诸侯。援救钜鹿的诸侯军有十多个营垒，都不敢纵兵出战。等到楚军攻击秦军时，诸侯将领都在营垒上观战。楚军战士无不以一当十，楚兵喊声震天，诸侯军人人胆战心惊。已经打垮了秦军，项羽召见各诸侯将领，他们进入辕门，无不用膝盖行走，不敢抬头仰视。项羽从此成为诸侯军的上将军，各路诸侯隶属于他。

章邯的军队驻扎在棘原，项羽的军队驻扎在漳水南岸，两军相持，没有交战。秦军几次后撤，二世派人责备章邯。章邯害怕，派长史司马欣去请示。司马欣到了咸阳，在司马门待了三天，赵高仍不接见，有不相信他的意思。长史司马欣心里害怕，急忙逃回军中。他怕有人来追杀，没有敢走原路，赵高果然派人追赶他，没有追上。司马欣到了军中，向章邯报告说："赵高居中用事，下面的人不可能有所作为。如今仗能打赢，赵高必定嫉妒我们的功劳；仗打不赢，免不了被处死。希望将军仔细考虑这件事。"陈余也送给章邯一封信说："白起为秦将，向南攻拔鄢、郢，向北坑杀马服，攻城略地，不可胜数，而最后竟然被赐死。蒙恬为秦将，北逐匈奴，开辟榆中几千里的地域，最终竟然被斩于阳周。为什么呢？功劳太多，秦不能按功行封，因此罗织罪名，用法来杀死他们。现在将军为秦将三年了，所损失的士卒以十万计，而诸侯军同时并起，越来越多。那个赵高一向谄谀，为时已久，眼下形势危急，也怕二世杀他，所以打算用法杀死将军，借以推卸自己的责任，别外派人替代将军，以此来摆脱祸患。将军在外时日已久，朝廷中很多人与你有隔阂，有功也是被杀，无功也是被杀。况且天要亡秦，无论是愚笨的人还是聪明的人全都知道。如今将军在内不能直言规谏，在外为即将灭亡的国家的将领，孑然孤立而想长期存在，岂不可哀！将军何不倒戈与各路诸侯联合，签订和约，共同攻秦，割地为王，南向而坐，称孤道寡；这同自己伏砧受戮，妻子被杀，哪个比较好一些呢？"章邯犹豫不决，暗中派军候始成到项羽营中，想要签署和约。和约没有商妥，项羽让蒲将军昼夜领兵渡过三户津，扎营漳水南岸，与秦军交战，又一次打败了秦军。项羽率领全军士卒在污水上攻击秦军，把秦军打得大败。

章邯使人见项羽，欲约。项羽召军吏谋曰："粮少，欲听其约。"军吏皆曰："善。"项羽乃与期洹水南殷虚上。已盟，章邯见项羽而流涕，为言赵高。项羽乃立章邯为雍王，置楚军中。使长史欣为上将军，将秦军为前行。

到新安。诸侯吏卒异时故繇使屯戍过秦中，秦中吏卒遇之多无状，及秦军降诸侯，诸侯吏卒乘胜多奴虏使之，轻折辱秦吏卒。秦吏卒多窃言曰："章将军等诈吾属降诸侯，今能入关破秦，大善；即不能，诸侯虏吾属而东，秦必尽诛吾父母妻子。"诸将微闻其计，以告项羽。项羽乃召黥布、蒲将军计曰："秦吏卒尚众，其心不服，至关中不听，事必危，不如击杀之，而独与章邯、长史欣、都尉翳入秦。"于是楚军夜击坑秦卒二十余万人新安城南。

行略定秦地。函谷关有兵守关，不得入。又闻沛公已破咸阳，项羽大怒，使当阳君等击关。项羽遂入，至于戏西。沛公军霸上，未得与项羽相见。沛公左司马曹无伤使人言于项羽曰："沛公欲王关中，使子婴为相，珍宝尽有之。"项羽大怒，曰："旦日飨士卒，为击破沛公军！"当是时，项羽兵四十万，在新丰鸿门，沛公兵十万，在霸上。范增说项羽曰："沛公居山东时，贪于财货，好美姬。今入关，财物无所取，妇女无所幸，此其志不在小。吾令人望其气，皆为龙虎，成五采，此天子气也。急击勿失。"

【译文】

章邯派人去见项羽，打算订立和约。项羽召集军吏商量说："军中粮少，想允许他签订和约。"军吏都说："好。"项羽就与章邯定期在洹水南岸殷墟相见。已经缔结了盟约，章邯见到项羽，涕泪交下，向项羽诉说赵高的种种行径。项羽就立章邯为雍王，安置在楚军营中。使长史司马欣为上将军，率领秦军为先行部队。

到了新安。诸侯军中的官兵以前服徭役或守边路过秦中时，秦中官兵对他们多有无礼之处，到秦军投降诸侯后，诸侯军中官兵大多乘胜把秦军官兵当奴隶俘虏般使唤，随便折磨侮辱他们。秦军官兵纷纷暗中议论道："章将军等欺骗我们投降诸侯军。如今能够入关破秦，当然很好；如果不能，诸侯军就会俘虏我们东去，秦势必把我们的父母妻子全都处死。"诸侯军的将领们暗中听到了他们的打算，报告了项羽。项羽就找来黥布、蒲将军商量说："秦军官兵还很多，他们心里不服，到了关中不听从命令，事情必然岌岌可危，不如杀掉他们，而只与章邯、长史司马欣、都尉董翳一起入秦。"于是楚军夜间把秦军士卒二十多万人处死掩埋在新安城南。

项羽将要攻取秦关中地带。函谷关有兵把守，不能进去。又听说沛公已经攻破咸阳，项羽大怒，派当阳君等攻打函谷关。项羽便进入了函谷关，到达戏水西岸。沛公驻军霸上，没有能够和项羽相见。沛公左司马曹无伤派人对项羽说："沛公想称王关中，使子婴为相，占有了全部珍宝。”项羽怒气冲天地说：“明天早晨饱餐士卒，将击溃沛公的军队！”这时，项羽有兵四十万，驻扎在新丰鸿门，沛公有兵十万，驻扎在霸上。范增劝告项羽说：“沛公在山东时，贪财好货，喜爱美女。现在进了关，不收财物，不亲近妇女，由此看来，他的志向不小。我叫人观望他上空的云气，都呈龙虎形状，五颜六色，这是天子之气。请赶快进击，不要失掉机会。”

楚左尹项伯者，项羽季父也，素善留侯张良。张良是时从沛公，项伯乃夜驰之沛公军，私见张良，具告以事，欲呼张良与俱去。曰：“毋从俱死也。”张良曰：“臣为韩王送沛公，沛公今事有急，亡去不义，不可不语。”良乃入，具告沛公。沛公大惊，曰：“为之奈何？”张良曰：“谁为大王为此计者？”曰：“鲰生说我曰‘距关，毋内诸侯，秦地可尽王也’。故听之。”良曰：“料大王士卒足以当项王乎？”沛公默然，曰：“固不如也，且为之奈何？”张良曰：“请往谓项伯，言沛公不敢背项王也。”沛公曰：“君安与项伯有故？”张良曰：“秦时与臣游，项伯杀人，臣活之。今事有急，故幸来告良。”沛公曰：“孰与君少长？”良曰：“长于臣。”沛公曰：“君为我呼入，吾得兄事之。”张良出，要项伯。项伯即入见沛公。沛公奉卮酒为寿，约为婚姻，曰：“吾入关，秋毫不敢有所近，籍吏民，封府库，而待将军。所以遣将守关者，备他盗之出入与非常也。日夜望将军至，岂敢反乎！愿伯具言臣之不敢倍德也。”项伯许诺。谓沛公曰：“旦日不可不蚤自来谢项王。”沛公曰：“诺。”于是项伯复夜去，至军中，具以沛公言报项王。因言曰：“沛公不先破关中，公岂敢入乎？今人有大功而击之，不义也，不如因善遇之。”项王许诺。

沛公旦日从百余骑来见项王，至鸿门，谢曰：“臣与将军戮力而攻秦，将军战河北，臣战河南，然不自意能先入关破秦，得复见将军于此。今者有小人之言，令将军与臣有郤。”项王曰：“此沛公左司马曹无伤言之；不然，籍何以至此。”项王即日因留沛公与饮。项王、项伯东向坐，亚父南向坐。亚父者，范增也。沛公北向坐，张良西向侍。范增数目项王，举所佩玉玦以示之者三，项王默然不应。范增起，出召项庄，谓曰：“君王为人不忍，若入前为寿，寿毕，请以剑舞，因击沛公于坐，杀之。不者，若属皆且为所虏。”庄则入为寿。寿毕，曰：“君王与沛公饮，军中无以为乐，请以剑舞。”项王曰：“诺。”项庄拔剑起舞，项伯亦拔剑起舞，常以身翼蔽沛公，庄不得击。于是张良至军门，见樊哙。樊哙曰："今日之事何如？"良曰："甚急。今者项庄拔剑起舞，其意常在沛公也。"哙曰："此迫矣，臣请入，与之同命。"哙即带剑拥盾入军门。交戟之卫士欲止不内，樊哙侧其盾以撞，卫士仆地，哙遂入，披帷西向立，瞋目视项王，头发上指，目眦尽裂。项王按剑而跽曰："客何为者？"张良曰："沛公之参乘樊哙者也。"项王曰："壮士！赐之卮酒。"则与斗卮酒。哙拜谢，起，立而饮之。项王曰："赐之彘肩。"则与一生彘肩。樊哙覆其盾于地，加彘肩上，拔剑切而啖之。项王曰："壮士！能复饮乎？"樊哙曰："臣死且不避，卮酒安足辞！夫秦王有虎狼之心，杀人如不能举，刑人如恐不胜，天下皆叛之。怀王与诸将约曰'先破秦入咸阳者王之'。今沛公先破秦入咸阳，毫毛不敢有所近，封闭宫室，还军霸上，以待大王来。故遣将守关者，备他盗出入与非常也。劳苦而功高如此，未有封侯之赏，而听细说，欲诛有功之人。此亡秦之续耳，窃为大王不取也。"项王未有以应，曰："坐。"樊哙从良坐。坐须臾，沛公起如厕，因招樊哙出。

沛公已出，项王使都尉陈平召沛公。沛公曰："今者出，未辞也，为之奈何？"樊哙曰："大行不顾细谨，大礼不辞小让。如今人方为刀俎，我为鱼肉，何辞为。"于是遂去。乃令张良留谢。良问曰："大王来何操？"曰："我持白璧一双，欲献项王，玉斗一双，欲与亚父，会其怒，不敢献。公为我献之。"张良曰："谨诺。"当是时，项王军在鸿门下，沛公军在霸上，相去四十里。沛公则置车骑，脱身独骑，与樊哙、夏侯婴、靳强、纪信等四人持剑盾步走，从郦山下，道芷阳间行。沛公谓张良曰："从此道至吾军，不过二十里耳。度我至军中，公乃入。"沛公已去，间至军中，张良入谢，曰："沛公不胜杯杓，不能辞。谨使臣良奉白璧一双，再拜献大王足下；玉斗一双，再拜奉大将军足下。"项王曰："沛公安在？"良曰："闻大王有意督过之，脱身独去，已至军矣。"项王则受璧，置之坐上。亚父受玉斗，置之地，拔剑撞而破之，曰："唉！竖子不足与谋。夺项王天下者，必沛公也，吾属今为之虏矣。"沛公至军，立诛杀曹无伤。

【译文】

楚国的左尹项伯，是项羽的叔父，一向和留侯张良友好。张良这时跟随着沛公，项伯就夜间骑马跑到沛公军营，私下见到张良，讲述了事情的经过，打算叫张良和他一起离开。他说："不要跟他们一起死掉。"

张良说：“我为韩王护送沛公，现在沛公的事情危急，逃走是不道义的，不能不说一声。”张良就走了进去，把情况全部告诉了沛公。沛公大吃一惊，说：“怎么办呢？”张良说：“谁给大王出的这个主意？”沛公说：“一个小子劝我说‘守住函谷关，不要让诸侯军进来，秦地可以全部占为己有，在这里称王’。我听信了他的话。”张良说：“估计大王的军力足以抵挡项王吗？”沛公默然不语，过了一会说：“军力当然不如项羽，又该怎么办呢？”张良说：“请让我去告诉项伯，说沛公不敢背叛项王。”沛公说：“你怎么与项伯有交情？”张良说：“秦未灭六国时，项伯和我交游，他杀了人，我救了他。现在事有危急，幸亏他来告诉我。”沛公说：“项伯与你相比，谁年纪大？谁年纪小？”张良说：“他比我大。”沛公说：“你替我叫他进来，我要对他以兄长相待。”张良走出来，邀请项伯。项伯就进去见沛公。沛公向项伯举杯敬酒，约为儿女亲家。沛公说：“我入了关，丝毫利益不敢有所接近，造册登记吏民，封存府库，等待将军。所以遣将守关，是为了防备别的盗贼出入和意外事件。我日日夜夜盼望将军到来，哪里敢反叛！请伯兄向将军详细说明我是不敢忘恩负义的。”项伯答应了。对沛公说：“明天早晨不可不早来向项王道歉。”沛公说：“好。”于是项伯又当夜离去，回到军中，把沛公的话原原本本报告了项王。随即对项羽说：“沛公不先攻破关中，你难道敢进来吗？如今人家立有大功而去攻打他，是不道义的，不如借他来请罪的机会好好对待他。”项王答应了。

沛公第二天一早就带着一百多人马来见项王，到了鸿门，谢罪说：“我与将军合力攻秦，将军在河北作战，我在河南作战，可没想到我自己能先入关破秦，能够又在这里见到将军。现在有小人进谗言，使将军与我有了隔阂。”项王说：“这是你的左司马曹无伤说的，不然，我何至于如此。”项王当天就留沛公一同饮酒。项王、项伯面朝东坐，亚父面朝南坐。亚父就是范增。沛公面朝北坐，张良面朝西陪坐。范增向项王多次使眼色，再三举起佩带的玉玦向项王示意，项王默然不应。范增起身出去找来项庄，对他说：“君王为人不狠，你进去上前祝酒，祝酒完了，请求舞剑，趁机在座上袭击沛公，杀死他。不然的话，你们这些人都将被他俘虏。”项庄便进去祝酒。祝酒完了说：“君王和沛公饮酒，军中没有什么可供娱乐的，请允许我舞剑助乐。”项王说：“好吧。”项庄拔剑起舞，项伯也拔剑起舞，常常用身体掩蔽沛公，项庄得不到刺杀机会。这时张良来到军门，看见了樊哙。樊哙说："今天的事情怎么样了？"张良说："极为危急。此刻项庄正在舞剑，他的用意时时在沛公身上。"樊哙说："这可紧急了，请让我进去，与沛公同生共死。"樊哙立即带着剑，手拥盾牌，进入军门。交戟守门的卫士打算阻拦，不让他进去，樊哙侧过他的盾牌撞击，卫士倒在地上，樊哙就进入了大帐，揭开帷帐，向西而立，圆睁怒目，看着项王，头发上指，眼眶破裂。项王按剑长跪说："来客是干什么的？"张良说："这是沛公的参乘樊哙。"项王说："壮士！赏赐他一杯酒。"左右就给他一大杯酒。樊哙拜谢后起来，站着一饮而尽。项王说："赏给他猪腿。"左右就给他一只生猪腿。樊哙覆盾于地，把猪腿放在盾上，拔出剑来切肉吃。项王说："壮士！能再喝酒吗？"樊哙说："我死都不怕，一杯酒哪里值得推辞！秦王有虎狼之心，杀人唯恐杀不尽，用刑唯恐刑不重，天下人都反叛他。楚怀王和将领们约定说'先攻破秦地进入咸阳的做关中王'。现在沛公先攻破了秦地进入咸阳，丝毫利益不敢有所接近，封闭宫室，回军霸上，等待大王到来。所以遣将守关，是为了防备别的盗贼和意外事件。如此劳苦功高，没有得到封侯的赏赐，而听信闲言细语，要杀有功的人。这是继承了已经灭亡的秦朝的道路，以我私见，大王这样做是不可取的。"项王无辞以对，只说："坐。"樊哙在张良旁边坐下来。坐了不一会儿，沛公起来上厕所，趁机招呼樊哙出来。

沛公出来后，项王派都尉陈平去叫沛公。沛公说："刚才出来，没有告辞，怎么办呢？"樊哙说："干大事不拘小节，行大礼不讲究小谦让。如今人家为刀俎，我们为鱼肉，还辞别什么！"于是就不辞而去。临走时，叫张良留下道谢。张良问："大王来时带了什么？"沛公说："我带来一双白璧，想献给项王，一只玉斗，想送给亚父，正碰上他们生气，不敢进献。你替我献给他们。"张良说："遵命。"当时，项王的军队在鸿门，沛公的军队在霸上，相去四十里。沛公丢下车骑，一人骑马脱身而去，樊哙、夏侯婴、靳强、纪信等四人握剑持盾步行，从郦山下取道芷阳，抄行小路。沛公对张良说："从这条路到我们军营，不过二十里而已。估计我到了军中，你再进去。"沛公走后，张良估计抄小路已经到达军中，就进去道谢说："沛公经受不了杯盏，不能亲自来辞行。谨使张良奉上白璧一双，拜献大王；玉斗一只，拜送大将军。"项王说："沛公在哪里？"张良说："听说大王有意责备他，独自脱身而去，现在已经回到军中了。"项王接过玉璧，放在座席上。亚父接过玉斗，放在地上，拔剑一击而碎，说："唉！这小子不足以共谋大事。夺取项王天下的，一定是沛公，我们这些人就要被他俘虏了。”沛公回到军中，立刻杀了曹无伤。

居数日，项羽引兵西屠咸阳，杀秦降王子婴，烧秦宫室，火三月不灭，收其货宝妇女而东。人或说项王曰：“关中阻山河四塞，地肥饶，可都以霸。”项王见秦宫室皆以烧残破，又心怀思欲东归，曰：“富贵不归故乡，如衣绣夜行，谁知之者！”说者曰：“人言楚人沐猴而冠耳，果然。”项王闻之，烹说者。

项王使人致命怀王。怀王曰：“如约。”乃尊怀王为义帝。项王欲自王，先王诸将相。谓曰：“天下初发难时，假立诸侯后以伐秦。然身被坚执锐首事，暴露于野三年，灭秦定天下者，皆将相诸君与籍之力也。义帝虽无功，故当分其地而王之。”诸将皆曰：“善。”乃分天下，立诸将为侯王。

项王、范增疑沛公之有天下，业已讲解，又恶负约，恐诸侯叛之，乃阴谋曰：“巴、蜀道险，秦之迁人皆居蜀。”乃曰：“巴、蜀亦关中地也。”故立沛公为汉王，王巴、蜀、汉中，都南郑。而三分关中，王秦降将以距塞汉王。

项王乃立章邯为雍王，王咸阳以西，都废丘。长史欣者，故为栎阳狱掾，尝有德于项梁；都尉董翳者，本劝章邯降楚。故立司马欣为塞王，王咸阳以东至河，都栎阳；立董翳为翟王，王上郡，都高奴。徙魏王豹为西魏王，王河东，都平阳。瑕丘申阳者，张耳嬖臣也，先下河南，迎楚河上，故立申阳为河南王，都洛阳。韩王成因故都，都阳翟。赵将司马卬定河内，数有功，故立卬为殷王，王河内，都朝歌。徙赵王歇为代王。赵相张耳素贤，又从入关，故立耳为常山王，王赵地，都襄国。当阳君黥布为楚将，常冠军，故立布为九江王，都六。鄱君吴芮率百越佐诸侯，又从入关，故立芮为衡山王，都邾。义帝柱国共敖将兵击南郡，功多，因立敖为临江王，都江陵。徙燕王韩广为辽东王。燕将臧荼从楚救赵，因从入关，故立荼为燕王，都蓟。徙齐王田市为胶东王。齐将田都从共救赵，因从入关，故立都为齐王，都临菑。故秦所灭齐王建孙田安，项羽方渡河救赵，田安下济北数城，引其兵降项羽，故立安为济北王，都博阳。田荣者，数负项梁，又不肯将兵从楚击秦，以故不封。成安君陈余弃将印去，不从入关，然素闻其贤，有功于赵，闻其在南皮，故因环封三县。番君将梅锅功多，故封十万户侯。项王自立为西楚霸王，王九郡，都彭城。

【译文】

过了几天，项羽带兵西进屠灭咸阳，杀了投降的秦王子婴，烧毁了秦朝宫室，大火三个月不灭；夺取秦朝的财宝和妇女，向东离去。有人劝说项王道："关中以山河为险阻，四面都是要塞，土地肥沃，可以建都称霸。"项王看到秦宫室都已焚烧残破，又怀念家乡想回到东方，说："富贵了不回家乡，就好比穿着锦绣衣服在夜间行走，谁能看得到！"说客说："人家都说楚人是猴子戴人帽，果然如此。"项王听说了，把那个说客活煮了。

项王派人向楚怀王报告请示。楚怀王说："按照约定办。"项羽就尊楚怀王为义帝。项王想自己称王，就先封诸侯将相为王。对他们说："天下最初发难的时候，暂时拥立诸侯后裔为王，以便讨伐秦朝。然而亲自身穿铠甲，手执兵器，率先起义，三年来风餐露宿，消灭秦朝，平定天下的，都是各位将相和我项籍的力量。只有义帝没有功劳，本来应该瓜分他的土地，封大家为王。"将领们都说："好。"项王就分割天下，封将领们为侯王。

项王、范增疑心沛公将来会占有天下，不想让他称王关中，但既已和解，又怕违背原约，诸侯反叛，他们就暗中商量说："巴、蜀道路险恶，秦朝被迁徙的罪人都居住蜀地。"于是就扬言说："巴、蜀也是关中地区。"所以封沛公为汉王，称王于巴、蜀、汉中，建都南郑。而把关中分为三部分，封给秦朝降将为王，阻挡汉王，防止他将来向东方出兵。

项王封章邯为雍王，称王于咸阳以西，建都废丘。长史司马欣，从前做栎阳狱掾，曾对项梁有过恩德；都尉董翳，最初劝说章邯降楚，所以封司马欣为塞王，称王于咸阳以东到黄河一带，建都栎阳；封董翳为翟王，称王于上郡，建都高奴。徙封魏王豹为西魏王，称王于河东，建都平阳。瑕丘申阳是张耳的宠臣，先攻下河南，在黄河岸边迎接楚军，所以立申阳为河南王，建都洛阳。韩王成仍以旧都城为都，建都阳翟。赵将司马卬平定河内，屡立战功，所以封司马卬为殷王，称王于河内，建都朝歌。徙封赵王歇为代王。赵相张耳一向贤能，又随从项王入关，所以封张耳为常山王，称王于赵地，建都襄国。当阳君黥布为楚军将领，常常勇冠全军，所以封黥布为九江王，建都于六。鄱君吴芮率领百越兵协助诸侯军，又随从入关，所以封吴芮为衡山王，建都于邾。义帝的柱国共敖率兵攻打南郡，功劳很多，于是封共敖为临江王，建都江陵。徙封燕王韩广为辽东王。燕将臧荼曾随楚军救赵，遂又跟从入关，所以封臧荼为燕王，建都于蓟。徙封齐王田市为胶东王。齐将田都曾随从项王共同救赵，遂又跟着入关，所以立田都为齐王，建都临淄。原来被秦朝灭亡的齐王建的孙子田安，正在项羽渡河救赵时，攻下济水北边几座城邑，率领他的军队投降了项羽，所以封田安为济北王，建都博阳。田荣多次有负项梁，又不愿率军随楚击秦，因此没有封王。成安君陈余丢弃将印离去，没有随从入关，然而一向听说他贤能，有功于赵，知道他在南皮，所以把环绕南皮的三个县封给他。番君的将领梅销战功很多，所以封为十万户侯。项王自立为西楚霸王，封有九郡，建都彭城。

汉之元年四月，诸侯罢戏下，各就国。项王出之国，使人徙义帝，曰："古之帝者地方千里，必居上游。"乃使使徙义帝长沙郴县。趣义帝行，其群臣稍稍背叛之，乃阴令衡山、临江王击杀之江中。韩王成无军功，项王不使之国，与俱至彭城，废以为侯，已又杀之。臧荼之国，因逐韩广之辽东，广弗听，荼击杀广无终，并王其地。

田荣闻项羽徙齐王市胶东，而立齐将田都为齐王，乃大怒，不肯遣齐王之胶东，因以齐反，迎击田都。田都走楚。齐王市畏项王，乃亡之胶东就国。田荣怒，追击杀之即墨。荣因自立为齐王，而西击杀济北王田安，并王三齐。荣与彭越将军印，令反梁地。陈余阴使张同、夏说说齐王田荣曰："项羽为天下宰，不平。今尽王故王于丑地，而王其群臣诸将善地。逐其故主，赵王乃北居代，余以为不可。闻大王起兵，且不听不义，愿大王资余兵，请以击常山，以复赵王，请以国为扞蔽。"齐王许之，因遣兵之赵。陈余悉发三县兵，与齐并力击常山，大破之。张耳走归汉。陈余迎故赵王歇于代，反之赵。赵王因立陈余为代王。

是时，汉还定三秦。项羽闻汉王皆已并关中，且东，齐、赵叛之，大怒。乃以故吴令郑昌为韩王，以距汉。令萧公角等击彭越。彭越败萧公角等。汉使张良徇韩，乃遗项王书曰："汉王失职，欲得关中，如约即止，不敢东。"又以齐、梁反书遗项王曰："齐欲与赵并灭楚。"楚以此故无西意，而北击齐。征兵九江王布。布称疾不往，使将将数千人行。项王由此怨布也。

【译文】

汉元年四月，在项王旌麾之下诸侯罢兵散归，各自回到封国。项王也出关回到封国，派人迁徙义帝，说：“古代做帝王的拥有千里见方的土地，必须住在上游。”于是就派遣使者把义帝迁往长沙郴县。项王催促义帝快些动身，义帝群臣渐渐背叛了他，项王就暗中命令衡山王、临江王把义帝击杀在江中。韩王成没有军功，项王不让他就国，一起到了彭城，废去王号，改封为侯，不久又杀死了他。臧荼到了封国，就驱逐韩广去辽东，韩广不服从，臧荼在无终击杀了韩广，兼并了他的封地。

田荣听说项羽把齐王田市徙封胶东，而立齐将田都为齐王，十分气愤，不愿让齐王去胶东，就据齐反叛，迎击田都。田都逃往楚国。齐王田市害怕项王，就潜往胶东就国。田荣大为生气，派兵追击，在即墨杀死了他。田荣便自立为齐王，向西进兵，击杀了济北王田安，兼并了三齐。田荣把将军印授予彭越，让他在梁地反楚。陈余秘密派遣张同、夏说劝告齐王田荣说：“项羽为天下的主宰，分封侯王不公平。如今把原来的诸侯王都封在坏地方称王，而他的群臣诸将都封在好地方称王。因为要赶走原来的诸侯王，赵王就只好到北方居住代地，我以为这样是不能答应的。听说大王已经起兵，而且不接受不道义的命令，希望大王援助我一些兵马，允许我用以攻打常山，恢复赵王的地位，愿把赵国作为齐国的屏障。”齐王答应了，就遣兵赴赵。陈余调动了三县的全部士卒，与齐军合力攻打常山，打垮了常山的军队。张耳逃走归服了汉王。陈余去代地迎接原来的赵王歇返归赵地。赵王就立陈余为代王。

这时，汉王回军平定了三秦。项羽听说汉王已经兼并了关中，将要东进，齐、赵又反叛了他，非常愤怒。就以从前的吴令郑昌为韩王，来阻挡汉军。命令萧公角等人攻击彭越。彭越打败了萧公角等人。汉王派张良巡行招抚韩地，张良就给项王写信说：“汉王没有如约称王关中，有失职守，打算取得关中，实现了原来的约定就停止进军，不敢继续东进。”张良又把齐、梁的反叛文告送给项王，说：“齐想和赵并力灭楚。”楚军因此无意西进，而向北攻打齐国。项王向九江王黥布征调兵力。黥布称病不往，派将领率兵几千人前去。项王从此怨恨黥布。

汉之二年冬，项羽遂北至城阳，田荣亦将兵会战。田荣不胜，走至平原，平原民杀之。遂北烧夷齐城郭室屋，皆坑荣降卒，系虏其老弱妇女。

徇齐至北海，多所残灭。齐人相聚而叛之。于是田荣弟田横收齐亡卒得数万人，反城阳。项王因留，连战未能下。

春，汉王部五诸侯兵，凡五十六万人，东伐楚。项王闻之，即令诸将击齐，而自以精兵三万人南从鲁出胡陵。四月，汉皆已入彭城，收其货宝美人，日置酒高会。项王乃西从萧，晨击汉军而东，至彭城，日中，大破汉军。汉军皆走，相随入穀、泗水，杀汉卒十余万人。汉卒皆南走山，楚又追击至灵壁东睢水上。汉军却，为楚所挤，多杀，汉卒十余万人皆入睢水，睢水为之不流。围汉王三匝。于是大风从西北而起，折木发屋，扬沙石，窈冥昼晦，逢迎楚军。楚军大乱，坏散，而汉王乃得与数十骑遁去。欲过沛，收家室而西；楚亦使人追之沛，取汉王家。家皆亡，不与汉王相见。汉王道逢得孝惠、鲁元，乃载行。楚骑追汉王，汉王急，推堕孝惠、鲁元车下，滕公常下收载之。如是者三。曰："虽急，不可以驱！奈何弃之！"于是遂得脱。求太公、吕后不相遇。审食其从太公，吕后间行，求汉王，反遇楚军。楚军遂与归，报项王，项王常置军中。

是时吕后兄周吕侯为汉将兵居下邑，汉王间往从之，稍稍收其士卒。至荥阳，诸败军皆会，萧何亦发关中老弱未傅悉诣荥阳，复大振。楚起于彭城，常乘胜逐北，与汉战荥阳南京、索间，汉败楚，楚以故不能过荥阳而西。

项王之救彭城，追汉王至荥阳，田横亦得收齐，立田荣子广为齐王。汉王之败彭城，诸侯皆复与楚而背汉。汉军荥阳，筑甬道属之河，以取敖仓粟。

【译文】

汉二年冬，项羽北上到达城阳，田荣也率军到此与项羽会战。田荣兵败，逃到平原，平原百姓杀死了他。楚军北进，烧毁齐国房屋，夷平齐国城郭，坑杀田荣降卒，掳掠老弱妇女。在齐攻城略地，直至北海，到处烧杀掠夺。齐国人联合起来反抗项羽。田荣的弟弟田横收集齐国逃散的士卒，得到几万人，反于城阳。项王因此留下来，连续攻打几次都没有攻下城阳。

春天，汉王统率五个诸侯国的军队，总共五十六万人，东进攻打楚国。项王听说了，就命将领们攻打齐国，而亲自率精兵三万人南进，从鲁县出胡陵。四月，汉军都已进入彭城，掳掠那里的财宝、美人，每天摆酒席聚会。项王于是从西边的萧县出发，早晨攻打汉军，向东打到彭城，中午时分，把汉军打得大败。汉军溃退，相继逃入谷水、泗水，楚军杀死了十多万汉军士卒。汉军向南往山里逃跑，楚军又追击到灵壁东面的睢水上。汉军退却，为楚军所逼，拥挤在一起，多被杀伤，汉军十多万人落入睢水，睢水因此不流。楚军把汉王包围了三层。这时大风从西北刮起，吹断了树木，掀毁了房屋，飞沙走石，天色昏昏沉沉，狂风夹杂着沙石向楚军迎面扑来。楚军大乱，阵形溃散，汉王才得以和几十个骑兵逃走。打算经过沛县，接取家眷西行；楚军也派人追往沛县，掠取汉王家眷。家眷都已逃亡，没有和汉王相见。汉王在路上遇到了孝惠、鲁元，就用车拉着一块儿走。楚军骑兵追赶汉王，汉王着急了，把孝惠、鲁元推下车去，滕公便下车把他们抱上来，这样推下抱上了好几次。滕公说："事虽危急，不是可以把车赶得快一些嘛！怎么能丢弃他们！"汉王终于脱身而出。他寻找太公、吕后，没有找到。审食其跟随太公、吕后从小路潜行，寻找汉王，却碰上了楚军。楚军就带他们回到军营，报告了项王，项王把他们拘留在军营里。

这时吕后的哥哥周吕侯为汉率兵驻扎在下邑，汉王抄小路来到周吕侯那里，稍稍收集了一些逃散的士卒。到了荥阳，各路败军都会合在一起，萧何也征发关中没有著籍的老弱全部来到荥阳，声势又振作起来。楚军从彭城出发，常常乘胜追击败兵，与汉军在荥阳南面的京、索之间交战，汉军打败了楚军，楚军因此不能越过荥阳西进。

项王解救彭城，追赶汉王到达荥阳，田横趁机收复了齐国，立田荣子田广为齐王。汉王在彭城战败，诸侯又都向楚背汉。汉军驻扎在荥阳，修筑了一条甬道，与黄河相连，以便运取敖仓的粮食。

汉之三年，项王数侵夺汉甬道，汉王食乏，恐，请和，割荥阳以西为汉。项王欲听之。历阳侯范增曰："汉易与耳，今释弗取，后必悔之。"项王乃与范增急围荥阳。汉王患之，乃用陈平计间项王。项王使者来，为太牢具，举欲进之。见使者，详惊愕曰："吾以为亚父使者，乃反项王使者。"更持去，以恶食食项王使者。使者归报项王，项王乃疑范增与汉有私，稍夺之权。范增大怒，曰："天下事大定矣，君王自为之。愿赐骸骨归卒伍。"项王许之。行未至彭城，疽发背而死。

汉将纪信说汉王曰："事已急矣，请为王诳楚为王，王可以间出。"于是汉王夜出女子荥阳东门被甲二千人，楚兵四面击之。纪信乘黄屋车，傅左纛，曰："城中食尽，汉王降。"楚军皆呼万岁。汉王亦与数十骑从城西门出，走成皋。项王见纪信，问："汉王安在？"信曰："汉王已出矣。"项王烧杀纪信。

汉王使御史大夫周苛、枞公、魏豹守荥阳。周苛、枞公谋曰："反国之王，难与守城。"乃共杀魏豹。楚下荥阳城，生得周苛。项王谓周苛曰："为我将，我以公为上将军，封三万户。"周苛骂曰："若不趣降汉，汉今虏若，若非汉敌也。"项王怒，烹周苛，并杀枞公。

汉王之出荥阳，南走宛、叶，得九江王布，行收兵，复入保成皋。汉之四年，项王进兵围成皋。汉王逃，独与滕公出成皋北门，渡河走修武，从张耳、韩信军。诸将稍稍得出成皋，从汉王。楚遂拔成皋，欲西。汉使兵距之巩，令其不得西。

是时，彭越渡河击楚东阿，杀楚将军薛公。项王乃自东击彭越。汉王得淮阴侯兵，欲渡河南。郑忠说汉王，乃止壁河内。使刘贾将兵佐彭越，烧楚积聚。项王东击破之，走彭越。汉王则引兵渡河，复取成皋。军广武。就敖仓食。项王已定东海来，西，与汉俱临广武而军，相守数月。

【译文】

汉三年，项王屡次侵夺汉军的甬道，汉王粮食缺乏，恐慌起来，请求讲和，划分荥阳以西归汉。项王想要答应他。历阳侯范增说："汉军容易对付，现在放掉他们，不予以消灭，以后一定会懊悔。"项王就和范增加紧围攻荥阳。汉王深为忧虑，就采用陈平的计策离间项王和范增。项王的使者来了，给他准备了牛、羊、猪齐全的丰盛筵席，打算端上去。端饭菜的人一看使者，假装惊愕地说："我以为是亚父的使者，没想到反而是项王的使者。"把饭菜又端了下去，拿粗菜恶饭给项王的使者吃。使者回来报告了项王，项王就怀疑范增私通汉军，渐渐剥夺了他的权力。范增非常生气，说："天下的形势，大局已定，君王好自为之。请赐还我的躯体，让我成为一个普通的士卒。"项王答应了他。范增走了，还没有到彭城，因背上长毒疮死去了。

汉军将领纪信劝汉王说："形势已经很危急了，请让我假装成大王替你去蒙骗楚军，大王可以趁机逃出城去。"于是汉王夜间从荥阳东门放出两千名身穿铠甲的妇女，楚军四面围击。纪信乘坐黄屋车，左边的车衡上竖立着大纛旗，卫士大声地说："城中粮食吃光了，汉王投降。"楚军都高呼万岁。汉王和几十名骑兵从西门出城，奔向成皋。项王见到纪信，问他："汉王在哪里？"纪信说："汉王已经出城了。"项王烧死了纪信。

汉王派御史大夫周苛、枞公、魏豹守卫荥阳。周苛、枞公商量说："魏豹这个叛国之王，很难和他共守城池。"（于是）就一起杀死了魏豹。楚军攻下荥阳城，活捉了周苛。项王对周苛说："做我的将领，我以你为上将军，封三万户。"周苛骂着说："你不赶快投降汉军，汉军就要俘虏你，你不是汉军的对手。"项王大怒，烹死了周苛，并杀了枞公。

汉王逃出荥阳，南走宛、叶，收服了九江王黥布，一边走一边收集士卒，又进入成皋固守。汉四年，项王围攻成皋。汉王逃走了，单身一人与滕公出了成皋北门，渡河奔向修武，到了张耳、韩信军营。诸将陆续逃出成皋，追随汉王。楚军攻下成皋，想要向西进军。汉王派兵在巩县阻击，使楚军不能西进。

这时，彭越渡河在东阿攻击楚军，杀死了楚将军薛公。项王亲自东去攻打彭越。汉王得到淮阴侯的军队，打算渡河南下。郑忠劝阻汉王，汉王就停留在河内筑起营垒。派刘贾领兵协同彭越，烧掉楚军的粮食。项王东进打败了刘贾和彭越，彭越逃走了。汉王率军渡河，又夺取了成皋，驻扎在广武，取食敖仓。项王已经平定了东海，率军回来，向西进发，与汉军都在广武驻扎，相持了好几个月。

当此时，彭越数反梁地，绝楚粮食，项王患之。为高俎，置太公其上，告汉王曰："今不急下，吾烹太公。"汉王曰："吾与项羽俱北面受命怀王，曰'约为兄弟'，吾翁即若翁，必欲烹而翁，则幸分我一杯羹。"项王怒，欲杀之。项伯曰："天下事未可知，且为天下者不顾家，虽杀之无益，只益祸耳。"项王从之。

楚汉久相持未决，丁壮苦军旅，老弱罢转漕。项王谓汉王曰："天下匈匈数岁者，徒以吾两人耳，愿与汉王挑战决雌雄，毋徒苦天下之民父子为也。"汉王笑谢曰："吾宁斗智，不能斗力。"项王令壮士出挑战。汉有善骑射者楼烦，楚挑战三合，楼烦辄射杀之。项王大怒，乃自被甲持戟挑战。楼烦欲射之，项王瞋目叱之，楼烦目不敢视，手不敢发，遂走还入壁，不敢复出。汉王使人间问之，乃项王也。汉王大惊。于是项王乃即汉王相与临广武间而语。汉王数之，项王怒，欲一战。汉王不听，项王伏弩射中汉王。汉王伤，走入成皋。

项王闻淮阴侯已举河北，破齐、赵，且欲击楚，乃使龙且往击之。淮阴侯与战，骑将灌婴击之，大破楚军，杀龙且。韩信因自立为齐王。项王闻龙且军破，则恐，使盱台人武涉往说淮阴侯。淮阴侯弗听。是时，彭越复反，下梁地，绝楚粮。项王乃谓海春侯大司马曹咎等曰："谨守成皋，则汉欲挑战，慎勿与战，毋令得东而已。我十五日必诛彭越，定梁地，复从将军。"乃东，行击陈留、外黄。

外黄不下。数日，已降，项王怒，悉令男子年十五已上诣城东，欲坑之。外黄令舍人儿年十三，往说项王曰："彭越强劫外黄，外黄恐，故且降，待大王。大王至，又皆坑之，百姓岂有归心？从此以东，梁地十余城皆恐，莫肯下矣。"项王然其言，乃赦外黄当坑者。东至睢阳，闻之皆争下项王。

汉果数挑楚军战，楚军不出。使人辱之，五六日，大司马怒，渡兵汜水。士卒半渡，汉击之，大破楚军，尽得楚国货赂。大司马咎、长史翳、塞王欣皆自刭汜水上。大司马咎者，故蕲狱掾，长史欣亦故栎阳狱吏，两人尝有德于项梁，是以项王信任之。当是时，项王在睢阳，闻海春侯军败，则引兵还。汉军方围钟离眜于荥阳东，项王至，汉军畏楚，尽走险阻。

是时，汉兵盛食多，项王兵罢食绝。汉遣陆贾说项王，请太公，项王弗听。汉王复使侯公往说项王，项王乃与汉约，中分天下，割鸿沟以西者为汉，鸿沟而东者为楚。项王许之，即归汉王父母妻子。军皆呼万岁。汉王乃封侯公为平国君。匿弗肯复见。曰："此天下辩士，所居倾国，故号为平国君。"项王已约，乃引兵解而东归。

汉欲西归，张良、陈平说曰："汉有天下太半，而诸侯皆附之。楚兵罢食尽，此天亡楚之时也，不如因其机而遂取之。今释弗击，此所谓'养虎自遗患'也。"汉王听之。

【译文】

在这个时候，彭越在梁地多次反击楚军，断绝楚军的粮食，项王很是忧虑。他设置了一个高大的砧板，把太公放在上面，告诉汉王说："现在不快快投降，我就烹杀太公。"汉王说："我和你项羽都是北面称臣，受命于怀王，说是'结为兄弟'，我的老子就是你的老子，如果一定要烹杀你的老子，那么希望你分给我一杯肉羹。”项王十分气愤，打算杀死太公。项伯说：“天下大事还不能预料，而且打天下的人不顾念家眷，虽然杀了太公也没有好处，只能增加祸患。”项王听从了项伯的话。

楚、汉长期相持，未决胜负，年轻力壮的苦于行军作战，年老体弱的疲于水陆运输。项王对汉王说：“几年来天下扰攘不安，只是由于我们两个人的缘故，愿意与你挑战，一决雌雄，不要使天下百姓空受痛苦。”汉王笑着拒绝说：“我宁愿斗智，不愿斗力。”项王叫壮士出去挑战。汉军有个擅长骑马射箭的人叫楼烦，楚军派壮士挑战三次，楼烦都把壮士射死了。项王大怒，就亲自披甲持戟出来挑战。楼烦想要射他，项王怒目呵叱，楼烦被吓得眼不敢正视，手不敢发箭，跑回营垒，不敢再出来。汉王派人暗中打听，才知道挑战的人原来是项王。汉王大为震惊。于是项王靠近汉王军营，和他隔着广武涧对话。汉王历数项王的罪状，项王非常气愤，要求决战。汉王没有答应，项王埋伏的弓弩射中了汉王。汉王受伤跑回成皋。

项王听说淮阴侯已经攻下河北，打垮了齐、赵的军队，而且将要进攻楚军，就派龙且前往迎击。淮阴侯与龙且交战，骑兵将领灌婴也出击龙且，大破楚军，杀死了龙且。韩信就自立为齐王。项王听说龙且的军队垮了，大为恐慌，派遣盱台人武涉去游说淮阴侯。淮阴侯不肯听从。这时，彭越又起来反楚，攻下梁地，断绝楚军的粮道。项王就对海春侯大司马曹咎等人说：“小心守卫成皋，即使汉军挑战，千万不要和它交战，不要让它东进就行了。我十五天一定杀掉彭越，平定梁地，再与将军会合。”于是项王率军东去，进军过程中攻打陈留、外黄。

外黄没有攻下。过了几天，外黄投降了，项王很生气，命令十五岁以上的男子全部到城东，准备坑杀他们。外黄令门客的儿子才十三岁，前去劝告项王说：“彭越用武力逼迫外黄百姓，外黄百姓很害怕，所以暂时投降，等待大王到来。大王到了，又都坑杀他们，难道百姓还会有归顺之心吗？从这儿往东，梁地十多个城邑都心怀恐惧，没有肯投降的了。”项王赞成他的话，就赦免了外黄应当坑杀的那些人。从外黄往东直至睢阳，听到这个消息，都争先恐后地向项王投降。

汉军果然多次向楚军挑战，楚军不出战。汉军派人辱骂楚军，五六天后，大司马发怒，带兵渡过汜水。士卒们渡到一半时，汉军攻打他们，大败楚军，尽得楚军财物。大司马曹咎、长史欣都自刎在汜水上。大司马曹咎原来是蕲县的狱掾，长史司马欣原来是栎阳的狱吏，两人曾对项梁有过恩德，因此项王信任他们。当时，项王在睢阳，听说海春侯的军队失败了，就率军返回。汉军正在荥阳东面围攻钟离眛，项王一到，汉军害怕楚军，全部撤走到险阻地带。

这时，汉军兵多粮足，项王兵疲粮绝。汉王派遣陆贾劝说项王，请求释放太公，项王没有答应。汉王又派遣侯公前去劝说项王，项王就和汉约定，平分天下，划鸿沟以西归汉，鸿沟以东归楚。项王答应了侯公的要求，就把汉王的父母妻子送了回来。汉军都高呼万岁。汉王封侯公为平国君。侯公隐匿起来，不肯再见汉王。汉王说："这个人是天下善辩之士，所到之处，可以使人国家覆灭，所以封号为平国君。"项王已经订立和约，就解除了军事对峙，率军东归。

汉王准备西归，张良、陈平劝汉王说："汉王占领了大半个天下，而诸侯都归附了我们。楚军兵疲粮尽，这是上天让楚灭亡的时候，不如趁这个机会消灭它。现在放走项王而不去攻打他，这就是所谓'养虎自遗患。'"汉王听从了他们的话。

汉五年，汉王乃追项王至阳夏南，止军，与淮阴侯韩信、建成侯彭越期会而击楚军。至固陵，而信、越之兵不会。楚击汉军，大破之。汉王复入壁，深堑而自守。谓张子房曰："诸侯不从约，为之奈何？"对曰："楚兵且破，信、越未有分地，其不至固宜。君王能与共分天下，今可立致也。即不能，事未可知也。君王能自陈以东傅海，尽与韩信，睢阳以北至谷城，以与彭越，使各自为战，则楚易败也。"汉王曰："善。"于是乃发使者告韩信、彭越曰："并力击楚。楚破，自陈以东傅海与齐王，睢阳以北至谷城与彭相国。"使者至。韩信、彭越皆报曰："请今进兵。"韩信乃从齐往，刘贾军从寿春并行，屠城父，至垓下。大司马周殷叛楚，以舒屠六，举九江兵，随刘贾、彭越皆会垓下，诣项王。

项王军壁垓下，兵少食尽，汉军及诸侯兵围之数重。夜闻汉军四面皆楚歌，项王乃大惊曰："汉皆已得楚乎？是何楚人之多也！"项王则夜起，饮帐中。有美人名虞，常幸从；骏马名骓，常骑之。于是项王乃悲歌慷慨，自为诗曰："力拔山兮气盖世，时不利兮骓不逝。骓不逝兮可奈何，虞兮虞兮奈若何！"歌数阕，美人和之。项王泣数行下，左右皆泣，莫能仰视。

【译文】

汉五年，汉王追击项王到了阳夏南面，军队驻扎下来，与淮阴侯韩信、建成侯彭越约期会合进攻楚军。到达固陵，而韩信、彭越的军队不来会合。楚军攻击汉军，把汉军打得大败。汉王又进入营垒，挖深沟堑，自为固守。汉王对张子房说："诸侯不遵守约定，怎么办呢？"张子房回答说："楚军即将崩溃，韩信、彭越没有分到一块封地，他们不来会合是很自然的。君王能和他们共分天下，眼下可以使他们立刻前来。如果不能这样，局势的发展就很难预料。君王能从陈县以东到海边的地区，全部划给韩信，睢阳以北到谷城，分给彭越，使他们各自为战，那么楚军是容易打败的。"汉王说："好。"于是就派遣使者告诉韩信、彭越说："合力攻打楚军。楚军崩溃后，从陈县以东到海边给予齐王，睢阳以北到谷城给予彭相国。"使者一到，韩信、彭越都回话说："请让我们立刻进兵。"韩信就从齐地出发，刘贾的军队从寿春出发并行，屠毁了城父，到达垓下。大司马周殷背叛了楚国，利用舒地的兵力屠毁了六县，调动全部九江士卒，随同刘贾、彭越都会集在垓下，来到项王阵前。

项王军队在垓下筑起营垒，兵少粮尽，汉军及诸侯军队重重包围了他们。夜间听到汉军四面都唱着楚歌，项王非常吃惊地说："汉军都已得到楚国的土地了吗？为什么楚人这么多呢！"项王就连夜起来，在帐中饮酒。有位美人名叫虞，经常受宠幸跟从；骏马名叫骓，经常骑它。于是项王慷慨悲歌，自己作诗唱道："力拔山啊气盖世，时不利啊骓不走。骓不走啊怎么办，虞啊虞啊把你怎么办！"唱了几遍，美人伴唱。项王泪下数行，随从们都哭了，不忍抬头看他。

于是项王乃上马骑，麾下壮士骑从者八百余人，直夜溃围南出，驰走。平明，汉军乃觉之，令骑将灌婴以五千骑追之。项王渡淮，骑能属者百余人耳。项王至阴陵，迷失道，问一田父，田父绐曰"左"。左，乃陷大泽中。以故汉追及之。项王乃复引兵而东，至东城，乃有二十八骑。汉骑追者数千人。项王自度不得脱，谓其骑曰："吾起兵至今八岁矣，身七十余战，所当者破，所击者服，未尝败北，遂霸有天下。然今卒困于此，此天之亡我，非战之罪也。今日固决死，愿为诸君快战，必三胜之，为诸君溃围，斩将，刈旗，令诸君知天亡我，非战之罪也。"乃分其骑以为四队，四向。汉军围之数重。项王谓其骑曰："吾为公取彼一将。"令四面骑驰下，期山东为三处。于是项王大呼驰下，汉军皆披靡，遂斩汉一将。是时，赤泉侯为骑将，追项王，项王瞋目而叱之，赤泉侯人马俱惊，辟易数里。与其骑会为三处。汉军不知项王所在，乃分军为三，复围之。项王乃驰，复斩汉一都尉，杀数十百人，复聚其骑，亡其两骑耳。乃谓其骑曰："何如？"骑皆伏曰："如大王言。"

于是项王乃欲东渡乌江。乌江亭长舣船待，谓项王曰："江东虽小，地方千里，众数十万人，亦足王也。愿大王急渡。今独臣有船，汉军至，无以渡。"项王笑曰："天之亡我，我何渡为！且籍与江东子弟八千人渡江而西，今无一人还，纵江东父兄怜而王我，我何面目见之？纵彼不言，籍独不愧于心乎？"乃谓亭长曰："吾知公长者。吾骑此马五岁，所当无敌，尝一日行千里，不忍杀之，以赐公。"乃令骑皆下马步行，持短兵接战。独籍所杀汉军数百人。项王身亦被十余创。顾见汉骑司马吕马童，曰："若非吾故人乎？"马童面之，指王翳曰："此项王也。"项王乃曰："吾闻汉购我头千金，邑万户，吾为若德。"乃自刎而死。王翳取其头，余骑相蹂践争项王，相杀者数十人。最其后，郎中骑杨喜，骑司马吕马童，郎中吕胜、杨武各得其一体。五人共会其体，皆是。故分其地为五：封吕马童为中水侯，封王翳为杜衍侯，封杨喜为赤泉侯，封杨武为吴防侯，封吕胜为涅阳侯。

项王已死，楚地皆降汉，独鲁不下。汉乃引天下兵欲屠之，为其守礼义，为主死节，乃持项王头视鲁，鲁父兄乃降。始，楚怀王初封项籍为鲁公，及其死，鲁最后下，故以鲁公礼葬项王谷城。汉王为发哀，泣之而去。

诸项氏枝属，汉王皆不诛。乃封项伯为射阳侯。桃侯、平皋侯、玄武侯皆项氏，赐姓刘。

太史公曰：吾闻之周生曰"舜目盖重瞳子"，又闻项羽亦重瞳子。羽岂其苗裔邪？何兴之暴也！夫秦失其政，陈涉首难，豪杰蜂起，相与并争，不可胜数。然羽非有尺寸，乘势起陇亩之中，三年，遂将五诸侯灭秦，分裂天下，而封王侯，政由羽出，号为"霸王"，位虽不终，近古以来未尝有也。及羽背关怀楚，放逐义帝而自立，怨王侯叛己，难矣。自矜功伐，奋其私智而不师古，谓霸王之业，欲以力征经营天下，五年卒亡其国，身死东城，尚不觉悟而不自责，过矣。乃引"天亡我，非用兵之罪也"，岂不谬哉！

【译文】

于是项王上马突围，部下壮士骑马随从的有八百多人，当夜冲破包围，向南飞驰而去。天亮，汉军才发觉，派骑兵将领灌婴率五千骑兵追赶项王。项王渡过淮水，能够跟从的骑兵只有一百多人。项王到阴陵，迷失了道路，询问一个种田的人，种田的人欺骗他说："往左"。项王往左去，结果陷入了一大片沼泽中。因此，汉军追上了项王。项王就又带兵向东，到了东城，只有二十八个骑兵了。追赶的汉军骑兵有几千人。项王估计自己不能脱身了，对他的骑兵说："我起兵到现在八年了，亲身打过七十多次仗，谁抵挡我，我就打垮谁，我攻击谁，谁就降伏，未曾打过败仗，因而霸有天下。然而现在终于被围困在这里，这是上天要灭亡我，不是我打仗的过错。今天固然要决心战死，愿意为各位痛痛快快地打一仗，一定要三次取胜，为各位突破重围，斩杀敌将，砍倒敌人军旗，让各位知道是上天灭亡我，不是我打仗的过错。"项王就把他的骑兵分为四队，面向四方。汉军把项王包围了好几层。项王对他的骑兵说："我为你们斩他一个将领。"项王命令骑兵四面疾驰而下，约定在山的东面会合为三处。于是项王大声呼喊着，飞奔直下，汉军惊惶溃乱，项王就斩了一个汉军将领。当时，赤泉侯做骑兵将领，追赶项王，项王怒目大吼，赤泉侯人马俱惊，倒退了好几里。项王和他的骑兵会合为三处。汉军不知道项王在哪里，就把军队分为三部分，又把项王包围起来。项王骑马冲驰，又斩了汉军的一个都尉，杀死了百十来人，再把他的骑兵集合起来，只丧失了两个骑兵。项王就对他的骑兵说："怎么样？"骑兵都佩服地说："正像大王所说的那样。"

项王想要向东渡过乌江。乌江亭长把船靠在岸边等待着项王。他对项王说："江东虽小，地方也纵横上千里，民众数十万，足以称王。希望大王赶快渡江。现在只有我有船只，汉军来到这，没有船只渡江。"项王笑着说："上天要灭亡我，我渡江干什么呢！况且我和江东子弟八千人渡江西进，现在没有一个人回来，即使江东父兄怜悯我，让我称王，我有什么脸面去见他们呢？即使他们不说什么，我项籍难道不于心有愧吗？"最后项王对亭长说："我知道你是个忠厚长者。我骑这匹马五年了，所向无敌，曾经一天奔驰一千里，不忍心杀了它，把它送给你吧。"就叫骑兵都下马步行，拿着短兵器接战。单单项籍一人就杀死汉军几百人。项王身上也受了十多处伤。他回头看见汉军的骑司马吕马童，说："你不是我的老朋友吗？”吕马童背对项王，指给王翳说：“这就是项王。”项王说：“我听说汉军用一千斤黄金、一万户封邑来购买我的头，我给你做件好事吧。”就自刎而死。王翳割了项王的头，其他骑兵自相蹂躏践踏，争夺项王的尸体，互相残杀了几十人。最后，郎中骑杨喜，骑司马吕马童，郎中吕胜、杨武各自得到了项王的一段肢体。五个人把肢体合拢起来，都确实是项王的。所以把准备封赏的土地分为五部分：封吕马童为中水侯，封王翳为杜衍侯，封杨喜为赤泉侯，封杨武为吴防侯，封吕胜为涅阳侯。

项王死后，楚国各地都投降了汉军，只有鲁城不肯投降。汉王就带领天下士卒打算屠毁鲁城，因为他们坚守礼义，为主人以死守节，就拿项王的头给鲁城人看，鲁城父兄才投降了。最初，楚怀王曾封项籍为鲁公，等到项籍死了，鲁城又最后投降，所以用鲁公的礼仪把项王埋葬在谷城。汉王为项王举哀，哭了一场，然后离开了鲁城。

项王的亲属们，汉王都不杀。又封项伯为射阳侯。桃侯、平皋侯、玄武侯都姓项，汉王赐他们姓刘。

太史公说：我听周生说“舜的眼睛是双瞳子”，又听说项羽也是双瞳子。项羽难道是舜的后代吗？为什么突然兴起呢？秦政令失误，陈涉首先发难，豪杰蜂起，互相争斗，数不胜数。可是项羽没有一点权势，乘势兴起于平民百姓之中，三年时间，就率领五路诸侯军消灭了秦朝，分割天下，封王建侯，政自己出，号为“霸王”，虽然没有始终保持他的地位，但近古以来，还未曾有过这样的事情。等到项羽放弃关中，怀恋楚地，放逐义帝而自立为王，抱怨王侯背叛自己，这时已经难以控制局势了。自我夸耀功勋，逞一己私智，不效法古人，以为创立霸王的事业，需要用武力来经营天下，五年的时间就丢掉了自己的国家，身死东城，还不觉悟，不责备自己，错了呀。又说“天要灭我，不是用兵的过错”，岂不是太荒谬了吗？

屈原列传

屈原者，名平，楚之同姓也。为楚怀王左徒。博闻强志，明于治乱，娴于辞令。入则与王图议国事，以出号令；出则接遇宾客，应对诸侯。王甚任之。

上官大夫与之同列，争宠而心害其能。怀王使屈原造为宪令，屈平属草稿未定。上官大夫见而欲夺之，屈平不与，因谗之曰："王使屈平为令，众莫不知，每一令出，平伐其功，以为'非我莫能为'也。"王怒而疏屈平。

【译文】

屈原，名平，和楚国是同姓。担任楚怀王的左徒。屈原博学强记，明了国家安定、动乱的原因和治理方法，善于应对言辞，尤其是外交辞令。所以他入朝就和国王谋划国家大事，用以发布号令；出朝就接待宾客，应对四方诸侯。楚怀王十分信任他。

上官大夫和屈原在朝廷是同班列之臣，为同屈原争夺楚王的宠爱，因而心里非常妒忌屈原的贤能。楚怀王让屈原制订法令，屈原起草尚未定稿。上官大夫见到了，就要夺去自己写，屈原不给他，他就到楚怀王面前说屈原的坏话："大王让屈平起草法令，众人没有不知道的，每一法令发布出来，屈平就夸耀是自己的功劳，认为'不是我，没有人能写得出来的'"。楚怀王听了很生气，从此疏远了屈原。

屈平疾王听之不聪也，谗谄之蔽明也，邪曲之害公也，方正之不容也，故忧愁幽思而作《离骚》。《离骚》者，犹离忧也。夫天者，人之始也；父母者，人之本也。人穷则反本，故劳苦倦极，未尝不呼天也；疾痛惨怛，未尝不呼父母也。屈平正道直行，竭忠尽智以事其君，谗人间之，可谓穷矣。信而见疑，忠而被谤，能无怨乎？屈平之作《离骚》，盖自怨生也。《国风》好色而不淫，《小雅》怨诽而不乱。若《离骚》者，可谓兼之矣。上称帝喾，下道齐桓，中述汤武，以刺世事。明道德之广崇，治乱之条贯，靡不毕见。其文约，其辞微，其志洁，其行廉，其称文小而其指极大，举类迩而见义远。其志洁，故其称物芳。其行廉，故死而不容自疏。濯淖污泥之中，蝉蜕于浊秽，以浮游尘埃之外，不获世之滋垢，皭然泥而不滓者也。推此志也，虽与日月争光可也。

屈平既绌，其后秦欲伐齐，齐与楚从亲，惠王患之，乃令张仪详去秦，厚币委质事楚，曰："秦甚憎齐，齐与楚从亲，楚诚能绝齐，秦愿献商、於之地六百里。"楚怀王贪而信张仪，遂绝齐，使使如秦受地。张仪诈之曰："仪与王约六里，不闻六百里。"楚使怒去，归告怀王。怀王怒，大兴师伐秦。秦发兵击之，大破楚师于丹、淅，斩首八万，虏楚将屈匄，遂取楚之汉中地。怀王乃悉发国中兵以深入击秦，战于蓝田。魏闻之，袭楚至邓。楚兵惧，自秦归。而齐竟怒不救楚，楚大困。

【译文】

屈原怨恨楚怀王听小人进言不明是非，被假话坏话遮住了眼睛，任凭奸邪陷害公正，容不得端方正直之士，所以忧愁幽思，写了一篇很长的辞章《离骚》。所谓“离骚”，也就是离忧的意思。天，是人的起源；父母，是人的根本。人到了走投无路的时候，就会溯源返本，所以人到劳苦疲惫之极，未尝不呼喊“天哪！”人到疾病疼痛难忍，也未尝不呼喊“爹呀！娘呀！”屈原走的是正道，又照直行事，竭尽忠诚和智慧，服侍他的君主。然而坏人从中挑拨离间，使他失去了皇帝的信任，可谓走投无路了。真诚的人受到怀疑，忠贞的人受到诽谤，能没有怨恨吗？屈原写作《离骚》，大概是由于怨恨产生的，就像人到走投无路时呼天叫娘一样自然。《诗经》中的《国风》一类诗，它的风格特色犹如喜爱美色而不过分一样，《小雅》一类诗，它的风格特色犹如怨恨国家失政而不造反一样。而《离骚》这样的作品，可谓两种特色兼而有之。屈原在《离骚》中上称喾等古帝，下道齐桓公等霸主，中述汤、武等贤王，用来指责当时的社会政治。所表明的道德之广大崇高，安定和动乱之条理贯通，无不彻底表现出来。文体简约，辞义深微，志向高洁，行为清廉，用的文体形式虽小，而所表现的内容却很大，所举事例虽浅近，而所表现的意义却很深远。因为作者志向高洁，所以列举的事物都很芬芳美好。作者行为清廉，所以宁死也不能容忍自己被疏远。洗涤于污泥之中，蝉蜕于浊秽以浮游于尘埃之外，没有受到世俗的沾染污垢，光亮的样子就像纯净的黑泥没有一点杂质。如果比喻这种高洁的志向，那么即使说它与日月争光也是可以的。

屈原遭到贬斥后，秦国要征伐齐国，而齐国和楚国联合起来相互支援，秦惠王对此很忧虑，于是命令张仪假装背离秦国，以丰厚的钱币和卑下的礼节服事楚国。张仪说：“秦国非常憎恨齐国，可是齐国和楚国联合起来相互支援，如果楚国真的能和齐国绝交，那么秦国愿意将秦国的商、於之地六百里献给楚国。”楚怀王贪图钱物而相信了张仪的话，于是和齐国绝交，派使者到秦国接受献地。张仪随即变卦，骗使者说：“我与楚怀王相约时说的是六里，没听说过有六百里。”楚国使者很气愤地离去了，回去就报告给楚怀王。楚怀王发怒，大举兴兵讨伐秦国。秦国发兵迎击，在丹、淅两地大破楚兵，斩首八万，虏去楚国将军屈匄，夺取了楚国的汉中之地。楚怀王于是调动国中全部兵力深入攻击秦国，在蓝田交战。魏国听到这个消息，于是突然袭击楚国的邓城。楚兵十分恐惧，从秦国境内退兵。而齐国终是生楚国的气，不去救援楚国。楚国落入非常困窘的境地。

明年，秦割汉中地与楚以和。楚王曰："不愿得地，愿得张仪而甘心焉。"张仪闻，乃曰："以一仪而当汉中地，臣请往如楚。"如楚，又因厚币用事者臣靳尚，而设诡辩于怀王之宠姬郑袖。怀王竟听郑袖，复释去张仪。是时屈平既疏，不复在位，使于齐，顾反，谏怀王曰："何不杀张仪？"怀王悔，追张仪不及。

其后诸侯共击楚，大破之，杀其将唐眜。

时秦昭王与楚婚，欲与怀王会。怀王欲行，屈平曰："秦虎狼之国，不可信，不如毋行。"怀王稚子子兰劝王行："奈何绝秦欢！"怀王卒行。入武关，秦伏兵绝其后，因留怀王，以求割地。怀王怒，不听。亡走赵，赵不内。复之秦，竟死于秦而归葬。

【译文】

第二年，秦国把夺取的汉中之地割让给楚国，与楚国讲和。楚怀王说："不想得到汉中的土地，而愿意得到张仪才甘心。"张仪听到了，对秦惠王说："用一个张仪而相当于汉中之地，我请求前往楚国。"张仪到了楚国，又用丰厚的钱币贿赂楚国的当权之臣靳尚，在楚怀王宠姬郑袖面前编造了花言巧语。楚怀王竟然听从了郑袖，再次放走了张仪。这时屈原已经被疏远，不复在位，出使于齐国，又返回，规劝楚怀王说："为什么不杀张仪呢？"楚怀王很后悔，但再追张仪却赶不上了。

此后，诸侯共同攻击楚国，大破楚兵，杀了他们的将军唐眜。

当时秦昭王与楚国联姻，要和楚怀王会面。楚怀王要启程，屈原说："秦国就像虎狼，不可信，不如不去。"楚怀王的小儿子子兰劝说楚怀王前去，说："怎么能拒绝秦国和我们和好呢？"楚怀王终于去了。走到武关，秦国的伏兵截住了楚怀王的随从人员，只留住他一人，要求割让土地。楚怀王十分气愤，没有听从。他逃跑到赵国，赵国不接纳。他又到秦国，竟然死在秦国而送回楚国安葬。

长子顷襄王立，以其弟子兰为令尹。楚人既咎子兰以劝怀王入秦而不反也。

屈平既嫉之，虽放流，眷顾楚国，系心怀王，不忘欲反，冀幸君之一悟，俗之一改也。其存君兴国而欲反覆之，一篇之中三致志焉。然终无可奈何，故不可以反，卒以此见怀王之终不悟也。人君无愚智贤不肖，莫不欲求忠以自为，举贤以自佐，然亡国破家相随属，而圣君治国累世而不见者，其所谓忠者不忠，而所谓贤者不贤也。怀王以不知忠臣之分，故内惑于郑袖，外欺于张仪，疏屈平而信上官大夫、令尹子兰。兵挫地削，亡其六郡，身客死于秦，为天下笑。此不知人之祸也。易曰："井泄不食，为我心恻，可以汲。王明，并受其福。"王之不明，岂足福哉！

令尹子兰闻之大怒，卒使上官大夫短屈原于顷襄王，顷襄王怒而迁之。

【译文】

楚怀王的长子顷襄王被立为楚国国王，用他的弟弟子兰做楚国最高军政长官令尹。楚国人很怪罪子兰，因为他曾劝楚怀王到秦国而未得生还。

屈原早已憎恨子兰，但是他即使被流放，仍然眼望楚国，心系怀王，不忘回来，是希望国君觉悟，风俗改变。他思念国君、振兴祖国的深情反复不息，在《离骚》一篇之中，多次表达这种思想感情。然而终于无可奈何，所以不能回到楚国，最后见怀王终不觉悟。国君不论愚蠢、智慧、贤明、糊涂，莫不愿意求得忠臣用来为自己出力，提拔贤才用来辅助自己，然而亡国破家接连发生，圣明的君主、安定的国家世世代代不能出现，正是由于所谓"忠臣"并不忠，所谓"贤才"并不贤。楚怀王因为不知道忠臣的职分，所以在国内被郑袖所惑，在国外被张仪所欺，疏远屈原而信任上官大夫、令尹子兰。军队受挫，国土被割，失掉了六郡，自身客死于秦国，被天下人嘲笑。这是不知人善任的灾祸呀！《易经》上说："井淘干净了，仍无人食用，很是令人伤心，这井的水是可以提上来食用的。国王如若英明，全国都会享受幸福。"楚怀王糊涂，哪里能给全国以幸福呢？

令尹子兰听到屈原的议论后，大为恼火，让上官大夫在顷襄王面前说屈原的短处。顷襄王也很生气，因而将屈原再次放逐。

屈原至於江滨，被发行吟泽畔。颜色憔悴，形容枯槁。渔父见而问之曰："子非三闾大夫欤？何故而至此？"屈原曰："举世混浊而我独清，众人皆醉而我独醒，是以见放。"渔父曰："夫圣人者，不凝滞于物而能与世推移。举世混浊，何不随其流而扬其波？众人皆醉，何不餔其糟而啜其醨？何故怀瑾握瑜而自令见放为？"屈原曰："吾闻之，新沐者必弹冠，新浴者必振衣，人又谁能以身之察察，受物之汶汶者乎！宁赴常流而葬乎江鱼腹中耳，又安能以皓皓之白而蒙世俗之温蠖乎！"

乃作《怀沙》之赋。其辞曰：

陶陶孟夏兮，草木莽莽。伤怀永哀兮，汩徂南土，眴兮窈窈，孔静幽墨。冤结纡轸兮，离愍之长鞠；抚情效志兮，俯诎以自抑。

【译文】

屈原到了江边，在湖畔，头披长发，一边行走一边吟唱，脸色憔悴，形容枯槁。渔翁看见了，问他说："你不是执掌王族三姓的三闾大夫吗？是什么缘故落到这种地步？"屈原说："整个世界都是混浊的，只有我才是清白的；众人都是沉醉的，只有我才是清醒的，因此才被放逐。"渔翁说："圣人，不拘泥于某种事物，而是与世道推移。整个世界混浊，你为什么不随波逐流？众人都沉醉，你为什么不连酒带糟都吃下去呢？何必怀抱着美玉般的稀世之才，而人为地自己让国君放逐呢？"屈原说："我听说过，刚洗过头的人，戴帽之前必定先弹弹帽上的灰尘；刚洗过澡的人，穿衣之前必定先抖抖衣上的灰尘。人谁能以自己的高洁操行，接受昏暗污浊的世道呢？我宁可投进永不停歇的流水而葬身于大江鱼腹之中，又怎能以明亮洁白之躯蒙上世俗的尘滓呢？"

于是写作《怀沙》这篇赋。其辞说：

阳气腾腾的初夏呀，草木长得多么茂盛。使我伤怀而永远哀痛啊，如今又匆匆独自南行。转眼四顾一片阴森，没有一点声息，死一般的寂静。胸有闷气呀迂曲不止，身遭忧患而长期困窘。抚念衷情而检查志向啊，已受很大的冤屈，仍要压抑自己。

刓方以为圆兮，常度未替；易初本由兮，君子所鄙。章画职墨兮，前度未改；内直质重兮，大人所盛。巧匠不斫兮，孰察其揆正？玄文幽处兮，矇谓之不章；离娄微睇兮，瞽以为无明。变白而为黑兮，倒上以为下。凤凰在笯兮，鸡雉翔舞。同糅玉石兮，一概而相量。夫党人之鄙妒兮，羌不知吾所臧。

任重载盛兮，陷滞而不济；怀瑾握瑜兮，穷不得余所示。邑犬群吠兮，吠所怪也；诽骏疑桀兮，固庸态也。文质疏内兮，众不知吾之异采；材朴委积兮，莫知余之所有。重仁袭义兮，谨厚以为丰；重华不可牾兮，孰知余之从容！古固有不并兮，岂知其故也？汤禹久远兮，邈不可慕也。惩违改忿兮，抑心而自强；离湣而不迁兮，愿志之有象。进路北次兮，日昧昧其将暮；含忧虞哀兮，限之以大故。

乱曰："浩浩沅、湘兮，分流汩兮。修路幽拂兮，道远忽兮。曾唫恒悲兮，永叹慨兮。世既莫吾知兮，人心不可谓兮。怀情抱质兮，独无匹兮。伯乐既殁兮，骥将焉程兮？人生禀命兮，各有所错兮。定心广志，余何畏惧兮？曾伤爰哀，永叹喟兮。世溷不吾知，心不可谓兮。知死不可让兮，愿勿爱兮。明以告君子兮，吾将以为类兮。

于是怀石遂自沉汨罗以死。

【译文】

尽管小人削方为圆哪，然而永恒的法则决不可任意废弃。改变自己本来的道路，为道德高尚的人所鄙夷。标明规矩要坚持原则，以前的风范决不能改易；内心厚道而品质庄重，这种美德为有地位的哲人所赞扬。能工巧匠如不运用斧凿，谁能看到他那准确的度量？若把黑色的彩绣放在暗处，患有青光眼病的人则妄言花纹不鲜亮；古代眼明的离娄，用眼一瞥就看到秋毫之末，而瞎眼人还以为他也是个盲人。把白的当作黑的呀，将上倒过来作为下。美丽的凤凰被关进竹笼里，丑陋的鸭群却乱飞乱抓。美玉和顽石掺合混杂呀，不加区别，一起用升斗来衡量。尤其是那些结党营私的小人，鄙陋而顽固，他们岂知道我的才德优长！

我的任务太重，如车满载哟，陷于泥泞而不能通过。怀抱的和手握的都是美玉哟，却找不到一个能看一看我这美玉的明哲。村里的群狗乱叫呀，叫的是它觉得奇怪的。诽谤英雄，猜疑豪杰，本是小人的一贯心态。文质彬彬，内心通达，群小们哪里知道我所具有的异采？良材好料聚积很多，却没有人知道我有如此丰富的储备。请用仁义将我穿戴起来吧，使美德修养得又厚又丰。圣明的舜帝重华不再遇到了，谁知道我的才德有余，气度从容？圣君贤臣古来就不能同世并生，哪里得知其中的缘故？商汤、夏禹距今久远了，久远得如同旷绝，简直不可追慕。停止怨恨，排除愤懑吧，抑制浮躁心情，以便自勉自强。虽遭忧患，坚贞不移，但愿我的意志成为后来者的榜样。因为赶路而错过了宿地，日色昏昏，时将傍晚。自舒忧怀，自宽衷心吧，死而后已，才算个极限。

尾声：浩浩荡荡的沅江、湘江，各自滚滚地奔流啊！道路漫漫，林木幽幽，前程渺渺无尽头啊！抒不尽的长悲，叹不尽的感慨。世间无人理解我，人心不可说。坚守自己的真情和美德，而独独无人予以作证。古代相马人伯乐早已死去，今日的千里马由谁品评？人生禀受天命啊，个个早被安排定。安定情绪，弘扬志气，我还有什么畏惧？层层伤怀，层层悲哀，长声叹息，没有休止。世间混浊，无人理解我，人心不可说。我知道死亡不可回避，愿意离开人世不自爱惜。明白地告诉道德高尚的人，我将做出榜样让后人学习。

于是，屈原怀抱石头，自沉汨罗江而死。

〔汉书〕

惠帝纪

孝惠皇帝，高祖太子也，母曰吕皇后。帝年五岁，高祖初为汉王。二年，立为太子。十二年四月，高祖崩。五月丙寅，太子即皇帝位，尊皇后曰皇太后。赐民爵一级。中郎、郎中满六岁爵三级，四岁二级。外郎满六岁二级。中郎不满一岁一级。外郎不满二岁赐钱万。宦官尚食比郎中，谒者、执盾、执戟、武士、驺比外郎。太子御骖乘赐爵五大夫，舍人满五岁二级。赐给丧事者，二千石钱二万，六百石以上万，五百石、二百石以下至佐史五千。视作斥上者，将军四十金，二千石二十金，六百石以上六金，五百石以下至佐史二金。减田租，复十五税一。爵五大夫、吏六百石以上及宦皇帝而知名者有罪当盗械者，皆颂系；上造以上及内外公孙、耳孙有罪当刑及当为城旦舂者，皆耐为鬼薪、白粲；民年七十以上若不满十岁有罪当刑者，皆完之。又曰："吏所以治民也，能尽其治则民赖之，故重其禄，所以为民也。今吏六百石以上父母妻子与同居，及故吏尝佩将军、都尉印将兵，及佩二千石官印者，家唯给军赋，他无有所与。"

令郡诸侯王立高庙。

元年冬十二月，赵隐王如意薨。民有罪，得买爵三十级以免死罪。赐民爵，户一级。

春正月，城长安。

【译文】

孝惠皇帝，是汉高祖刘邦的太子，母亲是吕皇后吕雉。惠帝五岁时，高祖刚封为汉王。第二年，立惠帝为太子。十二年四月，高祖驾崩。五月丙寅日，太子即位为皇帝，尊吕皇后为皇太后。赐给民爵位一级。中郎、郎中官历满六年者赐爵三级，满四年者赐爵二级。外郎满六年者赐爵二级。中郎不满一年者赐爵一级。外郎不满二年者赐万钱。宦官主管饮食者比同郎中。谒者、执盾、执戟、武士，驺与外郎同。太子御乘赐给五大夫爵位，舍人满五年者赐二级。主办丧事者，二千石官赐给二万钱，六百石以上者赐万钱，五百石、二百石以下至佐史赐五千钱。比作开拓土地为冢圹者，将军赐给金四十斤，二千石官赐给金二十斤，六百石以上官赐给金六斤，五百石以下至佐史赐给金二斤。恢复实行十五纳税一的制度。爵位为五大夫、吏六百石以上官及早侍皇帝而知名者，有罪当加刑械，可宽容松缓刑械。上造以上及内外公孙、耳孙有罪当判刑及刑当为城旦、舂者，都减为鬼薪、白粲刑。民七十以上及不满十岁犯罪当加刑者，都可免肉刑，使身体发肤完整。又说："官吏的职责是治理人民，如果能尽职尽责，就会得到人民的信赖，因此给他们重的俸禄，也是为了人民。今百石以上的官吏，与父母妻子同居，以及曾佩带将军都尉印信将领过士兵的故吏及佩带二千石官印者，每家都供给军赋，其他不予供给。"

命令各郡及各诸侯王国都要建立高祖刘邦庙。

孝惠皇帝元年冬季十二月，赵隐王刘如意去世。人民有罪，可以买爵三十级以免死罪。赐民爵，每户一级。

春季正月，筑建长安城。

二年冬十月，齐悼惠王来朝，献城阳郡以益鲁元公主邑，尊公主为太后。

春正月癸酉，有两龙见兰陵家人井中，乙亥夕而不见。陇西地震。

夏旱。郃阳侯仲薨。秋七月辛未，相国何薨。

三年春，发长安六百里内男女十四万六千人城长安，三十日罢。

以宗室女为公主，嫁匈奴单于。

夏五月，立闽越君摇为东海王。

六月，发诸侯王、列侯徒隶二万人城长安。

秋七月，都厩灾。南越王赵佗称臣奉贡。

四年冬十月壬寅，立皇后张氏。

春正月，举民孝弟、力田者复其身。

三月甲子，皇帝冠，赦天下。省法令妨吏民者；除挟书律。长乐宫鸿台灾。宜阳雨血。

秋七月乙亥，未央宫凌室灾；丙子，织室灾。

五年冬十月，雷；桃李华，枣实。

【译文】

二年冬季十月，齐悼惠王刘肥到京师来朝见，献城阳郡给鲁元公主，用以增加公主的食邑，并尊称公主为鲁元太后。

春季正月癸酉日，有两条龙出现在兰陵平民家井中，乙亥日傍晚时消失。陇西发生地震。

夏季干旱。郃阳侯刘喜去世。秋季七月辛未日，丞相萧何去世。

三年春季，征发长安六百里以内男女十四万六千人筑建长安城三十天。

遴选宗室女封为公主，嫁给匈奴单于。

夏季五月，封闽越君摇为东海王。

六月，征发诸侯王、列侯所属徒隶两万人筑建长安城。

秋季七月，都城马棚发生火灾。南越王赵佗称臣并奉献贡品。

四年冬季十月壬寅日，封张敖女张氏为皇后。

春季正月，选举平民中孝顺父母，尊敬兄长并努力耕种田地，即孝悌力田者，免除其赋税徭役。

三月甲子日，皇帝二十岁举行加冠典礼，大赦天下。撤销妨碍官吏治理及干扰平民的法令；废除秦朝挟书者灭全族的挟书律。长乐宫鸿台火灾，宜阳下血雨。

秋季七月乙亥日，未央宫存冰的凌室发生火灾；丙子日，主织各类丝织品的织室发生火灾。

五年冬季十月，打雷。桃树李树开花，枣树结果实。

春正月，复发长安六百里内男女十四万五千人城长安，三十日罢。

夏，大旱。

秋八月己丑，相国参薨。

九月，长安城成。赐民爵，户一级。

六年冬十月辛丑，齐王肥薨。

令民得卖爵。女子年十五以上至三十不嫁，五算。

夏六月，舞阳侯哙薨。

起长安西市，修敖仓。

七年冬十月，发车骑、材官诣荥阳，太尉灌婴将。

春正月辛丑朔，日有蚀之。夏五月丁卯，日有蚀之，既。

秋八月戊寅，帝崩于未央宫。九月辛丑，葬安陵。

赞曰：孝惠内修亲亲，外礼宰相，优宠齐悼、赵隐，恩敬笃矣。闻叔孙通之谏则惧然，纳曹相国之对而心说，可谓宽仁之主。曹吕太后亏损至德，悲夫！

【译文】

春季正月，再征发长安六百里以内男女十四万五千人，筑建长安城三十日。

夏季大旱。

秋八月己丑日，丞相曹参去世。

九月，长安城建成。赐民爵，每户一级。

六年冬季十月辛丑日，齐王刘肥去世。

法令规定平民可以买爵位。女子年十五以上至三十不嫁者，罚一算一百二十钱的五算钱。

夏季六月，舞阳侯樊哙去世。

开始建造长安商业西市，修缮敖仓。

七年冬季十月，征调骑兵及弓箭部队，进驻荥阳，由太尉灌婴率领。

春季正月辛丑为初一，日食。夏季五月丁卯日，日全食。

秋季八月戊寅日，孝惠皇帝于未央宫驾崩。九月辛丑日。葬惠帝于安陵。

赞说：孝惠皇帝内修品德，亲爱宗族亲属；外礼臣僚，敬重礼遇宰相，优待宠幸兄长齐悼惠王刘肥及幼弟赵隐王刘如意，对他们恩敬友悌，笃厚亲情。臣下叔孙通进谏，则闻过失色，丞相曹参廷对，则心悦纳谏，惠帝真可说是一位宽厚仁爱的君主。但因吕太后故，致使惠帝的美德有所亏损，可悲啊！

张骞传

张骞，汉中人也，建元中为郎。时匈奴降者言匈奴破月氏王，以其头为饮器，月氏遁而怨匈奴，无与共击之。汉方欲事灭胡，闻此言，欲通使，道必更匈奴中，乃募能使者。骞以郎应募，使月氏，与堂邑氏奴甘父俱出陇西，径匈奴，匈奴得之，传诣单于。单于曰："月氏在吾北，汉何以得往使？吾欲使越，汉肯听我乎？”留骞十余岁，予妻，有子，然骞持汉节不失。

居匈奴西，骞因与其属亡乡月氏，西走数十日，至大宛。大宛闻汉之饶财，欲通不得，见骞，喜，问欲何之。骞曰：“为汉使月氏而为匈奴所闭道，今亡，唯王使人道送我。诚得至，反汉，汉之赂遗王财物不可胜言。”大宛以为然，遣骞，为发译道，抵康居。康居传致大月氏。大月氏王已为胡所杀，立其夫人为王。既臣大夏而君之，地肥饶，少寇，志安乐，又自以远远汉，殊无报胡之心。骞从月氏至大夏，竟不能得月氏要领。

留岁余，还，并南山，欲从羌中归，复为匈奴所得。留岁余，单于死，国内乱，骞与胡妻及堂邑父俱亡归汉。拜骞太中大夫，堂邑父为奉使君。

【译文】

张骞，是汉中地方的人，建元期间（前140—前135）任郎官。当时，有匈奴投降汉朝的人说：“匈奴攻破了月氏王，把他的头当作饮器用。月氏人逃亡到他地，很怨恨匈奴，只恨没有其他国家能和他共同攻击匈奴。”汉朝廷正考虑出兵灭胡的事，听到这样的话，就想与月氏通使，而道途必须经过匈奴，于是招募能够出使的人。张骞以郎官的身份应召，出使月氏，与堂邑氏部落的奴隶甘父一起从陇西出发。路经匈奴，被匈奴人擒获，送去见单于（匈奴的王称“单于”）。单于说：“月氏在我国北面，汉朝怎么能够得以与他通使？我想要派人去越国，汉朝肯听从我的意思吗？”单于把张骞羁留在匈奴十余年，给他娶了妻，并生了儿子。然而张骞始终手持着汉朝出使的符节而不丢失。

因居住地方在匈奴西边，张骞就和一起出使的下属逃往月氏，向西走了几十天，到达大宛。大宛听说汉朝物资富饶，早想与汉交通而苦无门路可得，见到张骞，很高兴，问张骞要到什么地方去。张骞说：“我是为汉朝出使月氏而被匈奴阻挡住道路的，现在好容易才逃出来，只有请你派人路上护送我了。如果能够返回汉，汉朝廷一定会赠送给你大量财物。”大宛君主认为他的话有道理，就遣送张骞，为他派了翻译向导，抵达康居。康居又传送到大月氏。大月氏王已被胡人所杀，他的夫人被立为王。既而大月氏使大夏臣服于他并统治了其地区。这里土地肥饶，少敌国侵略，大月氏一心只想安享太平，又自以为离汉朝很远，所以没有一点向胡人报复的意思。张骞从大月氏到大夏，自始至终没有能弄清楚月氏的主要意图。

在大夏逗留了一年多，张骞要回汉朝。沿着南山，从羌中回汉朝途中，又一次被匈奴擒获。拘留了一年多，匈奴单于去世，国内发生纷乱，张骞带着胡妻和堂邑父一起逃离回到了汉朝。汉武帝封张骞做太中大夫，堂邑父为奉使君。

骞为人强力，宽大信人，蛮夷爱之。堂邑父胡人，善射，穷急射禽兽给食。初，骞行时百余人，去十三岁，唯二人得还。

骞身所至者，大宛、大月氏、大夏、康居，而传闻其旁大国五六，具为天子言其地形，所有。语皆在《西域传》。

骞曰："臣在大夏时，见邛竹杖、蜀布，问安得此，大夏国人曰：'吾贾人往市之身毒国。身毒国在大夏东南可数千里。其俗土著，与大夏同，而卑湿暑热。其民乘象以战。其国临大水焉。'以骞度之，大夏去汉万二千里，居西南。今身毒又居大夏东南数千里，有蜀物，此其去蜀不远矣。今使大夏，从羌中，险，羌人恶之；少北，则为匈奴所得；从蜀，宜径，又无寇。"天子既闻大宛及大夏、安息之属皆大国，多奇物，土著，颇与中国同俗，而兵弱，贵汉财物；其北则大月氏、康居之属，兵强，可以赂遗设利朝也。诚得而以义属之，则广地万里，重九译，致殊俗，威德遍于四海。天子欣欣以骞言为然。乃令蜀犍为发间使，四道并出：出駹，出莋，出徙，邛，出僰皆各行一二千里。其北方闭氐、莋，南方闭嶲、昆明。昆明之属无君长，善寇盗，辄杀略汉使，终莫得通。然闻其西可千余里，有乘象国，名滇越，而蜀贾间出物者或至焉，于是汉以求大夏道始通滇国。初，汉欲通西南夷，费多，罢之。及骞言可以通大夏，乃复事西南夷。

【译文】

张骞平时做人，坚忍有毅力，待人厚道宽大，蛮夷人都敬爱他。堂邑父是胡人，擅长射箭，在穷急的时候就射禽猎兽以供食用。张骞刚去西域时，有一百多名随从，去西域十三年后，只有二人得以返回汉朝。

张骞亲自去过的国家有大宛、大月氏、大夏、康居，而间接听人传说的周围五、六个大国家的地形、出产等情况，也都向武帝一一做了汇报。这些话都记在《西域传》中。

张骞说："我在大夏时，见到了邛竹杖、蜀布，问当地人是怎么得到这些的？大夏国的人说‘我们的商人到身毒国去贩运来的。身毒国在大夏东南大约数千里，那里的习惯是世代定居在一个地方，和大夏相同，但比较卑湿暑热。那里的人骑象作战。其国土面临大水’。因而我估计，大夏距离汉朝一万二千里，位处西南。现在身毒又位于大夏东南数千里。而有蜀地出产的物品，那它距离蜀不会太远的。现在出使大夏，要从羌中经过，路途险恶，羌人又讨厌不欢迎；少许北上，则是匈奴占领地区；从蜀中去，路径合适，又没有盗贼。”武帝听说大宛和大夏、安息等国都是大国，多奇物异产，人们世代定居，与中国风俗很多相同，而且这些国家军事力量不强，看重汉朝的财物；他们的北面则是大月氏、康居等国，军事力量较强，可送给财物施之以利，诱使他们入朝。如果真能不出兵马而使他们归属汉朝，则可以扩大疆土万里，重视殊方远国，招致不同习俗的人，使威德遍布四海。武帝喜乐自得地认为张骞说得很对。就下令负有伺隙行事使命的使者们，从蜀犍为出发，四路并出：出駹，出莋，出徙、邛，出僰。四路都各走出了一二千里。北方受阻截于氐、莋，南方受阻于嶲、昆明。昆明等部族，没有君主长上，擅长攻击抢掠，常常杀掠汉朝使者，最终没得以开通。但是听说昆明之西大约千余里，有骑象的国家，叫滇越，蜀的商人间或有出卖滇越物产或去过那个国家的，于是汉朝因寻找通大夏的道路而始得以通滇国。起初，汉朝想要沟通西南夷，因花费太多而停止。到张骞说可以通大夏，于是沟通西南夷的事又提了出来。

骞以校尉从大将军击匈奴，知水草处，军得以不乏，乃封骞为博望侯。是岁元朔六年也。后二年，骞为卫尉，与李广俱出右北平击匈奴。匈奴围李将军，军失亡多，而骞后期当斩，赎为庶人。是岁骠骑将军破匈奴西边，杀数万人，至祁连山。其秋，浑邪王率众降汉，而金城、河西西并南山至盐泽，空无匈奴。匈奴时有候者到，而希矣。后二年，汉击走单于于幕北。

天子数问骞大夏之属。骞既失侯，因曰：“臣居匈奴中，闻乌孙王号昆莫。昆莫父难兜靡本与大月氏俱在祁连、敦煌间，小国也。大月氏攻杀难兜靡，夺其地，人民亡走匈奴。子昆莫新生，傅父布就翎侯抱亡置草中，为求食，还，见狼乳之，又乌衔肉翔其旁，以为神，遂持归匈奴，单于爱养之，及壮，以其父民众与昆莫，使将兵，数有功。时，月氏已为匈奴所破，西击塞王。塞王南走远徙，月氏居其地。昆莫既健，自请单于报父怨，遂西攻破大月氏。大月氏复西走，徙大夏地。昆莫略其众，因留居，兵稍强，会单于死，不肯复朝事匈奴。匈奴遣兵击之，不胜，益以为神而远之。今单于新困于汉，而昆莫地空。蛮夷恋故地，又贪汉物，诚以此时厚赂乌孙，招以东居故地，汉遣公主为夫人，结昆弟，其势宜听，则是断匈奴右臂也。既连乌孙，自其西大夏之属皆可招来而为外臣。”天子以为然，拜骞为中郎将，将三百人，马各二匹，牛羊以万数，赍金币帛直数千钜万，多持节副使，道可便遣之旁国。骞既至乌孙，致赐谕指，未能得其决。语在《西域传》。骞即分遣副使使大宛、康居、月氏、大夏。乌孙发译道送骞，与乌孙使数十人，马数十匹，报谢，因令窥汉，知其广大。

骞还，拜为大行。岁余，骞卒。后岁余，其所遣副使通大夏之属者皆颇与其人俱来，于是西北国始通于汉矣。然骞凿空，诸后使往者皆称博望侯，以为质于外国，外国由是信之。其后，乌孙竟与汉结婚。

【译文】

张骞以校尉身份随从大将军霍去病攻打匈奴，知道何处有水草，军队因而得以不受困乏，朝廷于是封张骞为博望侯。这一年是元朔六年（前123）。二年后，张骞任卫尉，和李广同出右北平攻打匈奴。匈奴包围住李广，军队死伤较多，而张骞也因援救迟到，罪当论斩，终以功折赎罚被贬为平民。这一年，骠骑将军霍去病攻破匈奴西边，斩杀数万人，军队抵祁连山。这年秋天，浑邪王率部众向汉朝投降，由是金城、河西以西，并南山到盐泽，都空无匈奴人了。匈奴虽时有巡逻侦察的人来，但很少了。后二年，汉朝把匈奴单于赶到大漠以北的地方去了。

武帝几次向张骞询问大夏等国的情况。这时张骞已失去爵位，因而说：“我居住匈奴时，听说乌孙王叫昆莫。昆莫的父亲难兜靡本来和大月氏都居住在祁连、敦煌之间，是小国家。大月氏攻杀了难兜靡，侵夺其地盘，老百姓逃亡到匈奴。他的儿子昆莫刚生下来不久。昆莫的傅父乌孙大将军（布就翎侯）抱着他逃了出来，把他藏匿在草丛中，出去找寻食物回来，看见狼在喂昆莫奶汁，又有乌鸦衔着肉在他身旁飞翔，以为是天神降生，就带着昆莫归顺匈奴，单于喜欢而留养了他。到昆莫成年，单于把他父亲原有的部民交还给他，让他率领兵将，屡次建立战功。这时，月氏被匈奴打败，就向西攻打塞王，塞王向南方远徙，月氏就留居那里。昆莫已刚强有力，请求单于让自己去报父仇，因而向西攻破大月氏。大月氏再次西迁，迁移到大夏地方。昆莫治理安揖当地民众，就留住下来，兵力稍强大，适逢匈奴单于去世，不再愿意臣服于匈奴。匈奴派兵攻打，没有取胜，更认为他有神帮助，因而远远离开了。现在单于刚被汉所困，而昆莫控制的地方也空着无人。蛮夷依恋故地，又贪爱汉朝物品，如趁这时机送给乌孙厚礼，提出让他东移到故地居住，汉朝再下嫁公主为乌孙王的夫人，结拜成为兄弟之国，事事就会听从于汉朝。如此则断了匈奴的右臂。既与乌孙连结和好了，自乌孙以西的大夏等国都可招来为国外之臣。”武帝认为张骞说得很对。就拜张骞为中郎将，带领三百人，每人配备骑乘的马二匹，牛羊以万计，携带的金银丝绸价值数千万，张骞的副使也多持有出使符节，以便沿途可派遣去其他国家。张骞到了乌孙，把汉皇帝的示指告知了乌孙王，没有得到决定性的答复。所说的话语记载在《西域传》中。张骞就派遣副使出使大宛、康居、月氏、大夏等国。乌孙发派翻译向导送张骞，有乌孙使者数十人，马数十匹相随张骞来汉，报谢汉皇帝，并趁此了解汉朝情况，知道汉朝国土广大。

张骞返回汉以后，被封为大行。过了一年多，张骞去世。又过了一年多，他派遣去交通大夏等国的副使，大多与那些国家的使者一起来汉，于是西北的国家开始与汉朝相往来。自张骞开始通西域，以后出使的使者都称博望侯，以便取信于外国，外国因此相信汉朝。以后，乌孙终于与汉朝结为婚姻之国。

司马迁传

昔在颛顼，命南正重司天，火正黎司地。唐虞之际，绍重黎之后，使复典之，至于夏商，故重黎氏世序天地。其在周，程伯休甫其后也。当宣王时，官失其守而为司马氏。司马氏世典周史。惠襄之间，司马氏适晋。晋中军随会犇魏，而司马氏入少梁。

自司马氏去周适晋，分散，或在卫，或在赵，或在秦。其在卫者，相中山。在赵者，以传剑论显，蒯聩其后也。在秦者错，与张仪争论，于是惠王使错将兵伐蜀，遂拔，因而守之。错孙蕲，事武安君白起。而少梁更名夏阳。蕲与武安君坑赵长平军，还而与之俱赐死杜邮，葬于华池。蕲孙昌，为秦王铁官。当始皇之时，蒯聩玄孙卬为武信君将而徇朝歌。诸侯之相王，王卬于殷。汉之伐楚，卬归汉，以其地为河内郡。昌生毋怿，毋怿为汉市长。毋怿生喜，喜为五大夫，卒，皆葬高门。喜生谈，谈为太史公。

【译文】

在遥远的颛顼时代，任命南正重主管有关天的事务，任命火正黎主管有关地的事务。陶唐氏与有虞氏相交的时候，让重、黎的后人继承重、黎的事业，重新掌管与天、地有关的事务，一直到夏朝和商朝都是这样，所以重、黎氏世世代代管理天、地的事情。重、黎氏在周朝，程伯休甫是他们的后人。当周宣王的时候，重、黎氏失去了管理天、地事务的职掌而成为了司马氏。司马氏世代掌管周朝的史事。周惠王与周襄王承继之间，司马氏迁到了晋国。晋中军将会逃奔魏地，司马氏因而进入了少梁。

从司马氏离开周室迁到晋国，（其宗族）就分散开了，有的在卫地，有的在赵地，有的在秦地。在卫地的，当了中山国的相。在赵地的，以传授剑术的理论而出名，司马蒯聩是他们的后人。在秦国的是司马错，他与张仪争论，于是秦惠王派他率兵伐蜀，灭了蜀国，因而就地戍守。司马错的孙子司马蕲，在武安君白起手下做事。这时候少梁更名叫夏阳。司马蕲与武安君白起坑杀了赵国兵败长平的军队，回去以后二人都在杜邮这个地方被赐死，葬在华池。司马蕲的孙子司马昌，担任了秦王的铁官。当秦始皇的时候，司马蒯聩的玄孙司马卬为武信君的将军而去攻取朝歌。诸侯们相继为王，司马卬被（项羽）封为殷王。汉朝讨伐楚霸王时，司马卬归降了汉朝，汉朝以他原先的封地建立了河内郡。司马昌生了司马毋怿，司马毋怿为汉（长安四市）的一个市长。司马毋怿生了司马喜，司马喜爵为五大夫，去世后安葬在高门。司马喜生了司马谈，司马谈担任了太史公。

太史公学天官于唐都，受《易》于杨何，习道论于黄子。太史公仕于建元、元封之间，愍学者不达其意而师悖，乃论六家之要指曰：

《易大传》曰："天下一致而百虑，同归而殊涂"。夫阴阳、儒、墨、名、法、道德，此务为治者也，直所从言之异路，有省不省耳。尝窃观阴阳之术，大详而众忌讳，使人拘而多畏，然其序四时之大顺，不可失也。儒者博而寡要，劳而少功，是以其事难尽从；然其叙君臣父子之礼，列夫妇长幼之别，不可易也。墨者俭而难遵，是以其事不可遍循，然其强本节用，不可废也。法家严而少恩，然其正君臣上下之分，不可改也。名家使人俭而善失真，然其正名实，不可不察也。道家使人精神专一，动合无形，澹足万物，其为术也，因阴阳之大顺，采儒墨之善，撮名法之要，与时迁徙，应物变化，立俗施事，无所不宜，指约而易操，事少而功多。儒者则不然，以为人主天下之仪表也，君唱臣和，主先臣随。如此，则主劳而臣佚。至于大道之要，去健羡，黜聪明，释此而任术。夫神大用则竭，形大劳则敝；神形蚤衰，欲与天地长久，非所闻也。

【译文】

太史公司马谈在唐都那里学习天文，在杨何那里接受《易》（的教育），在黄生那里学习道家理论。太史公是在建元、元封年之间的时候担任这个职务的，他责备学者们不彻底理解各家的思想而被各派师法所困惑，就论述六家的要旨说：

《易大传》说："为使天下达到同一目标而有一百种设想，相同的归宿但道路不同。阴阳、儒、墨、名、法、道德诸家，这些都是努力于治理社会的，只是他们学说的思路不一样，有的能省察、有的不能省察罢了。我曾私下观察阴阳家的学术，众人忌讳重大的吉凶预兆，使人拘束而多有畏惧，但是它管理的四季的顺序变化，是不可错过的。儒学学者博学但不得要领，劳而少功，所以他们所主张的事情难以完全遵从，但是他们讲述的群臣父子之间的礼仪，罗列的夫妇长幼之间界限，是不可变改的。墨学学者的节俭难以遵从，所以他们所主张的事情不可尽用，但是他们所说的强本节用的道理，是不可废弃的。法家严格而缺少恩情，但是他们理顺君臣上下的名分，是不可更改的。名家让人简朴而容易失去真实，但它强调名称与实在的区别和联系，是不可不省察的。道家使人精神专一，展开和闭合都没有形状，哺养万物，它的学术构成，遵循阴阳家对四季顺序变化的主张，采纳了儒家和墨家的长处，吸收了名家和法家的要点，随着时代的发展而发展，针对不同的事物而变化，建树习俗办理事务，没有不恰当的，它的宗旨简约而容易实施，办事少而见效多。儒学学者则不然，认为皇上是天下的仪表，君主倡导臣下就要拥护，君主在先臣下应该随后。这样一来，君主烦劳而臣下则轻松了。至于对重大问题的主张，则远离贤人，废黜智慧，放弃这些而仅用自己的学术。我们知道，精神耗费多了就会枯竭，形体太劳累了就会凋敝；精神和形体很早就衰颓了，想要与天地一样长在久存，这种事情还没听说过。

夫阴阳，四时、八位、十二度、二十四节各有教令，顺之者昌，逆之者不死则亡，未必然也，故曰“使人拘而多畏”。夫春生夏长，秋收冬臧，此天道之大经也，弗顺则无以为天下纪纲，故曰“四时之大顺，不可失也”。

夫儒者，以《六艺》为法，《六艺》经传以千万数，累世不能通其学，当年不能究其礼，故曰“博而寡要，劳而少功”。若夫列君臣父子之礼，序夫妇长幼之别，虽百家弗能易也。

墨者亦上尧舜，言其德行曰：“堂高三尺，土阶三等，茅茨不剪，椎椽不斫；饭土簋，歠土刑，粝粱之食，藜藿之羹；夏日葛衣，冬日鹿裘。”其送死，桐棺三寸，举音不尽其哀。教丧礼，必以此为万民率。故天下共若此，则尊卑无别也。夫世异时移，事业不必同，故曰“俭而难遵”也。要曰强本节用，则人给家足之道也。此墨子之所长，虽百家不能废也。

【译文】

阴阳家主张，四季、八卦位、黄道的十二度、二十四节令各有处理的原则，而说（对这些原则）顺之者昌、逆之者亡则未必然，所以（我）说他们“使人拘束而多有畏惧”。春天播种夏天成长，秋天收获冬天收藏，这是天体运行的规则，不顺应就无法制定天下纲纪，所以（我）说“四季的顺序交化，是不可错过的”。

儒学学者，以（《礼》《乐》《尚书》《诗经》《易》《春秋》）六艺为原则，阐释它们的疏传成千上万，一辈子也不能把它们弄懂，一年内连对其礼法也不能全搞清楚，所以（我）说他们“博学而不得要领，劳而少功”。如果说他们罗列的君臣父子之间的礼仪，讲述的夫妇长幼之间的界限，即使让一百个学派（来论辩）也是不能变改的。

墨家学者也崇尚尧、舜，他们阐述自己的德行说：“堂屋（屋基）只要三尺高，土阶只要三级，盖房子的茅草不要剪整齐，木椽子不要修整；用土锅烧饭，用土碗盛羹，吃粗米，喝菜汤；夏天穿葛藤制的衣服，冬天穿鹿皮制的衣服。”他们为人送终，只用三寸厚的桐木棺材，哭丧不能完全表达自己的悲哀。他们教授丧礼，固执地要用这一套作为万民的表率。所以天下如果都这样，那么尊卑就没有区别了。社会不同时代发展了，做的事情就不必相同，所以说“（他们的）节俭难以遵从”。总的说来他们主张的强本节用，是人给家足的原则。这是墨子学说的长处，即使让一百个学派（来论辩）也是不能废弃的。

法家不别亲疏，不殊贵贱，壹断于法，则亲亲尊尊之恩绝矣，可以行一时之计，而不可长用也，故曰“严而少恩”。若尊主卑臣，明分职不得相逾越，虽百家不能改也。

名家苛察缴绕，使人不得反其意，刳决于名，时失人情，故曰“使人俭而善失真”。若夫控名责实，参伍不失，此不可不察也。

道家无为，又曰无不为，其实易行，其辞难知。其术以虚无为本，以因循为用。无成势，无常形，故能究万物之情。不为物先后，故能为万物主。有法无法，因时为业；有度无度，因物兴舍，故曰“圣人不巧，时变是守。”虚者道之常也，因者君之纲也。群臣并至，使各自明也其实中其声者谓之端，实不中其声者谓之款。款言不听，奸乃不生，贤不肖自分，白黑乃形。在所欲用耳，何事不成！乃合大道，混混冥冥。光耀天下，复反无名。凡人所生者神也，所托者形也。神大用则竭，形大劳则敝，形神离则死。死者不可复生，离者不可复合，故圣人重之。由此观之，神者生之本，形者生之具。不先定其神形，而曰“我有以治天下”，何由哉？

【译文】

法家不区别亲疏关系，不划分贵贱，只依据法令来决断，就使得亲近亲人、尊重尊贵的恩情断绝了，这可以为一时之计，而不能长久作用，所以（我）说它“严格而缺少恩情”。若论主尊臣卑，明分职守不相逾越，即使让一百个学派（来辩论）也是不能废弃的。

名家要求苛刻，使人不能违反它的意旨，一切以名为准则，有失人情，所以说：“使人简约但容易失去真实。”假若说到他们主张的引名责失，处理错综复杂的事情不犯错误，这些都是不可不省察的。

道家主张无为，又叫无所不为，它的具体主张容易实行，它的言辞却难以理解。它的学术以虚无为根本，以因循自然为功用，没有既成的形势，没有固定的方式，所以能够彻底推求万事万物情况。它不先于物也不后于物，所以能够成为万物的主宰。有一定的法则又没有凝固的法则，只因时事的变化推行自己的事业；有一定的界限又没有凝固的界限，只因事物的情况决定兴起或废弃，所以说“圣人没有机巧，只是遵守顺应时变罢了”。虚是道的常理，顺应它是君主的纲领。群臣一起到来，让他们各自阐明（自己的主张），其中确实名实相符的叫作端（正），确实虚有其名的叫作款。不听叫作款的这种人所说的话，奸就不会产生，贤德和不肖之人就自然分开了，白色还是黑色就显现出来。（剩下的事）就在你想怎么使用了，有什么事办不成呢？于是遵循最基本的法则，混混冥冥（任其自然）；照耀天下，反复往还不计较名称。大凡人有生命是因为有精神存在，所依附的则是形体。精神使用过度就会衰竭，形体过度劳累了就会凋敝，形体和精神分离开就会死亡。死去了的不能再恢复生命，离分了的不可能再结合，所以圣人看重（神与形）。由此看来，精神是生命的根本，形体是生命的躯壳。不先确定精神与形体（的关系和地位），就说“我有（理论）去治理天下”，请问根据什么呢？

太史公既掌天官，不治民。有子曰迁。

迁生龙门，耕牧河山之阳。年十岁则诵古文。二十而南游江淮，上会稽，探禹穴，窥九疑，浮沅湘。北涉汶泗，讲业齐鲁之都，观夫子遗风，乡射邹峄；阸困蕃、薛、彭城，过梁楚以归。于是迁仕为郎中，奉使西征巴蜀以南，略邛、筰、昆明，还报命。

是岁，天子始建汉家之封，而太史公留滞周南，不得与从事，发愤且卒。而子迁适反，见父于河雒之间。太史公执迁手而泣曰：“予先，周室之太史也。自上世尝显功名虞夏，典天官事。后世中衰，绝于予乎？汝复为太史，则续吾祖矣。今天子接千岁之统，封泰山，而予不得从行，是命也夫！命也夫！予死，尔必为太史；为太史，毋忘吾所欲论著矣。且夫孝，始于事亲，中于事君，终于立身；扬名于后世，以显父母，此孝之大也。夫天下称周公，言其能论歌文武之德，宣周召之风，达大王王季思虑，爰及公刘，以尊后稷也。幽厉之后，王道缺，礼乐衰，孔子修旧起废，论《诗》《书》，作《春秋》，则学者至今则之。自获麟以来四百有余岁，而诸侯相兼，史记放绝。今汉兴，海内壹统，明主贤君，忠臣义士，予为太史而不论载，废天下之文，予甚惧焉，尔其念哉！”迁俯首流涕曰：“小子不敏，请悉论先人所次旧闻，不敢阙。”卒三岁，而迁为太史令，䌷史记石室金镄之书。五年而当太初元年，十一月甲子朔，旦冬至，天历始改，建于明堂，诸神受记。

【译文】

太史公司马谈已掌管了天文事务，就不负责民众的事务。他有个儿子名叫司马迁。

司马迁出生在龙门，在龙门山之南黄河的北岸以耕牧为业，十岁时就开始诵读古文。他二十岁的时候就南游江淮，上会稽山，探寻禹穴，远望九疑山，泛舟沅水和湘水；又北涉汶水和泗水，在齐、鲁的都市讨论学业，观察孔子的遗风，在邹县和峄山参加乡射之礼；到蕃县、薛城和彭城时司马迁旅费缺乏，就取道梁、楚返回了。这时候司马迁当了郎中，奉皇上之命出使西征巴、蜀以南，略定了邛、笮、昆明等地，回到长安复命。

这一年，天子汉武帝举行了汉朝的第一次封禅大典，但太史公司马谈留滞在洛阳，没有能跟随武帝去执行封禅的职事，在悲愤中去世。（司马谈弥留之际）司马迁刚好从西南回来，在黄河与洛阳之间见到了父亲。太史公司马谈拉着司马迁的手哭泣着说："我的先祖，是周朝的太史。从远古开始，就曾经在有虞氏和夏朝的时候立功扬名，执掌天文的事务。到后代就衰落了，难道要从我这里断绝吗？你继任太史，就是延续我们先祖的事业了。现在天子承接千年的统绪，封禅泰山，而我不得随行，是我的命（不好）啊！命（不好）啊！我死去之后，你必定要当太史；当了太史之后，不要忘了我想写的著作啊。孝道，是从服侍亲人开始，经过为皇上做事，最终达到卓然自立；扬名于后世，使父母显荣，这是最大的孝。天下赞扬周公，说他能宣扬歌颂周文王、周武王的德行，讲解《周南》《召南》等《诗经》中的国风，表达太王、王季的思虑，一直追溯到公刘，以尊崇（周的始祖）后稷。周幽王、厉王之后，王道残缺，礼乐制度衰落，孔子修旧起废，论述《诗经》《尚书》，作《春秋》，学者们至今都把他当作典范。自从获麟年以来四百多年，诸侯相互兼并，史书就绝灭了。现今汉朝兴起，海内一统，明主贤君，忠臣义士（不少），我身为太史而不记载评论这些，废弃了事关天下的文字，我太害怕（承担这个重大责任）了，你一定要时刻想着这事啊！"司马迁低着头泪流满面地说："儿子虽然不敏捷，还是要请求父亲允许我将父亲已经整理好的史事加以裁断，不敢有所缺漏。"司马谈去世后三年，司马迁当了太史令，便在朝廷的石室金匮藏书中搜集材料。司马迁任太史令后五年是太初元年，这年的十一月甲子日是朔日，早上冬至，改（原用的颛顼历）而行太初历，在明堂中颁布新历，祭祀诸神。

太史公曰："先人有言：'自周公卒五百岁而有孔子，孔子至于今五百岁，有能绍而明之，正《易传》，继《春秋》，本《诗》《书》《礼》《乐》之际。'意在斯乎！意在斯乎！小子何敢攘焉！"

上大夫壶遂曰："昔孔子为何作《春秋》哉？"太史公曰："余闻之董生：'周道废，孔子为鲁司寇，诸侯害之，大夫壅之。孔子知时之不用，道之不行也，是非二百四十二年之中，以为天下仪表，贬诸侯，讨大夫，以达王事而已矣。'子曰：'我欲载之空言，不如见之于行事之深切著明也。'《春秋》上明三王之道，下辨人事之经纪，别嫌疑，明是非，定犹与，善善恶恶，贤贤贱不肖，存亡国，继绝世，补弊起废，王道之大者也。《易》著天地阴阳四时五行，故长于变；《礼》纲纪人伦，故长于行，《书》记先王之事，故长于政；《诗》记山川溪谷禽兽草木牝牡雌雄，故长于风；《乐》乐所以立，故长于和；《春秋》辨是非，故长于治人。是故《礼》以节人，《乐》以发和，《书》以道事，《诗》以达意，《易》以道化，《春秋》以道义。拨乱世反之正，莫近于《春秋》。《春秋》文成数万，其指数千。万物之散聚皆在《春秋》。《春秋》之中，弑君三十六，亡国五十二，诸侯奔走不得保社稷者不可胜数。察其所以，皆失其本已。故《易》曰'差之毫厘，谬以千里'。故'臣弑君，子弑父，非一朝一夕之故，其渐久矣'。有国者不可以不知《春秋》，前有谗而不见，后有贼而不知。为人臣者不可以不知《春秋》，守经事而不知其宜，遭变事而不知其权。为人君父者而不通于《春秋》之义者，必蒙首恶之名。为人臣子不通于《春秋》之义者，必陷篡弑诛死之罪。其实皆以善为之，而不知其义，被之空言不敢辞。夫不通礼义之指，至于君不君，臣不臣，父不父，子不子。夫君不君则犯，臣不臣则诛，父不父则无道，子不子则不孝。此四行者，天下之大过也。以天下大过予之，受而不敢辞。故《春秋》者，礼义之大宗也。夫礼禁未然之前，法施已然之后，法之所为用者易见，而礼之所为禁者难知。"

【译文】

太史公司马迁说："我的父亲说过：'自周公去世后五百年而出了孔子，从孔子至现在已经五百年了，一定有继承发扬孔子事业的人（出现），以《易传》为本，继承《春秋》，以《诗经》《尚书》《礼》和《乐》为基础，这话的意思不正在这里吗！这话的意思不正在这里吗！作为儿子我怎么敢推让呢！"

上大夫壶遂问:“过去孔子为什么要作《春秋》呢?”司马迁说:“我听董仲舒先生说:‘周朝的制度被破坏了,孔子担任鲁国的司寇,诸侯加害于他,大夫干扰他。孔子知道当时社会不重用他,自己的理论得不到实行,于是就评论春秋时期二百四十二年的是非曲直,作为天下法式,贬损诸侯,批评大夫,以阐明君王应该做的事情罢了。’他老人家说:‘我与其写抽象的理论,还不如(把自己的思想)表现在能充分显现(我的思想的)事实之中。’《春秋》上阐明了三王的法则,下理清了人事的纲纪,阐明疑惑难明的事理,明白是非,确定犹豫,赞美善行憎恶丑恶,推崇贤人轻视不肖之人,保存已经灭亡了的国家,延续已经断绝的世系,修补弊端兴起被废弃(了的制度),这是君王最重大的法则。《易》叙述的是天地阴阳四时五行,所以它的长处在变化之道;《礼》为人确定规则,所以它的长处在可以施行;《尚书》记载了先王的事情,所以它的长处在政治方面;《诗经》记载了山川、溪谷、禽兽、草木、牝牡、雌雄等,所以它的长处在讽谏;《乐》是快乐所得以产生的根据,所以它的长处在协和;《春秋》分辨是非,所以它的长处在对人进行管理。所以说《礼》是节制人的,《乐》是启发协和的,《尚书》是记事的,《诗经》是表达意愿的,《易》是阐述变化的,《春秋》是讲义理的。拨乱反正,没有比《春秋》更有用了。《春秋》文字数万,旨意有数千,万物的聚散之理都在《春秋》(中说明了)。《春秋》之中,弑君有三十六次,亡国有五十二个,诸侯奔走还是不能保住社稷的不可胜数。考察其中的原因,都是丧失了根本。所以《易》中说‘差之毫厘,谬以千里’,因此‘臣弑君,子弑父,不是一朝一夕的缘故,是由来已久的’。拥有国家的人不可以不知道《春秋》,(不然)在自己的面前有言就听不见,自己背后有贼人就不能觉察。为臣的人不可以不知道《春秋》,(不然)坚持大政方针而不知道它(如何)恰当,遇到事情变化了而不知道对它(如何)权衡。做君主和父亲的如果不通晓《春秋》的义理,一定会承担首恶的罪名。做臣下和儿子的如果不通晓《春秋》的义理,一定会陷入篡位、弑杀君父的死罪。事实上他们都自以为是在做好事,但是不知道义理,一旦把道理讲出来他们就不敢推卸罪责了。不通礼的意义的大旨,就会(败坏)到君主不像君主,臣下不像臣下,父亲不像父亲,儿子不像儿子的程度。君主不像君主就会被臣下冒犯,臣下不像臣下就会被诛杀,父亲不像父亲就没有原则,儿子不像儿子就会不孝。这四种行为,是天下最大的过错。用天下最大的过错来责备他们,他们是只好接受而不敢反驳的。所以说《春秋》是礼的意义的本原。礼在事情发生之前起阻止作用，法在事情发生之后才施行，所以法的功用显而易见，而礼所起的阻止作用就连那些禁止（败坏行为）的人也难以明白。”

壶遂曰：“孔子之时，上无明君，下不得任用，故作《春秋》，垂空文以断礼义，当一王之法。今夫子上遇明天子，下得守职，万事既具，成各序其宜，夫子所论，欲以何明？”太史公曰：“唯唯，否否，不然。余闻之先人曰：‘虙戏至纯厚，作《易》八卦。尧舜之盛，《尚书》载之，礼乐作焉。汤武之隆，诗人歌之。《春秋》采善贬恶，推三代之德，褒周室，非独刺讥而已也。’汉兴已来，至明天子，获符瑞，封禅，改正朔，易服色，受命于穆清，泽流罔极，海外殊俗重译款塞，请来献见者，不可胜道。臣下百官力诵圣德，犹不能宣尽其意。且士贤能矣，而不用，有国者耻也；主上明圣，德不布闻，有司之过也。且余掌其官，废明圣盛德不载，灭功臣贤大夫之业不述，堕先人所言，罪莫大焉。余所谓述故事，整齐其世传，非所谓作也，而君比之《春秋》，谬矣。”

于是论次其文。十年而遭李陵之祸，幽于累绁。乃喟然而叹曰：“是余之罪夫！身亏不用矣。”退而深惟曰：“夫《诗》《书》隐约者，欲遂其志之思也。”卒述陶唐以来，至于麟止，自黄帝始。《五帝本纪》第一，《夏本纪》第二，《殷本纪》第三，《周本纪》第四，《秦本纪》第五，《秦始皇本纪》第六，《项羽本纪》第七，《高祖本纪》第八，《吕后本纪》第九，《孝文本纪》第十，《孝景本纪》第十一，《今上本纪》第十二。《三代世表》第一，《十二诸侯年表》第二，《六国年表》第三，《秦楚之际月表》第四，《汉兴以来诸侯王年表》第五，《高祖功臣侯者年表》第六，《惠景间侯者年表》第七，《建元以来侯者年表》第八，《建元以来王子侯者年表》第九，《汉兴以来将相名臣年表》第十。《礼书》第一，《乐书》第二，《律书》第三，《历书》第四，《天官书》第五，《封禅书》第六，《河渠书》第七，《平准书》第八。《吴太伯世家》第一，《齐太公世家》第二，《鲁周公世家》第三，《燕召公世家》第四，《管蔡世家》第五，《陈杞世家》第六，《卫康叔世家》第七，《宋微子世家》第八，《晋世家》第九，《楚世家》第十，《越王勾践世家》第十一，《郑世家》第十二，《赵世家》第十三，《魏世家》第十四，《韩世家》第十五，《田敬仲完世家》第十六，《孔子世家》第十七，《陈涉世家》第十八，《外戚世家》第十九，《楚元王世家》第二十，《荆燕世家》第二十一,《齐悼惠王世家》第二十二,《萧相国世家》第二十三,《曹相国世家》第二十四,《留侯世家》第二十五,《陈丞相世家》第二十六,《绛侯周勃世家》第二十七,《梁孝王世家》第二十八,《五宗世家》第二十九,《三王世家》第三十。《伯夷列传》第一,《管晏列传》第二,《老子韩非列传》第三,《司马穰苴列传》第四,《孙子吴起列传》第五,《伍子胥列传》第六,《仲尼弟子列传》第七,《商君列传》第八,《苏秦列传》第九,《张仪列传》第十,《樗里子甘茂列传》第十一,《穰侯列传》第十二,《白起王翦列传》第十三,《孟子荀卿列传》第十四,《孟尝君列传》第十五,《平原君虞卿列传》第十六,《魏公子列传》第十七,《春申君列传》第十八,《范雎蔡泽列传》第十九,《乐毅列传》第二十,《廉颇蔺相如列传》第二十一,《田单列传》第二十二,《鲁仲连邹阳列传》第二十三,《屈原贾生列传》第二十四,《吕不韦列传》第二十五,《刺客列传》第二十六,《李斯列传》第二十七,《蒙恬列传》第二十八,《张耳陈余列传》第二十九,《魏豹彭越列传》第三十,《黥布列传》第三十一,《淮阴侯列传》第三十二,《韩王信卢绾列传》第三十三,《田儋列传》第三十四,《樊郦滕灌列传》第三十五,《张丞相列传》第三十六,《郦生陆贾列传》第三十七,《傅靳蒯成列传》第三十八,《刘敬叔孙通列传》第三十九,《季布栾布列传》第四十,《袁盎晁错列传》第四十一,《张释之冯唐列传》第四十二,《万石张叔列传》第四十三,《田叔列传》第四十四,《扁鹊仓公列传》第四十五,《吴王濞列传》第四十六,《魏其武安侯列传》第四十七,《韩长孺列传》第四十八,《李将军列传》第四十九,《匈奴列传》第五十,《卫将军骠骑列传》第五十一,《平津侯主父列传》第五十二,《南越列传》第五十三,《东越列传》第五十四,《朝鲜列传》第五十五,《西南夷列传》第五十六,《司马相如列传》第五十七,《淮南衡山列传》第五十八,《循吏列传》第五十九,《汲郑列传》第六十,《儒林列传》第六十一,《酷吏列传》第六十二,《大宛列传》第六十三,《游侠列传》第六十四,《佞幸列传》第六十五,《滑稽列传》第六十六,《日者列传》第六十七,《龟策列传》第六十八,《货殖列传》第六十九。

【译文】

壶遂说:“在孔子那时候,上没有明君,下面的人得不到任用,所以他作《春秋》,把平铺直述的文章用礼义作为标准加以批评取舍以垂示后代，当作一统之王的法则。现在先生您上遇圣明的天子，下得以各守其职，万事俱备，都各自遵循与自己身份相称的原则行动，先生所要论述的，想要说明什么呢？”太史公司马迁说：“先生说得对，也说得不对，道理不能这样说。我听我的父亲说过：‘虑戏非常纯厚，作了《易》的八卦。尧舜时代的繁盛，《尚书》里有记载，礼、乐创造出来了。商汤和周武王的兴隆，诗人们吟咏歌唱。《春秋》采录善行贬斥恶行，推崇三代的德行，褒扬周室，不仅仅只有讥刺而已。’汉朝兴起以来，直到如今圣明的天子，获得了符瑞，进行了封禅，改了历法，变了服装的颜色，受天命而政清人和，恩泽无边，海外不同风俗、相隔数国的国家都派人来叩击塞门，请求进献珍宝晋见皇上的，不可胜言。臣下百官努力歌颂皇上的德行，还不能完全表达自己的心意。而况贤能的士人，倘若得不到任用，是有国家的人的耻辱；皇上圣明，德行得不到传扬，是官吏们的过错。并且我执掌史官，倘若废毁了皇上的圣明盛德不记载下来，灭没功臣、贤大夫的建树不加以叙述，毁弃了我父亲的话，就没有比这再大的罪过了。我所做的只不过是叙述以往的事情，整理与它们有关的传世材料，并非是创作，而先生把我写的东西比作《春秋》，那就错了。”

于是，司马迁开始写作。十年后他因为为李陵投降匈奴的事辩护而遭到灾祸，被囚禁起来，就喟然叹息说：“这是我的罪过呵！我的身体短少已经是无用之人了！”他退一步深思说：“《诗经》和《尚书》透露出来的忧愁屈怨，是为实现自己理想的思绪啊。”于是，他叙述从陶唐氏以来到汉武帝获麟那年为止的历史，他把黄帝作为历史的开端。（全书目录）本纪为《五帝本纪》第一，《夏本纪》第二，《殷本纪》第三，《周本纪》第四，《秦本纪》第五，《秦始皇本纪》第六，《项羽本纪》第七，《高祖本纪》第八，《吕后本纪》第九，《孝文本纪》第十，《孝景本纪》第十一，《今上本纪》第十二。表的次序是：《三代世表》第一，《十二诸侯年表》第二，《六国年表》第三，《秦楚之际月表》第四，《汉兴以来诸侯王年表》第五，《高祖功臣侯者年表》第六，《惠景间侯者年表》第七，《建元以来侯者年表》第八，《建元以来王子侯者年表》第九，《汉兴以来将相名臣年表》第十。书的次序是：《礼书》第一，《乐书》第二，《律书》第三，《历书》第四，《天官书》第五，《封禅书》第六，《河渠书》第七，《平准书》第八。世家的次序是：《吴太伯世家》第一，《齐太公世家》第二，《鲁周公世家》第三，《燕召公世家》第四，《管蔡世家》第五，《陈杞世家》第六，《卫康叔世家》第七，《宋微子世家》第八，《晋世家》第九，《楚世家》第十，《越王勾践世家》第十一，《郑世家》第十二，《赵世家》第十三，《魏世家》第十四，《韩世家》第十五，《田敬仲完世家》第十六，《孔子世家》第十七，《陈涉世家》第十八，《外戚世家》第十七，《楚元王世家》第二十，《荆燕王世家》第二十一，《齐悼惠王世家》第二十二，《萧相国世家》第二十三，《曹相国世家》第二十四，《留侯世家》第二十五，《陈丞相世家》第二十六，《绛侯世家》第二十七，《梁孝王世家》第二十八，《五宗世家》第二十九，《三王世家》第三十。列传的次序为：《伯夷列传》第一，《管晏列传》第二，《老子韩非列传》第三，《司马穰苴列传》第四，《孙子吴起列传》第五，《伍子胥列传》第六，《仲尼弟子列传》第七，《商君列传》第八，《苏秦列传》第九，《张仪列传》第十，《樗里子甘茂列传》第十一，《穰侯列传》第十二，《白起王翦列传》第十三，《孟子荀卿列传》第十四，《孟尝君列传》第十五，《平原君虞卿列传》第十六，《魏公子列传》第十七，《春申君列传》第十八，《范雎蔡泽列传》第十九，《乐毅列传》第二十，《廉颇蔺相如列传》第二十一，《田单列传》第二十二，《鲁仲连邹阳列传》第二十三，《屈原贾生列传》第二十四，《吕不韦列传》第二十五，《刺客列传》第二十六，《李斯列传》第二十七，《蒙恬列传》第二十八，《张耳陈余列传》第二十九，《魏豹彭越列传》第三十，《黥布列传》第三十一，《淮阴侯列传》第三十二，《韩王信卢绾列传》第三十三，《田儋列传》第三十四，《樊郦滕灌列传》第三十五，《张丞相列传》第三十六，《郦生陆贾列传》第三十七，《傅靳蒯成侯列传》第三十八，《刘敬叔孙通列传》第三十九，《季布栾布列传》第四十，《袁盎晁错列传》第四十一，《张释之冯唐列传》第四十二，《万石张叔列传》第四十兰，《田叔列传》第四十四，《扁鹊仓公列传》第四十五，《吴王濞列传》第四十六，《魏其武安侯列传》第四十七，《韩长孺列传》第四十八，《李将军列传》第四十九，《匈奴列传》第五十，《卫将军骠骑列传》第五十一，《平津侯主父列传》第五十二，《南越列传》第五十三，《东越列传》第五十四，《朝鲜列传》第五十五，《西南夷列传》第五十六，《司马相如列传》第五十七，《淮南衡山列传》第五十八，《循吏列传》第五十九，《汲郑列传》第六十，《儒林列传》第六十一，《酷吏列传》第六十三，《大宛列传》第六十三，《游侠列传》第六十四，《佞幸列传》第六十五，《滑稽列传》第六十六,《日者列传》第六十七,《龟策列传》第六十八,《货殖列传》第六十九。

惟汉继五帝末流，接三代绝业。周道既废秦拨去古文，焚灭《诗》《书》，故明堂石室金镄玉版图藉散乱。汉兴，萧何次律令，韩信申军法，张苍为章程，叔孙通定礼仪，则文学彬彬稍进,《诗》《书》往往间出。自曹参荐盖公言黄老，而贾谊、晁错明申韩，公孙弘以儒显，百年之间，天下遗文古事靡不毕集。太史公仍父子相继纂其职，曰："于戏！余维先人尝掌斯事，显于唐虞。至于周，复典之。故司马氏世主天官，至于余乎，钦念哉！”罔罗天下放失旧闻，王迹所兴，原始察终，见盛观衰，论考之行事，略三代，录秦汉，上记轩辕，下至于兹，著十二本纪，既科条之矣。并时异世，年差不明，作十表。礼乐损益，律历改易，兵权山川鬼神，天人之际，承敝通变，作八书。二十八宿环北辰，三十辐共一毂，运行无穷。辅弼股肱之臣配焉，忠信行道以奉主上，作三十世家。扶义俶傥，不令己失时，立功名于天下，作七十列传。凡百三十篇，五十二万六千五百字，为太史公书。序略，以拾遗补艺，成一家言，协六经异传，齐百家杂语，藏之名山，副在京师，以俟后圣君子。第七十，迁之自叙云尔。而十篇缺，有录无书。

迁既被刑之后，为中书令，尊宠任职。故人益州刺史任安予迁书，责以古贤臣之义。迁报之曰：

【译文】

汉朝继承了五帝的余脉，承继了被断绝了的三代的事业。周朝的学说衰落了，秦朝抛弃了古文，焚灭了《诗》《书》，所以明堂、石室、金匮的玉版、图书散乱。汉朝兴起之后，萧何整理律令，韩信申明军法，张苍建立章程，叔孙通拟定礼仪，文章学术就文质兼备有所进步，散失了的《诗》《书》常常相继出世。自从曹参推荐盖公讲黄老之学，而贾谊、晁错阐明申不害、韩非的理论，公孙弘以崇尚儒学而显贵，百年之间，天下的遗文古事没有不集中在一起的。太史公是父子相袭掌理编纂史书的职务，司马谈曾说："哎哟！我的先人曾执掌这事，在唐、虞之世就有名气。到了周朝，又重新典理此事。所以司马氏一族世代以来都主管天官，到了我这一辈，要恭敬地记住这件事啊！”（于是司马迁）网罗天下散失了的旧事，考察帝王事业兴起的线索，推究它的发端观察它的结果，审视它的兴盛追究它的衰落，议论和考证事迹，略述三代，记录秦、汉，上从轩辕黄帝起，下到当代为止，著作了十二本纪，写出了历史的主要线索。有同时的，有异世的，年代有差别不易辨明，就作了十表。礼、乐制度历代有增有减，律、历有改变，兵书、山川、鬼神，天与人之间的关系，为了表明其承敝通变的情况，就作了八书。二十八宿环绕北极星，三十辐条共同装在一根轴上，运行无穷，辅弼股肱之臣配合（着帝王），忠诚、信义、推行天道以事奉主上，所以作三十世家。伸张正义卓绝不凡、不让自己失去时机，立功名于天下（的人很多），所以作了七十列传。总共一百三十篇，五十二万六千五百字，名为《太史公书》。其序文大体说，这部书是为了网罗遗失补充六艺的；它构成了一家之言，协调了对六经不同的解说，整齐了百家杂乱的意见；这部书的原本藏在名山，副本在京都，以等待后来的圣人和君子们（观览）。这些都是书中的列传第七十，司马迁的《自叙》所说的。（现在，《太史公书》）有十篇缺失了，只剩下目录而没有正文。

司马迁受腐刑之后，担任中书令，这是个受人尊敬很受皇上宠信的职位。他的朋友益州刺史任安给他写信，用古代贤臣的标准责备他。司马迁回信说：

少卿足下：曩者辱赐书，教以慎于接物，推贤进士为务，意气勤勤恳恳，若望仆不相师用，而流俗人之言。仆非敢如是也。虽罢驽，亦尝侧闻长者遗风矣。顾自以为身残处秽，动而见尤，欲益反损，是以抑郁而无谁语。谚曰："谁为为之？孰令听之？"盖钟子期死，伯牙终身不复鼓琴。何则？士为知己用，女为说己容。若仆大质已亏缺，虽材怀随、和，行若由、夷，终不可以为荣，适足以发笑而自点耳。

书辞宜答，会东从上来，又迫贱事，相见日浅，卒卒无须臾之间得竭指意。今少卿抱不测之罪，涉旬月，迫季冬，仆又薄从上上雍，恐卒然不可讳。是仆终已不得舒愤懑以晓左右，则长逝者魂魄私恨无穷。请略陈固陋。阙然不报，幸勿过。

仆闻之，修身者智之府也，爱施者仁之端也，取予者义之符也，耻辱者勇之决也，立名者行之极也。士有此五者，然后可以托于世，列于君子之林矣。故祸莫憯于欲利，悲莫痛于伤心，行莫丑于辱先，而诟莫大于宫刑。刑余之人，无所比数，非一世也，所从来远矣。昔卫灵公与雍渠载，孔子适陈；商鞅因景监见，赵良寒心；同子参乘，爰丝变色：自古而耻之。夫中材之人，事关于宦竖，莫不伤气，况慷慨之士乎！如今朝虽乏人，奈何令刀锯之余荐天下豪隽哉！仆赖先人绪业，得待罪辇毂下，二十余年矣。所以自惟：上之，不能纳忠效信，有奇策材力之誉，自结明主；次之，又不能拾遗补阙，招贤进能，显岩穴之士；外之，不能备行伍，攻城野战，有斩将搴旗之功；下之，不能累日积劳，取尊官厚禄，以为宗族交游光宠。四者无一遂，苟合取容，无所短长之效，可见于此矣。乡者，仆亦尝厕下大夫之列，陪外廷末议。不以此时引维纲，尽思虑，今已亏形为埽除之隶，在阘茸之中，乃欲卬首信眉，论列是非，不亦轻朝廷，羞当世之士邪！嗟乎！嗟乎！如仆，尚何言哉！尚何言哉。

【译文】

少卿先生：以前有辱您写信给我，教导我努力慎重地处理各种关系，推贤进士，意义殷勤诚恳，仿佛是埋怨我不按照老师的教导去做，而让俗人的言语左右了我的志向。我是不敢如此去做的。我虽极其愚钝，也曾经从侧面听说过长者遗风。只是我身残处秽受着感情的折磨，动辄得咎，想加倍地检点自己，所以精神抑郁而跟谁也不说什么。谚语说："可为做之，令谁听之？"钟子期死后，俞伯牙终生不再鼓琴，这是为什么？这是因为士为知己者死，女为悦己者容。像我这样一个本质上已有亏缺的人，虽怀着随侯珠、和氏璧一样美好的才能，德行跟许由、伯夷一样，最终也不能得到荣光，只不过足以使人发笑而自己使自己遭受到玷污而已。

本来很早就应回您的信，不巧遇到我随皇上从东方归来，又被不足道的事情所纠缠，与您相见的时间很短，匆匆忙忙没有一点机会得以完全说明我的意见。现在少卿先生遭受到预想不到的罪罚，时过一个月，已经是接近季冬，我又要跟从皇上到雍地去，恐怕先生您猝然之间不能与我见面了。如若是这样，我终究不得把我的忧愤烦闷向接近我的人抒发，而与我永别者的魂魄将怀着无穷无尽的私恨。请求您允许我陈述我浅陋的看法。我很久没回信给您请您不要埋怨我。

我听说，修身的人是智慧的聚集之所，喜欢施舍的人是仁的开端，收受与给予（恰当）的人是义的标准，（懂得）耻辱的人是勇敢的基础，立名的人是人的作为的最高追求。士人具备了以上五种德行，然后就可以依于社会，被列入君子之列了。所以就灾祸说没有比追求功利更使人痛心的人，就悲伤说没有比伤了心更使人痛苦了，就行为说没有比侮辱先人更丑恶的人，而就耻辱说没有比受宫刑更大的耻辱了。受了宫刑的人，没有什么可相比的，不是一个时代是这样，已经是由来已久的了。昔日卫灵公与雍渠同车，孔子就离开卫国去了陈国；商鞅依靠景监面见（了秦孝公），赵良就感到寒心；赵谈做了参乘，袁丝满脸不高兴；自古以来都以这样的事为耻辱。有中等才能的人，有事与宦官相关，就莫不伤心气恼，更何况慷慨之士呢！现在朝廷虽然缺乏人才，怎么可以让刀锯之余（的我）去推荐天下的豪雄俊杰呢！我依赖承继先人的事业，得以待罪于皇上的辇毂之下，到现在已经二十多年了。所以我自思：对上说来，我不能怀忠效信，得到献奇策、出大力的赞誉，与皇上搞好关系；其次，我又不能拾遗补阙，招贤进能，使岩穴之士等以显露；就朝廷之外说，我不能作为军队的一员，去攻城野战，建立斩将搴旗的功劳；就最低要求说，我也不能累日积劳，取得尊官厚禄，为宗族结交达官贵人。以上四方面，我没有一样事是做得到的；我苟合取容，对各方面都无所贡献，从这里可以看出来。过去，我也曾经厕身于下大夫之列，陪着外廷议论些细枝末节的事。不在那时候引进维纲护纪之人，竭尽我的思虑，现在我已亏损了形体为打扫清洁的奴仆，在猥贱的人当中，想昂首扬眉，来论列是非，不是太轻视朝廷，羞辱当今的士人了吗！哎哟！哎哟！像我这样的人，还有什么话可说啊！还有什么话可说啊！

且事本末未易明也。仆少负不羁之才，长无乡曲之誉，主上幸以先人之故，使得奉薄技，出入周卫之中。仆以为戴盆何以望天，故绝宾客之知，忘室家之业，日夜思竭其不肖之材力，务壹心营职，以求亲媚于主上。而事乃有大谬不然者。夫仆与李陵俱居门下，素非相善也，趣舍异路，未尝衔杯酒接殷勤之欢。然仆观其为人自奇士，事亲孝，与士信，临财廉，取予义，分别有让，恭俭下人，常思奋不顾身以徇国家之急。其素所畜积也，仆以为有国士之风。夫人臣出万死不顾一生之计，赴公家之难，斯已奇矣。今举事壹不当，而全躯保妻子之臣随而媒孽其短，仆诚私心痛之。且李陵提步卒不满五千，深践戎马之地，足历王庭，垂饵虎口，横挑强胡，卬亿万之师，与单于连战十余日，所杀过当。虏救死扶伤不给，旃裘之君长咸震怖，乃悉征左右贤王，举引弓之民，一国共攻而围之。转斗千里，矢尽道穷，救兵不至，士卒死伤如积。然李陵一呼劳军，士无不起，躬流涕，沬血饮泣，张空弮，冒白刃，北首争死敌。陵未没时，使有来报，汉公卿王侯皆奉觞上寿。后数日，陵败书闻，主上为之食不甘味，听朝不怡。大臣忧惧，不知所出。仆窃不自料其卑贱，见主上惨凄怛悼，诚欲效其款款之愚。以为李陵素与士大夫绝甘分少，能得人之死力，虽古名将不过也。身虽陷败，彼观其意，且欲得其当而报汉。事已无可奈何，其所摧败，功亦足以暴于天下。仆怀欲陈之，而未有路。适会召问，即以此指推言陵功，欲以广主上之意，塞睚眦之辞。未能尽，明，明主不深晓，以为仆沮贰师，而为李陵游说，遂下于理。拳拳之忠，终不能自列。因为诬上，卒从吏议。家贫，财赂不足以自赎，交游莫救，左右亲近不为壹言。身非木石，独与法吏为伍，深幽囹圄之中，谁可告诉者！此正少卿所亲见，仆行事岂不然邪？

李陵既生降，隤其家声，而仆又茸以蚕室，重为天下观笑。悲夫！悲夫！

【译文】

而且事情的本末是很难辨明的。我少年时自负于不受约束的高才，长大之后没有得到家乡人的称赞，皇上因为我先人的原因照顾我，使我得以凭浅薄的才学，出入于防卫周密的宫廷之中。我认为头上戴着盆是怎么也看不见天的，（不可有更大的奢望）所以我断绝了和宾客之间的往来，忘却了家室的生计事业，日日夜夜想竭尽我不成器的才力，一心一意致力于我的职守，以讨得皇上的欢心。但事情完全违背了主观愿望。我与李陵都在朝廷供职，素来不是朋友，兴趣爱好各不相同，从未有过举杯戏酒殷勤款待的欢聚。但是我观察他的为人，认为他是无可争议的奇士，他侍奉长辈遵循孝道，与士人相交以信为本，面对财物表现廉洁，取得与给予都以义为标准，对身份职别表现出谦让，对下人很客气，常常想奋不顾身以赴国家的急难。这些高贵的品德都是他平素间所积累起来的，我认为他有国士之风。为臣的人出生入死不顾自己一生的长远之计，赴公家之难，这已经很奇特了。而今一件事情办得不妥当，那些苟且偷生护妻保子的臣子们紧跟着就牵连生事造谣中伤，我实在是心痛极了！而且李陵率领的步兵不到五千人，深入敌人后方，足迹经过了匈奴的王庭，垂饵虎口，往西向强大的胡人挑战，昂对匈奴的亿万之师，与单于连续作战了十多天，(就李陵军队的人数而言)杀掉的敌人之多已超过了自己的能力。匈奴连救死扶伤都来不及，穿制衣服的君长们都震恐了，就全部征集左右贤王属部，征发凡是能骑马射箭的百姓，倾一国之力共同围攻李陵。李陵转战千里，箭用光了，路走绝了，救兵又没有到，士卒死伤的相堆积。但是李陵只要一呼唤已疲劳的军队，战士们没有不奋起的，他们弯着身子流着眼泪，抚着流血的伤暗自饮泣，拉开没有上箭的弓，顶着雪亮的刀刃，面对北方与敌人死战。李陵还没覆没之前，有使者回来报告，汉朝的公卿王侯都捧酒祝贺皇上。几天后，李陵战败的事被奏闻于朝廷，皇上为之食不甘味，听政时很不高兴。大臣们忧愁恐慌，不知该怎么办。我不自量个人卑贱的地位，见皇上惨淡悲恸，真心想用我忠实诚恳的愚陋报效皇上。我认为李陵平素间与士大夫相处就同甘共苦，所以能让人为其拼死，虽然是古代的名将也超不过他。他虽然陷于失败，但看他的意图，是想得到机会而报效汉朝。事情已到了无可奈何的地步，但他所摧毁战败的战绩，功劳也足以显露于天下了。我心里怀着这个意见想上陈皇上，但没有门路。恰好遇到皇上召问，就根据这个思路推崇李陵的功劳，想以此开扩皇上的思路，堵塞小怨小忿引起的不实之辞。我还没完全说明，皇上没能很好考虑，就认为我是在攻击贰师将军而为李陵游说，于是就把我下发到司法官审问。我的拳拳忠心，终究不能自陈。因此认定我诬上之罪，最后就让狱吏们去议论量刑。我家贫穷，所有的财产不足以自赎其身，朋友们没有来救援的，左左右右亲近的人都不为我说一句话。身体不是木石，我独自与法吏为伍，深深地囚禁在监牢之中，向谁去诉说我满腹的心酸呵！这些事都是您少卿先生亲眼见到的，我的行为难道有什么不对吗？

李陵既然投降，败坏了他家的名声，而我又被推进了蚕室，再次被天下人笑话。太可悲了！太可悲了！

事未易一二为俗人言也。仆之先人非有剖符丹书之功，文史星历近乎卜祝之间，固主上所戏弄，倡优畜之，流俗之所轻也。假令仆伏法受诛，若九牛亡一毛，与蝼蚁何异？而世又不与能死节者比，特以为智穷罪极，不能自免，卒就死耳。何也？素所自树立使然。人固有一死，死有重于泰山，或轻于鸿毛，用之所趋异也。太上不辱先，其次不辱身，其次不辱理色，其次不辱辞令，其次诎体受辱，其次易服受辱，其次关木索被棰楚受辱，其次剔毛发婴金铁受辱，其次毁肌肤断肢体受辱，最下腐刑，极矣。传曰：“刑不上大夫。”此言士节不可不厉也。猛虎处深山，百兽震恐，及其在阱槛之中，摇尾而求食，积威约之渐也。故士有画地为牢势不入，削木为吏议不对，定计于鲜也。今交手足，受木索，暴肌肤，受榜棰，幽于环墙之中，当此之时，见狱吏则头抢地，视徒隶则心惕息。何者？积威约之势也。及已至此，言不辱者，所谓强颜耳，曷足贵乎！且西伯，伯也，拘牖里；李斯，相也，具五刑；淮阴，王也，受械于陈；彭越、张敖南乡称孤，系狱具罪；绛侯诛诸吕，权倾五伯，囚于请室；魏其，大将也，衣赭关三木；季布为朱家钳奴；灌夫受辱居室。此人皆身至王侯将相，声闻邻国，及罪至罔加，不能引决自财。在尘埃之中，古今一体，安在其不辱也！由此言之，勇怯，势也；强弱，形也。审矣，曷足怪乎！且人不能早自财绳墨之外，已稍陵夷至于鞭棰之间，乃欲引节，斯不亦远乎！古人所以重施刑于大夫者，殆为此也。夫人情莫不贪生恶死，念亲戚，顾妻子，至激于义理者不然，乃有不得已也。今仆不幸，早失二亲，无兄弟之亲，独身孤立，少卿视仆于妻子何如哉？且勇者不必死节，怯夫慕义，何处不勉焉！仆虽怯耎欲苟活，亦颇识去就之分矣，何至自湛溺累绁之辱哉！且夫臧获婢妾犹能引决，况若仆之不得已乎！所以隐忍苟活，函粪土之中而不辞者，恨私心有所不尽，鄙没世而文采不表于后也。

古者富贵而名磨灭，不可胜记，唯倜傥非常之人称焉。盖西伯拘而演周易；仲尼厄而作《春秋》；屈原放逐，乃赋《离骚》；左丘失明，厥有《国语》；孙子膑脚，兵法修列；不韦迁蜀，世传《吕览》；韩非囚秦，《说难》《孤愤》。《诗》三百篇，大抵圣贤发愤之所为作也。此人皆意有郁结，不得通其道，故述往事，思来者。及如左丘明无目，孙子断足，终不可用，退论书策以舒其愤，思垂空文以自见。仆窃不逊，近自托于无能之辞，网罗天下放失旧闻，考之行事，稽其成败兴坏之理，凡百三十篇，亦欲以究天人之际，通古今之变，成一家之言。草创未就，适会此祸，惜其不成，是以就极刑而无愠色。仆诚已著此书，藏之名山，传之其人通邑大都，则仆偿前辱之责，虽万被戮，岂有悔哉！然此可为智者道，难为俗人言也。

【译文】

事情不容易对俗人说明白。我的先人没有享受剖符丹书的功，做掌管文史星历的史官，地位与卜人巫祝相近，只是供主上所戏弄，当着优伶一样养蓄着罢了，为社会所轻视。如果我伏法受诛，若九牛失去一毛，与蝼蚁有什么区别？而且社会上又不把我的死与为气节而死等量齐观，不过认为是我智穷罪极，不能自免，只好就死罢了。这是为什么？这是平日里自己立志造成的。人本来都有一死，死有重于泰山，或轻于鸿毛，不同的选择有不同的结果。最好是不辱没先人，其次不辱没自己的身份，其次不辱没义理名分，其次不辱没辞令，其次是屈体受辱，其次是换了服装受辱，其次是带枷绳被杖击受辱，其次是剃去毛发打上金印受辱，其次是毁坏肌肤折断肢体受辱，最下等的侮辱是腐刑，这就到了极点了！《传》上说："刑不上大夫。"这话是说士人的气节不可不磨砺，猛虎在深山，百兽震恐，到落入陷阱之中，就只能摇尾乞食，这是人不断地使用武力和约束而逐渐使它驯服的。所以士人们知道，即便是画地为牢也不能入，即使是木头做的狱吏也不能跟他对话，做出这种决定是因为道理太明显了。现在我手足交叉，戴上枷索，暴露肌肤，受击，被禁锢在监狱之中，这时候，看见狱吏就低头撞地，徒隶出现我就心中恐惧，这是为什么？威风被权势所制约了。到了这个时候，说没有受辱的人，就是所谓的勉强装样子罢了，有什么值得尊敬的呢？而且，西伯，是伯，被拘于牖里；李斯，是相，被施了五刑；淮阴侯韩信，是王，在陈地被桎梏；彭越、张敖南面称孤，或系于狱或治大罪；绛侯诛杀了吕后一党，权倾五霸，结果被囚在关押有罪官吏的牢狱中；魏其，是大将，穿上了赭色的衣服，颈、手、足三处都上了枷锁；季布（这样一个有作为的人）成了朱家的钳奴；灌夫受辱之后只好居住在家里。这些都是身居王侯将相，名声远扬邻国的人，到了犯罪受到法律制裁的时候，不能自杀对自己进行裁决。在茫茫尘世之中，古今都是一样的，怎么能不受侮辱呢！这样看来，勇敢和怯弱，是人所处环境和地位决定的；坚强与软弱，是形势所使然。道理确实是这样的，有什么奇怪的呢！而且人不能及早规范自己的行为，已经落到置身于鞭棰之间时，才想引荐有节操的人，这不是太离谱了吗？古人所以难以对大夫施用刑法，大概就是这个原因吧。就人情说没有不贪生怕死、思念亲戚、眷念妻子儿女的，而被义理所激发的人却不然，他们有不得已的时候。我是不幸的，太早地失去了双亲，没有兄弟间的亲爱，独身孤立，少卿先生把我当作您最亲近的人怎么样呢？而且勇敢的人未必都是为殉节而死，怯懦的人钦慕义，就没有什么地方不以义理激励自己！我虽然怯弱想苟且偷生，也很知道去就的界限，为什么会陷入牢狱囚禁的耻辱之中不能自拔呢？而且即使奴婢侍妾也能引咎自裁，何况像我处于这种不得已境地的人呢！我所以隐忍苟活，被掩埋在粪土之中而不辞，是因为怀恨自己的心愿有没有实现的，鄙视被世事所淹没而我的文采不能遗留给后人。

古代富贵的人而名字被磨灭了的，不可胜记，只有倜傥非常之人得以显身扬名。大概说来，西伯被拘之后而演绎了《周易》；仲尼受厄而作《春秋》；屈原被放逐，就赋了《离骚》；左丘失明，就写了《国语》；孙子的脚受了膑刑，就写了《兵法》；吕不韦被放逐到蜀，世间就流传了《吕览》；韩非被秦国所囚，就作了《说难》《孤愤》。《诗经》的三百篇，大约都是圣贤的发愤之作。以上这些人都是因为思想有郁结之处，弄不通其中的道理，所以叙述往事，思考未来。像左丘明眼睛看不见，孙子被断了脚，终究得不到任用，只好引退写文作书以抒发自己的悲愤，想留下文章以自表其志。我私下里很不恭敬，近来以没有才气的文辞自托，网罗天下的佚闻旧事，考证事实，探寻成败兴坏的道理，总共一百三十篇。也想以此研究天人之间的关系，通晓古今的变化，形成自己的一家之言。草创未就，恰好遭遇了这场灾祸，可惜它还没有完成，所以我毫无愠色地接受了极刑。我将此书写完之后，要把它藏在名山，留传给能在通邑大都扬播的人，那么我就补偿了受辱所遭到的责难，虽被戮杀一万次，难道还会后悔吗？但是这些话只可以跟有理智的人讲，难以给俗人言。

且负下未易居，下流多谤议。仆以口语遇遭此祸，重为乡党戮笑，污辱先人，亦何面目复上父母之丘墓乎？虽累百世，垢弥甚耳！是以肠一日而九回，居则忽忽若有所亡，出则不知所如往。每念斯耻，汗未尝不发背沾衣也。身直为闺阁之臣，宁得自引深藏于岩穴邪！故且从俗浮湛，与时俯仰，以通其狂惑。今少卿乃教以推贤进士，无乃与仆之私指谬乎。今虽欲自雕瑑，曼辞以自解，无益，于俗不信祇取辱耳。要之死日，然后是非乃定。书不能尽意，故略陈固陋。

迁既死后，其书稍出。宣帝时，迁外孙平通侯杨恽祖述其书，遂宣布焉。至王莽时，求封迁后，为史通子。

赞曰：自古书契之作而有史官，其载籍博矣。至孔氏纂之，上断唐尧，下讫秦缪。唐虞以前虽有遗文，其语不经，故言黄帝、颛顼之事未可明也。及孔子因鲁史记而作《春秋》，而左丘明论辑其本事以为之传，又纂异同为国语。又有《世本》，录黄帝以来至春秋时帝王公侯卿大夫祖世所出。春秋之后，七国并争，秦兼诸侯，有《战国策》。汉兴伐秦定天下，有《楚汉春秋》。故司马迁据《左氏》《国语》，采《世本》《战国策》，述《楚汉春秋》，接其后事，讫于天汉。其言秦汉，详矣。至于采经摭传，分散数家之事，甚多疏略，或有抵梧。亦其涉猎者广博，贯穿经传，驰骋古今，上下数千载间，斯以勤矣。又其是非颇缪于圣人，论大道则先黄老而后六经，序游侠则退处士而进奸雄，述货殖则崇势利而羞贱贫，此其所蔽也。然自刘向、扬雄博极群书，皆称迁有良史之材，服其善序事理，辨而不华，质而不俚，其文直，其事核，不虚美，不隐恶，故谓之实录。呜呼！以迁之博物洽闻，而不能以知自全，既陷极刑，幽而发愤，书亦信矣。迹其所以自伤悼，《小雅》巷伯之伦。夫唯《大雅》“既明且哲，能保其身”，难矣哉！

【译文】

况且背负侮辱的人不容易安居，地位低微的人遭到的诽谤最多。我因为说话不慎而遭遇到宫刑之祸，再一次受到乡党的讥笑和指责，辱没了先人，还有什么脸面再到父母的坟墓前去呢？即使是百代以后，我所造成的污垢只会越积越厚的！所以，我肠一日而九回，在家里坐着就感到飘飘浮浮若有所失，出门则不知道自己到什么地方去。一想到自己的这一耻辱，汗就没有不从背上往外冒浸湿衣服的。身虽为皇上内廷之臣，还不如自己引退深藏到山岩洞穴当中去啊！所以姑且随俗浮沉，与时俯仰，以此来疏通我的大惑不解。现有少卿先生教导我要推贤进士，不是和我个人的愿望相违吗？现在我虽然想雕琢自饰，用美妙的言辞自我解嘲，也是没有益处的，社会上不会相信我的辩解，只不过取得羞辱罢了。总之到我死那天，然后是非才能明确。信中不能把意思写尽，所以只是大略地陈述我浅陋的看法。

司马迁死后，他写的《太史公书》才有一些部分流传出来。汉宣帝时，司马迁的外孙平通侯杨恽师法、陈述《太史公书》，于是此书才全部公布于世。到王莽的时候，访求司马迁的后人，封他为“史通子”。

评论说：自从古代文字发展之后就有史官，他们所写的书太多了。到孔子对这些书加以整理，就上从唐尧时开始，下到秦穆公时截止。唐尧虞舜以前虽然有遗留下来的记载，他们所说的却不符合经典，所以说黄帝、颛顼的事是弄不明白的。到孔子根据鲁国的史记而作《春秋》，在左丘明又编辑了《春秋》所涉及的事情的本事为《春秋》作了传，又把各种不同的记载纂集编成了一部《国语》。又有一本叫《世本》的书，记录了自黄帝以来直到春秋时的帝王、公侯、卿大夫的谱系。春秋之后，七国并争，秦国兼并诸侯，有《战国策》一书。汉朝兴起讨伐秦国安定了天下，有《楚汉春秋》一书。所以司马迁根据《左氏》《国语》，采录《世本》《战国策》，转述《楚汉春秋》，并接着《楚汉春秋》记述后来的事情，到大汉朝结束。《太史公书》记述秦、汉的事情，非常详细。至于它选择经和传，把各个国家的事分散开来叙述，疏略之处就太多了，有的还相互矛盾。司马迁涉猎广博，贯通经、传，驰骋古今，耕耘于上下数千载间，这是很勤奋的。但他的是是非非与圣人很不相同，论术基本理论推崇黄老而压抑六经，评论游侠则贬退有才德却隐居不仕的士人而拔高奸雄的地位，叙述货殖则崇尚势利而以贫贱为羞，这些都是司马迁的片面之处。然而即使是博览群书的刘向、扬雄，也都称赞司马迁有良史之才，佩服他善于安排史事的轻重缓急，辩论而不显得浮华，质朴而不显得鄙俗，他的文章直书其事，记载的事情坚实可靠，不虚饰其美，不隐讳恶行，故称他的书为实录。啊！凭司马迁的多闻博识，但不能用自己的智慧保全自己；已经受了极刑之后，就潜思发愤，他写给任安的信所说的一切，都是靠得住的。寻思他所以自己伤悼的线索，跟《小雅》中巷伯作诗的情况属于一类。要做到《大雅》所说的“既明且哲，能保其身”，是很难很难的啊！

〔后汉书〕

张衡列传

张衡字平子，南阳西鄂人也。世为著姓。祖父堪，蜀郡太守。衡少善属文，游于三辅，因入京师，观太学，遂通《五经》，贯六艺。虽才高于世，而无骄尚之情。常从容淡静，不好交接俗人。永元中，举孝廉不行，连辟公府不就。时天下承平日久，自王侯以下，莫不逾侈。衡乃拟班固《两都》，作《二京赋》，因以讽谏。精思傅会，十年乃成。文多，故不载。大将军邓骘奇其才，累召不应。

衡善机巧，尤致思于天文、阴阳、历算。常耽好《玄经》，谓崔瑗曰："吾观《太玄》，方知子云妙极道数，乃与《五经》相拟，非徒传记之属，使人难论阴阳之事，汉家得天下二百岁之书也。复二百岁，殆将终乎？所以作者之数，必显一世，常然之符也。汉四百岁，《玄》其兴矣。"安帝雅闻衡善术学，公车特征拜郎中，再迁为太史令。遂乃研核阴阳，妙尽璇机之正，作浑天仪，著《灵宪》《算罔论》，言甚详明。

顺帝初，再转，复为太史令。衡不慕当世，所居之官，辄积年不徙。自去史职，五载复还，乃设客问，作《应间》以见其志云：

有间余者曰：盖闻前哲首务，务于下学上达，佐国理民，有云为也。朝有所闻，则夕行之，立功立事，式昭德音。是故伊尹思使君为尧、舜，而民处唐、虞，彼岂虚言而已哉，必旌厥素尔。咎单、巫咸，实守王家，申伯、樊仲，实干周邦，服衮而朝，介圭作瑞。厥迹不朽，垂烈后昆，不亦丕欤！且学非以要利，而富贵萃之。贵以行令，富以施惠，惠施令行，故《易》称以"大业"。质以文美，实由华兴，器赖雕饰为好，人以舆服为荣。吾子性德体道，笃信安仁，约己博艺，无坚不钻，以思世路，斯何远矣！曩滞日官，今又原之。虽老氏曲全，进道若退，然行亦以需。必也学非所用，术有所仰，故临川将济，而舟楫不存焉。徒经思天衢，内昭独智，固合理民之式也？故尝见谤于鄙儒。深厉浅揭，随时为义，曾何贪于支离，而习其孤技邪？参轮可使自转，木雕犹能独飞，已垂翅而还故栖，盍亦调其机而铦诸？昔有文王，自求多福。人生在勤，不索何获。曷若卑体屈己，美言以相克？鸣于乔木，乃金声而玉振之。用后勋，雪前吝，婞佷不柔，以意谁靳也。

应之曰：是何观同而见异也？君子不患位之不尊，而患德之不崇；不耻禄之不伙，而耻智之不博。是故艺可学，而行可力也。天爵高悬，得之在命，或不速而自怀，或羡旃而不臻，求之无益，故智者面而不思。阽身以侥幸，固贪夫之所为，未得而豫丧也。枉尺直寻，议者讥之，盈欲亏志，孰云非羞？于心有猜，则簋飧馔餔犹不屑餐，旌瞀以之。意之无疑，则兼金盈百而不嫌辞，孟轲以之。士或解裋褐而袭黼黻，或委锸筑而据文轩者，度德拜爵，量绩受禄也。输力致庸，受必有阶。

浑元初基，灵轨未纪，吉凶纷错，人用朣朦。黄帝为斯深惨。有风后者，是焉亮之，察三辰于上，迹祸福乎下，经纬历数，然后天步有常，则风后之为也。当少昊清阳之末，实或乱德，人神杂扰，不可方物，重黎又相颛顼而申理之，日月即次，则重黎之为也。人各有能，因艺授任，鸟师别名，四叔三正，官无二业，事不并济。昼长则宵短，日南则景北。天且不堪兼，况以人该之。夫玄龙，迎夏则陵云而奋鳞，乐时也；涉冬则淈泥而潜蟠，避害也。公旦道行，故制典礼以尹天下，惧教诲之不从，有人之不理。仲尼不遇，故论《六经》以俟来辟，耻一物之不知，有事之无范。所考不齐，如何可一？

夫战国交争，戎车竞驱，君若缀旒，人无所丽。烛武县缒而秦伯退师，鲁连系箭而聊城弛柝。从往则合，横来则离，安危无常，要在说夫。咸以得人为枭，失士为尤。故樊哙披帷，入见高祖；高祖踞洗，以对郦生。当此之会，乃鼋鸣而鳖应也。故能同心戮力，勤恤人隐，奄受区夏，遂定帝位，皆谋臣之由也。故一介之策，各有攸建，子长谍之，烂然有第。夫女魃北而应龙翔，洪鼎声而军容息；溽暑至而鹑火栖，寒冰沍而鼋鼍蛰。今也，皇泽宣洽，海外混同，万方亿丑，并质共剂，若修成之不暇，尚何功之可立！立事有三，言为下列；下列且不可庶矣，奚冀其二哉！

于兹搢绅如云，儒士成林，及津者风摅，失涂者幽僻，遭遇难要，趋偶为幸。世易俗异，事势舛殊，不能通其变，而一度以揆之，斯契船而求剑，守株而伺兔也。冒愧逞愿，必无仁以继之，有道者所不履也。越王句践事此，故厥绪不永。捷径邪至，我不忍以投步；干进苟容，我不忍以歙肩。虽有犀舟劲楫，犹人涉卬否，有须者也。姑亦奉顺敦笃，守以忠信，得之不休，不获不吝。不见是而不惛，居下位而不忧，允上德之常服焉。

方将师天老而友地典，与之乎高睨而大谈，孔甲且不足慕，焉称殷彭及周聃！与世殊技，固孤是求。子忧朱泙曼之无所用，吾恨轮扁之无所教也。子睹木雕独飞，愍我垂翅故栖，吾感去蛙附鸱，悲尔先笑而后号也。

斐豹以毙督燔书，礼至以掖国作铭；弦高以牛饩退敌，墨翟以萦带全城；贯高以端辞显义，苏武以秃节效贞；蒲且以飞矰逞巧，詹何以沈钩致精；弈秋以棋局取誉，王豹以清讴流声。仆进不能参名于二立，退又不能群彼数子。愍《三坟》之既颓，惜《八索》之不理。庶前训之可钻，聊朝隐乎柱史。且韫椟以待价，踵颜氏以行止。曾不慊夫晋、楚，敢告诚于知己。

【译文】

张衡字平子，南阳郡西鄂县人。世代为名门望族。祖父张堪，官至蜀郡太守。张衡青少年时善于写文章，他曾游历三辅，因而来到京都，在太学游学，于是通晓《五经》，贯通六艺。虽然才能高于世人，却没有骄傲的情绪。总是从容恬静，不喜欢结交庸俗之人。和帝永元年间，被举荐为孝廉科入仕，他没有去，屡次被三公官府征召，都未就职。当时国家长期和平安定，自王侯以下，没有不奢侈越制的。张衡便模拟班固的《两都赋》，写作了《西京赋》《东京赋》，以此来进行讽谏。经过精密构思，排比组合，历时十年才写成此赋。因字数太多，这里就不转载了。大将军邓骘认为他才能罕见，曾多次招聘，张衡都没有答应。

张衡擅长机械和工艺技巧，尤其精心钻研天文、阴阳、历算等学问。平素特别喜好《太玄经》，他曾对崔瑗说："我读《太玄经》，才知道扬雄极为通晓天道术数之妙，竟然能模拟《五经》，绝非仅是传记之类，使人更难以探讨有关阴阳的问题了，这是汉朝取得天下两百年后才产生的著作。从《太玄》的写作至今又两百年了，这学问会过时吗？作者的命运所以必能显于一世，这是由于永恒规律的符验。汉朝天下四百年时，《太玄》之学定要兴起。"汉安帝素闻张衡擅长术数之学，派公车征召他，授予郎中官职，又升任太史令。于是他就研究阴阳，精准地掌握了天文历法的制订方法，制作了浑天仪，著有《灵宪》《算罔论》二书，论述十分详细。

汉顺帝初年，两次转任之后，他再次出任太史令。张衡不羡慕出仕做官，所任职务往往多年不得升迁。从太史令任上调离五年后，他又重任该职，于是以答客问的形式，作了《应闲》一文，以表达自己的志向：

（下文为引张衡文章，在此不作翻译）

“有间余者曰：盖闻前哲首务，务于下学上达，佐国理民，有云为也。朝有所闻，则夕行之。立功立事，式昭德音。是故伊尹思使君为尧舜，而民处唐虞，彼岂虚言而已哉，必旌厥素尔。咎单、巫咸，实守王家，申伯、樊仲，实干周邦，服衮而朝，介圭作瑞。厥迹不朽，垂烈后昆，不亦丕欤！且学非以要利，而富贵萃之。贵以行令，富以施惠，惠施令行，故《易》称以‘大业’。质以文美，实由华兴，器赖雕饰为好，人以舆服为荣。君子性德体道，笃信安仁，约己博艺，无坚不钻，以思世路，斯何远矣！曩滞日官，今又原之。虽老氏曲全，进道若退。然行亦以需。必也学非所用，术有所抑，故临川将济，而舟楫不存焉。徒经思天衢，内昭独智，固合理民之式也？故尝见谤于鄙儒。深厉浅揭，随时为义，曾何贪于支离，而习其孤技邪？参轮可使自转，木雕犹能独飞，已垂翅而还故栖，盍亦调其机而铦诸？昔有文王，自求多福。人生在勤，不索何获。曷若卑体屈己，美言以相克？鸣于乔木，乃金声而玉振之。用后勋，雪前吝，婞佷不柔，以意谁靳也。

“应之曰：是何观同而见异也？君子不患位之不尊，而患德之不崇；不耻禄之不伙，而耻智之不博。是故艺可学，而行可力也。天爵高悬，得之在命，或不速而自怀，或羡旃而不臻，求之无益，故智者面而不思。阽身以侥幸，固贪夫之所为，未得而豫丧也。枉尺直寻，议者讥之，盈欲亏志，孰云非羞？于心有猜，则簋飧馔餔犹不屑餐，旌瞀以之。意之无疑，则兼金盈百而不嫌辞，孟轲以之。士或解裋褐而袭黼黻，或委锸筑而据文轩者，度德拜爵，量绩授禄也。输力致庸，授必有阶。

“浑元初基，灵轨未纪，吉凶纷错，人用瞳矇。黄帝为斯深惨。有风后者，是焉亮之，察三辰于上，迹祸福乎下，经纬历数，然后天步有常，则风后之为也。当少昊清阳之末，实或乱德，人神杂扰，不可方物，重黎又相颛顼而申理之，日月即次，则重黎之为也。人各有能，因艺授任，鸟师别名，四叔三正，官无二业，事不并济。昼长则宵短，日南则景北。天且不堪兼，况以人该之。夫玄龙，迎夏则陵云而奋鳞，乐时也；涉冬则淈泥而潜蟠，避害也。公旦道行，故制典礼以尹天下，惧教诲之不从，有人之不理。仲尼不遇，故论《六经》以俟来辟，耻一物之不知，有事之无范。所考不齐，如何可一？

“夫战国交争，戎车竞驱，君若缀旒，人无所丽。烛武县缒而秦伯退师，鲁连系箭而聊城弛柝。从往则合，横来则离，安危无常，要在说夫。咸以得人为枭，失士为尤。故樊哙披帷，入见高祖；高祖踞洗，以对郦生。当此之会，乃鼋鸣而鳖应也，故能同心戮力，勤恤人隐，奄受区夏，遂定帝位，皆谋臣之由也。故一介之策，各有攸建，子长谍之，烂然有第。夫女魃北而应龙翔，洪鼎声而军容息；溽暑至而鹑火栖，寒冰沍而鼋鼍蛰。今也，皇泽宣洽，海外混同，万方亿丑，并质共剂，若修成之不暇，尚何功之可立！立事有三，言为下列；下列且不可庶矣，奚冀其二哉！

“于兹搢绅如云，儒士成林，及津者风摅，失途者幽僻，遭遇难要，趋偶为幸。世易俗异，事势舛殊，不能通其变，而一度以揆之，斯契船而求剑，守株而伺兔也。冒愧逞愿，必无仁以继之，有道者所不履也。越王句践事此，故厥绪不永。捷径邪至，我不忍以投步；干进苟容，我不忍以歙肩。虽有犀舟劲楫，犹人涉卬否，有须者也。姑亦奉顺敦笃，守以忠信，得之不休，不获不吝。不见是而不惛，居下位而不忧，允上德之常服焉。方将师天老而友地典，与之乎高睨而大谈，孔甲且不足慕，焉称殷彭及周聃！与世殊技，固孤是求。子忧朱泙曼之无所用，吾恨轮扁之无所教也。子睹木雕独飞，愍我垂翅故栖，吾感去蛙附鸱，悲尔先笑而后号也。

“斐豹以毙督燔书，礼至以掖国作铭；弦高以牛饩退敌，墨翟以萦带全城；贯高以端辞显义，苏武以秃节效贞；蒱且以飞矰逞巧，詹何以沉钩致精；奕秋以棋局取誉，王豹以清讴流声。仆进不能参名于二立，退又不能群彼数子。愍《三坟》之既颓，惜《八索》之不理。庶前训之可钻，聊朝隐乎柱史。且韫椟以待价，踵颜氏以行止。曾不慊夫晋、楚，敢告诚于知己。”

阳嘉元年，复造候风地动仪。以精铜铸成，员径八尺，合盖隆起，形似酒尊，饰以篆文山龟鸟兽之形。中有都柱，傍行八道，施关发机。外有八龙，首衔铜丸，下有蟾蜍，张口承之。其牙机巧制，皆隐在尊中，覆盖周密无际。如有地动，尊则振龙机发吐丸，而蟾蜍衔之。振声激扬，伺者因此觉知。虽一龙发机，而七首不动，寻其方面，乃知震之所在。验之以事，合契若神。自书典所记，未之有也。尝一龙机发而地不觉动，京师学者咸怪其无征，后数日驿至，果地震陇西，于是皆服其妙。自此以后，乃令史官记地动所从方起。

时，政事渐损，权移于下，衡因上疏陈事曰：

伏惟陛下宣哲克明，继体承天，中遭倾覆，龙德泥蟠。今乘云高跻，磐桓天位，诚所谓将隆大位，必先倥偬之也。亲履艰难者知下情，备经险易者达物伪。故能一贯万机，靡所疑惑，百揆允当，庶绩咸熙。宜获福祉神祇，受誉黎庶。而阴阳未和，灾眚屡见，神明幽远，冥鉴在兹。福仁祸淫，景响而应，因德降休，乘失致咎，天道虽远，吉凶可见，近世郑、蔡、江、樊、周广、王圣，皆为效矣。故恭俭畏忌，必蒙祉祚；奢淫谄慢，鲜不夷戮。前事不忘，后事之师也。夫情胜其性，流遁忘反，岂唯不肖，中才皆然。苟非大贤，不能见得思义，故积恶成衅，罪不可解也。向使能瞻前顾后，援镜自戒，则何陷于凶患乎！贵宠之臣，众所属仰，其有愆尤，上下知之。褒美讥恶，有心皆同，故怨讟溢乎四海，神明降其祸辟也。顷年雨常不足，思求所失，则《洪范》所谓"僭恒阳若"者也。惧群臣奢侈，昏逾典式，自下逼上，用速咎征。又前年京师地震土裂，裂者威分，震者人扰也。君以静唱，臣以动和，威自上出，不趣于下，礼之政也。窃惧圣思厌倦，制不专己，恩不忍割，与众共威。威不可分，德不可共。《洪范》曰："臣有作威作福玉食，害于而家，凶于而国。"天鉴孔明，虽疏不失。灾异示人，前后数矣，而未见所革，以复往悔。自非圣人，不能无过。愿陛下思惟所以稽古率旧，勿令刑德八柄，不由天子。若恩从上下，事依礼制，礼制修则奢僭息，事合宜则无凶咎。然后神望允塞，灾消不至矣。

【译文】

汉顺帝阳嘉元年，张衡又创造了候风地动仪。它以精铜铸成，直径八尺，顶盖隆起，形状像酒樽，用篆文以及山龟鸟兽的图形作为装饰。中间有根中心柱，旁边伸出八条横杆，设置枢纽发动机件。仪器外部有八条龙，龙嘴里各衔一颗铜丸，下面与龙头相对的地方各有一只蛤蟆，张着嘴巴仰承龙首。那些枢纽件制作巧妙，都隐藏在樽腹中，顶盖周密无一丝缝隙。如果发生地震，铜樽中机件振动龙首，机关发动，龙嘴吐出铜丸，由蛤蟆嘴接住。振荡声音响亮，守候的人凭着响声察觉地震的发生。只有一条龙发动了机关，而其他七个龙首不动，寻觅下落铜丸的方位，就知道地震发生在何方。用事实一一检验，十分准确，灵验如神。自从有文献典籍记载以来，从没有过这种发明。曾有一次，一条龙的机关发动了，而人们没有感觉到地动，京城中的学者都怪地动仪不灵验。过了几天，驿使来报，果然在陇西发生了地震，于是大家都叹服这仪器的妙处。从此以后，朝廷就命令史官用它来记录地震发生的方向。

当时政治逐渐败坏，朝权旁落，张衡因此上疏皇帝，陈述政事说：

伏念陛下通达明智，继承皇位，承受天命，中途遭到倾覆，如龙陷泥潭。如今凌云登高，徘徊天位，真是所谓将升大位，必先遭受困顿啊！亲自经历过艰难的人了解下情，备受危难的人明白事情的真伪。所以能用一种道理贯穿于纷繁的政务，没有什么疑惑的事，各种处置平允得当，各项业绩都很完美。本该获得天地的赐福，受到黎民百姓的赞誉。可如今阴阳不和，灾祸屡现，神明显然幽远，但是暗示的鉴戒就在这里。福与仁，祸与淫，就像影与形，回响与声音一样相随相应。因有德而降美善，借失误而致灾祸，天道虽然遥远，吉凶却可显现。近世郑众、蔡伦、江京、樊丰、周广和王圣的事情，都是证明。所以，为人恭谨节俭、敬畏戒忌，必将蒙受福瑞；为人奢侈淫逸，谄谀傲慢，很少有不遭杀身之祸的。前事不忘，后事之师。大凡情欲胜过人性，就会迷失自己而不知回头，岂只是不肖之人如此，中等才能的人也都是这样。如果不是杰出的贤人，就不能见到所得的利而考虑到义，所以积恶成怨，罪责不可解脱。假使能瞻前顾后，以前事为镜而自戒，那怎么能陷于祸患呢！贵宠的大臣，大家都瞻目仰望，如有过失，上下知晓。褒扬美好，讥讽丑恶，人同此心，所以怨言一起将四海流传，神明就会降下灾祸与惩罚。近年雨水经常不足，寻思所犯的过失，即《洪范》所谓“君王逾越本分，就会久旱不雨”的情况。最怕的是群臣奢侈，昏乱地超越法度，由下逼上，从而招致祸患的征兆。又如前年京都发生地震，土地崩裂，崩裂象征权威的分散，震动象征人心的扰乱。君主以静来号令，臣下以动来应和，权威出自上，不能移至下，这才是按礼法准则建立的政权。我怕圣上心绪厌倦，制度政令不肯自己专擅，恩惠不忍割舍，而与众臣共享权威。威势不可分占，恩德不能共享。《洪范》说：“臣下占有权威、福禄和美食，则会祸害你的家和国。”上天的鉴察非常分明，虽然宽疏却无遗漏。灾异在人间的显示，前后已有多次了，但是未见皇上有所改变，以表示对以往过失的追悔。本不是圣人，不可能没有过错。愿陛下稽考古事、遵循旧例，不要让赏罚的八种权柄脱离天子的把握。如果施恩惠做到上下有序，处事依照礼法制度，礼制修备了，奢侈僭越之事就会停止，处事得当则不会发生凶祸。然后神明的愿望确实满足，灾祸就消失不再降临了。

初，光武善谶，及显宗、肃宗因祖述焉。自中兴之后，儒者争学图纬，兼复附以讹言。衡以图纬虚妄，非圣人之法，乃上疏曰：

臣闻圣人明审律历以定吉凶，重之以卜筮，杂之以九宫，经天验道，本尽于此。或观星辰逆顺，寒燠所由，或察龟策之占，巫觋之言，其所因者，非一术也。立言于前，有征于后，故智者贵焉，谓之谶书。谶书始出，盖知之者寡。自汉取秦，用兵力战，功成业遂，可谓大事，当此之时，莫或称谶。若夏侯胜、眭孟之徒，以道术立名，其所述著，无谶一言。刘向父子领校秘书，阅定九流，亦无谶录。成、哀之后，乃始闻之。《尚书》尧使鲧理洪水，九载绩用不成，鲧则殛死，禹乃嗣兴。而《春秋谶》云“共工理水”。凡谶皆云黄帝伐蚩尤，而《诗谶》独以为“蚩尤败，然后尧受命”。《春秋元命包》中有公输班与墨翟，事见战国，非春秋时也。又言“别有益州”。益州之置，在于汉世。其名三辅诸陵，世数可知。至于图中讫于成帝。一卷之书，互异数事，圣人之言，势无若是，殆必虚伪之徒，以要世取资。往者侍中贾逵摘谶互异三十余事，诸言谶者皆不能说。至于王莽篡位，汉世大祸，八十篇何为不戒？则知图谶成于哀、平之际也。且《河洛》《六艺》，篇录已定，后人皮傅，无所容篡。永元中，清河宋景遂以历纪推言水灾，而伪称洞视玉版。或者至于弃家业，入山林。后皆无效，而复采前世成事，以为证验。至于永建复统，则不能知。此皆欺世罔俗，以昧势位，情伪较然，莫之纠禁。且律历、卦候、九宫、风角，数有征效，世莫肯学，而竞称不占之书。譬犹画工，恶图犬马而好作鬼魅，诚以实事难形，而虚伪不穷也。宜收藏图谶，一禁绝之，则朱紫无所眩，典籍无瑕玷矣。

后迁侍中，帝引在帷幄，讽议左右。尝问衡天下所疾恶者。宦官惧其毁己，皆共目之，衡乃诡对而出。阉竖恐终为其患，遂共谗之。

【译文】

当初，汉光武帝喜好谶纬，到了明帝、章帝相继效法。自东汉建立之后，儒者争相学习图纬，又以惑众妖言相附宣。张衡认为图谶纬书虚假荒谬，并非圣人的准则，于是上疏皇帝说：

我听说圣人明察律历来论定吉凶，再加之以卜筮占验，混杂以九宫推算，推测天命，检验事理，所依据的都在这里。有人观察星辰运行的逆顺轨迹，寒冷湿暖的变化原由；有人察验龟策占卜，男觋女巫的预言，所依据的不是一种方法。他们预言在先，征验于后，所以聪明人珍重这些推测，称之为谶书。谶书刚出现时，大概知道的人很少。自从汉朝取代秦朝，是靠军事战争，功成业就，可说是大事情，可那个时候，并没有人用谶纬来预言。像夏侯胜、眭孟之类，以道术建立名望，在他们的著述中，却无一句谶语。刘向父子领衔校勘中秘藏书，汇集校定诸子著作，也没有谶讳载录。成帝、哀帝之后，才开始听说谶纬之学。《尚书》说尧派鲧治理洪水，历经九年，事业不成，鲧被处死，大禹继业而兴。可是《春秋谶》说'共工治理洪水'。凡是谶纬都说黄帝攻伐蚩尤，可《诗谶》认为"蚩尤失败，然后是尧受命即位"。《春秋元命包》中有公输班和墨翟，他们的事迹记载在战国，不在春秋时代。同书又说："别有益州。"可是益州的设置是在汉代。书中记载了三辅的各个陵墓，世系清楚，而在图中仅至汉成帝为止。只有一卷的书，互相歧异的有好几件事情，圣人的言论，势必无此疏漏，定是虚伪之徒，以此骗取世人信任以谋求钱财。以前侍中贾逵曾摘出谶纬书中互相歧异之事三十余件，那些讲谶纬的人对此都无法解释。至于像王莽篡位之事，这等汉朝大的祸患，在《河洛》《六艺》八十篇中为什么不提出警诫呢？由此可知图谶形成于哀帝、平帝之际。况且《河洛》《六艺》篇目已经确定，后人以肤浅的见解来附会，也无法篡改。永元年间，清河人宋景就用历纪来预言水灾，而诡称洞察了玉版。有些人竟轻信谎言，抛弃家产，逃入山林。那些图谶都没有效验，于是仍采录前代所发生的事情，来作为图谶的证验，至于顺帝废而复立之事，则不能预知。这都是欺世盗名，罔害民俗，用来蒙骗有权势在官位之人的，真伪很显明，却无人检举禁止它。至于律历、卦候、九宫、风角，屡屡有征验，世人却没有肯学习的，而去竞相称赞那些不可信的纬书。这就像画工不喜欢画犬马，而喜欢画鬼魅一样，确实是因为实在的事物难以描绘，而虚幻假造的东西不易被穷究啊。现在应该收缴封藏图谶，把它们一律禁绝，那么正邪就无所混淆，典籍图书也就不会再有污点了。

后来张衡升迁为侍中，顺帝将他召在宫中，留在自己身边劝谏、议事。顺帝曾经问张衡天下人所痛恨的是什么人。宦官唯恐张衡讲他们的坏话，都瞪眼注视着他，张衡便敷衍作答退了出来。宦官害怕他终将成为自己的祸患，就一同进谗言诽谤他。

衡常思图身之事，以为吉凶倚伏，幽微难明，乃作《思玄赋》，以宣寄情志。其辞曰：

仰先哲之玄训兮，虽弥高其弗违。匪仁里其焉宅兮，匪义迹其焉追？潜服膺以永靓兮，绵日月而不衰。伊中情之信修兮，慕古人之贞节。竦余身而顺止兮，遵绳墨而不跌。志团团以应悬兮，诚心固其如结。旌性行以制佩兮，佩夜光与琼枝。纗幽兰之秋华兮，又缀之以江蓠。美襞积以酷裂兮，允尘邈而难亏。既姱丽而鲜双兮，非是时之攸珍。奋余荣而莫见兮，播余香而莫闻。幽独守此仄陋兮，敢怠皇而舍勤。幸二八之遻虞兮，喜傅说之生殷；尚前良之遗风兮，恫后辰而无及。何孤行之茕茕兮，孑不群而介立？感鸾鷖之特栖兮，悲淑人之稀合。

彼无合其何伤兮，患众伪之冒真。旦获讟于群弟兮，启金縢而乃信。览烝民之多僻兮，畏立辟以危身。曾烦毒以迷或兮，羌孰可与言已？私湛忧而深怀兮，思缤纷而不理。愿竭力以守义兮，虽贫穷而不改。执雕虎而试象兮，阽焦原而跟止。庶斯奉以周旋兮，要既死而后已。俗迁渝而事化兮，泯规矩之圜方。珍萧艾于重笥兮，谓蕙芷之不香。斥西施而弗御兮，羁要袅以服箱。行陂僻而获志兮，循法度而离殃。惟天地之无穷兮，何遭遇之无常！不抑操而苟容兮，譬临河而无航。欲巧笑以干媚兮，非余心之所尝。袭温恭之黻衣兮，披礼义之绣裳。辫贞亮以为鞶兮，杂技艺以为珩。昭彩藻与琱琭兮，璜声远而弥长。淹栖迟以恣欲兮，耀灵忽其西藏。恃己知而华予兮，鶗鴂鸣而不芳。冀一年之三秀兮，遒白露之为霜。时亹亹而代序兮，畴可与乎比伉？咨妒嫮之难并兮，想依韩以流亡，恐渐冉而无成兮，留则蔽而不章。

【译文】

张衡常考虑自己的未来，认为吉凶互为依存，幽深微妙，难以明了，于是写了《思玄赋》来宣泄寄托自己的情思志趣。其辞曰：

仰先哲之玄训兮，虽弥高其弗违。匪仁里其焉宅兮，匪义迹其焉追？潜服膺以永靓兮，绵日月而不衰。伊中情之信修兮，慕古人之贞节。竦余身而顺止兮，遵绳墨而不跌。志团团以应悬兮，诚心固其如结。旌性行以制佩兮，佩夜光与琼枝。纗幽兰之秋华兮，又缀之以江蓠。美襞积以酷裂兮，允尘邈而难亏。既姱丽而鲜双兮，非是时之攸珍。奋余荣而莫见兮，播余香而莫闻。幽独守此仄陋兮，敢怠皇而舍勤。幸二八之逻虞兮，喜傅说之生殷；尚前良之遗风兮，恫后辰而无及。何孤行之茕茕兮，孑不群而介立？感鸾鹥之特栖兮，悲淑人之稀合。

彼无合其何伤兮，患众伪之冒真。旦获讟于群弟兮，启《金縢》而乃信。览烝民之多僻兮，畏立辟以危身。曾烦毒以迷或兮，羌孰可与言已？私湛忧而深怀兮，思缤纷而不理。愿竭力以守义兮，虽贫穷而不改。执雕虎而试象兮，阽焦原而跟止。庶斯奉以周旋兮，要既死而后已。俗迁渝而事化兮，泯规矩之圜方。珍萧艾于重笥兮，谓蕙芷之不香。斥西施而弗御兮，羁要袅以服箱。行陂僻而获志兮，循法度而离殃。惟天地之无穷兮，何遭遇之无常！不抑操而苟容兮，譬临河而无航。欲巧笑以干媚兮，非余心之所尝。袭温恭之黻衣兮，披礼义之绣裳。辫贞亮以为鞶兮，杂技艺以为珩。昭彩藻与雕琢兮，璜声远而弥长。淹栖迟以恣欲兮，耀灵忽其西藏。恃己知而华予兮，鶗鴂偰鸣而不芳。冀一年之三秀兮，遒白露之为霜。时亹亹而代序兮，畴可与乎比伉？咨妒嫮之难并兮，想依韩以流亡，恐渐冉而无成兮，留则蔽而不章。

心犹与而狐疑兮，即岐阯而摅情。文君为我端蓍兮，利飞遁以保名。历众山以周流兮，翼迅风以扬声。二女感于崇岳兮，或冰折而不营。天盖高而为泽兮，谁云路之不平！勔自强而不息兮，蹈玉阶之峣峥。惧筮氏之长短兮，钻东龟以观祯。遇九皋之介鸟兮，怨素意之不逞。游尘外而瞥天兮，据冥翳而哀鸣。雕鹗竞于贪婪兮，我修絜以益荣。子有故于玄鸟兮，归母氏而后宁。

占既吉而无悔兮，简元辰而俶装。旦余沐于清原兮，晞余发于朝阳。漱飞泉之沥液兮，咀石菌之流英。翾鸟举而鱼跃兮，将往走乎八荒。过少皞之穷野兮，问三丘乎句芒。何道真之淳粹兮，去秽累而票轻。登蓬莱而容与兮，鳌虽抃而不倾。留瀛洲而采芝兮，聊且以乎长生。凭归云而遐逝兮，夕余宿乎扶桑。噏青岑之玉醴兮，餐沆瀣以为粮。发昔梦于木禾兮，谷昆仑之高冈。朝吾行于汤谷兮，从伯禹于稽山。集群神之执玉兮，疾防风之食言。

指长沙以邪径兮，存重华乎南邻。哀二妃之未从兮，翩儐处彼湘濒。流目觇夫衡阿兮，睹有黎之圮坟；痛火正之无怀兮，托山陂以孤魂。愁蔚蔚以慕远兮，越印州而愉敖。跻日中于昆吾兮，憩炎天之所陶。扬芒熛而绛天兮，水泫沄而涌涛。温风翕其增热兮，惄郁邑其难聊。颤羁旅而无友兮，余安能乎留兹？

顾金天而叹息兮，吾欲往乎西嬉。前祝融使举麾兮，缅朱鸟以承旗。躔建木于广都兮，拓若华而踌躇。超轩辕于西海兮，跨汪氏之龙鱼。闻此国之千岁兮，曾焉足以娱余？

【译文】

心犹与而狐疑兮，即岐阯而摅情。文君为我端蓍兮，利飞遁以保名。历众山以周流兮，翼迅风以扬声。二女感于崇岳兮，或冰折而不营。天盖高而为泽兮，谁云路之不平！勔自强而不息兮，蹈玉阶之峣峥。惧筮氏之长短兮，钻东龟以观祯。遇九皋之介鸟兮，怨素意之不逞。游尘外而瞥天兮，据冥翳而哀鸣。雕鹗竞于贪婪兮，我修絜以益荣。子有故于玄鸟兮，归母氏而后宁。

占既吉而无悔兮，简元辰而俶装。旦余沐于清原兮，晞余发于朝阳。漱飞泉之沥液兮，咀石菌之流英。翾鸟举而鱼跃兮，将往走乎八荒。过少皞之穷野兮，问三丘乎句芒。何道真之淳粹兮，去秽累而票轻。登蓬莱而容与兮，鳌虽抃而不倾。留瀛洲而采芝兮，聊且以乎长生。凭归云而遐逝兮，夕余宿乎扶桑。噏青岑之玉醴兮，餐沆瀣以为粮。发昔梦于木禾兮，谷昆仑之高冈。朝吾行于汤谷兮，从伯禹于稽山。集群神之执玉兮，疾防风之食言。

指长沙以邪径兮，存重华乎南邻。哀二妃之未从兮，翩傧处彼湘濒。流目觇夫衡阿兮，睹有黎之圮坟；痛火正之无怀兮，托山陂以孤魂。愁蔚蔚以慕远兮，越印州而愉敖。跻日中于昆吾兮，憩炎天之所陶。扬芒熛而绛天兮，水泫沄而涌涛。温风翕其增热兮，惄郁邑其难聊。颙羁旅而无友兮，余安能乎留兹？

顾金天而叹息兮，吾欲往乎西嬉。前祝融使举麾兮，缅朱鸟以承旗。躔建木于广都兮，拓若华而踌躇。超轩辕于西海兮，跨汪氏之龙鱼。闻此国之千岁兮，曾焉足以娱余？

思九土之殊风兮，从蓐收而遂徂。欻神化而蝉蜕兮，朋精粹而为徒。蹶白门而东驰兮，云台行乎中野。乱弱水之潺湲兮，逗华阴之湍渚。号冯夷俾清津兮，棹龙舟以济予。会帝轩之未归兮，怅相佯而延伫。呬河林之蓁蓁兮，伟《关雎》之戒女。黄灵詹而访命兮，摎天道其焉如。曰近信而远疑兮，六籍阙而不书。神逵昧其难覆兮，畴克谟而从诸？牛哀病而成虎兮，虽逢昆其必噬。鳖令殪而尸亡兮，取蜀禅而引世。死生错而不齐兮，虽司命其不晰。窦号行于代路兮，后膺祚无繁庑。王肆侈于汉庭兮，卒衔恤而绝绪。尉龙眉而郎潜兮，逮三叶而遘武。董弱冠而司衮兮，设王隧而弗处。夫吉凶之相仍兮，恒反侧而靡所。穆负天以悦牛兮，竖乱叔而幽主。文断袪而忌伯兮，阉谒贼而宁后。通人暗于好恶兮，岂爱惑之能剖？嬴擿谶而戒胡兮，备诸外而发内。或輂贿而违车兮，孕行产而为对。慎、灶显于言天兮，占水火而妄谇。梁叟患夫黎丘兮，丁厥子而事刃，亲所睇而弗识兮，矧幽冥之可信。毋绵挛以涬己兮，思百忧以自疢。彼天监之孔明兮，用棐忱而佑仁。汤蠲体以祷祈兮，蒙厖褫以拯人。景三虑以营国兮，荧惑次于它辰。魏颗亮以从理兮，鬼亢回以敝秦。咎繇迈而种德兮，德树茂乎英、六。桑末寄夫根生兮，卉既雕而已毓。有无言而不仇兮，又何往而不复？盍远迹以飞声兮，孰谓时之可蓄？

仰矫首以遥望兮，魂懒惘而无畴。逼区中之隘陋兮，将北度而宣游。行积冰之硙硙兮，清泉冱而不流。寒风凄而永至兮，拂穹岫之骚骚。玄武缩于壳中兮，螣蛇蜿而自纠。鱼矜鳞而并凌兮，鸟登木而失条。坐太阴之屏室兮，慨含欷而增愁。怨高阳之相寓兮，伷颛顼之宅幽。庸织络于四裔兮，斯与彼其何瘳？望寒门之绝垠兮，纵余绁乎不周。迅飙潚其媵我兮，骛翩飘而不禁。趋谽呀之洞穴兮，摽通渊之硃硃。经重阴乎寂寞兮，愍坟羊之潜深。

【译文】

思九土之殊风兮，从蓐收而遂徂。欻神化而蝉蜕兮，朋精粹而为徒。蹶白门而东驰兮，云台行乎中野。乱弱水之潺湲兮，逗华阴之湍渚。号冯夷俾清津兮，棹龙舟以济予。会帝轩之未归兮，怅相佯而延伫。呬河林之蓁蓁兮，伟《关雎》之戒女。黄灵詹而访命兮，摎天道其焉如。曰近信而远疑兮，六籍阙而不书。神逵昧其难覆兮，畴克谟而从诸？牛哀病而成虎兮，虽逢昆其必噬。鳖令殪而尸亡兮，取蜀禅而引世。死生错而不齐兮，虽司命其不晰。窦号行于代路兮，后膺祚而繁庑。王肆侈于汉庭兮，卒衔恤而绝绪。尉龙眉而郎潜兮，逮三叶而遘武。董弱冠而司衮兮，设王隧而弗处。夫吉凶之相仍兮，恒反侧而靡所。穆负天以悦牛兮，竖乱叔而幽主。文断袪而忌伯兮，阉谒贼而宁后。通人暗于好恶兮，岂爱惑之能剖？嬴擿谶而戒胡兮，备诸外而发内。或辇贿而违车兮，孕行产而为对。慎、灶显于言天兮，占水火而妄谇。梁叟患夫黎丘兮，丁厥子而事刃，亲所睇而弗识兮，矧幽冥之可信。毋绵挛以涬己兮，思百忧以自疢。彼天监之孔明兮，用棐忱而佑仁。汤蠲体以祷祈兮，蒙庬褫以拯人。景三虑以营国兮，荧惑次于它辰。魏颗亮以从理兮，鬼亢回以敝秦。咎繇迈而种德兮，德树茂乎英、六。桑末寄夫根生兮，卉既雕而已毓。有无言而不仇兮，又何往而不复？盍远迹以飞声兮，孰谓时之可蓄？

仰矫首以遥望兮，魂懒惘而无畴。逼区中之隘陋兮，将北度而宣游。行积冰之硙硙兮，清泉冱而不流。寒风凄而永至兮，拂穹岫之骚骚。玄武缩于壳中兮，螣蛇蜿而自纠。鱼矜鳞而并凌兮，鸟登木而失条。坐太阴之屏室兮，慨含欷而增愁。怨高阳之相寓兮，伷颛顼之宅幽。庸织络于四裔兮，斯与彼其何瘳？望寒门之绝垠兮，纵余緤乎不周。迅飙潚其媵我兮，鹜翩飘而不禁。趋谽呴之洞穴兮，摽通渊之硃硃。经重阴乎寂寞兮，愍坟羊之潜深。

追慌忽于地底兮，轶无形而上浮。出右密之暗野兮，不识蹊之所由。速烛龙令执炬兮，过钟山而中休。瞰瑶溪之赤岸兮，吊祖江之见刘。聘王母于银台兮，羞玉芝以疗饥；戴胜慭其既欢兮，又诮余之行迟。载太华之玉女兮，召洛浦之宓妃。咸姣丽以蛊媚兮，增嫮眼而蛾眉。舒妙婧之纤腰兮，扬杂错之袿徽。离朱唇而微笑兮，颜的砺以遗光。献环琨与玙缡兮，申厥好以玄黄。虽色艳而赂美兮。志浩荡而不嘉。双材悲于不纳兮，并咏诗而清歌。歌曰：天地烟煴，百卉含蘤。鸣鹤交颈，雎鸠相和。处子怀春，精魂回移。如何淑明，忘我实多。

将答赋而不暇兮，爰整驾而亟行。瞻昆仑之巍巍兮，临萦河之洋洋。伏灵龟以负坻兮，亘螭龙之飞梁。登阆风之曾城兮，构不死而为床。屑瑶蕊以为糇兮，斞白水以为浆。抨巫咸以占梦兮，乃贞吉之元符。滋令德于正中兮，含嘉禾以为敷。既垂颖而顾本兮，尔要思乎故居。安和静而随时兮，姑纯懿之所庐。

戒庶寮以夙会兮，佥恭职而并迓。丰隆軯其震霆兮，列缺晔其照夜。云师䨴以交集兮，涷雨沛其洒涂。轙琱舆而树葩兮，扰应龙以服辂。百神森其备从兮，屯骑罗而星布。振余袂而就车兮，修剑揭以低昂。冠咢咢其映盖兮，佩綝缅以辉煌。仆夫俨其正策兮，八乘摅而超骧。氛旄溶以天旋兮，蜺旌飘而飞扬。抚軨轵而还睨兮，心灼药其如汤。羡上都之赫戏兮，何迷故而不忘？左青琱以揵芝兮，右素威以司钲。前长离使拂羽兮，委水衡乎玄冥。属箕伯以函风兮，澄涣淴而为清。曳云旗之离离兮，鸣玉鸾之譻譻。涉清霄而升遐兮，浮蔑蒙而上征。纷翼翼以徐戾兮，焱回回其扬灵。叫帝阍使阚扉兮，觌天皇于琼宫。聆广乐之九奏兮，展泄泄以彤彤。考理乱于律钧兮，意建始而思终。惟盘逸之无斁兮，惧乐往而哀来。素抚弦而余音兮，大容吟曰念哉。既防溢而静志兮，迨我暇以翱翔。出紫宫之肃肃兮，集大微之阆阆。命王良掌策驷兮，逾高阁之锵锵。建罔车之幕幕兮，猎青林之芒芒。弯威弧之拨剌兮，射嶓冢之封狼。观壁垒于北落兮，伐河鼓之磅硠。乘天潢之泛泛兮，浮云汉之汤汤。倚招摇、摄提以低回剹流兮，察二纪、五纬之绸缪遹皇。偃蹇夭矫娩以连卷兮，杂沓丛颉飒以方骧。戫汨飂戾沛以罔象兮，烂漫丽靡藐以迭逷。凌惊雷之砊磕兮，弄狂电之淫裔。逾庬澒于宕冥兮，贯倒景而高厉。廓荡荡其无涯兮，乃今穷乎天外。

【译文】

追慌忽于地底兮，轶无形而上浮。出右密之暗野兮，不识蹊之所由。速烛龙令执炬兮，过钟山而中休。瞰瑶溪之赤岸兮，吊祖江之见刘。聘王母于银台兮，羞玉芝以疗饥；戴胜慭其既欢兮，又诮余之行迟。载太华之玉女兮，召洛浦之宓妃。咸姣丽以蛊媚兮，增嫮眼而蛾眉。舒妙婧之纤腰兮，扬杂错之袿徽。离朱唇而微笑兮，颜的砾以遗光。献环琨与玙缡兮，申厥好以玄黄。虽色艳而赂美兮，志浩荡而不嘉。双材悲于不纳兮，并咏诗而清歌。歌曰：天地烟煴，百卉含蘤。鸣鹤交颈，雎鸠相和。处子怀春，精魂回移。如何淑明，忘我实多。

将答赋而不暇兮，爰整驾而亟行。瞻昆仑之巍巍兮，临萦河之洋洋。伏灵龟以负坻兮，亘螭龙之飞梁。登阆风之曾城兮，构不死而为床。屑瑶蕊以为糇兮，斢白水以为浆。抨巫咸以占梦兮，乃贞吉之元符。滋令德于正中兮，含嘉禾以为敷。既垂颖而顾本兮，尔要思乎故居。安和静而随时兮，姑纯懿之所庐。

戒庶寮以夙会兮，佥恭职而并迓。丰隆軯其震霆兮，列缺晔其照夜。云师䨴以交集兮，涷雨沛其洒涂。辖琱舆而树葩兮，扰应龙以服辂。百神森其备从兮，屯骑罗而星布。振余袂而就车兮，修剑揭以低昂。冠咢咢其映盖兮，佩綝缅以辉煌。仆夫俨其正策兮，八乘摅而超骧。氛旄溶以天旋兮，蜺旌飘而飞扬。抚軨轵而还睨兮，心灼药其如汤。羡上都之赫戏兮，何迷故而不忘？左青琱以揵芝兮，右素威以司钲。前长离使拂羽兮，委水衡乎玄冥。属箕伯以函风兮，澄淟涊而为清。曳云旗之离离兮，鸣玉鸾之嘤嘤。涉清霄而升遐兮，浮蔑蒙而上征。纷翼翼以徐戾兮，焱回回其扬灵。叫帝阍使阙扉兮，觌天皇于琼宫。聆广乐之九奏兮，展泄泄以彤彤。考理乱于律钧兮，意建始而思终。惟盘逸之无斁兮，惧乐往而哀来。素抚弦而余音兮，大容吟曰念哉。既防溢而静志兮，迨我暇以翱翔。出紫宫之肃肃兮，集大微之阆阆。命王良掌策驷兮，逾高阁之锵锵。建罔车之幕幕兮，猎青林之芒芒。弯威弧之拨剌兮，射嶓冢之封狼。观壁垒于北落兮，伐河鼓之磅硠。乘天潢之泛泛兮，浮云汉之汤汤。倚招摇、摄提以低回剹流兮，察二纪、五纬之绸缪遹皇。偃蹇夭矫娩以连卷兮，杂沓丛顿飒以方骧。鹹汨飂戾沛以罔象兮，烂漫丽靡藐以迭逿。凌惊雷之砊磕兮，弄狂电之淫裔。逾庬澒于宕冥兮，贯倒景而高厉。廓荡荡其无涯兮，乃今穷乎天外。

据开阳而頫盼兮，临旧乡之暗蔼。悲离居之劳心兮，情悁悁而思归。魂眷眷而屡顾兮，马倚辀而俳回。虽遨游以媮乐兮，岂愁慕之可怀。出阊阖兮降天涂，乘飙忽兮驰虚无。云霏霏兮绕余轮，风眇眇兮震余旟。缤联翩兮纷暗暧，倏眩眃兮反常闾。

收畴昔之逸豫兮，卷淫放之遐心。修初服之娑娑兮，长余珮之参参。文章焕以粲烂兮，美纷纭以从风。御六艺之珍驾兮，游道德之平林。结典籍而为罟兮，驱儒、墨而为禽。玩阴阳之变化兮，咏《雅》《颂》之徽音。嘉曾氏之《归耕》兮，慕历陵之钦崟。共夙昔而不贰兮，固终始之所服也；夕惕若厉以省諐兮，惧余身之未敕也。苟中情之端直兮，莫吾知而不恧。墨无为以凝志兮，与仁义乎消摇。不出户而知天下兮，何必历远以劬劳？

系曰：天长地久岁不留，俟河之清祇怀忧。愿得远度以自娱，上下无常穷六区。超逾腾跃绝世俗。飘飖神举逞所欲。天不可阶仙夫希，柏舟悄悄吝不飞。松、乔高跱孰能离？结精远游使心攡。回志朅来从玄谋，获我所求夫何思！

永和初，出为河间相。时国王骄奢，不遵典宪；又多豪右，共为不轨。衡下车，治威严，整法度，阴知奸党名姓，一时收禽，上下肃然，称为政理。视事三年，上书乞骸骨，征拜尚书。年六十二，永和四年卒。

【译文】

据开阳而頫盼兮，临旧乡之暗蔼。悲离居之劳心兮，情悁悁而思归。魂眷眷而屡顾兮，马倚辀徘回。虽遨游以媮乐兮，岂愁慕之可怀。出阊阖兮降天涂，乘飙忽兮驰虚无。云霏霏兮绕余轮，风眇眇兮震余旟。缤联翩兮纷暗暖，倏眩眃兮反常闾。

收畴昔之逸豫兮，卷淫放之遐心。修初服之娑娑兮，长余珮之参参。文章焕以粲烂兮，美纷纭以从风。御六艺之珍驾兮，游道德之平林。结典籍而为罟兮，驱儒、墨而为禽。玩阴阳之变化兮，咏《雅》《颂》之徽音。嘉曾氏之《归耕》兮，慕历陵之钦崟。共夙昔而不贰兮，固终始之所服也；夕惕若厉以省諐兮，惧余身之未敕也。苟中情之端直兮，莫吾知而不恧。墨无为以凝志兮，与仁义乎消摇。不出户而知天下兮，何必历远以劬劳？

系曰：天长地久岁不留，俟河之清祇怀忧。愿得远度以自娱，上下无常穷六区。超逾腾跃绝世俗，飘飖神举逞所欲。天不可阶仙夫希，柏舟悄悄吝不飞。松、乔高跱孰能离？结精远游使心攜。回志朅来从玄谋，获我所求夫何思！

汉顺帝永和初年，张衡离京出任河间王的相。当时河间王骄奢，不遵守典制宪章，又加之王国中多有豪门大族，一同违法犯禁。张衡一就任，就树立严肃的权威，整顿法律制度，暗中调查出奸恶集团成员名单，一举收捕，王国上下肃然起敬，交口称赞他为政有方。在任三年后，他上书皇帝请求退休，又征拜为尚书令。永和四年，张衡六十二岁时去世。

著《周官训诂》，崔瑗以为不能有异于诸儒也。又欲继孔子《易》说《彖》《象》残缺者，竟不能就。所著诗、赋、铭、七言、《灵宪》《应间》《七辩》《巡诰》《悬图》，凡三十二篇。

永初中，谒者仆射刘珍、校书郎刘騊駼等著作东观，撰集《汉记》，因定汉家礼仪，上言请衡参论其事，会并卒，而衡常叹息，欲终成之。及为侍中，上疏请得专事东观，收捡遗文，毕力补缀。又条上司马迁、班固所叙与典籍不合者十余事。又以为王莽本传但应载篡事而已，至于编年月，纪灾祥，宜为元后本纪。又更始居位，人无异望。光武初为其将，然后即真，宜以更始之号建于光武之初。书数上，竟不听。及后之著述，多不详典，时人追恨之。

论曰：崔瑗之称平子曰“数术穷天地，制作侔造化”。斯致可得而言欤！推其围范两仪，天地无所蕴其灵；运情机物，有生不能参其智。故知思引渊微，人之上术。记曰：“德成而上，艺成而下。”量斯思也，岂夫艺而已哉？何德之损乎！

赞曰：三才理通，人灵多蔽。近推形算，远抽深滞。不有玄虑，孰能昭晰？

【译文】

张衡所著《周官训诂》一书，崔瑗认为与其他儒生的训解没有区别。张衡还曾打算补充孔子解说《周易》所作《彖》《象》的残缺部分，但终未能完成。他写作的诗、赋、铭、七言诗、《灵宪》《应间》《七辩》《巡诰》《悬图》等共计三十二篇。

安帝永初（107—113）年间，谒者仆射刘珍、校书郎刘騊駼等人在东观著述，撰集《汉记》，并趁此确定汉朝礼仪，就上疏皇帝请求让张衡参予论定此事，恰巧此二人一同去世，所以张衡常常叹息，打算最终完成此事。到做了侍中时，他上疏请求专门在东观任职，收捡遗文残简，尽力补缀。又条奏司马迁、班固记述中与典籍不相符合的十多件史事。并认为王莽本传只应载他篡位之事，至于编年载事，记录灾异祥瑞，则应另写元后本纪。又因为更始帝刘玄即位时，人们并未期望他人，光武最初是更始的部将，后来才即位称帝，应该将更始的年号置于光武之前。他屡次上书，终未被采纳。等到后来的著述，大多不详备规范，时人都为当初张衡的建议未被采纳而追悔。

史家评论说：崔瑗称赞张衡说：“数术之学可穷天地奥妙，制作之巧可同自然造化。”这话是评价张衡最恰当的语言了！推究他拟照天地而制作浑天仪，使得天地无法隐藏自身的奥秘；他运用精思研制的地动仪，任何人也无法再加入自己的智慧。所以他的智慧已进入事理深邃微妙之处，是人类的上乘学术。《礼记》说：“以德行成就的居上位，以技艺成就的居下位。”以此估量张衡的才思，难道只是技艺而已吗？这样的技艺对德行有什么减损呢！

史家称赞说：天、地、人三才，其本质相通，而人却性灵多蔽，罕能知晓天道。近物可依形推算，远物则抽象难通。没有深远的考虑，谁能清晰明白？

孔融荀彧列传

孔融列传

孔融字文举，鲁国人，孔子二十世孙也。七世祖霸，为元帝师，位至侍中。父宙，太山都尉。

融幼有异才。年十岁，随父诣京师。时，河南尹李膺以简重自居，不妄接士宾客，敕外自非当世名人及与通家，皆不得白。融欲观其人，故造膺门。语门者曰："我是李君通家子弟。"门者言之。膺请融，问曰："高明祖父尝与仆有恩旧乎？"融曰："然。先君孔子与君先人李老君同德比义，而相师友，则融与君累世通家。"众坐莫不叹息。太中大夫陈炜后至，坐中以告炜。炜曰："夫人小而聪了，大未必奇。"融应声曰："观君所言，将不早惠乎？"膺大笑曰："高明必为伟器。"

年十三，丧父，哀悴过毁，扶而后起，州里归其孝。性好学，博涉多该览。

【译文】

孔融，字文举，鲁国人，是孔子的二十世孙。他的七世祖名霸，曾是汉元帝的老师，官位达到侍中。父亲宙，曾为太山郡的都尉。

孔融幼年时就有特殊的才能。十岁时，他跟随父亲到达京城。当时，河南尹李膺以倨傲端重自居，不随便接待士人宾客，并命令守门人非当今世上名人及自己的世交，一律不得禀告。孔融很想见一见李膺这个人，便前往李府，对守门人说："我是李君世交的子弟。"守门的人照此通报后，李膺便邀请孔融相见。问道："您的祖先父辈曾和我有什么情谊呢？"孔融回答说："是啊，我的祖先孔子和您的祖先李老君因道德、仁义相同，成为师生朋友。那么，我与您自然应该是已延续多少代的世交了。"在座的宾客无不赞叹。随后，太中大夫陈炜前来，在座的人把这件事告诉了他。陈炜却说："一个人小时候聪慧懂事，长大不一定有惊人的才能。"孔融立即应声答道："听您的话，想必是您幼时不够聪明吧！"李膺哈哈大笑，夸奖说："您将来一定能干一番大事。"

孔融十三岁时，父亲过世。他因过度悲哀而损害了健康，被人扶着才能勉强起身。为此州郡乡里无不钦佩他的笃孝。孔融禀性好学，既能博览群书，又能掌握其中的精义。

山阳张俭为中常侍侯览所怨，览为刊章下州郡，以名捕俭。俭与融兄褒有旧，亡抵于褒，不遇。时融年十六，俭少之而不告。融见其有窘色，谓曰："兄虽在外，吾独不能为君主邪？"因留舍之。后事泄，国相以下，密就掩捕，俭得脱走，遂并收褒、融送狱。二人未知所坐。融曰："保纳舍藏者，融也，当坐之。"褒曰："彼来求我，非弟之过，请甘其罪。"吏问其母，母曰："家事任长，妾当其辜。"一门争死，郡县疑不能决，乃上谳之。诏书竟坐褒焉。融由是显名，与平原陶丘洪、陈留边让齐声称。州郡礼命，皆不就。

辟司徒杨赐府。时，隐核官僚之贪浊者，将加贬黜，融多举中官亲族。尚书畏迫内宠，召掾属诘责之。融陈对罪恶，言无阿挠。河南尹何进当迁为大将军，杨赐遣融奉谒贺进，不时通，融即夺谒还府，投劾而去。河南官属耻之，私遣剑客欲追杀融。客有言于进曰："孔文举有重名，将军若造怨此人，则四方之士引领而去矣。不如因而礼之，可以示广于天下。"进然之，既拜而辟融，举高第，为侍御史。与中丞赵舍不同，托病归家。

【译文】

山阳人张俭得罪了中常侍侯览，侯览便造匿名控告书发至各州郡，并以此借口逮捕张俭。张俭因同孔融的哥哥孔褒有交情，便逃往孔褒处避难，不巧未曾相遇。这时，孔隔年仅十六岁，张俭见他年龄太小不便将实情相告。孔融见张俭面带着急的神色，便对他说："哥哥虽然不在家，难道我就不能做您的东道主吗？"张俭因此暂时住在了孔府。后来此事泄露，国相以下，都遭到严密的突袭搜捕。因张俭已经逃脱，便把孔褒、孔融逮入监狱。但郡县官吏不知两人谁犯了罪。孔融就说："留他藏在家中的是我，应当判我的罪。"孔褒说："他来求助的是我，不是弟弟的过失，请处罚我。"官吏见此无法判断，就又去问他们的母亲。其母却道："家里的事是长辈做主，所以应当由我担当这个罪责。"就这样，一家人争着承担死罪。郡县官吏疑惑不能断案，便将此案呈送朝廷定夺。最后，皇帝下诏仅判孔褒一人有罪。孔融因此美名传扬，与平原人陶丘洪、陈留人边让享有同样的声誉。这时，州里郡里都送来任命的文书，而孔融却均未接受。

后来，司徒杨赐征召孔融在司徒府任职。按当时的规定，审核贪官罪证的官吏凡有隐瞒实情的，一律受降职处罚，孔融检举核查的大多是宦官的亲戚族人。尚书因畏惧宦官，便召办事官员诘问，孔融一一陈述贪官的罪恶，义正词严，一点也不阿谀曲附。河南尹何进刚晋升为大将军时，杨赐派孔融奉名帖前去祝贺。可是孔融进去后，却未待通报就夺回名贴，然后留下弹劾呈状返身回府了。河南尹官属人员，都认为这是耻辱，遂暗中派刺客想追杀孔融。这时，客中有人劝谏何进说："孔文举的名气很大，您若与他结立怨仇，各地的豪杰志士都将要远离、背弃您。还不如就此以礼相待，来向天下广泛显示您宽广的胸怀。"何进接受了这一建议。不久后，他又恭恭敬敬地征召孔融任职，因孔融在政绩考核中成绩优异，被迁升为侍御史。后来，孔融因与中丞赵舍意见不合，便托病辞官回家了。

后辟司空掾，拜中军候。在职三日，迁虎贲中郎将。会董卓废立，融每因对答，辄有匡正之言。以忤卓旨，转为议郎。时黄巾寇数州，而北海最为贼冲，卓乃讽三府同举融为北海相。

融到郡，收合士民，起兵讲武，驰檄飞翰，引谋州郡。贼张饶等群辈二十万众从冀州还，融逆击，为饶所败，乃收散兵保朱虚县。稍复鸠集吏民为黄巾所误者男女四万余人，更置城邑，立学校，表显儒术，荐举贤良郑玄、彭璆、邴原等。郡人甄子然、临孝存知名早卒，融恨不及之，乃命配食县社。其余虽一介之善，莫不加礼焉。郡人无后及四方游士有死亡者，皆为棺具而敛葬之。时，黄巾复来侵暴，融乃出屯都昌，为贼管亥所围。融逼急，乃遣东莱太史慈求救于平原相刘备。备惊曰："孔北海乃复知天下有刘备邪？"即遣兵三千救之，贼乃散走。

时，袁、曹方盛，而融无所协附。左丞祖者，称有意谋，劝融有所结纳。融知绍、操终图汉室，不欲与同，故怒而杀之。

【译文】

此后，孔融再次被征召任司空署的部门负责人，官拜北军中候。任职仅三日，又被改任为虎贲中郎将。这时期，恰逢董卓专权，废少帝立献帝。为此，孔融每有对策的机会，便阐发匡正国政的议论。因此他触犯了董卓的旨意，被转任为议郎。当时黄巾军已侵犯了几个州，其中北海郡正是黄巾军侵袭的要地。董卓正想报复孔融，便暗示太尉、司徒、司空三府共同荐举孔融，担任北海郡太守。

孔融到北海郡上任后，一面组织士人百姓练兵习武，一面迅速发布命令传递书信，征引有关州郡防务的计谋。当贼将张饶等率领二十万大军从冀州返回时，孔融出兵迎击，却被张饶的军队打败，于是只好收集散兵退保朱虚县。很快，孔融就又召集曾受黄巾蒙蔽的男女吏民四万余人，重新修建城邑，设立学校，表彰儒学，荐举贤良郑玄、彭璆、邴原等人。郡人甄子然、临孝存二人，都是德高望重却很早就故去了，孔融恨自己没能和他们相识，便命令地方在县社祠庙中祭祀他们。至于其他有点滴善行的人，孔融也都加以礼待。那些在郡中没有子女的百姓和暂住在此地的四方游士，凡有死亡的人，均给棺具予以安葬。就在此时，黄巾军又来侵扰劫掠，孔融遂出兵屯驻都昌，但又被贼军管辖部队围困住。孔融被逼迫急了，只好派东莱人太史慈向平原相刘备求救。刘备得知后，大为惊奇地说："孔北海竟然还知道天下有我刘备？"刘备随即遣兵三千前往营救。贼寇这才溃散而去。

此时，袁绍、曹操的势力正盛，而孔融却没有协附于任何一方。有个叫左丞祖的人，自称具有远见谋略，他劝说孔融对于袁、曹二人的势力应该有所结交。孔融深知袁绍、曹操这样的人，最终是要图谋汉朝政权的，不愿意与他们同流合污，所以他便一怒之下将左丞祖杀了。

融负其高气，志在靖难，而才疏意广，迄无成功。在郡六年，刘备表领青州刺史。建安元年，为袁谭所攻，自春至夏，战士所余裁数百人，流矢雨集，戈矛内接。融隐几读书，谈笑自若。城夜陷，乃奔东山，妻、子为谭所虏。

及献帝都许，征融为将作大匠，迁少府。每朝会访对，融辄引正定议，公卿大夫皆隶名而已。

初，太傅马日磾奉使山东，及至淮南，数有意于袁术。术轻侮之。遂夺取其节，求去又不听，因欲逼为军帅。日磾深自恨，遂呕血而毙。及丧还，朝廷议欲加礼。融乃独议曰："日磾以上公之尊，秉髦节之使，衔命直指，宁辑东夏，而曲媚奸臣，为所牵率，章表署用，辄使首名，附下罔上，奸以事君。昔国佐当晋军而不挠，宜僚临白刃而正色。王室大臣，岂得以见胁为辞！又袁术僭逆，非一朝一夕，日磾随从，周旋历岁。《汉律》与罪人交关三日已上，皆应知情。《春秋》鲁叔孙得臣卒，以不发扬襄仲之罪，贬不书日。郑人讨幽公之乱，斫子家之棺。圣上哀矜旧臣，未忍追案，不宜加礼。"朝廷从之。

【译文】

孔融自恃气节清高，一心立志要平定国难，但是他志大才疏，所以最终也没能成功。在担任北海郡守的第六年，刘备推荐他任青州刺史。建安元年（196），青州受到袁谭的围攻，激战从春到夏，战士仅剩下几百人了，当时，攻守双方的飞箭往来，就像急雨般簇集，戈矛相接就如同密针在缝纫。但是孔融却凭几读书，谈笑自若。到了夜里，城池终于陷落了，孔融遂奔逃向东山，而他的妻室儿女则被袁谭所俘获。

及至献帝迁都许昌，朝廷征召孔融担任将作大匠，复又迁任少府。每当朝见商议国政时，孔融便引证经典来论决议题，使得其余的公卿大夫只不过列名罢了。

起初，太傅马日磾奉命出使山东，但是待他到了淮南，却屡屡对袁术表示他的投靠之意。袁术轻视侮辱他，就夺去他的符节。马日磾请求离去，袁术又不允许，因为袁术想逼迫马日磾做自己的将帅。马日磾深感悔恨，终至吐血而死。等到马日磾的丧柩还朝，朝廷商议，想为他举行隆重的丧仪。对于这事，只有孔融独自上议说："日磾以上公的尊贵身份，担当使臣的使命，如此身负重任，本应不屈不挠，平和袁术的僭逆野心，然而他却曲意阿媚奸臣，受奸臣的摆布利用，让奸臣在所上的章表和签署的任命书中，把他的名字列在首位，而这也正是他迎附奸臣，欺罔皇上，以奸邪之心对待君主的表现。当初齐国的国佐面对强盛的晋军毫不屈服，宜僚不屈从白公胜反叛作乱的要求，面对威胁的刀尖也不改色。身为王室大臣，怎么能以受到威助作为失节的借口！再说袁术的僭越逆行，也不是一朝一夕，日磾与他交往，先后周旋已达一年了，按照《汉律》规定，与罪人往来三日以上者，均属于知情。所以《春秋》在记载鲁国'叔孙得臣卒’事件时，因为叔孙得臣没有揭发襄仲想谋杀君主的罪行，便没有写明日期，以表示对他贬损的评价。而为了惩罚郑子家弑杀郑幽公的罪行，郑人则将他的棺木砍薄，不再让他享有卿的丧葬礼仪。如今圣上若因怜悯马日磾是侍从您多年的老臣，不忍心追究此事可以，但是绝对不应该再对他加以礼葬了。”朝廷同意了他的意见。

时论者多欲复肉刑。融乃建议曰：

古者敦庬，善否不别，吏端刑清，政无过失。百姓有罪，皆自取之。末世陵迟，风化坏乱，政挠其俗，法害其人。故曰上失其道，民散久矣。而欲绳之以古刑，投之以残弃，非所谓与时消息者也。纣斮朝涉之胫，天下谓为无道。夫九牧之地，千八百君，若各刖一人，是下常有千八百纣也。求俗休和，弗可得已。且被刑之人，虑不念生，志在思死，类多趋恶，莫复归正。夙沙乱齐，伊戾祸宋，赵高、英布，为世大患。不能止人遂为非也，适足绝人还为善耳。虽忠如鬻拳，信如卞和，智如孙膑，冤如巷伯，才如史迁，达如子政，一离刀锯，没世不齿。是太甲之思庸，穆公之霸秦，南睢之骨立，卫武之《初筵》，陈汤之都赖，魏尚之守边，无所复施也。汉开改恶之路，凡为此也。故明德之君，远度深惟，弃短就长，不苟革其政者也。

朝廷善之，卒不改焉。

【译文】

当时，很多人想要恢复残害肢体的酷刑。孔融便建议说：

“古人生性敦厚，好与不好之间没有多大差别，加上那时吏治端正，刑狱清明，政治上没有什么过失，所以老百姓有了罪，都怨他们自找。然而到了衰颓的末世，风俗教化变得败坏混乱，不仅政治扰乱了以往的习俗，而且法令也残害了敦厚的百姓。可以说现在是朝廷既已失去了以往的统治原则方式，百姓们也涣散不受约束很久了。这种情况下，如果对他们绳之以古代的酷刑，使他们的肢体遭到残废，我想这绝对不是什么依时变通的事情。当初殷纣王砍断清晨涉水人的脚，被天下人称为无道。中国九州之地，有千八百个国君，假若这些国君各残伤一个人，那么天下就该存在着千八百个纣王一样的暴君了。而那样再要求民间习俗平静和睦，也就绝不可能了。况且受到刑残的人，所考虑的已不再是如何生存，而是如何去死。这类人大多是走向罪恶，不再归复正路。如夙沙反叛齐君，伊戾祸害宋国，赵高、英布成为世上的大害等。这都说明肉刑并不能阻止人们去为非作歹，只能断绝刑人改恶归善的路罢了。而且尽管有如鬻拳那样忠诚的人，有如卞和那样守信的人，有如孙膑那样机智的人，有如巷伯那样冤屈的人，有如司马迁那样聪睿的人，有如子政那样通达的人，一旦因受刑而残废，则至死都会被人看不起。相反，太甲之所以能思念改过自新，秦穆公之所以能称霸西戎，南睢之所以骨瘦如柴，卫武公之所以能赋《宾之初筵》诗表示悔过，陈汤之所以能在都赖水上斩敌立功，魏尚之所以能在云中固守边塞，无不是对罪人不施肉刑，用其所长的缘故。汉代之所以要废除肉刑开创改恶向善的方式，也都是因为这个缘故。因此，理解德政意义的君主，都能远谋深虑，任人会弃其短而就其长，并不轻易改革他所施行的政策。”

朝廷认为孔融言之有理，终是没有改变恢复肉刑的政策。

是时，荆州牧刘表不供职贡，多行僭伪，遂乃郊祀天地，拟斥乘舆。诏书班下其事。融上疏曰：

窃闻领荆州牧刘表桀逆放恣，所为不轨，至乃郊祭天地，拟仪社稷。虽昏僭恶极，罪不容诛，至于国体，宜且讳之。何者？万乘至重，天王至尊，身为圣躬，国为神器，陛级县远，禄位限绝，犹天之不可阶，日月之不可逾也。每有一竖臣，辄云图之，若形之四方，非所以杜塞邪萌。愚谓虽有重戾，必宜隐忍。贾谊所谓“掷鼠忌器”，盖谓此也。是以齐兵次楚，唯责包茅；王师败绩，不书晋人。前以露袁术之罪，今复下刘表之事，是使跛牂欲窥高岸，天险可得而登也。案表跋扈，擅诛列侯，遏绝诏命，断盗贡篚，招呼元恶，以自营卫，专为群逆，主萃渊薮。郜鼎在庙，章孰甚焉！桑落瓦解，其势可见。臣愚以为宜隐郊祀之事，以崇国防。

【译文】

这时，荆州牧刘表不仅不向朝廷供奉应纳的地方赋税，还做出很多僭越非法的举动，到后来竟然祭祀天地，摹行起帝王的礼仪来。皇帝下诏书颁布这事后，孔融上疏说：

我听说荆州牧刘表凶暴行逆不服管束，行为越出常轨，以至于祭祀天地，效仿国祭社稷的礼仪。但是臣认为，尽管刘表利令智昏，僭越恶极，然因涉及国家的大体，最好暂且避讳不去宣扬。这是为什么呢？因为帝王最重要，也最尊贵，陛下的身躯就是圣躯，陛下的国家就是神明的器物，而皇位高高在上，其禄位已经是达到极限，这就犹如天的高度不可攀登，日月的亮度不能逾越一样。每出现一逆臣，便说想谋篡皇位，对于这些假若都四处张扬披露，我想决不是杜塞邪念萌生的办法。我认为尽管这些竖逆之臣有大罪，也应该隐忍不发。贾谊所说的“掷鼠忌器”，正是这个道理。所以齐国的军队屯驻在楚国，并不揭露楚国的篡逆之罪，只是仅仅谴责其不向朝廷进贡包茅；周王朝的军队打了败仗，《春秋》并不写明是被晋人打败，以维护王者无敌的名誉。在此之前，朝廷已经揭露了袁术称帝的罪行，现在又下诏论列刘表的僭逆之事，这正是要让跛母羊存窥视陡峭直立高岸的妄想，以为天险也能攀登了。考察刘表的行为，他专横跋扈，擅自诛杀列侯，隔绝朝廷的诏令，劫掠地方向朝廷交纳的贡赋，招揽匪首，经营自己的势力，专门招降纳叛，萃集他们于草泽之间，其一系列的罪恶逆行，早已像鲁桓公将宋国贿赂他的郜鼎放在太庙里一样罪证昭然，而又有什么能比这些事实更能揭示他的野心呢！如同桑叶枯黄败落，屋瓦分崩解体一样，逆贼的败势早已明显可见。所以臣下认为朝廷应该隐讳刘表在郊祀中僭越的事，而以加强国家的防务为重。

五年，南阳王冯、东海王祗薨，帝伤其早殁，欲为修四时之祭，以访于融。融对曰：

圣恩敦睦，盛时增思，悼二王之灵，发哀愍之诏，稽度前典，以正礼制。窃观故事，前梁怀王、临江愍王、齐哀王、临淮怀王并薨无后，同产昆弟，即景、武、昭、明四帝是也，未闻前朝修立祭祀。若临时所施，则不列传纪。臣愚以为诸在冲龀，圣慈哀悼，礼同成人，加以号谥者，宜称上恩，祭祀礼毕，而后绝之。至于一岁之限，不合礼意，又违先帝已然之法，所未敢处。

初，曹操攻屠邺城，袁氏妇子多见侵略，而操子丕私纳袁熙妻甄氏。融乃与操书，称“武王伐纣，以妲己赐周公”。操不悟，后问出何经典。对曰：“以今度之，想当然耳。”后操讨乌桓，又嘲之曰：“大将军远征，萧条海外。昔肃慎不贡楛矢，丁零盗苏武牛羊，可并案也。”

【译文】

建安五年(200),献帝的儿子南阳王刘冯、东海王刘祗相继死去,献帝悲哀他们过早地死去,要为他们举行四季祭祀,并为此事向孔融咨问商议。对此孔融回答说:

皇上恩情亲厚和睦,而感伤现实发生的事情就更加重了思念的亲情,为了哀悼二王的亡灵,您发布了哀愍的诏书,并且还稽察核对了以往的典章制度,以此来修定现行的礼仪制度。对此我自己考察了历史,过去梁怀王、临江愍王、齐哀王、临淮怀王,去世时都是没有后代,他们的同母兄弟,就是景帝、武帝、昭帝和明帝,可是我并没有听说过前朝为他们设立祭祀的事。如果是临时措施,就不列入史籍。臣认为诸王均年龄幼小,圣上因慈爱而哀悼他们,对待他们采用同成年人一样的礼仪规格,还又加封了谥号,这样所表示的圣上恩爱之情应该说已经足够了,我想此时祭祀的礼仪完毕后,以后就不要这样了。至于对他们一年一祭的规定,既不合乎礼制,也有违先帝已定的法规,这点我是不敢贸然决断的。

初时,曹操攻屠邺城,袁绍家的妇孺很多遭到侵凌。而曹操的儿子则私下迎娶了袁熙的妻子甄氏。于是孔融写信给曹操,说:"武王伐纣,把殷纣王的爱妃妲己赐给他的弟弟周公旦。"曹操看不明白什么意思,事后曹操问孔融这句话是出自什么经典。孔融回答说:"用现今发生的事推测,想当然罢了。"后来,曹操讨伐乌桓,孔融又嘲讽说:"大将军远征,使得海外萧条,这和以往肃慎氏不进贡楛矢,丁零人窃夺苏武牧放的牛羊使他陷入穷厄两件事,是可以相提并论的。"

时,年饥兵兴,操表制酒禁,融频书争之,多侮慢之辞。既见操雄诈渐著,数不能堪,故发辞偏宕,多致乖忤。又尝奏宜准古王畿之制,千里寰内,不以封建诸侯。操疑其所论建渐广,益惮之。然以融名重天下,外相容忍,而潜忌正议,虑鲠大业。山阳郗虑承望风旨,以微法奏免融官。因显明仇怨,操故书激厉融曰:

盖闻唐、虞之朝,有克让之臣,故麟凤来而颂声作也。后世德薄,犹有杀身为君,破家为国。及至其敝,睚眦之怨必仇,一餐之惠必报。故晁错念国,遘祸于袁盎;屈平悼楚,受谮于椒、兰;彭宠倾乱,起自朱浮;邓禹威损,失于宗、冯。由此言之,喜怒怨爱,祸福所因,可不慎与!昔廉、蔺小国之臣,犹能相下;寇、贾仓卒武夫,屈节崇好;光武不问伯升之怨；齐侯不疑射钩之虏。夫立大操者，岂累细故哉！往闻二君有执法之平，以为小介，当收旧好；而怨毒渐积，志相危害，闻之怃然，中夜而起。昔国家东迁，文举盛叹鸿豫名实相副，综达经学，出于郑玄，又明《司马法》，鸿豫亦称文举奇逸博闻，诚怪今者与始相违。孤与文举既非旧好，又于鸿豫亦无恩纪，然愿人之相美，不乐人之相伤，是以区区思协欢好。又知二君群小所构，孤为人臣，进不能风化海内，退不能建德和人，然抚养战士，杀身为国，破浮华交会之徒，计有余矣。

【译文】

当时，庄稼颗粒无收而且战事不断，曹操上表要求制定禁酒令，为此，孔融不断写信与曹操争辩，信中孔融对曹操常常带有侮辱的言辞。等见到曹操的奸雄诡诈日益显著，使人往往不能容忍时，孔融就更有意说一些偏激诡怪的言论，去冒犯曹操。孔融还曾经上奏文说，朝廷应该按照古代王畿制度，在方圆千里以内，不分封建置诸侯。曹操很担心孔融的这些言论会逐渐扩散出去对自己不利，便更加害怕。但是因为孔融的名声太大了，表面上只得容忍他。然而私下里却是非常忌讳孔融的这些正义言辞，忧虑这会对自己的一统大业造成阻碍。有个山阳人郗虑，为了迎合曹操的心意，便伺机以一些细小的过失为理由，上奏罢免孔融的官职。由于这是明显的寻报私怨，所以曹操又写信激发孔融说：

人们都听说在唐虞时代，因为有能够谦让的臣子，所以能有麒麟凤凰前来致意，并且产生出许多颂扬的诗歌。后世虽然道德浅薄了，但仍然有杀身为君，破家为国的忠臣。等到了敝败的衰世，睚眦类的小怨怼也都一定要报复，一餐饭类的小恩惠也一定要答谢。所以晁错虽为国家着想，却得罪了袁盎，最终导致自己遭到杀身的灾祸；屈平虽哀悼楚怀王，却受到子椒、子兰的诬陷；彭宠的叛乱，也是缘起于朱浮的陷害；而邓禹之所以战败，更是由于宗钦、冯愔的争斗。由此言之，喜怒怨爱等情绪，往往是引来福祸的起因，因此，对于这些又怎能不慎重呢！以前，廉颇、蔺相如虽然身为一个小国的臣子，犹能相互礼让；寇恂、贾复仅一介鲁莽的武夫，亦能委屈求和；光武帝没有深究朱鲔曾经劝说更始帝刘玄杀了自己哥哥刘伯升的罪过，齐桓公也不怀疑射中过自己带钩的管仲。因此，作为立有大志向的人，怎能计较些细小的事端呵！过去我听说你和郗虑二人都有执法公正的好名声，怎能为一些芥蒂般的小怨伤了和气，我想你们还是应该捐弃前嫌，恢复旧时的友谊；可是你们却怨怒不断积深，而且还决心相互侵害，知道这些，我深深地感到不安，睡卧也不能安宁，往往半夜而起。过去国都从洛阳东迁到许昌时，文举你还曾经盛赞过鸿豫名声与实际行为相符合，通达儒学，说他既师出于大学者郑玄，又了解古《司马法》；鸿豫也经常称叹文举你是奇才飘逸，博闻强识，我实在奇怪你们今天为什么会与开始时不一样了呢。其实我既与文举你不是旧时的好朋友，也与鸿豫间毫无恩情可言，但是我总希望人们相互赞美，不愿人们相互伤害。所以我诚心地希望帮助你们二人和好如初。我还知道你们二君的怨怼是因受到小人的离间造成的，对此，身为臣子的我虽说进不能教育感化海内的民风，退也不能建树美德使百姓和睦相处，但是抚养征战的士兵，杀身为国，戳穿浮华高谈的党徒的谋略，还是绰绰有余的。

融报曰：

猥惠书教，告所不逮。融与鸿豫州里比郡，知之最早。虽尝陈其功美，欲以厚于见私，信于为国，不求其覆过掩恶，有罪望不坐也。前者黜退，欢欣受之。昔赵宣子朝登韩厥，夕被其戮，喜而求贺。况无彼人之功，而敢枉当官之平哉！忠非三闾，智非晁错，窃位为过，免罪为幸。乃使余论远闻，所以惭惧也。朱、彭、寇、贾，为世壮士，爱恶相攻，能为国忧。至于轻弱薄劣，犹昆虫之相啮，适足还害其身，诚无所至也。晋侯嘉其臣所争者大，而师旷以为不如心竞。性既迟缓，与人无伤，虽出胯下之负，榆次之辱，不如贬毁之于己，犹蚊虻之一过也。子产谓人心不相似，或矜势者，欲以取胜为荣，不念宋人待四海之客，大炉不欲令酒酸也。至于屈穀巨瓠，坚而无窍，当以无用罪之耳。它者奉遵严教，不敢失坠。郗为故吏，融所推进。赵衰之拔郤縠，不轻公叔之升臣也。知同其爱，训诲发中。虽懿伯之忌，犹不得念，况恃旧交，而欲自外于贤吏哉！辄布腹心，修好如初。苦言至意，终身诵之。

岁余，复拜太中大夫。性宽容少忌，好士，喜诱益后进。及退闲职，宾客日盈其门。常叹曰："坐上客恒满，尊中酒不空，吾无忧矣。"与蔡邕素善，邕卒后，有虎贲士貌类于邕，融每酒酣，引与同坐，曰："虽无老成人，且有典刑。"融闻人之善，若出诸己，言有可采，必演而成之，面告其短，而退称所长，荐达贤士，多所奖进，知而未言，以为己过，故海内英俊皆信服之。

【译文】

孔融回信说：

委屈您惠赐书信教诲我，指出我的不足。我与鸿豫的家是同州邻郡，很早就相互了解了。我虽然曾经讲过他的能力和美德，但那是希望我们之间的私人友谊更加深厚，对国家更为忠诚，而不是希望他掩覆我的过错，有罪不判。前不久他上书黜退我，我欣然接受。以前赵宣子早晨刚推举韩厥担任司马的职务，傍晚就被他诛杀了自己手下使役的人。但是赵宣子却欣喜地要求别人祝贺他推举得人。何况我又没有赵宣子的功劳，怎敢平白担当官吏好坏的评定人呢！本人的忠诚赶不上屈原，才智也不如晁错，占据的官位却有过之，能免除罪恶就已值得庆幸了。现在让我把话对您讲，这使我深深感到惭愧和惧怕。朱浮、彭宠、寇恂、贾复等人都是世上的壮士，他们虽然因为爱憎的不同而相互攻击，但是他们却能为国家考虑。至于那些轻浮薄劣之辈的争斗，就好比是昆虫的相互咬杀，只能使他们自己受害，实在达不到什么效果。晋侯嘉许赞扬他的臣子中能以力相争的人，可是师旷却认为力争不如心竞。性情迟缓的人，是不会伤害别人的，虽然他们会受到韩信那种从人胯下爬过的欺负，以及荆轲在榆次遭人怒目的那种污辱，但那些却不会令人感到是对自己的贬毁，而仅仅是好像蚊虻从身边擦过一样。然而正如子产所说的那样，人心是不相似的，有的人骄矜自负，总是以取胜为荣，而不考虑宋人本想接待四海宾客，造了大炉酿出很醇美的酒，却因为自己的凶犬吓走许多顾客，空让美酒变坏的事。至于屈谷的巨瓠，尽管既坚硬又无空穴，也只能担当无用的罪名罢了。其他的问题，我没有不尊奉您严厉的教诲，实不敢有所失误。郗虑作为我以前的属吏，是我一手推举提拔的。过去赵衰选拔郤縠的举动，与公叔提升家臣的意义同样重要。您与我是同样地爱护郗虑，可以对他提出发自内心的训诫教诲。敬叔虽然对懿伯存有怨忌，但还是没有以私仇影响到公务的办理，更何况我和郗虑本来就是旧交，我又凭什么要在自己和郗虑这么好的官吏之间造矛盾呢！从心里说，我是希望能与郗虑修好如初的。对于这事，您的苦心至意，我会终身不忘。

一年以后，孔融又被升迁为太中大夫。孔融的性情很宽容很少忌恨他人，他喜好与士人交朋友，也乐于帮助和诱导那些晚生后进的人。等他退居闲散的职位后，便每天宾客盈门。对此他常常感叹地说：“座上的宾客常常盈满着，樽中的酒也总不空着，这样我就可以无忧无虑了。”孔融与蔡邕一向很友好，蔡邕去世后，有位虎贲军的兵士相貌酷似蔡邕，每当孔融酒喝得很痛快时，便把这位军士叫来同坐共饮，并且引用《诗经·大雅·荡》篇的意思说：“现在虽然没有旧臣老朋友了，但还是有惯例故法可以照着做的。”每当孔融听到他人的优点，都是把它看作像是自己的一样，别人的言论中若是有有价值的意见，他也必定要帮助敷陈引申，使这些意见更加完善。他还往往当面指出他人的缺点，但是在背后称赞那人的长处。在他所荐举的达观贤能的人士中，有很多后来都受到奖励和晋升。孔融认为知道有才能的人而不举荐，则是自己的过失。因此，国内的英雄俊才都很信服他。

曹操既积嫌忌，而郗虑复构成其罪，遂令丞相军谋祭酒路粹枉状奏融曰：

少府孔融，昔在北海，见王室不静，而招合徒众，欲规不轨，云“我大圣之后，而见灭于宋，有天下者，何必卯金刀”。及与孙权使语，谤讪朝廷。又融为九列，不遵朝仪，秃巾微行，唐突宫掖。又前与白衣祢衡跌荡放言，云“父之于子，当有何亲？论其本意，实为情欲发耳。子之于母，亦复奚为？譬如寄物缻中，出则离矣”。既而与衡更相赞扬。衡谓融曰：“仲尼不死。”融答曰：“颜回复生。”大逆不道，宜极重诛。

书奏，下狱弃市。时年五十六。妻、子皆被诛。

初，女年七岁，男年九岁，以其幼弱得全，寄它舍。二子方弈棋，融被收而不动。左右曰：“父执而不起，何也？”答曰：“安有巢毁而卵不破乎！”主人有遗肉汁，男渴而饮之。女曰：“今日之祸，岂得久活，何赖知肉味乎？”兄号泣而止。或言于曹操，遂尽杀之。及收至，谓兄曰：“若死者有知，得见父母，岂非至愿！”乃延颈就刑，颜色不变，莫不伤之。

【译文】

由于曹操本来已经对孔融存有很多积怨猜忌，再加上郗虑又给孔融捏造了罪名，于是曹操便令丞相军谋祭酒路粹，上奏文诬告孔融。奏文说：

少府孔融，以往在北海郡时，见王室动荡多事，便招集徒众，妄想图谋非法的行为，声称：“我是大圣人商汤的后代，祖先是被宋国的华督所杀害，天下的人，为什么非要是姓刘的。”而等他与孙权的使者谈论时，他仍然妄意大肆谤毁讥讽朝廷。还有，孔融虽身列九卿之位，却不遵守朝廷的仪规，不戴巾帻，隐藏自己身份改装出行，冲犯后宫。再有，孔融以前与贱民祢衡放纵无礼，狂言“父亲对于子女，会有什么亲情，论其本意，不过是情欲发作罢了。子女对于母亲，又算得了什么，就好比在缶里寄存的物品，拿出来也就分离了”。而在此不久，他还与祢衡相互吹捧。祢衡称他是“仲尼不死”，他则答称祢衡为“颜回复生”。孔融的这些言行都是大逆不道的言行，应当对他严惩重诛。

此状被朝廷准奏后，孔融便被逮入狱，不久就被处死街头。孔融当时的年龄是五十六岁。与此同时孔融的妻室儿女也都被诛杀。

当初，孔融的女儿七岁，儿子九岁，因为年幼的缘故，得以保全，寄养在别人家里。那天，两个孩子正在下棋，当孔融被抓走时，他们都没有动身。左右的邻人问：“父亲被抓时，你们为什么不站起来呀？”他们回答说：“哪里有鸟巢被毁掉，鸟卵不破的道理呢！”主人给他们喝肉汤，男孩子因为口渴，就接过来喝了。女孩却说：“今天有这样的灾祸，又能活多久，还有什么心思去尝肉汤呢？”于是他的哥哥大哭起来，也不再喝汤了。有人把这些事告诉给曹操，便把兄妹二人也诛杀了。就在前来抓他们的时候，小妹妹对她的哥哥说：“要是死了的人还能知晓事情，这样就能够见到父母了，这不正是我们最大的愿望吗！”于是伸着脖子接受刑戮，面色一点也没有变，在场的人没有不悲怜他们的。

初，京兆人脂习元升，与融相善，每戒融刚直。及被害，许下莫敢收者，习往抚尸曰：“文举舍我死，吾何用生为？”操闻大怒，将收习杀之，后得赦出。

魏文帝深好融文辞，每叹曰：“杨、班俦也。”募天下有上融文章者，辄赏以金、帛。所著诗、颂、碑文、论议、六言、策文、表、檄、教令、书记凡二十五篇。文帝以习有栾布之节，加中散大夫。

论曰：昔谏大夫郑昌有言：“山有猛兽者，藜藿为之不采。”是以孔父正色，不容弑虐之谋；平仲立朝，有纾盗齐之望。若夫文举之高志直情，其足以动义概而忤雄心。故使移鼎之迹，事隔于人存；代终之规，启机于身后也。夫严气正性，覆折而已。岂有员园委屈，可以每其生哉！懔懔焉，皓皓焉，其与琨玉秋霜比质可也。

【译文】

当初，有个名叫脂习字元升的京兆人，与孔融很要好，常常提醒他不要过分刚直。等到孔融被害后，许都内没有人敢去收尸，而脂习却前去抚着孔融的尸体说："文举抛下我先死了，我还活着干什么呢？"曹操听说了这件事勃然大怒，便下令将脂习逮捕监禁准备杀死，直到后来脂习才被赦免放了出来。

魏文帝非常喜欢孔融的文辞，常常感叹说："孔融的文名足以与扬雄、班固齐名并列。"而且招募天下，凡有献上孔融文章的人，就赏赐给金钱绸帛。孔融一生所著有诗、颂、碑文、论议、六言、策文、表、檄、教令、书记共二十五篇。同时，魏文帝也因脂习有栾布一样的节义，特给他加官担任中散大夫。

史家评论道：过去谏大夫郑昌曾经说过："有猛兽出没的山中，野菜就没有人去采。"所以当孔父正直地主持朝政时，没人敢有弑君虐主的阴谋；而只要平仲还在朝廷执掌政事，陈氏便不敢有窃取齐国政权的狂想。像孔文举这种具有高洁的志向和直率真情的人，是足以感动正义抑制野心的。也正是因为这些缘故，才使曹操在生前不能实现他篡取汉家政权的企图，而由他的后代来完成。对于威严正义的人来说，只不过会遭受倾覆摧折罢了。但是，又怎会有委曲求全，贪恋生命的道理呢！刚烈呵，坚贞呵，孔融的品格是可以与白玉和秋霜比美的。

荀彧列传

荀彧字文若，颍川颍阴人，朗陵令淑之孙也。父绲，为济南相。绲畏惮宦官，乃为彧娶中常侍唐衡女。彧以少有才名，故得免于讥议。南阳何颙名知人，见彧而异之，曰："王佐才也。"

中平六年，举孝廉，再迁亢父令。董卓之乱，弃官归乡里。同郡韩融时将宗亲千余家，避乱密西山中。彧谓父老曰："颍川，四战之地也。天下有变，常为兵冲。密虽小固，不足以扞大难，宜亟避之。"乡人多怀土不能去。会冀州牧同郡韩馥遣骑迎之，彧乃独将宗族从馥，留者后多为董卓将李傕所杀略焉。

彧比至冀州，而袁绍已夺馥位，绍待彧以上宾之礼。彧明有意数，见汉室崩乱，每怀匡佐之义。时，曹操在东郡，彧闻操有雄略，而度绍终不能定大业。初平二年，乃去绍从操。操与语大悦，曰："吾子房也。"以为奋武司马，时年二十九。明年，又为操镇东司马。

【译文】

荀彧字文若，颍川郡颍阴县人，是郎陵县令荀淑的孙子。荀彧的父亲叫荀绲，是济南王国的相。荀绲害怕宦官，于是替荀彧娶了中常侍唐衡的女儿为妻。荀彧因为年少有才，闻名天下，才得以免遭时人讥笑。南阳郡的何颙以知人闻名，见到荀彧，认为荀彧不是普通人，说："荀彧是帝王的辅佐。"

汉灵帝中平六年，荀彧被郡中推举为孝廉，经过两次升迁，成为亢父县县令。董卓反叛的事情发生后，荀彧抛弃官职，回归故里。当时颍川郡的韩融正带着同宗族的人一千多家，在密县西山避乱。荀彧跟家乡的父老乡亲说："颍川是四面平坦，无险可守，容易受攻击的地方。天下发生战乱时，常常成为军队的交通要道。密县虽然有小的险固形势，但不足以抵抗大的战乱，应当赶快离开这里。"乡人大多怀恋故土不能够离开。恰逢冀州刺史韩馥派遣骑兵来迎接荀彧，荀彧于是只率领他同宗同族的人跟从韩馥，那些留在颍川的人中大多数都被董卓的将领李傕杀死劫掠。

荀彧刚到冀州，而袁绍已经夺取了韩馥的位置。袁绍用上宾的礼仪对待荀彧。荀彧心中颇有打算，看见汉王朝崩溃瓦解，经常怀着匡正现实，辅佐王者的志向。当时曹操在东郡，荀彧听说曹操有大略，而认为袁绍终究不能完成恢复汉室的大业。在汉献帝初平二年，荀彧就离开袁绍追随曹操去了。曹操与荀彧谈话，听了荀彧的议论，很是高兴，说："荀彧是我的张良啊！"于是曹操任用荀彧为奋武司马，当时荀彧刚刚二十九岁。第二年，又成为曹操的镇东司马。

兴平元年，操东击陶谦，使彧守甄城，任以留事。会张邈、陈宫以兖州反操，而潜迎吕布。布既至，诸城悉应之。邈乃使人谲彧曰："吕将军来助曹使君击陶谦，宜亟供军实。"彧知邈有变，即勒兵设备，故邈计不行。豫州刺史郭贡率兵数万来到城下，求见彧。彧将往，东郡太守夏侯惇等止之。曰："何知贡不与吕布同谋，而轻欲见之。今君为一州之镇，往必危也。"彧曰："贡与邈等分非素结，今来速者，计必未定，及其犹豫，宜时说之，纵不为用，可使中立。若先怀疑嫌，彼将怒而成谋，不如往也。”贡既见彧无惧意，知城不可攻，遂引而去。彧乃使程昱说范、东阿，使固其守，卒全三城以待操焉。

二年，陶谦死，操欲遂取徐州，还定吕布。彧谏曰：

昔高祖保关中，光武据河内，皆深根固本，以制天下。进可以胜敌，退足以坚守，故虽有困败，而终济大业。将军本以兖州首事，故能平定山东，此实天下之要地，而将军之关河也。若不先定之，根本将何寄乎？宜急分讨陈宫，使虏不得西顾，乘其间而收熟麦，约食蓄谷，以资一举，则吕布不足破也。今舍之而东，未见其便。多留兵则力不胜敌，少留兵则后不足固。布乘虚寇暴，震动人心，纵数城或全，其余非复己有，则将军尚安归乎？且前讨徐州，威罚实行，其子弟念父兄之耻，必人自为守。就能破之，尚不可保。彼若惧而相结，共为表里，坚壁清野，以待将军，将军攻之不拔，掠之无获，不出一旬，则十万之众未战而自困矣。夫事固有弃彼取此，以权一时之势，愿将军虑焉。操于是大收熟麦，复与布战。布败走，因分定诸县，兖州遂平。

【译文】

汉献帝兴平元年，曹操向东进攻陶谦，派荀彧驻守济阳郡的甄城，任用荀彧做留守。恰逢张邈、陈宫在兖州反对曹操，并且暗中迎接吕布。吕布一到兖州，各县全都响应他。张邈于是派人欺骗荀彧说：“吕将军帮助曹操进攻陶谦，您现在应该赶快供给吕布将军军粮马草。”荀彧知道张邈心生叛意，就整备兵马，设置防备，所以张邈的计划没有得以实现。豫州刺史郭贡率兵几万来到甄城城下，求见荀彧。荀彧将去见郭贡，东郡太守夏侯惇等人制止荀彧，说：“我们怎么能知道郭贡不是和吕布阴谋计划好了，你却轻易地去见他。现在您是一州的镇守，前去一定危险。”荀彧说：“郭贡和张邈并不是老朋友，现在他来得这么快，一定是他还没有决定下来到底是跟吕布还是跟曹操，现在他正在犹豫，我应该及时劝说他，即使将来郭贡不为我们所用，也可以使他保持中立。如果我们先有疑心，郭贡就会生气，转而和吕布等合谋，对我们不利。不如我现在就去见他。”郭贡见到荀彧没有害怕的意思，知道甄城不可以进攻，于是就带领他的部队离开了。荀彧于是派程昱游说范县、东阿县的长官，让他们坚守城池，终于保全了甄城、范县、东阿县三座县城，而等待曹操的到来。

兴平二年，陶谦死了，曹操想直取徐州，返回平定吕布。荀彧劝谏说：“过去汉高祖刘邦常留萧何保守关中，汉光武帝刘秀据守河内，都是极力地巩固自己的根本，来制衡天下。向前进，可以战胜敌人，向后退，可以坚城自守，所以他们虽然有困难失败的时候，但最终成就了伟大的事业。曹将军您本来是在兖州做兖州牧，进兵打败黄巾军，所以能够平定山东。兖州确实是天下的险要地方，也是将军您的关中、河内。如果不先安定兖州，您想把根本放在哪里呢？将军现在应该赶快分兵讨伐陈宫，使敌人不能够照顾到西边，我们乘机收熟麦，节约粮食，积累粮谷，来资助大事，那么吕布不值一击。今天舍弃这种打算而向东，我没有看见这其中的好处。您如果去攻取徐州，那么多留一些兵力，您前线的力量就不够；少留一些兵，后方就不稳固。吕布乘机侵略我们，震动人心，即使有几座城得以保全，其余的已不是我们所有，那么将军您能平安归来吗？况且前次征讨徐州，您在那里实行了威猛政治，徐州人的子弟考虑到父亲兄弟的耻辱，一定会团结坚守。就算您能攻下徐州，尚且不可以保住它。他们如果因为害怕您的进攻而互相联合，互为内外，坚壁清野，来等待将军您的到来，将军进攻徐州城，不能攻克；掠夺财物，也得不到什么，不出十天，十万大军就会不战自困。事情总有个弃短取长，权衡一时的形势和利害，希望将军您再考虑考虑这件事。”曹操于是大力收割已成熟的小麦，又与吕布打仗。吕布失败逃走。曹操于是分别平定了各县，兖州境内就安定了。

建安元年，献帝自河东还洛阳，操议欲奉迎车驾，徙都于许。众多以山东未定，韩暹、杨奉负功恣睢，未可卒制。彧乃劝操曰：“昔晋文公纳周襄王，而诸侯景从；汉高祖为义帝缟素，而天下归心。自天子蒙尘，将军首唱义兵，徒以山东扰乱，未遑远赴，虽御难于外，乃心无不在王室。今銮驾旋轸，东京榛芜，义士有存本之思，兆人怀感旧之哀。诚因此时奉主上以从人望，大顺也；秉至公以服天下，大略也；扶弘义以致英俊，大德也。四方虽有逆节，其何能为？韩暹、杨奉，安足恤哉！若不时定，使豪桀生心，后虽为虑，亦无及矣。”操纵之。

及帝都许，以彧为侍中，守尚书令。操每征伐在外，其军国之事，皆与彧筹焉，彧又进操计谋之士从子攸及钟繇、郭嘉、陈群、杜袭、司马懿、戏志才等，皆称其举。唯严象为扬州，韦康为凉州，后并负败焉。

袁绍既兼河朔之地，有骄气。而操败于张绣，绍与操书甚倨。操大怒，欲先攻之，而患力不敌，以谋于彧。彧量绍虽强，终为操所制，乃说先取吕布，然后图绍，操从之。三年，遂擒吕布，定徐州。

【译文】

建安元年，汉献帝从河东回到洛阳。曹操计划想派车马去迎接汉献帝，把首都迁移到许地。大多数人都认为山东没有安定，韩暹、杨奉仰仗有功而大肆张牙舞爪，最终不可以制服他们。荀彧于是规劝曹操说："过去晋文公迎进周襄王，天下诸侯都像影子跟随物体一样追随着晋文公；汉高祖为义帝发丧，士兵都穿白色的衣服，天下人心都归向汉高祖。自从汉献帝蒙难，将军您最早倡导正义之师，只是因为山东扰乱，没有来得及奔赴汉献帝，将军虽然身在外抗敌御难，但您的心无时不在王室。现在汉献帝的车驾回到洛阳，洛阳荒芜，忠臣义士都有保存国家根本的心思，众多的人民都有感念往事的哀思。如果确实能在这个时候尊敬汉献帝而顺从天下人心，这是大的顺处；心存至公来服天下人心，这是大的战略；主持大义招致天下英俊豪杰，这是大的德惠。天下即使有人违背臣节，他们还能做什么？韩暹、杨奉，哪里值得忧虑！如果不在此时定下大局，就会让天下豪杰产生别的想法，以后即使您再来考虑这些事，也来不及啦！"曹操接受了荀彧的建议。

等到汉献帝把许作为首都，就任用荀彧当侍中，署理尚书令。曹操每次在外征伐作战，军事、政治方面的大事，都跟荀彧商量。荀彧又向曹操推荐富有权谋的人士自己的侄子荀攸，以及钟繇、郭嘉、陈群、杜袭、司马懿、戏志才等人，这些人都名副其实，符合荀彧的推举。只有严象为扬州刺史、韦康为凉州刺史，后来他们二人都失败了。

袁绍兼并河朔广大地区后，很骄傲。而曹操在和张绣的战斗中失败了，袁绍给曹操的书信很不礼貌。曹操特别恼怒，想先下手进攻袁绍，但担心自己军队的力量比不上袁绍的兵力，就把这件事跟荀彧商量。荀彧估量袁绍虽然很强，最终还是得被曹操制服，于是就陈述要先攻下吕布，然后再来图谋袁绍，曹操接受了他的意见。建安三年，就擒获了吕布，平定了徐州。

五年，袁绍率大众以攻许，操与相距。绍甲兵甚盛，议者咸怀惶惧。少府孔融谓彧曰："袁绍地广兵强，田丰、许攸智计之士为其谋，审配、逢纪尽忠之臣任其事，颜良、文丑勇冠三军，统其兵，殆难克乎？"彧曰："绍兵虽多而法不整，田丰刚而犯上，许攸贪而不正，审配专而无谋，逢纪果而自用，颜良、文丑匹夫之勇，可一战而擒也。"后皆如彧之筹，事在《袁绍传》。

操保官渡，与绍连战，虽胜而军粮方尽，书与彧议，欲还许以致绍师。彧报曰："今谷食虽少，未若楚汉在荥阳、成皋间也。是时刘、项莫肯先退者，以为先退则势屈也。公以十分居一之众，画地而守之，扼其喉而不得进，已半年矣。情见势竭，必将有变，此用奇之时，不可失也。"操从之，乃坚壁持之。遂以奇兵破绍，绍退走。封彧万岁亭侯，邑一千户。

六年，操以绍新破，未能为患，但欲留兵卫之，但欲南征刘表，以计问彧。彧对曰："绍既新败，众惧人扰，今不因而定之，而欲远兵江汉，若绍收离纠散，乘虚以出，则公之事去矣。"操乃止。

【译文】

建安五年，袁绍率领大军来进攻许都，曹操率兵和袁绍对峙。袁绍的军队阵容强大，议论的人都心怀惶恐。少府孔融对荀彧说："袁绍地大兵强，智谋之士田丰、许攸替他出谋划策，尽忠之臣审配、逢纪为他做事，颜良、文丑勇冠三军，统率部队，大概很难攻破他们吧？"荀彧说："袁绍兵力虽强大但军法不严，田丰刚强但冒犯皇帝，许攸贪财并且行为不端，审配专横但没有计谋，逢纪果敢但刚愎自用，颜良、文丑只有普通人的勇气，这些人都可以在战斗中擒获。"后来战事的发展果然都像荀彧预料的那样，这些事记载在《袁绍传》中。

曹操镇守官渡，与袁绍多次作战，虽然略有胜利但军粮快用完了，写信跟荀彧商量，想回到许都并招致袁绍的军队。荀彧回信说："现在大军虽然粮食很少，但是这不像楚霸王项羽、汉王刘邦在荥阳、成皋之间时粮食那么少。那时，刘邦和项羽没有谁肯先向后退却的，认为先退就失败了。现在您用仅仅是袁绍部队十分之一的军力，画地作界隔并且保守我方，扼住咽喉使袁绍不能前进已经半年了。现在战争胜负已略见分晓，一定会有一个大的转折。现在是用奇兵奇计的时候，千万不可失去时机。"曹操接受了荀彧的意见，这才坚固壁垒控制官渡。于是用奇兵攻破袁绍，袁绍从官渡退走。荀彧受封为万岁亭侯，享受一千户人家的租粮。

建安六年，曹操认为袁绍刚被打败，不能再为患，只想留下部分兵力守卫许，自己想向南进军征讨刘表，就向荀彧询问计谋。荀彧回答说："袁绍刚刚失败，人人忧虑担心，现在不乘机平定袁绍，却想向远方的江淮进军，如果袁绍纠集离散的兵力，乘着您去南方攻打刘表而许都人员少的机会再来进犯，那么您要成就大事的机会就没有了。"曹操才停止向南征战刘表。

九年，操拔邺，自领冀州牧。有说操宜复置九州者，以为冀部所统既广，则天下易服。操将从之。彧言曰："今若依古制，是为冀州所统，悉有河东、冯翊、扶风、西河、幽、并之地也。公前屠邺城，海内震骇，各惧不得保其土宇，守其兵众。今若一处被侵，必谓以次见夺，人心易动，若一旦生变，天下未可图也。愿公先定河北，然后修复旧京，南临楚郢，责王贡之不入。天下咸知公意，则人人自安。须海内大定，乃议古制，此社稷长久之利也。"操报曰："微足下之相难，所失多矣！"遂寝九州议。

十二年，操上书表彧曰：

昔袁绍作逆，连兵官度，时众寡粮单，图欲还许。尚书令荀彧深建宜住之便，远恢进讨之略，起发臣心，革易愚虑，坚营固守，徼其军实，遂摧扑大寇，济危以安。绍既破败，臣粮亦尽，将舍河北之规，改就荆南之策。彧复备陈得失，用移臣议，故得反旆冀土，克平四州。向使臣退军官度，绍必鼓行而前，敌人怀利以自百，臣众怯沮以丧气，有必败之形，无一捷之势。复若南征刘表，委弃兖、豫，饥军深入，逾越江、沔，利既难要，将失本据。而彧建二策，以亡为存，以祸为福，谋殊功异，臣所不及。是故先帝贵指纵之功，薄搏获之赏；古人尚帷幄之规，下攻拔之力。原其绩效，足享高爵。而海内未喻其状，所受不侔其功，臣诚惜之，乞重平议，增畴户邑。

【译文】

建安九年，曹操攻取邺城，自己兼任冀州牧。有人劝说曹操应该再设置九州，认为冀州统辖的地区广大，那么天下各州郡容易服从。曹操就要接受这个建议了，荀彧说："现在如果依照古代的制度，那么冀州统辖的地区，全部占有河东郡、冯翊郡、扶风郡、西河郡、幽州、并州等广大地区。您前次屠杀鄄城，天下都很震惊，人们都担心今后将不能保全自己的区域和人员了。现在如果冀州一个地方被敌人侵略，那么其他各地也会依次被敌人夺过去，老百姓的心是很容易变的，如果一旦发生事变，那么不可以再图谋天下了。我希望您先平定河北，然后再收复洛阳，南面靠近楚地郢城，责问那些不对王室尽忠的人。天下人都知道您的意图，那么人民自己就安定了。等到天下安定，再讨论恢复旧制度，这才有利于国家长久。”曹操回答荀彧说：“没有您的责备，我的计划将会造成很大损失啊！”于是就打消了恢复九州的想法。

建安十二年，曹操向汉献帝推荐荀彧说：

过去袁绍做不忠于汉室的事，反叛汉军，在官渡集结兵力，当时我方兵力少粮食也不够，我计划回首都许都。尚书令荀彧极力建议应该驻守官渡的便力之处，大力恢复进攻讨伐敌人的战略，他的建议启发了我的心思，去掉了我愚蠢的思虑，于是我坚固营垒保守官渡，半路截取袁绍的军资，于是摧毁敌人，转危为安。袁绍已经失败，我方的粮食也吃完了，我打算舍弃保守河北的计策，改向荆南的策略。荀彧又详细陈述得失利害，因此改变了我的意图，所以我才返回冀州，克服平定冀、青、幽、并四州。假使我当时在官渡退兵，袁绍军队一定会鸣鼓向前无所畏惧；敌人就会谋求利益一人能当百人用，我方的兵士就会怯懦而丧气，就会有必败的形势，没有一次胜利的道理。再假若向南征讨刘表，放弃兖州、豫州，饥饿的军队深入南方，跨越长江、沔水，既难以取得胜利，还将失去我们本来所占有的地区。而荀彧提出两项计策，转危亡为生存，转灾祸为幸福，谋略卓越，功劳奇异，这是我比不上他的。因此汉高祖尊重能发出指令的功劳，而不重视听从指令去捕获野兽的功劳；所以古人崇尚运筹帷幄之中，轻视攻城略地的力量。计算荀彧的功绩，他足可以享受很高的爵赏。但天下没有人能明白荀彧的情况，他现在所接受的爵禄和他的功劳相比，实在太不相称了。我确实爱惜荀彧。我请求重新评议，增加他享受的食邑。

彧深辞让。操譬之曰：“昔介子推有言：‘窃人之财，犹谓之盗。’况君奇谟拔出，兴亡所系，可专有之邪？虽慕鲁连冲高之迹，将为圣人达节之义乎！”于是增封千户，并前二千户。又欲授以正司，彧使荀攸深自陈

让，至于十数，乃止。操将伐刘表，问彧所策。彧曰："今华夏以平，荆、汉知亡矣，可声出宛、叶而间行轻进，以掩其不意。"操从之。会表病死。

十七年，董昭等欲共进操爵国公，九锡备物，密以访彧。彧曰："曹公本兴义兵，以匡振汉朝，虽勋庸崇著，犹秉忠贞之节。君子爱人以德，不宜如此。"事遂寝。操心不能平。会南征孙权，表请彧劳军于谯，因表留彧曰："臣闻古之遣将，上设监督之重，下建副二之任，所以尊严国命，谋而鲜过者也。臣今当济江，奉辞伐罪，宜有大使肃将王命。文武并用，自古有之。使持节侍中守尚书令万岁亭侯彧，国之重臣，德洽华夏，既停军所次，便宜与臣俱进，宣示国命，威怀丑虏。军礼尚速，不及先请，臣辄留彧，依以为重。"书奏，帝从之，遂以彧为侍中、光禄大夫，持节，参丞相军事。至濡须，彧病留寿春，操馈之食，发视，乃空器也，于是饮药而卒。时年五十。帝哀惜之，祖日为之废宴乐。谥曰敬侯。明年，操遂称魏公云。

【译文】

荀彧极力推辞。曹操用例证比喻说："过去介子推有话说：'偷别人的财物，还说他是盗。'况且您多次提出不同寻常的计谋，这些都关系到国家的兴亡，我怎么可以专有这大功呢？您即使羡慕鲁仲连谦虚高尚的节操，难道这是圣人所说的达节的意思吗？"于是再增加荀彧享受的租粮人家一千户，加上以前的共两千户。又打算授给荀彧尚书令的职务，荀彧派荀攸去极力陈述辞让，达到十多次，曹操才放下授给荀彧尚书令职务的念头。曹操将攻讨刘表，向荀彧询问计谋。荀彧说："现在中原地区已经平定，刘表、刘备被灭的日子不远了，将军可以大造声势从宛、叶出发，但实际上抄小路轻装前进，以出其不意，攻其不备。"曹操接受了荀彧的计谋。恰遇上刘表病死。

建安十七年，董昭等想共同劝汉献帝授国公的爵号给曹操，并且准备了车马、衣服、乐器、朱户、纳陛、百人虎贲、斧钺、弓矢、秬鬯等九种王室赐与的物品以及人员，秘密地向荀彧询访这件事。荀彧说："曹操本来是兴举正义之师，来匡复振兴汉朝，虽然功勋显著，他还是对汉室尽忠贞的节操。君子应该用德去爱惜他人，不应该这样。"封曹操为国公这件事于是就停止了。曹操内心颇感不平。正赶上曹操向南征讨孙权，曹操就上表汉献帝奏请派荀彧到谯县慰劳军队。荀彧到了谯县，曹操于是又上表留住荀彧，说：“我听说过去派遣将帅，既设监督的重任，又有副佐的职任，目的是使国家的命令得到尊严，谋划事情少出错误。现在我正当渡江，接受您的命令讨伐有罪的人，应该有大使严肃地主持国家的命令。文才武将一起使用，这是自古以来就有的。派持符节、侍中、署理尚书令万岁亭侯荀彧，国家的重要臣僚，德行滋润华夏，现在他已经停止在大军驻扎地，不需请示、根据需要和我一起向前进发，宣布朝廷的命令，用威德去安抚敌人。军礼崇尚快速，我来不及先向皇帝陛下请示，就留下荀彧，作为重要依靠。”曹操的书疏被送交汉献帝，汉献帝听从了曹操的意见，于是任用荀彧担任侍中、光禄大夫、持符节，参与总领丞相的军事。到了濡须，荀彧病了，留在寿春，曹操赠送食物给荀彧，荀彧打开盒子一看，不过是一个空的盒子，于是荀彧就喝了毒药，死了。当时年仅五十岁。汉献帝哀怜荀彧，在祭祀祖神的日子里，为荀彧停了宴乐。荀彧死后，朝廷赠送给荀彧的称号是敬侯。第二年，曹操于是称自己为魏公。

论曰：自迁帝西京，山东腾沸，天下之命倒县矣。荀君乃越河、冀，间关以从曹氏。察其定举措，立言策，崇明王略，以急国艰，岂云因乱假义，以就违正之谋乎？诚仁为己任，期纾民于仓卒也。及阻董昭之议，以致非命，岂数也夫！世言荀君者，通塞或过矣。常以为中贤以下，道无求备，智算有所研疏，原始未必要末，斯理之不可全诘者也。夫以卫赐之贤，一说而毙两国。彼非薄于仁而欲之，盖有全必有丧也，斯又功之不兼者也。方时运之屯邅，非雄才无以济其溺，功高势强，则皇器自移矣。此又时之不可并也。盖取其归正而已，亦杀身以成仁之义也。

赞曰：公业称豪，骏声升腾。权诡时逼，挥金僚朋。北海天逸，音情顿挫。越俗易惊，孤音少和。直辔安归，高谋谁佐？彧之有弼，诚感国疾。功申运改，迹疑心一。

【译文】

史家论说：自从董卓把汉献帝迁到长安，山东州郡沸腾，天下人民困苦不堪，就像被倒挂着一样。荀彧就越过河南、冀州，经过辗转跋涉而追随曹操。考察荀彧决定自己的行动，为曹操建言立策，尊崇光大汉室的谋略，来挽救国家的危难，怎么能说荀彧是趁天下大乱的时机，假借仁义的名义，来趋向违背正道的阴谋呢？荀彧确实是以仁为己任，期望从困难中解救老百姓。等到荀彧阻挠董昭进爵曹操国公的建议，他因此就招致了使自己死于非命的灾难，这难道是命运吗？世人说到荀彧，所说荀彧的通达与不通达，有时超过了实际情况。我常常认为中等贤人以下的人，对他的道不能求全责备，智谋计略有精细有疏略；推究事物的本源未必能看到事物的将来，这是常理，不可以求全责备。就凭端木赐的贤能，一次游说就使齐、吴两国或乱或败。他不是缺少仁义而想这么做，大概事物的规律是有成全的事必有失败的事，这又是成就事功和自己的仁义之心不可两全啊！当社会遭遇困境时，不是雄才不足以解救其困难，曹操功高势强，那么国家的大权自然归向他。这又是时势不可并有。我大概推崇荀彧能归向正义的一方，也是符合杀身成仁的道义！

史家赞说：郑泰称豪，美名直上云天。诡辞以回答董卓，散金钱财产给自己的朋友、同僚。孔融有天纵之才，言辞抑扬顿挫。违背世俗就容易让人吃惊，曲高音孤就少有附和。孔融的直道无所归向，他的高谋深算将用来辅佐谁呢？荀彧有辅弼的才能和功业，确实是为救国难。他的功业完成，但时运已经改变了；他的行事值得怀疑，但他忠于汉室的心却始终如一。

〔三国志〕

先主刘备传

先主姓刘，讳备，字玄德，涿郡涿县人，汉景帝子中山靖王胜之后也。胜子贞，元狩六年封涿县陆城亭侯，坐酎金失侯，因家焉。先主祖雄，父弘，世仕州郡。雄举孝廉，官至东郡范令。

先主少孤，与母贩履织席为业。舍东南角篱上有桑树生高五丈余，遥望见童童如小车盖，往来者皆怪此树非凡，或谓当出贵人。先主少时，与宗中诸小儿于树下戏，言："吾必当乘此羽葆盖车。"叔父子敬谓曰："汝勿妄语，灭吾门也！"年十五，母使行学，与同宗刘德然、辽西公孙瓒俱事故九江太守同郡卢植。德然父元起常资给先主，与德然等。元起妻曰："各自一家，何能常尔邪！"起曰："吾宗中有此儿，非常人也。"而瓒深与先主相友。瓒年长，先主以兄事之。先主不甚乐读书，喜狗马、音乐、美衣服。身长七尺五寸，垂手下膝，顾自见其耳。少语言，善下人，喜怒不形于色。好交结豪侠，年少争附之。中山大商张世平、苏双等赀累千金，贩马周旋于涿郡，见而异之，乃多与之金财。先主由是得用合徒众。

【译文】

先主姓刘，名备，字玄德，涿郡涿县人，是汉景帝之子中山靖王刘胜的后代。刘胜的儿子刘贞，元狩六年受封为涿县陆城亭侯，因犯献酎金不合规格之罪而被削去了爵位，于是就在那里安了家。先主祖父刘雄，父亲刘弘，都做过州郡官。刘雄被推举为孝廉，官做到东郡范县县令。

先主年少时丧父，和母亲靠贩卖草鞋和织席为生。他家院子东南角的篱笆边上长着一棵桑树，高五丈多，远远望去，枝叶浓密，形状像小车盖，来往的人都觉得此树长得不同一般，有人说这家一定会出贵人。先主小时候，和同族的孩子们在树下玩耍，说："将来我一定要乘坐这种羽葆盖车。"叔父刘子敬对他说："你不要胡说，这是要灭我们刘家九族的！"先主十五岁时，母亲让他去游学，他和同族的刘德然、辽西郡的公孙瓒一起奉事前九江太守同郡人卢植。德然的父亲刘元起经常资助先主，把他与德然一样看待。元起的妻子说："各立门户，怎么能经常这样呢！"元起说："我们族中有这个孩子，不是一般的人。"公孙瓒和先主很要好。公孙瓒年龄大，先主以对待兄长的礼节对待他。先主不很喜欢读书，而喜爱狗马、音乐和好衣着。他身长七尺五寸，手臂垂下来过了膝盖，眼睛能看见自己的耳朵。平时寡言少语，好为人下，喜怒不露于声色。喜欢结交行侠仗义的人，年轻人争着依附于他。中山国大商人张世平、苏双等积累了价值千金的家财，到涿郡一带贩马，遇见先主，觉得他是个奇才，于是赠给他很多钱。先主因此能够用这笔钱组织起一支人马。

灵帝末，黄巾起，州郡各举义兵，先主率其属从校尉邹靖讨黄巾贼有功，除安喜尉。督邮以公事到县，先主求谒，不通，直入缚督邮，杖二百，解绶系其颈着马枊，弃官亡命。顷之，大将军何进遣都尉毌丘毅诣丹杨募兵，先主与俱行，至下邳遇贼，力战有功，除为下密丞。复去官。后为高唐尉，迁为令。为贼所破，往奔中郎将公孙瓒，瓒表为别部司马，使与青州刺史田楷以拒冀州牧袁绍。数有战功，试守平原令，后领平原相。郡民刘平素轻先主，耻为之下，使客刺之。客不忍刺，语之而去。其得人心如此。

袁绍攻公孙瓒，先主与田楷东屯齐。曹公征徐州，徐州牧陶谦遣使告急于田楷，楷与先主俱救之。时先主自有兵千余人及幽州乌丸杂胡骑，又略得饥民数千人。既到，谦以丹杨兵四千益先主，先主遂去楷归谦。谦表先主为豫州刺史，屯小沛。谦病笃，谓别驾麋竺曰："非刘备不能安此州也。"谦死，竺率州人迎先主，先主未敢当。下邳陈登谓先主曰："今汉室陵迟，海内倾覆，立功立事，在于今日。徐州殷富，户口百万，欲屈使君抚临州事。"先主曰："袁公路近在寿春，此君四世五公，海内所归，君可以州与之。"登曰："公路骄豪，非治乱之主。今欲为使君合步骑十万，上可以匡主济民，成五霸之业，下可以割地守境，书功于竹帛。若使君不见听许，登亦未敢听使君也。"北海相孔融谓先主曰："袁公路岂忧国忘家者邪？冢中枯骨，何足介意。今日之事，百姓与能，天与不取，悔不可追。"先主遂领徐州。袁术来攻先主，先主拒之于盱眙、淮阴。曹公表先主为镇东将军，封宜城亭侯，是岁建安元年也。先主与术相持经月，吕布乘虚袭下邳。下邳守将曹豹反，间迎布。布虏先主妻子，先主转军海西。杨奉、韩暹寇徐、扬间，先主邀击，尽斩之。先主求和于吕布，布还其妻子。先主遣关羽守下邳。

【译文】

汉灵帝末年，黄巾起义爆发，各州郡都组织起镇压黄巾起义的义兵，先主率其部属跟随校尉邹靖讨伐黄巾贼有功，授官为安喜县尉。督邮因为公事到县里来，先主求见，不给通报，先主便径直闯进去，捆住督邮，打了二百杖，并解下系印的丝带拴住他的脖子，把他捆在了马桩上，然后自己弃官逃走。不久，大将军何进派遣都尉毌丘毅到丹阳郡招兵，先主应募和他一起上路，到下邳县时遇上了强盗，先主奋力搏斗，立了功，被任命为下密县丞。不久又放弃了这一官职。后来做了高唐县尉，之后又升任县令。没多久，该县被盗贼攻破，先主逃到中郎将公孙瓒那里，公孙瓒上表举荐他为别部司马，让他与青州刺史田楷一起来抵御冀州牧袁绍。他多次立下战功，又让他暂时代理平原县令，后兼任平原国相。郡中有个叫刘平的人，一向瞧不起先主，耻于受他管辖，派刺客去刺杀先主，刺客不忍心下手，向先主讲了此事便走了。先主就是这样的得人心。

袁绍进攻公孙瓒，先主和田楷向东驻扎齐地。曹公攻打徐州，徐州牧陶谦派使者向田楷告急，田楷和先主一起去救援。当时先主自己有兵一千多人，还有幽州乌丸各部族的一群骑兵，又抓来了几千饥民。到徐州后，陶谦把丹阳郡四千兵增拨给先主，先主于是离开田楷，归附陶谦。陶谦上表请封先主为豫州刺史，屯驻小沛。陶谦病危时，对别驾麋竺说："除了刘备，再没有人能安定徐州了。"陶谦死后，麋竺率领本州绅民迎接先主，先主不敢接受。下邳人陈登劝告先主说："现在汉室衰微，天下将要覆没，创立功业，就在今日这个时机。徐州殷实富裕，户口有百万，希望委屈您来主持州事。"先主说："袁公路近在寿春，他家四代人出了五个公卿，天下人心归附，您可以将州事委托给他。"陈登说："袁公路骄傲自负，不是治理乱世的人才。现在我们想给您纠集十万步、骑兵，成功的话，就可辅佐皇帝，救济人民，成就五霸的事业；否则也可以割据一方，守土安民，功垂史册。如果您不听我的意见，不答应我们的请求，那我陈登也不敢听从您的意见了。"北海国相孔融对先主说："难道袁公路是忧国忘家的人吗？他不过是坟墓中的一堆枯骨，有什么值得注意的。现在的情况是百姓拥戴贤能之士，天赐良机而不接受，后悔就来不及了。"于是，先主就接管了徐州。袁术来攻打先主，先主在盱眙、淮阴一带进行抵抗。曹公上表请求授予先主镇东将军之职，封为宜城亭侯，这一年是建安元年。先主与袁术相持一个月以上，吕布乘虚袭击下邳。下邳守将曹豹反叛，暗迎吕布。吕布俘虏了先主的妻子儿女，先主把军队撤到海西。杨奉、韩暹又在徐州、扬州一带骚扰，先主截击，把他们全部消灭。先主向吕布求和，吕布交还了他的妻子儿女。先主派关羽防守下邳。

先主还小沛，复合兵得万余人。吕布恶之，自出兵攻先主，先主败走归曹公。曹公厚遇之，以为豫州牧。将至沛收散卒，给其军粮，益与兵使东击布。布遣高顺攻之，曹公遣夏侯惇往，不能救，为顺所败，复虏先主妻子送布。曹公自出东征，助先主围布于下邳，生禽布。先主复得妻子，从曹公还许。表先主为左将军，礼之愈重，出则同舆，坐则同席。袁术欲经徐州北就袁绍，曹公遣先主督朱灵、路招要击术。未至，术病死。

先主未出时，献帝舅车骑将军董承辞受帝衣带中密诏，当诛曹公。先主未发。是时曹公从容谓先主曰："今天下英雄，唯使君与操耳。本初之徒，不足数也。"先主方食，失匕箸。遂与承及长水校尉种辑、将军吴子兰、王子服等同谋。会见使，未发。事觉，承等皆伏诛。

先主据下邳。灵等还，先主乃杀徐州刺史车胄，留关羽守下邳，而身还小沛。东海昌霸反，郡县多叛曹公为先主，众数万人，遣孙乾与袁绍连和，曹公遣刘岱、王忠击之，不克。五年，曹公东征先主，先主败绩。曹公尽收其众，虏先主妻子，并禽关羽以归。

【译文】

先主回到小沛，又集结一万多人的军队。吕布忌恨他，亲自带兵攻打先主，先主战败逃亡，归附了曹公。曹公厚待他，任他为豫州牧。先主想要去沛地收集散兵，曹公给他拨了军粮，补充了兵员，让他向东攻打吕布。吕布派高顺迎击先主，曹公派夏侯惇前来增援先主，但被高顺打败，无法救援先主，高顺又俘虏了先主的妻子儿女，送给吕布。曹公亲自出兵东征，帮助先主把吕布包围在下邳，并活捉了他。先主复得妻子儿女，跟随曹公回到许县。曹公上表封先主为左将军，待他的礼节越来越隆重，出则同乘一辆车，坐就同坐一张席。袁术想经过徐州北上去袁绍那里，曹公派先主督率朱灵、路招截击袁术。袁术未到，就病死了。

先主出兵前，汉献帝的丈人、车骑将军董承曾接受汉献帝写在衣带上的密诏，要先主诛灭曹操。先主没有行动。这时，曹操闲谈着对先主说："现在天下的英雄，只有您和我了。袁本初那些人，是算不上数的。"当时先主正在吃饭，听得此话，惊得勺子和筷子都掉到了地上。于是，先主便与董承以及长水校尉种辑、将军吴子兰、王子服等人一起商谈对策。适逢先主又被派出去打仗，没有行动。这件事暴露后，董承等都被杀了。

先主离开了曹公，占据了下邳。朱灵等人返回以后，先主就杀死徐州刺史车胄，留下关羽镇守下邳，自己回到小沛。东海郡的昌霸反叛，很多郡县叛离曹公归附先主，军队有几万人，先主派孙乾去与袁绍联盟讲和，曹公派刘岱、王忠去攻打他，没有攻下。建安五年，曹公向东征讨先主，先主大败，曹公全数收编了他的军队，俘虏了先主的妻子、儿女，并活捉关羽而还。

先主走青州。青州刺史袁谭，先主故茂才也，将步骑迎先主。先主随谭到平原，谭驰使白绍。绍遣将道路奉迎，身去邺二百里，与先主相见。驻月余日，所失亡士卒稍稍来集。曹公与袁绍相拒于官渡，汝南黄巾刘辟等叛曹公应绍。绍遣先主将兵与辟等略许下。关羽亡归先主。曹公遣曹仁将兵击先主，先主还绍军，阴欲离绍，乃说绍南连荆州牧刘表。绍遣先主将本兵复至汝南，与贼龚都等合，众数千人。曹公遣蔡阳击之，为先主所杀。

曹公既破绍，自南击先主。先主遣糜竺、孙乾与刘表相闻，表自郊迎，以上宾礼待之，益其兵，使屯新野。荆州豪杰归先主者日益多，表疑其心，阴御之。使拒夏侯惇、于禁等于博望。久之，先主设伏兵，一旦自烧屯伪遁，惇等追之，为伏兵所破。

十二年，曹公北征乌丸，先主说表袭许，表不能用。曹公南征表，会表卒，子琮代立，遣使请降。先主屯樊，不知曹公卒至，至宛乃闻之，遂将其众去。过襄阳，诸葛亮说先主攻琮，荆州可有。先主曰："吾不忍也。"乃驻马呼琮，琮惧不能起。琮左右及荆州人多归先主。比到当阳，众十余万，辎重数千两，日行十余里，别遣关羽乘船数百艘，使会江陵。或谓先主曰："宜速行保江陵，今虽拥大众，被甲者少，若曹公兵至，何以拒之？"先主曰："夫济大事必以人为本，今人归吾，吾何忍弃去！"

【译文】

先主逃到青州。青州刺史袁谭是先主先前举荐的茂才，他率领步、骑兵前来迎接先主。先主随袁谭来到平原，袁谭派使者快马飞报袁绍。袁绍派部将前往迎接，还亲自到邺城两百里以外，和先主相见。在这里住了一个多月，先主以前流散逃亡的士卒，渐渐集中。曹公和袁绍在官渡相持，汝南郡的黄巾军首领刘辟等叛离曹公，响应袁绍。袁绍派遣先主率兵与刘辟等夺取许县。关羽逃归先主。曹公派曹仁率兵攻打先主，先主归还袁绍的军队，私下里想离开袁绍，就劝说袁绍向南与荆州牧刘表结好。袁绍派先主带领本部军队再到汝南，与贼兵龚都等会合，共有几千人。曹公派蔡阳攻打他们，蔡阳被先主杀死。

曹公攻破袁绍以后，从南面攻打先主。先主派麋竺、孙乾和刘表互通消息，刘表亲自到郊外迎接，以上宾的礼节对待他们，增加了先主的兵力，让他屯驻在新野。荆州的英雄豪杰归附先主的日益增多，刘表怀疑先主的用心，暗中防备他，派先主去抵抗夏侯惇、于禁等。过了一段时间，先主设下伏兵，一天早晨自己烧毁营房，假装逃跑，夏侯惇等追击他们，被伏兵打败。

建安十二年，曹公向北征讨乌丸，先主劝刘表袭击许昌，刘表不接受。曹公向南征讨刘表，适逢刘表刚刚死去，他的儿子刘琮继位，派使者向曹公求降。当时先主驻军樊城，没料到曹兵突然来到，曹兵到了宛城，他才听到消息，于是带领军队撤离樊城。路过襄阳时，诸葛亮劝先主攻打刘琮，可占有荆州。先主说："我不忍心这样做。"就停下马招呼刘琮。刘琮吓得站不起来。刘琮的近臣以及荆州的很多人都归附了先主。等到达当阳时，跟随先主的已有十余万人，军需物资装了几千辆车，每天走十几里路，另派关羽带几百艘船走水路，让他和自己到江陵会合。有人对先主说："应该快速前进保住江陵，现在虽然有很多人，但是能披甲打仗的人却很少，如果曹操的军队赶上来，怎么来抵挡他们？"先主说："成就大事必须以得人心为根本，现在百姓都来归附我，我怎么能忍心抛弃他们呢！"

曹公以江陵有军实，恐先主据之，乃释辎重，轻军到襄阳。闻先主已过，曹公将精骑五千急追之，一日一夜行三百余里，及于当阳之长坂。先主弃妻子，与诸葛亮、张飞、赵云等数十骑走，曹公大获其人众辎重。先主斜趋汉津，适与羽船会，得济沔，遇表长子江夏太守琦众万余人，与俱到夏口。先主遣诸葛亮自结于孙权，权遣周瑜、程普等水军数万，与先主并力，与曹公战于赤壁，大破之，焚其舟船。先主与吴军水陆并进，追到南郡，时又疾疫，北军多死，曹公引归。

先主表琦为荆州刺史，又南征四郡。武陵太守金旋、长沙太守韩玄、桂阳太守赵范、零陵太守刘度皆降。庐江雷绪率部曲数万口稽颡。琦病死，群下推先主为荆州牧，治公安。权稍畏之，进妹固好。先主至京见权，绸缪恩纪。权遣使云欲共取蜀，或以为宜报听许，吴终不能越荆有蜀，蜀地可为己有。荆州主簿殷观进曰："若为吴先驱，进未能克蜀，退为吴所乘，即事去矣。今但可然赞其伐蜀，而自说新据诸郡，未可兴动，吴必不敢越我而独取蜀。如此进退之计，可以收吴、蜀之利。"先主从之，权果辍计。迁观为别驾从事。

【译文】

曹公估计江陵储备的军用物资丰富，害怕先主占有，就丢下装载军需物资的车辆，轻装赶到襄阳。听说先主已经过去了，曹公便率五千精锐骑兵，一日一夜行军三百余里，在当阳县（今当阳市）的长坂追上了先主。先主丢下妻子儿女，与诸葛亮、张飞、赵云等数十人骑马逃跑，曹公俘获了大量的人马和辎重。先主抄近路跑往汉津，正好与关羽的船队相遇，得以渡过沔水，碰上刘表的长子江夏太守刘琦率部一万多人，与他们一起到了夏口。先主派诸葛亮和孙权结盟，孙权派周瑜、程普等率水军数万人和先主合力，与曹公在赤壁交战，大败曹军，烧毁了他们的战船。先主和东吴的军队从水上、陆上同时并进，一直追到南郡；当时又发生了疫病，北方的军队死亡很多，曹公只好率军撤回北方。

先主上表请封刘琦为荆州刺史，又率军讨伐南方四郡。武陵太守金旋、长沙太守韩玄、桂阳太守赵范、零陵太守刘度都投降了。庐江郡的雷绪也率领几万私人武装来投降。刘琦病死，众部下推举先主为荆州牧，治所设在公安县。孙权渐渐地怕先主会威胁自己，就把妹妹嫁给他，以巩固友好关系。先主到京城去会见孙权，彼此非常亲密。孙权派使者游说，想联合先主一起攻打蜀郡，有人认为应当答应孙权，因为东吴终不能跨过荆州去占据蜀郡，这样蜀地就能被我们占有。荆州主簿殷观进言说："如果我们替东吴打先锋，向前不能攻下蜀郡，后退又会给东吴军以可乘之机，那么大事就不好了。现在只能在口头上赞同伐蜀，而同时告诉他们，我们刚刚占据了几个郡，不能再兴师动众，东吴一定不敢跨过我们的领土而单独攻打蜀郡。像这样有进有退的计划，我们可以得到吴、蜀两方的好处。”先主听从了他的建议。孙权果然停止了他的计策。先主升殷观为别驾从事。

十六年，益州牧刘璋遥闻曹公将遣钟繇等向汉中讨张鲁，内怀恐惧。别驾从事蜀郡张松说璋曰：“曹公兵强无敌于天下，若因张鲁之资以取蜀土，谁能御之者乎？”璋曰：“吾固忧之而未有计。”松曰：“刘豫州，使君之宗室而曹公之深仇也，善用兵，若使之讨鲁，鲁必破。鲁破，则益州强，曹公虽来，无能为也。”璋然之，遣法正将四千人迎先主，前后赂遗以巨亿计。正因陈益州可取之策。先主留诸葛亮、关羽等据荆州，将步卒数万人入益州。至涪，璋自出迎，相见甚欢。张松令法正白先主，及谋臣庞统进说，便可于会所袭璋。先主曰：“此大事也，不可仓卒。”璋推先主行大司马，领司隶校尉；先主亦推璋行镇西大将军，领益州牧。璋增先主兵，使击张鲁，又令督白水军。先主并军三万余人，车甲器械资货甚盛。是岁，璋还成都。先主北到葭萌，未即讨鲁，厚树恩德，以收众心。

明年，曹公征孙权，权呼先主自救。先主遣使告璋曰：“曹公征吴，吴忧危急。孙氏与孤本为唇齿，又乐进在青泥与关羽相拒，今不往救羽，进必大克，转侵州界，其忧有甚于鲁。鲁自守之贼，不足虑也。”乃从璋求万兵及资实，欲以东行。璋但许兵四千，其余皆给半。张松书与先主及法正曰：“今大事垂可立，如何释此去乎！”松兄广汉太守肃，惧祸逮己，白璋发其谋。于是璋收斩松，嫌隙始构矣。璋敕关戍诸将文书勿复关通先主。先主大怒，召璋白水军督杨怀，责以无礼，斩之。乃使黄忠、卓膺勒兵向璋。先主径至关中，质诸将并士卒妻子，引兵与忠、膺等进到涪，据其城。璋遣刘璝、冷苞、张任、邓贤等拒先主于涪，皆破败，退保绵竹。璋复遣李严督绵竹诸军，严率众降先主。先主军益强，分遣诸将平下属县，诸葛亮、张飞、赵云等将兵溯流定白帝、江州、江阳，惟关羽留镇荆州。先主进军围雒；时璋子循守城，被攻且一年。

【译文】

建安十六年，益州牧刘璋听说曹公将要派钟繇等进兵汉中讨伐张鲁，心中害怕。别驾从事蜀郡人张松劝刘璋说：“曹公兵力强盛，天下无敌，如果他利用张鲁的物资来攻取蜀郡，谁能抵抗住他呢？”刘璋说：“我本来就担心此事，但是没有办法。”张松说：“刘豫州是您的同宗，又与曹公有深仇，善于用兵，如果让他去讨伐张鲁，张鲁必败。张鲁败了，益州就会更强盛，曹公即使来了，也无能为力了。”刘璋认为他说得对，就派遣法正率领四千人去迎接先主，前后所赠送的礼物多得要以亿来计数。法正乘机向先主陈述攻取益州的方略。先主留下诸葛亮、关羽等驻守荆州，自己率领几万步兵进入益州。到了涪县，刘璋亲自出来迎接，见面时十分高兴。张松让法正禀告先主，等到谋臣庞统陈述意见时，就可以在会见的地方袭击刘璋。先主说：“这是大事，不能操之过急。”刘璋推荐先主代理大司马，兼任司隶校尉；先主也推举刘璋代理镇西大将军，兼任益州牧。刘璋加强了先主的兵力，让他攻打张鲁，又命他监督白水的驻军。先主会集各军三万多人，车辆、盔甲、武器、物资很多。这一年，刘璋回到成都。先主向北到达葭萌，没有立刻讨伐张鲁，而是广施恩德，来收揽人心。

第二年，曹公征讨孙权，孙权向先主呼求援救。先主派使者告诉刘璋说：“曹公攻打东吴，东吴担忧危急。孙氏和我本来是唇齿相依，加上乐进在青泥和关羽相持，现在不去救关羽，乐进一定会大胜，转而入侵益州地界，那比张鲁更令人担心。张鲁是盘踞一方的贼寇，不值得忧虑。”于是便向刘璋请求一万军队及军需物资，想要向东去。刘璋只答应给四千军队，其余东西只给一半。张松写信给先主及法正说：“现在大事即将成功，怎么能放弃此事离开益州呢！”张松的哥哥广汉太守张肃，害怕祸事累及自己，向刘璋报告，揭发了他们的阴谋。因此刘璋逮捕并斩杀了张松，先主和刘璋之间的怨恨和裂痕开始产生。刘璋命令戍守关隘的各将领不要再将文书传送给先主。先主大怒，把刘璋的白水督军杨怀叫来，责备他没有礼节，杀了他。于是派黄忠、卓膺统率军队进攻刘璋。先主直接到了白水关内，把诸将领和士卒的妻子儿女扣作抵押，统率军队与黄忠、卓膺等进入涪县，占据了县城。刘璋派刘璝、冷苞、张任、邓贤等在涪县抵御先主，都被打败，退守绵竹。刘璋又派李严去监管绵竹各军，李严率众投降了先主，先主的军队更加强大，分别派遣各将领平定下属各县，诸葛亮、张飞、赵云等率兵逆流而上，平定了白帝、江州、江阳，只有关羽留下来镇守荆州。先主进军围攻雒县，当时刘璋的儿子刘循守卫县城，被围攻了将近一年。

十九年夏，雒城破，进围成都数十日，璋出降。蜀中殷盛丰乐，先主置酒大飨士卒，取蜀城中金银分赐将士，还其谷帛。先主复领益州牧，诸葛亮为股肱，法正为谋主，关羽、张飞、马超为爪牙，许靖、麋竺、简雍为宾友。及董和、黄权、李严等，本璋之所授用也，吴壹、费观等又璋之婚亲也，彭羕又璋之所排摈也，刘巴者宿昔之所忌恨也，皆处之显任，尽其器能。有志之士，无不竞劝。

二十年，孙权以先主已得益州，使使报欲得荆州。先主言："须得凉州，当以荆州相与。"权忿之，乃遣吕蒙袭夺长沙、零陵、桂阳三郡。先主引兵五万下公安，令关羽入益阳。是岁，曹公定汉中，张鲁遁走巴西。先主闻之，与权连和，分荆州，江夏、长沙、桂阳东属。南郡、零陵、武陵西属，引军还江州。遣黄权将兵迎张鲁，张鲁已降曹公。曹公使夏侯渊、张郃屯汉中，数犯暴巴界。先主令张飞进兵宕渠，与郃等战于瓦口，破郃等，郃收兵还南郑。先主亦还成都。

二十三年，先主率诸将进兵汉中。分遣将军吴兰、雷铜等入武都，皆为曹公军所没。先主次于阳平关，与渊、郃等相拒。

【译文】

建安十九年夏天，雒城被攻下，先主又进兵围困成都几十天，刘璋出城投降。蜀郡富裕强盛，物产丰富，人民安乐，先主设置酒席犒劳士卒，取出蜀城中的金银分赐给将士，把谷物、布帛归还原主。先主又兼任益州牧，诸葛亮是辅佐他的大臣，法正是出谋人，关羽、张飞、马超是武将，许靖、麋竺、简雍是贵宾。至于董和、黄权、李严等人，本是刘璋所委任的官员，吴壹、费观等又与刘璋有婚姻关系，彭羕是刘璋所排挤的人，刘巴一向被刘璋所忌恨，先主把他们都安排在显要的职位上，充分发挥他们的才能。有志之士，无不为此争相勉励。

建安二十年，孙权因为先主已经取得益州，派遣使者告知想要收回荆州。先主说："等得到凉州后，就把荆州交还。"孙权对此很气愤，就派吕蒙袭击夺取长沙、零陵、桂阳三郡。先主率兵五万人顺江而下进入公安，命令关羽进入益阳。这年，曹公平定汉中，张鲁逃往巴西。先主听到这个消息，和孙权联盟和好，分荆州湘水以东的江夏、长沙、桂阳三郡属东吴，以西的南郡、零陵、武陵属于蜀，然后领兵回到江州。先主派黄权率兵去迎接张鲁，张鲁已经投降曹公了。曹公派夏侯渊、张郃驻守汉中，屡次骚扰巴郡界。先主命令张飞进兵宕渠，张飞和张郃等在瓦口交战，打败了张郃等人。张郃收兵回到南郑，先主也回到成都。

建安二十三年，先主率领诸将进军汉中。另派遣将军吴兰、雷铜等进入武都，都被曹公的军队消灭了。先主临时驻扎在阳平关，与夏侯渊、张郃等相持。

二十四年春，自阳平南渡沔水，缘山稍前，于定军兴势作营。渊将兵来争其地。先主命黄忠乘高鼓噪攻之，大破渊军，斩渊及曹公所署益州刺史赵颙等。曹公自长安举众南征。先主遥策之曰："曹公虽来，无能为也，我必有汉川矣。"及曹公至，先主敛众拒险，终不交锋，积月不拔，亡者日多。夏，曹公果引军还，先主遂有汉中。遣刘封、孟达、李平等攻申耽于上庸。

秋，群下上先主为汉中王，表于汉帝曰："平西将军都亭侯臣马超、左将军长史领镇军将军臣许靖、营司马臣庞羲、议曹从事中郎军议中郎将臣射援、军师将军臣诸葛亮、荡寇将军汉寿亭侯臣关羽、征虏将军新亭侯臣张飞、征西将军臣黄忠、镇远将军臣赖恭、扬武将军臣法正、兴业将军臣李严等一百二十人上言曰：昔唐尧至圣而四凶在朝，周成仁贤而四国作难，高后称制而诸吕窃命，孝昭幼冲而上官逆谋，皆冯世宠，藉履国权，穷凶极乱，社稷几危。非大舜、周公、朱虚、博陆，则不能流放禽讨，安危定倾。伏惟陛下诞姿圣德，统理万邦，而遭厄运不造之艰。董卓首难，荡覆京畿，曹操阶祸，窃执天衡；皇后太子，鸩杀见害，剥乱天下，残毁民物。久令陛下蒙尘忧厄，幽处虚邑。人神无主，遏绝王命，厌昧皇极，欲盗神器。左将军领司隶校尉豫、荆、益三州牧宜城亭侯备，受朝爵秩，念在输力，以殉国难。睹其机兆，赫然愤发，与车骑将军董承同谋诛操，将安国家，克宁旧都。会承机事不密，令操游魂得遂长恶，残泯海内。臣等每惧王室大有阎乐之祸，小有定安之变，夙夜惴惴，战栗累息。昔在《虞书》，敦序九族，周监二代，封建同姓，《诗》著其义，历载长久。汉兴之初，割裂疆土，尊王子弟，是以卒折诸吕之难，而成太宗之基。臣等以备肺腑枝叶，宗子藩翰，心存国家，念在弭乱。自操破于汉中，海内英雄望风蚁附，而爵号不显，九锡未加，非所以镇卫社稷，光昭万世也。奉辞在外，礼命断绝。昔河西太守梁统等值汉中兴，限于山河，位同权均，不能相率，咸推窦融以为元帅，卒立效绩，摧破隗嚣。今社稷之难，急于陇、蜀，操外吞天下，内残群寮，朝廷有萧墙之危，而御侮未建，可为寒心。臣等辄依旧典，封备汉中王，拜大司马，董齐六军，纠合同盟，扫灭凶逆。以汉中、巴、蜀、广汉、犍为为国，所署置依汉初诸侯王故典。夫权宜之制，苟利社稷，专之可也。然后功成事立，臣等退伏矫罪，虽死无恨。”遂于沔阳设坛场，陈兵列众，群臣陪位，读奏讫，御王冠于先主。

【译文】

建安二十四年春天，先主从阳平关向南渡过沔水，顺着山脚渐渐推进，在定军山依照山势扎营。夏侯渊带兵来争夺这块地方。先主命令黄忠登到高处击鼓呐喊进行反攻，大败了夏侯渊的军队，杀了夏侯渊以及曹公所任命的益州刺史赵颙等人。曹公从长安率领大批人马南征。先主预言说：“曹公虽然亲自来了，也是无能为力的，我们一定能占有汉川。”等曹公到了，先主集结部队凭借险要地势与其对峙，始终不与曹军交战，曹公一个月也攻不下来，逃跑的士兵日益增多。夏季到了，曹公果然领兵撤回，先主就占有了汉中。派刘封、孟达、李平等在上庸郡进攻申耽。

秋天，群臣呈表请立先主为汉中王，上表给汉献帝说：“平西将军都亭侯臣马超、左将军长史领镇军将军臣许靖、营司马臣庞羲、议曹从事中郎军议中郎将臣射援、军师将军臣诸葛亮、荡寇将军汉寿亭侯臣关羽、征虏将军新亭侯臣张飞、征西将军臣黄忠、镇远将军臣赖恭、扬武将军臣法正、兴业将军臣李严等一百二十人上奏章说：古代至圣唐尧的时候，朝廷有四个奸臣，仁贤的周成王有四个反叛的诸侯国，汉高祖的皇后行使皇帝权力而诸吕盗用了君权，汉昭帝年幼而上官桀阴谋叛逆，这些人都是凭借世代相传的恩宠，执掌了国家大权，穷凶极恶，混乱不堪，国家将要倾覆。如果不是有大舜、周公、朱虚侯刘章、博陆侯霍光，就不可能对这些人进行流放、捉拿和讨伐，扶助倾危，使之安定。伏在地上想到，陛下以魁伟的姿容和极高的品德治理天下，却遭受了许多困苦、不幸与艰险，董卓首先倡乱，动摇倾覆了京师，曹操又挑起祸端，窃取了帝王之权，皇后和太子被他毒害，扰乱了天下，摧残了百姓，毁坏了财物。很长时间以来让陛下蒙受逃亡之苦，忧愁困顿，困居空城。太庙无人祭祀、人臣无君主统治，（曹操）拦截阻断帝王诏令，窥测帝王之位，妄图篡夺政权。左将军兼任司隶校尉，豫、荆、益三州牧，宜城亭侯刘备，接受朝廷的爵位和俸禄，常想为汉室尽力，来为国难献身。看到事机的先兆，奋发起来，采取果断行动，和车骑将军董承一起谋划诛杀曹操，要使国家安宁，恢复旧日京城，只因董承对事机保密不好，才让曹操苟延残喘，得以滋长其罪恶，残害国家。我们经常担心王室，大则有阎乐杀秦二世这类的祸患，小则有王莽废孺子婴为定安公那样的政变，故朝夕恐惧不安，战战兢兢，不敢呼吸。以前的《虞书》上记载，以宽厚的态度次第对待同族或近亲，周朝的礼仪制度是以夏商两代为根据，分封建立了同姓诸侯国，这些《诗经》都已宣扬了它的义理，历时长久。汉朝刚建立时，分割国土，尊崇王室子弟建立王国，因此终于挫败了诸吕的叛乱，完成了太宗的基业。我们认为，刘备是皇帝后裔，王室的屏藩，一心忧虑国家，想着消除叛乱。自从曹操在汉中失败后，国内英雄纷纷聚集在刘备周围，可他的爵位名号不显赫，没有赐给九锡，这不是镇守保卫国家、让他的功德光耀万代的做法。我等奉诏令在外，朝廷按礼制规定的百官升迁的文书与我们也断绝了。过去河西太守梁统等人在汉室中兴的时候，被山河阻隔限制，几郡的郡守地位、权力一样高，无法相互统率，都推举窦融为元帅，终于立下功绩，摧毁了隗嚣政权。现在国家的忧患，比东汉初年隗嚣割据陇西、公孙述称帝于蜀时更紧迫。曹操在外要吞并天下，在内残害众官员，朝廷有发生内讧的危险，而王室宗亲还没有同心协力抗御曹操，实在让人心寒。我们擅自依照旧有的典章制度，立刘备为汉中王，授官大司马，监督整肃六军，联络同盟，消灭叛逆。以汉中、巴、蜀、广汉、犍为等郡的土地建立封国，设置官署、任命人员依照汉初诸侯王的旧例。这种因事而变的制度，如果能对国家有利，专权行事也是可以的。这样之后功业可以建立，大事能够完成。那时我们退而承担假托诏命之罪，即使死了也无悔恨。”于是在沔阳设下坛场，军队和百姓排列整齐，众官员陪位，读完奏章，把王冠戴在了先主头上。

先主上言汉帝曰：“臣以具臣之才，荷上将之任，董督三军，奉辞于外，不得扫除寇难，靖匡王室，久使陛下圣教陵迟，六合之内，否而未泰，惟忧反侧，疢如疾首。曩者董卓造为乱阶，自是之后，群凶纵横，残剥海内。赖陛下圣德威灵，人神同应，或忠义奋讨，或上天降罚，暴逆并殪，以渐冰消。惟独曹操，久未枭除，侵擅国权，恣心极乱。臣昔与车骑将军董承图谋讨操，机事不密，承见陷害，臣播越失据，忠义不果。遂得使操穷凶极逆，主后戮杀，皇子鸩害。虽纠合同盟，念在奋力，懦弱不武，历年未效。常恐殒没，孤负国恩，寤寐永叹，夕惕若厉。今臣群寮以为在昔《虞书》敦叙九族，庶明励翼，五帝损益，此道不废。周监二代，并建诸姬，实赖晋、郑夹辅之福。高祖龙兴，尊王子弟，大启九国，卒斩诸吕，以安大宗。今操恶直丑正，实繁有徒，包藏祸心，篡盗已显。既宗室微弱，帝族无位，斟酌古式，依假权宜，上臣大司马汉中王。臣伏自三省，受国厚恩，荷任一方，陈力未效，所获已过，不宜复忝高位以重罪谤。群寮见逼，迫臣以义。臣退惟寇贼不枭，国难未已，宗庙倾危，社稷将坠，成臣忧责碎首之负。若应权通变，以宁靖圣朝，虽赴水火，所不得辞，敢虑常宜，以防后悔。辄顺众议，拜受印玺，以崇国威。仰惟爵号，位高宠厚，俯思报效，忧深责重，惊怖累息，如临于谷。尽力输诚，奖厉六师，率齐群义，应天顺时，扑讨凶逆，以宁社稷，以报万分。谨拜章因驿上还所假左将军、宜城亭侯印绶。"于是还治成都。拔魏延为都督，镇汉中。时关羽攻曹公将曹仁，禽于禁于樊。俄而孙权袭杀羽，取荆州。

二十五年，魏文帝称尊号，改年曰黄初。或传闻汉帝见害，先主乃发丧制服，追谥曰孝愍皇帝。是后在所并言众瑞，日月相属，故议郎阳泉侯刘豹、青衣侯向举、偏将军张裔、黄权、大司马属殷纯、益州别驾从事赵莋、治中从事杨洪、从事祭酒何宗、议曹从事杜琼、劝学从事张爽、尹默、谯周等上言："臣闻《河图》《洛书》，五经谶、纬，孔子所甄，验应自远。谨案《洛书甄曜度》曰：'赤三日德昌，九世会备，合为帝际。'《洛书宝号命》曰：'天度帝道备称皇，以统握契，百成不败。'《洛书录运期》曰：'九侯七杰争命民炊骸，道路籍籍履人头，谁使主者玄且来。'《孝经钩命决录》曰：'帝三建九会备。'臣父群未亡时，言西南数有黄气，直立数丈，见来积年，时时有景云祥风，从璇玑下来应之，此为异瑞。又二十二年中，数有气如旗，从西竟东，中天而行，《图》《书》曰'必有天子出其方'。加是年太白、荧惑、填星，常从岁星相追。近汉初兴，五星从岁星谋；岁星主义，汉位在西，义之上方，故汉法常以岁星候人主。当有圣主起于此州，以致中兴。时许帝尚存，故群下不敢漏言。顷者荧惑复追岁星，见在胃昴毕；昴毕为天纲，《经》曰'帝星处之，众邪消亡'。圣讳豫睹，推揆期验，符合数至，若此非一。臣闻圣王先天而天不违，后天而奉天时，故应际而生，与神合契。愿大王应天顺民，速即洪业，以宁海内。"

【译文】

先主向汉帝上奏说："臣以备位充数之才，担负了上将的重任，监督统率三军，奉诏命在外，不能扫除贼寇叛乱，平定扶持王室，长期让陛下圣明的教化衰微，全国上下混乱而不得太平，我思虑忧愁，辗转反侧，夜不能寐，忧病日益加深，像头痛一样难受。从前董卓制造了混乱，从那以后，大批恶人到处横行，残害天下。靠着陛下极高的品德和威力，人、神都来相助，或者是忠臣义士奋起讨伐，或者是上天降罪惩罚，横暴逆乱被消灭了，就像冰雪渐渐消融一样。只有曹操，长时期没能消除，他篡夺国家的权力，肆意将国家搞得极其混乱。我以前和车骑将军董承谋划讨伐曹操，事情保密不严，董承被害死，我流离失所，想对朝廷尽忠义之道却没有实现。于是使曹操穷凶极恶，做尽坏事，皇后被杀害，皇太子被毒死。我虽然组集盟军，想着奋发努力，但秉性懦弱而不能用武，经历多年而没有成效。常常担心突然死去而辜负了国家的恩德，睡梦中一直在叹息，白天黑夜都在戒惧，丝毫不敢懈怠。现在我的属吏们认为在以前的《虞书》上记载着'以宽厚的态度次第对待同族和近亲，使他们贤明起来，努力辅佐你治理国家'，五帝对此有增删，但其中的道理经久不衰。周朝根据夏、商两代的礼制，一起建立了许多姬姓的国家，确实是依靠了晋、郑二国共同的辅佐。高祖创立汉王朝，尊崇王室子弟，创建了九个王国，终于诛灭了诸吕，安定了嫡子大宗。如今曹操憎恶正直的人，实在还有不少这样的人，隐藏着险恶的用心，篡权窃国的迹象已经显露。宗室已经衰弱，帝族中没有在重位的大臣，反复衡量考虑古代的范例，按照一种权宜之计，他们拥立我为大司马汉中王。我反复检查自己，接受了国家的大恩，担当一方的重任，出了力还未见成效，所得到的官职已经过了头，不应当再有愧于这么崇高的位置而遭人更大的非议。诸位同僚以大义逼迫我称王。我退而考虑，寇贼不灭，国难不停，王室将要倾覆，国家将要灭亡，这些都成了我忧虑职责未尽而又求以死报国的负担。如果适应需要而改变方法，能安定朝廷，即使赴汤蹈火，也在所不辞，岂敢按常规考虑，来防备日后的悔恨。故擅自顺应了大家的要求，拜受了印玺，来提高国家的声威。我抬头考虑自己的爵位和名号，位置高，受到的宠爱深厚，低头想到报效朝廷之事，忧虑很深，责任重大，惊惧不安而呼吸急促，就像面临绝境一样。竭尽全力向朝廷奉献忠诚，劝勉六军，率领整顿各路义军，顺应天时，讨伐、扑灭凶恶的叛贼，来安定国家，以报答陛下万分之一的恩德。谨呈上奏章，派驿使送还原来授与的左将军、宜城亭侯的印绶。”于是返回成都建立都城。提拔魏延为都督，镇守汉中。当时关羽正在攻打曹公的将领曹仁，在樊城活捉于禁。不久，孙权袭击并杀害了关羽，夺取了荆州。

建安二十五年，魏文帝曹丕称帝，改年号为黄初。有传闻说汉献帝被害死了，先主就向全国公告汉献帝之死，并为他穿丧服，追加谥号为孝愍皇帝。此后各地都报告种种祥瑞，每日每月这类的事接踵而至，原来的议郎阳泉侯刘豹、青衣侯向举、偏将军张裔、黄权、大司马属殷纯、益州别驾从事赵莋、治中从事杨洪、从事祭酒何宗、议曹从事杜琼、劝学从事张爽、尹默、谯周等上奏章说：“我听说《河图》《洛书》、五经、谶纬，是孔子阐明经文而流传下来的，应验自然久远。根据《洛书甄曜度》记载：‘尚赤的第三个人主出现，国家才能昌盛，经历多代碰到名字叫备的，应当称帝。’《洛书宝号命》记载：‘天运和帝王之道都该由名字叫备的称帝，以皇室正统的资格掌握王命，总能成功不会失败。’《洛书录运期》记载：‘九侯七杰争着让百姓用人骨头烧饭，道路上行人踏着纵横交错的人头走路，让谁做人主呢？名中有玄字的就要来了。’《孝经钩命决录》记载：‘上帝已经很多次见了备。’周群的父亲在世时，说西南多次出现黄气，径直向上有几丈高，已经出现许多年了，常常有祥瑞的云气和吉祥的风，从璇玑下来与黄气相呼应，这是非常吉祥的预兆。又在建安二十二年，多次看到有一股像旗子一样的云气从西到东，在天空的中央走动，《图》《书》上解释说：‘一定会有天子在那里出现。’再加上那年太白、荧惑、填星，常常跟着岁星移动。汉朝刚刚兴起时，五星就跟随着岁星在一起；岁星与五常中的义相配，汉高祖兴起之地汉中西方，正是义所在的方位，因此汉朝常常以岁星来占验人主。应当有圣明的君主从这个州兴起，来成就中兴大业。当时许都的汉献帝还在，因此群臣不敢把它说出来。近来荧惑又随着岁星运转，出现在胃、昴、毕三个星宿之间；昴、毕是天体的中枢部位，《星经》说：‘帝星处在这个位置上，一切邪恶都将消灭。’您的名字已经在谶、纬中预见到了，推求应验的时间，人事与天降符命相合的运数，像这样的事不只一件。我听说圣明的君主走在天象之前而天不违背他，走在天象之后就依天时行事，故能顺应天时而产生，与神相契合。希望大王顺应天命，顺从民心，立即登上帝位，来使国家安定。”

太傅许靖、安汉将军麋竺、军师将军诸葛亮、太常赖恭、光禄勋黄柱、少府王谋等上言："曹丕篡弑，湮灭汉室，窃据神器，劫迫忠良，酷烈无道。人鬼忿毒，咸思刘氏。今上无天子，海内惶惶，靡所式仰。群下前后上书者八百余人，咸称述符瑞，图、谶明征。间黄龙见武阳赤水，九日乃去。《孝经援神契》曰'德至渊泉则黄龙见'，龙者，君之象也。《易》乾九五'飞龙在天'，大王当龙升，登帝位也。又前关羽围樊、襄阳，襄阳男子张嘉、王休献玉玺，玺潜汉水，伏于渊泉，晖景烛耀，灵光彻天。夫汉者，高祖本所起定天下之国号也，大王袭先帝轨迹，亦兴于汉中也。今天子玉玺神光先见，玺出襄阳，汉水之末，明大王承其下流，授与大王以天子之位，瑞命符应，非人力所致。昔周有乌鱼之瑞，咸曰休哉。二祖受命，《图》《书》先著，以为征验。今上天告祥，群儒英俊并进，《河》《洛》、孔子谶记咸悉具至。伏惟大王出自孝景皇帝中山靖王之胄，本支百世，乾祇降祚，圣姿硕茂，神武在躬，仁覆积德，爱人好士，是以四方归心焉。考省灵图，启发谶、纬，神明之表，名讳昭著。宜即帝位，以纂二祖，绍嗣昭穆，天下幸甚。臣等谨与博士许慈、议郎孟光，建立礼仪，择令辰，上尊号。"即皇帝位于成都武担之南。为文曰："惟建安二十六年四月丙午，皇帝备敢用玄牡，昭告皇天上帝后土神祇：汉有天下，历数无疆。曩者王莽篡盗，光武皇帝震怒致诛，社稷复存。今曹操阻兵安忍，戮杀主后，滔天泯夏，罔顾天显。操子丕，载其凶逆，窃居神器。群臣将士以为社稷堕废，备宜修之，嗣武二祖，龚行天罚。备惟否德，惧忝帝位。询于庶民，外及蛮夷君长，佥曰'天命不可以不答，祖业不可以久替，四海不可以无主'。率土式望，在备一人。备畏天明命，又惧汉阼将湮于地，谨择元日，与百寮登坛，受皇帝玺绶。修燔瘗，告类于天神，惟神飨祚于汉家，永绥四海！"

章武元年夏四月，大赦，改年。以诸葛亮为丞相，许靖为司徒。置百官，立宗庙，祫祭高皇帝以下。五月，立皇后吴氏，子禅为皇太子。六月，以子永为鲁王，理为梁王。车骑将军张飞为其左右所害。初，先主忿孙权之袭关羽，将东征，秋七月，遂帅诸军伐吴。孙权遣书请和，先主盛怒不许，吴将陆议、李异、刘阿等屯巫、秭归；将军吴班、冯习自巫攻破异等，军次秭归，武陵五溪蛮夷遣使请兵。

【译文】

太傅许靖、安汉将军麋竺、军师将军诸葛亮、太常赖恭、光禄勋黄柱，少府王谋等人一起上书说："曹丕杀死皇帝自己篡夺了皇位，灭掉了汉室，窃取了国家大权，胁持逼迫忠臣良将，极其残酷没有德行。人与鬼都极其愤恨，都渴望刘氏重新掌权。现在上无天子，国内人心不安，没有可以敬仰的人。群臣前后上书的有八百多人，都述说祥瑞的征兆，图谶也显示了明显的征验。近来武阳县的赤水出现黄龙，九天才隐没。《孝经援神契》说：'品德达到很高的境界才会有黄龙出现。'龙，是君王的象征。《易·乾》九五'龙飞在天上'，大王应当乘龙升天，登上帝王之位。先前关羽围攻樊城、襄阳，襄阳男子张嘉、王休献出玉玺，玉玺掉入汉水，潜伏在最深处，光辉照耀，神异的光彩一直通到天上。汉原是高祖兴起平定天下时确定的国号，大王因袭先帝的典范，也是在汉中兴起的。如今天子玉玺的神光预先出现，玉玺从襄阳的汉水下游捞出来，说明大王是承继先帝的后代，把天子之位授于大王，是吉祥的征兆与人事相应合，这不是人力所能达到的。过去周朝出现过白鱼、赤乌的祥瑞，都说是好的征兆。高祖和世祖接受天命，《河图》《洛书》都预先有记载，作为征兆应验的证明。现在上天显示祥瑞，众多的儒者和英雄豪杰，共同挖掘出《河图》《洛书》中的机密，还有孔子的图谶著述，全部征兆都具备了。大王是孝景帝之子中山靖王的后代，嫡系和庶出的子孙传了百代，天地降福。有天子的姿容，德高学博，自身神明威武，仁义覆于天下，恩德积于四海，喜爱人才，结交贤德之士，因此四方的人倾心依附。考察《灵图》，根据谶、纬，神灵显示的名字非常明显。应当登上帝王之位，来继承二祖的帝业，接续宗庙的位次，天下人都会非常荣幸。我们谨与博士许慈、议郎孟光，制定登基的仪式，选择吉日，向您奉上尊号。"先主在成都武担山之南即皇帝位。撰写祭文说："建安二十六年四月初六，皇帝刘备冒昧地献上黑色牲畜，向天神、地神明白宣告：汉朝拥有天下，传世无穷。从前王莽篡权窃位，光武皇帝大怒，讨伐诛灭了他，国家又得以生存，现在曹操依仗武力，残忍地杀害皇子皇后，扰乱中原，不顾天理，罪恶滔天。曹操的儿子曹丕，继承了曹操凶恶悖逆的本性，窃取了国家权力。群臣将士认为国家即将毁灭，刘备应当起来恢复它，继承二祖的事业，执行上天的惩罚。我刘备德行鄙陋，担心有愧于帝位。征求百姓的意见，一直到各族的君长大家都说'上天之命不能不做出回报，祖宗的大业不能够长久废弃，国家不能没有君主’。全国仰慕的只刘备一人。刘备畏于上天明示的旨意，又怕汉朝的皇位将被湮没于地下，恭谨地选择吉日，与百官一起登上祭坛，接受皇帝的印玺。准备祭祀天地的燔瘗之礼，把皇帝登位之事告知天神，希望神赐福给汉室，保佑四海永远安定！”

章武元年夏四月，大赦天下，改了年号。任命诸葛亮为丞相，许靖担任司徒。设置百官，建立宗庙，祫祭高皇帝以下的先祖。五月，立吴氏为皇后，儿子刘禅为皇太子。六月，封儿子刘永为鲁王，刘理为梁王。车骑将军张飞被他身边的人所杀害。当初，先主愤恨孙权袭击和杀害关羽，打算东征。秋七月，就统率诸军讨伐东吴。孙权派使者送信请求和解，先主非常生气，没有答应，东吴将领陆议、李异、刘阿等驻扎在巫县、秭归县；将军吴班、冯习从巫县打败李异等军，军队进驻秭归，武陵五溪的少数民族部落派使者请求派军队安定地方。

二年春正月，先主军还秭归，将军吴班、陈式水军屯夷陵，夹江东西岸。二月，先主自秭归率诸将进军，缘山截岭，于夷道猇亭驻营，自佷山通武陵，遣侍中马良安慰五溪蛮夷，咸相率响应，镇北将军黄权督江北诸军，与吴军相拒于夷陵道。夏六月，黄气见自秭归十余里中，广数十丈。后十余日，陆议大破先主军于猇亭，将军冯习、张南等皆没。先主自猇亭还秭归，收合离散兵，遂弃船舫，由步道还鱼复，改鱼复县曰永安。吴遣将军李异、刘阿等踵蹑先主军，屯驻南山。秋八月，收兵还巫。司徒许靖卒。冬十月，诏丞相亮营南北郊于成都。孙权闻先主住白帝，甚惧，遣使请和。先主许之，遣太中大夫宗玮报命。冬十二月，汉嘉太守黄元闻先主疾不豫，举兵拒守。

三年春二月，丞相亮自成都到永安。三月，黄元进兵攻临邛县。遣将军陈曶讨元，元军败，顺流下江，为其亲兵所缚，生致成都，斩之。先主病笃，托孤于丞相亮，尚书令李严为副。夏四月癸巳，先主殂于永安宫，时年六十三。

【译文】

章武二年春正月，先主领兵回到秭归，将军吴班、陈式的水军驻扎在夷陵，在长江的东西两岸设营。二月，先主从秭归率领诸将军，翻山越岭，在夷道的猇亭扎营，从佷山打通去武陵的道路，派侍中马良去安抚五溪的蛮夷各族，他们都相继响应先主。镇北将军黄权统领江北的各路军队，在夷陵道上与东吴军队相持。夏六月，在距秭归十余里的地方出现了黄气，宽有几十丈。以后十多天，陆议在猇亭大败先主的军队，将军冯习、张南等都战死了。先主从猇亭回到秭归，收集离散的军队，丢掉了船只，从陆路回到鱼复，改鱼复县名为永安。东吴派将军李异、刘阿等跟踪追击先主的军队，驻扎在南山。秋八月，先主收兵回到巫县。司徒许靖死了。冬十月，下诏书给丞相诸葛亮，让他在成都营建南、北郊祀的祭坛。孙权听说先主驻扎在白帝城，十分害怕，派使者请求讲和。先主答应了他，派太中大夫宗玮办完此事回来复命。冬十二月，汉嘉太守黄元听说先主生病，发兵抗命防守。

章武三年春二月，丞相诸葛亮从成都来到永安。三月，黄元进兵攻打临邛县。先主派将军陈曶讨伐黄元，黄元兵败，顺长江而下，被他的亲兵捆绑起来，送到成都后被杀。先主病危，把辅佐太子的事委托给丞相诸葛亮，让尚书令李严辅佐诸葛亮。夏四月癸巳日，先主在永安宫去世，时年六十三岁。

亮上言于后主曰："伏惟大行皇帝迈仁树德，覆焘无疆，昊天不吊，寝疾弥留，今月二十四日奄忽升遐，臣妾号啕，若丧考妣。乃顾遗诏，事惟大宗，动容损益；百寮发哀，满三日除服，到葬期复如礼；其郡国太守、相、都尉、县令长，三日便除服。臣亮亲受敕戒，震畏神灵，不敢有违。臣请宣下奉行。"五月，梓宫自永安还成都，谥曰昭烈皇帝。秋，八月，葬惠陵。

评曰：先主之弘毅宽厚，知人待士，盖有高祖之风，英雄之器焉。及其举国托孤于诸葛亮，而心神无贰，诚君臣之至公，古今之盛轨也。机权干略，不逮魏武，是以基宇亦狭。然折而不挠，终不为下者，抑揆彼之量必不容己，非唯竞利，且以避害云尔。

【译文】

诸葛亮上奏章给后主说："已故皇帝行仁道，树立恩德，覆被无边，上天不善，致患重病，卧床不起，本月二十四日突然逝世，群臣和妃嫔都悲恸号啕，就像父母去世一样。根据遗诏，国事要由宗子定夺，服丧期间，仪容举止要适当；百官进行哀悼，满三天才脱去丧服，到安葬的日期，再按照葬礼行事；其他郡国太守、相、都尉、县令、县长，满三天便脱去丧服。臣诸葛亮亲自接受的命令和告诫，畏惧先帝的神灵，不敢违背他的遗命。臣请求宣布执行。”五月，先主灵柩从永安运回成都，追谥号为昭烈皇帝。秋八月，葬于惠陵。

评论说：先主心胸宽广，意志刚强，宽容厚道，善于发现人才，礼贤下士，具有汉高祖的风度，具有英雄人物的度量。至于他把整个国家和辅佐太子的大事委托给诸葛亮，而毫不怀疑，确实是君臣都出于最大的公心，是古今最好的楷模。先主临机应变的才干和方略比不上魏武帝，因此国家的版图也比较狭窄。但是他受到挫折而不灰心，始终不愿屈居曹公之下。这可能是揣摸曹公的度量一定不会容得下自己，而不是与他争利，而且也可避免受害，如此而已。

诸葛亮传

诸葛亮，字孔明，琅邪阳都人也。汉司隶校尉诸葛丰后也。父珪，字君贡，汉末为太山郡丞。亮早孤，从父玄为袁术所署豫章太守，玄将亮及亮弟均之官。会汉朝更选朱皓代玄。玄素与荆州牧刘表有旧，往依之。玄卒，亮躬耕陇亩，好为《梁父吟》。身长八尺，每自比于管仲、乐毅，时人莫之许也。惟博陵崔州平、颍川徐庶元直与亮友善，谓为信然。

时先主屯新野。徐庶见先主，先主器之，谓先主曰：“诸葛孔明者，卧龙也，将军岂愿见之乎？”先主曰：“君与俱来。”庶曰：“此人可就见，不可屈致也。将军宜枉驾顾之。”由是先主遂诣亮，凡三往，乃见。因屏人曰：“汉室倾颓，奸臣窃命，主上蒙尘。孤不度德量力，欲信大义于天下，而智术浅短，遂用猖蹶，至于今日。然志犹未已，君谓计将安出？”亮答曰：“自董卓以来，豪杰并起，跨州连郡者不可胜数。曹操比于袁绍，则名微而众寡，然操遂能克绍，以弱为强者，非惟天时，抑亦人谋也。今操已拥百万之众，挟天子而令诸侯，此诚不可与争锋。孙权据有江东，已历三世，国险而民附，贤能为之用，此可以为援而不可图也。荆州北据汉、沔，利尽南海，东连吴会，西通巴、蜀，此用武之国，而其主不能守，此殆天所以资将军，将军岂有意乎？益州险塞，沃野千里，天府之土，高祖因之以成帝业。刘璋暗弱，张鲁在北，民殷国富而不知存恤，智能之士思得明君。将军既帝室之胄，信义著于四海，总揽英雄，思贤如渴，若跨有荆、益，保其岩阻，西和诸戎，南抚夷越，外结好孙权，内修政理，天下有变，则命一上将将荆州之军以向宛、洛，将军身率益州之众出于秦川，百姓孰敢不箪食壶浆以迎将军者乎？诚如是，则霸业可成，汉室可兴矣。”先主曰：“善！”于是与亮情好日密。关羽、张飞等不悦，先主解之曰：“孤之有孔明，犹鱼之有水也。愿诸君勿复言。”羽、飞乃止。

【译文】

诸葛亮，字孔明，琅邪郡阳都县人，汉朝司隶校尉诸葛丰的后代。父亲名珪，字君贡，汉末任太山郡丞。诸葛亮很早就死了父亲，叔父诸葛玄是袁术任命的豫章太守，诸葛玄携带诸葛亮和诸葛亮弟弟诸葛均前去赴任。正碰上汉朝改派朱皓取代诸葛玄。诸葛玄一向和荆州牧刘表有交往，就去投奔刘表。诸葛玄死后，诸葛亮亲自参加农田耕种，喜欢吟诵《梁父吟》。诸葛亮身高八尺，常常拿自己和管仲、乐毅相提并论，当时人没有谁赞成他的自我评价。只有博陵崔州平，颍川徐庶元直和诸葛亮友好，认为诸葛亮的自我评价符合实际。

当时先主（刘备）屯驻新野，徐庶拜见先主，先主器重徐庶。徐庶对先主说：“诸葛孔明，是一条卧龙，将军是否愿意见见他？”先主说：“您陪他一起来吧。”徐庶说：“此人可以去拜见，不能委曲他来拜见将军。将军应当委屈自己前去拜见他。”于是先主就去拜见诸葛亮，共去了三次，才见到。于是屏退其他人，对诸葛亮说：“汉朝陷入危机，奸臣窃取了大权，皇帝流离失所。我不考虑自己的品德能力，想在全天下伸张大义，可是智慧和办法不够，因此遭受挫折，直到今天。但我志向还没放弃，您说怎么办好？”诸葛亮回答说：“自从董卓以来，豪杰并起，地跨几个州几个郡的，多得数不过来。曹操和袁绍相比，名声小，兵力少，但曹操终能打垮袁绍，变弱为强，这不仅是时机碰得好，也是人的谋略强啊。现在曹操已经拥有百万之众，挟持了天子，以天子名义号令诸侯，这的确不能和他正面冲突了。孙权占有江东，已经历了三代，地势险要，人民拥护，贤士能人愿为他效力。这支力量可结为外援，而不能去并吞。荆州北面有汉水、沔水可供据守，远接南海的广阔地域可以提供丰盛财源，东与吴会相连，西面通达巴蜀，这是兵家必争的地方，但它的主人没有能力来守护。这可能是老天为将军提供的，将军有意吗？益州地形险要，肥田沃土上千里，是座物产富饶的天然仓库，高祖凭借它建成了帝业。刘璋糊涂软弱，北受张鲁威胁，境内人口众多，财源充沛，但不懂得关怀体贴民众，有智慧有才干的人希望得到贤明君主。将军既是皇室后代，信义天下皆知，多方招求英雄，思慕贤才如饥如渴，如能跨有荆、益两州，守住险要，西面和各支戎人和好，南面安抚夷越各族，对外和孙权建立友好关系，对内改进政治，天下形势一有变化，就派一员上将率领荆州兵力进军宛、洛，将军亲自率领益州兵力出击秦川，百姓有谁敢不用篮子盛饭，用壶装酒欢迎您的部队呢？如果真像这样了，那霸业就可建成，汉朝就可复兴了。”先主说：“说得好！”于是和诸葛亮一天比一天友好亲密起来。关羽、张飞等不高兴，先主向他们解释说：“我有了孔明，就像鱼得了水一样，希望你们各位不要再说什么了。”关羽、张飞于是不再议论。

刘表长子琦，亦深器亮。表受后妻之言，爱少子琮，不悦于琦。琦每欲与亮谋自安之术，亮辄拒塞，未与处画。琦乃将亮游观后园，共上高楼，饮宴之间，令人去梯，因谓亮曰：“今日上不至天，下不至地，言出子口，入于吾耳，可以言未？”亮答曰：“君不见申生在内而危，重耳在外而安乎？”琦意感悟，阴规出计。会黄祖死，得出，遂为江夏太守。俄而表卒，琮闻曹公来征，遣使请降。先主在樊闻之，率其众南行，亮与徐庶并从，为曹公所追破，获庶母。庶辞先主而指其心曰：“本欲与将军共图王霸之业者，以此方寸之地也。今已失老母，方寸乱矣，无益于事，请从此别。”遂诣曹公。

先主至于夏口，亮曰：“事急矣，请奉命求救于孙将军。”时权拥军在柴桑，观望成败。亮说权曰：“海内大乱，将军起兵据有江东，刘豫州亦收众汉南，与曹操并争天下。今操芟夷大难，略已平矣，遂破荆州，威震四海。英雄无所用武，故豫州遁逃至此。将军量力而处之：若能以吴、越之众与中国抗衡，不如早与之绝；若不能当，何不案兵束甲，北面而事之！今将军外托服从之名，而内怀犹豫之计，事急而不断，祸至无日矣！”权曰：“苟如君言，刘豫州何不遂事之乎？”亮曰：“田横，齐之壮士耳，犹守义不辱，况刘豫州王室之胄，英才盖世，众士慕仰，若水之归海。若事之不济，此乃天也，安能复为之下乎！”权勃然曰：“吾不能举全吴之地，十万之众，受制于人。吾计决矣！非刘豫州莫可以当曹操者，然豫州新败之后，安能抗此难乎？”亮曰：“豫州军虽败于长阪，今战士还者及关羽水军精甲万人，刘琦合江夏战士亦不下万人，曹操之众，远来疲弊，闻追豫州，轻骑一日一夜行三百余里，此所谓‘强弩之末，势不能穿鲁缟’者也。故兵法忌之，曰‘必蹶上将军’。且北方之人，不习水战；又荆州之民附操者，逼兵势耳，非心服也。今将军诚能命猛将统兵数万，与豫州协规同力，破操军必矣。操军破，必北还，如此则荆、吴之势强，鼎足之形成矣。成败之机，在于今日。”权大悦，即遣周瑜、程普、鲁肃等水军三万，随亮诣先主，并力拒曹公。曹公败于赤壁，引军归邺。先主遂收江南，以亮为军师中郎将，使督零陵、桂阳、长沙三郡，调其赋税，以充军实。

【译文】

刘表长子刘琦，也非常器重诸葛亮。刘表听了后妻的话，只爱小儿子刘琮，不爱刘琦。刘琦常想和诸葛亮研究自保安全的办法，诸葛亮总是拒绝，不给他出主意。刘琦于是领诸葛亮游览后花园，一同登上高楼。喝酒时，叫人把楼梯撤了，然后对诸葛亮说："现在上不连天，下不连地，话从你口中出来，只进我的耳朵，可以说了吗？"诸葛亮说："您没看到申生在内遭遇了灾祸，重耳在外获得了安全吗？"刘琦领悟了这话的含义，暗地谋划去外地任职的办法。正巧黄祖死了，刘琦有了外出任职的机会，就当了江夏太守。不久刘表死了，刘琮听说曹操来攻荆州，就派去使者请求投降。先主在樊城听说了，率领部下向南走，诸葛亮和徐庶都随行，被曹操追上来击溃，俘虏了徐庶的母亲。徐庶向先主告辞，指着心说："本来想和您一起创建王霸大业的，是这一小块地方，现在失去了老母，这小块地方乱了，不能再对事情有所帮助了，请允许我从此和您分别。"于是就到曹操那里去了。

先主到达夏口，诸葛亮说："事情危急了，请派我去向孙将军求救。"当时孙权带兵驻扎在柴桑，观望成败。诸葛亮劝孙权说："天下大乱，将军起兵占有了江东，刘豫州也在汉南招募军队，和曹操争夺天下。现在曹操已经破除大敌，基本控制了北方局势，接着又击破荆州，威镇四海。英雄没有用武之地了，所以刘豫州逃到这里。希望将军量力而行：如果能凭借吴、越兵力和中原对抗，不如早点和曹操决裂；如果不能抵挡，为什么不放下刀枪卷起盔甲，屈膝投降称臣呢！现在将军表面装作服从，内心还在犹豫，事情紧急而不下决断，大祸就要降临了。"孙权说："如果像您说的这样，刘豫州为什么不干脆投降他呢？"诸葛亮说："田横只不过是齐国一个壮士罢了，还坚守原则不屈辱投降呢，更何况刘豫州是王室后代，英才盖世无双，众多贤士思慕敬仰他就像水归大海一样。如果事情不成功，那是天意，怎么能向曹操投降称臣呢？”孙权生气地说：“我不能拿全吴土地，十万大军，交给别人控制。我决定了！不是刘豫州，没有谁可以抵挡曹操。但豫州刚刚战败，怎么能担当起这重任呢？”诸葛亮说：“豫州军队虽在长阪战败，现在从战场回来的战士加上关羽精锐水军有一万人，刘琦会合江夏战士也不下万人。曹操军队，远来疲劳，听说追击刘豫州时，轻骑一天一夜行三百多里，这就是所谓的‘即使是强弓射出的箭，飞到尽头时，力量也要衰减得连薄薄的鲁地丝绸也穿不过去了’。所以兵法上禁止这样进军，说‘必定会导致主帅的失败’。加上北方人不习惯水战，还有荆州民众归附曹操，是曹操用军事力量威逼的结果，不是心服。现在将军果真能派遣猛将带几万军队和豫州同心协力，则打败曹操，必定无疑。曹操失败，必然退回北方，如此则荆、吴势力增强，鼎足三分局面就确立下来了。成败关键，在于您今天的决定。”孙权非常高兴，就派周瑜、程普、鲁肃等水军三万人，随诸葛亮去见先主，合力抵抗曹操。曹操在赤壁战败，带兵返回邺城。先主于是占领江南，以诸葛亮为军师中郎将，让他督察零陵、桂阳、长沙三郡事务，征调三郡赋税，供应军需。

建安十六年，益州牧刘璋遣法正迎先主，使击张鲁。亮与关羽镇荆州。先主自葭萌还攻璋，亮与张飞、赵云等率众溯江，分定郡县，与先主共围成都。成都平，以亮为军师将军，署左将军府事。先主外出，亮常镇守成都，足食足兵。二十六年，群下劝先主称尊号，先主未许，亮说曰：“昔吴汉、耿弇等初劝世祖即帝位，世祖辞让，前后数四，耿纯进言曰：‘天下英雄喁喁，冀有所望。如不从议者，士大夫各归求主，无为从公也。’世祖感纯言深至，遂然诺之。今曹氏篡汉，天下无主，大王刘氏苗族，绍世而起，今即帝位，乃其宜也。士大夫随大王久勤苦者，亦欲望尺寸之功如纯言耳。”先主于是即帝位，策亮为丞相曰：“朕遭家不造，奉承大统，兢兢业业，不敢康宁，思靖百姓，惧未能绥。於戏！丞相亮其悉朕意，无怠辅朕之阙，助宣重光，以照明天下，君其勖哉！”亮以丞相录尚书事，假节。张飞卒后，领司隶校尉。

章武三年春，先主于永安病笃，召亮于成都，属以后事，谓亮曰：“君才十倍曹丕，必能安国，终定大事。若嗣子可辅，辅之；如其不才，君可自取。”亮涕泣曰：“臣敢竭股肱之力，效忠贞之节，继之以死！”先主又为诏敕后主曰：“汝与丞相从事，事之如父。”建兴元年，封亮武乡侯，开府治事。顷之，又领益州牧。政事无巨细，咸决于亮。南中诸郡，并皆叛乱，亮以新遭大丧，故未便加兵，且遣使聘吴，因结和亲，遂为与国。

三年春，亮率众南征，其秋悉平。军资所出，国以富饶，乃治戎讲武，以俟大举。五年，率诸军北驻汉中，临发，上疏曰：

【译文】

建安十六年，益州牧刘璋派法正迎接先主，要先主攻打张鲁。诸葛亮和关羽镇守荆州。先主从葭萌出发回师攻击刘璋，诸葛亮与张飞、赵云等率兵溯江而上，分头平定郡县，和先主合围成都。成都攻克，以诸葛亮为军师将军，署左将军府事。先主外出，诸葛亮常镇守成都，确保钱粮足用，兵力充实。二十六年，部下劝先主称皇帝，先主没有答应。诸葛亮劝说道：“当年吴汉、耿弇等开始劝世祖称皇帝，世祖辞让，劝说好几次也没答应。耿纯对世祖说：‘天下英雄敬仰归向您，都在您身上寄托着希望，如果您坚持不听从大家建议，士大夫们就各自转回去另找主人，没有必要再跟从您了。’世祖被耿纯真挚深刻的谈话感动了，就接受了大家的建议。现在曹氏篡夺了汉朝政权，天下无主，大王是刘氏后裔，是为了延续刘氏帝统才奋起斗争的，现在接受帝号，是应当的事。士大夫随大王长期辛苦，也是想建点小功，如耿纯所说的那样。”先主于是即位为皇帝，任命诸葛亮为丞相，任命书说：“朕遭遇家族不幸，恭敬地承接了帝位，小心谨慎，不敢安逸，希望丞相诸葛亮了解朕的意思，不要放松弥补朕的不足，帮助朕发扬伟大的汉室光辉，以照明天下。希望您努力啊。”诸葛亮以丞相录尚书事，假节。张飞死后，诸葛亮兼司隶校尉。

章武三年春，先主在永安病重，把诸葛亮从成都召去，托付后事。对诸葛亮说：“您的才能是曹丕的十倍，必能安定国家，最终完成统一大业。如果太子可以辅佐，就辅佐他，如果他不成才，您可以取而代之。”诸葛亮流着泪说：“我一定竭尽全力辅佐，坚守忠贞原则，一直到死。”先主又写一份诏书告诫后主：“你和丞相共事，要把他当父亲一样看待。”建兴元年，封诸葛亮为武乡侯，设立丞相府署办理政务。不久，又兼益州牧。政事不分大小，都由诸葛亮决定。南中地区各个郡，全都叛乱了，诸葛亮因为新遭国丧，所以没有马上派兵镇压。暂且先派遣使者出访东吴，趁便建立和平友善关系，进而结成盟国。

三年春，诸葛亮率兵南征，当年秋天全都平定，南中能提供军事物资，国家因而逐渐富饶。于是整军练武，等待机会出兵伐魏。五年，诸葛亮率领各路大军北驻汉中，出发前，给皇帝呈上奏疏说：

先帝创业未半而中道崩殂，今天下三分，益州疲弊，此诚危急存亡之秋也。然侍卫之臣不懈于内，忠志之士忘身于外者，盖追先帝之殊遇，欲报之于陛下也。诚宜开张圣听，以光先帝遗德，恢弘志士之气，不宜妄自菲薄，引喻失义，以塞忠谏之路也。宫中府中，俱为一体，陟罚臧否，不宜异同。若有作奸犯科及为忠善者，宜付有司论其刑赏，以昭陛下平明之理，不宜偏私，使内外异法也。侍中、侍郎郭攸之、费祎、董允等，此皆良实，志虑忠纯，是以先帝简拔以遗陛下。愚以为宫中之事，事无大小，悉以咨之，然后施行，必能裨补阙漏，有所广益。将军向宠，性行淑均，晓畅军事，试用于昔日，先帝称之曰能，是以众议举宠为督。愚以为营中之事，悉以咨之，必能使行阵和睦，优劣得所。亲贤臣，远小人，此先汉所以兴隆也；亲小人，远贤臣，此后汉所以倾颓也。先帝在时，每与臣论此事，未尝不叹息痛恨于桓、灵也。侍中、尚书、长史、参军，此悉贞良死节之臣，愿陛下亲之信之，则汉室之隆，可计日而待也。

臣本布衣，躬耕于南阳，苟全性命于乱世，不求闻达于诸侯。先帝不以臣卑鄙，猥自枉屈，三顾臣于草庐之中，咨臣以当世之事，由是感激，遂许先帝以驱驰。后值倾覆，受任于败军之际，奉命于危难之间，尔来二十有一年矣。先帝知臣谨慎，故临崩寄臣以大事也。受命以来，夙夜忧叹，恐托付不效，以伤先帝之明。故五月渡泸，深入不毛。今南方已定，兵甲已足，当奖率三军，北定中原，庶竭驽钝，攘除奸凶，兴复汉室，还于旧都，此臣所以报先帝，而忠陛下之职分也。

至于斟酌损益，进尽忠言，则攸之、祎、允之任也。愿陛下托臣以讨贼兴复之效，不效，则治臣之罪，以告先帝之灵。责攸之、祎、允等之慢，以彰其咎。陛下亦宜自谋，以咨诹善道，察纳雅言，深追先帝遗诏。臣不胜受恩感激。今当远离，临表涕零，不知所言。

遂行，屯于沔阳。

【译文】

先帝创建大业没有一半就中途逝世了，现在天下三分，益州困难重重，这确实是危急存亡的关键时刻。但侍卫大臣在朝廷依然兢兢业业，毫不懈怠；忠诚将士在疆场依然英勇奋战，不顾个人安危，这是因为他们追念先帝的特殊恩惠，想向陛下报答啊。陛下确实应当广泛听取意见，以发扬先帝遗留的美德，进一步振奋志士们的精神，不应该无缘无故看轻自己，用不恰当的借口去堵塞臣下进献忠谏的途径。皇宫和丞相府的臣僚是一个整体，赏罚褒贬，不应当标准不同。如果有作恶犯法和尽忠行善的，应该交付主管官吏研究奖惩，以显示陛下处理国事的公正严明。不应该有所偏袒，使宫内宫外有不同准则。侍中、侍郎郭攸之、费祎、董允等，这些都是善良诚实的人，心怀忠贞思想纯洁，所以先帝选拔出来留给陛下。我认为宫里的事，不论大小，应全都听取他们意见，然后施行，必定能减少缺漏，增强效果。将军向宠，性格温和善良，办事公正，通晓军事，以前试用过他，先帝称赞他“有才能”，所以大家讨论推举他为中部督。我认为军营中的事全都听取他的意见，必能使将士和睦，不同才能的人都各得其所。亲近贤臣疏远小人，这是前汉兴隆的原因；亲近小人疏远贤臣，这是后汉衰落的原因，先帝在世时，常和我议论这些事，没有一次不对桓、灵时的情况深感遗憾。侍中、尚书、长史、参军，这些都是忠贞善良宁死也要坚持原则的人，希望陛下亲近他们信任他们，这样，汉室的兴盛就不用许多日子了。

我本是平民百姓，在南阳亲身从事耕作，只想在乱世里勉强保全性命，并没想在诸侯间扬名做官。先帝不在乎我低贱鄙陋，他降低身份，三次到草屋中来看望我，征询我对当世的看法，我因而受到感动，就答应追随先帝奋斗。后来遭遇失败，在军事溃退中接受重任，在艰难危险时奉命出使，从那以来已经二十一个年头了。先帝知道我谨慎，所以临终把大事托付给我。接受托付以来，日夜忧虑，唯恐托付的事不能实现，伤了先帝知人之明。所以五月里渡涉泸水，深入荒凉地带。现在南方已经平定，兵力已经充足，应该鼓舞、率领三军，北进平定中原。希望能竭尽我平庸的才能，扫除奸邪恶人，兴复汉朝，返回旧都，这是我报答先帝和效忠陛下的职责啊。

至于斟酌内政，除弊兴利，尽忠劝谏，那是郭攸之、费祎、董允等人的职责。希望陛下把消灭贼寇兴复汉朝的成效托付给我，不见成效，就治我的罪，报告先帝在天之灵。责备郭攸之、费祎、董允等人怠慢，公布他们的过错。陛下也应当自己多加考虑，访询安邦治国的好办法，考察接纳正确意见，深入追念先帝遗诏。我承受大恩无限感激，现在就要远离陛下了，面对这份表章，不禁落泪，不知自己说了什么。

于是率军出发，屯驻于沔阳。

六年春，扬声由斜谷道取郿，使赵云、邓芝为疑军，据箕谷，魏大将军曹真举众拒之。亮身率诸军攻祁山，戎陈整齐，赏罚肃而号令明，南安、天水、安定三郡叛魏应亮，关中响震。魏明帝西镇长安，命张郃拒亮，亮使马谡督诸军在前，与郃战于街亭。谡违亮节度，举动失宜，大为郃所破。亮拔西县千余家，还于汉中。戮谡以谢众，上疏曰："臣以弱才，叨窃非据，亲秉旄钺以厉三军，不能训章明法，临事而惧，至有街亭违命之阙，箕谷不戒之失，咎皆在臣，授任无方。臣明不知人，恤事多暗，《春秋》责帅，臣职是当。请自贬三等，以督厥咎。"于是以亮为右将军，行丞相事，所总统如前。

冬，亮复出散关，围陈仓，曹真拒之，亮粮尽而还。魏将王双率骑追亮，亮与战，破之，斩双。七年，亮遣陈式攻武都、阴平。魏雍州刺史郭淮率众欲击式，亮自出至建威，淮退还，遂平二郡。诏策亮曰："街亭之役，咎由马谡，而君引愆，深自贬抑，重违君意，听顺所守。前年耀师，馘斩王双，今岁爰征，郭淮遁走，降集氐、羌，兴复二郡，威镇凶暴，功勋显然。方今天下骚扰，元恶未枭，君受大任，干国之重，而久自挹损，非所以光扬洪烈矣。今复君丞相，君其勿辞。"

【译文】

六年春，扬言经由斜谷道进攻郿县，派赵云、邓芝作为疑兵，占据箕谷，魏大将军曹真带兵抵挡赵云、邓芝。诸葛亮亲领各路兵马攻祁山，队伍整齐，赏罚严明，号令分明，南安、天水、安定三郡反叛魏国响应诸葛亮，整个关中震动。魏明帝西行坐镇长安，派张郃抵挡诸葛亮，诸葛亮派马谡督领各路大军前行，和张郃战于街亭。马谡违背诸葛亮部署，行动失当，被张郃打得大败。诸葛亮迁徙西县居民一千多家回到汉中。杀掉马谡，以向将士承认错误。上疏说："我以微薄才能，占据了不应占有的高位，亲任统帅，整训三军，没能讲清制度，严明法规，没能临事警惕慎思，所以出现街亭违背部署的错误，箕谷戒备不周的过失，错误都在于我任人不当。我缺乏知人之明，考虑事情多有糊涂之处。《春秋》有追究主帅责任的原则，根据我的职务，应当承当责任，请允许我自己降职三级，以惩罚我的罪过。”于是以诸葛亮为右将军，代行丞相职务，所管辖事务和以前一样。

冬季，诸葛亮又从散关出击，包围陈仓，曹真率军抵挡。诸葛亮军粮用尽，只好后撤。魏将王双率骑兵追击，诸葛亮与他交战，打败了他，并斩杀了他。七年，诸葛亮派陈式攻武都、阴平，魏国雍州刺史郭淮率兵想进击陈式，诸葛亮亲自进到建威，郭淮退回，于是平定了武都、阴平两郡。后主给诸葛亮下诏书说：“街亭战役，罪在马谡，而您把罪责加在自己身上，深深贬低压抑自己。我不便违背您的心意，听从了您的要求。前年出兵，斩了王双，今年出征，郭淮遁逃，招降氐、羌，收复两郡，威镇残暴敌人，功勋卓著。现在天下还不安定，首恶尚未铲除，您肩负重任，主持国家大事，却长久自我贬低压制，这不是光大弘扬兴复大业的办法，现在恢复您的丞相官职，希望您不要推辞。”

九年，亮复出祁山，以木牛运，粮尽退军，与魏将张郃交战，射杀郃。十二年春，亮悉大众由斜谷出，以流马运，据武功五丈原，与司马宣王对于渭南。亮每患粮不继，使己志不申，是以分兵屯田，为久驻之基，耕者杂于渭滨居民之间，而百姓安堵，军无私焉。相持百余日。其年八月，亮疾病，卒于军，时年五十四。及军退，宣王案行其营垒处所，曰：“天下奇才也！”

亮遗命葬汉中定军山，因山为坟，冢足容棺，敛以时服，不须器物。诏策曰：“惟君体资文武，明睿笃诚，受遗托孤，匡辅朕躬，继绝兴微，志存靖乱；爰整六师，无岁不征，神武赫然，威镇八荒，将建殊功于季汉，参伊、周之巨勋。如何不吊，事临垂克，遘疾陨丧！朕用伤悼，肝心若裂。夫崇德序功，纪行命谥，所以光昭将来，刊载不朽。今使使持节左中郎将杜琼，赠君丞相武乡侯印绶，谥君为忠武侯。魂而有灵，嘉兹宠荣。呜呼哀哉！呜呼哀哉！”

【译文】

九年，诸葛亮又取道祁山出击，用木牛运输，军粮用尽只好退兵。和魏将张郃交战，射死张郃。十二年春，诸葛亮统率全部大军由斜谷出兵，用流马运输，占据武功的五丈原和司马宣王对峙于渭水南岸。诸葛亮常担忧军粮供应不上，使自己大志不能实现，所以就分出军队就地屯田耕种，作为长久驻扎的基础，屯田士兵散住在渭水沿岸居民之间，而百姓安居，军队不扰民自利。相持一百多天，当年八月，诸葛亮患重病，在军营中逝世。年龄是五十四岁。军队撤退以后，宣王巡察诸葛亮的营垒故址，说："真是天下奇才啊！"

诸葛亮临终时嘱咐，把他葬在汉中定军山，依山造坟，墓坑仅能放下棺柩，就以当时的服装入殓，不用殉葬品。后主下诏书说："您兼具文武才能，明智、忠厚、诚实。接受托孤遗诏，匡正辅佐朕，接续中断的汉朝，兴复衰落的皇室，志在平定大乱。于是您整顿军队，没有一年不出兵征讨，英武神奇，威镇八方。即将为第三次崛起的汉朝建立特殊功勋，建立可与伊尹、周公媲美的功勋，老天为什么不施仁慈，事情接近完成，却患病去世！我为此非常伤心，心肝像碎裂一样难受。尊崇美德，评定功勋，条列事迹，议定谥号，为的是让您的光辉照耀后世，让您青史留名永垂不朽。现在派遣使持节左中郎将杜琼，赠您丞相武乡侯印绶，谥您为忠武侯，魂如果有灵，您将因获得这份荣誉而高兴。唉，伤心啊！唉，伤心啊！"

初，亮自表后主曰："成都有桑八百株，薄田十五顷，子弟衣食，自有余饶。至于臣在外任，无别调度，随身衣食，悉仰于官，不别治生，以长尺寸。若臣死之日，不使内有余帛，外有赢财，以负陛下。"及卒，如其所言。

亮性长于巧思，损益连弩，木牛流马，皆出其意；推演兵法，作八阵图，咸得其要云。亮言教书奏多可观，别为一集。

景耀六年春，诏为亮立庙于沔阳。秋，魏镇西将军钟会征蜀，至汉川，祭亮之庙，令军士不得于亮墓所左右刍牧樵采。亮弟均，官至长水校尉。亮子瞻，嗣爵。

【译文】

当初，诸葛亮自己上表给后主说："成都我家有桑树八百棵，薄田十五顷，我后代的穿衣吃饭，会有富余。至于我在外任官，没有别的开支，随身衣食，全由官府供给。我不再另外经营产业，增加少许财富。到我死的时候，不让家中、任上有多余的财物，而辜负陛下的恩德。”到他死时，情况像他所说的一样。

诸葛亮天性擅长于巧思，改进连弩，制造木牛流马，都出于他的设计。研究运用兵法，设计八阵图，都掌握住了要害。诸葛亮言论、教令、书信、奏议大多值得阅读，另编为一集。

景耀六年春天，后主下诏在沔阳为诸葛亮建庙。当年秋天，魏国镇西将军钟会征蜀，抵达汉川，祭祀诸葛亮的庙，下令军士不许在诸葛亮墓地左右放牧打柴。诸葛亮弟弟诸葛均，官做到长水校尉。诸葛亮的儿子诸葛瞻，继承了诸葛亮的封爵。

诸葛氏集目录

开府作牧第一　权制第二

南征第三　北出第四

计算第五　训厉第六

综核上第七　综核下第八

杂言上第九　杂言下第十

贵和第十一　兵要第十二

传运第十三　与孙权书第十四

与诸葛瑾书第十五

与孟达书第十六

【译文】

诸葛氏集目录：

开府作牧第一

权制第二

南征第三

北出第四

计算第五

训厉第六

综核上第七

综核下第八

杂言上第九
杂言下第十
贵和第十一
兵要第十二
传运第十三
与孙权书第十四
与诸葛瑾书第十五
与孟达书第十六

废李平第十七 法检上第十八
法检下第十九 科令上第二十
科令下第二十一
军令上第二十二
军令中第二十三
军令下第二十四
右二十四篇，凡十万四千一百一十二字。

臣寿等言：臣前在著作郎，侍中领中书监济北侯臣荀勖、中书令关内侯臣和峤奏，使臣定故蜀丞相诸葛亮故事。亮毗佐危国，负阻不宾，然犹存录其言，耻善有遗，诚是大晋光明至德，泽被无疆，自古以来，未之有伦也。辄删除复重，随类相从，凡为二十四篇，篇名如右。

【译文】

废李平第十七
法检上第十八
法检下第十九
科令上第二十
科令下第二十一
军令上第二十二
军令中第二十三
军令下第二十四
右二十四篇，共十万四千一百一十二字。

臣陈寿等奏报陛下：我以前任著作郎时，侍中领中书监济北侯臣荀勖、中书令关内侯臣和峤上奏，建议让我编定故蜀丞相诸葛亮的旧事。诸葛亮辅佐垂危的国家，凭借险要地势不肯降服，但现在仍然记录保存他的言论，以遗漏美好言行不加记载为羞耻，这真是大晋朝光辉崇高的美德，恩泽广施无边的具体表现。自古以来，没有谁能与大晋朝相比。所以我就删除重复内容，分类编辑，共为二十四篇，篇名如右所列。

亮少有逸群之才，英霸之器，身长八尺，容貌甚伟，时人异焉。遭汉末扰乱，随叔父玄避难荆州，躬耕于野，不求闻达。时左将军刘备以亮有殊量，乃三顾亮于草庐之中；亮深谓备雄姿杰出，遂解带写诚，厚相结纳。及魏武帝南征荆州，刘琮举州委质，而备失势众寡，无立锥之地。亮时年二十七，乃建奇策，身使孙权，求援吴会。权既宿服仰备，又睹亮奇雅，甚敬重之，即遣兵三万人以助备。备得用与武帝交战，大破其军，乘胜克捷，江南悉平。后备又西取益州。益州既定，以亮为军师将军。备称尊号，拜亮为丞相，录尚书事。及备殂没，嗣子幼弱，事无巨细，亮皆专之。于是外连东吴，内平南越，立法施度，整理戎旅，工械技巧，物究其极，科教严明，赏罚必信，无恶不惩，无善不显，至于吏不容奸，人怀自厉，道不拾遗，强不侵弱，风化肃然也。

当此之时，亮之素志，进欲龙骧虎视，苞括四海，退欲跨陵边疆，震荡宇内。又自以为无身之日，则未有能蹈涉中原，抗衡上国者，是以用兵不戢，屡耀其武。然亮才，于治戎为长，奇谋为短，理民之干，优于将略。而所与对敌，或值人杰，加众寡不侔，攻守异体，故虽连年动众，未能有克。昔萧何荐韩信，管仲举王子城父，皆忖己之长，未能兼有故也。亮之器能政理，抑亦管、萧之亚匹也，而时之名将无城父、韩信，故使功业陵迟，大义不及邪？盖天命有归，不可以智力争也。

【译文】

诸葛亮年轻时就有超群的才能，出众的气概，身高八尺，相貌堂堂，当时人们都对他另眼相看。遭逢汉末的混乱，跟随叔父诸葛玄到荆州避难，亲身从事田野耕作，不求出名做官。当时左将军刘备认为诸葛亮有特殊才能，就三次去诸葛亮草屋拜访他，诸葛亮也深深感到刘备抱负宏伟才智杰出，于是彼此坦诚交谈，缔结深交。等到魏武帝南征荆州，刘琮献荆州投降，刘备失去依靠，兵力又单薄，没有立锥之地。诸葛亮当时二十七岁，就献出奇计，亲自出使孙权，向吴求援。孙权早就佩服敬仰刘备，又看到诸葛亮见识出众，谈吐高雅，很敬重他，就派兵三万兵马协助刘备，刘备借助这支力量与魏武帝交战，大破武帝军队。又乘胜进军，江南全部平定。后来刘备又西取益州。益州平定后，以诸葛亮为军师将军。刘备称皇帝，任命诸葛亮为丞相，录尚书事。等到刘备去世，后主年纪轻才能弱，事情不管大小，诸葛亮都全权决定。于是向外联络东吴，对内平定南越。制定法令，颁布制度，整顿军队，极力改进机械工艺。法禁、教化严明，该赏必赏，该罚必罚，没有一件罪恶不受惩处，没有一件好事不受表彰，直到官吏中再也藏不住奸邪，社会上人人想着上进，路上没有人拾取别人遗失的财物，没有恃强凌弱，社会风气严肃清新。

在这时侯，诸葛亮的一贯想法是，最好能长驱直入统一全国，退一步也要能夺占边疆，威胁中原。又考虑到身死之后，怕没人能接替他进兵中原抗击魏国。所以他就用兵不止，屡次出击。但诸葛亮擅长组织训练军队，而缺乏指挥战争的奇谋，政治才能超过军事才能，而与他对敌的有的恰是人中豪杰，加上众寡悬殊，攻守形势不同，所以虽然连年用兵也没能取胜。过去，萧何推荐韩信，管仲推荐王子城父，都是考虑到自己的擅长，不能兼有各个方面。诸葛亮的政治才能，可以和管、萧匹敌，但当时没有城父、韩信那样的名将，所以才使他功业日衰，统一大志不能实现吧？这大概是天命注定，不可凭个人智力去争的啊。

青龙二年春，亮帅众出武功，分兵屯田，为久驻之基。其秋病卒。黎庶追思，以为口实。至今梁、益之民，咨述亮者，言犹在耳，虽《甘棠》之咏召公，郑人之歌子产，无以远譬也。孟轲有云："以逸道使民，虽劳不怨；以生道杀人，虽死不忿。"信矣！论者或怪亮文采不艳，而过于丁宁周至。臣愚以为咎繇大贤也，周公圣人也，考之《尚书》，咎繇之谟略而雅，周公之诰烦而悉。何则？咎繇与舜、禹共谈，周公与群下矢誓故也。亮所与言，尽众人凡士，故其文指不得及远也。然其声教遗言，皆经事综物，公诚之心，形于文墨，足以知其人之意理，而有补于当世。

伏惟陛下迈踪古圣，荡然无忌，故虽敌国诽谤之言，咸肆其辞而无所革讳，所以明大通之道也。谨录写上诣著作。臣寿诚惶诚恐，顿首顿首，死罪死罪。泰始十年二月一日癸巳，平阳侯相臣陈寿上。

【译文】

魏明帝青龙二年春，诸葛亮率兵进驻武功，分兵屯田，建设长期驻守的基地。当年秋天病死，百姓追念他，把他作为日常话题，至今梁州、益州百姓关于诸葛亮的讲述，仍然可以听到。即使《甘棠》歌颂召公，郑国人歌颂子产，也不会超过这种程度吧。孟轲有句话说："为人民的安逸而使用民力，即使劳苦，人民也不抱怨；为了人民的生存而让人民做出牺牲，即使丢掉生命，人民也无忿恨。"真是如此啊。有人嫌诸葛亮文章的文采不足，而过于具体周到。我认为，咎繇是大贤人，周公是圣人，考察《尚书》可见，咎繇陈述计谋的话语简略而典雅，周公的诰语烦琐而详细，为什么呢？因为咎繇是和舜、禹对谈，而周公是和众多的下属共立誓言啊。诸葛亮所与对话的，都是平凡众人，所以文章意旨不能深奥啊。但他的训教遗言，都是关于实际事物的分析或处理，他的公正诚实思想，洋溢于字句之间，从中可了解他的志趣、观点，对当代也具有启发意义。

陛下效法古代圣王，胸怀坦荡，不存忌讳，所以虽是敌国的诽谤言论，也都让它保留全文，而不予删削，为的是阐明古今通用的道理啊。我恭敬地抄写诸葛亮的故事上交著作郎。臣陈寿诚惶诚恐，顿首顿首，死罪死罪。泰始十年二月一日癸巳，平阳侯相臣陈寿上。

乔字伯松，亮兄瑾之第二子也。本字仲慎。与兄元逊俱有名于时，论者以为乔才不及兄，而性业过之。初，亮未有子，求乔为嗣。瑾启孙权遣乔来西，亮以乔为己适子，故易其字焉。拜为驸马都尉，随亮至汉中。年二十五，建兴六年卒。子攀，官至行护军翊武将军，亦早卒。诸葛恪见诛于吴，子孙皆尽，而亮自有胄裔，故攀还复为瑾后。

瞻字思远。建兴十二年，亮出武功，与兄瑾书曰："瞻今已八岁，聪慧可爱，嫌其早成，恐不为重器耳。"年十七，尚公主，拜骑都尉。其明年为羽林中郎将，屡迁射声校尉、侍中、尚书仆射，加军师将军。瞻工书画，强识念。蜀人追思亮，咸爱其才敏。每朝廷有一善政佳事，虽非瞻所建倡，百姓皆传相告曰："葛侯之所为也。"是以美声溢誉，有过其实。景耀四年，为行都护卫将军，与辅国大将军南乡侯董厥并平尚书事。六年冬，魏征西将军邓艾伐蜀，自阴平由景谷道旁入。瞻督诸军至涪停住，前锋破，退还，住绵竹。艾遣书诱瞻曰："若降者必表为琅邪王。"瞻怒，斩艾使。遂战，大败，临陈死，时年三十七。众皆离散。艾长驱至成都，瞻长子尚，与瞻俱没。次子京及攀子显等，咸熙元年内移河东。

董厥者，丞相亮时为府令史，亮称之曰："董令史，良士也。吾每与之言，思慎宜适。"徙为主簿。亮卒后，稍迁至尚书仆射，代陈祗为尚书令，迁大将军平台事，而义阳樊建代焉。延熙十四年，以校尉使吴，值孙权病笃，不自见建。权问诸葛恪曰："樊建何如宗豫也？"恪对曰："才识不及豫，而雅性过之。"后为侍中，守尚书令。自瞻、厥、建统事，姜维常征伐在外，宦人黄皓窃弄机柄，咸共将护，无能匡矫，然建特不与皓和好往来。蜀破之明年春，厥、建俱诣京都，同为相国参军，其秋并兼散骑常侍，使蜀慰劳。

【译文】

诸葛乔字伯松，诸葛亮哥哥诸葛瑾的第二个儿子。本来字仲慎，和哥哥诸葛元逊在当时都有名气。评论的人认为，诸葛乔的才干不如哥哥，而性格、学业则超过哥哥。起初，诸葛亮没有儿子，请求把诸葛乔过继给自己。诸葛瑾请示孙权后把诸葛乔送来西边。诸葛亮以诸葛乔为自己嫡子，所以改了他的字。诸葛乔被任命为驸马都尉，随诸葛亮到汉中。活到二十五岁，建兴六年就死了。他儿子诸葛攀官做到护军翊武将军，也死得早。诸葛恪在吴国被杀，子孙全被杀光，而诸葛亮自己有了后代，所以诸葛攀回过去又做诸葛瑾的后代。

诸葛瞻字思远，建兴十二年，诸葛亮出兵武功，给哥哥诸葛瑾写信说："瞻今已八岁，聪明可爱，我嫌他早熟，怕成不了大器。"十七岁时和公主结婚，被任命为骑都尉。第二年，为羽林中郎将。先后升为射声校尉、侍中、尚书仆射、加军师将军。诸葛瞻擅长书画，记忆力强。蜀人追念诸葛亮，都爱诸葛瞻的才能和聪敏。每逢朝廷有一件好政策好事情，即使不是诸葛瞻建议倡导的，百姓也都相互转告："这是葛侯办的。"所以好名声超过了实际情况。景耀四年，为行都护卫将军，和辅国大将军南乡侯董厥一起平尚书事。六年冬，魏征西将军邓艾伐蜀，从阴平经由景谷道旁进入蜀境，诸葛瞻督领各路军队集中在涪县驻扎，前锋被邓艾打败，就后撤到绵竹驻扎。邓艾写信给诸葛瞻诱降："如果投降，一定请求封你为琅邪王。"诸葛瞻大怒，斩了邓艾使者，于是交战，大败，阵亡了。当时是三十七岁。军队全部溃散，邓艾长驱进入成都。诸葛瞻长子诸葛尚和诸葛瞻一起阵亡。次子诸葛京和诸葛攀儿子诸葛显等在咸熙元年，被迁到内地，安置在河东。

董厥，在诸葛亮做丞相时担任丞相府令史，诸葛亮称赞他说："董令史是优秀的人才啊，我常和他交谈，他思虑谨慎，举措适宜。"调为主簿。诸葛亮死后，董厥逐渐升到尚书仆射，代替陈祇为尚书令，升大将军，平台事，义阳人樊建代替他为丞相府令史。延熙十四年，樊建以校尉身份出使吴国，碰上孙权病重，不亲自接见樊建。孙权问诸葛恪："樊建和宗豫比怎么样？"诸葛恪说："才干见识不如宗豫，而品性、高雅超过宗豫。"后来任侍中，守尚书令。自从诸葛瞻、董厥、樊建主持政事，姜维经常在外作战，宦人黄皓就趁机窃夺大权，诸葛瞻等容忍迁就，不能纠正，但樊建独不和黄皓和好往来。蜀国灭亡的第二年春天，董厥、樊建一起到京都，同被任命为相国参军。当年秋天，又同都兼任散骑常侍，被派到蜀地去慰劳。

〔晋书〕

阮籍列传

阮籍字嗣宗，陈留尉氏人也。父瑀，魏丞相掾，知名于世。籍容貌瑰杰，志气宏放，傲然独得，任性不羁，而喜怒不形于色。或闭户视书，累月不出，或登临山水，经日忘归。博览群籍，尤好庄老。嗜酒能啸，善弹琴。当其得意，忽忘形骸。时人多谓之痴，惟族兄文业每叹服之，以为胜己，由是咸共称异。

【译文】

阮籍，字嗣宗，陈留尉氏人。父亲阮瑀，做过魏朝丞相曹操的僚属，在当时社会上颇有名气。阮籍的相貌奇特伟岸超越众人，志气宏达豪放，性格傲岸，做事凭借性格不受拘束，心里感到高兴或恼怒时，从来不在脸色上表露出来。有时闭门读书，几个月也不出家门；有时登山玩水，连续几天忘了归家。他博览群书，尤其喜爱《庄子》《老子》。好饮酒，能长啸又善于弹琴。当他得意的时候，总感到飘飘悠悠而忘记了自己形体的存在。当时多数人说他癫狂，只有他堂兄阮文业常常赞叹佩服他，认为阮籍胜过自己，由于阮文业的赞扬，大家才都称颂阮籍的奇特。

籍尝随叔父至东郡，兖州刺史王昶请与相见，终日不开一言，自以不能测。太尉蒋济闻其有隽才而辟之，籍诣亭奏记曰："伏惟明公以含一之德，据上台之位，英豪翘首，俊贤抗足。开府之日，人人自以为掾属；辟书始下，而下走为首。昔子夏在於西河之上，而文侯拥彗；邹子处於黍谷之阴，而昭王陪乘。夫布衣韦带之士，孤居特立，王公大人所以礼下之者，为道存也。今籍无邹卜之道，而有其陋，猥见采择，无以称当。方将耕於东皋之阳，输黍稷之余税。负薪疲病，足力不强，补吏之召，非所克堪。乞回谬恩，以光请举。"初，济恐籍不至，得记欣然。遣卒迎之，而籍已去，济大怒。於是乡亲共喻之，乃就吏。后谢病归。复为尚书郎，少时，又以病免。及曹爽辅政，召为参军。籍因以疾辞，屏於田里。岁余而爽诛，时人服其远见。宣帝为太傅，命籍为从事中郎。及帝崩，复为景帝大司马从事中郎。高贵乡公即位，封关内侯，徙散骑常侍。

【译文】

阮籍曾经跟随他叔父到东郡（今河南濮阳西南），兖州（今属山东）刺史王昶请求与阮籍会面，阮籍却整天不开口说一句话，王昶感到阮籍这个人令人难以琢磨。太尉蒋济听说阮籍才智出众而征召他，阮籍前往亭长府内给蒋济写一份奏章，说："卑下俯伏上言，贤明的太尉，您以纯净的涵养美德，处于辅助国君的高级地位，使英雄豪杰翘首，让后士贤人踮脚。正当成立官署选拔官吏之日，人人都想自己能充任您的僚属，您的征召文书刚刚下达，我这个卑下走卒竟名列前茅。过去，子夏住在西河（今黄河与北洛河之间），为请子夏到魏国做官，魏国国君文侯亲自抱扫帚为他清道；邹子住在黍谷（今河北密云西南），为请邹衍到燕国当导师，燕国国君昭王自己陪站在邹子车子的右厢。这些人衣带粗陋，深居简出，孤清独立，王公大人之师对他们礼贤下士，是因为他们身上存在着美德韬略。现在，阮籍并没有邹衍、子夏的美德韬略，有的是浅薄粗陋，卑下有辱您的选拔，实在难以担当。我刚要到高朗朝阳的田野去耕耘种作，以缴纳国家的钱粮税收。况且我身患疾病，足力不强，不能为您奔走效劳。任命我为官属的召令，是我所不能承受的。乞求您收回对我的错误恩赐，以便使这次明正的举荐选拔更闪耀光辉。"征召初时，蒋济唯恐阮籍不来，接到了阮籍的奏章，真是高兴，便派差役去迎接阮籍，但阮籍却已经离去，蒋济非常气恼。因此，乡亲都来劝告阮籍，阮籍接受官职。后来，阮籍又托病返乡。后来，阮籍又做了尚书郎。不久，又托病辞职。到了曹爽辅助朝政时，阮籍又被召为参军。阮籍还是以病推辞，而隐居在乡间。过了一年多，曹爽被杀，当时人们都钦佩阮籍有远见。宣帝司马懿做太傅时，阮籍被任命为从事中郎，到司马懿驾崩后，阮籍又做了景帝司马师大将军的从事中郎。高贵乡公曹髦做皇帝时，阮籍被封为关内侯，后调任为散骑常侍。

籍本有济世志，属魏晋之际，天下多故，名士少有全者，籍由是不与世事，遂酣饮为常。文帝初欲为武帝求婚於籍，籍醉六十日，不得言而止。钟会数以时事问之，欲因其可否而致之罪，皆以酣醉获免。及文帝辅政，籍尝从容言於帝曰："籍平生曾游东平，乐其风土。"帝大悦，即拜东平相。籍乘驴到郡，坏府舍屏障，使内外相望，法令清简，旬日而还。帝引为大将军从事中郎。有司言有子杀母者，籍曰："嘻！杀父乃可，至杀母乎！"坐者怪其失言。帝曰："杀父，天下之极恶，而以为可乎？"籍曰："禽兽知母而不知父，杀父，禽兽之类也。杀母，禽兽之不若。"众乃悦服。

籍闻步兵厨营人善酿，有贮酒三百斛，乃求为步兵校尉。遗落世事，虽去佐职，恒游府内，朝宴必与焉。会帝让九锡，公卿将劝进，使籍为其辞。籍沈醉忘作，临诣府，使取之，见籍方据案醉眠。使者以告，籍便书案，使写之，无所改窜。辞甚清壮，为时所重。

【译文】

阮籍本来就有匡时救世的志向。但他处于魏晋交替之时，当时天下多事，凡知名之士很少有好结果，阮籍因而不干预世事，便时常开怀畅饮。文帝司马昭起初要为他的儿子武帝司马炎请求阮籍联结姻亲，而阮籍大醉六十日，使司马昭没能开口只好作罢。钟会数次问阮籍关于时事的问题，企图根据阮籍是赞成还是反对来加给阮籍罪名，但阮籍每次都饮得酩酊大醉，从而避免了遭受陷害。到了文帝司马昭辅助朝政时，阮籍曾经从容地对文帝说："我平时曾经游览过东平（今属山东），喜欢那里的风俗习惯和地理环境。"文帝非常高兴，马上任命阮籍为东平相。阮籍骑着驴子到了东平郡，拆毁了东平相府舍衙门的围墙和影壁，使内外可以相望，并且精简了法令，过了十天，他便回乡了。文帝司马昭又举荐阮籍为大将军的从事中郎。管事的官吏谈到有一个做儿子的杀死了母亲的事，阮籍说："唉！将父亲杀死还可以，竟然到了弑母的程度！"在座的人都怪他失言。文帝司马昭说："杀死父亲是天下的极端罪恶，怎么认为可以呢？"阮籍说："禽兽知道母亲而不知道父亲。人杀了父亲，类似于禽兽，杀死母亲，就连禽兽都不如了。"于是，大家都心服口服。

阮籍听说步兵兵营的厨师善于酿酒，并存有三百斛酒，他便请求去当步兵校尉。他弃置事物不加管理，虽然辞去从事中郎，但还经常游乐于大将军的府内，每有朝堂宴会他也必定参加。文帝司马昭一再谦让帝王赐给他的九种器物，朝廷大臣劝司马昭进晋公位，接受赐予的九件器物，并指使阮籍为他们写劝进文。阮籍喝得大醉，忘记了写劝进文，大臣临到大将军府内时，才派使者去取劝进文，使者见到阮籍正靠着几案醉醺醺的，告诉阮籍来意后，阮籍便在几案上划字，让使者誊抄，文章竟没改动过一处。文辞很清丽豪壮，为当时人们所称赞。

籍虽不拘礼教，然发言玄远，口不臧否人物。性至孝，母终，正与人围棋，对者求止，籍留与决赌。既而饮酒二斗，举声一号，吐血数升。及将葬，食一蒸肫，饮二斗酒，然后临诀，直言穷矣，举声一号，因又吐血数升。毁瘠骨立，殆致灭性。裴楷往吊之，籍散发箕踞，醉而直视，楷吊唁毕便去。或问楷："凡吊者，主哭，客乃为礼。籍既不哭，君何为哭？"楷曰："阮籍既方外之士，故不崇礼典。我俗中之士，故以轨仪自居。"时人叹为两得。籍又能为青白眼，见礼俗之士，以白眼对之。及嵇喜来吊，籍作白眼，喜不怿而退。喜弟康闻之，乃赍酒挟琴造焉，籍大悦，乃见青眼。由是礼法之士疾之若仇，而帝每保护之。

籍嫂尝归宁，籍相见与别。或讥之，籍曰："礼岂为我设邪！"邻家少妇有美色，当垆沽酒。籍尝诣饮，醉，便卧其侧。籍既不自嫌，其夫察之，亦不疑也。兵家女有才色，未嫁而死。籍不识其父兄，径往哭之，尽哀而还。其外坦荡而内淳至，皆此类也。时率意独驾，不由径路，车迹所穷，辄恸哭而反。尝登广武，观楚汉战处，叹曰："时无英雄，使竖子成名！"登武牢山，望京邑而叹，于是赋《豪杰诗》。景元四年冬卒，时年五十四。

籍能属文，初不留思。作《咏怀诗》八十余篇，为世所重。著《达庄论》，叙无为之贵。文多不录。

籍曾於苏门山遇孙登，与商略终古及栖神导气之术，登皆不应，籍因长啸而退。至半岭，闻有声若鸾凤之音，响乎岩谷，乃登之啸也。遂归著《大人先生传》，其略曰："世人所谓君子，惟法是修，惟礼是克。手执圭璧，足履绳墨。行欲为目前检，言欲为无穷则。少称乡党，长闻邻国。上欲图三公，下不失九州牧。独不见群虱之处裈中，逃乎深缝，匿乎坏絮，自以为吉宅也。行不敢离缝际，动不敢出裈裆，自以为得绳墨也。然炎丘火流，焦邑灭都，群虱处於裈中而不能出也。君子之处域内，何异夫虱之处裈中乎！"此亦籍之胸怀本趣也。

子浑，字长成，有父风。少慕通达，不饰小节。籍谓曰："仲容已豫吾此流，汝不得复尔！"太康中，为太子庶子。

【译文】

阮籍虽然不受礼教的拘束，但是言语玄妙、悠远，说话不轻意褒贬人家。他非常孝顺，母亲逝世时，他正和人家下围棋，对方要求停止，阮籍却留下来与对方决战，赌个输赢。继之便喝了两斗酒，放声大哭，还吐了好几升血。母亲将要下葬时，他又吃了一块蒸猪腿，喝了二斗酒，然后靠近棺木与母亲遗体告别，这时连说话的气力也没有了。他再次放声大哭，因此又吐了好几升血，他因悲哀而消瘦，显得瘦骨嶙峋，以致几乎要死去。裴楷前去吊唁，阮籍披散着头发，将两脚伸开，手按着膝盖坐下来，喝醉了直愣愣地看人，裴楷吊唁完便离去了。有的人问裴楷："凡是吊唁，主人都得先哀哭，客人才因礼俗而哭拜。阮籍既然不哭，你为什么要哭呢？"裴楷说："阮籍既然是超乎礼俗之外的人，当然不崇尚礼教法典；我是世俗中的人，所以自己要顺从礼仪之事。"当时的人都赞叹他们俩的做法都很合理。阮籍又会用黑眼珠或眼白看人，看到拘泥于礼俗的人，他用白眼对待。嵇喜前来吊唁时，阮籍翻白眼怒视，嵇喜很不高兴地走了。嵇喜的弟弟嵇康听说，便带酒挟琴来访，阮籍十分高兴，才露出黑眼珠来。因此，尊崇礼法的人都憎恨阮籍如同仇敌，可是文帝司马昭却每每保护阮籍。

阮籍的嫂子曾经回娘家省亲，阮籍和他嫂子见面并与她告别，有的人就讥笑阮籍，阮籍却说："礼法难道是为我制定的吗？"邻居有一个颇具姿色的青年妇女，坐在酒垆旁边卖酒。阮籍曾经去买酒喝，喝醉了便躺在那个青年妇女旁边。阮籍自己不避嫌，那个青年妇女的丈夫审视阮籍，也没有怀疑。一户军人的家里有一个既有才学又有姿色的女子，还没出嫁就死了。阮籍并不认识这个女子的父兄，却径自去哭灵，尽了哀悼才返回。阮籍外表坦荡而内心纯净，一向如此。阮籍时常随意驾车独行，他不顺着道路走，直到车子到了尽头无法走了，才痛哭而归。阮籍还曾经登临广武山，观览楚汉对峙时的战场，他感慨地说："那时，没有真正能称得上英雄的人，所以刘邦那小子成了名！"阮籍又登临武牢山，观望洛阳都城而发出感叹，于是写了《豪杰诗》。景元四年(263)冬天，阮籍去世，终年五十四岁。

阮籍善于写文章，下笔似乎一点也不经心，他写了《咏怀诗》八十多首，被世人推崇。作《达庄论》，叙述顺应自然、不求有所作为的可贵。他的文章多半没有存录。

阮籍曾经在苏门山遇见隐士孙登，他和孙登商讨古代开天辟地之理和修身养性练气之术，孙登一概不应答，于是阮籍长啸一声离开了。走到半山腰，听到一种好像凤凰鸣叫的声音回响于山谷之中，原来是孙登的长啸声。阮籍回来后就写了《大人先生传》，文章简要地写道："世上的人所说的君子，一心只奉行礼法，一心以礼制约束自己；手里拿着圭璧，脚顺着绳墨走路；行为要成为当今的榜样，言语要成为后世的准则。青年时要称誉于乡里，成长后要闻名于都城。向上谋图充当朝廷大臣，往下企望不失去州府的最高官衔。难道没有见过成群的虱子聚集于裤子里吗？它们逃钻于深缝里，躲藏于破棉絮中，还自以为那是吉利的住宅。爬行不敢离开缝隙，走动不敢离开裤裆，还自以为那是遵循行为准则哩！但是当热带的气浪灼热如火地袭来时，都市全被烤焦，成群的虱子只能处于裤子里头而出不来了。正人君子居于世间，与虱子藏匿于裤子里又有什么不同呢？"这也就是阮籍的胸襟志趣。

阮籍的儿子阮浑，字长成，有他父亲的作风。青少年时喜欢放荡旷达，不拘小节。阮籍却说："你堂兄仲容已经加入我们这一帮子了，你不能再这样了。"太康年间，阮浑当上了太子庶子。

王羲之列传

王羲之字逸少，司徒导之从子也。祖正，尚书郎。父旷，淮南太守。元帝之过江也，旷首创其议。羲之幼讷于言，人未之奇。年十三，尝谒周顗，顗察而异之。时重牛心炙，坐客未啖，顗先割啖羲之，于是始知名。及长，辩赡，以骨鲠称，尤善隶书，为古今之冠，论者称其笔势，以为飘若浮云，矫若惊龙。深为从伯敦、导所器重。时陈留阮裕有重名，为敦主簿。敦尝谓羲之曰："汝是吾家佳子弟，当不减阮主簿。"裕亦目羲之与王承、王悦为王氏三少。时太尉郗鉴使门生求女婿于导，导令就东厢遍观子弟。门生归，谓鉴曰："王氏诸少并佳，然闻信至，咸自矜持。惟一人在东床坦腹食，独若不闻。"鉴曰："正此佳婿邪！"访之，乃羲之也，遂以女妻之。

起家秘书郎，征西将军庾亮请为参军，累迁长史。亮临薨，上疏称羲之清贵有鉴裁。迁宁远将军、江州刺史。羲之既少有美誉，朝廷公卿皆爱其才器，频召为侍中、吏部尚书，皆不就。复授护军将军，又推迁不拜。扬州刺史殷浩素雅重之，劝使应命，乃遗羲之书曰："悠悠者以足下出处足观政之隆替，如吾等亦谓为然。至如足下出处，正与隆替对，岂可以一世之存亡，必从足下从容之适？幸徐求众心。卿不时起，复可以求美政不？若豁然开怀，当知万物之情也。"羲之遂报书曰："吾素自无廊庙志，直王丞相时果欲内吾，誓不许之，手迹犹存，由来尚矣，不于足下参政而方进退。自儿娶女嫁，便怀尚子平之志，数与亲知言之，非一日也。若蒙驱使，关陇、巴蜀皆所不辞。吾虽无专对之能，直谨守时命，宣国家威德，固当不同于凡使，必令远近咸知朝廷留心于无外，此所益殊不同居护军也。汉末使太傅马日磾慰抚关东，若不以吾轻微，无所为疑，宜及初冬以行，吾惟恭以待命。"

【译文】

王羲之，字逸少，是司徒王导的堂侄子。祖父王正，官至尚书郎。父亲王旷，官至淮南太守。晋元帝过江南渡，就是王旷首先创议的。羲之年幼时语言迟钝，别人也不认为他有什么特别。十三岁时曾去拜见周顗，周顗仔细端详后很感惊异。当时的饮食风气很看重烤牛心，周顗宴客，别人尚未尝，就先切给羲之吃，从此羲之开始知名。成年后，富于才辩，以刚直著称。尤其善于隶书，为古今之冠，评论者称其笔势飘若浮云，矫若游龙，深受堂伯王敦、王导的器重。当时陈留人阮裕很知名，担任着王敦的属官主簿。王敦曾对羲之说："你是我家的好后代，应不次于阮主簿。"阮裕也认为羲之与王承、王悦为王氏"三少"。当时太尉郗鉴派门生找王导求选女婿，王导就让门生到东厢下遍观他的子侄。门生回去，对郗鉴说："王氏各位子侄都很好，他们听到来人是选女婿的，个个神态矜持。只有一个人在东床上敞着怀吃饭，好像没有听到一般。"郗鉴说道："此人正是佳婿啊！"一打听，才知就是羲之，于是就将女儿嫁给他为妻。

羲之初任官为秘书郎，又被征西将军庾亮聘为参军，逐步升官为长史。庾亮临终时，还上疏称赞羲之清贵有鉴识。又迁升宁远将军、江州刺史。羲之少年时就有很高的声誉，朝廷公卿都喜爱他的才干，屡次征召他为侍中、吏部尚书，但他都未就职。再授护军将军号，又拖延时间不受。扬州刺史殷浩一向很器重他，劝他应命受官，并写信给他道："众人都认为从足下的进退就可以看到政事的兴衰，像我们这些人也是这样认为的。至于说足下的进退恰与兴衰相对应，那怎么能让一代的存亡来服从自己的心意呢？希望您能慢慢体察众人的心情。您如果不顺应时机出任官职，那可以寻求到善政吗？假若能豁然想通，就会了解人们的真切心情了。”羲之于是回信道：“我素来胸无大志，王丞相时就坚持要我入朝做官，我誓不答应，那时的书信手迹现在还在，可见由来已久，不是因为足下参政才辞退的。自从儿子娶妻女儿出嫁，我便怀有同尚子平一样的志趣，这已多次向亲近的人谈过，已经不是一两天的事了。假若让我效力，关陇、巴蜀地区都在所不辞。我虽然没有在朝廷上专对的才能，但谨守我的职守，传布国家威德，应会不同于平凡的使臣，一定能使远近的人民都知道全在朝廷的关心之内，但任使职所起的作用同出任护军显著不同。汉代末年曾派太傅马日磾抚慰关东地区，如果不嫌我身份轻微，无所怀疑，应该到初冬成行，我唯有恭敬待命。”

羲之既拜护军，又苦求宣城郡，不许，乃以为右军将军、会稽内史。时殷浩与桓温不协，羲之以国家之安在于内外和，因以与浩书以戒之，浩不从。及浩将北伐，羲之以为必败，以书止之，言甚切至。浩遂行，果为姚襄所败。复图再举，又遗浩书曰：

“知安西败丧，公私惋怛，不能须臾去怀。以区区江左，所营综如此，天下寒心，固以久矣，而加之败丧，此可熟念。往事岂复可追，愿思弘将来，令天下寄命有所，自隆中兴之业。政以道胜宽和为本，力争武功，作非所当，因循所长，以固大业，想识其由来也。

自寇乱以来，处内外之任者，未有深谋远虑，括囊至计，而疲竭根本，各从所志，竟无一功可论，一事可记，忠言嘉谋弃而莫用，遂令天下将有土崩之势，何能不痛心悲慨也。任其事者，岂得辞四海之责！追咎往事，亦何所复及，宜更虚己求贤，当与有识共之，不可复令忠允之言常屈于当权。今军破于外，资竭于内，保淮之志非复所及，莫过还保长江，都督将各复旧镇，自长江以外，羁縻而已。任国钧者，引咎责躬，深自贬降以谢百姓，更与朝贤思布平政，除其烦苛，省其赋役，与百姓更始，庶可以允塞群望，救倒悬之急。

使君起于布衣，任天下之重，尚德之举，未能事事允称，当董统之任而败丧至此，恐阖朝群贤未有与人分其谤者。今亟修德补阙，广延群贤，与之分任，尚未知获济所期。若犹以前事为未工，故复求之于分外，宇宙虽广，自容何所！知言不必用，或取怨执政，然当情慨所在，正自不能不尽怀极言。若必亲征，未达此旨，果行者，愚智所不解也。愿复与众共之。

复被州符，增运千石，征役兼至，皆以军期，对之丧气，罔知所厝。自顷年割剥遗黎，刑徒竟路，殆同秦政，惟未加参夷之刑耳，恐胜广之忧，无复日矣。”

【译文】

羲之担任护军后，又苦求出任宣城郡太守，没有获得允许，就被委任为右军将军、会稽内史。这时殷浩与桓温之间不和，羲之认为国家的安定有赖于内外和睦，因此给殷浩写信予以告诫，殷浩不听。等到殷浩将要北伐，羲之认为必败，写信劝止，言辞非常恳切。殷浩最终还是出征了，果然被姚襄打败。殷浩又计划再次北伐，羲之又给他写信道：

“得知安西将军失败的消息，国家和我个人都感到痛惜，时刻都无法忘怀。凭区区江左地区，经营到这种程度，天下人寒心本来就已很久了，再加上这次失败，其结果应该仔细想想。往事哪里能够追回，只是希望多想想将来，使人民生命有所寄托，自己成就中兴之业。政事以道义取胜，宽和是根本，凭借暴力争得武功，做法并不恰当，通过发挥长处，用以巩固大业，想必您也知道其中的道理。

自从战乱以来，握有朝政内外大权的人，没有深谋远虑，统筹妙计，而是疲敝空虚根本，各逞其志，竟无一功可论，一事可记，忠言良谋弃置不用，以致使天下呈现出将要土崩瓦解的趋势，这如何能不让人痛心悲叹呢？当事者怎能推卸天下混乱的责任？追咎往事，又能起什么作用，应该转而虚心求贤，与有识之士共同商量，不可再使忠允之言总是屈服于当政者。现在军队失利在外，资财耗竭在内，保卫淮河一线的想法已无法做到，不如退师还保长江，都督将领各归旧镇，长江以北维系而已。担当国家重任的人，引咎自责，诚恳地自动降职，向人民认错，重新与朝臣贤人谋划施行安定的政治，除去烦乱的苛政，减轻人民的田赋和徭役，与人民重新开始，这样差不多才可以满足人们的希望，解救困苦和危机。

你出身平民，担当国家重任，崇尚德化的举措，没有做到事事妥当，担当统帅之任而又失败到这个地步，恐怕朝内所有的贤人没有来分担这个责任的。现在赶快修德补缺，广泛延揽群贤，让他们分别负起责任，还不知能否达到期望的那样。假若你还认为以前所做的不够，所以又向职分以外去追求，宇宙虽然广大，那你自身容于何地！我也知道所说的肯定不会被接受，或许还会被当政者所怨恨，然而我的感慨集中在这一点上，也就不能不尽怀极言。如果一定要亲征，不明白这一点而突然行动，这是愚笨的人和聪明的人都不能理解的，希望与众人再一起计议计议。

又接到州府下达的命令，增运一千石粮食，征赋和劳役兼至，都规定了军期。我面对这些命令就意气颓丧，不知所措。自近年以来，剥削百姓，刑徒满路，几乎与秦朝的虐政相同，只不过还没有实行灭三族的刑罚罢了。我担心陈胜、吴广那样的忧患不久就会发生。”

又与会稽王笺陈浩不宜北伐，并论时事曰：

“古人耻其君不为尧舜，北面之道，岂不愿尊其所事，比隆往代，况遇千载一时之运？顾智力屈于当年，何得不权轻重而处之也。今虽有可欣之会，内求诸己，而所忧乃重于所欣。《传》云：‘自非圣人，外宁必有内忧。’今外不宁，内忧已深。古之弘大业者，或不谋于众，倾国以济一时功者，亦往往而有之。诚独运之明足以迈众，暂劳之弊终获永逸者可也。求之于今，可得拟议乎！

夫庙算决胜，必宜审量彼我，万全而后动。功就之日，便当因其众而即其实。今功未可期，而遗黎歼尽，万不余一。且千里馈粮，自古为难，况今转运供继，西输许洛，北入黄河。虽秦政之弊，未至于此，而十室之忧，便以交至。今运无还期，征求日重，以区区吴越经纬天下十分之九，不亡何待！而不度德量力，不弊不已，此封内所痛心叹悼而莫敢吐诚。

【译文】

又给会稽王上笺，陈述殷浩不宜北伐的意见，同时兼论时事，称：

“古人以其君没有成为尧舜那样的君主而感到可耻，做臣子的人，哪有不愿意尊崇所侍奉的君主呢？哪有不想使国势比前代更隆盛，何况是遇到了难得的时运呢？但是现今朝臣的智慧和力量都比不上当年，怎么能不权衡轻重而妥善处理呢？现在虽然有可欣慰的机会，但是反躬自问，所忧虑的就重于所欣慰的了。《传》记载：‘若不是圣人，做到了外部安宁，内部必然产生忧虑。’如今是外部也不安宁，内忧却更加深了。古代开创大业的人，有的也不谋于众人，倾尽国力完成一时大功，这也往往有之。个人的聪明才智足以超过众人，暂时的劳弊最终能获得永远的安逸，这当然是可以的，但于现在再寻求这样的人，能够和古人相比吗？

要想朝廷决策必胜，必须审度衡量敌我，有了万全之策后才能行动。功成之日，便应利用它的民众和原有实力。现在成功不可以预期，而国民却死亡殆尽，一万人还剩不下一个。并且千里运粮，自古都是难事，何况现在转运供给，要西送到许、洛，北进入黄河。即使秦朝的弊政，也没有达到这种程度。而十室九空的忧虑，就会接踵而至。现在外出运粮的人没有回还的日期，各种征求日益加重，单凭区区吴、越之地图谋天下十分之九的地盘，不灭亡又能有什么结局呢？不度德量力，不失败就不停止，这是国人痛心叹息而又不敢说的事实。

往者不可谏，来者犹可追，愿殿下更垂三思，解而更张，令殷浩、荀羡还据合肥、广陵，许昌、谯郡、梁、彭城诸军皆还保淮，为不可胜之基，须根立势举，谋之未晚，此实当今策之上者。若不行此，社稷之忧可计日而待。安危之机，易于反掌，考之虚实，著于目前，愿运独断之明，定之于一朝也。

地浅而言深，岂不知其未易。然古人处闾阎行阵之间，尚或干时谋国，评裁者不以为讥，况厕大臣末行，岂可默而不言哉！存亡所系，决在行之，不可复持疑后机，不定之于此，后欲悔之，亦无及也。

殿下德冠宇内，以公室辅朝，最可直道行之，致隆当年，而未允物望，受殊遇者所以寤寐长叹，实为殿下惜之。国家之虑深矣，常恐伍员之忧不独在昔，麋鹿之游将不止林薮而已。愿殿下暂废虚远之怀，以救倒悬之急，可谓以亡为存，转祸为福，则宗庙之庆，四海有赖矣。”

【译文】

过去的事不可以再谏止了，未来的还可以追及。希望殿下能再三思考，改弦更张，命令殷浩、荀羡还师据守合肥、广陵，许昌、谯郡、梁、彭城方面的各军还师扼守淮河，先建立敌人不能战胜的根基，等到根基建立势力形成，再做北进的谋划也不算晚，这实在是当今最好的计策了。如果不实行这个策略，国家的忧患就会计日而至。安危的变化，易如反掌，考察形势的虚实，明显地摆在眼前。希望您能运用独断的英明，决定于一时。

地位低而谈论重要的事情，我怎么不知道这样不容易。然而古人处于民间或士兵之间，尚且有人为国家出谋划策，而论者并不对此讥笑，何况我跻身于大臣之列的末行，怎么能沉默不言呢？关系到存亡的时候，要做出决断，不能再迟疑不决延误时机，不决断于此时，以后后悔也来不及了。

殿下道德冠于海内，凭借皇室的身份辅助朝廷，最适宜实行正直之道，达到像往年一样的兴隆。但是您未获得众望，这便是我日夜长叹的原因，实在为殿下感到可惜。国家的忧患很深重，常常担心伍员的忧虑不只是发生在过去，恐怕麋鹿的踪迹也将不仅仅限于林薮之中。希望殿下暂且放下清虚玄远的心怀，以解救困苦的危急，可以说是败亡为戒，奋发图存，转祸为福了。这样做是国家的幸运，四海也有了依赖。”

时东土饥荒，羲之辄开仓振贷。然朝廷赋役繁重，吴会尤甚，羲之每上疏争之，事多见从。又遗尚书仆射谢安书曰：

“顷所陈论，每蒙允纳，所以令下小得苏息，各安其业。若不耳，此一郡久以蹈东海矣。

今事之大者未布，漕运是也。吾意望朝廷可申下定期，委之所司，勿复催下，但当岁终考其殿最。长吏尤殿，命槛车送诣天台。三县不举，二千石必免，或可左降，令在疆塞极难之地。

又自吾到此，从事常有四五，兼以台司及都水御史行台文符如雨，倒错违背，不复可知。吾又瞑目循常推前，取重者及纲纪，轻者在五曹。主者莅事，未尝得十日，吏民趋走，功费万计。卿方任其重，可徐寻所言。江左平日，扬州一良刺史便足统之，况以群才而更不理，正由为法不一，牵制者众，思简而易从，便足以保守成业。

【译文】

当时江东地区发生饥荒，羲之往往开仓赈济灾民。然而朝廷的田赋和徭役很繁重，吴、会一带尤其严重，羲之往往上疏谏诤，许多意见被接受。又给尚书仆射谢安写信道：

“近来陈述的意见，常常被您采纳，所以使得下层的人民稍微得到了些休养生息，可以各安其业。如果不是这样，这一郡的人早就跳东海了。

现在大事中没有安排的，漕运是一个。我的意见是希望朝廷下达规定的期限，委托给主管部门，不要再催逼下层，只到了年末考核政绩的上下等级就行了。主要官吏的政绩考核是最后一名的，就命令用囚车送往朝廷。如果有三个县不合格，郡守就一定要免职，有的也可以降级，把他放在边地极其艰苦的地方。

从我来到此地后，从事常常有四五个，加上台司以及都水御史行台的文件就像雨点一样多，颠倒错误和互相抵触的，不知有多少。我又闭起眼来例行公事往下推，把重要的交给主簿，一般的交给五曹。主管人办事，不曾得到过十天的时间，官吏和百姓来回奔走，费用可以用万来计算。您现在正担当重任，可以慢慢遇到我所说的这种情况。江左地区平定之后，扬州用一个有能力的刺史便足以统治，现在使用一群有才能的人反而没有治理好，这正是由于制定法令不统一，各方牵制众多，只要考虑简化并易于遵从，就足以保守已经成就的大业。

仓督监耗盗官米，动以万计，吾谓诛翦一人，其后便断，而时意不同。近检校诸县，无不皆尔。余姚近十万斛，重敛以资奸吏，令国用空乏，良可叹也。

自军兴以来，征役及充运死亡叛散不反者众，虚耗至此，而补代循常，所在凋困，莫知所出。上命所差，上道多叛，则吏及叛者席卷同去。又有常制，辄令其家及同伍课捕。课捕不擒，家及同伍寻复亡叛。百姓流亡，户口日减，其源在此。又有百工医寺，死亡绝没，家户空尽，差代无所，上命不绝，事起或十年、十五年，弹举获罪无懈息，而无益实事，何以堪之！谓自今诸死罪原轻者及五岁刑，可以充此，其减死者，可长充兵役，五岁者，可充杂工医寺，皆令移其家以实都邑。都邑既实，是政之本，又可绝其亡叛。不移其家，逃亡之患复如初耳。今除罪而充杂役，尽移其家，小人愚迷，或以为重于杀戮，可以绝奸。刑名虽轻，惩肃实重，岂非适时之宜邪！”

羲之雅好服食养性，不乐在京师，初渡浙江，便有终焉之志。会稽有佳山水，名士多居之，谢安未仕时亦居焉。孙绰、李充、许询、支遁等皆以文义冠世，并筑室东土，与羲之同好。尝与同志宴集于会稽山阴之兰亭，羲之自为之序以申其志，曰：

【译文】

仓督监耗费、盗窃官仓的稻米往往数以万斛计，我认为诛杀一个，这种情况以后就会断绝，而多数意见却不同意。近来检查了各县，无不如此，余姚县将近十万斛。向百姓过度收敛的财富却供给了奸吏，使国家财政亏空，真是可叹啊！

自从战争发生以来，服兵役以及充任运输的人中，死亡、逃亡、叛降、离散而没有返回的很多，虚弱损耗到这种程度，而补充损耗却仍按常规办法进行，到处都是凋敝困苦，对此没能想出办法补救。被朝廷差遣的人，上路后叛逃的很多，于是带队的官吏与叛逃者全部一起跑了。还有，按照一般规定，往往令叛逃者家属及邻里负责追捕。结果叛逃的还未捕获，负责追捕的家属和邻里又叛逃了。百姓的流亡和户口的日益减少，其根源就在这里。还有，各种工匠和医生，因死亡或逃亡、绝户、沦没而空无一人，无从替代差役，上面仍按照原来人户加派，这种积累有的已达十年、十五年，尽管弹劾治罪接连不断，而对实际情况毫无益处，这样，百姓何以承受！我认为自今以后各种死罪减轻的犯人和五年徒刑的犯人，可以补充逃亡人户之缺，减免死罪的犯人可以长期充任兵役，判五年徒刑的犯人可以充任各类工匠、医生，都让他们迁家充实都邑。都市的充实，是治政的根本，又可以禁绝他们逃亡叛乱。不迁移他们的家，逃亡的忧患又会恢复到原来的状态。现在免除罪刑而充任杂役，全部迁移他们的家口，小人们愚蠢迷惘，有的认为这比杀头的刑罚还重，因而这样做可以根绝邪恶。刑罚的名称虽然轻微，惩罚的性质实际上很重，这难道不是适应现时需要的措施吗？”

羲之平素喜欢服食丹药，涵养情性，不愿意住在京师，第一次渡过浙江，便有在那里定居的意愿。会稽有秀山丽水，很多名士都居住在这里，谢安做官前也居住在这里。孙绰、李充、许询、支遁等都以文章超凡出众而闻名，都安家在吴郡、会稽一带，与羲之有相同的爱好。他曾与具有同一志向的人宴集于会稽郡山阴县的兰亭，羲之亲自撰序，表达了自己的志向。序文说：

“永和九年，岁在癸丑，暮春之初，会于会稽山阴之兰亭，修禊事也。群贤毕至，少长咸集。此地有崇山峻岭，茂林修竹，又有清流激湍，映带左右，引以为流觞曲水，列坐其次。虽无丝竹管弦之盛，一觞一咏，亦足以畅叙幽情。

是日也，天朗气清，惠风和畅，仰观宇宙之大，俯察品类之盛，所以游目骋怀，足以极视听之娱，信可乐也。

夫人之相与，俯仰一世，或取诸怀抱，悟言一室之内，或因寄所托，放浪形骸之外。虽趣舍万殊，静躁不同，当其欣于所遇，暂得于己，快然自足，不知老之将至。及其所之既倦，情随事迁，感慨系之矣。向之所欣，俯仰之间，已为陈迹，犹不能不以之兴怀。况修短随化，终期于尽。古人云，死生亦大矣，岂不痛哉！

每览昔人兴感之由，若合一契，未尝不临文嗟悼，不能喻之于怀。固知一死生为虚诞，齐彭殇为妄作，后之视今，亦犹今之视昔，悲夫！故列叙时人，录其所述，虽世殊事异，所以兴怀，其致一也。后之览者，亦将有感于斯文。”或以潘岳《金谷诗序》方其文，羲之比于石崇，闻而甚喜。

【译文】

“永和九年，正值癸丑之年，暮春三月的月初，我们聚会在会稽山阴的兰亭，进行修禊之事。众多的贤能之士都来到了，老老少少集聚在一起。这个地方有高山峻岭，茂密的森林，修长的竹子；还有清澈的流水，急泻的湍流，萦回如带，映照两岸。大家利用这弯曲的溪流做成流觞曲水，人们并列坐在岸边。虽然没有音乐交响的热闹，但吟酒咏诗，也完全可以尽兴地抒发幽雅的情趣。

这一天，天气晴朗，空气清新，和风微拂，使人感到温暖舒畅。仰头观看广大的宇宙，俯首细察繁盛的万物，纵目观览，舒展胸怀，足以尽情享受耳目的乐趣，的确是很快乐啊！

人们生活在一起，很快就度过了一生。有些人喜欢各抒情怀，聚集在一室之内促膝畅谈；有的人寄情于物，放浪旷达而忘掉了形迹。虽然采取的方式千差万别，性格的恬静或浮躁各有不同，但当他们为自己的境遇而欣然于怀，一时间怡然自得，竟忘记了老年即将来到。等到对所向往的事情已经厌倦，情趣随着事物变化而转移，感慨便会随之而来。从前感到欣喜的事，顷刻之间，就成为了往事，尚且不能不因此而生感慨。何况人的寿命长短听凭大自然来左右，最终都归于完结。古人说：‘生与死，也是大事啊！’这怎能不叫人悲伤啊！

每当我考察古人兴发感慨的原因，便会发现都是那样不谋而合，读他们的文章未尝不叹息感伤，而内心又不明白为什么。因此知道所谓生死如一、寿夭等同的说法，是虚假荒诞的。后世的人看今天的人和事，也好像今天的人看过去的人和事，多么悲伤啊！因此我才逐一记下与会人士的姓名，录下他们所咏的诗歌。虽然时代不同，人事各异，但使人感慨的原因却是一致的。后世的读者，也将对我这篇文章有所感慨。”有人用潘岳的《金谷诗序》来比方此序，把羲之比方于石崇，羲之听说后很高兴。

性爱鹅，会稽有孤居姥养一鹅，善鸣，求市未能得，遂携亲友命驾就观。姥闻羲之将至，烹以待之，羲之叹惜弥日。又山阴有一道士，养好鹅，羲之往观焉，意甚悦，固求市之。道士云：“为写《道德经》，当举群相赠耳。”羲之欣然写毕，笼鹅而归，甚以为乐。其任率如此。尝诣门生家，见棐几滑净，因书之，真草相半。后为其父误刮去之，门生惊懊者累日。又尝在蕺山见一老姥，持六角竹扇卖之。羲之书其扇，各为五字。姥初有愠色。因谓姥曰：“但言是王右军书，以求百钱邪。”姥如其言，人竞买之。他日，姥又持扇来，羲之笑而不答。其书为世所重，皆此类也。每自称：“我书比钟繇，当抗行；比张芝草，犹当雁行也。”曾与人书云：“张芝临池学书，池水尽黑，使人耽之若是，未必后之也。”羲之书初不胜庾翼、郗愔，及其暮年方妙。尝以章草答庾亮，而翼深叹伏，因与羲之书云：“吾昔有伯英章草十纸，过江颠狈，遂乃亡失，常叹妙迹永绝。忽见足下答家兄书，焕若神明，顿还旧观。”

时骠骑将军王述少有名誉，与羲之齐名，而羲之甚轻之，由是情好不协。述先为会稽，以母丧居郡境，羲之代述，止一吊，遂不重诣。述每闻角声，谓羲之当候己，辄洒扫而待之。如此者累年，而羲之竟不顾，述深以为恨。及述为扬州刺史，将就征，周行郡界，而不过羲之，临发，一别而去。先是，羲之常谓宾友曰：“怀祖正当作尚书耳，投老可得仆射。更求会稽，便自邈然。”及述蒙显授，羲之耻为之下，遣使诣朝廷，求分会稽为越州。行人失辞，大为时贤所笑。既而内怀愧叹，谓其诸子曰：“吾不减怀祖，而位遇悬邈，当由汝等不及坦之故邪！”述后检察会稽郡，辩其刑政，主者疲于简对。羲之深耻之，遂称病去郡，于父母墓前自誓曰：“维永和十一年三月癸卯朔，九日辛亥，小子羲之敢告二尊之灵。羲之不天，夙遭闵凶，不蒙过庭之训。母兄鞠育，得渐庶几，遂因人乏，蒙国宠荣。进无忠孝之节，退违推贤之义，每仰咏老氏、周任之诫，常恐死亡无日，忧及宗祀，岂在微身而已！是用寤寐永叹，若坠深谷。止足之分，定之于今。谨以今月吉辰肆筵设席，稽颡归诚，告誓先灵。自今之后，敢渝此心，贪冒苟进，是有无尊之心而不子也。子而不子，天地所不覆载，名教所不得容。信誓之诚，有如皦日！”

【译文】

羲之生性喜爱鹅，会稽有个孤居的老妇养有一只鹅，鸣叫声很好听，羲之想买过来，未能办到，于是就同亲友驾车前往观赏。老妇听说羲之要来，就宰了鹅，烹调好，用以招待羲之，羲之叹惜了一整天。又听说山阴有一个道士，养有上等好鹅，羲之前往观赏，心里很高兴，执意要买这些鹅。道士说："给我写一篇《道德经》，我就以这群鹅相赠。"羲之很高兴地就写完了，然后带了一笼子鹅回家，非常快乐。羲之就是这样的坦率任性。曾到门生家，看见棐几的表面平滑干净，就在上面写起字来，真草各占一半。这些字后被门生的父亲误刮去，门生连续懊丧了好几天。又曾在蕺山见到一个老妇，拿着六角竹扇正在卖。羲之就在扇上写字，每把各写五个字。老妇起初面有恼怒之色。羲之就对她说："只要说是王右军书写的字，价钱可以要到一百钱。"老妇照着他的话说了，人们竞相购买。又一天，老妇又拿着扇子来，要求题字，羲之笑而不答。他的书法为世人所推崇，都是这样的。他经常自称："我的书法同钟繇相比，当可以抗衡；同张芝草书相比，应是仅在其次。"曾给别人写信说："张芝临池学习书法，池水全变成了黑色，假使学习书法的人都入迷到这种程度，未必就落后于他。"羲之的书法起初不如庾翼、郗愔，到了晚年才达到如此精妙的程度。曾以章草回信给庾亮，而庾翼看到后对此深为叹服，就给羲之写信说："我过去有伯英的章草十幅，过江南渡时颠沛流离，狼狈不堪，于是就遗失了，为此经常感叹妙迹永绝了。忽见足下回复家兄的信，焕若神明，顿时就像找回了往日的妙迹。"

当时骠骑将军王述自少年起就有名气，与羲之齐名，但羲之很看不起他，因此交情不深。王述先前在会稽任官，因母亲逝世居丧在郡境内，羲之接替他的职务，只去吊唁了一次，就没有再去过第二次。王述每次听到吹角的声音，就说应是羲之来探望自己，便洒水扫地等待他，像这样连续多年，而羲之到最后也没有再去看望，王述为此很是怨恨。等到王述任扬州刺史，将要去就职，就在郡内转了一圈，却不去见羲之，临走的时候，才道别了一下就走了。先前，羲之常对宾客朋友讲："怀祖（王述字）就当个尚书罢了，到老可得个仆射的官。另外求到了会稽内史的官，便自己飘飘然。”及至王述受到重用，羲之耻居其下，就派使者到朝廷，要求分出会稽郡另置为越州。派去的使者言辞欠妥，被当时的贤达深深耻笑。羲之过后内心很惭愧感慨，对儿子们讲：“我不比怀祖差，而地位待遇与他相差悬殊，应是由于你们不如坦之（王述子）的缘故啊！”王述后来检查会稽郡政务，考核刑政时提了不少问题，主管人被弄得狼狈不堪，好多问题回答不上来。羲之对此深感羞耻，于是称病离开会稽郡，到父母墓前发誓道：“永和十一年三月癸卯初一，九日辛亥，小子羲之敢告二位尊亲在天之灵。羲之不幸，从小就失去父亲，未受到父亲的教诲。靠着母亲和哥哥的抚养，才得以渐渐长大，又趁着人才缺乏，受到国家的宠荣。可是我若继续仕进就无忠孝的风节，退让又违反推荐贤人的道义，每次仰咏老子、周任的告诫，就常常害怕死亡的临近，担心危及祖先，岂仅仅是自身而已！因此日夜长叹，好像坠入深谷一样。知足知止的本分，就决定于现在。谨以本月良辰吉日摆列筵席，俯首诚心，向祖先在天之灵发誓：从今以后，如果胆敢改变此心，贪冒苟进，就是无视父母之心的不孝之子。作为儿子而不孝，天地所不能存，名教所不能容。誓言的诚恳，就如白日一般！”

羲之既去官，与东土人士尽山水之游，弋钓为娱。又与道士许迈共修服食，采药石不远千里，遍游东中诸郡，穷诸名山，泛沧海，叹曰：“我卒当以乐死。”谢安尝谓羲之曰：“中年以来，伤于哀乐，与亲友别，辄作数日恶。”羲之曰：“年在桑榆，自然至此。顷正赖丝竹陶写，恒恐儿辈觉，损其欢乐之趣。”朝廷以其誓苦，亦不复征之。

时刘惔为丹杨尹，许询尝就惔宿，床帏新丽，饮食丰甘。询曰：“若此保全，殊胜东山。”惔曰：“卿若知吉凶由人，吾安得保此。”羲之在坐，曰：“令巢许遇稷契，当无此言。”二人并有愧色。

初，羲之既优游无事，与吏部郎谢万书曰：

【译文】

羲之辞官后，与吴郡、会稽一带人士尽游山水，打鸟钓鱼取乐。又与道士许迈共同研究服食丹药，不远千里采集药石，游遍了东部各郡，并遍访名山，泛舟沧海。他感叹说：“我最后会因极乐而死。”谢安曾对羲之说："我中年以来，因喜怒哀乐受到损伤，每与亲友告别，就会几天心情不好。"羲之说："人到了晚年，自然是这种情况。才说要借音乐陶冶性情排遣忧闷，又总是怕孩子们发觉，影响了他们的欢乐情趣。"朝廷因他发誓坚决，也就不再征召他任官。

当时刘惔任丹杨尹，许询曾到刘惔家投宿，床褥帷帐新鲜艳丽，饮食丰盛味道甘美。许询说："如能像这样保持下去，远远胜于东山。"刘惔说："你若知道吉凶由人，也应知道我哪能保证这样。"羲之也在座，就说："假使巢父、许由遇到后稷、契，应不会说这种话。"刘、许二人脸上都现出惭愧之色。

起初，羲之既优游无事，就给吏部郎谢万写信道：

"古之辞世者或被发阳狂，或污身秽迹，可谓艰矣。今仆坐而获逸，遂其宿心，其为庆幸，岂非天赐！违天不祥。

顷东游还，修植桑果，今盛敷荣，率诸子，抱弱孙，游观其间，有一味之甘，割而分之，以娱目前。虽植德无殊邈，犹欲教养子孙以敦厚退让。或以轻薄，庶令举策数马，仿佛万石之风。君谓此何如？

比当与安石东游山海，并行田视地利，颐养闲暇。衣食之余，欲与亲知时共欢宴，虽不能兴言高咏，衔杯引满，语田里所行，故以为抚掌之资，其为得意，可胜言邪！常依陆贾、班嗣、杨王孙之处世，甚欲希风数子，老夫志愿尽于此也。"

万后为豫州都督，又遗万书诫之曰："以君迈往不屑之韵，而俯同群辟，诚难为意也。然所谓通识，正自当随事行藏，乃为远耳。愿君每与士之下者同，则尽善矣。食不二味，居不重席，此复何有，而古人以为美谈。济否所由，实在积小以致高大，君其存之。"

万不能用，果败。

年五十九卒，赠金紫光禄大夫。诸子遵父先旨，固让不受。

【译文】

"古代隐居避世的人有的披头散发装疯，有的满身污秽行为丑陋，可以说是很难的。如今我通过隐世获得了安逸，顺遂了夙愿，实为庆幸，难道不是上天所赐！违拗上天就会不吉祥的。

前些时候东游归来，整修种植了桑树和果树，现在鲜花盛开，领着儿子们，抱着幼小的孙子，游览观赏其间，有了成熟的果实，就摘下分给孩子，以此为眼前的欢乐。我虽然涵养品德没有什么特殊之处，但还是想教育子孙做到敦厚谦让。如子孙中谁有轻薄举动，我就让他用马鞭子清点马数，效法汉代万石君的作风。你认为这样做如何？

近来将要和安石东游山海，并到农田中考察土地的收获，以此来作为闲暇时的涵养。衣食之外的余资，打算与亲友知心按时欢宴一顿，虽然不能吟诗作赋，但倒满酒杯饮酒，讲讲田里之行所见，作为拍手笑乐的谈资，那种得意能一言而尽吗？我常常依照陆贾、班嗣、杨王孙的处世方法来做，仰慕这几位君子的风度，老夫的志愿就全在这里了。”

谢万后任豫州都督，羲之又给谢万写信告诫说：“凭君超越古人不屑其余的神气，而混迹于一般公卿，实在难以想象。然而所谓智识通达的人，只不过是依随事理或出或处罢了，这才是远见啊！希望你能常常和士兵中最低贱的同甘共苦，那就尽善尽美了。吃饭不上两样菜，睡觉不放两层席，这又有什么，而古人却传为美谈。成功与否的原因，的确是在积小以成高大，请你记住这句话。”谢万未能采用，最后果然失败。

年龄五十九岁时逝世，朝廷追赠金紫光禄大夫的官职。儿子们遵照父亲的生前意愿，再三推让不接受。

有七子，知名者五人。玄之早卒。次凝之，亦工草隶，仕历江州刺史、左将军、会稽内史。王氏世事张氏五斗米道，凝之弥笃。孙恩之攻会稽，僚佐请为之备。凝之不从，方入靖室请祷，出语诸将佐曰：“吾已请大道，许鬼兵相助，贼自破矣。”既不设备，遂为孙恩所害。

徽之字子猷。性卓荦不羁，为大司马桓温参军，蓬首散带，不综府事。又为车骑桓冲骑兵参军，冲问：“卿署何曹？”对曰：“似是马曹。”又问：“管几马？”曰：“不知马，何由如数！”又问：“马比死多少？”曰：“未知生，焉知死！”尝从冲行，值暴雨，徽之因下马排入车中，谓曰：“公岂得独擅一车！”冲尝谓徽之曰：“卿在府日久，比当相料理。”徽之初不酬答，直高视，以手版柱颊云：“西山朝来致有爽气耳。”

时吴中一士大夫家有好竹，欲观之，便出坐舆造竹下，讽啸良久。主人洒扫请坐，徽之不顾。将出，主人乃闭门，徽之便以此赏之，尽欢而去。尝寄居空宅中，便令种竹。或问其故，徽之但啸咏，指竹曰：“何可一日无此君邪！”尝居山阴，夜雪初霁，月色清朗，四望皓然，独酌酒咏左思《招隐诗》，忽忆戴逵。逵时在剡，便夜乘小船诣之，经宿方至，造门不前而反。人问其故，徽之曰："本乘兴而行，兴尽而反，何必见安道邪！"雅性放诞，好声色，尝夜与弟献之共读《高士传赞》，献之赏井丹高洁，徽之曰："未若长卿慢世也。"其傲达若此。时人皆钦其才而秽其行。

【译文】

生有七个儿子，其中知名的有五人。玄之早年夭折。次子凝之，也擅长草书、隶书，做官历任江州刺史、左将军、会稽内史。王氏家族世世代代都信奉五斗米道，凝之尤其虔诚。孙恩进攻会稽时，僚佐们建议做好抵御孙恩的防备，凝之不听从，却在静室祈祷，出来告诉部属将佐们说："我已祈请过天师，允许派鬼兵相助，贼军自会破灭的。"既没有设防抵御，于是被孙恩所害。

王徽之，字子猷。生性卓荦不群，放浪不羁。担任大司马桓温的参军，常常是头发散乱，衣带宽弛，不管府中事务。又担任车骑将军桓冲的骑曹参军，桓冲问他："你管理哪个部门？"他对答："好像是管马的。"又问："管有多少马匹？"答称："我不知道有关马的事，如何知道马数！"又问："马匹近来死了多少？"又答："不知道活马的事，哪里知道死马的事！"曾随桓冲出行，忽遇天降大雨，徽之就下马挤进桓冲乘坐的车子，对他说："公岂能一人独占一辆车！"桓冲曾对徽之说过："你在府中的时间很久了，也该帮我料理公务了。"徽之一直不予回答，只是直视前方，用手掌撑着脸颊说道："西山潮气过来才有了些凉爽。"

当时吴中一士大夫家长有一片秀竹，他想去观赏，便离家乘坐轿子来到竹林边，吟诵了很长时间。主人洒扫庭院请他坐下，徽之头也不回就要走。快要出去的时候，主人就关住了门，徽之便因此回身入座，尽欢而散。曾寄居于一座空宅内，刚住下就令人种植竹子。有人询问其中缘故，徽之只是吟诵啸咏，指着竹子说："怎么能一日无此君呢！"曾居住于山阴，一天，夜雪初停，月色清朗，四野一片皓白。徽之一边自酌自饮，一边吟咏左思的《招隐诗》，忽然间想起了戴逵。戴逵当时正在剡县，他便夜乘小船前往寻访，走了一夜才到，但到了戴逵家门前却不进去，又转身返回。别人询问其中缘故，徽之答称："本是乘兴而来，兴尽自然而返。为什么一定要见安道（戴逵字）呢？"禀性极其放荡荒诞，喜好声色。曾于夜晚与弟弟王献之同读《高士传赞》，献之很赞赏井丹的高洁，徽之却说：“我看此人比不上长卿的慢世傲人。”他就是这样傲岸豁达。当时人们都钦佩他的才能而鄙视他的品行。

后为黄门侍郎，弃官东归，与献之俱病笃。时有术人云：“人命应终，而有生人乐代者，则死者可生。”徽之谓曰：“吾才位不如弟，请以余年代之。”术者曰：“代死者，以己年有余，得以足亡者耳。今君与弟算俱尽，何代也！”未几，献之卒，徽之奔丧不哭，直上灵床坐，取献之琴弹之，久而不调，叹曰：“呜呼子敬，人琴俱亡！”因顿绝。先有背疾，遂溃裂，月余亦卒。子桢之。

桢之字公干，历位侍中、大司马长史。桓玄为太尉，朝臣毕集，问桢之：“我何如君亡叔？”在坐咸为气咽。桢之曰：“亡叔一时之标，公是千载之英。”一坐皆悦。

【译文】

徽之后来任黄门侍郎，辞官东归后，与献之同染重症。当时有术士讲：“人命该终结的时候，如果有活人乐意替代，死者就可以活。”徽之对他说：“我的才能和地位都不如弟弟，请用我的余年替代弟弟。”术士说：“替代要死的人。是因为自己的寿命还有余，能够补足要死的人，如今你与弟弟的年数都已经到了尽头，如何替代！”时间不长，献之逝世，徽之奔丧而不哭泣，径直走上灵床坐下，拿起献之的琴就弹奏起来，时间一长，琴声变了调，于是叹道：“唉！子敬（献之字）人琴俱亡！”说罢就昏厥过去。他以前背部就有疾病，这一来疮部随即溃裂，一个多月后也逝世了。他的儿子名叫桢之。

桢之字公干，历任侍中、大司马长史。桓玄任太尉时，朝臣齐集，他问桢之：“我和你亡叔相比怎么样？”在座的人听了这话都屏息静气。桢之答道：“亡叔是一时楷模，公是千载之英。”举座朝臣这才转忧为喜。

操之字子重，历侍中、尚书、豫章太守。

献之字子敬。少有盛名，而高迈不羁，虽闲居终日，容止不怠，风流为一时之冠。年数岁，尝观门生摴蒱，曰：“南风不竞。”门生曰：“此郎亦管中窥豹，时见一斑。”献之怒曰：“远惭荀奉倩，近愧刘真长。”遂拂衣而去。尝与兄徽之、操之俱诣谢安，二兄多言俗事，献之寒温而已。既出，客问安王氏兄弟优劣，安曰：“小者佳。”客问其故，安曰：“吉人之辞寡，以其少言，故知之。”尝与徽之共在一室，忽然火发，徽之遽走，不遑取履。献之神色恬然，徐呼左右扶出。夜卧斋中，而有偷人入其室，盗物都尽。献之徐曰：“偷儿，青毡我家旧物，可特置之。”群偷惊走。

工草隶，善丹青。七八岁时学书，羲之密从后掣其笔不得，叹曰：“此儿后当复有大名。”尝书壁为方丈大字，羲之甚以为能，观者数百人。桓温尝使书扇，笔误落，因画作乌驳牸牛，甚妙。

【译文】

王操之，字子重，历任侍中、尚书、豫章太守。

王献之，字子敬。年少时即享有盛名，且洒脱不羁，即使在家闲居终日，神色举止也毫不懈怠，才气风流为一时之最。年龄只有几岁的时候，曾观看门生赌博，见有胜负，就说道：“竞赛失利。”门生说：“这个小主人竟也能管中窥豹，偶尔看见一斑。”献之生气地说：“我的才能远的说只惭对荀奉倩，近的说只愧对刘真长。”于是拂袖而去。又曾与哥哥王徽之、王操之前往拜访谢安，两位哥哥言谈中讲了不少生活琐事，献之只是见面寒暄而已。他们走后，在座的客人请谢安评价王氏兄弟的优劣，谢安说道：“小者为佳。”客人又问为什么，谢安答道：“吉人言辞寡少，因为他说话少，所以知道。”又曾与徽之同居一室，突然失火，徽之惊慌地跑开，都顾不上穿鞋。献之则神色镇定自若，从容地喊来身边随从，将自己扶出去。有一次夜卧寝室，一伙小偷进屋来偷东西，几乎将所有东西偷光。献之最后才不紧不慢地喊道：“小偷！那条青毡是我家祖先留下的物品，可特意留下。”这伙小偷闻声惊走。

擅长草书和隶书，也善于绘画。七八岁学习书法时，一次羲之趁他不注意从背后夺他的毛笔，未能夺下，就感慨地说：“这个孩子日后还会有大名。”曾于墙上书写一丈见方的大字，羲之认为很有功力，当时围观者数百人。桓温还曾让他给扇子题字，不料一笔误落，他就势画成了黑色母牛，非常精妙。

起家州主簿、秘书郎，转丞，以选尚新安公主。尝经吴郡，闻顾辟强有名园，先不相识，乘平肩舆径入。时辟强方集宾友，而献之游历既毕，旁若无人。辟强勃然数之曰：“慠主人，非礼也。以贵骄士，非道也。失是二者，不足齿之伧耳。”便驱出门。献之傲如也，不以屑意。

谢安甚钦爱之，请为长史。安进号卫将军，复为长史。太元中，新起太极殿，安欲使献之题榜，以为万代宝，而难言之，试谓曰：“魏时陵云殿榜未题，而匠者误钉之，不可下，乃使韦仲将悬橙书之。比讫，须鬓尽白，裁余气息。还语子弟，宜绝此法。”献之揣知其旨，正色曰：“仲将，魏之大臣，宁有此事！使其若此，有以知魏德之不长。”安遂不之逼。安又问曰：“君书何如君家尊？”答曰：“故当不同。”安曰：“外论不尔。”答曰：“人那得知！”寻除建威将军、吴兴太守，征拜中书令。

【译文】

献之初任官是州主簿，后迁秘书郎，又转为秘书丞，因中选得娶新安公主。曾路经吴郡，听说顾辟强有一座名园，虽以前同顾并不相识，仍乘轿径直进入。当时辟强正会集宾友，而献之游赏之后却旁若无人地要离去。辟强勃然大怒，斥责道：“你傲慢主人，不合礼节；恃贵骄士，不合道义。犯了这两种过失，就是不足挂齿的粗人。”便把他赶出园门。献之傲慢依旧，并不介意。

谢安非常钦敬喜爱献之，就聘请他为长史。谢安进号卫将军，仍任他为长史。太元年间，皇宫中新建成太极殿，谢安想让献之题写榜匾，成为流传万代的墨宝，但又难以启齿，于是就试探道：“魏代时，陵云殿的榜匾还未题字就被工匠误钉上去了，无法弄下来，就让韦仲将站在悬椅上题写榜匾。等题写完毕，韦仲将的胡须和鬓毛都花白了，仅仅剩下喘息的力气。他回家后就对晚辈们讲，以后要禁绝习字练书。”献之揣摩到了谢安的意思，严肃地说：“仲将是魏朝的大臣，岂有此事！假如果真如此，那也就从这里知道了魏代短命的原因。”谢安于是不再勉强献之。谢安又问道：“你的书法与令尊相比怎么样？”献之答称：“本来就有不同。”谢安说：“外间议论不这样看。”答称：“别人哪里知道！”不久授官建威将军、吴兴太守，后又征召回朝任中书令。

及安薨，赠礼有同异之议，惟献之、徐邈共明安之忠勋。献之乃上疏曰：“故太傅臣安少振玄风，道誉洋溢。弱冠遐栖，则契齐箕皓；应运释褐，而王猷允塞。及至载宣威灵，强猾消殄。功勋既融，投绂高让。且服事先帝，眷隆布衣。陛下践阼，阳秋尚富，尽心竭智以辅圣明。考其潜跃始终，事情缱绻，实大晋之俊辅，义笃于曩臣矣。伏惟陛下留心宗臣，澄神于省察。”孝武帝遂加安殊礼。

未几，献之遇疾，家人为上章，道家法应首过，问其有何得失。对曰：“不觉余事，惟忆与郗家离婚。”献之前妻，郗昙女也。俄而卒于官。安僖皇后立，以后父追赠侍中、特进、光禄大夫、太宰，谥曰宪。无子，以兄子静之嗣，位至义兴太守。时议者以为羲之草隶，江左中朝莫有及者，献之骨力远不及父，而颇有媚趣。桓玄雅爱其父子书，各为一帙，置左右以玩之。始羲之所与共游者许迈。

【译文】

到谢安逝世后，朝中对他的追赠礼仪持有分歧意见，只有献之、徐邈一同表明谢安的忠诚和功勋。献之为此上疏道：“已故太傅大臣谢安，少年时就名震玄学领域，受到普遍赞誉。年轻时隐居，节操与箕子、商山四皓相同。应运入仕做官，谋划国事公允而周到。及至提师出征，强寇得以消灭。建立辉煌功勋之后又退位谦让。而且尽心奉侍先帝，关心厚爱百姓。陛下即位，年纪正轻，他尽心竭智给以辅佐。考察他隐居和出仕的生平，建树接连不断，真正是大晋的良辅，德义超过以往大臣。希望陛下关注这位世人宗仰的大臣，明于省察。”孝武帝于是提高了谢安赠礼的待遇。

不久，献之患病，家人帮他上报奏章，按照当时的习惯，叙述家法时应陈述自己所犯的过失。就问他有何过失，他回答说：“不记得别的事了，只想起来与郗家离婚的事。”献之的前妻是郗昙的女儿。说罢不一会儿，便逝世于衙署。安僖皇后被册立时，因献之是皇后的父亲，又被追赠为侍中、特进、光禄大夫、太宰，追谥为“宪”。因为没有子嗣，就以哥哥的儿子静之过继为嗣，官至义兴太守。当时舆论认为羲之的草书、隶书，在江左朝廷中无人可比，献之书法的骨力远远不及其父，但颇有媚趣。桓玄特别喜欢他们父子的书法，各装了一帙，放在身边以供玩赏。当初，与羲之同游的人还有许迈。

〔宋书〕

檀道济列传

檀道济，高平金乡人，左将军韶少弟也。少孤，居丧备礼。奉姊事兄，以和谨致称。

高祖创义，道济从入京城，参高祖建武军事，转征西。讨平鲁山，禽桓振，除辅国参军、南阳太守。以建义勋，封吴兴县五等侯。卢循寇逆，群盗互起，郭寄生等聚作唐，以道济为扬武将军、天门太守讨平之。又从刘道规讨桓谦、荀林等，率厉文武，身先士卒，所向摧破。及徐道覆来逼，道规亲出拒战，道济战功居多。迁安远护军、武陵内史。复为太尉参军，拜中书侍郎，转宁朔将军，参太尉军事。以前后功封作唐县男，食邑四百户。补太尉主簿、谘议参军。豫章公世子为征虏将军镇京口，道济为司马、临淮太守。又为世子西中郎司马、梁国内史。复为世子征虏将军司马，加冠军将军。

【译文】

檀道济，高平金乡人，是左将军檀韶的幼弟。少年时丧失父母，居丧期间依礼行事，侍奉姐姐和哥哥，以和顺谨慎著称。

高祖首倡大义，檀道济随从进京，参与高祖建武军事。转征西，讨伐平定鲁山，活捉桓振，官拜辅国参军、南阳太守。因参加起义的功勋，封爵吴兴县五等侯。卢循反叛寇掠，群盗并起，郭寄生盘踞在作唐。朝廷委任檀道济为扬武将军、天门太守，讨伐平定郭寄生。然后跟随刘道规进讨桓谦、荀林等，他率领激励部属，身先士卒，所向披靡。等到徐道覆领兵逼近，刘道规亲自出兵抵抗，檀道济战功卓著。升任安远护军、武陵内史。不久又任太尉参军、中书侍郎，迁转宁朔将军，参太尉军事。录前后所立功勋，封爵作唐县男，食邑四百户。又补授太尉主簿、咨议参军。豫章公世子任征虏将军镇守京口，檀道济担任他的司马，兼临淮太守。继而任世子西中郎司马，兼梁国内史。又任世子征虏将军司马，加冠军将军。

义熙十二年，高祖北伐，以道济为前锋出淮、肥，所至诸城戍望风降服。进克许昌，获伪宁朔将军、颍川太守姚坦及大将杨业。至成皋，伪兖州刺史韦华降。径进洛阳，伪平南将军陈留公姚洸归顺。凡拔城破垒，俘四千余人。议者谓应悉戮以为京观。道济曰："伐罪吊民，正在今日。"皆释而遣之。于是戎夷感悦，相率归之者甚众。进据潼关，与诸军共破姚绍。长安既平，以为征虏将军、琅邪内史。世子当镇江陵，复以道济为西中郎司马、持节、南蛮校尉。又加征虏将军。迁宋国侍中，领世子中庶子，兖州大中正。

高祖受命，转护军，加散骑常侍，领石头戍事。听直入殿省。以佐命功，改封永修县公，食邑二千户。徙为丹阳尹，护军如故。高祖不豫，给班剑二十人。

出监南徐兖之江北淮南诸郡军事、镇北将军、南兖州刺史。景平元年，虏围青州刺史竺夔于东阳城，夔告急。加道济使持节、监征讨诸军事，与王仲德救东阳。未及至，虏烧营，焚攻具遁走。将追之，城内无食，乃开窖取久谷，窖深数丈，出谷作米，已经再宿，虏去已远，不复可追，乃止。还镇广陵。

【译文】

义熙十二年，高祖北伐，以檀道济为前锋，先出淮、肥，军队所到之地，城戍纷纷望风归顺。檀道济引军攻克许昌，俘获后秦宁朔将军兼颍川太守姚坦及大将杨业。兵至成皋，后秦兖州刺史韦华降附。他又引军直趋洛阳，后秦平南将军陈留公姚洸出降。一路陷城池破壁垒，俘虏敌军将士四千余人。军中有人建议将战俘全部杀死，尸体封土成高冢，以炫耀武功。檀道济说："讨伐有罪，抚慰人民，才是今天应该做的。"他将俘虏全部放回。于是戎夷心悦诚服，相互率领其部族归顺他的人很多。他领兵西进，据守潼关，与诸路兵马联合，击败姚绍。长安平定以后，迁任征虏将军、琅邪内史。世子将镇守江陵，又以檀道济为西中郎司马、持节、南蛮校尉。又加征虏将军。再迁宋国侍中，领世子中庶子，兼兖州大中正。

高祖刘裕称帝后，檀道济转为护军，加散骑常侍，领石头戍事务。允许他直接进入殿省。因辅佐高祖登基有功，改封永修县公，食邑二千户。又迁任丹阳尹，仍兼护军之职。高祖病重时，赐给他二十人，出入手持有花纹的木剑，作为仪仗队。

后出任地方官，监南徐州与兖州的江北、淮南诸郡军事，兼任镇北将军、南兖州刺史。景平元年，魏军把宋青州刺史竺夔围困在东阳城内，竺夔向朝廷告急。朝廷加檀道济使持节、监征讨诸军事，与王仲德联合，救援东阳。援军尚未赶到东阳，魏军闻讯，烧毁营寨和攻城器具逃跑了。檀道济准备追击魏军，但东阳城中没有军粮。于是令士卒开地窖取陈谷，地窖深数丈，将谷子取出，加工成米，已经过了两夜，魏军已远去，不再可能追上，于是停止追赶。回师镇守广陵。

徐羡之将废庐陵王义真，以告道济，道济意不同，屡陈不可，不见纳。羡之等谋欲废立，讽道济入朝，既至，以谋告之。将废之夜，道济入领军府就谢晦宿。晦其夕竦动不得眠，道济就寝便熟，晦以此服之。太祖未至，道济入守朝堂。上即位，进号征北将军，加散骑常侍，给鼓吹一部。进封武陵郡公，食邑四千户。固辞进封。又增督青州、徐州之淮阳、下邳、琅邪、东莞五郡诸军事。

及讨谢晦，道济率军继到彦之。彦之战败，退保隐圻，会道济至。晦本谓道济与羡之等同诛，忽闻来上，人情凶惧，遂不战自溃。事平，迁都督江州荆州之江夏豫州之西阳新蔡晋熙四郡诸军事、征南大将军、开府仪同三司、江州刺史，持节、常侍如故。增封千户。

【译文】

徐羡之打算废黜庐陵王刘义真，先将此事告知檀道济。檀道济不同意，屡次陈述己见，说不能这样，但不被徐羡之采纳。徐羡之等人策划废黜宋少帝刘义符，拥立宜都王刘义隆，托辞让檀道济入朝。檀道济来到，方告知此谋。当天夜里，檀道济在领军府与谢晦同宿。谢晦因心情紧张，辗转反侧，不能入眠，檀道济刚卧床便已睡熟，谢晦佩服他临事镇定。太祖没有到来之前，檀道济进朝堂守护。待太祖登基，进檀道济征北将军，加散骑常侍，赐给鼓吹一部。不久又爵封武陵郡公，食邑四千户。檀道济坚决辞让。又加都督青州、徐州的淮阳、下邳、琅邪、东莞等五郡诸军事。

后来讨伐谢晦，以到彦之为前部，檀道济后继。到彦之接战败北，退保隐圻，适逢檀道济领兵到达。谢晦原以为檀道济已与徐羡之等人同时被杀，忽然听说他领兵前来，军中人心惶恐，于是士兵不战而自行溃散。谢晦作乱被平息之后，檀道济迁都督江州、荆州的江夏郡、豫州的西阳、新蔡、晋熙四郡诸军事，征南大将军、开府仪同三司、江州刺史，仍为持节和常侍。增封食邑千户。

元嘉八年，到彦之伐索虏，已平河南，寻复失之，金墉、虎牢并没，虏逼滑台。加道济都督征讨诸军事，率众北讨。军至东平寿张县，值虏安平公乙旃眷。道济率宁朔将军王仲德、骁骑将军段宏奋击，大破之。转战至高梁亭，虏宁南将军、济州刺史寿昌公悉颊库结前后邀战，道济分遣段宏及台队主沈虔之等奇兵击之，即斩悉颊库结。道济进至济上，连战二十余日，前后数十交，虏众盛，遂陷滑台。道济于历城全军而反。进位司空，持节、常侍、都督、刺史并如故。还镇寻阳。

道济立功前朝，威名甚重，左右腹心，并经百战，诸子又有才气，朝廷疑畏之。太祖寝疾累年，屡经危殆，彭城王义康虑宫车晏驾，道济不可复制。十二年，上疾笃，会索虏为边寇，召道济入朝。既至，上间。十三年春，将遣道济还镇，已下船矣，会上疾动，召入祖道，收付廷尉。诏曰："檀道济阶缘时幸，荷恩在昔，宠灵优渥，莫与为比。曾不感佩殊遇，思答万分，乃空怀疑贰，履霜日久。元嘉以来，猜阻滋结，不义不昵之心，附下罔上之事，固已暴之民听，彰于遐迩。谢灵运志凶辞丑，不臣显著，纳受邪说，每相容隐。又潜散金货，招诱剽猾，逋逃必至，实繁弥广，日夜伺隙，希冀非望。镇军将军仲德往年入朝，屡陈此迹。朕以其位居台铉，豫班河岳，弥缝容养，庶或能革。而长恶不悛，凶慝遂遘，因朕寝疾，规肆祸心。前南蛮行参军庞延祖具悉奸状，密以启闻。夫君亲无将，刑兹罔赦。况罪衅深重，若斯之甚。便可收付廷尉，肃正刑书。事止元恶，余无所问。"于是收道济及其子给事黄门侍郎植、司徒从事中郎粲、太子舍人隰、征北主簿承伯、秘书郎遵等八人，并于廷尉伏诛。又收司空参军薛彤，付建康伏法。又遣尚书库部郎顾仲文、建武将军茅亨至寻阳，收道济子夷、邕、演及司空参军高进之诛之。薛彤、进之并道济腹心，有勇力，时以比张飞、关羽。初，道济见收，脱帻投地曰："乃复坏汝万里之长城！"邕子孺乃被宥，世祖世，为奉朝请。

【译文】

元嘉八年，到彦之统领诸路兵马伐魏，平定了黄河以南地区，不久又丢失。洛阳金墉城和虎牢关等要塞同时陷落，魏军逼近滑台。宋朝廷加檀道济都督征讨诸军事，率军北伐。军队到达东平郡寿张县时，与魏安平公乙旃眷的军队相遇。檀道济率领宁朔将军王仲德、骁骑将军段宏等奋勇作战，大败魏军。又转战到高梁亭，魏宁南将军、济州刺史、寿昌公悉颊库结前来阻击，檀道济派遣段宏和台队主沈虔之出奇兵攻打，斩杀悉颊库结。然后进军到济水南岸，连续作战二十多天，前后与魏军交锋数十次。因魏军兵多势盛，滑台被攻陷。檀道济带领宋军，从历城安全返回。进位司空，持节、常侍、都督、刺史等仍然保留。于是檀道济返回镇守寻阳。

檀道济在前朝就立有战功，威信高，名望重。左右心腹，都曾身经百战。诸子又都很有才气，因而受到朝廷的猜忌。太祖连年疾患，屡次病危，彭城王刘义康常常担心太祖去世后，檀道济难以控制。十二年，太祖病危，恰逢魏军寇掠边境，于是召檀道济入朝，准备除掉他。等檀道济来到京城，太祖病情又有好转。十三年春天，让檀道济还镇寻阳，已经上船，太祖病情复发。于是以设宴饯行为名，将檀道济召回，拘押廷尉狱中。下诏说："檀道济因时势靠幸运，在往昔蒙受大恩，待遇的优厚，他人无法比拟。不务报答万一，却凭空产生狐疑和离贰之心，戒备惊惧已久。元嘉年间以来，猜忌隔阂更深。不义不亲的心思，附下欺上的事迹，本来就暴露在民间，彰显于远近。谢灵运心毒言丑，不臣之心显著，檀道济却听信他的邪说，并予以宽容和隐瞒。又私下散金钱珍宝，招引剽悍狡诈的人，乃至逃亡的罪犯。这种人在他身边聚集了很多，仍更广泛地搜罗。日夜等待时机，希冀非分之望。镇军将军王仲德往年入朝时，多次陈说他的种种劣迹。朕因他位居台辅，班次崇高，采取弥补缝合和宽容隐忍的态度，希望他能改过自新。而他怙恶不悛，于是构成大逆。趁朕患病，图谋滋事构难。前南蛮行参军庞延祖完全知晓他的奸状，曾密启朕躬。君主的亲戚如不顺从，尚且用刑不赦，何况他罪恶深重，像这么厉害了。便可收押廷尉狱中，以正刑典。事情只限于元凶，其他人不予追究。"于是拘捕檀道济及其子给事黄门侍郎檀植、司徒从事中郎檀粲、太子舍人檀隰、征北主簿檀承伯、秘书郎檀遵等八人，一起在廷尉狱中杀死。又拘捕司空参军薛彤，在建康伏法。另派遣尚书库部郎顾仲文、建武将军茅亨到寻阳，逮捕檀道济的儿子檀夷、檀邕、檀演以及司空参军高进之，全部杀死。薛彤、高进之都是檀道济的心腹，当时人比作张飞、关羽。起初，檀道济被拘执入狱时，摘下头巾扔在地上，说："竟又毁坏你的万里长城！"檀邕的儿子檀孺被宽宥，世祖在位时，官至奉朝请。

裴松之列传

裴松之字世期，河东闻喜人也。祖昧，光禄大夫。父珪，正员外郎。松之年八岁，学通《论语》《毛诗》。博览坟籍，立身简素。年二十，拜殿中将军。此官直卫左右。晋孝武太元中革选名家以参顾问，始用琅邪王茂之、会稽谢輶，皆南北之望。舅庾楷在江陵，欲得松之西上除新野太守，以事难不行，拜员外散骑侍郎。义熙初，为吴兴故鄣令。在县有绩，入为尚书祠部郎。

松之以世立私碑，有乖事实，上表陈之曰："碑铭之作，以明示后昆，自非殊功异德，无以允应兹典。大者道勋光远，世所宗推，其次节行高妙，遗烈可纪。若乃亮采登庸，绩用显著，敷化所莅，惠训融远，述咏所寄，有赖镌勒。非斯族也，则几乎僭黩矣。俗敝伪兴，华烦已久，是以孔悝之铭，行是人非；蔡邕制文，每有愧色。而自时厥后，其流弥多。预有臣吏，必为建立，勒铭寡取信之实，刊石成虚伪之常，真假相蒙，殆使合美者不贵，但论其功费，又不可称。不加禁裁，其敝无已。"以为："诸欲立碑者，宜悉令言上，为朝议所许，然后听之。庶可以防遏无征，显彰茂实，使百世之下，知其不虚，则义信于仰止，道孚于来叶。"由是并断。

【译文】

裴松之字世期，河东闻喜人。他的祖父裴昧，担任过光禄大夫。他的父亲裴珪，担任过正员外郎。裴松之八岁的时候，通学了《论语》和《毛诗》。他博览群书，为人清淡朴素。二十岁的时候，拜为殿中将军。殿中将军这个官是皇帝左右的近卫。晋孝武帝太元年间选拔名家参与顾问，才开始用琅邪的王茂之，会稽的谢輶，这二位一南一北享有很高的声望。裴松之的舅舅庾楷在江陵，想让裴松之西上担任新野太守，因为事情困难而没有实现，于是拜他为员外散骑侍郎。义熙（405—418）初年，裴松之担任吴兴故鄣县令。有政绩，调入朝中任尚书祠部郎。

裴松之因为社会上个人所立的碑，文字与事实不符，于是上表说：“碑铭的写作，是为了昭示后人，从本意上说不是特殊的功勋和特出的德行，不应当享有碑铭。（应当享有碑铭的）首先是思想勋绩影响很大，受到全社会推崇的人；其次是高风亮节，有遗烈可记述的人。至于那些辅助皇帝的人，成绩显著的人，改造他所任职的地方的人，有好的教导长久流传的人，咏诗作文的人，也是需要勒铭镌刻的。不是以上几种人，（如果也立碑刻铭）就几乎是僭越和亵渎了。这种庸俗作假的风气兴起，使用华靡的辞藻由来已久，所以孔悝的铭文，正确的行为却遭到人们的非议；蔡邕写作碑文，（因不符合事实）每有愧色。但自他们以后，流弊就更加多了。稍有职务，就必定要立碑刻铭，勒铭很少有能使人相信的事实，刊石只不过成了弄虚作假的家常便饭，真假混杂，就使得应当得到美名的不显得珍贵，只说他们的功绩，又是些不足道的。对这种风气不加禁止裁办，它的弊病就会没完没了。”裴松之认为：“那些想立碑的人，应当命令他们都向上请示，经朝廷议论允许之后，才能让他们去办。这样大概就可以防止不实之词，表彰那些美好的事实，使百世以后，知道没有虚假，就会使仁义得到人们的信仰，办事的原则就会得到未来的崇敬。”于是，以后立碑刻铭都依照裴松之所建议的办。

高祖北伐，领司州刺史，以松之为州主簿，转治中从事史。既克洛阳，松之居州行事。宋国初建，毛德祖使洛阳。高祖敕之曰：“裴松之廊庙之才，不宜久尸边务，今召为世子洗马，与殷景仁同，可令知之。”于时议立五庙乐，松之以妃臧氏庙乐亦宜与四庙同。除零陵内史，征为国子博士。

太祖元嘉三年，诛司徒徐羡之等，分遣大使，巡行天下。通直散骑常侍袁渝、司徒左西掾孔邈使扬州；尚书三公郎陆子真、起部甄法崇使荆州；员外散骑常侍范雍、司徒主簿庞遵使南兖州；前尚书右丞孔默使南北二豫州；抚军参军王歆之使徐州；冗从仆射车宗使青、兖州；松之使湘州；尚书殿中郎阮长之使雍州；前竟陵太守殷道鸾使益州；员外散骑常侍李耽之使广州；郎中殷斌使梁州、南秦州；前员外散骑侍郎阮园客使交州；驸马都尉、奉朝请潘思先使宁州，并兼散骑常侍。班宣诏书曰：“昔王者巡功，群后述职，不然则有存省之礼，聘频之规。所以观民立政，命事考绩，上下偕通，遐迩咸被，故能功昭长世，道历远年。朕以寡暗，属承洪业，夤畏在位，昧于治道，夕惕惟忧，如临渊谷。惧国俗陵颓，民风凋伪，眚厉违和，水旱伤业。虽躬勤庶事，思弘攸宜，而机务惟殷，顾循多阙，政刑乖谬，未获具闻。岂诚素弗孚，使群心莫尽？纳隍之愧，在予一人。以岁时多难，王道未壹，卜征之礼，废而未修，眷彼氓庶，无忘攸恤。今使兼散骑常侍渝等申令四方，周行郡邑，亲见刺史、二千石官长，申述至诚，广询治要，观察吏政，访求民隐，旌举操行，存问所疾。礼俗得失，一依周典，每各为书，还具条奏，俾朕照然，若亲览焉。大夫君子，其各悉心敬事，无惰乃力。其有咨谋远图，谨言中诚，陈之使者，无或隐遗。方将敬纳良规，以补其阙。勉哉勖之，称朕意焉。”

【译文】

高祖北伐的时候，兼任司州刺史，让裴松之担任州主簿，后又转任治中从事史。攻克洛阳以后，裴松之担任州行事。宋朝建国之初，毛德祖出使洛阳。高祖下敕说：“裴松之是廊庙之才，不宜老是待在边疆，现在召他回朝担任太子洗马，和殷景仁的待遇一样，可以让他知道。”当时议论建立王朝的音乐，裴松之认为妃子臧氏庙的音乐应该与其他四庙的音乐一样。升任裴松之为零陵内史，旋即征召他为国子博士。

太祖元嘉三年（426），诛杀了司徒徐羡之等人，分遣大使，巡行天下。通直散骑常侍袁渝、司徒左西掾孔邈出使扬州；尚书三公郎陆子真、起部甄法崇出使荆州；员外散骑常侍范雍、司徒主簿庞遵出使南兖州；前尚书右丞孔默出使南豫州和北豫州；抚军参军王歆之出使徐州；冗从仆射车宗出使青州、兖州；裴松之出使湘州；尚书殿中郎阮长之出使雍州；前竟陵太守殷道鸾出使益州；员外散骑常侍李耽之出使广州；郎中殷斌出使梁州、南秦州；前员外散骑侍郎阮园客出使交州；附马都尉、奉朝请潘思先出使宁州，并兼散骑常侍。（他们出使之时，在朝廷列班受诏）诏书说：“从前帝王巡视天下，各诸侯述职，不然就是诸侯执行回朝朝觐、聘问的规定。由此看来观察民情而推行政治，任命官吏并考察他们的政绩，上上下下都一致，远远近近都一样，所以能够功业长久，（治世的）原则能够得以长期坚持。朕孤陋寡闻，继承了洪大的事业，只好小心谨慎，但不懂治理天下的原则，只有整天忧愁，好像面临深渊一样。朕害怕国家的风气衰颓，百姓弄虚作假，重大的过失有违国家的和睦，水旱之灾伤害了百姓的产业。虽然朕亲自过问这一类的事情，想使其得到妥当的处置，但重要的事情实在太多，朕所见所做的有许多缺漏，政治和刑法有不恰当的地方，都没有全部清楚。这难道不是朕不够诚恳，使大家不能完全尽心尽意吗？不能救民于水火的惭愧，应该由朕一人承担。因为天灾很多，还没有完全实行仁德的政治，帝王巡狩的制度被废弃了还没有恢复，（虽然如此）朕眷顾百姓，没有忘记对他们的悯恤。现在派遣兼散骑常侍袁渝等到四方视察，到各郡邑巡行，亲自与刺史、二千石长官们见面，申述朕治天下的诚挚之意，广泛征求治理国家的重要意见，观察官吏的政治，访求民众的痛苦，表彰有操行的官吏，慰问百姓的疾苦。无论官吏或民俗的得失，都依据周朝的典制加以裁断，每件事情各写成书奏，回来之后都分门别类上奏，帮助朕弄清情况，好像朕亲见一样。各位大夫君子，请你们全心全意以此事为重，不要怠惰。下面的人如果有良谋大计，请诚心诚意细致地讲出来，上呈使者，不要有任何保留。这样才能使朕恭敬地采纳好的意见，以补政治上的缺漏。各位努力吧，一定要满足朕的心愿。”

松之反使，奏曰："臣闻天道以下济光明，君德以广运为极。古先哲后，因心溥被，是以文思在躬，则时雍自洽，礼行江汉，而美化斯远，故能垂大哉之休咏，廓造周之盛则。伏惟陛下神睿玄通，道契旷代，冕旒华堂，垂心八表，咨敬敷之未纯，虑明扬之靡畅，清问下民，哀此鳏寡，涣焉大号，周爰四达。远猷形于《雅》《诰》，惠训播乎遐陬。是故率土仰咏，重译咸说，莫不讴吟踊跃，式铭皇风；或有扶老携幼，称欢路左，诚由亭毒既流，故忘其自至，千载一时，于是乎在。臣谬蒙铨任，忝厕显列，猥以短乏，思纯八表，无以宣畅圣旨，肃明风化，黜陟无序，搜扬寡闻，惭惧屏营，不知所措。奉二十四条，谨随事为牒，伏见癸卯诏书，礼俗得失，一依周典，每各为书，还具条奏。谨依事为书以系之后。"松之甚得奉使之义，论者美之。

转中书侍郎、司冀二州大中正。上使注陈寿《三国志》。松之鸠集传记，增广异闻，既成奏上。上善之，曰："此为不朽矣。"出为永嘉太守，勤恤百姓，吏民便之。入补通直为常侍，复领二州大中正。寻出为南琅邪太守。十四年致仕，拜中散大夫，寻领国子博士，进太中大夫，博士如故。续何承天国史，未及撰述。二十八年，卒，时年八十。子骃，南中郎参军。松之所著文论及《晋纪》，骃注司马迁《史记》，并行于世。

【译文】

裴松之回来之后上奏说："臣下听说天道是带给世界光明的，君王的德行是以全面治理社会为极至的。古代圣哲的君主，因为考虑到了所有的事情，所以一个人有好的想法，社会就富足和平；虽然只在江、汉推行礼制，其良好的影响却很深远。所以能够让后人咏颂他们宏大的功业，创造出比周朝好的典则。陛下神思玄通，思想举世无双，身居天子之位，考虑着四面八方，咨询施布教化的不足，思虑荐举贤才之路还不通畅，公正地问询下民（的痛苦），同情他们当中的鳏夫、寡妇，光辉伟大的感召，影响远及四方。（这些举动）以很早以前的《雅》《诰》为法则，英明的训示传扬到了边远的地方。所以全国民众恭敬地颂扬，很远的外国也感到喜悦，莫不歌唱吟诵欢欣鼓舞，铭记皇恩；有的扶老携幼，在路旁述说欢喜，实在是因为养育之恩流布，因此忘其所以。千载以来，只有这时候才出现这种情况。臣下谬蒙选任出使，不合格地与显要的人物同列，才能缺短，思想简单，无力宣扬圣旨，严肃倡明风化，进退人才没有章法，访求推举也孤陋寡闻，惭愧惶恐，不知所措。现在上奏二十四条，恭谨地随事写成。臣下见癸卯诏书，说官吏民风的得失，都依据周朝的典制加以裁断，每件事情各写成书奏，回来以后分门别类上奏。（现遵诏）依事为类附之于后。"裴松之很懂得出使的意义，谈论的人都赞扬他。

后来，裴松之累任中书侍郎、司州、冀州两州的大中正。皇帝选派他为陈寿的《三国志》作注。于是裴松之累集资料，增加了不同的说法，写成后奏上，皇帝认为注得很好，说："这个注是不朽的！"就调他出任永嘉太守。（他为太守，）勤政恤民，官吏和百姓都感到生活自如。（所以又让他）入补通直散骑常侍，后又兼任司、元冀二州的大中正。不久他又出任南琅邪太守。元嘉十四年他告第退休，被拜为中散大夫，不久又兼任国子博士。后又提升为太中大夫，仍然任博士。裴松之打算续写何承天所写的刘宋国史，没有来得及动笔，元嘉二十八年，他就去世了，当时他八十岁。他的儿子名骃，任南中郎参军。裴松之所写的论文和《晋纪》，裴骃注释的司马迁的《史记》，一并在世上流行。

〔南齐书〕

王敬则列传

王敬则，晋陵南沙人也。母为女巫，生敬则而胞衣紫色，谓人曰：“此儿有鼓角相。”敬则年长，两腋下生乳各长数寸。梦骑五色师子。年二十余，善拍张。补刀戟左右。景和使敬则跳刀，高与白虎幢等，如此五六，接无不中。补侠毂队主，领细铠左右。与寿寂之同毙景和。明帝即位，以为直阁将军。坐捉刀入殿启事，系尚方十余日，乃复直阁。除奋武将军，封重安县子，邑三百五十户。敬则少时于草中射猎，有虫如乌豆集其身，摘去乃脱，其处皆流血。敬则恶之，诣道士卜，道士曰：“不须忧，此封侯之瑞也。”敬则闻之喜，故出都自效，至是如言。

泰始初，以敬则为龙骧将军、军主，随宁朔将军刘怀珍征寿春，殷琰遣将刘从筑四垒于死虎，怀珍遣敬则以千人绕后，直出横塘，贼众惊退。除奉朝请，出补暨阳令。

敬则初出都，至陆主山下，宗侣十余船同发，敬则船独不进，乃令弟入水推之，见一乌漆棺。敬则曰：“尔非凡器。若是吉善，使船速进。吾富贵，当改葬尔。”船须臾去。敬则既入县，收此棺葬之。

【译文】

王敬则，晋陵南沙人。母亲是女巫，生下王敬则时胞衣是紫色的，他母亲对人说：“这孩子有做将军的面相。”王敬则长大后，两腋下生出乳头每个长有几寸。他还梦到过自己骑着五色狮子。年纪二十多岁时，王敬则善于跳北方的拍手抚髀的舞蹈。补官做刀戟左右。宋前废帝让王敬则向空中掷刀为戏，他掷出的刀和七丈五尺长的白虎幢一样高，这样掷五六次，没有一次接不中的。补做侠毂队主。统率细铠左右。又曾和寿寂之一起杀死宋前废帝。宋明帝刘彧即位后，用他做直阁将军。因为带刀上殿奏事，被囚禁在监狱里十多天，才恢复直阁职务。又授官做奋武将军，封做重安县子爵，食邑三百五十户。王敬则少年时曾经在草莽中射猎，像乌豆一样的飞虫纷纷落在他身上，用手搔扒便脱落了，虫子落过的皮肤上都出血。王敬则从心里厌恶这件事，便到和尚那里去占卜，和尚说：“不必担心，这可是封侯的好兆头啊。”王敬则听了心里暗自高兴，于是便离开家去京城投效朝廷，到这时果然像和尚说的一样受封为侯。

宋明帝泰始初年，用王敬则做龙骧将军、军主，随同宁朔将军刘怀珍出征寿春，叛将殷琰派将军刘从在死虎地方修起四座营垒，刘怀珍派王敬则带领一千人绕到敌后，直接袭击横塘，贼军惊恐退却。授王敬则为奉朝请，出京补官做暨阳县令。

王敬则当初离开京城，来到陆主山下时，同姓结伴的人分别乘十几条船一齐出发，唯独王敬则的船不能前进，他就让弟弟下水推船，在水中发现一口乌漆棺材。王敬则发愿说：“你不是一般的物件。假如对我是吉利美好的预兆，便让船快快前进。等我富贵之后，将会给你改葬。”说完船便很快驶离岸边。王敬则到县里任官之后，果然捞起这口棺材重新加以安葬。

军荒之后，县有一部劫逃紫山中为民患，敬则遣人致意劫帅，可悉出首，当相申论。治下庙神甚酷烈，百姓信之，敬则引神为誓，必不相负。劫帅既出，敬则于庙中设会，于座收缚，曰：“吾先启神，若负誓，还神十牛。今不违誓。”即杀十牛解神，并斩诸劫，百姓悦之。迁员外郎。

元徽二年，随太祖拒桂阳贼于新亭，敬则与羽林监陈显达、宁朔将军高道庆乘舸䑽于江中迎战，大破贼水军，焚其舟舰。事宁，带南泰山太守，右侠毂主，转越骑校尉，安成王车骑参军。

苍梧王狂虐，左右不自保，敬则以太祖有威名，归诚奉事。每下直，辄往领府。夜著青衣，扶匐道路，为太祖听察苍梧去来。太祖命敬则于殿内伺机，未有定日。既而杨玉夫等危急殒帝，敬则时在家，玉夫将首投敬则，敬则驰诣太祖。太祖虑苍梧所诳，不开门。敬则于门外大呼曰：“是敬则耳。”门犹不开。乃于墙上投进其首，太祖索水洗视，视竟，乃戎服出。

【译文】

军事战乱之后，县里有一伙强盗逃进紫山里成为扰民的祸害，王敬则派人给强盗的头领送去信，说可以出来自首，并且会帮助他们说情减罪。县里有个神庙十分威严灵验，百姓们都诚心信奉，王敬则公开对神发誓，一定不背叛对强盗首领的许诺。强盗的头领都来到之后，王敬则就在庙里设宴席，在席上把这些头领都绑起来，他说：“我先前敬告过神灵，假如背叛誓言，就杀十头牛还愿。现在我不违背许下的愿。”立刻宰十头牛表明不辜负对神的誓言，同时斩了那些强盗头领，百姓都为此高兴。王敬则被调做员外郎。

宋后废帝（苍梧王）元徽二年，王敬则随同齐高帝萧道成在新亭抗拒反贼桂阳王刘休范，王敬则和羽林监陈显达、宁朔将军高道庆在大江上乘战船迎战，大破敌人水军，又放火烧掉敌船。战争平定后，王敬则兼做南泰山太守，右侠毂主，转官做越骑校尉，宋安成王刘准的车骑参军。

苍梧王刘昱狂暴残虐，朝中左右大臣人人自危，王敬则认为萧道成有威信有声望，便竭尽诚心地侍奉他。每当退班之后，便来到中领军萧道成的官署。夜里王敬则穿上黑衣服，隐伏在大道上，替萧道成侦察探听苍梧王的行踪。萧道成还密令王敬则在宫中殿里伺机行事，但还没有决定动手的日子。不久，杨玉夫等人在紧急时刻杀掉后废帝，王敬则当时正在家里，杨玉夫把后废帝的头送给王敬则，王敬则便骑上马跑去见萧道成，萧道成担心受苍梧王的诳骗，不敢立即开门。王敬则在门外高声说：“我是王敬则！”门还是不开。于是王敬则便把人头从墙上扔进去，萧道成拿水洗了细看，看完，便全副武装开门出来。

敬则从入宫，至承明门，门郎疑非苍梧还，敬则虑人觇见，以刀环塞窐孔，呼开门甚急。卫尉丞颜灵宝窥见太祖乘马在外，窃谓亲人曰：“今若不开内领军，天下会是乱耳。”门开，敬则随太祖入殿。明旦，四贵集议，敬则拔白刃在床侧跳跃曰：“官应处分，谁敢作同异者！”昇明元年，迁员外散骑常侍、辅国将军、骁骑将军、领临淮太守，增封为千三百户，知殿内宿卫兵事。

沈攸之事起，进敬则号冠军将军。太祖入守朝堂，袁粲起兵夕，领军刘韫、直阁将军卜伯兴等于宫内相应，戒严将发。敬则开关掩袭，皆杀之。殿内窃发尽平，敬则之力也。迁右卫将军，常侍如故。增封为二千五百户，寻又加五百户。又封敬则子元迁为东乡侯，邑三百七十户。齐台建，为中领军。

太祖将受禅，材官荐易太极殿柱，从帝欲避土，不肯出宫逊位。明日，当临轩，帝又逃宫内。敬则将舆入迎帝，启譬令出。帝拍敬则手曰：“必无过虑，当饷辅国十万钱。”

【译文】

王敬则随从萧道成进入皇宫，来到承明门，门郎怀疑不是苍梧王回宫，王敬则怕被人识破，便用刀环把门旁墙上的小门堵上，厉声高喊开门。卫尉丞颜灵宝偷看发现萧道成的坐骑在门外，私下对亲近的人说："现在如果不开门让领军进来，天下将从此大乱。"宫门打开后，王敬则便紧跟萧道成进入殿上。天亮后，四贵（萧道成、袁粲、褚渊、刘秉）在殿上集会议事，王敬则拔出刀站在萧道成座椅旁跳着脚说："官家应当决断，看谁敢表示异议！"宋顺帝昇明元年，王敬则升任员外散骑常侍、辅国将军、骁骑将军，兼领临淮太守，增赐封邑一千三百户，统领宫内宿卫兵事。

沈攸之叛乱事件发生后，晋升王敬则号称冠军将军。萧道成入守宫廷，袁粲起兵反叛的当天晚上，领军刘韫、直阁将军卜伯兴等在宫里做内应，已经戒严准备出发。这时王敬则打开宫门发起突然袭击，把刘韫、卜伯兴等全都杀掉。这次在宫廷里密谋的叛乱能够全被平息，靠的是王敬则的力量，提升王敬则做右卫将军，常侍官职不变。增赐封邑两千五百户，不久又追加五百户。又封王敬则长子王元迁做东乡侯，食邑三百七十户。齐朝建国后，王敬则做中领军。

萧道成将要受宋帝让位做皇帝之前，材官建议要更换太极殿的柱子，宋顺帝为避免动土不祥，不肯离开皇宫让出帝位。第二天临朝的时候，顺帝躲避逃进宫里。王敬则带人抬着竹轿进到宫里接顺帝，并且劝说让他出来。顺帝拍着王敬则的手说："如果没有发生我所担心的事，我将会赏赐给辅国将军你十万钱。"

建元元年，出为使持节、散骑常侍、都督南兖兖徐青冀五州军事、平北将军、南兖州刺史，封寻阳郡公，邑三千户。加敬则妻怀氏爵为寻阳国夫人。二年，进号安北将军。虏寇淮、泗，敬则恐，委镇还都，百姓皆惊散奔走，上以其功臣，不问，以为都官尚书、抚军。

寻迁使持节、散骑常侍、安东将军、吴兴太守。郡旧多剽掠，有十数岁小儿于路取遗物，杀之以徇，自此道不拾遗，郡无劫盗。又录得一偷，召其亲属于前鞭之，令偷身长扫街路，久之乃令偷举旧偷自代，诸偷恐为其所识，皆逃走，境内以清。出行，从市过，见屠肉枅，叹曰："吴兴昔无此枅，是我少时在此所作也。"

迁护军将军，常侍如故，以家为府。三年，以改葬去职，诏赠敬则母寻阳公国太夫人。改授侍中、抚军将军。太祖遗诏敬则以本官领丹阳尹。寻迁为使持节、散骑常侍、都督会稽东阳新安临海永嘉五郡军事、镇东将军、会稽太守。永明二年，给鼓吹一部。

【译文】

齐高帝建元元年，王敬则出任使持节、散骑常侍、都督南兖、徐、青、冀五州军事、平北将军、南兖州刺史，封为寻阳郡公，食邑三千户。加赐王敬则妻子怀氏爵号为寻阳国夫人。建元二年，晋升王敬则做安北将军。北魏入侵淮、泗地区，王敬则畏惧敌人，放弃镇守职责逃回京城，地方百姓全都惊慌奔走逃散，齐高帝因为他是功臣，没有加罪，用他做都官尚书、抚军。

不久转做使持节、散骑常侍、安东将军、吴兴太守。郡中原先多有强抢掠夺案件发生，有个十多岁的小孩在路上捡拾别人遗落的东西，被王敬则杀了示众，从此路不拾遗，郡无强盗。有一次逮到一个小偷，王敬则便召来他的亲属当面鞭挞，还命令小偷长期清扫街道，过了很久又命令他检举先前的小偷做他的替身，很多窃贼怕被他认出来，都外逃出走，境内由此清静。一次王敬则外出，从市场路过，看到肉铺里有挂秤的木杆，感叹说："吴兴原先没有这种木杆，这还是我青年时在这里制作的。"

王敬则转官做护军将军，常侍官职不变，他把自己的家当作办公的官署。建元三年，因为给母亲改葬离职，皇帝下诏赠赐王敬则母亲为寻阳公国太夫人。另授官侍中、抚军将军。齐高帝留下遗诏让王敬则按照原职身份兼做丹阳尹。不久转官做使持节、散骑常侍，都督会稽、东阳、新安、临海、永嘉五郡军事，镇东将军、会稽太守。齐武帝永明二年，赐给他一部鼓吹乐队。

会土边带湖海，民丁无士庶皆保塘役，敬则以功力有余，悉评敛为钱，送台库以为便宜，上许之。竟陵王子良启曰：

伏寻三吴内地，国之关辅，百度所资。民庶凋流，日有困殆，蚕农罕获，饥寒尤甚，富者稍增其饶，贫者转钟其弊，可为痛心，难以辞尽。顷钱贵物贱，殆欲兼倍，凡在触类，莫不如兹。稼穑难劬，斛直数十，机杼勤苦，匹裁三百。所以然者，实亦有由。年常岁调，既有定期，僮恤所上，咸是见直。东间钱多剪凿，鲜复完者，公家所受，必须员大，以两代一，困于所贸，鞭捶质系，益致无聊。

臣昔忝会稽，粗闲物俗，塘丁所上，本不入官。良由陂湖宜壅，桥路须通，均夫订直，民自为用。若甲分毁坏，则年一修改；若乙限坚完，则终岁无役。今郡通课此直，悉以还台，租赋之外，更生一调。致令塘路崩芜，湖源泄散，害民损政，实此为剧。

【译文】

会稽郡滨海多湖，民丁不分士庶全都负担保护修葺塘堰的劳役，王敬则认为这项事功和力役用不尽有剩余，便把力役折合成现钱加以征收敛取，把钱送进国库以供随时使用，皇帝诏准。竟陵王萧子良上书报告说：

我认为三吴地区，是国家京都的外围，各种开支用度全都依靠这个地区的赋税收入。这里民众日渐流徙减少，生产生活一天天更加困难，蚕桑农业很少有收成，饥寒状况更加严重，富人稍稍增收些财物，穷人接着就陷入困境，让人痛心的事，难于用言辞说尽。近来钱币增值物品价贱，几乎要达到成倍的差距，凡是钱和物相关的事，无不都是这种情况。农业生产艰难，一斛粮食才卖几十个钱，纺织更是勤苦，一匹布才值三百钱。所以出现这种状况，其实是有原因的。平时一年的税收，既有固定期限，雇佣童隶，全用现钱。东方五郡流通的钱币多半遭到剪削凿损，很少有完整的，公家收敛的钱币，必须又圆又大，民众得用两个钱顶一个钱，百姓陷进交换钱币的困扰之中。官府鞭挞逮捕押禁百姓，更加使百姓落到没有依靠的地步。

我过去曾经在会稽做官，大概熟悉这个地方的物产习俗，塘丁所交的役钱，原本并不上缴官府。实际是因为陂湖需要围堵，桥梁道路必须修通，民夫均摊一定的役钱，留在地方供给民事应用。如果甲处毁坏，那么每年就需要修筑；假如乙项工程坚固完好，那么这一年便没有力役之劳。如今郡里一概收敛这笔钱款，又全都送交国库，这等于在租税之外，又增加一种税收。这就造成了陂塘道路崩塌毁坏，湖水流泄散出，既扰害百姓又败坏了政事，这实在是太严重了。

建元初，狡虏游魂，军用殷广。浙东五郡，丁税一千，乃有质卖妻儿，以充此限，道路愁穷，不可闻见，所逋尚多，收上事绝，臣登具启闻。即蒙蠲原。而此年租课，三分逋一，明知徒足扰民，实自弊国。愚谓塘丁一条，宜还复旧，在所逋恤，优量原除。凡应受钱，不限大小，仍令在所，折市布帛。若民有杂物，是军国所须者，听随价准直，不必一应送钱，于公不亏其用，在私实荷其渥。

昔晋氏初迁，江左草创，绢布所直，十倍于今，赋调多少，因时增减。永初中，官布一匹，直钱一千，而民间所输，听为九百。渐及元嘉，物价转贱，私货则束直六千，官受则匹准五百，所以每欲优民，必为降落。今入官好布，匹堪百余，其四民所送，犹依旧制。昔为刻上，今为刻下，氓庶空俭，岂不由之。

救民拯弊，莫过减赋。时和岁稔，尚尔虚乏，傥值水旱，宁可熟念。且西京炽强，实基三辅，东都全固，实赖三河，历代所同，古今一揆。石头以外，裁足自供府州，方山以东，深关朝廷根本。夫股肱要重，不可不恤。宜蒙宽政，少加优养。略其目前小利，取其长久大益，无患民赀不殷，国财不阜也。宗臣重寄，咸云利国，窃如愚管，未见可安。

上不纳。

【译文】

建元初年，北方的强敌不断进犯侵扰，军费大量增加。浙东五郡，每丁抽税一千，竟造成有的人家典卖妻子儿女，用来完足这种税额，道路上随处可见陷入愁苦中的百姓，令人不忍听不忍看。民间逃税的很多，官府该收的租税已经断绝了来路，我当即启奏呈上，立刻得到免除抽税的命令。但是近年来的税租，有三分之一逃避不交，从表面上说这是白白地扰乱百姓，从事实上看这是损害国家。按我的意见塘丁一事，应当恢复原有的制度，所有逃避拖欠的租税，应当采取宽大的政策加以免除。凡是官府该收的现钱，不限多少，便可下令各地方，折价买成布匹。假如百姓有各种物品，凡是对军事或国家有用的，准许按市价定值抵税，不必完全缴纳现钱，这样对公家并不减少需用的物资，对私人实际上得到了宽惠。

当年东晋刚刚南迁时，江南地面才得到进一步开发，那时绢布的价钱，比现在高出十倍，国家赋调多少，随时加以调整增减。永初年间，官布一匹，价值一千，可是民间交来的，价格只算九百。等到元嘉年间，物品价格趋贱，私价十匹布值六千，官府收受反而一匹布只折价五百，所以每次想让惠给平民，最终还是降低了百姓的实惠。现在限令缴送官府的好布，每匹才百多个钱，但是四方民众需要缴纳的钱数，还是按照先前的旧价不变。过去是侵夺官府的利益，如今成为损害百姓的利益，百姓的贫穷困苦，难道不是由这种政策造成的？

解救民众挽回弊政，莫过于减轻赋税。即使时令调和年成丰收，百姓尚且贫乏空虚，一旦遭到水旱之灾，又怎么指望能有收获。何况西汉时期的强盛，完全靠三辅地区的物产，东汉时期的坚固，完全靠三河地面的物产，这是历代相同，古今一理。现在京城以外地区，租税收入才仅能满足供应本州本府的需要，方山以东地区，深深关系到朝廷的存亡。就像股肱是人体重要的部分一样，对会稽等郡不可不加以照顾调养。应该得到宽大的政策，稍稍加以优待。减少目前的小利，可以获得长远的大利，这样就不愁百姓的资财不富裕起来，国库的积财不充足。我是皇帝宗亲之臣，受到国家的重托，所说的都应当是有利于国家的事，上面说的意见可能愚陋短浅，不见得妥当。

齐武帝并没采纳这一意见。

三年，进号征东将军。宋广州刺史王翼之子妾路氏，刚暴，数杀婢，翼之子法明告敬则，敬则付山阴狱杀之，路氏家诉，为有司所奏，山阴令刘岱坐弃市刑。敬则入朝，上谓敬则曰："人命至重，是谁下意杀之？都不启闻？"敬则曰："是臣愚意。臣知何物科法，见背后有节，便言应得杀人。"刘岱亦引罪，上乃赦之。敬则免官，以公领郡。

明年，迁侍中、中军将军。寻与王俭俱即本号开府仪同三司，俭既固让，敬则亦不即受。七年，出为使持节、散骑常侍、都督豫州郢州之西阳司州之汝南二郡军事、征西大将军、豫州刺史，开府如故。进号骠骑。十一年，迁司空，常侍如故。世祖崩，遗诏改加侍中。高宗辅政，密有废立意，隆昌元年，出敬则为使持节、都督会稽东阳临海永嘉新安五郡军事、会稽太守，本官如故。海陵王立，进位太尉。

敬则名位虽达，不以富贵自遇，危拱傍遑，略不衿裾，接士庶皆吴语，而殷勤周悉。初为散骑使虏，于北馆种杨柳，后员外郎虞长耀北使还，敬则问："我昔种杨柳树，今若大小？"长耀曰："虏中以为甘棠。"敬则笑而不答。

【译文】

三年，王敬则进号做征东将军。宋朝广州刺史王翼之儿子的姬妾路氏，性格刚烈暴虐，多次杀死婢女，王翼之儿子王法明向王敬则告发此事，王敬则把路氏交付给山阴狱官杀掉，路氏家族起诉，被有关衙门上奏，山阴县令刘岱因此被判死刑。王敬则上朝时，齐武帝对他说："人命至关重要不得轻易处决，是谁决定杀路氏的？连这样的事都不启奏。"王敬则说："是我的愚见。我不知道什么是法律文件，看到身后有朝廷赐下的符节，我认为就有权力判决杀人。"刘岱也向上承认罪过，皇帝便赦免了他。王敬则被免官，以公爵身份担任郡守职务。

第二年，转官做侍中、中军将军。不久与王俭一起根据原有官号加赐开府仪同三司，王俭既坚决辞让，王敬则也不肯接受。七年，出京做使持节、散骑常侍、都督豫州、郢州的西阳、司州的汝南两郡军事、征西大将军、豫州刺史，开府不变。又进号骠骑将军。十一年，转调做司空，常侍不变。齐武帝驾崩，遗诏另加官做侍中。明帝萧鸾当朝辅政，暗中有废立皇帝的意图。隆昌元年，放王敬则出京做使持节，都督会稽、东阳、临海、永嘉、新安五郡军事，会稽太守，原官不变。海陵王萧昭文被立为皇帝时，进位做太尉。

王敬则的名号官位虽然显达，但是从来不自恃富贵，端庄恭谨不敢苟安，几乎不曾安然闲坐，接待士大夫和庶人全说当地吴语，而且殷勤周到。当初做散骑常侍时曾经出使北魏，在北方客馆亲手种过杨柳，后来员外郎虞长耀出使从北魏回来，王敬则问："我当年种的杨柳树，如今多么大小？"虞长耀说："北方人都把它当作召公种的甘棠树哩！"王敬则听了笑而不答。

世祖御座赋诗，敬则执纸曰："臣几落此奴度内。"世祖问："此何言？"敬则曰："臣若知书，不过作尚书都令史耳，那得今日？"敬则虽不大识书，而性甚警黠，临州郡，令省事读辞，下教判决，皆不失理。

明帝即位，进大司马，增邑千户。台使拜授日，雨大洪注，敬则文武皆失色，一客在傍曰："公由来如此，昔拜丹阳吴兴时亦然。"敬则大悦，曰："我宿命应得雨。"乃列羽仪，备朝服，道引出听事拜受，意犹不自得，吐舌久之，至事竟。

帝既多杀害，敬则自以高、武旧臣，心怀忧恐。帝虽外厚其礼，而内相疑备，数访问敬则饮食体干堪宜，闻其衰老，且以居内地，故得少安。三年中，遣萧坦之将斋仗五百人，行武进陵。敬则诸子在都。忧怖无计。上知之，遣敬则世子仲雄入东安慰之。仲雄善弹琴，当时新绝。江左有蔡邕焦尾琴，在主衣库，上敕五日一给仲雄。仲雄于御前鼓琴作《懊侬曲歌》曰："常叹负情侬，郎今果行许！"帝愈猜愧。

【译文】

武帝曾在宴席上和众臣一起作诗，王敬则拿着纸说："我什么时候落进到这东西的圈子里。"武帝问："这说的是什么？"王敬则说："我假如知书识字，不过只能做个尚书都令史而已，哪里会有今天的地位。"王敬则虽然不大识字读书，但是禀性很精明聪慧，做州郡官时，让省事给他读公文，他下发告谕决断案件，全都不违背法令准则。

齐明帝即位后，进位做大司马，增加食邑一千户。朝廷使臣来授官那天，大雨倾盆，王敬则左右的文武官员都惊慌失色，一个门客在旁说："您从来是这样，当年拜受丹阳、吴兴官职时也下这么大的雨。"王敬则非常高兴，说："（看来是）我命中注定（受官时）会得雨。"于是排列开仪仗，穿好朝服，由随从引领出来到办事厅前行礼拜受官职，王敬则心里还是不自在，久久吐着舌头，直到仪式结束。

明帝杀害很多宗室大臣，王敬则认为自己是高帝、武帝的老臣，心里恐惧不安。明帝虽然在表面上对王敬则厚礼相待，其实内心里对他猜疑提防，多次打听王敬则的饮食和身体状况，听说王敬则衰老，况且就处在京城附近，因此多少有点放心。建武三年，明帝派萧坦之率领官仪仗兵五百人，巡视武进陵。当时王敬则的几个儿子在京城里，为王敬则担忧恐惧而没有办法。当明帝知道后，派王敬则长子王仲雄到东边去安慰王敬则。王仲雄善于弹琴，在当时新巧绝伦。江左有蔡邕的焦尾琴，收藏在宫内主衣库，皇帝下令每隔五天让王仲雄演奏一回。王仲雄在皇帝面前弹琴时曾唱过《懊侬曲歌》："常常叹息怕你对我负情，郎今天果然如此！"明帝更加猜忌不安。

永泰元年，帝疾，屡经危殆。以张瓌为平东将军、吴郡太守，置兵佐，密防敬则。内外传言当有异处分。敬则闻之，窃曰："东今有谁？只是欲平我耳！"诸子怖惧，第五子幼隆遣正员将军徐岳密以情告徐州行事谢朓为计，若同者，当往报敬则。朓执岳驰启之。敬则城局参军徐庶家在京口，其子密以报庶，庶以告敬则五官王公林。公林，敬则族子，常所委信。公林劝敬则急送启赐儿死，单舟星夜还都。敬则令司马张思祖草启，既而曰："若尔，诸郎在都，要应有信，且忍一夕。"其夜，呼僚佐文武樗蒲赌钱，谓众曰："卿诸人欲令我作何计？"莫敢先答。防阁丁兴怀曰："官只应作耳。"敬则不作声。明旦，召山阴令王询、台传御史钟离祖愿，敬则横刀跂坐，问询等："发丁可得几人？传库见有几钱物？"询答："县丁卒不可上。"祖愿称"传物多未输入"。敬则怒，将出斩之。王公林又谏敬则曰："官是事皆可悔，惟此事不可悔！官讵不更思！"敬则唾其面曰："小子！我作事，何关汝小子！"乃起兵。

上诏曰："谢朓启事腾徐岳列如右。王敬则禀质凶猾，本谢人纲。直以宋季多艰，颇有膂力之用，驱奖所至，遂升荣显。皇连肇基，预闻末议，功非匡国，赏实震主。爵冠执珪，身登衣衮，固以《风》《雅》作刺，缙绅侧目。而溪谷易盈，鸱枭难改，猜心内骇，丑辞外布。永明之朝，履霜有渐，隆昌之世，坚冰将著，从容附会，朕有力焉。及景历惟新，推诚尽礼，中使相望，轩冕成阴。乃嫌迹愈兴，祸图兹构，收合亡命，结党聚群，外候边警，内伺国隙。元迁兄弟，中萃渊薮，奸契潜通，将谋窃发。朓即姻家，岳又邑子，取据匪他，昭然以信。方、邵之美未闻，韩、彭之衅已积。此而可容，孰寄刑典！便可即遣收掩，肃明国宪。大辟所加，其父子而已；凡诸诖误，一从荡涤。"收敬则子员外郎世雄、记室参军季哲、太子洗马幼隆、太子舍人少安等，于宅杀之。长子黄门郎元迁，为宁朔将军，领千人于徐州击虏，敕徐州刺史徐玄庆杀之。

【译文】

永泰元年，明帝病重，多次病危。这时用张瓌做平东将军、吴郡太守，设置兵佐，严密防备王敬则。京城内外谣传将有非常的行动。王敬则听到消息后，私下说："如今东边还有谁？只是想要削平我罢了。"他的几个儿子也十分恐惧忧虑，第五子王幼隆派正员将军徐岳把情况秘密报告给徐州行事谢朓寻求对策，假如意见相同，将去向王敬则报告。谢朓抓住徐岳并火速向皇帝告发。王敬则成局参军徐庶的家在京口，他儿子把情况秘密报告给徐庶，徐庶把情况转告给王敬则的五官王公林。王公林是王敬则同族兄弟的儿子，常受到王敬则的重用和信任。王公林劝王敬则赶快向皇帝启奏请求把王幼隆赐死，派一条快船连夜进京。王敬则让司马张思祖草拟奏书，然后又说："假如事情是这么严重，我儿子在京里，总会派人来的，暂且再忍一夜。"当晚，王敬则召呼文武僚佐在一起赌博，王敬则这时对众人说："你们诸位打算让我采取什么对策？"没有人敢首先回答。防阁丁兴怀说："官家应当有所作为！"王敬则不作声。第二天一早，召来山阴令王询、台传御史钟离祖愿，王敬则横刀垂脚坐着，问王询等说："征召壮丁能有多少人？府库里现存多少钱财物资？"王询说："县里的丁卒不能抽调上来。"祖愿说："府库里的财物多半还没有收缴上来。"王敬则大怒，将要把这两个人推出去杀掉。王公林又劝王敬则说："官家所有的事都可以反悔，唯独我说的事不能反悔；官家难道不再往深里想一想吗？"王敬则唾他的脸，发怒说："小子！我做事，跟你小子有什么关系！"于是王敬则起兵造反。

明帝下诏书说："谢朓启奏的徐岳的罪状开列在右边。王敬则生性凶残狡猾，根本违背了做人臣的纲纪。只是因为刘宋末年时局多难，很需要武人出力，他得到朝廷的重用和嘉奖，由此才升做荣耀显赫的高官。本朝开始创立基业，他参与过朝廷中一些事情的议论，并没有辅助国家的功勋，他受到的奖赏过高过重反而构成了对君主的威胁。他的爵位是最高等的，身穿三公的衮服，本来风雅人士中对这类武夫就有所讥刺，朝中大臣更是对他怒目而视。但是山溪河谷容易填满，他鸱枭一般的本性难改，内里引起了猜忌之心，外边露出了丑恶的话。永明年间，危害朝廷的事迹已经有了开始，隆昌年间，更严重的威胁便已显现，安心地对他加以保护，我是尽了大力的。当新的年代开始，我对他推诚尽礼，派去的使臣不断，他父子为官轩冕遮天。然而怨恨朝廷的表现越来越多，从此图谋作乱祸国，收集亡命之徒，结党聚众，对外等候边境上的骚动，对内窥伺朝廷的空子。王元迁兄弟，会集在京城里成为罪恶的渊薮，暗中交通谋划奸计，打算秘密起事发难。谢朓是他的姻家女婿，徐岳是他同邑人的儿子。所获得的证据不是其他，而是明显地可以使人相信。对国家没听说有像方叔、邵公那样建功辅国的美德，却如同韩信、彭越一样对朝廷怀有深仇大恨。这种罪过如果可以容忍，那么还有谁该受刑律的处罚！现在就该立刻派人收捕，严肃明正国法。处死刑的，只是王敬则父子而已；凡是一时有错误受到牵连的，一概从轻免除刑罚。"逮捕了王敬则的儿子员外郎王世雄、记室参军王季哲、太子洗马王幼隆、太子舍人王少安等，全把他们在家里杀掉。长子黄门郎王元迁，任宁朔将军，带领一千人在徐州同外敌作战，下令徐州刺史徐玄庆把他杀掉。

敬则招集配衣，二三日便发，欲劫前中书令何胤还为尚书令，长史王弄璋、司马张思祖止之。乃率实甲万人过浙江，谓思祖曰："应须作檄。"思祖曰："公今自还朝，何用作此。"敬则乃止。

朝廷遣辅国将军前军司马左兴盛、后军将军直阁将军崔恭祖、辅国将军刘山阳、龙骧将军直阁将军马军主胡松三千余人，筑垒于曲阿长冈，右仆射沈文季为持节都督，屯湖头，备京口路。

敬则以旧将举事，百姓担篙荷锸随逐之，十余万众。至晋陵，南沙人范修化杀县令公上延孙以应之。敬则至武进陵口，恸哭乘肩舆而前。遇兴盛、山阳二寨，尽力攻之。兴盛使军人遥告敬则曰："公儿死已尽，公持许底作？"官军不敌欲退，而围不开，各死战。胡松领马军突其后，白丁无器仗，皆惊散，敬则军大败。敬则索马，再上不得上，兴盛军容袁文旷斩之，传首。是时上疾已笃，敬则仓卒东起，朝廷震惧。东昏侯在东宫，议欲叛，使人上屋望，见征虏亭失火，谓敬则至，急装欲走。有告敬则者，敬则曰："檀公三十六策，走是上计。汝父子唯应急走耳。"敬则之来，声势甚盛，裁少日而败，时年七十余。

封左兴盛新吴县男，崔恭祖遂兴县男，刘山阳湘阴县男，胡松沙阳县男，各四百户，赏平敬则也。又赠公上延孙为射声校尉。

【译文】

王敬则起事时召集兵众分配衣甲，两三天后便出发，他打算劫持前中书令何胤复职做尚书令，长史王弄璋、司马张思祖阻止王敬则这样做。于是带领甲士一万人渡过浙江，王敬则对张思祖说："应该作一篇檄文。"张思祖说："如今您亲自回朝，作檄文有什么用。"王敬则同意不作了。

朝廷派遣辅国将军前军司马左兴盛、后军将军直阁将军崔恭祖、辅国将军刘山阳、龙骧将军直阁将军马军主胡松三千多人，在曲阿、长冈修筑营垒，右仆射沈文季做持节都督，驻军湖头，警戒去京口的道路。

王敬则带领旧日部将起事，百姓都扛着船篙、铁锹跟随着他，有十多万人。到晋陵，南沙人范修化杀掉县令公上延孙来响应王敬则。王敬则走到武进陵口，伤心痛哭乘着竹轿子前进。遇到左兴盛、刘山阳筑的两道木栅，尽力攻击。左兴盛让军人远远喊话告诉王敬则说："你的儿子全都死净了，你还拿什么作战？"官军不敌，打算退却，可是王敬则的包围严密，冲突不开，双方各自拼力死战。这时胡松带领骑兵突袭王敬则军队的背后，随从作战的百姓没有兵器，都惊慌逃散，王敬则军大败。王敬则要来战马，上两次都没上去，左兴盛的军容袁文旷杀了王敬则，把头传送到京城。这时齐明帝已经病危，王敬则突然在东方起兵，朝廷震惊恐惧。东昏侯萧宝卷在东宫，商议准备叛乱，派人登上屋顶观望，看到征虏亭着火，说是王敬则来到，急忙整装准备逃走。有人向王敬则报告，王敬则说："檀道济有三十六计，逃跑是上计。你们萧家父子只有赶快逃跑这一条路了。"王敬则的到来，队伍声势很大，只有几天便失败了，当时王敬则已经七十多岁。

事后封左兴盛为吴县男爵，崔恭祖为遂兴县男爵，刘山阳为湘阴县男爵，胡松为沙阳县男爵，各封食邑四百户，是奖赏平定王敬则的功劳的。又赠赐公上延孙做射声校尉。

祖冲之列传

祖冲之字文远，范阳蓟人也。祖昌，宋大匠卿。父朔之，奉朝请。

冲之少稽古，有机思。宋孝武使直华林学省，赐宅宇车服。解褐南徐州迎从事，公府参军。

【译文】

祖冲之字文远，范阳郡蓟县人。祖父名昌，在刘宋时担任过大匠卿。父亲名朔之，做一散官奉朝请。

冲之少年时代就研习古事，思想机敏。刘宋孝武帝把他安排在华林园省察工作，赐给他住宅、车马和衣物。又派他到南徐州任从事史，走上仕途，后来被调回中央任公府参军。

宋元嘉中，用何承天所制历，比古十一家为密，冲之以为尚疏，乃更造新法。上表曰：

臣博访前坟，远稽昔典，五帝躔次，三王交分，《春秋》朔气，《纪年》薄蚀，谈、迁载述，彪、固列志，魏世注历，晋代《起居》，探异今古，观要华戎。书契以降，二千余稔，日月离会之征，星度疏密之验。专功耽思，咸可得而言也。加以亲量圭尺，躬察仪漏，目尽毫厘，心穷筹策，考课推移，又曲备其详矣。

然而古历疏舛，类不精密，群氏纠纷，莫审其会。寻何承天所上，意存改革，而置法简略，今已乖远。以臣校之，三睹厥谬，日月所在，差觉三度，二至晷景，几失一日，五星见伏，至差四旬，留逆进退，或移两宿。分至失实，则节闰非正；宿度违天，则伺察无准。

【译文】

刘宋元嘉时，所使用的历法是何承天所制的《元嘉历》，比古代十一家的历法都要精密，可祖冲之还是认为粗疏，于是更造新的历法。给皇帝上奏说：

我广泛搜访前人的书籍，深入研究古代经典，五帝时的躔次，三王时的交分，《春秋》中的气朔，《竹书纪年》中的薄蚀，司马谈、司马迁的载述，班彪、班固的列志，曹魏时的注历，晋代的《起居注》，以寻求古今的不同，考察并总结了各民族的历法。自有文字以来，两千多年，日、月相离相会的迹象，五星行度疏密的验证。我是专门下功夫入迷似的思考，都是能够得到而可讲述的。特别是自己测量圭尺，亲自观察仪器和计时器漏，眼睛完全看到毫厘小数，心中进行计算，考察变迁，这就深入掌握了它的详情了。

然而古代历法粗疏错误，大都不够精密，各家互相矛盾，他们未能研究出对它的理解。得到何承天所献上的历法，他愿望是要改革，可是设置的法则简略，现在已经差远了。根据我的校验，看到它的三个错误：日月所在位置，发觉其差误有三度；冬至、夏至晷影长度几乎失误一天；五星见伏的日期，误差达到四十天，留逆进退，有的推移了两个星宿。春秋分夏冬至失去真实，则节气置闰就不正确；宿度不与天象实际相符，则等候观察就无准。

臣生属圣辰，询逮在运，敢率愚瞽，更创新历。谨立改易之意有二，设法之情有三。改易者一：以旧法一章，十九岁有七闰，闰数为多，经二百年辄差一日。节闰既移，则应改法，历纪屡迁，实由此条。今改章法三百九十一年有一百四十四闰，令却合周、汉，则将来永用，无复差动。其二：以《尧典》云“日短星昴，以正仲冬”。以此推之，唐尧世冬至日，在今宿之左五十许度。汉代之初，即用秦历，冬至日在牵牛六度。汉武改立《太初历》，冬至日在牛初。后汉四分法，冬至日在斗二十二。晋世姜岌以月蚀检日，知冬至在斗十七。今参以中星，课以蚀望，冬至之日，在斗十一。通而计之，未盈百载，所差二度。旧法并令冬至日有定处，天数既差，则七曜宿度，渐与舛讹。乖谬既著，辄应改易。仅合一时，莫能通远。迁革不已，又由此条。今令冬至所在岁岁微差，却检汉注，并皆审密，将来久用，无烦屡改。又设法者，其一：以子为辰首，位在正北，爻应初九升气之端，虚为北方列宿之中。元气肇初，宜在此次。前儒虞喜，备论其义。今历上元日度，发自虚一。其二：以日辰之号，甲子为先，历法设元，应在此岁。而黄帝以来，世代所用，凡十一历，上元之岁，莫值此名。今历上元岁在甲子。其三：以上元之岁，历中众条，并应以此为始。而《景初历》交会迟疾，元首有差。又承天法，日月五星，各自有元，交会迟疾，亦并置差，裁得朔气合而已，条序纷错，不及古意。今设法日月五纬交会迟疾，悉以上元岁首为始，群流共源，庶无乖误。

若夫测以定形，据以实效。悬象著明，尺表之验可推；动气幽微，寸管之候不忒。今臣所立，易以取信。但综核始终，大存缓密，革新变旧，有约有繁。用约之条，理不自惧，用繁之意，顾非谬然。何者？夫纪闰参差，数各有分，分之为体，非不细密，臣是用深惜毫厘，以求全妙之准，不辞积累，以成永定之制，非为思而莫知，悟而弗改也。若所上万一可采，伏愿颁宣群司，赐垂详究。

【译文】

我生逢圣明的时候，又赶上好运气，敢于直率愚盲，再次创造新的历法。谨慎建立改变的思想有二，设置法则的情况有三。改变的第一点：按旧法一章，为十九年设有七闰，闰数多了，经过二百年就差一天。节气置闰既然变动，则相应改变闰法，日月运行轨道的分纪就屡次迁改，是由于这一条。现在改章法为三百九十一年设有一百四十四闰，令其往前符合周代、汉代，那么将来就能永远使用，不会再出现差误变动。第二点：根据《尚书·尧典》所说“日短星昴，以正仲冬”。以此推之，唐尧之世的冬至日，在现在星宿之左边差不多五十度。汉代初期，仍用秦代历法，冬至日在牵牛六度。汉武帝改革建立《太初历》，冬至日在牵牛初度。后汉的四分历，冬至日在斗宿二十二度。晋代的姜岌用月食检验日之所在，知道冬至日在斗宿十七之日，在斗宿十一度。通而计之，不满一百年，就差了二度。旧法都令冬至日有固定位置，天文数据既然差错，则日月五星的宿度，就逐渐出现错误。乖谬既然显著就相应改变。这样做只能符合一时，而不能通行长久。改来改去不停，又是由于这条。现在使冬至所在位置岁岁微差，回过头检验汉代历注，都很审密，将来永久施用，不必烦劳屡次修改。还有设置法则，其一，以子时为时辰之首，（从方向来说）子位在正北，卦爻应在初九为升气的开始，虚的北方七宿之中宿。元气的发端，应当在这个“次”。前代学者虞喜，详细讨论了其意义。我的历法上元度日，发端于虚宿。其二，用日辰之号子，甲子日为前导，历法设起算年（上元），应当在此年。但是黄帝以来，世代所用，总共有十一种历法，“上元”之年，没有相当于这个名称的。我的历法上元那年在甲子。其三，以上元之年，历法中的众多条款，都应以此为（计算的）起点。可是《景初历》的交会迟疾，历元的开始参差不齐。又如何承天的历法，日月五星，各自有各自的历元，交食迟疾，也都设置不同起点，剪裁使得朔气相合而已，条件次序纷繁错误，未达到古代的意境。现在设法使日月五星交会迟疾，都是以上元岁首为起点，众多支流有共同的源泉，大多没有错误。

如果对定形进行测量，就能得到真实效果。悬挂的星象显著明亮，用天表等仪器测验可以推算，变动的气虽不明显而微弱，可用径寸的竹管候测不会有差错。现在我所建立的，容易使人取信。但是综合研究始终，大多存在不精密，革新变旧，有简有繁。用简的条款，道理上不必自我恐惧；用较繁的意思，不过不是谬误。为什么？就是记闰不整齐，数据各有分数，把分数作为主体，并非不细密，我这样做是特别珍惜毫厘之类的小数，以完成求解出美妙之则，不去掉累积，以成就永久固定的著述，不是经思考而不知道，也不是明白了还不改。如果所献上的历法万一可以采用，我愿意由皇帝向各部门宣传，给予详细考究。

事奏。孝武令朝士善历者难之，不能屈。会帝崩，不施行。出为娄县令，谒者仆射。

初，宋武平关中，得姚兴指南车，有外形而无机巧，每行，使人于内转之。昇明中，太祖辅政，使冲之追修古法。冲之改造铜机，圆转不穷，而司方如一，马钧以来未有也。时有北人索驭麟者，亦云能造指南车，太祖使与冲之各造，使于乐游苑对共校试，而颇有差僻，乃焚毁之。永明中，竟陵王子良好古，冲之造欹器献之。

文惠太子在东宫，见冲之历法，启世祖施行，文惠寻薨，事又寝。转长水校尉，领本职。冲之造《安边论》，欲开屯田，广农殖。建武中，明帝使冲之巡行四方，兴造大业，可以利百姓者，会连有军事，事竟不行。

冲之解钟律，博塞当时独绝，莫能对者。以诸葛亮有木牛流马，乃造一器，不因风水，施机自运，不劳人力。又造千里船，于新亭江试之，日行百余里。于乐游苑造水碓磨，世祖亲自临视。又特善算。永元二年，冲之卒。年七十二。著《易》《老》《庄》义，释《论语》《孝经》，注《九章》，造《缀术》数十篇。

【译文】

上报到皇帝。孝武帝让朝廷的官员中懂得历法的人提出质难，都不能使他屈服。赶上孝武帝死，未能施行。派祖冲之出去担任娄县令，又调回任谒者仆射。

缴获后秦姚兴时制作的指南车，有外部形状而没有机巧，每当行走，使人在车内旋转指向。到宋昇明时，齐太祖肖道成辅佐朝政，使祖冲之按古代的理论建造指南车。祖冲之改用铜制机械，圆转不穷，而指示方向保持不变，是三国时马钧以来所没有的。当时有一位北方人索驭麟，也说能制造指南车，萧道成就让他与祖冲之各造一辆，让他们在京城的乐游苑相对同时进行校对试验，结果索驭麟的颇有偏差，于是折毁烧掉了。齐永明（483—493）中，竟陵王肖子良爱好古物，祖冲之制造了一件欹器献给他。

文惠太子肖长懋在东宫，看到了祖冲之的历法，启奏给齐武帝施行，文惠太子不久死去，事情又被搁置。祖冲之转任长水校尉，领本职。他写作《安边论》奏章，建议开屯田，发展农殖。齐建武（494—498）中，明帝肖鸾派祖冲之巡行四方，兴造大业，可以有利于百姓的恰好连年有战争，事情终究没有实行。

祖冲之懂得乐律学，博塞游戏当时独绝，没有能和他匹敌的。他认为诸葛亮有木牛流马，于是制造一件器械，不依靠风、水，施用机关能自己运行，不靠人力。又造千里船，在长江的新亭江段试验，一日能走一百多里。在乐游苑造水碓磨，齐世祖即武帝亲自到场观看。又特别精通数学。永元二年，祖冲之去世，终年七十二岁。著《易经》《老子》《庄子》义，注释《论语》《孝经》，注解《九章算术》，著《缀术》数十篇。

〔梁书〕

曹景宗列传

曹景宗字子震，新野人也。父欣之，为宋将，位至征虏将军、徐州刺史。

景宗幼善骑射，好畋猎，常与少年数十人泽中逐獐鹿，每众骑赴鹿，鹿马相乱，景宗于众中射之，人皆惧中马足，鹿应弦辄毙，以此为乐。未弱冠，欣之于新野遣出州，以匹马将数人，于中路卒逢蛮贼数百围之。景宗带百余箭，乃驰骑四射，每箭杀一蛮，蛮遂散走，因是以胆勇知名。颇爱史书，每读穰苴、乐毅传，辄放卷叹息曰："丈夫当如是！"辟西曹不就。宋元徽中，随父出京师，为奉朝请、员外，迁尚书左民郎。寻以父忧去职，还乡里。服阕，刺史萧赤斧板为冠军中兵参军，领天水太守。

时建元初，蛮寇群动，景宗东西讨击，多所擒破。齐鄱阳王锵为雍州，复以为征虏中兵参军，带冯翊太守，督岘南诸军事，除屯骑校尉。少兴州里张道门厚善。道门，齐车骑将军敬儿少子也，为武陵太守。敬儿诛，道门于郡伏法，亲属故吏莫敢收，景宗自襄阳遣人船到武陵，收其尸骸，迎还殡葬，乡里以此义之。

【译文】

曹景宗字子震，新野人。父亲名欣之，是宋朝武将，官做到征虏将军、徐州刺史。

曹景宗少年时善于骑马射箭，喜爱围猎，经常会同几十个少年到大草泽里去追逐獐子、野鹿，每当众多骑手赶野鹿时，野鹿和人马混杂在一起，曹景宗在众人中放箭射鹿，人们都怕射中马腿，野鹿却随着弓弦一响就被射倒，曹景宗就以此当作乐趣。刚到二十岁时，曹欣之在新野派曹景宗出州去办事，他单身匹马只带几个从人，半路上意外地遇到几百蛮人的包围。曹景宗带上百余支箭，便驰马向四面射箭，每发一箭就射死一个蛮人，蛮人四散逃走，因此他凭自己的胆量和勇气获得了名声。他很喜爱读史书，每次读《穰苴》《乐毅传》，便放下书卷感叹说："男儿应当做这样的人!”被征召任西曹官职，没去受任。宋朝后废帝元徽年间，随同父亲离开本州去京城建康，任奉朝请、员外，调任尚书左民郎。不久因父亲去世离职，回到故乡。服丧期满后，刺史萧赤斧任命他做冠军中兵参军，兼任天水太守。

当时是南齐高祖建元初年，蛮人聚众暴乱，曹景宗东征西讨，战斗中多次擒贼破敌。齐鄱阳王萧锵做雍州刺史，又用他做征虏中兵参军，兼任冯翊太守，督岘南诸军事，又授官做屯骑校尉。年少时和同乡张道门友谊情深。张道门是南齐车骑将军张敬儿的小儿子，做武陵太守。张敬儿被杀，张道门在郡中也被株连处死，亲属故吏没人敢前来收尸，曹景宗从襄阳派遣人员船只到武陵，收取张道门的尸体，接回来加以殡葬，同乡人都因此认为曹景宗重义气。

建武二年，魏主托跋宏寇赭阳，景宗为偏将，每冲坚陷阵，辄有斩获，以勋除游击将军。四年，太尉陈显达督众军北围马圈，景宗从之，以甲士二千设伏，破魏援托跋英四万人。及克马圈，显达论功，以景宗为后，景宗退无怨言。魏主率众大至，显达宵奔，景宗导入山道，故显达父子获全。

五年，高祖为雍州刺史，景宗深自结附，数请高祖临其宅。时天下方乱，高祖亦厚加意焉。永元初，表为冠军将军、竟陵太守。及义师起，景宗聚众，遣亲人杜思冲劝先迎南康王于襄阳即帝位，然后出师，为万全计。高祖不从，语在高祖纪。高祖至竟陵，以景宗与冠军将军王茂济江，围郢城，自二月至于七月，城乃降。复帅众前驱至南州，领马步军取建康，道次江宁，东昏将李居士以重兵屯新亭，是日选精骑一千至江宁行顿，景宗始至，安营未立；且师行日久，器甲穿弊，居士望而轻之，因鼓噪前薄景宗。景宗被甲驰战，短兵裁接，居士弃甲奔走，景宗皆获之，因鼓而前，径至皂荚桥筑垒。景宗又与王茂、吕僧珍掎角，破王珍国于大航。茂冲其中坚，应时而陷，景宗纵兵乘之。景宗军士皆桀黠无赖，御道左右，莫非富室，抄掠财物，略夺子女，景宗不能禁。及高祖入顿新城，严申号令，然后稍息。复与众军长围六门。城平，拜散骑常侍、右卫将军，封湘西县侯，食邑一千六百户。仍迁持节、都督郢司二州诸军事、左将军、郢州刺史。天监元年，进号平西将军，改封竟陵县侯。

【译文】

南齐明帝建武二年，北魏国主托跋宏进攻赭阳，曹景宗任偏将，每次冲击强敌攻陷敌阵，总是有所斩杀和俘获，因为有功勋授官做游击将军。四年，太尉陈显达统率众军北上围攻马圈，曹景宗随军出征，带领甲士二千人设埋伏，击破北魏托跋英带领的四万援兵。攻克马圈之后，陈显达论功行赏，把曹景宗排在最后，曹景宗退兵回来毫无怨言。北魏国主又率大军来进攻，陈显达在夜里逃跑，曹景宗引导他进入山道，因此陈显达父子得以安全脱险。

五年，梁武帝萧衍做雍州刺史，曹景宗同他深相结交，多次邀请他到自己的家中做客。当时天下正处在动乱之中，梁武帝也有意重视曹景宗。南齐东昏侯永元初年，梁武帝上表请求任曹景宗做冠军将军、竟陵太守。当梁武帝起兵东下，曹景宗集聚兵力，派亲信杜思冲劝梁武帝先迎接南康王萧伟在襄阳即皇帝位，然后再出兵，这是万全的计策。梁武帝没采纳这意见，事情记载在《高祖纪》中。梁武帝率兵到竟陵，派曹景宗会同冠军将军王茂渡过长江，围攻郢城，从二月到七月，郢城守军才投降。又统领众军为前锋挺进到南州，率领马步军取道向建康前进，中途驻军在江宁，东昏侯的部将李居士带领重兵驻扎在新亭，这天选出一千精锐的骑兵到江宁暂驻，曹景宗的部队刚刚到达，营垒还没能建造起来；况且部队行军日久，兵器铠甲破损穿漏。李居士看到曹景宗队伍的状况便轻敌大意，于是趁势击鼓呐喊前来攻逼曹景宗。曹景宗披甲上马驰驱迎战，短兵刚一交战，李居士便弃甲败逃，曹景宗把李居士的兵马全部俘获，顺势乘胜击鼓追敌，一直前进到皂荚桥筑起营垒。曹景宗又和王茂、吕僧珍分兵合击，在大航打败王国珍。王茂攻击王国珍的主力，立刻冲垮敌阵，曹景宗乘势纵兵进击。曹景宗部队的军士都是凶暴狡猾的无赖汉，御街两侧的住户，全都是富贵之家，军士抢夺财物，掠取子女，曹景宗制止不住。当梁武帝进驻到新城，严肃申明军纪，此后掠夺事件才稍有收敛。曹景宗又会同众军长围攻六门。破城之后，授官做散骑常侍、右卫将军，封湘西县侯，食邑一千六百户。于是又迁为持节、都督郢、司二州诸军事、左将军、郢州刺史。梁高祖天监元年，进号平西将军，改封为竟陵县侯。

景宗在州，鬻货聚敛。于城南起宅，长堤以东，夏口以北，开街列门，东西数里，而部曲残横，民颇厌之。二年十月，魏寇司州，围刺史蔡道恭。时魏攻日苦，城中负板而汲，景宗望门不出，但耀军游猎而已。及司州城陷，为御史中丞任昉所奏，高祖以功臣寝而不治，征为护军。既至，复拜散骑常侍、右卫将军。

五年，魏托跋英寇钟离，围徐州刺史昌义之，高祖诏景宗督众军援义之，豫州刺史韦叡亦预焉，而受景宗节度。诏景宗顿道人洲，待众军齐集俱进。景宗固启，求先据邵阳洲尾，高祖不听。景宗欲专其功，乃违诏而进，值暴风卒起，颇有渰溺，复还守先顿。高祖闻之，曰："此所以破贼也。景宗不进，盖天意乎！若孤军独往，城不时立，必见狼狈。今得待众军同进，始大捷矣。"及韦叡至，与景宗进顿邵阳洲，立垒去魏城百余步。魏连战不能却，杀伤者十二三，自是魏军不敢逼。景宗等器甲精新，军仪甚盛，魏人望之夺气。魏大将杨大眼对桥北岸立城，以通粮运，每牧人过岸伐刍藁，皆为大眼所略。景宗乃募勇敢士千余人，径渡大眼城南数里筑垒，亲自举筑。大眼率众来攻，景宗与战破之，因得垒成。使别将赵草守之，因谓为赵草城，是后恣刍牧焉。大眼时遣抄掠，辄反为赵草所获。先是，高祖诏景宗等逆装高舰，使与魏桥等，为火攻计。令景宗与叡各攻一桥，叡攻其南，景宗攻其北。六年三月，春水生，淮水暴长六七尺。叡遣所督将冯道根、李文钊、裴邃、韦寂等乘舰登岸，击魏洲上军尽殪。景宗因使众军皆鼓噪乱登诸城，呼声震天地，大眼于西岸烧营，英自东岸弃城走。诸垒相次土崩，悉弃其器甲，争投水死，淮水为之不流。景宗令军主马广蹑大眼至涉水上，四十余里，伏尸相枕。义之出逐英至洛口，英以匹马入梁城。缘淮百余里，尸骸枕藉，生擒五万余人，收其军粮器械，积如山岳，牛马驴骡，不可胜计。景宗乃搜军所得生口万余人，马千匹，遣献捷，高祖诏还本军，景宗振旅凯入，增封四百，并前为二千户，进爵为公。诏拜侍中、领军将军，给鼓吹一部。

【译文】

曹景宗在郢州，买卖货物聚敛钱财。在城南修建住宅，自长堤以东，到夏口以北，开辟街道排列门户，东西长几里，而部队凶残横暴，百姓极为厌恶。天监二年十月，北魏入侵司州，包围刺史蔡道恭。当时北魏的攻势一天天严重，城里的人要背着门板防箭去汲水，曹景宗却坐在家里观望而不出兵援救，只是耀武扬威地出游打猎而已。司州城被攻陷之后，曹景宗受到御史中丞任防奏本弹劾，武帝因为曹景宗是功臣便压下这事不予制裁，反而召回曹景宗任护军。曹景宗到京之后，又拜官任散骑常侍、右卫将军。

五年，北魏托跋英入侵钟离，围攻徐州刺史昌义之，武帝下诏命令曹景宗统率众军援救昌义之，豫州刺史韦叡也参加了这次军事行动，并且受曹景宗的节制。诏命曹景宗驻屯在道人洲，等候各军集齐之后一同进发。曹景宗一再启奏，要求允许他的部队首先占据邵阳洲尾，武帝不准许。曹景宗打算独得这次战功，便违抗诏命向前开进，恰好突然刮起暴风，很多士兵落水淹死，不得已又回兵据守先前的驻地。高祖知道这个消息后，说："这是能够破贼的条件。曹景宗不能前进，原来是天意安排的吧！假如曹景宗孤军独往，营垒不能及时修筑起来，一定会遭到狼狈的惨败。如今能够等待众军同时前进，这样就能大获全胜了。"当韦叡到来，和曹景宗前进屯兵在邵阳洲，在距离魏城一百多步远的地方构筑营垒。魏军接连出战不能打退南军，被杀伤的人数有十分之二三，从此魏军不敢逼近南军作战。曹景宗等各部分军队的兵器甲胄精良新美，军容盛大，魏军见到后感到气馁。魏大将杨大眼面对桥在北岸筑城，使运粮道路通畅，每当南边牧人过岸来打刍藁，皆被杨大眼俘虏去。曹景宗便召募一千多勇敢的军士，一直渡河在离杨大眼城南面几里远的地方修筑营垒，曹景宗亲自举筑打夯。杨大眼率部队来进攻，曹景宗迎战并把他击败，因此能够把营垒筑成。曹景宗派遣将领赵草据守新垒，便把这座军垒叫作赵草城，从这以后牧人便可以随意在这里打草放牧。杨大眼不时地派兵来抄掠，每每反被赵草俘获。在这之前，武帝曾诏命曹景宗等预先建造高大的战船，使船上的高楼和桥一般高，目的是用来实现火攻的计划。命令曹景宗和韦叡各攻一座敌桥，韦叡攻打魏军的南桥，曹景宗攻击北面的桥。六年三月，春水涨起来，淮河水暴涨六七尺高。韦叡派出由他统领的将军冯道根、李文钊、裴邃、韦寂等乘战船登岸，进攻北魏在洲岸上的驻军并把他们全部歼灭。曹景宗乘机下令众军一齐击鼓呐喊，混乱中登上魏军的营垒，杀声震动天地，杨大眼在西岸烧掉营垒，托跋英在东岸弃城逃走。魏军各个营垒接连崩溃，全都丢弃了他们的兵器铠甲，争着跳进河里淹死，淮水都被堵塞不能流通。曹景宗下令军主马广跟踪追击杨大眼直到涉水岸边，在四十多里的路上，倒毙的敌尸枕压在一起。昌义之出兵追击托跋英到洛口，托跋英单人匹马逃进梁城。沿着淮河百多里，遍地死尸叠压，活捉五万多魏兵，缴获魏军的粮食器械，堆积起来如同山岳，牛马驴骡，更是不计其数。曹景宗于是搜集所俘虏的活口有一万多人，战马千匹，派人押送去京城献捷。高祖下诏命令曹景宗还归本军，曹景宗的部队排着队列得胜回朝，增赐四百户，连同以前赐的共为二千户，进爵升为公。诏命拜官侍中、领军将军，赐给鼓吹乐队一部。

景宗为人自恃尚胜，每作书，字有不解，不以问人，皆以意造焉。虽公卿无所推揖；惟韦叡年长，且州里胜流，特相敬重，同宴御筵，亦曲躬谦逊，高祖以此嘉之。景宗好内，妓妾至数百，穷极锦绣。性躁动，不能沉默，出行常欲褰车帷幔，左右辄谏以位望隆重，人所具瞻，不宜然。景宗谓所亲曰："我昔在乡里，骑快马如龙，与年少辈数十骑，拓弓弦作霹雳声，箭如饿鸱叫。平泽中逐獐，数肋射之，渴饮其血，饥食其肉，甜如甘露浆。觉耳后风生，鼻头出火，此乐使人忘死，不知老之将至。今来扬州做贵人，动转不得，路行开车幔，小人辄言不可。闭置车中，如三日新妇。遭此邑邑，使人无气。"为人嗜酒好乐，腊月于宅中，使作野虖逐除，遍往人家乞酒食。本以为戏，而部下多剽轻，因弄人妇女，夺人财货。高祖颇知之，景宗乃止。高祖数宴见功臣，共道故旧，景宗醉后谬忘，或误称下官，高祖故纵之以为笑乐。

七年，迁侍中、中卫将军、江州刺史。赴任卒于道，时年五十二。诏赙钱二十万，布三百匹，追赠征北将军、雍州刺史、开府仪同三司。谥曰庄。子皎嗣。

【译文】

曹景宗为人自恃有功好胜，每次写信，有不会写的字，也不去问别人，都按自己的臆想生造。即使对待公卿高官也从不谨敬谦让；唯独韦叡比他年长，而且是同州里的名流人物，曹景宗对他加意敬重，一同参加御赐的宴会，曹景宗也能尽礼谦逊，武帝也因此称赞他。曹景宗好女色，家中歌妓妻妾有几百人，穿着都是极其华贵的锦绣。他性格急躁好动，不能沉默安静，每次外出时总想挑开车上的帷幔向外观望，左右从人总是拿地位声望隆重加以劝告，说让所有的人都看到他，这是不合适的。曹景宗对他亲近的人说："我过去在乡里，骑快马有如龙腾，会同年少朋友几十个骑手，弓弦弹出霹雳般的震响，急箭发出饿鹰一样的尖啸。在平野大泽中追射獐子，数着肋条射它，渴了喝它的血，饿了吃它的肉，味道甜美有如甘露琼浆。只觉得耳后生风，鼻头冒火，这样的快乐让人不知道会死，更不知道老年还会到来。如今来扬州成了贵人，行动不得自由，走在路上打开车幔，小人便说不行。憋闷闭坐在车里，如同三天不许见人的新媳妇。遭到这种郁闷，让人不得顺气。”曹景宗为人嗜酒好乐，腊月在自己的宅院里，让人们呼喊着驱病除鬼，还到所有的人家去乞讨酒饭。本来这样做是为的戏耍取乐，但是他的部下大多是剽悍轻薄之辈，就趁机调戏人家妇女，抢夺人家的财宝。武帝非常清楚这些情况，曹景宗知道后便停止这种取乐。高祖曾经多次设宴席会见功臣，一同叙谈昔日的交情，曹景宗醉了之后总是说些谬言妄语，或有时对皇帝误称自己是下官，高祖也是有意让他胡来以此取笑作乐。

七年，曹景宗转任侍中、中卫将军、江州刺史。赴任时死在路上，时年五十二岁。皇帝下诏赐丧葬钱二十万，布三百匹，追赠做征北将军、雍州刺史、开府仪同三司。谥号为庄。曹景宗的儿子曹皎继任父亲的爵位。

陶弘景列传

陶弘景字通明，丹阳秣陵人也。初，母梦青龙自怀而出，并见两天人执香炉来至其所，已而有娠，遂产弘景。幼有异操，年十岁，得葛洪《神仙传》，昼夜研寻，便有养生之志。谓人曰：“仰青云，睹白日，不觉为远矣。”及长，身长七尺四寸，神仪明秀，朗目疏眉，细形长耳。读书万余卷。善琴棋，工草隶。未弱冠，齐高帝作相，引为诸王侍读，除奉朝请。虽在朱门，闭影不交外物，唯以披阅为务，朝仪故事，多取决焉。永明十年，上表辞禄，诏许之，赐以束帛。及发，公卿祖之于征虏亭，供帐甚盛，车马填咽，咸云宋齐已来，未有斯事。朝野荣之。

【译文】

陶弘景字通明，丹阳秣陵地方人。当初，母亲做梦梦见有青龙从怀中出来，并且还看见两位天人手拿着香炉来到他们的房里，不久便怀孕了，于是生下了陶弘景。他小的时候有奇怪的行为，十岁年纪，得到葛洪

《神仙传》，白天黑夜地攻读，于是有了养生的志向。常对人家说："仰视青云，观看太阳，不觉得是很遥远的事了。"等到长大了，身高有七尺四寸，神态和仪表都很出众，眼睛明亮有神，眉毛宽广，身材修长，耳朵肥大，读书超过万卷，善于抚琴下棋，工于草书隶书，还不到二十岁，齐高帝任相，把他封为诸王的伴读，并官拜奉朝请。虽然生活在贵族群中，但他将门关起来从不与别人来往，只以看书为要事，朝廷规仪礼章等事，一般都向他请教决断。永明十年，上表辞去俸禄，皇帝下诏同意，并赏赐丝帛。等到他动身离开朝廷的时候，公卿大夫设宴于征虏亭与之饯别，因设帐太多车马把道路都填满了，都说宋、齐以来，还没有出现过这种事情，朝廷和民间都认为是件有面子的事。

于是止于句容之句曲山。恒曰："此山下是第八洞宫，名金坛华阳之天，周回一百五十里。昔汉有咸阳三茅君得道，来掌此山，故谓之茅山。"乃中山立馆，自号华阳隐居。始从东阳孙游岳受符图经法。遍历名山，寻访仙药。每经涧谷，必坐卧其间，吟咏盘桓，不能已已。时沈约为东阳郡守，高其志节，累书要之，不至。

弘景为人，圆通谦谨，出处冥会，心如明镜，遇物便了，言无烦舛，有亦辄觉。建武中，齐宜都王铿为明帝所害，其夜，弘景梦铿告别，因访其幽冥中事，多说秘异，因著《梦记》焉。

【译文】

从这以后，陶弘景居住在句容的句曲山，常说："这座山下面是道教第八洞宫，名叫金坛华阳之天，周围有一百五十里，从前汉代有咸阳三茅君修炼得道，来掌管这座山，所以称之为茅山。"于是在山中建了一座道馆，自名为华阳隐居。开始跟随东阳孙游岳学习传授道符图经书道法，登访经历了许多名山，寻找访求仙药，每次经过山涧溪谷，一定端坐仰卧其间，吟咏盘旋，不能停止。当时沈约担任东阳郡太守，认为陶弘景志节高尚，多次写信向他提出邀请，都不去。

陶弘景为人圆通谦虚，小心谨慎，事情的变化曲折，心中如镜子一样清澈明白，遇到什么事情从不挂在心上，说话也没有什么过错，即使有也能很快发觉出来。建武年间，齐宜都王萧铿为齐明帝所杀害，那天夜里，陶弘景梦见萧铿来告别，因此搜访宜都王幽冥之间的事迹，大多讲的是神秘怪异之事，因此写下了《梦记》一书。

永元初，更筑三层楼，弘景处其上，弟子居其中，宾客至其下，与物遂绝，唯一家童得侍其旁。特爱松风，每闻其响，欣然为乐。有时独游泉石，望见者以为仙人。

性好著述，尚奇异，顾惜光景，老而弥笃。尤明阴阳五行，风角星算，山川地理，方图产物，医术本草。著《帝代年历》，又尝造浑天象，云“修道所须，非止史官是用”。

义师平建康，闻议禅代，弘景援引图谶，数处皆成“梁”字，令弟子进之。高祖既早与之游，及即位后，恩礼逾笃，书问不绝，冠盖相望。

天监四年，移居积金东涧，善辟谷导引之法，年逾八十而有壮容，深慕张良之为人，云“古贤莫比”。曾梦佛授其菩提记，名为胜力菩萨。乃诣鄮县阿育王塔自誓，受五大戒。后太宗临南徐州，钦其风素，召至后堂，与谈论数日而去，太宗甚敬异之。大通初，令献二刀于高祖，其一名善胜，一名威胜，并为佳宝。

大同二年，卒，时年八十五。颜色不变，屈申如恒。诏赠中散大夫，谥曰贞白先生，仍遣舍人监护丧事。弘景遗令薄葬，弟子遵而行之。

【译文】

永元初年，又筑三层楼，陶弘景住在上面一层，弟子住中间一层，来访宾客则在下层，于是和外人全部隔绝，只有一个家童在身边侍候。特别喜欢松风，每次听到松风声，就感到十分高兴愉快。有时他一个人游览于泉石之间，看见的人都认为是神仙。

陶弘景本性喜欢著述，更追求奇异，爱惜时间，越老越勤奋，尤其了解阴阳五行、风角星算、山川地理、方图产物、医术本草。著有《帝代年历》，又曾经制造浑天象，说是“修炼道法所需要，不仅仅是史官才用”。

义师平定建康，听说议论禅让帝位，陶弘景援引图书谶文，多处都成“梁”字，让弟子进上，梁高祖既早就与他有交情，等到即了帝位，恩情礼谊更加敦厚，写信问候没有间断，总有达官贵人不断地到他家去。

天监四年，移居到茅山积金东边的水溪边。擅长于辟谷气功等养生方法，过了八十岁仍然显得青春年少，十分爱慕汉代张良的为人处世，称赞他“古代的贤人没有谁能比拟”。曾经做梦梦见佛祖传授给他菩提记，并称他为胜力菩萨。于是到鄮县阿育王塔去发誓表愿，接受五大戒。后来太宗来到南徐州，钦佩他的高风清名，召他到后堂之中，和他谈论了多日才离开，太宗十分敬佩叹异他。大通初年，陶弘景派人送两把宝刀给梁高祖，一把名叫“善胜”，一把称“威胜”，都是难得的好宝物。

大同二年去世，卒年八十五，死时颜色不变，弯曲伸直如平常一样，皇帝下诏赠号为中散大夫，谥称贞白先生，并派皇宫中的官吏监督照料丧事。陶弘景留下遗书要薄葬，弟子们遵照予以办理。

〔陈书〕

张贵妃列传

后主张贵妃丽华，兵家女也。家贫，父兄以织席为事。后主为太子，以选入宫。是时龚贵嫔为良娣，贵妃年十岁，为之给使，后主见而说焉，因得幸，遂有娠，生太子深。后主即位，拜为贵妃。性聪惠，甚被宠遇。后主每引贵妃与宾客游宴，贵妃荐诸宫女预焉，后宫等咸德之，竞言贵妃之善，由是爱倾后宫。又好厌魅之术，假鬼道以惑后主，置淫祀于宫中，聚诸妖巫使之鼓舞，因参访外事，人间有一言一事，妃必先知之，以白后主，由是益重妃，内外宗族，多被引用。及隋军陷台城，妃与后主俱入于井，隋军出之，晋王广命斩贵妃，榜于青溪中桥。

史臣侍中郑国公魏征考览记书，参详故老，云后主初即位，以始兴王叔陵之乱，被伤卧于承香阁下，时诸姬并不得进，唯张贵妃侍焉。而柳太后犹居柏梁殿，即皇后之正殿也。后主沈皇后素无宠，不得侍疾，别居求贤殿。至德二年，乃于光照殿前起临春、结绮、望仙三阁。阁高数丈，并数十间，其窗牖、壁带、悬楣、栏槛之类，并以沉檀香木为之。又饰以金玉，间以珠翠，外施珠帘，内有宝床、宝帐，其服玩之属，瑰奇珍丽，近古所未有。每微风暂至，香闻数里，朝日初照，光映后庭。其下积石为山，引水为池，植以奇树，杂以花药。后主自居临春阁，张贵妃居结绮阁，龚、孔二贵嫔居望仙阁，并复道交相往来。又有王、李二美人、张、薛二淑媛、袁昭仪、何婕妤、江修容等七人，并有宠，递代以游其上。以宫人有文学者袁大舍等为女学士。后主每引宾客对贵妃等游宴，则使诸贵人及女学士与狎客共赋新诗，互相赠答，采其尤艳丽者以为曲词，被以新声，选宫女有容色者以千百数，令习而歌之，分部迭进，持以相乐。其曲有《玉树后庭花》《临春乐》等，大指所归，皆美张贵妃、孔贵嫔之容色也。其略曰："璧月夜夜满，琼树朝朝新。"而张贵妃发长七尺，鬒黑如漆，其光可鉴。特聪惠，有神采，进止闲暇，容色端丽。每瞻视盼睐，光采溢目，照映左右。常于阁上靓妆，临于轩槛，宫中遥望，飘若神仙。才辩强记，善候人主颜色。是时，后主怠于政事，百司启奏，并因宦者蔡脱儿、李善度进请。后主置张贵妃于膝上共决之。李、蔡所不能记者，贵妃并为条疏，无所遗脱。由是益加宠异，冠绝后庭。而后宫之家，不遵法度，有挂于理者，但求哀于贵妃，贵妃则令李、蔡先启其事，而后从容为言之。大臣有不从者，亦因而谮之，所言无不听。于是张、孔之势，薰灼四方，大臣执政，亦从风而靡。阉宦便佞之徒，内外交结，转相引进，贿赂公行，赏罚无常，纲纪瞀乱矣。

【译文】

后主张贵妃名丽华，是研究军事的学者家的女儿。她的家里很穷，父亲和兄长靠编织草席为生。后主当太子时，被选中入宫，那时龚贵嫔任良娣（太子之妾），贵妃当时十岁，被龚贵嫔使唤，后主看见她很是喜欢，于是她得到了宠幸，便有了身孕，生下了太子深。后主即位，拜张丽华为贵妃。张贵妃性情聪明灵慧，很受后主宠爱。每逢后主带贵妃和宾客游玩饮宴，贵妃便推荐诸位宫女同去，后宫中的人都很感激她，争着说贵妃的好话，于是她得到的宠爱压倒了后宫。贵妃又喜好厌魅巫术，假借鬼神邪说来迷惑后主，在宫内设置不合礼制的祭祀，聚集众多妖邪巫师命他们奏乐跳巫舞，同时打探宫外的事，社会上的一句话一件事，张贵妃必然会先知道，并以此告诉后主，于是后主更加敬重贵妃，贵妃的内外宗族中人，多被引见重用。等到隋军攻陷台城，张贵妃和后主一起躲入井中，隋军抓住了他们，晋王杨广命令将贵妃斩首，并在青溪中桥张贴布告公诸于众。

史臣侍中郑国公魏征考察通览史籍，参照补充元老旧臣的回忆，说后主刚即位的时候，遇到始兴王陈叔陵之乱，受伤在承香阁卧床休养，当时诸嫔妃均不准入内，只有张贵妃侍奉后主。当时柳太后还住在柏梁殿，也就是皇后的正殿。后主沈皇后一直不受宠爱，无权侍奉后主养病，另外住在求贤殿。至德二年，即在光照殿前建起了临春、结绮、望仙三阁，阁高达数丈，共有数十间，其窗户、壁带、悬楣、栏槛等均用沉檀香木制作，又用金玉装饰，其间嵌以珍珠翡翠，外面装有珠帘，里面有宝床、宝帐，其中服用和玩赏的物品一类，瑰奇珍丽，是古今所没有的。每逢微风刮过，香气传出数里之外，清晨旭日初照，光芒映至后庭。楼阁下堆积奇石为山，引水做池塘，种植珍奇树木，杂种鲜花药草。后主自己住在临春阁，张贵妃住结绮阁，龚、孔两位贵嫔住居望仙阁，各阁间设并行的走廊，可以往来行走。还有王、李两位美人，张、薛两位淑媛，袁昭仪、何婕妤、江修容等七人，均受宠爱，交替到阁上游玩。又任宫女中通识文学的袁大舍等人为女学士。后主每逢召请宾客和贵妃等人游玩饮宴，便命诸位贵人以及女学士和游玩的客人共同吟赋新诗，互相赠给应答，选取其中最艳丽者作为歌词，配上新曲，从宫女中选长得漂亮的达千百人，命其学习而歌唱，分部依次进入，以此相乐。其中的曲子有《玉树后庭花》《临春乐》等，乐曲内容大意，全是赞美张贵妃、孔贵嫔娇容美色的。其大略说："璧月夜夜满，琼树朝朝新。"而张贵妃的头发有七尺长，秀发黑得像漆一样，其光洁可以照人。她特别聪明灵慧，富有神采，行动坐卧悠闲自然，容貌端庄艳丽。每逢顾盼斜视，眼里流露出光彩，照映周围的人。她常在阁上梳妆，靠近轩阁栏杆，宫中的人远远望去，飘逸如神仙一般。她富有才华，能言善辩，记忆力强，善于观察皇帝的脸色。当时，后主懒于管理政事，各司上奏，全由宦官蔡脱儿、李善度入内请示，后主把张贵妃放在膝上共同决策。李、蔡两人记不住的事，贵妃均为其逐条讲述，丝毫没有遗漏的。于是后主更加宠爱敬佩贵妃，在后宫堪称第一。后宫嫔妃的家里，不遵守法度，有做了没理的事的，只要向贵妃求情，贵妃便命李、蔡二人先启奏他们的事，然后从容地为他们讲情。大臣中有不服从她的，也由此诋毁他们，贵妃所说后主没有不听从的。于是张、孔二人的势力，在四方气焰逼人，大臣们执政，也随风而倒。宦官邪佞之人，内外勾结，辗转相互提携引进，贿赂官员，赏罚不合规矩，朝廷法度黑暗混乱了。

熊昙朗列传

熊昙朗，豫章南昌人也，世为郡著姓。昙朗跅弛不羁，有膂力，容貌甚伟。侯景之乱，稍聚少年，据丰城县为栅，桀黠劫盗多附之。梁元帝以为巴山太守。荆州陷，昙朗兵力稍强，劫掠邻县，缚卖居民，山谷之中，最为巨患。

及侯瑱镇豫章，昙朗外示服从，阴欲图瑱。侯方儿之反瑱也，昙朗为之谋主，瑱败，昙朗获瑱马仗子女甚多。及萧勃逾岭，欧阳頠为前军，昙朗绐頠共往巴山袭黄法𣰋，又报法𣰋期共破頠，约曰"事捷与我马仗"。及出军，与頠掎角而进，又绐頠曰"余孝顷欲相掩袭，须分留奇兵，甲仗既少，恐不能济”。頠乃送甲三百领助之。及至城下，将战，昙朗伪北，法氍乘之，頠失援，狼狈退衄，昙朗取其马仗而归。时巴山陈定亦拥兵立寨，昙朗伪以女妻定子。又谓定曰“周迪、余孝顷并不愿此婚，必须以强兵来迎”。定乃遣精甲三百并土豪二十人往迎，既至，昙朗执之，收其马仗，并论价责赎。

【译文】

熊昙朗，豫章郡南昌县人，世代为本郡望族。熊昙朗为人放荡不守规矩，有气力，身材很魁伟。侯景之乱爆发后，逐渐聚集少年人，据守丰城县，构筑栅垒，凶暴狡猾的强盗多依附他。梁元帝让他担任巴山太守。荆州失陷以后，熊昙朗的兵力较强，抢劫掠夺邻县，捆卖当地居民，是山谷当中的最大祸患。

待到侯瑱镇守豫章，熊昙朗表面表示服从，暗中却要算计侯瑱。侯方儿反叛侯瑱，熊昙朗是主谋，侯瑱失败后，熊昙朗获得侯瑱的战马兵器男女很多。待到萧勃翻越南岭，以欧阳頠为前军，熊昙朗欺骗欧阳頠，和他一起前往巴山袭击黄法氍，又报告黄法氍约定时间共同打败欧阳頠，协议说“事情成功给我马匹兵器”。待出兵时，和欧阳頠成掎角的形势而前进，又骗欧阳頠说：“余孝顷想要来袭击，必须分留骑兵，盔甲武器已少，恐怕难以成事。”欧阳頠就送三百领盔甲帮助他。等到达城下，将要交战，熊昙朗假装败退逃跑，黄法氍乘机追杀，欧阳頠失去援军，狼狈退缩，熊昙朗收取他的马匹兵器而回。当时巴山人陈定也拥兵立寨，熊昙朗假装要将女儿嫁给陈定的儿子，又对陈定说：“周迪、余孝顷都不愿看到这门亲事，你必须用强兵来迎亲。”于是陈定就派精锐甲士三百和土豪二十人前往迎亲，到后，熊昙朗将这些人拘留，收取他们的马匹兵器，然后论价让陈定赎回。

绍泰二年，昙朗以南川豪帅，随例除游骑将军。寻为持节、飙猛将军、桂州刺史资，领丰城令，历宜新、豫章二郡太守。王琳遣李孝钦等随余孝顷于临川攻周迪，昙朗率所领赴援。其年，以功除持节、通直散骑常侍、宁远将军，封永化县侯，邑一千户，给鼓吹一部。又以抗御王琳之功，授平西将军、开府仪同三司，余并如故。及周文育攻余孝劢于豫章，昙朗出军会之，文育失利，昙朗乃害文育，以应王琳，事见文育传。于是尽执文育所部诸将，据新淦县，带江为城。

王琳东下，世祖征南川兵，江州刺史周迪、高州刺史黄法𣰋欲沿流应赴，昙朗乃据城列舰断遏，迪等与法𣰋因帅南中兵筑城围之，绝其与琳信使。及王琳败走，昙朗党援离心，迪攻陷其城，虏其男女万余口。昙朗走入村中，村民斩之，传首京师，悬于朱雀观。于是尽收其宗族，无少长皆弃市。

【译文】

绍泰二年，熊昙朗以南川豪帅的身份，随例除拜游骑将军。不久为持节、飙猛将军、桂州刺史，领丰城县令，历任宜新、豫章二郡太守。王琳派遣李孝钦等跟随余孝顷，在临川攻打周迪，熊昙朗率部属前往救援。这年，因功被任命为持节、通直散骑常侍、宁远将军，封爵永化县侯，给食邑一千户，赐鼓吹一部。又因抗拒王琳的功劳，授任平西将军、开府仪同三司，其他职务依旧。待到周文育在豫章攻打余孝劢，熊昙朗出兵和他相会，周文育失利，熊昙朗就杀害了周文育，以响应王琳，事情记在《周文育传》。于是全部拘执周文育的部将，据守新淦县，环绕江水修筑城墙。

王琳领兵东下，世祖征调南川的兵马，江州刺史周迪、高州刺史黄法𣰋打算沿水流应征赴京，熊昙朗据守城垒、排列舰船阻挡，周迪和黄法𣰋就率领南中兵士修筑城墙包围他，断了他和王琳的信使往来。待到王琳失败退走，熊昙朗的同党和援军心怀离贰，周迪攻克新淦城，俘虏男女一万多口，熊昙朗逃到村中，被村民斩首，将首级传送到京城，悬挂在朱雀观。于是全部拘捕他的宗族，无论老幼都被处以死刑。

〔魏书〕

孝文幽皇后冯氏列传

孝文幽皇后，亦冯熙女。母曰常氏，本微贱，得幸于熙，熙元妃公主薨后，遂主家事。生后与北平公夙。文明太皇太后欲家世贵宠，乃简熙二女俱入掖庭，时年十四。其一早卒。后有姿媚，偏见爱幸。未几疾病，文明太后乃遣还家为尼，高祖犹留念焉。岁余而太后崩。高祖服终，颇存访之，又闻后素疹痊除，遣阉官双三念玺书劳问，遂迎赴洛阳。及至，宠爱过初，专寝当夕，宫人稀复进见。拜为左昭仪，后立为皇后。

始以疾归，颇有失德之闻，高祖频岁南征，后遂与中官高菩萨私乱。及高祖在汝南不豫，后便公然丑恣，中常侍双蒙等为其心腹。中常侍剧鹏谏而不从，愤惧致死。是时，彭城公主，宋王刘昶子妇也，年少嫠居。北平公冯夙，后之同母弟也，后求婚于高祖，高祖许之。公主志不愿，后欲强之。婚有日矣，公主密与侍婢及家僮十余人，乘轻车，冒霖雨，赴悬瓠奉谒高祖，自陈本意，因言后与菩萨乱状。高祖闻而骇愕，未之全信而秘匿之，惟彭城王侍疾左右，具知其事。

此后，后渐忧惧，与母常氏求托女巫，祷厌无所不至，愿高祖疾不起，一旦得如文明太后辅少主称命者，赏报不赀。又取三牲宫中妖祠，假言祈福，多为左道。母常或自诣宫中，或遣侍婢与相报答。高祖自豫州北幸邺，后虑还见治检，弥怀危怖，聚令阉人托参起居，皆赐之衣裳，殷勤托寄，勿使漏泄。亦令双蒙充行，省其信不。然惟小黄门苏兴寿密陈委曲，高祖问其本末，敕以勿泄。至洛，执问菩萨、双蒙等六人，迭相证举，具得情状。

【译文】

孝文帝幽皇后，也是冯熙的女儿。她的母亲常氏，本来身份很低贱，后来受到冯熙的宠爱，冯熙的原配妻子恭宗拓跋晃博陵长公主去世后，常氏便掌管家中的事。生下幽皇后和北平公冯夙。文明太皇太后希望冯家代代都显贵受宠，于是在哥哥冯熙的女儿中选了两人，一起给孝文帝做嫔妃，当时她十四岁。其中一人很早就死了。幽皇后颇有姿色，很迷人，特别受到孝文帝的宠幸。不久得了重病，文明太后便让她回家当尼姑，孝文帝仍怀恋她。过了一年多后，文明太后逝世。孝文帝服孝完了后，很想念她，打听她的情况，又听说幽皇后长期所患之皮疹已彻底痊愈，便派宦官双三念带着自己的信去慰问她，于是将她迎接到洛阳。幽皇后到达后，孝文帝比先前更宠爱她，每晚和她住在一起，其他嫔妃很少再和孝文帝一起生活。将她封为左昭仪，后来又将她立为皇后。

当初幽皇后因病回家后，人们传说她个人生活作风很不检点，孝文帝常年率军攻打齐朝，幽皇后于是同内朝官员高菩萨私通。当孝文帝在汝南生病以后，幽皇后公然任意和高菩萨淫乱，中常侍双蒙等人充当她的心腹。中常侍剧鹏劝阻，可是幽皇后不听从，剧鹏愤恨恐惧而死。这时，彭城公主原是宋王刘昶的儿媳妇，很年轻就守寡在家。北平公冯夙，是幽皇后同一母亲生的弟弟，幽皇后请求孝文帝将彭城公主嫁给冯夙，孝文帝答应了。彭城公主心里不愿意，幽皇后想强迫她。婚期已定，彭城公主暗中和服侍自己的婢女及家奴一共十多个人，乘坐轻便的马车，顶着连绵大雨，奔赴悬瓠城求见孝文帝，告诉孝文帝自己的心愿，并趁机说了幽皇后和高菩萨淫乱的情况。孝文帝听说后，惊吓得不得了，但不完全相信彭城公主的话，把消息掩盖起来，只有彭城王元勰在孝文帝身边服侍他的病，详细知道了这件事。

这以后，幽皇后逐渐担心害怕，同母亲常氏求请女巫，祷告诅咒，什么事都干了出来，希望孝文帝一病不起，有朝一日自己能像文明太后那样辅佐小皇帝行使权力时，将给她们以数不清的财物报答她们。又用牛、羊、猪等三种牲畜在宫中祭祀杂神，假称为了祈求福庆，却专门搞歪门邪道。她的母亲常氏或自己亲自到宫中，或者派婢女和幽皇后互通消息。孝文帝从豫州向北到达邺城，幽皇后担心孝文帝回到洛阳后将察问处理自己的事，心中更加恐惧，屡次命令宦官到邺城，请求他们查实孝文帝的身体状况，赏赐衣服给他们，恳切地委任他们，让他们不要暴露密秘。还让双蒙也到邺城去，以检查那些宦官是不是值得信任。但只有小黄门苏兴寿暗中将事情的原委向孝文帝讲了，孝文帝向他询问事情的经过，命令他不要泄露。孝文帝到洛阳后，抓来高菩萨、双蒙等六人加以审问，他们轮流提供证词，于是将情况完全弄清楚了。

高祖以疾卧含温室，夜引后，并列菩萨等于户外。后临入，令阉人搜衣中，稍有寸刃便斩。后顿首泣谢，乃赐坐东楹，去御筵二丈余。高祖令菩萨等陈状，又让后曰：“汝母有妖术，可具言之。”后乞屏左右，有所密启。高祖敕中侍悉出，唯令长秋卿白整在侧，取卫直刀柱之，后犹不言。高祖乃以绵坚塞整耳，自小语呼整再三，无所应，乃令后言。事隐，人莫知之。高祖乃唤彭城、北海二王令入坐，言：“昔是汝嫂，今乃他人，但入勿避。”二王固辞，不获命。及入，高祖云：“此老妪乃欲白刃插我肋上，可究问本末，勿有所难。”高祖深自引过，致愧二王。又云：“冯家女不能复相废逐，且使在宫中空坐，有心乃能自死，汝等勿谓吾犹有情也。”高祖素至孝，犹以文明太后故，未便行废。良久，二王出，乃赐后辞死诀。再拜稽首，涕泣歔欷。令入东房。及入宫后，帝命阉人有所问于后，后骂曰：“天子妇，亲面对，岂令汝传也！”高祖怒，敕后母常入，与后杖，常挞之百余乃止。高祖寻南伐，后留京师，虽以罪失宠，而夫人嫔妾奉之如法，惟令世宗在东宫，无朝谒之事。

高祖疾甚，谓彭城王勰曰：“后宫久乖阴德，自绝于天，若不早为之所，恐成汉末故事。吾死之后，可赐自尽别宫，葬以后礼，庶掩冯门之大过。”高祖崩，梓宫达鲁阳，乃行遗诏。北海王详奉宣遗旨，长秋卿白整等人授后药，后走呼不肯引决，曰：“官岂有此也，是诸王辈杀我耳！”整等执持，强之，乃含椒而尽。殡以后礼。梓宫次洛南，咸阳王禧等知审死，相视曰：“若无遗诏，我兄弟亦当作计去之，岂可令失行妇人宰制天下，杀我辈也。”谥曰幽皇后，葬长陵茔内。

【译文】

孝文帝因病躺在含温室中，于晚上召见幽皇后，并将高菩萨等人安置在门外。幽皇后即将进入含温室时，孝文帝命令宦官搜查她的衣服，如身上藏有一把小刀就立即杀了她。幽皇后叩头哭泣着认错，孝文帝便让她在柱子东边坐下，离孝文帝的案桌两丈多远。孝文帝命令高菩萨等人讲述事情的经过，并指责幽皇后说：“你母亲有妖术，都讲出来听听吧。”幽皇后乞求孝文帝让他身边的人离开，她有秘密的话要说。孝文帝让服侍的宦官全部出去，只留长秋卿白整在旁边，拿着宿卫的刀抵住幽皇后，幽皇后还是不肯说。孝文帝于是用棉团将白整的双耳紧紧塞住，自己小声叫了白整两三遍，白整都没有反应，于是让幽皇后说。事情很隐秘，没有谁知道说了些什么话。孝文帝便将彭城王元勰、北海王元详两人叫来，让他们到含温室中坐下，说："她以前是你们的嫂子，现在只不过是个旁人，你们只管进来，不要回避。"彭城、北海二王坚决推辞，没有得到孝文帝的许可。当他们进来后，孝文帝说："这老婆子竟然想用白刀子插在我的肋上！你们应将事情原原本本追问清楚，不要有什么为难。"孝文帝深深地责怪自己，向二王表明自己负疚的心情。又说："不能再将冯家的女儿废掉逐出宫去，暂时让她在宫中闲待着，她如还有良知会自个儿去死，你们不要以为我对她还有感情。"孝文帝平常极其孝顺，仍因文明太后的缘故，未能立即把幽皇后废掉。过了很久，二王离开含温室，孝文帝便向幽皇后发誓至死不再见她，向她拜了两拜以示礼敬，哭泣哽咽。命令幽皇后到含温室东屋中。幽皇后回到皇后宫中后，孝文帝命令宦官去向她询问一些事，幽皇后骂宦官说："我是天子的老婆，应当面给他说，怎能让你传话！"孝文帝发怒，令幽皇后的母亲常氏入宫，让她用棍子责打幽皇后，常氏打了她一百多棍才停手。孝文帝不久率军南征，幽皇后留在京城，虽然她因有罪不再受孝文帝宠爱，但后宫嫔妃仍按奉事皇后的规矩侍奉她，只是命令世宗宣武帝元恪住在自己的太子宫中，不要朝觐皇后。

孝文帝病重，对彭城王元勰说："皇后很久就违背了皇后的品德，自己断绝了上天赐予的福分。如果不趁早对她做出安排，恐怕会出现汉末女主执政，外戚专权那样的事。我去世以后，你们让她在其他宫殿中自杀，按皇后的礼仪安葬她，希望能遮掩冯家的严重罪责。"孝文帝逝世后，灵柩运送到鲁阳城，才执行他的遗令。北海王元详捧读孝文帝遗令，长秋卿白整等人进宫将毒药给幽皇后，幽皇后边跑边叫，不肯自行了断，说："皇上怎会发此诏令，这是亲王想杀我罢了！"白整等人将她挟持住，强迫她，于是服下毒药便死了。按皇后的礼仪加以殡殓。孝文帝的灵柩送到洛阳南边时，咸阳王元禧等人才知道幽皇后确实已死，他们互相对望着说："如果没有遗令，我们兄弟也应当商量一条计策将她杀掉，怎能让一个品行不端正的女人主宰天下，来杀我们呢。"谥为幽皇后，安葬在长陵坟区内。

崔浩列传

崔浩，字伯渊，清河人也，白马公玄伯之长子。少好文学，博览经史，玄象阴阳，百家之言，无不关综，研精义理，时人莫及。弱冠为直郎。天兴中，给事秘书，转著作郎。太祖以其工书，常置左右。太祖季年，威严颇峻，宫省左右多以微过得罪，莫不逃隐，避目下之变，浩独恭勤不怠，或终日不归。太祖知之，辄命赐以御粥。其砥直任时，不为穷通改节，皆此类也。

太宗初，拜博士祭酒，赐爵武城子，常授太宗经书。每至郊祠，父子并乘轩轺，时人荣之。太宗好阴阳术数，闻浩说《易》及《洪范》五行，善之，因命浩筮吉凶，参观天文，考定疑惑。浩综核天人之际，举其纲纪，诸所处决，多有应验，恒与军国大谋，甚为宠密。是时，有兔在后宫，验问门官，无从得入。太宗怪之，命浩推其咎征。浩以为当有邻国贡嫔嫱者，善应也。明年，姚兴果献女。

【译文】

崔浩，字伯渊，清河郡人，是白马公崔玄伯的长子。他自小喜爱文学，博览儒家经典和史学著作，天象阴阳及诸子百家的学说，都能融会贯通，探究精神实质，同时代的人没有谁能赶得上他。二十岁的时候，担任直郎，天兴时，在秘书省供职，转任著作郎。太祖因为他能写一手好字，经常把他留在身边。太祖晚年，对臣下极其严厉，宫省近臣大都因小过失获罪，大家都逃避躲藏，以免遭到眼前的不测之祸。只有崔浩恭谨勤勉，毫不懈怠，有时整天都不回家。太祖知道这个情况后，常让人把自己吃的粥赏赐给他。崔浩就是这样砥砺自己，任何时候都正直行事，不因为贫困和显达而改变自己的操守。

太宗即位初期，任命崔浩为博士祭酒，授爵为武城子，崔浩经常向太宗讲授儒家经书。每当举行郊祀的时候，他与父亲都乘车从驾，当时的人都为他们感到光荣。太宗喜欢阴阳占卜，听说崔浩讲述《周易》及《尚书·洪范》的五行学说，认为很好，便让崔浩占卜吉凶，并参看天象变化，以分析解决疑难问题。崔浩对天象人事进行综合考察，找出其间的重要关系，他做出的判断，大部分是灵验的。他一直参与制订军国大计，深得太宗宠信和亲近。这时，有只兔子出现在后宫，查问守宫门的官吏，也弄不清是从哪儿进来的。太宗对此感到奇怪，就命崔浩判断是不是灾难的征兆。崔浩认为这将是邻国贡献女子为嫔妃，是个好兆应。第二年，姚兴果进献女子给魏。

神瑞二年，秋谷不登，太史令王亮、苏垣因华阴公主等言谶书国家当治邺，应大乐五十年，劝太宗迁都。浩与特进周澹言于太宗曰："今国家迁都于邺，可救今年之饥，非长久之策也。东州之人，常谓国家居广漠之地，民畜无算，号称牛毛之众。今留守旧都，分家南徙，恐不满诸州之地。参居郡县，处榛林之间，不便水土，疾疫死伤，情见事露，则百姓意沮。四方闻之，有轻侮之意，屈丐、蠕蠕必提挈而来，云中、平城则有危殆之虑，阻隔恒代千里之险，虽欲救援，赴之甚难，如此则声实俱损矣。今居北方，假令山东有变，轻骑南出，耀威桑梓之中，谁知多少？百姓见之，望尘震服。此是国家威制诸夏之长策也。至春草生，乳酪将出，兼有菜果，足接来秋，若得中熟，事则济矣。"太宗深然之，曰："唯此二人，与朕意同。"复使中贵人问浩、澹曰："今既糊口无以至来秋，来秋或复不熟，将如之何？"浩等对曰："可简穷下之户，诸州就谷，若来秋无年，愿更图也。但不可迁都。"太宗从之，于是分民诣山东三州食，出仓谷以禀之。来年遂大熟。赐浩、澹妾各一人，御衣一袭，绢五十匹，绵五十斤。

初，姚兴死之前岁也，太史奏：荧惑在匏瓜星中，一夜忽然亡失，不知所在。或谓下入危亡之国，将为童谣妖言，而后行其灾祸。太宗闻之，大惊，乃召诸硕儒十数人，令与史官求其所诣。浩对曰："案《春秋左氏传》说神降于莘，其至之日，各以其物祭也。请以日辰推之，庚午之夕，辛未之朝，天有阴云，荧惑之亡，当在此二日之内。庚之与未，皆主于秦，辛为西夷。今姚兴据咸阳，是荧惑入秦矣。"诸人皆作色曰："天上失星，人安能知其所诣，而妄说无征之言。"浩笑而不应。后八十余日，荧惑果出于东井，留守盘游，秦中大旱赤地，昆明池水竭，童谣讹言，国内喧扰。明年，姚兴死，二子交兵，三年国灭。于是诸人皆服曰："非所及也。"

【译文】

神瑞二年，秋天庄稼收成不好，太史令王亮、苏垣通过华阴公主等人向太宗说，根据谶书，魏国应当建都邺城，将会享受五十年的大好时光，因而劝太宗迁都。崔浩与特进周澹对太宗说："现在国家迁都到邺城，只可以度过今年的饥荒，但不是长久之计。京都平城东面各州的老百姓，常以为国家位于广漠的草原上，人口和牲畜不知其数，多如牛毛。如今要留下部分人守旧都，另分家向南迁都，恐怕不能遍布各州，而且散到各郡县，安家于林间野地，不服水土，会因疾病而发生死伤，这些事情出现后，百姓就会感到丧气。四方邻国听到后，便会产生轻视欺侮我国的念头。西边的赫连屈丐和北边的蠕蠕必定会联合进攻我们，云中和平城一带就会相当危急。邺城与平城相隔千里之遥，加上恒山、代地道路险峻，即便想援救，进军也非常困难，这样一来，声誉和实力都会受到损害。现在我们定都在北边，假如恒山以东的地方发生事变，则可以轻骑南下，驰骋于平野之中，有谁弄得清楚究竟有多少兵马？老百姓看见骑兵扬起的尘土，也会恐惧屈服。这才是我国用武力制伏中原的长久办法。只要等到春天青草长出来，牲畜就会产乳，加上蔬菜水果，足以接上明年秋粮。如果明年秋天有个中等收成，事业就会成功了。"太宗认为这话很正确，说："只有这两个人，与我意见相同。"又派宦官问崔浩、周澹说："现在就是勉强糊口也无法拖到明年秋熟，要是明年秋天收成又不好，那该怎么办呢？"崔浩等人回答说："可以挑选极贫穷的人家到各州有粮食的地方去就食，假如明年收成不好，可以再想办法，只是不能迁都。"太宗采纳了崔浩的建议，于是分民户到恒山以东三州就食，并拿出库藏谷物供给他们。第二年果然获得大丰收。于是赏赐崔浩、周澹每人姬妾一人、皇帝穿的衣服一件、绢五十匹、绵五十斤。

起先，姚兴死的前一年，太史上奏：荧惑星本来在匏瓜星中，一天夜里忽然失去踪影，不知所在。有人说荧惑星降落到将要灭亡的国家，将有童谣妖言，后来就会实现，成为灾难。太宗听了，极为惊恐。于是找来十多个大儒，让他们同史官一起探讨荧惑星到了什么地方。崔浩回答说："根据《春秋左氏传》说，天神降临莘地，当它降临那天，人们分别用相应的物品进行祭祀。现请允许我根据日期和时辰进行推断，庚午日的傍晚，辛未日的早晨，天上有阴云，荧惑星不见的时间，应当在这两天之内。庚与未都指的是秦地，辛指的是西方夷族。现在姚兴占有咸阳，这就是说荧惑星到了秦国。"大家都十分生气地说："天上星星不见了，世人怎能知道它的去向，却胡说些毫无根据的话。"崔浩笑而不答。过了八十多天，荧惑星果然在东井星旁出现，在那儿徘徊不定，秦地发生大旱灾，赤地千里，昆明池中的水都干涸了，童谣和讹言四起，国内扰攘不宁。次年，姚兴死去，他的两个儿子相互厮杀，才三年国家就灭亡了。于是大家都折服地说："我们可赶不上崔浩啊。"

泰常元年，司马德宗将刘裕伐姚泓，舟师自淮泗入清，欲溯河西上，假道于国。诏群臣议之。外朝公卿咸曰："函谷关号曰天险。一人荷戈，万夫不得进。裕舟船步兵，何能西入？脱我乘其后，还路甚难。若北上河岸，其行为易。扬言伐姚，意或难测。假其水道，寇不可纵，宜先发军断河上流，勿令西过。"又议之内朝，咸同外计。太宗将从之。浩曰："此非上策。司马休之之徒扰其荆州，刘裕切齿来久。今兴死子劣，乘其危亡而伐之，臣观其意，必欲入关。劲躁之人，不顾后患。今若塞其西路，裕必上岸北侵，如此则姚无事而我受敌。今蠕蠕内寇，民食又乏，不可发军。发军赴南则北寇进击，若其救北则东州复危。未若假之水道，纵裕西入，然后兴兵塞其东归之路，所谓卞庄刺虎，两得之势也。使裕胜也，必德我假道之惠；今姚氏胜也，亦不失救邻之名。纵使裕得关中，县远难守，彼不能守，终为我物。今不劳兵马，坐观成败，斗两虎而收长久之利，上策也。夫为国之计，择利而为之，岂顾婚姻，酬一女子之惠哉？假令国家弃恒山以南，裕必不能发吴越之兵与官军争守河北也，居然可知。"议者犹曰："裕西入函谷，则进退路穷，腹背受敌；北上岸则姚军必不出关助我。扬声西行，意在北进，其势然也。"太宗遂从群议，遣长孙嵩发兵拒之，战于畔城，为裕将朱超石所败，师人多伤。太宗闻之，恨不用浩计。

二年，司马德宗齐郡太守王懿来降，上书陈计，称刘裕在洛，劝国家以军绝其后路，则裕军可不战而克。书奏，太宗善之。会浩在前进讲书传，太宗问浩曰："刘裕西伐，前军已至潼关。其事如何？以卿观之，事得济不？"浩对曰："昔姚兴好养虚名，而无实用。子泓又病，众叛亲离。裕乘其危，兵精将勇，以臣观之，克之必矣。"太宗曰："刘裕武能何如慕容垂？"浩曰："裕胜。"太宗曰："试言其状。"浩曰："慕容垂乘父祖世君之资，生便尊贵，同类归之，若夜蛾之赴火，少加倚仗，便足立功。刘裕挺出寒微，不阶尺土之资，不因一卒之用，奋臂大呼而夷灭桓玄，北擒慕容超，南摧卢循等，僭晋陵迟，遂执国命。裕若平姚而还，必篡其主，其势然也。秦地戎夷混并，虎狼之国，裕亦不能守之。风俗不同，人情难变，欲行荆扬之化于三秦之地，譬无翼而欲飞，无足而欲走，不可得也。若留众守之，必资于寇。孔子曰：‘善人为邦百年，可以胜残去杀。’今以秦之难制，一二年间岂裕所能哉？且可治戎束甲，息民备境，以待其归，秦地亦当终为国有，可坐而守也。”太宗曰：“裕已入关，不能进退，我遣精骑南袭彭城、寿春，裕亦何能自立？”浩曰：“今西北二冠未殄，陛下不可亲御六师。兵众虽盛，而将无韩白。长孙嵩有治国之用，无进取之能，非刘裕敌也。臣谓待之不晚。”太宗笑曰：“卿量之已审矣。”浩曰：“臣尝私论近世人物，不敢不上闻。若王猛之治国，苻坚之管仲也；慕容玄恭之辅少主，慕容暐之霍光也；刘裕之平逆乱，司马德宗之曹操也。”太宗曰：“卿谓先帝如何？”浩曰：“小人管窥悬象，何能见玄穹之广大。虽然，太祖用漠北醇朴之人，南入中地，变风易俗，化洽四海，自与羲农齐列，臣岂能仰名。”太宗曰：“屈丐何如？”浩曰：“屈丐家国夷灭，一身孤寄，为姚氏封殖。不思树党强邻，报仇雪耻，乃结忿于蠕蠕，背德于姚兴，撅竖小人，无大经略，正可残暴，终为人所灭耳。”太宗大悦，语至中夜，赐浩御缥醪酒十觚，水精戎盐一两。曰：“朕味卿言，若此盐酒，故与卿同其旨也。”

【译文】

泰常元年，司马德宗的将领刘裕进攻姚泓，水军从淮河、泗水进入清水，打算溯河西进，借道魏国。太宗命令群臣就此事进行讨论。外朝公卿们都说：“函谷关号称天险，一人持戈据守，万人也难攻进去。刘裕依靠船只和步兵，哪能西入关中？假如我们起兵断绝他的后路，他要撤退回去都相当困难。但如果他想到黄河北岸进攻我们，行动起来就比较容易。他声称讨伐姚泓，本意原难预料。怎能把水路借给他，对强盗不应放纵，应该先派兵堵住黄河上游，不让他到西边去。”又在内朝官员之间进行讨论，都同意外朝公卿们的计谋。太宗就要采纳这一计谋，崔浩说：“这不是上策，司马休之那帮人骚扰刘裕的荆州，刘裕一直对他们切齿痛恨。如今姚兴死了，他的儿子又无才能，趁其危亡的时候进行讨伐。我看刘裕的本意，一定是想进入关中。恃勇轻躁的人，是不会顾及后患的。现在如果切断他向西进军的道路，刘裕一定会上岸向北侵犯，这样的话，姚泓反倒没事，而我们却受到敌人的攻击。最近蠕蠕向南进犯，老百姓又没吃的，所以不宜征发军队。如果发兵到南边。北边的敌人将大举进攻，若回军救援，恒山以东的地方又有危险。不如把水路借给他，让刘裕西入关中，然后起兵切断他向东归的退路。这就好比卞庄刺虎，势在一举两得。假如刘裕取得胜利，肯定会因为我们借路给他而感恩戴德；假如姚泓胜了，我们也不会失掉援助邻邦的名誉。就算刘裕夺得关中，与江南隔得太远，难以据守，他不能据守，最终还是我们的。现在我们不用劳累兵马，坐观成败，使两虎相斗而获得长久的利益，才是上策。国家大计，应当择利而行，哪能考虑婚姻关系，只为了酬答得到一个女子的恩惠呢？假如我们放弃恒山以南的土地，刘裕绝不可能派江南兵同我国军队争夺黄河以北的地方，这是显而易见的。”参加讨论的人仍然说：“刘裕如果西入函谷关，将进退无路，腹背受敌；如果上黄河北岸进攻我们，姚泓的军队则绝不会出函谷关援助我们。所以刘裕声称进攻西边的姚泓，而其本意却是想进攻北方，形势就是这样啊。”于是太宗听从了大家的意见，派长孙嵩率军阻挡刘裕，在畔城发生战斗，被刘裕的将领朱超石打败，兵士伤亡很大。太宗听到了这一消息，悔恨没有采纳崔浩的计策。

泰常二年，司马德宗齐郡太守王懿来投降，上书陈述计谋，说刘裕在上洛，劝魏发军断绝他的后路，这样就不经战斗而可消灭刘裕的军队。他的上书上奏后，太宗认为这主意不错。刚好崔浩在太宗面前讲授经书史籍，太宗便问崔浩：“刘裕西伐姚泓，前锋已抵达潼关。这事怎样？就你看来，刘裕会不会成功？”崔浩回答说：“先前姚兴喜欢沽名钓誉，实际上却无用处。他的儿子姚泓又犯这个毛病，搞得众叛亲离。刘裕乘其危，加上兵精将勇，以臣下看来，他肯定能打败姚泓。”太宗说：“刘裕勇武才能比得上慕容垂吗？”崔浩说：“刘裕胜过慕容垂。”太宗说：“请你说说具体情况。”崔浩说：“慕容垂凭借父亲和祖父世代为国君的资本，生下来就尊贵，同族人投靠他，就像夜间飞蛾扑火一样，所以稍稍加以利用，就可以建立功业。刘裕从寒族微贱中挺身而出，没有一尺土地作为资本，也没有一个士兵可以利用，只振臂大呼便消灭了桓玄，在北边活捉了南燕国主慕容超，在南边打败了卢循之辈，趁伪晋衰弱之机，掌握了国家大政。这次刘裕如果消灭姚泓胜利而返，一定会篡夺司马德宗的皇位，形势便是如此。但秦地各少数族混居一处，风俗暴戾，刘裕也难据守。风俗不同，人心难以改变，想把荆、扬一带实行的政策法令推行到三秦之地，就好像没生翅膀却想飞翔，没长双足却想奔跑，是不可能的。如果留大军驻守，兵众必将为仇敌所得。孔子说过：‘有德行的人治理国家一百年，才可使凶暴的人化恶为善，不会相互仇杀。’而今秦地如此难以制服，刘裕岂能在一两年间便治理好呢？我们应该整治军备，按兵不动，减轻百姓负担，派兵防守边境，等刘裕撤军，秦地最终仍将为我国所有，我们可以坐享其成。”太宗说：“刘裕的军队已进入函谷关，进退不得，如我派精锐骑兵向南袭击彭城、寿春，刘裕又怎能支持得住呢？”崔浩说：“如今我们西边和北边的两家仇敌还未消灭，陛下不能亲自统率大军前往。我们兵士虽多，但没有韩信、白起那样的将领。长孙嵩虽有治国之才，却没有指挥队伍冲锋陷阵的才能，不是刘裕的对手。臣下认为等待不迟。”太宗笑着说：“你分析得已经很透彻了。”崔浩说：“我曾私下里对近代人物作过评论，不敢不让陛下知道。像王猛治理国家，好比苻坚的管仲；慕容玄恭辅佐幼主，好比慕容暐的霍光；刘裕平定叛乱，可说得上是司马德宗的曹操。”太宗说：“你认为先帝是什么样的人呢？”崔浩说：“我一个小人，管中窥天，怎能看得出上天的辽阔。话说回来，太祖统率漠北敦厚纯朴的人向南进入中原，改变风俗，教化周遍四海，自然与伏羲、神农并列，岂是我所能称道的。”太宗问：“那赫连屈丐怎样呢？”崔浩说：“屈丐家破人亡，国家毁灭，一人飘零，得到姚兴的扶持。不想法与邻近的强国联合起来，报仇雪耻，却与蠕蠕结仇，忘记姚兴的恩德。卑劣小人，没有远大的韬略，只不过残暴一时，终将被人消灭。”太宗很高兴，两人谈到半夜，赏赐崔浩御用的缥醪酒十觚，水精戎盐一两，并说：“我体味你的话，如同品尝这盐和酒，所以与你分享这美味。”

三年，彗星出天津，入太微，经北斗，络紫微，犯天棓，八十余日，至汉而灭。太宗复召诸儒术士问之曰：“今天下未一，四方岳峙，灾咎之应，将在何国？朕甚畏之，尽情以言，勿有所隐。”咸共推浩令对。浩曰：“古人有言，夫灾异之生，由人而起。人无衅焉，妖不自作。故人失于下，则变见于上，天事恒象，百代不易。《汉书》载王莽篡位之前，彗星出入，正与今同。国家主尊臣卑，上下有序，民无异望。唯僭晋卑削，主弱臣强，累世陵迟，故桓玄逼夺，刘裕秉权。彗孛者，恶气之所生，是为僭晋将灭，刘裕篡之之应也。”诸人莫能易浩言，太宗深然之。五年，裕果废其主司马德文而自立。南镇上裕改元赦书。时太宗幸东南潟卤池射鸟，闻之，驿召浩，谓之曰：“往年卿言彗星之占验矣，朕于今日始信天道。”

初，浩父疾笃，浩乃剪爪截发，夜在庭中仰祷斗极，为父请命，求以身代，叩头流血，岁余不息，家人罕有知者。及父终，居丧尽礼，时人称之。袭爵白马公。朝廷礼仪、优文策诏、军国书记，尽关于浩。浩能为杂说，不长属文，而留心于制度、科律及经术之言。作家祭法，次序五宗，蒸尝之礼，丰俭之节，义理可观。性不好《老》《庄》之书，每读不过数十行，辄弃之，曰："此矫诬之说，不近人情，必非老子所作。老聃习礼，仲尼所师，岂设败法文书，以乱先王之教。韦生所谓家人筐箧中物，不可扬于王庭也。"

【译文】

泰常三年，彗星出现在天津星附近，穿过太微星，经由北斗，掠过紫微星，直达天棓星，历经八十多天，到银河后才消失。太宗又把各位儒生和方术之士找来，问他们："如今天下没有统一，各地方势力互相对峙，灾异将在哪一国应验呢？这事很让我害怕，你们把真实情况全部说出来，不要隐瞒。"大家都推崔浩来回答。崔浩说："古时候的人说，灾异的发生是由人们的行为造成的。人若没有罪过，怪异就无从形成。所以人在世上有过失，天象就会发生变化。天象变化有一定的原则，经历百代也不会改变。《汉书》上记载王莽篡位以前，彗星出入各个星宿，正好和今日的一样。国家主上尊崇，群臣卑下，上下有秩序，人民没有非分的想法。只有伪晋卑微，主弱臣强，几代衰败不振，所以桓玄篡位，刘裕掌权。彗星是恶气形成的，它是伪晋行将灭亡，刘裕将篡夺帝位的征兆。"其他人没有谁能推翻崔浩这一说法，太宗深表赞同。泰常五年，刘裕果然废掉了他的君主司马德文而自立为帝。南边各镇送来刘裕改年号时颁布的大赦令。当时太宗在平城东南的潟卤池射鸟，听到这消息，用驿马把崔浩找来，对他说："你往年就彗星作出的占辞如今应验了，我到今天才开始相信天道。"

当初，崔浩的父亲患了重病，他便剪了指甲，削短头发，夜里在院子中向着北斗祷告，请求用自己的生命换取父亲的生命，不停地叩头，直到流出血来，这样过了一年多，从不间断，家中很少有人知道。等到父亲死后，他又完全遵照礼仪守丧，当时人都称赞他。崔浩继承了父亲白马公的爵位，朝廷礼仪、优文、策命、诏诰及军国文书，都由崔浩经手办理。他善于论说，而不长于写文章，对制度、法令和经术都很留心。他还制定家祭的方法，排定五宗次序，考究祭祀的礼节，讲明持家的原则，所讲道理都值得借鉴。他生性不喜欢《老子》《庄子》，每次阅读不到数十行便扔在一边，说："这是欺骗人的学说，不近人情，肯定不是老子撰写的。老聃明习礼仪，孔子还向他学习，怎么会写出败坏法制的著作，以扰乱先代圣王的教义呢？这就像韦生所说的私人杂货篓子中的东西，不能在朝廷中宣讲。"

太宗恒有微疾，怪异屡见，乃使中贵人密问于浩曰："《春秋》：星孛北斗，七国之君皆将有咎。今兹日蚀于胃昴，尽光赵代之分野，朕疾弥年，疗治无损，恐一旦奄忽，诸子并少，将如之何？其为我设图后之计。"浩曰："陛下春秋富盛，圣业方融，德以除灾，幸就平愈。且天道悬远，或消或应。昔宋景见灾修德，荧惑退舍。愿陛下遣诸忧虞，恬神保和，纳御嘉福，无以暗昧之说，致损圣思。必不得已，请陈瞽言。自圣化龙兴，不崇储贰，是以永兴之始，社稷几危。今宜早建东宫，选公卿忠贤陛下素所委仗者使为师傅，左右信臣简在圣心者以充宾友，入总万机，出统戎政，监国抚军，六柄在手。若此，则陛下可以优游无为，颐神养寿，进御医药。万机之后，国有成主，民有所归，则奸宄息望，旁无觊觎。此乃万世之令典，塞祸之大备也。今长皇子焘，年渐一周，明睿温和，众情所系，时登储副，则天下幸甚。立子以长，礼之大经。若须并待成人而择，倒错天伦，则生履霜坚冰之祸。自古以来，载籍所记，兴衰存亡，鲜不由此。"太宗纳之。于是使浩奉策告宗庙，命世祖为国副主，居正殿临朝。司徒长孙嵩、山阳公奚斤、北新公安同为左辅，坐东厢西面；浩与太尉穆观、散骑常侍丘堆为右弼，坐西厢东面。百僚总己以听焉。太宗避居西宫，时隐而窥之，听其决断，大悦，谓左右侍臣曰："长孙嵩宿德旧臣，历事四世，功存社稷；奚斤辩捷智谋，名闻遐迩；安同晓解俗情，明练于事；穆观达于政要，识吾旨趣；崔浩博闻强识，精于天人之会；丘堆虽无大用，然在公专谨。以此六人辅相，吾与汝曹游行四境，伐叛柔服，可得志于天下矣。"群臣时奏所疑，太宗曰："此非我所知，当决之汝曹国主也。"

会闻刘裕死，太宗欲取洛阳、虎牢、滑台。浩曰："陛下不以刘裕欻起，纳其使贡，裕亦敬事陛下。不幸今死，乘丧伐之，虽得之不令。《春秋》：晋士丐帅师侵齐，闻齐侯卒，乃还。君子大其不伐丧，以为恩足以感孝子，义足以动诸侯。今国家亦未能一举而定江南，宜遣人吊祭，存其孤弱，恤其凶灾，布义风于天下，令德之事也。若此，则化被荆扬，南金象齿羽毛之珍，可不求而自至。裕新死，党与未离，兵临其境，必相率拒战，功不可必，不如缓之，待其恶稔。如其强臣争权，变难必起，然后命将扬威，可不劳士卒，而收淮北之地。”太宗锐意南伐，诘浩曰：“刘裕因姚兴死而灭其国，裕死我伐之，何为不可？”浩固执曰：“兴死，二子交争，裕乃伐之。”太宗大怒，不从浩言，遂遣奚斤南伐。议于监国之前曰：“先攻城也？先略地也？”斤曰：请先攻城。”浩曰：“南人长于守城，苻氏攻襄阳，经年不拔。今以大国之力攻其小城，若不时克，挫损军势，敌得徐严而来。我怠彼锐，危道也。不如分军略地，至淮为限，列置守宰，收敛租谷。滑台、虎牢反在军北，绝望南救，必沿河东走。若或不然，即是囿中之物。”公孙表请先图其城。斤等济河，先攻滑台，经时不拔，表请济师。太宗怒，乃亲南巡。拜浩相州刺史，加左光禄大夫，随军为谋主。

【译文】

太宗一直有小病，经常出现怪异现象，于是派宦官暗中问崔浩：“《春秋》上说：彗星扫过北斗，七国君主都将有灾祸。现在日食发生于胃星和昴星一带，在赵、代分野的星宿附近食尽。我患病已整一年，经治疗也未见减轻，担心一旦去世，几个儿子都还年幼，这该怎么办呢？你给我考虑一下身后之计吧。”崔浩说：“陛下年富力强，伟大的事业，正在蒸蒸日上，德能消灾，但愿陛下就会康复。况且天道渺渺，有的应验，有的不应验。以前宋景公见到灾异现象，便修养自己的德行，结果荧惑星退回到原来所在的地方。希望陛下排除种种忧虑，使精神恬淡安和，享受福庆，不要让愚昧的说法，损伤了您的思想。但一定要让我说身后事的话，就容许我说些瞎话吧：自从国家开创以来，就不重视继承人，所以永兴初年的时候，国家几乎危亡。现在应当早立太子，选拔公卿大臣中忠诚贤能，陛下平常信得过的人做太子的师傅，选拔左右亲信之臣作太子的宾友，让太子对内统理国家大政，对外统率军事，监察国政，统辖军队，掌握生杀予夺的权力。这样，陛下就可以悠闲无事，养神延寿，治疗身体。您不幸去世后，国家有现成的君主，人民也知道该归服谁，奸猾之徒就不会有非分的想法，旁人也不会有觊觎的心理。这是继承万代法则，防备祸乱的好办法。如今长皇子拓跋焘，年龄快十二岁了，聪明睿智，人心所向，尽快把他立为太子，这就是天下大幸。立长子为太子，是古礼的重要原则，假如等到皇子们都成人后才作选择，则违反了天伦，便一定会发生祸乱。自古以来，书籍上记载的兴衰存亡，很少不是因为这个缘故。”太宗采纳了他的意见。于是让崔浩带上立拓跋焘的策文敬告宗庙，命令世祖拓跋焘为国家的副主，居于正殿，临朝听政。以司徒长孙嵩、山阳公奚斤、北新公安同为左辅，在正殿东厢向西而坐；崔浩与太尉穆观、散骑常侍丘堆为右弼，坐在正殿西厢，面向东边。百官听命于副主。太宗迁居西宫，时常躲在一旁观察，听副主处理政事。太宗很高兴地对左右侍臣说：“长孙嵩是朝中德高望重的老臣，侍奉过四朝君主，对国家立有大功；奚斤能言善辩而有谋略，远近闻名；安同了解世间情状，做事干练；穆观深知为政大体，明白我的意图；崔浩见多识广，记忆力好，又精通天道和人事之间的关系；丘堆虽然没有大的才干，但为公家做事专心谨慎。有这六人辅佐副主，我与你们巡行边境，讨伐叛乱的人，绥抚服从者，这样就可以实现统一天下的志向了。”群臣有时向他报告一些难以处理的事，太宗说：“这事不该我管，应当去找你们的国主做决定。”

在听到刘裕死去的消息时，太宗打算攻占洛阳、虎牢、滑台。崔浩说：“陛下不因为刘裕一时兴起而不理睬他，接待他的使臣，收取他贡献的物品，刘裕侍奉陛下也很恭敬。他今天不幸死去，趁着丧事出兵讨伐，即便取得城池，也不是好事。据《春秋》记载：晋国士丐统率军队侵略齐国，听到齐侯的死讯，当即撤军。有德的人都赞赏士丐不趁人有丧事而进行讨伐，认为他的恩德足以感动孝子，他的仁义足以激励诸侯。如今我们也不可能一举平定江南，所以应该派人前去吊丧，慰问刘裕的孤儿弱子，体恤他们所蒙受的灾祸，使德义之风传遍天下，这是美德之事。这样，我国的教化便可推行到江南，南方的金、象牙、羽毛等珍宝，用不着去索求，自然就会送上门来。刘裕刚死，党羽没有离散，如大军压境，他们一定会齐心抵抗，我们并非一定能取胜，倒不如慢慢来，等到他们的罪恶充分暴露以后再说。如果他们强臣相互争权夺利，则必然会发生祸乱，那时再命将出师，奋扬国威，就可以不使士卒劳累，便占有淮河以北的土地。”太宗执意南伐，反驳崔浩说：“刘裕趁姚兴死后，灭亡了他的国家，现在刘裕死了，我进行讨伐，为什么不可以呢？”崔浩坚持说：“姚兴死后，他的两个儿子互相争权，刘裕才起兵讨伐他们。”太宗大怒，不听从崔浩的建议，便派遣奚斤南伐。在监国拓跋焘面前讨论进军事宜，拓跋焘问：“是应该先攻占城池呢？还是应该先夺取土地？”奚斤说：“请让我先攻占城池。”崔浩说：“南方人擅长守城，当初苻坚攻襄阳，一年也没攻下。现在用大国的军力去进攻小城池，假如不能立刻攻下来，就会有损我军的势力，敌人便可以慢慢整装而来。那时我军疲惫，敌军士气正盛，可就危险了。不如把军队分散，占据地盘，到淮河为止，于各处设置郡县长官，收纳租谷。滑台、虎牢等城反在我军的北面，没有希望得到南方部队的救援，肯定会沿黄河向东逃窜。如果不逃走，就会成为苑囿中的猎物了。”公孙表请求先攻打城池。奚斤等率军渡过黄河，先向滑台发起攻击，过了很久没有攻下，上书请求增派军队。太宗很生气，便亲自率军南下。任命崔浩为相州刺史，加左光禄大夫之官，在军中作为谋主。

及车驾之还也，浩从太宗幸西河、太原。登憩高陵之上，下临河流，傍览川域，慨然有感，遂与同僚论五等郡县之是非，考秦始皇、汉武帝之违失。好古识治，时伏其言。天师寇谦之每与浩言，闻其论古治乱之迹，常自夜达旦，竦意敛容，无有懈倦。既而叹美之曰：“斯言也惠，皆可底行，亦当今之皋繇也。但世人贵远贱近，不能深察之耳。”因谓浩曰：“吾行道隐居，不营世务，忽受神中之诀，当兼修儒教，辅助泰平真君，继千载之绝统。而学不稽古，临事暗昧。卿为吾撰列王者治典，并论其大要。”浩乃著书二十余篇，上推太初，下尽秦汉变弊之迹，大旨先以复五等为本。

世祖即位，左右忌浩正直，共排毁之。世祖虽知其能，不免群议，故出浩，以公归第。及有疑议，召而问焉。浩纤妍洁白，如美妇人。而性敏达，长于谋计。常自比张良，谓己稽古过之。既得归第，因欲修服食养性之术，而寇谦之有《神中录图新经》，浩因师之。

始光中，进爵东郡公，拜太常卿。时议讨赫连昌，群臣皆以为难，唯浩曰：“往年以来，荧惑再守羽林，皆成钩己，其占秦亡。又今年五星并出东方，利以西伐。天应人和，时会并集，不可失也。”世祖乃使奚斤等击蒲坂，而亲率轻骑袭其都城，大获而还。及世祖复讨昌，次其城下，收众伪退。昌鼓噪而前，舒阵为两翼。会有风雨从东南来，扬沙昏冥。宦者赵倪进曰：“今风雨从贼后来，我向彼背，天不助人。又将士饥渴，愿陛下摄骑避之，更待后日。”浩叱之曰：“是何言欤！千里制胜，一日之中岂得变易？贼前行不止，后已离绝，宜分军隐出，奄击不意。风道在人，岂有常也！”世祖曰“善”。分骑奋击，昌军大溃。

【译文】

当太宗返回时，崔浩随从到达西河、太原。他登上一座高高的山陵，在上面歇息，山下有黄河流过，四望山川土地，感慨顿生，于是和同僚讨论起五等分封制与郡县制的是与非，考察秦始皇与汉武帝的过失。崔浩喜爱古代制度，懂得治国之道，当时人都佩服他的言论。天师寇谦之常同崔浩交谈，倾听崔浩谈说古代治乱的往事，常常从夜晚一直听到第二天早晨，神情肃敬庄重，没有倦意。过后他赞叹崔浩说："这些话都很好，全都得到实行的话，崔浩该是当今的皋陶了。只是世人看重古人而轻忽今人，不能深入地思索他的话罢了。"于是他对崔浩说："我信奉道教，隐居世外，不问世事，现忽然得到神仙秘诀，我应当兼学儒家教义，辅助太平真君，继承断绝千年的道统。求学而不研究古代，遇事就茫然不知。您为我撰写一本记叙先代诸王治国方针的书，并且就这些方针的要旨做出评论。"崔浩便写了二十多篇文章，上自天地开辟之时，下至秦汉改朝换代的历史，主要精神是以恢复五等分封制为治国的根本。

世祖拓跋焘即帝位，左右近臣忌惮崔浩正直，全都排斥诋毁他。世祖虽知道崔浩有才能，但不能不照顾众人的议论，所以罢了崔浩的官，让他以白马公的身份回家。碰上什么疑难之事，才把他找来询问。崔浩身体纤弱俊美，皮肤洁白，像个漂亮的女人。但他生性聪明，通达事理，善于谋略，常把自己比作张良，声称自己在研习古事方面还超过了他。被罢免回家后，便想学习道家服食仙药、保养性命的方法。寇谦之又有《神中图录新经》一书，崔浩便拜他为师。

始光年间，世宗把崔浩的爵位升为东郡公，任命他为太常卿。当时讨论讨伐赫连昌一事，群臣都认为这件事难办，只有崔浩说："去年以来，荧惑星两次出现在羽林四十五星中，同它们形成钩形，作'已'字状，占辞是秦地国家将灭亡。而且今年金、木、水、火、土五星同时于东方出现，有利于向西方进军。上天和人事相应，四时运行也正和顺，不应失去这大好时机。"世祖于是派奚斤等进攻蒲坂，而自己亲率轻装骑兵袭击赫连昌的都城，取得重大胜利后退军。当世祖再次讨伐赫连昌时，驻军于他的都城下，召集大军佯作败退。赫连昌的军队擂动战鼓，呼叫着向前冲锋，把阵势冲击成两部分。刚好从东南方向刮过来一阵风雨，尘土飞扬，天昏地暗。宦官赵倪对世祖说："现在风雨从敌人背后过来，我军面对风雨而敌军背向风雨，上天都不帮助我们。再加上将士饥渴，希望陛下收拢骑兵以避敌锋芒，等他日再说。”崔浩斥责他说：“这是什么话！谋略已定，岂能在一天之内加以改变？敌军不断向前冲击，同后续部队已经脱离，应当分一支队伍隐蔽出发，出其不意地袭击敌军。风向因人谋而变化，哪有定准！”世祖说：“好。”分骑兵奋勇出击，赫连昌的军队大败。

初，太祖诏尚书郎邓渊著《国记》十余卷，编年次事，体例未成。逮于太宗，废而不述。神䴥二年，诏集诸文人撰录国书，浩及弟览、高谠、邓颖、晁继、范亨、黄辅等共参著作，叙成《国书》三十卷。

是年，议击蠕蠕，朝臣内外尽不欲行，保太后固止世祖，世祖皆不听，唯浩赞成策略。尚书令刘洁、左仆射安原等乃使黄门侍郎仇齐推赫连昌太史张渊、徐辩说世祖曰：“今年己巳，三阴之岁，岁星袭月，太白在西方，不可举兵。北伐必败，虽克，不利于上。”又群臣共赞和渊等，云渊少时尝谏苻坚不可南征，坚不从而败。今天时人事都不和谐，何可举动！世祖意不决，乃召浩令与渊等辩之。

浩难渊曰：“阳者，德也；阴者，刑也。故日蚀修德，月蚀修刑。夫王者之用刑，大则陈诸原野，小则肆之市朝。战伐者，用刑之大者也。以此言之，三阴用兵，盖得其类，修刑之义也。岁星袭月，年饥民流，应在他国，远期十二年。太白行仓龙宿，于天文为东，不妨北伐。渊等俗生，志意浅近，牵于小数，不达大体，难与远图。臣观天文，比年以来，月行奄昴，至今犹然。其占：‘三年，天子大破旄头之国。’蠕蠕、高车，旄头之众也。夫圣明御时，能行非常之事。古人语曰：‘非常之原，黎民惧焉，及其成功，天下晏然。’愿陛下勿疑也。”渊等惭而言曰：“蠕蠕，荒外无用之物，得其地不可耕而食，得其民不可臣而使，轻疾无常，难得而制，有何汲汲而苦劳士马也？”浩曰：“渊言天时，是其所职，若论形势，非彼所知。斯乃汉世旧说常谈，施之于今，不合事宜也。何以言之？夫蠕蠕者，旧是国家北边叛隶，今诛其元恶，收其善民，令复旧役，非无用也。漠北高凉，不生蚊蚋，水草美善，夏则北迁。田牧其地，非不可耕而食也。蠕蠕子弟来降，贵者尚公主，贱者将军、大夫，居满朝列，又高车号为名骑，非不可臣而畜也。夫以南人追之，则患其轻疾，于国兵则不然。何者？彼能远走，我亦能远逐，与之进退，非难制也。且蠕蠕往数入国，民吏震惊。今夏不乘虚掩进，破灭其国，至秋复来，不得安卧。自太宗之世，迄于今日，无岁不惊，岂不汲汲乎哉！世人皆谓渊、辩通解数术，明决成败。臣请试之，问其西国未灭之前有何亡征。知而不言，是其不忠；若实不知，是其无术。”时赫连昌在座，渊等自以无先言，惭赧而不能对。世祖大悦，谓公卿曰：“吾意决矣。亡国之师不可与谋，信矣哉。”而保太后犹难之，复令群臣于保太后前评议。世祖谓浩曰：“此等意犹不伏，卿善晓之令悟。”

【译文】

当初，太祖曾令尚书郎邓渊撰《国记》，有十多卷，按年代记载史事，但体例未臻完善。到太宗时，废弃《国记》，没有继续编写。世祖神䴥二年，下令集中文人们撰写国家史书，崔浩及其弟崔览、高谠、邓颖、晁继、范亨、黄辅等人全都参与著作事宜，编撰成三十卷的《国书》。

这一年，讨论进攻蠕蠕之事，内外朝官员们都不愿出兵，保太后也坚决阻止世祖出军，世祖不听他们的意见，只有崔浩帮助他制订进军的策略。尚书令刘洁、左仆射安原等派黄门侍郎仇齐推举原赫连昌的太史张渊与徐辩对世祖说：“今年甲子是己巳，为三阴之年，木星遮掩月亮，太白金星在西方出现，不能发兵。北伐的话，肯定会失败，即使打胜了，对主上也不好。”大臣们都赞成附和邓渊等人，说邓渊年轻时曾谏阻苻坚不要南征，苻坚没有听他的话，结果失败了；如今天象和人事都不和谐，哪能轻举妄动。世祖拿不定主意，于是把崔浩叫来，让他就天象之事同邓渊等人进行辩论。

崔浩驳难邓渊说：“阳就是德义，阴就是刑罚，所以有日食便应注意多做德义之事，有月食便应整治刑罚。帝王所用刑罚，大刑在原野上施行，小刑在市场或官府实施。战争便是刑罚中的大刑。从这一方面说，三阴之年发动战争，或者正好和天道相符，即有整治刑罚的意义。木星遮掩月亮，将出现饥荒年成，人民将有流散之祸。但这将在其他国家应验，而且远在十二年以后。太白金星行经苍龙七星，从天文上讲，仍在东方，不会妨害北伐。邓渊世俗儒生，志向短浅，为小技巧所束缚，不识大体，很难同他们商量什么远大计划。我观察天象，近年来月亮行经昴星，到现在仍然如此，占辞为：‘三年之内，天子将大败旄头之国。’蠕蠕、高车，都是所谓旄头之人。圣明君主掌握住时机，才能做出一般人所不能做的事。古时人说：‘非常之原，黎民惧焉，及其成功，天下晏然。’希望陛下不要有所疑虑。”邓渊等人感到羞愧，仍然说：“蠕蠕为荒远无用之物，获取他们的土地，不能耕种而获得粮食，俘获他们的人口，不能役使，他们来去轻捷快速而且反复无常，难以制服，哪里值得慌慌忙忙地让士马劳累呢？”崔浩说：“邓渊谈论天时，是他所主管的，若讨论形势，就不是他所能明白的了。他讲的不过是汉代人的老生常谈，拿到今天来实行，则不合事理。为什么这样说呢？蠕蠕先前是我国北边的逃亡奴隶，现在杀其首恶，收其从善之民，让他们从事先前所服的劳役，并不能说没用。漠北地势高，气候凉爽，不生蚊虫，水草丰美，夏天我们可以向北迁徙，在那儿狩猎放牧，不是不能耕种，得不到食物。蠕蠕子弟前来投降的，尊贵的与公主成婚，卑贱的也做将军、大夫等官，满朝都是，而且高车骑兵号称名骑，并不是不能使之臣服而加以役使。如果让南方人去追击他们，倒会担心他们来往轻捷快速，而对于我国军队来说，就不是这样。为什么呢？他们能远远地逃走，我军也能够远远地追击，随他们进退，并非难以制服。而且前些年蠕蠕曾多次侵略我国，使我国人民和官吏都感到震惊。今年夏天若不趁其空虚而进攻，消灭他们的国家，到秋天他们会再来骚扰，使我们不能安宁。从太宗直到今天，没有哪一年我们没受到蠕蠕的惊扰，难道还不算是慌慌忙忙吗！世人都说邓渊、徐辩通晓术数，可以明确地推断事情的成败。那么我请验证一下，试问赫连昌灭亡前可有什么亡国征兆？如果他们当时知道而不说，便是他们不忠；如果确实不知有什么征兆，他们便是没有什么办法。”当时赫连昌正好在座，邓渊等因为自己先前确实没说什么，惭愧地红着脸，说不出话来。世祖很高兴，对公卿们说：“我下定决心了。亡国官吏不应参与谋略，此话不假啊。”但保太后仍阻止出军，又令群臣到保太后面前商量讨论。世祖对崔浩说：“这些人心中还不服气，你要好好地开导他们，让他们明白过来。”

既罢朝，或有尤浩者曰：“今吴贼南寇而舍之北伐。行师千里，其谁不知。若蠕蠕远遁，前无所获，后有南贼之患，危之道也。”浩曰：“不然。今年不摧蠕蠕，则无以御南贼。自国家并西国以来，南人恐惧，扬声动众以卫淮北。彼北我南，彼劳我息，其势然矣。比破蠕蠕，往还之间，故不见其至也。何以言之？刘裕得关中，留其爱子，精兵数万，良将劲卒，犹不能固守，举军尽没。号哭之声，至今未已。如何正当国家休明之世，士马强盛之时，而欲以驹犊齿虎口也？设令国家与之河南，彼必不能守之。自量不能守，是以必不来。若或有众，备边之军耳。夫见瓶水之冻，知天下之寒；尝肉一脔，识镬中之味。物有其类，可推而得也。且蠕蠕恃其绝远，谓国家力不能至，自宽来久，故夏则散众放畜，秋肥乃聚，背寒向温，南来寇抄。今出其虑表，攻其不备。大军卒至，必惊骇星分，望尘奔走。牡马护群，牝马恋驹，驱驰难制，不得水草，未过数日则聚而困敝，可一举而灭。暂劳永逸，长久之利，时不可失也。唯患上无此意，今圣虑已决，发旷世之谋，如何止之？陋矣哉，公卿也！”诸军遂行。天师谓浩曰：“是行也，如之何，果可克乎？”浩对曰：“天时形势，必克无疑。但恐诸将琐琐，前后顾虑，不能乘胜深入，使不全举耳。”

及军入其境，蠕蠕先不设备，民畜布野，惊怖四奔，莫相收摄。于是分军搜讨，东西五千里，南北三千里，凡所俘虏及获畜产车庐，弥漫山泽，盖数百万。高车杀蠕蠕种类，归降者三十余万落。虏遂散乱矣。世祖沿弱水西行，至涿邪山，诸大将果疑深入有伏兵，劝世祖停止不追。天师以浩曩日之言，固劝世祖穷讨，不听。后有降人，言蠕蠕大檀先被疾，不知所为，乃焚烧穹庐，科车自载，将数百人入山南走。民畜窘聚，方六十里中，无人领统。相去百八十里，追军不至，乃徐徐西遁，唯此得免。后闻凉州贾胡言，若复前行二日，则尽灭之矣。世祖深恨之。大军既还，南贼竟不能动，如浩所量。

【译文】

罢朝后，有人责怪崔浩说：“现在吴寇在南边侵犯我国，你却不管他们而主张北伐，千里行军，哪一个会不知道。如果蠕蠕逃得远远的，前面没有掳获物，后边又有南方敌人造成的灾难，可就危险了。”崔浩说：“不对。今年不打垮蠕蠕，就没办法抵御南边的敌人。自从我们吞并西方的赫连昌以来，南方的人很恐惧，大造声势，动用大军防守淮河以北的土地。他们向北进攻，我们则向南进攻，他们劳苦而我们却安然处之，时势就是这样。等到打败蠕蠕，从出军到退军，一定看不到南方出兵。为什么这样说呢？刘裕夺取关中以后，留下爱子驻守，有数万精兵良将，仍不能坚守，全军覆没。其家属悲伤号哭之声，到现在还未断绝。哪能正当我国政治清明、兵强马壮之时，却打算把马驹牛犊往虎口里送呢？即使把黄河以南的土地送给他们，他们也肯定守不住。他们清楚自己没能力守住，所以肯定不会派军来争。如果说有军队，只不过是为了防备边境罢了。人们看到瓶里的水结了冰，便会知道天下寒冷；尝一块肉，就会知道一锅肉的味道。事物有相同的情形，可以推断而知。而且蠕蠕依仗他们离我国很远，以为我们没有力量打到那儿，自个儿一直放松警惕。所以夏天便解散军队，放牧牲畜。等到秋天马肥壮后才又召集起来，离开寒冷的地方，向温暖的地方迁移，并向南进犯，抢掠财物。如今我们在他们意想不到的情况下攻其不备，大军突然降临，他们必然会惊骇离散，望尘奔逃。而公马护群，母马顾恋小马，奔逃之时难以驯服，又不能饮水吃草，过不了几天便会疲惫不堪，可以一举而加以消灭，一劳永逸，获得长久的益处，机会不能失去。唯恐皇上没有这个主意，现在皇上决心已定，制定空前的谋略，为何还要去阻止他呢？愚昧啊！你们这帮公卿们。”于是各路军队进发。天师问崔浩说：“这次出军究竟怎样？当真能胜吗？”崔浩回答说：“从天时和形势看，一定会成功，只恐众将领卑琐，瞻前顾后，不能乘胜深入，致使不能大获全胜罢了。”

等到大军进入蠕蠕境内，蠕蠕预先没有防备，人员和牲畜遍布在原野上，因受惊吓而四处逃散，没有谁能集合起来。于是分散军队，搜索征讨，战线东西长达五千里，南北长达三千里。所俘获的人口和牲畜、马车、穹庐，山野间到处都是，约有数百万之多。高车人杀死蠕蠕人来投降魏军的达三十多万家。蠕蠕人因此离散混乱。世祖沿弱水向西进军，到达涿邪山，各位大将军果然怀疑继续向前进击将会碰上伏兵，劝世祖停军不要追击。天师用崔浩先前说过的话，坚持劝世祖穷追不舍，世祖不听。后来有投降过来的人说，蠕蠕首领事先患有疾病，不知所措，于是烧掉自己居住的穹庐，取来车马载着自己，率领数百人进入山中向南逃窜。人口牲畜疲劳困顿，聚在一起，没有人统辖。离魏军只有一百八十里地，后来追击的军队没有来，才慢慢向西逃亡，因此免遭灭亡之祸。后来又听凉州经商的胡人说，假如当时魏军再向前走两天，就可完全灭掉蠕蠕。世祖极其后悔。直到大军撤回后，南方的敌人竟然没有什么行动，正如崔浩分析的那样。

浩明识天文，好观星变。常置金银铜铤于酢器中，令青，夜有所见即以铤画纸作字以记其异。世祖每幸浩第，多问以异事。或仓促不及束带，奉进蔬食，不暇精美。世祖为举匕箸，或立尝而旋。其见宠爱如此。于是引浩出入卧内，加侍中、特进、抚军大将军、左光禄大夫，赏谋谟之功。世祖从容谓浩曰："卿才智渊博，事朕祖考，忠著三世，朕故延卿自近。其思尽规谏，匡予弼予，勿有隐怀。朕虽当时迁怒，若或不用，久久可不深思卿言也。"因令歌工历颂群臣，事在《长孙道生传》。又召新降高车渠帅数百人，赐酒食于前。世祖指浩以示之，曰："汝曹视此人，尪纤懦弱，手不能弯弓持矛，其胸中所怀，乃逾于甲兵。朕始时虽有征讨之意，而虑不自决，前后克捷，皆此人导吾令至此也。"乃敕诸尚书曰："凡军国大计，卿等所不能决，皆先谘浩，然后施行。"

俄而南藩诸将表刘义隆大严，欲犯河南。请兵三万。先其未发逆击之，因诛河北流民在界上者，绝其向导，足以挫其锐气，使不敢深入。诏公卿议之，咸言宜许。浩曰："此不可从也。往年国家大破蠕蠕，马力有余，南贼震惧，常恐轻兵奄至，卧不安席，故先声动众，以备不虞，非敢先发。又南土下湿，夏月蒸暑，水潦方多，草木深邃，疾疫必起，非行师之时。且彼先严有备，必坚城固守。屯军攻之，则粮食不给；分兵肆讨，则无以应敌。未见其利。就使能来，待其劳倦，秋凉马肥，因敌取食，徐往击之，万全之计，胜必可克。在朝群臣及西北守将，从陛下征讨，西灭赫连，北破蠕蠕，多获美女珍宝，马畜成群。南镇诸将闻而生羡，亦欲南抄，以取资财。是以披毛求瑕，妄张贼势，冀得肆心。既不获听，故数称贼动，以恐朝廷。背公存私，为国生事，非忠臣也。"世祖从浩议。南镇诸将复表贼至，而自陈兵少，简幽州以南戍兵佐守，就漳水造船，严以为备。公卿议者佥然，欲遣骑五千，并假署司马楚之、鲁轨、韩延之等，令诱引边民。浩曰："非上策也。彼闻幽州已南精兵悉发，大造舟船，轻骑在后，欲存立司马，诛除刘族，必举国骇扰，惧于灭亡，当悉发精锐，来备北境。后审知官军有声无实，恃其先聚，必喜而前行，径来至河，肆其侵暴，则我守将无以御之。若彼有见机之人，善设权谲，乘间深入，虞我国虚，生变不难，非制敌之良计。今公卿欲以威力攘贼，乃所以招令速至也。夫张虚声而召实害，此之谓矣。不可不思，后悔无及。我使在彼，期四月前还。可待使至，审而后发，犹未晚也。且楚之之徒，是彼所忌，将夺其国，彼安得端坐视之。故楚之往则彼来，止则彼息，其势然也。且楚之等琐才，能招合轻薄无赖，而不能成就大功。为国生事，使兵连祸结，必此之群矣。臣尝闻鲁轨说姚兴求入荆州，至则散败，乃不免蛮贼掠卖为奴，使祸及姚泓，已然之效。"浩复陈天时不利于彼，曰："今兹害气在扬州，不宜先举兵，一也；午岁自刑，先发者伤，二也；日蚀灭光，昼昏星见，飞鸟堕落，宿值斗牛，忧在危亡，三也；荧惑伏匿于翼轸，戒乱及丧，四也；太白未出，进兵者败，五也。夫兴国之君，先修人事，次尽地利，后观天时，故万举而万全，国安而身盛。今义隆新国，是人事未周也；灾变屡见，是天时不协也；舟行水涸，是地利不尽也。三事无一成，自守犹或不安，何得先发而攻人哉？彼必听我虚声而严，我亦承彼严而动，两推其咎，皆自以为应敌。兵法当分灾迎受害气，未可举动也。"

【译文】

崔浩通晓天文，喜欢观察星象变化，经常把金、银和铜块放在装醋的器皿中，使之呈现青色，晚上观察天象时有所发现，便用它们在纸上写字，记下天象的变化情况。世祖每次到崔浩家，常问些奇异之事。崔浩有时仓促间来不及穿好衣服，献上的饮食没时间弄得精美一些，世祖还是拿起汤匙筷子就吃，有时站着尝一下就回宫。崔浩如此受到世祖的宠信和亲近。世祖让崔浩进入自己的寝室，加封崔浩侍中、特进、抚军大将军、左光禄大夫等官，以奖赏他出谋划策的功劳。世祖曾不慌不忙地对崔浩说："你的才智精深广博，曾侍奉过我死去的祖父和父亲，忠心显于三代，我因此把你召在自己身边。你应当想办法尽力正言相劝，以辅佐我，不要有什么隐藏在心中。我有时虽会向你发火，或者不听信你的话，但过一段时间后，还是会仔细思索你所说过的话。"于是让唱歌的乐师用歌曲遍颂群臣，这事记叙在《长孙道生传》中。又召集最近投降的几百名高车首领，在御前赏赐他们酒和食物。世祖把崔浩指给他们看，说："你们看看这个人，他身材弱小无力，双手拉不开弓箭，舞不动长矛，但他胸中所藏的东西，比甲兵还厉害。我当初虽有出兵的想法，但自个儿下不了决心，几次打胜仗，都是因为这个人指导我，使我获得成功。"于是命令各位尚书："一切军国大计，你们不能做出决定的，都要先向崔浩请示，才加以施行。"

过了不久，南方州镇将军报告说，刘义隆大肆整顿军备，想进取黄河以南的土地。请求发兵三万，在刘义隆的军队未行动前率先发起攻击，并趁机杀掉黄河北边来定居在两国交界处的流民，使南方失去向导，这样足以挫败敌人锐气，使他们不敢深入。世祖令公卿们就此进行讨论，都说应该答应。崔浩说："这事不应该顺从。去年我国大败蠕蠕，而马匹还有剩余，南边的敌人惊恐，总担心我们会轻兵突袭，连觉都睡不安稳，因此率先制造声势，发动军队，以防备意料不到的事件发生，并非胆敢首先对我们发起进攻。而且南方地势低下，气候潮湿，夏天天气闷热如蒸，雨水又多，草木茂盛，肯定会发生疫疾，不是出兵的时候，况且敌方既率先整顿军队，做好了防备，一定会加固城池，拼命抵抗。如果我们驻扎军队进行攻击，粮食会不足；分散军队任其攻击，又没法防备敌军。看不到出军的好处。即使敌人要来进攻，等他们疲倦以后，到秋天气候凉爽、战马肥壮之时，我们再收取敌方的庄稼作为军粮，慢慢地进攻他们。这才是万全之计，一定可以获取胜利。朝中群臣及西边和北边的守将，跟随陛下作战，在西边消灭了赫连氏，在北边打败了蠕蠕，获取了许多漂亮女人和珍宝，还有成群的马匹牲畜。南边各镇将领们听说后，都产生羡慕之心，也想向南抢掠，以获得财物。因此吹毛求疵，毫无根据地夸大敌人的声势，企图满足自己的欲望。没有得到允许后，便多次声称敌军有所行动，以使朝廷担心而采取手段。不顾公家利益，只为个人私利着想，给国家造成事端，这不是忠臣所为。”世祖听从了崔浩的意见。南边各镇将领又打报告，说敌军已压境，自己的兵员很少，请选幽州以南各地戍守之军到南边助守，在漳水制造战船，以加强防守力量。公卿大臣参与议论的人都认为应该这样做，准备派遣五千骑兵，同时给司马楚之、鲁轨、韩延之等人虚号官职，让他们引诱敌方边境居民。崔浩说：“这不是上策。敌方若听说我们幽州以南的精锐部队已全部调动，一定会全国骚动不安，害怕自己被消灭掉，必然会征发所有精锐部队防守北部边境。事后弄清我军只是虚张声势而无实际行动，他们仰仗先聚集起来的军队，定会踊跃进军，一直攻到黄河边，肆意侵掠，我们的守将却无力抵抗。假若敌方有人能见机行事，善于搞些机巧诡诈的谋略，乘势深入，估计我们国力虚弱，容易给我们造成灾难。因此，这并不是制伏敌人的好策略。如今公卿们想用武力把敌人拒于边境之外，竟促使他们提前进攻。虚张声势却受到实质性的危害，讲的就是这种情况。不能不好好想一想，否则后悔可就来不及了。我们的使节在敌方境内，按约定时间，当在四月以前回来，可以等使节回来，把事情弄清楚以后再发兵，也不晚。而且司马楚之这批人，正为敌方所忌惮，你要去夺取他们的国家，他们哪能安坐无事，等闲视之呢。所以司马楚之等人若到南边去，敌方就会派兵来，司马楚之等人不去，敌方便会按兵不动，形势必然如此。而且司马楚之等实为庸才，只能召集一些轻薄无赖之徒，不可能取得重大成功。给国家造成变故，致使兵连祸结的，肯定会是这帮人。我曾听说鲁轨劝姚兴，请求率军进攻南方荆州之地，到那儿后军队就逃散失利，有的竟被蛮人掠取当成奴隶卖了，使姚泓蒙受灾祸，这是明摆着的证验。”崔浩又讲述天时于敌方发兵不利，说：“现在灾害之气聚结在扬州一带，我们不宜先发兵，这是其一；今年甲子逢午，为自杀之年，先起兵将给自己造成伤害，这是其二；发生日食，太阳完全失去光泽，白天昏暗，能看见星星，飞鸟从天上自个儿掉了下来，日食又在斗宿和牛宿之间发生，国家将有危亡之患，这是第三；荧惑星藏匿在翼、轸二星座间，这是对祸乱和丧亡提出的警告，这是第四；太白金星还未出现，率先进攻者将遭受失败，这是第五。使国家兴盛的君主，首先应致力于人事，其次应尽量发挥土地的作用，然后观察天象，所以每一次行动都很安全，国家安定而自身强盛。现在刘义隆刚即位，这意味着人事还不完备；不断出现灾祸变化，这就是说天时还不协调；要行船河水却枯竭，这就不能完全发挥有利的地理条件。三件事没哪一件成功，自我防守还恐不安全，哪能先起兵进攻别人呢？他们一定是听到我们大造声势以后，才整治军队，假如我们又因其整治军队而发起攻击，相互推托责任，都自以为所做不过是根据敌方而采取行动。从兵法上讲，这就是分灾受祸，不能采取行动啊。”

世祖不能违众，乃从公卿议。浩复固争，不从。遂遣阳平王杜超镇邺，琅邪王司马楚之等屯颍川。于是贼来遂疾，到彦之自清水入河，溯流西行，分兵列守南岸，西至潼关。

世祖闻赫连定与刘义隆悬分河北，乃治兵，欲先讨赫连。群臣曰：“义隆犹在河中，舍之西行，前寇未可必克，而义隆乘虚，则失东州矣。”世祖疑焉，问计于浩。浩曰：“义隆与赫连定同恶相招，连结冯跋，牵引蠕蠕，规肆逆心，虚相唱和。义隆望定进，定待义隆前，皆莫敢先入。以臣观之，有似连鸡，不得俱飞，无能为害也。臣始谓义隆军来当屯住河中，两道北上，东道向冀州，西道冲邺。如此，则陛下当自致讨，不得徐行。今则不然，东西列兵，径二千里，一处不过数千，形分势弱。以此观之，儜儿情见，止望固河自守，免死为幸，无北渡意也。赫连定残根易摧，拟之必仆。克定之后，东出潼关，席卷而前，则威震南极，江淮以北无立草矣。圣策独发，非愚近所及，愿陛下西行勿疑。”平凉既平，其日宴会，世祖执浩手以示蒙逊使曰："所云崔公，此是也。才略之美，当今无比。朕行止必问，成败决焉，若合符契，初无失矣。"后冠军将军安颉军还，献南俘，因说南贼之言云，义隆敕其诸将，若北国兵动，先其未至，径前入河，若其不动，住彭城勿进。如浩所量。世祖谓公卿曰："卿辈前谓我用浩计为谬，惊怖固谏。常胜之家，始皆自谓逾人远矣，至于归终，乃不能及。"迁浩司徒。

【译文】

世祖没办法违背大家的意志，就听从了公卿们的建议。崔浩又坚持辩驳，世祖还是不听。于是派阳平王杜超镇守邺城，琅邪王司马楚之等屯据颍川。因此敌人进取势头加快，到彦之从清水进入黄河，溯河西上，分兵在黄河南岸据守，西面直达潼关。

世祖听说赫连定与刘义隆预先把黄河以北的土地瓜分了，便整顿军队，想先讨伐赫连定。群臣都说："刘义隆的军队还在黄河中，置之不顾而进攻西方的敌人，未必就能打败前面之敌。如刘义隆乘虚进兵，那么我们就会失去都城东面各州土地。"世祖对此感到疑惑，向崔浩问计。崔浩说："刘义隆与赫连定共同作恶，相互引诱，并联合东边的冯跋和北边的蠕蠕，图谋纵其叛逆之心，相互虚伪地呼应。刘义隆希望赫连定先进攻我们，赫连定却等待刘义隆率先进击，都不敢先来。据我看来，他们好比两只连在一起的鸡，不能一起飞，对我们不会产生危害。我当初认为，刘义隆军队若来进攻的话，应屯军于黄河中游，分两路向黄河以北出击，东路军直指冀州，西边一路攻向邺城。这样的话，陛下就应该亲自率军讨伐，不能缓慢从事。今日之事则不一样，刘义隆军队沿黄河从东到西，到处驻扎，战线长达二千里，而一处兵员只不过几千人，形势分散，力量薄弱。从这可看出劣才儿的真心，那就是只希望凭借黄河固守，以免除死亡为幸事，没有北渡黄河的打算。赫连定残余之众容易摧毁，如向他发起攻击，肯定会将他击败。灭掉赫连定后，大军东出潼关，席卷而前，其威势将使最南边的人也会感到震恐，长江、淮河以北将望风披靡，陛下自己定下计策，我们这些资质愚昧、见识短浅的人哪能考虑得到，希望陛下西讨赫连定，不要有什么疑虑。"攻取平凉后，于当天举行宴会，世祖拉着崔浩的手，把他指给沮渠蒙逊说："我所说的崔公，就是他，才能谋略出众，当今没人能比得上他，我要不要采取行动，一定要询问他的意见，成败都取决于他，他对事情成败与否做出的判断，与事实完全相符，就像符契一样，没有一点差错。”后来冠军将军安颉从南方退军回来，献上俘虏的南方兵士，并讲述南方敌人的话说，刘义隆曾命令他的将领，若北方敌国军队有什么行动，在他们未到达之前，径直向前进入黄河，若敌军不动，便驻扎在彭城，不要前进。正如崔浩分析的那样。世祖对公卿大臣们说：“你们这些人说我采纳崔浩的策略是一种错误，很惊恐，坚决阻止。你们总是打胜仗，起初都自认为远远超过别人，但归根结底，才知道还是比不上别人。”于是升崔浩官为司徒。

时方士祁纤奏立四王，以日东西南北为名，欲以致祯吉，除灾异。诏浩与学士议之。浩对曰：“先王建国以作蕃屏，不应假名以为其福。夫日月运转，周历四方，京都所居，在于其内，四王之称，实奄邦畿，名之则逆，不可承用。”先是，纤奏改代为万年，浩曰：“昔太祖道武皇帝，应天受命，开拓洪业，诸所制置，无不循古。以始封代土，后称为魏，故代、魏兼用，犹彼殷商。国家积德，著在图史，当享万亿，不待假名以为益也。纤之所闻，皆非正义。”世祖从之。

是时，河西王沮渠牧犍内有贰意，世祖将讨焉，先问于浩。浩对曰：“牧犍恶心已露，不可不诛。官军往年北伐，虽不克获，实无所损。于时行者内外军马三十万匹，计在道死伤不满八千，岁常羸死，恒不灭减万，乃不少于此。而远方承虚，便谓大损，不能复振。今出其不意，不图大军卒至，必惊骇骚扰，不知所出，擒之必矣。且牧犍劣弱，诸弟骄恣，争权从横，民心离解。加比年以来，天灾地变，都在秦凉，成灭之国也。”世祖曰：“善，吾意亦以为然。”命公卿议之。弘农王奚斤等三十余人皆曰：“牧犍西垂下国，虽心不纯臣，然继父职贡，朝廷接以蕃礼。又王姬釐降，罪未甚彰，谓宜羁縻而已。今士马劳止，宜可小息。又其地卤斥，略无水草，大军既到，不得久停。彼闻军来，必完聚城守，攻则难拔，野无所掠。”于是尚书古弼、李顺之徒皆曰：“自温圉河以西，至于姑臧城南，天梯山上冬有积雪，深一丈余，至春夏消液，下流成川，引以溉灌。彼闻军至，决此渠口，水不通流，则致渴乏。去城百里之内，赤地无草，又不任久停军马。斤等议是也。”世祖乃命浩以其前言与斤共相难抑。诸人不复余言，唯曰“彼无水草”。浩曰：“《汉书·地理志》称：‘凉州之畜，为天下饶。’若无水草，何以畜牧？又汉人为居，终不于无水草之地筑城郭、立郡县也。又雪之消液，才不敛尘，何得通渠引漕，溉灌数百万顷乎？此言大诋诬于人矣。”李顺等复曰：“耳闻不如目见，吾曹目见，何可共辨！”浩曰：“汝曹受人金钱，欲为之辞，谓我目不见便可欺也！”世祖隐听，闻之乃出，亲见斤等，辞旨严厉，形于神色。群臣乃不敢复言，唯唯而已。于是遂讨凉州而平之。多饶水草，如浩所言。

【译文】

这时方术之士祁纤上奏，请立四个王，分别以日东、日西、日南、日北作为名称，想以此得到祥瑞，消除灾异。世祖命令崔浩与学士们进行商谈。崔浩回答说：“先代圣王建立封国是把它们作为王室的屏障，不应该借名称来祈求福庆。日月运行，遍照四方，京都所在之地，也在其照耀之内，四王的名称，实际上包括了京城所在地区，这样命名不好，不能采纳他的意见。”在此以前，祁纤还上奏，请求将“代”改称“万年”，崔浩说：“当初太祖道武皇帝承受天命，开创大业，他所制定的各项制度，全都遵循古制。因为祖先最初的封地在代，后才改称为魏，所以代、魏均可使用，如同殷和商可通用一样。我国历代君主的德行，在史籍中明明白白地记载着，自会享受亿万年的福庆，不需借名号而取得好处。祁纤所说的，都不是正理。”世祖听从了崔浩的意见。

这时，西河王沮渠牧犍暗中怀有二心，世祖将出兵讨伐，先问崔浩的意见。崔浩回答说：“沮渠牧犍罪恶之心已经暴露出来，不可不加以讨伐。我国军队去年北伐，虽说没取得胜利，却也没有遭受损失。当时出征的内外军马有三十万匹，在路上死去和受伤的，总共不到八千匹，而平常每年疲病死亡的一般也不少于万匹，竟比出征时死的还要多。可是远方的人听到不实之词，便认为我们损失很大，再也振作不起来。而今出其不意，他们想不到大军会突然降临，必定会恐惧骚乱，不知所为，肯定能擒获沮渠牧犍。况且沮渠牧犍才能不大，几个弟弟又骄横跋扈，争权夺利，为所欲为，人民离心离德。加上近年来天灾地震都发生在秦、凉一带，沮渠牧犍已成必然灭亡之势了。”世祖说：“好，我也认为如此。”命令公卿大臣加以讨论。弘农王奚斤等三十多人都说：“沮渠牧犍是我国西边的小国，尽管内心不是绝对忠诚，但他继续父亲之职，贡献方物，我国也以藩臣礼节对待他，又把公主嫁给他作王姬。现在沮渠牧犍的罪行并未完全暴露，我们认为应该加以笼络。如今我国兵员和马匹都疲困，应该休整，再说河西为盐碱地，几乎没有水源和草料，大军到达后，不能长期停留。他们听说有军队来攻，一定会修筑城池，聚集粮草，据城坚守。我们进攻的话，很难攻得下，而野地里又不可能掳掠到什么。”尚书古弼、李顺等人都说：“从温圉河以西，到姑臧城南边，只有天梯山冬天有积雪，厚达一丈多，到春天、夏天便消融，流下来汇成河流，引其水灌溉土地。他们听说大军前来，定会决开这条水渠，使水流不通，就会使我们人马无水可饮。距姑臧城百里以内，地表呈红色，不生青草，不可能长期驻扎军马，奚斤等人的意见是正确的。”世祖于是令崔浩用先前的说法同奚斤等相互辩驳。众人不再说什么，只是说：“那儿没有饮水和草料。”崔浩说：“《汉书·地理志》说：‘凉州的牲畜，在天下最为丰富。’假如没有水草，怎样放牧牲畜呢？又汉代的人定居，总不至于在没有水草的地方修筑城池，设置郡县。而且冰雪消融，连尘土都难浸湿，哪能修筑渠道，进行运输，并灌溉数百万顷土地呢？这些话确实是骗人的。”李顺等人又说：“耳闻不如目见，我们亲眼所见，你有什么值得同我们争论的！”崔浩说：“你们这些人接受了别人贿赂的金银钱财，就想替他说话，以为我未亲见便可以欺骗吗？”世祖躲在一边听他们争论，听完这些话后才出来，亲自接见奚斤等人，声色俱厉，群臣才不敢再说什么，只好唯唯诺诺地应承。于是就出军凉州，加以平定，那里水草丰茂，正如崔浩所说的那样。

乃诏浩曰：“昔皇祚之兴，世隆北土，积德累仁，多历年载，泽流苍生，义闻四海。我太祖道武皇帝，协顺天人，以征不服，应期拨乱，奄有区夏。太宗承统，光隆前绪，厘正刑典，大业惟新。然荒域之外，犹未宾服。此祖宗之遗志，而贻功于后也。朕以眇身，获奉宗庙，战战兢兢，如临渊海，惧不能负荷至重，继名丕烈。故即位之初，不遑宁处，扬威朔裔，扫定赫连。逮于神䴥，始命史职注集前功，以成一代之典。自尔已来，戎旗仍举，秦陇克定，徐兖无尘，平逋寇于龙川，讨孽竖于凉域。岂朕一人获济于此，赖宗庙之灵，群公卿士宣力之效也。而史阙其职，篇籍不著，每惧斯事之坠焉。公德冠朝列，言为世范，小大之任，望君存之。命公留台，综理史务，述成此书，务从实录。”浩于是监秘书事，以中书侍郎高允、散骑侍郎张伟参著作，续成前纪。至于损益褒贬，折中润色，浩所总焉。

及恭宗始总百揆，浩复与宜都王穆寿辅政事。时又将讨蠕蠕，刘洁复致异议。世祖逾欲讨之，乃召问浩。浩对曰："往击蠕蠕，师不多日，洁等各欲回还。后获其生口，云军还之时，去贼三十里。是洁等之计过矣。夫北土多积雪，至冬时常避寒南徙。若因其时，潜军而出，必与之遇，则可擒获。"世祖以为然。乃分军为四道，诏诸将俱会鹿浑海。期日有定，而洁恨计不用，沮误诸将，无功而还。事在《洁传》。

【译文】

于是世祖命令崔浩说："先前皇运初开，世代兴盛于北方，经历许多年后，恩泽遍及苍生，德义之声传遍四海。我太祖道武皇帝协调上天和世人，征讨不服从者，接受天命，拨乱反正，统治中国。太宗继承皇位，发扬先代业绩，改正刑法制度，使天下大业焕然一新。但边远之人，仍未归附。这是祖宗遗志，留待子孙来完成。我以微弱之躯，继承祖宗大业，谨慎小心，如同面对深渊大海，唯恐自己不能担负重任，继续光大祖宗的事业。所以即位初年，没有安居之时，扬国威于北方，消灭了赫连氏。到神䴥时，才命令史臣收集记录以前的功绩，撰成一代大典。从那时起，战争不断，征服了秦、陇，平定了徐、兖，在龙川消灭了逃亡之敌，在凉土肃清了残余之众。这些哪里是我一人能做得到的呢？而是托祖宗在天之灵保佑，群臣尽力的结果。但史官缺职，没有把这些记载下来，常恐这些事会被遗忘。你德行在群臣中居于首位，言论成为世人的楷模，事无大小，望君都留心一下。我命令你留在京都，总管修史工作，撰成史书，务必真实记录。"崔浩于是监秘书事，中书侍郎高允、散骑侍郎张伟参加编写，续修先前的《国书》。至于增削史事，褒贬评论，处理史实间的分歧，润饰文字等工作，则由崔浩负责。

及恭宗拓跋晃以太子监国，统领百官，崔浩又与宜都王穆寿一起辅佐他处理政务。当时准备讨伐蠕蠕，刘洁又一次表示不同意见。世祖越发想发军征讨，于是把崔浩找来，问他的想法。崔浩说："前次进攻蠕蠕，出师不久，刘洁等人均想退军，后来俘获蠕蠕之人，说我军撤退时，离敌方只有三十里地了。这是刘洁等人计划上的失误。北方常年积雪，到冬天，北方人经常为避开严寒而向南迁移。如果趁这个时候暗中派兵前往，一定会同敌人遭遇，那就可以把他们俘获。"世祖认为这个说法正确，于是分大军为四路，命令各位将领一同到鹿浑海会师。日期确定了，可是刘洁怀恨自己的计策未被采纳，便延误其他将领，大军无功而返。这件事在《刘洁传》中有详细叙述。

世祖西巡，诏浩与尚书、顺阳公兰延都督行台中外诸军事。世祖至东雍，亲临汾曲，观叛贼薛永宗垒，进军围之。永宗出兵欲战，世祖问浩曰："今日可击不?"浩曰："永宗未知陛下自来，人心安闲，北风迅疾，宜急击之，须臾必碎。若待明日，恐其见官军盛大，必夜遁走。"世祖从之。永宗溃灭。车驾济河，前驱告贼在渭北。世祖至洛水桥，贼已夜遁。诏问浩曰："盖吴在长安北九十里。渭北地空，谷草不备。欲渡渭南西行，何如?"浩对曰："盖吴营去此六十里，贼魁所在。击蛇之法，当须破头，头破则尾岂能复动。宜乘势先击吴。今军往，一日便到。平吴之后，回向长安，亦一日而至。一日之内，未便损伤。愚谓宜从北道。若从南道，则盖吴徐入北山，卒未可平。"世祖不从，乃渡渭南。吴闻世祖至，尽散入北山，果如浩言，军无所克。世祖悔之。后以浩辅东宫之勤，赐缯絮布帛各千段。

著作令史太原闵湛、赵郡郄标素谄事浩，乃请立石铭，刊载《国书》，并勒所注《五经》。浩赞成之。恭宗善焉，遂营于天郊东三里，方百三十步，用功三百万乃讫。

【译文】

世祖率军巡视西边各州镇，令崔浩与尚书、顺阳公兰延同为都督行台中外诸军事。世祖到达雍州，亲自到汾河湾，观察叛乱者薛永宗的城堡，进军将其包围。薛永宗派军出来想和魏军交战，世祖问崔浩："今天可以发起进攻吗?"崔浩说："薛永宗不知道陛下亲自率军而来，人心安闲，没有防备，现在北风刮得正猛，应赶快进攻，不一会儿叛贼就会土崩瓦解。若等到明天，恐怕他们看见官军强盛，一定会在晚间逃走。"世祖听从了他的计策，薛永宗溃亡。世祖渡过黄河，前锋部队报告说叛乱军集中在渭水北边。世祖抵达洛水桥时，叛军已经趁夜间逃走。世祖问崔浩："叛军首领盖吴在长安城北九十里的地方，渭水以北无人，我们又没准备粮草，我打算向南渡过渭河，再向西进击，这样行吗?"崔浩回答说："盖吴叛军驻地离这儿六十里，叛贼头目就在那儿。打蛇的方法，先要打破蛇头，蛇头破碎后，蛇尾怎能再动弹？应乘势先进攻盖吴，现在遣军前去，一天就可以到那儿，消灭盖吴后，再挥师长安，一天也就到了。一天之内没有粮草，我军也不会受到多大损失。愚意认为应该从北道进军。如果从南道进军，那么盖吴会从容地逃进北方山地，就不可能顺利地加以消灭。”世祖不按他的计策行事，便渡过渭水，从南道进发。盖吴听说世祖率军而来，将部众解散，进入北方山地，果真像崔浩说的那样。魏军没有收获，世祖为此很后悔。后来因为崔浩辅佐太子勤劳，赏赐他缯、絮、布、帛各一千段。

著作令史太原人闵湛和赵郡人郄标平常对崔浩就很谄媚，于是请求建造石刻，把《国书》镌刻在上面，同时还镌刻崔浩撰的《五经》注。崔浩也赞成这件事。恭宗觉得不错，于是在祭天处以东三里的地方营建石刻，方圆一百三十步，用了三百万个劳动日才刻成。

世祖搜于河西，诏浩诣行在所议军事。浩表曰：“昔汉武帝患匈奴强盛，故开凉州五郡，通西域，劝农积谷，为灭贼之资。东西迭击。故汉未疲，而匈奴已弊，后遂入朝。昔平凉州，臣愚以为北贼未平，征役不息，可不徙其民，案前世故事，计之长者。若迁民人，则土地空虚，虽有镇戍，适可御边而已，至于大举，军资必乏。陛下以此事阔远，竟不施用。如臣愚意，犹如前议，募徙豪强大家，充实凉土，军举之日，东西齐势，此计之得者。”

浩又上《五寅元历》，表曰：“太宗即位元年，敕臣解《急就章》《孝经》《论语》《诗》《尚书》《春秋》《礼记》《周易》。三年成讫。复诏臣学天文、星历、《易》式、九宫，无不尽看。至今三十九年，昼夜无废。臣禀性弱劣，力不及健妇人，更无余能，是以专心思书，忘寝与食，至乃梦共鬼争义。遂得周公、孔子之要术，始知古人有虚有实，妄语者多，真正者少。自秦始皇烧书之后，经典绝灭。汉高祖以来，世人妄造历术者有十余家，皆不得天道之正，大误四千，小误甚多，不可言尽。臣愍其如此。今遭陛下太平之世，除伪从真，宜改误历，以从天道。是以臣前奏造历，今始成讫。谨以奏呈。唯恩省察，以臣历术宣示中书博士，然后施用。非但时人，天地鬼神知臣得正，可以益国家万世之名，过于三皇、五帝矣。”事在《律历志》。

【译文】

世祖在黄河西边打猎，令崔浩到自己所在的地方来商量军事。崔浩上表说："先前汉武帝因匈奴强盛而感到忧虑，所以开拓凉州五郡之地，沟通西域，鼓励农业生产。聚积粮食，作为消灭敌人的资本。东西轮流进击，所以汉朝没有衰弱，而匈奴已经破败，后来便臣服于汉。以前平定凉州时，我认为北方敌人还没有消灭，战争还未停止，可以不迁徙那儿的人口。根据前汉旧事看，这个计划比较好。如果迁走人口，那里空虚，虽然设置镇、戍，只可用来防守边境罢了。若要大举进攻，必然会出现军备不足的情况。陛下当时认为这事情迂阔，竟没有采用。按我的想法，还是应照先前意见，招募迁徙豪强大族，以充实凉州之地，出军之时，东西力量相同，这是好计策。"

崔浩又献上《五寅元历》，并上表说："太宗即帝位的当年，令臣注解《急就章》《孝经》《论语》《诗》《尚书》《春秋》《礼记》《周易》等书，我用三年时间才完成。太宗又令我学习天文、星历、《易》式、九宫等术，有关的书，我全都看了。如今已有三十九年了，我白天晚上都没停过。臣下生性低劣，力气还比不上一个强壮的妇女，也没其他才能，所以一心一意思考书籍中的问题，废寝忘食，甚至竟梦见和鬼争论问题。因此获得了周公、孔子的精髓，才知道古人文章中有虚有实，胡说八道的时候多，讲真话的时候少。自从秦始皇焚烧《诗》《书》以后，儒家经典便灭绝了。汉高祖以来，世人妄造历法者有十多人，都没有掌握天道正义，大错误有四千项，小错误就多得说不完。我为此而感到忧伤。现在欣逢陛下太平之世，消除谬误，遵从真理，也应当修改错误的历法，以顺从天道。所以我先前报告要制定历法，如今才完成。谨把它奉献上来，望陛下加以省察，把我制定的历法向中书博士们公开，然后在全国实施。不仅今世之人，就是天地鬼神知道我弄清了正确的历法，也可以为国家万代声名增添光彩，使陛下超过三皇、五帝啊。"这事记载在《律历志》中。

真君十一年六月诛浩，清河崔氏无远近，范阳卢氏、太原郭氏、河东柳氏，皆浩之姻亲，尽夷其族。初，郄标等立石铭刊《国记》，浩尽述国事，备而不典。而石铭显在衢路，往来行者咸以为言，事遂闻发。有司按验浩，取秘书郎吏及长历生数百人意状。浩伏受赇，其秘书郎吏已下尽死。

浩始弱冠，太原郭逸以女妻之。浩晚成，不曜华采，故时人未知。逸妻王氏，刘义隆镇北将军王仲德姊也，每奇浩才能，自以为得婿。俄而女

亡，王深以伤恨，复以少女继婚。逸及亲属以为不可，王固执与之，逸不能违，遂重结好。浩非毁佛法，而妻郭氏敬好释典，时时读诵。浩怒，取而焚之，捐灰于厕中。及浩幽执，置之槛内，送于城南，使卫士数十人溲其上，呼声嗷嗷，闻于行路。自宰司之被戮辱，未有如浩者，世皆以为报应之验也。初浩构害李顺，基萌已成，夜梦秉火爇顺寝室，火作而顺死，浩与室家群立而观之。俄而顺弟息号哭而出，曰："此辈，吾贼也！"以戈击之，悉投于河。寤而恶之，以告馆客冯景仁。景仁曰："此真不善也，非复虚事。夫以火爇人，暴之极也。阶乱兆祸，复己招也。《商书》曰：'恶之易也，如火之燎于原，不可向迩，其犹可扑灭乎？'且兆始恶者有终殃，积不善者无余庆。厉阶成矣，公其图之。"浩曰："吾方思之"，而不能悛，至是而族。浩既工书，人多托写《急就章》。从少至老，初不惮劳，所书盖以百数，必称"冯代强"，以示不敢犯国，其谨也如此。浩书体势及其先人，而妙巧不如也。世宝其迹，多裁割缀连以为模楷。

【译文】

太平真君十一年六月，诛杀崔浩，清河崔氏不论远近，范阳卢氏、太原郭氏、河东柳氏都是崔浩联姻的亲戚，全都被族灭。当初，郄标等建立石刻，刊载《国记》，崔浩记叙国家之事，详尽却不典雅，而用石刻把这些暴露在交通要道上，来往过路人都谈论上面的事，这件事，便被上边发觉了。有关官员审讯崔浩，取得了秘书郎吏与长历生等数百人的供词。崔浩承认自己曾接受贿赂，秘书郎吏以下全都被杀。

崔浩才二十岁时，太原人郭逸把女儿嫁给他为妻。崔浩大器晚成，不以辞藻自我炫耀，所以当时人知道他的不多。郭逸妻子王氏是刘义隆镇北将军王仲德的姐姐，她常为崔浩的才能而感到惊奇，自认为得了一个好女婿。不久女儿死了，王氏为此深感遗憾，又把小女儿送去，再次联姻。郭逸和亲属都认为要不得，王氏坚持把小女儿送去，郭逸不能违背，于是重新结为姻亲。崔浩诋毁佛教，而其妻郭氏却崇爱佛教经典，经常诵读。崔浩很生气，就把佛经拿来烧掉，并把灰烬倒在厕所中。当崔浩被囚禁，用栅笼送到城南时，让几十个看守轮流在栅笼上小便，士兵们大呼小叫，嗷嗷之声路上的行人全都听见了。大臣被杀之辱，没有谁像崔浩这么惨。世人都认为这是遭受报应。起先崔浩陷害李顺，事情已基本准备成熟，晚上梦见自己拿着火把去烧李顺的卧室，火燃起后，李顺被烧死了，崔浩与自己一家人都站在一边看。忽然李顺的弟弟和儿子们号哭着冲出来说："这帮家伙是我们的仇人啊！"用戈刺杀崔浩等人，把他们全都扔进了河里。崔浩醒来后，对这个梦感到厌恶，就把它告诉自己收养的宾客冯景仁。冯景仁说："这梦确实不好啊，而且并非无中生有。拿火去烧活人，也太残暴了。制造乱事，形成灾祸，都是自己找的。《商书》上说：'不要轻视小恶，否则，就好像大火在原野里燃烧起来，不可接近，还能够扑灭吗？'而且最先作恶的人终将遭殃，长期做不好的事也不会有好结果。祸害之因已经形成，您还是想想办法吧。"可是崔浩不能改正错误，到这时便遭灭族之祸。崔浩善于写字，很多人都请他抄写《急就章》。他从小到老，一点也不怕劳累，大概写了上百遍，（碰到"冯汉强"三字，）他总是写为"冯代强"，表示自己不敢触犯国家忌讳，他就是这样谨慎。崔浩书法的字体和笔势比得上他的先辈，但微妙细巧之处却比不上。世人把他的手迹视为珍宝，大都加以裁割粘贴，作为字帖临摹。

浩母卢氏，谌孙也。浩著《食经叙》曰："余自少及长，耳目闻见，诸母诸姑所修妇功，无不蕴习酒食。朝夕养舅姑，四时祭祀，虽有功力，不任僮使，常手自亲焉。昔遭丧乱，饥馑仍臻，饘蔬糊口，不能具其物用，十余年间不复备设。先妣虑久废忘，后生无知见，而少不习业书，乃占授为九篇，文辞约举，婉而成章，聪辩强记，皆此类也。亲没之后，值国龙兴之会，平暴除乱，拓定四方。余备位台铉，与参大谋，赏获丰厚，牛羊盖泽，赀累巨万。衣则重锦，食则粱肉。远惟平生，思季路负米之时，不可复得，故序遗文，垂示来世。"

始浩与冀州刺史赜、荥阳太守模等年皆相次，浩为长，次模，次赜。三人别祖，而模、赜为亲。浩恃其家世魏晋公卿，常侮模、赜。模谓人曰："桃简正可欺我，何合轻我家周儿也。"浩小名桃简，赜小名周儿。世祖颇闻之，故诛浩时，二家获免。浩既不信佛、道，模深所归向，每虽粪土之中，礼拜形像。浩大笑之，云："持此头颅不净处跪是胡神也。"

史臣曰：崔浩才艺通博，究览天人，政事筹策，时莫之二，此其所以自比于子房也。属太宗为政之秋，值世祖经营之日，言听计从，宁廓区夏。遇既隆也，勤亦茂哉。谋虽盖世，威未震主，末途邂逅，遂不自全。岂鸟尽弓藏，民恶其上？将器盈必概，阴害贻祸？何斯人而遭斯酷，悲夫！

【译文】

崔浩的母亲卢氏是卢谌的孙女。崔浩曾作《食经叙》说:"我从小到成人,各位婶娘和姑姑所做的妇女活计,据我看见的和听到的,都是操作酒食。平日奉养公公、婆婆及一年中祭祀之事,虽要用功夫、下力气,也不让仆人做,经常亲自动手。先前碰到战乱,连年遭受饥荒,只好用稠粥菜蔬糊口,不可能讲究饮食。有十多年中,都不再制作那些精美的食物。我已过世的母亲怕时间长了,这些食物的制作方法将被遗忘,后来的人见不到,而她小时候又没读过书,于是就口授为九篇文章,文辞简明,词义通达,这可见她是多么聪慧,记忆力多么好。母亲去世后,喜逢国家开创之机,平暴除乱,开拓平定四方。我位任公卿,参与制定各项重大谋略,获得丰厚的赏赐,牛羊成群,财产达亿万之多。衣服华丽,食物精美。回想此生,再想像季路那样负米赡养父母,也是不可能之事,所以为母亲的遗文作序,把它传给后世。"

当初,崔浩与冀州刺史崔赜、荥阳太守崔模年龄都有差别,崔浩最大,其次是崔模,最后是崔赜。三人不同祖,但崔模与崔赜的关系亲一些。崔浩依仗他家先祖为魏、晋时公卿,常欺侮崔模与崔赜。崔模对人说:"桃简可以看不起我,但怎能也轻视我们家的周儿呢。"崔浩小名叫桃简,崔赜小名叫周儿。世祖也听说过不少这种话,所以杀崔浩的时候,崔模、崔赜两家不受牵连。崔浩不信佛教,崔模却一心皈依佛门,经常不顾自己身在粪土当中,而向佛像礼拜。崔浩讥笑他,说:"用这脑袋在不干净的地方向这胡人的神灵朝拜。"

撰史人说:崔浩才艺通博,弄清了上天和人事有关的学问,在处理政务和制定计策方面,当时没有谁能比得上他。刚好遇到太宗执政和世祖开拓疆土的时机,对他言听计从,因此使中原得到安宁和统一。崔浩所受到的待遇是相当高了,而他做的事也很多。他谋略虽盖世无双,但并无震主之威势,最后遭不测之祸,以致于不能保全自己性命。这难道是飞鸟尽、良弓藏,人民仇视其统治者?或者是过分盈满,暗中造成的灾祸?为什么他这样的人遭受这么残酷的结局,真是太可悲了啊!

〔北齐书〕

斛律光列传

光，字明月，少工骑射，以武艺知名。魏末，从金西征，周文帝长史莫者晖时在行间，光驰马射中之，因擒于阵，光时年十七。高祖嘉之，即擢为都督。世宗为世子，引为亲信都督，稍迁征虏将军，累加卫将军。武定五年，封永乐县子。尝从世宗于洹桥校猎，见一大鸟，云表飞飚，光引弓射之，正中其颈。此鸟形如车轮，旋转而下，至地乃大雕也。世宗取而观之，深壮异焉。丞相属邢子高见而叹曰："此射雕手也"。当时传号落雕都督。寻兼左卫将军，进爵为伯。

齐受禅，加开府仪同三司，别封西安县子。天保三年，从征出塞，光先驱破敌，多斩首虏，并获杂畜。还，除晋州刺史。东有周天柱、新安、牛头三戍，招引亡叛，屡为寇窃。七年，光率步骑五千袭破之，又大破周仪同王敬俊等，获口五百余人，杂畜千余头而还。九年，又率众取周绛川、白马、浍交、翼城等四戍。除朔州刺史。十年，除特进、开府仪同三司。二月，率骑一万讨周开府曹回公，斩之。柏谷城主仪同薛禹生弃城奔遁，遂取文侯镇，立戍置栅而还。乾明元年，除并州刺史。皇建元年，进爵钜鹿郡公。时乐陵王百年为皇太子，肃宗以光世载醇谨，兼著勋王室，纳其长女为太子妃。大宁元年，除尚书右仆射，食中山郡干。二年，除太子太保。河清二年四月，光率步骑二万筑勋掌城于轵关西，仍筑长城二百里，置十三戍。三年正月，周遣将达奚成兴等来寇平阳，诏光率步骑三万御之，兴等闻而退走。光逐北，遂入其境，获二千余口而还。其年三月，迁司徒。四月，率骑北讨突厥，获马千余匹。是年冬，周武帝遣其柱国大司马尉迟迥、齐国公宇文宪，柱国庸国公可叱雄等，众称十万，寇洛阳。光率骑五万驰往赴击，战于邙山，迥等大败。光亲射雄，杀之，斩捕首虏三千余级，迥、宪仅而获免，尽收其甲兵辎重，仍以死者积为京观。世祖幸洛阳，策勋班赏，迁太尉，又封冠军县公。先是世祖命纳光第二女为太子妃，天统元年，拜为皇后。其年，光转大将军。三年六月，父丧去官，其月，诏起光及其弟羡并复前任。秋，除太保，袭爵咸阳王，并袭第一领民酋长，别封武德郡公，徙食赵州干，迁太傅。

【译文】

斛律光，字明月，小时候便擅长骑马射箭，因武艺高强而闻名。北魏末年，随父亲斛律金进攻关中，周文帝宇文泰的长史莫者晖当时参加了战斗，斛律光飞马射中莫者晖，于是在战场上将他擒获，这时斛律光才十七岁。齐高祖神武帝高欢称赞他，当即提升他为都督。世宗文襄帝被封为世子时，任用他为亲信都督。逐渐升为征虏将军，多次加官至卫将军。东魏孝静帝武定五年，封他为永乐县子。斛律光有一次跟随世宗到洹桥围猎，看见一只大鸟在云端翱翔，斛律光弯弓发箭，正中这只鸟的颈项。这鸟就像车轮一样，旋转着滚落下来，落到地上后才发现是只大雕。世宗拿过雕来观看，深感斛律光勇猛非凡。丞相属邢子高见后感叹道："这就是射雕的名家啊！"当时这话一经传开，大家就称斛律光为"落雕都督"。不久兼任左卫将军，进封为永乐县伯。

北齐文宣帝高洋取代东魏孝静帝元善见即皇帝位后，加斛律光开府仪同三司，另封西安县子。天保三年，随文宣帝到塞北进攻突厥，斛律光率军作前锋打败敌人，杀死、俘虏许多敌军，并夺得各种牲畜。退军回来后，朝廷任命他为晋州刺史。晋州东边有北周设置的天柱、新安、牛头等三个戍所，它们招亡纳叛，多次侵犯抢掠。天保七年，斛律光率领步兵和骑兵共五千人发动突然袭击，把它们攻下，又大败北周仪同王敬俊等人，俘获五百多人及牲畜一千多头而回。天保九年，他又带军攻下北周绛川、白马、浍交、翼城等四个戍所。改任朔州刺史。天保十年，被任命为特进、开府仪同三司。二月，率领一万骑兵进攻北周开府曹回公所部，杀曹回公。北周柏谷城主、仪同薛禹生弃城逃跑，于是斛律光攻下文侯镇，设立戍所建置栅栏后才退军。北齐废帝乾明元年，改任并州刺史。孝昭帝皇建元年，将他的爵位提升为钜鹿郡公。当时乐陵王高百年为皇太子，肃宗因斛律光父子都忠厚谨慎，加上他们有功于朝廷，接纳斛律光的大女儿为皇太子妃。武成帝大宁元年，任命斛律光为尚书右仆射，食中山郡干。大宁二年，任命他为太子太保。河清二年四月，斛律光率领步兵和骑兵两万人在轵关以西修筑起勋掌城，并建造了长达二百里的长城，设置十三个戍所。河清三年正月，北周派将军达奚成兴等人进攻北齐平阳城，朝廷命令斛律光率领步兵和骑兵三万人进行抵御，达奚成兴等人闻讯退逃。斛律光乘势追击，深入北国境内，抓获两千多人而回。这年三月，升任司徒。四月，他率骑兵向北进攻突厥，缴获了一千多匹马。这年冬天，北周武帝宇文邕派他的柱国、大司马尉迟迥与齐国公宇文宪，柱国、庸国公可叱雄等人，号称十万大军，进攻洛阳城。斛律光率领五万骑兵奔驰迎击，在邙山相遇而战，尉迟迥等人大败。斛律光亲自射杀可叱雄，杀死俘获周军三千多人，尉迟迥、宇文宪只来得及自己逃身，斛律光将他们的甲兵和军用物资全部缴获，并把杀死的敌军的尸体堆积成京观。世祖武成帝高湛到洛阳，纪功行赏，提升斛律光为太尉，又封他为冠军县公。事前世祖已经命令接纳斛律光的二女儿为太子妃，天统元年，拜为皇后。当年，斛律光转任大将军。天统三年六月，因为他父亲死了而离任服丧，就在此月，令斛律光和他的弟弟斛律羡官恢复原职。这年秋天，任命斛律光为太保，继承他父亲咸阳王的爵位，并且继承第一领民酋长的官衔，又封他为武德郡公，改食赵州干，升任太傅。

十二月，周遣将围洛阳，壅绝粮道。武平元年正月，诏光率步骑三万讨之。军次定陇，周将张掖公宇文桀、中州刺史梁士彦、开府司水大夫梁景兴等又屯鹿卢交道，光擐甲执锐，身先士卒，锋刃才交，桀众大溃，斩首二千余级。直到宜阳，与周齐国公宇文宪、申国公擒跋显敬相对十旬。光置筑统关、丰化二城，以通宜阳之路。军还，行次安邺，宪等众号五万，仍蹑军后。光纵骑击之，宪众大溃，虏其开府宇文英、都督越勤世良、韩延等，又斩首三百余级。宪仍令桀及其大将军中部公梁洛都与景兴、士彦等步骑三万于鹿卢交塞断要路。光与韩贵孙、呼延族、王显等合击，大破之，斩景兴，获马千匹。诏加右丞相，并州刺史。其冬，光又率步骑五万于玉壁筑华谷、龙门二城，与宪、显敬等相持，宪等不敢动。光乃进围定阳，仍筑南汾城，置州以逼之，夷夏万余户并来内附。

二年，率众筑平陇、卫壁、统戎等镇戍十有三所。周柱国枹罕公普屯威、柱国韦孝宽等，步骑万余，来逼平陇，与光战于汾水之北，光大破之，俘斩千计。又封中山郡公，增邑一千户。军还，诏复令率步骑五万出平阳道，攻姚襄、白亭城戍，皆克之，获其城主仪同、大都督等九人，捕虏数千人。又别封长乐郡公。是月，周遣其柱国纥干广略围宜阳。光率步骑五万赴之，大战于城下，乃取周建安等四戍，捕虏千余人而还。军未至邺，敕令便放兵散。光以为军人多有勋功，未得慰劳，若即便散，恩泽不施，乃密通表请使宣旨，军仍且进。朝廷发使迟留，军还，将至紫陌，光仍驻营待使。帝闻光军营已逼，心甚恶之，急令舍人追光入见，然后宣劳散兵。拜光左丞相，又别封清河郡公。

【译文】

天统三年十二月，北周派将领围攻洛阳，堵绝向洛阳运送粮食的道路。武平元年正月，诏令斛律光率步兵和骑兵三万人向北周军队发起攻击。大军进驻定陇时，北周将领张掖公宇文桀、中州刺史梁士彦与开府、司水大夫梁景兴等又率军屯守鹿卢交，扼守要道。斛律光穿着铠甲，手执利器，身先士卒，两军刚一交战，宇文桀所部便大败而逃，杀敌两千多人。斛律光率军直抵宜阳，与北周齐国公宇文宪、申国公擒跋显敬对垒长达一百天。斛律光修建统关、丰化两城，以打通到宜阳的道路。大军退还，路经安邺驻军时，宇文宪等人率军号称五万，仍尾随于后。斛律光放骑兵加以打击，宇文宪的部队溃败，俘获他的部将开府宇文英、都督越勤世良、韩延等人，又杀了三百多人。宇文宪又命令他的部将大将军、中部公梁洛都与梁景兴、梁士彦等人率步兵和骑兵三万在鹿卢交堵住斛律光退军的要路。斛律光与韩贵孙、呼延族、王显等人并力进攻，将他们打得大败，杀梁景兴，缴获战马一千匹。朝廷命令加斛律光右丞相、并州刺史等职。这年冬天，斛律光又率领步兵和骑兵五万人在玉壁筑起华谷、龙门两座城池，与宇文宪、擒跋显敬等人对垒，宇文宪等人不敢采取行动。斛律光于是进军围攻定阳，并筑南汾城，设置南汾州以进逼定阳，少数民族与汉人一万多户都归降了北齐。

武平二年，斛律光率军修筑了平陇、卫壁、统戎等十三座镇戍所。北周柱国、枹罕见普屯威和柱国韦孝宽等人率步兵和骑兵一万多人，来进攻平陇，与斛律光在汾水北边展开战斗，斛律光将他们打得大败，俘虏、杀死上千敌军。又封他为中山郡公，增加食邑户一千。军队退还后，朝廷又命令他率领步兵和骑兵五万人经平阳，进攻北周姚襄、白亭城戍所。斛律光把它们全部攻了下来，俘获北周城主、仪同、大都督等官员九人，抓获几千人。又另封他为长乐郡公。同月，北周派柱国纥干广略围攻宜阳。斛律光又率领步兵和骑兵五万人奔救，大战于宜阳城下，于是攻占北周建安等四个戍所，俘虏一千多人而回。大军还未抵达邺城，后主命令他就地将部队解散。斛律光认为士兵们大都立有战功，没有得到犒赏，如果马上将他们解散，他们就得不到朝廷的恩赏，于是暗中上表朝廷，请求派使臣宣布朝廷的意图，大军仍就向邺城进发。朝廷派使的速度缓慢，大军回到邺城，将抵达紫陌时，斛律光才驻扎下来，等待朝廷的使者。后主听说斛律光的军营已经逼近邺城，心中对他极感厌恶，急忙命令舍人赶快召斛律光入宫觐见，然后才派人慰劳部队，解散士兵。任命斛律光为左丞相，又另封他为清河郡公。

光入，常在朝堂垂帘而坐。祖珽不知，乘马过其前。光怒，谓人曰："此人乃敢尔！"后珽在内省，言声高慢，光适过，闻之，又怒。珽知光忿，而赂光从奴而问之曰："相王瞋孝征耶？"曰："自公用事，相王每夜抱膝叹曰：'盲人入，国必破矣！'"穆提婆求娶光庶女，不许。帝赐提婆晋阳之田，光言于朝曰："此田，神武帝以来常种禾，饲马数千匹，以拟寇难，今赐提婆，无乃阙军务也？"由是祖、穆积怨。

周将军韦孝宽忌光英勇，乃作谣言，令间谍漏其文于邺，曰"百升飞上天，明月照长安"，又曰"高山不推自崩，槲树不扶自竖"。祖珽因续之曰："盲眼老公背上下大斧，饶舌老母不得语。"令小儿歌之于路。提婆闻之，以告其母令萱。萱以饶舌，斥已也，盲老公，谓珽也，遂相与协谋，以谣言启帝曰："斛律累世大将，明月声震关西，丰乐威行突厥，女为皇后，男尚公主，谣言甚可畏也。"帝以问韩长鸾，鸾以为不可，事寝。祖珽又见帝请间，唯何洪珍在侧。帝曰："前得公启，即欲施行，长鸾以为无此理。"珽未对，洪珍进曰："若本无意则可，既有此意而不决行，万一泄露如何？"帝曰："洪珍言是也。"犹豫未决，会丞相府佐封士让密启云："光前西讨还，敕令放兵散，光令军逼帝京，将行不轨，事不果而止。家藏弩甲，奴僮千数，每遣使丰乐、武都处，阴谋往来。若不早图，恐事不可测。"启云"军逼帝京"，会帝前所疑意，谓何洪珍云："人心亦大圣，我前疑其欲反，果然。"帝性至怯懦，恐即变发，令洪珍驰召祖珽告之。又恐追光不从命。珽因云："正尔召之，恐疑不肯入。宜遣使赐其一骏马，语云'明日将往东山游观，王可乘此马同行'，光必来奉谢，因引入执之。"帝如其言。顷之，光至，引入凉风堂，刘桃枝自后拉而杀之，时年五十八。于是下诏称光谋反，今已伏法，其余家口并不须问。寻而发诏，尽灭其族。

【译文】

斛律光入朝任左丞相后，有一次在朝堂里挂着帘子坐着。祖珽不知道，骑马从他面前经过。斛律光很生气，对别人说："这个人竟敢如此！"后来祖珽在宫内，说话时声音既洪亮又缓慢，斛律光正好从那儿经过，听到后，又很愤怒。祖珽知道斛律光怨恨自己，便贿赂斛律光的奴仆，问他说："相王恨我祖孝征吗？"那人说："自从您任职以来，相王每晚都要抱着膝头叹息说：'瞎子掌权，国家肯定要灭亡了！'"穆提婆请斛律光把妾生的女儿嫁给他，斛律光不答应。后主把晋阳附近一些土地赏赐给穆提婆，斛律光在朝堂上说："这些土地，自从神武帝以来一直种植谷物，养马数千匹，以防备祸难，现在赐给穆提婆，岂不是要使军备缺乏吗？"因此祖珽、穆提婆都非常恨他。

北周将军韦孝宽忌恨斛律光英勇善战，于是制造谣言，让间谍在邺城把谣言传开，说："百升飞上天，明月照长安。"又说："高山不摧自崩，槲树不扶自竖。"祖珽趁机在后面加话说："盲眼老公背上下大斧，饶舌老母不得语。"让小孩在路上唱着玩。穆提婆听到后，把这些话告诉他的母亲陆令萱。陆令萱认为饶舌讽刺的是自己，盲老公说的是祖珽，于是相互商定好计策，把谣言告诉后主说："斛律氏两代人都做大将，斛律光声势震动关西，斛律羡威风传遍突厥，女儿为皇后，儿子娶公主，民谣所讲的话太可怕了。"后主因此询问韩长鸾的意见，韩长鸾认为不能处理斛律光，事情便被搁了下来。祖珽又面见后主，找了一个空子，只有何洪珍在旁边。后主说："前次听到你的诉说后，我就想做出处置，但韩长鸾认为没有这种可能。"祖珽还没回答，何洪珍就进言道："如果本来就没有这种意图也就算了，既然有了这种意图却不坚决实行，万一泄露出去又该怎么办呢？"后主说："何洪珍的话有道理啊。"但仍犹豫不决。刚好丞相府佐封士让人送来一封密信说："斛律光上次讨伐关西回军时，陛下命令他解散部队，斛律光却命令军队进逼京城，想发动叛乱，没有做成便停止行动。他家中藏有弓弩铠甲，奴僮上千，经常派人到他弟弟幽州刺史斛律羡和长子兖州刺史斛律武都那儿去，相互进行密谋。如果不趁早想办法对付，恐怕会出现意想不到的事。"密信中所说的"军队进逼京城"，正触动了后主先前心中产生的疑虑，便对何洪珍说："人的心也太神了，我上次怀疑他想谋反，果然如此。"后主生性极其胆小懦弱，害怕斛律光马上就会发生叛乱，命令何洪珍骑马把祖珽叫进宫来，告诉他这一情况。又担心召斛律光进宫时，他不听从命令。祖珽于是说：“就这样去叫他，怕他产生疑心，不肯进宫来。应派人赏赐他一匹骏马，告诉他：‘明天我准备到东山游览，咸阳王你可乘这匹马和我一同前往。’斛律光肯定会来道谢，便可以趁机让他进宫来，把他擒获。”后主按他的话行事。过不多久，斛律光就来了，被带入凉风堂，刘桃枝从他背后拉住他，将他杀死，当时他五十八岁。于是后主下诏书称斛律光谋反，现在已经伏法，其他家属一概不追究。不久又下诏书，将斛律光一族人全部杀绝。

光性少言刚急，严于御下，治兵督众，唯仗威刑。版筑之役，鞭挞人士，颇称其暴。自结发从戎，未尝失律，深为邻敌所慑惮。罪既不彰，一旦屠灭，朝野痛惜之。周武帝闻光死，大喜，赦其境内。后入邺，追赠上柱国、崇国公。指诏书曰：“此人若在，朕岂能至邺。”

光有四子。长子武都，历位特进、太子太保、开府仪同三司、梁兖二州刺史。所在并无政绩，唯事聚敛，侵渔百姓。光死，遣使于州斩之。次须达，中护军、开府仪同三司，先光卒。次世雄，开府仪同三司。次恒伽，假仪同三司，并赐死。光小子钟，年数岁，获免，周朝袭封崇国公。隋开皇中卒于骠骑将军。

【译文】

解律光生性不爱讲话，性情刚猛急躁，对部下很严厉，治理军队，统率部众，只依靠威严和刑罚。修筑长城那次，他竟鞭笞士大夫，大家都说他很残暴。自从年轻时参加军队以后，他从未失利过，邻国的敌军十分畏惧。他的罪行既不明显，一时遭到杀戮，朝野之士都为他感到悲痛惋惜。周武帝听说斛律光死了，极为高兴，大赦全国。后周武帝率军进入邺城，追赠斛律光为上柱国、崇国公。他指着追赠斛律光的诏书说：“如果这个人还活着，我怎么能进入邺城呢。”

斛律光有四个儿子。长子斛律武都，历任特进、太子太保、开府仪同三司、梁兖二州刺史。在哪儿都没有政绩，只知道收敛钱财，盘剥百姓。斛律光死后，朝廷派人到兖州将他杀了。次子斛律须达，官至中护军、开府仪同三司，死在斛律光之前。第三子斛律世雄，官至开府仪同三司；第四子斛律恒伽，假仪同三司，都被赐死。斛律光的小儿子斛律钟，年龄才几岁，免于一死。北周灭掉北齐以后，继承父亲崇国公的封号，隋文帝开皇年间死于骠骑将军任上。

魏收列传

魏收，字伯起，小字佛助，钜鹿下曲阳人也。曾祖缉，祖韶。父子建，字敬忠，赠仪同、定州刺史。收年十五，颇已属文。及随父赴边，好习骑射，欲以武艺自达。荥阳郑伯调之曰："魏郎弄戟多少？"收惭，遂折节读书。夏月，坐板床，随树阴讽诵，积年，板床为之锐减，而精力不辍。以文华显。

初除太学博士。及尔朱荣于河阴滥害朝士，收亦在围中，以日晏获免。吏部尚书李神俊重收才学，奏授司徒记室参军。永安三年，除北主客郎中。节闵帝立，妙简近侍，诏试收为《封禅书》，收下笔便就，不立稿草，文将千言，所改无几。时黄门郎贾思同侍立，深奇之，白帝曰："虽七步之才，无以过此。"迁散骑侍郎，寻敕典起居注，并修国史，兼中书侍郎，时年二十六。

【译文】

魏收，字伯起，小字佛助，钜鹿郡下曲阳县人。他的曾祖父是魏缉，祖父是魏韶。他的父亲魏子建，字敬忠，朝廷赠封他为仪同、定州刺史。魏收十五岁的时候，已经很会写文章。跟随父亲去了边疆，又好学习骑马射箭，并想将来能凭武艺取得好前程。荥阳人郑伯跟他开玩笑说："魏郎舞弄了多少支坚戟？"魏收感到不好意思，于是改变习武的志向而读书。夏天，他坐在一只木板凳上，追逐着树阴读书，这样苦读了几年，木板凳都被他磨薄了，而他读书的精力却不止息。魏收终于以文章才华显名当时。

开始时朝廷授给他太学博士的官职。到尔朱荣在河阴滥杀朝官的时候，魏收也在被围困而将被杀的人当中，只是因为天晚了来不及加害而侥幸获免。吏部尚书李神俊很看重魏收的才学，奏请朝廷授给他司徒记室参军的官职。北魏孝庄帝永安三年，又授他北主客郎中的官职。北魏节闵帝即位，为精简身边侍臣，下诏命魏收撰写《封禅书》以考试他的才学。魏收下笔立成，不打草稿，文章将近千字，写毕改动的地方没有几个字。当时黄门郎贾思同在旁侍立，对魏收的才华深感惊奇，对节闵帝说："即使像曹植走七步就可作成一首诗那样的才华，也不能超过魏收。"因此魏帝提升他做了散骑侍郎，不久又命他掌领《起居注》的撰写，并撰修国史，兼任史书侍郎，当时魏收才二十六岁。

孝武初，又诏收摄本职，文诰填积，事咸称旨。黄门郎崔㥄从齐神武入朝，熏灼于世，收初不诣门。㥄为帝登阼赦，云"朕托体孝文"，收嗤其率直。正员郎李慎以告之，㥄深愤忌。时节闵帝殂，令收为诏。㥄乃宣言：收普泰世出入帷幄，一日造诏，优为词旨，然则义旗之士尽为逆人；又收父老，合解官归侍。南台将加弹劾，赖尚书辛雄为言于中尉綦俊，乃解。收有贱生弟仲同，先未齿录，因此怖惧，上籍，遣还乡服侍。孝武尝大发士卒，狩于嵩少之南旬有六日。时天寒，朝野嗟怨。帝与从官及诸妃主，奇伎异饰，多非礼度。收欲言则惧，欲默不能已，乃上《南狩赋》以讽焉，时年二十七，虽富言淫丽，而终归雅正。帝手诏报焉，甚见褒美。郑伯谓曰："卿不遇老夫，犹应逐兔。"

初神武固让天柱大将军，魏帝敕收为诏，令遂所请。欲加相国，问品秩，收以实对，帝遂止。收既未测主相之意，以前事不安，求解，诏许焉。久之，除帝兄子广平王赞开府从事中郎，收不敢辞，乃为《庭竹赋》以致己意。寻兼中书舍人，与济阴温子昇、河间邢子才齐誉，世号三才。时孝武猜忌神武，内有间隙，收遂以疾固辞而免。其舅崔孝芬怪而问之，收曰："惧有晋阳之甲。"寻而神武南上，帝西入关。

收兼通直散骑常侍，副王昕使梁，昕风流文辩，收辞藻富逸，梁主及其群臣咸加敬异。先是南北初和，李谐、卢元明首通使命，二人才器，并为邻国所重。至此，梁主称曰："卢、李命世，王、魏中兴，未知后来复何如耳？"收在馆，遂买吴婢入馆，其部下有买婢者，收亦唤取，遍行奸秽，梁朝馆司皆为之获罪。人称其才而鄙其行。在途作《聘游赋》，辞甚美盛。使还，尚书右仆射高隆之求南货于昕、收，不能如志，遂讽御史中尉高仲密禁止昕、收于其台，久之得释。

【译文】

北魏孝武帝初年，又诏命魏收代理司徒记室参军的本职。魏收所撰各种公文越积越多，事事都能符合皇帝的意旨。黄门郎崔㥄是跟随后来北齐的开创者神武帝高欢进入朝廷做官的，在当时势焰煊赫，但魏收当初并没有去登门拜见他。崔㥄为孝武帝登帝位赦免罪犯作诏书，文中有这样的句子，说："朕托体于孝文皇帝。"魏收笑他写得太率直了。正员郎李慎把这一情况告诉了崔㥄，于是崔㥄对魏收深为愤懑忌恨。当时节闵帝死，朝廷令魏收撰写有关诏命。崔㥄于是扬言说："魏收在普泰年间出入宫禁，每天为被废的节闵帝炮制诏书，以美化废帝的意旨，却把那些举义兵反对废帝而维持正义的人都斥为叛逆之人；又魏收的父亲已经年老，应该解除官职回家侍奉老父。"御史台将对魏收加以弹劾，幸赖尚书辛雄为魏收在中尉綦俊跟前说好话，才没有对魏收加以追究。魏收有一个父亲的贱妾为他所生的弟弟名叫仲同，先前没有登记入册，因此这时心中害怕，于是上报户籍，被朝廷打发回乡照顾老父。孝武帝曾调发大批士卒，在嵩山的南边打猎达十六日之久。当时天气严寒，朝廷和地方吏民都叹息怨恨。孝武帝与随从官吏以及嫔妃、公主们，以奇巧的技艺和奇装异服为乐，大多不合礼制法度。魏收想进言劝谏而又感到害怕，想默不作声而又心不能忍，于是作了一篇《南狩赋》上给孝武帝用以讽谏。当时魏收二十七岁，所作的这篇赋虽然文辞过于华丽，而意旨终归于正。孝武帝亲笔书写诏书回报他，对他很是赞扬。郑伯对魏收说："您如果不是遇到了老夫我，还应当去追赶兔子呢。"

当初高欢曾坚决推辞天柱大将军的职位，魏帝就命魏收草拟诏书，下令依从高欢的请求。魏帝又想加给高欢相国的职务，向魏收询问高欢现在的官品和俸禄，魏收照实回答，魏帝于是作罢。魏收没有想到他的回答关系到高欢是否能做相国，再加上前次的事情而内心不安，于是请求辞职，魏帝下诏批准了他的请求。过了很久，魏帝任命魏收做帝兄之子广平王元赞的开府从事中郎，魏收不敢推辞，于是写了一篇《庭竹赋》以此向魏帝表达自己的意思。不久又命他兼任中书舍人，与济阴人温子昇、河间人邢子才具有同样的声誉，社会上称他们为"三才"。当时魏孝武帝猜忌高欢，双方内心有矛盾，魏收于是借口有病坚决要求辞职而得免官。他的舅舅崔孝芬对他的做法感到奇怪而问他，他回答说："我是害怕有如春秋时期晋国大夫赵鞅因不满朝廷而调发晋阳兵甲的事情出现。"不久高欢南上，孝武帝西入关中。

魏收兼任通直散骑常侍，作为王昕的副手出使梁朝。王昕风流有文才而又善辩，魏收词藻富丽超群绝伦，梁朝君主及其群臣都对他俩既尊敬而又感到惊异。前此南、北朝刚和好的时候，北魏派李谐、卢元明出使梁朝，李、卢二人的才器都被邻国所敬重。到这时，梁朝君主称赞说："卢元明、李谐二人是著名当世之才，王昕、魏收二人则是可使衰朝重振之才。不知以后的使臣又将是何等人才呢。"魏收住在宾馆中，于是买吴地的婢女到馆中玩乐。他的部下有买婢女的，魏收也把她们叫来，遍加淫秽，致使梁朝管理宾馆的官吏都因此而获罪。所以人们都称赞魏收的才能而看不起他的操行。在出使途中，他曾作了一篇《聘游赋》，文词很华美。出使回来后，尚书右仆射高隆之向王昕和魏收索取南方土物产，不能如愿，于是示意御史中尉高行密把王昕、魏收二人拘禁在御史台，过了很久才把他俩放出去。

及孙搴死，司马子如荐收，召赴晋阳，以为中外府主簿。以受旨乖忤，频被嫌责，加以棰楚，久不得志。会司马子如奉使霸朝，收假其余光。子如因宴戏言于神武曰："魏收天子中书郎，一国大才，愿大王借以颜色。"由此转府属，然未甚优礼。

收从叔季景，有才学，历官著名，并在收前，然收常所欺忽。季景、收初赴并，顿丘李庶者，故大司农谐之子也，以华辩见称，会谓收曰："霸朝便有二魏。"收率尔曰："以从叔见比，便是耶输之比卿。"耶输者，故尚书令陈留公继伯之子也，愚痴有名，好自入市肆，高价买物，商贾共所嗤玩。收忽季景，故方之，不逊例多如此。

收本以文才，必望颖脱见知，位既不遂，求修国史。崔暹为言于文襄曰："国史事重，公家父子霸王功业，皆须具载，非收不可。"文襄启收兼散骑常侍，修国史。武定二年，除正常侍，领兼中书侍郎，仍修史。魏帝宴百僚，问何故名人日，皆莫能知。收对曰："晋议郎董勋《答问礼俗》云：'正月一日为鸡，二日为狗，三日为猪，四日为羊，五日为牛，六日为马，七日为人。'"时邢邵亦在侧，甚恧焉。自魏、梁和好，书下纸每云"想彼境内宁静，此率土安和。"梁后使，其书乃去"彼"字，自称犹著"此"，欲示无外之意。收定报书云："想境内清晏，今万国安和。"梁人复书，依以为礼。后神武入朝，静帝授相国，固让，令收为启。启成呈上，文襄时侍侧，神武指收曰："此人当复为崔光。"四年，神武于西门豹祠宴集，谓司马子如曰："魏收为史官，书吾等善恶，闻北伐时，诸贵常饷史官饮食，司马仆射颇曾饷不？"因共大笑。乃谓收曰："卿勿见元康等在吾目下趋走，谓吾以为勤劳，我后世身名在卿手，勿谓我不知。”寻加兼著作郎。

【译文】

等到孙搴死后，司马子如向自称丞相的高欢推荐魏收接替孙搴的职位，于是高欢召他前来晋阳，任命他做中外府主簿。但因魏收常违反高欢的意旨，连连被责难，还被罚挨打，魏收在高欢手下很久不能得志。正巧司马子如奉使到高欢的霸朝来，魏收得以沾他的光。司马子如借宴会之机半开玩笑地对高欢说：“魏收是天子的中书郎，是一国的大才，但愿大王能给他点好颜色看。”魏收由此转为高欢相府属官，然而高欢对他也还是不怎么看重。

魏收的从叔父名叫魏季景，很有才学，历任官职都很有名声，并且凡所任官位置都排在魏收之前，然而魏收却常常看不起他。魏季景、魏收初到并州，顿丘人李庶，是已故大司农李谐的儿子，以华言善辩见称，曾对魏收说：“霸朝这就有二魏了。”魏收不假思索地说：“把从叔父和我并提，那就等于是把耶输和您并提。”耶输是已故尚书令陈留公继伯的儿子，是个有名的愚痴儿，喜欢一个人到街市上去，用高价买东西，商贾们都常常耍笑他。魏收因看不起魏季景，因此拿耶输来打比方，他为人的桀骜不驯大多如此。

魏收本以为凭着自己的文才，一定会脱颖而出而被朝廷重用，现在官位既不能如愿，便向朝廷请求修撰国史。崔暹替魏收向高欢的儿子高澄请求说：“修国史是国家很重大的事情，公家父子所建立的霸王功业，都有待载入史册，这项工程非魏收来承担不可。”于是高澄奏请东魏孝静帝命魏收兼任散骑常侍，从事撰修国史的工作。孝静帝武定二年，任命魏收为正常侍，兼领中书侍郎，于是从事国史的修撰工作。有一次孝静帝宴请百官，问由于什么原因而把正月初七定名为“人日”，百官没有人知道。魏收回答说：“晋朝的议郎董勋所作的《答问礼俗》中说：‘正月一日为鸡日，二日为狗日，三日为猪日，四日为羊日，五日为牛日，六日为马日，七日为人日。’”当时邢邵也在旁边，听了魏收的回答甚感惭愧。自从魏朝和梁朝和好以来，双方书信往来常常写道：“想彼境内宁静，此率土安和。”后来梁朝的来使，所带来的书信中竟把“彼”字去掉，而自称己方却仍保留“此”字，想通过这种手段来表示天下皆属梁朝而无外域之意。魏收于是改定魏朝给梁朝的回信说："想境内清晏，今万国安和。"后来梁朝人回信，也就依照这种写法。后来高欢入朝，孝静帝要授给他相国的职位，高欢坚决推辞，并命魏收撰写推辞书。推辞书写好后魏收向高欢呈上，当时高澄在高欢身旁侍立，高欢指着魏收说："此人当成为又一个崔光。"武定四年，高欢在西门豹祠中宴集群僚，对司马子如说："魏收做史官，记载我们行事的善恶。听说北伐的时候，朝廷贵官们常招待史官酒食，不知当时尊祖司马仆射也曾招待过史官没有？"在座的人都大笑。于是高欢对魏收说："您不要看现在元康等人在我眼下奔走，认为是我使他们这么辛勤劳累，我后世的身名全在您的手中掌握着，不要以为我不知道。"不久又加魏收兼任著作郎。

收昔在洛京，轻薄尤甚，人号云"魏收惊蛱蝶"。文襄曾游东山，令给事黄门侍郎颢等宴。文襄曰："魏收恃才无宜适，须出其短。"往复数番，收忽大唱曰："杨遵彦理屈已倒。"愔从容曰："我绰有余暇，山立不动，若遇当涂，恐翩翩遂逝。"当涂者，魏；翩翩者，蛱蝶也。文襄先知之，大笑称善。文襄又曰："向语犹微，宜更指斥。"愔应声曰："魏收在并作一篇诗，对众读讫，云：'打从叔季景出六百斛米，亦不辨此。'远近所知，非敢妄语。"文襄喜曰："我亦先闻。"众人皆笑。收虽自申雪，不复抗拒，终身病之。

侯景叛入梁，寇南境，文襄时在晋阳，令收为檄五十余纸，不日而就。又檄梁朝，令送侯景，初夜执笔，三更便成，文过七纸。文襄善之。魏帝曾季秋大射，普令赋诗，收诗末云："尺书征建邺，折简召长安。"文襄壮之，顾诸人曰："在朝今有魏收，便是国之光采，雅俗文墨，通达纵横。我亦使子才、子昇时有所作，至于词气，并不及之。吾或意有所怀，忘而不语，语而不尽，意有未及，收呈草皆以周悉，此亦难有。"又敕兼主客郎接梁使谢珽、徐陵。侯景既陷梁，梁鄱阳王范时为合州刺史，文襄敕收以书喻之。范得书，乃率部伍西上，刺史崔圣念入据其城。文襄谓收曰："今定一州，卿有其力，犹恨'尺书征建邺'未效耳。"

文襄崩，文宣如晋阳，令与黄门郎崔季舒、高德正，吏部郎中尉瑾于北第掌机密。转祕书监，兼著作郎，又除定州大中正。时齐将受禅，杨愔奏收置之别馆，令撰禅代诏册诸文，遣徐之才守门不听出。天保元年，除中书令，仍兼著作郎，封富平县子。

【译文】

魏收从前在洛阳时，尤其轻薄，人们都说："魏收使蝴蝶（喻女子）担惊害怕。"高澄曾经到东山游玩，令给事黄门侍郎崔颢等人设宴。高澄说："魏收依仗自己的才能而以为没有人能比得上他，必须揭发他的短处。"于是在座的给事黄门杨愔等与魏收辩驳起来，魏收忽然大声呼道："杨遵彦（杨愔字遵彦）理屈，已经被驳倒了。"杨愔从容地说："我用以批驳你的理由绰绰有余，我像矗立的大山一样不可动摇，如果遇到了'当途'，那恐怕就要翩翩然而飞逝了。""当途"，（是借用的谶语），是指魏（在此暗指魏收）；翩翩而飞，是暗示蝴蝶被吓飞。高澄理解杨愔的意思，大笑着称赞他说得好。高澄又说："刚才杨愔说的意思太隐蔽了，应该说得更直接些。"杨愔应声说："魏收在并州时曾经作过一首诗，对众人读罢，然后说：'即使让我的从叔季景出六百斛米，也不能明白我这首诗的意思。'这是远近都知道的，我不敢胡乱说。"高澄又高兴地说："我先前也听说过这话。"众人都笑起来。魏收虽然为自己申辩，也再不能抗拒众人之口，因此终身把这件事作为自己的一块心痛。

侯景叛变投降了梁朝，又率梁朝之兵侵犯东魏南部边疆。当时高澄在晋阳，令魏收撰写檄文，檄文写了五十张纸，魏收不到一天就完成了。又命魏收写檄文给梁朝，令传送给侯景，魏收刚入夜的时候执笔开始写作，到三更时候便写成了，文章之长超过七张纸。高澄对他很是赞扬。魏静帝曾在秋季九月举行大射礼，令朝臣们人人都赋诗。魏收写的诗末尾有这样的句子："尺书征建邺，折简召长安。"（大意是，我一封书信就能征召梁朝或西魏之帝入朝于魏。）高澄称赞这两句诗写得很豪壮，看着大家说："在朝今有魏收，便是国家的光彩，他的文笔不论雅俗，都能通过纵横。我也让邢子才、温子昇常常写些诗文，至于词气，都比不上魏收。我有时心中有所感怀，但不是忘了而不能说出，就是说了而意思不能表达尽，有些意思我自己也未能考虑到，可是经魏收草拟出来，就能把所有意思都表达得彻底而周全，这也是很难得的。"又命魏收兼任主客郎，负责接待梁朝来使谢珽、徐陵。侯景又在梁朝叛乱攻陷了梁的都城，梁朝的鄱阳王萧范当时做合州刺史，高澄命魏收写信向他劝降，萧范得到魏收的书信，便率部队西上，刺史崔圣念得以入据合州城。高澄对魏收说："今天能平定一州，您起了很大的作用，但仍恨您的'尺书征建邺'的诗句还未能表现。"

高澄死，高欢的第二子、北齐的开国皇帝文宣帝高洋到晋阳，命令黄门郎崔季舒、高德正，吏部郎中尉瑾在北府掌管机密。调任魏收为秘书监，兼著作郎，又任命他为定州大中正。这时北齐将接受东魏禅让皇位，杨愔奏请高洋将魏收另外安排在一个馆舍中，令他撰写禅代的诏书和有关文件，命徐之才把守舍门不让魏收外出。北齐天宝元年，任命魏收为中书令，仍兼著作郎之职，并封他为富平县子。

二年，诏撰魏史。四年，除魏尹，故优以禄力，专在史阁，不知郡事。初帝令群臣各言尔志，收曰："臣愿得直笔东观，早成《魏书》。"故帝使收专其任。又诏平原王高隆之总监之，署名而已。帝敕收曰："好直笔，我终不作魏太武诛史官。"始魏初邓彦海撰《代记》十余卷，其后崔浩典史，游雅、高允、程骏、李彪、崔光、李琰之徒世修其业。浩为编年体，彪始分作纪、表、志、传，书犹未出。宣武时，命邢峦追撰《孝文起居注》，书至太和十四年，又命崔鸿、王遵业补续焉。下讫孝明，事甚委悉。济阴王晖业撰《辨宗室录》三十卷。收于是部通直常侍房延祐、司空司马辛元植、国子博士刁柔、裴昂之、尚书郎高孝干专总斟酌，以成《魏书》。辨定名称，随条甄举，又搜采亡遗，缀续后事，备一代史籍，表而上闻之。勒成一代大典：凡十二纪，九十二列传，合一百一十卷。五年三月奏上之。秋，除梁州刺史。收以志未成，奏请终业，许之。十一月，复奏十志：《天象》四卷，《地形》三卷，《律历》二卷，《礼乐》四卷，《食货》一卷，《刑罚》一卷，《灵征》二卷，《官氏》二卷，《释老》一卷，凡二十卷，续于纪传，合一百三十卷，分为十二帙。其史三十五例，二十五序，九十四论，前后二表一启焉。

所引史官，恐其凌逼，唯取学流先相依附者。房延祐、辛元植、眭仲让虽夙涉朝位，并非史才。刁柔、裴昂之以儒业见知，全不堪编缉。高孝干以左道求进。修史诸人祖宗姻戚多被书录，饰以美言。收性颇急，不甚能平，夙有怨者，多没其善。每言："何物小子，敢共魏收作色，举之则使上天，按之当使入地。"初收在神武时为太常少卿修国史，得阳休之助，因谢休之曰："无以谢德，当为卿作佳传。"休之父固，魏世为北平太守，以贪虐为中尉李平所弹获罪，载在《魏起居注》。收书云："固为北平，甚有惠政，坐公事免官。"又云"李平深相敬重。"尔朱荣于魏为贼，收以高氏出自尔朱，且纳荣子金，故减其恶而增其善，论云："若修德义之风，则韦、彭、伊、霍夫何足数。”

【译文】

天保二年，文宣帝诏命魏收撰写魏史。天保四年，又任命魏收做了魏郡的郡尹，给予优厚的俸禄，只让他专心在史阁从事撰著，而不过问魏郡的事情。当初文宣帝曾令群臣都谈谈自己的志向，魏收说："臣愿遵循直笔不阿的原则供职于东观，以便早日完成《魏书》。"因此文宣帝使魏收专任史书撰写的工作。文宣帝又下诏命令平原王高隆之总监史书的修撰工作，但只不过是挂个名罢了。文宣帝命令魏收说："好好地遵循直笔的原则，我终究不会做北魏的太武帝诛杀直笔的史官。"开始时北魏初年的邓彦海曾撰《代记》十多卷，后来崔浩掌管修史工作，游雅、高允、程骏、李彪、崔光、李琰等人世代相继撰修魏史。崔浩所写的史书用的是编年体，李彪开始改为纪传体而分别撰写纪、表、志、传，但书仍未能问世。到北魏宣武帝的时候，命邢峦追撰《孝文起居注》，该书一直记到孝文帝太和十四年，又命崔鸿、王遵业加以续补，一直补续到北魏孝明帝，事迹记载得十分具体细致。济阴王元辉业又撰写了《辨宗室录》三十卷。魏收于是安排通直常侍房延祐、司空司马辛元植、国子博士刁柔、裴昂之、尚书郎高孝干等人专门负责对以前各种史书和史料加以斟酌取舍，以撰成《魏书》。魏收通过辨别而确立应撰写的条目名称，然后逐条甄别而列举史实，又搜采散亡和遗失的材料，以继写后来的事迹，这样撰成了一代完备的史籍，然后撰表上奏朝廷。这部《魏书》完成了一代大典，全书总计十二《纪》，九十二《列传》，合计一百一十卷。于北齐天保五年三月上奏朝廷。这年秋，任命魏收为梁州刺史。魏收因为《魏书》的《志》还没有写完，奏请朝廷允许他完成修撰工作，朝廷答应了他的要求。这年十一月，又向朝廷上奏十《志》:《天象志》四卷,《地形志》三卷,《律历志》二卷,《礼乐志》四卷,《食货志》一卷,《刑罚志》一卷,《灵征志》二卷,《官氏志》二卷,《释老志》一卷，总计二十卷，接续在《纪》《传》的后边，全书合计一百三十卷，分为十二帙。这部史书共制定有三十五条书例，撰写了二十五篇《序》，九十四篇《论》，前后还附有上奏朝廷的两篇《表》和一篇《启》。

魏收聘用史官，生怕有人与他持不同意见而不服从他，所以只用那些学术流派先已归属他的人。房延祐、辛元植、眭仲让三人虽早已在朝中做官，但并不具备史才。刁柔、裴昂之二人是以儒学知名的，也全不堪史书编辑之任。高孝干则是个不以正道求进的人。凡参加修撰史书的人，他们的祖宗和亲戚们都被写进了书中，并对他们加以美化。魏收性情很偏激，不太能持公允之论，早先与他有仇怨的人，在史书中记载时大多抹杀他们的功绩和长处。魏收常说："什么样的小子，敢对我魏收不恭！我抬举他就可以使他上天，按压他就可以使他入地。"当初魏收在高欢手下做太常少卿撰修国史，曾得到阳休之的帮助，因此魏收感谢阳休之说："我没有什么可以用来报谢您的厚德，当为您作一篇美好的传。"阳休之的父亲阳固，在北魏时做北平太守，曾因贪婪暴虐而被中尉李平弹劾获罪，这情况记载在《魏起居注》中。魏收的史书却记载说："阳固做北平侯，很有一些利民之政，因为公事而免官。"又说："李平对阳固深相敬重。"尔朱荣在北魏是叛贼，但魏收因为北齐皇帝高氏出自尔朱氏的门下，而且魏收曾接受过尔朱氏的高利贷利息钱，因此在《魏书》中记载时就减少了尔朱荣的罪恶而多写他的好处，并且评论说："如果尔朱荣能修养德义之风，那么商朝的豕韦、大彭、伊尹和汉代的霍光，又有什么值得称道的呢？"

时论既言收著史不平，文宣诏收于尚书省与诸家子孙共加论讨，前后投诉百有余人，云"遗其家世职位"，或云"其家不见记录"，或云"妄有非毁"。收皆随状答之。范阳卢斐父同附出族祖玄《传》下，顿丘李庶家《传》称其本是梁国蒙人，斐、庶讥议云："史书不直。"收性急，不胜其愤，启诬其欲加屠害。帝大怒，亲自诘责。斐曰："臣父仕魏，位至仪同，功业显著，名闻天下，与收无亲，遂不立传。博陵崔绰，位止本郡功曹，更无事迹，是收外亲，乃为《传》首。"收曰："绰虽无位，名义可嘉，所以合传。"帝曰："卿何由知其好人？"收曰："高允曾为绰赞，称有道德。"帝曰："司空才士，为人作赞，正应称扬。亦如卿为人作文章，道其好者岂能皆实？"收无以对，战栗而已。但帝先重收才，不欲加罪。时太原王松年亦谤史，及裴、庶并获罪，各被鞭配甲坊，或因以致死，卢思道亦抵罪。然犹以群口沸腾，敕魏史且勿施行，令群官博议。听有家事者入署，不实者陈牒。于是众口喧然，号为"秽史"，投牒者相次，收无以抗之。时左仆射杨愔、右仆射高德正二人势倾朝野，与收皆亲，收遂为其家并作传。二人不欲言史不实，抑塞诉辞，终文宣世更不重论。又尚书陆操尝谓愔曰："魏收《魏书》可谓博物宏才，有大功于魏室。"愔谓收曰："此为不刊之书，传之万古。但恨论及诸家枝叶亲姻，过为繁碎，与旧史体例不同耳。"收曰："往因中原丧乱，人士谱牒，遗逸略尽，是以具书其支流。望公观过知仁，以免尤责。"

八年夏，除太子太傅、监国史，复参议律令。三台成，文宣曰："台成须有赋。"愔先以告收，收上《皇居新殿台赋》，其文甚壮丽。时所作者，自邢邵已下咸不逮焉。收上赋前数日乃告邵。邵后告人曰："收甚恶人，不早言之。"帝曾游东山，敕收作诏，宣扬威德，譬喻关西，俄顷而讫，词理宏壮。帝对百僚大嗟赏之。仍兼太子詹事。收娶其舅女，崔昂之妹，产一女，无子。魏太常刘芳孙女，中书郎崔肇师女，夫家坐事，帝并赐收为妻，时人比之贾充置左右夫人。然无子。后病甚，恐身后嫡媵不平，乃放二姬。及疾瘳追忆，作《怀离赋》以申意。文宣每以酣宴之次，云："太子性懦，宗社事重，终当传位常山。"收谓杨愔曰："古人云，太子国之根本，不可动摇。至尊三爵后，每言传位常山，令臣下疑贰。若实，便须决行。此言非戏。魏收既忝师傅，正当守之以死，但恐国家不安。"愔以收言白于帝，自此便止。帝数宴喜，收每预侍从。皇太子之纳郑良娣也，有司备设牢馔，帝既酣饮，起而自毁覆之。仍诏收曰："知我意不？"收曰："臣愚谓良娣既东宫之妾，理不须牢，仰惟圣怀，缘此毁去。"帝大笑，握收手曰："卿知我意。"安德王延宗纳赵郡李祖收女为妃，后帝幸李宅宴，而妃母宋氏荐二石榴于帝前。问诸人莫知其意，帝投之。收曰："石榴房中多子，王新婚，妃母欲子孙众多。"帝大喜，诏收"卿还将来"，仍赐收美锦二匹。十年，除仪同三司。帝在宴席，口敕以为中书监，命中书郎李愔于树下造诏。愔以收一代盛才，难于率尔，久而未讫。比成，帝已醉醒，遂不重言，愔仍不奏，事竟寝。

【译文】

当时舆论认为魏收著史书而不能持平允之见，于是文宣帝下诏命令魏收到尚书省与有关诸家子孙对史书中的记载共同加以讨论，先后投诉的有一百多人。有的说遗漏了他的家世的职位，有的说他家没有记载，有的还说书中对他家进行了毫无根据的诽谤。魏收都随即对投诉状做了回答。范阳人卢斐的父亲卢同（不得立传，仅仅把他的事迹）附在族祖卢玄的《传》的下边，而顿丘人李庶家的《传》却称李庶本是梁国蒙地人，卢斐、李庶讥刺魏收说："史书不正直。"魏收性急，听到这话气愤得不行，于是启奏文宣帝，诬说他们要对他加以杀害。文宣帝大怒，亲自对卢、李二人加以责问。卢斐说："臣的父亲在魏做官，官位做到了仪同，功业显著，名闻天下，因为与魏收没有亲戚关系，于是不被立传。博陵人崔绰，只是在本郡做个功曹，没有什么事迹，因为是魏收的外亲，却把他的《传》放在前边。"魏收回答说："崔绰虽然没有官位，但名义值得称道，所以应当为他作传。"文宣帝说："你怎么知道他是好人？"魏收说："高允曾为崔绰作《赞》，称赞他有道德。"文宣帝说："司空高允是才士，为别人作《赞》，正应当对人加以称扬，也就像您为人作文章，那些赞美人家的话难道都能够符合事实？"魏收答不上话来，只吓得浑身颤抖。但文宣帝首先看重的是魏收的才能，所以不想加罪于他。当时太原的王松年也攻击魏收的史书，他和卢斐、李庶都因此而获罪，各被鞭打而后发配甲坊，有的人因此而致死。卢思道也因对《魏书》不满而受罚抵罪。然而仍因众口沸腾，朝廷下令魏史暂且不颁行，而令群官广泛地进行议论，允许家有事迹的人入阁叙说，记载不实的可书面陈述。于是众口哗然，称魏收的史书为"秽史"，投递书面材料的人一个接一个，魏收无法辩白。当时左仆射杨愔、右仆射高德正二人势倾朝野，与魏收都是亲戚，魏收于是为他们家的人都作了传，因此杨、高二人不希望听到人说史书不实，便按压住来自下面的申诉辞，一直到文宣帝死前都不再讨论史书的问题。又尚书陆超曾对杨愔说："魏收的《魏书》，可以称得上是博物宏才，对于魏室立有大功。"杨愔对魏收说："《魏书》称得上是一部不可删削的书，将传之万古。不过令人遗憾的是记载各家枝叶姻亲的事，过于烦琐，与旧史的体例不同罢了。"魏收说："因为从前中原地区动荡混乱，各方面人士的家谱族谱，差不多都遗失了，因此书中详尽地记载他们的支脉后裔，希望公发现我的过失而能理解我的用心是好的，以免除对我的指责。"

天保八年夏天，文宣帝任命魏收为太子少傅、监国史，又参议律令的修订。当三台建成的时候，文宣帝说："台建成了应当有赋加以歌颂。"杨愔把文宣帝这些话告诉了魏收，于是魏收写了一篇《皇居新殿台赋》献上，赋的文词十分壮丽。当时为三台作赋的人，自邢邵以下都比不上魏收。魏收献赋的前几天才把皇帝要求作赋的事告诉邢邵。邢邵后来告诉别人说："魏收甚可恶，不早把作赋的事告诉我。"文宣帝曾游东山，命魏收作诏书，宣扬皇帝威德，并拿关西的北周作比衬，魏收一会儿工夫就作成了，文词和所述的道理都很宏壮，文宣帝向百官对魏收写的诏书大加赞叹。于是又命魏收做太子詹事。魏收娶了他舅舅的女儿、崔昂的妹妹为妻，生了一女，没有儿子。魏太常刘芳的孙女，中书郎崔肇师的女儿，都因为夫家有罪，文宣帝把她俩赐给了魏收为妻，当时人们把她俩比之为贾充的左右夫人。然而都没有生儿子。后来魏收病得厉害，恐怕自己死后嫡妻和媵妾争位而不平，便把这两个姬妾放逐了。等到病好了追忆起来，便作了一篇《怀离赋》以表达思念之意。文宣帝常常在宴会上酒酣之后，说："太子性情懦弱，宗庙社稷事情重大，最终当传位给常山。"魏收对杨愔说："古人说，太子是国家的根本，不可动摇。皇上三杯过后，常说传位常山，使臣下疑惑而产生二心。如果皇上真想这样做，就必须果决地实行。这种话不是开玩笑的。魏收既然辱处太子师傅之位，正当以死相守，只恐怕造成国家的不安定。"杨愔把魏收的话告诉了文宣帝，从此以后文宣帝就再没有说过传位给常山的话了。文宣帝多次因高兴而宴会，魏收常常得侍从在旁。皇太子娶郑良娣的时候，有关官吏摆设了充备的三牲盛馔。文宣帝酣饮之后，起身把牲馔都掀翻了，于是问魏收说："知道我的意思吗？"魏收说："臣愚意以为这是表明良娣即是太子的妾，按理不须备设牲牢，仰思陛下的圣意，是因此而毁去牲馔的。"文宣帝大笑，握着魏收的手说："您理解我的意思。"安德王高延宗娶赵郡李祖收的女儿为妃。后来文宣帝到李祖收家宴会，而妃的母亲宋氏献上两个石榴到文宣帝面前。文宣帝问在座的人，却无人知道宋氏的用意，文宣帝便把石榴扔了。魏收说："石榴房中多子，安德王新婚，妃母是希望子孙众多。"文宣帝大喜，告诉魏收说："您把石榴再给我拿来。"于是赐给魏收美锦二匹。天保十年，任命魏收为仪同三司。有一次，文宣帝在宴席上喝醉了酒，口头任命魏收为中书监，又命中书郎李愔在树下草拟诏书。李愔认为魏收是一代大才，难于仓促成文，所以过了很久还没有把诏书写好。等到诏书写成之后，文宣帝酒醉已醒，便不再提这事，李愔写的诏书也就没有上奏，事情就这样被搁置下来。

及帝崩于晋阳，驿召收及中山太守阳休之参议吉凶之礼，并掌诏诰。仍除侍中，迁太常卿。文宣谥及庙号、陵名，皆收议也。及孝昭居中宰事，命收禁中为诸诏文，积日不出。转中书监。皇建元年，除兼侍中、右光禄大夫，仍仪同、监史。收先副王昕使梁，不相协睦。时昕弟晞亲密。

而孝昭别令阳休之兼中书，在晋阳典诏诰，收留在邺，盖晞所为。收大不平，谓太子舍人卢询祖曰："若使卿作文诰，我亦不言。"又除祖珽为著作郎，欲以代收。司空主簿李翥，文词士也。闻而告人曰："诏诰悉归阳子烈，著作复遗祖孝征，文史顿失，恐魏公发背。"于时诏议二王三恪，收执王肃、杜预义，以元、司马氏为二王，通曹备三恪。诏诸礼学之官，皆执郑玄五代之议。孝昭后姓元，议恪不欲广及，故议从收。又除兼太子少傅，解侍中。

帝以魏史未行，诏收更加研审。收奉诏，颇有改正。及诏行魏史，收以为直置秘阁，外人无由得见。于是命送一本付并省，一本付邺下，任人写之。

大宁元年，加开府。河清二年，兼右仆射。时武成酣饮终日，朝事专委侍中高元海。元海凡庸，不堪大任，以收才名振俗，都官尚书毕义云长于断割，乃虚心倚仗。收畏避不能匡救，为议者所讥。帝于华林别起玄洲苑，备山水台观之丽，诏于阁上画收，其见重如此。

【译文】

等到文宣帝死在晋阳的时候，驿马驰召魏收和中山郡太守阳休之参议有关丧葬吉凶之礼，并命魏收负责起草诏诰。于是任命魏收为侍中，又迁升为太常卿。文宣帝的谥号、陵墓名称，都是采纳的魏收的意见。等到孝昭帝高演掌管朝政，命魏收在宫禁中负责起草各种诏文，因此魏收多日没有出来。后来转任中书监。皇建元年，又命魏收兼任侍中、右光禄大夫，仍居仪同和监国史之职。魏收先前曾做王昕的副手出使梁朝，两人不能协调和睦。这时王昕的弟弟王晞与孝昭帝的关系亲密。而孝昭帝另外任命阳休之兼中书监，在晋阳负责起草诏诰，把魏收留在邺都，这大概都是王晞起的作用。魏收因此心中大为不平，对太子舍人卢询祖说："如果要是让您作文诰，我也就不说什么了。"孝昭帝又任命祖珽为著作郎，想用他来取代魏收。司空主簿李翥是个擅长文词的人，听说了这情况告诉别人说："诏诰全都归阳子烈（阳休之字子烈），著作郎又命祖孝征（祖珽字孝征）担任，撰文和撰史的职务顿时都失去了，恐怕魏公要气得像范增那样疮发于背了吧。"当时孝昭帝诏命群臣讨论"二王三恪"都是指的谁，魏收坚持王肃和杜预的说法，以元氏、司马氏为"二王"，元、王二氏再下通曹氏为"三恪"。孝昭帝又诏礼学官们来讨论，礼学官们都坚持郑玄将“二王三恪”分属夏、商以及黄帝、尧、舜五代的说法。但因为孝昭皇后姓元，所以议论“三恪”不想更多地涉及其他说法，便决议听从魏收之说。接着又任命魏收做了太子少傅，而解除侍中之职。

孝昭帝因为魏史还没有颁行，下诏书命令魏收重新加以研究审查。魏收接受诏命，对《魏书》作了一些改正。等到孝昭帝命令颁行魏史，魏收以为只是把《魏书》放置在秘阁中，外人不可能看到，于是他命人送一本到晋阳，又送一本给邺下。任人抄写。

武成帝高湛太宁元年，加给魏收开府的名号。河清二年，又命魏收兼任右仆射。当时武成帝终日嗜酒酣饮，朝政大事专门委任侍中高元海去处理。高元海是个平庸之辈，承受不了大任，武成帝以为魏收的才能和名气世人皆知，而都官尚书毕义云则擅长于决断，于是虚心倚仗他二人处理朝政。魏收却因为胆小怕事而对时政不能有所匡正补救，因此被舆论所讥讽。武成帝在华林另又修了个玄洲苑，苑中备置秀丽的山水台观，武成帝还下诏命令在玄洲苑的台阁中画魏收的像，可见武成帝对他多么重视。

始收比温子昇、邢邵稍微后进，邵既被疏出，子昇以罪幽死，收遂大被任用，独步一时。议论更相訾毁，各有朋党。收每议陋邢邵文。邵又云：“江南任昉，文体本疏，魏收非直模拟，亦大偷窃。”收闻乃曰：“伊常于《沈约集》中作贼，何意道我偷任昉。”任、沈俱有重名，邢、魏各有所好。武平中，黄门郎颜之推以二公意问仆射祖珽，珽答曰：“见邢、魏之臧否，即是任、沈之优劣。”收以温子昇全不作赋，邢虽有一两首，又非所长，常云：“会须作赋，始成大才士。唯以章表碑志自许，此外更同儿戏。”自武定二年以后，国家大事诏命，军国文词，皆收所作。每有紧急，受诏立成，或时中使催促，收笔下有同宿构，敏速之工，邢、温所不逮，其参议典礼与邢相埒。

既而赵郡。公。增年获免，收知而过之，事发除名。其年又以托附陈使封孝琰，牒令其门客与行，遇昆仑舶至，得奇货猓然褥表、美玉盈尺等数十件，罪当流，以赎论。三年，起除清都尹。寻遣黄门郎元文遥敕收曰：“卿旧人，事我家最久，前者之罪，情在可恕。比令卿为尹，非谓美授，但初起卿，斟酌如此。朕岂可用卿之才而忘卿身，待至十月，当还卿开府。”天统元年，除左光禄大夫。二年，行齐州刺史，寻为真。

收以子侄少年，申以戒厉，著《枕中篇》，其词曰：

【译文】

当初魏收比起温子昇、邢邵来稍微后进一些，后来邢邵被疏远而离开了朝廷，温子昇又因罪被幽囚而死，魏收于是大被朝政所任用，而超群绝伦于一时。前此他们三人的议论都是互相攻击诋毁，他们都各自树有朋党。魏收常常在议论中把邢邵的文章说得很疏陋。邢邵又说："江南的任昉，文体本来就很疏略，魏收不只是模拟他，还大大偷窃他的文章。"魏收听到这话，于是说："他常在《沈约集》中作贼，没想到他却说我偷窃任昉的文章。"任昉和沈约在文坛上都有很高的名望，邢邵、魏收对他二人则各有所好。后主高纬武平年间，黄门郎颜之推拿了邢、魏二公所说的意思去问仆射祖珽，祖珽回答说："看到邢、魏二人肯定什么、否定什么，也就是任、沈二人的优劣所在。"魏收因为温子昇从不作赋，邢邵虽然作过一两首，而又非他所长，因此常说："必须等到会作赋，才能成为大才士。只是以写作章表碑志自许，其他更同儿戏一般。"自从东魏孝静帝武定二年以后，有关国家大事的诏命，以及有关军国大政的一些文词，都是魏收所作。每当有紧急需要，魏收受诏作文立待可成，有时皇宫中派出的使者来催促他作文，魏收下笔疾书如同早已有腹稿，这种敏捷快速的工作，是邢邵、温子昇所比不上的。魏收参与议论典礼所表现的学识和见解，与邢邵不相上下。

"既而赵郡。公。增年获免"(这是《魏收传》的原文，因有脱文，意思不明)，魏收明知他有罪还去探望他，事情被揭发出来而被从官籍中除名为民。这年又因为托身投附将出使陈朝的封孝琰，并写信令他的门客与封孝琰同行，正好遇上陈朝的"昆仑"号船到来，魏收又获得了许多奇物宝货；一种名叫猓然的长尾猿皮制的褥表，还有一尺多长的美玉好几十件。依罪应当流放，最后以出钱物赎罪论处了。河清三年，朝廷又起用魏收，任命他为清河郡尹。不久武成帝又派黄门郎元文遥给魏收传话说："您是故人，侍奉我高家时间最久，以前所犯的罪，情有可原。近来命您为清河尹，并非认为这是个美差，只因为初起用您，经过斟酌而做出这样的决定。朕怎可用您的才能而忘了您这个人呢？等到十月，当恢复您的开府的官职。"到北齐后主高纬天统元年，任命魏收为左光禄大夫，天统二年，又代理齐州刺史，不久便正式做了齐州刺史。

魏收因为自己的子侄们年轻，对他们严加申戒，并特为此而著《枕中篇》，文中说：

吾曾览管子之书，其言曰："任之重者莫如身，途之畏者莫如口，期之远者莫如年。以重任行畏途，至远期，惟君子为能及矣。"追而味之，喟然长息。若夫岳立为重，有潜戴而不倾；山藏称固，亦趋负而弗停；吕梁独浚，能行歌而匪惕；焦原作险，或跻踵而不惊；九陔方集，故眇然而迅举；五纪当定，想窅乎而上征。苟任重也有度，则任之而愈固；乘危也有术，盖乘之而靡恤。彼期远而能通，果应之而可必。岂神理之独尔，亦人事其如一。呜呼！处天壤之间，劳死生之地，攻之以嗜欲，牵之以名利，粱肉不期而共臻，珠玉无足而俱致；于是乎骄奢仍作，危亡旋至。然则上知大贤，唯几唯哲，或出或处，不常其节。其舒也济世成务，其卷也声销迹灭。玉帛子女，椒兰律吕，谄谀无所先；称肉度骨，膏唇挑舌，怨恶莫之前。勋名共山河同久，志业与金石比坚。斯盖厚栋不桡，游刃砉然。逮于厥德不常，丧其金璞。驰骛人世，鼓动流俗。挟汤日而谓寒，包溪壑而未足。源不清而流浊，表不端而影曲。嗟乎！胶漆讵坚，寒暑甚促。反利而成害，化荣而就辱。欣戚更来，得丧仍续。至有身御魑魅，魂沉狴狱。讵非足力不强，迷在当局。孰可谓车戒前倾，人师先觉。

闻诸君子，雅道之士，游遨经术，厌饫文史。笔有奇锋，谈有胜理。孝悌之至，神明通矣。审道而行，量路而止。自我及物，先人后已。情无系于荣悴，心靡滞于愠喜。不仰望于丘壑，不待价于城市。言行相顾，慎终犹始。有一于斯，郁为羽仪。恪居展事，知无不为。或左或右，则髦士攸宜；无悔无吝，故高而不危。异乎勇进忘退，苟得患失，射千金之产，邀万钟之秩，投烈风之门，趣炎火之室，载蹶而坠其贻宴，或蹲乃丧其贞吉。可不畏欤！可不戒欤！

【译文】

我曾读管子的书，书中说："没有比修养自身的任务更重要的了，没有比口舌之途更可怕的了，没有比对寿命的期望更长远的了。身负重任而行走在可怕之途上，而又希望达到长寿的远期，只有君子才能够做到。"现在我追忆回味这几句话，真可令人长声叹息。像那矗立的大山该算是稳重了吧，然而有风雨侵蚀或再加载土石而不倾塌的吗？深山的宝藏人们都认为藏得牢固，然而探山取宝的人却奔走不停。吕梁山独深，能边走边唱而心中无所警惕吗？焦原山险峻，能有人攀登而不心惊的吗？天子才平定，因此当以远大的目光迅速兴举大业。年、月、日、星辰、历数等五纪都当正定，应精思深远而博征古制。如果能够身负重任而言行有节度，那么越负重任地位就会越牢固。登危险之途而能有办法对付危险，那就可以面对危险而不忧。期望实现远大目标的人而又有途径可以通往目标，那就一定会获得相应的结果。难道只是依照神理而使事情这样吗？也是靠人始终如一的努力。啊！处天地之间，辛劳在养生送死之地，（获得成功的人如果）身心被嗜欲所攻，被名利所牵，精美的饭菜不用事先打招呼就一起送到，珠玉没有长脚也都一起到来，于是开始骄奢起来，那么危亡很快就会到来了。然而那些上等智慧的大贤们，能够洞察幽微的事理，或隐居出世，或居官处朝，都能相机而行没有一定之规。他们舒展才智就能够有助于社会而成就功业，他们敛才隐退就能够销声匿迹。对于珠玉丝帛和美女，芳香珍异之物和音乐，以及谄媚阿谀的事决不先于别人。对于毒刻肌骨，挑拨是非，而造成仇恨怨恶的事决不上前。使自己的功勋和名声与山河同样长久，志向和业绩的牢固可与金石比坚。这大概可以称得上是大梁不折，游刃有余了。至于那些德行无常的人，必将丧失他们所拥有的金玉。他们奔逐于人世，影响着社会风气，拥有火热的太阳还说寒冷，财满山谷还嫌不足。源头不清水流就会浑浊，标尺不正日影就会邪曲。啊！胶漆难道能够坚固？寒暑的更迭是很快的。（不重修身正德），必将反利而成害。变光荣而为耻辱。喜和忧是交替而来的，得和失是轮流相续的。有的人竟至于以身试法，而死于刑狱。这难道不是（自身的修养不够以致）足力不强而不能自拔，因此而为现实的利益所迷吗？后车当以前车的倾覆为借鉴，人当以先知先觉者为师。

听说那些君子们和那些正道之士，都钻研经学，饱读文史之书，下笔有超人之论，谈吐有胜人之理。他们都是孝顺父母和敬爱兄弟的楷模，能够上通神明之理。他们都能先审查好道路而后行，又能衡量道路长短好坏而确定自己的终止处。他们善于推己以及物，先人而后己。他们不计较名利的荣枯，又不为喜怒之情所羁縻，既不借隐居山岩以沽取名望，又不在城中集市中待价而售。他们言行一致，始终谨慎如一。有一位这样的君子在此，就可为国为朝增添光彩。他们敬居官职而展才任事，凡他们知道应该做的事情就没有不努力去做的。不论在帝左还是帝右，都是这样的优异之士所适宜的。(他们对于自己做过的事)既不后悔也不会感到耻辱，因此他们能够处高位而不招致危险。他们不同于那些只知道进而不知后退的人，后一种人常不顾原则去获取利益而生怕有所失，为了博得千金的财产，或月俸万钟的高官厚禄，他们敢于投身风卷烈火的门中，进入火焰熊熊燃烧的危室，结果一开始就跌倒而丧失了遗留给后世的基业，有的人竟屈身蜷体而丧失了正道善行，这难道不可怕吗！难道不值得引以为戒吗！

门有倚祸，事不可不密；墙有伏寇，言不可而失。宜谛其言，宜端其行。言之不善，行之不正。鬼执强梁，人囚径廷。幽夺其魄，明夭其命。不服非法，不行非道。公鼎为己信，私玉非身宝。过涅为绀，逾蓝作青。持绳视直，置水观平。时然后取，未若无欲。知止知足，庶免于辱。

是以为必察其几，举必慎于微。知几虑微，斯亡则稀。既察且慎，福禄攸归。昔蘧瑗识四十九非，颜子几三月不违。跬步无已，至于千里。覆一篑进，及于万仞。故云行远自迩，登高自卑，可大可久，与世推移。月满如规，后夜则亏。槿荣于枝，望暮而萎。夫奚益而非损，孰有损而不害？益不欲多，利不欲大。唯居德者畏其甚，体真者惧其大。道尊则群谤集，任重而众怨会。其达也则尼父栖遑，其忠也而周公狼狈。无曰人之我狭，在我不可而覆。无曰人之我厚，在我不可而咎。如山之大，无不有也；如谷之虚，无不受也；能刚能柔，重可负也；能信能顺，险可走也；能知能愚，期可久也。周庙之人，三缄其口。漏卮在前，欹器留后。俾诸来裔，传之坐右。

其后群臣多言魏史不实，武成复敕更审，收又回换。遂为卢同立传，崔绰返更附出。杨愔家《传》，本云“有魏以来一门而已”，至是改此八字，又先云“弘农华阴人”，乃改“自云弘农”，以配王慧龙自云太原人。此其失也。

【译文】

门边就有灾祸发生，凡事都不可永远保密。墙外就埋伏有寇贼，说话不可有所失。应该审慎自己的言论，应该端正自己的行为。说话不善，行为就不正。恶鬼被强盗所捕，人被囚禁在中庭。对于干坏事的人鬼神必将暗中夺其魂魄，而在明处丧其性命。不做非法的事，不干不合道义的行为。以公正为自己迎得信誉，而个人拥有的珠玉并非护身的法宝。染之过黑就会变成绀色，染之过蓝就会变成青色。要善于利用墨线来衡量直不直，利用水平仪来观测平不平。时机成熟了再获取，时机不到就不要去想。知道适可而止，知道满足，大概就可以免受侮辱。

因此要想有所作为一定要观察时机，要想有所举动一定要把细枝末节都考虑周全。既善于把握时机而又虑事周全，那就很少有败亡的。既善于观察而又谨慎，那么福禄就会到来。从前蘧瑗能识别四十九种错误，颜子差不多三个月都不犯这些错误（按此句原文作“颜子几三月不违”，意思不明，兹据原文姑且这样翻译。）半步半步不停地走下去，也可以达到千里之远。用小竹筐盛土不断地累进，也可以累成万仞的高山。因此说行远路从近处开始，登高山从低处开始，坚持不懈就可达到大而长久的目标，就可与世长存而永不败亡。月亮圆到如同用圆规画出来的一样时，第二天的夜里就要亏缺了。木槿树枝叶繁茂，到黄昏的时候就凋萎了。什么东西能够只增加而不减少？谁能做到有所损缺而无害？好处不要想得到太多，利益不要想捞得太大。只有居守德操的人才会害怕好处得到太多，体行真道的人才会畏惧利益捞得太大。地位太尊贵就会有各种诽谤集中而来，责任太重大就会有众人的怨恨汇聚其身。地位显达的时候即使是孔子也感到忙碌而不得安宁，忠心耿耿即使如周公也会遭疑忌而处境狼狈。不要说人家小看我，在我就不可以报复；也不要说人家厚待我，在我就不可以指出他的过错。要像山那样高大而无所不有，要像谷那样空虚而无所不受。能刚能柔，才可以担负重任。能伸能顺，才可以经历危险。能智能愚，才可以期望长久。要像周庙前的金人那样，把嘴封住以谨防失言。座前要放一只渗漏的酒杯以象征永受而不满，座后应放一只容易倾斜的水杯以警惕自己盛满则覆。以上这些话要使子子孙孙都牢记不忘，作为代代相传的座右铭。

后来群臣又有许多人说魏史记载不实，武成帝又下令对《魏书》重新审查，魏收又对《魏书》作了一些调整改写。于是为卢同立传，反而把崔绰的事迹附在《卢同传》后，杨愔家的传，本来有“有魏以来一门而已”（自建立魏朝以来独此一家而已）的话，现在把这八个字改掉了。又先前书中说：“弘农华阴人”，现在改成了“自云弘农”（自己说是弘农人），以便同《王慧龙传》中“自云太原人”的说法相配合。这些都是魏收的失误处。

寻除开府、中书监。武成崩，未发丧。在内诸公以后主即位有年，疑于赦令。诸公引收访焉，收固执宜有恩泽，乃从之。掌诏诰，除尚书右仆射，总议监五礼事，位特进。收奏请赵彦深、和士开、徐之才共监。先以告士开，士开惊辞以不学。收曰："天下事皆由王，五礼非王不决。"士开谢而许之。多引文士令执笔，儒者马敬德、熊安生、权会实主之。武平三年死。赠司空、尚书左仆射，谥文贞。有集七十卷。

收硕学大才，然性褊，不能达命体道。见当途贵游，每以言色相悦。然提奖后辈，以名行为先，浮华轻险之徒，虽有才能，弗重也。初河间邢子才及季景与收并以文章显，世称大邢小魏，言尤俊也。收少子才十岁，子才每曰："佛助寮人之伟。"后收稍与子才争名，文宣贬子才曰："尔才不及魏收。"收益得志。自序云："先称温、邢，后曰邢、魏。"然收内陋邢，心不许也。收既轻疾，好声乐，善胡舞。文宣末，数于东山与诸优为猕猴与狗斗，帝宠狎之。收外兄博陵崔岩尝以双声嘲收曰："愚魏衰收。"收答曰："颜岩腥瘦，是谁所生，羊颐狗颊，头团鼻平，饭房笭笼，著孔嘲玎。"其辩捷不拘若是。既缘史笔，多憾于人，齐亡之岁，收冢被发，弃其骨于外。先养弟子仁表为嗣。位至尚书膳部郎中。隋开皇中卒于温县令。

【译文】

不久任命魏收为开府、中书监。太上皇武成帝死，还没有发丧。在朝内的诸公认为后主高纬已经即位好几年，因此对于是否还应发布赦免天下罪犯的命令犹豫不定。诸公请魏收来向他询问，魏收坚持认为后主对天下人仍应广施恩泽，诸公于是听从了他的意见。朝廷命魏收掌管起草诏诰，并任命他为右仆射，总掌议论和监察有关吉、凶、宾、军、嘉五礼事，品位为特进。魏收奏请由赵彦深、和士开、徐之才共监五礼。魏收事先告诉了和士开，和士开对这种请求表示惊讶而以不学无术相推辞。魏收说："天下事都由王做主，五礼大制最后没有王表态都不能决定。"和士开于是向魏收表示感谢而答应了。魏收又邀请了许多文士来执笔起草各项礼制，而实际是由儒家学者马敬德、熊安生、权会等人具体负责制定礼制。后主武平三年魏收死。朝廷追赠他司空、尚书左仆射的官职，赐谥号为"文贞"。魏收有文集七十卷。

魏收有大学问、大才干，然而心性褊狭，不能体达天命人道。看见当权的王公贵族，常常说恭维的话并表现得和颜悦色以讨欢心。然而他提拔和奖励后辈，却首先考虑他们的名声和德行，那些华而不实和轻率险恶之徒，即使有才能，也不加以重用。当初，河间的邢子才和魏季景与魏收都以文章出名，世称“大邢小魏”，这意思是说魏收尤其俊异。魏收小邢子才十岁，邢子才常说：“魏收是同僚中的突出者。”后来魏收渐渐与邢子才争名，文宣帝也贬低邢子才说：“你的才能比不上魏收。”魏收于是越来越得志。他自己排列名次说：“人们先称温子昇、邢子才，后来又说邢子才、魏收。”然而魏收内心却认为邢才子的才能甚陋，并不赞许他。魏收的性情活泼敏捷，喜欢声乐，又善于跳胡舞。文宣帝末年，他多次在东山一带同艺人们扮演猕猴戏并斗狗以为乐，文宣帝却对他宠惯而不加责备。魏收的外兄博陵人崔岩曾用“双声”称他的姓名以嘲讽他说：“愚魏衰收。”魏收回答说：“面如岩石而又腥臊瘦削，是谁所生？羊下巴而狗面颊，头圆而鼻子平，如同厨房里的竹饭筐，自己浑身都是窟窿，却嘲讽别人有补丁。”魏收口辩的迅捷而又无所顾忌就像这样。他执笔撰写史书后，引起很多人对他不满。北齐灭亡的那一年，魏收的坟墓被人挖掘，把他的骨头抛弃在墓外。魏收先前收养他弟弟的儿子魏仁做他的继承人，魏仁做官做到尚书膳部郎中。隋朝开皇年间，魏仁在温县令的职位上死去。

〔周书〕

苏绰列传

苏绰字令绰，武功人，魏侍中则之九世孙也。累世二千石。父协，武功郡守。

绰少好学，博览群书，尤善算术。从兄让为汾州刺史，太祖饯于东都门外。临别，谓让曰："卿家子弟之中，谁可任用者？"让因荐绰。太祖乃召为行台郎中。在官岁余，太祖未深知之。然诸曹疑事，皆询于绰而后定。所行公文，绰又为之条式。台中咸称其能。后太祖与仆射周惠达论事，惠达不能对，请出外议之。乃召绰，告以其事，绰即为量定。惠达入呈，太祖称善，谓惠达曰："谁与卿为此议者？"惠达以绰对，因称其有王佐之才。太祖曰："吾亦闻之久矣。"寻除著作佐郎。

属太祖与公卿往昆明池观渔，行至城西汉故仓地，顾问左右，莫有知者。或曰："苏绰博物多通，请问之。"太祖乃召绰。具以状对。太祖大悦，因问天地造化之始，历代兴亡之迹。绰既有口辩，应对如流。太祖益喜。乃与绰并马徐行至池，竟不设网罟而还。遂留绰至夜，问以治道，太祖卧而听之。绰于是指陈帝王之道，兼述申韩之要。太祖乃起，整衣危坐，不觉膝之前席。语遂达曙不厌。诘朝，谓周惠达曰："苏绰真奇士也，吾方任之以政。"即拜大行台左丞，参典机密。自是宠遇日隆。绰始制文案程式，朱出墨入，及计账、户籍之法。

【译文】

苏绰，字令绰，武功郡人，他是三国魏侍中苏则的第九代孙。他的祖辈接连几代都当到郡太守之职。父亲苏协，任职武功郡太守。

苏绰年轻时热爱学习，博览群书，特别擅长计算的方法。他的堂兄苏让出任汾州刺史，太祖宇文泰在都城东门外为他设宴饯行。即将分别时，宇文泰问苏让："你家子弟当中，有谁可以被任用吗？"苏让于是推荐苏绰。宇文泰便把苏绰召来，任命他为行台郎中。苏绰任行台郎中一年多后，宇文泰对他还不是很了解。但行台各官署有什么疑难的事，都要找苏绰商量后才做出决定。颁行的各种公文，格式也是苏绰制定的。行台中的官员都称赞他的才干。后来，宇文泰同行台尚书仆射周惠达讨论事情，周惠达不能回答，请求让他出外找人商量。于是他把苏绰叫来，把讨论的事情告诉他，苏绰立即为他分析情况并做出裁决。周惠达进去向宇文泰禀告，宇文泰连声叫好，问周惠达："谁给你想出的这些建议呢？"周惠达回答说是苏绰，并趁机称赞苏绰有辅佐帝王的才干。宇文泰说："我也听说这个人很久了。"太祖就任命苏绰为著作佐郎。

有一次，恰逢宇文泰和朝廷公卿们一起前往昆明池观看捕鱼，走到城西一个汉代叫仓池的地方，回头询问左右关于仓池的事，没有谁知道。有人说："苏绰见多识广，请您问他。"宇文泰于是把苏绰找来，苏绰详细地做了回答。宇文泰极其高兴，于是从开天辟地、万物初生的情况，一直问到历代兴亡的事迹。苏绰口才本来就好，随问随答，毫不迟疑。宇文泰更加高兴。于是与苏绰一起骑着马并排慢走到了昆明池，竟忘了捕鱼的事情而没有设置渔网就回去了。宇文泰于是把苏绰留下长谈，直到夜间，向苏绰询问治理国家的方法，自己则躺着听苏绰说。苏绰于是谈起帝王法术，并说到申不害、韩非等法家学术的要点。宇文泰于是爬起来，整理好衣衫，端端正正地坐着听，双膝不知不觉地向前移动。两个人谈到天亮还没有完。第二天早上，宇文泰对周惠达说："苏绰是个奇才，我要把政务委任给他。"太祖当即任命苏绰为大行台左丞，参掌机密。从此以后太祖对苏绰的信任和待遇一天天隆重。苏绰又开始制订公文案卷的格式，规定行台发出的文件用红笔支出，呈送入行台的文件用墨笔，并且制订记账和户籍登记的方法。

大统三年，齐神武三道入寇，诸将咸欲分兵御之，独绰意与太祖同。遂并力拒窦泰，擒之于潼关。四年，加卫将军、右光禄大夫，封美阳县子，邑三百户。加通直散骑常侍，进爵为伯，增邑二百户。十年，授大行台度支尚书，领著作，兼司农卿。

太祖方欲革易时政，务弘强国富民之道，故绰得尽其智能，赞成其事。减官员，置二长，并置屯田以资军国。又为六条诏书，奏施行之。

其一，先治心，曰：

凡今之方伯守命，皆受命天朝，出临下国，论其尊贵，并古之诸侯也。是以前世帝王，每称共治天下者，唯良宰守耳。明知百僚卿尹，虽各有所司，然其治民之本，莫若宰守之最重也。凡治民之体，先当治心。心者，一身之主，百行之本。心不清净，则思虑妄生。思虑妄生，则见理不明。见理不明，则是非谬乱。是非谬乱，则一身不能自治，安能治民也！是以治民之要，在清心而已。夫所谓清心者，非不贪货财之谓也，乃欲使心气清和，志意端静。心和志静，则邪僻之虑，无因而作。邪僻不作，则凡所思念，无不皆得至公之理。率至公之理以临其民，则彼下民孰不从化。是以称治民之本，先在治心。

【译文】

大统三年，北齐神武帝率兵分三路入侵。西魏各位将领都打算分兵御敌，只有苏绰与宇文泰意见相同，于是集中兵力抵抗窦泰，在潼关将他活捉。大统四年，朝廷加任苏绰卫将军、右光禄大夫，封他为美阳县子，封食邑三百户。后又加封通直散骑常侍，晋爵为美阳县伯，增加食邑二百户。大统十年，任命苏绰为大行台度支尚书、领著作，兼任司农卿。

太祖当时正想改革时政，致力于寻求强国富民的路子，因此苏绰得以发挥他的全部智慧和才能，辅助宇文泰完成大业。苏绰协助宇文泰削减官员，设置党长、里长，开办屯田给军队和政府提供开支。苏绰还撰写了《六条诏书》，上奏给朝廷，请求施行。

第一条，首先修养自身的思想品德：

凡是当今的地方长官，都是由天朝任命，派到各地统治一方，从他们地位的尊贵来说，都可以说是古代的诸侯。因此，前代帝王常常说，与他们一起治理国家的，正是那些优秀的地方官。从这里可以清楚地知道，朝廷百官卿尹，虽然各有各的职责，但从治理百姓的根本来说，没有谁比地方官吏更重要。凡是治理百姓的根本，首先在于端正思想。思想是身体的主宰，各种行为的来源。思想上不纯洁，就会胡思乱想。胡思乱想，就会不明事理。如果分辨事理不明白，就将混淆是非。是非一旦混淆，自己本身都不可能做好，又怎么去治理百姓呢？所以治理百姓的关键，在于心地要纯洁。所谓心地清净，不是说不贪图钱财，而是要让心情清净平和，精神端正沉静。如果做到思想安和，意志坚定，那么不正当的想法，将无从产生。不产生不正当的想法，那么心中出现的任何念头，都将符合最公正的原则。用这最公正无私的道理来治理自己的属下百姓，那么百姓谁还不能听从你的教化呢。因此说治理百姓的根本首先在于修养思想品德。

其次又在治身。凡人君之身者，乃百姓之表，一国之的也。表不正，不可求直影；的不明，不可责射中。今君身不能自治，而望治百姓，是犹曲表而求直影也；君行不能自修，而欲百姓修行者，是犹无的而责射中也。故为人君者，必心如清水，形如白玉。躬行仁义，躬行孝悌，躬行忠信，躬行礼让，躬行廉平，躬行俭约，然后继之以无倦，加之以明察。行此八者，以训其民。是以其人畏而爱之，则而象之，不待家教日见而自兴行矣。

其二，敦教化，曰：

天地之性，唯人为贵。明其有中和之心，仁恕之行，异于木石，不同禽兽，故贵之耳。然性无常守，随化而迁。化于敦朴者，则质直；化于浇伪者，则浮薄。浮薄者，则衰弊之风；质直者，则淳和之俗。衰弊则祸乱交兴，淳和则天下自治。治乱兴亡，无不皆由所化也。

然世道雕丧，已数百年。大乱滋甚，且二十岁。民不见德，唯兵革是闻；上无教化，惟刑罚是用。而中兴始尔，大难未平，加之以师旅，因之以饥馑，凡百草创，率多权宜。致使礼让弗兴，风俗未改。比年稍登稔，徭赋差轻，衣食不切，则教化可修矣。凡诸牧守令长，宜洗心革意，上承朝旨，下宣教化矣。

【译文】

其次在于陶冶身心。大凡君主的行为，都是百姓的表率，一国的目标。标竿不竖直，不可能测得端正的日影；目标不明显，就不能要求别人射中。当今君王如果不能很好的陶冶自身，而希望治理好百姓，这就像用一根弯曲的标杆却想测得端正的日影；君主自己的行为不加检点，却要百姓注意自己的行为，就好比没有箭靶却要求别人射中。所以，作为君主，一定要做到思想如清水一样没有杂质，形象如宝玉一样洁白无瑕。亲自实行仁义，亲自实行孝悌，亲自实行忠信，亲自实行礼让，亲自实行廉平，亲自实行节俭。然后还要继续坚持不厌其烦，加上明察秋毫。把以上八个方面都做好，并以此教诲百姓。因此百姓对君主既敬畏又爱戴，既效法又模仿，美好的品德用不着每家教诲每天显示而自然就可以培养起来了。

第二条，注重教育感化，写道：

天地万物的特性，只有人是宝贵的。因为明白人中有中正平和的思想，仁爱宽厚的品行，跟木石有别，与禽兽不同，所以才觉得人是宝贵的。但人性不是一成不变的，会随不同的感化而改变。受到敦厚质朴美德感化的人，将变得朴实正直；受到虚假欺诈行为熏染的人，将变得轻浮狡诈。人们轻浮狡诈，就会出现衰亡丧乱的风俗；人们朴实正直，就将形成质朴和谐的风气。衰亡丧乱的风俗一经出现，祸乱将接连不断地产生；质朴和谐的风气一旦形成，国家自然就会安定。国家是安定还是混乱，是兴盛还是衰亡，没有不是因为人们受到不同感化的缘故。然而社会风气的败坏，已经几百年了。祸乱变得越来越严重，将近二十年了。百姓没见过德政，只听说过接连不断的战争；官吏对百姓不进行教育感化，只对他们使用刑法。现在中兴刚刚开始，大乱尚未平息，加上战争不断，灾荒频繁，许多事情必须从头做起，因此各项政策大都随时事而变通。致使礼仪的风尚不能兴起，旧的风俗习惯不能改正。近年收成逐渐好转，百姓所承担的徭役赋税较轻，人民的衣食不成问题，那么教化就可以进行了。大凡各位地方长官，都应该除去杂念，端正思想，秉承朝廷的旨意，向百姓推行教化。

夫化者，贵能扇之以淳风，浸之以太和，被之以道德，示之以朴素。使百姓亹亹，中迁于善，邪伪之心，嗜欲之性，潜以消化，而不知其所以然，此之谓化也。然后教之以孝悌，使民慈爱；教之以仁顺，使民和睦；教之以礼义，使民敬让。慈爱则不遗其亲，和睦则无怨于人，敬让则不竞于物。三者既备，则王道成矣。此之谓教也。先王之所以移风易俗，还淳反素，垂拱而治天下以至太平者，莫不由此。此之谓要道也。

其三，尽地利，曰：

人生天地之间，以衣食为命。食不足则饥，衣不足则寒。饥寒切体，而欲使民兴行礼让者，此犹逆坂走丸，势不可得也。是以古之圣王，知其若此，故先足其衣食，然后教化随之。夫衣食所以足者，在于地利尽。地利所以尽者，由于劝课有方。主此教者，在乎牧守令长而已。民者冥也，智不自周，必待劝教，然后尽其力。诸州郡县，每至岁首，必戒敕部民，无问少长，但能操持农器者，皆令就田，垦发以时，勿失其所。及布种既讫，嘉苗须理，麦秋在野，蚕停于室，若此之时，皆宜少长悉力，男女并功，若援溺、救火、寇盗之将至，然后可使农夫不废其业，蚕妇得就其功。若有游手怠惰，早归晚出，好逸恶劳，不勤事业者，则正长牒名郡县，守令随事加罚，罪一劝百。此则明宰之教也。

【译文】

所谓感化，贵在能够用淳厚的风尚去倡导，用平和的思想去浸润，用道德的行为去影响，用朴素的作风去示范。使百姓勤勉不倦，心中的想法日趋向善，邪恶虚伪的念头，贪得无厌的习性都暗暗消失，而不知道出现这种情形的原因，这就叫作感化。随后，教育百姓要孝敬父母、善待兄弟，使他们互相慈爱；教育他们仁善顺从，使他们互相和睦；用礼节和道义教育他们，使他们相互敬让。百姓们慈爱，便不会抛弃他们的亲人，和睦便不会怨恨别人，敬让便不会因财物而发生争执。假如这三个方面都做到了，王道也就实现了。这就是我们所讲的教育。先代圣王之所以能移风易俗，使社会风气变得淳和朴素，毫不费力便能使国家安定，甚至天下太平，无不是由于教育感化的作用。这就是治理天下的重要方法。

第三条，充分发挥地利，写道：

人活在世界上，把衣食看作是生命一样的重要大事。食物不足就会挨饿，衣服不足就会受冻。饥寒交迫，却想让百姓实行礼让，这就好比让一个圆球自动往斜坡上滚，这当然是不可能的事情。因此，古代的英明君主懂得这个道理，先让百姓丰衣足食，然后才跟着进行教化。之所以能够做到足衣足食，在于全部发挥土地的生产能力。土地的生产能力之所以能够全部发挥出来，在于鼓励百姓耕种得法。而对鼓励百姓耕种负责的，正是刺史、太守、县令或县长。“民”也就是“冥”，他们的智力不足以保全自己，必须加以鼓励教育，才会全力耕种。各州、各郡、各县，每到年初，一定要命令治下百姓，不论年龄大小，只要拿得起农具，都要让他们下地干活，按季节耕种，不要误了农时。播种完毕后，长势好的禾苗还须管理，地里的麦子黄了，家中的蚕子老了，像这种时候，无论男女老少，都应该全力以赴，就像从水中救人、扑灭大火、防备即将到来的强盗一样，这样才可能使农夫不耽误正常的生产，养蚕的妇女也可以顺利地获得好收成。如果有人游手好闲，晚出早归，好逸恶劳，不从事劳动生产，那么党正、里长就要记下他们的名字上报郡县，郡守县令就应根据情况加以处罚，罚一人就能勉励百人。这样才是贤明的官员所应采取的教育感化方法。

夫百亩之田，必春耕之，夏种之，秋收之，然后冬食之。此三时者，农之要也。若失其一时，则谷不可得而食。故先王之戒曰："一夫不耕，天下必有受其饥者；一妇不织，天下必有受其寒者。"若此三时不务省事，而令民废农者，是则绝民之命，驱以就死然。单劣之户，及无牛之家，劝令有无相通，使得兼济。三农之隙，及阴雨之暇，又当教民种桑、植果，艺其菜蔬，修其园圃，畜育鸡豚，以备生生之资，以供养老之具。

夫为政不欲过碎，碎则民烦；劝课亦不容太简，简则民怠。善为政者，必消息时宜而适烦简之中。故《诗》曰："不刚不柔，布政优优，百禄是求。"如不能尔，则必陷于刑辟矣。

其四，擢贤良，曰：

天生蒸民，不能自治，故必立君以治之。人君不能独治，故必置臣以佐之。上至帝王，下及郡国，置臣得贤则治，失贤则乱，此乃自然之理，百王不能易也。

【译文】

一百亩的田地，必定是春耕，夏种，秋收，然后冬天里才有粮食。春、夏、秋这三个季节是农业生产的重要时节。如果耽误了一个季节，那么谷物就不能收获以供食用了。所以古代圣王告诫说："一个男子不耕种，天下就肯定有人会因此挨饿；一个妇女不纺织，天下就肯定会有人因此受冻。"如果在这三个农忙季节不力求减少徭役，反而让百姓放弃农活，这实际上是夺去百姓的生命，把他们往死路上赶。劳动人手少而弱的农户，以及没有耕牛的人家，应当鼓励他们互通有无，使大家都能度过难关。农事空闲的时节，以及阴雨连绵无事可做的时候，还应当教百姓栽种桑树、果树，种植蔬菜，修整园圃，饲养鸡猪，以便准备生活的费用，以便供给养老的东西。

处理政事不能过于琐碎，太过琐碎百姓就会感到厌烦；鼓励百姓耕种时也不宜过分简略，过分简略百姓就会懈怠。善于执政的人，一定会根据不同情况，使政事繁简适宜。所以《诗经》上说："既不刚猛也不软弱，政事宽缓，得到优厚的俸禄。"如果不能如此去做，那么必定会陷于施用刑律的境地。

第四条，选拔贤良人才，写道：

天生平民百姓，自身不能臻于完美的境界，因此必须设立君主来治理。君主不可能一个人进行统治，所以必须设置官员来协助他。上自帝王，下至地方长官，属官选得好，政治就清明，选得不好政治就混乱，这是自然而然的道理，即使一百个皇帝也改变不了。

今刺史守令，悉有僚吏，皆佐治之人也。刺史府官则命于天朝，其州吏以下，并牧守自置。自昔以来，州郡大吏，但取门资，多不择贤良；末曹小吏，唯试刀笔，并不问志行。夫门资者，乃先世之爵禄，无妨子孙之愚瞽；刀笔者，乃身外之末材，不废性行之浇伪。若门资之中而得贤良，是则策骐骥而取千里也；若门资之中而得愚瞽，是则土牛木马，形似而用非，不可以涉道也。若刀笔之中而得志行，是则金相玉质，内外俱美，实为人宝也；若刀笔之中而得浇伪，是则饰画朽木，悦目一时，不可以充榱椽之用也。今之选举者，当不限资荫，唯在得人。苟得其人，自可起厮养而为卿相，伊尹、傅说是也，而况州郡之职乎。苟非其人，则丹朱、商均虽帝王之胤，不能守百里之封，而况于公卿之胄乎。由此而言，观人之道可见矣。

凡所求材艺者，为其可以治民。若有材艺而以正直为本者，必以其材而为治也；若有材艺而以奸伪为本者，将由其官而为乱也，何治之可得乎。是故将求材艺，必先择志行。其志行善者，则举之；其志行不善者，则去之。

【译文】

现在各级地方长官，都设置僚属，这些都是辅佐管理政务的人。刺史州官就由朝廷任命，而刺史、太守以下的属官，全都由刺史、太守自己选置。从先代以来，州和郡的主要属官，只取门第高、祖先有官位的人，大多不选择贤良有才的人；那些不重要的官署小吏，也只看他们是否能处理公文，一概不问他们的志向和行为。门第资荫，只不过是祖先的爵位官阶，并不能说明子孙就不会愚昧无知；善于处理公文，只不过是身外的小才能，同样无助于消除浮躁欺诈的本性。如果在有门第资荫的家族中选拔到有才有德的人，真可说是快马加鞭，一日千里；如果在有门第资荫的家族中选取了一个愚昧无知的人，那简直就是土牛木马，虽然外表像牛马，但不能让它们到大道上驰骋。如果在刀笔小吏中找到一位志向远大、行为高洁的人，这可说是外表如金，本质似玉，本质和才干都很好，是真正的人中之宝；如果在刀笔小吏中选到一个浮躁欺诈的人，那就像用美丽的画面装饰起来的一块朽木，即便一时好看，但终究不能用来建造房屋。现在选拔举荐人才，应当不限资格祖荫，只在乎找到真正的人才。如果确属人才，自然可以从奴隶而官至卿相，古代伊尹、傅说就是如此，何况州郡属官呢？假如不是人才，那么像丹朱、商均这些帝王后代，也不能守住百里封地，又何况公卿的子孙呢？由此说来，观察一个人的道理就显而易见了。

大凡选拔官员要求其具备的才干技艺，是因为可以用来治理百姓。如果有才干，本质又正直，那么这人肯定会用他的才干去导致清平安定；如果有才干，本质上却奸猾狡诈，那么这人将利用他的权力导致混乱不安，哪有可能形成清平安定呢？因此要选取有才干技艺的人才，必定首先观察一个人的道德品行。那些道德品行好的，就推举他；那些道德品行不好的，就弃置不用。

而今择人者多云“邦国无贤，莫知所举”。此乃未之思也，非适理之论。所以然者。古人有言：明主聿兴，不降佐于昊天；大人基命，不擢才于后土。常引一世之人，治一世之务。故殷、周不待稷、契之臣，魏、晋无假萧、曹之佐。仲尼曰：“十室之邑，必有忠信如丘者焉。”岂有万家之都，而云无士，但求之不勤，择之不审，或用之不得其所，任之不尽其材，故云无耳。古人云：“千人之秀曰英，万人之英曰隽。”今之智效一官，行闻一邦者，岂非近英隽之士也。但能勤而审察，去虚取实，各得州郡之最而用之，则民无多少，皆足治矣。孰云无贤！

夫良玉未剖，与瓦石相类；名骥未驰，与驽马相杂。及其剖而莹之，驰而试之，玉石驽骥，然后始分。彼贤士之未用也，混于凡品，竟何以异。要任之以事业，责之以成务，方与彼庸流较然不同。昔吕望之屠钓，百里奚之饭牛，宁生之扣角，管夷吾之三败，当此之时，悠悠之徒，岂谓其贤。及升王朝，登霸国，积数十年，功成事立，始识其奇士也。于是后世称之，不容于口。彼环伟之材，不世之杰，尚不能以未遇之时，自异于凡品，况降此者哉。若必待太公而后用，是千载无太公；必待夷吾而后任，是百世无夷吾。所以然者，士必从微而至著，功必积小以至大，岂有未任而已成，不用而先达也。若识此理，则贤可求，士可择。得贤而任之，得士而使之，则天下之治，何向而不可成也。

【译文】

如今负责选拔人才的官员大多说："自己管辖的那个地方没有贤明的人才，不知道该选拔谁。"这是没有经过认真思考的缘故，并非合理的言论。之所以这样说，是因为古人曾经说过：明君开创大业，上天不会给他另降辅佐他的人；帝王奠定基业，也不会从后土那儿选拔人才。他们总是招来当时的人，以处理当时的政务。所以商、周时代的帝王，不需稷、契来做自己的臣子，魏、晋时代的君主，也不用萧何、曹参去辅佐。孔子说过："有十家人聚居的地方，就肯定会有像我孔丘这样忠信的人。"怎么会在万家人居住的城邑，却声称没有人才呢？只不过没有辛勤地寻访，认真地选拔，或者说没有把人才用到恰当的地方，没有把可以完全发挥他们才干的官职委任给他们，所以才会说没有人才。古人说："一千人当中首屈一指者叫'英'，一万人当中的英就可以称为'隽'。"当今那些才智足以承担一个职务，德行被一地百姓知晓的人，不就和古代的英隽差不多吗？只要能尽力去审查，辞退徒有虚名的人，选取有真才实学的人，各自发现本州郡中最优秀的人才来任用，那么无论百姓有多少，都能把地方治理好。谁说没有贤才呢！

良玉在没有破开之前，跟瓦石相似；骏马还没有奔驰的时候，跟劣马相混杂也分辨不出来。经过剖开磨治，驰骋检验，美玉与顽石、劣马与良马，才分辨得出来。那些贤才未受到任用的时候，和平庸的人混在一起，究竟用什么办法才可以将他们区别出来呢？关键在于委他们以职责，考察他们的政绩，他们才能与那些平庸之辈截然区别开来。以前吕望宰猪钓鱼，百里奚喂牛，宁戚敲牛角唱歌，管仲三战皆败，在这种时候，人们所见到的只是庸才般的面目，岂有可能称他们为贤才？只有当他们被帝王或强大的诸侯所任用，经过几十年后，建功立业，才认识到他们原来是奇才。于是后代的人称赞他们的话，说也说不完。他们这样的杰出人才，并非每代都有，尚且不能在未被委任的时候把自己同平庸的人区别开来，何况那些才智比他们低的士人呢？如果一定要等到吕望出现才加以委任，那么等上一千年也不会出现吕望；一定要等到管仲出现才加以委任，那么一百年也不会出现管仲。所以这样说的原因，是因为士人必定是从卑微发展到显贵，功劳必定是从小积累到大，哪里有还没有委任就事业已成，不任用就先显达的道理。如果认识到这个道理，那么贤才可以找到，士人也可以选拔出来。求得贤才加以任用，选拔到士人让他们做事，那么天下要治理好，还有什么不能成功的呢？

然善官人者必先省其官。官省，则善人易充，善人易充，则事无不理；官烦，则必杂不善之人，杂不善之人，则政必有得失。故语曰："官省则事省，事省则民清；官烦则事烦，事烦则民浊。"清浊之由，在于官之烦省。案今吏员，其数不少。昔民殷事广，尚能克济，况今户口减耗，依员而置，犹以为少。如闻在下州郡，尚有兼假，扰乱细民，甚为无理。诸如此辈，悉宜罢黜，无得习常。

非直州郡之官，宜须善人，爰至党族闾里正长之职，皆当审择，各得一乡之选，以相监统。夫正长者，治民之基。基不倾者，上必安。

凡求贤之路，自非一途。然所以得之审者，必由任而试之，考而察之。起于居家，至于乡党，访其所以，观其所由，则人道明矣，贤与不肖别矣。率此以求，则庶无愆悔矣。

【译文】

然而善于任用官员的人必定首先要减少他的官员。官员数量减少才能够找到有能力的好人来担任职务。如果各种职务都容易找到好人来担任，那么任何事情都能做好；官吏多了，就一定会混进一些坏人，坏人一旦混进来，政事肯定就会出现失误。所以俗话说："官少则事少，事少则百姓安宁；官多则事多，事多则百姓混乱。"百姓是安宁还是混乱的关键，就在于官吏数量的多少。考察今日官吏，数目很大。先前百姓多，事情繁杂，尚且能把事情做好，而今民户减少了，官吏仍按先前的数目设置，还认为不够。好像听说下面的州郡，还有兼任或替代官职的情况，因此搅扰百姓，太没道理。像这一类的官吏，全都应当罢免，不能习以为常。

不仅州郡一级的官吏应该选择有才有德的人，即便党族和闾里正长这些乡里小吏，都应当仔细挑选，选拔一乡中最有才德的人，使他们监察统理百姓。正长是治理百姓的基础，基础不倾斜，处于上位的必定安稳。

大凡寻求贤才的途径，自然不止一条。但要保证选到的是真正的贤才，必须经过任用来检验，对他们进行考察。从他们在家中的情况到他们在乡里的活动，进行询问观察，他们的为人处事就可以弄清楚，贤与不贤也就能分辨出来。用这样的方法来寻求人才，那大概就没有过失了。

其五，恤狱讼，曰：

人受阴阳之气以生，有情有性。性则为善，情则为恶。善恶既分，而赏罚随焉。赏罚得中，则恶止而善劝；赏罚不中，则民无所措手足。民无所措手足，则怨叛之心生。是以先王重之，特加戒慎。夫戒慎者，欲使治狱之官，精心悉意，推究事源。先之以五听，参之以证验，妙睹情状，穷鉴隐伏，使奸无所容，罪人必得。然后随事加刑，轻重皆当，赦过矜愚，得情勿喜。又能消息情理，斟酌礼律，无不曲尽人心，远明大教，使获罪者如归。此则善之上也。然宰守非一，不可人人皆有通识，推理求情，时或难尽。唯当率至公之心，去阿枉之志，务求曲直，念尽平当。听察之理，必穷所见，然后榜讯以法，不苛不暴，有疑则从轻，未审不妄罚，随事断理，狱无停滞。此亦其次。若乃不仁恕而肆其残暴，同民木石，专任捶楚。巧诈者虽事彰而获免，辞弱者乃无罪而被罚。有如此者，斯则下矣，非共治所寄。今之宰守，当勤于中科，而慕其上善。如在下条，则刑所不赦。

【译文】

第五条，慎重对待诉讼，写道：

人生感受阴阳二气而生，因此有感情有本性。本性使人们行善，感情控制不住就容易作恶。有善有恶就要赏罚分明，赏罚一旦分明，恶的方面将受到阻止而善的方面将得到鼓励。赏罚不准确，百姓将不知所措。如果百姓不知所措，他们就会产生怨恨以致产生犯上作乱的想法。所以历代皇帝很重视赏罚，特别告诫后人慎用刑法。慎用刑法，即要求官员专心致志，探究事情的本来情况。首先通过辞、色、气、耳、目来把握案情，参考各种证据，来掌握事件的真实情况，弄清案件中不明白的地方，使奸巧无处藏身，罪犯一定会被查出来。然后再根据罪责量刑，轻重准确，宽恕那些因过失犯罪的人，怜悯那些因愚昧而触犯刑法的人，查清了案情也不要沾沾自喜。还要根据人心和公理，参照礼仪与法律，使一切处置都符合人心，宣传国家的教令，使被判刑的人也觉得理应如此。这是最好的办案方式。不过，地方长官不止一人，不可能人人都有这样全面的认识，推断事理，探求真实情况，有时也难以做到十分准确。只是应该本着最公正的思想，放下徇私枉法的意图，致力弄清是非曲直，尽量想着把案子办准确。听取口供，查问情由，一定要把自己发现的疑点弄明白，然后再按照法律规定进行拷问，不要严酷残暴，有疑问没弄清楚便从轻发落，事情没搞确实不要妄加处罚，根据事情大小进行裁决，使案子不致于拖得太久。这是较差的层次。对百姓不讲仁慈宽恕，任意采取残暴的手段，把他们当成树木石块，把拷打当成唯一的办法，花言巧语的人尽管罪责明白却逃脱法网，不善言辞的人虽无罪而受惩罚，如果有这种情况，那便是最下等的层次了，这些地方官不是和君上共治天下的人。当今的地方长官，应当尽力按照较好的做法处理，并寻找最好的做法。如果是用最差的做法，那么刑律不会放过他们。

又当深思远大，念存德教。先王之制曰，与杀无辜，宁赦有罪；与其害善，宁其利淫。明必不得中，宁滥舍有罪，不谬害善人也。今之从政者则不然。深文巧劾，宁致善人于法，不免有罪于刑。所以然者，皆非好杀人也，但云为吏宁酷，可免后患。此则情存自便，不念至公，奉法如此，皆奸人也。夫人者，天地之贵物，一死不可复生。然楚毒之下，以痛自诬，不被申理，遂陷刑戮者，将恐往往而有。是以自古以来，设五听三宥之法，著明慎庶狱之典，此皆爱民甚也。凡伐木杀草，田猎不顺，尚违时令，而亏帝道；况刑罚不中，滥害善人，宁不伤天心、犯和气也！天心伤，和气损，而欲阴阳调适，四时顺序，万物阜安，苍生悦乐者，不可得也。故语曰，一夫吁嗟，王道为之倾覆，正谓此也。凡百宰守，可无慎乎。

若有深奸巨滑，伤化败俗，悖乱人伦，不忠不孝，故为背道者，杀一利百，以清王化，重刑可也。识此二途，则刑政尽矣。

【译文】

此外又应当深刻地思考远大的事业，心中想到以德政教化百姓。先王的法律上说过：与其滥杀无辜，不如放掉罪犯；与其残害好人．不如让坏人占便宜。这说明如果案子肯定不能判断准确，宁可让罪犯逃脱，也不能错误地残害好人。但现在当官的就不是这样，他们搜罗法律条款，舞文弄墨，宁可把好人送进法网，也不让罪犯免受惩罚。他们之所以这样，并不是他们全都喜欢杀人，只是说做官最好严厉点，这样可以免除后患。这是为自己打算，没有想到公理，像这样执法的人，都是奸邪之徒。

人是天地间最宝贵的东西，一旦死去，便不可能再活过来。但在严刑拷打之下，有人受不了痛苦，自认有罪，得不到申诉，于是遭到杀害，这种事恐怕随时都有。因此自古以来，设置了从五个方面听取诉讼、对三种情况从宽处理的原则，写下了明察细审案件的法典，这都是极其爱护百姓的举动。大凡砍伐树木、清除杂草、捕猎野兽，如果不正常进行，尚且会违背时令，有损帝王之道；何况判案不准确，滥杀好人，难道会不伤上天的心，破坏万物的和谐吗？上天的心被伤害，万物的和谐遭破坏，却仍想阴阳协调适当，四季时令正常，万物茁壮生长，百姓一片欢乐，是不可能的。因此有人说过，一个人叹息，王道就会因此倾覆，说的正是这种情况。所有的地方长官，能不审慎吗？

如果有人老奸巨猾，伤风败俗，违背人伦，不忠不孝，故意做出违背道德的行为，杀掉这样的一人，有利于一百人，使帝王的教化得以推行，采用重刑也是可以的。懂得这两种途径，那么刑政就完备了。

其六，均赋役，曰：

圣人之大宝曰位。何以守位曰仁，何以聚人曰财。明先王必以财聚人，以仁守位。国而无财，位不可守。是故三五以来，皆有征税之法。虽轻重不同，而济用一也。今逆寇未平，军用资广，虽未遑减省，以恤民瘼，然令平均，使下无匮。夫平均者，不舍豪强而征贫弱，不纵奸巧而困愚拙，此之谓均也。故圣人曰："盖均无贫。"

然财货之生，其功不易。织纴纺绩，起于有渐，非旬日之间，所可造次。必须劝课，使预营理。绢乡先事织纴，麻土早修纺绩。先时而备，至时而输，故王赋获供，下民无困。如其不预劝戒，临时迫切，复恐稽缓，以为己过，捶扑交至，取办目前。富商大贾，缘兹射利，有者从之贵买，无者与之举息。输税之民，于是弊矣。

租税之时，虽有大式，至于斟酌贫富，差次先后，皆事起于正长，而系之于守令。若斟酌得所，则政和而民悦；若检理无方，则吏奸而民怨。又差发徭役，多不存意。致令贫弱者或重徭而远戍，富强者或轻使而近防。守令用怀如此，不存恤民之心，皆王政之罪人也。

【译文】

第六条，平均赋税徭役，内容包括：

圣人最宝贵的是地位。用来守住地位的是仁爱，用来凝聚百姓的是财富。这些表明先代圣王也必须用财富聚集百姓，仁慈才能保住帝王之位。国家没有财富，帝王之位很难保住。所以从三皇五帝以来，便有征收赋税的办法。虽然赋税轻重不一样，但都是为了满足国家的开支。现在逆贼还未消灭，军用开支很大，即便来不及减少赋税，以体念百姓的疾苦，也应使赋税平均，使百姓不至于穷困。平均，就是不要避开豪强而向贫弱的人家征税，也不要放任奸巧的人而使愚笨的人受欺压，这就是我们所讲的平均。因此，圣人说："只要平均就没有贫困。"

然而财物的生产，其工作也不是一件容易的事情。织布纺麻，得从一丝一线做起，并非在一朝一夕之间仓促可成。地方长官一定要劝说督促百姓，让他们事先便着手生产。种桑的地方要趁早织造绢帛，出麻的地方应尽早纺织布匹。在交纳赋税以前就把该交的东西准备好，到该交的时候便上交，所以国家赋税能得到保证，老百姓也不会感到窘迫。如果预先不对百姓进行督促指示，到交纳赋税时期限紧迫，官吏又怕拖延时间，使自己犯错误，便对百姓进行拷打，让他们一下子就准备好。那些富有的商贾趁此机会牟取暴利，有钱人家向他们高价购买，没有钱的人家向他们付息贷款。交纳赋税的百姓，于是遭殃了。

征收租税的时候，虽然有大致的规定，至于考虑贫富差别、排列先后顺序，都由基层的党正里长提出意见，再由郡守县令决定。如果处理得法，政治将会稳定，百姓也将高兴；如果处理不得法，刀笔小吏将投机取巧，百姓将怨声载道。另外，在选派人服徭役时，大都不关心百姓，致使贫穷力弱的人徭役重，服役的地方远，而有钱有势的人徭役轻，服役的地方近。郡守县令考虑事情如此草率，没有一点怜悯百姓的心肠，都是君王政务的罪人。

太祖甚重之，常置诸座右。又令百司习诵之。其牧守令长，非通六条及计账者，不得居官。

自有晋之季，文章竞为浮华，遂成风俗。太祖欲革其弊，因魏帝祭庙，群臣毕至，乃命绰为大诰，奏行之，其词曰：

惟中兴十有一年，仲夏，庶邦百辟，咸会于王庭。柱国泰洎群公列将，罔不来朝。时乃大稽百宪，敷于庶邦，用绥我王度。皇帝曰："昔尧命羲和，允厘百工。舜命九官，庶绩咸熙。武丁命说，克号高宗。时惟休哉，朕其钦若。格尔有位，胥暨我太祖之庭，朕将丕命女以厥官。"

【译文】

太祖宇文泰极重视这《六条诏书》，常把它放在座位右边，又命令百官学习背诵。那些刺史、太守、县令或县长，如果不通晓《六条诏书》及稽查户籍的计账方法，就不能任职。

自从晋朝末年以来，文章竞相追求浮华的风格，终于成为一种风气。宇文泰想改变这种弊病，趁西魏文帝祭祀宗庙，官员们会集到都城的时候，命令苏绰撰成《大诰》，上奏朝廷，加以颁行。《大诰》说：

国家中兴十一年，仲夏，各地长官都聚集在朝廷。柱国宇文泰及群公与各位将军，没有谁没到会。朝廷便在这时全面考查各种制度，颁布给各地，以辅助国家的政教。皇帝说："古代帝尧任命羲和，使百官各尽其职。舜任命皋陶等九人为官，各种事情都顺利做成。武丁任用傅说，使他自己被尊为高宗。现在天时美好，寡人敬重你们的顺从。你们各有职位，全都来到我太祖的王庭，寡人将把那些官职奉天意任命给你们。"

六月丁巳，皇帝朝格于太庙，凡厥具僚，罔不在位。

皇帝若曰："咨我元辅、群公、列将、百辟、卿士、庶尹、御事，朕惟寅敷祖宗之灵命，稽于先王之典训，以大诰于尔在位。昔我太祖神皇，肇膺明命，以创我皇基。烈祖景宗，廓开四表，底定武功。暨乎文祖，诞敷文德，龚惟武考，不霣其旧。自时厥后，陵夷之弊，用兴大难于彼东丘，则我黎人，咸坠涂炭。惟台一人，缵戎下武，夙夜祗畏，若涉大川，罔识攸济。是用稽于帝典，揆于王廷，拯我民瘼。惟彼哲王，示我彝训，曰天生蒸民，罔克自乂，上帝降鉴睿圣，植元后以乂之。惟时元后弗克独乂，博求明德，命百辟群吏以佐之。肆天之命辟，辟之命官，惟以恤民，弗惟逸念。辟惟元首，庶黎惟趾，股肱惟弼。上下一体，各勤攸司，兹用克臻于皇极。胡其彝训曰：'后克艰厥后，臣克艰厥臣，政乃乂。'今台一人，膺天之嘏，既陟元后。股肱百辟又服我国家之命，罔不咸守厥职。嗟夫，后弗艰厥后，臣弗艰厥臣，于政何弗敎，呜呼艰哉！凡尔在位，其敬听命。"

【译文】

六月丁巳日，皇帝到太庙朝拜，凡是官员，无不在位。

皇帝说："我的宰相、群公、将军、百官、卿士、庶尹及御事们，我承接先祖遗命，考查历代明君的制度，将向官员下达重大命令。先前我太祖神元皇帝，开始接受上天的大命，开创大业。烈祖景宗，向四方开拓疆土，完成了武功。到了文祖，大力施行文教德政，遵奉武考，不失旧制。从那以后，日益衰弱，东土出现大乱，黎民百姓，遭受涂炭。我继承祖先遗业，日夜警惧，就像要过一条大河，不知该从哪儿下水。所以参考古代帝王的制度，揣度先王的政教，以解救百姓的疾苦。那些贤明的先王，给我以教诲，说上天生育百姓，不能自己治理自己，上天深察下情，明晓事理，设置天子以治理百姓。天子一个人不可能治理百姓，于是广求德行完美的人，设置百官及各种官吏来辅佐自己。上天设立天子，天子设置百官，都是为了体察百姓，不是为了贪图安逸。天子好比头，百姓好比脚，百官好比胳膊和大腿一样辅助天子。上下连为一体，各自把自己应该做的事做好，从而达到最高的原则。所以先王经常教导说：'做天子如能尽力把天子的事做好，臣子如尽力把臣子的事做好，国家就会治理好。'如今我受上天的福佑，登上帝位。辅佐我的百官又服从国家的政令，无不恪尽职守。唉，如果君王不能付出君王的艰辛，大臣不能付出大臣的艰辛，政事哪会不败坏呢？唉，艰难呀！诸位凡是在职的，希望听从寡人之命。"

皇帝若曰："柱国，唯四海之不造，载繇二纪。天未绝我太祖列祖之命，用锡我以元辅。国家将坠，公惟栋梁。皇之弗极，公作相。百揆愆度，公惟大录。公其允文允武，克明克乂，廸七德，敷九功，龛暴除乱，下绥我苍生，旁施于九土。若伊之在商，周之有吕，说之相丁，用保我无疆之祚。"

皇帝若曰："群公、太宰、太尉、司徒、司空。惟公作朕鼎足，以弼乎朕躬。宰惟天官，克谐六职。尉惟司武，武在止戈。徒惟司众，敬敷五教。空惟司土，利用厚生。惟时三事，若三阶之在天；惟兹四辅，若四时之成岁。天工人其代诸。"

皇帝若曰："列将，汝惟鹰扬，作朕爪牙，寇贼奸宄，蛮夷猾夏，汝徂征，绥之以惠，董之以威。刑期于无刑，万邦咸宁。俾八表之内，莫违朕命，时汝功。"

皇帝若曰："庶邦列辟，汝惟守土，作民父母。民惟不胜其饥，故先王重农；不胜其寒，故先王贵女功。民之不率于孝慈，则骨肉之恩薄；弗惇于礼让，则争夺之萌生。惟兹六物，实为教本。呜呼！为上在宽，宽则民怠。齐之以礼，不刚不柔，稽极于道。”

【译文】

皇帝说：“柱国，四海不幸，由开始至今已有两代。上天没有断绝我太祖列祖之运命，因而把重臣赐给我。国家有灭亡的危险，你成为国家的栋梁。朝廷缺乏最高的准则，你便担任宰相。百官没有秩序，你总率百官。你文武兼备，英明善治，宣扬七种德行，创建九种功绩，剪暴除乱，使百姓安宁，九州以外的人也蒙受你的恩惠。好像伊尹在商代，周代有吕望，傅说辅佐武丁，因而可保我朝无穷无尽的幸福。”

皇帝说：“群公、太宰、太尉、司徒、司空，诸位作为寡人的三公重臣，辅佐寡人。太宰是天官府的首脑，要做好治、教、礼、政、刑、事六种职务。太尉掌管军事，职在消除战争。司徒掌管百姓，要认真宣布父义、母慈、兄友、弟恭、子孝五种教化。司空掌管土地，要开发地利，为百姓谋福利。朝廷三公，就像天上有三台星；朝廷四辅，就像一年有四季。一切官职虽然是按上天的意志设立的，但需人去担任。”

皇帝说：“各位将军，你们要大展雄才，做寡人英勇善战的勇士。盗贼为非作歹，蛮夷扰乱中原，你们前往征讨，用恩惠安抚他们，用威刑监督他们。战争的最终目的是消除战争，各国实现和平。使八方之内，没有谁敢违抗寡人的命令，这是你们的功劳。”

皇帝说：“各地众官，你们掌管所辖的区域，要做百姓的父母。百姓不能忍受饥饿，所以先代圣王重视农耕；百姓不能忍受寒冷，所以先代圣王重视纺织。百姓如果不孝敬慈爱，亲人之间就会缺乏恩情；如果不尊崇礼让，就会产生争夺的念头。这六件事，确实是教化的根本。唉！治理百姓应当宽厚，但太宽厚百姓又会懈怠。只有用礼法使他们的思想与行动一致，不刚不柔，才符合中正之道的准则。”

皇帝若曰：“卿士、庶尹、凡百御事，王省惟岁，卿士惟月，庶尹惟日，御事惟时。岁月日时，罔易其度，百宪咸贞，庶绩其凝。呜呼！惟若王官，陶均万国，若天之有斗，斟元气，酌阴阳，弗失其和，苍生永赖；悖其序，万物以伤。时惟艰哉！”

皇帝若曰：“惟天地之道，一阴一阳；礼俗之变，一文一质。爰自三五，以迄于兹，匪惟相革，惟其救弊，匪惟相袭，惟其可久。惟我有魏，承乎周之末流，接秦汉遗弊，袭魏晋之华诞，五代浇风，因而未革，将以穆俗兴化，庸可暨乎。嗟我公辅、庶僚、列侯，朕惟否德，其一心力，祗慎厥艰，克遵前王之丕显休烈，弗敢怠荒。咨尔在位，亦协乎朕心，悖德允元，惟厥艰是务。克捐厥华，即厥实，背厥伪，崇厥诚。勿愆勿忘，一乎三代之彝典，归于道德仁义，用保我祖宗之丕命。荷天之休，克绥我万方，永康我黎庶。戒之哉！戒之哉！朕言不再。”

【译文】

皇帝说：“卿士、庶尹及御事们，六件事的实行，君王每年视察各地一次，卿士则应每月一次，众官首长每天都应巡视，办事人员则应随时检查。年、月、日、时，先后不发生错乱，各种制度就将合乎时宜，一切事情都将顺畅。唉！你们这些天子的官员，控制治理各地，就像天上的北斗，调和元气阴阳，不让它失去和谐，百姓永远仰仗你们；如果违反了应有的次序，世间万物就会因此而受到损伤。这是十分艰辛的事情啊！”

皇帝说：“天地的规律，一阴一阳；礼俗的变化，一文一质。从三皇五帝到今天，不仅有所变革，正是因为它可以挽救时弊，不仅有所沿袭，正因为它可以保持长久。我大魏上继周代衰亡时期的世风，又承接了秦汉时代的陋俗，因袭了魏晋两朝的奢华怪诞，这五代浮薄的风气，历代相承，未加改变。要使风俗和厚，宣扬教化，哪有可能办到呢？唉！公辅、庶僚及列侯们，我自思德行鄙劣，只能全心尽力，努力继承先王的伟大业绩，不敢松懈享乐。你们各位官员，应当与我的想法一样，使德行淳朴，恭谨地坚守自己的职责。丢弃奢华，讲究朴实；背离虚伪，崇尚真诚。不要犯错误，不要忘记自己的职责，用夏、商、周三代常用的典则来统一世风，使社会风气归向道德仁义，以此保全我祖宗传下来的大命。承受皇天的福禄，能够安抚天下各地，永远使我朝百姓安宁。大家要谨慎啊！谨慎啊！我的话不说第二遍了。”

柱国泰洎庶僚百辟拜手稽首曰：“‘亶聪明作元后，元后作民父母。’惟三五之王，率繇此道，用臻于刑措。自时厥后，历千载而未闻。惟帝念功，将反叔世，逖致于雍。庸锡降丕命于我群臣。博哉王言，非言之难，行之实难。罔不有初，鲜克有终。《商书》曰：‘终始惟一，德乃日新。’惟帝敬厥始，慎厥终，以跻日新之德，则我群臣，敢不夙夜对扬休哉。惟兹大谊，未光于四表，以迈种德，俾九域幽遐，咸昭奉元后之明训，率迁于道，永膺无疆之休。”

帝曰：“钦哉。”

自是之后，文笔皆依此体。

绰性俭素，不治产业，家无余财。以海内未平，常以天下为己任。博求贤俊，共弘治道，凡所荐达，皆至大官。太祖亦推心委任，而无间言。太祖或出游，常预署空纸以授绰，若须有处分，则随事施行，及还，启之而已。绰尝谓治国之道，当爱民如慈父，训民如严师。每与公卿议论，自昼达夜，事无巨细，若指诸掌。积思劳倦，遂成气疾。十二年，卒于位，时年四十九。

【译文】

柱国宇文泰与群官敬礼后说：“‘确实聪明的人就做君主，君主做百姓的父母。’三皇五帝大都遵行这种治国之道，以使可以弃置刑法而不用。从那以后，已经过了千年，再也没听说哪个帝王遵循这一原则了。陛下想建立功业，将改正乱世风俗，使社会风气变得和厚，向我们群臣颁布重大命令。陛下的话真博大，说起来并不难，做起来才难。任何事情都有开头，但很少有善始善终的。《商书》上说：‘始终如一，德行日进。’我们希望陛下慎终如始，使德行日益光大，我们臣下怎敢不日夜颂扬陛下的美德。这重大的命令，还未传遍四方，以远布陛下的恩德。应当使全国最偏远的百姓，也清楚地领会陛下的教诲，行为都向正确的方向转变，永远获得无穷无尽的好处。”

皇帝说：“你们可要认真谨慎啊。”

从此之后，文章的风格都依照这种体例。

苏绰品性节俭朴素，不经营私人产业。家中没有多余的财物。因为全国还未平定，他常把统一天下作为自己的责任。广求贤才俊杰，一起探寻治理国家的办法。凡是他所推荐的人，都受到重用。太祖宇文泰也推心置腹地任用他，从未说过不满意他的话。宇文泰有时到城外去游玩，经常预先在空白纸上签上自己的名字交给苏绰，如果有什么事需要处理，苏绰便根据情况做出裁决加以实行，等宇文泰回来后，告诉他一声就可以了。苏绰曾说，治理国家的方法就是，官员们应该像慈祥的父亲那样爱护百姓，像严格的老师那样教诲百姓。苏绰每次与公卿议论政事，都是从白天一直谈到晚上，事情无论大小，都好像在手掌上筹划一样。由于他长期思考，过于疲劳困倦，最终患上气血不通的疾病。大统十二年，苏绰在任职期间去世，终年四十九岁。

太祖痛惜之，哀动左右。及将葬，乃谓公卿等曰："苏尚书平生谦退，敦尚俭约。吾欲全其素志，便恐悠悠之徒，有所未达；如其厚加赠谥，又乖宿昔相知之道。进退惟谷，孤有疑焉。"尚书令史麻瑶越次而进曰："昔晏子，齐之贤大夫，一狐裘三十年。及其死也，遣车一乘。齐侯不夺其志。绰既操履清白，廉挹自居，愚谓宜从俭约，以彰其美。"太祖称善，因荐瑶于朝廷。及绰归葬武功，唯载以布车一乘。太祖与群公，皆步送出同州郭门外。太祖亲于车后酹酒而言曰："尚书平生为事，妻子兄弟不知者，吾皆知之。惟尔知吾心，吾知尔意。方欲共定天下，不幸遂舍我去，奈何！"因举声恸哭，不觉失卮于手。至葬日，又遣使祭以太牢，太祖自为其文。

绰又著《佛性论》《七经论》，并行于世。明帝二年，以绰配享太祖庙庭。子威嗣。

威少有父风，袭爵美阳伯。娶晋公护女新兴公主，拜车骑大将军、仪同三司，进爵怀道县公。建德初，稍迁御伯下大夫。大象末，开府仪同大将军。

【译文】

太祖宇文泰对苏绰的去世十分痛惜，悲哀的情感使左右的人感动。到了将要下葬的时候，宇文泰对公卿们说："苏尚书一生谦虚逊让，崇尚节俭，我想保全他的志向，又害怕大家不会理解；如果对他加以隆重地追赠，与我们以前互为知己投契相违背，我实在不知道如何是好。"尚书令史麻瑶逾越次序走上前来说："古代晏子是齐国德行卓著的大夫，一件狐皮袄子穿了三十年。等到他死的时候，遗嘱只需一匹马运载灵柩。齐侯没有改变他的志向。苏绰既然操行纯洁，以谦虚退让自处，愚意认为应该从俭办理，以此宣扬他的美德。"宇文泰认为他的意见很好，于是把他推荐给朝廷。当苏绰的遗体被送回武功老家安葬时，只用一辆布车载着他的灵柩。宇文泰与众大臣都步行把他的灵车送出同州城门外。宇文泰亲自在灵车后面洒酒祭奠说："尚书平时所做的事，你的妻子儿女和兄弟们不知道的，我全知道。只有你知道我的心，我知道你的心。正想与你共同安定天下，你却不幸就舍弃我而离开了人世，我该怎么办啊？”于是放声痛哭，酒杯掉在地上也没有察觉。到下葬那天，宇文泰又派人去用牛、羊、猪三种牲畜祭奠他，并亲自写下祭奠文。

苏绰还撰有《佛性论》《七经论》等文章，都传于世。北周明帝二年，让苏绰配祭于太祖庙庭。苏绰的儿子苏威继承了他美阳伯的爵位。

苏威年轻时就有他父亲的风范，承袭了美阳伯的爵位。他娶晋公宇文护的女儿新兴公主，官拜车骑大将军，仪同三司，进封爵位为怀道县公。建德初年，升至御伯下大夫。大象末年，任开府仪同大将军。

史臣曰：《书》云：“惟后非贤弗乂，惟贤非后罔食。”是以知人则哲，有国之所先；用之则行，为下之常道。若乃庖厨、胥靡、种德、微管之臣，罕闻于世；黜鲁、逐荆、抱关、执戟之士，无乏于时。斯固《典》《谟》所以昭则，《风》《雅》所以兴刺也。诚能监前事之得丧，劳虚己于吐握，其知贤也必用，其授爵也勿疑，则舜禹汤武之德可连衡矣，稷契伊吕之流可比肩矣。

太祖提剑而起，百度草创。施约法之制于竞逐之辰，修治定之礼于鼎峙之日。终能斫雕为朴，变奢从俭，风化既被，而下肃上尊；疆埸屡扰，而内亲外附。斯盖苏令绰之力也。名冠当时，庆流后嗣，宜哉。

【译文】

史臣说：《尚书》里说：“君主非贤人不能治理好天下，贤人非君主就没有俸禄。”因此能真正理解大臣称得上聪明智慧，这是君主治国的先决条件；被任用就推行正确的治国措施，这是作为臣子的通常做法。至于像伊尹、傅说、皋陶、管仲这些古代名臣，从微贱而升至高位，世上很少听说过；而孔子、韩信等贤才却受到驱逐，从事卑下的职务，这种事时时都有。《尚书》中的《尧典》《皋陶谟》之所以要昭示古代圣王用人的准则，《诗经》中的《国风》《小雅》之所以要对贤才得不到任用进行讥刺，正是因为这个原因啊。君主们如果真的能借鉴前代事迹的得失，不辞辛劳，虚己待人，像周公纳才那样，一饭三吐哺，一沐三握发，知道有人是贤才就一定加以任用，授给他们爵位时不要有所疑虑，这样，他们的德行就可以与舜、禹、商汤、周武王这些古代圣王媲美，稷、契、伊尹、吕望这一类贤臣并列了。

太祖宇文泰仗剑起事，各种制度开始创立。他在各种势力相互争夺的时候颁行简便的法律制度，在三方鼎峙的时候创建使国家安定的礼仪，最终铲除浮华表弊的习俗，树立起质朴的新风，使奢侈的社会风气趋于俭朴。新的礼俗制度在全国推行后，百姓变得恭敬守法，官长受到尊重，边疆虽多次受到敌人的骚扰，但朝中团结，百姓依附。这都是苏绰的功劳啊。他的名声位居当时之首，恩泽传到后代，这都是应该的。

宣帝杨皇后列传

宣帝杨皇后名丽华，隋文帝长女。帝在东宫，高祖为帝纳后为皇太子妃。宣政元年闰六月，立为皇后。帝后自称天元皇帝，号后为天元皇后。寻又立天皇后及左右皇后，与后为四皇后焉。二年，诏曰："帝降二女，后德所以俪君；天列四星，妃象于焉垂耀。朕取法上玄，稽诸令典，爰命四后，内正六宫，庶弘赞柔德，广修粢盛。比殊礼虽降，称谓曷宜，其因天之象，增锡嘉名。"于是后与三皇后并加大焉。帝遣使持节册后为天元大皇后曰："咨尔含章载德，体顺居贞，肃恭享祀，仪刑邦国，是用嘉兹显号，式畅徽音。尔其敬践厥猷，寅答灵命，对扬休烈，可不慎欤。"寻又立天中大皇后，与后为五皇后。

后性柔婉，不妒忌，四皇后及嫔御等咸爱而仰之。帝后昏暴滋甚，喜怒乖度。尝谴后，欲加之罪，后进止详闲，辞色不挠。帝大怒，遂赐后死，逼令引决。后母独孤氏闻之，诣阁陈谢，叩头流血，然后得免。帝崩、静帝尊后为皇太后，居弘圣宫。

初，宣帝不豫，诏后父入禁中侍疾。及大渐，刘昉、郑译等因矫诏以后父受遗辅政。后初虽不预谋，然以嗣主幼冲，恐权在他族，不利于己，闻昉、译已行此诏。心甚悦之。后知其父有异图，意颇不平，形于言色。及行禅代，愤惋逾甚。隋文帝既不能谴责，内甚愧之。开皇六年，封后为乐平公主。后又议夺其志，后誓不许，乃止。大业五年，从炀帝幸张掖，殂于河西。年四十九。炀帝还京，诏有司备礼，祔葬后于定陵。

【译文】

北周宣帝宇文赟的杨皇后名叫丽华，是隋文帝的大女儿。宣帝当皇太子时，周武帝做主让他娶杨皇后为皇太子妃。宣政元年闰六月，将她册封为皇后。宣帝后来自称为天元皇帝，称杨皇后为天元皇后。不久又册封了天皇后与左右皇后，同杨皇后共有四位皇后。宣政二年，宣帝下诏说："上天降下二女做舜的妃子，从此皇后的德行便与君王交相辉映；天上排列着四颗代表嫔妃的星星，从而向人世显示上帝的原则。我效法上苍，考察古代的法则，封立四位皇后。使后宫制度符合正确的准则，希望借此发扬柔美的德行，增加祭献祖先的子嗣。近来虽然赐予特殊的礼仪，名称还不太适合，现在根据天象，进一步赐予美好的名称。"因此杨皇后与其他三个皇后前都加上"大"字。宣帝派人手持皇帝符节册封杨皇后为天元大皇后说："你内含美质，德行显扬，行为正确，遵循正道，使祭礼宴飨庄严肃穆，成为全国学习的榜样，所以用这一显耀的名号嘉奖你，以宣扬你的美名。希望你恭敬地实践你的美德，以报答这一神圣的任命，和我一起共同把事情办好，难道还不应该慎重吗。"不久又册封了天中大皇后，同杨皇后一共有五个皇后。

杨皇后性格温和，不妒忌，其他四个皇后及嫔妃们都喜欢她并敬重她。宣帝后来越来越昏庸残暴，喜怒没有节制。曾经指责杨皇后，想办她的罪，杨皇后举动安详，言语和表情都不屈服。宣帝大怒，于是让杨皇后去死，逼着她自杀。杨皇后的母亲独孤氏听说这个消息后，到宫门前向宣帝道歉，叩头不止，直到头上的血都流了出来，杨皇后才得以幸免。宣帝去世后，静帝宇文衍尊奉她为皇太后，住在弘圣宫。

起先，宣帝患病，令杨皇后的父亲到禁省中服侍。当宣帝病危时，刘昉、郑译等人趁机谎称宣帝下诏，让杨皇后的父亲接受遗诏辅佐静帝执政。杨皇后开始虽没有参与谋划，但因静帝年龄幼小，担心朝廷大权落到其他人手中，对自己不利，听说刘昉、郑译已经发布这一诏令，心里为此很高兴。后来知道他的父亲有别的阴谋，心中很不服，并在语言和表情上显示出来。当隋文帝代周建隋时，她更加愤怒痛惜。隋文帝又不能为此指责她，心中很有些惭愧。开皇六年，隋文帝封她为乐平公主。后来又商量想让她改嫁，杨皇后发誓不答应，于是不再提这事。大业五年，她跟随隋炀帝到张掖，在黄河西边去世，终年四十九岁。隋炀帝回到京城长安后，下令有关机构配备礼仪，将她安葬在宣帝的定陵。

〔隋书〕

杨玄感列传

杨玄感，司徒素之子也。体貌雄伟，美须髯。少时晚成，人多谓之痴，其父每谓所亲曰："此儿不痴也。"及长，好读书，便骑射。以父军功，位至柱国，与其父俱为第二品，朝会则齐列。其后高祖命玄感降一等，玄感拜谢曰："不意陛下宠臣之甚，许以公廷获展私敬。"初拜郢州刺史，到官，潜布耳目，察长吏能不。其有善政及赃污者，纤介必知之，往往发其事，莫敢欺隐。吏民敬服，皆称其能。后转宋州刺史，父忧去职。岁余，起拜鸿胪卿，袭爵楚国公，迁礼部尚书。性虽骄倨，而爱重文学，四海知名之士多趋其门。

自以累世尊显，有盛名于天下，在朝文武多是父之将吏，复见朝纲渐紊，帝又猜忌日甚，内不自安，遂与诸弟潜谋废帝，立秦王浩。及从征吐谷浑，还至大斗拔谷，时从官狼狈，玄感欲袭击行宫。其叔慎谓玄感曰："士心尚一，国未有衅，不可图也。"玄感乃止。

【译文】

杨玄感是司徒杨素的儿子。他体貌雄伟，长着一部很好看的大胡须。他少年时很晚才懂事，因此很多人都说他痴。他的父亲却常对亲近的人说："这个孩子不痴。"等到长大后，他喜欢读书，并喜欢骑马射箭。他凭借父亲的军功，获得了柱国的高位，同他的父亲都属第二品，朝会的时候与父亲站在同一行列中。后来高祖命杨玄感朝会的时候后退一列，玄感拜谢说："没想到陛下如此宠爱臣，允许臣在公廷上体现私敬。"开始时朝廷任命他做郢州刺史，他上任后，暗中布下耳目，考察下面官吏的好坏。这些耳目发现下面的官吏有政事处理得好的以及贪赃枉法的，哪怕一丝一毫也一定报告杨玄感，因此玄感常常把这些官吏的表现公布出来，官吏们也就没有人敢对他有什么欺骗隐瞒。吏民们敬服他，都称赞他贤能。后调任宋州刺史，因父亲去世而离职。过了一年多，他出来做官被任命为鸿胪卿，并承袭父爵为楚国公，后又调升为礼部尚书。他的性情虽然倨傲，却十分爱好和重视文学，天下知名的文士多归附到他的门下。

杨玄感自以为杨家世世尊贵显耀，在天下享有盛名，在朝廷上的文武官员也多是他父亲原来的将吏，又发现朝廷纲纪渐渐混乱，而炀帝对杨家的猜忌又越来越厉害，因此他内心深感不安，于是就同他的弟弟们暗地谋划废掉炀帝，更立秦王杨浩为帝。到杨玄感随从炀帝出征吐谷浑，回来时走到名叫大斗拔谷的地方，这时从行的官吏们已十分疲劳狼狈，杨玄感便想趁机袭击炀帝的行宫。他的叔叔杨慎对他说："现在人心还一致，国政又没有出现大的问题，还不可采取行动。"玄感这才止而未发。

时帝好征伐，玄感欲立威名，阴求将领。谓兵部尚书段文振曰："玄感世荷国恩，宠逾涯分，自非立效边裔，何以塞责！若方隅有风尘之警，庶得执鞭行阵，少展丝发之功。明公兵革是司，敢布心腹。"文振因言于帝，帝嘉之，顾谓群臣曰："将门必有将，相门必有相，故不虚也。"于是赉物千段，礼遇益隆，颇预朝政。

帝征辽东，命玄感于黎阳督运。于时百姓苦役，天下思乱，玄感遂与武贲郎将王仲伯、汲郡赞治赵怀义等谋议，欲令帝所军众饥馁，每为逗留，不时进发。帝迟之，遣使者逼促，玄感扬言曰："水路多盗贼，不可前后而发。"其弟武贲郎将玄纵、鹰扬郎将万硕并从幸辽东，玄感潜遣人召之。时将军来护儿以舟师自东莱将入海，趣平壤城，军未发。玄感无以动众，乃遣家奴伪为使者，从东方来，谬称护儿失军期而反。玄感遂入黎阳县，闭城大索男夫。于是取帆布为牟甲，署官属，皆准开皇之旧。移书傍郡，以讨护儿为名，各令发兵，会于仓所。以东光县尉元务本为黎州刺史，赵怀义为卫州刺史，河内郡主簿唐祎为怀州刺史。有众且一万，将袭洛阳。唐祎至河内，驰往东都告之。越王侗、民部尚书樊子盖等大惧，勒兵备御。修武县民相率守临清关，玄感不得济，遂于汲郡南渡河，从乱者如市。数日，屯兵上春门，众至十余万。子盖令河南赞治裴弘策拒之，弘策战败。瀍、洛父老竟致牛酒。玄感屯兵尚书省，每誓众曰："我身为上柱国，家累钜万金，至于富贵，无所求也。今者不顾破家灭族者，但为天下解倒悬之急，救黎元之命耳。"众皆悦，诣辕门请自效者，日有数千。与樊子盖书曰：

【译文】

当时炀帝好出兵征伐，杨玄感想为自己树立威名，便暗地谋求做将领。他对兵部尚书段文振说："玄感世世蒙受国恩，获得朝廷过分的荣宠，如果不能立志效命边疆，用什么来报答朝廷呢！如果边疆有军情，希望能服役于行伍之中，多少做一点微薄的贡献。明公是执掌军事的，因此谨向您表白我内心的想法。"段文振把杨玄感的话转告给炀帝，炀帝称赞他，看看群臣说："将门必有将才，相门必有相才，这话不假。"于是赐给杨玄感丝织物一千段，对他的礼遇越来越隆重，杨玄感因此也很能参与一些朝政。

炀帝征伐辽东，命杨玄感在黎阳督运粮草。这时老百姓为徭役所苦，天下人心思乱，玄感于是同武贲郎将王仲伯、汲郡赞治赵怀义等谋议，想让炀帝所率的军队饥饿，因此每次运送粮草都故意逗留，不及时送发。炀帝嫌他们运送粮草太迟慢，遣使者来催逼。杨玄感扬言说："水路多盗贼，不可前后相继发送。"杨玄感的弟弟武贲郎将杨玄纵、鹰扬郎将万硕都跟从炀帝在辽东，玄感暗地派人召他们回来。当时名叫来护儿的将军正准备率水军从东莱入海，前往平壤城，军队还没有出发。杨玄感正愁没有借口发动众人，于是就派他的家奴伪装成使者，从东方来，谎称来护儿坐失军期而造反。杨玄感于是进入黎阳县城，关闭城门，大肆搜索成年男子。又取帆布做成盔甲，署置属官，都依照开皇年间的旧制。又写文告发送周围各郡，以讨伐来护儿为名，命令各郡发兵，到黎阳仓所会师。杨玄感用东光县尉元务本做黎州刺史，赵怀义做卫州刺史，河内郡主簿唐祎做怀州刺史。这时杨玄感拥有军队将近一万人，将要袭击洛阳。唐祎到河内后，便飞马驰往东都洛阳报告。在洛阳城的越王杨侗、民部尚书樊子盖等大为恐惧，便率兵做防御准备。修武县的人民都相率前来守卫临清关，使杨玄感不能从这里渡河，于是便从汲郡南渡河，前来跟从杨玄感叛乱的人就像赶集市一样。过了几天，杨玄感把兵屯驻在上春门，已经拥有十多万人。樊子盖命令河南赞治裴弘策率兵抵御杨玄感，裴弘策被打败了。瀍水、洛水一带的父老们都竞相送牛送酒来慰问杨玄感的军队。玄感把兵屯驻在尚书省，常发誓言以鼓动众人说："我身为上柱国，家中有上万金钱，至于说富贵，我已经无所求了。今天之所以不顾破家灭族的大灾难，只是为了替天下人解救危如倒悬的急难，拯救百姓的性命罢了。"众人听了都很高兴，到杨玄感的营门前来请求效命的人，每天都有好几千。杨玄感写信给樊子盖说：

夫建忠立义，事有多途，见机而作，盖非一揆。昔伊尹放太甲于桐宫，霍光废刘贺于昌邑，此并公度内，不能一二披陈。

高祖文皇帝诞膺天命，造兹区宇，在琁玑以齐七政，握金镜以驭六龙，无为而至化流，垂拱而天下治。今上纂承宝历，宜固洪基，乃自绝于天，殄民败德。频年肆眚，盗贼于是滋多，所在修治，民力为之凋尽。荒淫酒色，子女必被其侵，耽玩鹰犬，禽兽皆离其毒。朋党相扇，货贿公行，纳邪佞之言，杜正直之口。加以转输不息，徭役无期，士卒填沟壑，骸骨蔽原野。黄河之北，则千里无烟，江淮之间，则鞠为茂草。

玄感世荷国恩，位居上将，先公奉遗诏曰："好子孙为我辅弼之，恶子孙为我屏黜之。"所以上禀先旨，下顺民心，废此淫昏，更立明哲。四海同心，九州响应，士卒用命，如赴私仇，民庶相趋，义形公道。天意人事，较然可知。公独守孤城，势何支久！愿以黔黎在念，社稷为心，勿拘小礼，自贻伊戚。谁谓国家一旦至此，执笔潸泫，言无所具。

【译文】

要想建立忠义之名，有多种途径，应当见机而行，恐怕不应只遵循一种标准。从前伊尹把商帝太甲放逐到桐宫，霍光把汉帝刘贺废掉而让他回到昌邑，这都是你所知道的，类似的事情不能一一陈述。

高祖文皇帝大受天命，缔造了隋的天下，像北斗处天极以节制日月与金木水火土的运行，握英明之道以驾驭贤才能士，从容安静而使最好的教化流布全国，垂衣拱手毫不费力而天下得到治理。当今皇上继承帝位，应该巩固大业，他竟自绝于天，残害人民而败坏德行。连年肆行过恶，盗贼因此越来越多。他到处大兴工程，致使民力耗尽。他荒淫酒色，臣民的女子就必然被他侵侮。他酷好玩弄鹰犬，致使禽兽都遭受他的毒害。他治下的官吏结党营私互相煽惑，致使贿赂公行。他纳用邪恶谗佞之言，而堵塞正直者之口。加上为战争转运粮草不停，徭役没个期限，士卒大量死亡，骸骨布满原野。黄河以北，千里不见人烟；江淮之间，长满茂草。

玄感之家世世蒙受国恩，位居上将。我的先公曾接受先帝遗诏说："如果是好子孙您就为我辅佐他，如果是坏子孙您就为我除掉他。"所以我上禀先帝遗旨，下顺天下民心，废掉这个荒淫昏乱之君，更立明哲的君主。四海同心，九州响应，士卒听命而行，如同前去报私仇一般，百姓竞相归附，正义之气显现于大路上。天意民心如何，已经清楚可知了。公独守此座孤城，这种形势哪里可以支持长久。愿以百姓为念，把国家社稷放在心上，不要被小礼所束缚，自己给自己留下忧患。谁知国家今天到了这步田地，握笔流泪，不知道说了些什么。

遂进逼都城。

刑部尚书卫玄，率众数万，自关中来援东都。以步骑二万渡瀍、涧挑战，玄感伪北。玄逐之，伏兵发，前军尽没。后数日，玄复与玄感战，兵始合，玄感诈令人大呼曰："官军已得玄感矣。"玄军稍怠。玄感与数千骑乘之，于是大溃，拥八千人而去。玄感骁勇多力，每战亲运长矛，身先士卒，喑呜叱咤，所当者莫不震慑。论者方之项羽。又善抚驭，士乐致死，由是战无不捷。玄军日蹙，粮又尽，乃悉众决战，阵于北邙，一日之间，战十余合。玄感弟玄挺中流矢而毙，玄感稍却。樊子盖复遣兵攻尚书省，又杀数百人。

【译文】

于是杨玄感率兵进逼东都洛阳城。

刑部尚书卫玄，率兵好几万人，从关中前来支援东都。卫玄用步兵和骑兵两万人渡过瀍水、涧水来向杨玄感挑战。玄感假装败走。卫玄在后追赶，玄感布置的伏兵发起攻击，卫玄的前军全部被消灭。此后过了几天，卫玄又与杨玄感作战，双方刚交手，玄感就诈令人大声呼喊道："官军已经抓获玄感了。"卫玄的军队听到这消息便有些懈怠了。玄感与好几千骑兵乘机袭来，卫玄的军队于是大败，只带得八千人逃走。杨玄感勇敢而又有力量，每次战斗都亲握长矛，身先士卒，叱咤怒吼，敌方无人不害怕，人们把他比作项羽。杨玄感又善于抚慰和使用部下，将士多乐于为他效死力，因此战无不胜。卫玄军的处境一天天窘迫，粮食也吃完了，于是带领全部军队同杨玄感决战，在北邙山上布阵，一天之内，与杨玄感交战十多次。玄感的弟弟玄挺被流矢射中而死，于是玄感率军稍退。樊子盖派兵攻尚书省，又杀了玄感好几百人。

帝遣武贲郎将陈稜攻元务本于黎阳，武卫将军屈突通屯河阳，左翊卫大将军宇文述发兵继进，右骁卫大将军来护儿复来赴援。玄感请计于前民部尚书李子雄，子雄曰："屈突通晓习兵事，若一渡河，则胜负难决，不如分兵拒之。通不能济，则樊、卫失援。"玄感然之，将拒通。子盖知其谋，数击其营，玄感不果进。通遂济河，军于破陵。玄感为两军，西抗卫玄，东拒屈突通。子盖复出兵，于是大战，玄感军频北。复请计于子雄，子雄曰："东都援军益至，我师屡败，不可久留。不如直入关中，开永丰仓以赈贫乏，三辅可指麾而定。据有府库，东面而争天下，此亦霸王之业。"会华阴诸杨请为乡导，玄感遂释洛阳，西图关中，宣言曰："我已破东都，取关西矣。"宇文述等诸军蹑之。至弘农宫，父老遮说玄感曰："宫城空虚，又多积粟，攻之易下。进可绝敌人之食，退可割宜阳之地。"玄感以为然，留攻之，三日城不下，追兵遂至。玄感西至阌乡，上槃豆，布阵亘五十里，与官军且战且行，一日三败。复阵于董杜原，诸军击之，玄感大败，独与十余骑窜林木间，将奔上洛。追骑至，玄感叱之，皆惧而返走。至葭芦戍，玄感窘迫，独与弟积善步行。自知不免，谓积善曰："事败矣。我不能受人戮辱，汝可杀我。"积善抽刀斫杀之，因自刺，不死，为追兵所执，与玄感首俱送行在所。磔其尸于东都市三日，复脔而焚之。余党悉平。其弟玄奖为义阳太守，将归玄感，为郡丞周琁玉所杀。玄纵弟万硕，自帝所逃归，至高阳，止传舍，监事许华与郡兵执之，斩于涿郡。万硕弟民行，官至朝请大夫，斩于长安。并具枭磔。公卿请改玄感姓为枭氏，诏可之。

初，玄感围东都也，梁郡人韩相国举兵应之，玄感以为河南道元帅。旬月间，众十余万，攻剽郡县。至于襄城，遇玄感败，兵渐溃散，为吏所执，传首东都。

【译文】

炀帝派遣武贲郎将陈稜进攻据守黎阳的元务本，派武卫将军屈突通屯兵河阳，左翊卫大将军宇文述发兵继后而进，右骁卫大将军来护儿又奔赴洛阳来增援。杨玄感向前民部尚书李子雄请教计策，李子雄说："屈突通熟悉军事，如果他一渡过黄河，那就胜负难定了，不如分出一部分兵力来抵御他。屈突通不得渡河，樊子盖、卫玄就失去了支援。"玄感赞同他的意见，将要分兵抵御屈突通。樊子盖得知杨玄感的计谋，多次派兵攻击玄感的营地，结果使玄感未能分兵前往。屈突通于是渡过黄河，把军队驻扎在破陵。杨玄感把部队分成两军，西抗卫玄，东拒屈突通。樊子盖又出兵，于是大战，玄感军连连被打败。玄感又向李子雄请教计策，李子雄说："东都的援军越来越多，我军屡次被打败，不可久留此地。不如直入关中，开永丰仓以救济贫民，这样京师周围地区就很容易平定。占据了府库，再向东争夺天下，这是霸王之业。"正好华阴县各杨氏家族的人请求为入关做向导，杨玄感于是放弃洛阳，想西向谋取关中。他向军士们宣称："我军已攻破了东都，现在要夺取关西之地了。"宇文述等各率官兵跟踪追赶。到达弘农宫的时候，当地父老拦住杨玄感劝说道："现在宫城空虚，又多积粮，进攻它很容易拿下来，这样进可以断绝敌人的粮食，退可以割据宜阳之地。"玄感认为这话说得不错，便留下来攻夺弘农宫城，攻了三天也未能攻下来，追兵赶到了。杨玄感于是向西到达阌乡，上槃豆山，布阵横亘五十里，与官军边打边走，一天被打败多次。杨玄感又在董杜原布阵。官兵各军发起攻击，杨玄感大败，只与十几个骑兵逃窜到树林中，将奔上洛。追兵赶到，玄感大声呵斥，都害怕得返身退走。到达葭芦戍，玄感被困，只能同弟弟积善步行。杨玄感自知不免于死，便对积善说："事情已经失败了。我不能被别人杀戮和侮辱，你可以把我杀掉。"积善于是抽刀砍杀了玄感，然后自杀，却没有死成，被追兵抓住，把玄感的头和他一起送到军营所在地，把积善在东都肢解了，并陈尸三天，又剁成肉泥而后用火焚烧了。杨玄感的余党也全部被平定了。玄感的弟弟玄奖为义阳太守，将要去归附玄感的时候，被郡丞周琁玉所杀。玄纵的弟弟万硕，从炀帝那里逃回来，到达高阳，住在旅社里，监事许华和郡兵把他抓住，送到涿郡斩杀了。万硕的弟弟行民，做官做到朝请大夫，被斩杀在长安。被害的杨氏兄弟几人都被斩首示众并被肢解。公卿们向炀帝请求把玄感的姓改为"枭氏"，炀帝同意了。

当初，杨玄感包围东都的时候，有个叫韩相国的梁郡人举兵响应他，玄感命他为河南道元帅。一个月的时间，韩相国的兵力就发展到十多万人，攻打郡县。打到襄城的时候，遇到玄感战败，韩相国的兵也就逐渐溃散了。后来韩相国被官吏抓获，杀死后把他的头传送到东都。

谯国夫人列传

谯国夫人者，高凉洗氏之女也。世为南越首领，跨据山洞，部落十余万家。夫人幼贤明，多筹略。在父母家，抚循部众，能行军用师，压服诸越。每劝亲族为善，由是信义结于本乡。越人之俗，好相攻击，夫人兄南梁州刺史挺，恃其富强，侵掠傍郡，岭表苦之。夫人多所规谏，由是怨隙止息，海南、儋耳归附者千余洞。梁大同初，罗州刺史冯融闻夫人有志行，为其子高凉太守宝娉以为妻。融本北燕苗裔。初，冯弘之投高丽也，遣融大父业以三百人浮海归宋，因留于新会。自业及融，三世为守牧，他乡羁旅，号令不行。至是，夫人诫约本宗，使从民礼。每共宝参决辞讼，首领有犯法者，虽是亲族，无所舍纵。自此政令有序，人莫敢违。

遇侯景反，广州都督萧勃征兵援台。高州刺史李迁仕据大皋口，遣召宝。宝欲往，夫人止之曰："刺史无故不合召太守，必欲诈君共为反耳。"宝曰："何以知之？"夫人曰："刺史被召援台，乃称有疾，铸兵聚众，而后唤君。今者若往，必留质，追君兵众。此意可见，愿且无行，以观其势。"数日，迁仕果反，遣主帅杜平虏率兵入灨石。宝知之，遽告，夫人曰："平虏，骁将也，领兵人灨石，即与官兵相拒，势未得还。迁仕在州，无能为也。若君自往，必有战斗。宜遣使诈之，卑辞厚礼，云身未敢出，欲遣妇往参。彼闻之喜，必无防虑。于是我将千余人，步担杂物，唱言输赕，得至栅下，贼必可图。"宝从之，迁仕果大喜，觇夫人众皆担物，不设备。夫人击之，大捷。迁仕遂走，保于宁都。夫人总兵与长城侯陈霸先会于灨石。还谓宝曰："陈都督大可畏，极得众心。我观此人必能平贼，君宜厚资之。"

【译文】

谯国夫人，是高凉洗氏的女儿，世代为南越人首领，跨据山洞，拥有部落十多万家。夫人自幼贤明，多谋略。她在父母家时，就能安抚部众，并能行军用兵，压服各南越部落。她常劝自己的亲族行善，因此在本乡取得了信义。越人风俗，喜欢互相攻击，夫人的哥哥南凉州刺史洗挺，依仗自己的富强，侵害和掠夺周围的郡民，岭南人都深受其苦。夫人对他多次规谏，因此止息了人们的仇怨情绪，并使海南、儋耳一带一千多洞前来归附她。梁朝大同初年，罗州刺史冯融听说夫人很有志向和德行，便为他的儿子高凉太守冯宝聘她为妻。冯融本是北燕的后代。当初，冯弘投奔高丽的时候，打发冯融的祖父冯业带着三百人从海路归附于宋，因此留居在新会。从冯业到冯融，三代都做过州郡之长，但因为是异乡人寄居在此，所以号令常常行不通。到这时，（冯宝娶了夫人之后）夫人告诫并约束本宗族的人，使他们服从州郡所制定的民礼。夫人常参与冯宝审理案件，部落首领有犯法的，即使是自己的亲族，也不饶恕或宽纵。从此以后政令井然有序，没有人敢违犯了。

遇梁朝侯景造反，广州都督萧勃征兵支援朝廷。高州刺史李迁仕占据大皋口，并派人召冯宝。冯宝想去，夫人劝止他说："刺史无故不应当召太守，他一定是想诈召你去同他一道谋反。"冯宝说："你怎么知道的？"夫人说："李刺史被召支援朝廷，他竟称病不往，却又铸造武器，聚结兵众，而后又唤你去。现在你如果去了，一定会被扣留为人质，再追调你的军队。他的这个意思是很清楚的，希望你姑且不要去，以静观形势的变化。"过了几天，李迁仕果然造反，派遣他的主帅杜平虏率兵进入赣石。冯宝知道这情况后，迅速告诉夫人。夫人说："杜平虏是一员勇将，领兵进入赣石，就将与官兵相对抗，这形势必然牵制住他使他不能回师高州。而李迁仕在高州，不可能有什么作为。你如果亲自前往高州，一定会发生战斗。应该先派使者到李迁仕那里，卑辞厚礼，诈称自己不敢离州而出，想派妇人前往参加行动。李迁仕听了这话一定会高兴，而对我不加防备。于是我率领一千多人，担着各种物品步行，宣称是为州里输送财物，这样到达李迁仕的军栅前，反贼就一定可以被擒拿了。"冯宝听从夫人的计谋，李迁仕果然大喜，看见夫人和众人都担着东西，于是丝毫不设防备。夫人发起攻击，获得大胜利。李迁仕于是逃跑，到宁都以求自保。夫人统帅军队与长城侯陈霸先在赣石会师。回来后夫人对冯宝说："陈都督这个人大可敬畏，他极得众人之心，我看此人一定能平灭反贼，你应该好好赞助他。"

及宝卒，岭表大乱，夫人怀集百越，数州晏然。至陈永定二年，其子仆年九岁，遣帅诸首领朝于丹阳，起家拜阳春郡守。后广州刺史欧阳纥谋反，召仆至高安，诱与为乱。仆遣使归告夫人，夫人曰："我为忠贞，经今两代，不能惜汝辄负国家。"遂发兵拒境，帅百越酋长迎章昭达。内外逼之，纥徒溃散。仆以夫人之功，封信都侯，加平越中郎将，转石龙太守。诏使持节册夫人为中郎将、石龙太夫人，赍绣幰油络驷马安车一乘，给鼓吹一部，并麾幢旌节，其卤簿一如刺史之仪。至德中，仆卒。后遇陈国亡，岭南未有所附，数郡共奉夫人，号为圣母，保境安民。

高祖遣总管韦洸安抚岭外，陈将徐璒以南康拒守。洸至岭下，逡巡不敢进。初，夫人以扶南犀杖献于陈主，至此，晋王广遣陈主遗夫人书，谕以国亡，令其归化，并以犀杖及兵符为信。夫人见杖，验知陈亡，集首领数千，尽日恸哭。遣其孙魂帅众迎洸，入至广州，岭南悉定。表魂为仪同三司，册夫人为宋康郡夫人。

【译文】

等到冯宝死后，岭南大乱，夫人安抚百姓，好几个州都安然无事。到陈永定二年，她儿子冯仆九岁的时候，她打发冯仆率领各部落首领到丹阳朝见陈武帝，陈武帝命冯仆为阳春郡太守。后来广州刺史欧阳纥谋反，并召冯仆前往高安，引诱他一起叛乱。冯仆派使者回去报告夫人，夫人说："我们坚守忠贞，到今天已经两代人了，不能到你头上就辜负国家。"于是发兵拒守边境，并率百越酋长迎陈将章昭达前来。在内外交逼之下，欧阳纥的人马溃散了。冯仆因为母亲的功劳，被陈封为信都侯，又加平越中郎将，并转任石龙郡太守。朝廷下诏书派使者拿着节杖前来册封夫人为中郎将、石龙太夫人，赐给设有绣花车幔、带有丝质网状车饰、四马所驾安车一辆，乐队一支，并赐给指挥用的旗帜和象征权力的旌节，她的仪仗队也完全依照刺史的规格。陈后主至德年间，冯仆死。后遭遇陈朝灭亡，岭南无所归附，好几个郡的人共同尊奉夫人为首领，号称圣母，以保卫州郡的土地和安定境内人民。

隋高祖派遣总管韦洸前往安抚岭南，原陈朝将领徐璒在南康拒守。韦洸来到岭下，徘徊而不敢前进。当初，夫人曾把一支扶南产的犀杖献给陈后主，到这时，隋朝的晋王杨广打发被俘的陈后主给夫人写信，告诉她陈已亡国，让她归化隋朝，并用犀杖和兵符作为信物。夫人见到犀杖，证实陈已经灭亡了，便召集好几千首领，整日痛哭。夫人派遣她的孙子冯魂率众人去迎韦洸。韦洸进入广州，岭南地区便全都安定了。韦洸上表朝廷，任命冯魂为仪同三司官，册封夫人为宋康郡夫人。

未几，番禺人王仲宣反，首领皆应之，围洸于州城，进兵屯衡岭。夫人遣孙暄帅师救洸。暄与逆党陈佛智素相友善，故迟留不进。夫人知之，大怒，遣使执暄，系于州狱。又遣孙盎出讨佛智，战克，斩之。进兵至南海，与鹿愿军会，共败仲宣。夫人亲被甲，乘介马，张锦伞，领彀骑，卫诏使裴矩巡抚诸州，其苍梧首领陈坦、冈州冯岑翁、梁化邓马头、藤州李光略、罗州庞靖等皆来参谒。还令统其部落，岭表遂定。高祖异之，拜盎为高州刺史，仍赦出暄，拜罗州刺史。追赠宝为广州总管、谯国公，册夫人为谯国夫人。以宋康邑回授仆妾冼氏。仍开谯国夫人幕府，置长史以下官属，给印章，听发部落六州兵马，若有机急，便宜行事。降敕书曰："朕抚育苍生，情均父母，欲使率土清净，兆庶安乐。而王仲宣等辄相聚结，扰乱彼民，所以遣往诛翦，为百姓除害。夫人情在奉国，深识正理，遂令孙盎斩获佛智，竟破群贼，甚有大功。今赐夫人物五千段。暄不进愆，诚合罪责，以夫人立此诚效，故特原免。夫人宜训导子孙，敦崇礼教，遵奉朝化，以副朕心。"皇后以首饰及宴服一袭赐之，夫人并盛于金箧，并梁、陈赐物各藏于一库。每岁时大会，皆陈于庭，以示子孙，曰："汝等宜尽赤心向天子。我事三代主，唯用一好心。今赐物具存，此忠孝之报也，愿汝皆思念之。"

时番州总管赵纳贪虐，诸俚獠多有亡叛。夫人遣长史张融上封事，论安抚之宜，并言讷罪状，不可以招怀远人。上遣推讷，得其赃贿，竟致于法。降敕委夫人招慰亡叛。夫人亲载诏书，自称使者，历十余州，宣述上意，谕诸俚獠，所至皆降。高祖嘉之，赐夫人临振县汤沐邑，一千五百户。赠仆为崖州总管、平原郡公。仁寿初，卒，赙物一千段，谥为诚敬夫人。

【译文】

不久，番禺人王仲宣造反，岭南首领们都响应他，把韦洸包围在州城中，并进兵屯驻衡岭。夫人派遣孙子冯暄率兵前往救韦洸。冯暄与叛党陈佛智一向很要好，因此军队迟留而不前进。夫人知道后，非常生气，派遣使者前往抓获冯暄，把他关押在州的监狱中。夫人又派孙子冯盎带兵讨伐陈佛智，打败陈佛智，并把他斩杀了。冯盎进兵到南海，与隋将鹿愿的军队会合，共同打败了王仲宣。夫人亲自身披甲衣，骑着披甲的马，张设锦伞，率领着使用弓弩的骑兵保卫奉朝廷诏书前来巡抚岭南各州的使者裴矩。苍梧首领陈坦、冈州的冯岑翁、梁化的邓马头、藤州的李光略、罗州的庞靖等人都来参见裴矩。夫人令他们回去统领各自的部落，岭南于是安定下来。隋高祖对夫人甚感惊异，于是任命冯盎为高州刺史，赦免并放出冯暄，还任命冯暄为罗州刺史。朝廷又追赠冯宝为广州总管、谯国公，册封夫人为谯国夫人，而把宋康邑转授给冯仆的妾冼氏。谯国夫人仍然开设府署，设置长史以下属官，授给印章，听任夫人调发部落和六州的兵马，如果有紧急情况，可由夫人相机行事。高祖下书告诫说："朕抚育百姓，情义均平如父母，想要使全国的土地都得清净，人民安居乐业。而王仲宣等人却互相聚结，扰乱当地人民，所以派兵前往消灭，为百姓除害。夫人的心情在于报效国家，深识正理，于是命令孙子冯盎斩杀了陈佛智，终于打败了群贼，立下大功。现在赐夫人丝织物五千段。冯暄拥兵不进，确实应加罪责，因夫人立有如此忠诚之功效，所以特加宽免。夫人应该训导子孙，努力崇奉礼教，遵奉朝廷的教化，以称朕的心意。"独孤皇后把自己的首饰和一套宴服赐给夫人，夫人把皇后的赏赐物都保存在金箧子中，连同梁、陈时期所得的赏赐物，各封藏在一个仓库中。每逢年节大会，就把这些赏赐物陈列在庭中，展示给子孙们看，说："你们应尽赤心以向天子。我侍奉三代君主，只用一颗好心。现在我所得的赏赐物都保存着，这是三代朝廷对于忠孝的报答，希望你们都经常想着这些赏赐物。"

当时番州总管赵讷贪婪暴虐，俚、獠各族多有背叛或逃亡的。夫人命长史张融密封上书朝廷，谈论对于岭南人民应加安抚的道理，并指陈赵讷的罪状，说明他不可安抚远方的人民。皇上派人追究赵讷的罪行，查获了他的赃财，最后依法处置了。朝廷降命委托夫人招抚叛亡者。夫人亲自带着诏书，自称使者，经历了十多个州，宣布皇上的旨意，让狸、獠各族的人都知道，所到之处，叛亡者都归降了。高祖对夫人很是称赞，将临振县一千五百户赐给夫人作为供她收取赋税的私邑。朝廷又赠赐冯仆为崖州总管、平原郡公。高祖仁寿初年，夫人死，朝廷赐给丝织物一千段，赐谥号为"诚敬夫人"。

〔南史〕

陈后主本纪

后主讳叔宝，字元秀，小字黄奴，宣帝嫡长子也。梁承圣二年十一月戊寅，生于江陵。明年，魏平江陵，宣帝迁于长安，留后主于穰城。天嘉三年，归建邺，立为安成王世子。光大二年，累迁侍中。

太建元年正月甲午，立为皇太子。十四年正月甲寅，宣帝崩。乙卯，始兴王叔陵构逆伏诛。丁巳，太子即皇帝位于太极前殿，大赦，在位文武及孝悌力田为父后者，并赐爵一级，孤老鳏寡不能自存者，赐谷人五斛、帛二匹。癸亥，以侍中、丹阳尹、长沙王叔坚为骠骑将军、开府仪同三司、扬州刺史。乙丑，尊皇后为皇太后。丁卯，立皇弟叔重为始兴王，奉昭烈王祀。己巳，立妃沈氏为皇后。辛未，立皇弟叔俨为寻阳王，叔慎为岳阳王，叔达为义阳王，叔熊为巴山王，叔虞为武昌王。甲戌，设无碍大会于太极前殿。

【译文】

陈后主名为叔宝，字元秀，小字黄奴，是宣帝陈顼的嫡长子。梁承圣二年十一月戊寅日，生于江陵。第二年，西魏攻陷江陵，陈顼被俘虏到长安，将陈叔宝留在穰城。陈文帝天嘉三年，陈顼回到建邺，立陈叔宝为安成王陈顼的世子。光大二年，官位多次得到提升，官至侍中。

太建元年正月甲午日，陈叔宝被立为皇太子。太建十四年正月甲寅日，宣帝驾崩。乙卯日，始兴王陈叔陵反叛被杀。丁巳日，陈叔宝在太极前殿即皇位，大赦天下，在位的文武官员以及民间孝顺父母、友爱兄弟、致力耕作的民户嫡长子一律赐给爵位一级，孤老鳏寡不能维持生活的，每人赐谷五斛、帛二匹。癸亥日，任用侍中、丹阳尹、长沙王陈叔坚为骠骑将军、开府仪同三司、扬州刺史。乙丑日，立宣帝皇后为皇太后。丁卯日，立皇弟陈叔重为始兴王，继承始兴昭烈王陈道谈一支。己巳日．立皇妃沈氏为皇后。辛未日，立皇弟陈叔俨为寻阳王，陈叔慎为岳阳王，陈叔达为义阳王，陈叔熊为巴山王，陈叔虞为武昌王。甲戌日，在太极前殿举行无碍法会。

三月癸亥，诏内外众官九品以上，各荐一人。又诏求忠谠，无所隐讳。己巳，以新除翊左将军永阳王伯智为尚书仆射。

夏四月丙申，立皇子永康公胤为皇太子，赐天下为父后者爵一级，王公以下赉帛各有差。庚子，诏："镂金银薄、庶物化生、土木人、彩华之属，及布帛短狭轻疏者，并伤财废业，尤成蠹患。又僧尼道士，挟邪左道，不依经律，人间淫祀祅书诸珍怪事，详为条制，并皆禁绝。"

秋七月辛未，大赦。是月，自建邺至荆州，江水色赤如血。

八月癸未，天有声如风水相激。乙酉夜，又如之。

九月丙午，设无碍大会于太极前殿，舍身及乘舆御服，大赦。辛亥夜，天东北有声如虫飞，渐移西北。丙寅，以骠骑将军、开府仪同三司、扬州刺史长沙王叔坚为司空，征南将军、江州刺史豫章王叔英即本号开府仪同三司。

【译文】

三月癸亥日，陈后主诏令朝廷内外九品以上的官员，各推荐一人。又下诏书寻求忠言直谏，不要有隐讳。己巳日，任命新任翊左将军永阳王陈伯智为尚书仆射。

夏四月丙申日，立皇子永康公陈胤为皇太子，赏赐天下民户嫡长子每人晋爵一级，王公以下按等级赐给数量不等的丝帛。庚子日，颁布诏书说："雕镂黄金制作银薄、各种绸布和蜡制婴儿、土木偶人、五彩丝绸之类的奢侈物品，以及布帛尺寸、横幅、重量、质量不足的，都耗费财物荒废本业，特别容易形成祸害。又有僧尼道士，利用歪门邪道，不遵守佛经戒律，世间泛滥的祭祀妖书和各种怪事，官府都应当用条例详加限制，加以禁绝。"

秋七月辛未日，大赦天下。这个月，从建邺到荆州，江水红得像血。

八月癸未日，天上发出有如风水互相撞击的响声。乙酉日的夜里，又出现了这种情况。

九月丙午日，在太极前殿举行无碍大法会，陈后主舍身并捐赠銮舆御服等，大赦天下。辛亥日夜里，天空东北方发出如同昆虫飞行一样的声音，逐渐向西北移动。丙寅日，任命骠骑将军、开府仪同三司、扬州刺史长沙王陈叔坚为司空，征南将军、江州刺史豫章王陈叔英以本号被授予开府仪同三司。

至德元年春正月壬寅，大赦，改元。以征南将军、江州刺史豫章王叔英为中卫大将军；以司空、骠骑将军、开府仪同三司、扬州刺史长沙王陈叔坚为江州刺史；征东将军、开府仪同三司、东扬州刺史司马消难进号车骑将军。癸卯，立皇子深为始安王。

秋八月丁卯，以骠骑将军、开府仪同三司长沙王叔坚为司空。

九月丁巳，天东南有声如虫飞。

冬十一月丁酉，立皇弟叔平为湘东王，叔敖为临贺王，叔宣为阳山王，叔穆为西阳王，叔俭为南安王，叔澄为南郡王，叔兴为沅陵王，叔韶为岳山王，叔纯为新兴王。

十二月丙辰，头和国遣使朝贡。司空、长沙王叔坚有罪免。戊午夜，天开，自西北至东南，其内有青黄杂色，隆隆若雷声。

【译文】

后主至德元年春正月壬寅日，大赦天下，更改年号。将征南将军、江州刺史豫章王陈叔英封为中卫大将军；司空、骠骑将军、开府仪同三司、扬州刺史陈叔坚为江州刺史；征东将军、开府仪同三司、东扬州刺史司马消难进号为车骑将军。癸卯日，立皇子陈深为始安王。

秋八月丁卯日，任命骠骑将军、开府仪同三司长沙王陈叔坚为司空。

九月丁巳日，天空的东南方传来如同昆虫飞行的声响。

冬十一月丁酉日，陈后主立皇弟陈叔平为湘东王，陈叔敖为临贺王，陈叔宣为阳山王，陈叔穆为西阳王，陈叔俭为安南王，陈叔澄为南郡王，陈叔兴为沅陵王，陈叔韶为岳山王，陈叔纯为新兴王。

十二月丙辰日，头和国派使臣前来朝贡。司空、长沙王陈叔坚因为有罪而被免除了官职。在戊午日的夜里，天空裂开，从西北绵延至东南，其中有青黄杂色，轰隆隆的有如雷鸣般响声。

二年春正月丁卯，分遣大使，巡省风俗。癸巳，大赦。

夏五月戊子，以吏部尚书江总为尚书仆射。

秋七月壬午，皇太子加元服，在位文武赐帛各有差。孝悌力田为父后者，赐爵一级；鳏寡癃老不能自存者，人谷五斛。

冬十一月丙寅，大赦。是月，盘盘、百济国并遣使朝贡。

三年春正月戊午朔，日有蚀之。庚午，镇左将军长沙王叔坚即本号开府仪同三司。

三月辛酉，前丰州刺史章大宝举兵反。

夏四月庚戌，丰州义军主陈景详斩大宝，传首建邺。

冬十月己丑，丹丹国遣使朝贡。

十一月己未，诏修复仲尼庙。辛巳，幸长干寺，大赦。

十二月癸卯，高丽国遣使朝贡。

是岁，梁明帝殂。

【译文】

二年春正月丁卯日，分别派出使者，巡视各地风俗。癸巳日，大赦天下。

夏五月戊子日，陈后主任用吏部尚书江总为尚书仆射。

秋七月壬午日，皇太子举行加冠仪式，在位的文武官员按等级赐给不等的丝绸布帛。孝顺父母、友爱兄弟、致力耕作的民户嫡长子，赐爵位一级；鳏寡病弱不能维持生活的，每人赐谷五斛。

冬十一月丙寅日，大赦天下。这个月，盘盘国、百济国都派遣使臣前来朝贡。

三年春正月戊午初一日，出现日食。庚午日，镇左将军长沙王陈叔坚按照原来的封号授予开府仪同三司。

三月辛酉日，前丰州刺史章大宝举兵反叛。

夏四月庚戌日，丰州义军主将陈景祥斩杀章大宝，把他的首级传送到建邺。

冬十月己丑日，丹丹国派使臣前来朝贡。

十一月己未日，下诏修复孔子庙。辛巳日，皇帝驾临长干寺，大赦天下。

十二月癸卯日，高丽国派使臣前来朝贡。

这一年，梁明帝逝世。

四年春正月甲寅，诏王公以下各荐所知，无隔舆皂。

二月丙申，立皇弟叔谟为巴东王，叔显为临江王，叔坦为新会王，叔隆为新宁王。

夏五月丁巳，立皇子庄为会稽王。

秋九月甲午，幸玄武湖，肄舻舰阅武。丁未，百济国遣使朝贡。

冬十月癸亥，以尚书仆射江总为尚书令，吏部尚书谢伷为尚书仆射。

十一月己卯，大赦。

祯明元年春正月戊寅，大赦，改元。乙未，地震。

秋九月庚寅，梁太傅安平王萧岩、荆州刺史萧瓛，遣其都官尚书沈君公诣荆州刺史陈慧纪请降。辛卯，岩等帅其文武官男女济江。甲午，大赦。

冬十一月丙子，以萧岩为平东将军、开府仪同三司、东扬州刺史。丁亥，以骠骑大将军、开府仪同三司豫章王叔英为兼司徒。

十二月丙辰，以前镇卫大将军、开府仪同三司、东扬州刺史鄱阳王伯山为镇卫大将军、开府仪同三司。

【译文】

四年春正月甲寅日，陈后主诏令王公以下官员，各自举荐所知晓的贤才，即使是出身卑微的车夫和小吏也都在举荐之内。

二月丙申日，立皇弟陈叔谟为巴东王，陈叔显为临江王，陈叔坦为新会王，陈叔隆为新宁王。

夏五月丁巳日，立皇子陈庄为会稽王。

秋九月甲午日，驾临玄武湖，排列军舰，检阅军队。丁未日，百济国派使臣前来朝贡。

冬十月癸亥日，陈后主任命尚书仆射江总为尚书令，吏部尚书谢伷为尚书仆射。

十一月己卯日，大赦天下。

祯明元年春正月戊寅日，大赦天下，改换年号。乙未日，发生地震。

秋九月庚寅日，后梁国的太傅安平王萧岩、荆州刺史萧瓛，派遣他们的都官尚书沈君公拜见荆州刺史陈慧纪请求归降。辛卯日，萧岩等率领文武官员及儿女家眷渡过长江。甲午日，大赦天下。

冬十一月丙子日，任命萧岩为平东将军、开府仪同三司、东扬州刺史。丁亥日，任命骠骑大将军、开府仪同三司豫章王陈叔英兼任司徒。

十二月丙辰日，任命前镇卫大将军、开府仪同三司、东扬州刺史鄱阳王陈伯山为镇卫大将军、开府仪同三司。

二年春正月辛巳，立皇子恮为东阳王，恬为钱唐王。

夏四月戊申，有群鼠无数，自蔡洲岸入石头，渡淮至于青塘两岸，数日自死，随流出江。是月，郢州南浦水黑如墨。

五月甲午，东冶铸铁，有物赤色，大如数升，自天坠熔所，有声隆隆如雷，铁飞出墙外，烧人家。

六月戊戌，扶南国遣使朝贡。庚子，废皇太子胤为吴兴王，立扬州刺史始安王深为皇太子。辛丑，以太子詹事袁宪为尚书仆射。丁巳，大风自西北激涛水入石头城，淮渚暴溢，漂没舟乘。

冬十月己亥，立皇子藩为吴王。己酉，幸莫府山，大校猎。

十一月丁卯，诏克日于大政殿讯狱。丙子，立皇弟叔荣为新昌王，叔匡为太原王。

【译文】

祯明二年春正月辛巳日，立皇子恮为东阳王，陈恬为钱唐王。

夏四月戊申日，无数成群的老鼠，从蔡洲岸涌进石头城，渡过秦淮河到达青塘两岸，几天后又自行死去，随水流进长江。这个月，郢州南浦的河水色黑如墨。

五月甲午日，东冶铸铁处，有个巨大的红色物体，有几升大，从天上坠入熔炉之中，发出雷鸣般的隆隆声，铁水飞溅出墙外，烧毁民房住宅。

六月戊戌日，扶南国派使臣前来朝贡。庚子日，陈后主废黜皇太子陈胤为吴兴王，立扬州刺史始安王陈深为皇太子。辛丑日，任命太子詹事袁宪为尚书仆射。丁巳日，西北大风激起浪涛涌入石头城，秦淮河暴涨，掀翻淹没了船只。

冬十月己亥日，立皇子陈藩为吴王。己酉日，驾临莫府山，大规模地打猎。

十一月丁卯日，下诏即日在大政殿审讯狱案。丙子日，立皇弟陈叔荣为新昌王，陈叔匡为太原王。

初隋文帝受周禅，甚敦邻好，宣帝尚不禁侵掠。太建末，隋兵大举，闻宣帝崩，乃命班师，遣使赴吊，修敌国之礼，书称姓名顿首。而后主益骄，书末云："想彼统内如宜，此宇宙清泰。"隋文帝不说，以示朝臣。清河公杨素以为主辱，再拜请罪，及襄邑公贺若弼并奋求致讨。后副使袁彦聘隋，窃图隋文帝状以归，后主见之，大骇曰："吾不欲见此人。"每遣间谍，隋文帝皆给衣马，礼遣以归。

后主愈骄，不虞外难，荒于酒色，不恤政事，左右嬖佞珥貂者五十人，妇人美貌丽服巧态以从者千余人。常使张贵妃、孔贵人等八人夹坐，江总、孔范等十人预宴，号曰"狎客"。先令八妇人襞采笺，制五言诗，十客一时继和，迟则罚酒。君臣酣饮，从夕达旦，以此为常。而盛修宫室，无时休止。税江税市，征取百端。刑罚酷滥，牢狱常满。

【译文】

当初，隋文帝接受北周的禅让，与邻国友好相处，陈宣帝还不能制止北兵的入侵掠夺。太建末年，隋朝大军南下，听说陈宣帝去世，于是就下令班师回朝，派遣使臣到南朝来吊唁，采用平等国家之间的礼仪，在书信上隋文帝自己称名并用顿首的字样。但是陈后主却由此傲慢起来，在回信中最后写道："想到北国的境内会是安定的，这里的天地广大清明安泰。"隋文帝看了信很不高兴，把信给朝臣们看。清河公杨素认为这是对隋国君主的侮辱，再三叩首请罪。同时与襄邑公贺若弼等人都激愤地请求讨伐陈国。后来陈国副使袁彦出使隋朝，暗地里描绘隋文帝的容貌送回陈朝，陈后主见了隋文帝的画像，大为惊恐说："我不想看到这个人。"陈朝每次派间谍北来，隋文帝都会供给衣服马匹，以礼待之而遣送回陈朝。

陈后主更加骄傲，不担忧境外强敌，沉湎于酒色之中，不关心国家政事，左右亲幸的侍从冠上佩带貂尾的有五十人，形容美貌、服饰华丽，陪从在身边的女子有一千多。陈后主经常让张贵妃、孔贵人等八个美女夹着自己坐着，江总、孔范等十人参加欢宴作乐，号称"狎客"。每次先让八个女子叠好彩笺，作五言诗，十个客人相继和诗，超过时间就罚酒。君臣经常通宵达旦畅饮，把这当成平常的事。并且大修宫殿，没有停工的时候。他还从江上市上征税，征税的名目繁多，百般掠夺。滥用酷刑，监狱常常人满为患。

覆舟山及蒋山柏林，冬月常多采醴，后主以为甘露之瑞。前后灾异甚多。有神自称老子，游于都下，与人对语而不见形，言吉凶多验，得酒辄釂之，经三四年乃去。船下有声云“明年乱”。视之，得婴儿长三尺而无头。蒋山众鸟鼓两翼以拊膺，曰“奈何帝！奈何帝！”又建邺城无故自坏。青龙出建阳门，井涌雾，赤地生黑白毛，大风拔朱雀门，临平湖草旧塞，忽然自通。后主又梦黄衣人围城，乃尽去绕城橘树。又见大蛇中分，首尾各走。夜中索饮，忽变为血。有血沾阶至于坐床头而火起。有狐入其床下，捕之不见。以为祆，乃自卖于佛寺为奴以禳之。于郭内大皇佛寺起七层塔，未毕，火从中起，飞至石头，烧死者甚众。又采木湘州，拟造正寝，筏至牛渚矶，尽没水中，既而渔人见筏浮于海上。起齐云观，国人歌曰：“齐云观，寇来无际畔。”始北齐末，诸省官人多称省主，未几而灭。至是举朝亦有此称，识者以为省主，主将见省之兆。

【译文】

覆舟山与蒋山柏树林，冬月经常有很多从树皮上分泌出来的汁液，陈后主认为这是天降甘露的祥瑞。先后出现了许多灾异的事情。有神仙自称是老子，在京城里游荡，同别人谈话但看不到他的身形，预言吉凶的事常常应验，得到酒便一饮而尽，历经三四年才从街面上消失。有人听到在船底下有说话声音，说：“明年大乱。”往船下看，发现一个三尺长的婴儿没有头。蒋山上有许多鸟鼓动双翅拍打胸脯，鸣叫的声音就像“奈何帝！奈何帝！”还有建邺城墙无缘无故自己塌坏。有青龙飞出建阳门，井里喷涌出雾气，地上长出黑草白草，大风卷起朱雀门。临平湖过去被水草堵塞不流，忽然水自通流出。陈后主又梦到穿黄衣的人来围攻都城，于是把环绕城墙四周的橘树全都砍掉。他又曾梦到一条大蛇从中分成两段，头和尾各自爬走。夜里要水喝，忽然水变成了血。有血沾湿台阶又浸润到坐床，忽然变成火烧起来。有只狐狸钻到床下，派人捕捉时却又不见了。陈后主认为这些都是妖异，于是便到佛寺去卖身为奴以便禳除灾祸。在外城的大皇佛寺建造七层塔，还没完工，火从塔中烧起，大火飞到石头城，烧死很多人。又在湘州采购木材，打算修建正殿。木排到达牛渚矶时，全都沉入水中，不久打鱼人看见木排都在大海上漂浮。造齐云观，国内有人唱歌说：“齐云观，敌人到来无边又无际。”先前在北齐末年，各省长官大多称为省主，不久北齐灭亡。到后主时，整个朝廷也有这种称号，有见识的人认为省主，将是国主被省去的预兆。

隋文帝谓仆射高颎曰："我为百姓父母，岂可限一衣带水不拯之乎？"命大作战船。人请密之，隋文帝曰："吾将显行天诛，何密之有！使投柹于江，若彼能改，吾又何求。"及纳梁萧瓛、萧岩，隋文愈忿，以晋王广为元帅，督八十总管致讨。乃送玺书，暴后主二十恶。又散写诏书，书三十万纸，遍喻江外。

诸军既下，江滨镇戍相继奏闻。新除湘州刺史施文庆、中书舍人沈客卿掌机密，并抑而不言。

初萧岩、萧瓛之至也，德教学士沈君道梦殿前长人，朱衣武冠，头出栏上，攘臂怒曰："那忽受叛萧误人事。"后主闻之，忌二萧，故远散其众，以岩为东扬州刺史，瓛为吴州刺史。使领军任忠出守吴兴郡，以襟带二州。使南平王嶷镇江州，永嘉王彦镇南徐州。寻召二王赴期明年元会，命缘江诸防船舰，悉从二王还都为威势，以示梁人之来者，由是江中无一斗船。上流诸州兵，皆阻杨素军不得至。都下甲士尚十余万人。及闻隋军临江，后主曰："王气在此，齐兵三度来，周兵再度至，无不摧没。虏今来者必自败。"孔范亦言无渡江理。但奏伎纵酒，作诗不辍。

【译文】

隋文帝对仆射高颎说："我身为百姓的父母，哪能因为隔着一条衣带宽的长江而不拯救南方的百姓呢？"于是大造战船。有人请求秘密制造，隋文帝说："我将公开替天讨伐陈国，不用躲藏，假如扔块木片到长江里，陈后主就能改恶从善，我有什么理由去讨伐他呢？"当陈后主接纳后梁萧瓛、萧岩之后，隋文帝更加气愤，命令晋王杨广为元帅，统领八十个总管率军去攻打。于是传送檄书，列举揭露陈后主二十条罪状。又到处散发诏书，写出三十万张，告知江南百姓。

隋朝的各路大军南下，长江沿岸陈朝的镇守官员接连送来警报。新任湘州刺史施文庆、中书舍人沈客卿掌握机要大权，把警报都压住不上奏。

起初萧岩、萧瓛到来，德教学士沈君道梦见宫殿前有个穿红衣戴武士帽的高大的人，头超过木栏之上，挥动手臂发怒说："怎么轻易地接受叛变的萧氏，这是要误大事的。"后主听说后，就开始猜忌二萧，所以将他们手中的兵力远远地调离，任萧岩为东扬州刺史，萧瓛为吴州刺史。陈后主派遣领军任忠出京城镇守吴兴郡，以便控制东扬州和吴州。又派南平王陈嶷镇守江州，永嘉王陈彦镇守南徐州。不久召二王前来参加第二年元旦的朝会，下令沿江各处江防用的战船，全都随从二王回家以壮声势，借此向归降的后梁人显示军威，因此江里再没有一条战船。上流各驻军，都在堵截杨素的部队而不能前来。京城里屯驻的士兵还有十多万人。当听说隋军也攻到江边时，后主说："帝王之气在此，齐兵来攻三次，周兵来攻两次，都被打退了。敌寇如今又来进攻必然自取失败"孔范也说隋兵没有渡江的可能。陈后主只是听歌伎奏乐纵情饮酒，仍不停作诗。

三年春正月乙丑朔，朝会，大雾四塞，入人鼻皆辛酸。后主昏睡，至晡时乃罢。是日，隋将贺若弼自北道广陵济，韩擒趋横江济，分兵晨袭采石，取之。进拔姑孰，次于新林。时弼攻下京口，缘江诸戍望风尽走，弼分兵断曲阿之冲而入。丙寅，采石戍主徐子建至告变。戊辰，乃下诏曰："犬羊陵纵，侵窃郊畿，蜂虿有毒，宜时扫定，朕当亲御六师，廓清八表，内外并可戒严。"于是以萧摩诃为皇畿大都督，樊猛为上流大都督，樊毅为下流大都督，司马消难、施文庆并为大监军，重立赏格，分兵镇守要害，僧尼道士尽皆执役。

【译文】

三年春正月乙丑初一日，这日举行朝会，雾气弥漫，人吸入雾气后，鼻孔都感到辛酸。后主昏睡到傍晚时分才醒过来。这天隋将贺若弼从北道广陵渡江，韩擒虎赶到横江渡江，分兵在凌晨袭击并占领采石。隋军又挺进攻占姑孰，进军到新林。这时贺若弼又攻下京口，陈朝沿江的驻军望风而逃，贺若弼分兵闯过曲阿的要冲继续深入。丙寅日，采石戍守主将徐子建前来报告说形势急变。戊辰日，陈后主下诏说："隋军像犬羊一般的欺凌狂放，侵犯京城郊区，剧毒有害的蜂毒，应当及时扫除，朕将亲率六军，肃清国内八方，京城内外应当全严阵以待。"于是任萧摩诃为皇都大都督，樊猛为上流大都督，樊毅为下流大都督，司马消难、施文庆都为大监军，确立优厚的奖赏条例，分兵镇守要害地区，僧尼道士都被强迫执行各种劳役。

庚午，贺若弼攻陷南徐州。辛未，韩擒又陷南豫州。隋军南北道并进。辛巳，贺若弼进军钟山，顿白土冈之东南，众军败绩。弼乘胜进军宫城，烧北掖门。是时，韩擒率众自新林至石子冈，镇东大将军任忠出降擒，仍引擒经朱雀航趣宫城，自南掖门入。城内文武百司皆遁出，唯尚书仆射袁宪、后阁舍人夏侯公韵侍侧。宪劝端坐殿上，正色以待之。后主曰："锋刃之下，未可及当，吾自有计。"乃逃于井。二人苦谏不从，以身蔽井，后主与争久之方得入。沈后居处如常。太子深年十五，闭阁而坐，舍人孔伯鱼侍焉。戍士叩阁而入，深安坐劳之曰："戎旅在涂，不至劳也。"既而军人窥井而呼之，后主不应。欲下石，乃闻叫声。以绳引之，惊其太重，及出，乃与张贵妃、孔贵人三人同乘而上。隋文帝闻之大惊。开府鲍宏曰："东井上于天文为秦，今王都所在，投井其天意邪。"先是江东谣多唱王献之《桃叶辞》，云："桃叶复桃叶，度江不用楫，但度无所苦，我自接迎汝。"及晋王广军于六合镇，其山名桃叶，果乘陈船而度。丙戌，晋王广入据台城，送后主于东宫。

【译文】

在庚午日这天，贺若弼攻陷南徐州。辛未日，韩擒虎又攻陷南豫州。隋军南北两路齐头并进。辛巳日，贺若弼进军到达钟山，驻军于白土冈的东南方，陈朝各军战败。贺若弼乘胜攻打宫城，火烧北掖门。这时，韩擒虎率领众军从新林到达石子冈，镇东大将军任忠出城向韩擒虎投降，然后引导韩擒虎经过朱雀航攻打宫城，从南掖门攻入。城内的文武百官都出城逃命，只有尚书仆射袁宪、后阁舍人夏侯公韵守在皇帝身边。袁宪劝陈后主端正地坐在正殿上，以庄重的表情等待隋军的到来。后主说："在锋利的剑刃之下，来不及抵挡，我自有计谋来对付。"于是逃入井中。袁宪、夏侯公韵二人苦劝不止，他们用身子挡住井口，后主和他们争执很久才躲进井里。沈皇后坐在宫里如往常一样。太子陈深十五岁，关闭阁门独坐，舍人孔伯鱼在旁服侍。隋兵推开阁门进来，陈深安然地坐着慰劳他们说："途中行军，不过于劳累吧！"不久，隋军向井里察看并且呼喊，陈后主不敢应声。隋军要向井里扔石头，才听到下边的叫喊声。隋军拿来绳子把他拉上来，大家都惊奇地感到陈后主很沉重，当拉上来一看，才知道是陈后主和张贵妃、孔贵人三个人同拉一根绳子上来的。隋文帝听到后大为吃惊。开府鲍宏说："东井星宿在天上是秦地的分野，如今是王都所在的地方，他投入井中，怕是天意吧！"先前江东歌谣多唱王献之的《桃叶辞》，说："桃叶又桃叶，渡江不用桨，过江无困难，我来迎接你。”等到隋朝晋王杨广在六合镇驻军，那里的山名叫桃叶，后来果真是乘陈朝的船渡了江。丙戌日，晋王杨广进兵占据宫城，将陈后主送入东宫居住。

三月己巳，后主与王公百司，同发自建邺，之长安。隋文帝权分京城人宅以俟，内外修整，遣使迎劳之，陈人讴咏，忘其亡焉。使还奏言："自后主以下，大小在路，五百里累累不绝。”隋文帝嗟叹曰："一至于此。”及至京师，列陈之舆服器物于庭，引后主于前，及前后二太子、诸父诸弟众子之为王者，凡二十八人；司空司马消难、尚书令江总、仆射袁宪、骠骑萧摩诃、护军樊毅、中领军鲁广达、镇军将军任忠、吏部尚书姚察、侍中中书令蔡征、左卫将军樊猛，自尚书郎以上二百余人，文帝使纳言宣诏劳之。次使内史令宣诏让后主，后主伏地屏息不能对，乃见宥。隋文帝诏陈武、文、宣三帝陵，总给五户分守之。

初，武帝始即位，其夜奉朝请史普直宿省，梦有人自天而下，导从数十，至太极殿前，北面执玉策金字曰："陈氏五帝三十二年。”及后主在东宫时，有妇人突入，唱曰"毕国主"。有鸟一足，集其殿庭，以嘴画地成文，曰："独足上高台，盛草变为灰，欲知我家处，朱门当水开。”解者以为独足盖指后主独行无众，盛草言荒秽，隋承火运，草得火而灰。及至京师，与其家属馆于都水台，所谓上高台当水也。其言皆验。或言后主名叔宝，反语为"少福"，亦败亡之征云。

【译文】

三月己巳日，陈后主和王公百官一同从建邺出发，到长安去。隋文帝暂时腾出京城人家的住宅等待陈朝君臣，对住宅加以修整，又派出使臣去迎接慰劳他们，陈朝的人却咏诗吟唱，竟忘记了他们是亡国的俘虏。使臣回来报告说："自陈后主以下，男女老少都在路上走着，足有五百里，络绎不绝。”隋文帝叹息说："竟落到这样的下场。”当陈朝人到了长安，把陈朝皇帝的车服器物陈列在庭中，引导后主排在前列，以及前后两个皇太子、陈后主的叔父兄弟儿子封王的，总计二十八人；还有司空司马难消、尚书令江总、仆射袁宪、骠骑萧摩诃、护军樊毅、中领军鲁广达、镇军将军任忠、吏部尚书姚察、侍中中书令蔡征、左卫将军樊猛，自尚书郎以上官员二百多人，文帝派人宣诏慰劳他们。另外派内史令宣布诏令责备陈后主，陈后主跪伏在地屏住气不能回答，于是得到了宽恕。隋文帝下诏说陈武帝、文帝、宣帝三个帝陵，总共给五户守陵户分别守陵。

起初，陈武帝刚即位时，当夜奉朝请史普在宫中值宿，梦见有人从天而降，来到太极殿前，朝北手执写着金字的玉板说："陈氏五个皇帝在位三十二年。"当后主在东宫时，有个女人突然闯进宫来，唱着说："最后的国主。"有只鸟长着一条腿，飞落在殿庭，用嘴在地上写画文字："独脚上高台，盛草变成灰，欲知我家处，朱门当水开。"解释的人认为独脚是指陈后主独断专行不得人心；盛草说的是荒秽腐败，隋朝承继五行中的火运，草遇到火便烧成灰；当后主来到京城长安，他和家属都住在都水台，就是说上高台对着水。歌谣里说的都应验了。有的人说陈后主名叫叔宝，反语为"少福"，这也是败亡的征兆。

既见宥，隋文帝给赐甚厚，数得引见，班同三品。每预宴，恐致伤心，为不奏吴音。后监守者奏言："叔宝云，'既无秩位，每预朝集，愿得一官号'。"隋文帝曰："叔宝全无心肝。"监者又言："叔宝常耽醉，罕有醒时。"隋文帝使节其酒，既而曰："任其性；不尔，何以过日。"未几，帝又问监者叔宝所嗜。对曰："嗜驴肉。"问饮酒多少？对曰："与其子弟日饮一石。"隋文帝大惊。及从东巡，登芒山，侍饮，赋诗曰："日月光天德，山川壮帝居，太平无以报，愿上东封书。"并表请封禅，隋文帝优诏谦让不许。后从至仁寿宫，常侍宴，及出，隋文帝目之曰："此败岂不由酒；将作诗功夫，何如思安时事。当贺若弼度京口，彼人密启告急，叔宝为饮酒，遂不省之。高颎至日，犹见启在床下，未开封。此亦是可笑，盖天亡也。昔苻氏所征得国，皆荣贵其主。苟欲求名，不知违天命，与之官，乃违天也。"

隋文帝以陈氏子弟既多，恐京下为过，皆分置诸州县，每岁赐以衣服以安全之。

后主以隋仁寿四年十一月壬子，终于洛阳，时年五十二。赠大将军，封长城县公，谥曰炀。葬河南洛阳之芒山。

【译文】

陈后主被饶恕后，隋文帝对他的封赐非常优厚，并屡次予以召见，班位与三品官相等。每次参加隋文帝举行的宴会，害怕他会伤心，隋文帝从来不命令演奏吴地的歌曲。后来负责监视的官员上奏说：“陈叔宝说，‘既然没有官位，可是常常参加朝廷的集会，希望能得到一个官号’。”隋文帝说：“陈叔宝全无心肝。”监视的官员又报告说：“陈叔宝经常醉酒昏睡，很少有清醒的时候。”隋文帝下令减少酒的供给，不久又说：“由着他的性子，不这样，他怎么过日子。”过了不久，隋文帝问监视的人陈叔宝有什么嗜好。回答说：“爱吃驴肉。”又问能喝多少酒？回答说：“陈叔宝和他的子弟们每天要喝一石。”隋文帝听了非常吃惊。后来陈后主随从隋文帝往东去巡守，登上芒山，陈后主陪酒，作诗说：“日月光示上天恩德，山川壮丽衬映帝王所居，安享太平无以报答，愿意献上东封泰山的奏书。”并且撰写表章请求祭祀泰山，隋文帝下了宽慰的诏书表示谦让没有答应。后来陈后主又随从隋文帝到仁寿宫，经常陪宴，当退席走出来，隋文帝目送着陈后主说：“这人败亡，难道不是因为喝酒吗？如果将精力都放在诗歌创作上，他哪有时间来思量国家大事？当贺若弼打到京口时，陈朝人秘密上奏告急，陈叔宝因为贪杯，所以不知道这件事。高颎打进宫中的那天，看见密件在床底下放着，还没开封。这也的确可笑，这是天要亡陈。先前苻坚对待被征服的国家，都让亡国之主享受荣华富贵。这只是为了沽名钓誉，却不知违背天意；如果真给陈叔宝官职，这便是违背天意了。”

隋文帝认为陈氏子弟人数过多，恐怕留在京城里会形成祸害，就将其分别安置到各个州县去，每年赐给衣服使他们安稳生活。

隋文帝仁寿四年十一月壬子日，陈后主死在洛阳，时年五十二岁。追赠大将军，封长城县公，谥号为炀，葬在河南洛阳的芒山。

谢灵运列传

谢灵运，安西将军弈之曾孙而方明从子也。祖玄，晋车骑将军。父瑍，生而不慧，位秘书郎，早亡。灵运幼便颖悟，玄甚异之。谓亲知曰：“我乃生瑍，瑍儿何为不及我。”

灵运少好学，博览群书，文章之美，与颜延之为江左第一。纵横俊发过于延之，深密则不如也。从叔混特知爱之。袭封康乐公，以国公例除员外散骑侍郎，不就。为琅邪王大司马行参军。性豪侈，车服鲜丽，衣物多改旧形制，世共宗之，咸称谢康乐也。累迁秘书丞，坐事免。

宋武帝在长安，灵运为世子中军谘议、黄门侍郎，奉使慰劳武帝于彭城，作《撰征赋》。后为相国从事中郎，世子左卫率，坐辄杀门生免官。宋受命，降公爵为侯，又为太子左卫率。

【译文】

谢灵运，是安西将军谢奕的曾孙，是谢方明的侄子。祖父谢玄，是晋车骑将军。父谢瑍，生来不聪明，做官秘书郎，早死。谢灵运幼年时便聪明过人，谢玄认为他很出众。对亲近相识的人说："我生了瑍儿，可是瑍儿怎么不及我。"

谢灵运少年时便好学，广泛阅览各种书籍，写的文章辞藻华美，和颜延之的文章都是江南第一流的作品。文章纵横流畅、俊逸新颖超过了颜延之，但深奥周密不如颜延之。族叔谢混特别了解并喜爱他。谢灵运承袭祖父的封爵为康乐公，按照国公的惯例规定授予员外散骑侍郎，没有就职。做琅邪王的大司马行参军。谢灵运喜欢豪华奢侈的生活，车马服饰新美华丽，衣物也多改变旧有的样式加以创新，世人全都模仿他，人们全都称他谢康乐。调做秘书丞，由于犯事被免官。

宋武帝刘裕在长安时，谢灵运做世子中军咨议、黄门侍郎，曾奉命出使去彭城慰劳宋武帝，写作《撰征赋》一篇。后来做相国从事中郎，世子左卫率，由于犯了随意杀死门生罪被免官。刘宋皇朝建立后，爵位由公降为侯，又做太子左卫率。

灵运多愆礼度，朝廷唯以文义处之，不以应实相许。自谓才能宜参权要，既不见知，常怀愤惋。庐陵王义真少好文籍，与灵运情款异常。少帝即位，权在大臣，灵运构扇异同，非毁执政，司徒徐羡之等患之，出为永嘉太守。郡有名山水，灵运素所爱好。出守既不得志，遂肆意游遨，遍历诸县，动逾旬朔。理人听讼，不复关怀，所至辄为诗咏以致其意。

在郡一周，称疾去职，从弟晦、曜、弘微等并与书止之，不从。灵运父祖并葬始宁县，并有故宅及墅，遂移籍会稽，修营旧业。傍山带江，尽幽居之美。与隐士王弘之、孔淳之等放荡为娱，有终焉之志。每有一首诗至都下，贵贱莫不竞写，宿昔间士庶皆遍，名动都下。作《山居赋》，并自注以言其事。

【译文】

谢灵运的行为多有违背礼仪和法度之处，朝廷只是在有关文义的职位上安置他，不给他有实权的官职。谢灵运认为自己的才干应当担任朝中执掌权要的大臣，既然不受重视，心中常怀有怨恨不平的情绪。庐陵王刘义真年轻时喜好文籍，和谢灵运的交情不比寻常。宋少帝刘义符即位后，朝中权力掌握在大臣手中，谢灵运散布不同的见解，诽谤执政的人物，司徒徐羡之等人都有点怕他，调他出京做永嘉太守。永嘉郡中有名山秀水，这些都是谢灵运平素喜爱的。出京做郡守后既感到不得志，于是便尽情地四处遨游玩乐，走遍了全郡各个县，每出去一次就超过十天或一个月。对于管理官吏和办理公务的事，他不再关心，他每到一处便作诗歌咏，借此抒发自己的心意和志趣。

在郡满一年，便称病离职，从弟谢晦、谢曜和谢弘微等都写信来劝导他，不听。谢灵运的祖父、父亲都安葬在始宁县，县里还有谢家的旧宅和别墅，于是谢灵运便移居到会稽郡，修葺营建原有的房舍。谢家的住宅依山临江，充分显示出幽雅山居美丽的景致。谢灵运和隐士王弘之、孔淳之等人纵情游乐，有在这里终老一生的心愿。每当写作一首诗传到京城来，不论贵贱人物莫不争着抄写，一夜之间在文士和平民中间就传遍，名声震动了京城。谢灵运又写作一篇《山居赋》，并且自己做出注解用来说明赋中写到的事情。

文帝诛徐羡之等，征为秘书监，再召不起。使光禄大夫范泰与书敦奖，乃出。使整秘阁书遗阙，又令撰晋书。粗立条流，书竟不就。寻迁侍中，赏遇甚厚。灵运诗书皆兼独绝，每文竟，手自写之，文帝称为二宝。既自以名辈，应参时政，至是唯以文义见接，每侍上宴，谈赏而已。王昙首、王华、殷景仁等名位素不逾之，并见任遇，意既不平，多称疾不朝直。穿池植援，种竹树果，驱课公役，无复期度。出郭游行，或一百六七十里，经旬不归。既无表闻，又不请急。上不欲伤大臣，讽旨令自解。灵运表陈疾，赐假东归。将行，上书劝伐河北。而游娱宴集，以夜续昼。复为御史中丞傅隆奏免官，是岁，元嘉五年也。

灵运既东，与族弟惠连、东海何长瑜、颍川荀雍、泰山羊璿之以文章赏会，共为山泽之游，时人谓之四友。惠连幼有奇才，不为父方明所知。灵运去永嘉还始宁，时方明为会稽，灵运造方明，遇惠连，大相知赏。灵运性无所推，唯重惠连，与为刎颈交。时何长瑜教惠连读书，亦在郡内，灵运又以为绝伦。谓方明曰："阿连才悟如此，而尊作常儿遇之；长瑜当今仲宣，而饴以下客之食。尊既不能礼贤，宜以长瑜还灵运。"载之而去。荀雍字道雍，官至员外散骑郎。璿之字曜璠，为临川内史，被司空竟陵王诞所遇，诞败坐诛。长瑜才亚惠连，雍、璿之不及也。临川王义庆招集文士，长瑜自国侍郎至平西记室参军。尝于江陵寄书与宗人何勖，以韵语序义庆州府僚佐云："陆展染白发，欲以媚侧室，青青不解久，星星行复出。"如此者五六句。而轻薄少年遂演之，凡人士并为题目，皆加剧言苦句，其文流行。义庆大怒，白文帝，除广州所统曾城令。及义庆薨，朝士并诣第叙哀，何勖谓袁淑曰："长瑜便可还也。"淑曰："国新丧宗英，未宜以流人为念。"庐陵王绍镇寻阳，以长瑜为南中郎行参军，掌书记之任。行至板桥，遇暴风溺死。

【译文】

宋文帝杀掉徐羡之等大臣之后，召谢灵运做秘书监，两次下召令他都不赴任。宋文帝让光禄大夫范泰写信劝导和鼓励，谢灵运才去就职。文帝让他整理宫中秘阁藏书的遗失缺漏，又命令他写作晋朝的历史。他粗略地草拟出条例和目录，书没有写成。不久升做侍中，受到的赏赐和待遇都很优厚。谢灵运作的诗、写的字都是绝好的杰作，每当作完文章，便亲手把它写下来，宋文帝称他的诗和字是二宝。过去谢灵运认为自己是名流，应该参与国家大政，到这时他还只能以文才被接待，每当侍从皇帝宴会时，只是谈论赏析诗文而已。王昙首、王华、殷景仁等人的名望和地位一向都超不过他，可是都受到朝廷的信任和重用，为此谢灵运心中不平，经常装病不上朝值差。谢灵运在住宅里挖池塘植树木，栽竹子种果树，驱使民众充当公家的劳役，一切都没有固定的日期和限度。谢灵运离城出游，有时能走出一百六七十里，过十天也不返回。既不上表报告，又不告病请假。皇帝不想伤害大臣，传话让他自己辞职。于是谢灵运便上表陈述有病，皇帝准奏让他东归。刚要出发的时候，他又上书劝说皇帝征伐河北。谢灵运游乐宴会，以夜继日。又被御史中丞傅隆启奏免除官职，这年，正是宋文帝元嘉五年。

谢灵运东归到会稽之后，和本家兄弟谢惠连、东海何长瑜、颍川荀雍、泰山羊璿之经常聚会欣赏文章，一同游览山水，当时人称他们为"四友”。谢惠连少年时便有出众的才华，但不被他父亲谢方明所了解。谢灵运离开永嘉回到始宁，当时谢方明正做会稽郡守，谢灵运去拜望谢方明，遇见谢惠连，极其赞赏谢惠连。谢灵运本性从不推崇别人，唯独推崇谢惠连，和他成为生死之交。当时何长瑜正教谢惠连读书，也在会稽郡任职，谢灵运认为他也是杰出无比的人才。谢灵运对谢方明说：“阿连兄弟有如此聪明才智，可是大人竟把他当作一般孩子看待；何长瑜是当今的王粲，可是大人竟用下客的饭食待他。大人既不能礼遇贤士，应该把何长瑜还给侄儿灵运。”便同何长瑜一起乘船离去。荀雍，字道雍，官做到员外散骑侍郎。羊璿之字曜璠，做临川内史，受到司空竟陵王刘诞的相知和恩遇，刘诞失败后羊璿之被杀。何长瑜的才智不如谢惠连，但是荀雍、羊璿之又不及何长瑜。临川王刘义庆招集文士，何长瑜的官职从国侍郎做到平西记室参军。何长瑜曾经在江陵寄信给本家人何勖，用韵语的形式记述刘义庆府中僚佐的情况说：“陆展染黑白发，想着取媚小妾，黑色不能持久，点点白茬又露。”像这样的有五六句。有些轻薄少年便加以铺叙，一些士人都来给它加上题目，全用些刻薄挖苦的言辞，使它到处流传。刘义庆知道后大怒，向文帝报告，把何长瑜贬到广州管下的曾城做县令。刘义庆死后，朝中人士都到宅里来吊唁致哀，何勖对袁淑说：“何长瑜就可以回京了。”袁淑说：“国家新死了宗室的英才，还不是想起流放者的时候。”庐陵王刘绍镇守寻阳，用何长瑜做南中郎行参军，掌书记的职务。何长瑜走到板桥，遇到暴风落水淹死。

灵运因祖父之资，生业甚厚，奴僮既众，义故门生数百，凿山浚湖，功役无已。寻山陟岭，必造幽峻，岩嶂数十重，莫不备尽。登蹑常着木屐，上山则去其前齿，下山去其后齿。尝自始宁南山伐木开径，直至临海，从者数百。临海太守王琇惊骇，谓为山贼，末知灵运乃安。又要琇更进，琇不肯。灵运赠琇诗曰：“邦君难地险，旅客易山行。”在会稽亦多从众，惊动县邑。太守孟顗事佛精恳，而为灵运所轻，尝谓顗曰：“得道应须慧业，丈人升天当在灵运前，成佛必在灵运后。”顗深恨此言。又与王弘之诸人出千秋亭饮酒，裸身大呼，顗深不堪，遣信相闻。灵运大怒曰：“身自大呼，何关痴人事。”

会稽东郭有回踵湖，灵运求决以为田，文帝令州郡履行。此湖去郭近，水物所出，百姓惜之，顗坚执不与。灵运既不得回踵，又求始宁休崲湖为田，顗又固执。灵运谓顗非存利人，政虑决湖多害生命，言论伤之。与顗遂隙。因灵运横恣，表其异志，发兵自防，露板上言。灵运驰诣阙上表，自陈本末。文帝知其见诬，不罪也。不欲复使东归，以为临川内史。

【译文】

谢灵运继承了祖父的资产，家业丰厚，奴僮很多，义从故吏门生也有几百人，开山浚湖，工程劳役没有停止过。每次登山爬岭，一定要到最幽静奇险的去处观赏，重岩叠嶂几十里，没有不全去看过的。登山时经常穿着特制的带齿的木底鞋，上山时取下鞋的前齿，下山时取下鞋的后齿。又曾经亲自带着人从始宁南山伐树开路，直到临海，随从的人员有几百人。临海太守王琇听到信后很惊骇，认为是山贼，事后知道是谢灵运才安下心来。谢灵运便邀请王琇一同前进，王琇不肯应邀。谢灵运写诗赠给王琇说："太守害怕险峻，来客乐于山行。"谢灵运在会稽也有很多从人，经常惊动县邑的长官。太守孟顗精勤诚恳拜佛，遭到谢灵运的轻蔑，他曾经对孟顗说："得道成佛必须要有慧根，大人升天将在灵运之前，但是成佛要落在灵运之后。"孟顗对这话怀恨在心。谢灵运又会同王弘之等人到千秋亭饮酒，脱光衣服大喊大叫，孟顗极为不满，派人去朝廷报告，谢灵运大怒说："我自己大喊，和傻子白痴有什么相干。"

会稽东城外有回踵湖，谢灵运请求打开口子放水改湖造田，文帝下令让州郡照办。这湖距离城郭很近，水中所出物产，百姓都很珍惜，孟顗坚决不同意把湖给谢灵运改田。谢灵运得不到回踵湖之后，又请求要始宁的休崲湖改田，孟顗又固执不给。谢灵运认为孟顗并非心存利民的想法，正是借口怕决湖之后将会伤害众多人命，制造言论来中伤谢灵运。因此他和孟顗结下了怨恨。因为谢灵运横行放肆，孟顗上表说谢灵运心怀异志，出兵自加防备，封书送上朝廷。谢灵运亲自骑马前去朝廷上表，陈述自己和孟顗争执的缘由。文帝知道谢灵运受到诬告，没有给他加罪。文帝不想让他再回东方去，便用他做临川内史。

在郡游放，不异永嘉，为有司所纠。司徒遣使随州从事郑望生收灵运。灵运兴兵叛逸，遂有逆志。为诗曰："韩亡子房奋，秦帝鲁连耻，本自江海人，忠义感君子。"追讨擒之，送廷尉，廷尉论正斩刑。上爱其才，欲免官而已。彭城王义康坚执，谓不宜恕。诏以"谢玄勋参微管，宜宥及后嗣，降死徙广州”。

后秦郡府将宋齐受使至涂口，行达桃墟村，见有七人下路聚语，疑非常人，还告郡县，遣兵随齐掩讨禽之。其一人姓赵名钦，云：“同村薛道双先与灵运共事，道双因同村成国报钦云：‘灵运犯事徙广州，给钱令买弓箭刀盾等物，使道双要合乡里健儿于三江口篡之。若得志如意后，功劳是同。’遂合部党要谢不得，及还饥馑，缘路为劫。’”有司奏收之，文帝诏于广州弃市。临死作诗曰：“龚胜无余生，李业有终尽，嵇公理既迫，霍生命亦殒。”所称龚胜、李业，犹前诗子房、鲁连之意也。时元嘉十年，年四十九。所著文章传于世。

【译文】

谢灵运在临川郡里遨游，和在永嘉时没有不同，遭到有关官员的纠缠。司徒派随州从事郑望生去收捕谢灵运。谢灵运便起兵叛逃，从此产生了反逆的心思。作诗说：“韩国被灭，张良奋起复仇，秦始皇称帝鲁仲连感到受辱，我本是寄身江海的人士，无限感佩古代的忠义君子。”郡中追击并擒获谢灵运，并交朝中廷尉，廷尉判处斩刑。文帝爱惜他的才华，打算只免除他的官职就罢了。彭城王刘义康坚持执行廷尉的判决，认为不该宽恕。诏书说：“谢玄的功勋和管仲相等，应该宽恕他的后代，减去死刑把他流放到广州。”

后来秦郡府将宋齐接受使命到涂口去，路过桃墟村时，发现有七个人聚在路边一起说话，宋齐怀疑他们不是好人，回头报告给郡县长官，派兵跟随宋齐去袭击并把他们活捉。其中一个人姓赵名钦，他供说：“同村人薛道双先前曾给谢灵运做事，薛道双托同村人成国告诉赵钦说：‘谢灵运犯事被流放去广州，谢灵运出钱让买弓箭刀盾等兵器，并让薛道双集合乡里中健壮的汉子在三江口劫下谢灵运。如果得手成功之后，都有同样的功劳赏赐。’于是我便集合同伙的人前去拦截谢灵运没成，回来后都很饿，顺便打算在路上抢劫。”主管官员上奏并把这伙人收监，文帝下诏命令把这些人在广州处决。谢灵运临刑前作诗说：“龚胜不贪生，李业忠节尽，嵇康守理死，霍原恨殒命。”诗里称赞龚胜、李业，是和先前在诗中称道张良和鲁仲连是同样的心意。当时是元嘉十年，谢灵运年纪四十九岁。谢灵运所作的文章流传在世上。

〔北史〕

郦道元列传

道元字善长。初袭爵永宁侯，例降为伯。御史中尉李彪以道元执法清刻，自太傅掾引为书侍御史。彪为仆射李冲所奏，道元以属官坐免。景明中，为冀州镇东府长史。刺史于劲，顺皇后父也，西讨关中，亦不至州，道元行事三年。为政严酷，吏人畏之，奸盗逃于他境。后试守鲁阳郡，道元表立黉序，崇劝学教。诏曰："鲁阳本以蛮人，不立大学。今可听之，以成良守文翁之化。"道元在郡，山蛮伏其威名，不敢为寇。延昌中，为东荆州刺史，威猛为政，如在冀州。蛮人诣阙讼其刻峻，请前刺史寇祖礼。及以遣戍兵七十人送道元还京，二人并坐免官。

后为河南尹。明帝以沃野、怀朔、薄骨律、武川、抚冥、柔玄、怀荒、御夷诸镇并改为州，其郡、县、戍名，令准古城邑。诏道元持节兼黄门侍郎，驰驿与大都督李崇筹宜置立，裁减去留。会诸镇叛，不果而还。

【译文】

郦道元，字善长。起初，继承父亲的封爵永宁侯，按照惯例，由侯降为伯。御史中尉李彪因道元执法清正苛刻，举荐他由太傅掾升任书侍御史。李彪被仆射李冲参奏下台后，道元因为是李彪的下属官员也被罢免。景明期间（500—503），道元任冀州镇东府长史。冀州刺史于劲，是顺皇后的父亲，当时带兵在关中打仗，不在冀州上任。州上的事全由道元管理达三年之久。由于道元行政严酷，所以不仅官吏畏惧，就是奸诈小人和强盗也纷纷逃离冀州，到别的地方去。后来调道元去鲁阳郡代理太守，他向皇帝打报告，请求在鲁阳建立学校，勉励教师和学生。皇帝指示说："鲁阳原来因为是南方边远地区，不立大学。现在可以允许，使鲁阳像西汉文翁办学那样成为有文化教养的地区。"道元在鲁阳郡的日子，老百姓佩服他的威名，不敢违法。延昌期间（512—515），道元任东荆州刺史，行政威猛跟在冀州一样。当地百姓向皇帝告状，告他苛刻严峻，请求前任刺史寇祖礼回来。等到寇祖礼回来并派遣戍边士兵七十名送道元回京时，两人都因为犯事而被罢官。

后来道元任河南尹。北魏明帝因为沃野、怀朔、薄骨律、武川、抚冥、柔玄、怀荒、御夷等镇均改为州，这些州的郡、县、戍名称，命令用古城邑为标准。皇帝指令道元持节、兼黄门侍郎，与大都督李崇一道按驿站制度兼程而行，筹划哪些地方宜立郡、县、戍，哪些地方要裁减去留。正赶上诸镇叛乱，他们的工作没有结果就回去了。

孝昌初，梁遣将攻扬州，刺史元法僧又于彭城反叛。诏道元持节、兼侍中、摄行台尚书，节度诸军，依仆射李平故事。梁军至涡阳，败退。道元追讨，多有斩获。

后除御史中尉。道元素有严猛之称，权豪始颇惮之。而不能有所纠正，声望更损。司州牧、汝南王悦嬖近左右丘念，常与卧起。及选州官，多由于念。念常匿悦第，时还其家，道元密访知，收念付狱。悦启灵太后，请全念身，有敕赦之。道元遂尽其命，因以劾悦。

【译文】

孝昌初期，梁朝派遣将领攻打扬州，刺史元法僧又在彭城叛乱。孝明帝命道元持节、兼侍中、代理行台尚书，指挥调遣各路军马，依照仆射李平的故事。梁朝的军队到涡阳，被击退，道元指挥军马追杀，获胜。

后来任命道元为御史中尉。道元素有行政严猛的名声，掌握大权的人开始有些畏惧。但过了一段时间后，道元纠正不正之风没有显著的成效，他的声望因此受到很大的损害。司州牧、汝南王元悦宠爱男娼丘念，常常跟他一起睡觉，一起生活。等到选举州官时，全由丘念操纵。平时丘念隐藏在元悦的家里，隔三差五才回一次家。道元秘密查清丘念回家的规律，找一次机会把丘念抓住，关进监狱。元悦上告灵太后，请求释放丘念。灵太后命令释放，道元抢在命令下达之前把丘念处死，并因此事而检举元悦的违法行为。

时雍州刺史萧宝夤反状稍露，侍中、城阳王徽素忌道元，因讽朝廷，遣为关右大使。宝夤虑道元图己，遣其行台郎中郭子帙围道元于阴盘驿亭。亭在冈上，常食冈下之井。既被围，穿井十余丈不得水。水尽力屈，贼遂逾墙而入。道元与其弟道（缺）二子俱被害。道元瞋目叱贼，厉声而死。宝夤犹遣敛其父子，殡于长安城东。事平，丧还，赠吏部尚书、冀州刺史、安定县男。

道元好学，历览奇书，撰注《水经》四十卷，《本志》十三篇。又为《七聘》及诸文皆行于世。然兄弟不能笃睦，又多嫌忌，时论薄之。子孝友袭。

【译文】

正在这个时候，雍州刺史萧宝夤反叛北魏的意图已经暴露，侍中、城阳王元徽一向忌恨道元，就劝灵太后派道元为关右大使去视察萧宝夤。萧宝夤害怕道元收拾他，于是派手下的行台郎中郭子帙把道元围困在阴盘驿亭。亭在山冈上，平时喝水靠山下的水井。被围困以后，道元在山冈上打井十余丈仍无水。尽力竭，郭的人马翻墙入亭，把道元和他的弟弟以及两个儿子杀害。道元怒目高声骂萧，气竭而亡，萧宝夤派人把道元父子、弟弟埋葬在长安城东。萧宝夤平定之后，道元的尸骨迁回家乡。朝廷追赠道元吏部尚书、冀州刺史、安定县男。

道元好学，一向喜欢阅览奇书。撰《水经注》四十卷，《本志》十三篇，又有《七聘》等文章流行于世。然而兄弟之间不能团结和睦相处，又多嫌忌，当时的舆论有点看不起。儿子孝友继承爵位。

尔朱荣列传

尔朱荣字天宝，北秀容人也。世为部落酋帅，其先居尔朱川，因为氏焉。

高祖羽健，魏登国初为领人酋长，率契胡武士从平晋阳，定中山，拜散骑常侍。以居秀容川，诏割方三百里封之，长为世业。道武初，以南秀容川原沃衍，欲令居之。羽健曰："家世奉国，给侍左右，北秀容既在划内，差近京师，岂以沃墒，更迁远地？"帝许之。所居处曾有狗舐地，因而穿之得甘泉，因名狗舐泉。

曾祖郁德、祖代勤，继为酋长。代勤，太武敬哀皇后舅也。既以外亲，兼数征伐有功，给复百年，除立义将军。曾围山而猎，部人射虎，误中其髀，代勤仍令拔箭，竟不推问，曰："此既过误，何忍加罪。"部内咸感其意。位肆州刺史，封梁郡公，以老致仕，岁赐帛百匹以为常。卒，谥曰庄。孝庄初，追赠太师、司徒公、录尚书事。

父新兴，太和中继为酋长。曾行马群，见一白蛇，头有两角，咒之，求畜牧蕃息。自是牛羊驼马，日觉滋盛，色别为群，谷量之。朝廷每有征讨，辄献私马，兼备资粮，助裨军用。孝文嘉之。及迁洛，特听冬朝京师，夏归部落。每入朝，诸公王朝贵，竞以珍玩遗之，新兴亦报以名马。位散骑常侍、平北将军、秀容第一领人酋长。新兴每春秋二时，恒与妻子阅畜牧于川泽，射猎自娱。明帝时，以年老，启求传爵于荣。卒，谥曰简。孝庄初，赠太师、相国、西河郡王。

【译文】

尔朱荣，字天宝，北秀容人。他家世代担任部落酋长，他的祖先居住在尔朱川，因此，尔朱成为他的姓氏。

尔朱羽健是尔朱荣的高祖父，北魏道武帝登国初年，任契胡部落的领民酋长，率领契胡武士随从道武帝平定晋阳，攻取中山，官拜散骑常侍。他当时居住在秀容川，于是道武帝就下诏割出秀容川一带三百里的土地封给他，作为子孙相传的产业。道武帝即位初期，因为南秀容川的土地肥沃平坦，打算让尔朱羽健迁居到那里。尔朱羽健说："我们家世代为国家服务，侍从于皇帝左右，听凭调遣。北秀容一带现已在我治理之下，这地方离京城也还比较近。我怎么能只考虑土地的肥瘠，就搬到远离陛下的地方呢？"道武帝于是就准许他仍然住在原地。尔朱羽健的住处附近曾经有狗用舌头舐地，因而在那地方挖出了一股甘泉，于是把该泉命名为狗舐泉。

尔朱荣的曾祖父尔朱郁德，祖父尔朱代勤，相继担任部落领民酋长。尔朱代勤是北魏太武帝敬哀皇后的舅父。因为他是皇帝的外戚，又屡次出征作战立有功劳，太武帝下令免除他家里一百年的赋役，并拜他为立义将军。有一次尔朱代勤率众围山打猎，部落中的人射老虎，误射中了尔朱代勤的大腿。尔朱代勤只让人把箭拔出来，并不加以追究，说："这既然是无心而犯的过错，我怎么忍心加罪呢？"部落中的人都为他的宽厚所感动。后来做到肆州刺史，加封梁郡公。因年老退休，皇帝每年赏赐他一百匹丝绸，后来形成了常制。他死后，谥号称为庄。在孝庄帝初年追赠尔朱代勤为太师、司徒公、录尚书事。

尔朱新兴是尔朱荣的父亲，在太和年间继任酋长。他曾经巡察马群，看见一条头上还长有两只角的白蛇。便向它祈祷，希望保佑牲畜不断繁衍生息。此后，部落中的牛羊驼马等牲畜，一天比一天多，以至于后来把它们按颜色专门分群，每群都以山谷作为计量单位。北魏朝廷每遇到对外战事，尔朱新兴就献上自己的私有马匹，并兼备资财粮草，帮助解决军队的费用。孝文帝因此对他十分欣赏。到迁都洛阳以后，特旨准许他冬天到京城朝见，夏天回本部落休养。每次入朝，朝中的王侯公卿等贵族都争相送给他各种奇珍异宝，尔朱新兴也以良种骏马回赠。官至散骑常侍，平北将军，秀容第一领民酋长。每年春秋两季，尔朱新兴都要带着妻子儿女到临水的草原上检阅放牧情况，并举行狩猎活动作为娱乐。孝明帝时，尔朱新兴因为年老，上书请求把爵位传给尔朱荣。去世后，谥号为简。孝庄帝初年，追赠尔朱新兴为太师、相国、西河郡王。

荣洁白美容貌，幼而神机明决。及长，好射猎，每设围誓众，便为军阵之法，号令严肃，众莫敢犯。秀容界有池三所，在高山上，清深不测，相传曰祁连池，魏言天池也。父新兴曾与荣游池上，忽闻箫鼓音，谓荣曰："古老相传，闻此声，皆至公辅。吾年老暮，当为汝耳。"荣袭爵，后除直寝、游击将军。

正光中，四方兵起，遂散畜牧，招合义勇。以讨贼功，进封博陵郡公，其梁郡前爵听赐第二子。时荣率众至肆州，刺史尉庆宾闭城不纳。荣怒，攻拔之，乃署其从叔羽生为刺史，执庆宾还秀容。自是兵威渐盛，朝廷亦不能罪责。及葛荣吞杜洛周，荣恐其南逼邺城，表求东援相州，帝不许。荣以山东贼盛，虑其西逸，乃遣兵固守滏口以防之。于是北捍马邑，东塞井陉。

寻属明帝崩，事出仓卒，荣乃与元天穆等密议，入匡朝廷。抗表云："今海内草草，异口一言，皆云大行皇帝鸩毒致祸，举潘嫔之女以诳百姓，奉未言之儿而临四海。求以徐纥、郑俨之徒，付之司败。更召宗亲，推其明德。"于是将赴京师。灵太后甚惧，诏以李神轨为大都督，将于太行杜防。荣抗表之始，遣从子天光、亲信奚毅及仓头王相入洛，与从弟世隆密议废立。天光乃见庄帝，具论荣心，帝许之。天光等还北，荣发晋阳，犹疑所立，乃以铜铸孝文及咸阳王禧等五王子孙像，成者当奉为主。唯庄帝独就。师次河内，重遣王相密迎庄帝与帝兄彭城王劭、弟始平王子正。武泰元年四月，庄帝自高渚度，至荣军，将士咸称万岁。

【译文】

尔朱荣长相俊美，皮肤白皙，小时候就神情机警，聪明果断。当他长大后，特别喜欢射箭打猎，他每次设置围猎都与众人宣誓，然后就演练作战时的军阵程式，号令严明，没有人敢冒犯。有三个处于秀容的边境上且位于高山之上的水池，水色清澈透明，没人知道到底有多深。相传名字叫祁连池，北魏称为天池。父亲尔朱新兴曾带着尔朱荣在池上游览，忽然听到箫鼓的声音，就对尔朱荣说："上年纪的人相传，听到这种声音的人，将来会做到三公宰相的高位。今天这声音大概是为你而发的吧，因为我已经年纪老了。"尔朱荣承袭了父亲的爵位，后来又官拜直寝、游击将军。

正光年间，正当烽烟四起之时，尔朱荣散发牲畜，招纳义勇组织军队。因为讨伐贼寇有功，晋封为博陵郡公，原来家传的爵位梁郡公恩准赐给他的第二个儿子承袭。当时尔朱荣率领军队到了肆州，刺史尉庆宾紧闭城门不予接纳。尔朱荣大怒，就攻占了肆州，任命他的堂叔尔朱羽生为肆州刺史，把尉庆宾抓回了秀容。自此之后尔朱荣的兵力日渐强大，北魏朝廷也无力加以惩罚。到了葛荣吞并杜洛周起义军以后，尔朱荣担心葛荣会南下进逼邺城，上表请求东进到相州一带增援，孝明帝没有答应。尔朱荣见到太行山以东的起义军力量不断壮大，怕他们向西发展，就派遣部队坚守滏口，加以防御。于是尔朱荣的军队在北面捍卫住马邑，东面把守着井陉要道。

不久，孝明帝突然去世，事情来得特别仓促。尔朱荣就和北魏帝室亲属元天穆等人暗中商议，准备入朝辅政。他上书直言道："目前国内人心骚动，大家异口同声，都说先皇帝是中毒致死的。朝廷先拿潘嫔生的女儿冒充太子欺骗百姓，随后又立了一个还不会说话的幼儿君临天下。我们要求把徐纥、郑俨这些佞幸之徒都抓起来，交给司法官员论罪。然后再召集宗室亲王，重新推选一个有德之君为天下之主。"于是就准备开赴京师。皇太后胡氏闻讯十分害怕，下诏委任李神轨为大都督，准备在太行山一带布防。尔朱荣在一开始上表的时候，就派侄子尔朱天光、亲信奚毅及家人王相进入洛阳，和在洛阳做官的堂弟尔朱世隆一同暗中商议废立皇帝的计划。尔朱天光随即拜见了长乐王元子攸，也就是后来的北魏孝庄帝，向他陈述尔朱荣准备拥立他为皇帝的打算，孝庄帝表示同意。尔朱天光等人北返之后，尔朱荣就从晋阳统兵南下。临行对拥立计划又有些犹疑，就专门用铜铸造孝文帝以及咸阳王元禧等五位亲王子孙们的塑像，塑像能铸成的，就推奉他为皇帝。结果只有孝庄帝一人的塑像铸成。军队停驻在河内，尔朱荣再次派遣王相秘密迎接孝庄帝，以及孝庄帝的哥哥彭城王元劭和弟弟始平王元子正。孝庄帝在武泰元年四月，从高渚出发渡过黄河，到达尔朱荣的军营，将士们全都称呼万岁。

及庄帝即位，诏以荣为使持节、都督中外诸军事、大将军、开府、尚书令、领军将军、领左右、太原王。及渡河，太后乃下发入道，内外百官皆向河桥迎驾。

荣惑武卫将军费穆之言，谓天下乘机可取，乃谲朝士共为盟誓，将向河阴西北三里，至南北长堤，悉命下马西度，即遣胡骑四面围之。妄言丞相高阳王欲反，杀百官王公卿士二千余人，皆敛手就戮。又命二三十人拔刀走行宫。庄帝及彭城王、霸城王俱出帐。荣先遣并州人郭罗察共西部高车叱列杀鬼在帝左右，相与为应。及见事起，假言防卫，抱帝入帐，余人即害彭城、霸城二王。乃令四五十人迁帝于河桥，沈灵太后及少主于河。时又有朝士百余人后至，仍于堤东被围。遂临以白刃，唱云能为禅文者出，当原其命。时有陇西李神俊、顿丘李谐、太原温子升并立当世辞人，皆在围中，耻是从命，俯伏不应。有御史赵元则者，恐不免死，出作禅文。荣令人诫军士，言元氏既灭，尔朱氏兴，其众咸称万岁。荣遂铸金为己像，数四不成。时荣所信幽州人刘灵助善卜占，言今时人事未可。荣乃曰："若我作不吉，当迎天穆立之。"灵助曰："天穆亦不吉，唯长乐王有王兆耳。"荣亦精神恍惚，不自支持，遂便愧悔，至四更中，乃迎庄帝，望马首叩头请死。其士马三千余骑，既滥杀朝士，乃不敢入京，即欲向北为移都之计。持疑经日，始奉驾向洛阳宫。及上北芒，视城阙，复怀畏惧，不肯更前。武卫将军泛礼苦执不听。复前入城，不朝戍。北来之人，皆乘马入殿。诸贵死散，无复次序，庄帝左右，唯有故旧数人。荣犹执移都之议，上亦无以拒焉。又在明光殿重谢河桥之事，誓言无复二心。庄帝自起止之，因复为荣誓，言无疑心。荣喜，因求酒一遍。及醉熟，帝欲诛之，左右苦谏乃止。即以床舆向中常侍省。荣夜半方寤，遂达旦不眠。自此不复禁中宿矣。

【译文】

当孝庄帝即位后，任命尔朱荣为使持节、都督中外诸军事、大将军、开府、尚书令、领军将军、领左右，并且加封他为太原王。当他们渡过黄河时，灵太后就剃掉头发进了道观，朝廷百官都到河边迎接孝庄帝。

尔朱荣被费穆认为可以趁此机会夺取天下的言语所蛊惑，于是就欺骗朝廷百官一起盟誓，带领他们去河阴西北三里之处，当到了南北长堤，他就命令他们全部下马从西边渡河，并马上派胡人的骑兵从四面包围他们。他诬陷丞相高阳王元雍企图谋反，并杀掉文武百官、王公贵族一共两千多人。这些人毫无防备，束手就戮。尔朱荣又派二三十名军士持刀奔向孝庄帝临时居住的行宫。孝庄帝与元劭、元子正兄弟三人一同走出帐外观看。尔朱荣事先已派并州人郭罗察和西部高车人叱列杀鬼在孝庄帝左右侍奉，准备相机与外边互为策应。至此时见到外边已经开始行动，便假称防护保卫，抱持着孝庄帝进入帐内。外边的军士就杀害了元劭和元子正。尔朱荣随后命令四五十名军士把孝庄帝挟持到河桥，并把皇太后胡氏以及她扶立的幼帝元钊都沉到黄河里淹死。这时又有一百多名朝官随后赶到，仍然在大堤东面被包围起来。于是就以钢刀相威胁，宣布说能写禅位给尔朱荣诏书的人可以出来，饶了他的性命。当时陇西人李神俊、顿丘人李谐，太原人温子升都是当代著名的文章高手，均被包围在里面。这些人耻于从命，都伏在地上不作声。有一个叫赵元则的御史，害怕自己不免一死，就出来写了禅位诏书。尔朱荣随即让人晓谕军士，说元魏王朝已经灭亡，尔朱氏将要代为皇帝。部下的军士都齐呼万岁。于是尔朱荣就用黄金浇铸自己的塑像，铸了好几次也没有铸成。当时尔朱荣信任的一个幽州人叫刘灵助的，善于占卜，对尔朱荣说现在做皇帝，人事方面的条件还不具备。尔朱荣就说："要是我做皇帝不吉利，那就把元天穆接来，立他好了。"刘灵助说："元天穆也不吉利。只有长乐王才有做皇帝的天命。"尔朱荣也感到精神恍惚，心理上支持不住，就有了惭愧追悔的意思。到夜里四更左右，又把孝庄帝接回来，对着孝庄帝的马头下拜叩头，请求以死赎罪。尔朱荣带来的军队共有三千多骑兵，既已滥杀了大批朝官，就不敢进入京城洛阳，而想裹胁孝庄帝一同北还，做迁都的打算。这样犹豫不决了好几天，才簇拥着孝庄帝向洛阳的皇宫进发。及至走到北芒山，看见了洛阳的城墙，尔朱荣又害怕起来，不肯往前走。武卫将军泛礼苦苦相劝，也不听从。最后总算进入了洛阳城中，但也没有正式恢复朝会和戍卫制度。北来的军士，都骑着马直接闯入大殿。原来的高官贵族或是被杀，或是已经逃窜，朝廷中已毫无秩序章法可言。

孝庄帝身边也只剩下少数几个从前的亲信大臣。尔朱荣仍然坚持迁都的意见，孝庄帝也无力与他抗衡。尔朱荣又在明光殿再次就河桥迁驾的事情向孝庄帝谢罪，发誓说自己对孝庄帝绝无二心。孝庄帝亲自站起来劝阻他，并且自己也向尔朱荣发誓，说对尔朱荣信任如故，没有疑心。尔朱荣高兴起来，就请求君臣一起喝一次酒。不久尔朱荣就喝醉睡熟了，孝庄帝打算趁机杀掉他，左右的人苦苦劝阻，于是就把尔朱荣连床抬到了中常侍省。尔朱荣半夜酒劲才醒，后来一直到天亮也没有睡着，从此他再也不敢在宫禁中留宿。

荣女先为明帝嫔，欲上立为后，帝疑未决。给事黄门侍郎祖莹曰："昔文公在秦，怀嬴入侍。事有反经合义，陛下独何疑焉？"上遂从之，荣意甚悦。

于时人间犹或云荣欲迁都晋阳，或云欲肆兵大掠，迭相惊恐，人情骇震。京邑士子，十不一存，率皆逃窜，无敢出者，直卫空虚，官守废旷。荣闻之，上书谢愆。无上王请追尊帝号；诸王、刺史，乞赠三司；其位班三品，请赠令仆；五品之官，各赠方伯；六品已下及白身，赠以镇郡。诸死者无后，听继，即授封爵。均其高下，节级别科，使恩洽存亡，有慰生死。诏如所表。又启帝，遣使巡城劳问，于是人情遂安，朝士逃亡者，亦稍来归阙。荣又奏请番直，朔望之日，引见三公、令、仆、尚书、九卿及司州牧、河南尹、洛阳河阴执事之官，参论国政，以为常式。

五月，荣还晋阳，乃令元天穆向京，为侍中、太尉公、录尚书事、京畿大都督，兼领军将军，封上党王。树置腹心在列职，举止所为，皆由其意。七月，诏加荣柱国大将军。

【译文】

尔朱荣的女儿先前是孝庄帝的嫔妃，尔朱荣想要孝庄帝立她为皇后，皇帝犹豫不决。给事黄门侍郎祖莹说："从前晋文公在秦国时，让自己的妻子怀嬴入宫侍奉。此事虽然违反经书上的准则，但事实上却合乎道义。陛下有什么可犹豫的呢？"孝庄帝听从了他的建议，尔朱荣非常高兴。

当时民间还是有人说尔朱荣想把国都迁都到晋阳，还有人说尔朱荣准备放纵士兵大肆抢夺，这些事情都让人们惊恐，以致人心动荡。京城洛阳里的士人，留下的不到原来的十分之一，大都或逃亡或躲避，不敢出来露面。朝廷中官位职守也出现很多空缺，几乎无人当值戍卫。尔朱荣听说这种情况，上书谢罪。奏请追尊孝庄帝的哥哥元劭皇帝帝号，遇害的诸王、刺史都追赠三公的品位，三品官追赠尚书令、仆射，五品官追赠刺史，六品以下直到没有官位的人都追赠郡守。死者没有了后嗣的，准许过继后嗣，然后再以封爵相授。总的原则是按照原来的官品高低，分级分类赠恤，使皇恩普及于每个人，死者都能得到安慰。孝庄帝下诏就按尔朱荣的奏请去办。尔朱荣又启奏孝庄帝，请求派使节在洛阳城巡视慰劳问候老百姓。于是人心逐渐安定下来，逃亡在外的朝官也慢慢都回到朝中。尔朱荣又上奏请求让轮班值日的人，在农历初一和十五这一天，皇帝专门接见三公、尚书令、仆射、各部尚书、九卿，以及司州牧、河南尹和洛阳、河阴的有关行政官员，参加讨论国政，并以此为常制。

五月尔朱荣返回晋阳。于是命令元天穆前去京城，担任侍中、太尉公、录尚书事、京畿大都督，兼领军将军，加封上党王。朝廷各主要机构都安插了尔朱荣的心腹，他们的一言一行，都由尔朱荣决定。七月，诏令升尔朱荣为柱国大将军。

时葛荣向京师，众号百万，相州刺史李神俊闭门自守。荣率精骑七千，马皆有副，倍道兼行，东出滏口。而与葛荣众寡非敌。葛荣闻之，喜见于色，乃令其众办长绳，至便缚取。自邺以北，列阵数十里，箕张而进。荣潜军山谷为奇兵，分督将已上三人为一处，处有数百骑，令所在扬尘鼓噪，使贼不测多少。又以人马逼战，刀不如棒，密勒军士，马上各赍袖棒一枚，至战时，虑废腾逐，不听斩级，使以棒棒之而已。乃分命壮勇，所当冲突，号令严明，将士同奋。荣身自陷阵，出于贼后，表里合击，大破之。于阵禽葛荣，余众悉降。荣恐其疑惧，乃普令各从所乐，亲属相随，任所居止。于是群情喜悦，登即四散，数十万众，一朝散尽。待出百里之外，乃始分道押领，随便安置，咸得其宜。获其渠帅，量才授用，新附者咸安。时人服其处分机速。乃槛车送葛荣赴阙。诏加荣大丞相、都督河北畿外诸军事。

初，荣将讨葛荣，军次襄垣，遂大猎，有双兔起于马前，荣弯弓誓之曰："中则禽葛荣，不中则否。"既而并应弦而殪，三军咸悦。及后，命立碑于其所，号双兔碑。又将战夜，梦一人从葛荣索千牛刀，葛荣初不肯与，此人自称己是道武皇帝，葛荣乃奉刀，此人手持授荣。寤而喜，自知必胜。

【译文】

当时葛荣逼近京城，号称有百万士兵，相州刺史李神俊紧闭城门做坚固的防守。尔朱荣亲自率领七千名精锐骑兵，每人都有正副两匹马，日夜兼程，从东门出了滏口。但人马与葛荣相比却是寡不敌众。葛荣听后，喜形于色，就命令自己部下的军士每人准备一条长绳，打算把尔朱荣的军队手到擒来，一一捆捉。葛荣的军队在邺城以北列了几十里的长阵，张开两翼向前推进。尔朱荣在四周的山谷中埋伏部队，作为奇兵，把督将以上的将领每三个人分派在一处，每处都只有几百名骑兵，让各处一起飞扬尘土，呐喊鼓噪，使敌军无法知道到底有多少军队。又考虑到骑兵贴身近战，与刀相比用棒做兵器更方便，于是暗中下令给军士，让他们在马上各自携带一只袖棒。交战的时候为了不至于妨碍奔驰追逐，不要求斩下敌军的首级，只要用袖棒把他们打倒就可以了。于是分派精锐军士，哪一部分在何处作战，号令严明，将领士卒的情绪都十分高涨。尔朱荣一马当先，亲自率军从葛荣军队后面绕出来，冲锋陷阵。这样各小股军队协同作战，内外一同进击，大败葛荣的军队，当场在阵中活捉葛荣，他的部众也全部投降了。尔朱荣担心他们有猜疑畏惧的心理，就广泛下令，让他们各自找喜欢去的地方，准许让亲属追随，自选安身之地。因此，众人喜悦，一下子便四散而走，数十万的军队，片刻之间就散光了。等到走出一百多里地后，才开始分路押送，就便安置，每个人都得到了恰当的安排。对擒获的葛荣部将，尔朱荣量才而用，新归附的人也都能安下心来。当时的人佩服他处理事情迅速敏捷。尔朱荣于是用囚车把葛荣押送回朝廷。孝庄帝下诏，加授尔朱荣大丞相，都督河北畿外诸军事。

当初，尔朱荣率领部队征讨葛荣，开到襄垣时，曾进行过大规模的围猎。有一双兔子跳到马前，尔朱荣弯弓搭箭，对天祈祷说："如果射中，就表明能生擒葛荣；射不中则不能。"结果两只兔子都应弦而死，全军将士大为振奋。到战役结束以后，尔朱荣命令在围猎的地方专门立了一块碑以示纪念，叫作双兔碑。另外，交战头一天夜里，尔朱荣梦见有一个人向葛荣索要他的千牛刀。葛荣开始不肯给，那人自称是北魏开国皇帝道武帝，葛荣于是把刀进献给他，那个人又把刀亲手转交给尔朱荣。尔朱荣梦醒之后就非常高兴，知道自己一定会取得胜利。

又诏以冀州之长乐、相州之南赵、定州之博陵、沧州之浮阳、平州之辽西、燕州之上谷、幽州之渔阳七郡，各万户，通前满十万，为太原国邑。又加位太师。

建义初，北海王元颢南奔梁，梁立为魏主，资以兵将。时邢杲以三齐应颢。朝廷以颢孤弱，永安二年春，诏元天穆先平齐地，然后征颢。颢乘虚径进，荣阳、武牢并不守，车驾出居河北。荣闻之，驰传朝行宫于上党之长子，舆驾于是南趣。荣为前驱，旬日之间，兵马大集。天穆克平邢杲，亦度河以会。车驾幸河内。荣与颢相持于河上，无船不得即度。议欲还北，更图后举，黄门郎杨侃、高道穆等并固执以为不可。属马渚诸杨云有小船数艘，求为乡导。荣乃令都督尔朱兆等率精骑夜济。颢奔，车驾度河，入居华林园。诏加荣天柱大将军，增封通前二十万户，加前后部羽葆鼓吹。

【译文】

皇帝又诏令把冀州的长乐郡、相州的南赵郡、定州的博陵郡、沧州的浮阳郡、平州的辽西郡、燕州的上谷郡、幽州的渔阳郡总共七个郡，每郡一万户，加上从前所封的总共有十万户，作为尔朱荣的太原国食邑，并加封他为太师。

建义初年，北海王元颢往南部投奔梁朝，梁朝把他推立为魏主，并赐予他兵将。当时河间人邢杲为响应元颢，在山东地区造反。朝廷认为元颢势单力弱，不足为虑。永安二年春天下诏，派元天穆率军先去平定山东，然后再讨伐元颢。元颢趁洛阳一带兵力空虚，长驱直入，荣阳、武牢都被攻占，孝庄帝逃到黄河以北。尔朱荣闻讯，乘驿传急驰到上党郡长子县的行宫朝见孝庄帝，孝庄帝才转而向南进发。尔朱荣亲自充当前驱，十来天的时间里，各地兵马纷纷前来集合。元天穆平定了邢杲的起义，也渡过黄河前来会合。孝庄帝进入河内。尔朱荣与元颢隔黄河相持，但没有船，一下子过不去。和诸位大臣、僚属商议，打算暂且收军北撤，以后再另做讨伐元颢的打算。黄门郎杨侃、高道穆等人坚决反对，认为不能这样做。恰好马渚地方有几户姓杨的人家报告说有几艘小船，请求担任向导。尔朱荣于是命令都督尔朱兆等人率领精锐骑兵夜晚渡河。元颢逃奔，皇帝渡过黄河，入住华林园。诏令加授尔朱荣为天柱大将军，增加封户，与以前合计共达二十万户。还加赐仪仗有前后部羽葆鼓吹。

荣寻还晋阳，遥制朝廷，亲戚腹心，皆补要职，百僚朝廷动静，莫不以申。至于除授，皆须荣许，然后得用。庄帝虽受制权臣，而勤政事，朝夕省纳，孜孜不已。数自理冤狱，亲览辞讼。又选司多滥，与吏部尚书李神俊议正纲纪，而荣乃大相嫌责。曾关补定州曲阳县令，神俊以阶县不奏，别更拟人。荣大怒，即遣其所补者往夺其任。荣使入京，虽复微蔑，朝贵见之，莫不倾靡。及至阙下，未得通奏，恃荣威势，至乃忿怒。神俊遂上表逊位。荣欲用世隆摄选，上亦不违。荣曾启北人为河内诸州，欲为掎角势，上不即从。天穆入见论事，上犹未许。天穆曰："天柱既有大功，为国宰相，若请普代天下官属，恐陛下亦不得违。如何启数人为州，便停不用？"帝正色曰："天柱若不为人臣，朕亦须代；如其犹存臣节，无代天下百官理。"荣闻，大怒曰："天子由谁得立？今乃不用我语！"皇后复嫌内妃嫔，甚有妒恨之事。帝遣世隆语以大理，后曰："天子由我家置立，今便如此。我父本日即自作，今亦复决？"世隆曰："兄止自不为，若本自作，臣今亦得封王。"帝既外迫强臣，内逼皇后，恒怏怏不以万乘为贵。

【译文】

尔朱荣不久后返回晋阳，他在那里来遥控朝廷。他的亲戚和心腹，都在朝廷担任要职，百官在朝廷的一举一动，他们都会向他汇报。官员的任用都必须经过尔朱荣的批准，然后才能上任。孝庄帝虽然被朝臣监督控制，但却勤于处理朝廷政事，批改奏章，孜孜不倦。而且亲自审理冤狱，过问刑法诉讼。又因为官吏选拔没有标准、比较粗滥，与吏部尚书李神俊一起商量，打算严肃选拔官吏的纲纪。尔朱荣对孝庄帝的这些举动都非常不满，屡加责难。有一次尔朱荣批文委任一个人做定州曲阳县的县令，李神俊认为此人级别太低，不够资格，就没有奏闻，而另外拟定人选。尔朱荣知道后大怒，就派他委任的人前去任所强行夺取了官位。每次尔朱荣的使节到洛阳，就算本来是一个地位很低下的人，朝中的达官贵人见到他，也没有不低声下气、献媚讨好的。等到了皇宫门口，一时没有得到通报入见，仗着尔朱荣的权威声势，甚至就当场发起脾气来。李神俊便向孝庄帝上表，请求辞职。尔朱荣打算起用他的堂弟尔朱世隆来掌管官员的选任事务，孝庄帝也不好反对。又有一次，尔朱荣奏请选用一些北边部族的人充任河内地区各州的长官，希望与自己构成犄角呼应之势，孝庄帝没有马上答应。元天穆入宫晋见孝庄帝论及此事，孝庄帝仍然不同意。元天穆说："天柱大将军既然为国家立有大功，做到宰相的高位，就算是请求全部更换天下所有的官员吏属，恐怕陛下也不能不答应。为什么只启奏几个人任州官，陛下就不同意呢？"皇帝严肃地说："尔朱荣假如不是朕的臣子，朕也应当被替代；如果他还有臣子的节操，就没有替换天下百官的理由。"尔朱荣听说之后，大怒说："皇帝是靠谁拥立起来的？现在竟然不听我的话了！"尔朱荣的女儿孝庄帝皇后又对孝庄帝聘娶妃嫔不满，做出很多妒忌的举动。孝庄帝派尔朱世隆向她晓谕做妻子的道理，尔朱皇后说："你是靠我尔朱家里的人才拥立起来的，你现在就变成这样。我父亲从现在就一切事情自作主张，现在你还能再做决定吗？"尔朱世隆说："我兄长只是不想自己当皇帝而已，如果他原先就想当皇帝，我现在也就可以被封为王了。"孝庄帝外受权臣所逼，内受皇后所迫，常怏怏不乐，不以皇位为贵。

先是，葛荣枝党韩娄仍据幽、平二州，荣遣都督侯深讨斩之。时万俟丑奴、萧宝夤拥众豳、泾，荣遣其从子天光为雍州刺史，令率都督贺拔岳、侯莫陈悦等入关讨之。天光至雍州，以众少未进，荣大怒，遣其骑兵参军刘贵驰驿诣军，加天光杖罚。天光等大惧，乃进讨，连破之，禽丑奴，宝夤，并槛车送阙。天光又禽王庆云、万俟道乐，关中悉平。于是天下大难便尽。庄帝恒不虑外寇，唯恐荣为逆，常时诸方未定，欲使与之相持，及告捷之日，乃不甚喜，谓尚书令、临淮王彧曰："即今天下便是无贼？"临淮见帝色不悦，曰："臣恐贼平以后，方劳圣虑。"帝畏余人怪，还以他语解之，曰："其实抚宁荒余，弥成不易。"

荣好射猎，不舍寒暑，法禁严重，若一鹿出，乃有数人殒命。曾有一人，见猛兽便走，谓曰："欲求活邪！"遂即斩之。自此猎如登战场。曾见一猛兽在穷谷中，乃令余人重衣空手搏之，不令复损，于是数人被杀，遂禽得之。持此为乐焉。列围而进，虽阻险不得回避，其下甚苦之。

【译文】

在此之前葛荣的余党韩娄仍然占据幽州和平州。尔朱荣派都督侯深进讨伐并杀掉了韩娄。当时万俟丑奴、萧宝夤聚众占据了关中的豳州、泾州地区，尔朱荣派自己的堂侄尔朱天光出任雍州刺史，率领都督贺拔岳、侯莫陈悦等人的部队入关征讨他们。尔朱天光到了雍州，因为兵力太少不敢前进。尔朱荣非常愤怒，派属下的骑兵参军刘贵乘驿传急驰到军中杖罚尔朱天光，以示惩罚。尔朱天光等人非常恐惧，于是进军征讨，连连击败敌人，生擒万俟丑奴和萧宝夤，一并装在囚车里送往洛阳。尔朱天光另外还擒获了王庆云、万俟道乐等，关中地区完全被平定。至此北魏境内的起兵、割据势力都被消灭了。孝庄帝实际上一直不为外地的祸患担忧，而只害怕尔朱荣谋反。平时四方的战事没有结束，希望借此牵制尔朱荣的力量，内外抗衡。等到境内完全平定，报捷的那一天，孝庄帝便显得不很高兴，对尚书令、临淮王元彧说："现在天下果真是没有盗贼了吗？"临淮王看到孝庄帝的神色不悦，就说："我怕贼军被消灭之后，皇上更加劳神。"孝庄帝害怕其他人见怪，就用话岔开说："其实要使边远地区安宁下来，是更加不容易的事情啊。"

尔朱荣喜好打猎，不论是冬天还是夏天。他法令严酷，如果有一头鹿跑掉了，他就要杀掉几个人。曾经有一个兵士见到猛兽就跑，尔朱荣对他说："你想逃命吗？"马上将他斩首。从此之后军士参加围猎，就像上了战场一样。又有一次见到一只猛兽被困在深谷当中，就让周围的军士多穿几层衣服，空手去擒拿这只猛兽，不准让它受到伤损。结果一连死了好几个人，才把这只猛兽擒住。尔朱荣常常以此为乐。他列队圈圈向前推进，即使遇到险要地形也不允许士兵退缩，他的部下为此特别愁苦。

太宰元天穆从容言荣勋业，宜调政养人。荣便攘肘谓天穆曰："太后女主，不能自正，推奉天子者，此是人臣常节。葛荣之徒，本是奴才，乘时作乱，譬如奴走，禽获便休。顷来受国大宠，未能混一海内，何宜今日便言勋也？如闻朝士犹自宽纵，今秋欲共兄戒勒士马，校猎嵩原，令贪污朝贵，入围搏虎。仍出鲁阳，历三荆，悉拥生蛮，北填六镇。回军之际，因平汾胡。明年简练精骑，分出江、淮，萧衍若降，乞万户侯；如其不降，径度数千骑，便往缚取。待六合宁一，八表无尘，然后共兄奉天子巡四方，观风俗，布政教，如此乃可称勋耳。今若止猎，兵士懈怠，安可复用也？"

及见四方无事，乃遣人奏曰："参军许周劝臣取九锡，臣恶其此言，已发遣令去。"荣时望得殊礼，故以意讽朝廷。帝实不欲与之，因称其忠。荣见帝年长明悟，为众所归，欲移自近，皆使由己。每因醉云，入将天子，拜谒金陵后，还复恒朔。而侍中朱元龙辄从尚书索太和中迁京故事，于是复有移都消息。

荣乃暂来向京，言看皇后娩难。帝惩河阴之事，终恐难保，乃与城阳王徽、侍中杨侃、李彧、尚书右仆射元罗谋，皆劝帝刺杀之。唯胶东侯李侃晞、济阴王晖业言荣若来，必有备，恐不可图。又欲杀其党羽，发兵拒之。帝疑未定，而京师人怀忧惧，中书侍郎邢子才之徒，已避之东出。荣乃遍与朝士书，相任留。中书舍人温子升以书呈帝，帝恒望其不来，及见书，以荣必来，色甚不悦。武卫将军奚毅，建义初往来通命，帝每期之甚重，然以为荣通亲，不敢与之言情。毅曰："若必有变，臣宁死陛下难，不能事契胡。"帝曰："朕保天柱无异心，亦不忘卿忠款。"

【译文】

太宰元天穆从容地谈论尔朱荣的功勋，还说应该调整朝政爱护人民。尔朱荣挽起胳膊对元天穆说："灵太后是国家的女主，她自身就不正派，我之所以推立天子，这是当臣子应有的节操。葛荣那些本来就是奴隶出身的人，趁机犯上作乱，就如同奴仆跑了，抓回来就算完事了。近来承蒙国家给我极大的荣誉、地位，但还没有能统一天下，今天怎么就能谈得上有功勋业绩呢？前不久又听说朝中官员仍然行为放纵，不加检点，因此今年秋天打算和老兄一起检阅军队，到嵩山周围的原野上进行围猎演习，让那些贪赃枉法、行为不端的朝中贵人们，都到围猎的圈子里面徒手捉拿老虎。然后兵出鲁阳，横扫荆、楚地区，把那些不开化的蛮族统统抓来，送到北边，充实六镇的人口。军队返回的时候，顺便再讨平汾河沿岸的胡人。明年选拔操练精锐骑兵，分路开往江、淮流域。梁朝皇帝萧衍如果投降，就替他讨一个万户侯的爵位；要是不投降，就直接差遣几千骑兵，过江把他抓回来。等到天下已经统一、四方没有战乱，然后再和老兄一同簇拥着天子巡视各地，观察风土人情，推广政令教化。像这样才能算有功勋。现在我如果停止射猎活动，士兵就会情绪松懈，今后还怎么再依靠他们行军打仗呢？"

当看到天下平安无事，尔朱荣就派遣人上奏说："参军许周建劝我向陛下要九锡之赐，我讨厌这种言论，已经发布命令打发他走了。”尔朱荣当时很期待得到特殊的待遇，所以用那样的话来暗示朝廷。而皇帝其实不想给他特殊待遇，于是就称赞他的忠诚不二。尔朱荣见到孝庄帝已经长大，聪明机智，为很多人所归心，就打算把他引到自己的身边，使他一举一动都能由自己控制。因此每次喝醉时都谈到，将要入京拥戴着天子，拜谒北魏先代皇帝陵墓之后，一同回到山西北部的恒州、朔州地区。而侍中朱元龙也向尚书省索要孝文帝太和年间由平城迁都洛阳的有关制度典故，这样迁都的传闻再次传播开来。

于是，尔朱荣突然来到京城，声称是来看望难产中的皇后。皇帝鉴于两年前河阴发生的事情，担心不能自保，就和城阳王元徽、侍中杨侃、李彧、尚书右仆射元罗一同商量，他们都劝说皇帝趁机杀死尔朱荣。只有胶东侯李侃晞、济阴王元晖业说尔朱荣必定是有备而来，难以算计。又有人主张先杀掉尔朱荣在朝的党羽，然后发兵抵御。孝庄帝心中迟疑未定，而这时京城中的人都已预感到情况不妙，心怀恐惧，中书侍郎邢子才等一些人已经为躲避灾祸向东逃出了洛阳。尔朱荣于是一一给朝中官员写信，希望他们留在京城。中书舍人温子升把收到的信呈送给孝庄帝。孝庄帝一直盼望尔朱荣不要来，等看到信，知道尔朱荣一定会来，神色非常不高兴。武卫将军奚毅曾经在孝庄帝即位之初往来传递消息，孝庄帝常常对他寄予很大的期望，但又考虑到他和尔朱荣有亲戚关系，不敢向他吐露真实的心情。奚毅说：“如果一定会出现变故的话，我宁愿为陛下赴死，也不愿侍奉胡人。”孝庄帝说：“朕担保尔朱荣不会有二心，但朕也不能忘记你的忠诚。”

三年八月，荣将四五千骑，发并州向京。时人皆言其反，复道天子必应图之。九月初，荣至京。有人告云，帝欲图之。荣即具奏。帝曰：“外人亦言王欲害我，岂可信之？”于是荣不自疑，每入谒帝，从人不过数十，皆不持兵仗。帝欲止，城阳王曰：“纵不反，亦何可耐？况何可保耶？”又北人语讹，语“尔朱”为“人主”。上又闻其在北言，我姓人主。先是，长星出中台，扫大角。恒州人高荣祖颇明天文，荣问之曰：“是何祥也？”答曰：“除旧布新象也。昔长星扫大角，秦以之亡。”荣闻之悦。又荣下行台郎中李显和曾曰：“天柱至，那无九锡，安须王自索也？亦是天子不见机！”都督郭罗察曰：“今年真可作禅文，何但九锡？”参军褚光曰：“人言并州城上有紫气，何虑天柱不应？”荣下人皆凌侮帝左右，无所忌惮，其事皆上闻。奚毅又见，求闻。帝即下明光殿与语。帝又疑其为荣，不告以情。及知毅赤诚，乃召城阳王徽及杨侃、李彧，告以毅语。

荣小女嫁与帝兄子陈留王，小字伽邪，荣尝指之曰：“我终当得此女婿力。”徽又云：“荣虑陛下终为此患，脱有东宫，必贪立孩幼。若皇后不生太子，则立陈留以安天下。”并言荣指陈留语状。帝即有图荣意，夜梦手持一刀自害，落十指节，都不觉痛。恶之，以告城阳王徽及杨侃。徽解梦曰：“蝮蛇螫手，壮士解腕。割指节与解腕何异？去患乃是吉祥。”闻者皆言善。

【译文】

建义三年八月，尔朱荣从并州率领四五千骑兵向京城进发。当时百姓说尔朱荣准备造反，并且又说皇上一定会有所准备。九月初，尔朱荣到达京城，有人告诉他皇帝想要杀死他。尔朱荣就立即上奏。孝庄帝说：“外面传言说你也想要杀我，这样的谣传可以相信吗？”于是尔朱荣不再疑虑，每次拜谒皇帝，随从的人都不超过几十人，而且都不带兵器。孝庄帝因而想停止刺杀计划，城阳王元徽说：“就算他不想谋反，您又怎么能忍耐呢？何况怎么能保证他一定不会谋反呢？”另外，当时北边地方的人语音不标准，把“尔朱”往往说成“人主”。孝庄帝又听说尔朱荣在北边自称，我姓人主。在此之前，有一个长尾巴的彗星从中台一带出现，扫过大角星。恒州人高荣祖颇通晓天文，尔朱荣就问他：“这是什么征兆呢？”高荣祖回答说：“这是除旧布新的征兆。过去长尾巴的彗星扫过大角星，秦朝就因此而灭亡了。”尔朱荣听了以后非常高兴。尔朱荣的部属，行台郎中李显和有一次曾对人说：“天柱大将军到了京城，哪能不给九锡之礼，怎么还用得着大王本人索取呢？这也是天子太不会见机行事了！”都督郭罗察说：“今年连禅位的诏书也可以写出来，岂但九锡之礼呢？”参军褚光说：“听人说并州城头上有紫气出现，还怕天柱大将军不会上应天象吗？”连尔朱荣的部下都欺凌皇帝的身边人，而且肆无忌惮，这些事情都上报给了皇帝。奚毅再次求见，询问皇帝的打算。孝庄帝立即走到明光殿同他讲话。又怀疑他是为尔朱荣而来，因此没有告诉他实情。当知道奚毅的一片赤诚之后，于是召集城阳王元徽及杨侃、李彧，把奚毅的意思转告给他们。

尔朱荣把名叫伽邪的小女儿嫁给了皇帝的侄子陈留王。尔朱荣曾指着陈留王说："我最终一定会靠这个女婿帮助的。"城阳王元徽又上奏说："尔朱荣担心陛下最终把他当作祸患，如果要立太子，一定急着推立小太子。如果皇后没有生太子，就要拥立陈留王来安抚天下。"同时陈述了尔朱荣指着陈留王说的那些话。孝庄帝既已有了图谋尔朱荣的意图，有一次夜里梦见手里拿着一把刀自残，砍掉了自己的十个手指，但都不觉得痛。醒来以后觉得不吉利，就告诉了城阳王元徽和杨侃。元徽解释这个梦说："一旦手被蝮蛇咬了，真正的壮士就会砍掉自己的手腕。割指头和切断手腕有什么不同呢？难道不是一个意思吗？除掉祸患才能吉祥如意。"听到这话的人都认为他说的很好，很对。

九月十五日，天穆到京，驾迎之。荣与天穆并从入西林园讌射。荣乃奏曰："近来侍官皆不习武，陛下宜将五百骑出猎，因省辞讼。"先是奚毅言荣因猎挟天子移都，至是，其言相符。

至十八日，召中书舍人温子升告以杀荣状，并问以杀董卓事。子升具通本，上曰："王允若即赦凉州人，必不应至此。"良久，语子升曰："朕之情理，卿所具知，死犹须为，况必不死！宁与高贵卿公同日死，不与常道乡公同日生。"上谓杀荣、天穆，即赦其党，便应不动。应诏王道习曰："尔朱世隆、司马子如、朱元龙比来偏被委付，具知天下虚实，谓不宜留。"城阳王及杨侃曰："若世隆不全，仲远、天光岂有来理？"帝亦谓然，无复杀意。城阳曰："荣数征伐，腰间有刀，或能狠戾伤人。临事，愿陛下出。"乃伏侃等十余人于明光殿东。其日，荣与天穆并入，坐食未讫，起出。侃等从东阶上殿，见荣、天穆出至中庭，事不果。

十九日是帝忌日，二十日荣忌日，二十一日，暂入，即向陈留王家，饮酒极醉。遂言病动，频日不入。上谋颇泄，世隆等以告荣。荣轻帝，不谓能反。预帝谋者皆惧。

二十五日，旦，荣、天穆同入，其日大欲革易。上在明光殿东序中西面坐，荣与天穆并御床西北小床上南坐，城阳入，始一拜，荣见光禄卿鲁安等持刀从东户入，即驰向御坐，帝拔千牛刀手斩之，时年三十八。得其手板上有数牒启，皆左右去留人名，非其腹心，悉在出限。帝曰："竖子！若过今日，便不可制。"时又天穆与荣子菩提亦就戮，于是内外喜叫，声满京城。既而大赦。

【译文】

九月十五日元天穆来到京城，皇帝亲自前去迎接他。尔朱荣和元天穆一同跟随皇帝进入西林园参加宴饮和射箭。于是尔朱荣趁机上奏说："近些年侍从官员们都不加练习武艺，陛下应该带五百骑兵出去打猎，顺便检查地方上的诉讼情况。"先前奚毅曾经报告尔朱荣将要趁打猎之机挟持天子迁都。至此，他的话得到了验证。

到了十八日，皇上召见中书舍人温子升，告诉他暗杀尔朱荣的策划，并且向他详细询问有关刺杀董卓的事。温子升陈述了全部过程，皇上说："王允如果当时立即赦免凉州董卓的部下，一定不会到如此地步。"沉默许久，又对温子升说："朕的心情，你全都知道。就算死也必须要这样做，何况朕不一定会死！我宁可像高贵卿公那样与权臣抗争以至捐躯，也不愿意像常道乡公那样忍受屈辱、生不如死。"孝庄帝认为杀掉尔朱荣、元天穆之后，马上宣布赦免他的党羽，这些人就不会发动叛乱。应诏王道习说："尔朱世隆、司马子如、朱元龙这几个人近来因尔朱荣的缘故被委以重用，完全了解朝廷内外的虚实情况，我认为不应该留下他们的性命。"城阳王元徽和杨侃说："如果尔朱世隆得不到保全，那样尔朱仲远、尔朱天光这些人怎么会有来降服的道理呢？"孝庄帝也认为如此，就不再有杀掉尔朱世隆等人的打算。城阳王说："尔朱荣多次外出征伐，腰里总是佩带着钢刀，说不定凶恶本性发作起来会伤害周围的人。到行动的时候，希望陛下离开现场。"于是就让杨侃等十几个人都埋伏在明光殿东面。那一天，尔朱荣与元天穆一起进宫，因为吃东西还没吃完，就起身出去了。杨侃等人从东侧台阶奔上明光殿，见尔朱荣和元天穆已经走出来到了中庭，因而刺杀行动没有成功。

十九日被认为是孝庄帝的忌日，二十日被认为是尔朱荣的忌日，二十一日这天，尔朱荣刚到京城只停留了片刻，马上又到陈留王家里去了，在那里醉得厉害。于是尔朱荣自称得了病，接连几天都没有上朝。孝庄帝的计划有些泄露，尔朱世隆等人把消息报告了尔朱荣。尔朱荣看不起孝庄帝，不认为他会对自己下手。参与孝庄帝计划的人都害怕起来。

二十五日清晨尔朱荣与元天穆一同进殿，在这一天想要举行任免一批重要官吏的大事。孝庄帝在明光殿的东厢房朝西而坐，尔朱荣和元天穆一起在御床西北方向的小床上朝南而坐。城阳王进来，才刚刚拜见，尔朱荣就看见光禄卿鲁安等人拿着刀从东门冲进来，他立刻跑到皇帝御座前，皇帝立即拔出佩带的千牛刀迎面刺去，亲手杀了尔朱荣。尔朱荣死时三十八岁。死时他手里拿的手板被呈交上来，上面有几份启奏，内容都是孝庄帝左右侍从或去或留的名单，凡不是尔朱荣心腹的人，都在逐出之列。孝庄帝说："这小子！要是让他活过今天，以后就没有办法能制服他了。"当时元天穆和尔朱荣的儿子尔朱菩提也一起被杀。于是朝廷内外欢呼叫嚷，声震京城。不久皇帝大赦天下。

荣虽威名大振，而举止轻脱，正以驰射为伎艺，每入朝见，更无所为，唯戏上下马。于西林园宴射，恒请皇后出观，并召王公妃主，共在一堂。每见天子射中，辄自起舞叫，将相卿士，悉皆盘旋，乃至妃主妇人，亦不免随之举袂。及酒酣耳热，必自匡坐唱虏歌，为《树梨》《普梨》之曲。见临淮王彧从容闲雅，爱尚风素，固令为敕勒舞。日暮罢归，便与左右连手蹋地，唱《回波乐》而出。性甚严暴，愠喜无恒，弓箭刀槊，不离于手，每有瞋嫌，即行忍害，左右恒有死忧。曾欲出猎，有人诉之，披陈不已，发怒，即射杀之。曾见沙弥重骑一马，荣即令相触，力穷不复能动，遂使傍人以头相击，死而后已。

节闵帝初，世隆等得志，乃诏赠假黄钺、相国、录尚书、都督中外诸军事、晋王，加九锡，给九旒銮辂，武贲班剑三百人，辒辌车，准晋太宰、安平献王故事，谥曰武。又诏百官议荣配飨，司直刘季明曰："晋王若配永安，则不能终臣节。以此论之，无所配。"世隆作色曰："卿合配？"季明曰："下官预在议限，据理而言，不合上心，诛翦唯命。"众为之危，季明自若。世隆意不已，乃配享孝文庙庭。

【译文】

尔朱荣虽然威名远扬，但他举止轻浮，唯独以骑马射箭作为能事，所以每次入宫进见，他没有其他的事情可以做，只把上马下马当作游戏。他在西林园宴饮射箭，经常请皇后出来观看，并且还要召集王公妃嫔一起赏乐。每次看到天子射中目标，他就站起身手舞足蹈起来，文武百官，以至于王妃、公主这些妇女，也都跟着不由自主地跳起来。当酒酣耳热时尔朱荣一定要端坐在那，唱起胡人的歌曲，诸如《树梨曲》《普梨曲》之类。看到临淮王元彧神态从容不迫、温文尔雅，喜欢闲适、清静，就强迫他跳敕勒族的舞蹈。傍晚宴会结束，准备回去的时候，就与左右侍从一起手拉着手，跳跃跺脚，唱着《回波乐》的曲子跳出门去。尔朱荣性情十分严酷残暴，喜怒无常，弓箭刀槊总不离手，一旦对谁发起脾气，顺手就抓起手里的兵器对他加以残害，所以左右侍从总是怀有随时可能丧命的恐惧。有一次正打算出去打猎，有一个人前来陈述事情，啰唆起来说个没完。尔朱荣大发脾气，立即就把他射杀了。他曾经看见两个和尚同骑一匹马，他就马上把他们叫过来，让他们用头相顶角力。两个人力气用完后不再动弹，于是又让旁边的人抓着他们的头互相碰撞，一直把他们撞死才算完事。

节闵帝元恭初年，尔朱世隆等人得志，于是颁诏追赠尔朱荣为假黄钺、相国、录尚书事、都督中外诸军事，晋王，追加九锡殊礼，并加九旒，带有旗子和铃铛的车子，武贲班剑三百人、辒辌车，丧礼按西晋太宰、安平献王司马孚的先例为标注，谥号称为武。皇帝还让百官商议尔朱荣配享北魏前代皇帝灵位的有关事宜。司直刘季明说："如果让晋王配享孝文帝，那么他就没有保持臣子的节操。从这点来评论，他就不能配享。"尔朱世隆沉下脸来说："难道你可以去配享吗？"刘季明说："下官既然参与了商议这件事的行列，所以才根据实际情理发言。要是不合上面的意旨，那么要杀要砍悉听尊便。"众人都为他捏了一把汗，但刘季明却处变不惊。由于尔朱世隆不甘心仍然坚持己见，便决定让尔朱荣配享孝文帝的灵位。

〔旧唐书〕

太宗本纪

太宗文武大圣大广孝皇帝讳世民，高祖第二子也。母曰太穆顺圣皇后窦氏。隋开皇十八年十二月戊午，生于武功之别馆。时有二龙戏于馆门之外，三日而去。高祖之临岐州，太宗时年四岁。有书生自言善相，谒高祖曰："公贵人也，且有贵子。"见太宗，曰："龙凤之姿，天日之表，年将二十，必能济世安民矣。"高祖惧其言泄，将杀之，忽失所在，因采"济世安民"之义以为名焉。太宗幼聪睿，玄鉴深远，临机果断，不拘小节，时人莫能测也。

大业末，炀帝于雁门为突厥所围，太宗应募救援，隶屯卫将军云定兴营。将行，谓定兴曰："必赍旗鼓以设疑兵。且始毕可汗举国之师，敢围天子，必以国家仓卒无援。我张军容，令数十里幡旗相续，夜则钲鼓相应，虏必谓救兵云集，望尘而遁矣。不然，彼众我寡，悉军来战，必不能支矣。"定兴从焉。师次崞县，突厥候骑驰告始毕曰：王师大至。由是解围而遁。及高祖之守太原，太宗时年十八。有高阳贼帅魏刁儿，自号历山飞。来攻太原，高祖击之，深入贼阵。太宗以轻骑突围而进，射之，所向皆披靡，拔高祖于万众之中。适会步兵至，高祖与太宗又奋击，大破之。时隋祚已终，太宗潜图义举，每折节下士，推财养客，群盗大侠，莫不愿效死力。及义兵起，乃率兵略徇西河，克之。拜右领大都督，右三军皆隶焉，封燉煌郡公。

【译文】

太宗文武大圣大广孝皇帝名世民，高祖第二子。母亲是太穆顺圣皇后窦氏。隋代开皇十八年十二月戊午日，出生于高祖在武功县的别馆里。当时有两条龙在别墅门外游戏，三天才离开。高祖到岐州任刺史，太宗当时四岁。有个书生自称擅长算命，晋见高祖说："您是贵人，而且有贵子。"见到太宗，说："龙凤的姿貌，天庭隆起的仪表，年近二十，必定能济世安民。"高祖怕他把这话泄露出去，准备杀掉他，书生忽然不见了，于是取“济世安民”的意思作为名字。太宗年幼时聪明多智，见解深远，处事果断，不拘小节，当时人都摸不透他。

大业末年，隋炀帝在雁门被突厥围困，太宗应募前去救援，隶属于屯卫将军云定兴的部队。临出发时，太宗对定兴说：“一定要携带旗鼓，用来虚设队伍，迷惑敌人。始毕可汗率领全国的军队，敢于来围困天子，一定以为国家仓促间派不出援兵。我方部署队伍，让数十里旗帜相连，夜晚则钲鼓声相应，敌人必定会以为救兵云集，望见我军的行尘而逃去。要不然，敌众我寡，敌人全军来战，我方一定支持不住。”定兴听从太宗的意见。部队在崞县宿营，突厥的侦察骑兵跑回去报告始毕说：隋朝的大军已到。突厥因此解围而去。等到高祖守太原的时候，太宗十八岁。有高阳盗贼首领魏刁儿，自己起个号叫历山飞，来攻太原，高祖袭击敌人，深入贼阵。太宗用轻骑兵突围进入贼阵，箭射贼兵，所到之处，敌皆倒退，于是把高祖从上万贼兵的围困中救出。这时正好遇上步兵开到，高祖与太宗又奋力进击，大破敌兵。这时隋朝气数已尽，太宗暗中图谋起义，常屈己下人，舍财养客，群盗大侠，无不愿效死力。等到义军一起，便率兵夺取西河，攻下了它。太宗拜右领军大都督，右三军都归他统领，封敦煌郡公。

大军西上贾胡堡，隋将宋老生率精兵二万屯霍邑，以拒义师。会久雨粮尽，高祖与裴寂议，且还太原，以图后举。太宗曰：“本兴大义以救苍生，当须先入咸阳，号令天下；遇小敌即班师，将恐从义之徒一朝解体。还守太原一城之地，此为贼耳，何以自全！”高祖不纳，促令引发。太宗遂号泣于外，声闻帐中。高祖召问其故，对曰：“今兵以义动，进战则必克，退还则必散。众散于前，敌乘于后，死亡须臾而至，是以悲耳。”高祖乃悟而止。

八月己卯，雨霁，高祖引师趣霍邑。太宗恐老生不出战，乃将数骑先诣其城下，举鞭指麾，若将围城者，以激怒之。老生果怒，开门出兵，背城而阵。高祖与建成合阵于城东，太宗及柴绍阵于城南。老生麾兵疾进，先薄高祖，而建成坠马，老生乘之，高祖与建成军咸却。太宗自南原率二骑驰下峻坂，冲断其军，引兵奋击，贼众大败，各舍仗而走。悬门发，老生引绳欲上，遂斩之，平霍邑。至河东，关中豪杰争走赴义。太宗请进师入关，取永丰仓以赈穷乏，收群盗以图京师，高祖称善。太宗以前军济河，先定渭北。三辅吏民及诸豪猾诣军门请自效者日以千计，扶老携幼，满于麾下。收纳英俊，以备僚列，远近闻者，咸自托焉。师次于泾阳，胜兵九万，破胡贼刘鹞子，并其众。留殷开山、刘弘基屯长安故城。太宗自趣司竹，贼帅李仲文、何潘仁、向善志等皆来会，顿于阿城，获兵十三万。长安父老赍牛酒诣旌门者不可胜纪，劳而遣之，一无所受。军令严肃，秋毫无所犯。寻与大军平京城。高祖辅政，受唐国内史，改封秦国公。会薛举以劲卒十万来逼渭滨，太宗亲击之，大破其众，追斩万余级，略地至于陇坻。

【译文】

起义大军西上贾胡堡，隋将宋老生率领精兵两万屯驻霍邑，以抵挡义军。正遇上连天阴雨，军粮用尽，高祖与裴寂商议，暂且领兵回太原，再谋划以后的行动。太宗说："原本兴立大义是为了拯救百姓，应当先攻入咸阳，号令天下；遇到小敌就回师，恐怕随从起义的人将会一朝解体。回去守太原一城之地，这不过是贼寇罢了，怎么能保全自己！"高祖不接受，催促他带兵出发。太宗于是在营帐外啼哭，声音传入营帐中。高祖召太宗进帐，询问原因，回答说："现在部队凭借正义而出动，前进战斗就必定胜利，退回就一定会散伙。大家散伙于前，敌人趁机追击于后，死亡将顷刻而至，因此悲伤。"高祖醒悟，停止退兵。

八月己卯日，雨过天晴，高祖领兵直趋霍邑。太宗怕老生不出战，于是率领数名骑兵先到霍邑城下，拿着马鞭指点比画，好像要围城的样子，以此激怒老生。老生果然发怒，开门出兵，背城列阵。高祖与李建成一起列阵于城东，太宗和柴绍列阵于城南。老生指挥兵士迅速前进，先逼近高祖，这时建成忽然坠马，老生趁机进攻，高祖与建成的部队都往后退。太宗自城南高地率领两名骑兵急驰而下，冲断了老生的部队，又领兵奋力进击，敌军大败，各自扔掉兵器逃跑。城上的闸门放下，老生手拉绳子想上城，于是被砍死，霍邑平定。部队到河东，关中豪杰争着跑来参加义军。太宗请求进兵入关，夺取永丰仓用来救济穷苦百姓，收编各路盗贼以便谋取京师，高祖认为这个建议很好。太宗带领先锋部队渡过黄河，先平定渭北。三辅的官吏百姓以及各式强宗豪族，到营门请求让自己效力的每日有上千人，扶老携幼，拥挤于将旗之下。太宗收纳优秀人才，用以充任朝廷官吏，远近听到消息的人，都自求托身于此。部队在泾阳宿营，有优秀兵士九万名，击破贼寇胡人刘鹞子，兼并了他的部下。留下殷开山、刘弘基屯驻长安旧城。太宗自己奔赴司竹，盗贼首领李仲文、何潘仁、向善志等都来相见，停留于阿城，获得兵士十三万人。长安父老牵牛担酒到营门劳军的不可胜数，太宗都加以慰问，然后送走他们，东西一概不收。军令严肃，秋毫无犯。接着与大军一起平定京城。高祖任宰相时，太宗当唐国内史，改封秦国公。恰巧薛举率精壮的士兵十万逼近渭水边，太宗亲自迎击，大破敌兵，追杀万余人，夺取的土地一直到了陇坻。

义宁元年十二月，复为右元帅，总兵十万徇东都。及将旋，谓左右曰："贼见吾还，必相追蹑。"设三伏以待之。俄而隋将段达率万余人自后而至，度三王陵，发伏击之，段达大败，追奔至于城下。因于宜阳、新安置熊、谷二州，戍之而还。徙封赵国公。高祖受禅，拜尚书令、右武候大将军，进封秦王，加授雍州牧。

武德元年七月，薛举寇泾州，太宗率众讨之，不利而旋。九月，薛举死，其子仁杲嗣立。太宗又为元帅以击仁杲，相持于折墌城，深沟高垒者六十余日。贼众十余万，兵锋甚锐，数来挑战，太宗按甲以挫之。贼粮尽，其将牟君才、梁胡郎来降。太宗谓诸将军曰："彼气衰矣，吾当取之。"遣将军庞玉先阵于浅水原南以诱之，贼将宗罗睺并军来拒，玉军几败。既而太宗亲御大军，奄自原北，出其不意。罗睺望见，复回师相拒。太宗将骁骑数十入贼阵，于是王师表里齐奋，罗睺大溃，斩首数千级，投涧谷而死者不可胜计。太宗率左右二十余骑追奔，直趣折墌以乘之。仁杲大惧，婴城自守。将夕，大军继至，四面合围。诘朝，仁杲请降，俘其精兵万余人、男女五万口。既而诸将奉贺，因问曰："始大王野战破贼，其主尚保坚城，王无攻具，轻骑腾逐，不待步兵，径薄城下，咸疑不克，而竟下之，何也？"太宗曰："此以权道迫之，使其计不暇发，以故克也。罗睺恃往年之胜，兼复养锐日久，见吾不出，意在相轻。今喜吾出，悉兵来战，虽击破之，擒杀盖少。若不急蹑，还走投城，仁杲收而抚之，则便未可得矣。且其兵众皆陇西人，一败披退，不及回顾，散归陇外，则折墌自虚，我军随而迫之，所以惧而降也。此可谓成算，诸君尽不见耶？"诸将曰："此非凡人所能及也。"获贼兵精骑甚众，还令仁杲兄弟及贼帅宗罗睺、翟长孙等领之。太宗与之游猎驰射，无所间然。贼徒荷恩慑气，咸愿效死。时李密初附，高祖令密驰传迎太宗于豳州。密见太宗天姿神武，军威严肃，惊悚叹服，私谓殷开山曰："真英主也。不如此，何以定祸乱乎？"凯旋，献捷于太庙。拜太尉、陕东道行台尚书令，镇长春宫，关东兵马并受节度。寻加左武候大将军、凉州总管。

【译文】

义宁元年十二月，太宗又任右元帅，统兵十万前去夺取东都。到了准备回师的时候，对部下说："贼寇见我回去，必定会追赶。"设三处埋伏等待敌军。没多久隋将段达率领一万多人尾随而至，走过三王陵，发伏兵出击，段达大败，太宗的部队追击逃敌一直到了东都城下。于是在宜阳、新安设置熊、谷两州，派兵防守而后回京。太宗改封赵国公。高祖接受隋帝禅让，太宗拜尚书令、右武候大将军，进封秦王，加授雍州牧。

武德元年七月，薛举侵犯泾州。太宗率领军队讨伐，战事不利就回来了。九月，薛举死去，他的儿子薛仁杲继位。太宗又任元帅带兵攻打仁杲，双方相持于折墌城，各挖深沟筑高垒，对抗六十多天。贼寇有十多万人，军队的锋芒甚锐，多次来挑战，太宗按兵不动以挫它的锐气。贼寇的粮食用完了，他们的将领牟君才、梁胡郎前来投降。太宗对手下的将军们说："敌军已经气衰，我应该征服它了。"派将军庞玉先在浅水原南列阵以引诱敌人，敌将宗罗睺率全军出战，庞玉的部队几乎被打败。接着太宗亲自统领大军，忽然从浅水原北出现，出敌不意。罗睺望见后，又回师抵抗。太宗率领数十名骁勇的骑兵冲入贼阵，于是朝廷的军队里外一起奋战，罗睺溃不成军，斩敌兵首级数千，落入涧谷而死的人更多得没法统计。太宗率领左右二十多名骑兵追击逃敌，直趋折墌城下以便乘机破城。仁杲非常害怕，环城固守。快到傍晚的时候，大军到达，四面合围。第二天早晨，仁杲请求投降，俘获他的精兵一万多人、随军的男女五万名。接着将领们向太宗表示祝贺，于是问道："开始大王在野外击破贼寇，他们的主子还保有坚固的城池，大王没有攻城的器具，靠轻骑兵奔驰追逐，不等候步兵，直逼城下，大家都怀疑不能攻克这个城，却竟然攻下了，这是为什么呢？"太宗说："这是用随机应变的方法逼迫敌人，使他们的计谋来不及形成，所以能攻克。罗睺依恃往年的胜利，加上养精蓄锐的日子很长，见我们不出战，便有相轻之意。现在高兴我们出战，于是率领全部人马迎击，我们虽然击破敌人，但擒获、杀死的人并不多。如不急追，使敌人还跑回城里，仁杲收聚、安抚这些败卒，那我们就得不到这个城了。而且罗睺的部下都是陇西人，一打败仗，溃散后退，来不及回头，便逃归陇西，那么折墌城自然空虚，我军随着逼近它，所以就害怕而投降。这可说是既定的计划，诸位都没看到吗？”将领们说：“这不是我们这些凡人所能赶得上的。”获得敌军精壮的骑兵甚多，还让仁杲兄弟及敌军首领宗罗睺、翟长孙等统领。太宗和他们一起骑马打猎，没有什么隔阂。这帮贼寇蒙受恩惠，屏息丧气，全愿舍命效力。当时李密刚归附朝廷，高祖命他乘驿车到豳州迎接太宗。李密见太宗容貌精明而威武，军威严肃，惊畏叹服，私下对殷开山说：“真是英明的主子。不像这样，怎么能平定祸乱呢？”太宗凯旋回京，到太庙进献战利品。拜为太尉、陕东道行台尚书令，坐镇长春宫，关东的兵马都归他指挥调度。接着加授左武候大将军、凉州总管。

宋金刚之陷浍州也，兵锋甚锐。高祖以王行本尚据蒲州，吕崇茂反于夏县，晋、浍二州相继陷没，关中震骇，乃手敕曰：“贼势如此，难与争锋，宜弃河东之地，谨守关西而已。”太宗上表曰：“太原王业所基，国之根本，河东殷实，京邑所资。若举而弃之，臣窃愤恨。愿假精兵三万，必能平殄武周，克复汾、晋。”高祖于是悉发关中兵以益之，又幸长春宫亲送太宗。二年十一月，太宗率众趣龙门关，履冰而渡之，进屯柏壁，与贼将宋金刚相持。寻而永安王孝基败于夏县，于筠、独孤怀恩、唐俭并为贼将寻相、尉迟敬德所执，将还浍州。太宗遣殷开山、秦叔宝邀之于美良川，大破之，相等仅以身免，悉虏其众，复归柏壁。于是诸将咸请战，太宗曰：“金刚悬军千里，深入吾地，精兵骁将，皆在于此。武周据太原，专倚金刚以为捍。士卒虽众，内实空虚，意在速战。我坚营蓄锐以挫其锋，粮尽计穷，自当遁走。”

三年二月，金刚竟以众馁而遁，太宗追之至介州。金刚列阵，南北七里，以拒官军。太宗遣总管李世勣、程咬金、秦叔宝当其北，翟长孙、秦武通当其南。诸军战小却，为贼所乘。太宗率精骑击之，冲其阵后，贼众大败，追奔数十里。敬德、相率众八千来降，还令敬德督之，与军营相参。屈突通惧其为变，骤以为请。太宗曰：“昔萧王推赤心置人腹中，并能毕命，今委任敬德，又何疑也。”于是刘武周奔于突厥，并、汾悉复旧地。诏就军加拜益州道行台尚书令。

【译文】

宋金刚攻陷浍州的时候，军队的锋芒甚锐。高祖因为王行本还占据蒲州，吕崇茂在夏县反叛，晋州、浍州相继陷落，关中震惊，就亲自给太宗写诏书说："贼寇的势力像这样，难以同他们争斗一决胜负，应该放弃河东，谨慎防守关西。"太宗进上奏章说："太原是王业的奠基之地，国家的根本，河东富足，京城依托于它。如果攻下而又放弃它们，臣私下感到愤恨。愿陛下借给我精兵三万，必定能消灭刘武周，克复汾州、晋州。"高祖于是全部征调关中的军队以增强太宗的兵力，又亲临长春宫送太宗。武德二年十一月，太宗率领部队奔赴龙门关，踩着冰过河，进驻柏壁，与贼将宋金刚相持。接着永安王李孝基在夏县打败仗，于筠、独孤怀恩、唐俭都被贼将寻相、尉迟敬德抓获。敌军将回浍州，太宗派殷开山、秦叔宝在美良川拦击，大破敌军，寻相等只独自逃脱，他们的部下全被俘虏，殷开山、秦叔宝又回到柏壁。于是将领们全来请战，太宗说："金刚孤军千里，深入我们的地方，精兵骁将，都集中在这里。刘武周据有太原，专依靠金刚保卫自己。敌人士卒虽多，内实空虚，意在速战。我们加固营垒、养精蓄锐以挫敌人的锋芒，一朝粮尽计穷，敌人自当逃走。"

武德三年二月，金刚竟因士卒饥饿而逃跑，太宗追赶他们到介州。金刚列阵，南北七里，以抵挡官军。太宗派总管李世勣、程咬金、秦叔宝在其阵北抵敌，翟长孙、秦武通在其阵南抵敌。各军作战退却，被贼寇钻了空子。太宗率领精壮骑兵攻打敌人，冲击敌军阵后，贼寇大败，太宗追击逃兵跑了数十里地。尉迟敬德、寻相率领八千人前来投降，太宗还让敬德统领这些兵士，与太宗军营的人相杂。屈突通害怕他们有变故，急忙向太宗禀报。太宗说："以前萧王将心腹安排到他人身旁，都能尽力效命，现在委任敬德，又有什么可以怀疑的地方呢。"于是刘武周逃奔突厥，并州、汾州全恢复原有的辖地。高祖下令往军中加授太宗为益州道行台尚书令。

七月，总率诸军攻王世充于洛邑，师次谷州。世充率精兵三万阵于慈涧，太宗以轻骑挑之。时众寡不敌，陷于重围，左右咸惧。太宗命左右先归，独留后殿。世充骁将单雄信数百骑夹道来逼，交抢竞进，太宗几为所败。太宗左右射之，无不应弦而倒，获其大将燕颀。世充乃拔慈涧之镇归于东都。太宗遣行军总管史万宝自宜阳南据龙门，刘德威自太行东围河内，王君廓自洛口断贼粮道。又遣黄君汉夜从孝水河中下舟师袭回洛城，克之。黄河已南，莫不响应，城堡相次来降。大军进屯邙山。九月，太宗以五百骑先观战地，卒与世充万余人相遇，会战，复破之，斩首三千余级，获大将陈智略，世充仅以身免。其所署筠州总管杨庆遣使请降，遣李世勣率师出轘辕道安抚其众。荥、汴、洧、豫九州相继来降。世充遂求救于窦建德。

四年二月，又进屯青城宫。营垒未立，世充众二万自方诸门临谷水而阵。太宗以精骑阵于北邙山，令屈突通率步卒五千渡水以击之，因诫通曰："待兵交即放烟，吾当率骑军南下。"兵才接，太宗以骑冲之，挺身先进，与通表里相应。贼众殊死战，散而复合者数焉。自辰及午，贼众始退。纵兵乘之，俘斩八千人，于是进营城下。世充不敢复出，但婴城自守，以待建德之援。太宗遣诸军掘堑，匝布长围以守之。吴王杜伏威遣其将陈正通、徐召宗率精兵二千来会于军所。伪郑州司马沈悦以武牢降，将军王君廓应之，擒其伪荆王王行本。会窦建德以兵十余万来援世充，至于酸枣。萧瑀、屈突通、封德彝皆以腹背受敌，恐非万全，请退师谷州以观之。太宗曰："世充粮尽，内外离心，我当不劳攻击，坐收其敝。建德新破孟海公，将骄卒惰，吾当进据武牢，扼其襟要。贼若冒险与我争锋，破之必矣。如其不战，旬日间世充当自溃。若不速进，贼入武牢，诸城新附，必不能守。二贼并力，将若之何？"通又请解围就险以候其变，太宗不许。于是留通辅齐王元吉以围世充，亲率步骑三千五百人趣武牢。

【译文】

七月，太宗总领各军往洛邑攻打王世充，部队在谷州宿营。世充率领精兵三万在慈涧列阵，太宗率领轻骑兵向敌人挑战。当时众寡不敌，官军陷于重围，太宗旁边的人都感到害怕。太宗命令旁边的人先回去，单独留下来殿后。这时世充骁将单雄信的数百名骑兵从道路两边直逼太宗，他们交互争先，竞相向前，太宗几乎被他们打败。太宗左右开弓，敌兵无不应弦落马，将敌军的大将燕颀俘获。世充于是撤去慈涧的据点回到东都。太宗派行军总管史万宝自宜阳往南占据龙门，刘德威自太行向东包围河内，王君廓自洛口截断贼寇的运粮通道。又派黄君汉率水军夜晚从孝水河顺流而下袭击回洛城，一举攻克了它。黄河以南，无不响应，城堡一个接一个前来投降。大军进驻邙山。九月，太宗带五百名骑兵先去观察地形，突然与世充率领的一万多人相遇，双方会战，又破敌军，斩首级三千余，俘获大将陈智略，只有世充独自脱身。王世充所委任的筠州总管杨庆派使者要求投降，太宗派李世勣率军出辕道安抚杨庆的部队。荥、汴、洧、豫等九州相继前来投降。世充于是向窦建德求救。

武德四年二月，太宗又进驻青城宫。营垒还没有建立起来，王世充的部队两万人即出方诸门临谷水列阵。太宗率精壮骑兵在北邙山列阵，命令屈突通率步兵五千渡过谷水攻击敌军，于是告诫屈突通说："等两军交战就放烟为号，我当率骑兵南下。"军队刚交战，太宗率骑兵冲击敌人，挺身走在队伍前方，与屈突通里外相应。贼军拼死战斗，多次散而复合。自辰时到午时，敌人才开始后退。太宗趁势纵兵追击，俘虏和杀死敌军八千人，于是部队前进到洛阳城下扎营。世充不敢再出来，只环城固守，以等待窦建德的援兵。太宗派各部队在营外挖壕沟，营四周布满长围子以利防守。吴王杜伏威派他的将领陈正通、徐召宗率精兵两千前来同太宗的部队会合。伪郑州司马沈悦献武牢关投降，将军王君廓同他里应外合，擒获了关里的伪荆王王行本。正好窦建德领兵十多万前来援救世充，到了酸枣。萧瑀、屈突通、封德彝都认为腹背受敌，恐怕不是万全之策，要求退兵到谷州以观察敌情。太宗说："世充粮尽，内外离心，我们合当不费力攻击，坐等他自己破败而得利。建德新破孟海公，将骄兵惰，我们应该进兵据守武牢，扼制要害之地。贼寇如果冒险与我们决战，击破他们是必然的。如果贼寇不战，十日间世充当自崩溃。如果不迅速进兵，贼寇一入武牢，各城新归附我们，必定无法守住。那时世充、建德两贼协力，我们将怎么办呢？"屈突通又要求解东都之围移军险要之地以等待敌军的变化，太宗不允许。于是留下屈突通辅助齐王李元吉包围世充，亲自率领步、骑兵三千五百人奔赴武牢。

建德自荥阳西上，筑垒于板渚，太宗屯武牢，相持二十余日。谍者曰："建德伺官军刍尽，候牧马于河北，因将袭武牢。"太宗知其谋，遂牧马河北以诱之。诘朝，建德果悉众而至，陈兵汜水，世充将郭士衡阵于其南，绵亘数里，鼓噪，诸将大惧。太宗将数骑升高丘以望之，谓诸将曰："贼起山东，未见大敌。今度险而嚣，是无政令；逼城而阵，有轻我心。我按兵不出，彼乃气衰，阵久卒饥，必将自退，追而击之，无往不克。吾与公等约，必以午时后破之。"建德列阵，自辰至午，兵士饥倦，皆坐列，又争饮水，逡巡敛退。太宗曰：“可击矣！”亲率轻骑追而诱之，众继至。建德回师而阵，未及整列，太宗先登击之，所向皆靡。俄而众军合战，嚣尘四起。太宗率史大奈、程咬金、秦叔宝、宇文歆等挥幡而入，直突出其阵后，张我旗帜。贼顾见之，大溃。追奔三十里，斩首三千余级，虏其众五万，生擒建德于阵。太宗数之曰：“我以干戈问罪，本在王世充，得失存亡，不预汝事，何故越境，犯我兵锋？”建德股栗而言曰：“今若不来，恐劳远取。”高祖闻而大悦，手诏曰；“隋氏分崩，崤函隔绝。两雄合势，一朝清荡。兵既克捷，更无死伤。无愧为臣，不忧其父，并汝功也。”乃将建德至东都城下。世充惧，率其官属二千余人诣军门请降，山东悉平。太宗入据宫城，令萧瑀、窦轨等封守府库，一无所取，令记室房玄龄收隋图籍。于是诛其同恶段达等五十余人，枉被囚禁者悉释之，非罪诛戮者祭而诔之。大飨将士，班赐有差。高祖令尚书左仆射裴寂劳于军中。

【译文】

窦建德由荥阳西上，筑营垒于板渚，太宗驻武牢，双方相持二十余日。间谍报告说：“建德等候官军草料用尽，侦察到官军在黄河北岸放马，就将袭击武牢。”太宗知道敌人的计划，于是将马匹放在黄河的北岸引诱敌人。第二天早晨，建德果然倾巢而动，列军汜水，世充的将领郭士衡也列阵于窦建德之南，绵延数里，击鼓呼叫，将领们非常害怕。太宗带数名骑兵登上高地瞭望敌阵，对将领们说：“这些贼寇起于山东，未遇见大敌。现在他们将要通过险要之地却如此喧闹，这是军队中没有规矩法令的表现。逼近城堡而列阵，这是有轻我之心。我们按兵不出，敌军的锐气就会渐衰，列阵时间一长，兵士饥饿，必将自己退兵，那时追击敌人，一定会取胜。我与诸位相约，一定在午时后破敌。”窦建德列阵，自辰时至午时，兵士饥饿疲倦，都坐在队列里，又争水喝，不一会儿收兵退走。太宗说：“可以出击了！”于是亲自率领轻骑兵追赶并引诱敌人，大部队也接着赶到。建德把军队掉转过来列阵，还来不及整理队伍，太宗就先上前进攻，所到之处，敌皆倒退。一会儿众军合战，喊声四起，尘土飞扬。太宗率领史大奈、程咬金、秦叔宝、宇文歆等挥旗进入敌阵，直接冲杀到敌军阵后，张开我军的旗帜。贼寇回头见到旗帜，溃不成军。太宗追击逃兵跑了三十里地，斩敌军首级三千多，俘获敌兵五万名，在阵中活捉了窦建德。太宗责备他说：“我兴师问罪，目标本在王世充。得失存亡，不干你事，为什么越过自己的境域，触犯我军的锋芒？”建德吓得两腿发抖说道：“现在我如果不来，怕还要有劳您到远方去拿我。”高祖听到胜利的消息非常高兴，亲自给太宗写诏书说：“隋朝分崩离析，崤山函谷关隔绝不通。两个豪杰势力相联，一时就把他们清除。军队既打胜仗，又没有死伤。无愧是臣子的表率，不让自己的父亲忧虑，这些都是你的功劳。”太宗于是带着建德到东都城下。世充害怕，率领他的部属两千多人到营门要求投降，山东全部平定。太宗进驻东都宫城，命令萧瑀、窦轨等封闭和防守仓库，一无所取，命令记室房玄龄收集隋朝的地图和户籍。于是诛杀和窦、王一起作恶的段达等五十余人，无辜被囚禁的人一律释放，无罪被杀害的人都加以祭奠并做悼辞。大宴将士，分等级颁赏。高祖派尚书左仆射裴寂到军中慰问。

七年秋，突厥颉利、突利二可汗自原州入寇，侵扰关中。有说高祖云：“只为府藏子女在京师，故突厥来，若烧却长安而不都，则胡寇自止。”高祖乃遣中书侍郎宇文士及行山南可居之地，即欲移都。萧瑀等皆以为非，然终不敢犯颜正谏。太宗独曰：“霍去病，汉廷之将帅耳，犹且志灭匈奴。臣忝备藩维，尚使胡尘不息，遂令陛下议欲迁都，此臣之责也。幸乞听臣一申微效，取彼颉利。若一两年间不系其颈，徐建移都之策，臣当不敢复言”。高祖怒，仍遣太宗将三十余骑行划。还日，固奏必不可移都，高祖遂止。八年，加中书令。

九年，皇太子建成、齐王元吉谋害太宗。六月四日，太宗率长孙无忌、尉迟敬德、房玄龄、杜如晦、宇文士及、高士廉、侯君集、程知节、秦叔宝、段志玄、屈突通、张士贵等于玄武门诛之。甲子，立为皇太子，庶政皆断决。太宗乃纵禁苑所养鹰犬，并停诸方所进珍异，政尚简肃，天下大悦。又令百官各上封事，备陈安人理国之要。己巳，令曰：“依礼，二名不偏讳。近代已来，两字兼避，废阙已多，率意而行，有违经典。其官号、人名、公私文籍，有‘世民’两字不连续者，并不须讳。”罢幽州大都督府。辛未，废陕东道大行台，置洛州都督府，废益州道行台，置益州大都督府。壬午，幽州大都督庐江王瑗谋逆，废为庶人。乙酉，罢天策府。七月壬辰，太子左庶子高士廉为侍中，右庶子房玄龄为中书令，尚书右仆射萧瑀为尚书左仆射，吏部尚书杨恭仁为雍州牧，太子左庶子长孙无忌为吏部尚书，右庶子杜如晦为兵部尚书，太子詹事宇文士及为中书令，封德彝为尚书右仆射。

八月癸亥，高祖传位于皇太子，太宗即位于东宫显德殿。遣司空、魏国公裴寂柴告于南郊。大赦天下。武德元年以来责情流配者并放还。文武官五品已上先无爵者赐爵一级，六品已下加勋一转。天下给复一年。癸酉，放掖庭宫女三千余人。甲戌，突厥颉利、突利寇泾州。乙亥，突厥进寇武功，京师戒严。丙子，立妃长孙氏为皇后。己卯，突厥寇高陵。辛巳，行军总管尉迟敬德与突厥战于泾阳，大破之，斩首千余级。癸未，突厥颉利至于渭水便桥之北，遣其酋帅执失思力入朝为觇，自张形势，太宗命囚之。亲出玄武门，驰六骑幸渭水上，与颉利隔津而语，责以负约。俄而众军继至，颉利见军容既盛，又知思力就拘，由是大惧，遂请和，诏许焉。即日还宫。乙酉，又幸便桥，与颉利刑白马设盟，突厥引退。九月丙戌，颉利献马三千匹、羊万口，帝不受，令颉利归所掠中国户口。丁未，引诸卫骑兵统将等习射于显德殿庭，谓将军已下曰："自古突厥与中国，更有盛衰。若轩辕善用五兵，即能北逐獯鬻；周宣驱驰方、召，亦能制胜太原。至汉、晋之君，逮于隋代，不使兵士素习干戈，突厥来侵，莫能抗御，致遗中国生民涂炭于寇手。我今不使汝等穿池筑苑，造诸淫费，农民恣令逸乐，兵士唯习弓马，庶使汝斗战，亦望汝前无横敌。"于是每日引数百人于殿前教射，帝亲自临试，射中者随赏弓刀、布帛。朝臣多有谏者，曰："先王制法，有以兵刃至御所者刑之，所以防萌杜渐，备不虞也。今引裨卒之人，弯弧纵矢于轩陛之侧，陛下亲在其间，正恐祸出非意，非所以为社稷计也。"上不纳。自是后，士卒皆为精锐。壬子，诏私家不得辄立妖神，妄设淫祀，非礼祠祷，一皆禁绝。其龟易五兆之外，诸杂占卜，亦皆停断。长孙无忌封齐国公，房玄龄邢国公，尉迟敬德吴国公，杜如晦蔡国公，侯君集潞国公。

【译文】

武德七年秋，突厥颉利、突利两可汗由原州入侵，袭扰关中。有人劝说高祖道："只因为财宝女子在京师，所以突厥人来，如果烧掉长安城而不以它为首都，那么胡寇自然不会来。"高祖于是派中书侍郎宇文士及巡视山南可居之地，准备迁都。萧瑀等都认为这样做不对，但终不敢冒犯天子，正言劝谏。太宗独自进谏说："霍去病，汉朝的一个将帅罢了，尚且立志消灭匈奴。我充诸侯王之数，还使边患不息，于是让陛下准备迁都，这都是我的责任。现在有幸乞求陛下听任我效些微之劳，拿住那颉利。如果一两年间不能把绳子套在他颈上，慢慢再议迁都之策，我当不敢再说什么。”高祖很生气，仍派太宗带领三十多名骑兵去巡视栈道。回来的时候，太宗坚决奏请一定不能迁都，高祖于是打消了迁都的念头。八年，加授太宗中书令。

武德九年，皇太子建成、齐王元吉图谋杀害太宗。六月四日，太宗率领长孙无忌、尉迟敬德、房玄龄、杜如晦、宇文士及、高士廉、侯君集、程知节、秦叔宝、段志玄、屈突通、张士贵等在玄武门杀死建成、元吉。甲子日，太宗被立为皇太子，各种政务都由他裁定。太宗于是放走禁苑中所养的鹰犬，并命各地停止进献珍异之物，政治崇尚简约严肃，天下人非常高兴。又命令百官各上密封的奏章，细述安民治国的要旨。己巳日，发布命令说：“依照礼的规定，两个字的名字不单个避讳。近代以来，两个字的名字都单个避讳，名号、词语、书籍等废弃、空缺已多。随意而行，有违经典。凡官号、人名、公私文书，有‘世民’两字不相连的，都不须避讳。”撤销幽州大都督府。辛未日，废除陕东道大行台，设置洛州都督府；废除益州道行台，设置益州大都督府。壬午日，幽州大都督庐江王李瑗图谋叛逆，被废为平民。乙酉日，撤销天策府。七月壬辰日，太子左庶子高士廉任侍中，右庶子房玄龄任中书令，尚书右仆射萧瑀任尚书左仆射，吏部尚书杨恭仁任雍州牧，太子左庶子长孙无忌任吏部尚书，右庶子杜如晦任兵部尚书，太子詹事宇文士及任中书令，封德彝任尚书右仆射。

八月癸亥日，高祖传位给皇太子，太宗在东宫显德殿即位。派司空、魏国公裴寂在南郊烧柴祭告上天，大赦天下的罪人。武德元年以来究问得实被流放到边远地区的人全部放回。文武官五品以上原先无爵的赐给最低一等爵，六品以下各加勋官一级。天下免除徭役一年。癸酉日，放走后宫里的宫女三千多人。甲戌日，突厥颉利、突利可汗侵犯泾州。乙亥日，突厥进犯武功，京师戒严。丙子日，立妃子长孙氏为皇后。己卯日，突厥侵犯高陵。辛巳日，行军总管尉迟敬德同突厥在泾阳作战，大破敌军，斩首级一千多。癸未日，突厥颉利可汗到了渭水便桥北边，派他的酋长执失思力入朝窥探，擅自察看地形，太宗下令囚禁他。太宗亲自出玄武门，乘六匹马驾的车疾驱到渭水上，与颉利隔着河谈话，指责他负约。一会儿各个部队接着开到，颉利见军容壮盛，又知道思力被囚禁，因此很害怕，要求讲和，太宗允许。当日回宫。乙酉日，又亲临便桥，与颉利杀白马订盟，突厥退兵。九月丙戌日，颉利献马三千匹、羊一万头，皇帝不收，让颉利送还给所掠夺的中原百姓。丁未日，领进各部的骑兵统领等在显德殿庭练习射箭，对将军以下的人说："自古以来突厥与中原，互有盛衰，像轩辕善于使用五种兵器，就能在北方驱逐獯鬻；周宣王使方叔、召虎为自己效力，也能在太原克敌制胜。到了汉、晋的君主，以至于隋代，不让兵士平时练习各种兵器，突厥来犯，不能抵御，导致扔下中原百姓在敌寇手中遭难。我现在不让你们挖池筑苑，建造各种过度浪费钱财的设施。农民可恣意让他们安乐，兵士只有练习射箭骑马，希望使你们能战斗，也盼望在你们面前没有敢于横行的敌人。"于是每天领进数百人在殿前教他们射箭，皇帝亲自考试，射中的人立刻赏给弓刀、布匹、丝织品。朝臣多有进谏的，他们说："先代的圣王制定法律，有带兵器到天子住处的处死刑，这是制止刚萌生的不良现象扩展，防备不测之事的办法。现在领进偏将士卒一类人，在皇宫旁边弯弓放箭，正怕灾祸产生于不意之中，这不是为国家考虑的办法。"皇上不接受。从这以后，士兵都变精锐了。壬子日，天子命令私家不得随便立妖神，滥设祭祀，不符合礼制规定的祭祀，一律禁止。除龟卜和它的五种兆形、《易经》和它的卜筮术外，各种形形色色的占卜术，也全禁止。长孙无忌封齐国公，房玄龄封邢国公，尉迟敬德封吴国公，杜如晦封蔡国公，侯君集封潞国公。

二年春正月辛丑，尚书右仆射、齐国公长孙无忌为开府仪同三司。徙封汉王恪为蜀王，卫王泰为越王，楚王祐为燕王。复置六侍郎，副六尚书事，并置左右司郎中各一人。前安州大都督、赵王元景为雍州牧，蜀王恪为益州大都督，越王泰为扬州大都督。二月丙戌，靺鞨内属。三月戊申朔，日有蚀之。丁卯，遣御史大夫杜淹巡关内诸州。出御府金宝，赎男女自卖者还其父母。庚午，大赦天下。

夏四月己卯，诏骸骨暴露者，令所在埋瘗。丙申，契丹内属。初诏天下州县并置义仓。夏州贼帅梁师都为其从父弟洛仁所杀，以城降。五月，大雨雹。六月庚寅，皇子治生，宴五品以上，赐帛有差，仍赐天下是日生者粟。辛卯，上谓侍臣曰："君虽不君，臣不可以不臣。裴虔通，炀帝旧左右也，而亲为乱首。朕方崇奖敬义，岂可犹使宰民训俗。"诏曰：

天地定位，君臣之义以彰；卑高既陈，人伦之道斯著。是用笃厚风俗，化成天下。虽复时经治乱，主或昏明，疾风劲草，芬芳无绝，剖心焚体，赴蹈如归。夫岂不爱七尺之躯，重百年之命？谅由君臣义重，名教所先，故能明大节于当时，立清风于身后。至如赵高之殒二世，董卓之鸩弘农，人神所疾，异代同愤。况凡庸小竖，有怀凶悖，遐观典策，莫不诛夷。辰州刺史、长蛇县男裴虔通，昔在隋代，委质晋藩，炀帝以旧邸之情，特相爱幸。遂乃志蔑君亲，潜图弑逆，密伺间隙，招结群丑，长戟流矢，一朝窃发。天下之恶，孰云可忍！宜其夷宗焚首，以彰大戮。但年代异时，累逢赦令，可特免极刑，除名削爵，迁配驩州。

秋七月戊申，诏："莱州刺史牛方裕、绛州刺史薛世良、广州都督府长史唐奉义、隋武牙郎将高元礼，并于隋代俱蒙任用，乃协契宇文化及，构成弑逆。宜依裴虔通，除名配流岭表。"太宗谓侍臣曰："天下愚人，好犯宪章，凡赦宥之恩，唯及不轨之辈。古语曰：'小人之幸，君子之不幸。''一岁再赦，好人喑哑。'凡养稂莠者伤禾稼，惠奸宄者贼良人。昔文王作罚，刑兹无赦。又蜀先主尝谓诸葛亮曰：'吾周旋陈元方、郑康成间，每见启告理乱之道备矣，曾不语赦也。'夫小人者，大人之贼，故朕有天下已来，不甚放赦。今四海安静，礼义兴行，非常之恩，施不可数，将恐愚人常冀侥幸，唯欲犯法，不能改过。"八月甲戌朔，幸朝堂，亲览冤屈。自是，上以军国无事，每日视膳于西宫。癸巳，公卿奏曰："依礼，季夏之月，可以居台榭。今隆暑未退，秋霖方始，宫中卑湿，请营一阁以居之。"帝曰："朕有气病，岂宜下湿。若遂来请，糜费良多。昔汉文帝将起露台，而惜十家之产。朕德不逮于汉帝，而所费过之，岂谓为民父母之道也。"竟不许。是月，河南、河北大霜，人饥。

九月丙午，诏曰："尚齿重旧，先王以之垂范；还章解组，朝臣于是克终。释菜合乐之仪，东胶西序之制，养老之义，遗文可睹。朕恭膺大宝，宪章故实，乞言尊事，弥切深衷。然情存今古，世踵浇季，而策名就列，或乖大体。至若筋力将尽，桑榆且迫，徒竭夙兴之勤，未悟夜行之罪。其有心惊止足，行堪激励，谢事公门，收骸闾里，能以礼让，固可嘉焉。内外文武群官年高致仕、抗表去职者，参朝之日，宜在本品见任之上。"丁未，谓侍臣曰："妇人幽闭深宫，情实可愍。隋氏末年，求采无已，至于离宫别馆，非幸御之所，多聚宫人，皆竭人财力，朕所不取。且洒扫之余，更何所用？今将出之，任求伉俪，非独以惜费，亦人得各遂其性。"于是遣尚书左丞戴胄、给事中杜正伦等，于掖庭宫西门简出之。

冬十月庚辰，御史大夫、安吉郡公杜淹卒。戊子，杀瀛州刺史卢祖尚。十一月辛酉，有事于圆丘。十二月壬午，黄门侍郎王珪为侍中。

【译文】

贞观二年春正月辛丑日，尚书右仆射、齐国公长孙无忌任开府仪同三司。改封汉王李恪为蜀王，卫王李泰为越王，楚王李祐为燕王。又设置六部侍郎，辅助六部尚书治理政事，并设置左右司郎中各一人。前安州大都督、赵王李元景任雍州牧，蜀王李恪任益州大都督，越王李泰任扬州大都督。二月丙戌日，靺鞨成为唐的属国。三月戊申初一，出现日食。丁卯日，派御史大夫杜淹巡视关内各州。取出皇宫府库里的黄金和宝物，赎回自己卖身为奴的男女，送还给他们的父母。庚午日，大赦天下的罪人。

夏四月己卯日，太宗下令凡有死人的骸骨暴露在外的，让所在的地方政府负责掩埋。丙申日，契丹成为唐的属国。首次命令天下的州县都设置义仓。夏州的盗贼首领梁师都被他的堂弟洛仁杀死，洛仁献城投降唐朝。五月，下大冰雹。六月庚寅日，皇子李治诞生，设宴招待五品以上官吏，分等第赐给他们丝织物，还赐给全国在这一天出生的人粮食。辛卯日，皇上对随侍左右的人说："君主虽然不像君主，臣子却不可以不像臣子。裴虔通，本是炀帝的侍从之臣，却亲自当叛乱的首领。朕正推崇、鼓励恭敬信义，怎么还可以让他继续统治人民、训导风俗呢。"发布诏令说：

天与地确定位置，君臣之间应有的关系也就明白了；地卑天高的位置既已确立，人与人之间应有的等级关系也就清楚了。所以能使风俗淳厚，天下教化成功。虽然又时常经历太平或动乱的年代，君主有昏有明，但疾风中有劲草，芬芳的品德不绝，不少人为君主剖胸焚身，赴汤蹈火，视死如归。难道他们不爱惜七尺的身躯，不重视百年的生命？实由于君臣之间应有的关系非常重，在礼教中被置于首要地位，所以他们能在当世显示临难不苟的节操，于身后树立清正高洁的风范。至于像赵高杀害秦二世，董卓毒死弘农王，是人与神所憎恶的，连其他时代的人都共同感到气愤。更何况平庸小子，有凶暴悖逆之心！远观前代帝王的策命，这种人没有不杀掉的。辰州刺史、长蛇县男裴虔通，过去在隋代，侍奉晋王杨广，炀帝因原先在王府的交情，特别加以宠幸。于是裴虔通就心无君亲，暗中图谋弑君，秘密窥测可乘之机，招纳、勾结各种恶人，长戟流矢，竟一朝私自往宫中发射。这是天下的恶事，谁说可以忍受！应当诛灭裴虔通的同宗，焚烧他的首级，用以表明他的犯上行为是一种大耻辱。但发生的年代不与当今同时，又多次遇到发布赦令，可特别免去他的死刑，从官籍中除名并削去爵位，流放驩州。

秋七月戊申日，发布诏令："莱州刺史牛方裕、绛州刺史薛世良、广州都督府长史唐奉义、隋武牙郎将高元礼，在隋代都蒙炀帝任用，却协同宇文化及，构成弑君之罪。应当按照裴虔通的样子，除名流放岭南。"太宗对随侍左右的臣子说："天下的愚人，好触犯法令，所有赦免罪人的恩惠，只能给予不守法度之辈。古语说：'小人的幸运，是君子的不幸。''一年两次赦免罪人，好人成了哑巴。''凡养着杂草，会妨害禾苗的生长，施恩惠给为非作歹的人，会伤害好人。'从前文王设刑罚，该用刑的都不能赦免。又蜀先主刘备曾对诸葛亮说：'我周旋于陈元方、郑康成之间，常听见他们告诉我治乱之道，内容相当全面，而不曾谈到赦免罪人。'小人，是君子的祸害，所以朕自得天下以来，不大发布赦令。现今四海安静，礼义得到振兴和推行；非常的恩惠，施给不可频繁，怕愚人常会冀求侥幸，只想犯法，不能改过。"八月甲戌初一，太宗到朝堂，亲自过问冤狱。从这以后，皇上因为国家、军队无事，每天到西宫侍奉太上皇，问寒问暖。癸巳日，公卿大臣进言："按照礼的规定，季夏六月，可以住在台上的高屋里。现在盛暑未退，秋天的多雨季节即将开始，宫中地势低而潮湿，请营造一座楼阁居住。"皇帝说："朕有气力衰竭的病，哪里适合住在低而湿的地方。如果答应你们的请求，要耗费的钱财实在不少。从前汉文帝准备建露台，而舍不得相当于十户人家财产的花销。朕品德赶不上汉文帝，而所费的钱超过他，难道说做百姓父母的方法就是这样？"竟不答应。这一月，河南、河北有大霜害，百姓饥饿。

九月丙午日，发布诏令说："尊崇老年人，看重旧臣，先代的圣王以此为后人留下了榜样；送回官印，解下绶带，去职退休，朝臣于是能有一个好结局。放置芹藻祭祀先师合奏众乐的礼仪，设立东胶西序一类学校的制度，奉养老人的道理，前代的遗文里都可以看到。朕恭敬地接受帝位，效法先代旧事，尊敬、侍奉老人，向他们求教，这样做也十分符合自己内心深处的意愿。但情况有今古的不同，时代进入风俗浮薄的末世，却出仕就职，或许违背原则。至于像筋力将尽，暮年逼近，而仍居官位，徒然极尽起早的辛劳，不明白夜行的过错，他们中有的人心中惊恐，知止知足，行为堪激励后辈，主动辞去官职，归死乡里，能以礼相让，精神本来可嘉。内外文武官吏凡年老退休、上表辞官的，入朝参见天子之时，位次应在本品现任官之上。”丁未日，对随侍左右的臣子说：“妇女被幽闭于深宫，那情况实在可怜。隋朝末年，选女入宫，没有停止的时候，至于建在各地的离宫别馆，不是天子临幸游息之处，也多集聚宫女，全耗尽了人民的财力，这是我所不取的。而且宫女除洒水扫地之处，还能用在什么地方？现在准备遣返宫女，听任她们寻求配偶。不是因为吝惜费用，而是想让这些人能够各按照自己的本性生活。”于是派尚书左丞戴胄、给事中杜正伦等，在妃嫔居住的掖庭宫西门选择宫女，遣返她们。

冬十月庚辰日，御史大夫、安吉郡公杜淹去世。戊子日，太宗下令杀瀛州刺史卢祖尚。十一月辛酉日，在圆丘祭天。十二月壬午日，黄门侍郎王珪任侍中。

三年春正月辛亥，契丹渠帅来朝。戊午，谒太庙。癸亥，亲耕籍田。辛未，司空、魏国公裴寂坐事免。二月戊寅，中书令、邢国公房玄龄为尚书左仆射，兵部尚书、检校侍中、蔡国公杜如晦为尚书右仆射，刑部尚书、检校中书令、永康县公李靖为兵部尚书，右丞魏征为守秘书监，参预朝政。

夏四月辛巳，太上皇徙居大安宫。甲午，太宗始于太极殿听政。五月，周王元方薨。六月戊寅，以旱，亲录囚徒。遣长孙无忌、房玄龄等祈雨于名山大川，中书舍人杜正伦等往关内诸州慰抚。又令文武官各上封事，极言得失。已卯，大风折木。秋八月己巳朔，日有蚀之。薛延陁遣使朝贡。

九月癸丑，诸州置医学。冬十一月丙午，西突厥、高昌遣使朝贡。庚申，以并州都督李世勣为通汉道行军总管，兵部尚书李靖为定襄道行军总管，以击突厥。十二月戊辰，突利可汗来奔。癸未，杜如晦以疾辞位，许之。癸丑，诏建义以来交兵之处，为义士勇夫殒身戎阵者各立一寺，命虞世南、李伯药、褚亮、颜师古、岑文本、许敬宗、朱子奢等为之碑铭，以纪功业。是岁，户部奏言：中国人自塞外来归及突厥前后内附、开四夷为州县者，男女一百二十余万口。

四年春正月乙亥，定襄道行军总管李靖大破突厥，获隋皇后萧氏及炀帝之孙正道，送至京师。癸巳，武德殿北院火。二月己亥，幸温汤。甲辰，李靖又破突厥于阴山，颉利可汗轻骑远遁。丙午，至自温汤。甲寅，大赦，赐酺五日。民部尚书戴胄以本官检校吏部尚书，参预朝政。太常卿萧瑀为御史大夫，与宰臣参议朝政。御史大夫、西河郡公温彦博为中书令。三月庚辰，大同道行军副总管张宝相生擒颉利可汗，献于京师。甲申，尚书右仆射、蔡国公杜如晦薨。甲午，以俘颉利告于太庙。

夏四月丁酉，御顺天门，军吏执颉利以献捷。自是西北诸蕃咸请上尊号为"天可汗"，于是降玺书册命其君长，则兼称之。秋七月甲子朔，日有蚀之。上谓房玄龄、萧瑀曰："隋文何等主？"对曰："克己复礼，勤劳思政，每一坐朝，或至日昃。五品已上，引之论事。宿卫之人，传餐而食。虽非性体仁明，亦励精之主也。"上曰："公得其一，未知其二。此人性至察而心不明。夫心暗则照有不通，至察则多疑于物。自以欺孤寡得之，谓群下不可信任，事皆自决，虽劳神苦形，未能尽合于理。朝臣既知上意，亦复不敢直言，宰相已下，承受而已。朕意不然。以天下之广，岂可独断一人之虑？朕方选天下之才，为天下之务，委任责成，各尽其用，庶几于理也。"因令有司："诏敕不便于时，即宜执奏，不得顺旨施行。"八月丙午，诏三品已上服紫，五品已上服绯，六品七品以绿，八品九品以青；妇人从夫色。甲寅，兵部尚书、代国公李靖为尚书右仆射。九月庚午，令收瘗长城之南骸骨，仍令致祭。壬午，令自古明王圣帝、贤臣烈士坟墓无得刍牧，春秋致祭。

冬十月壬辰，幸陇州，曲赦陇、岐二州，给复一年。辛丑，校猎于贵泉谷。甲辰，校猎于鱼龙川，自射鹿，献于大安宫。甲子，至自陇州。戊寅，制决罪人不得鞭背，以明堂孔穴针灸之所。兵部尚书侯君集参议朝政。十二月辛亥，开府仪同三司、淮安王神通薨。甲寅，高昌王麹文泰来朝。是岁，断死刑二十九人，几致刑措。东至于海，南至于岭，皆外户不闭，行旅不赍粮焉。

【译文】

贞观三年春正月辛亥日，契丹首领来朝见天子。戊午日，在太庙祭祀。癸亥日，天子行亲耕籍田礼。辛未日，司空、魏国公裴寂因事获罪被免职。二月戊寅日，中书令、邢国公房玄龄任尚书左仆射，兵部尚书、检校侍中、蔡国公杜如晦任尚书右仆射，刑部尚书、检校中书令、永康县公李靖任兵部尚书，右丞魏征任守秘书监，参与朝政。

夏四月辛巳日，太上皇迁居大安宫。甲午，太宗开始在太极殿处理政务。五月，周王李元方逝世。六月戊寅日，由于天旱，太宗亲自省察囚徒的罪状。派长孙无忌、房玄龄等人在名山大川祈雨，派中书舍人杜正伦等到关内各州安抚、慰问。又下令文武官吏各上密封的奏章，毫无保留地谈出自己对政治得失的看法。己卯日，大风吹折树木。秋八月己巳初一，出现日食。薛延陁派使者入朝拜见天子，进献方物。

九月癸丑日，各州设立培养医师的学校。冬十一月丙午日，西突厥、高昌派使者入朝拜见天子，进献地方物产。庚申日，任命并州都督李世勣为通汉道行军总管，兵部尚书李靖为定襄道行军总管，领兵攻打突厥。十二月戊辰日，突利可汗投奔中原。癸未日，杜如晦因病辞官，皇上答应。癸丑，下令在自树立义旗以来交战的地方，为那些丧生于战阵的义士勇夫各立一座寺庙，命令虞世南、李伯药、褚亮、颜师古、岑文本、许敬宗、朱子奢等人为他们撰写碑铭，以记载他们的功业。这一年，户部报告：中原人自塞外归来和突厥人前后归附中原以及开辟四境异族地区而建立的州县所增加的人口，合计共有男女一百二十多万口。

贞观四年春正月乙亥日，定襄道行军总管李靖大破突厥，俘获隋朝皇后萧氏和炀帝的孙子杨正道，送到京师。癸巳，武德殿北院发生火灾。二月己亥日，太宗到温泉。甲辰，李靖又在阴山击败突厥，颉利可汗轻装骑马远逃。丙午日，自温泉回到长安。甲寅日，发布大赦令，赐臣民会饮五天。民部尚书戴胄兼任检校吏部尚书，参与朝政。太常卿萧瑀任御史大夫，和宰相一起参议朝政。御史大夫、西河郡公温彦博任中书令。三月庚辰日，大同道行军副总管张宝相活捉颉利可汗，送往京师。甲申，尚书右仆射、蔡国公杜如晦逝世。甲午日，太宗到太庙向祖先报告俘获颉利的喜讯。

夏四月丁酉日，皇上临顺天门，军中的官吏押解颉利向天子献战利品。自这以后西北各藩属都请求皇上用“天可汗”的尊号，于是皇上下诏书册封各藩属的君长，就兼用这个称号。秋七月甲子初一，出现日食。皇上对房玄龄、萧瑀说：“隋文帝是个什么样的君主？”回答说：“约束自己，使言行符合于礼，辛勤思考政事，有时坐在朝廷上，直到太阳偏西。领着五品以上官吏议论政事，皇宫的卫士不能下岗，站着传递干粮而食。虽然不能说品性仁爱、贤明，也可算是一个励精图治的君主了。”皇上说：“你们只看到他的一个方面，而不了解他的另一个方面。这人本性极其明察而内心并不贤明。内心昏昧那么审察事理就不能都通达，极其明察就会临事多疑。自己靠欺骗孤儿寡母得到天下，认为众臣不可信任，凡事都自己决定，虽然使精神劳累、身体受苦，处事也未能都符合道理。朝廷的臣子既然了解皇上的这种心理，也就不敢直言，自宰相以下，接受皇帝的命令罢了。朕的意思不认为这样做就对。以天下事物之广，难道可以凭一个人的思考独自决断？朕将选用天下的人才，治理天下的事务，信任人才，要求他们完成任务，使他们各尽其用，这样做也许可以达到政治的清明安定。”因此命令官吏：“天子的诏令如果不适合于时世，就应当坚持上报，不得顺旨施行。”八月丙午日，下诏规定三品以上官员穿紫色衣服，五品以上官员穿红色衣服，六品、七品官穿绿色衣服，八品、九品官穿青色衣服。妇人衣服的颜色随从丈夫。甲寅日，兵部尚书、代国公李靖任尚书右仆射。九月庚午日，命令收埋长城南边的死人骸骨，并让祭奠死者。壬午日，命令不得在自古至今的圣明君主、贤臣义士的坟墓上放牧，每年春秋两季在他们的坟上祭奠。

冬十月壬辰日，到陇州，因特殊情况赦免陇、岐两州的罪犯，免除两州百姓的徭役一年。辛丑日，在贵泉谷立栅栏围猎野兽。甲辰日，在鱼龙川围猎野兽，亲自射鹿，献给大安宫。十一月甲子日，自陇州回到长安。戊寅，命令判决处置罪犯不得鞭打背部，免得连及针灸穴位。兵部尚书侯君集参议朝政。十二月辛亥日，开府仪同三司、淮安王李神通逝世。甲午，高昌王麴文泰前来朝见天子。这一年，判死刑的共二十九人，几乎达到刑罚弃置不用的地步。东到大海，南到五岭，都夜不闭户，来往的旅客用不着携带粮食。

五年春正月癸酉，大搜于昆明池，蕃夷君长咸从。丙子，亲献禽于大安宫。己卯，幸左藏库，赐三品已上帛，任其轻重。癸未，朝集使请封禅。二月己酉，封皇弟元裕为郐王，元名为谯王，灵夔为魏王，元祥为许王，元晓为密王。庚戌，封皇子愔为梁王，贞为汉王，恽为郯王，治为晋王，慎为申王，嚣为江王，简为代王。

夏四月壬辰，代王简薨。以金帛购中国人因隋乱没突厥者男女八万人，尽还其家属。六月甲寅，太子少师、新昌县公李纲薨。秋八月甲辰，遣使毁高丽所立京观，收隋人骸骨，祭而葬之。戊申，初令天下决死刑必三覆奏，在京诸司五覆奏，其日尚食进蔬食，内教坊及太常不举乐。九月乙丑，赐群官大射于武德殿。

冬十月，右卫大将军、顺州都督、北平郡王阿史那什钵苾卒。十二月壬寅，幸温汤。癸卯，猎于骊山。丙午，赐新丰高年帛有差。戊申，至自温汤。

六年春正月乙卯朔，日有蚀之。二月丙戌，置三师官员。戊子，初置律学。

三月戊辰，幸九成宫。六月己亥，酆王元亨薨。辛亥，江王嚣薨。

冬十月乙卯，至自九成宫。十二月辛未，亲录囚徒，归死罪者二百九十人于家，令明年秋末就刑。其后应期毕至，诏悉原之。是岁，党项羌前后内属者三十万口。

七年春正月戊子，诏曰："宇文化及弟智及、司马德戡、裴虔通、孟景、元礼、杨览、唐奉义、牛方裕、元敏、薛良、马举、元武达、李孝本、李孝质、张恺、许弘仁、令狐行达、席德方、李覆等，大业季年，咸居列职，或恩结一代，任重一时；乃包藏凶慝，罔思忠义，爰在江都，遂行弑逆，罪百阎、赵，衅深枭獍。虽事是前代，岁月已久，而天下之恶，古今同弃，宜置重典，以励臣节。其子孙并宜禁锢，勿令齿叙。"是日，上制《破阵乐舞图》。辛丑，赐京城酺三日。丁卯，雨土。乙酉，薛延陁遣使来朝。庚寅，秘书监、检校侍中魏征为侍中。癸巳，直太史、将仕郎李淳风铸浑天黄道仪，奏之，置于凝晖阁。夏五月癸未，幸九成宫。八月，山东、河南三十州大水，遣使赈恤。

冬十月庚申，至自九成宫。十一月丁丑，颁新定《五经》。壬辰，开府仪同三司、齐国公长孙无忌为司空。十二月丙辰，狩于少陵原，诏以少牢祭杜如晦、杜淹、李纲之墓。

八年春正月癸未，右卫大将军阿史那吐苾卒。辛丑，右屯卫大将军张士贵讨东、西五洞反獠，平之。壬寅，命尚书右仆射李靖、特进萧瑀杨恭仁、礼部尚书王珪、御史大夫韦挺、鄜州大都督府长史皇甫无逸、扬州大都督府长史李袭誉、幽州大都督府长史张亮、凉州大都督李大亮、右领军大将军窦诞、太子左庶子杜正伦、绵州刺史刘德威、黄门侍郎赵弘智使于四方，观省风俗。

二月乙巳，皇太子加元服。丙午，赐天下酺三日。三月庚辰，幸九成宫。五月辛未朔，日有蚀之。丁丑，上初服翼善冠，贵臣服进德冠。七月，始以云麾将军阶为从三品。陇右山崩，大蛇屡见。山东、河南、淮南大水，遣使赈恤。八月甲子，有星孛于虚、危，历于氐，十一月上旬乃灭。九月丁丑，皇太子来朝。

冬十月，右骁卫大将军、褒国公段志玄击吐谷浑，破之，追奔八百余里。甲子，至自九成宫。十一月辛未，右仆射、代国公李靖以疾辞官，授特进。丁亥，吐谷浑寇凉州。己丑，吐谷浑拘我行人赵德楷。十二月辛丑，命特进李靖、兵部尚书侯君集、刑部尚书任城王道宗、凉州都督李大亮等为大总管，各帅师分道以讨吐谷浑。壬子，越王泰为雍州牧。乙卯，帝从太上皇阅武于城西。是岁，龟兹、吐蕃、高昌、女国、石国遣使朝贡。

【译文】

贞观五年春正月癸酉，在昆明池打猎，藩属和四境异族君长都跟随。丙子，亲自到大安宫献猎获的禽兽。己卯，亲临左藏库，赐给三品以上官员丝织品，听任自取，不限轻重。癸未，朝集使请求行封禅礼。二月己酉，封皇弟元裕为郐王，元名为谯王，灵夔为魏王，元祥为许王，元晓为密王。庚戌，封皇子愔为梁王，贞为汉王，恽为郯王，治为晋王，慎为申王，嚣为江王，简为代王。

夏四月壬辰，代王简去世。朝廷用黄金和丝织品赎回由于隋末动乱沦入突厥的中原男女八万人，全部送还给他们的家属。六月甲寅，太子少师、新昌县公李纲逝世。秋八月甲辰，派遣使者到高丽，毁掉高丽人所立的京观，收集隋代战死者的骸骨，祭奠并埋葬它们。戊申，首次命令天下判死刑必须经过三次按验、上奏，在京各司要经过五次按验、上奏，判死刑这一天，尚食局供应膳食只有蔬菜，内教坊和太常寺不奏乐。九月乙丑，赐群臣在武德殿举行射礼。

冬十月，右卫大将军、顺州都督、北平郡王阿史那什钵苾去世。十二月壬寅，到温泉。癸卯，在骊山打猎。丙午，分等第赏给新丰县年高的人丝织品。戊申，自温泉回到长安。

贞观六年春正月乙卯初一，出现日食。二月丙戌，设置三师的官职。戊子，开始设立律学。

三月戊辰，到九成宫。六月己亥，酆王李元亨逝世。辛亥，江王李嚣逝世。

冬十月乙卯，自九成宫回到长安。十二月辛未，太宗亲自省察囚徒的罪状，释放犯死罪的二百九十个人回家，命令他们明年秋末自动前来受刑。后来死囚们全部按期归来，天子下诏宽赦所有人的罪过。这一年党项羌前后归附于中国的共三十万人。

贞观七年春正月戊子，发布诏令说："宇文化及的弟弟智及、司马德戡、裴虔通、孟景、元礼、杨览、唐奉义、牛方裕、元敏、薛良、马举、元武达、李孝本、李孝质、张恺、许弘仁、令狐行达、席德方、李覆等，大业末年，全任各种官职，有的家中一代人都蒙受隋帝的恩惠，有的整整一个时代都担负重任，却包藏邪恶之心，不思忠义，竟在江都，干出弑君的勾当。罪恶是阎乐、赵高的百倍，超过了生而食母的枭和生而食父的獍。虽然事情发生在前代，时间已久，而天下的恶人，为古今所共弃，当应处以重法，用来劝勉臣子保持节操。这些人的子孙都应当禁锢，不允许录用。"这一天，皇上制作《破阵乐舞图》。辛丑，赐京城臣民会饮三天。丁卯，天上落下泥土。乙酉，薛延陁派使者来朝见天子。庚寅，秘书监、检校侍中魏征任侍中。癸巳，直太史、将仕郎李淳风铸造浑天黄道仪，进献给天子，放置于凝晖阁。夏五月癸未，太宗到九成宫。八月，山东、河南三十州发生大水灾，皇上派使臣救济。

冬十月庚申，自九成宫回到长安。十一月丁丑，颁行新编定的《五经》。壬辰，开府仪同三司、齐国公长孙无忌任司空。十二月丙辰，在少陵原打猎，命令用羊、猪二牲在杜如晦、杜淹、李纲的坟上祭奠。

贞观八年春正月癸未，右卫大将军阿史那吐苾去世。辛丑，右屯卫大将军张士贵讨伐东、西五洞反叛的獠族人，平定了他们。壬寅，命令尚书右仆射李靖、特进萧瑀、杨恭仁、礼部尚书王珪、御史大夫韦挺、鄜州大都督府长史皇甫无逸、扬州大都督府长史李袭誉、幽州大都督府长史张亮、凉州大都督李大亮、右领军大将军窦诞、太子左庶子杜正伦、绵州刺史刘德威、黄门侍郎赵弘智出使四方，观察风俗民情。

二月乙巳，皇太子加冠。丙午，赐全国臣民会饮三天。三月庚辰，太宗到九成宫。五月辛未初一，出现日食。丁丑，皇上开始戴翼善冠，贵臣戴进德冠。七月，首次定武散官云麾将军的阶位为从三品。陇右发生山崩，大蛇屡次出现。山东、河南、淮南发生大水灾，天子派使臣救济。八月甲子，有一颗彗星出现于虚、危宿之间，经过氐宿，到十一月上旬才消失。九月丁丑，皇太子来拜见天子。

冬十月，右骁卫大将军、褒国公段志玄攻打吐谷浑，击破了它，追踪逃敌走了八百多里。甲子，皇上自九成宫回到长安。十一月辛未，右仆射、代国公李靖因病辞官，授特进。丁亥，吐谷浑侵犯凉州。己丑，吐谷浑拘禁我国使者赵德楷。十二月辛丑，命令特进李靖、兵部尚书侯君集、刑部尚书任城王李道宗、凉州都督李大亮等为大总管，各率兵分路讨伐吐谷浑。壬子，越王李泰任雍州牧。乙卯，皇帝跟随太上皇在城西检阅军队。这一年，龟兹、吐蕃、高昌、女国、石国派使者入朝拜见天子，进献方物。

九年春三月，洮州羌叛，杀刺史孔长秀。壬午，大赦。每乡置长一人，佐二人。乙西，盐泽道总管高甑生大破叛羌之众。庚寅，敕天下户立三等，未尽升降，置为九等。

夏四月壬寅，康国献狮子。闰月丁卯，日有蚀之。癸巳，大总管李靖、侯君集、李大亮、任城王道宗破吐谷浑于牛心堆。五月乙未，又破之于乌海，追奔至柏海。副总管薛万均、薛万彻又破之于赤水源，获其名王二十人。庚子，太上皇崩于大安宫。壬子，李靖平吐谷浑于西海之上，获其王慕容伏允。以其子慕容顺光降，封为西平郡王，复其本国。秋七月甲寅，增修太庙为六室。

冬十月庚寅，葬高祖太武皇帝于献陵。戊申，祔于太庙。辛丑，左仆射、魏国公房玄龄加开府仪同三司，余如故。十二月甲戌，吐谷浑西平郡王慕容顺光为其下所弑，遣兵部尚书侯君集率师安抚之，仍封顺光子诺曷钵为河源郡王，使统其众。右光禄大夫、宋国公萧瑀依旧特进，复令参预朝政。

十年春正月壬子，尚书左仆射房玄龄、侍中魏征上梁、陈、齐、周、隋五代史，诏藏于秘阁。癸丑，徙封赵王元景为荆王，鲁王元昌为汉王，郑王元礼为徐王，徐王元嘉为韩王，荆王元则为彭王，滕王元懿为郑王，吴王元轨为霍王，豳王元凤为虢王，陈王元庆为道王，魏王灵夔为燕王，蜀王恪为吴王，越王泰为魏王，燕王祐为齐王，梁王愔为蜀王，郯王恽为蒋王，汉王贞为越王，申王慎为纪王。夏六月，以侍中魏征为特进，仍知门下省事。壬申，中书令温彦博为尚书右仆射。甲戌，太常卿、安德郡公杨师道为侍中。己卯，皇后长孙氏崩于立政殿。冬十一月庚寅，葬文德皇后于昭陵。十二月壬申，吐谷浑河源郡王慕容诺曷钵来朝。乙亥，亲录京师囚徒。是岁，关内、河东疾病，命医赍药疗之。

十一年春正月丁亥朔，徙郐王元裕为邓王，谯王元名为舒王。癸巳，加魏王泰为雍州牧、左武候大将军。庚子，颁新律令于天下。作飞山宫。甲寅，房玄龄等进所修《五礼》。诏所司行用之。

二月丁巳，诏曰：

夫生者天地之大德，寿者修短之一期。生有七尺之形，寿以百龄为限，含灵禀气，莫不同焉，皆得之于自然，不可以分外企也。是以《礼记》云："君即位而为椑"。庄周云："劳我以形，息我以死。"岂非圣人远鉴，通贤深识？末代已来，明辟盖寡，靡不矜黄屋之尊，虑白驹之过，并多拘忌，有慕遐年。谓云车易乘，羲轮可驻，异轨同趣，其蔽甚矣。有隋之季，海内横流，豺狼肆暴，吞噬黔首。朕投袂发愤，情深拯溺，扶翼义师，济斯涂炭。赖苍昊降鉴，股肱宣力，提剑指麾，天下大定。此朕之宿志，于斯已毕。犹恐身后之日，子子孙孙，习于流俗，犹循常礼，加四重之榇，伐百祀之木，劳扰百姓，崇厚园陵。今预为此制，务从俭约，于九嵕之山，足容棺而已。积以岁月，渐而备之。木马涂车，土桴苇籥，事合古典，不为时用。

又佐命功臣，或义深舟楫，或谋定帷幄，或身摧行阵，同济艰危，克成鸿业，追念在昔，何日忘之！使逝者无知，咸归寂寞；若营魂有识，还如畴曩，居止相望，不亦善乎！汉氏使将相陪陵，又给以东园秘器，笃终之义，恩意深厚，古人岂异我哉！自今已后，功臣密戚及德业佐时者，如有薨亡，宜赐茔地一所，及以秘器，使窀穸之时，丧事无阙。所司依此营备，称朕意焉。

甲子，幸洛阳宫，命祭汉文帝。三月丙戌朔，日有蚀之。丁亥，车驾至洛阳。丙申，改洛州为洛阳宫。辛亥，大搜于广城泽。癸丑，还宫。

夏四月甲子，震乾元殿前槐树。丙寅，诏河北、淮南举孝悌淳笃，兼闲时务；儒术该通，可为师范；文辞秀美，才堪著述；明识政体，可委字人：并志行修立，为乡闾所推者，给传诣洛阳宫。六月甲寅，尚书右仆射、虞国公温彦博薨。丁巳，幸明德宫。己未，定制诸王为世封刺史。戊辰，定制勋臣为世封刺史。改封任城王道宗为江夏郡王，赵郡王孝恭为河间郡王。己巳，改封许王元祥为江王。秋七月癸未，大霪雨。谷水溢入洛阳宫，深四尺，坏左掖门，毁宫寺十九所；洛水溢，漂六百家。庚寅，诏以灾命百官上封事，极言得失。丁酉，车驾还宫。壬寅，废明德宫及飞山宫之玄圃院，分给遭水之家，仍赐帛有差。丙午，修老君庙于亳州，宣尼庙于兖州，各给二十户享祀焉。凉武昭王复近墓二十户充守卫，仍禁刍牧樵采。九月丁亥；河溢，坏陕州河北县，毁河阳中潬。幸白司马坂以观之，赐遭水之家粟帛有差。冬十一月辛卯，幸怀州。乙未，狩于济源。

丙午，车驾还宫。十二月辛酉，百济王遣其太子隆来朝。

【译文】

贞观九年春三月，洮州羌族反叛，杀死了刺史孔长秀。壬午，发布大赦令。每个乡各设置乡长一人，乡佐二人。乙酉，盐泽道总管高甑生大破反叛的羌族民众。庚寅，下诏说天下的住户分成三等，不能完全显示出住户资产的增减情况，现改定为九等。

夏四月壬寅，康国进献狮子。闰四月丁卯，出现日食。癸巳，总管李靖、侯君集、李大亮、任城王李道宗在牛心堆击败吐谷浑。五月乙未，又在乌海击败吐谷浑，追击逃敌到了柏海。副总管薛万均、薛万彻又在赤水源击破吐谷浑，抓获吐谷浑有名的王二十人。庚子，太上皇在永安宫逝世。壬子，李靖在西海上平定了吐谷浑，俘虏了吐谷浑王慕容伏允。由于慕容伏允的儿子慕容顺光投降唐朝，被封为西平郡王，吐谷浑国又得到恢复。秋七月甲寅，增修太庙，扩大为六个室。

冬十月庚寅，安葬高祖太武皇帝于献陵。戊申，在太庙合祭高祖和祖先。辛丑，左仆射、魏国公房玄龄加授开府仪同三司，其他官位封爵不变。十二月甲戌，吐谷浑西平郡王慕容顺光被他的下属杀害，天子派兵部尚书侯君集率兵安抚吐谷浑，封顺光的儿子慕容诺曷钵为河源郡王，让他统领吐谷浑军民。右光禄大夫、宋国公萧瑀依旧任特进，又命令他参与朝政。

贞观十年春正月壬子，尚书左仆射房玄龄、侍中魏征进献梁、陈、齐、周、隋五代史，天子命令将这些书藏在秘阁。癸丑，改封赵王李元景为荆王，鲁王元昌为汉王，郑王元礼为徐王，徐王元嘉为韩王，荆王元则为彭王，滕王元懿为郑王，吴王元轨为霍王，豳王元凤为虢王，陈王元庆为道王，魏王灵夔为燕王，蜀王恪为吴王，越王泰为魏王，燕王祐为齐王，梁王愔为蜀王，郯王恽为蒋王，汉王贞为越王，申王慎为纪王。夏六月，任命侍中魏征为特进，仍执掌门下省事务。壬申，中书令温彦博任尚书右仆射。甲戌，太常卿、安德郡公杨师道任侍中。己卯，皇后长孙氏在立政殿逝世。冬十一月庚寅，安葬文德皇后于昭陵。十二月壬申，吐谷浑河源郡王慕容诺曷钵来朝见天子。乙亥，太宗亲自省察京师囚徒的罪状。这一年，关内、河东疾病流行，命令医师携带药品前去治疗。

贞观十一年春正月丁亥初一，改封郐王元裕为邓王，谯王元名为舒王。癸巳，加封魏王泰为雍州牧、左武候大将军。庚子，将新定的律令颁发到全国。建造飞山宫。甲寅，房玄龄等进献他们所写的《五礼》，皇上命令主管礼仪的部门施行。

二月丁巳，发布诏令说：

生是天地的大德大恩，寿是或长或短的一个期限。生有七尺的身躯，寿以百岁为限度，包藏灵性、禀受天地之气的人类，无不一样。生与寿都得之于自然，是不能够分外企求的。所以《礼记》说："君主即位就制作棺木。"庄周说："躯体使我劳累，死亡使我休息。"这难道不是圣人的远见，通达事理的贤人的深识？近代以来，明君不多，无不自负帝王尊贵，想到光阴迅速，犹如白驹过隙，因而全都有不少拘限禁忌，思慕长生。认为仙人的云车容易乘坐，羲和驾驭的太阳之车可以停留，车轨不同趋向一致，他们受蒙蔽已经很厉害了。隋朝末年，天下大乱，豺狼恣行暴虐，吞噬百姓。朕挥袖而起，发愤努力，对拯救危难一往情深，护持义军，救民于涂炭之中。依赖苍天明察下情，辅佐之臣效劳出力，朕提剑指挥，终于使天下得到安定。这是朕平素的志向，现在已经实现。但仍怕朕死后的日子，子子孙孙习惯于流行的风俗，仍然遵循通常的礼仪，加四层的棺材，砍伐百年的巨木，骚扰百姓，增高增大陵园。现在预先写下这一诏令，丧事务必遵从俭省的原则，陵园在九嵕山，地宫不过足以容纳棺木而已。岁月累积，逐渐齐备。葬具有木马泥车，瓦制的鼓，芦苇截成的笛，这样做符合古代的典章制度，却不被当代采用。

另外辅助朕立国的功臣，有的对朕的情义之深，犹如过大河所需的船和桨；有的在军队的帐幕中定下计谋，有的亲自冲锋陷阵，与朕一起度过艰难危险，成就大业。追念往事，没有一天能够忘掉！假如死去的人没有知觉，那就尽可各居东西，都归于孤单冷清；如果魂魄有知，那就还像从前一样，居处相望，不也是很好的吗！汉朝让将相葬在天子陵墓附近，又供给他们东园制作的棺木，重视送终，恩义深厚，古人哪里不同于我呢！从今以后，功臣近亲和德行、事业有助于当世的人，如果逝世，应当赐给坟地一处及所用的棺木，使他们埋葬的时候，丧事完满。有关主管部门照此筹措准备，就合朕的心意了。

甲子，往洛阳宫，命令祭奠汉文帝。三月丙戌初一，出现日食。丁亥，车驾抵达洛阳。丙申，改洛州为洛阳宫。辛亥，在广城泽举行大规模的狩猎活动。癸丑，回洛阳宫。

夏四月甲子，雷击乾元殿前槐树。丙寅，命令河北、淮南推荐孝顺父母、敬爱兄长、淳厚朴实兼熟悉当代事务的人；博通儒术、可作为学习榜样的人；文辞秀美、才能可以担负著述任务的人；明了施政的要领、可委以抚养百姓任务的人。这些人都必须是志向、操守修治树立，为乡里所推崇的，官府供给驿车送他们到洛阳宫。六月甲寅，尚书右仆射、虞国公温彦博逝世。丁巳，太宗到明德宫。己未，定立制度，诸王任世袭刺史。戊辰，定立制度，功臣任世袭刺史。改封任城王李道宗为江夏郡王，赵郡王孝恭为河间郡王。己巳，改封许王元祥为江王。秋七月癸未，长时间下大雨。谷水泛滥，流入洛阳宫，深四尺，冲坏左掖门，冲毁宫观十九处；洛水泛滥，冲走六百家。庚寅，由于水灾命令群臣各上密封的奏章，毫无保留地谈出自己对政治得失的看法。丁酉，天子回到洛阳宫。壬寅，放弃明德宫和飞山宫的玄圃院，分给遭水淹的人家居住，还分等第赐给他们丝织品。丙午，在亳州修建老君庙，在兖州修建尼庙，每个庙各给二十户人家负责祭祀。免除靠近凉武昭王陵墓的二十户人家的徭役，让他们负责陵墓的守卫，并禁止在墓地放牧打柴。九月丁亥，黄河泛滥，冲坏陕州河北县，冲毁河阳县中潭城。亲临白司马坂观察水情，分等第赐给遭水淹的人家粮食和丝织品。冬十一月辛卯，太宗到怀州。乙未，在济源打猎。丙午，回到洛阳宫。十二月辛酉，百济王派他的太子隆来朝见天子。

十二年春正月乙未，吏部尚书高士廉等上《氏族志》一百三十卷。壬寅，松、丛二州地震，坏人庐舍，有压死者。二月乙卯，车驾还京。癸亥，观砥柱，勒铭以纪功德。甲子，夜郎獠反，夔州都督齐善行讨平之。乙丑，次陕州，自新桥幸河北县，祀夏禹庙。丁卯，次柳谷顿，观盐池。戊寅，以隋鹰扬郎将尧君素忠于本朝，赠蒲州刺史，仍录其子孙。闰二月庚辰朔，日有蚀之。丙戌，至自洛阳宫。夏五月壬申，银青光禄大夫、永兴县公虞世南卒。六月庚子，初置玄武门左右飞骑。秋七月癸酉，吏部尚书、申国公高士廉为尚书右仆射。

冬十月己卯，狩于始平，赐高年粟帛有差。乙未，至自始平。己亥，百济遣使贡金甲雕斧。十二月辛巳，右武候将军上官怀仁大破山獠于壁州。

十三年春正月乙巳朔，谒献陵。曲赦三原县及行从大辟罪。丁未，至自献陵。戊午，加房玄龄为太子少师。二月丙子，停世袭刺史。三月乙丑，有星孛于毕、昴。

夏四月戊寅，幸九成宫。甲申，阿史那结社尔犯御营，伏诛。壬寅，云阳石燃者方丈，昼如灰，夜则有光，投草木于上则焚，历年而止。自去冬不雨至于五月。甲寅，避正殿，令五品以上上封事，减膳罢役，分使赈恤，申理冤屈，乃雨。

六月丙申，封皇弟元婴为滕王。秋八月辛未朔，日有蚀之。庚辰，立右武候大将军、化州都督、怀化郡王李思摩为突厥可汗，率所部建牙于河北。

冬十月甲申，至自九成宫。十一月辛亥，侍中、安德郡公杨师道为中书令。十二月丁丑，吏部尚书、陈国公侯君集为交河道行军大总管，帅师伐高昌。乙亥，封皇子福为赵王。壬午，嶲州都督王志远有罪，伏诛。诏于洛、相、幽、徐、齐、并、秦、蒲等州并置常平仓。己丑，吐谷浑河源郡王慕容诺曷钵来逆女。壬辰，狩于咸阳。是岁，滁州言："野蚕食槲叶，成茧大如柰，其色绿，凡六千五百七十石。"高丽、新罗、西突厥、吐火罗、康国、安国、波斯、疏勒、于阗、焉耆、高昌、林邑、昆明及荒服蛮酋，相次遣使朝贡。

十四年春正月庚子，初命有司读时令。甲寅，幸魏王泰宅。赦雍州及长安狱大辟罪已下。二月丁丑，幸国子学，亲释奠，赦大理、万年系囚，国子祭酒以下及学生高第精勤者加一级，赐帛有差。庚辰，左骁卫将军、淮阳王道明送弘化公主归于吐谷浑。壬午，幸温汤。辛卯，至自温汤。乙未，诏以梁皇侃、褚仲都，周熊安生、沈重，陈沈文阿、周弘正、张讥，隋何妥、刘焯、刘炫等前代名儒，学徒多行其义，命求其后。

三月戊午，置宁朔大使，以护突厥。夏五月壬戌，徙封燕王灵夔为鲁王。六月乙酉，大风拔木。己丑，薛延陁遣使求婚。乙未，滁州野蚕成茧，凡收八千三百石。八月庚午，新作襄城宫。癸巳，交河道行军大总管侯君集平高昌，以其地置西州。九月癸卯，曲赦西州大辟罪。乙卯，于西州置安西都护府。冬十月己卯，诏以赠司空、河间元王孝恭，赠陕东道大行台尚书右仆射、郧节公殷开山，赠民部尚书、渝襄公刘政会等配飨高祖庙庭。闰月乙未，幸同州。甲辰，狩于尧山。庚戌，至自同州。丙辰，吐蕃遣使献黄金器千斤以求婚。

十一月甲子朔，日南至。有事于圆丘。十二月丁酉，交河道旋师。吏部尚书、陈国公侯君集执高昌王麹智盛，献捷于观德殿，行饮至之礼，赐酺三日。乙卯，高丽世子相权来朝。

【译文】

十二年春正月乙未，吏部尚书高士廉等进献《氏族志》一百三十卷。壬寅，松、丛两州发生地震，毁坏百姓房屋，有人被压死。二月乙卯，皇帝自洛阳回长安。癸亥，观看砥柱，刻铭文记载功德。甲子，夜郎獠反叛，被夔州都督齐善行讨平。乙丑，在陕州停留，皇上自新桥到河北县，祭夏禹庙。丁卯，在柳谷顿停留，皇上观看盐池。戊寅，认为隋鹰扬郎将尧君素忠于自己的朝廷，赠给蒲州刺史的官号，还录用他的子孙。闰二月庚辰初一，出现日食。丙戌，自洛阳宫回到了长安。夏五月壬申，银青光禄大夫、永兴县公虞世南去世。六月庚子，开始设立玄武门左右飞骑。秋七月癸酉，吏部尚书、申国公高士廉任尚书右仆射。

冬十月己卯，在始平打猎，分等第赐给那里的高龄老人粮食和丝织品。乙未，自始平回到长安。己亥，百济派使者进献黄金甲和刻有花纹的斧子。十二月辛巳，右武候将军上官怀仁在壁州大破山獠。

贞观十三年春正月乙巳初一，太宗晋谒高祖献陵。因特殊原因赦免三原县及随从出行人员中犯有死罪的人。丁未，自献陵回到长安。戊午，加授房玄龄为太子少师。二月丙子，取消世袭刺史制度。三月乙丑，有彗星出现于毕、昴宿之间。

夏四月戊寅，太宗到九成宫。甲申，阿史那结社尔进犯禁卫军营帐，被处死刑。壬寅，云阳县一块石头能燃烧，有一丈见方大小，白天像灰，晚上便有光，将草木扔到它上面就会燃烧，这种现象历时一年才消失。自去年冬天不下雨一直持续到今年五月。甲寅，太宗不居正殿，命令五品以上官员各上密封的奏章，减少肴馔，免除徭役，分派使者到各地救济百姓，为受冤屈的人昭雪，天于是下雨。

六月丙申，封皇弟元婴为滕王。秋八月辛未初一，出现日食。庚辰，立右武候大将军、化州都督、怀化郡王李思摩为突厥可汗，让他率领部属在黄河北边建立官署。

冬十月甲申，太宗自九成宫回到长安。十一月辛亥，侍中、安德郡公杨师道任中书令。十二月丁丑，吏部尚书、陈国公侯君集任交河道行军大总管，率军讨伐高昌。乙亥，封皇子李福为赵王。壬午，嶲州都督王志远有罪被处死刑。下令在洛、相、幽、徐、齐、并、秦、蒲等州设立常平仓。己丑，吐谷浑河源郡王慕容诺曷钵前来迎亲。壬辰，太宗在咸阳打猎。这一年，滁州报告："野蚕吃槲树的叶子，结的茧大得像沙果，绿色，共收得六千五百七十石。"高丽、新罗、西突厥、吐火罗、康国、安国、波斯、疏勒、于阗、焉耆、高昌、林邑、昆明及边远地区的异族首领，相继派使者入朝拜见天子，进献地方特产。

贞观十四年春正月庚子，首次命令有关官吏宣读按季节制定的政令。甲寅，太宗到魏王李泰的宅第。赦免雍州和长安监狱中犯死罪以下的囚犯。二月丁丑，到国子学，亲自参与祭奠先师孔子，赦免大理寺、万年县在押的囚犯，国子祭酒以下学官及在学生徒成绩优异学习勤奋的，提升一级，赐给丝织品，多少不等。庚辰，左骁卫将军、淮阳王李道明送弘化公主远嫁吐谷浑。壬午，天子到温泉。辛卯，自温泉回到长安。乙未，发布诏令说梁代皇侃、褚仲都，周代熊安生、沈重，陈代沈文阿、周弘正、张讥，隋代何妥、刘焯、刘炫等前代名儒，他们的学生多能实行老师的道义，下令寻找这些名儒的后代。

三月戊午，设置宁朔大使，用来监视突厥。夏五月壬戌，改封燕王灵夔为鲁王。六月乙酉，大风把树连根拔起。己丑，薛延陁派使者前来求婚。乙未，滁州野蚕结茧，共收得八千三百石。八月庚午，新建成襄城宫。癸巳，交河道行军大总管侯君集平定高昌，在那里设置西州。九月癸卯，因特殊原因赦免西州的死刑罪犯。乙卯，在西州设立安西都护府。冬十月己卯，下令让赠司空、河间元王李孝恭，赠陕东道大行台尚书右仆射、郧国公殷开山，赠民部尚书、渝襄公刘政会等在高祖庙陪从受祭。闰十月乙未，到同州。甲辰，在尧山打猎。庚戌，自同州回到长安。丙辰，吐蕃派使者进献总重约一千斤的黄金器物，向唐求婚。

十一月甲子初一，冬至，在圆丘祭天。十二月丁酉，交河道的军队归来。吏部尚书、陈国公侯君集押解高昌王麹智盛，到观德殿献战利品，天子行饮至礼犒劳将士，赐他们会饮三天。乙卯，高丽太子相权来拜见天子。

十五年春正月丁卯，吐蕃遣其国相禄东赞来逆女。丁丑，礼部尚书、江夏王道宗送文成公主归吐蕃。辛巳，幸洛阳宫。三月戊申，幸襄城宫。庚午，废襄城宫。

夏四月辛卯，诏以来年二月有事泰山，所司详定仪制。五月壬申，并州僧道及老人等抗表，以太原王业所因，明年登封已后，愿时临幸。上于武成殿赐宴，因从容谓侍臣曰："朕少在太原，喜群聚博戏，暑往寒逝，将三十年矣。"时会中有旧识上者，相与道旧以为笑乐。因谓之曰："他人之言，或有面谀。公等朕之故人，实以告朕，即日政教，于百姓何如？人间得无疾苦耶？"皆奏："即日四海太平，百姓欢乐，陛下力也。臣等余年，日惜一日，但眷恋圣化，不知疾苦。"因固请过并州。上谓曰："飞鸟过故乡，犹踯躅徘徊；况朕于太原起义，遂定天下，复少小游观，诚所不忘。岱礼若毕，或冀与公等相见。"于是赐物各有差。丙子，百济王扶余璋卒。诏立其世子扶余义慈嗣其父位，仍封为带方郡王。

六月戊申，诏天下诸州，举学综古今及孝悌淳笃、文章秀异者，并以来年二月总集泰山。己酉，有星孛于太微，犯郎位。丙辰，停封泰山，避正殿以思咎，命尚食减膳。

秋七月甲戌，孛星灭。

冬十月辛卯，大阅于伊阙。壬辰，幸嵩阳。辛丑，还宫。十一月壬戌，废乡长。壬申，还京师。癸酉，薛延陁以同罗、仆骨、回纥、靺鞨、霫之众度漠，屯于白道川。命营州都督张俭统所部兵压其东境；兵部尚书李勣为朔方行军总管，右卫大将军李大亮为灵州道行军总管，凉州都督李袭誉为凉州道行军总管，分道以御之。十二月戊子朔，至自洛阳宫。甲辰，李勣及薛延陁战于诺真水，大破之，斩首三千余级，获马万五千匹，薛延陁跳身而遁。绩旋破突厥思结于五台县，虏其男女千余口，获羊马称是。

十六年春正月辛未，诏在京及诸州死罪囚徒，配西州为户；流人未达前所者，徙防西州。兼中书侍郎、江陵子岑文本为中书侍郎，专知机密。夏六月辛卯，诏复隐王建成曰隐太子，改封海陵刺王元吉曰巢刺王。秋七月戊午，司空、赵国公无忌为司徒，尚书左仆射、梁国公玄龄为司空。

九月丁巳，特进、郑国公魏征为太子太师，知门下省事如故。冬十一月丙辰，狩于岐山。辛酉，使祭隋文帝陵。丁卯，宴武功士女于庆善宫南门。酒酣，上与父老等涕泣论旧事，老人等递起为舞，争上万岁寿，上各尽一杯。庚午，至自岐州。十二月癸卯，幸温汤。甲辰，狩于骊山，时阴寒晦冥，围兵断绝。上乘高望见之，欲舍其罚，恐亏军令，乃回辔入谷以避之。是岁，高丽大臣盖苏文弑其君高武，而立武兄子藏为王。

十七年春正月戊辰，右卫将军、代州都督刘兰谋反，腰斩。太子太师、郑国公魏征薨。戊申，诏图画司徒、赵国公无忌等勋臣二十四人于凌烟阁。三月丙辰，齐州都督齐王祐杀长史权万纪、典军韦文振，据齐州自守，诏兵部尚书李勣、刑部尚书刘德威发兵讨之。兵未至，兵曹杜行敏执之而降，遂赐死于内侍省。丁巳，荧惑守心前星，十九日而退。

夏四月庚辰朔，皇太子有罪，废为庶人。汉王元昌、吏部尚书侯君集并坐与连谋，伏诛。丙戌，立晋王治为皇太子，大赦，赐酺三日。丁亥，中书令杨师道为吏部尚书。己丑，加司徒、赵国公长孙无忌太子太师，司空、梁国公房玄龄太子太傅；特进、宋国公萧瑀太子太保，兵部尚书、英国公李勣为太子詹事，仍同中书门下三品。庚寅，上亲谒太庙，以谢承乾之过。癸巳，魏王泰以罪降爵为东莱郡王。五月乙丑，手诏举孝廉茂才异能之士。

六月己卯朔，日有蚀之。壬午，改葬隋恭帝。丁酉，尚书右仆射高士廉请致仕，诏以为开府仪同三司、同中书门下三品。闰月戊午，薛延陀遣其兄子突利设献马五万匹、牛驼一万、羊十万以请婚，许之。丙子，徙封东莱郡王泰为顺阳王。秋七月庚辰，京城讹言云："上遣枨枨取人心肝，以祠天狗。"递相惊悚。上遣使遍加宣谕，月余乃止。丁酉，司空、太子太傅、梁国公房玄龄以母忧罢职。八月，工部尚书、郧国公张亮为刑部尚书，参预朝政。九月癸未，徙庶人承乾于黔州。

冬十月丁巳，房玄龄起复本职。十一月己卯，有事于南郊。壬午，赐天下酺三日。以凉州获瑞石，曲赦凉州，并录京城及诸州系囚，多所原宥。

【译文】

贞观十五年春正月丁卯，吐蕃派他的国相禄东赞前来迎亲。丁丑，礼部尚书、江夏王李道宗送文成公主远嫁吐蕃。辛巳，往洛阳宫。三月戊申，到襄城宫。庚午，放弃襄城宫。

夏四月辛卯，命令在第二年二月封泰山，有关主管部门详细制定封禅的礼仪制度。五月壬申，并州的和尚、道士及老人等上书，说成就王业有赖于太原，明年封泰山之后，希望陛下降临太原。皇上在武成殿设宴招待来洛阳上书的并州父老，于是从容不迫地对随侍左右的人说："朕年幼时在太原，喜欢好多人聚在一块下棋取乐，岁月流逝，快三十年了。"当时宴会上有过去认识皇上的人，皇上和他们在一起叙故旧之情，感到快乐。于是对他们说："别人的话，或许是当面阿谀奉承。你们是朕的老朋友，请如实告诉朕，现在的政治教化，百姓认为怎么样？民间能没有疾苦吗？"大家都奏道："现在天下太平、百姓欢乐，这是陛下的功劳。我们这些人剩下的日子，一天比一天更加爱惜，只眷恋圣人的教化，不知道疾苦。"于是坚决请求皇上到并州去。皇上对他们说："飞鸟经过故乡，还要徘徊不前。何况朕在太原起义，终于平定天下，又是幼时游览的地方，确实是朕所不能忘的。泰山的封禅礼一旦结束，希望与你们相见。"于是赐给他们礼物，各有差别。丙子，百济王扶余璋去世。下令立他的嫡长子扶余义慈承继父位，仍封为带方郡王。

六月戊申，命令天下各州，推荐学问综贯古今和孝顺父母、敬爱兄长、淳厚朴实以及文辞优异的人，都在明年二月会集泰山。己酉，有彗星出现于太微垣，侵犯郎位。丙辰，取消封泰山。不居正殿，自思过错，命令尚食局减少肴馔。

秋七月甲戌，彗星消失。

冬十月辛卯，太宗在伊阙大规模检阅军队。壬辰，到嵩阳。辛丑，回到洛阳宫。十一月壬戌，废除乡长。壬申，还京师。癸酉，薛延陁率领同罗、仆骨、回纥、靺鞨、霫的士兵越过沙漠，屯驻于白道川。命令营州都督张俭带领所统率的部队逼近敌人的东境；命令兵部尚书李世勣任朔方行军总管，右卫大将军李大亮任灵州道行军总管，凉州都督李袭誉任凉州道行军总管，率兵分道抵御敌人。十二月戊子初一，自洛阳宫回到了长安。甲辰，李世勣在诺真水同薛延陁打仗，大破敌军，斩首级三千多，获得马一万五千匹，薛延陁首领跃身逃脱。李世勣接着在五台县打败突厥思结，俘获敌军男女一千余口，得到的羊、马数量和这相当。

贞观十六年春正月辛未，太宗命令将在京城和各州的死刑罪犯，发配到西州为住户；被流放的人还没有抵达流放地的，改送到西州戍边。任命兼中书侍郎、江陵子岑文本为中书侍郎，专门执掌机要事务。夏六月辛卯，命令恢复隐王李建成为隐太子，改封海陵剌王李元吉为巢剌王。秋七月戊午，司空、赵国公长孙无忌任司徒，尚书左仆射、梁国公房玄龄任司空。

九月丁巳，特进、郑国公魏征任太子太师，仍执掌门下省事务。冬十一月丙辰，到岐山打猎。辛酉，派人到隋文帝陵墓祭奠。丁卯，在庆善宫南门设宴招待武功县士女。酒喝得高兴，皇上与武功父老等谈论往事，甚至于哭泣落泪。老人等交替起身为皇上跳舞，竞相向皇上敬酒祝寿，皇上逐个喝完每个人敬的一杯酒。庚午，自岐州回到长安。十二月癸卯，到温泉。甲辰，在骊山打猎，当时天色阴冷晦暗，围猎野兽的部队失去联络，皇上登高望见他们，想免掉对他们应有的处罚，又怕损害军令的严肃性，于是掉转马走入谷中以避开他们。这一年，高丽大臣盖苏文杀死高丽君主高武，而立高武哥哥的儿子高藏为王。

贞观十七年春正月戊辰，右卫将军、代州都督刘兰图谋造反，被腰斩。太子太师、郑国公魏征逝世。戊申，命令画司徒、赵国公长孙无忌等二十四个功臣的画像放于凌烟阁。三月丙辰，齐州都督齐王李祐杀死齐州长史权万纪、典军韦文振，占领齐州，据城自守，命令兵部尚书李世勣、刑部尚书刘德威调兵讨伐。军队还没有开到，齐州兵曹杜行敏逮住齐王投降，于是解送齐王入京，赐死于内侍省。丁巳，火星出现在心宿前头那颗星星的位置上，十九天才隐没。

夏四月庚辰初一，皇太子有罪，废为平民。汉王李元昌、吏部尚书侯君集都犯有与太子同谋的罪，被处死刑。丙戌，立晋王李治为皇太子，发布大赦令，赐天下会饮三天。丁亥，中书令杨师道任吏部尚书。己丑，加授司徒、赵国公长孙无忌太子太师，司空、梁国公房玄龄太子太傅；授特进、宋国公萧瑀太子太保，兵部尚书、英国公李世勣太子詹事，两人又任同中书门下三品。庚寅，皇上亲自晋谒太庙，就原太子承乾的罪过向祖先道歉。癸巳，魏王李泰因有罪降爵为东莱郡王。五月乙丑，太宗亲自写诏书命令各地推荐孝顺廉洁、才能优秀杰出的士人。

六月己卯初一，出现日食。壬午，改葬隋恭帝。丁酉，尚书右仆射高士廉请求退休，皇上命他任开府仪同三司、同中书门下三品。闰六月戊午，薛延陁可汗派他哥哥的儿子突利设进献马五万匹、牛和骆驼一万头、羊十万只，向唐朝求婚，天子答应。丙子，改封东莱郡王李泰为顺阳王。秋七月庚寅，京城有谣言说："皇上派枨枨取人心肝，用来祭天狗。"百姓一批接一批，都十分惊恐不安。皇上派使者到处宣传解说，过了一个多月风波才止息。丁酉，司空、太子太傅、梁国公房玄龄因母丧罢职。八月，工部尚书、勋国公张亮任刑部尚书，参与朝政。九月癸未，流放平民李承乾到黔州。

冬十月丁巳，房玄龄服丧未满，又被起用担任原来的职务。十一月己卯，在南郊祭天。壬午，赐天下会饮三日。由于凉州获得吉祥之石，赦免凉州的罪犯，并省察京城及各州在押囚犯的罪状，受到宽赦的人不少。

十八年春正月壬寅，幸温汤。

夏四月辛亥，幸九成宫。秋八月甲子，至自九成宫。丁卯，散骑常侍清苑男刘洎为侍中，中书侍郎江陵子岑文本、中书侍郎马周并为中书令。九月，黄门侍郎褚遂良参预朝政。冬十月辛丑朔，日有蚀之。甲辰，初置太子司议郎官员。甲寅，幸洛阳宫。安西都护郭孝恪帅师灭焉耆，执其王突骑支送行在所。十一月壬寅，车驾至洛阳宫。庚子，命太子詹事、英国公李勣为辽东道行军总管，出柳城，礼部尚书、江夏郡王道宗副之；刑部尚书、郧国公张亮为平壤道行军总管，以舟师出莱州，左领军常何、泸州都督左难当副之。发天下甲士，召募十万，并趣平壤，以伐高丽。十二月辛丑，庶人承乾死。

十九年春二月庚戌，上亲统六军发洛阳。乙卯，诏皇太子留定州监国；开府仪同三司、申国公高士廉摄太子太傅，与侍中刘洎、中书令马周、太子少詹事张行成、太子右庶子高季辅五人同掌机务；以吏部尚书、安德郡公杨师道为中书令。赠殷比干为太师，谥曰忠烈，命所司封墓，葺祠堂，春秋祠以少牢，上自为文以祭之。三月壬辰，上发定州，以司徒、太子太师兼检校侍中、赵国公长孙无忌，中书令岑文本、杨师道从。

夏四月癸卯，誓师于幽州城南，因大飨六军以遣之。丁未，中书令岑文本卒于师。癸亥，辽东道行军大总管、英国公李勣攻盖牟城，破之。五月丁丑，车驾渡辽。甲申，上亲率铁骑与李勣会围辽东城，因烈风发火弩，斯须城上屋及楼皆尽，麾战士令登，乃拔之。

六月丙辰，师至安市城。丁巳，高丽别将高延寿、高惠真帅兵十五万来援安市，以拒王师。李勣率兵奋击，上自高峰引军临之，高丽大溃，杀获不可胜纪。延寿等以其众降，因名所幸山为驻跸山，刻石纪功焉。赐天下大酺二日。秋七月，李勣进军攻安市城，至九月不克，乃班师。

冬十月丙辰，入临渝关，皇太子自定州迎谒。戊午，次汉武台，刻石以纪功德。十一月辛未，幸幽州。癸酉，大飨，还师。十二月戊申，幸并州。侍中、清苑男刘洎以罪赐死。是岁，薛延陁真珠毗伽可汗死。

二十年春正月，上在并州。丁丑，遣大理卿孙伏伽、黄门侍郎褚遂良等二十二人，以六条巡察四方，黜陟官吏。庚辰，曲赦并州，宴从官及起义元从，赐粟帛、给复有差。三月己巳，车驾至京师。己丑，刑部尚书、郧国公张亮谋反，诛。闰月癸巳朔，日有蚀之。

夏四月甲子，太子太师、赵国公长孙无忌，太子太傅、梁国公房玄龄，太子太保、宋国公萧瑀各辞调护之职，诏许之。六月，遣兵部尚书、固安公崔敦礼，特进、英国公李勣击破薛延陁于郁督军山北，前后斩首五千余级，虏男女三万余人。秋八月甲子，封皇孙为陈王。己巳，幸灵州。庚午，次泾阳顿。铁勒回纥、拔野古、同罗、仆骨、多滥葛、思结、阿跌、契苾、跌结、浑、斛薛等十一姓各遣使朝贡，奏称："延陁可汗不事大国，部落乌散，不知所之。奴等各有分地，不能逐延陁去，归命天子，乞置汉官。"诏遣会灵州。九月甲辰，铁勒诸部落俟斤、颉利发等遣使相继而至灵州者数千人，来贡方物，因请置吏，咸请至尊为可汗。于是北荒悉平，为五言诗勒石以序其事。辛亥，灵州地震有声。

冬十月，前太子太保、宋国公萧瑀贬商州刺史。丙戌，至自灵州。

二十一年春正月壬辰，开府仪同三司、申国公高士廉薨。丁酉，诏以来年二月有事泰山。甲寅，赐京师酺三日。二月壬申，诏以左丘明、卜子夏、公羊高、穀梁赤、伏胜、高堂生、戴圣、毛苌、孔安国、刘向、郑众、杜子春、马融、卢植、郑康成、服子慎、何休、王肃、王辅嗣、杜元凯、范宁等二十一人，代用其书，垂于国胄，自今有事于太学，并命配享宣尼庙堂。丁丑，皇太子于国学释菜。

夏四月乙丑，营太和宫于终南之上，改为翠微宫。五月戊子，幸翠微宫。六月癸亥，司徒、赵国公无忌加授扬州都督。秋七月庚子，建玉华宫于宜君县之凤凰谷。庚戌，至自翠微宫。八月壬戌，诏以河北大水，停封禅。辛未，骨利干国遣使贡名马。丁酉，封皇子明为曹王。冬十一月癸卯，徙封顺阳王泰为濮王。十二月戊寅，左骁卫大将军阿史那社尔、右骁卫大将军契苾何力、安西都护郭孝恪、司农卿杨弘礼为昆山道行军大总管，以伐龟兹。是岁，堕婆登、乙利、鼻林送、都播、羊同、石、波斯、康国、吐火罗、阿悉吉等远夷十九国，并遣使朝贡。又于突厥之北至于回纥部落，置驿六十六所，以通北荒焉。

【译文】

贞观十八年春正月壬寅，太宗到温泉。

夏四月辛亥，到九成宫。秋八月甲子，自九成宫回到长安。丁卯，散骑常侍、清苑县男刘洎任侍中；中书侍郎、江陵县子岑文本，中书侍郎马周，同任中书令。九月，黄门侍郎褚遂良参与朝政。冬十月辛丑初一，出现日食。甲辰，开始设立太子司议郎的官职。甲寅，往洛阳宫。安西都护郭孝恪率兵灭焉耆，捉住焉耆王突骑支，并送往天子所在的地方。十一月壬寅，天子抵达洛阳宫。庚子，命令太子詹事、英国公李勣任辽东道行军总管，自柳城出兵，礼部尚书、江夏郡王李道宗辅助他；刑部尚书、郧国公张亮任平壤道行军总管，率水师自莱州出发，左领军常何、泸州都督左难当辅助他。征调天下的兵士，又召募到兵士十万名，同趋平壤，征讨高丽。十二月辛丑，平民李承乾去世。

贞观十九年春二月庚戌，皇上亲自统率六军自洛阳出发。乙卯，命令皇太子留在定州代天子处理国政；命开府仪同三司、申国公高士廉代理太子太傅，与侍中刘洎、中书令马周、太子少詹事张行成、太子右庶子高季辅五人共同掌管机要事务；任用吏部尚书、安德郡公杨师道为中书令。追赠殷代比干为太师，定谥号为忠烈。命令有关主管部门给他的墓添土，并修葺祠堂，每年春秋二季用猪、羊二牲祭奠，皇上亲自写祭文。三月壬辰，皇上从定州出发，司徒、太子太师兼检校侍中、赵国公长孙无忌，中书令岑文本、杨师道随从。

夏四月癸卯，在幽州城南誓师，于是大宴六军将士而后派他们出征。丁未，中书令岑文本死于军中。癸亥，辽东道行军大总管、英国公李勣进攻盖牟城，击破了它。五月丁丑，天子渡过辽水。甲申，皇上亲自率领精锐的骑兵与李勣合围辽东城，借助大风接连发射带引火物的箭，不一会儿城上的房屋和城楼全被烧光，于是指挥战士登城，随即拿下了这座城堡。

六月丙辰，部队到达安市城下。丁巳，高丽偏将高延寿、高惠真率兵十五万前来援救安市，抵抗天子的军队。李勣率兵奋力进击，皇上从高山上领兵俯冲敌阵，高丽军大败，杀死和俘获的敌兵多得没法计算。延寿等带领剩下的兵士投降。于是将天子所到的山改名为驻跸山，并在那里刻石记功。赐天下会饮两天。秋七月，李勣进军攻打安市城，到九月仍没有攻下，于是班师回朝。

冬十月丙辰，进入临渝关，皇太子自定州来关上迎接和晋见天子。戊午，在汉武台停留，刻石记载功德。十一月辛未，到幽州。癸酉，大宴将士，接着军队撤回。十二月戊申，到并州。侍中、清苑县男刘洎因有罪被赐死。这一年，薛延陀真珠毗伽可汗去世。

贞观二十年春正月，皇上在并州。丁丑，派大理卿孙伏伽、黄门侍郎褚遂良等二十二人，用汉代制定的六条标准巡察四方，升降官吏。庚辰，因特殊情况赦免并州的罪犯，设宴招待随从的官员和一开始就随从起义的战士，分等第赐给他们粮食、丝织品和免除徭役的待遇。三月己巳，天子抵达京师。己丑，刑部尚书、郧国公张亮图谋造反，被处死。闰三月癸巳初一，出现日食。

夏四月甲子，太子太师、赵国公长孙无忌，太子太傅、梁国公房玄龄，太子太保、宋国公萧瑀各自辞去调理保护太子的职务，天子同意。六月，派兵部尚书、固安县公崔敦礼，特进、英国公李勣在郁督军山北击破薛延陀，前后斩敌军首级五千余，俘获男女三万多人。秋八月甲子，封皇孙李忠为陈王。己巳，往灵州。庚午，在泾阳顿停留。铁勒回纥、拔野古、同罗、仆骨、多滥葛、思结、阿跌、契苾、跌结、浑、斛薛等十一个部落各派使者来朝见天子，贡献地方特产，进奏说："薛延陀的可汗不侍奉大国，部落如鸟兽散，不知道往哪儿去了。我等各有自己的地盘，不能跟随薛延陀走，现归顺天子，请求在我们那儿设置汉族的官吏。"天子命令他们派人到灵州聚会。九月甲辰，铁勒各部落的俟斤、颉利发等派使者相继到达灵州的有数千人，他们前来贡献地方特产，接着要求设置官吏，都请天子做他们的可汗。于是北部边远地区全部平定，天子写了一首五言诗刻在石上记叙这件事。辛亥，灵州发生地震，可听到声音。

冬十月，从前的太子太保、宋国公萧瑀被贬任商州刺史。丙戌，天子自灵州回到长安。

贞观二十一年春正月壬辰，开府仪同三司、申国公高士廉逝世。丁酉，下令在第二年二月封泰山。甲寅，赐京师会饮三日。二月壬申，下诏说左丘明、卜子夏、公羊高、穀梁赤、伏胜、高堂生、戴圣、毛苌、孔安国、刘向、郑众、杜子春、马融、卢植、郑康成、服子慎、何休、王肃、王辅嗣、杜元凯、范宁等二十一人，世上使用他们的书，恩惠及于公卿大夫的子弟，从今以后太学祭祀，全让他们在孔子庙堂陪从受祭。丁丑，皇太子在国学放置芹藻祭奠先师。

夏四月乙丑，在终南山上营造太和宫，改名为翠微宫。五月戊子，到翠微宫。六月癸亥，司徒、赵国公长孙无忌加授扬州都督。秋七月庚子，在宜君县的凤凰谷建玉华宫。庚戌，自翠微宫回到长安。八月壬戌，下诏说河北发生大水灾，取消原定于明年举行的封禅典礼。辛未，骨利干国派使者进献名马。丁酉，封皇子李明为曹王。冬十一月癸卯，改封顺阳王李泰为濮王。十二月戊寅，任命左骁卫大将军阿史那社尔、右骁卫大将军契苾何力、安西都护郭孝恪、司农卿杨弘礼为昆山道行军大总管，领兵讨伐龟兹。这一年，堕婆登、乙利、鼻林送、都播、羊同、石、波斯、康国、吐火罗、阿悉吉等远方异族的十九个国家，都派使者入朝拜见天子，进献地方特产。又在突厥的北边到回纥部落之间，设立驿站六十六处，以使往北部荒远地区的道路得以畅通。

二十二年春正月庚寅，中书令马周卒。司徒、赵国公无忌兼检校中书令，知尚书门下二省事。已亥，刑部侍郎崔仁师为中书侍郎，参知机务。戊戌，幸温汤。戊申，还宫。二月，前黄门侍郎褚遂良起复黄门侍郎。中书侍郎崔仁师除名，配流连州。癸丑，西番沙钵罗叶护率众归附，以其俟斤屈裴禄为忠武将军，兼大俟斤。戊午，以结骨部置坚昆都督。乙亥，幸玉华宫，乙卯，赐所经高年笃疾粟帛有差。己卯，搜于华原。

四月甲寅，碛外蕃人争牧马出界，上亲临断决，然后咸服。丁巳，右武候将军梁建方击松外蛮，下其部落七十二所。五月庚子，右卫率长史王玄策击帝那伏帝国，大破之，获其王阿罗那顺及王妃、子等，虏男女万二千人、牛马二万余以诣阙。使方士那罗迩娑婆于金飚门造延年之药。吐蕃赞普击破中天竺国，遣使献捷。六月癸酉，特进、宋国公萧瑀薨。秋七月癸卯，司空、梁国公房玄龄薨。八月己酉朔，日有蚀之。九月己亥，黄门侍郎褚遂良为中书令。

十月癸亥，至自玉华宫。十一月戊戌，眉、邛、雅三州獠反，右卫将军梁建方讨平之。庚子，契丹帅窟哥、奚帅可度者并率其部内属。以契丹部为松漠都督，以奚部置饶乐都督。十二月乙卯，增置殿中侍御史、监察御史各二员，大理寺置平事十员。闰月丁丑朔，昆山道总管阿史那社尔降处密、处月，破龟兹大拨等五十城，虏数万口，执龟兹王诃黎布失毕以归，龟兹平，西域震骇。副将薛万彻胁于阗王伏阇信入朝。癸未，新罗王遣其相伊赞千金春秋及其子文王来朝。是岁，新罗女王金善德死，遣册立其妹真德为新罗王。

二十三年春正月辛亥，俘龟兹王诃黎布失毕及其相那利等，献于社庙。二月丙戌，置瑶池都督府，隶安西都护府。丁亥，西突厥肆叶护可汗遣使来朝。三月丙辰，置丰州都督府。自去冬不雨，至于此月己未乃雨。辛酉，大赦。丁卯，敕皇太子于金液门听政。是月，日赤无光。

四月己亥，幸翠微宫。五月戊午，太子詹事、英国公李勣为叠州都督。辛酉，开府仪同三司、卫国公李靖薨。己巳，上崩于含风殿，年五十二。遗诏皇太子即位于柩前，丧纪宜用汉制。秘不发丧。庚午，遣旧将统飞骑劲兵从皇太子先还京，发六府甲士四千人，分列于道及安化门，翼从乃入；大行御马舆，从官侍御如常。壬申，发丧。六月甲戌朔，殡于太极殿。八月丙子，百僚上谥曰文皇帝，庙号太宗。庚寅，葬昭陵。上元元年八月，改上尊号曰文武圣皇帝。天宝十三载二月，改上尊号为文武大圣大广孝皇帝。

史臣曰：臣观文皇帝发迹多奇，聪明神武。拔人物则不私于党，负志业则咸尽其才。所以屈突、尉迟，由仇敌而愿倾心膂；马周、刘洎，自疏远而卒委钧衡。终平泰阶，谅由斯道。尝试论之：础润云兴，虫鸣螽跃。虽尧、舜之圣，不能用梼杌、穷奇而治平；伊、吕之贤，不能为夏桀、殷辛而昌盛。君臣之际，遭遇斯难，以至抉目剖心，虫流筋擢，良由遭值之异也。以房、魏之智，不逾于丘、轲，遂能尊主庇民者，遭时也。或曰：以太宗之贤，失爱于昆弟，失教于诸子，何也？曰：然，舜不能仁四罪，尧不能训丹朱，斯前志也。当神尧任谗之年，建成忌功之日，苟除畏逼，孰顾分崩，变故之兴，间不容发，方惧"毁巢"之祸，宁虞"尺布"之谣？承乾之愚，圣父不能移也。若文皇自定储于哲嗣，不骋志于高丽；用人如贞观之初，纳谏比魏征之日。况周发、周成之世袭，我有遗妍；较汉文、汉武之恢弘，彼多惭德。迹其听断不惑，从善如流，千载可称，一人而已！

【译文】

贞观二十二年春正月庚寅，中书令马周去世。司徒、赵国公长孙无忌兼检校中书令，执掌尚书、门下两省事务。已亥，刑部侍郎崔仁师任中书侍郎，参与执掌机要事务。戊戌，到温泉。戊申，太宗回宫。二月，前任黄门侍郎褚遂良服丧未满，又被起用为黄门侍郎。中书侍郎崔仁师从官籍中除名，流放连州。癸丑，西部异族首领沙钵罗叶护率领他的臣民归附唐朝，任命他的俟斤屈裴禄为忠武将军，兼大俟斤。戊午，在结骨部落居住区设置坚昆都督。乙亥，往玉华宫。乙卯，赐给所经之地高龄有重病的人粮食和丝织品，多少不等。己卯，在华原打猎。

四月甲寅，漠北异族人为牧马越出疆界而相争，皇上亲自裁决，然后各方都心服。丁巳，右武候将军梁建方进攻松外蛮，打下它的部落七十二个。五月庚子，右卫率长史王玄策进攻帝那伏帝国，大破敌兵，捉到国王阿罗那顺及王妃、王子等，俘获男女一万二千人、牛马两万多头而后还朝。派方士那罗迩娑婆在金飚门制造延长寿命的药。吐蕃赞普击破中天竺国，派使者来献战利品。六月癸酉，特进、宋国公萧瑀逝世。秋七月癸卯，司空、梁国公房玄龄逝世。八月己酉初一，出现日食。九月己亥，黄门侍郎褚遂良升任中书令。

十月癸亥，天子自玉华宫回到长安。十一月戊戌，眉、邛、雅三州的獠人反叛，右卫将军梁建方将他们平定。庚子，契丹首领窟哥、奚首领可度者都率部归附唐朝。太宗下令在契丹部落居住区设立松漠都督，在奚部落居住区设立饶乐都督。十二月乙卯，增设殿中侍御史、监察御史各二人，大理寺设平事十人。闰十二月丁丑初一，昆山道总管阿史那社尔逼降处密、处月，攻破龟兹大拨等五十座城，俘获数万人，捉拿龟兹王诃黎布失毕回朝，龟兹平定，西域各国震惊。副将薛万彻胁迫于阗王伏阇信入朝。癸未，新罗王派她的宰相伊赞千金春秋和她的儿子文王来朝见天子。这一年，新罗女王金善德去世，派使者册封她的妹妹真德为新罗王。

贞观二十三年春正月辛亥，俘获的龟兹王诃黎布失毕和他的宰相那利等，被献到祭土神的庙里。二月丙戌，设立瑶池都督府，隶属于安西都护府。丁亥，西突厥肆叶护可汗派使者来朝见天子。三月丙辰，设立丰州都督府。自去年冬天不下雨，到了这月己未才下雨。辛酉，发布大赦令。丁卯，命令皇太子在金液门处理政务。这一月，太阳发赤无光。

四月己亥，皇上到翠微宫。五月戊午，太子詹事、英国公李勣任叠州都督。辛酉，开府仪同三司、卫国公李靖逝世。己巳，皇上在含风殿去世，享年五十二。遗诏命皇太子在灵柩前即位，说丧事应当按照汉代的制度办理。不公布天子逝世的消息。庚午，派先帝旧将统率飞骑营的精壮士兵随从皇太子先回京，调集六府披甲的士兵四千人，分列于道路及安化门，以这些士兵为护卫侍从，而后天子的车驾才入京；辞世的天子所用的车马，以及侍从护卫的官吏，都和平日一样。壬申，公布天子逝世的消息。六月甲戌初一，停柩于太极殿。八月丙子，百官进献谥号为文皇帝，庙号太宗。庚寅，葬于昭陵。上元元年八月，改进献尊号为文武圣皇帝。天宝十三载二月，改进献尊号为文武大圣大广孝皇帝。

史官说：我看文皇帝，创业立功，才能出众，聪慧多智，精明威武。

选拔人物不对自己的同伙有所偏私，胸有志向、事业的人都能充分发挥自己的才能。所以屈突通、尉迟恭，由仇敌变而为愿意竭尽心力；马周、刘洎，自关系疏远而最终委以宰相的重任。终于使天下太平，实因为这个道理。我曾听说这样的事：柱子下的石墩湿润，空中就会云起雨落，昆虫叫唤，螽斯就会跳跃。纵然尧、舜圣明，不可能任用梼杌、穷奇而使天下太平；伊尹、吕尚贤能，不可能辅助夏桀、殷辛而使国家昌盛。君臣之间，遇合是困难的，以致于伍子胥挖眼，比干剖心，齐桓公尸体腐烂生蛆，虫子爬到门外，齐缗王被抽筋而薨，这实在是由于遇到的人不同造成的。以房玄龄、魏征的才智而论，没有超过孔丘、孟轲，之所以能使君主尊贵、百姓受到保护，是因为遇到了机会。有人问：凭太宗的贤明，却对兄弟没有爱，对儿子们有失教诲，为什么？回答是：对，舜不能爱四个被惩处的恶人，尧不能教育好丹朱，这是过去的记载中说的。当高祖神尧皇帝任用谗人的日子，李建成嫉妒太宗的功劳的时候，如果能消除畏惧，谁还顾得上家族的分崩离析，那时变故的发生，迫在眉睫，太宗正害怕“毁巢”的灾祸，哪里考虑到“兄弟二人不能相容”的歌谣？李承乾的愚昧，是圣明的父亲不能改变的。假如文皇帝自己选定贤明的太子，不随心所欲地攻打高丽，任用人才像贞观初年那样，接受谏言同于魏征在世的时候，那么，较之周武王、周成王的王位世代相袭，他们定感叹自己有美德遗留于世；同汉文帝、汉武帝的气度恢宏相比，他们多半会因为自己的行事有缺欠而内愧于心。推求太宗的听言断事不迷惑，从善如流，千载之间，可以说是只有一人而已！

窦建德列传

窦建德，贝州漳南人也。少时，颇以然诺为事。尝有乡人丧亲，家贫无以葬，时建德耕于田中，闻而叹息，遽辍耕牛，往给丧事，由是大为乡党所称。初，为里长，犯法亡去，会赦得归。父卒，送葬者千余人，凡有所赠，皆让而不受。

大业七年，募人讨高丽，本郡选勇敢优异者以充小帅，遂补建德为二百人长。时山东大水，人多流散，同县有孙安祖，家为水所漂，妻子馁死。县以安祖骁勇，亦选在行中。安祖辞贫，白言漳南令，令怒笞之。安祖刺杀令，亡投建德，建德舍之。是岁，山东大饥，建德谓安祖曰：“文皇帝时，天下殷盛，发百万之众以伐辽东，尚为高丽所败。今水潦为灾，黎庶穷困，而主上不恤，亲驾临辽，加以往岁西征，疮痍未复，百姓疲弊，累年之役，行者不归，今重发兵，易可摇动。丈夫不死，当立大功，岂可为逃亡之虏也。我知高鸡泊中广大数百里，莞蒲阻深，可以逃难，承间而出虏掠，足以自资。既得聚人，且观时变，必有大功于天下矣。”安祖然其计。建德招诱逃兵及无产业者，得数百人，令安祖率之，入泊中为群盗，安祖自称将军。鄃人张金称亦结聚得百人，在河阻中。蓨人高士达又起兵得千余人，在清河界中。时诸盗往来漳南者，所过皆杀掠居人，焚烧舍宅，独不入建德之间。由是郡县意建德与贼徒交结，收系家属，无少长皆杀之。建德闻其家被屠灭，率麾下二百人亡归士达。士达自称东海公，以建德为司兵。后安祖为张金称所杀，其兵数千人又尽归于建德。自此渐盛，兵至万余人，犹往来高鸡泊中。每倾身接物，与士卒均执勤苦，由是能致人之死力。

【译文】

窦建德，贝州漳南县人。年幼时，常做一些重许诺的义举。曾有一个同乡亲人去世，家里贫穷无钱埋葬，当时建德正在田里犁地，听到这事后不禁叹息，突然中止犁地，把耕牛送去充作办丧事的费用，由此大为乡里所称道。起初，建德当里长，因犯法逃亡，遇上朝廷发布大赦令，又回到家乡。他父亲去世，送葬的有一千多人。所有送给他的礼物，他都推辞不受。

大业七年，朝廷募兵讨伐高丽，本郡挑选特别勇敢的人充当军队的小头目，于是委任建德做二百人长。当时山东发生大水灾，百姓流散逃亡，同县有一个叫孙安祖的人，家被水淹，妻子饿死。县里认为安祖骁勇，也选中他从军出征。安祖以家贫为由推辞，亲自向漳南县令报告，县令发怒鞭打他。安祖刺杀县令，逃到建德这里，建德安排他住下。这一年，山东发生大饥荒，建德对安祖说：“隋文帝的时候，天下繁盛，朝廷征集百万大军征讨辽东，尚且被高丽打败。现今大水成灾，百姓穷困，而皇上不加抚恤，却亲自驾临辽水；加上往年西征，国家所受的创伤尚未平复，百姓疲弊，连年的兵役徭役，应征的人只去不回，现在又再次征兵，天下轻易就可以摇动。大丈夫不死，当建立大功业，岂可做一名逃亡的贼寇！我知道高鸡泊中广大，方圆数百里，有蒲草阻隔，可以避难，再趁机出来抢掠，足可以自己供给自己。你在那里可以聚集民众，并且观察时世的变化，将来一定会为天下人立大功。”安祖赞成他的计划。建德招聚、引诱逃兵和没有产业的百姓，得到数百人，让安祖统率他们，入泊中当强盗，安祖自称将军。当时鄃县人张金称也聚集上百人，居于黄河的险阻之处。蓨县人高士达又起兵反隋，有千余人，在清河县境内。当时各路盗贼往来于漳南的，所到之处都杀掠居民，焚烧住宅，唯独不进入建德的居里。因此郡县官猜测建德同盗贼交结，于是逮捕他的家属，不论长幼，全部杀死。建德听到他的家人被杀绝的消息后，率领手下二百人投奔士达。士达自称东海公，让建德任司兵。后来安祖被张金称杀死，他的部队数千人又全归属建德。从此声势渐盛，军队达到一万多人，仍活动于高鸡泊中。建德常竭尽全力待人，和士兵一样干劳苦的工作，因此能使他人为他尽死力。

十二年，涿郡通守郭绚率兵万余人来讨士达。士达自以智略不及建德，乃进为军司马，咸以兵授焉。建德既初董众，欲立奇功以威群贼，请士达守辎重，自简精兵七千人以拒绚，诈为与士达有隙而叛之。士达又宣言建德背亡，而取虏获妇人给为建德妻子，于军中杀之。建德伪遣人遗绚书请降，愿为前驱，破士达以自效。绚信之，即引兵从建德至长河界，期与为盟，共图士达。绚兵益懈而不备，建德袭之，大破绚军，杀略数千人，获马千余匹，绚以数十骑遁走，遣将追及于平原，斩其首以献士达。由是建德之势益振。

隋遣太仆卿杨义臣率兵万余人讨张金称，破之于清河，所获贼众皆屠灭，余散在草泽间者复相聚而投建德。义臣乘胜至平原，欲入高鸡泊中，建德谓士达曰：“历观隋将，善用兵者唯义臣耳。新破金称，远来袭我，其锋不可当。请引兵避之，令其欲战不得，空延岁月，将士疲倦，乘便袭击，可有大功。今与争锋，恐公不能敌也。”士达不从其言，因留建德守壁，自率精兵逆击义臣，战小胜，而纵酒高宴，有轻义臣之心。建德闻之曰：“东海公未能破贼而自矜大，此祸至不久矣。隋兵乘胜，必长驱至此，人心惊骇，吾恐不全。”遂留人守壁，自率精锐百余据险，以防士达之败。后五日，义臣果大破士达，于阵斩之，乘势追奔，将围建德。守兵既少，闻士达败，众皆溃散。建德率百余骑亡去，行至饶阳，观其无守备，攻陷之，抚循士众，人多愿从，又得三千余兵。

【译文】

十二年，涿郡通守郭绚率领一万多名士兵来征讨士达。士达自认为智谋赶不上建德，于是让建德升任军司马，把军队全交给他指挥。建德初次统领全部人马，想立奇功以使盗贼们畏服，于是请士达看守军用物资，自己挑选精兵七千人抵御郭绚，假装成与士达有嫌隙而背叛他的样子。士达又宣称建德背叛自己，带兵逃走，而且找来一个掳获的妇女，伪称是建德的妻子，在军中把她杀了。建德派人给郭绚送信，假装请求投降，说自己愿充当前锋，击破士达，以此为郭绚效力。郭绚相信了他的话，便领兵跟随建德到达长河县境内，期望与他订立盟约，共同对付士达。郭绚的军队更加松懈，毫无防备，建德乘机袭击，大破郭绚的部队，杀死、劫掠数千人，获得马一千多匹，郭绚带领数十名骑兵逃走，建德派手下将领在平原追上他，砍下了他的头献给士达。从此建德的势力更加兴盛。

隋朝派太仆卿杨义臣率士兵一万多人讨伐张金称，在清河击破他，将所俘获的贼寇全部杀死，其余逃散在荒野之间的又聚集一起，投奔建德。义臣乘胜到平原，想进入高鸡泊中，建德对士达说："遍观隋朝将领，善于用兵的只有义臣一人而已。现在他新破金称，从远方来袭击我们，锋芒正锐不可当。我请求领兵避开他，让他想打又打不成，白白拖延岁月，那时战士疲倦，我们乘便袭击，便可建立大功。现在同他争斗以决胜负，恐怕您不是对手。"士达不听他的话，于是留建德守营，自己率精兵迎击义臣，战斗取得小胜，士达便设盛宴狂饮，有轻视义臣之心。建德知道这件事后说："东海公没有能破敌却骄傲自大，这样灾祸临头就不会很远了。隋军乘胜，一定会顺利地前进到这里，那时人心惊恐，我们怕不能自全。"于是留人守营，自己率领精锐士兵一百多人占据险要之地，以预防士达的失败。过了五天，义臣果然大破士达，在阵上杀死了他，并乘势追击逃敌，准备围攻建德。建德的守兵既少，得知士达失败，又全部溃散。建德带领一百多名骑兵逃跑，走到饶阳县，发现城里不设防，便攻陷了它，安抚士人百姓，人们多愿跟从，又得到士兵三千多名。

初，义臣既杀士达，以为建德不足忧。建德复还平原，收士达败兵之死者，悉收葬焉。为士达发丧，三军皆缟素。招集亡卒，得数千人，军复大振，始自称将军。初，群盗得隋官及山东士子皆杀之，唯建德每获士人，必加恩遇。初得饶阳县长宋正本，引为上客，与参谋议。此后隋郡长吏稍以城降之，军容益盛，胜兵十余万人。

十三年正月，筑坛场于河间乐寿界中，自称长乐王，年号丁丑，署置官属。七月，隋遣右翊卫将军薛世雄率兵三万来讨之，至河间城南，营于七里井。建德闻世雄至，选精兵数千人伏河间南界泽中，悉拔诸城伪遁，云亡入豆子䴚中。世雄以为建德畏己，乃不设备。建德觇知之，自率敢死士一千人袭击世雄。会云雾昼晦，两军不辨，隋军大溃，自相踏藉，死者万余，世雄以数百骑而遁，余军悉陷。于是建德进攻河间，频战不下。其后城中食尽，又闻炀帝被弑，郡丞王琮率士吏发丧，建德遣使吊之，琮因使者请降，建德退舍具馔以待焉。琮率官属素服面缚诣军门，建德亲解其缚，与言隋亡之事，琮俯伏悲哀，建德亦为之泣。诸贼帅或进言曰："琮拒我久，杀伤甚众，计穷方出，今请烹之。"建德曰："此义士也。方加擢用，以励事君者，安可杀之？往往泊中共为小盗，容可恣意杀人，今欲安百姓以定天下，何得害忠良乎？"因令军中曰："先与王琮有隙者，今敢动摇，罪三族。"即日授琮瀛州刺史。始都乐寿，号曰金城宫，自是郡县多下之。

【译文】

起初，义臣杀了士达后，认为建德不值得忧虑。于是建德又回到平原，收集士达已战死的败兵的尸体，都加以埋葬。公布士达逝世的消息，部队全穿白色丧服。招集已逃散的士达的士兵，得到数千人，军队再次振兴，开始自称将军。起初，各路盗贼获得隋朝官吏及山东士人全都杀掉，只有建德每次得到士人，必定以德惠相待。最初得到饶阳县长宋正本，待为上宾，让他参与军政大事的谋议。这以后隋朝的郡县长官逐渐献城投降，建德军容更盛，有优秀的士兵十余万。

十三年正月，建德在河间乐寿县境内筑坛场祭祀，自称长乐王，年号丁丑，设置官职并任命官吏。七月，隋朝派右翊卫将军薛世雄率领三万军队前来讨伐，到达河间城南，扎营于七里井。建德得知世雄的军队已到，挑选精兵数千人埋伏于河间南境的沼泽地中，全部从各城撤出军队，假装逃跑，放出话说，已逃入豆子䴚中。世雄以为建德害怕自己，于是毫不设防。建德侦察到这一情况，亲自率领敢于赴死的战士一千人袭击世雄。正好遇上白昼大雾，天色昏暗，敌我两军无从分辨，隋军惊逃溃散，自相践踏，死的人有一万多，世雄带领数百名骑兵逃走，余下的军队全部被俘。于是建德进攻河间，打了多次未能攻下。以后城中粮食用完，又听说炀帝被杀，郡丞王琮率领城中的士卒官吏公布炀帝逝世的消息，建德派使者去吊唁，王琮通过使者请求投降，建德于是撤走围城的军队、备好食物等待王琮。王琮率领郡中佐吏穿白色衣服反绑双手到营门投降，建德亲自给他解开绳子，同他谈到隋亡的事，王琮俯伏在地，非常悲哀，建德也为此而哭泣。贼将们有的向建德进言说："王琮抵抗我们很久，杀伤我们的士兵甚多，无计可施才出来投降，现在我们要求对他处以烹刑。"建德说："这是一位义士，将加以提拔任用，借此鼓励侍奉君主的人，怎么可以杀死他？从前在高鸡泊中一起当小强盗，也许可以任意杀人，现在要安抚百姓，平定天下，怎么能杀害忠良呢？"于是在军中发布命令说："从前与王琮有嫌隙的，现在如果胆敢有所动作，罪及父母、兄弟、妻子。"当天便任命王琮为瀛州刺史。开始在乐寿建都，称为金城宫。从这以后隋朝的郡县多降伏建德。

武德元年冬至日，于金城宫设会，有五大鸟降于乐寿，群鸟数万从之，经日而去，因改年为五凤。有宗城人献玄圭一枚，景城丞孔德绍曰："昔夏禹膺箓，天锡玄圭。今瑞与禹同，宜称夏国。"建德从之。先是，有上谷贼帅王须拔自号漫天王，拥众数万，入掠幽州，中流矢而死。其亚将魏刀儿代领其众，自号历山飞，入据深泽，有徒十万。建德与之和，刀儿因弛守备，建德袭破之，又尽并其地。

二年，宇文化及僭号于魏县，建德谓其纳言宋正本、内史侍郎孔德绍曰："吾为隋之百姓数十年矣，隋为吾君二代矣。今化及杀之，大逆无道，此吾仇矣，请与诸公讨之，何如？"德绍曰："今海内无主，英雄竞逐，大王以布衣而起漳浦，隋郡县官人莫不争归附者，以大王仗顺而动，义安天下也。宇文化及与国联姻，父子兄弟受恩隋代，身居不疑之地，而行弑逆之祸，篡隋自代，乃天下之贼也。此而不诛，安用盟主！"建德称善。即日引兵讨化及，连战大破之。化及保聊城，建德纵撞车抛石，机巧绝妙，四面攻城，陷之。建德入城，先谒隋萧皇后，与语称臣。悉收弑炀帝元谋者宇文智及、杨士览、元武达、许弘仁、孟景，集隋文武官，对而斩之，枭首辕门之外。化及并其二子同载以槛车，至大陆县斩之。

【译文】

武德元年冬至那天，同僚属在金城宫聚会，有五只大鸟降落到乐寿，各种鸟数万只跟随它们，历时一天才离去，于是改年号为五凤。有一个宗城人进献玄圭一枚，景城县丞孔德绍说："从前夏禹亲授图箓，应运而兴，上天赐给玄圭。现在的祥瑞和夏禹的时候一样，国名应当改为夏。"建德听从。在这之前，有上谷盗贼首领王须拔自称漫天王，拥有徒众数万，进入幽州劫掠，中流箭身亡。他的副将魏刀儿代他统领徒众，自称历山飞，进据深泽县，有兵士十万。建德同他讲和，刀儿于是放松防备，建德击破他，又兼并他的所有土地。

武德二年，宇文化及在魏县僭越称帝，建德对自己的纳言宋正本、内史侍郎孔德绍说："我当隋朝的百姓已经数十年了，隋做我的君主已经两代了。现在化及杀死隋帝，大逆不道，这是我的仇敌，请和诸位一起讨伐他，怎么样？"德绍说："当今海内没有君主，英雄相互竞争，大王以平民的身分兴起于漳水之滨，隋朝的郡县官吏之所以都争相归附，是因为大王坚持顺理而行，用仁义安定天下。宇文化及与天子联姻，父子兄弟都蒙受隋朝的恩惠，身处于不被怀疑的地位，却干弑君谋逆的勾当，篡隋自代，是危害天下的坏人。这样的人不诛杀，要盟主做什么！"建德说他的意见很好。当天就领兵讨伐化及，连续作战都大破敌军。化及守聊城，建德派出撞车抛射石块，打击敌人，装置灵巧绝妙，四面攻城，打下了它。建德入城，先觐见隋朝萧皇后，同她谈话自称臣。全部收捕弑杀炀帝的主谋宇文智及、杨士览、元武达、许弘仁、孟景等，召集隋朝文武官吏，当着他们的面将这些人处斩，首级挂在营门外示众。化及和他的两个儿子都被装进囚车，到大陆县处斩。

建德每平城破阵，所得资财，并散赏诸将，一无所取。又不啖肉，常食唯有菜蔬、脱粟之饭。其妻曹氏不衣纨绮，所使婢妾才十数人。至此，得宫人以千数，并有容色，应时放散。得隋文武官及骁果尚且一万，亦放散，听其所去。又以隋黄门侍郎裴矩为尚书左仆射，兵部侍郎崔君肃为侍中，少府令何稠为工部尚书，自余随才拜授，委以政事。其有欲往关中及东都者亦恣听之，仍给其衣粮，以兵援之，送出其境。攻陷洺州，虏刺史袁子干。迁都于洺州，号万春宫。遣使往灌津，祠窦青之墓，置守冢二十家。又与王世充结好，遣使朝隋越王侗于洛阳。后世充废侗自立，乃绝之，始自尊大，建天子旌旗，出警入跸，下书言诏。追谥隋炀帝为闵帝，封齐王暕子政道为郧公。然犹依倚突厥。隋义城公主先嫁突厥，及是遣使迎萧皇后，建德勒兵千余骑送之入蕃，又传化及首以献公主。既与突厥相连，兵锋益盛。

九月，南侵相州，河北大使淮安王神通不能拒，退奔黎阳。相州陷，杀刺史吕珉。又进攻卫州，陷黎阳，左武卫大将军李世勣、皇妹同安长公主及神通并为所虏。滑州刺史王轨为奴所杀，携其首以奔建德，曰："奴杀主为大逆，我何可纳之。"命立斩奴，而返轨首于滑州。吏人感之，即日而降。齐、济二州及兖州贼帅徐圆朗皆闻风而下。建德释李世勣，使其领兵以镇黎州。

【译文】

建德每次平定城池攻破敌阵，所得资财，全都分赏给手下的将领，自己一无所取。又不吃肉，平常的食品只有蔬菜、糙米饭。他的妻子曹氏不穿用细绢和有花纹的丝织品做成的衣服，使用的奴婢、侍妾才十几人。到这时候，得到的宫女以千计算，都有姿色，立时释放。得到的隋朝文武官员及骁勇敢死之士将近一万，也全部释放，随他们愿意上哪儿都可以。又让隋黄门侍郎裴矩任尚书左仆射，兵部侍郎崔君肃任侍中，少府令何稠任工部尚书，其余也随才授职，把政事委托给他们处理。有想到关中及东都去的也听便，还供给他们衣服、粮食，派士兵帮助他们，送他们出自己的国境。攻陷洺州，俘获刺史袁子干。迁都到洺州，称万春宫。派使者去灌津，到窦青的墓上祭祀，为他设置了二十户守墓的人家。又同王世充建立友好关系，派使者到洛阳朝见隋朝越王杨侗。后来王世充废掉杨侗，自立为帝，才同他断绝关系。开始自尊自大，立天子旌旗，像天子那样出入称警跸，发布文书称诏。为隋炀帝追定谥号为闵帝，封齐王杨暕的儿子政道为郧公。但仍依靠突厥。隋朝义城公主早先嫁到突厥，到这时候派使者来迎接萧皇后，建德带领一千多名骑兵送她入突厥，又递送化及的首级献给公主。这以后与突厥联合，兵势更盛。

九月，南侵相州，唐河北大使淮安王李神通不能抵御，逃到黎阳。相州沦陷，杀死刺史吕珉。又进攻卫州，打下黎阳，唐左武卫大将军李世勣、皇妹同安长公主及神通都被俘获。滑州刺史王轨被他的奴仆杀死，这个奴仆携带王轨的头投奔建德，建德说："奴仆杀死主人是大逆不道，我怎么可以接纳这样的人呢。”下令立刻杀掉这个奴仆，而把王轨的头送回滑州。滑州的官吏百姓十分感激他，当天就投降。齐、济二州及兖州的盗贼首领徐圆朗都闻风降伏。建德释放李世勣，派他领兵镇守黎州。

三年正月，世勣舍其父而逃归，执法者请诛之，建德曰："勣本唐臣，为我所虏，不忘其主，逃还本朝，此忠臣也，其父何罪！"竟不诛。舍同安长公主及神通于别馆，待以客礼。高祖遣使与之连和，建德即遣公主与使俱归。尝破赵州，执刺史张昂、邢州刺史陈君宾、大使张道源等，以侵轶其境，建德将戮之。其国子祭酒凌敬进曰："夫犬各吠非其主，今邻人坚守，力屈就擒，此乃忠确士也。若加酷害，何以劝大王之臣乎？"建德盛怒曰："我至城下，犹迷不降，劳我师旅，罪何可赦？"敬又曰："今大王使大将军高士兴于易水抗御罗艺，兵才至，士兴即降，大王之意复为可不？"建德乃悟，即命释之。其宽厚从谏，多此类也。

又遣士兴进围幽州，攻之不克，退军于笼火城，为艺所袭，士兴大溃。先是，其大将王伏宝多勇略，功冠等伦，群帅嫉之。或言其反，建德将杀之，伏宝曰："我无罪也，大王何听谗言，自斩左右手乎？"既杀之，后用兵多不利。

【译文】

三年正月，李世勣丢下他的父亲逃回唐朝，负责执法的官吏要求斩杀世勣的父亲，建德说："世勣原是唐朝的臣子，被我俘获，不忘自己的主人，逃回本朝，这是忠臣，他的父亲有什么罪呢！"竟然不杀世勣的父亲。安排同安长公主和神通住在客馆里，以客礼相待。唐高祖派使者来同建德和好、联合，建德就送公主和使者一起回唐。曾攻破赵州，捉住刺史张昂、刑州刺史陈君宾、大使张道源等，由于他们侵突建德的辖境，建德准备杀掉他们。建德的国子祭酒凌敬进言说："狗对不是自己的主人的人总要吠叫，现在邻居们坚持防守，力尽就擒，这些人都很忠诚、刚强。如果残酷地加以杀害，用什么来劝励大王的臣子呢？"建德非常生气地说："我到城下，他们仍坚持错误不投降，使我的军队吃苦受累，这罪怎么可以赦免？"凌敬又说："现在大王如果派大将军高士兴在易水抵抗罗艺，敌兵刚到，士兴就投降，大王的意思以为可不可以呢？"建德于是醒悟，便下令释放他们。他的宽厚和听谏，多类似这样。

又派士兴前去围攻幽州，没有能攻下，退兵到笼火城，被罗艺袭击，士兴的军队奔逃溃散。在这之前，建德的大将王伏宝勇猛多谋，功劳在同辈之上，许多将领都嫉妒他。有人告他造反，建德要杀他，伏宝说："我没有罪，大王为什么听信谗言，自己砍去左右手呢？"建德就杀了伏宝，以后作战大多失利。

九月，建德自帅师围幽州，艺出兵与战，大破之，斩首千二百级。艺兵频胜而骄，进袭其营。建德列阵于营中，填堑而出，击艺败之。建德薄其城，不克，遂归洺州。其纳言宋正本好直谏，建德又听谗言杀之。是后人以为诫，无复进言者，由此政教益衰。

先，曹州济阴人孟海公拥精兵三万，据周桥城以掠河南之地。其年十一月，建德自率兵渡河以击之。时秦王攻王世充于洛阳，建德中书舍人刘斌说建德曰："今唐有关内，郑有河南，夏居河北，此鼎足相持之势也。闻唐兵悉众攻郑，首尾二年，郑势日蹙而唐兵不解。唐强郑弱，其势必破郑，郑破则夏有齿寒之忧。为大王计者，莫若救郑，郑拒其内，夏攻其外，破之必矣。若却唐全郑，此常保三分之势也。若唐军破后而郑可图，则因而灭之，总二国之众，乘唐军之败，长驱西入，京师可得而有，此太平之基也。"建德大悦曰："此良策矣。"适会世充遣使乞师于建德，即遣其职方侍郎魏处绘入朝，请解世充之围。

【译文】

九月，建德亲自领兵包围幽州，罗艺出兵与建德作战，大破建德的军队，斩首级一千二百。罗艺的军队屡战屡胜，骄傲轻敌，进袭建德的营地。建德在营中列阵，填掉部分营外的壕沟，领兵冲出，回击罗艺，并打败了他。建德逼近幽州城，未能攻下它，于是回到洺州。建德的纳言宋正本好直言进谏，建德又听信谗言杀了他。此后人们以此为戒，不再进言，从此政治教化更显衰落。

起初，曹州济阴人孟海公拥有精兵三万，占据周桥城，以它为据点劫掠黄河以南的土地。这一年十一月，建德亲自率兵渡过黄河攻打海公。当时秦王在洛阳攻打王世充，建德的中书舍人刘斌劝建德说："现在唐占有关内，郑占有河南，夏居于河北，这是三方鼎足相持的形势。听说唐军出动全部人马攻打郑国，前后两年，郑国的势力日减而唐军仍不解除对它的围困。唐强郑弱，那趋势必定会击破郑国，郑国被击破，那么夏就会有唇亡齿寒的忧患。为大王考虑，不如援救郑国，郑在内部抵抗，夏从外面进攻，击破唐军是必然的。如果逼唐退兵，保全郑国，这样就可以长久地保持天下三分的形势了。如果唐军被击破后而郑可谋取，那就接着灭掉它，再统领两国的军队，利用唐军的失败，长驱西入，京师就可以得到，这是使天下太平的基础。”建德非常高兴地说：“这是好计策啊！”刚巧遇上世充派使者来向建德求救兵，便派他的职方侍郎魏处绘入唐，要求解除对世充的围困。

四年二月，建德克周桥，虏海公，留其将范愿守曹州，悉发海公及徐圆朗之众来救世充。军至滑州，世充行台仆射韩洪开城纳之，遂进逼元州、梁州、管州，皆陷之，屯于荥阳。三月，秦王入武牢，进薄其营，多所伤杀，并擒其将殷秋、石瓒。时世充弟世辨为徐州行台，遣其将郭士衡领兵数千人从之，合众十余万，号为三十万，军次成皋，筑宫于板渚，以示必战。又遣间使约世充共为表里。经二月，迫于武牢，不得进。秦王遣将军王君廓领轻骑千余抄其粮运，获其大将张青特，虏获甚众。

建德数不利，人情危骇，将帅已下破孟海公，皆有所获，思归洺州。凌敬进说曰：“宜悉兵济河，攻取怀州河阳，使重将居守。更率众鸣鼓建旗，逾太行，入上党，先声后实，传檄而定。渐趋壶口，稍骇蒲津，收河东之地，此策之上也。行此必有三利：一则入无人之境，师有万全；二则拓土得兵；三则郑围自解。”建德将从之，而世充之使长孙安世阴赍金玉啖其诸将，以乱其谋。众咸进谏曰：“凌敬书生耳，岂可与言战乎？”建德从之，退而谢敬曰：“今众心甚锐，此天赞我矣。因此决战，必将大捷。已依众议，不得从公言也。”敬固争，建德怒，扶出焉。其妻曹氏又言于建德曰：“祭酒之言可从，大王何不纳也？请自滏口之道，乘唐国之虚，连营渐进，以取山北，又因突厥西抄关中，唐必还师以自救，此则郑围解矣。今顿兵武牢之下，日月淹久，徒为自苦，事恐无功。”建德曰：“此非女子所知也。且郑国悬命朝暮，以待吾来，既许救之，岂可见难而退，示天下以不信也？”于是悉众进逼武牢，官军按甲挫其锐。

【译文】

武德四年二月，建德攻克周桥，俘获海公，留下他的将领范愿守曹州，全部征集海公及徐圆朗的军队来救世充。军队到滑州，世充的行台仆射韩洪打开城门接纳他们进城，于是进逼元州、梁州、管州，全攻下它们，屯兵于荥阳。三月，秦王入武牢关，进逼建德的营垒，多所杀伤，并抓获建德的将领殷秋、石瓒。当时世充的弟弟世辨任徐州行台，派他的将领郭士衡领兵数千人跟随建德，两方的军队合起来共有十余万，号称三十万，驻扎在成皋，又在板渚筑宫室，借以表示一定要同唐决战。又派使者约世充相互呼应、配合。经过两个月，因被武牢关阻迫，不能前进。秦王派将军王君廓率领轻骑兵一千多人走近路袭击建德的运粮队伍，捉住他的大将张青特，其他俘获也很不少。

建德屡次失利，人们的情绪惊惧不安，将帅以下新破孟海公，都各自掠夺到一些东西，想回洺州。凌敬向建德进言说："我们应当全军渡过黄河，攻取怀州河阳县，派重要将领镇守。然后再率领部队，击鼓立旗，越过太行，进入上党，先树立声威，挫折敌方士气，然后进军，无须作战，传递檄文即可使所到之地平定。进而逐渐趋向壶口，惊动蒲津，取得河东之地，这是上策。依此而行必定有三大好处：一是进入无人之境，军队不会受到任何伤害；二是可以扩展领土，得到士兵；三是对郑的围困能自动解除。"建德准备听从凌敬的建议，而世充的使者长孙安世暗中送黄金宝玉引诱建德的将领，让他们扰乱建德的谋划。将领们都进谏说："凌敬不过是个书生，怎么可以同他讨论作战的事呢？"建德听从了他们的意见，下朝后谢绝凌敬说："现在大家的意志坚决，这是上天助我。因此决战，必将大胜。已依从众人的议论，不能听你的话了。"凌敬坚决争辩，建德发怒，命令手下人将他扶出。建德的妻子曹氏又对建德说："祭酒的话可以听从，大王为什么不采纳呢？请由滏口的道路进兵，趁唐国在那儿空虚无备，军营相连逐渐推进，以夺取山北之地，又利用突厥的军队向西抄掠关中，唐朝必定回师自救，这样对郑的围困也就解除了。现在驻军于武牢关下，时间很长，只是自己苦自己，恐怕不会有什么功效。"建德说："这不是女人所能知道的事。而且郑国性命不保，朝朝暮暮等待我们来，我们既已答应援救，怎么可以见难而退，向天下人表明我们不讲信用呢？"于是全军出动进逼武牢，官军按兵不动，挫杀了建德的锐气。

及建德结阵于汜水，秦王遣骑挑之，建德进军而战，窦抗当之。建德少却，秦王驰骑深入，反覆四五合，然后大破之。建德中枪，窜于牛口渚，车骑将军白士让、杨武威生获之。先是，军中有童谣曰：“豆入牛口，势不得久。”建德行至牛口渚，甚恶之，果败于此地。

建德所领兵众，一时奔溃，妻曹氏及其左仆射齐善行将数百骑遁于洺州。余党欲立建德养子为主，善行曰：“夏王平定河朔，士马精强，一朝被擒如此，岂非天命有所归也？不如委心请命，无为涂炭生人。”遂以府库财物悉分士卒，各令散去。善行乃与建德右仆射裴矩、行台曹旦及建德妻率伪官属举山东之地，奉传国等八玺来降。七月，秦王俘建德至京师，斩于长安市，年四十九。自起军至灭，凡六岁，河北悉平。其年，刘黑闼复盗据山东。

【译文】

等到建德在汜水列阵，秦王派骑兵挑战，建德进兵攻打唐军，窦抗领兵抵挡他。建德略往后退，秦王率骑兵深入敌阵，反复交战四五次，然后大破建德的军队。建德中枪，逃窜到牛口渚，车骑将军白士让、杨武威活捉了他。在这之前，军中有童谣说：“豆入牛口，势力不能长久。”建德走到牛口渚，很厌恶这个名称，果然败于这个地方。

建德所率领的部队，一时间奔逃溃散，他的妻子曹氏和左仆射齐善行带领数百名骑兵逃回洺州。建德的余党想立建德的养子做君主，善行说：“夏王平定河北，兵马精强，顷刻间被擒就像这样，难道不是天命已有所归属了吗？不如倾心于唐，请求保全生命，不要使百姓再受苦受难。”于是把仓库里的财物全都分给士兵，让他们各自散去。善行就同建德的右仆射裴矩、行台曹旦及建德的妻子，率领伪夏国官员献上山东的土地及夏皇帝的传国玺等八个印章投降唐朝。七月，秦王带着被俘的建德到京师，在长安的市场上将他处斩，当时他四十九岁。建德从起兵到灭亡，共六年。河北全部平定。这一年，刘黑闼又窃据山东反叛朝廷。

〔新唐书〕

杨贵妃列传

玄宗贵妃杨氏，隋梁郡通守汪四世孙。徙籍蒲州，遂为永乐人。幼孤，养叔父家。始为寿王妃。开元二十四年，武惠妃薨，后廷无当帝意者。或言妃姿质天挺，宜充掖廷，遂召内禁中，异之，即为自出妃意者，丐籍女官，号“太真”，更为寿王聘韦诏训女，而太真得幸。善歌舞，邃晓音律，且智算警颖，迎意辄悟。帝大悦，遂专房宴，宫中号“娘子”，仪体与皇后等。

【译文】

唐玄宗贵妃杨氏，隋梁郡通守杨汪四代孙。她家移居蒲州，于是成为永乐人。她年幼时父母去世，在叔父家长大。起初是玄宗的儿子寿王的妃子。开元二十四年，武惠妃去世，后宫中没有找到皇帝中意的人。有人说杨妃天生丽质，可以充任妃嫔，于是玄宗就把她召入宫中，见过面后，玄宗认为杨妃不同于常人，就让她当成是出于自己的心意，请求担任宫中女官，并为她取号太真，另替寿王娶韦诏训的女儿为妻。太真入宫后就得到天子的宠幸。她能歌善舞，精通音律，而且才智超群，总能猜中他人心意。皇帝非常高兴，于是就只让她一人侍寝侍宴，宫中称她为“娘子”，待她的礼仪规格和皇后一样。

天宝初，进册贵妃。追赠父玄琰太尉、齐国公。擢叔玄珪光禄卿，宗兄铦鸿胪卿，锜侍御史，尚太华公主。主，惠妃所生，最见宠遇。而钊亦浸显。钊，国忠也。三姊皆美劭，帝呼为姨，封韩、虢、秦三国，为夫人，出入宫掖，恩宠声焰震天下。每命妇入班，持盈公主等皆让不敢就位。台省、州县奉请托，奔走期会过诏敕。四方献饷结纳，门若市然。建平、信成二公主以与妃家忤，至追内封物，驸马都尉独孤明失官。

它日，妃以谴还铦第，比中仄，帝尚不御食，笞怒左右。高力士欲验帝意，乃白以殿中供帐、司农酒饩百余车送妃所，帝即以御膳分赐。

力士知帝旨，是夕，请召妃还，下钥安兴坊门驰入。妃见帝，伏地谢，帝释然，抚尉良渥。明日，诸姨上食，乐作，帝骤赐左右不可赀。由是愈见宠，赐诸姨钱岁百万为脂粉费。铦以上柱国门列戟，与锜、国忠、诸姨五家第舍联亘，拟宪宫禁，率一堂费缗千万。见它第有胜者，辄坏复造，务以环侈相夸诩，土木工不息。帝所得奇珍及贡献分赐之，使者相衔于道，五家如一。

【译文】

天宝初年，皇帝册封太真为贵妃。追赠她的父亲杨玄琰为太尉、齐国公。提拔她的叔父杨玄珪任光禄卿，族兄杨铦任鸿胪卿，杨锜任侍御史，还让杨锜娶太华公主为妻。太华公主是武惠妃生的，最受玄宗宠爱优待。而杨钊的地位也逐渐显赫起来。杨钊就是杨国忠。贵妃的三个姊姊都长得漂亮，皇帝喊她们为姨，封她们为韩国、虢国、秦国夫人，她们出入宫廷，蒙受恩宠，声威气焰震动天下。每次宫外有封号的妇女入宫晋见，按规定的位次排列，玄宗的妹妹持盈公主等都谦让杨氏诸姨，不敢就位。中央官署和州县的官吏接受杨家人的私下嘱托，立即奔走办理、自定期限，比办皇帝下令要办的事还卖力。四方都有人送礼物与他们结交，杨家的门庭若市。玄宗的女儿建平、信成二公主因与贵妃家人不和，玄宗甚至把宫中分赐给她们的东西追回，信成公主的丈夫驸马都尉独孤明还因此而丢官。

有一天，贵妃因受到玄宗的责备被送回杨铦家中，等到过了中午，皇帝还不进食，抽打在身边侍候的人，对他们大发脾气。高力士想试探一下皇帝的心意，于是报告玄宗，请求把宫中张设的帷帐、司农寺供给的酒和食品等一百多车东西送到杨宅，皇帝不但同意，还当即把自己的御膳分赐给贵妃。力士明白皇帝的旨意，这天晚上，就请求把贵妃召回宫中，于是打开安兴坊坊门，贵妃的车马经那里驰入皇宫。贵妃见到皇帝，伏地谢罪，皇帝非常高兴，很好地抚慰了她一番。第二天，杨家诸姨往宫里进献美食，宴会的音乐一演奏起来，皇帝就猛给他身边的人赏赐东西，其数量多得无法计算。从此贵妃更加受到玄宗的宠爱。玄宗赐给杨家诸姨每人每年钱一百万，作为她们的脂粉费。杨铦以正二品勋官上柱国的身份，立戟于住宅门前，同杨锜、杨国忠、杨家诸姨等五家宅第相连，都仿效皇宫的建筑，大概建一个厅堂要费钱一千万。杨家人见别人的宅第有胜过自己的，就拆掉重盖，务必以宅第的瑰伟奢丽相夸耀，大兴土木，没有停止的时候。皇帝得到的奇珍异物及四方贡品都分赐给他们，宫中派出的送物使者接连不断，赐给五家的礼物都要一样。

妃每从游幸，乘马则力士授辔策。凡充锦绣官及冶瑑金玉者，大抵千人，奉须索，奇服秘玩，变化若神。四方争为怪珍入贡，动骇耳目。于是岭南节度使张九章、广陵长史王翼以所献最，进九章银青阶，擢翼户部侍郎，天下风靡。妃嗜荔枝，必欲生致之，乃置骑传送，走数千里，味未变已至京师。

天宝九载，妃复得谴还外第，国忠谋于吉温。温因见帝曰："妇人过忤当死，然何惜宫中一席广为钛锧地，更使外辱乎？"帝感动，辍食，诏中人张韬光赐之。妃因韬光谢帝曰："妾有罪当万诛，然肤发外皆上所赐，今且死，无以报。"引刀断一缭发奏之，曰："以此留诀。"帝见骇惋，遽召入，礼遇如初。因又幸秦国及国忠第，赐两家巨万。

国忠既遥领剑南，每十月，帝幸华清宫，五宅车骑皆从，家别为队，队一色，俄五家队合，烂若万花，川谷成锦绣，国忠导以剑南旗节。遗钿堕舄，瑟瑟玑琲，狼藉于道，香闻数十里。十载正月望夜，妃家与广宁主僮骑争阛门，鞭挺欢竞，主堕马，仅得去。主见帝泣，乃诏杀杨氏奴，贬驸马都尉程昌裔官。国忠之辅政，其息昢尚万春公主，暄尚延和郡主；弟鉴尚承荣郡主。又诏为玄琰立家庙，帝自书其碑。铦、秦国早死，故韩、虢与国忠贵最久。而虢国素与国忠乱，颇为人知，不耻也。每入谒，并驱道中，从监、侍姆百余骑，炬蜜如昼，靓妆盈里，不施帏障，时人谓为"雄狐"。诸王子孙凡婚娉，必先因韩、虢以请，辄皆遂，至数百千金以谢。

【译文】

贵妃每次跟随天子出外游乐，贵妃骑马，高力士就亲自给她递缰绳、马鞭。总计宫中在负责织锦刺绣以及负责铸造、雕刻金玉器物的部门工作的工匠，大致有一千人，他们接受贵妃的索取，各种稀奇的服饰、珍玩都能制作，变化如神。四方争相制作奇珍异物进献给贵妃，东西的奇特精巧，每每骇人耳目。岭南节度使张九章、广陵长史王翼由于进献的东西没人能比得上，天子晋升张九章为从三品散官银青光禄大夫，提拔王翼为户部侍郎，天下人于是无不追随这股风。贵妃嗜食荔枝，一定要得到新鲜的，于是特设驿骑传送，跑数千里地，荔枝的味道还没有变化已送到了京师。

天宝九年，贵妃又受到天子的责备，被送回宫外的住宅，杨国忠跑去找吉温商议，吉温于是觐见皇帝说："妇女过分不顺从应当处死，但陛下为什么爱惜宫中可用来处斩的一张席子大的地方，却让她到外面去丢脸呢？"皇帝的感情被触动，停止进食，命令宦官张韬光把自己的食物赐给贵妃。贵妃依靠张韬光传话，与皇帝告别道："妾有罪应当被处死一万次，但除身体头发外，妾的所有东西都是皇上所赐，现在妾将死去，没有可用来报答皇上的东西。"随即拿刀割下一束头发进献给皇帝，说道："留下这东西与陛下诀别。"皇帝见到她的头发后，既吃惊又叹惜，急忙召她入宫，还像从前那样对她以礼相待。接着天子又亲临秦国夫人和杨国忠的府第，赐给这两家无数财物。

杨国忠遥领剑南节度使以后，每年十月，皇帝到华清宫，杨氏五家的人马都随从，每家单独排成一队，每队都穿同一种颜色的衣服，一会儿五家的队伍合在一起，灿烂犹如万花竞放，川谷化为锦绣，杨国忠还用剑南节度使的旌旗作为队伍的前导。队伍所经之地，遗落的首饰，扔下的鞋子，还有琴瑟、珠串，乱七八糟的在路上躺着，香气传到数十里之外。天宝十年正月十五晚上，贵妃家人与玄宗的女儿广宁公主的随从争过市门，杨氏家奴挥鞭打人，双方喧闹争吵，公主跌下马来，只得躲开。公主找皇上哭诉，于是玄宗下令杀掉杨氏家奴，但同时公主的丈夫驸马都尉程昌裔也被贬官。杨国忠当宰相，他的儿子杨昢娶玄宗的女儿万春公主为妻；杨暄娶延和郡主为妻；他的弟弟杨鉴娶承荣郡主为妻。玄宗又下令为贵妃的父亲杨玄琰立家庙，皇帝亲自书写家庙的碑文。杨铦、秦国夫人早死，所以韩国夫人、虢国夫人和杨国忠显达的时间最长。虢国夫人向来和杨国忠淫乱，颇为外人所知，而不以为耻。每次入宫谒见天子，两人在道上并驾齐驱，随从的宦官、侍婢有一百多人，都骑在马上，蜡烛照耀得如同白昼，妆饰艳丽的妇女充满街巷，虢国夫人连帐帘都不用，当时人说这是齐襄公的淫妹行径。诸王的子孙凡有婚嫁之事，一定要先通过韩国、虢国夫人，然后向天子报告，这样做便都能如愿，诸王至于用数百金或上千金来感谢她们。

初，安禄山有边功，帝宠之，诏与诸姨约为兄弟，而禄山母事妃，来朝，必宴饯结欢。禄山反，以诛国忠为名，且指言妃及诸姨罪。帝欲以皇太子抚军，因禅位，诸杨大惧，哭于廷。国忠入白妃，妃衔块请死，帝意沮，乃止。及西幸至马嵬，陈玄礼等以天下计诛国忠，已死，军不解。帝遣力士问故，曰："祸本尚在！"帝不得已，与妃诀，引而去，缢路祠下，裹尸以紫茵，瘗道侧，年三十八。

帝至自蜀，道过其所，使祭之，且诏改葬。礼部侍郎李揆曰："龙武将士以国忠负上速乱，为天下杀之。今葬妃，恐反仄自疑。"帝乃止。密遣中使者具棺椁它葬焉。启瘗，故香囊犹在，中人以献，帝视之，凄感流涕，命工貌妃于别殿，朝夕往，必为哽欷。

马嵬之难，虢国与国忠妻裴柔等奔陈仓，县令率吏追之，意以为贼，弃马走林。虢国先杀其二子，柔曰："丐我死！"即并其女刺杀之，乃自刭，不殊，吏载置于狱，问曰："国家乎？贼乎？"吏曰："互有之。"乃死，瘗陈仓东郭外。

【译文】

起初，安禄山有边功，皇帝宠信他，命他与杨家诸姨结为兄弟，而禄山则拜贵妃为母，禄山每次来京朝见天子，杨家人必定设宴招待，同他建立友好关系。后来安禄山造反，以讨伐杨国忠为借口，而且公开指出贵妃及杨家诸姨的罪恶。皇帝想让皇太子统率军队，并把帝位禅让给他，杨家诸人极为恐惧，聚在庭院里痛哭。杨国忠入宫禀告贵妃，贵妃口衔土块请求天子将自己处死，皇帝心情沮丧，于是便没有那样做。等到潼关失守，玄宗西行到了马嵬驿，陈玄礼等就为天下人考虑而杀掉杨国忠，但杨国忠已死，军队将士仍不肯散去。皇帝派高力士询问原因，将士们说："祸乱的根子还在！"皇帝不得已，与贵妃诀别，让人把她带走，勒死在路旁的祠庙里，用紫色褥子裹尸，埋在大路边，这时贵妃三十八岁。

后来玄宗自蜀郡回长安，路经马嵬驿，派人祭奠贵妃，且下令改葬。礼部侍郎李揆说："龙武军将士因为杨国忠有负于皇上，招致祸乱，替天下人杀掉杨国忠。现在改葬贵妃，恐怕将士们会疑虑不安。"玄宗于是没有正式改葬贵妃。他秘密派遣宦官备好棺椁把贵妃的遗体迁移到别的地方安葬。挖开埋贵妃的地方，贵妃原先佩带的香囊还在，宦官把它献给玄宗，玄宗看到香囊后，伤感落泪，于是就命画工在偏殿里画贵妃的像，早晚前去看望，一定会为她哽咽抽泣。

马嵬驿事变发生的时候，虢国夫人和杨国忠的妻子裴柔等逃往陈仓，她们猜想是逆贼作乱，便扔下马跑进树林里。虢国夫人先杀掉她的两个孩子，裴柔说："请让我死！"虢国夫人马上把她和她的女儿一起刺死，然后自己抹脖子，但还没有断气，官吏就把她驮在马上送进监狱，虢国夫人问道："是国家要杀我们？还是逆贼作乱？"县吏回答说："都是。"于是死去，被埋在陈仓东城外。

杜甫列传

甫字子美，少贫不自振，客吴越、齐赵间。李邕奇其材，先往见之。举进士不中第，困长安。

天宝十三载，玄宗朝献太清宫，飨庙及郊，甫奏赋三篇。帝奇之，使待制集贤院，命宰相试文章，擢河西尉，不拜，改右卫率府胄曹参军。数上赋颂，因高自称道，且言："先臣恕、预以来，承儒守官十一世，迨审言，以文章显中宗时。臣赖绪业，自七岁属辞，且四十年，然衣不盖体，常寄食于人，窃恐转死沟壑，伏惟天子哀怜之。若令执先臣故事，拔泥涂之久辱，则臣之述作虽不足鼓吹《六经》，至沈郁顿挫，随时敏给，扬雄、枚皋可企及也。有臣如此，陛下其忍弃之？"

【译文】

杜甫字子美，年幼时家贫不能自我救助，客居于吴越、齐赵之间。李邕认为杜甫的才能特殊，自己先主动去见他。杜甫应进士试没有考中，困居在长安。

天宝十三年，玄宗到太清宫祭祀，又在太庙祭祀和在南郊祭天，杜甫进献自己写的三篇赋。皇帝读过后认为他的才能特殊，让他在集贤院候命，又命令宰相考他的文章，考后提拔他为河西县尉，杜甫不接受这一任命，于是改授右卫率府胄曹参军。杜甫多次进献赋颂，于是过高地自己称道自己，而且对天子说："自臣的祖先杜恕、杜预以来，承继儒业保持官位共十一代，到了杜审言，以擅长文章显扬于中宗的时代。臣依赖祖先的遗业，自七岁开始写作，至今将近四十年，但衣不蔽体，常依附他人而生活，臣私下常害怕流离转徙，死于山沟荒野，希望天子哀怜。如果陛下让依照臣祖先的旧事，将臣从处于卑下地位的长期屈辱中拔出，那么臣的著作，虽然不能宣扬《六经》，但是文章的深沉蕴积，抑扬有致，随时而作，才思敏捷，如扬雄、枚皋之类，臣却可以企及。有这样的臣下，陛下能忍心抛弃他吗？”

会禄山乱，天子入蜀，甫避走三川。肃宗立，自鄜州羸服欲奔行在，为贼所得。至德二年，亡走凤翔上谒，拜右拾遗。与房琯为布衣交，琯时败陈涛斜，又以客董廷兰，罢宰相。甫上疏言：“罪细，不宜免大臣。”帝怒，诏三司杂问。宰相张镐曰：“甫若抵罪，绝言者路。”帝乃解。甫谢，且称：“琯宰相子，少自树立为醇儒，有大臣体，时论许琯才堪公辅，陛下果委而相之。观其深念主忧，义形于色，然性失于简。酷嗜鼓琴，廷兰托琯门下，贫疾昏老，依倚为非，琯爱惜人情，一至玷污。臣叹其功名未就，志气挫衄，觊陛下弃细录大，所以冒死称述，涉近讦激，违忤圣心。陛下赦臣百死，再赐骸骨，天下之幸，非臣独蒙。”然帝自是不甚省录。

时所在寇夺，甫家寓鄜，弥年艰窭，孺弱至饿死，因许甫自往省视。从还京师，出为华州司功参军。关辅饥，辄弃官去，客秦州，负薪采橡栗自给。流落剑南，结庐成都西郭。召补京兆功曹参军，不至。会严武节度剑南东、西川，往依焉。武再帅剑南，表为参谋，检校工部员外郎。武以世旧，待甫甚善，亲入其家。甫见之，或时不巾，而性褊躁傲诞，尝醉登武床，瞪视曰：“严挺之乃有此儿！”武亦暴猛，外若不为忤，中衔之。一日欲杀甫及梓州刺史章彝，集吏于门。武将出，冠钩于帘三，左右白其母，奔救得止，独杀彝。武卒，崔旰等乱，甫往来梓、夔间。

【译文】

恰巧安禄山叛乱，玄宗进入蜀地，杜甫于是逃到三川避乱。肃宗即位，杜甫穿贫贱人的衣着，想由鄜州奔往肃宗所在的地方，结果被叛军捉住。至德二年，杜甫逃到凤翔晋见肃宗，被任命为右拾遗。杜甫同房琯是贫贱之交，房琯当时带兵讨伐叛军，在陈涛斜打了败仗，又因为以董廷兰为门客，被免去宰相的职务。杜甫上疏说：“罪过小，不应当因此而罢免大臣。”皇帝发怒，命令三司共同审问杜甫。宰相张镐说：“杜甫如果因此而获罪，会断绝言路。”皇帝于是免除了他的罪责。杜甫感谢天子的恩典，并说：“房琯是宰相的儿子，年幼时能自建树，成为学识精纯的儒者，有大臣的气质，当代的舆论认可他的才干能够承当三公、辅相的重任，陛下果然委任他为宰相。臣观他能念念不忘君主的忧虑，仗义之气时时流露在脸上，但性情失之于高傲。又酷爱弹琴，琴师董廷兰寄身于房琯门下，他贫病交迫，年老糊涂，依仗房琯做坏事，房琯爱惜人的情感，终至于受到玷污。臣叹惜房琯功名尚未成就，志气受到挫折，希望陛下弃小取大，所以冒死称述，言辞近于激烈率直，违反了圣上的心意。陛下赦免臣该死一百次的罪过，再次赐给臣身体生命，这是天下人的幸运，不止是臣独自蒙受好处。"但皇帝从此不大理睬和任用杜甫。

当时天下大乱，到处有攻劫掠夺之事，杜甫的家属住在鄜州，整年生活贫困艰难，幼儿弱女甚至被饿死，于是天子准许杜甫亲往鄜州探望家人。杜甫的家属随从他回到京师。接着天子命令杜甫离京出任华州司功参军。当时关中地区发生饥荒，杜甫便弃官离开关中，客居在秦州，亲自背柴、采集栎树的果实，借此自己维持生活。后杜甫流落剑南，在成都西城造房子居住。朝廷征召杜甫回京任京兆府功曹参军，杜甫没有到任。恰巧严武出任剑南东、西川节度使，杜甫便前去依附他。严武再次出镇剑南，上表奏请杜甫任剑南节度参谋、检校工部员外郎。严武因为和杜甫是世交，对待杜甫很友善，常亲自到杜甫家中探望。杜甫见严武，有时不戴头巾，而且他性情狭隘急躁，傲慢放诞，曾喝醉酒登上严武的坐床，瞪大眼睛对严武说："严挺之却有这样的儿子！"严武也暴躁凶猛，外表似乎不以为杜甫冒犯了他，实际则怀恨在心。有一天，想杀杜甫和梓州刺史章彝，把官吏聚集到衙门里。严武将出家门，他的帽子接连三次被门帘钩住，严武左右的人报告严武的母亲，严母急忙跑来解救，这事才得到制止，只杀死了章彝。严武去世，崔旰等人在蜀中作乱，杜甫往来于梓州和夔州之间。

大历中，出瞿唐，下江陵，溯沅、湘以登衡山，因客耒阳。游岳祠，大水遽至，涉旬不得食，县令具舟迎之，乃得还。令尝馈牛炙白酒，大醉，一昔卒，年五十九。

甫旷放不自检，好论天下大事，高而不切。少与李白齐名，时号"李杜"。尝从白及高适过汴州，酒酣登吹台，慷慨怀古，人莫测也。数尝寇乱，挺节无所污，为歌诗，伤时桡弱，情不忘君，人怜其忠云。

赞曰：唐兴，诗人承陈、隋风流，浮靡相矜。至宋之问、沈佺期等，研揣声音，浮切不差，而号"律诗"，竞相袭沿。逮开元间，稍裁以雅正，然恃华者质反，好丽者壮违，人得一概，皆自名所长。至甫，浑涵汪茫，千汇万状，兼古今而有之，它人不足，甫乃厌余，残膏剩馥，沾丐后人多矣。故元稹谓："诗人以来，未有如子美者。"甫又善陈时事，律切精深，至千言不少衰，世号"诗史"。昌黎韩愈于文章慎许可，至歌诗，独推曰："李、杜文章在，光焰万丈长。"诚可信云。

【译文】

大历年间，杜甫出瞿唐峡，沿长江东下到江陵，又逆沅水、湘水而上，登上了衡山，于是客居于耒阳。有一次杜甫游岳祠，忽然发大水，有十天弄不到吃的，耒阳县令备下小船迎接他，才得以回还。县令曾赠给杜甫牛肉白酒，杜甫吃得大醉，一个晚上便去世了，当时他五十九岁。

杜甫放任不羁，举止不自检束，好议论天下大事，立论高远而不切合实事。年轻时与李白齐名，当时人称为"李杜"。杜甫曾随从李白和高适路过汴州，酒喝得痛快尽兴然后登上吹台，怀想古人，激昂慷慨，人们都摸不透他们的用意。杜甫多次经历盗贼作乱，都能坚持节操，无所玷污；作歌诗，忧念时世，俯就弱者，情不忘君，人们无不爱慕他的忠诚。

赞辞：唐朝兴起，诗人承继陈、隋遗风，以浮华绮靡相夸耀。到宋之问、沈佺期等人，研究揣摩诗歌的声韵，平仄丝毫不差，号称"律诗"，人们竞相沿袭。到了开元年间，逐渐以雅正为取舍标准，但诗人依赖华美的同质朴相反，喜好绮丽的与雄壮相违，人各取得一个方面，都自称道其所长。到了杜甫，广大深沉，千态万状，兼有古今各种体势，他人感到不足之处，杜甫却有多余，他的余泽，滋润后人实在是很多的。所以元稹说："自有诗人以来，没有人能像子美这样的。"杜甫的诗又擅长陈述时事，格律切合，精密深远，长的至于上千言而笔力不稍衰减，世人称为"诗史"。昌黎韩愈对于文章从不随便认可，至于歌诗，唯独推崇说："李杜文章在，光焰万丈长。"这话确实可信。

李白列传

李白字太白，兴圣皇帝九世孙。其先隋末以罪徙西域，神龙初，遁还，客巴西。白之生，母梦长庚星，因以命之。十岁通诗书，既长，隐岷山。州举有道，不应。苏颋为益州长史，见白异之，曰："是子天才英特，少益以学，可比相如。”然喜纵横术，击剑为任侠，轻财重施。更客任城，与孔巢父、韩准、裴政、张叔明、陶沔居徂徕山，日沈饮，号“竹溪六逸”。

天宝初，南入会稽，与吴筠善，筠被召，故白亦至长安。往见贺知章，知章见其文，叹曰：“子，谪仙人也！”言于玄宗，召见金銮殿，论当世事，奏颂一篇。帝赐食，亲为调羹，有诏供奉翰林。白犹与饮徒醉于市。帝坐沈香子亭，意有所感，欲得白为乐章，召入，而白已醉，左右以水頮面，稍解，授笔成文，婉丽精切，无留思。帝爱其才，数宴见。白尝侍帝，醉，使高力士脱靴。力士素贵，耻之，擿其诗以激杨贵妃，帝欲官白，妃辄阻止。白自知不为亲近所容，益骜放不自修，与知章、李适之、汝阳王琎、崔宗之、苏晋、张旭、焦遂为“酒八仙人”。恳求还山，帝赐金放还。白浮游四方，尝乘月与崔宗之自采石至金陵，著宫锦袍坐舟中，旁若无人。

【译文】

李白字太白，是兴圣皇帝的九代孙。他的祖先在隋末因犯罪被流放到西域，中宗神龙初年，由西域逃回国，客居巴西。李白出生的时候，他的母亲梦见太白星，所以用它命名。李白十岁就精通《诗经》《尚书》，长大以后，隐居于岷山。州中荐举李白参加有道科考试，他未响应。苏颋任益州长史，见到李白后认为他不同寻常，说道：“此人天才出众，学业略增进，就可以同司马相如相比。”但李白喜欢纵横之术，好击剑，常干一些打抱不平的侠义举动，看轻钱财，重视施惠于人。又客居任城，与孔巢父、韩准、裴政、张叔明、陶沔住在徂徕山，每天痛饮，当时人称他们为“竹溪六逸”。

天宝初年，李白南行入会稽，同吴筠亲善，吴筠被皇帝征召进京，所以李白也跟着到了长安。李白去见贺知章，知章看到他的诗文后，感叹道：“你，是谪居世间的仙人！”知章向玄宗介绍李白，于是玄宗在金銮殿召见李白，李白同玄宗谈论当代之事，进献颂一篇。皇帝赐给李白饮食，亲自在他的汤里放调味品，下诏让他当翰林院供奉。李白好喝酒，仍然每天在市上与酒徒们一起喝得大醉。有一次，皇帝坐在沉香子亭里，心有所感，想让李白为他写歌词，于是召李白入宫，而李白已经喝醉，皇帝左右的人用冷水给李白洗脸，李白醉意略消，拿到别人给他的笔便很快写成，文词婉转华美，精致贴切，诗思毫不迟滞。皇帝喜爱李白的才能，多次在清闲的时候召见他。李白有一次侍奉皇帝，喝醉了酒，让大宦官高力士为他脱靴子。力士素来地位尊贵，以此为平生的耻辱，于是摘取李白诗中之事以激起杨贵妃的不满，皇帝想让李白做官，贵妃就加以阻止。李白自知不被皇帝亲近的人所容，便更加放任，不修养自身，与贺知章、李适之、汝阳王李琎、崔宗之、苏晋、张旭、焦遂结为“饮酒八仙人”。李白恳求玄宗让自己回山隐居，皇帝于是赐给黄金而后放他回山。这以后，李白浪游四方，曾有一次趁月色明亮与崔宗之乘船自采石矶到达金陵，李白穿用宫中特制的锦缎做成的长袍坐在船上，旁若无人。

安禄山反，转侧宿松、匡庐间，永王璘辟为府僚佐。璘起兵，逃还彭泽；璘败，当诛。初，白游并州，见郭子仪，奇之。子仪尝犯法，白为救免。至是子仪请解官以赎，有诏长流夜郎。会赦，还寻阳，坐事下狱。时宋若思将吴兵三千赴河南，道寻阳，释囚辟为参谋，未几辞职。李阳冰为当涂令，白依之。代宗立，以左拾遗召，而白已卒，年六十余。

白晚好黄老，度牛渚矶至姑孰，悦谢家青山，欲终焉。及卒，葬东麓。元和末，宣歙观察使范传正祭其冢，禁樵采。访后裔，惟二孙女嫁为民妻，进止仍有风范，因泣曰：“先祖志在青山，顷葬东麓，非本意。”传正为改葬，立二碑焉。告二女，将改妻士族，辞以孤穷失身，命也，不愿更嫁。传正嘉叹，复其夫徭役。

文宗时，诏以白歌诗、裴旻剑舞、张旭草书为“三绝”。

【译文】

安禄山造反，李白辗转于松滋、匡庐之间，永王李璘征召他为幕府佐吏。李璘起兵反叛朝廷，李白逃回彭泽；李璘失败，李白罪该处死。起初，李白游并州，见到郭子仪，认为他才能超群。子仪曾犯法，李白加以援救，使他得以免罪。到这时候，子仪请求解除自己的职务以弥补李白的罪过，天子下令将李白长期流放到夜郎。恰巧遇到天子发布赦令，李白便回到寻阳，因事犯罪被关进监狱。当时宋若思率领吴地士兵三千赴河南，路经寻阳，将李白从狱中放出，征聘他为参谋，没多久李白又辞去职务。李阳冰做当涂县令，李白前去依附于他。代宗即位，征召李白任左拾遗，而李白当时已去世，享年六十多。

李白晚年好黄老之术，他渡过牛渚矶到姑孰，喜欢谢朓家青山，想老死在那里。等到他去世，就葬在青山东边山脚下。元和末年，宣歙观察使范传正到李白的墓上祭奠，明令禁止在那里打柴。又寻访李白的后裔，只找到他的两个孙女，已嫁给平民为妻，但举止仍有风度，她们哭着说："先祖父意在青山，仓促间葬在东边山脚下，不符合他的本意。"传正于是为李白改葬，在墓上立了二块碑。又告诉李白的两个孙女，说准备让她们改嫁给世家子弟，两人推辞说，自己因为孤苦穷困而失身于平民，这是命运的安排，不愿意再改嫁。传正为她们而赞叹，免除了她们丈夫的徭役。

文宗的时候，天子下诏以李白的歌诗、裴旻的剑舞、张旭的草书为"三绝"。

〔旧五代史〕

周德威列传

周德威，字镇远，小字阳五，朔州马邑人也。初事武皇为帐中骑督，骁勇便骑射，胆气智数皆过人，久在云中，谙熟边事，望烟尘之警，悬知兵势。乾宁中，为铁林军使，武皇讨王行瑜，以功加检校左仆射，移内衙军副。光化二年三月，汴将氏叔琮率众逼太原，有陈章者，以虓勇知名，众谓之“夜叉”，言于叔琮曰：“晋人所恃者周阳五，愿擒之，请赏以郡。”陈章尝乘骢马，朱甲以自异。武皇戒德威曰：“我闻陈夜叉欲取尔求郡，宜善备之。”德威曰：“陈章大言，未知鹿死谁手。”他日致师，戒部下曰：“如阵上见陈夜叉，尔等但走。”德威微服挑战，部下伪退，陈章纵马追之，德威背挥铁楇击堕马，生获以献，由是知名。

天复中，我师不利于蒲县，汴将朱友宁、氏叔琮来逼晋阳。时诸军未集，城中大恐，德威与李嗣昭选募锐兵出诸门，攻其垒，擒生斩馘，汴人枝梧不暇，乃退。天祐三年，与李嗣昭合燕军攻潞州，降丁会，以功加检校太保、代州刺史，代嗣昭为蕃汉都将。李思安之寇潞州也，德威军于余吾。时汴军十万筑夹城，围潞州，内外断绝，德威以精骑薄之，屡败汴人，进营高河，令游骑邀其刍牧。汴军闭壁不出，乃自东南山口筑甬道树栅以通夹城，德威之骑军，倒墙堙堑，日数十战，前后俘馘，不可胜纪。梁有骁将黄角鹰、方骨仑，皆生致之。

【译文】

周德威，字镇远，小字阳五，是朔州马邑人。起初在武皇李克用手下任帐中骑督，骁勇善战，尤其擅长骑马射箭，胆量、气魄、智慧和计谋都有过人之处。由于长期居住在云中地区，十分熟悉边境一带的事情。望见烟尘升起，便能料算到兵力有多少。乾宁年间，担任铁林军使，跟随武皇征讨王行瑜，因功加官为检校左仆射，移任内衙军副。光化二年三月，汴将氏叔琮率军进逼太原，有一个名叫陈章的人，号称像猛虎一样凶猛，大家都称他“夜叉”。他对叔琮说：“晋军所依恃的人是周阳五，我愿生擒他，请赏给我刺史的官职。”陈章经常骑着一匹青白色的战马，披挂着鲜红色的铠甲来显示自己与众不同。武皇告诫周德威说：“我听说陈夜叉想活捉你来谋得刺史的官做，应当好生提防他。”周德威说：“陈章净说大话，还不知鹿死谁手呢。”隔几天来到部队，他叮嘱部下说：“如果在阵上看见陈夜叉，你们尽管跑开好了。”周德威穿着普通士兵的服装出马挑战，他的部下佯装退却，陈章拍马追来，周德威从背后挥动铁锤把他击落马下，活捉了陈章并将其献于武皇帐下。通过这一仗，周德威的名声大振。

天复年间，晋王军队在蒲县失利，汴将朱友宁、氏叔琮率军迫近晋阳。当时各支部队还没有集结，晋阳城中十分惊恐。周德威与李嗣昭仔细选拔了精锐士兵从几个城门同时出击，攻打敌军的营垒，抓住敌人就割下左耳，汴军招架不迭，就撤退了。天祐三年，周德威与李嗣昭会同燕军攻打潞州，梁将丁会投降，周德威因功加授检校太保、代州刺史，接替李嗣昭担任蕃汉都将。李思安侵犯潞州的时候，周德威的军队正驻扎在余吾。当时汴军十万人沿城筑起长围，围困潞州，断绝了城内和城外的联系。周德威用精锐的骑兵逼近敌人，屡次打败汴梁军队。随后进至高河安营，命令游动的骑兵阻截出来割草放牧的敌人，于是汴军紧闭营门，拒不出战。又从东南山口修筑了一条两侧是墙并竖立栅栏的通道通往环城长围。周德威的骑兵推倒墙壁，填平壕沟，一天之内战斗几十次，前后活捉的俘虏和从敌尸上割下的左耳，多得数不过来，梁军的猛将黄角鹰、方骨岺都被活捉。

五年正月，武皇疾笃，德威退营乱柳。武皇厌代，四月，命德威班师。时庄宗初立，德威外握兵柄，颇有浮议，内外忧之。德威既至，单骑入谒，伏灵柩哭，哀不自胜，由是群情释然。是月二十四日，从庄宗再援潞州。二十九日，德威前军营横碾，距潞四十五里。五月朔，晨雾晦暝，王师伏于三垂岗下，翌日，直趋夹城，斩关破垒，梁人大败，解潞州之围。初，德威与李嗣昭有私憾，武皇临终顾谓庄宗曰：“进通忠孝不负我，重围累年，似与德威有隙，以吾命谕之，若不解重围，殁有遗恨。”庄宗达遗旨，德威感泣，由是励力坚战，竞破强敌，与嗣昭欢爱如初。以功加检校太保、同平章事、振武节度使。

六年，岐人攻灵夏，遣使来求助，德威渡河以应之，师还，授蕃汉马步总管。七年十一月，汴人据深、冀，汴将王景仁军八万次柏乡，镇州节度使王镕来告难，帝遣德威率前军出井陉，屯于赵州。十二月，帝亲征，二十五日，进薄汴营，距柏乡五里，营于野河上。汴将韩勍率精兵三万，铠甲皆被缯绮，金银炫曜，望之森然，我军惧形于色。德威谓李存璋曰："贼结阵而来，观其形势，志不在战，欲以兵甲耀威耳。我军人乍见其来，谓其锋不可当，此时不挫其锐，吾军不振矣！"乃遣存璋谕诸军曰："尔见此贼军否？是汴州天武健儿，皆屠沽佣贩，虚有表耳，纵被精甲，十不当一，擒获足以为资。"德威自率精骑击其两偏，左驰右决，出没数四。是日，获贼百余人，贼渡河而退。德威谓庄宗曰："贼骄气充盛，宜按兵以待其衰。"庄宗曰："我提孤军，救难解纷，三镇乌合之众，利在速战，卿欲持重，吾惧其不可使也。"德威曰："镇、定之士，长于守城，列阵野战，素非便习。我师破贼，唯恃骑军，平田广野，易为施功。今压贼营，令彼见我虚实，则胜负未可必也。"庄宗不悦，退卧帐中。德威患之，谓监军张承业曰："王欲速战，将乌合之徒，欲当剧贼，所谓不量力也。去贼咫尺，限此一渠水，彼若早夜以略彴渡之，吾族其为俘矣。若退军鄗邑，引贼离营，彼出则归，复以轻骑掠其刍饷，不逾月，败贼必矣。"承业入言，庄宗乃释然。德威得降人问之，曰："景仁下令造浮桥数日"，果如德威所料。二十七日，乃退军保鄗邑。

【译文】

五年正月，武皇病重，周德威退兵驻守在乱柳。武皇去世。四月，命周德威班师回朝。这时，庄宗刚刚即位，周德威在外地掌握兵权，招来许多流言和议论，朝廷上下对此十分担忧。周德威来到之后，一个人进朝拜谒，趴在武皇李克用的棺材上放声痛哭，控制不住自己的悲哀之情。于是大家的情绪才安稳下来。这个月二十四日，周德威跟随庄宗再度增援潞州。二十九日，周德威率领前锋部队进驻横碾，距离潞州有四十五里的路程。五月初一清晨，大雾弥漫、朦胧不清，庄宗的军队埋伏在三垂岗下面。第二天，直奔环城长围，砍开关门，摧毁营壁，梁军大败，终于解除了潞州之围。当初，周德威与李嗣昭有个人私怨，武皇临终前对庄宗说："进通（嗣昭字）是个忠孝之人，不会背叛我，他身处重围中一年多了，好像与周德威有矛盾，你要把我的命令告诉周德威，倘若不解除重围，我死有遗恨。"庄宗转达了这一遗旨，周德威感动地流下了眼泪，因此奋勇作战，终于打败了强敌，与李嗣昭彼此和好如初。因功而升任检校太保、同平章事、振武节度使。

六年，岐人进攻灵夏，派遣使者来请求援助。周德威渡过黄河去策应他们。部队回来，被授为蕃汉马步总管。七年十一月，汴军占据深、冀，他们的将领王景仁率领八万人马兵临柏乡，镇州节度使王镕赶来告急。庄宗派周德威率领先头部队从井陉出发，屯驻于赵州。十二月，庄宗亲自出征。二十五日，部队向前接近汴军营地，离柏乡五里安营扎寨于野河北面。汴军将领韩勍率精兵三万人，盔甲上都披挂着丝绸、金银装饰来炫耀军威，远远望去十分整齐森严，晋军见之害怕得变了脸色。周德威对李存璋说："贼军布下阵势前来，看他们的样子，意图不在交战，只是想用兵甲来炫耀武力罢了。我军士兵刚刚看到他们来到，就说其兵锋不可阻挡，现在如果不挫败他们的锐气，我军就无法振作起来。"于是派李存璋通告全军说："你们看见这些贼军了吗？这些所谓的汴州天武健儿，都是杀猪、卖酒、走卒、小贩之流，只有虚假的外表而已，尽管他们穿着精美的铠甲，但十个人也赶不上我军一个人，捉住他们足以满足我们的费用。"周德威亲率精锐骑兵攻击梁军的两侧，左冲右突，出入敌军阵地四次。这一天，俘获敌人一百多人，敌军渡河撤退。周德威对庄宗说："贼军骄傲的气势非常充沛强盛，应当按兵不动来等待他们的衰弱。"庄宗说："我统领一支孤军来挽救危难解除纷乱，三镇之兵都是乌合之众，利在速战速决，你想要稳重行事，我却担心你的计策不能使用啊。"周德威说："镇州、定州的人，擅长坚守城池，而布阵野战，本来他们就不习惯，我军击败敌军，只有依靠骑兵，平旷的田地和宽广的野外，正容易施展我们的长处。现在去逼近敌营，让他们知道我军的虚实情况，这样一来胜负就不一定了。"庄宗听了很不高兴，回身去帐中躺下。周德威对此十分着急，对监军张承业说："大王想要速战，率领乌合之众，去面对厉害的贼军，这是不能正确估计自己的力量啊。离贼这么近，又仅有这么一条河水为阻隔，他们如果早晚造桥渡河过来，我们这些人就都成为他们的俘虏了。假如我们把部队撤退到鄗邑，引诱敌人离开营寨，他们出击我们就返回来，再用轻骑兵抢掠他们的粮草军需，不超过一个月，打败敌军是必然的。"张承业进去向庄宗陈述了周德威的意见，庄宗才高兴起来。周德威审问一个投降过来的人，这人回答："王景仁下令建造浮桥已经几天了。"果然像周德威预料的一样。二十七日，就撤军保卫鄗邑。

八年正月二日，德威率骑军致师于柏乡，设伏于村坞间，令三百骑以压汴营。王景仁悉其众结阵而来，德威转战而退，汴军因而乘之，至于鄗邑南。时步军未成列，德威阵骑河上以抗之。亭午，两军皆阵，庄宗问战时，德威曰："汴军气盛，可以劳逸制之，造次较力，殆难与敌。古者师行不逾一舍，盖虑粮饷不给，士有饥色。今贼远来决战，纵挟糗糒，亦不遑食。晡晚之后，饥渴内侵，战阵外迫，士心既倦，将必求退。乘其劳弊，以生兵制之，纵不大败，偏师必丧。以臣所筹，利在晡晚。"诸将皆然之。时汴军以魏、博之人为右广，宋、汴之人为左广，自未至申，阵势稍却，德威麾军呼曰："汴军走矣！"尘埃涨天，魏人收军渐退，庄宗与史建瑭、安金全等因冲其阵，夹攻之，大败汴军，杀戮殆尽，王景仁、李思安仅以身免，获将校二百八十人。八月，刘守光僭称大燕皇帝。十二月，遣德威率步骑三万出飞狐，与镇州将王德明、定州将程严等军进讨。九年正月，收涿州，降刺史刘知温。五月七日，刘守光令骁将单廷珪督精甲万人出战，德威遇于龙头岗。初，廷珪谓左右曰："今日擒周阳五。"既临阵，见德威，廷珪单骑持枪躬追德威，垂及，德威侧身避之。廷珪少退，德威奋楇击坠其马，生获廷珪，贼党大败，斩首三千级，获大将李山海等五十二人。十二日，德威自涿州选军良乡、大城。守光既失廷珪，自是夺气。德威之师，屡收诸郡，降者相继。十年十一月，擒守光父子，幽州平。十二月，授德威检校侍中、幽州卢龙等军节度使。

【译文】

八年正月二日，周德威率骑兵进至柏乡，预先在村落中设置了埋伏，命令三百个骑兵迫近汴梁军营寨。王景仁率全部人马列阵应战，周德威且战且退，汴梁军趁机追赶。到了鄗邑城南，这时步兵还没有摆好队形，周德威把骑兵列阵于河边高地抵抗敌人。正午，两军各自摆好阵势，庄宗问出战的时机，周德威答道："汴梁军气势昂盛，只能以逸待劳才能制服他们，轻易地与他们比试力量，几乎很难取胜。古时候军队行军一次不超过三十里，就是怕粮饷接应不上，战士们有饥饿的脸色。现在贼军自远方前来决战，纵使携带着干粮也没有空吃，从中午到晚上后，饥饿和干渴在内部侵袭，战阵又在外部施以压力，战士的士气既然懈怠，其将领一定谋划撤兵，趁着他们疲劳困苦，用我们的生力军去压制他们，敌人纵然不会溃败，也要丧失一部分部队。以我之见，最好的出战时机在傍晚。”众将都赞同这个看法。当时，汴梁军以魏、博的部队为右军，宋、汴的部队为左军，从未时到申时，阵势渐退。周德威指挥部下大声叫道：“汴梁军逃走了！”尘土扬天，魏人收缩兵力逐渐退却。庄宗与史进塘、安金全等人趁机冲击他们的阵地，两下夹攻，汴梁军大败，几乎被全歼，王景仁、李思安仅以身免，俘获了将校二百八十人。

八月，刘守光自称大燕皇帝。十二月，庄宗派周德威率步骑三万人从飞狐出发，与德州将领王德明、定州将领程严进军讨伐。九年正月，收复涿州，刺史刘知温投降。五月七日，刘守光命令骁将单廷珪统领精兵一万出战，与周德威遭遇于龙头岗。开始，单廷珪对部下说：“今天一定要活捉周阳五。”随即来到阵前，看见周德威，单廷珪单枪匹马躬身来追周德威，等他接近时，周德威侧身避过，单廷珪稍微后退，周德威举起马鞭把他击落下马，生擒了单廷珪，贼众大败，斩首三千级，俘获大将李山海等五十二人。十二月，周德威自涿州进军良乡、大城。刘守光既然损失了单廷珪，从此就丧失了勇气。周德威的军队接连收复了几个郡，投降的人接连不断。十年十一月，抓获了刘守光父子，平定了幽州。十二月，周德威被授为检校侍中、幽州卢龙等军节度使。

德威性忠孝，感武皇奖遇，尝思临难忘身。十二年，汴将刘鄩自洹水乘虚将寇太原，德威在幽州闻之，径以五百骑驰入土门，闻鄩军至乐平不进，德威径至南宫以候汴军。初，刘鄩欲据临清以扼镇、定转饷之路，行次陈宋口，德威遣将擒数十人，皆傳刃于背，縶而遣之。既至，谓刘鄩曰：“周侍中已据宗城矣！”德威其夜急骑扼临清，刘鄩乃入贝州。是时德威若不至，则胜负未可知也。

十四年三月，契丹寇新州，德威不利，退保范阳。敌众攻城仅二百日，外援未至，德威抚循士众，昼夜乘城，竟获保守。十五年，我师营麻口渡，将大举以定汴州。德威自幽州率本军至，十二月二十三日，军次胡柳陂。诘旦，骑报曰：“汴军至矣！”庄宗使问战备，德威奏曰：“贼倍道而来，未成营垒，我营栅已固，守备有余，既深入贼疆，须决万全之策。此去大梁信宿，贼之家属，尽在其间，人之常情，孰不以家国为念？以我深入之众，抗彼激愤之军，不以方略制之，恐难必胜。王但按军保栅，臣以骑军疲之，使彼不得下营，际晚，粮饷不给，进退无据，因以乘之，破贼之道也。”庄宗曰：“河上终日挑战，恨不遇贼，今款门不战，非壮夫也。”乃率亲军成列而出，德威不获已，从之。谓其子曰：“吾不知其死所矣！”庄宗与汴将王彦章接战，大败之。德威之军在东偏，汴之游军入我辎重，众骇，奔入德威军，因纷扰无行列。德威兵少，不能解，父子俱战殁。先是，镇星犯上将，星占者云，不利大将。是夜收军，德威不至，庄宗恸哭谓诸将曰：“丧我良将，吾之咎也。”

【译文】

周德威天性忠心耿耿，崇尚孝义，感怀武皇李克用的奖掖与恩遇，常常想着一旦国家有难就奋不顾身。十二年，汴梁军将领刘鄩打算从洹水乘虚进犯太原，德威在幽州闻听此讯，立刻率五百名骑兵径直奔向土门，听说刘鄩的部队到了乐平就停止不前，周德威直接赶到南宫等候汴梁军。开始，刘鄩打算占据临清以扼守镇、定二州转运饷银的道路。行进至陈宋口，周德威派将领抓获了汴梁军几十人，用刀剑插入他们的后背，然后用绳子捆绑上放他们回去。这些人回去后，对刘鄩说：“周侍中已经占领宗城了！”周德威这天晚上率骑兵急速赶往临清扼守，刘鄩只得退入贝州。这个时候，周德威如果不来，那么胜败就很难预料了。

十四年三月，契丹进犯新州，周德威的军队失利，退守范阳。敌人攻城近二百天，援兵仍然未到，周德威安抚将士，昼夜上城督战，终于坚守住了范阳城。十五年，晋军屯驻麻口渡，即将大举进攻以平定汴州。周德威从幽州率部下赶到。十二月二十三日，部队在胡柳陂宿营。次日早晨，哨骑报告说：“汴梁军到了！”庄宗派人来问战斗准备情况，周德威回答说：“汴梁军日夜兼程而来，还没有来得及修筑营垒，而我军的营栅却已固立，坚守防备已经够用。既然深入到敌境，必须决定一个万全的计策。这里离大梁只有一天一夜的路程，敌军的家属全在城里，人之常情，谁不牵挂自己的家园和国家？用我们这些深入到敌境的部众，来对抗他们群情激愤的军队，如果不用计谋遏制敌人，恐怕难于必胜。晋王您只管按兵不动，保守营寨，我用骑兵骚扰他们，使其无法立下营寨，到了晚上，敌粮草供给不上，进不得，退不得，乘势出击，这是打败敌人的途径。”庄宗说：“我们在大河岸上整天挑战，遗憾的是没有遇上敌人，现在敲响敌人的大门却不出击，这不是壮士的行为！”然后就率领亲军排队出战，周德威没办法只好从命。对他儿子说：“我不知道将死在哪里呀。”庄宗与汴梁军将领王彦章交战，彦章大败。周德威的部队在东边，汴梁军的游动部队进入晋军的辎重中，晋军士兵惊恐万状，飞跑入周德威的部队中，所以纷纷扰扰不成队形，德威的兵力少，不能解救危机，父子二人都战死了。在此之前，土星触犯了上将星，星象家说，这种天象不利于大将。这天夜里收兵，周德威没回来，庄宗悲哀已极，哭着对众将说："损失了我的良将，这是我的过错啊。"

德威身长面黑，笑不改容，凡对敌列阵，凛凛然有肃杀之风，中兴之朝，号为名将。及其殁也，人皆惜之。同光初，追赠太师。天成中，诏与李嗣昭、符存审配飨庄宗庙廷。晋高祖即位，追封燕王。

子光辅，历汾、汝州刺史。

【译文】

周德威身材魁伟，面目黝黑，笑起来容貌不改，每当临阵对敌，威风凛凛有一种肃杀的气度。在朝廷中兴时期，号称名将。他死后，人们都痛惜不已。同光初年，朝廷追赠周德威为太师。天成年间，下诏把周德威和李嗣昭、符存审的灵牌放入庄宗庙内。晋高祖即位后，又追封周德威为燕王。

周德威的儿子周光辅，历任汾、汝州刺史。

冯道列传

冯道，字可道，瀛州景城人。其先为农为儒，不恒其业。道少纯厚，好学能文，不耻恶衣食，负米奉亲之外，唯以披诵吟讽为事，虽大雪拥户，凝尘满席，湛如也。天祐中，刘守光署为幽州掾。守光引兵伐中山，访于僚属，道常以利害箴之，守光怒，置于狱中，寻为人所救免。守光败，遁归太原，监军使张承业辟为本院巡官。承业重其文章履行，甚见待遇。时有周玄豹者，善人伦鉴，与道不洽，谓承业曰："冯生无前程，公不可过用。"时河东记室卢质闻之曰："我曾见杜黄裳司空写真图，道之状貌酷类焉，将来必副大用，玄豹之言不足信也。"承业寻荐为霸府从事，俄署太原掌书记，时庄宗并有河北，文翰甚繁，一以委之。

庄宗与梁军夹河对垒，一日，郭崇韬以诸校伴食数多，主者不办，请少罢减。庄宗怒曰："孤为效命者设食都不自由，其河北三镇，令三军别择一人为帅，孤请归太原以避贤路。”遽命道对面草词，将示其众。道执笔久之，庄宗正色促焉，道徐起对曰：“道所掌笔砚，敢不供职。今大王屡集大功，方平南寇，崇韬所谏，未至过当，阻拒之则可，不可以向来之言，喧动群议，敌人若知，谓大王君臣之不和矣。幸熟而思之，则天下幸甚也。”俄而崇韬入谢，因道之解焉，人始重其胆量。

【译文】

冯道，字号可道，瀛洲景城人。他的祖先有的务农，有的从学，没有固定从事的职业。冯道小时候就纯朴厚道，喜欢学习，善于写作，不以布衣食物粗劣为耻，除了供养孝敬养父母之外，其余时间都用作诵读诗书典籍，不论是大雪封门，还是积尘满席，他也仍然平淡自足。

天祐年间，他被刘守光任用为幽州掾吏。当刘守光领兵攻伐中山时，刘守光向幕僚属吏咨询，而冯道却经常用成败关系重大来规谏他。刘守光大怒，把冯道关押在监狱中，随即被人解救。刘守光失败后，冯道逃奔到太原，监军使张承业招他为本院巡官。张承业器重冯道的文章操行，冯道很受礼遇厚待。当时有个叫周玄豹的，善于评论人，但与冯道不融洽，就对张承业说：“姓冯的没有发展的前途，您不可过分任用。”当时河东记室卢质闻知此言说：“我曾见过杜黄裳司空的肖像图，冯道的相貌和他十分类似，将来必受重用，周玄豹的话不值得听信。”张承业随即荐举冯道为河东镇府从事，不久又被委任为太原掌书记。当时庄宗李存勖兼并占有河北，文书事务极为繁多，全委托给冯道处理。

庄宗同梁军在黄河两岸对峙。一天，郭崇韬因众将校中吃闲饭无事可做的人数量过多，主管部门供给不上，请求稍稍裁减。李存勖发怒说：“我为卖命效力的人谋取食物都不自由，给河北三镇三军将士另外选择一个人当主帅，我自请返归太原来为贤者让路。”他立即命令冯道当面草拟文辞，准备向他的部众宣布。冯道执笔很久，李存勖神色严肃地催促他，冯道慢慢地起身回答说：“我所担任的是文职工作，怎敢不按职责办事。但如今大王屡建大功，正在平定南方贼寇，郭崇韬的进谏，并不过分失当，拒绝他就可以了。千万不可用刚才的话，引起部众喧哗骚动。敌人倘若知道，就认为大王君臣之间不和了。望您深思熟虑，则天下大幸啊。”不一会儿郭崇韬前来道歉，这是由于冯道的劝解，人们这才看重冯道的胆量。

庄宗即位邺宫，除省郎，充翰林学士，自绿衣赐紫。梁平，迁中书舍人、户部侍郎。丁父忧，持服于景城。遇岁俭，所得俸余，悉赈于乡里，道之所居，唯蓬茨而已，凡牧宰馈遗，斗粟匹帛，无所受焉。时契丹方盛，素闻道名，欲掠而取之，会边人有备，获免。

明宗入洛，遽谓近臣安重诲曰："先帝时冯道郎中何在？"重诲曰："近除翰林学士。"明宗曰："此人朕素谙悉，是好宰相。"俄拜端明殿学士，端明之号，自道始也。未几，迁中书侍郎、刑部尚书平章事。凡孤寒士子，抱才业、素知识者，皆与引用，唐末衣冠，履行浮躁者，必抑而置之。有工部侍郎任赞，因班退，与同列戏道于后曰："若急行，必遗下《兔园册》。"道知之，召赞谓曰："《兔园册》皆名儒所集，道能讽之。中朝士子止看文场秀句，便为举业，皆窃取公卿，何浅狭之甚耶！"赞大愧焉。复有梁朝宰臣李琪，每以文章自擅，曾进《贺平中山王都表》，云"复真定之逆城"。道让琪曰："昨来收复定州，非真定也。"琪昧于地理，顿至折角。其后百僚上明宗徽号凡三章，道自为之，其文浑然，非流俗之体，举朝服焉。道尤长于篇咏，秉笔则成，典丽之外，义含古道，必为远近传写，故渐畏其高深，由是班行肃然，无浇醨之态。继改门下侍郎、户部吏部尚书、集贤殿弘文馆大学士，加尚书左仆射，封始平郡公。一日，道因上谒既退，明宗顾谓侍臣曰："冯道性纯俭，顷在德胜寨居一茅庵，与从人同器食，卧则刍藁一束，其心晏如也。及以父忧退归乡里，自耕樵采，与农夫杂处，略不以素贵介怀，真士大夫也。"

【译文】

庄宗在邺宫即位，任命冯道为尚书省郎官，充翰林学士，官服由绿衣改赐高官的紫服。在平定梁朝时，他又被迁升为中书舍人、户部侍郎。到他父亲去世后，冯道在景城守孝服丧。灾荒之年，冯道便将自己所得俸禄的节余，全用作赈济分给乡里百姓。冯道所居住的，只是柴门茅屋而已。凡是州守县令的馈赠，冯道连一斗粮食、一匹绢帛都不接受。当时契丹势力正盛，早就听说冯道的名声，打算劫掠而夺取他；适逢边境军队有防备，冯道得以免遭厄运。

唐明宗进入洛阳之时，立即对身边大臣安重诲说："先皇帝时的冯道郎中现在在什么地方呢？"安重诲回答道："新近被任命为翰林学士。"明宗说："这个人朕非常熟悉，他是个好宰相。"不久任命冯道为端明殿学士。因而端明这个称号，从冯道开始使用。不久，冯道迁升中书侍郎、刑部尚书平章事。凡是出身卑微的士人学子，具有才干学识的，冯道全都加以引荐任用；像唐末官员操行浮躁的，冯道必定抑制而弃置不用。有个工部侍郎任赞，趁着列班退朝，和同僚在后面奚落冯道说："倘若行走太急，必定会掉下《兔园册》（乡儒习书）。"冯道知道后，召见任赞说："《兔园册》都是名儒所集录的，我能背诵。朝中士人只看考场文章的佳句，便当作科举学业，都想借以窃取公卿高位，为何浮浅狭隘到如此地步呀！"任赞大为惭愧。又有原后梁宰辅大臣李琪，常以写文章作为自己的专长，曾经献进《贺平中山王都表》，说什么"收复真定之叛城"。冯道责备李琪说："日前收复的是定州，不是真定。"李琪不明地理，顿时被驳正受挫。此后朝廷百官总共三次进献上明宗徽号的表章，都由冯道亲笔撰写。其文浑然一体，不同流行庸俗的体制，举朝上下为之叹服。冯道尤其擅长文章诗词，提笔即成，除了词语典雅华丽之外，还具义理包含古道，必定被远近四方传诵抄写。所以群臣逐渐敬畏冯道学问的高深，从此朝班行列风气严肃，没有轻薄之态。接着冯道改官门下侍郎、户部吏部尚书、集贤殿弘文馆大学士，加官尚书左仆射，封始平郡公。有一天，在冯道朝见退下后，唐明宗回头对侍从大臣说："冯道天性纯朴，先前在德胜寨居住在一个茅草小庵，和随从同用一个餐具吃饭，睡觉就用干草一捆，他心境平和、安定。当他因父亲去世离任回乡，一点不把尊贵放在心上，亲自耕作打柴，和农夫共处，是真正的士大夫啊。"

天成、长兴中，天下屡稔，朝廷无事。明宗每御延英，留道访以外事，道曰："陛下以至德承天，天以有年表瑞，更在日慎一日，以答天心。臣每记在先皇霸府日，曾奉使中山，经井陉之险，忧马有蹶失，不敢怠于衔辔。及至平地，则无复持控，果为马所颠仆，几至于损。臣所陈虽小，可以喻大。陛下勿以清晏丰熟，便纵逸乐，兢兢业业，臣之望也。"明宗深然之。他日又问道曰："天下虽熟，百姓得济否？"道曰："谷贵饿农，谷贱伤农，此常理也。臣忆得近代有举子聂夷中《伤田家诗》云：'二月卖新丝，五月粜秋谷，医得眼下疮，剜却心头肉。我愿君王心，化作光明烛，不照绮罗筵，偏照逃亡屋。"明宗曰："此诗甚好。"遂命侍臣录下，每自讽之。道之发言简正，善于裨益，非常人所能及也。时以诸经舛缪，同列李愚委学官田敏等，取西京郑覃所刊石经，雕为印板，流布天下，后进赖之。

明宗崩，唐末帝嗣位，以道为山陵使，礼毕，出镇同州，循故事也。道为政闲澹，狱市无挠。一日，有上介胡饶，本出军吏，性粗犷，因事诟道于牙门，左右数报不应。道曰："此必醉耳！"因召入，开尊设食，尽夕而起，无挠愠之色。未几，入为司空。

【译文】

天成、长兴年间，全国各地都连年丰收，朝廷内外清闲无事。唐明宗每次在延英殿会见朝臣，都留下冯道向他咨询外部事宜。冯道说："陛下的德行奉天承运，上天便用年成丰收来指示吉祥，然而现在更需陛下一天比一天谨慎，用以回报上天的心意。臣常常回忆起在先皇藩镇府邸时，曾奉命出使中山，经过井陉的险关，担心马会失蹄跌倒，不敢大意放松缰绳；但当我走到平地，就不再留心控制，结果被马绊倒，差点丧命。臣下所陈述的事虽然小，却可以比喻大事。陛下不要因为太平丰收，便放纵享乐；而君主您依然兢兢业业，是臣下所盼望的。"唐明宗深以为是。又有一天，明宗又问冯道说："天下虽然丰收，但百姓能得到接济否？"冯道说："粮价贵了农民要受饿，粮价贱了又会伤农。这是很正常的道理。臣下记得近代有个举子聂夷中写的《伤田家诗》云：'二月卖新丝，五月粜秋谷，医得眼下疮，剜却心头肉。我愿君王心，化作光明烛，不照绮罗筵，偏照逃亡屋，"明宗说："此诗很好。"马上命令侍臣记录下来，经常自己讽诵。冯道发表言论简洁纯正，善于裨益朝政，不是常人所能比得上的。当时因为各种儒学经文大多错误很多，冯道就和同僚李愚委托学官田敏等人，用西京郑覃所刊石经，雕成可供印刷的木版，颁发全国各地，后来求学的人获益匪浅。

唐明宗去世后，唐末帝继位，任用冯道为山陵使，明宗的葬礼结束后，冯道离京领镇同州，这是依照惯例安排的。冯道为政清闲淡泊，凡政治经济政策不做太多更动，无所干扰。一天，有个上介人胡饶，原本出身军吏，性格粗鲁，因为某事在衙门辱骂冯道，左右侍从多次报告，冯道都不加理睬。冯道说："这必定是醉了！"因而召见入内，陈列樽俎摆设食物，到晚上胡饶才起身回去，冯道脸上没有恼怒之色。不久，冯道又入京为司空。

契丹入汴，道自襄、邓召入，戎王因从容问曰："天下百姓，如何可救？"道曰："此时百姓，佛再出救不得，唯皇帝救得。"其后衣冠不至伤夷，皆道与赵延寿阴护之所至也。

是岁三月，随契丹北行，与晋室公卿俱抵常山。俄而戎王卒，永康王代统其众。及北去，留其族解里以据常山。时汉军愤激，因共逐出解里，寻复其城。道率同列，四出按抚，因事从宜，各安其所。人或推其功，道曰："儒臣何能为，皆诸将之力也。"道以德重，人所取则，乃为众择诸将之勤宿者，以骑校白再荣权为其帅，军民由是帖然，道首有力焉。道在常山，见有中国士女为契丹所俘者，出橐装以赎之，皆寄于高尼精舍，后相次访其家以归之。

又，契丹先留道与李崧、和凝及文武官等在常山，是岁闰七月二十九日，契丹有伪诏追崧，令选朝士十人赴木叶山行事。契丹麻答召道等至帐所，欲谕之，崧偶先至，知其旨，惧形于色。麻答将以明日与朝士齐遣之，崧乃不俟道，与凝先出，既而相遇于帐门之外，因与分手俱归。俄而李筠等纵火与契丹交斗，鼓噪相及。是日若齐至，与麻答相见，稍或踌躇，则悉为俘矣。时论者以道布衣有至行，立公朝有重望，其阴报昭感，多此类也。

【译文】

契丹攻入汴京，冯道由襄、邓地区被征召入朝，契丹国主就随和地问他："怎样才可解救天下百姓？"冯道说："这时的百姓，就是佛祖再出世都不能救助他们，而今只有皇帝您能救得了。"后来中原百姓不至被斩尽杀绝，都是冯道和赵延寿暗地里救护的结果。

就在这年三月，冯道随契丹人北上，和晋室公卿大臣一齐抵达常山。不久，契丹国主去世，永康王耶律兀接着统率契丹部众。当永康王北归离去，留下他本族耶律解里占据常山。当时汉军群情激愤，就一同赶走解里，旋即光复常山城。冯道率领同僚，四处安抚，因事制宜，分别安定各方。有人推许他的功劳，冯道说："儒臣能做什么，这都是众将领的力量啊。"冯道以德行受到尊重，成为人们效法的榜样，于是为部众挑选将领中勤勉老成的，让骑校白再荣临时为主帅。军队因此能够安定顺服，冯道在其中起到首要作用。冯道在常山，经常用行李中的钱财来赎取被契丹军队所俘获的中原男女，把他们暂时安置在僧尼寺院，然后一一寻访他们的家人送他们回家。

又有一事，契丹人先前留下冯道和李崧、和凝以及文武官员等在常山。在这年的闰七月二十九日，耶律兀下诏书征召李崧，要他挑选朝廷官员十人赶赴木叶山安葬耶律德光。契丹将领麻答召见冯道等到帅帐，准备通知他们，李崧偶然先到，得知诏书旨意，现出恐惧的神色。麻答准备在第二天将他们和十名朝廷官员一齐遣送，李崧于是不等冯道到来，同和凝先出走；过了一会儿冯道和他们在帐门外相遇，就离开契丹人一起回归。不久李筠等纵火同契丹军队交战，刀枪相加。这天倘若冯道和李崧等一齐到达，和麻答相见，稍有犹豫，就全被契丹俘获了。当时评论的人认为冯道当平民时就有高尚品行，有重大声望远播朝廷内外，他感通神灵而受到暗中保护，因此他的事迹大多都是这一类。

及自常山入觐，汉祖嘉之，拜守太师。乾祐中，道奉朝请外，平居自适。一日，著《长乐老自叙》云：

"余世家宗族，本始平、长乐二郡，历代之名实，具载于国史家牒。余先自燕亡归晋，事庄宗、明宗、闵帝、清泰帝，又事晋高祖皇帝、少帝。契丹据汴京，为戎主所制，自镇州与文武臣僚、马步将士归汉朝，事高祖皇帝、今上。顾以久叨禄位，备历艰危，上显祖宗，下光亲戚。亡曾祖讳凑，累赠至太傅，亡曾祖母崔氏，追封梁国太夫人；亡祖讳炯，累赠至太师，亡祖母褚氏，追封吴国太夫人；亡父讳良建，秘书少监致仕，累赠至尚书令，母张氏，追封魏国太夫人。

余阶自将仕郎，转朝议郎、朝散大夫、银青光禄大夫、金紫光禄大夫、特进、开府仪同三司。职自幽州节度巡官、河东节度巡官、掌书记，再为翰林学士，改授端明殿学士、集贤殿大学士、太微宫使，再为弘文馆大学士，又充诸道盐铁转运使、南郊大礼使、明宗皇帝晋高祖皇帝山陵使，再授定国军节度、同州管内观察处置等使，一为长春宫使，又授武胜军节度、邓随均房等州管内观察处置等使。官自摄幽府参军、试大理评事、检校尚书祠部郎中兼侍御史、检校吏部郎中兼御史中丞、检校太尉，同中书门下平章事、检校太师、兼侍中，又授检校太师、兼中书令。正官自行台中书舍人，再为户部侍郎，转兵部侍郎、中书侍郎，再为门下侍郎、刑部吏部尚书、右仆射，三为司空，两在中书，一守本官，又授司徒、兼侍中，赐私门十六戟，又授太尉、兼侍中，又授戎太傅，又授汉太师。

爵自开国男至开国公、鲁国公，再封秦国公、梁国公、燕国公、齐国公。食邑自三百户至一万一千户，食实封自一百户至一千八百户。勋自柱国至上柱国。功臣名自经邦致理翊赞功臣至守正崇德保邦致理功臣、安时处顺守义崇静功臣、崇仁保德宁邦翊圣功臣。

【译文】

等到冯道从常山入京觐见，汉高祖赞赏他，任命他为守太师。乾祐年间，除了上朝觐见外，冯道平时安闲自适。有一天，他写了一篇《长乐老自叙》云：

“我出身于世代承袭的宗族，出自始平、长乐二郡，历代人的声名业绩，都记载在国史和家谱之中。我先从燕地逃归太原，侍奉唐庄宗、明宗、闽帝、清泰帝，又侍奉晋高祖皇帝、少帝。契丹入据汴京，被戎狄君主所挟制，从镇州和文武臣僚、马步军将士投归汉朝，侍奉高祖皇帝、当今皇上。回顾自己长久享受俸禄官位，经历各种艰难危险，上可显耀祖宗，下能光荣亲戚。已故曾祖名凑，屡次赠授官至太傅，已故曾祖母崔氏，追封为梁国太夫人；已故祖父名炯，屡次赠授官至太师，已故祖母褚氏，追封为吴国太夫人；已故父亲名良建，曾以秘书少监退休，最终赠官至尚书令，母亲张氏，追封为魏国太夫人。

“我的官阶由将仕郎，升为朝议郎、朝散大夫、银青光禄大夫、金紫光禄大夫、特进、开府仪同三司。职务从幽州节度巡官、河东节度巡官到掌书记，再为翰林学士，改授端明殿学士、集贤殿大学士、太微宫使，再为弘文馆大学士，又充任诸道盐铁转运使、南郊大礼使、唐明宗皇帝晋高祖皇帝山陵使，再授定国军节度、同州管内观察处置等使，一为长春宫使，又授武胜军节度、邓随均房等州管内观察处置等使。官从摄幽州参军、试大理评事、检校尚书祠部郎中兼侍御史、检校吏部郎中兼御史中丞、检校太尉，直到同中书门下平章事、检校太师、兼侍中，又授检校大师、兼中书令。正官从行台中书舍人，再为户部侍郎，转兵部侍郎、中书侍郎，再为门下侍郎。刑部吏部尚书、右仆射，三为司空，两在中书，一守本官，又授司徒、兼侍中，赐私门十六戟，又授太尉、兼侍中，又授契丹太傅，又授汉太师。爵从开国男至开国公、鲁国公，再封秦国公、梁国公、燕国公、齐国公。食邑由三百户增加到一万一千户，实际享受的租赋从一百户至一千八百户。我的功勋从柱国至上柱国。我的功臣名号从经邦致理翊赞功臣，至守正崇德保邦致理功臣、安时处顺守义崇静功臣、崇仁保德宁邦翊圣功臣。

“先娶故德州户掾褚讳濆女，早亡；后娶故景州弓高县孙明府讳师礼女，累封蜀国夫人。亡长子平，自秘书郎授右拾遗、工部度支员外郎；次子吉，自秘书省校书郎授膳部金部职方员外郎、屯田郎中；第三亡子可，自秘书省正字授殿中丞、工部户部员外郎；第四子幼亡；第五子义，自秘书郎改授银青光禄大夫、检校国子祭酒兼御史中丞，充定国军衙内都指挥使，职罢改授朝散大夫、左春坊太子司议郎、授太常丞；第六子正，自协律郎改授银青光禄大夫、检校国子祭酒兼御史中丞，充定国军节度使，职罢，改授朝散大夫、太仆丞。长女适故兵部崔侍郎讳衍子太仆少卿名绚，封万年县君；三女子早亡。二孩幼亡。

“唐长兴二年敕，瀛州景城县庄来苏乡改为元辅乡，朝汉里为孝行里。洛南庄贯河南府洛阳县三州乡灵台里，奉晋天福五年敕，三州乡改为上相乡，灵台里改为中台里，时守司徒、兼侍中；又奉八年敕，上相乡改为太尉乡，中台里改为侍中里，时守太尉、兼侍中。

“静思本末，庆及存亡，盖自国恩，尽从家法，承训诲之旨，关教化之源，在孝于家，在忠于国，口无不道之言，门无不义之货。所愿者下不欺于地，中不欺于人，上不欺于天，以三不欺为素。贱如是，贵如是，长如是，老如是，事亲、事君、事长、临人之道，旷蒙天恕，累经难而获多福，曾陷蕃而归中华，非人之谋，是天之佑。

【译文】

“我最先娶了原德州户掾褚濆之女，却不幸早年亡故；后来又娶了原景州弓高县明府孙师礼的女儿，她的封号一直加到蜀国夫人。长子冯平，已经病故，由秘书郎授右拾遗、工部度支员外郎；次子冯吉，从秘书省校书郎授膳部金部职方员外郎、屯田郎中；已故第三子冯可，从秘书省正字授殿中丞、工部户部员外郎；第四子幼年亡故；第五子冯义，从秘书郎改授银青光禄大夫、检校国子祭酒兼御史中丞，充任定国军衙内都指挥使，职罢改授朝散大夫、左春坊太子司议郎，授太常丞；第六子冯正，从协律郎改授银青光禄大夫、检校国子祭酒兼御史中丞，充任定国军节度使，职罢改授朝散大夫、太仆丞。长女嫁给原兵部侍郎崔衍之子太仆少卿崔绚，被封为万年县君；有三个女儿早年夭亡。两个孙子幼年丧命。

唐长兴二年下诏，瀛洲景城县所在的老家来苏乡改名为元辅乡，朝汉里改为孝行里。洛南老家原籍河南府洛阳县三州乡灵台里，奉晋天福五年敕令，三州乡改为上相乡，灵台里改为中台里，当时我任职司徒、兼传中；又奉天福八年敕令，上相乡改为太尉乡，中台里改为侍中里，当时我任职大尉、兼侍中。

“冷静思考我一生的经历，生者亡者都得到幸福，这是由于国家的恩惠，全遵从家庭的教育。我承蒙教诲的要义，有关教化的根本在于在家尽孝，在国尽忠，口中不讲不道德的话，家里没有不义之财。我所希望的是下不欺骗地，中不欺骗人，上不欺骗天，以这三不欺为本。我贫贱时这样，显贵时这样，壮年时这样，老年时这样，把这几点作为侍奉双亲、侍奉君主、侍奉尊长、待人接物的准则。得到上天特大的宽恕，我多次经历灾难却能幸存，曾经失身外邦但最终得返回中原，这不是人为的谋略，这是上天的保佑。

“六合之内有幸者，百岁之后有归所。无以珠玉含，当以时服敛，以籧篨葬，及择不食之地而葬焉，以不及于古人故。祭以特羊，戒杀生也，当以不害命之物祭。无立神道碑，以三代坟前不获立碑故。无请谥号，以无德故。

“又念自宾佐至王佐及领藩镇时，或有微益于国之事节，皆形于公籍。所著文章篇咏，因多事散失外，收拾得者，编于家集，其间见其志。知之者，罪之者，未知众寡矣。有庄、有宅、有群书，有二子可以袭其业。于此日五盥，日三省，尚犹日知其所亡，月无忘其所能。为子、为弟、为人臣、为师长、为夫、为父，有子、有犹子、有孙，奉身既有余矣。为时乃不足，不足者何？不能为大君致一统、定八方，诚有愧于历职历官，何以答乾坤之施。时开一卷，时饮一杯，食味、别声、被色，老安于当代耶！老而自乐，何乐如之！时乾祐三年朱明月长乐老序云。”

及太祖平内难，议立徐州节度使刘赟为汉嗣，遣道与秘书监赵上交、枢密直学士王度等往迎之。道寻与赟自徐赴汴，行至宋州，会澶州军变。枢密使王峻遣郭崇领兵至，屯于衙门外，时道与上交等宿于衙内。是日，赟率左右甲士阖门登楼，诘崇所自，崇言太祖已副推戴。左右知其事变，以为道所卖，皆欲杀道等以自快。赵上交与王度闻之，皆惶怖不知所为，唯道偃仰自适，略无惧色，寻亦获免焉。道微时尝赋诗云："终闻海岳归明主，未省乾坤陷吉人。"至是，其言验矣。

【译文】

"天地四方之间有我这样的幸存者，百岁归天后有葬身之地，不要用珠玉含在嘴里入葬，当用平时的服装收殓，用粗竹席裹尸，并要选择不毛之地下葬，这是因为我比不上古代贤人。祭祀只用一只羊，是为了表示戒绝杀生，应当用不伤害生命的物品作为祭品。不要立神道碑，因为我祖上三代坟前没有获得立碑。不要请求谥号，因为我没有德行。

"又考虑到自任幕僚宾佐到君王辅佐以及典领藩镇时，偶尔有稍微对国家有益的事情，都全都记入公家簿籍。我所写的诗歌文章，除因战乱而散失的都编入家集。从中可以看到我的志向，赏识的或指责的，就不知谁多谁少了。我有庄园、有宅第、有大批书籍，有两个儿子可以继承家业。在此一日五次盥洗，一天三次反省，尚能每日知道所失去的，每月不忘记所能做的。我当儿子、当弟弟、当人臣、当师长、当丈夫、当父亲，有儿子、有侄子、有孙子，侍奉我已绰绰有余了。但时间仍然感到不够，感到时间不够的是为什么呢？是不能为君主实现一统天下，安定四面八方；实在有愧于历任职官，还能用什么来报答天地的恩惠？时时读一卷书，时时喝上一杯茶，品尝佳肴，欣赏音乐，身着美衣，在当代就这样安度晚年。晚年能够自寻欢乐，这是多么可喜的事情啊。时乾祐三年，长乐老自序。"

当周太祖平息内部动乱，商议拥立徐州节度使刘赟为汉室继位者，派冯道和秘书监赵上交、枢密直学士王度等前往迎接。冯道和刘赟不久从徐州赶赴汴州，走到宋州，遇到澶州兵变。枢密使王峻派遣郭崇领兵到达，屯驻在宋州军府衙门外，当时冯道和赵上交等人住宿在军府衙内。这一天，刘赟率领侍从武士关上府门登上门楼，盘问郭崇来自何方，郭崇说郭威已经接受推举拥戴即位。刘赟身边将吏知道京城事变后，以为被冯道所出卖，都想杀死冯道等人来痛快一番。赵上交和王度听说后，都惶恐不知所措。只有冯道应付自如，毫无惧色，不久也得以免遭祸难。冯道贫微时曾经赋诗道："终闻海岳归明主，未省乾坤陷吉人。"这时他的话应验。

广顺初，复拜太师、中书令，太祖甚重之，每进对不以名呼。及太祖崩，世宗以道为山陵使。会河东刘崇入寇，世宗召大臣议欲亲征，道谏止之，世宗因言："唐初，天下草寇蜂起，并是太宗亲平之。"道奏曰："陛下得如太宗否？"世宗怒曰："冯道何相少也！"乃罢。及世宗亲征，不令扈从，留道奉太祖山陵。时道已抱疾。及山陵礼毕，奉神主归旧宫，未及祔庙，一夕薨于其第，时显德元年四月十七日也，享年七十有三。世宗闻之，辍视朝三日，册赠尚书令，追封瀛王，谥曰文懿。

道历任四朝，三入中书，在相位二十余年，以持重镇俗为己任，未尝以片简扰于诸侯，平生甚廉俭，逮至末年，闺庭之内，稍徇奢靡。其子吉，尤恣狂荡，道不能制，识者以其不终令誉，咸叹惜之。

【译文】

冯道在周广顺初年又被任命为太师、中书令。周太祖非常器重他，在他每次进朝应对时从不直呼其名。等到太祖去世，世宗任命冯道为山陵使。正逢河东刘崇领兵进犯，世宗召见大臣商议，冯道劝谏阻止世宗亲自出征，周世宗就说："唐朝初年，天下草贼蜂起，都是唐太宗亲自领兵平定的。"冯道上奏说："陛下能做到和唐太宗一样吗？"周世宗发怒说；"冯道何等小看我啊！"于是作罢。及至周世宗亲自出征，不让冯道随从，留冯道侍奉周太祖陵墓。当时冯道已经抱病在身。及至周太祖灵柩安葬大礼完毕，冯道护送神主返归旧宫，还没来得及行祔庙礼，一天晚上在自己宅第里去世，那是显德元年四月十七日，冯道享年七十三岁。周世宗闻讯，停止上朝三天，册封赠授冯道尚书令，追封为瀛王，谥号为文懿。

冯道历任四朝之官，三次进入中书门下，在相位达二十余年，以守成持重稳定天下为自己的职责，没有用片言只语打扰过藩镇诸侯。他平生极为廉洁俭朴，直到晚年，闺阁庭园之内才逐渐趋向奢侈糜费。他的儿子冯吉，特别恣肆放荡，冯道不能约束他；熟识的人因冯道不能最终保持好名声，全都感叹惋惜。

〔新五代史〕

梁本纪

太祖神武元圣孝皇帝，姓朱氏，宋州砀山午沟里人也。其父诚，以《五经》教授乡里，生三子，曰全昱、存、温。诚卒，三子贫，不能为生，与其母佣食萧县人刘崇家。全昱无他材能，然为人颇长者。存、温勇有力，而温尤凶悍。

唐僖宗乾符四年，黄巢起曹、濮，存、温亡入贼中。巢攻岭南，存战死。巢陷京师，以温为东南面行营先锋使，攻陷同州，以为同州防御使。是时，天子在蜀，诸镇会兵讨贼。温数为河中王重荣所败，屡请益兵于巢，巢中尉孟楷抑而不通。温客谢瞳说温曰："黄家起于草莽，幸唐衰乱，直投其隙而取之尔，非有功德兴王之业也，此岂足与共成事哉！今天子在蜀，诸镇之兵日集以谋兴复，是唐德未厌于人也。且将军力战于外，而庸人制之于内，此章邯所以背秦而归楚也。"温以为然，乃杀其监军严实，自归于河中，因王重荣以降。都统王铎承制拜温左金吾卫大将军、河中行营招讨副使，天子赐温名全忠。

【译文】

梁太祖神武元圣孝皇帝，姓朱，是宋州砀山午沟里人。他的父亲朱诚，在乡里教授《五经》，生有三个儿子，名叫朱全昱、朱存、朱温。朱诚去世，三个儿子贫困，不能操持生计，和母亲在萧县人刘崇家打工吃饭。朱全昱没有其他才能，然而为人颇有长者风度。朱存、朱温勇猛有力气，而朱温尤其凶狠强悍。

唐僖宗乾符四年，黄巢在曹州、濮州一带起事，朱存、朱温流亡进入贼寇中间。黄巢进攻岭南，朱存战死。黄巢攻陷京城，任命朱温为东南面行营先锋使。朱温攻陷同州，被任命为同州防御使。当时天子唐僖宗在蜀地，各路藩镇会合兵马讨伐贼寇。朱温多次被河中节度使王重荣击败，屡次向黄巢请求增兵，黄巢的中尉孟楷压住不通报。朱温门客谢瞳劝说朱温道："黄家起于草莽之中，侥幸遇上唐朝衰败动乱，只是时机凑巧而取得成功，不是有功劳德行而振兴统一天下的大业，这哪里值得与他共成事业呢！如今天子在蜀地，各外藩镇的军队日益集结来图谋复兴王室，这表明唐室德运还没有被人厌弃啊！况且将军在外拼力作战，庸人在内极力牵制，这是章邯当年背叛秦朝而归附楚王项羽的形势啊！”朱温认为很有道理，于是杀死他的监军严实，自己向河中归附，通过节度使王重荣投降唐朝。诸道行营都统王铎承奉制命授朱温为左金吾卫大将军、河中行营招讨副使，天子唐僖宗赐朱温名为全忠。

中和三年三月，拜全忠汴州刺史、宣武军节度使。四月，诸镇兵破巢，复京师。巢走蓝田。七月丁卯，全忠归于宣武。是岁，黄巢出蓝田关，陷蔡州，节度使秦宗权叛附于巢，遂围陈州。徐州时溥为东南面行营兵马都统，会东诸镇兵以救陈。陈州刺史赵犨亦乞兵于全忠。溥虽为都统而不亲兵。四年，全忠乃自将救犨，率诸镇兵击败巢将黄邺、尚让等。犨以全忠为德，始附属焉。是时，河东李克用下兵太行，度河，出洛阳，与东兵会击巢。巢已败去，全忠及克用追败之于鄾城。巢走中牟，又败之于王满。巢走封丘，又大败之。巢挺身东走，至泰山狼虎谷，为时溥追兵所杀。九月，天子以全忠为检校司徒、同中书门下平章事，封沛郡侯。光启二年三月，进爵王。义成军乱，逐其节度使安师儒，推牙将张骁为留后，师儒来奔，杀之。遣朱珍、李唐宾陷滑州，以胡真为留后。十二月，徙封吴兴郡王。

自黄巢死，秦宗权称帝，陷陕、洛、怀、孟、唐、许、汝、郑州，遣其将秦贤、卢瑭、张晊攻汴。贤军板桥，晊军北郊，瑭军万胜，环汴为三十六栅。王顾兵少，不敢出。乃遣朱珍募兵于东方，而求救于兖、郓。三年春，珍得万人、马数百匹以归。乃击贤板桥，拔其四栅。又击瑭万胜，瑭败，投水死。宗权闻瑭等败，乃自将精兵数千，栅北郊。五月，兖州朱瑾、郓州朱宣来赴援。王置酒军中，中席，王阳起如厕，以轻兵出北门袭晊，而乐声不辍。晊不意兵之至也，兖、郓之兵又从而合击，遂大败之，斩首二万余级。宗权与晊夜走，过郑，屠其城而去。宗权至蔡，复遣张晊攻汴。王闻晊复来，登封禅寺后冈，望晊兵过，遣朱珍蹑之，戒曰：“晊见吾兵，必止。望其止，当速返，毋与之斗也。”已而晊见珍在后，果止。珍即驰还。王令珍引兵蔽大林，而自率精骑出其东，伏大冢间。晊止而食，食毕，拔旗帜，驰击珍。珍兵小却，王引伏兵横出，断晊军为三而击之。晊大败，脱身走。宗权怒，斩晊。而河阳、陕、洛之兵为宗权守者，闻蔡精兵皆已歼于汴，因各溃去。故诸葛爽将李罕之取河阳、张全义取洛阳以来附。十月，天子使来，赐王纪功碑。朱宣、朱瑾兵助汴，已破宗权东归，王移檄兖、郓，诬其诱汴亡卒以东，乃发兵攻之，取其曹州、濮州。遂遣朱珍攻郓州，大败而还。十二月，天子使来，赐王铁券及德政碑。

【译文】

中和三年三月，授朱全忠为汴州刺史、宣武军节度使。四月，各路藩镇军队击败黄巢，收复京师。黄巢逃奔到蓝田。七月丁卯日，朱全忠返归宣武军节度使治所汴州。这一年，黄巢军队从蓝田关而出，攻陷蔡州，奉国军节度使秦宗权叛唐归附黄巢，于是围困陈州。徐州感化节度使时溥任东南面行营兵马都统，会同东部各藩镇军队来援救陈州。陈州刺史赵犨也向朱全忠乞求援兵。时溥虽然身为都统而不亲自领兵。中和四年，朱全忠就亲自率领军队救援赵犨，统领其他藩镇军队击败黄巢的将领黄邺、尚让等。赵犨感激朱全忠的恩德，开始附属于他。这时候，河东节度使李克用率军南下太行山，渡过黄河，从洛阳而出，与东面军队会合攻击黄巢。黄巢已经战败离去，朱全忠和李克用追赶到郾城击败他。黄巢逃奔中牟，又在王满战败。黄巢逃奔至封丘，又被打得大败。黄巢自身向东逃跑，到达泰山狼虎谷，被时溥的追兵杀死。九月，天子唐僖宗封朱全忠为检校司徒、同中书门下平章事，封爵为沛郡侯。唐僖宗光启二年三月，朱全忠晋爵为王。义成军发生叛乱，驱逐节度使安师儒，推举牙将张骁为义成留后，安师儒前来投奔，朱全忠杀了他。朱全忠派遣朱珍、李唐宾攻陷滑州，任命胡真为义成留后。十二月，朱全忠改封为吴兴郡王。

自从黄巢死后，秦宗权自称皇帝，攻陷陕州、洛州、怀州、孟州、唐州、许州、汝州、郑州，派遣他的将领秦贤、卢瑭、张晊进攻汴州。秦贤进军到板桥，张晊进军到汴州北郊，卢瑭进军到万胜，环绕汴州城安扎三十六座营寨。吴兴郡王朱全忠顾忌兵力单薄，不敢出击。于是派遣朱珍到东方招募兵员，同时向兖州、郓州求救。光启三年春天，朱珍募集得兵员一万人、马几百匹而归来。于是进攻板桥的秦贤部，攻拔他的四座营寨。又进攻万胜的卢瑭部，卢瑭战败，投水而死。秦宗权听说卢瑭等部兵败，就亲自率领精兵几千人，在汴州北郊安营扎寨。五月，兖州朱瑾、郓州朱宣前来赶赴救援。吴兴郡王在军中设置酒宴，酒席中间，吴兴郡王假装上厕所，率领轻骑兵出北门袭击张晊，而宴席的鼓乐之声没有停止。张晊不料军队会到达，兖州、郓州的军队又随之合力夹击，于是大败张晊部，斩首二万多级。秦宗权和张晊当夜逃跑，经过郑州，屠杀郑州百姓而后离开。秦宗权到达蔡州，又派遣张晊进攻汴州。吴兴郡王听说张晊又来，登上封禅寺后面山冈，望见张晊军队经过，派遣朱珍跟踪，告诫说："张晊看到我们的军队，一定会停止前进。望见他们停止前进，应当急速返回，不要和他交战。"不久张晊看到朱珍军队在后面，果然停止前进。朱珍立即奔驰返回。吴兴郡王命令朱珍领兵隐蔽在大树林，而自己率领精锐骑兵从东面出来，埋伏在大山之间。张晊停下来吃饭，吃完饭，拔起旗帜，奔驰攻击朱珍军队。朱珍军队稍稍退却，吴兴郡王率领埋伏军队横向出击，将张晊军队断为三截而攻击他。张晊大败，自己脱身逃跑。秦宗权大怒，斩杀张晊。而为秦宗权守卫河阳、陕州、洛州的军队，听说蔡州的精锐部队已经在汴州被歼，因此各自溃散离去。原诸葛爽的将领李罕之取得河阳、张全义取得洛阳前来归附。十月，天子唐僖宗的使者来到，赐给吴兴郡王纪功碑。朱宣、朱瑾军队帮助汴州，已经打败秦宗权向东返回，吴兴郡王移传檄文声讨兖州、郓州，诬陷他们引诱汴州逃亡士兵往东，就调发军队进攻，取得曹州、濮州。接着派遣朱珍进攻郓州，结果大败而归。十二月，天子唐僖宗的使者来到，赐给吴兴郡王铁券和德政碑。

淮南节度使高骈死，杨行密入扬州。天子以王兼淮南节度使。王乃表行密为副使，以行军司马李璠为留后。璠之扬州，行密不纳。文德元年正月，王如淮南，至宋州而还。是时，秦宗权陷襄州，以赵德諲为节度使。德諲叛于宗权以来附。天子因以王为蔡州四面行营都统，以德諲为副。

三月庚子，僖宗崩。天雄军乱，囚其节度使乐彦贞。其子相州刺史从训攻魏，来乞兵。遣朱珍助从训攻魏。而魏军杀彦贞，从训战死，魏人立罗弘信，珍乃还。张全义取河阳，逐李罕之。罕之奔于河东。李克用遣兵围河阳，全义来求救，遣丁会、牛存节救之，击败河东兵于沇河。

【译文】

淮南节度使高骈死去，杨行密进入扬州。天子唐僖宗任命吴兴郡王兼淮南节度使。吴兴郡王于是上表荐举杨行密为节度副使，任命行军司马李璠为留后。李璠前往扬州，杨行密不接纳他。唐僖宗文德元年正月，吴兴郡王前往淮南，到达宋州而返回。当时，秦宗权攻陷襄州，任命赵德諲为节度使。赵德諲背叛秦宗权而来归附。天子唐僖宗因此任命吴兴郡王为蔡州四面行营都统，任命赵德諲为副都统。

三月庚子日，唐僖宗去世。天雄军发动叛乱，囚禁天雄节度使乐彦贞。乐彦贞的儿子相州刺史乐从训进攻魏州，前来求讨援兵。吴兴郡王派遣朱珍援助乐从训进攻魏州。但魏州军队杀死乐彦贞，乐从训战死，魏州人拥立罗弘信，朱珍于是返回。张全义取得河阳，驱逐李罕之。李罕之逃奔到河东。李克用派兵包围河阳，张全义前来求救，吴兴郡王派遣丁会、牛存节救援他，在沇河击败河东军队。

五月，行营讨蔡州，围之百余日，不克。是时，时溥已为东南面都统，又以王统行营而溥犹称都统，王乃上书，论溥讨蔡无功而不落都统，且欲激怒溥以起兵端。初，高骈死，淮南乱，楚州刺史刘瓚来奔，纳之，及王兵攻蔡不克，还，欲攻徐，乃遣朱珍将兵数千以东，声言送瓚还楚州。溥怒论己，又闻珍以兵来，果出兵拒之。珍战于吴康，大败之，取其丰、萧二县。遂攻宿州，下之。珍屯萧县，别遣庞师古攻徐州。龙纪元年正月，师古败溥于吕梁。淮西牙将申丛执秦宗权，折其足，将槛送京师；别将郭璠杀丛，篡宗权以来献。王遣行军司马李璠献俘于京师，表郭璠淮西留后。三月，天子封王为东平王。七月，朱珍杀李唐宾，王如萧县，执珍杀之，遂攻徐州。冬，大雨，水，不能军而旋。

初，秦宗权遣其弟宗衡掠地淮南，是岁，宗衡为其将孙儒所杀，儒攻杨行密于扬州。淮南大乱，行密走宣州，儒入扬州。大顺元年春，遣庞师古攻孙儒于淮南，大败而还。四月，宿州将张筠以宿州复归于时溥，王自将攻之，不克。

【译文】

五月，各路行营讨伐蔡州，包围蔡州城一百多天，没有攻克。这时，时溥已担任东南面都统，又任命吴兴郡王统领各路行营而时溥仍然称都统，吴兴郡王于是上书朝廷，弹劾时溥讨伐蔡州没有功劳而不除去都统之职，并且想要激怒时溥而挑起战争事端。当初，高骈死后，淮南大乱，楚州刺史刘瓒前来投奔，接纳了他，及至吴兴郡王攻打蔡州不下，便返回，准备进攻徐州，就派遣朱珍领兵数千人向东，声称护送刘瓒返回楚州。时溥恼怒吴兴郡王弹劾自己，又听说朱珍领兵前来，果真出兵抵抗。朱珍在吴康交战，大败时溥军队，攻取他的丰、萧二县。于是进攻宿州，攻下宿州。朱珍驻守萧县，另外派遣庞师古进攻徐州。唐昭宗龙纪元年正月，庞师古在吕梁击败时溥。淮西牙将申丛抓获秦宗权，打断他的脚，准备用囚车送往京师；别将郭璠杀死申丛，夺取秦宗权前来献上。吴兴郡王派遣行军司马李璠到京师献俘虏，上表荐举郭璠为淮西留后。三月，天子唐昭宗封吴兴郡王为东平王。七月，朱珍杀死李唐宾，东平王前往萧县，拘捕朱珍而杀了他，于是进攻徐州。冬天，下大雨、发大水，因不能进兵而返回。

当初，秦宗权派遣他的弟弟秦宗衡抢掠淮南土地，这一年，秦宗衡被他的部将孙儒杀死，孙儒前往扬州进攻杨行密。淮南大乱，杨行密逃奔宣州，孙儒进入扬州。唐昭宗大顺元年春天，东平王派遣庞师古到淮南攻打孙儒，大败而归。四月，宿州将领张筠率宿州重新归附时溥，东平王亲自领兵攻打宿州，没有攻克。

初，黄巢败走，李克用追之，至于冤朐，不及而旋。过汴，驻军于北郊，王邀克用置酒上源驿，夜以兵攻之。克用逾城而免，讼其事于京师，天子知曲在汴而和解之。至是，宰相张濬私与汴交，王厚之以赂，浚为汴请伐河东。唐诸大臣皆以为不可兴师。濬挟汴力，请益坚。天子不得已，许之。五月，以濬为太原四面行营都统，王为东南面招讨使。然王不亲兵，以兵二千属濬而已。浚屯于阴地。河东叛将冯霸杀潞州守将李克恭来降，遣葛从周入潞州。李克用遣康君立攻之，从周走河阳。九月，王如河阳。十月，天子以王兼宣义军节度使，遂如滑州，假道于魏，以攻河东，且责其军须，亦所以怒魏为兵端也。魏人果以谓非兵所当出，而辞以粮乏，皆不许。于是攻魏。十一月，张浚之师大败于阴地。二年正月，王及魏人战于内黄，大败之，屠故元城，罗弘信来送款。十月，克宿州。十一月，曹州将郭绍宾杀其刺史郭饶来降。十二月，丁会败朱瑾于金乡。景福元年二月，攻郓州，前军朱友裕败于斗门，王军后至，又败而还。冬，友裕取濮州，遂攻徐州。二年四月，庞师古克徐州，杀时溥。王如徐州，以师古为留后，遂攻兖、郓。

乾宁元年二月，王及朱宣战于渔山，大败之。二年八月，又败宣于梁山。十一月，又败之于钜野。兖、郓求救于河东，李克用发兵救之，假道于魏。既而魏人击之，克用怒，大举攻魏。罗弘信来求救，遣葛从周救魏。是岁，李克用封晋王。三年五月，战于洹水，擒克用子落落，送于魏，杀之。七月，凤翔李茂贞犯京师，天子出居于华州。王请以兵赴难，天子优诏止之。又请迁都洛阳，不许。四年正月，庞师古克郓州，王如郓州，以朱友裕为留后。遂攻兖州。朱瑾奔于淮南，以葛从周为兖州留后。九月，攻淮南，庞师古出清口，葛从周出安丰，王军屯于宿州。杨行密遣朱瑾先击清口，师古败死。从周亟返兵，至于淠河，瑾又败之。王惧，驰归。

【译文】

当初，黄巢兵败逃跑，李克用追赶，到达冤朐，没有追上而返回。路过汴州，在城北郊外驻军，东平王在上源驿馆设置酒宴邀请李克用，夜晚却领兵进攻他。李克用越墙逃跑而免一死，到京师对此事提起诉讼，天子唐昭宗明知汴州理亏而进行和解。到这时，宰相张浚私下与汴州结交，东平王厚加贿赂，张浚替汴州请求讨伐河东李克用。唐朝廷众大臣都认为不应当兴师出兵。张浚挟持汴州力量，请求越发坚决。天子唐昭宗不得已，准许张浚之请。五月，任命张浚为太原四面行营都统，东平王为东南面招讨使。然而东平王不亲自领兵，只将两千军队交给张浚而已。张浚驻扎在阴地。河东叛将冯霸杀死潞州守将李克恭前来投降，派遣葛从周进入潞州。李克用派遣康君立攻打潞州，葛从周逃奔到河阳。九月，东平王前往河阳。十月，天子唐昭宗任命东平王兼宣义节度使，于是前往滑州，向魏州借路，来进攻河东，并且求取军饷，也为了激怒魏州制造兵争事端。魏州人果真认为不应当出兵，同时以粮食缺乏推却，全都不答应。于是进攻魏州。十一月，张浚的军队在阴地大败。唐昭宗大顺二年正月，东平王与魏人在内黄交战，大败魏人，屠杀原元城，罗弘信派人来表示归顺。十月，攻克宿州。十一月，曹州将领郭绍宾杀死曹州刺史郭饶前来投降。十二月，丁会在金乡击败朱瑾。唐昭宗景福元年二月，进攻郓州，前头部队朱友裕在斗门战败，东平王率领军队随后到达，又战败而返回。冬天，朱友裕取得濮州，于是进攻徐州。唐昭宗景福二年四月，庞师古攻克徐州，杀死时溥。东平王前往徐州，任命庞师古为留后，于是进攻兖州、郓州。

唐昭宗乾宁元年二月，东平王同朱宣在渔山交战，大败朱宣。乾宁二年八月，又在梁山击败朱宣。十一月，又在钜野击败朱宣。兖州、郓州向河东求救，李克用发兵救援他们，向魏州借路。不久魏人攻击河东，李克用发怒，大举进攻魏州。罗弘信前来请求救援，东平王派遣葛从周救援魏州。这一年，李克用被封为晋王。乾宁三年五月，在洹水作战，擒获李克用的儿子李落落，送到魏州，杀死了他。七月，凤翔节度使李茂贞侵犯京师，天子唐昭宗出京居住在华州。东平王请示率军队赶赴京城救难，天子唐昭宗下诏优抚制止出兵。又请求将京都迁到洛阳，没有准许。乾宁四年正月，庞师古攻克郓州，东平王前往郓州，任命朱友裕为郓州留后。于是进攻兖州。朱瑾逃奔到淮南，任命葛从周为兖州留后。九月，进攻淮南，庞师古从清口出兵，葛从周从安丰出兵，东平王进军驻扎在宿州。杨行密派遣朱瑾先攻击清口，庞师古战败身亡。葛从周急忙率兵返回，到达淠河，朱瑾又击败葛从周。东平王感到恐惧，飞驰返归。

光化元年三月，天子以王兼天平军节度使。四月，遣葛从周攻晋之山东，取邢、洺、磁三州。襄州赵匡凝自其父德諲时来附，匡凝又与杨行密、李克用通，而其事泄。七月，遣氏叔琮、康怀英攻匡凝，取其泌、随、邓三州。匡凝请和乃止。十二月，李罕之以潞州来降。二年，幽州刘仁恭攻魏，罗绍威来求救。王救魏，败仁恭于内黄。四月，遣氏叔琮攻晋太原，不克。七月，李克用取泽、潞。十一月，保义军乱，杀其节度使王珙，推其牙将李璠为留后，其将朱简杀璠来降。以简为保义军节度使。三年四月，遣葛从周攻刘仁恭之沧州，取其德州，及仁恭战于老鸦堤，大败之。八月，晋取洺州。王如洺州，复取之。是时，镇、定皆附于晋。遂攻镇州，破临城，王镕来送款。进攻定州，王郜奔于晋，其将王处直以定州降。

唐宦者刘季述作乱，天子幽于东宫。天复元年正月，护驾都头孙德昭诛季述，天子复位。封王为梁王。遣张存敬攻王珂于河中，出含山，下晋、绛二州。王珂求救于晋，晋不能救，乃来降。三月，大举攻晋。氏叔琮出太行，取泽、潞。葛从周、张存敬、侯言、张归厚及镇、定之兵，皆会于太原，围之，不克，遇雨而还。五月，天子以王兼河中尹、护国军节度使。六月，晋取慈、隰。

【译文】

唐昭宗光化元年三月，天子任命东平王兼天平军节度使。四月，东平王派遣葛从周进攻晋王的山东一带，夺取邢州、洺州、磁州等三州。襄州赵匡凝自从他父亲赵德諲时前来归附，但赵匡凝又私下同杨行密、李克用交往，而这事情泄露。七月，东平王派遣氏叔琮、康怀英进攻赵匡凝，夺取他的泌、随、邓三州。赵匡凝求和才罢休。十二月，李罕之率潞州前来投降。光化二年，幽州节度使刘仁恭进攻魏州，罗绍威前来请求救援。东平王出兵救援魏州，在内黄击败刘仁恭。四月，派遣氏叔琮进攻晋太原，没有攻克。七月，李克用夺取泽州、潞州。十一月，保义军叛乱，杀死节度使王珙，推举牙将李璠为保义留后，保义将领朱简杀死李璠前来投降。任命朱简为保义军节度使。光化三年四月，东平王派遣葛从周进攻刘仁恭的沧州，取得他的德州，同刘仁恭在老鸦堤交战，大败刘仁恭。八月，晋王取得洺州。东平王前往洺州，又收复洺州。当时，镇州、定州都归附于晋王。于是进攻镇州，攻破临城，王镕前来献表归顺。进兵攻打定州，王郜逃奔到太原，王郜的将领王处直率定州投降。

唐朝宦官刘季述发动叛乱，天子唐昭宗被幽禁在东宫。唐昭宗天复元年正月，护驾都头孙德昭诛杀刘季述，天子恢复帝位。封东平王为梁王。梁王派遣张存敬向河中进攻王珂，从含山出兵，攻下晋、绛二州。王珂向晋王求救，晋王未能救援，于是前来投降。三月，梁王大举进攻晋王。氏叔琮从太行出兵，取得泽州、潞州。葛从周、张存敬、侯言、张归厚以及镇州、定州的军队，都会合到太原，包围太原，没有攻克，遇天下大雨而返回。五月，天子任命梁王兼河中尹、护国军节度使。六月，晋王取得慈州、隰州。

自刘季述等已诛，宰相崔胤外与梁交，欲假梁兵尽诛宦者。而凤翔李茂贞、邠宁王行瑜等皆遣子弟以精兵宿卫天子，宦官韩全诲等亦因恃以为助。天子与胤计事，宦者属耳，颇闻之。乃选美女，内之宫中，阴令伺察其实。久之，果得胤奏谋所以诛宦者之说，全诲等大惧，日夜相与涕泣，思图胤以求全。胤知谋泄，事急，即矫为制，召梁兵入诛宦者。十月，王以宣武、宣义、天平、护国兵七万，至于河中，取同州，遂攻华州，韩建出降。全诲等闻梁王兵且至，即以岐、邠宿卫兵劫天子奔于凤翔。王乃上书言胤所以召之之意。天子怒，罢胤相，责授工部尚书，诏梁兵还镇。王引兵去，攻邠州，屯于三原。邠州节度使杨崇本以邠、宁、庆、衍四州降。崔胤奔于华州。二年春，王退军于河中。晋攻晋、绛。遣朱友宁击败晋军于蒲县，取汾、慈、隰，遂围太原，不克而还，汾、慈、隰复入于晋。四月，友宁引兵西，至兴平，及李茂贞战于武功，大败之。王兵犯凤翔，茂贞数出战，辄败，遂围之。十一月，鄜坊李周彝以兵救凤翔，王遣孔勍袭鄜州，虏周彝之族，徙于河中，周彝乃降。是时，岐兵屡败，而围久，城中食尽，自天子至后宫，皆冻馁。三年正月，茂贞杀韩全诲等二十人，囊其首，示梁军，约出天子以为解。甲子，天子出幸梁军。遣使者驰召崔胤，胤托疾不至。王使人戏胤曰："吾未识天子，惧其非是，子来为我辨之。"天子还至兴平，胤率百官奉迎。王自为天子执辔，且泣且行，行十余里，止之。人见者，咸以为忠。己巳，天子至自凤翔，素服哭于太庙而后入，杀宦者七百余人。二月甲戌，天子赐王"回天再造竭忠守正功臣"，以辉王祚为诸道兵马元帅，王为副元帅。王乃留子友伦为护驾指挥使，以为天子卫，引兵东归。天子饯于延喜楼，赐《杨柳枝》五曲。

【译文】

自从刘季述等人已被诛杀，宰相崔胤与朝外梁王交结，打算利用梁王的军队杀尽宦官。凤翔节度使李茂贞、邠宁节度使王行瑜等都派遣子弟率领精兵值宿护卫天子，宦官韩全诲等也乘机依仗他们作为援助。天子与崔胤计议政事，宦官耳目相接，听说不少情况。宦官于是选送美女，安插在宫中，暗中让她们监视天子的动静。过了一段时间，果然，获得崔胤奏陈图谋诛杀宦官的计划，韩全诲等人大为惊恐，日夜相互一起流泪哭泣，想法对付崔胤来企求保全自己。崔胤得知密谋泄露，事情紧急，立即假造制令，召梁王军队入京诛杀宦官。十月，梁王率宣武、宣义、天平、护国四镇七万军队，到达河中，取得同州，于是进攻华州，韩建出城投降。韩全诲等听说梁王军队将要到达，立即用岐州、邠州的值宿警卫部队劫持天子逃奔到凤翔。梁王于是上书陈述崔胤召见自己来的意思。天子发怒，罢免崔胤的宰相职务，斥责贬授工部尚书，诏令梁王军队返回藩镇。梁王领兵离去，进攻邠州，在三原驻扎。邠州节度使杨崇本率邠、宁、庆、衍四州投降。崔胤逃奔到华州。天复二年春天，梁王退兵到河中。晋王进攻晋州、绛州。梁王派遣朱友宁出击，在蒲县打败晋王军队，夺取汾州、慈州、隰州，于是围攻太原，没有攻克而返回，汾州、慈州、隰州又落入晋王之手。四月，朱友宁领兵西进，到达兴平，与李茂贞在武功交战，大败李茂贞。梁王军队进犯凤翔，李茂贞多次出城迎战，都战败，梁王军队于是围困凤翔。十一月，鄜坊节度使李周彝领兵救援凤翔，梁王派遣孔勍袭击鄜州，俘虏李周彝家族，将他们迁徙到河中，李周彝于是投降。当时，岐州军队屡遭战败，而且围城已久，凤翔城中粮食耗尽，从天子直至后宫嫔妃，都受冻挨饿。天复三年正月，李茂贞杀死韩全诲等二十人，将首级装入口袋，给梁王军队看，约定放出天子来作为和解条件。甲子日天子出城到达梁王军中。梁王派遣使者骑马奔驰召见崔胤，崔胤推托有病不来。梁王派人对崔胤开玩笑说："我不认识天子，恐怕来人不是真的，您来替我辨认天子。"天子返回到达兴平，崔胤率领文武百官迎接。梁王亲自为天子牵马缰绳，一边流泪一边行走，走了十几里，才止步。人们看见这情形，都认为梁王忠诚。己巳日，天子从凤翔到达长安，穿着素服哭拜太庙然后入宫，杀死宦官七百多人。二月甲戌日，天子赐梁王为"回天再造竭忠守正功臣"，任命辉王李祚为诸道兵马元帅，梁王为副元帅。梁王于是留下儿子朱友伦为护驾指挥使，作为天子卫戍将领，自己领兵向东返归。天子在延喜楼为梁王饯行，赐给《杨柳枝》五支曲。

初，梁兵已西，青州王师范遣其将刘鄩袭据梁兖州。王已还梁，四月，如郓州，遣朱友宁攻青州。师范败之于石楼，友宁死。九月，杨师厚败青人于临朐，取其棣州，师范以青州降，而鄩亦降。友伦击鞠，堕马死。王怒，以为崔胤杀之，遣朱友谦杀胤于京师。其与友伦击鞠者，皆杀之。

自天子奔华州，王请迁都洛阳，虽不许，而王命河南张全义修洛阳宫以待。天祐元年正月，王如河中，遣牙将寇彦卿如京师，请迁都洛阳，并徙长安居人以东。天子行至陕州，王朝于行在，先如东都。是时，六军诸卫兵已散亡，其从以东者，小黄门十数人，打球供奉、内园小儿等二百余人。行至谷水，王教医官许昭远告其谋乱，悉杀而代之，然后以闻。由是，天子左右皆梁人矣。四月甲辰，天子至自西都。是时，晋王李克用、岐王李茂贞、楚王赵匡凝、蜀王王建、吴王杨行密闻梁迁天子洛阳，皆欲举兵讨梁，王大惧。六月，杨崇本复附于岐。王乃以兵如河中，声言攻崇本，遣朱友恭、氏叔琮、蒋玄晖等行弑，昭宗崩。十月，王朝于京师，杀朱友恭、氏叔琮。十一月，攻淮南，取其光州，攻寿州，不克而旋。二年二月，遣蒋玄晖杀德王裕等九王于九曲池。六月，杀司空裴贽等百余人。七月，天子使来，赐王“迎銮纪功碑”。

【译文】

当初，梁王军队向西进发，青州节度使王师范派遣他的将领刘鄩袭击占据梁王的兖州。梁王返回大梁，四月，前往郓州，派遣朱友宁进攻青州。王师范在石楼击败梁兵，朱友宁战死。九月，杨师厚在临朐击败青州军队，取得棣州，王师范率青州投降，而后刘鄩也投降。朱友伦击球，从马上摔下来死去。梁王发怒，以为是崔胤杀死了朱友伦，派遣朱友谦在京师杀死崔胤。那些与朱友伦打马球的人，全部杀死。

自从天子逃奔到华州，梁王便请求将都城迁到洛阳，虽然天子不准许，但梁王还是命令河南张全义修建洛阳宫殿来等待迁都。唐昭宗天祐元年正月，梁王前往河中，派遣牙将寇彦卿前往京师，请求迁都洛阳，同时将长安居民往东迁移。天子出行到达陕州，梁王至天子出行所在地朝见，先迁往东都洛阳。这时，六军各卫士兵已经散失逃亡，随从天子东进的，只有小黄门十几人，打马球的供奉人员、宫禁小厮等二百多人。走到谷水岸边，梁王唆使医官许昭远告发他们密谋作乱，全部杀死而派人替代他们，事后才奏报天子。从此，天子左右都是梁王的人了。四月甲辰日，天子从西都长安到达洛阳。当时，晋王李克用、岐王李茂贞、楚王赵匡凝、蜀王王建、吴王杨行密听说梁王将天子迁居洛阳，都准备发兵讨伐梁王，梁王大为恐惧。六月，杨崇本又归附岐王李茂贞。梁王于是领兵前往河中，声称进攻杨崇本，派遣朱友恭、氏叔琮、蒋玄晖等行刺天子，唐昭宗去世。十月，梁王到京师朝见昭宣帝，杀死朱友恭、氏叔琮。十一月，进攻淮南，取得光州，又进攻寿州，没能攻克而返回。唐昭宣帝天祐二年二月，梁王派遣蒋玄晖在九曲池杀死德王李裕等九王。六月，杀死司空裴贽等一百多人。七月，天子使者来到，赐梁王“迎銮纪功碑”。

王欲代唐，使人谕诸镇，襄州赵匡凝以为不可。遣杨师厚攻之，取其唐、邓、复、郢、随、均、房七州。王如襄州，军于汉北。九月，师厚破襄州，匡凝奔于淮南。师厚取荆南，荆南留后赵匡明奔于蜀。遂出光州，以攻寿州，不克。天子卜祀天于南郊，王怒，以为蒋玄晖等欲祈天以延唐。天子惧，改卜郊。十一月辛巳，天子封王为魏王、相国，总百揆。以宣武、宣义、天平、护国、天雄、武顺、佑国、河阳、义武、昭义、武宁、保义、忠义、武昭、武定、泰宁、平卢、匡国、镇国、荆南、忠武二十一军为魏国，备九锡。王怒，不受。十二月，天子以王为天下兵马元帅。王益怒，遣人告枢密使蒋玄晖与何太后私通，杀玄晖而焚之，遂弑太后于积善宫。又杀宰相柳璨，太常卿张延范车裂以徇。天子诏以太后故停郊。

三年春，魏州罗绍威谋杀其牙军，来假兵以虞变，王为发兵北攻刘仁恭之沧州，兵过魏而绍威已杀牙军，其兵之在外者皆叛，据贝、卫、澶、博州，王以兵悉杀之。遂攻沧州，军于长芦。刘仁恭求救于晋。晋人取潞州，王乃旋军。

【译文】

梁王打算取代唐室，让人告知各藩镇，襄州节度使赵匡凝认为不可以。梁王派遣杨师厚进攻赵匡凝，取得他的唐、邓、复、郢、随、均、房七州。梁王前往襄州，进军到汉水北岸。九月，杨师厚攻破襄州，赵匡凝逃奔到淮南。杨师厚取得荆南，荆南留后赵匡明逃奔到蜀。梁王于是从光州城外出发，进攻寿州，没有攻克。天子占卜日子到南郊祭天，梁王发怒，认为蒋玄晖等人想祈求上天来延续唐室国运。天子害怕，另外占卜祭天的日子。十一月辛巳日，天子唐昭宣帝封梁王为魏王、相国，总理百官。将宣武、宣义、天平、护国、天雄、武顺、佑国、河阳、义武、昭义、武宁、保义、忠义、武昭、武定、泰宁、平卢、匡国、镇国、荆南、忠武二十一军作为魏国，准备九锡之礼。梁王发怒，不接受。十二月，天子任命魏王为天下兵马元帅。梁王益发恼怒，派人告发枢密使蒋玄晖与何太后私通，杀死蒋玄晖然后焚烧尸体，接着在积善宫杀死何太后。又杀死宰相柳璨，太常卿张延范被车裂示众。天子下诏因太后的缘故停止祭天。

唐昭宣帝天祐三年春天，魏州节度使罗绍威密谋杀灭他的牙军，前来借兵以防备变故，梁王为之发兵向北进攻刘仁恭的沧州，军队经过魏州时罗绍威已经消灭牙军，他在外的军队全都叛变，占据了贝州、卫州、澶州、博州，梁王领兵攻杀他们。于是进攻沧州，驻扎在长芦。刘仁恭向晋王求救。晋人取得潞州，梁王才撤回军队。

唐本纪

庄宗光圣神闵孝皇帝，其先本号朱邪，盖出于西突厥，至其后世，别自号曰沙陀，而以朱邪为姓。

唐德宗时，有朱邪尽忠者，居于北庭之金满州。贞元中，吐蕃赞普攻陷北庭，徙尽忠于甘州而役属之。其后赞普为回鹘所败，尽忠与其子执宜东走，赞普怒，追之，及于石门关，尽忠战死，执宜独走归唐，居之盐州，以隶河西节度使范希朝。希朝徙镇太原，执宜从之，居之定襄神武川之新城。其部落万骑，皆骁勇善骑射，号“沙陀军”。

执宜死，其子曰赤心。懿宗咸通十年，神策大将军康承训统十八将讨庞勋于徐州，以朱邪赤心为太原行营招讨沙陀三部落军使。以从破勋功，拜单于大都护、振武军节度使，赐姓名曰李国昌，以之属籍。沙陀素强，而国昌恃功益横恣，懿宗患之。十三年，徙国昌云州刺史、大同军防御使，国昌称疾拒命。

【译文】

庄宗光圣神闵孝皇帝，他的祖先原号称朱邪，大概是西突厥的一个支系，到了后世，才自己另立名号为沙陀，而且以朱邪为姓。

唐德宗的时候，有一位名叫朱邪尽忠的人，住在北庭的金满州。贞元年间，吐蕃赞普攻陷了北庭，把尽忠迁移到甘州作为他们奴役的属从。后来，赞普被回鹘部族打败了，尽忠和他的儿子执宜向东逃走，惹恼了赞普，率兵追赶他们，在石门关这个地方追上了，尽忠力战身死，执宜一个人逃脱归顺了唐朝，住在盐州，隶属于河西节度使范希朝。希朝转镇太原，执宜随从希朝，驻守在定襄神武川的新城。他的部落有一万名骑兵，都是骁勇善骑射的士卒，号称“沙陀军”。

执宜死去，他的儿子名叫赤心。懿宗咸通十年，神策大将军康承训统率十八位将领攻打徐州，讨伐庞勋，让朱邪赤心做了太原行营招讨沙陀三部落军使。因随从康承训平定庞勋有功，拜任单于大都护、振武军节度使，赐给他姓名叫李国昌，把他改属为李姓名籍。沙陀部落向来强盛，而且国昌仗着有功更加骄横恣情，懿宗对他很不放心。咸通十三年时，调国昌任云州刺史、大同军防御使，国昌借口患病，拒不受命。

国昌子克用，尤善骑射，能仰中双凫，为云州守捉使。国昌已拒命，克用乃杀大同军防御使段文楚，据云州，自称留后。唐以太仆卿卢简方为振武节度使，会幽、并兵讨之。简方行至岚州，军溃，由是沙陀侵掠代北，为边患矣。

明年，僖宗即位，以谓前太原节度使李业遇沙陀有恩，而业已死，乃以其子钧为灵武节度使、宣慰沙陀六州三部落使，以招缉之。拜克用大同军防御使。

居久之，国昌出击党项，吐浑赫连铎袭破振武。克用闻之，自云州往迎国昌，而云州人亦闭关拒之。国昌父子无所归，因掠蔚、朔间，得兵三千，国昌入保蔚州，克用还据新城。僖宗乃拜铎大同军使，以李钧为代北招讨使，以讨沙陀。

【译文】

国昌的儿子名叫克用，特别善于骑射，能向空中一箭射中双凫，做了云州守捉使。国昌已经拒绝了唐朝廷的任命，克用于是又杀了大同军防御使段文楚，占据了云州，自称为云州留后。唐朝廷任命太仆卿卢简方为振武节度使，会同幽州、并州兵讨伐克用。简方行至岚州时，军队溃散了，从此沙陀部落侵掠代北，成了边地的祸患。

第二年，僖宗即皇帝位，听说前太原节度使李业对沙陀部落有恩，但李业已经死去，于是任用他儿子李钧为灵武节度使、宣慰沙陀六州三部落使，让他招缉沙陀兵。还任命克用为大同军防御使。

过了很长时间，国昌出兵攻击党项部族，吐谷浑部族首领赫连铎破袭了振武城。克用听说这件事后，从云州出发前去迎接国昌，然而云州人闭关拒绝他回来。国昌父子二人没了去处，于是在蔚州、朔州一带掠夺丁壮，得到了三千名的兵卒，国昌夺取了蔚州作为立足之地，克用又回到了新城。僖宗于是拜任赫连铎为大同军防御使，让李钧做了代北招讨使，命他讨伐沙陀。

乾符五年，沙陀破遮虏军，又破岢岚军，而唐兵数败，沙陀由此益炽，北据蔚、朔，南侵忻、代、岚、石，至于太谷焉。

广明元年，招讨使李琢会幽州李可举、云州赫连铎击沙陀，克用与可举相拒雄武军。其叔父友金以蔚、朔州降于琢，克用闻之，遽还。可举追至药儿岭，大败之，琢军夹击，又败之于蔚州，沙陀大溃，克用父子亡入达靼。

克用少骁勇，军中号曰“李鸦儿”，其一目眇，及其贵也，又号“独眼龙”，其威名盖于代北。其在达靼，久之，郁郁不得志，又常惧其图己，因时时从其群豪射猎，或挂针于木，或立马鞭，百步射之辄中，群豪皆服以为神。

【译文】

乾符五年，沙陀攻破了遮虏军，又破了岢岚军，而且唐朝官兵连连失败，沙陀兵从此更加强盛，北边占据了蔚州、朔州，南边侵占了忻州、代州、岚州、石州一直到了太谷。

广明元年，招讨使李琢会同幽州李可举、云州赫连铎攻击沙陀部族，克用与可举在雄武军对峙。他的叔叔李友金连同蔚州、朔州的地盘投降了李琢，克用听到这事，就急忙率兵回走。可举追到药儿岭，克用被打得大败，李琢的军队前后夹击，克用在蔚州又遭失败，沙陀兵全溃散了，克用父子逃奔达靼部落。

克用从小就很骁勇，军队中送他外号为“李鸦儿”，他一只眼睛瞎了，到他发迹的时候，人又号称他为“独眼龙”，他的威名在代北一带十分显赫。他生活在达靼部落里，时间长了，感到郁闷不得志，又常常怕达靼谋害自己，于是时时随从达靼众位豪酋射猎，有时把一根针挂在木棍上，有时把马鞭树立在地上，都能在一百步以外射中，众位豪酋把他当成神一样佩服他。

黄巢已陷京师，中和元年，代北起军使陈景思发沙陀先所降者，与吐浑、安庆等万人赴京师，行至绛州，沙陀军乱，大掠而还。景思念沙陀非克用不可将，乃以诏书召克用于达靼，承制以为代州刺史，雁门以北行营节度使。率蕃汉万人出石岭关，经过太原，求发军钱。节度使郑从谠与之钱千缗、米千石，克用怒，纵兵大掠而还。

二年十一月，景思、克用复以步骑万七千赴京师。三年正月，出于河中，进屯乾坑。巢党惊曰："鸦儿军至矣！"二月，败巢将黄邺于石堤谷；三月，又败赵璋、尚让于良田坡，横尸三十里。是时，诸镇兵皆会长安，大战渭桥，贼败走入城，克用乘胜追之，自光泰门先入，战望春宫升阳殿，巢败，南走出蓝田关，京师平，克用功第一。天子拜克用检校司空、同中书门下平章事、河东节度使，以国昌为雁门以北行营节度使。十月，国昌卒。

【译文】

黄巢已经攻陷了京师长安，中和元年，代北起军使陈景思发沙陀先前投降的兵卒，与吐浑、安庆等一万人奔赴京师救援，行军至绛州，沙陀军骚乱，大肆掠夺一番就回去了。景思考虑到沙陀军非克用不能统制，于是唐皇帝下诏书把克用从达靼部落中召回，并任命他为代州刺史、雁门以北行营节度使。率领蕃汉兵一万人出石岭关，过太原，请求唐朝廷发放军饷。节度使郑从谠只给了他一千缗的钱，一千石的米，克用非常恼火，纵容兵卒大肆抄掠就又回去了。

中和二年十一月，景思、克用再次率领步骑一万七千人赶赴京师救援。三年正月，取道河中，前行驻扎在乾坑。黄巢的部下惊慌地喊道："鸦儿的军队到了！"二月，在石堤谷打败了黄巢的部将黄邺；三月，又在良田坡打败了赵璋、尚让，沿途三十里内尸体遍野。这时，各镇的兵都在长安会师，在渭桥与黄巢军大战，黄巢军败退入城，克用乘胜追击，从光泰门先行入城，于望春宫升阳殿再战，黄巢军大败，向南撤走，出了蓝田关，京师平定了，克用的功劳居各将领之首。唐皇帝拜任克用为检校司空、同中书门下平章事、河东节度使，让国昌做了雁门以北行营节度使。这年十月，国昌逝世。

十一月，遣其弟克修攻昭义孟方立，取其泽、潞二州。方立走山东，以邢、洺、磁三州自别为昭义军。黄巢南走至蔡州，降秦宗权，遂攻陈州。四年，克用以兵五万救陈州，出天井关，假道河阳，诸葛爽不许，乃自河中渡河。四月，败尚让于太康，又败黄邺于西华。巢且走且战，至中牟，临河未渡，而克用追及之，贼众惊溃。比至封丘，又败之，巢脱身走，克用追之，一日夜驰二百里，至于冤朐，不及而还。

过汴州，休军封禅寺，朱全忠飨克用于上源驿，夜，酒罢，克用醉卧，伏兵发，火起，侍者郭景铢灭烛，匿克用床下，以水醒面而告以难。会天大雨灭火，克用得从者薛铁山、贺回鹘等，随电光，缒尉氏门出还军中。七月，至于太原，讼其事于京师，请加兵于汴，遣弟克修将兵万人屯于河中以待。僖宗和解之，用破巢功，封克用陇西郡王。

【译文】

十一月，李克用派他的弟弟克修进攻昭义军节度使孟方立，夺取了他的泽、潞二州的地盘。方立逃向山东，以邢、洺、磁三州自己又另立为昭义军。黄巢向南走到了蔡州，降服了秦宗权，遂又攻打陈州。四年，克用率兵五万人救援陈州，出了天井关，想借道从河阳渡河，诸葛爽不答应，于是才从河中渡过黄河。四月，在太康打败了尚让，又在西华打败了黄邺。黄巢边走边战，到了中牟，濒临黄河，还未来得及渡过，而克用率军就追到了，黄巢军众惊慌失措，纷纷溃散。克用到了封丘，又打败黄巢军，黄巢脱身逃走，克用追赶，一天一夜驰行二百里路，追到了冤朐，没能追上，这才回来。

过了汴州，军队在封禅寺休整，朱全忠在上源驿请克用吃饭，到了夜里，酒宴散罢，克用醉倒了，全忠设下的伏兵动手了，火光燃起，克用的贴身侍卫郭景铢灭掉了蜡烛，把克用藏在床下，又端来水泼洒在克用的脸上使他清醒过来，告诉他大难临头。正赶上天降大雨，浇灭了大火。克用在薛铁山、贺回鹘等随从护持下，乘着闪电的光亮，从尉氏门上沿绳缒落，逃回了军中。七月，到了太原，克用因这事在朝廷那里告了朱全忠的状，请求出兵攻打汴州，派弟弟克修领兵一万人屯扎在河中，等待进军的命令。僖宗出面进行调解，由于克用击破黄巢军立下了功劳，封他为陇西郡王。

光启元年，河中王重荣与宦者田令孜有隙，徙重荣兖州，以定州王处存为河中节度使，诏克用以兵护处存之镇。重荣使人给克用曰："天子诏重荣，俟克用至，与处存共诛之。"因伪为诏书示克用曰："此朱全忠之谋也。"克用信之，八上表请讨全忠，僖宗不许，克用大怒。

重荣既不肯徙，僖宗遣邠州朱玫、凤翔李昌符讨之。克用反以兵助重荣，败玫于沙苑，遂犯京师，纵火大掠。天子出居于兴元，克用退屯河中。朱玫亦反以兵追天子，不及，得襄王煴，迫之称帝，屯于凤翔。僖宗念独克用可以破玫而不能使也，当破黄巢长安时，天下兵马都监杨复恭与克用善，乃遣谏议大夫刘崇望以诏书召克用，且道复恭意，使进兵讨玫等。克用阳诺而不行。

【译文】

光启元年，河中节度使王重荣与宦人田令孜有了矛盾，调重荣改镇兖州，让定州守将王处存当了河中节度使，诏命克用派兵护送处存到镇。重荣派人哄骗克用说：“皇帝下诏书给重荣说，等克用到了，与处存一起杀掉他。”又把伪造的诏书拿给克用看，说：“这是朱全忠的阴谋。”克用信以为真，八次上表请求讨伐全忠，僖宗都没有答应，克用大为恼怒。

重荣既然不肯去兖州赴任，僖宗派邠州朱玫、凤翔李昌符讨伐他。克用反过来派兵帮助重荣，在沙苑打败了朱玫，遂又侵犯京师长安，纵火大掠。皇帝逃出京城，住在兴元，克用退军屯驻在河中。朱玫也反过来追迫皇帝，没有追上，俘获了襄王李煴，迫他即位称帝，屯守在凤翔。僖宗寻思着只有克用可以攻破朱玫，但又使唤不动他，当在长安打败黄巢时，天下兵马都监杨复恭与克用要好，于是派谏议大夫刘崇望带着诏书去召唤克用，并且还说明了复恭的意见，让他进兵讨伐朱玫等。克用口头上答应而实际上按兵不动。

明年，孟方立死，弟迁立。大顺元年，克用击破孟迁，取邢、洺、磁三州，乃遣安金俊攻赫连铎于云州。幽州李匡威救铎，战于蔚州，金俊大败。于是匡威、铎及朱全忠皆请因其败伐之。昭宗以克用破黄巢功高，不可伐，下其事台、省四品官议，议者多言不可。宰相张濬独以谓沙陀前逼僖宗幸兴元，罪当诛，可伐。军容使杨复恭，克用所善也，亦极谏以为不可，昭宗然之，诏谕全忠等。全忠阴赂濬，使持其议益坚，昭宗不得已，以濬为太原四面行营兵马都统，韩建为副使。

是时，潞州将冯霸叛降于梁，梁遣葛从周入潞州。唐以京兆尹孙揆为昭义军节度使，克用遣李存孝执揆于长子，又遣康君立取潞州。十一月，濬及克用战于阴地，濬军三战三败，濬、建遁归。克用兵大掠晋、绛，至于河中，赤地千里。克用上表自诉，其辞慢侮，天子为之引咎，优诏答之。

【译文】

第二年，孟方立死去，他的弟弟孟迁承继昭义军。大顺元年，克用击破了孟迁，夺取了邢、洺、磁三州，于是派安金俊进攻云州的赫连铎。幽州守将李匡威救援赫连铎，双方在蔚州交战，金俊被打得大败。于是匡威、赫连铎及朱全忠都请求朝廷趁着克用军失败讨伐他。昭宗认为克用破黄巢功高，不能讨伐他，又把这事交给台、省四品以上的官员进行讨论，多数人认为不能讨伐。宰相张濬独个认为沙陀前曾逼迫僖宗出居兴元，按罪当杀，应该讨伐。军容使杨复恭是克用所友好的人，也竭力劝阻不可讨伐，昭宗同意了他的看法，下诏告诉了朱全忠等人。全忠暗中贿赂张濬，让他进一步坚持自己的意见，昭宗不得已，只得让张濬为太原四面行营兵马都统，韩建担任副使。

这时，潞州守将冯霸叛变投降了梁，梁派葛从周进入潞州城。唐朝廷任命京兆尹孙揆为昭义军节度使，克用派李存孝在长子逮捕了孙揆，又派康君立夺取了潞州。十一月，张濬与克用双方在阴地争战，张濬的军队三战三败，濬、建二人逃回长安。克用的兵在晋、绛一带大肆抄掠，一直到河中，千里之内的地方被烧光、杀光、抢光。克用向朝廷上表诉说了自己的理由，言辞骄慢轻蔑，皇帝为他承担了责任，并好言好语劝慰克用。

二年二月，复拜克用河东节度使、陇西郡王，加检校太师兼中书令。四月，攻赫连铎于云州，围之百余日，铎走吐浑。八月，大搜于太原，出晋、绛，掠怀、孟，至于邢州，遂攻王镕于镇州。克用栅常山西，以十余骑渡滹沱觇敌，遇大雨，平地水深数尺。镇人袭之，克用匿林中，祷其马曰："吾世有太原者马不嘶。"马偶不嘶以免。前军李存孝取临城，进攻元氏。李匡威救镕，克用还军邢州。景福元年，王镕攻邢州，李存信、李嗣勋等败镕于尧山。二月，会王处存攻镕，战于新市，为镕所败。八月，李匡威攻云州，以牵克用之兵，克用潜入于云州，返出击匡威，匡威败走。十月，李存孝以邢州叛。二年，存孝求援于王镕，克用出兵井陉击镕，且以书招镕，而急攻其平山，镕惧，遂与克用通和，献帛五十万匹，出兵助攻邢州。乾宁元年三月，执存孝，杀之。冬，攻幽州，李匡俦弃城走，追至景城，见杀，以刘仁恭为留后。

二年，河中王重盈卒，其诸子珂、珙争立，克用请立珂，凤翔李茂贞、邠宁王行瑜、华州韩建请立珙。昭宗初两难之，乃以宰相崔胤为河中节度使，既而许克用立珂。茂贞等怒，三镇兵犯京师，闻克用亦起兵，乃皆罢去。六月，克用攻绛州，斩刺史王瑶。瑶，珙弟，助珙以争者。七月，至于河中，同州王行约奔于京师，阳言曰："沙陀十万至矣！"谋奉天子幸邠州，茂贞假子阎圭亦谋劫幸凤翔，京师大乱，昭宗出居于石门。

【译文】

第二年二月，又拜任克用为河东节度使、陇西郡王，加任检校太师兼中书令。四月，进攻云州的赫连铎，围困了一百多天，赫连铎投奔了吐浑。八月，在太原进行了大规模阅兵，又取道晋、绛，出兵抄掠怀、孟，到了邢州，遂又进攻镇州的王镕。克用在常山西竖立营栅，派了十几名骑兵渡过滹沱河侦察敌情，遇上了大雨，平地水深有好几尺。镇州兵出来袭击他们，克用躲藏在树林里，向他的马祈祷说："我如果能世世代代据有太原的话，马就不要嘶叫。"马偶然不叫，这才免遭不幸。前军李存孝夺取了临城，又进攻元氏。李匡威出兵来救王镕，克用撤军到邢州。景福元年，王镕的军队进攻邢州，李存信、李嗣勋等在尧山打败了王镕的军队。二月，正值王处存进攻王镕，双方争战于新市，处存被王镕的军队打败。八月，李匡威进攻云州，以此来牵制克用的兵力，克用暗暗率兵进入了云州城内，又返回来攻击匡威，匡威败走。十月，李存孝在邢州叛变。二年，存孝向王镕求救，克用派兵出井陉攻击王镕，并且修书一封招抚他，同时又向他所辖的平山发起猛烈进攻，王镕害怕被消灭，于是与克用通和，向克用贡献了五十万匹帛，还出兵帮助克用进攻邢州。乾宁元年三月，俘获了存孝，把他杀了。冬天，进攻幽州，李匡俦弃城逃跑，追到景城，被克用的兵杀死，克用让刘仁恭做了幽州留后。

二年，河中的王重盈死去，他的儿子王珂、王珙争着继承父亲的官职，克用向唐朝廷请求立王珂；凤翔的李茂贞、邠宁的王行瑜、华州的韩建则请求立王珙。昭宗开始时有些左右为难，于是让宰相崔胤去做河中节度使，不久又允许克用拥立王珂。李茂贞等人十分恼怒，发动凤翔、邠宁、华州等三镇的兵联合起来进犯京师长安，听说克用也要起兵，这才罢散开去。六月，克用进攻绛州，斩了刺史王瑶。王瑶是王珙的弟弟，曾是帮助王珙争抢父亲官位的人。七月，到了河中，同州的王行约急急忙忙赶到京师，扬言道："沙陀兵十万人到了！"阴谋把昭宗劫持到邠州，茂贞的干儿子阎圭也谋图把皇帝劫持到凤翔，京城内一片混乱，昭宗逃出京师，住在了石门。

克用军留月余不进，昭宗遣延王戒丕、丹王允兄事克用，且告急。八月，克用进军渭桥，以为邠宁四面行营都统。昭宗还京师。十一月，克用击破邠州，王行瑜走至庆州，见杀。克用还军云阳，请击茂贞，昭宗慰劳克用，使与茂贞解仇以纾难，拜克用“忠正平难功臣”，封晋王。是时，晋军渭北，遇雨六十日，或劝克用入朝，克用未决，都押衙盖寓曰：“天子还自石门，寝未安席，若晋兵渡渭，人情岂复能安？勤王而已，何必朝哉？”克用笑曰：“盖寓犹不信我，况天下乎！”乃收军而还。

三年正月，昭宗复以张濬为相，克用曰：“此朱全忠之谋也。”乃上表曰：“若陛下朝以濬为相，则臣将暮至阙廷！”京师大恐，濬命遽止。朱全忠之攻兖、郓也，克用遣李存信假道魏州以救朱宣等，存信屯于莘县，军士侵掠魏境，罗弘信伏兵攻之，存信败走洺州。克用自将击魏，战于洹水，亡其子落落。六月，破魏成安、洹水、临漳等十余邑。十月，又败魏人于白龙潭，进攻观音门，全忠救至，乃解。

【译文】

克用的军队停留了一个多月没有前进，昭宗派延王李戒丕、丹王李允到了克用那里，并管克用叫哥哥，告诉他皇帝处境危急。八月，克用进军到了渭桥，朝廷任命他为邠宁四面行营都统。昭宗回到了京师。十一月，克用击破了邠州，王行瑜逃到庆州，被杀死了。克用把军队撤到云阳，向皇帝请求攻击茂贞，昭宗派人慰劳克用的军队，让克用与茂贞两人消除相互间的仇恨，来共同解救朝廷的危机。拜任克用为“忠正平难功臣”，封他为晋王。这时，晋王的军队驻扎在渭水以北，遇上了连绵六十天的阴雨天气，有人劝克用到朝廷中去，克用犹豫不决，都押衙盖寓说：“天子从石门回来，还没睡上几天安稳觉，如果吾王的军队渡过渭水，人心难道还能安定吗？仅仅是解救皇帝的危难罢了，为什么还一定要去朝见呢？”克用笑着说：“连盖寓都不相信我，况且是天下的人们呀！”于是收军回到了太原。

三年正月，昭宗又任命张濬为宰相，克用说：“这是朱全忠的阴谋。”于是向皇帝上表说：“如果陛下您早上让张濬做宰相，那么我傍晚将率兵到京城！”京师里的人们十分恐慌，对张濬的任命仓促作废。朱全忠去攻兖、郓二城，克用派李存信借道经魏州来救援朱宣等人，存信屯守在莘县，士兵侵入魏州的辖境进行抄掠，罗弘信埋设伏兵攻击他们。存信失败逃到了洺州。克用亲自率军攻击魏州，在洹水之滨与魏兵交战。他的儿子落落下落不明。六月，攻破了魏州的成安、洹水、临漳等十多座城邑。十月，又在白龙潭打败了魏州的军队，进攻观音门，全忠的救兵到了，这才解了魏州的灾难。

四年，刘仁恭叛晋，克用以兵五万击仁恭，战于安塞，克用大败。

光化元年，朱全忠遣葛从周攻下邢、洺、磁三州，克用遣周德威出青山口，遇从周于张公桥，德威大败。冬，潞州守将薛志勤卒，李罕之据潞州，叛附于朱全忠。

二年，全忠遣氏叔琮攻破承天军，又破辽州，至于榆次，周德威败之于洞涡。秋，李嗣昭复取泽、潞。三年，嗣昭败汴军于沙河，复取洺州，朱全忠自将围之，嗣昭走，至青山口，遇汴伏兵，嗣昭大败。秋，嗣昭取怀州。是岁，汴人攻镇、定，镇、定皆绝晋以附于朱全忠。

天复元年，全忠封梁王。梁王攻下晋、绛、河中，执王珂以归。晋失三与国，乃下意为书币聘梁以求和。梁王以为晋弱可取，乃曰：“晋虽请盟，而书辞慢。”因大举击晋。四月，氏叔琮入天井，张文敬入新口，葛从周入土门，王处直入飞狐，侯言入阴地。叔琮取泽、潞，其别将白奉国破承天军，辽州守将张鄂、汾州守将李瑭皆迎梁军降，晋人大惧。会天大雨霖，梁兵多疾，皆解去。五月，晋复取汾州，诛李瑭。六月，周德威、李嗣昭取慈、隰。二年，进攻晋、绛，大败于蒲县，梁军乘胜破汾、慈、隰三州，遂围太原。克用大惧，谋出奔云州，又欲奔匈奴，未决，梁军大疫，解去，周德威复取汾、慈、隰三州。

【译文】

四年，刘仁恭背叛了晋王，克用出动五万人的兵力攻击仁恭，在安塞与仁恭接战，克用被打得大败。

光化元年，朱全忠派葛从周攻取了邢、洺、磁三州。克用派周德威道出青山口，在张公桥与从周遭遇，德威被打得大败。冬天，潞州守将薛志勤死去，李罕之占据了潞州，叛变依附于朱全忠。

二年，全忠派氏叔琮攻破了承天军，又破了辽州，一直打到榆次，周德威在洞涡打败了他。秋天，李嗣昭又夺取了泽、潞。三年，嗣昭在沙河打败了汴梁的军队，再次攻取了洺州，朱全忠亲自率军包围他们，嗣昭退走，到了青山口，遇上了汴梁的伏兵，嗣昭被打得大败。秋天，嗣昭取得了怀州。这一年，汴梁的军队进攻镇、定，镇、定都和晋断绝了交往，从而依附了朱全忠。

天复元年，全忠被封为梁王，梁王攻下了晋、绛和河中，俘获王珂而班师。晋失掉了三个附属邦州，这才有服输的意思，写信给梁王，并送去钱币向梁求和。梁王认为晋已衰弱可以灭掉它，于是说："晋虽然请求和我盟好，但来信中的言辞仍是怠慢了我们。"因而大举进攻晋地。四月，氏叔琮进入了天井关，张文敬进入了新口，葛从周进入了土门关，王处直进入了飞狐，侯言进入了阴地关。叔琮夺取了泽、潞二州，他的别将白奉国攻破了承天军，晋的辽州守将张鄂、汾州守将李瑭都出城迎接梁军投降，晋人十分恐惧。正赶上连续几天的大雨天气，梁的士兵染上了疾疫，全都散去了。五月，晋又取得了汾州，杀掉了李瑭。六月，周德威、李嗣昭夺取了慈、隰二州。二年，进攻晋、绛二州，在蒲县被梁军打得大败，梁军乘胜破了汾、慈、隰三州，遂又包围了太原。克用非常恐惧，打算出奔云州，又想着投奔匈奴，犹豫不决，梁军中又发生了大瘟疫，解围而去，周德威再次取得了汾、慈、隰三州。

四年，梁迁唐都于洛阳，改元曰天祐。克用以谓劫天子以迁都者梁也，天祐非唐号，不可称，乃仍称天复。

五年，会契丹阿保机于云中，约为兄弟。

六年，梁攻燕沧州，燕王刘仁恭来乞师。克用恨仁恭反覆，欲不许，其子存勗谏曰："此吾复振之时也。今天下之势，归梁者十七八，强如赵、魏、中山，莫不听命。是自河以北，无为梁患者，其所惮者惟我与仁恭耳，若燕、晋合势，非梁之福也。夫为天下者不顾小怨，且彼常困我而我急其难，可因以德而怀之，是谓一举而两得，此不可失之机也。"克用以为然，乃为燕出兵攻破潞州，梁围乃解去，以李嗣昭为潞州留后。

七年，梁兵十万攻潞州，围以夹城。遣周德威救潞州，军于乱柳。冬，克用疾。是岁，梁灭唐，克用复称天祐四年。

【译文】

四年，梁把唐朝的都城迁到了洛阳，改年号为天祐。克用认为劫持天子迁徙都城的是梁，天祐不是唐朝廷的年号，不能称用，于是仍称用天复的年号。

五年，在云中与契丹阿保机会盟，结为兄弟。

六年，梁军进攻燕的沧州，燕王刘仁恭派人来请求援兵。克用怨恨仁恭反复无常，打算不发援兵，他的儿子李存勖劝说道："这是我们再次振兴的时机，现在天下的形势，归顺梁的人有十分之七八，像赵、魏、中山这样强大的州镇，没有敢不听命于梁的。自黄河以北，没有能成为梁忧患的势力，他所害怕的只有我们和仁恭而已，如果燕、晋合成一股势力，对梁来说，当然不是福音。为了打天下的人不会计较小小的怨恨，况且他常常困扰我们而我们能急他之所难，可以此用恩德来感召他，这就叫一举两得，这可是不可错过的机会。"克用同意了这个看法，这才为燕出兵攻破了潞州，梁军的包围于是被冲散了，克用任命李嗣昭为留后。

七年，梁兵十万人进攻潞州，前后、左右夹城布置围困圈。晋派周德威救援潞州，军队驻扎在乱柳。冬天，克用病了。这一年，梁灭掉了唐朝，克用又称用了天祐四年的年号。

五年正月辛卯，克用卒，年五十三。子存勖立，葬克用于雁门。

呜呼，世久而失其传者多矣，岂独史官之缪哉！李氏之先，盖出于西突厥，本号朱邪，至其后世，别自号曰沙陀，而以朱邪为姓，拔野古为始祖。其自序云：沙陀者，北庭之碛也，当唐太宗时，破西突厥诸部，分同罗、仆骨之人于此碛，置沙陀府，而以其始祖拔野古为都督，其传子孙，数世皆为沙陀都督，故其后世因自号沙陀。

然予考于传记，其说皆非也。夷狄无姓氏，朱邪，部族之号耳，拔野古与朱邪同时人，非其始祖，而唐太宗时，未尝有沙陀府也。

【译文】

五年正月辛卯这一天，克用死了，时年五十三岁。他的儿子存勖继立，把克用的尸体埋葬在雁门。

可叹啊！时间长了而事迹失传的人太多了，难道仅仅是史官的谬误吗？李氏的先族，大概源出于西突厥，本号为朱邪，到了他的后世人，自己另立号为沙陀。而以朱邪为姓，以拔野古为始祖。他们的族谱《自序》说：沙陀是北庭的沙漠，在唐太宗的时候，攻破了西突厥各个部落，分拨同罗、仆骨的人口到了这一带的沙漠，设置了沙陀府，而且任用他们的始祖拔野古做了都督，他传世的子孙，几代人都做沙陀都督，所以他的后世人因此自号为沙陀。

但我从史书中考证出来，他们的说法都不对，少数族部落没有姓氏，朱邪不过是部族的称号罢了，拔野古与朱邪是同时代的人，不是他们的始祖，而且在唐太宗时，不曾有沙陀府的建置。

唐太宗破西突厥，分其诸部，置十三州，以同罗为龟林都督府，仆骨为金微都督府，拔野古为幽陵都督府，未尝有沙陀府也。当是时，西突厥有铁勒，延陀、阿史那之类为最大；其别部有同罗、仆骨、拔野古等以十数，盖其小者也；又有处月、处密诸部，又其小者也。朱邪者，处月别部之号耳。太宗二十二年，已降拔野古，其明年，阿史那贺鲁叛。至高宗永徽二年，处月朱邪孤注从贺鲁战于牢山，为契苾何力所败，遂没不见。后百五六十年，宪宗时，有朱邪尽忠及子执宜见于中国，而自号沙陀，以朱邪为姓矣。

盖沙陀者，大碛也，在金莎山之阳，蒲类海之东，自处月以来居此碛，号沙陀突厥，而夷狄无文字传记，朱邪又微不足录，故其后世自失其传。至尽忠孙始赐姓李氏，李氏后大，而夷狄之人遂以沙陀为贵种云。

【译文】

唐太宗攻破了西突厥，分散了他们的各个部落，设置了十三州，把同罗部设置为龟林都督府，仆骨部为金微都督府，拔野古部为幽陵都督府，并未曾设有沙陀府。那时，西突厥有铁勒，延陀、阿史那一类的部落最大；另外还有同罗、仆骨、拔野古等十几个部落，大概都是小部落；又有处月、处密各部落，就更小了。朱邪不过是处月部落一个分支的称号。太宗二十二年，已经投降了拔野古，第二年，阿史那贺鲁叛变了。到了高宗永徽二年，处月朱邪孤注跟随贺鲁在牢山参加战争，被契苾何力打败，从此朱邪部的踪迹就不见了。过了一百五六十年以后，到了宪宗时，才有名叫朱邪尽忠的及他的儿子执宜出现在中原，而且自己号称沙陀，以朱邪为姓。

大概沙陀的意思是大沙漠，在金莎山的南边，蒲类海的东边，自从处月以来，他们居住在这一带沙漠之中，号称沙陀突厥，但少数部族没有文字传记，朱邪又微小不足以记录，所以他们的后世自然失去了有关他们的传说。到了尽忠的孙子辈时，才开始被赐姓李氏，李氏后来发展起来了，从而少数部族就以沙陀为高贵的种族了。

晋本纪

高祖圣文章武明德孝皇帝，其父臬捩鸡，本出于西夷，自朱邪归唐，从朱邪入居阴山。其后，晋王李克用起于云、朔之间，臬捩鸡以善骑射，常从晋王征伐有功，官至洺州刺史。臬捩鸡生敬瑭，其姓石氏，不知得其姓之始也。

敬瑭为人沈厚寡言，明宗爱之，妻以女，是为永宁公主，由是常隶明宗帐下，号左射军。

庄宗已得魏，梁将刘鄩急攻清平，庄宗驰救之，兵未及阵，为鄩所掩，敬瑭以十余骑横槊驰击，取之以旋。庄宗拊其背而壮之，手啖以酥，啖酥，夷狄所重，由是名动军中。十五年，庄宗战于胡柳，前锋周德威战死，敬瑭以左射军从明宗复击败梁兵。明宗战胡卢套、杨村，为梁兵所败，敬瑭常脱明宗于危。

【译文】

后晋高祖圣文章武明德孝皇帝，父亲叫臬捩鸡，原是西夷人，自从朱邪氏归附唐朝，就跟随朱邪氏进入唐境，居住于阴山一带。此后，晋王李克用起兵于云、朔一带，臬捩鸡因善于骑马射箭，经常跟随晋王出征作战，因战功官至洺州刺史。臬捩鸡生子敬瑭，姓石，不知他得姓的起因是什么。

敬瑭为人深沉厚重，寡言少语，后唐明宗很喜欢他，将女儿嫁给他，这个女儿就是永宁公主，从此他常常隶属于明宗部下，号称左射军。

后唐庄宗攻取魏州后，后梁军将刘鄩猛攻清平，庄宗紧急前往救援，部队还没有列开阵式，就受到刘鄩的袭击，敬瑭率领十几个骑兵举槊猛烈冲击，将庄宗救回。庄宗拍着他的肩膀称赞他很勇敢，亲手端着酥油让他吃，上级亲自给下级酥油吃，在夷狄人中很受看重，因此敬瑭名闻全军。十五年，庄宗领兵在胡柳作战，前锋周德威战死，敬瑭以左射军的身份跟随明宗再次击败后梁军队。明宗在胡卢套、杨村交战中被后梁军队打败，敬瑭屡次使明宗脱离险境。

赵在礼之乱，明宗讨之，至魏而兵变，明宗初欲自归于天子，明己所以不反者。敬瑭献计曰："岂有军变于外，上将独无事者乎？且犹豫者兵家大忌，不如速行。愿得骑兵三百先攻汴州，夷门天下之要害也，得之可以成事。"明宗然之，与之骁骑三百，渡黎阳为前锋，明宗遂入汴。庄宗自洛后至，不得入，而兵皆溃去。庄宗西还，明宗以敬瑭为前锋趣汜水，且收其散卒。庄宗遇弑，明宗入立，拜敬瑭保义军节度使，赐号"竭忠建策兴复功臣"，兼六军诸卫副使。

在陕为政以廉闻。是时，诸侯多不奉法，邓州陶玘、亳州李邺皆以赃污论死，明宗下诏书褒廉吏普州安崇阮、洺州张万进、耀州孙岳等以讽天下，而以敬瑭为首。

【译文】

赵在礼之乱发生后，明宗前往讨伐，至魏州时发生了兵变，明宗起初想亲自回到庄宗身边，以表明自己没有参加反叛。敬瑭向他献计说："哪里有部队在外边发生兵变，而将领能不受怀疑的呢？况且犹豫不决是兵家的大忌，不如迅速发兵。希望能给我三百骑兵，先去攻打汴州，夷门是天下的要害，得到它可以成就大事。"明宗认为他说得很对，给他三百精锐骑兵，从黎阳渡河，作为部队先锋，明宗于是进入了汴州城。庄宗从洛阳赶到时已经晚了一步，无法入城，所率军队都溃散而去。庄宗西还洛阳，明宗派敬瑭作为前锋直趋汜水，同时收编散兵游勇。庄宗被害，明宗入宫称帝，任命敬瑭为保义军节度使，赐给他"竭忠建策兴复功臣"的封号，兼任六军诸卫副使。

在陕州任官期间，以施政廉洁闻名当时。这一时期，许多方镇节帅不遵奉中央法令，邓州的陶玘、亳州的李邺都因贪赃被处以死刑，明宗还下诏褒奖清官，用来激励天下的官员，被褒奖的有普州的安崇阮、洺州的张万进、耀州的孙岳等人，敬瑭就列入其中并被排在首位。

天成二年十月，从幸汴州，为御营使，拜宣武军节度使、侍卫亲军马步军都指挥使，六军副使如故；改赐“耀忠匡定保节功臣”。三年四月，徙镇天雄，拜同中书门下平章事、兴唐尹。五月，拜驸马都尉。董璋反东川，为行营都招讨使，不克而还。复兼六军诸卫副使。徙镇河阳三城，未行，而契丹、吐浑、突厥皆入寇，是时，秦王从荣统六军，敬瑭疑其必及祸，不欲为其副，乃自请行。及制出，不落副使，辄复辞行。明宗数责大臣问谁可行者，范延光、赵延寿等卒以敬瑭为请，乃拜河东节度使、大同彰国振武威塞等军蕃汉马步军总管，落六军副使，乃行。

明年，明宗崩，愍帝即位，加中书令。三月，徙镇成德。清泰元年五月，复镇太原，来朝京师。潞王从珂反于凤翔，愍帝出奔，遇敬瑭于道，敬瑭杀帝从者百余人，幽帝于卫州而去。废帝即位，疑敬瑭必反。

【译文】

天成二年十月，随从明宗前往汴州，担任了御营使一职，拜官为宣武军节度使、侍卫亲军马步军都指挥使，而六军副使一职依然如故；又改赐封号为“耀忠匡定保节功臣”。三年四月，调任镇守天雄军，拜官同中书门下平章事、兴唐尹。五月，拜官驸马都尉。董璋于东川起兵反叛，敬瑭担任行营招讨使前往讨伐，不胜而还。又兼任六军诸卫副使。再度调任镇守河阳三城，还未赴任，契丹、吐浑、突厥都已开始入侵，这时秦王李从荣受命统率六军，敬瑭怀疑他必定会有灾祸，不想担任他的副职，就自己请求出征。可是等诏书发布，仍未除去副使一职，他就又请求辞职。明宗多次向大臣询问谁能担当出征的重任，范延光、赵延寿等一直请求以敬瑭出任，于是任命他为河东节度使、大同、彰国、振武、威塞等军蕃汉马步军总管，撤销了六军副使的原职，敬瑭这才前往赴任。

第二年，明宗逝世，后唐愍帝即皇帝位，敬瑭加官为中书令。三月，调任镇守成德军。清泰元年五月，重又镇守太原，接着到京城朝见。潞王李从珂在凤翔起兵反叛，愍帝离京逃奔，在路上遇到了敬瑭，敬瑭杀死了愍帝的随从一百多人，将愍帝幽禁于卫州才离去。后唐废帝即皇帝位，他怀疑敬瑭一定会反叛。

天福元年五月，徙镇天平，敬瑭果不受命，谓其属曰：“先帝授吾太原使老焉，今无故而迁，是疑吾反也。且太原地险而粟多，吾当内檄诸镇，外求援于契丹，可乎？”桑维翰、刘知远等共以为然。乃上表论废帝不当立，请立许王从益为明宗嗣。废帝下诏削夺敬瑭官爵，命张敬达等讨之，敬瑭求援于契丹。

九月，契丹耶律德光入自雁门，与唐兵战，敬达大败。敬瑭夜出北门见耶律德光，约为父子。

十一月丁酉，皇帝即位，国号晋。以幽、涿、蓟、檀、顺、瀛、莫、蔚、朔、云、应、新、妫、儒、武、寰州入于契丹。己亥，大赦，改元。掌书记桑维翰为翰林学士、尚书礼部侍郎，知枢密使事。

【译文】

天福元年五月，废帝调敬瑭镇守天平，敬瑭果然不从命，对他的部属说："先帝让我镇守太原，是一直到老的，现在无故将我调离，是怀疑我要反叛。再说太原地势险要，粮食很多，我应当对内传檄诸镇，对外向契丹求援，你们说可以吗？"桑维翰、刘知远等都认为很对。于是就上表说不应当立废帝当皇帝，请求立许王李从益做明宗的嗣子。废帝于是下诏剥夺敬瑭的官爵，命令张敬达等讨伐他，敬瑭随即向契丹求援。

九月，契丹耶律德光自雁门进入内地，与后唐军队交战，敬达大败。敬瑭夜晚出北门，与耶律德光会面，相约为父子关系。

十一月丁酉日，敬瑭即皇帝位，国号为晋。将幽州、涿州、蓟州、檀州、顺州、瀛州、莫州、蔚州、朔州、云州、应州、新州、妫州、儒州、武州、寰州划归契丹。己亥日，实行大赦，改年号为天福。任掌书记桑维翰为翰林学士、尚书礼部侍郎，知枢密使事。

闰月丙寅，翰林学士承旨、尚书户部侍郎赵莹为门下侍郎，桑维翰为中书侍郎，同中书门下平章事，兼枢密使。甲戌，赵德钧及其子延寿叛于唐来降，契丹锁之以归。己卯，次河阳，节度使苌从简叛于唐来降。辛巳，至自太原。卢文纪、姚颢罢。甲申，大赦，杀张延朗、刘延朗，赦房暠。

十二月乙酉，如河阳。追降王从珂为庶人。丁亥，司空冯道兼门下侍郎、同中书门下平章事。己丑，曹州指挥使石重立杀其刺史郑玩。辛卯，御札求直言。癸巳，镇州牙内都虞侯秘琼逐其节度副使李彦琦。同州裨将门铎杀其将杨汉宾。庚子，天平军节度使王建立杀其副使李彦赟。旱。

二年春正月癸亥，安远军节度使卢文进叛降于吴。丁卯，天雄军节度使范延光杀齐州防御使秘琼。戊寅，兵部侍郎李崧为中书侍郎、同中书门下平章事、枢密使。封唐宗室子为公，及隋酅公为二王后，以周介公备三恪。

二月丁酉，契丹使皇太子解里来。

三月庚辰，如汴州。

【译文】

闰月丙寅日，任命翰林学士承旨、尚书户部侍郎赵莹为门下侍郎，桑维翰为中书侍郎，均为同中书门下平章事，兼枢密使。甲戌日，赵德钧同他的儿子延寿一起背叛后唐来降，契丹兵将他们捆绑带走。己卯日，皇帝行至河阳，节度使苌从简背叛后唐来降。辛巳日，皇帝自太原到达京城。罢免卢文纪、姚颙的官职。甲申日，实行大赦，杀死了张延朗、刘延朗，并赦免了房暠。

十二月乙酉日，皇帝前往河阳。将王李从珂追降为普通百姓。丁亥日，司空冯道兼任门下侍郎、同中书门下平章事。己丑日，曹州指挥使石重立杀死了本州刺史郑玩。辛卯日，皇帝下达札子，求访直言之士。癸巳日，镇州牙内都虞侯秘琼赶走了节度副使李彦琦。同州副将门铎杀死了主将杨汉宾。庚子日，天平军节度使王建立杀死了副使李彦赟。发生旱灾。

天福二年春季正月癸亥日，安远军节度使卢文进反叛，投降了吴国。丁卯日，天雄军节度使范延光杀死了齐州防御使秘琼。戊寅日，任兵部侍郎李崧为中书侍郎、同中书门下平章事、枢密使。封唐朝宗室之子为公，与隋酅公同为二王后，以周介公备三恪之员。

二月丁酉日，契丹派皇太子解里来京。

三月庚辰日，皇帝前往汴州。

夏四月丁亥，赦囚，蠲民租赋。赵莹使于契丹。辛卯，宣武军节度使杨光远进助国钱。契丹使宫苑使李可兴来。

五月壬戌，御札求直言。丁丑，追尊祖考为皇帝，妣为皇后；高祖璟谥曰孝安，庙号靖祖，祖妣秦氏谥曰孝安元；曾祖郴谥曰孝简，庙号肃祖，祖妣安氏谥曰孝简恭；祖昱谥曰孝平，庙号睿祖，祖妣来氏谥曰孝平献；考绍雍谥曰孝元，庙号献祖，妣何氏谥曰孝元懿。

六月癸未，契丹使夷离毕来。天雄军节度使范延光反。丁酉，传箭于义成军节度使符彦饶。丁未，杨光远为魏府四面行营都部署。东都巡检张从宾反，留守判官李遐死之，奉国都指挥使侯益、护圣都指挥使杜重威讨之。从宾寇河阳，杀皇子重信；寇河南，杀皇子重乂。

【译文】

夏季，四月丁亥日，赦免囚犯，免除百姓租赋。赵莹出使契丹。辛卯日，宣武军节度使杨光远进献助国钱。契丹派宫苑使李可兴来京。

五月壬戌日，皇帝下达札子，求访直言之士。丁丑日，追尊祖先为皇帝，祖先配偶为皇后；追谥高祖父石璟为孝安皇帝，庙号靖祖，高祖母秦氏为孝安元皇后；追谥曾祖父石郴为孝简皇帝，庙号肃祖，曾祖母安氏为孝简恭皇后；追谥祖父石昱为孝平皇帝，庙号睿祖，祖母来氏为孝平献皇后；追谥父亲石绍雍为孝元皇帝，庙号献祖，母亲何氏为孝元懿皇后。

六月癸未日，契丹派夷离毕来京。天雄军节度使范延光反叛。丁酉日，向义成军节度使符彦饶传送信箭。丁未日，任命杨光远为魏府四面行营都部署。东都巡检张从宾反叛，留守判官李遐被杀，奉国都指挥使侯益、护圣都指挥使杜重威发兵讨伐张从宾。从宾进犯河阳，杀害皇子石重信；进犯河南，杀害皇子石重乂。

秋七月，从宾陷汜水关，杀巡检使宋廷浩。壬子，右卫大将军尹晖叛奔于吴，不克，伏诛。右监门卫大将军娄继英叛降于张从宾。义成军乱，杀戍将侍卫马步军都指挥使白奉进。甲寅，戍将奉国指挥使马万执符彦饶归于京师，命杀之于赤冈。乙卯，杨光远为魏府行营都招讨使。辛酉，杜重威克汜水关。壬申，杨光远克博州。丙子，安州屯防指挥使王晖杀其节度使周瓌，右卫大将军李金全讨之。

八月丙申，静难军节度使安叔千进添都马。乙巳，赦非死罪囚及张从宾、符彦饶、王晖余党。

九月，杨光远进粟。

冬十月辛巳，禁造甲兵。

三年春二月戊戌，诸镇皆进物以助国。

三月壬戌，回鹘可汗王仁美使翟全福来。丁丑，禁私造铜器。

秋七月辛酉，以皇业钱作受命宝。

【译文】

秋季七月，张从宾攻陷汜水关，杀害巡检使宋廷浩。壬子日，右卫大将军尹晖反叛，投奔吴国不成，被处决。右监门卫大将军娄继英叛降于张从宾。义成军发生变乱，杀害了戍将侍卫马步军都指挥使白奉进。甲寅日，戍将奉国指挥使马万将符彦饶捕送京城，皇帝命令在赤冈把他杀掉。乙卯日，杨光远担任魏府行营招讨使。辛酉日，杜重威攻克汜水关。壬申日，杨光远攻克博州。丙子日，安州屯防指挥使王晖杀害节度使周瓌，右卫大将军李金全领兵讨伐王晖。

八月丙申日，静难军节度使进献添都马。乙巳日，赦免非死罪囚犯以及张从宾、符彦饶、王晖的余党。

九月，杨光远进献粟米。

冬季，十月辛巳日，禁止制造兵器。

天福三年春季，二月戊戌日，各方镇进献物资以充实中央国库。

三月壬戌日，回鹘可汗王仁美派翟全福来京朝见。丁丑日，下令禁止私造铜器。

秋季，七月辛酉日，将皇业钱作为皇帝承受天命的宝货。

八月戊寅，冯道及左仆射刘昫为契丹册礼使。壬午，澶州刺史冯晖降。丙戌，许御署官选。己丑，蠲水旱民税。辛丑，归伶官于契丹。

九月己酉，赦范延光。己未，归静鞭官刘守威、金吾勘契官王殷、司天鸡叫学生殷晖于契丹。于阗使马继荣来，回鹘使李万金来。己巳，赦魏州，蠲民税。是月，宣徽南院使刘处让为枢密使。

冬十月戊寅，契丹使中书令韩颎来奉册曰英武明义皇帝。庚辰，升汴州为东京，以洛阳为西京，雍州为晋昌军。戊子，右金吾卫大将军马从斌使于契丹。己未，契丹使梅里来。戊戌，大赦。庚子，封李圣天为大宝于阗国王。

十一月辛亥，升广晋府为邺都。壬戌，除铸钱令。

十二月丙子，封子重贵为郑王。

四年春正月，盗发唐愍皇帝墓。辛亥，澶州防御使张从恩为枢密副使。旌表深州民李自伦门闾。

三月乙巳，回鹘使其都督拽里敦来。丙辰，颁《调元历》。灵州戍将王彦忠以怀远城反。己未，彦忠降，供奉官齐延祚杀之。

【译文】

八月戊寅日，冯道以及左仆射刘昫担任出使契丹的册礼使。壬午日，澶州刺史冯晖投降。丙戌日，允许御署选官。己丑日，免除遭受水灾、旱灾地区百姓的税收。辛丑日，送乐官给契丹。

九月己酉日，赦免范延光。己未日，将静鞭官刘守威、金吾勘契官王殷、司天鸡叫学生殷晖送给契丹。于阗派马继荣来朝，回鹘派李万金来朝。己巳日，赦免魏州，免除百姓税收。本月，任命宣徽南院使刘处让为枢密使。

冬季，十月戊寅日，契丹派中书令韩颎来京，册封后晋高祖为英武明义皇帝。庚辰日，将汴州升格为东京，以洛阳为西京，雍州为晋昌军。戊子日，右金吾卫大将军马从斌出使契丹。己未日，契丹派梅里来京。戊戌日，实行大赦。庚子日，封李圣天为大宝于阗国王。

十一月辛亥日，将广晋府升为邺都。壬戌日，解除铸钱禁令。

十二月丙子日，封皇子石重贵为郑王。

天福四年春季，正月，强盗发掘后唐愍帝的陵墓。辛亥日，澶州防御使张从恩担任枢密副使。在深州百姓李自伦家门前立牌坊赐匾额，用以表彰。

三月乙巳日，回鹘派都督拽里敦来京朝见。丙辰日，颁布《调元历》。灵州戍将王彦忠据怀远城反叛。己未日，彦忠投降，供奉官齐延祚将他杀掉。

夏四月辛巳，封回鹘可汗王仁美为奉化可汗。甲申，废枢密使。

秋七月丙辰，复禁铸钱。

闰月壬申，桑维翰罢。

八月己亥朔，河决博平。西戎寇泾州，彰义军节度使张彦泽败之，执其首领野离罗虾独。

九月丁丑，契丹使粘木孤来。癸未，封李从益为郇国公以奉唐后。丙戌，高丽王建使其广评侍郎邢顺来。

冬十一月乙亥，立唐高祖、太宗、庄宗、明宗、愍帝庙于西京。戊子，契丹使遥折来，吐蕃罢延族来附。

五年春正月丁卯朔，德音除民公私债。己丑，回鹘使石海金来。

夏四月甲子，契丹兴化王来。

五月丙戌，安远军节度使李金全叛附于唐。

【译文】

夏季，四月辛巳日，封回鹘可汗王仁美为奉化可汗。甲申日，废去枢密使一职。

秋季，七月丙辰日，恢复私自铸钱的禁令。

闰月壬申日，桑维翰被罢官。

八月己亥日为初一，黄河于博平段决口。西部戎夷进犯泾州，彰义军节度使张彦泽将其击败，俘获了首领野离罗虾独。

九月丁丑日，契丹派粘木孤来京。癸未日，封李从益为郇国公，作为后唐的后裔。丙戌日，高丽王建派广评侍郎刑顺来京朝见。

冬季，十一月乙亥日，在西京建立唐高祖、唐太宗、后唐庄宗、后唐明宗、后唐愍帝庙。戊子日，契丹派遥折来京，吐蕃罢延族前来归附。

天福五年春季，正月丁卯日为初一，皇帝颁布恩诏，免除百姓的公私债务。己丑日，回鹘派石海金来京朝见。

夏季，四月甲子日，契丹兴化王来京。

五月丙戌日，安远军节度使李金全叛归南唐。

六月癸卯，李昪遣其将李承裕入于安州，金全奔于唐，安远军节度使马全节及承裕战，败之。丁巳，克安州，承裕奔于云梦，全节执而杀之。

秋八月丁酉，阅稼于西郊。己未，西京留守杨光远杀太子太师范延光。

九月丁卯，翰林学士承旨、户部侍郎和凝为中书侍郎、同中书门下平章事。辛巳，阅稼于沙台。

冬十月丁未，契丹使舍利来。

十一月丙子，冬至，始用二舞。

六年春正月戊寅，封唐叔虞为兴安王，台骀为昌宁公。

二月戊申，停买宴钱。三月，除民二年至四年以前税。

夏四月己未，契丹使述括来。五月，吐浑首领白承福来。

秋七月壬午，突厥使薛同海来。

【译文】

六月癸卯日，李昪派部将李承裕进入安州，金全逃奔南唐，安远军节度使马全节与承裕交战，将南唐军队击败。丁巳日，攻克安州，承裕逃至云梦，全节将他抓获杀掉。

秋季，八月丁酉日，皇帝于京城西郊视察庄稼。己未日，西京留守杨光远杀死太子太师范延光。

九月丁卯日，翰林学士承旨、户部侍郎和凝为中书侍郎、同中书门下平章事。辛巳日，皇帝于沙台视察庄稼。

冬季，十月丁未日，契丹派舍利来京。

十一月丙子日是冬至，开始启用文武二舞的礼仪。

天福六年春季，正月戊寅日，封唐叔虞为兴安王，台骀为昌宁公。

二月戊申日，停罢各地进奉的买宴钱。三月，免除百姓天福二年至四年以前的税收。

夏季，四月己未日，契丹派述括来京。五月，吐浑首领白承福来京朝见。

秋季，七月壬午日，突厥派薛同海来京朝见。

八月壬辰，如邺都，开封尹郑王重贵留守东京，宣徽南院使张从恩东京内外兵马都监。壬寅，大赦。甲寅，光禄卿张澄使于契丹。

九月乙亥，前安国军节度使杨彦询使于契丹。丁丑，吐浑使白可久来。河决中都，入于沓河。

冬十月，河决滑、濮、郓、澶州。山南东道节度使安从进反。

十一月丁丑，西京留守高行周为南面军前都部署以讨之。

十二月丙戌朔，郑王重贵为广晋尹，徙封齐王。先锋都指挥使郭金海及安从进战于唐州，败之。成德军节度使安重荣反。天平节度使杜重威为镇州行营招讨使。丙申，契丹遣使者来。戊戌，杜重威及安重荣战于宗城，败之。

七年春正月丁巳，克镇州，安重荣伏诛，赦广晋。庚午，契丹使达剌来。

三月，归德军节度使安彦威塞决河于滑州。

闰月，天兴蝗食麦。

夏五月乙巳，尊皇太妃刘氏为太后。

六月丙辰，吐浑使念丑汉来。乙丑，皇帝崩于保昌殿。

【译文】

八月壬辰日，皇帝前往邺都，开封尹、郑王重贵留守东京，宣徽南院使张从恩任东京内外兵马都监。壬寅日，实行大赦。甲寅日，光禄卿张澄出使契丹。

九月乙亥日，前安国节度使杨彦询出使契丹。丁丑日，吐浑派白可久来京朝见。黄河于中都一带决口，流入沓河。

冬季，十月，黄河在滑州、濮州、郓州、澶州一带决口。山南东道节度使安从进反叛。

十一月丁丑日，西京留守高行周担任南面军前都部署，前往讨伐安从进。

十二月丙戌日为初一，任郑王重贵为广晋府尹，改封为齐王。先锋都指挥使郭金海与安从进交战于唐州，将安从进击败。成德军节度使安重荣反叛。任命天平节度使杜重威为镇州行营招讨使。丙申日，契丹派使节来京。戊戌日，杜重威与安重荣交战于宗城，将安重荣击败。

天福七年春季，正月丁巳日，攻克镇州，安重荣被处决，赦免广晋一府。庚午日，契丹派使者达剌来京。

三月，归德军节度使安彦威于滑州堵塞黄河决口。

闰月，天兴一带蝗虫食麦。

夏季，五月乙巳日，尊奉皇太妃刘氏为皇太后。

六月丙辰日，吐浑派使者念丑汉来京朝见。乙丑日，皇帝逝世于保昌殿。

〔宋史〕

欧阳修列传

欧阳修字永叔，庐陵人。四岁而孤，母郑守节自誓，亲诲之学，家贫，至以荻画地学书。幼敏悟过人，读书辄成诵。及冠，嶷然有声。宋兴且百年，而文章体裁，犹仍五季余习。锼刻骈偶，淟涊弗振，士因陋守旧，论卑气弱。苏舜元舜钦、柳开、穆修辈，咸有意作而张之，而力不足。修游随，得唐韩愈遗稿于废书簏中，读而心慕焉。苦志探赜，至忘寝食，必欲并辔绝驰而追与之并。

举进士，试南宫第一，擢甲科，调西京推官。始从尹洙游，为古文，议论当世事，迭相师友，与梅尧臣游，为歌诗相倡和，遂以文章名冠天下。入朝，为馆阁校勘。

【译文】

欧阳修，字永叔，庐陵（今江西吉安）人。四岁时父亲就去世了，母亲郑氏，立誓守节，亲自教导儿子读书，家境贫困，以至用芦管当笔在地上描画着学习写字。欧阳修自幼就聪敏颖悟，超过常人，书读过就能熟记背诵。一到成年，就有了很高的声望。宋代立国将近百年，但文章的体裁，还是依然沿袭着五代的风气。文人们刻镂雕琢的都是骈偶之文，文坛污浊，文风不振，读书人因循陋习，墨守成规，评论卑下，气调柔弱。苏舜元、苏舜钦兄弟、柳开、穆修等人，都有意振作张扬正气，但力量不足。欧阳修游历随州（今属湖北），在废书篓中得到了唐朝韩愈的遗稿，读后万分欣慕。于是就苦心孤诣地探幽索隐，以至废寝忘食，他决心要同韩愈并驾齐驱、比肩齐名。

欧阳修中进士，得南宫殿试第一，被选拔为甲科，调任西京推官。开始和尹洙交游，和尹洙一起写作古文，议论当朝时政，互相都把对方看成是自己的教师和朋友，又同梅尧臣交往，相互作诗唱和，就这样，欧阳修凭着他的文章名满天下。不久，选进朝廷，为馆阁校勘。

范仲淹以言事贬，在廷多论救，司谏高若讷独以为当黜。修贻书责之，谓其不复知人间有羞耻事。若讷上其书，坐贬夷陵令，稍徙乾德令、武成节度判官。仲淹使陕西，辟掌书记。修笑而辞曰："昔者之举，岂以为己利哉？同其退不同其进可也。"久之，复校勘，进集贤校理。庆历三年，知谏院。

时仁宗更用大臣，杜衍、富弼、韩琦、范仲淹皆在位，增谏官员，用天下名士，修首在选中。每进见，帝延问执政，咨所宜行。既多所张弛，小人翕翕不便。修虑善人必不胜，数为帝分别言之。

【译文】

范仲淹因为议论政事被贬了官，朝廷中很多官员都议论相救，只有司谏高若讷一个人认为范仲淹当贬。欧阳修就写了封信责备他，指责他不复知人间还有羞耻事。高若讷把欧阳修写给他的信送给了皇上，欧阳修因此获罪，被贬为夷陵（今湖北宜昌）县令，不久又迁为乾德（今湖北光化）县令、武成（今河南滑县）节度判官。范仲淹出使陕西，征辟欧阳修执掌书记。欧阳修笑着推辞说："从前我所以那样做，难道是为自己的私利吗？还是同其退不同其进较好吧。"过了很久，朝廷又恢复了他的校勘职务，并被进举为集贤院校理。宋仁宗庆历三年（1043），主持谏院。

当时仁宗皇帝更换大臣，杜衍、富弼、韩琦、范仲淹都做了朝廷大臣，仁宗还决定增加谏官，起用天下名士，欧阳修第一个在被选之列。每次进见，仁宗都要征求每个大臣的意见，询问他们应该做些什么。因为朝中兴废的事多了，小人们的聚合趋附感到了很多的不便。欧阳修考虑到正直的好人必然不会得胜，多次向仁宗分别谈了自己的看法。

初，范仲淹之贬饶州也，修与尹洙、余靖皆以直仲淹见逐，目之曰"党人"。自是，朋党之论起，修乃为《朋党论》以进。其略曰："君子以同道为朋，小人以同利为朋，此自然之理也。臣谓小人无朋，惟君子则有之。小人所归者利禄，所贪者财货，当其同利之时，暂相党引以为朋者，伪也。及其见利而争先，或利尽而反相贼害，虽兄弟亲戚，不能相保，故曰：小人无朋。君子则不然，所守者道义，所行者忠信，所惜者名节。以之修身，则同道而相益，以之事国，则同心而共济，终始如一，故曰：惟君子则有朋。纣有臣亿万，惟亿万心，可谓无朋矣，而纣用以亡。武王有臣三千，惟一心，可谓大朋矣，而周用以兴。盖君子之朋，虽多而不厌故也。故为君但当退小人之伪朋，用君子之真朋，则天下治矣。”

修论事切直，人视之如仇，帝独奖其敢言，面赐五品服。顾侍臣曰：“如欧阳修者，何处得来？”同修起居注，遂知制诰。故事，必试而后命，帝知修，诏特除之。

【译文】

当初，范仲淹被贬饶州（治所在今江西波阳），欧阳修和尹洙、余靖都因为替范仲淹辩白伸冤而被逐，且被看成是“党人”。从此，朋党的争论就开始了，欧阳修写了《朋党论》进呈仁宗。其大概的意思是说：“君子和君子因为志同道合结成朋党，小人和小人因为私利相投结成朋党，这是自然的道理。但我说小人是没有朋党的，只有君子才有朋党。因为小人所喜好的是名利和厚禄，所贪图的是金钱和财物，当他们利害一致的时候，就暂时互相勾结拉拢成为朋党，这是虚伪的。等到有利可图的时候就互相争先，或者无利可图的时候就反而相互残害，虽然是兄弟亲戚，也不能互相保护，所以说小人是没有朋党的。君子就不是这样，他们所恪守的是道义，所奉行的是忠信，所珍惜的是名节。用它们来修身，就不仅志同道合而且还互相裨益，用它们来效忠国家，就不仅同心协力而且同舟共济，始终如一，所以说：只有君子才有朋党。商纣有臣子亿万个，就有亿万颗心，可说是没有朋党了吧，商纣因此而亡国；周武王有臣子三千人，三千人只有一条心，可以说是大的朋党了吧，而周王朝因此而兴。这是因为君子的朋党，虽然多也不会满足的缘故。所以做国君的人只该贬退小人的假朋党，起用君子的真朋党，那么天下就可大治了。”

欧阳修评议朝政严厉正直，小人们把他看成似仇人，而仁宗独夸奖他敢于说话，当面赐给他五品朝服，并且回看着侍臣们说：“像欧阳修这样的人，到哪里去找得来？”于是，提拔为同修起居注，又主管起草皇帝的诏令。按照先例，选拔主管起草皇帝诏令的官员一定要经过面试以后才能任命，因为仁宗了解欧阳修，下诏书特地任命欧阳修担任这个职务。

奉使河东。自西方用兵，议者欲废麟州以省馈饷。修曰：“麟州天险不可废，废之，则河内郡县，民皆不安居矣。不若分其兵，驻并河内诸堡，缓急得以应援，而平时可省转输，於策为便。”由是州得存。又言："忻、代、岢岚多禁地废田，愿令民得耕之，不然，将为敌有。"朝廷下其议，久乃行，岁得粟数百万斛。凡河东赋敛过重民所不堪者，奏罢十数事。

使还，会保州兵乱。以为龙图阁直学士、河北都转运使。陛辞，帝曰："勿为久留计，有所欲言，言之。"对曰："臣在谏职得论事，今越职而言，罪也。"帝曰："第言之，毋以中外为间。"贼平，大将李昭亮、通判冯博文私纳妇女，修捕博文系狱，昭亮惧，立出所纳妇。兵之始乱也，招以不死，既而皆杀之，胁从二千人，分隶诸郡。富弼为宣抚使，恐后生变，将使同日诛之，与修遇于内黄，夜半，屏人告之故。修曰："祸莫大于杀已降，况胁从乎？既非朝命，脱一郡不从，为变不细。"弼悟而止。

【译文】

后来欧阳修奉命出使河东。自从朝廷对西方用兵以来，议论时政的人就想废除麟州（今陕西神木）以便节省军队的供给。欧阳修说："麟州是天然的险要之地，不要废除，废除了麟州，那么河内这些郡县的百姓就不能安居了。不如分出麟州的军队，让他们进驻河内的各个要塞，遇到危急情况也可以互相得到接应和救援，而平时又可以省去转辗运输之劳，对于谋略来说，这样做比较有利。"由于欧阳修的这个建议，麟州得到了保存。他又说："忻州（治所在今山西忻县）、代州（治所在今山西代县）、岢岚（今属山西）多的是禁地和废田，希望下命令让老百姓去开垦和种植，不然，就将被敌人占有了。"朝廷把欧阳修的提议交给有关部门讨论，直到很久以后才得以实行，结果是朝廷每年得到了几百万斛的粮食。凡是河东土地赋税过重，人民无法忍受的摊派，欧阳修上奏朝廷请求免除了十几项。

欧阳修出使回来，正值保州（今河北保定）屯兵作乱，欧阳修被授为龙图阁直学士、河北都转运使。他在向天子辞别的时候，仁宗对他说："你不要做长久留在外面的打算，有什么想说的，说吧。"欧阳修回答说："我在谏官任上就该评论朝政，现在我已经不做谏官了，再评议朝政就是越职了，这是有罪的。"仁宗说："只管说，没关系，不要因为京官和外官而生出间隔来。"乱贼平定了，大将李昭亮、通判冯博文私藏妇女，欧阳修逮捕了冯博文把他囚禁在监狱里，李昭亮害怕了，马上放出了所有私藏的妇女。保州屯兵开始作乱的时候，官府曾经用投降不杀的诺言进行招安，等到叛乱平定后却把他们通通杀死了，另外尚有胁从的两千人，本来已经把他们分别编制、隶属到各个州郡里去了，当时富弼是宣抚使，担心这些被编的人以后会再生变故，所以又决定将他们在同一天里全部杀死。碰巧富弼和欧阳修在内黄（今属河南）这个地方相遇了，半夜里，富弼屏退左右，悄悄地把自己的这个打算告诉了欧阳修。欧阳修说："灾祸没有比杀死已经投降的人更大的了，何况是胁从的人呢？既然不是朝廷的命令，如果有哪个州郡不服从你的这个命令，变故起来可不是小事呀！"富弼恍然大悟，因此中止了这个计划。

方是时，杜衍等相继以党议罢去，修慨然上疏曰："杜衍、韩琦、范仲淹、富弼，天下皆知其有可用之贤，而不闻其有可罢之罪。自古小人谗害忠贤，其说不远。欲广陷良善，不过指为朋党，欲动摇大臣，必须诬以专权，其故何也？去一善人，而众善人尚在，则未为小人之利；欲尽去之，则善人少过，难为一一求瑕，唯指以为党，则可一时尽逐。至如自古大臣，已被主知而蒙信任，则难以他事动摇，唯有专权是上之所恶，必须此说，方可倾之。正士在朝，群邪所忌，谋臣不用，敌国之福也。今此四人一旦罢去，而使群邪相贺于内，四夷相贺于外，臣为朝廷惜之。"于是邪党益忌修，因其孤甥张氏狱傅致以罪，左行知制诰、知滁州。居二年，徙扬州、颍州。复学士，留守南京，以母忧去。服除，召判流内铨，时在外十一年矣。帝见其发白，问劳甚至。小人畏修复用，有诈为修奏，乞澄汰内侍为奸利者。其群皆怨怒，谮之，出知同州，帝纳吴充言而止。迁翰林学士，俾修《唐书》。奉使契丹，其主命贵臣四人押宴，曰："此非常制，以卿名重故尔。"知嘉佑二年贡举。时士子尚为险怪奇涩之文，号"太学体"，修痛排抑之，凡如是者辄黜。毕事，问之嚣薄者伺修出，聚噪于马首，街逻不能制；然场屋之习，从是遂变。

【译文】

在这个时候，杜衍等大臣因为党议一个接一个被罢了官，欧阳修愤慨地向朝廷上奏疏说："杜衍、韩琦、范仲淹、富弼，天下人都知道他们是可以被举用的贤才，而没有听说他们有什么应该被免职的罪过。自古以来小人谗害忠贤，他们的说法其实也并不复杂。想大批地陷害忠良，不过就是指责他们是朋党，想动摇大臣的地位，就必须用专权来诬陷他们，这是什么原因呢？因为除去一个好人，其他很多的好人还在，这对小人并不能带来多大的利益；想把好人一网打尽，但好人却又很少有过失，很难一一找到他们的缺点，只有指责他们结为朋党，那么就可以在同一个时间内全部贬逐他们。至于自古以来那种已经被皇上了解、而且深得皇上信任的大臣，那么就难以用其他的事由来动摇他们了，只有专权是皇上最忌讳和憎恶的，所以，一定要用这种说法，才可以打倒他们。正直的人士在朝廷，邪恶的小人就会有所避忌，谋臣不被举用，正是敌国的福气。现在这四个正直的大臣一旦被罢免，一定会使邪恶的小人相互庆贺于内，四周的敌人相互称贺于外，我替朝廷可惜呀！”于是邪党更加憎恨欧阳修，就借他妹妹的孤女张氏的案子罗织他的罪名，把他降为知制诰，出为滁州（今安徽滁县）知州。欧阳修在滁州住了两年，徙扬州（今属江苏）、颍州（今安徽阜阳）。不久，恢复了他龙图阁直学士的官衔，留守南京，因为母亲去世而去职。服丧期满，朝廷任命他为流内铨。当时，欧阳修在外已十一年了，仁宗看到他的头发都已发白，问候慰劳很是周到。小人们害怕欧阳修再次被重用，就有人假造欧阳修的奏章请求仁宗清洗内侍中挟持恩宠，为非作歹，用非法手段获取私利的奸徒。这样就激起了宦官们对欧阳修的深切怨怒，纷纷诬陷他，要把他外放同州（今陕西大荔），仁宗皇帝采纳了吴充的意见才得以中止。迁翰林学士，让他修纂《唐书》。欧阳修奉命出使契丹，契丹君主命令四个贵臣掌管宴会，并且对欧阳修说：“这种规格的接待并不是常规制度，只是因为你的名声大，所以才这样做的。”嘉佑二年（1057），欧阳修主持贡举。当时应考的读书人喜欢写作险怪奇涩的文章，号为“太学体”，欧阳修极力排斥，贬抑这种文体，凡是写作这种文章的人一概黜落。这件事结束后，从前那些轻狂浅薄的人等候得欧阳修出门，聚集在一起气势汹汹地拦住欧阳修的马头高声责骂，街上的巡逻队无法制止；然而科举考试的风气，却从此得到了改变。

加龙图阁学士、知开封府，承包拯威严之后，简易循理，不求赫赫名，京师亦治。旬月，改群牧使。《唐书》成，拜礼部侍郎兼翰林侍读学士。修在翰林八年，知无不言。河决商胡，北京留守贾昌朝欲开横垅故道，回河使东流。有李仲昌者，欲导入六塔河，议者莫知所从。修以为：“河水重浊，理无不淤，下流既淤，上流必决。以近事验之，决河非不能力塞，故道非不能力复，但势不能久耳。横垅功大难成，虽成将复决。六塔狭小，而以全河注之，滨、棣、德、博必被其害。不若因水所趋，增堤峻防，疏其下流，纵使入海，此数十年之利也。”宰相陈执中主昌朝，文彦博主仲昌，竟为河北患。台谏论执中过恶，而执中犹迁延固位。修上疏，以为“陛下拒忠言，庇愚相，为圣德之累”。未几，执中罢。狄青为枢密使，有威名，帝不豫，讹名籍籍，修请出之于外，以保其终，遂罢知陈州。修尝因水灾上疏曰：“陛下临御三纪，而储宫未建。昔汉文帝初即位，以群臣之言，即立太子，而享国长久，为汉太宗。唐明宗恶人言储嗣事，不肯早定，致秦王之乱，宗社遂覆。陛下何疑而久不定乎？”其后建立英宗，盖原于此。

【译文】

欧阳修被封龙图阁学士，知开封府。他继承包拯威严治政之后，用简明便易、遵循法制的原则治政，不求显赫的名声，京师也治理得很好。十个月以后，改充群牧使。《唐书》修撰完毕，欧阳修被任命为礼部侍郎兼翰林侍读学士。欧阳修在翰林院八年，真正做到了知无不言。当时黄河在商胡决口，北京（今河北大名）留守贾昌朝想掘开横垅故道，回折河水使它向东流。有个叫李仲昌的人，却主张把河水引入六塔河。议论的人不知听谁的好。欧阳修认为：“黄河水流多泥沙，按理说来没有不淤塞的，下流既然已经淤塞了，上流就一定会决口。用近来发生的事情去考察，黄河的决口并不是不能努力塞住，故道也不是不能努力恢复，但是这种做法都不是治本之道，因而势必不能保持久长。开掘横垅故道工程很大，难以成功，即使成功了，最终还是要再次决口。而六塔河河床狭窄，令黄河水悉数倾注，滨、棣、德、博各州一定会遭到它的灾害。不如依循河水的走向，增高河堤，疏通它的下游，让黄河之水无所阻拦地流入大海，这才是几十年的长久利益呀。”当时的宰相陈执中主张贾昌朝的意见，文彦博主张李仲昌的意见，终于造成了河北的大灾难。谏院论述陈执中的过失，但陈执中仍然拖延着企图稳住自己的官位。欧阳修上书皇帝，认为“皇上拒绝采纳忠告，庇护愚顽的宰相，给皇上带来了连累”。过了不久，陈执中被免去了宰相职位。狄青做了枢密使，很有威望，仁宗不高兴，谣言纷起，欧阳修请求出任外官，以保全自己得以善终。于是就免去了他的朝官而改任陈州（今河南淮阳）知州。欧阳修曾经因为水灾向仁宗上奏疏说：“皇上君临天下已经三纪了，但至今东宫太子之位未定。从前汉文帝刚即位，因为臣子们的建议，马上立了太子，因此享国很久长，为汉太宗。唐明宗讨厌臣下议论接班人的事，不肯早早立定太子，因此造成秦王之乱，宗庙社稷由此倾覆。皇上为何犹豫而久久不选定太子呢？”此后的建立英宗，推究其源，就在于欧阳修的这次上书。

五年，拜枢密副使。六年，参知政事。修在兵府，与曾公亮考天下兵数及三路屯戍多少、地理远近，更为图籍。凡边防久缺屯戍者，必加搜补。其在政府，与韩琦同心辅政。凡兵民、官吏、财利之要，中书所当知者，集为总目，遇事不复求之有司。时东宫犹未定，与韩琦等协定大议。英宗以疾未亲政，皇太后垂帘，左右交构，几成嫌隙。韩琦奏事，太后泣语之故。琦以帝疾为解，太后意不释，修进曰：“太后事仁宗数十年，仁德著于天下。昔温成之宠，太后处之裕如；今母子之间，反不能容邪？”太后意稍和，修复曰：“仁宗在位久，德泽在人。故一日晏驾，天下奉戴嗣君，无一人敢异同者。今太后一妇人，臣等五六书生耳，非仁宗遗意，天下谁肯听从。”太后默然，久之而罢。

修平生与人尽言无所隐。及执政，士大夫有所干请，辄面谕可否，虽台谏官论事，亦必以是非诘之，以是怨诽益众。帝将追崇濮王，命有司议，皆谓当称皇伯，改封大国。修引《丧服记》，以为：“‘为人后者，为其父母报。’降三年为期，而不没父母之名，以见服可降而名不可没也。若本生之亲，改称皇伯，历考前世，皆无典据。进封大国，则又礼无加爵之道。故中书之议，不与众同。”太后出手书，许帝称亲，尊王为皇，三夫人为后。帝不敢当。于是御史吕诲等诋修主此议，争论不已，皆被逐。惟蒋之奇之说合修意，修荐为御史，众目为奸邪。之奇患之，则思所以自解。修妇弟薛宗孺有憾于修，造帷薄不根之谤摧辱之，展转达于中丞彭思永，思永以告之奇，之奇即上章劾修。神宗初即位，欲深谴修。访故宫臣孙思恭，思恭为辨释，修杜门请推治。帝使诘思永、之奇，问所从来，辞穷，皆坐黜。修亦力求退，罢为观文殿学士、刑部尚书、知亳州。明年，迁兵部尚书、知青州，改宣徽南院使、判太原府。辞不拜，徙蔡州。

【译文】

嘉佑五年（1060），欧阳修升任为枢密副使。嘉佑六年（1061），为参知政事。欧阳修在兵府时，曾经和曾公亮考核全国的军队数量和三路驻守兵员的多少，地理的远近，重新制造了地图和簿籍。凡是边防长久以来没有派兵驻守的，一定进行检阅和补充。他在任执政大臣时，和韩琦同心辅助仁宗。凡是兵民、官吏、财利等中书省应当知晓的重要大事，编集成一个总目，碰到事情就不必临时匆忙地向有关部门了解。当时东宫太子的人选还没有决定，欧阳修就和韩琦等人对这样一件大事协商出了一个意见。宋英宗因为得了病，无法亲自处理朝政。皇太后垂帘听政，左右的人互相猜忌，制造矛盾，皇帝和皇太后几乎因此结成怨仇。在韩琦奏事的时候，太后哭着向韩琦说了英宗和自己的种种矛盾。韩琦用英宗有病来进行劝解，太后听了不高兴，欧阳修就进一步劝说道："太后侍奉仁宗皇帝已经几十年了，您的仁德昭示于天下。以前温成专宠，太后您处置得从容自如；现在母子之间，反而不能宽容吗？"太后的情绪稍稍和缓了些，欧阳修又劝说道："仁宗皇帝在位的时间很久，他德政的恩泽深深地留在人们心中，所以一旦驾崩，天下奉戴太子，没有一个人敢不赞成的。现在太后您只是一个妇人，而我们也只是五六个书生罢了，如果不是仁宗皇帝的遗意，天下谁人肯听从呢？"太后不作声，过了很久，母子之间的矛盾才逐渐缓和了。

欧阳修平素和人相处总是坦率地说出自己要说的话，从不掩饰和隐瞒。等到他执政以后，士大夫们对他有所请求，他总是当面说明可以还是不可以的理由，就是谏院的官员议论政事，他也一定用是非作为标准来责问他们，因此怨恨他、说他坏话的人就更多了。英宗将追封尊崇濮王，下命令让有关部门讨论，都说应当称皇伯，改封一个大国。欧阳修引述《礼记·丧服记》，认为："身为人子的人，应该替他的父母实行'报祭'，降服丧三年为服丧一年，而不隐没父母的名字，可是丧服可以降等，但名字是绝不可隐没的。如果出嗣的儿子把亲生的父亲改称为皇伯，这种例子就是遍考前代，都是没有根据的。进封为大国的王，但礼制规定又没有加爵的道理。所以中书省的意见，和大家的意见不同。"最后太后写出了手书，允许英宗称濮王为亲，推尊濮王为皇考，三夫人为后。英宗不敢承当。于是御史吕诲等人毁谤说欧阳修主张这种意见，争论不休，后来吕诲等人都被贬逐出了御史台。只有蒋之奇的意见附和欧阳修的主张，所以欧阳修推荐他为监察御史，但是被御史台的很多人看成是奸佞邪恶的小人，蒋之奇为此十分害怕，就想使自己摆脱这种窘境。正好欧阳修的内弟薛宗孺和欧阳修有仇恨，他捏造了欧阳修家庭生活淫乱的谤言来诋毁欧阳修，这个谤言辗转相传，一直传到了御史中丞彭思永的耳中，彭思永又把这个谣言告诉了蒋子奇，蒋子奇就上奏章弹劾欧阳修。当时，神宗皇帝初即位，心里希望重重地谴责一下欧阳修，就去征求过去的官臣孙思恭的意见，孙思恭替欧阳修辩白解释，欧阳修杜门不出，要求神宗对制造谣言的人治罪。神宗派人诘问彭思永、蒋之奇，追问谣言的出处，彭思永、蒋之奇回答不出来，结果都遭到了贬逐。欧阳修也坚决要离开朝廷，结果被罢为观文殿学士、刑部尚书、亳州（今安徽亳县）知州。第二年，迁兵部尚书、青州（今山东益都）知州，后来又改为宣徽南院使、兼任太原（今属山西）知府。欧阳修辞不受命，后又改徙蔡州（今河南汝南）。

修以风节自持，既数被污蔑，年六十，即连乞谢事，帝辄优诏弗许。及守青州，又以请止散青苗钱，为安石所诋，故求归愈切。熙宁四年，以太子少师致仕。五年，卒，赠太子太师，谥曰文忠。

修始在滁州，号醉翁，晚更号六一居士。天资刚劲，见义勇为，虽机阱在前，触发之不顾。放逐流离，至于再三，志气自若也。方贬夷陵时，无以自遣，因取旧案反复观之，见其枉直乖错不可胜数，于是仰天叹曰："以荒远小邑，且如此，天下固可知。"自尔，遇事不敢忽也。学者求见，所与言，未常及文章，惟谈吏事，谓文章止于润身，政事可以及物。凡历数郡，不见治迹，不求声誉，宽简而不扰，故所至民便之。或问："为政宽简，而事不弛废，何也？"曰："以纵为宽，以略为简，则政事弛废，而民受其弊。吾所谓宽者，不为苛急；简者，不为繁碎耳。"修幼失父，母常谓曰："汝父为吏，常夜烛治官书，屡废而叹。吾问之，则曰：'死狱也，我求其生，不得尔。'吾曰：'生可求乎？'曰：'求其生而不得，则死者与我皆无恨。夫常求其生，犹失之死，而世常求其死也。'其平居教他子弟，常用此语，吾耳熟焉。"修闻而服之终身。

【译文】

欧阳修总是以风骨气节自我制约，但却屡屡遭到污蔑，且年纪已六十了，就一再上表要求辞去官职，神宗帝总是宽慰他，没有答应他的辞官。及至出守青州，又因为请求停止散发青苗钱，被王安石所诋毁，因此要求放归的愿望益发急切。熙宁四年（1071），欧阳修以太子少师的身份退休。熙宁五年(1072)死，赠太子太师，谥号“文忠”。

欧阳修起初在滁州时，自号为“醉翁”，晚年改号“六一居士”。他天资刚劲，见义勇为，虽然机关陷阱就在前面，但也能置触发之险于不顾。虽然一而再、再而三地被放逐流放，却仍旧是志气自若。当他被贬夷陵时，没有什么可以自我排遣，就取出积年的陈旧案牍反复观看，看到其中冤屈谬误的地方不可胜数，于是仰天长叹道：“一个荒远的山城，尚且如此，天下冤屈谬误事之多就可想而知了。”自此以后，碰到狱讼之类的事就不敢有丝毫的懈怠疏忽。学者求见，和他们谈话，从来不论及文章，只谈官事，他认为文章只能润及自身，而政事却可以推及他物。他前后历任数郡的长官，不炫耀政绩，不追求声誉，为政宽缓简要而不扰民，所以，凡是他所到的州郡，人民都感到安适。有人问他：“您治政宽缓简要，而政事却并没有弛废，这是什么原因呢？”欧阳修说：“如果以放纵为宽，以怠慢为简，那么政事就一定会弛废，而人民也一定会受其弊害。我这里所说的宽，是指政令不苛刻急迫，我所说的简，是指政令不繁杂琐碎。”欧阳修从小失去了父亲，母亲曾经对他说：“你父亲做官的时候，常常秉烛夜读公文，屡屡停卷而叹。我问他，他就说：‘这是个死狱啊，我想设法让他能活，不能啊！’我说：‘生可求吗？’你父亲就说：‘做官的人想方设法寻求使死狱者获生的办法而不得，那么死的人和我就都无恨了。而做官的人虽然常常存有使死狱者变活的愿望，尚且会不小心使他死了，何况世上不少做官的常常希望的是治民以死呢！’他平时教育他的子弟，也常常用这样的话来说，我耳朵都听得熟了。”欧阳修听后终身遵循父亲的这个教导。

为文天才自然，丰约中度。其言简而明，信而通，引物连类，折之于至理，以服人心。超然独骛，众莫能及，故一下翕然师尊之。奖引后进，如恐不及，赏识之下，率为闻人。曾巩、王安石、苏洵、洵子轼、辙，布衣屏处，未为人知，修即游其声誉，谓必显于世。笃于朋友，生则振掖之，死则调护其家。

好古嗜学，凡周、汉以降金石遗文、断编残简，一切掇拾，研稽异同，立说于左，的的可表证，谓之《集古录》。奉诏修《唐书》纪、志、表，自撰《五代史记》，法严词约，多取《春秋》遗旨。苏轼叙其文曰：“论大道似韩愈，论事似陆贽，记事似司马迁，诗赋似李白。”识者以为知言。

论曰：三代而降，薄乎秦、汉，文章虽与时盛衰，而蔼如其言，晔如其光，皦如其音，盖均有先王之遗烈。涉晋、魏而弊，至唐韩愈氏振起之。唐之文，涉五季而弊，至宋欧阳修又振起之。挽百川之颓波，息千古之邪说，使斯文之正气，可以羽翼大道，扶持人心，此两人之力也。愈不获用，修用矣，亦弗克究其所为，可为世道惜也哉！

【译文】

欧阳修写的文章，自然天成，或丰满或简约，都符合标准。他的文辞简要，旨意明朗，立论有据，内容通博，旁征博引，引类例举，分析事理至深至透，因此很能折服人心。他超然脱俗，独自奔驰，众人不能相及，所以天下的人都聚集在他的周围尊称他为师。欧阳修鼓励提携后进，犹恐不及，凡是被他赏识的人，大多成了有名望的人。曾巩、王安石、苏洵、苏洵的儿子苏轼、苏辙，当他们还是平民的时候，屏处乡里，不为人知，欧阳修就为他们游说，赞美他们的声誉，说他们一定会显名闻达于世。他对待朋友非常笃实，朋友在世的时候举拔扶持他们；朋友去世以后就调理保护他们的家族。

欧阳修喜好古文，爱好读书，凡是周、汉以来的金石遗文、断编残简，都要采集收拾起来，研究考核它们的异同，把自己的观点写在左边，明白、昭著可为表证，称之为《集古录》。奉诏修撰《唐书》纪、志、表，自撰《五代史记》，章法严谨，用词精约，多取《春秋》遗旨。苏轼论述欧阳修的文章时说："论大道时像韩愈，议政事时像陆贽，记史事像司马迁，作诗赋像李白。"有识之人以为这是真正了解欧阳修的话。

评论说：自从夏、商、周三代以来，一直到秦、汉，文章虽然跟着时代而有所盛衰，但它们的语言却都繁富滋润，它们的光泽都灿烂照人，它们的音节都清晰明亮，这是因为还都保留有先王遗留下来的功绩。经过晋、魏，文章就衰弊了，到了唐代韩愈的手里，文章重新振兴起来。唐代的文章，经过五代又衰弊了，到了宋代欧阳修手里，又再次振兴起来。挽回百川之颓波，平息千古的邪说，使这种文章的正气，可以辅佐大道，可以扶持人心，这都是韩愈、欧阳修两人所做的努力啊！韩愈在政治上没有得到重用，欧阳修得到了重用，但最终还是不能有所作为，这件事真应该被世道惋惜的啊！

岳飞列传

岳飞字鹏举，相州汤阴人。世力农。父和，能节食以济饥者。有耕侵其地，割而与之；贳其财者不责偿。飞生时，有大禽若鹄，飞鸣室上，因以为名。未弥月，河决内黄，水暴至，母姚抱飞坐瓮中，冲涛及岸得免，人异之。

少负气节，沈厚寡言，家贫力学，尤好《左氏春秋》、孙吴兵法。生有神力，未冠，挽弓三百斤，弩八石，学射于周同，尽其术，能左右射。同死，朔望设祭于其冢。父义之，曰："汝为时用，其徇国死义乎？"

【译文】

岳飞字鹏举，相州汤阴人。他的祖先世代务农。父亲岳和，能节省出自家的粮食以接济饥饿的人。有人耕田侵占了他家的土地，他就割让这块田地送给这人；有人赊欠他的钱财也不去索还。岳飞出生时，有一只像天鹅一样的大鸟，飞旋鸣叫于他家房顶之上，因而以此为他取名。没满月，黄河在内黄县决口，大水猛烈冲来，母亲姚氏抱着岳飞坐在瓮中，被浪涛冲到岸边得以幸免，人们对此十分惊异。

岳飞少年时代以气节自励，敦厚寡言，家中虽贫穷却发愤学习，尤其喜欢阅读《左氏春秋》和孙、吴兵法。天生有神力，不满二十岁，能拉三百斤的硬弓，八石的强弩。跟从周同学习射箭，掌握了他的全部方法，能左右开弓。周同去世，岳飞在每月的初一和十五都要到他的坟前祭奠。他的父亲岳和认为他此举很仗义，对他说："你为当今时代所用，不正是准备为国家殉身、为正义而死吗？"

宣和四年，真定宣抚刘韐募敢战士，飞应募。相有剧贼陶俊、贾进和，飞请百骑灭之。遣卒伪为商入贼境，贼掠以充部伍。飞遣百人伏山下，自领数十骑逼贼垒。贼出战，飞阳北，贼来追之，伏兵起，先所遣卒擒俊及进和以归。

康王至相，飞因刘浩见，命招贼吉倩，倩以众三百八十人降。补承信郎。以铁骑三百往李固渡尝敌，败之。从浩解东京围，与敌相持于滑南，领百骑习兵河上。敌猝至，飞麾其徒曰："敌虽众，未知吾虚实，当及其未定击之。”乃独驰迎敌。有枭将舞刀而前，飞斩之，敌大败。迁秉义郎，隶留守宗泽。战开德、曹州皆有功，泽大奇之，曰：“尔勇智才艺，古良将不能过，然好野战，非万全计。”因授以阵图。飞曰：“阵而后战，兵法之常，运用之妙，存乎一心。”泽是其言。

【译文】

宣和四年，真定宣抚使刘韐招募勇敢战士，岳飞应募。相州有巨贼陶俊、贾进和，岳飞请求率一百名骑兵消灭这股贼众。他派士兵装扮成商人进入贼人的活动地域，贼人掳掠了这些人以扩充自己的部队。岳飞派遣一百人埋伏在山下，自己率领几十名骑兵逼近贼人营垒，贼人出来交战，岳飞假装败退，贼人赶来追杀，伏兵杀出，先头派遣的士兵活捉了陶俊和贾进和两人归来。

康王来到相州，岳飞随刘浩参见，康王命令他去招安贼人吉倩，吉倩率三百八十人归降。岳飞补任承信郎。带领铁骑三百前往李固渡试探敌军的强弱，打败了敌军。跟从刘浩解东京之围，与敌军相持于滑州南面。岳飞率一百名骑兵在黄河岸边操练，敌军突然赶来，岳飞指挥他的部下说：“敌兵虽然人多，但不知我们的虚实，应当趁他们立足未稳出击。”于是单枪匹马，飞驰迎敌。有一员敌军猛将挥舞大刀前来迎战，岳飞斩杀了他，敌军大败。升任秉义郎，隶属东京留守宗泽。转战开德、曹州都立有战功，宗泽对他大感惊奇，说：“你的勇敢智谋和才能武艺，古代的良将也不能超过你，然而你喜欢野战，这不是万全之计。”于是传授给他阵图。岳飞说：“布阵之后作战，是兵法的常规要求，然而把它运用得巧妙精熟，还在于自己的内心体会。”宗泽赞同他的话。

康王即位，飞上书数千言，大略谓：“陛下已登大宝，社稷有主，已足伐敌之谋，而勤王之师日集，彼方谓吾素弱，宜乘其怠击之。黄潜善、汪伯彦辈不能承圣意恢复，奉车驾日益南，恐不足系中原之望。臣愿陛下乘敌穴未固，亲率六军北渡，则将士作气，中原可复。”书闻，以越职夺官归。

诣河北招讨使张所，所待以国士，借补修武郎，充中军统领。所问曰：“汝能敌几何？”飞曰：“勇不足恃，用兵在先定谋，栾枝曳柴以败荆，莫敖采樵以致绞，皆谋定也。”所矍然曰：“君殆非行伍中人。”飞因说之曰："国家都汴，恃河北以为固。苟冯据要冲，峙列重镇，一城受围，则诸城或挠或救，金人不能窥河南，而京师根本之地固矣。招抚诚能提兵压境，飞唯命是从。"所大喜，借补武经郎。

命从王彦渡河，至新乡，金兵盛，彦不敢进。飞独引所部鏖战，夺其纛而舞，诸军争奋，遂拔新乡。翌日，战侯兆川，身被十余创，士皆死战，又败之。夜屯石门山下，或传金兵复至，一军皆惊，飞坚卧不动，金兵卒不来。食尽，走彦壁乞粮，彦不许。飞引兵益北，战于太行山，擒金将拓跋耶乌。居数日，复遇敌，飞单骑持丈八铁枪，刺杀黑风大王，敌众败走。飞自知与彦有隙，复归宗泽，为留守司统制。泽卒，杜充代之，飞居故职。

【译文】

康王即位，岳飞呈上数千字的奏书，大意说："陛下已登皇位，社稷有了主人，已有足够的讨伐敌人的谋略，而且各地勤王之师日益聚集，敌人认为我国一向懦弱怯战，应该乘敌懈怠之时而攻击他们。黄潜善、汪伯彦这些人不能秉承圣上旨意恢复中原，却拥着皇上车驾一天天南移，这样恐怕不足以维系中原百姓的敬望。我希望陛下乘敌人巢穴尚未巩固，亲自率领六军北渡黄河，那么就会使将士们士气大振，中原可望收复。"奏书上报后，朝廷以岳飞越职上书罢免了他的官职，令他回家乡。

岳飞投奔河北招讨使张所，张所用国士的礼节接待他，借补为修武郎，担任中军统领。张所问道："你能抵挡多少敌人？"岳飞说："作战不能只凭恃勇猛，用兵的正确与否在于战前制定谋略，栾枝用拖树枝的计策打败楚国，莫敖用派兵打柴的计策战胜绞国，这都是因为谋略事先就制定了。"张所肃然起敬地说："你大概不是行伍中的人。"岳飞进一步对他说："国家在汴梁建都，依靠河北作为安全保障。如果凭据交通要冲之地，加强储备一系列重镇，一座城池被围困，其他各城或是阻击或是救援，金人就无法窥伺河南，而京师根本之地就可以巩固了。您如果能亲率大军逼近敌境，我绝对听从您的命令。"张所大喜，借补岳飞为武经郎。

命令岳飞跟随王彦渡过黄河，进至新乡，金兵众多，王彦不敢前进。岳飞独自率领本部人马与金军激战，夺下金军主帅的大旗挥舞，各部队奋勇争先，于是攻克了新乡。第二天，在侯兆川与金军交战，身负十余处伤，士兵们都拼力死战，又打败了金军。夜里驻屯在石门山下，有人传说金兵又来了，全军都十分惊慌，岳飞坚持躺着一动不动，金兵最后也没来。军中粮食吃尽，岳飞到王彦营中求借粮食，王彦不答应。岳飞率领部队进至更北的地方，在太行山作战，生擒金将拓跋耶乌。过了几天，再次与敌遭遇，岳飞单骑手持丈八铁枪，刺死黑风大王，敌军溃败逃走。岳飞自知与王彦有了矛盾，又重归宗泽辖治，担任留守司统制。宗泽去世后，杜充代替宗泽的职务，岳飞仍任原职。

二年，战胙城，又战黑龙潭，皆大捷。从闾勍保护陵寝，大战汜水关，射殪金将，大破其众。驻军竹芦渡，与敌相持，选精锐三百伏前山下，令各以薪刍交缚两束，夜半，爇四端而举之。金人疑援兵至，惊溃。

三年，贼王善、曹成、孔彦舟等合众五十万，薄南薰门。飞所部仅八百，众惧不敌，飞曰："吾为诸君破之。"左挟弓，右运矛，横冲其阵，贼乱，大败之。又擒贼杜叔五、孙海于东明。借补英州刺史。王善围陈州，飞战于清河，擒其将孙胜、孙清，授真刺史。

杜充将还建康，飞曰："中原地尺寸不可弃，今一举足，此地非我有，他日欲复取之，非数十万众不可。"充不听，遂与俱归。师次铁路步，遇贼张用，至六合遇李成，与战，皆败之。成遣轻骑劫宪臣犒军银帛，飞进兵掩击之，成奔江西。时命充守建康，金人与成合寇乌江，充闭门不出。飞泣谏请视师，充竟不出。金人遂由马家渡渡江，充遣飞等迎战，王瓔先遁，诸将皆溃，独飞力战。

会充已降金，诸将多行剽掠，惟飞军秋毫无所犯。兀术趋杭州，飞要击至广德境中，六战皆捷，擒其将王权，俘签军首领四十余。察其可用者，结以恩遣还，令夜斫营纵火，飞乘乱纵击，大败之。驻军钟村，军无见粮，将士忍饥，不敢扰民。金所籍兵相谓曰："此岳爷爷军。"争来降附。

【译文】

建炎二年，在胙城作战，又在黑龙潭作战，都大捷而返。跟从闾勍保卫皇帝陵墓，在汜水关大战，射杀金将，大败敌众。驻军在竹芦渡，与敌军相持，挑选三百名精锐士兵埋伏于前面山下，命令每个人各自用柴草捆扎成两束，半夜，点燃两束柴草的四端并高高举起，金人怀疑宋军的援兵赶到，惊散溃逃。

建炎三年，贼人王善、曹成、孔彦舟等聚合部众五十万，迫近南薰门。岳飞所部仅有八百人，众人畏惧打不过贼军，岳飞说："我为诸位击败他们。"左手挟弓，右手使用长矛，横冲敌阵，贼军乱成一团，大败。又在东明活捉了贼人杜叔五、孙海。岳飞借补为英州刺史。王善包围陈州，岳飞在清河与敌交战，俘获贼将孙胜、孙清，被授予正式刺史。

杜充打算回军建康，岳飞说："中原地区一尺一寸都不可以放弃，今天一撤走，这块土地就不归我们所有了，他日想重新收复它，不动用数十万人马是不可能的。"杜充不听，于是同他一起南归。军抵铁路步，与贼人张用相遇，到六合时又遇到李成，岳飞与他们交战，全打败了他们。李成派遣轻骑兵劫持了御史犒军的银帛，岳飞进兵乘其不备袭击他们，李成逃奔到江西。当时命令杜充守卫建康，金人与李成联兵进犯乌江，杜充闭门不出。岳飞哭谏请他视察部队，杜充到最后也没出来。金人于是从马家渡渡过长江，杜充派岳飞等人迎战，王瓔首先逃跑，其他将领也都溃逃，只有岳飞拼死力战。

这时杜充已经向金国投降，众将领大多纵兵掳掠，唯独岳飞的部队秋毫无犯。兀术直趋杭州，岳飞在广德境内拦腰截击，六战全胜，俘获金将王权，活捉签军首领四十余人。岳飞考察出其中可以利用的人，施以恩惠后遣返回去，命令他们夜间在金营中砍杀放火，岳飞趁敌混乱，发兵进击，大败金军。部队进驻钟村，军中没有存粮，将士们忍饥挨饿，也不敢骚扰百姓。金军所强行征来的士兵互相说："这是岳爷爷的部队。"争先恐后地前来投降归附。

四年，兀术攻常州，宜兴令迎飞移屯焉。盗郭吉闻飞来，遁入湖，飞遣王贵、傅庆追破之，又遣辩士马皋、林聚尽降其众。有张威武者不从，飞单骑入其营，斩之。避地者赖以免，图飞像祠之。

金人再攻常州，飞四战皆捷；尾袭于镇江东，又捷；战于清水亭，又大捷，横尸十五里。兀术趋建康，飞设伏牛头山待之。夜，令百人黑衣混金营中扰之，金兵惊，自相攻击。兀术次龙湾，飞以骑三百、步兵二千驰至新城，大破之。兀术奔淮西，遂复建康。飞奏："建康为要害之地，宜选兵固守，仍益兵守淮，拱护腹心。"帝嘉纳。兀术归，飞邀击于静安，败之。

诏讨戚方，飞以三千人营于苦岭。方遁，俄益兵来，飞自领兵千人，战数十合，皆捷。会张俊兵至，方遂降。范宗尹言张俊自浙西来，盛称飞可用，迁通、泰镇抚使兼知泰州。飞辞，乞淮南东路一重难任使，收复本路州郡，乘机渐进，使山东、河北、河东、京畿等路次第而复。

【译文】

四年，兀术进攻常州，宜兴县令迎接岳飞移师屯驻宜兴。强盗郭吉听说岳飞来到，逃入太湖，岳飞派遣王贵、傅庆追击并打败了他，又派说客马皋、林聚劝说他们全部投降。有个叫张威武的人不肯从命，岳飞单骑闯入他的营寨，杀了他。避乱到此地居住的人赖此免受强盗之苦，画岳飞像供奉。

金军再次攻打常州，岳飞四战全胜；在镇江东边追击金兵，又取得胜利；在清水亭作战，又一次大胜，金兵的尸体横满了十五里。兀术直奔建康，岳飞在牛头山设下伏兵等待他们。夜里，命令一百人身穿黑衣混入金营中进行骚扰，金兵惊乱，自相攻击。兀术进驻龙湾，岳飞率骑兵三百名、步兵两千名火速赶到新城，大败金军。兀术逃往淮西，于是收复建康。岳飞上奏说："建康是要害之地，应挑选兵力固守，同时仍要增加兵力坚守两淮，以拱卫腹心之地。"皇帝赞许并采纳了这个意见。兀术回军，岳飞在静安阻截，打败了他。

皇帝诏令讨伐戚方，岳飞率三千人在苦岭安营。戚方逃走，不久带着援兵回来抵抗，岳飞亲自统领一千名士兵，激战数十回合，全都取胜。正好张俊率军来到，戚方于是投降。范宗尹对皇帝说张俊刚从浙西来朝廷，盛赞岳飞将才难得，于是提升岳飞为通、泰镇抚使兼知泰州。岳飞推辞，请求担任淮南东路一个重要而困难的任职，收复本路州郡，乘机逐渐推进，使山东、河北、河东、京畿等路陆续得到收复。

会金攻楚急，诏张俊援之。俊辞，乃遣飞行，而命刘光世出兵援飞。飞屯三墩为楚援，寻抵承州，三战三捷，杀高太保，俘酋长七十余人。光世等皆不敢前，飞师孤力寡，楚遂陷。诏飞还守通、泰，有旨可守即守，如不可，但于沙洲保护百姓，伺便掩击。飞以泰无险可恃，退保柴墟，战于南霸桥，金大败。渡百姓于沙上，飞以精骑二百殿，金兵不敢近。飞以泰州失守待罪。

绍兴元年，张俊请飞同讨李成。时成将马进犯洪州，连营西山。飞曰："贼贪而不虑后，若以骑兵自上流绝生米渡，出其不意，破之必矣。"飞请自为先锋，俊大喜。飞重铠跃马，潜出贼右，突其阵，所部从之。进大败，走筠州。飞抵城东，贼出城，布阵十五里，飞设伏，以红罗为帜，上刺"岳"字，选骑二百随帜而前。贼易其少，薄之，伏发，贼败走。飞使人呼曰："不从贼者坐，吾不汝杀。"坐而降者八万余人。进以余卒奔成于南康。飞夜引兵至朱家山，又斩其将赵万。成闻进败，自引兵十余万来。飞与遇于楼子庄，大破成军，追斩进。成走蕲州，降伪齐。

【译文】

正赶上金军进攻楚州，楚州告急，皇帝诏令张俊前去援救。张俊推辞，于是派岳飞前去，同时命令刘光世出兵增援岳飞。岳飞屯兵于三墩作为楚州的援军，不久进抵承州，三战三捷，杀死高太保，俘获敌军首领七十余人。刘光世等人都不敢靠前，岳飞孤军力弱，楚州于是陷落。朝廷下诏让岳飞退回去守通州、泰州，圣旨说能守住就守，如果守不住，只在沙洲保护百姓，寻机袭敌即可。岳飞因泰州无险可守，退保柴墟，与金兵在南霸桥激战，金兵大败。在沙上护送百姓渡江，岳飞率二百名精锐骑兵殿后，金兵不敢接近。岳飞以泰州失守等候处分。

绍兴元年，张俊请岳飞一同进讨李成。当时李成部将马进进犯洪州，在西山连营扎寨。岳飞说："贼军贪利却不考虑后路，假若派骑兵从上游横渡生米渡，出敌不意，一定能击败他。"岳飞请求自己担任先锋，张俊大喜。岳飞身穿重甲跳上战马，悄悄地绕到贼军右侧，突入他们的阵地，部下跟随他前进。马进大败，逃往筠州。岳飞进抵城东，贼军出城，布下战阵十五里，岳飞设下埋伏，用红罗做旗，上面绣着"岳"字，挑选二百名骑兵跟随旗帜前进。贼军轻视岳飞兵少，紧逼过来，伏兵突然杀出，贼军大败逃走。岳飞派人大声叫道："不愿从贼的人坐下，我不杀你们。"坐下投降的人共有八万余人。马进率残兵败将逃奔在南康的李成。岳飞夜里率领部队赶到朱家山，又杀了李成的部将赵万。李成得知马进失败，亲自率兵十余万前来，岳飞同他在楼子庄遭遇，大破李成部队，追杀了马进。李成逃往蕲州，投降了伪齐。

张用寇江西，用亦相人，飞以书谕之曰："吾与汝同里，南薰门、铁路步之战，皆汝所悉。今吾在此，欲战则出，不战则降。"用得书曰："果吾父也。”遂降。

江、淮平，俊奏飞功第一，加神武右军副统制，留洪州，弹压盗贼，授亲卫大夫、建州观察使。建寇范汝为陷邵武，江西安抚李回檄飞分兵保建昌军及抚州，飞遣人以“岳”字帜植城门，贼望见，相戒勿犯。贼党姚达、饶青逼建昌，飞遣王万、徐庆讨擒之。升神武副军都统制。

二年，贼曹成拥众十余万，由江西历湖湘，据道、贺二州。命飞权知潭州，兼权荆湖东路安抚都总管，付金字牌、黄旗招成。成闻飞将至，惊曰：“岳家军来矣。”即分道而遁。飞至茶陵，奉诏招之，成不从。飞奏：“比年多命招安，故盗力强则肆暴，力屈则就招，苟不略加剿除，蜂起之众未可遽殄。”许之。

【译文】

张用进犯江西，张用也是相州人，岳飞写信告谕他说：“我与你同乡同里，南薰门、铁路步之役，都是你所知道的。现在我在此地，你要交战就出来，不想打就投降。”张用接到信说：“果然是我的父辈啊。”于是投降。

江、淮平定，张俊奏报岳飞战功第一，皇帝加授岳飞为神武右军副统制，留守洪州，镇压盗贼，又任命他为亲卫大夫、建州观察使。建州强盗范汝为攻陷邵武，江西安抚使李回檄告岳飞分兵保卫建昌军及抚州。岳飞派人把“岳”字旗插在城门上，贼军望见，互相告诫不要去进犯。贼军同党姚达、饶青逼近建昌，岳飞派王万、徐庆讨伐并活捉了他们。岳飞升任神武副军都统制。

绍兴二年，贼寇曹成拥兵十多万，由江西经湖湘，占据道、贺二州。朝廷命令岳飞临时任知潭州，兼权荆湖东路安抚都总管，授予他金字牌、黄旗招讨曹成。曹成听说岳飞将要到了，惊呼：“岳家军来了。”立即分道而逃。岳飞进至茶陵，奉诏招安曹成，曹成不肯屈从。岳飞上奏说：“近年来多次命令招安，因此盗贼势力强盛时就肆意暴虐，势力衰微时就接受招安，如果不略加剿除，蜂拥而起的盗贼就不能速速消灭。”皇帝同意了这个意见。

飞入贺州境，得成谍者，缚之帐下。飞出帐调兵食，吏曰：“粮尽矣，奈何？”飞阳曰：“姑反茶陵。”已而顾谍若失意状，顿足而入，阴令逸之。

谍归告成，成大喜，期翌日来追。飞命士蓐食，潜趋绕岭，未明，已至太平场，破其砦。成据险拒飞，飞麾兵掩击，贼大溃。成走据北藏岭、上梧关，遣将迎战，飞不阵而鼓，士争奋，夺二隘据之。成又自桂岭置砦至北藏岭，连控隘道，亲以众十余万守蓬头岭。飞部才八千，一鼓登岭，破其众，成奔连州。飞谓张宪等曰："成党散去，追而杀之，则胁从者可悯，纵之则复聚为盗。今遣若等诛其酋而抚其众，慎勿妄杀，累主上保民之仁。"于是宪自贺、连，徐庆自邵、道，王贵自郴、桂，招降者二万，与飞会连州。进兵追成，成走宣抚司降。时以盛夏行师瘴地，抚循有方，士无一人死疠者，岭表平。授武安军承宣使，屯江州。甫入境，安抚李回檄飞捕剧贼马友、郝通、刘忠、李通、李宗亮、张式，皆平之。

三年春，召赴行在。江西宣谕刘大中奏："飞兵有纪律，人恃以安，今赴行在，恐盗复起。"不果行。时虔、吉盗连兵寇掠循、梅、广、惠、英、韶、南雄、南安、建昌、汀、邵武诸郡，帝乃专命飞平之。飞至虔州，固石洞贼彭友悉众至雩都迎战，跃马驰突，飞麾兵即马上擒之，余酋退保固石洞。洞高峻环水，止一径可入。飞列骑山下，令皆持满，黎明，遣死士疾驰登山，贼众乱，弃山而下，骑兵围之。贼呼丐命，飞令勿杀，受其降。授徐庆等方略，捕诸郡余贼，皆破降之。初，以隆祐震惊之故，密旨令飞屠虔城。飞请诛首恶而赦胁从，不许；请至三四，帝乃曲赦。人感其德，绘像祠之。余寇高聚、张成犯袁州，飞遣王贵平之。

【译文】

岳飞进入贺州境内，抓到了一个曹成的探子，捆绑在帐下。岳飞出帐调配军粮，军吏说："粮食已经吃完了，怎么办？"岳飞假装说："暂且返回茶陵。"一会儿回头看见探子，做出一副好像泄露了机密而十分懊悔的样子，跺着脚走入军帐，暗中下令放了他。探子回去告诉曹成，曹成大喜，计划第二天来追击岳飞部队。岳飞命令士兵早早起身吃饭，悄悄地绕山岭急行，天还没亮就已到太平场，攻克曹成的营寨。曹成占据险要地形抗击岳飞，岳飞指挥部队偷袭，曹成军队大败溃散。曹成逃到北藏岭、上梧关据守，派将领迎战，岳飞没等摆开战阵就擂鼓出击，士兵们争先奋勇，夺取了二处关隘据守。曹成又从桂岭设置营寨一直到北藏岭，接连不断地控制了险要通道，亲自率领十多万人马守蓬头岭。岳飞部下只有八千人，一鼓作气登上山岭，击败敌众，曹成逃往连州。岳飞对张宪等人说："曹成的贼党已经溃散，追击并杀了他们，那么胁从者却令人可怜，但放跑了他们，就会重新聚集起来成为盗贼。现在派遣你们去诛杀他们的头目而安抚他们的部众，千万不要妄加杀戮，以使皇帝保护人民的仁德受到损害。"于是张宪自贺州、连州，徐庆自邵州、道州，王贵自郴州、桂州，招降曹成部下二万人，与岳飞在连州会合。进军追击曹成，曹成到宣抚司投降。当时在盛夏季节行军于瘴气横行的地区，岳飞安抚部队有方，士兵无一人死于瘟疫，岭表地区平定。岳飞被授任武安军承宣使，屯驻江州。刚刚入境，安抚使李回传信急令岳飞围捕巨贼马友、郝通、刘忠、李通、李宗亮、张式，全都平定了他们。

绍兴三年春天，岳飞应召赶赴皇帝所在的地方。江西宣谕刘大中上奏说："岳飞的部队有纪律，百姓依靠他们才得以安定，现在召他前来，恐怕盗贼又会重新起来作乱。"岳飞没有起程。当时，虔州、吉州的盗贼联合兵力进攻抢掠循、梅、广、惠、英、韶、南雄、南安、建昌、汀、邵武等郡，皇帝授岳飞专征讨伐的权力平定这些盗贼。岳飞到达虔州，固石洞贼寇彭友率全体人马到雩都迎战，彭友跃马突击，岳飞指挥士兵在马上生擒了他，其余的贼军头目退保固石洞。固石洞地势高峻且有水环绕，只有一条小路可以进入。岳飞把骑兵列队在山下，命令他们弯弓搭箭，黎明，派敢死队员迅速奔驰登山，贼军大乱，弃守山头逃下来，岳飞的骑兵包围了他们。贼众哭喊饶命，岳飞下令不要杀戮，接受了他们的投降。岳飞又教给徐庆等人讨贼方略，让他们去围捕各郡的残余贼寇，全都击败并降伏了他们。当初，因为隆祐太后受震惊的缘故，高宗密令岳飞对虔州进行屠城。岳飞请求诛杀首恶而赦免胁从，皇帝不许；再三再四地请求，皇帝才特令赦免了虔州城。当地百姓感激岳飞的恩德，绘岳飞像供奉。残余的贼寇高聚、张成进犯袁州，岳飞派遣王贵平定了他们。

秋，入见，帝手书"精忠岳飞"字，制旗以赐之。授镇南军承宣使、江南西路沿江制置使，又改神武后军都统制，仍制置使，李山、吴全、吴锡、李横、牛皋皆隶焉。

伪齐遣李成挟金人入侵，破襄阳、唐、邓、随、郢诸州及信阳军，湖寇杨么亦与伪齐通，欲顺流而下，李成又欲自江西陆行，趋两浙与么会。帝命飞为之备。

【译文】

秋天，岳飞入朝拜见，皇帝手书“精忠岳飞”四个字，制成旗帜赐给岳飞。任命他为镇南军承宣使、江南西路沿江制置使，又改任神武后军都统制，仍然兼任制置使的职务，李山、吴全、吴锡、李横、牛皋都隶属他管理。

伪齐派遣李成依仗金兵入侵，攻克襄阳、唐、邓、随、郢等州及信阳军，洞庭湖的盗寇杨么也与伪齐通使，打算顺流而下。李成又谋划从江西陆路行军，直趋两浙与杨么会合。皇帝下令让岳飞做好准备。

四年，除兼荆南、鄂岳州制置使。飞奏：“襄阳等六郡为恢复中原基本，今当先取六郡，以除心膂之病。李成远遁，然后加兵湖湘，以殄群盗。”帝以谕赵鼎，鼎曰：“知上流利害，无如飞者。”遂授黄复州、汉阳军、德安府制置使。飞渡江中流，顾幕属曰：“飞不擒贼，不涉此江。”抵郢州城下，伪将京超号“万人敌”，乘城拒飞。飞鼓众而登，超投崖死，复郢州，遣张宪、徐庆复随州。飞趣襄阳，李成迎战，左临襄江，飞笑曰：“步兵利险阻，骑兵利平旷。成左列骑江岸，右列步平地，虽众十万何能为。”举鞭指王贵曰：“尔以长枪步卒击其骑兵。”指牛皋曰：“尔以骑兵击其步卒。”合战，马应枪而毙，后骑皆拥入江，步卒死者无数，成夜遁，复襄阳。刘豫益成兵屯新野，飞与王万夹击之，连破其众。

飞奏：“金贼所爱惟子女金帛，志已骄惰；刘豫僭伪，人心终不忘宋。如以精兵二十万，直捣中原，恢复故疆，诚易为力。襄阳、随、郢地皆膏腴，苟行营田，其利为厚。臣候粮足，即过江北剿戮敌兵。”时方重深入之举，而营田之议自是兴矣。

【译文】

绍兴四年，朝廷任命岳飞兼任荆南、鄂州、岳州制置使。岳飞上奏说：“襄阳等六郡是恢复中原的根本之地，目前应当先攻取这六郡，以解除心背之患。李成远逃之后，然后在湖湘增加兵力，以消灭群盗。”皇帝把岳飞的意见告诉赵鼎，赵鼎说：“深知长江上游的利害，没有人能像岳飞这样的。”于是任命岳飞为黄州、复州、汉阳军、德安府制置使。岳飞渡到长江中流，回头对僚属们说：“我不生擒贼寇，就不渡江回来。”进抵郢州城下，伪齐将领京超号称“万人敌”，凭城据守，抗拒岳飞。岳飞擂鼓催动士兵登城，京超投崖而死。收复了郢州，派遣张宪、徐庆收复随州。岳飞赶赴襄阳，李成迎战，左翼面向襄江，岳飞笑着说："步兵适合在险阻地带作战，骑兵适宜在平旷地区作战。李成把骑兵列于左侧江岸，步兵列于右侧平地，虽拥兵十万又能有什么作为？"他举起马鞭指着王贵说："你率领长枪的步兵进击李成的骑兵。"指着牛皋说："你率骑兵进击他的步兵。"等到开战，李成军的战马应枪倒毙，后面的骑兵都被挤入江中，步兵死亡的不计其数，李成连夜逃走，收复襄阳。刘豫给李成增派兵力屯驻新野，岳飞与王万两边夹击，连连击败他的部队。

岳飞上奏说："金贼所喜欢的只有女人和金帛，斗志已经骄惰；刘豫僭越本分建立伪政权，人心终究不忘大宋朝。如果派精兵二十万，直捣中原，恢复原来的疆土，实是容易做到的事。襄阳、随州、郢州土地都十分肥沃，假如实行营田，其利很多。我等到粮秣充足时，立即到江北去剿杀敌兵。"当时正重视深入北上收复中原的各种计划，因而营田的议论从此多了起来。

进兵邓州，成与金将刘合孛堇列砦拒飞。飞遣王贵、张宪掩击，贼众大溃，刘合孛堇仅以身免。贼党高仲退保邓城，飞引兵一鼓拔之，擒高仲，复邓州。帝闻之，喜曰："朕素闻岳飞行军有纪律，未知能破敌如此。"又复唐州、信阳军。

襄汉平，飞辞制置使，乞委重臣经画荆襄，不许。赵鼎奏："湖北鄂、岳最为上流要害，乞令飞屯鄂、岳，不惟江西藉其声势，湖、广、江、浙亦获安妥。"乃以随、郢、唐、邓、信阳并为襄阳府路隶飞，飞移屯鄂，授清远军节度使、湖北路、荆、襄、潭州制置使，封武昌县开国子。

兀术、刘豫合兵围庐州，帝手札命飞解围，提兵趋庐，伪齐已驱甲骑五千逼城。飞张"岳"字旗与"精忠"旗，金兵一战而溃，庐州平。飞奏："襄阳等六郡人户阙牛、粮，乞量给官钱，免官私逋负，州县官以招集流亡为殿最。"

【译文】

岳飞进军邓州，李成与金将刘合孛堇列置营寨抗拒岳飞。岳飞派遣王贵、张宪突袭，贼众大败而溃，刘合孛堇只自己逃了出来。李成的同党高仲退保邓城，岳飞率领部队一鼓作气拔除此城，活捉高仲，收复邓州。

皇帝听到此讯，高兴地说：“我早就听说过岳飞行军时纪律严明，不知道他能攻城破敌到这种程度。”又收复了唐州、信阳军。

襄汉一带平定，岳飞辞去制置使的职务，请求朝廷委派重臣经营筹治荆襄地区，皇帝不同意。赵鼎上奏说：“湖北鄂州、岳州是长江上流的要害之地，请求命令岳飞屯驻鄂州、岳州，这样不仅江西可以借助他的声势，而且湖、广、江、浙也能获得安定。”于是朝廷将随州、郢州、唐州、邓州、信阳军合并为襄阳府路隶属岳飞，岳飞移驻鄂州，并授任他为清远军节度使、湖北路、荆、襄、潭州制置使，封为武昌县开国子。

兀术、刘豫合兵包围庐州，皇帝亲自写信命令岳飞去解围，岳飞率所部直趋庐州，伪齐已驱使重甲骑兵五千直逼城下。岳飞打起“岳”字旗与“精忠”旗，金兵一接战便溃败，庐州平定。岳飞上奏说：“襄阳等六郡的人家缺乏耕牛、粮种，请求朝廷酌量拨给官钱，免除他们的公私债务，州县官员以招集流散的百姓多少作为考核政绩的标准。”

五年，入觐，封母国夫人；授飞镇宁、崇信军节度使，湖北路、荆襄潭州制置使，进封武昌郡开国侯；又除荆湖南北、襄阳路制置使，神武后军都统制，命招捕杨么。飞所部皆西北人，不习水战，飞曰：“兵何常，顾用之何如耳。”先遣使招谕之。贼党黄佐曰：“岳节使号令如山，若与之敌，万无生理，不如往降。节使诚信，必善遇我。”遂降。飞表授佐武义大夫，单骑按其部，拊佐背曰：“子知逆顺者。果能立功，封侯岂足道？欲复遣子至湖中，视其可乘者擒之，可劝者招之，如何？”佐感泣，誓以死报。

时张浚以都督军事至潭，参政席益与浚语，疑飞玩寇，欲以闻。浚曰：“岳侯，忠孝人也，兵有深机，胡可易言？”益惭而止。黄佐袭周伦砦，杀伦，擒其统制陈贵等。飞上其功，迁武功大夫。统制任士安不禀王𤫉令，军以此无功。飞鞭士安使饵贼，曰：“三日贼不平，斩汝。”士安宣言：“岳太尉兵二十万至矣。”贼见止士安军，并力攻之。飞设伏，士安战急，伏四起击贼，贼走。

【译文】

绍兴五年，岳飞入朝觐见，皇帝封岳飞的母亲为国夫人；任命岳飞为镇宁、崇信军节度使，湖北路、荆襄潭州制置使，进封为武昌郡开国侯；

又任命他为荆湖南北、襄阳路制置使，神武后军都统制，命令他招捕杨么。岳飞的部下全是西北人，不习惯水战，岳飞说："兵家哪有常法，看运用得如何罢了。"他先派遣使者招谕杨么。贼军同党黄佐说："岳节使号令如山，如果与他为敌，绝没有活着的希望，不如前去投降。岳节使是诚信之人，必定会优待我。"于是投降。岳飞表奏朝廷授予黄佐武义大夫，自己单骑巡视黄佐的部队，用手抚在黄佐的背上说："你是知道逆顺大义的人。果真能立功，封侯还用说吗？我准备派你再次到洞庭湖中去，看杨么军中有机可乘者就擒获他，可以劝降的就招抚他，怎么样？"黄佐感动得流泪，发誓以死相报。

当时张浚以都督军事的身份来到潭州，参政席益对张浚说，怀疑岳飞对贼寇掉以轻心，打算把这种怀疑报告朝廷。张浚说："岳侯，是一位忠孝双全的人，用兵自有其精深的道理，怎么可以随便议论呢？"席益深感惭愧就打消了原来的念头。黄佐袭击周伦营寨，杀死周伦，活捉了他的统制陈贵等人。岳飞上报黄佐的战功，升黄佐为武功大夫。统制任士安不服从王瓔的命令，所部因而没有立功。岳飞鞭打任士安并命令他前去引诱贼军，说："三天之内贼军没有被平定，杀你的头。"任士安到处宣扬："岳太尉的二十万大军到了。"贼军看到只有任士安一支军队，集中兵力进攻他。岳飞设下埋伏，任士安作战危急之时，伏兵四起攻击贼军，贼军逃走。

会召浚还防秋，飞袖小图示浚，浚欲俟来年议之。飞曰："已有定画，都督能少留，不八日可破贼。"浚曰："何言之易？"飞曰："王四厢以王师攻水寇则难，飞以水寇攻水寇则易。水战我短彼长，以所短攻所长，所以难。若因敌将用敌兵，夺其手足之助，离其腹心之托，使孤立，而后以王师乘之，八日之内，当俘诸酋。"浚许之。

飞遂如鼎州。黄佐招杨钦来降，飞喜曰："杨钦骁悍，既降，贼腹心溃矣。"表授钦武义大夫，礼遇甚厚，乃复遣归湖中。两日，钦说余端、刘诜等降，飞诡骂钦曰："贼不尽降，何来也？"杖之，复令入湖。是夜，掩贼营，降其众数万。么负固不服，方浮舟湖中，以轮激水，其行如飞，旁置撞竿，官舟迎之辄碎。飞伐君山木为巨筏，塞诸港汊，又以腐木乱草浮上流而下，择水浅处，遣善骂者挑之，且行且骂。贼怒来追，则草木壅积，舟轮碍不行。飞亟遣兵击之，贼奔港中，为筏所拒。官军乘筏，张牛革以蔽矢石，举巨木撞其舟，尽坏。么投水，牛皋擒斩之。飞入贼垒，余酋惊曰："何神也！"俱降。飞亲行诸砦慰抚之，纵老弱归田，籍少壮为军，果八日而贼平。浚叹曰："岳侯神算也。"初，贼恃其险曰："欲犯我者，除是飞来。"至是，人以其言为谶。获贼舟千余，鄂渚水军为沿江之冠。诏兼蕲、黄制置使，飞以目疾乞辞军事，不许，加检校少保，进封公。还军鄂州，除荆湖南北、襄阳路招讨使。

六年，太行山忠义社梁兴等百余人，慕飞义率众来归。飞入觐，面陈："襄阳自收复后，未置监司，州县无以按察。"帝从之，以李若虚为京西南路提举兼转运、提刑，又令湖北、襄阳府路自知州、通判以下贤否，许飞得自黜陟。

【译文】

正好皇帝召还张浚防备金人秋季进犯，岳飞从袖中取出一幅小图给张浚看，张浚打算等明年再与岳飞商量。岳飞说："已经有了确定的计划，都督如果能稍留几天，不用八天就可以击败贼军。"张浚说："怎么说得这样容易？"岳飞说："王四厢率官军攻打水寇就困难，我用水寇进攻水寇就容易。水上作战是我军短处敌军长处，用我之短攻敌所长，所以困难。假若起用敌将使用敌兵，就好比削去敌人的手足，离间敌人的心腹，使贼军首领孤立，而后用官军乘机进攻，八天之内，一定俘获贼军各位首领。"张浚答应了他。

岳飞于是到鼎州。黄佐招杨钦来投降，岳飞高兴地说："杨钦骁勇强悍，他投降以后，贼军的腹心就崩溃了。"上表朝廷授予杨钦武义大夫，礼遇非常隆重，于是又派他回到湖中。两天后，杨钦劝服了余端、刘诜等人投降，岳飞假装骂杨钦道："贼人没有全部投降，你为什么回来？"用军杖打了他一顿，命令他重新入湖中。这天晚上，岳飞部队偷袭贼营，降伏了贼众数万人。杨么依恃地势险固不肯屈服，正在湖中行船，他的船用轮子划水，行船如飞，船两旁还设有撞竿，官军的船迎上去就被撞碎。岳飞下令砍伐君山上的树木造成巨筏，堵塞在湖湾港汊，又在湖水上流投下朽木乱草顺流而下，选择水浅之处，派善于骂人的士兵挑逗贼兵，一边走一边骂。贼军大怒来追，因草木淤积，敌船的轮子受阻无法行进。岳飞急忙派兵出击，贼兵逃往港湾中，又被巨筏所拦拒。官军乘巨筏，张开牛皮革遮挡箭和石块，举着大木头撞击贼船，全部撞坏了敌船。杨么跳入湖水，被牛皋捉住并杀死。岳飞进入贼军营垒，剩下的贼军首领惊呼道："太神了！"于是就都投降了。岳飞亲自到各个营寨安抚劝慰已降的贼兵，释放年老体弱的人回乡种田，登记年轻力壮的人编入官军，果然八天之内平定了贼军。张浚叹服道："岳侯真是神机妙算啊。"起初，贼寇依恃其防地险要时说："要想攻打我的人，除非是从天上飞来"。到此时，人们都把这话当成是应验了岳飞来攻的谶语。缴获了一千余艘贼船，鄂渚水军成为沿江水军中最强大的。诏命岳飞兼任蕲、黄制置使，岳飞以眼睛有病请求辞去军职，皇帝没批准，加任岳飞为检校少保，进封为公。部队返回鄂州，岳飞被任命为荆湖南北、襄阳路招讨使。

绍兴六年，太行山忠义社梁兴等一百多人，敬慕岳飞的忠义，率众前来归附。岳飞入朝觐见，面奏皇帝："襄阳自从收复以后，未设监司，无法按察州县。"皇帝听取了这个意见，任命李若虚担任京西南路提举兼转运、提刑，又下令湖北、襄阳府路自知州、通判以下官员由岳飞自己任免。

张浚至江上会诸大帅，独称飞与韩世忠可倚大事，命飞屯襄阳，以窥中原，曰："此君素志也。"飞移军京西，改武胜、定国军节度使，除宣抚副使，置司襄阳。命往武昌调军。居母忧，降制起复，飞扶榇还庐山，连表乞终丧，不许，累诏趣起，乃就军。又命宣抚河东，节制河北路。首遣王贵等攻虢州，下之，获粮十五万石，降其众数万。张浚曰："飞措画甚大，令已至伊、洛，则太行一带山砦，必有应者。"飞遣杨再兴进兵至长水县，再战皆捷，中原响应。又遣人焚蔡州粮。

九月，刘豫遣子麟、侄猊分道寇淮西，刘光世欲舍庐州，张俊欲弃盱眙，同奏召飞以兵东下，欲使飞当其锋，而己得退保。张浚谓："岳飞一动，则襄汉何所制？"力沮其议。帝虑俊、光世不足任，命飞东下。飞自破曹成、平杨么，凡六年，皆盛夏行师，致目疾，至是，甚；闻诏即日启行，未至，麟败。飞奏至，帝语赵鼎曰："刘麟败北不足喜，诸将知尊朝廷为可喜。"遂赐札，言："敌兵已去淮，卿不须进发，其或襄、邓、陈、蔡有机可乘，从长措置。"飞乃还军。时伪齐屯兵窥唐州，飞遣王贵、董先等攻破之，焚其营。奏图蔡以取中原，不许。飞召贵等还。

【译文】

张浚到长江边会见各位大帅，唯独称赞岳飞和韩世忠可以倚重成就大事，命令岳飞屯驻襄阳，以等待时机夺取中原，并说："这是你历来所抱有的志向啊。"岳飞把部队移往京西，改任武胜、定国军节度使，担任宣抚副使，在襄阳设置宣抚司。朝廷命令岳飞前往武昌调发军队。岳飞因母亲去世在家守丧，皇帝降诏要他守丧未满就应召复职，岳飞护送母亲的棺木回到庐山，连着上表请求守满丧期，皇帝不同意，几次下诏催促他复职，于是岳飞回到军中。又命令他宣抚河东，节制河北路。岳飞首先派遣王贵等人进攻虢州，攻下了它，缴获粮食十五万石，降伏敌众数万人。张浚说："岳飞的筹措计划非常庞大，他的命令已达伊水、洛水地区，这样一来，太行山一带的山寨，必然会有响应的人。"岳飞派遣杨再兴进兵至长水县，连战连捷，中原响应。又派人焚烧了蔡州的粮食。

九月，刘豫派遣儿子刘麟、侄子刘猊分道进犯淮西地区，刘光世打算放弃庐州，张俊打算弃守盱眙，一起上奏请求皇帝诏令岳飞率兵东下，想让他来抵挡敌军的兵锋，而自己能够退守自保。张浚说："岳飞的部队一开动，那么襄汉如何来控制？"极力阻止这个建议。皇帝担心张俊、刘光世不能担此重任，便下令岳飞东下。岳飞自从击败曹成、平定杨么，总共六年时间，都是在盛夏季节行军作战，导致眼睛生病，到此时更加严重。接到诏令便当天起程，没有到，刘麟战败。岳飞的奏书到达，皇帝对赵鼎说："刘麟败北不足以高兴，各位将领知道尊重朝廷是可喜的。"于是赐给岳飞书信，说："敌兵已经离开淮河地区，你不必继续前进，或许襄、邓、陈、蔡地区有机可乘，从长计划处置。"岳飞于是回军。当时伪齐屯集兵力窥视唐州，岳飞派遣王贵、董先等人攻破敌军，焚烧敌军营寨。上奏请求图取蔡州以攻取中原，皇帝没批准。岳飞召王贵等人回返。

七年，入见，帝从容问曰："卿得良马否？"飞曰："臣有二马，日啖刍豆数斗，饮泉一斛，然非精洁则不受。介而驰，初不甚疾，比行百里始奋迅，自午至酉，犹可二百里。褫鞍甲而不息不汗，若无事然。此其受大而不苟取，力裕而不求逞，致远之材也。不幸相继以死。今所乘者，日不过数升，而秣不择粟，饮不择泉，揽辔未安，踊踊疾驱，甫百里，力竭汗喘，殆欲毙然。此其寡取易盈，好逞易穷，驽钝之材也。"帝称善，曰："卿今议论极进。"拜太尉，继除宣抚使兼营田大使。从幸建康，以王德、郦琼兵隶飞，诏谕德等曰："听飞号令，如朕亲行。"

飞数见帝，论恢复之略。又手疏言："金人所以立刘豫于河南，盖欲荼毒中原，以中国攻中国，粘罕因得休兵观衅。臣欲陛下假臣月日，便则提兵趋京、洛，据河阳、陕府、潼关，以号召五路叛将。叛将既还，遣王师前进，彼必弃汴而走河北，京畿、陕右可以尽复。然后分兵浚、滑，经略两河，如此则刘豫成擒，金人可灭，社稷长久之计，实在此举。”帝答曰：“有臣如此，顾复何忧，进止之机，朕不中制。”又召至寝阁命之曰：“中兴之事，一以委卿。”命节制光州。

飞方图大举，会秦桧主和，遂不以德、琼兵隶飞。诏诣都督府与张浚议事，浚谓飞曰：“王德淮西军所服，浚欲以为都统，而命吕祉以督府参谋领之，如何？”飞曰：“德与琼素不相下，一旦握之在上，则必争。吕尚书不习军旅，恐不足服众。”浚曰：“张宣抚如何？”飞曰：“暴而寡谋，尤琼所不服。”浚曰：“然则杨沂中尔？”飞曰：“沂中视德等尔，岂能驭此军？”浚艴然曰：“浚固知非太尉不可。”飞曰：“都督以正问飞，不敢不尽其愚，岂以得兵为念耶？”即日上章乞解兵柄，终丧服，以张宪摄军事，步归，庐母墓侧。浚怒，奏以张宗元为宣抚判官，监其军。

【译文】

绍兴七年，入朝觐见，皇帝安详地问他：“你得到良马没有？”岳飞回答说：“我原有两匹马，一天要吃数斗草料豆子，饮一斛泉水，然而不精细清洁的食物就不吃。披挂上鞍甲奔驰，开始跑得不很快，等到跑了一百里才开始兴奋加速，自午时到酉时，还可以跑二百里。卸下鞍甲既不喘息也不流汗，仿佛无事一样。这是它吃得多却不胡乱凑和吃，力气充裕但不求逞于一时，这是能跑得远的良才。却不幸相继死亡。现在我所乘坐的马，一天吃的不过数升，而且吃草料时不管有无粮食，饮水时也不选择泉眼，缰绳还没拿稳，踊跃急驰，才跑了一百里，就力竭汗喘，像要倒毙的样子。这是它吃得少却容易满足，好逞能却容易穷尽气力，这是低下蠢笨的庸才。”皇帝称赞说得好，说：“你今天的议论很有可取之处。”授予他太尉之职，接着任命岳飞为宣抚使兼营田大使。跟随皇帝巡幸建康，把王德、郦琼的部队隶属岳飞部下，下诏通知王德等人说：“听从岳飞的号令，如同我亲自行令。”

岳飞屡次进见皇帝，都谈论到恢复中原失地的方略。又写奏章说：“金人之所以在河南立刘豫为帝，是想荼毒中原生灵，用中国人攻打中国人，粘罕因此可以休整部队以坐收渔人之利。我希望陛下给我时间，机会成熟时就带领部队直趋京、洛，占据河阳、陕府、潼关，以此来号召五路的叛将。叛将归降后，再派官军前进，敌人必然放弃汴京而逃向河北、京畿，陕右一带可以全部收复。然后分兵进攻浚州、滑州，经略两河地区，这样一来，一定可以活捉刘豫，金人就可以消灭，国家的长久大计，实在是在于这一行动。”皇帝回答说：“有你这样的大臣，还有什么忧虑，你发兵进攻的时机，我不在朝中干预。”又把岳飞召到寝阁中命令他说：“中兴大事，全都委托你了。”下令岳飞节制光州。

岳飞刚开始计划大举出征，适逢秦桧主张向金人求和，于是不把王德、郦琼的部队拨归岳飞。诏命岳飞到都督府与张浚议事，张浚对岳飞说：“王德为淮西军所钦服，我想任命他为都统，而命令吕祉以都督府参谋的身份统领这支部队，怎么样？”岳飞说：“王德与郦琼本来不相上下，一旦提拔王德，位于郦琼之上，那么两人必然会争执。吕尚书不熟悉军旅之事，恐怕不足以服众。”张浚说：“张宣抚怎么样？”岳飞说：“暴躁而缺乏智谋，尤其为郦琼所不服。”张浚说：“那么杨沂中总算可以了吧？”岳飞说：“杨沂中看来和王德差不多，怎么能驾御这支部队？”张浚恼怒地说：“我就知道非太尉你不可。”岳飞说：“都督以正事问我的意见，不敢不完全献出我的愚见，哪里有想得到兵权的念头呀？”当天岳飞上书请求解除兵权，回家服满守丧期，让张宪代理指挥军队，自己步行返家，在母亲墓旁搭建小屋居住。张浚十分生气，上奏皇帝任命张宗元为宣抚判官，监督岳飞的部队。

帝累诏趣飞还职，飞力辞，诏幕属造庐以死请，凡六日，飞趋朝待罪，帝慰遣之。宗元还言：“将和士锐，人怀忠孝，皆飞训养所致。”帝大悦。飞奏：“比者寝阁之命，咸谓圣断已坚，何至今尚未决？臣愿提兵进讨，顺天道，固人心，以曲直为老壮，以逆顺为强弱，万全之效可必。”又奏：“钱塘僻在海隅，非用武地。愿陛下建都上游，用汉光武故事，亲率六军，往来督战。庶将士知圣意所向，人人用命。”未报而郦琼叛，浚始悔。飞复奏：“愿进屯淮甸，伺便击琼，期于破灭。”不许，诏驻师江州为淮、浙援。

飞知刘豫结粘罕，而兀术恶刘豫，可以间而动。会军中得兀术谍者，飞阳责之曰：“汝非吾军中人张斌耶？吾向遣汝至齐，约诱至四太子，汝往不复来。吾继遣人问，齐已许我，今冬以会合寇江为名，致四太子于清河。汝所持书竟不至，何背我耶？”谍冀缓死，即诡服。乃作蜡书，言与刘豫同谋诛兀术事，因谓谍曰：“吾今贷汝。”复遣至齐，问举兵期，刲股纳书，戒勿泄。谍归，以书示兀术，兀术大惊，驰白其主，遂废豫。飞奏：“宜乘废豫之际，捣其不备，长驱以取中原。”不报。

【译文】

皇帝几次下诏催促岳飞还军复职，岳飞都极力推辞。皇帝又诏令岳飞的僚属们到岳飞守丧的小屋死力相请，共六天时间，岳飞赶奔入朝等待处分，皇帝安慰一番后把他派回部队。张宗元回来说：“将领团结和睦，士兵锐气正足，人人心怀忠孝之心，这都是岳飞训练教育的结果。”皇帝十分高兴。岳飞上奏说：“近来在寝阁下达的命令，都说陛下的决心已下，为何至今还未决定？我愿率领部队进讨，顺应天道，符合人心，我军师出有名则部队威武雄壮，敌军师出无名则部队萎靡沮丧，我军顺应天时则强大无比，敌军逆天行事则不堪一击，必然会收到万全的效果。”又上奏说：“钱塘地处僻远的海角，不是用兵的地方。愿陛下在上游建都，效仿汉光武帝当年的做法，亲自统率六军，往来于各地督战。这样就能使将士们知道圣上的意图所向，人人拼死效力。”皇帝没有答复，而郦琼反叛，张浚这才感到后悔。岳飞又上奏：“我愿进军屯驻在淮甸，等待有利时机进攻郦琼，按一定期限消灭叛军。”皇帝不同意，诏令岳飞部队进驻江州作为淮、浙地区的援军。

岳飞得知刘豫勾结粘罕，而兀术却厌恶刘豫，可以先施离间之计而后行动。正好军中捉到一个兀术的探子，岳飞佯装认错了人并责备他说：“你不是我军中的张斌吗？我以前派你去齐国，约定引诱四太子兀术来，你却去后不再回来。我继续派人去通使，齐国已经答应我，今年冬天以联合进犯长江为名，把四太子诱至清河。你拿着我的书信竟然没有送到，为什么背叛我？”探子希望暂缓处死他，就假装服罪。岳飞又写了一封蜡丸书，写着与刘豫合谋诛杀兀术的事情，然后对探子说：“我今天饶恕你。”再次把他派回齐国，询问举兵起事的日期，割开探子的大腿把蜡丸书藏在里面，警告他万勿泄密。探子回去，把蜡书交给兀术，兀术大吃一惊，火速报告了金朝国主，于是废掉了刘豫。岳飞上奏说：“应该乘刘豫被废之际，捣其不备，长驱直入以攻取中原。”朝廷没有答复。

八年，还军鄂州。王庶视师江、淮，飞与庶书："今岁若不举兵，当纳节请闲。"庶甚壮之。秋，召赴行在，命诣资善堂见皇太子。飞退而喜曰："社稷得人矣，中兴基业，其在是乎？"会金遣使将归河南地，飞言："金人不可信，和好不可恃，相臣谋国不臧，恐贻后世讥。"桧衔之。

九年，以复河南，大赦。飞表谢，寓和议不便之意，有"唾手燕云，复仇报国"之语。授开府仪同三司，飞力辞，谓："今日之事，可危而不可安；可忧而不可贺；可训兵饬士，谨备不虞，而不可论功行赏，取笑敌人。"三诏不受，帝温言奖谕，乃受。会遣士㒟谒诸陵，飞请以轻骑从洒埽，实欲观衅以伐谋。又奏："金人无事请和，此必有肘腋之虞，名以地归我，实寄之也。"桧白帝止其行。

十年，金人攻拱、亳，刘锜告急，命飞驰援，飞遣张宪、姚政赴之。帝赐札曰："设施之方，一以委卿，朕不遥度。"飞乃遣王贵、牛皋、董先、杨再兴、孟邦杰、李宝等，分布经略西京、汝、郑、颍昌、陈、曹、光、蔡诸郡；又命梁兴渡河，纠合忠义社，取河东、北州县。又遣兵东援刘锜，西援郭浩，自以其军长驱以阚中原。将发，密奏言："先正国本以安人心，然后不常厥居，以示无忘复仇之意。"帝得奏，大褒其忠，授少保，河南府路、陕西、河东北路招讨使，寻改河南、北诸路招讨使。未几，所遣诸将相继奏捷。大军在颍昌，诸将分道出战，飞自以轻骑驻郾城，兵势甚锐。

【译文】

绍兴八年，岳飞率部队回到鄂州。王庶在江、淮地区巡视军队，岳飞写信给王庶说："今年如果不举兵北伐，我就交还符节辞职赋闲。"王庶极其赞赏。秋天，奉诏去皇帝驻在的地方，命令他去资善堂参见皇太子。岳飞退下去后高兴地说："国家终于得到主人啦，中兴基业，难道从此有了开端吗？"正好金国派遣使臣来将要归还河南地区，岳飞说："金人不可信任，和好不可以依恃，宰相谋划国家大事不妥当，恐怕要留给后世人讥笑。"秦桧对此怀恨在心。

绍兴九年，因为河南回归，朝廷大赦天下。岳飞上表致谢，其中寓含了不应该与金国和议的意思，文中有"唾手收复燕云，复仇报答国家"之语。朝廷授予岳飞开府仪同三司，岳飞极力推辞，说："现在的天下之事，应该感到危急而不可以感到安全；应该感到担忧而不可以庆贺；应该训练军队整饬士大夫，谨慎地防备不测事件发生，而不可以论功行赏，让敌人取笑。”皇帝三次下诏他都不接受，皇帝好言嘉勉，岳飞才接受。正赶上朝廷派遣赵士㒟前往拜谒先皇诸陵，岳飞请求派轻骑兵随从使臣洒扫先皇陵寝，实际上是想观察敌军的虚实以制定讨伐的计划。又上奏说：“金人没事请求议和，此中必有潜伏于身边的祸患，名义上是把土地归还给我们，实际上是寄放在我们这里罢了。”秦桧对皇帝说制止岳飞的行动。

绍兴十年，金军攻打拱州、亳州，刘锜向朝廷告急，皇帝命令岳飞火速增援，岳飞派遣张宪、姚政率兵前往。皇帝赐给岳飞的亲笔信中说：“同金兵作战的措施及方略，一并委托给你，我不进行遥控。”于是岳飞遣王贵、牛皋、董先、杨再兴、孟邦杰、李宝等人，分别经营攻略西京、汝州、郑州、颍昌、陈州、曹州、光州、蔡州诸郡；又命令梁兴渡过黄河，联络集合忠义社，攻取河东、河北各州县。又派部队去东面援救刘锜，去西面援救郭浩，自己率大军准备长驱直入以雄视中原。将要出发时，岳飞秘密上奏说：“先立太子以安定人心，然后请皇上不要经常居住在一地，以此来表示没有忘记复仇的决心。”皇帝得到这个奏章，大力褒奖他的忠心，任命岳飞为少保，河南府路、陕西、河东北路招讨使，不久改任河南、北诸路招讨使。没过多久，岳飞所派遣的诸将相继传来捷报。大部队驻守颍昌，部下众将分路出兵作战，岳飞自己率领轻装骑兵驻扎郾城，兵锋锐气十足。

兀术大惧，会龙虎大王议，以为诸帅易与，独飞不可当，欲诱致其师，并力一战。中外闻之，大惧，诏飞审处自固。飞曰：“金人伎穷矣。”乃日出挑战，且骂之。兀术怒，合龙虎大王、盖天大王与韩常之兵逼郾城。飞遣子云领骑兵直贯其阵，戒之曰：“不胜，先斩汝！”鏖战数十合，贼尸布野。

初，兀术有劲军，皆重铠，贯以韦索，三人为联，号“拐子马”，官军不能当。是役也，以万五千骑来，飞戒步卒以麻札刀入阵，勿仰视，第斫马足。拐子马相连，一马仆，二马不能行，官军奋击，遂大败之。兀术大恸曰：“自海上起兵，皆以此胜，今已矣！”兀术益兵来，部将王刚以五十骑觇敌，遇之，奋斩其将。飞时出视战地，望见黄尘蔽天，自以四十骑突战，败之。

【译文】

兀术大为恐惧，会见龙虎大王商议，认为宋军其他各位统帅容易对付，只有岳飞锐不可当，打算引诱岳飞的部队前来，集中兵力决一死战。朝廷内外听说此事，十分恐惧，皇帝诏令岳飞慎重行事保全自己。岳飞说："金人的伎俩已经穷尽了。"于是天天出兵挑战，并且大骂金军。兀术十分恼怒，联合龙虎大王、盖天大王与韩常的部队直逼郾城。岳飞派遣儿子岳云率领骑兵直冲入敌阵，告诫他说："打不赢，我先杀你的头！"激战数十个回合，杀得贼军尸横遍野。

当初，兀术训练了一支精锐部队，都穿着重甲，用牛皮绳贯串起来，三人为一组，号称"拐子马"，宋军无法抵挡。这次战役，兀术调动了一万五千名拐子马骑兵前来。岳飞下令步兵手持麻札刀冲入敌阵，不要抬头仰视，只管砍马蹄。拐子马都是连在一起的，只要一匹马倒地，其他两匹马就无法前进，宋军奋力攻击，于是大败金军。兀术大哭道："自从海上起兵以来，全都是靠它取胜，今天算完了！"兀术增加兵力又来，岳飞部将王刚率五十名骑兵侦察敌情时与敌军相遇，王刚奋力斩杀了敌军将领。岳飞当时正出来视察作战地形，望见黄尘铺天遮地，亲率四十名骑兵突入敌群战斗，打败了这股援军。

方郾城再捷，飞谓云曰："贼屡败，必还攻颍昌，汝宜速援王贵。"既而兀术果至，贵将游奕、云将背嵬战于城西。云以骑兵八百挺前决战，步军张左右翼继之，杀兀术婿夏金吾、副统军粘罕索孛堇，兀术遁去。

梁兴会太行忠义及两河豪杰等，累战皆捷，中原大震。飞奏："兴等过河，人心愿归朝廷。金兵累败，兀术等皆令老少北去，正中兴之机。"飞进军朱仙镇，距汴京四十五里，与兀术对垒而阵，遣骁将以背嵬骑五百奋击，大破之，兀术遁还汴京。飞檄陵台令行视诸陵，葺治之。

【译文】

正当郾城再次取胜的时候，岳飞对岳云说："金兵屡战屡败，必然要回军进攻颍昌，你应该迅速去支援王贵。"不久兀术果然赶来，王贵率领游奕军，岳云率领背嵬军与金军在城西大战。岳云指挥八百名骑兵冲到阵前与金兵决战，步兵在左右两翼展开队形跟在骑兵后面前进，杀死兀术的女婿夏金吾、副统军粘罕索孛堇，兀术逃走。

梁兴会合太行山的忠义民兵及两河地区的豪杰之士等，屡次与金军交战都取得大捷，极大地震动了中原地区。岳飞上奏说："梁兴等人北渡黄河，人心都愿意回归朝廷。金兵屡败，兀术等人都下令军中老少返回北方，眼下正是中兴大宋的大好机会。"岳飞进军朱仙镇，距离汴京只有四十五里，与兀术对峙结阵，岳飞派骁将率背嵬骑兵五百人奋勇冲击，大破兀术军，兀术逃回汴京。岳飞通知陵台令巡行察看先帝诸陵，进行修葺整治。

先是，绍兴五年，飞遣梁兴等布德意，招结两河豪杰，山砦韦铨、孙谋等敛兵固堡，以待王师，李通、胡清、李宝、李兴、张恩、孙琪等举众来归。金人动息，山川险要，一时皆得其实。尽磁、相、开德、泽、潞、晋、绛、汾、隰之境，皆期日兴兵，与官军会。其所揭旗以"岳"为号，父老百姓争挽车牵牛，载糗粮以馈义军，顶盆焚香迎候者，充满道路。自燕以南，金号令不行，兀术欲签军以抗飞，河北无一人从者。乃叹曰："自我起北方以来，未有如今日之挫衄。"金帅乌陵思谋素号桀黠，亦不能制其下，但谕之曰："毋轻动，俟岳家军来即降。"金统制王镇、统领崔庆、将官李觊崔虎华旺等皆率所部降，以至禁卫龙虎大王下忔查千户高勇之属，皆密受飞旗榜，自北方来降。金将军韩常欲以五万众内附。飞大喜，语其下曰："直抵黄龙府，与诸君痛饮尔！"

方指日渡河，而桧欲画淮以北弃之，风台臣请班师。飞奏："金人锐气沮丧，尽弃辎重，疾走渡河，豪杰向风，士卒用命，时不再来，机难轻失。"桧知飞志锐不可回，乃先请张俊、杨沂中等归，而后言飞孤军不可久留，乞令班师。一日奉十二金字牌，飞愤惋泣下，东向再拜曰："十年之力，废于一旦。"飞班师，民遮马恸哭，诉曰："我等戴香盆、运粮草以迎官军，金人悉知之。相公去，我辈无噍类矣。"飞亦悲泣，取诏示之曰："吾不得擅留。"哭声震野，飞留五日以待其徙，从而南者如市，亟奏以汉上六郡闲田处之。

方兀术弃汴去，有书生叩马曰："太子毋走，岳少保且退矣。"兀术曰："岳少保以五百骑破吾十万，京城日夜望其来，何谓可守？"生曰："自古未有权臣在内，而大将能立功于外者，岳少保且不免，况欲成功乎？"兀术悟，遂留。飞既归，所得州县，旋复失之。飞力请解兵柄，不许，自庐入觐，帝问之，飞拜谢而已。

【译文】

在此之前，绍兴五年，岳飞派遣梁兴等人广布朝廷恩德，招抚结纳两河地区的豪杰，山寨寨主韦铨、孙谋等人收拢兵力固守堡垒，等待官军前来，李通、胡清、李宝、李兴、张恩、孙琪等人率部众归附。金人的动态，山川的险要，一时都掌握了准确情报。所有磁、相、开德、泽、潞、晋、绛、汾、隰等地区，都约定日期一同起兵，与官军相会合。他们所打的旗帜以“岳”字为号，父老百姓们争相拉着车牵着牛，载运着干粮送给义军，头上顶着烧香盆子来迎候的人，充满了道路。从燕京以南，金国的号令不能实行，兀术打算强行征兵来抵挡岳飞，河北之地没有一个人听从他。兀术叹息说：“自我朝兴起于北方以来，还没有像今天这样的挫败。”金军大帅乌陵思谋一向号称凶狠狡诈，这时也无法控制他的部下，只能劝告说：“不要轻举妄动，等岳家军来了就出降。”金军统制王镇、统领崔庆、将官李觊、崔虎、华旺等人都率所部投降，以至于禁卫龙虎大王的属下忔查千户高勇之流，都秘密地接受了岳飞的旗帜和文告，从北方前来归降。金国将军韩常打算率五万部众前来内地归附。岳飞大喜，对部下们说：“一直进抵黄龙府，我和诸位开怀畅饮！”

正当渡河指日可待之时，秦桧却打算划淮河以北地区放弃，示意谏官奏请皇帝下令各部队班师。岳飞上奏说：“金军的锐气已经沮丧，全部抛弃了辎重，急忙逃向黄河北渡，豪杰之士闻风响应，我军士兵正待为国效命，这样的时机不会再来，机会不应轻易失去。”秦桧知道岳飞的志向坚定不可使他改变，就先请求皇帝下令张俊、杨沂中等人撤回军队，然后说岳飞孤军深入不能久留，请求皇帝诏令岳飞班师。一天之内连续接到十二道金字牌，岳飞愤慨惋惜地流下眼泪，朝着东方拜了两拜说：“十年的努力，废弃于一旦。”岳飞下令班师，百姓们拦住他的车马放声大哭，诉说道：“我们头顶香盆，运送粮草来迎接官军，金人都知道。相公这一走，我们就没有一个人能活着了。”岳飞也悲哀地流下眼泪，取出皇帝的诏令给大家看并说：“我不能擅自留下。”哭声震动了田野，岳飞留了五天以等待百姓们内迁，跟随他一起南迁的百姓如同赶集的人一样众多，岳飞立即奏请皇帝拨汉水上游六郡的空闲农田安置这些百姓。

正当兀术弃守汴京北撤时，有一个书生扣住他的马缰绳说：“太子不要走，岳少保即将退兵了。”兀术说：“岳少保用五百名骑兵打败我的十万人马，京城上下日夜盼望他到来，怎么说可以守得住呢？”书生说：“自古以来没有权臣在内，而大将能在外立功的事，岳少保自身难保，还想立功吗？”兀术醒悟，于是留驻汴京。岳飞率军撤回后，原来收复的各州县，马上又重新丧失了。岳飞极力请求解除自己的兵权，皇帝不同意，岳飞从庐山入朝晋见皇帝，皇帝慰问他，岳飞只是拜谢而已。

十一年，谍报金分道渡淮，飞请合诸帅之兵破敌。兀术、韩常与龙虎大王疾驱至庐，帝趣飞应援，凡十七札。飞策金人举国南来，巢穴必虚，若长驱京、洛以捣之，彼必奔命，可坐而敝。时飞方苦寒嗽，力疾而行。又恐帝急于退敌，乃奏：“臣如捣虚，势必得利，若以为敌方在近，未暇远图，欲乞亲至蕲、黄，以议攻却。”帝得奏大喜，赐札曰：“卿苦寒疾，乃为朕行，国尔忘身，谁如卿者？”师至庐州，金兵望风而遁。飞还兵于舒以俟命，帝又赐札，以飞小心恭谨、不专进退为得体。兀术破濠州，张俊驻军黄连镇，不敢进；杨沂中遇伏而败，帝命飞救之。金人闻飞至，又遁。

时和议既决，桧患飞异己，乃密奏召三大将论功行赏。韩世忠、张俊已至，飞独后，桧又用参政王次翁计，俟之六七日。既至，授枢密副使，位参知政事上，飞固请还兵柄。五月，诏同俊往楚州措置边防，总韩世忠军还驻镇江。

【译文】

绍兴十一年，探子来报金兵分路渡过淮河，岳飞请求集中各位元帅的部队破敌。兀术、韩常与龙虎大王迅速赶到了庐州，皇帝催促岳飞策应增援，总共写了十七封信。岳飞策算金人倾全国兵力南下进犯，其巢穴必然空虚，如果长驱直入到汴京、洛阳以捣毁敌人巢穴，金军一定是疲于奔命地赶回援救，可以坐待敌军疲惫。当时岳飞正苦于患风寒咳嗽，竭力支撑抱病而行。又担心皇帝急于打退敌人，于是上奏说：“我如果领兵直捣敌军的空虚地区，势必能取得胜利，假如因为敌人正在近处而没有时间去考虑长远的计划，那就请求陛下亲自到蕲州、黄州，以商议攻守事宜。”皇帝接到此奏非常高兴，赐给岳飞书信说：“你正苦于风寒之疾，却仍然为我领兵前行，为了国家而忘记了自身，谁能比得上你呢？”岳飞率军进至庐州，金兵望风而逃。岳飞把部队撤回舒州等待命令，皇帝又赐给岳飞书信，认为岳飞小心恭谨、不擅自进退是得体的。兀术攻破濠州，张俊所部驻扎在黄连镇，不敢前进；杨沂中所部中了埋伏而战败，皇帝命令岳飞救援他。金人听说岳飞到了，又逃走了。

当时和议之事已经决定，秦桧担心岳飞会反对自己，于是秘密上奏皇帝召还三位大将论功行赏。韩世忠、张俊已经赶到，岳飞一个人后到，秦桧又采用参政王次翁的计策，等待岳飞等了六七天。岳飞来到之后，被任命为枢密副使，位在参知政事之上，岳飞坚决请求交还兵权。五月，皇帝诏令岳飞同张俊前往楚州布置边防，会合韩世忠部队还军驻守镇江。

初，飞在诸将中年最少，以列校拔起，累立显功，世忠、俊不能平，飞屈己下之，幕中轻锐教飞勿苦降意。金人攻淮西，俊分地也，俊始不敢行，师卒无功。飞闻命即行，遂解庐州围，帝授飞两镇节，俊益耻。杨么平，飞献俊、世忠楼船各一，兵械毕备，世忠大悦，俊反忌之。淮西之役，俊以前途粮乏訹飞，飞不为止，帝赐札褒谕，有曰："转饷艰阻，卿不复顾。"俊疑飞漏言，还朝，反倡言飞逗留不进，以乏饷为辞。至视世忠军，俊知世忠忤桧，欲与飞分其背嵬军，飞义不肯，俊大不悦。及同行楚州城，俊欲修城为备，飞曰："当戮力以图恢复，岂可为退保计？"俊变色。

会世忠军吏景著与总领胡纺言："二枢密若分世忠军，恐至生事。"纺上之朝，桧捕著下大理寺，将以扇摇诬世忠。飞驰书告以桧意，世忠见帝自明。俊于是大憾飞，遂倡言飞议弃山阳，且密以飞报世忠事告桧，桧大怒。

【译文】

当初，岳飞在各位大将中年龄最小，从小校提拔起来，屡屡立下赫赫战功，韩世忠、张俊都不服气。岳飞就委屈自己，凡事均居于他们之下，幕僚中年轻气盛的人劝告岳飞不要过于谦卑退让。金兵进攻淮西，这是张俊分守的防地，张俊始终不敢有所行动，部队终于没有立功。岳飞接到命令立即行动，于是解了庐州之围，皇帝任命岳飞为两镇节度使，张俊越发感到耻辱。杨么被平定后，岳飞赠送给张俊、韩世忠每人一艘楼船，船上各种武器毕备，韩世忠非常高兴，张俊反倒忌恨岳飞。淮西之役，张俊以前方缺粮吓唬岳飞，岳飞并没有因此停止前进，皇帝赐书褒奖，其中有"转运粮饷遇到艰难险阻，你却义无返顾"这样的话，张俊怀疑岳飞对皇上泄露了自己的话，回到朝廷，反而说岳飞逗留不进，却以缺乏粮饷为借口。去视察韩世忠的部队时，张俊知道韩世忠触犯了秦桧，便打算与岳飞一起瓜分韩世忠的背嵬军，岳飞顾全大义不肯这样做，张俊非常不高兴。等到和岳飞同行至楚州城，张俊想修缮城墙来做御敌准备，岳飞说："应当努力地谋取收复失地，岂可做退保自守的打算？"张俊变了脸色。

正好韩世忠的军吏景著对总领胡纺说："两位枢密使如果瓜分了韩世忠的部队，恐怕要发生事变。"胡纺把他的话上报了朝廷，秦桧逮捕景著投入大理寺，准备以此事煽动谣言诬陷韩世忠。岳飞急忙写信给韩世忠告以秦桧的用心所在，韩世忠面见皇帝自己讲明了事情的缘由。张俊从此对岳飞大为不满，于是造谣岳飞倡议放弃山阳，并且秘密地把岳飞报信给韩世忠这件事告诉了秦桧，秦桧非常生气。

初，桧逐赵鼎，飞每对客叹息，又以恢复为己任，不肯附和议。读桧奏，至"德无常师，主善为师"之语，恶其欺罔，恚曰："君臣大伦，根于天性，大臣而忍面谩其主耶！"兀术遗桧书曰："汝朝夕以和请，而岳飞方为河北图，必杀飞，始可和。"桧亦以飞不死，终梗和议，己必及祸，故力谋杀之。以谏议大夫万俟卨与飞有怨，风卨劾飞，又风中丞何铸、侍御史罗汝楫交章弹论，大率谓："今春金人攻淮西，飞略至舒、蕲而不进，比与俊按兵淮上，又欲弃山阳而不守。"飞累章请罢枢柄，寻还两镇节，充万寿观使、奉朝请。桧志未伸也，又谕张俊令劫王贵、诱王俊诬告张宪谋还飞兵。

桧遣使捕飞父子证张宪事，使者至，飞笑曰："皇天后土，可表此心。"初命何铸鞫之，飞裂裳以背示铸，有"尽忠报国"四大字，深入肤理。既而阅实无左验，铸明其无辜。改命万俟卨。卨诬：飞与宪书，令虚申探报以动朝廷，云与宪书，令措置使飞还军；且言其书已焚。

飞坐系两月，无可证者。或教卨以台章所指淮西事为言，卨喜白桧，簿录飞家，取当时御札藏之以灭迹。又逼孙革等证飞受诏逗遛，命评事元龟年取行军时日杂定之，傅会其狱。岁暮，狱不成，桧手书小纸付狱，即报飞死，时年三十九。云弃市。籍家赀，徙家岭南。幕属于鹏等从坐者六人。

【译文】

当初，秦桧排挤走了赵鼎，岳飞常常为此对宾客叹息，又把收复中原失地当作自己的责任，不肯附和议和的主张。阅读秦桧的奏章，读到“德行没有常师，主张为善就可以为师”的话时，厌恶他欺君罔上，愤愤地说：“君臣这个大伦常，根源在于天性，身为大臣能忍心当面欺骗他的皇帝吗？”兀术给秦桧的信中说：“你早晚都在请求议和，然而岳飞却正在图谋进取河北，必须杀掉岳飞，才可以议和。”秦桧也认为如果岳飞不死，终究会阻碍议和，自己也必然受祸，所以极力谋划杀死岳飞。因为谏议大夫万俟卨与岳飞有怨仇，就指使万俟卨弹劾岳飞，又示意中丞何铸、侍御史罗汝楫接连上奏章弹劾岳飞，大概意思是说：“今年春天金人进攻淮西，岳飞进军至舒州、蕲州就不再前进，近来他与张俊驻守于淮河岸边，又打算放弃山阳而不去防守。”岳飞几次上奏章请求罢免自己的枢密副使的职务，不久交还两镇节度使的符节，充任万寿观使、奉朝请。秦桧的意图还未全部得逞，又指示张俊威逼王贵、诱使王俊诬告张宪策划把兵权还给岳飞。

秦桧派使者逮捕岳飞父子来证实张宪的事情，使者到时，岳飞笑着说：“皇天后土，可以证明我这颗心。”开始命令何铸审讯岳飞，岳飞撕开衣裳把后背给何铸看，上面有“尽忠报国”四个大字，深深地刺入皮肤的纹理之中。没多久查明实在没有佐证，何铸判岳飞无辜。秦桧改命万俟卨审理。万俟卨诬陷说：岳飞写信给张宪，命令张宪谎报军情以震动朝廷视听，而且岳云写信给张宪，要张宪采取措施使岳飞回到军中；并且说这些信已经被焚毁。

岳飞被囚禁两个月，没有找到可以证明他有罪的证据。有人教万俟卨以御史台奏章所指责的淮西一事为证言，万俟卨高兴地告诉秦桧，查抄登记岳飞的家产，拿走了当时皇帝给岳飞的亲笔信藏起来消除不利于审讯的字迹。又逼迫孙革等人证明岳飞接受诏令后仍然逗留不前，命令评事元龟年将岳飞在淮西的行军日程混杂排定，以附会岳飞之案。年底，此案仍无法成立，秦桧亲手写了一张小纸条交给狱官，立即报告岳飞已经死了，这年他三十九岁。岳云在闹市被斩首示众。登记并没收岳飞的家产，迫令他全家迁往岭南。岳飞的幕僚于鹏等六人也被牵连定罪。

初，飞在狱，大理寺丞李若朴何彦猷、大理卿薛仁辅并言飞无罪，卨俱劾去。宗正卿士㒟请以百口保飞，卨亦劾之，窜死建州。布衣刘允升上书讼飞冤，下棘寺以死。凡傅成其狱者，皆迁转有差。

狱之将上也，韩世忠不平，诣桧诘其实，桧曰：“飞子云与张宪书虽不明，其事体莫须有。”世忠曰：“‘莫须有’三字，何以服天下？”时洪皓在金国中，蜡书驰奏，以为金人所畏服者惟飞，至以父呼之，诸酋闻其死，酌酒相贺。

【译文】

当初，岳飞关在狱中，大理寺丞李若朴、何彦猷、大理卿薛仁辅都说岳飞无罪，万俟卨全把他们弹劾赶走。宗正卿赵士㒟请求用全家一百口人的性命担保岳飞，万俟卨也弹劾他，被放逐到建州而死。平民刘允升上书朝廷申诉岳飞冤枉，被关进大理寺后死去。凡是附会参与并促成岳飞冤狱的人，都不同等级地升了官职。

岳飞一案将要上报了，韩世忠愤愤不平，他来到秦桧处质问有无真实凭据，秦桧说：“岳飞的儿子岳云写信给张宪这件事虽然还不太明确，但这件事或许有。”世忠说：“‘或许有’三个字，怎么能使天下人信服？”当时洪皓正在金国，派人把一封蜡丸信飞驰奏报皇帝，信中说金人所畏服者只有岳飞，甚至称呼他为岳爷爷，金国的各大首领听说岳飞的死讯，饮酒互相庆贺。

飞至孝，母留河北，遣人求访，迎归。母有痼疾，药饵必亲。母卒，水浆不入口者三日。家无姬侍。吴玠素服飞，愿与交欢，饰名姝遗之。飞曰：“主上宵旰，岂大将安乐时？”却不受，玠益敬服。少豪饮，帝戒之曰：“卿异时到河朔，乃可饮。”遂绝不饮。帝初为飞营第，飞辞曰：“敌未灭，何以家为？”或问天下何时太平，飞曰：“文臣不爱钱，武臣不惜死，天下太平矣。”

师每休舍，课将士注坡跳壕，皆重铠习之。子云尝习注坡，马踬，怒而鞭之。卒有取民麻一缕以束刍者，立斩以徇。卒夜宿，民开门愿纳，无敢入者。军号“冻死不拆屋，饿死不卤掠”。卒有疾，躬为调药；诸将远戍，遣妻问劳其家；死事者哭之而育其孤，或以子婚其女。凡有颁犒，均给军吏，秋毫不私。

【译文】

岳飞侍奉双亲非常孝顺，母亲留在河北，岳飞派人寻找访求，迎接老人家南归。他母亲有顽症，药物补品等事岳飞必定要亲手调理。母亲去世时，岳飞三天滴水未沾。家中没有姬妾服侍。吴玠一向佩服岳飞，愿意与他结为好友，打扮了一位有名的美女送给他。岳飞说："皇上每天天不亮就起身处理公务，很晚才吃饭，现在哪里是大将享受安乐的时候？"推却不受，吴玠由此更加尊敬佩服他。岳飞年轻时喜欢喝酒，皇帝告诫他说："你将来打到河朔地区，就可以喝了。"于是戒酒不再喝了。皇帝当初为岳飞建造府宅，岳飞辞谢说："敌寇没有消灭，要家干什么？"有人问天下何时能太平，岳飞说："文臣不爱钱，武将不怕死，天下就会太平了。"

岳飞率部队每次驻扎休整，都训练将士们从斜坡上骑马急驰而下跳跃壕沟，并且都穿着重甲练习这些课目。他的儿子岳云曾经练习从斜坡上骑马急驰而下，战马跌倒，岳飞十分生气而鞭打岳云。有一名士兵拿了老百姓的一缕麻用来捆扎喂牲口的草，岳飞立即将他斩首示众。士兵夜间宿营，老百姓打开房门愿意让他们进屋休息，但没有一个人敢进入房中的。岳飞的部队号称"冻死不拆屋，饿死不掳掠"。士兵有病，岳飞亲自为他调药；诸将远征，岳飞派自己的妻子慰劳他们的家眷；战死的将领，岳飞为之哭泣并养育他们的孤儿，或者让儿子娶阵亡将领的女儿为妻。凡是有朝廷颁发下的犒赏，全都平均分配给部下军吏，秋毫不据为私有。

善以少击众。欲有所举，尽召诸统制与谋，谋定而后战，故有胜无败。猝遇敌不动，故敌为之语曰："撼山易，撼岳家军难。"张俊尝问用兵之术，曰："仁、智、信、勇、严，阙一不可。"调军食，必蹙额曰："东南民力，耗敝极矣。"荆湖平，募民营田，又为屯田，岁省漕运之半。帝手书曹操、诸葛亮、羊祜三事赐之。飞跋其后，独指操为奸贼而鄙之，尤桧所恶也。

张所死，飞感旧恩，鞠其子宗本，奏以官。李宝自楚来归，韩世忠留之，宝痛哭愿归飞，世忠以书来谂，飞复曰："均为国家，何分彼此？"世忠叹服。襄阳之役，诏光世为援，六郡既复，光世始至，飞奏先赏光世军。好贤礼士，览经史，雅歌投壶，恂恂如书生。每辞官，必曰："将士效力，飞何功之有？"然忠愤激烈，议论持正，不挫于人，卒以此得祸。

桧死，议复飞官。万俟卨谓金方愿和，一旦录故将，疑天下心，不可。及绍兴末，金益猖獗，太学生程宏图上书讼飞冤，诏飞家自便。初，桧恶岳州同飞姓，改为纯州，至是仍旧。中丞汪澈宣抚荆、襄，故部曲合辞讼之，哭声雷震。孝宗诏复飞官，以礼改葬，赐钱百万，求其后悉官之。建庙于鄂，号忠烈。淳熙六年，谥武穆。嘉定四年，追封鄂王。

五子：云、雷、霖、震、霆。

【译文】

岳飞作战善于以少击多，将要有所行动，把各位统制全部召来参与计划，谋略制定以后再出战，所以只有胜利没有失败。突然与敌军遭遇也镇定自若。因此敌军这样评价岳飞的部队："摇撼大山容易，撼动岳家军困难。"张俊曾经向岳飞询问用兵的方法，岳飞答道："仁义、智谋、信用、勇敢、严格，缺一不可。"每当征调军粮，必定皱着额头说："东南地区的民力，消耗凋敝到极点了。"荆湖一带平定后，岳飞招募百姓营田，又开始发动士兵屯田，每年节省了一半漕运的粮食。皇帝亲笔书写了曹操、诸葛亮、羊祜三个人的事迹赐给岳飞。岳飞在皇帝书后写上跋语，特地指出曹操是奸贼而鄙视他，这件事尤其为秦桧所恼恨。

张所死后，岳飞感念其旧恩，于是抚养他的儿子张宗本，举奏为官。李宝从楚州来归附，韩世忠留下他，李宝痛哭流涕地说愿意归属到岳飞部下，韩世忠写信来告诉这件事，岳飞复信说："都是为了国家，何必要分彼此？"韩世忠为此叹服不已。襄阳战役时，皇帝诏令刘光世增援，六郡已经收复，刘光世才率军赶来，岳飞上奏请皇帝先犒赏刘光世的部队。岳飞喜好贤才，礼遇士大夫，遍览经史典籍，歌唱雅诗，投壶为乐，谦虚谨慎地如同一位书生。每次辞官，必然说："将士们为国效力，我有什么功劳？"然而天性忠愤激烈，议论人与事能坚持公道，不屈服于人，最终因此而蒙受灾祸。

秦桧死后，讨论恢复岳飞原来的官职。万俟卨说金国刚愿意讲和，一旦录用以前的将领，会使天下人疑惑不解，不可以这样做。到了绍兴末年，金国日益猖獗，太学生程宏图上书朝廷为岳飞申冤，皇帝下诏允许岳飞家属自行选择居住地。起初，秦桧讨厌岳州与岳飞的姓氏相同，把岳州改名为纯州，到这时又改回旧名，称为岳州。中丞汪澈宣抚荆、襄地区，岳飞过去的老部下联合上书向汪澈申诉岳飞的冤屈，哭声如同雷震一般。孝宗下诏恢复岳飞官职，用礼仪改葬，赐给岳飞家属钱一百万贯，寻求岳飞的后代全部授予官职。在鄂州建庙，号称忠烈庙。淳熙六年，朝廷为岳飞定谥号为武穆。嘉定四年，追封岳飞为鄂王。

岳飞有五个儿子：岳云、岳雷、岳霖、岳震、岳霆。

〔辽史〕

天祚皇帝本纪

天祚皇帝，讳延禧，字延宁，小字阿果。道宗之孙，父顺宗大孝顺圣皇帝，母贞顺皇后萧氏。大康元年生。六岁封梁王，加守太尉，兼中书令。后三年，进封燕国王。大安七年，总北南院枢密使事，加尚书令，为天下兵马大元帅。

寿隆七年正月甲戌，道宗崩，奉遗诏即皇帝位于柩前。群臣上尊号曰天祚皇帝。

二月壬辰朔，改元乾统，大赦。诏为耶律乙辛所诬陷者，复其官爵，籍没者出之，流放者还之。乙未，遣使告哀于宋及西夏、高丽。乙巳，以北府宰相萧兀纳为辽兴军节度使，加守太傅。

三月丁卯，诏有司以张孝杰家属分赐群臣。甲戌，召僧法颐放戒于内庭。

夏四月，旱。

【译文】

天祚皇帝，名延禧，字延宁，小字阿果。他是道宗的孙子，父亲是顺宗大孝顺圣皇帝，母亲是贞顺皇后萧氏。大康元年生。六岁时被封为梁王，加官守太尉，兼任中书令。三年后，进封为燕国王。大安七年，总管北南院枢密使事务，加官尚书令，任天下兵马大元帅。

寿隆七年正月甲戌日，道宗去世，延禧遵奉遗诏在灵柩前即皇帝位。各大臣奉上的尊号称天祚皇帝。

二月壬辰初一，改年号为乾统，大赦天下。下令被耶律乙辛诬陷的人恢复官职和爵位，将没收的财产发还，被流放的召回。乙未日，派遣使臣向南宋及西夏、高丽通报丧事。乙巳日，由北府宰相萧兀纳任辽兴军节度使，加官守太傅。

三月丁卯日，命令有关部门将张孝杰的家属分赐各大臣。甲戌日，召进法颐和尚在宫内放戒。

夏四月，天旱。

六月庚寅朔，如庆州。甲午，宋遣王潜等来吊祭。丙申，高丽、夏国各遣使慰奠。戊戌，以南府宰相斡特剌兼南院枢密使。庚子，追谥懿德皇后为宣懿皇后。壬寅，以宋魏国王和鲁斡为天下兵马大元帅。乙巳，以北平郡王淳进封郑王。丁未，北院枢密使耶律阿思加于越。辛亥，葬仁圣大孝文皇帝、宣懿皇后于庆陵。

秋七月癸亥，阻卜、铁骊来贡。

八月甲寅，谒庆陵。

九月壬申，谒怀陵。乙亥，驻跸藕丝淀。

冬十月壬辰，谒乾陵。甲辰，上皇考昭怀太子谥曰大孝顺圣皇帝，庙号顺宗，皇妣曰贞顺皇后。

十二月戊子，以枢密副使张琳知枢密院事，翰林学士张奉珪参知政事兼同知枢密院事。癸巳，宋遣黄实来贺即位。丁酉，高丽、夏国并遣使来贺。乙巳，诏先朝已行事，不得陈告。

【译文】

六月庚寅初一，皇帝去庆州。甲午日，宋朝派遣王潜等人来吊祭。丙申日，高丽、夏国各派使者来祭奠慰哀。戊戌日，任命南府宰相斡特剌兼任南院枢密使。庚子日，追奉懿德皇后谥号为宣懿皇后。壬寅日，任命宋魏国王和鲁斡为天下兵马大元帅。乙巳日，将北平郡王耶律淳进封为郑王。丁未日，北院枢密使耶律阿思加官于越。辛亥日，将仁圣大孝文皇帝和宣懿皇后葬在庆陵。

秋七月癸亥日，阻卜、铁骊前来进贡。

八月甲寅日，皇上参拜庆陵。

九月壬申日，皇上参拜怀陵。乙亥日，驻留藕丝淀。

冬十月壬辰日，参拜乾陵。甲辰日，尊奉皇父昭怀太子谥号为大孝顺圣皇帝，庙号为顺宗；母亲谥号为贞顺皇后。

十二月戊子日，由枢密副使张琳执掌枢密院事务，翰林学士张奉珪为参知政事，兼任同知枢密院事。癸巳日，宋朝派遣黄实来祝贺皇帝即位。丁酉日，高丽、夏国一同派遣使者来朝贺。乙巳日，诏令凡是先朝已处理过的事，都循例办理不再禀告。

初，以杨割为生女真部节度使，其俗呼为太师。是岁杨割死，传于兄之子乌雅束，束死，其弟阿骨打袭。

二年春正月，如鸭子河。

二月辛卯，如春州。

三月，大寒，冰复合。

夏四月辛亥，诏诛乙辛党，徙其子孙于边；发乙辛、得里特之墓，剖棺，戮尸；以其家属分赐被杀之家。

五月乙丑，斡特剌献耶睹刮等部捷。

六月壬辰，以雨罢猎，驻跸散水原。丙午，夏国王李乾顺复遣使请尚公主。丁未，南院大王陈家奴致仕。壬子，李乾顺为宋所攻，遣李造福、田若水求援。

闰月庚申，策贤良。壬申，降惠妃为庶人。

【译文】

起初，由杨割任生女真部节度使，俗称为太师。当年杨割去世，将官位传给他哥哥的儿子乌雅束，乌雅束又死去，由他兄弟阿骨打承袭。

乾统二年春正月，皇帝去鸭子河。

二月辛卯日，皇帝去春州。

三月，天气甚冷，重又结冰。

夏四月辛亥日，下令处死乙辛党徒，将他们的子孙迁往边疆；挖开乙辛、得里特的坟墓，劈开棺材，杀尸断身；将他们的家产分给被他们杀害的人家。

五月乙丑日，斡特剌献耶睹刮等部的战利品和俘虏。

六月壬辰日，因下雨停止打猎，留住在散水原。丙午日，夏国王李乾顺又派使者来请求娶公主为妻。丁未日，南院大王陈家奴辞官回乡。壬子日，李乾顺遭宋朝攻打，派遣李造福、田若水来请求救援。

闰月庚申日，策试贤良人士。壬申日，将惠妃降为平民。

秋七月，猎黑岭，以霖雨，给猎人马。阻卜来侵，斡特剌等战败之。

冬十月乙卯，萧海里叛，劫乾州武库器甲。命北面林牙郝家奴捕之，萧海里亡入陪术水阿典部。丙寅，以南府宰相耶律斡特剌为北院枢密使，参知政事牛温舒知南院枢密使事。

十一月乙未，郝家奴以不获萧海里，免官。壬寅，以上京留守耶律慎思为北院枢密副使。有司请以帝生日为天兴节。

三年春正月辛巳朔，如混同江。女真函萧海里首，遣使来献。戊申，如春州。

二月庚午，以武清县大水，弛其陂泽之禁。

夏五月戊子，以猎人多亡，严立科禁。乙巳，清暑赤勒岭。丙午，谒庆陵。

【译文】

秋七月，在黑岭打猎，因天降喜雨，赐与猎人马匹。阻卜来进犯，斡特剌等人打败了他们。

冬十月乙卯日，萧海里反叛，掳走乾州武库中的兵器甲服。命令北面林牙郝家奴捉拿，萧海里逃入陪术水阿典部。丙寅日，任命南府宰相耶律斡特剌为北院枢密使，参知政事牛温舒为知南院枢密使事。

十一月乙未日，郝家奴因未能将萧海里捉获，被免去官职。壬寅日，任命上京留守耶律慎思为北院枢密副使。有关部门奏请将天祚帝生日作为天兴节。

三年春正月辛巳初一，去混同江。女真人将萧海里的首级装入盒内，派遣使臣来献。戊申日，皇帝去春州。

二月庚午日，鉴于武清县发大水，放宽对该地滩涂湖地的管理禁令。

夏五月戊子日，由于很多猎人逃亡，制定严格的管理法规。乙巳日，皇帝在赤勒岭避暑。丙午日，皇帝参拜庆陵。

六月辛酉，夏国王李乾顺复遣使请尚公主。

秋七月，中京雨雹，伤稼。

冬十月甲辰，如中京。己未，吐蕃遣使来贡。庚申，夏国复遣使求援。己巳，有事于观德殿。

十一月丙申，文武百官加上尊号曰惠文智武圣孝天祚皇帝，大赦，以宋魏国王和鲁斡为皇太叔，梁王挞鲁进封燕国王，郑王淳为东京留守，进封越国王，百官各进一阶。丁酉，以惕隐耶律何鲁扫古为南院大王。戊戌，以受尊号，告庙。乙巳，谒太祖庙，追尊太祖之高祖曰昭烈皇帝，庙号肃祖，妣曰昭烈皇后；曾祖曰庄敬皇帝，庙号懿祖，妣曰庄敬皇后。召监修国史耶律俨纂太祖诸帝《实录》。

十二月戊申，如藕丝淀。

【译文】

六月辛酉日，夏国王李乾顺又派使者来求娶公主。

秋七月，中京降冰雹，庄稼受灾。

冬十月甲辰日，去中京。己未日，吐蕃派遣使者前来进贡。庚申日，夏国又派使者来求援。己巳日，皇帝在观德殿祭祀。

十一月丙申日，文武百官为皇上加尊号称惠文智武圣孝天祚皇帝。发布大赦令，尊宋魏国王和鲁斡为皇太叔，梁王挞鲁进封为燕国王，郑王耶律淳任东京留守，进封越国王，百官都晋升一等。丁酉日，由惕隐耶律何鲁扫古任南院大王。戊戌日，将所受尊号祭告祖庙。乙巳日，晋谒太祖庙，追尊太祖的高祖为昭烈皇帝，庙号肃祖，高祖帝后为昭烈皇后；追奉曾祖为庄敬皇帝，庙号懿祖，曾祖帝后为庄敬皇后。命监修国史耶律俨编写太祖等诸皇帝的《实录》。

十二月戊申日，皇上去藕丝淀。

是年，放进士马恭回等百三人。

四年春正月戊子，幸鱼儿泺。壬寅，猎木岭。癸卯，燕国王挞鲁薨。

二月丁丑，鼻骨德遣使来贡。

夏六月甲辰，驻跸旺国崖。甲寅，夏国遣李造福、田若水求援。癸亥，吐蕃遣使来贡。

秋七月，南京蝗。庚辰，猎南山。癸未，以西北路招讨使萧得里底、北院枢密副使耶律慎思并知北院枢密使事。辛卯，以同知南院枢密使事萧敌里为西北路招讨使。

冬十月己酉，凤凰见于漷阴。己未，幸南京。

十一月乙亥，御迎月楼，赐贫民钱。

十二月辛丑，以张琳为南府宰相。

【译文】

这一年，录取进士马恭回等一百零三人。

乾统四年春正月戊子日，皇上到鱼儿泊。壬寅日，皇帝在木岭打猎。

癸卯日，燕国王挞鲁逝世。

二月丁丑日，鼻骨德派使者前来进贡。

夏六月甲辰日，皇帝在旺国崖驻留。甲寅日，夏国派李造福、田若水来求援。癸亥日，吐蕃派使者来进贡。

秋七月，南京发生蝗灾。庚辰日，皇上在南山打猎。癸未日，由西北路招讨使萧得里底、北院枢密副使耶律慎思共同执掌北院枢密使事务。辛卯日，任命同知南院枢密使事萧敌里为西北路招讨使。

冬十月己酉日，在漷阴县出现凤凰。己未日，皇上到南京。

十一月乙亥日，皇上到迎月楼，向贫民分赐银两。

十二月辛丑日，任命张琳为南府宰相。

五年春正月乙亥，夏国遣李造福等来求援，且乞伐宋。庚寅，以辽兴军节度使萧常哥为北府宰相。丁酉，遣枢密直学士高端礼等讽宋罢伐夏兵。

二月癸卯，微行，视民疾苦。丙午，幸鸳鸯泺。

三月壬申，以族女南仙封成安公主，下嫁夏国王李乾顺。

夏四月甲申，射虎炭山。

五月癸卯，清暑南崖。壬子，宋遣曾孝广、王戬报聘。

六月甲戌，夏国遣使来谢，及贡方物。己丑，幸候里吉。

秋七月，谒庆陵。

九月辛亥，驻跸藕丝淀。乙卯，谒乾陵。

冬十一月戊戌，禁商贾之家应进士举。丙辰，高丽三韩国公王颙薨，子俣遣使来告。

十二月己巳，夏国复遣李造福、田若水求援。癸酉，宋遣林洙来议与夏约和。

【译文】

五年春正月乙亥日，夏国派李国福等人前来求援，并请求讨伐宋朝。庚寅日，任命辽兴军节度使萧常哥为北府宰相。丁酉日，派遣枢密直学士高端礼等人去婉言劝说宋朝停止攻打夏国。

二月癸卯日，皇帝便装出访，体察民间疾苦。丙午日，皇帝到鸳鸯泊。

三月壬申日，将本族姑娘南仙封为成安公主，下嫁给夏国王李乾顺。

夏四月甲申日，皇上在炭山猎虎。

五月癸卯日，在南崖避暑。壬子日，宋朝派曾孝广、王戬前来回访。

六月甲戌日，夏国派使者前来致谢，进贡地方物产。乙丑日，皇上到候里吉。

秋七月，皇上参拜庆陵。

九月辛亥日，驻留藕丝淀。乙卯日，皇帝参拜乾陵。

冬十一月戊戌日，禁止商人家属参加进士考试。丙辰日，高丽三韩国公王颙逝世，他儿子王俣派使者前来报丧。

十二月己巳日，夏国又派李造福、田若水来求援。癸酉日，宋朝派林洙来商谈与夏国议和事。

六年春正月辛丑，遣知北院枢密使事萧得里底、知南院枢密使事牛温舒使宋，讽归所侵夏地。

夏五月，清暑散水原。

六月辛巳，夏国遣李造福等来谢。

秋七月癸巳，阻卜来贡。甲午，如黑岭。庚子，猎鹿角山。

冬十月乙亥，宋与夏通好，遣刘正符、曹穆来告。庚辰，以皇太叔、南京留守和鲁斡兼惕隐，东京留守、越国王淳为南府宰相。

十一月乙未，以谢家奴为南院大王，马奴为奚六部大王。丙申，行柴册礼。戊戌，大赦。以和鲁斡为义和仁圣皇太叔，越国王淳进封魏国王，封皇子敖卢斡为晋王，习泥烈为饶乐郡王。己亥，谒太祖庙。甲辰，祠木叶山。

【译文】

六年春正月辛丑日，派遣知北院枢密使事萧得里底、知南院枢密使事牛温舒出使宋国，婉言劝说宋国归还所侵占的夏国领土。

夏五月，皇上在散水原避暑。

六月辛巳日，夏国派李造福等人来致谢。

秋七月癸巳日，阻卜来进贡。甲午日，皇上去黑岭。庚子日，皇帝在鹿角山打猎。

冬十月乙亥日，宋朝与夏国和好，派遣刘正符、曹穆前来通报。庚辰日，任命皇太叔、南京留守和鲁斡兼任惕隐，任命东京留守、越国王耶律淳为南府宰相。

十一月乙未日，任命谢家奴为南院大王，马奴为奚六部大王。丙申日，举行柴册礼。戊戌日，发布大赦令。称和鲁斡为义和仁圣皇太叔，进封越国王耶律淳为魏国王，封皇太子敖卢斡为晋王，习泥烈为饶乐郡王。己亥日，参拜太祖庙。甲辰日，皇帝在木叶山祭祀。

十二月己巳，封耶律俨为漆水郡王，余官进爵有差。

七年春正月，钩鱼于鸭子河。

二月，驻跸大鱼泺。

夏六月，次散水原。

秋七月，如黑岭。

冬十月，谒乾陵，猎医巫闾山。

是年，放进士李石等百人。

八年春正月，如春州。

夏四月丙申，封高丽王俣为三韩国公，赠其父颙为高丽国王。

五月，清暑散水原。

六月壬辰，西北路招讨使萧敌里率诸蕃来朝。丙申，射柳祈雨。壬寅，夏国王李乾顺以成安公主生子，遣使来告。丁未，如黑岭。

【译文】

十二月己巳日，封耶律俨为漆水郡王，其余官员分等第晋升爵位。

七年春正月，皇帝在鸭子河钓鱼。

二月，皇上在大鱼泺驻留。

夏六月，皇帝在散水原停留。

秋七月，皇帝去黑岭。

冬十月，皇帝参拜乾陵，在医巫闾山打猎。

这一年，录取进士李石等共一百人。

乾统八年春正月，皇帝去春州。

夏四月丙申日，封高丽王王俣为三韩国公，赠他父亲王颙为高丽国王。

五月，皇上在散水原避暑。

六月壬辰日，西北路招讨使萧敌里率领各番属来朝见皇上。丙申日，举行射柳仪式以求降雨。壬寅日，夏国王李乾顺派使者来报告：成安公主生子。丁未日，皇上去黑岭。

秋七月戊辰，以雨罢猎。

冬十二月己卯，高丽遣使来谢。

九年春正月丙午朔，如鸭子河。

二月，如春州。

三月戊午，夏国以宋不归地，遣使来告。

夏四月壬午，五国部来贡。

六月乙亥，清暑特礼岭。

秋七月，陨霜，伤稼。甲寅，猎于候里吉。

八月丁酉，雪，罢猎。

冬十月癸酉，望祠木叶山。丁丑，诏免今年租税。

十二月甲申，高丽遣使来贡。

是年，放进士刘桢等九十人。

十年春正月辛丑，预行立春礼。如鸭子河。

二月庚午朔，驻跸大鱼泺。

【译文】

秋七月戊辰日，皇帝因下雨未打猎。

冬十二月己卯日，高丽派使者前来致谢。

九年春正月丙午初一，皇帝去鸭子河。

二月，皇帝去春州。

三月戊午日，夏国派使者来通报有关宋朝不归还土地之事。

夏四月壬午日，五国部前来进贡。

六月乙亥日，皇帝在特礼岭避暑。

秋七月，下霜，庄稼受损。甲寅日，皇帝在候里吉打猎。

八月丁酉日，下雪，皇帝未打猎。

冬十月癸酉日，皇帝在木叶山祭祀。丁丑日，下令免征今年租税。

十二月甲申日，高丽派使者来进贡。

这一年，取进士刘桢等九十人。

乾统十年春正月辛丑日，举行立春礼。皇帝到鸭子河。

二月庚午初一，皇帝在大鱼泺驻留。

夏四月丙子，五国部长来贡。丙戌，预行再生礼。癸巳，猎于北山。

六月甲戌，清暑玉丘。癸未，夏国遣李造福等来贡。甲午，阻卜来贡。

秋七月辛丑，谒庆陵。

闰月辛亥，谒怀陵。己未，谒祖陵。壬戌，皇太叔和鲁斡薨。

九月甲戌，免重九节礼。

冬十月，驻跸藕丝淀。

十二月己酉，改明年元。

是岁，大饥。

天庆元年春正月，钩鱼于鸭子河。

二月，如春州。

三月乙亥，五国部长来贡。

夏五月，清暑散水原。

秋七月，猎。

冬十月，驻跸藕丝淀。

【译文】

夏四月丙子日，五国部各酋长来进贡。丙戌日，举行再生礼。癸巳日，皇帝在北山打猎。

六月甲戌日，皇帝在玉丘避暑。癸未日，夏国派李造福等人来进贡。甲午日，阻卜人来进贡。

秋七月辛丑日，皇帝晋谒庆陵。

闰月辛亥日，皇帝晋谒怀陵。己未日，皇帝晋谒祖陵。壬戌日，皇太叔和鲁斡逝世。

九月甲戌日，未举行重九节礼仪。

冬十月，皇帝在藕丝淀驻留。

十二月乙酉日，更改明年年号。

这年，发生了严重饥荒。

天庆元年春正月，皇帝在鸭子河钓鱼。

二月，皇帝去春州。

三月乙亥日，五国部各酋长前来进贡。

夏五月，皇帝在散水原避暑。

秋七月，皇帝打猎。

冬十月，皇帝在藕丝淀驻留。

二年春正月己未朔，如鸭子河。丁丑，五国部长来贡。

二月丁酉，如春州，幸混同江钩鱼，界外生女真酋长在千里内者，以故事皆来朝。适遇“头鱼宴”，酒半酣，上临轩，命诸酋次第起舞；独阿骨打辞以不能。谕之再三，终不从。他日，上密谓枢密使萧奉先曰：“前日之燕，阿骨打意气雄豪，顾视不常，可托以边事诛之。否则，必贻后患。”奉先曰：“粗人不知礼仪，无大过而杀之，恐伤向化之心。假有异志，又何能为？”其弟吴乞买、粘罕、胡舍等尝从猎，能呼鹿，刺虎，搏熊。上喜，辄加官爵。

夏六月庚寅，清暑南崖。甲午，和州回鹘来贡。戊戌，成安公主来朝。甲辰，阻卜来贡。

秋七月乙丑，猎南山。

九月己未，射获熊，燕群臣，上亲御琵琶。初，阿骨打混同江宴归，疑上知其异志，遂称兵，先并旁近部族。女真赵三、阿鹘产拒之，阿骨打虏其家属。二人走诉咸州，详稳司送北枢密院。枢密使萧奉先作常事以闻上，仍送咸州诘责，欲使自新。后数召，阿骨打竟称疾不至。

冬十月辛亥，高丽三韩国公王俣之母死，来告，即遣使致祭，起复。是月，驻跸奉圣州。

十一月乙卯，幸南京。丁卯，谒太祖庙。

【译文】

二年春正月己未初一，皇帝去鸭子河。丁丑日，五国派酋长来进贡。

二月丁酉日，皇帝去春州，在混同江钓鱼；边界外生女真族各酋长凡在千里以内的，按惯例都来朝见皇上。正赶上“头鱼宴”，饮酒半醉时，皇上来到大厅里，让各酋长依次表演舞蹈；唯有阿骨打推辞说不会，皇上再三命令他跳舞，但他始终未听从。过后，皇帝私下向枢密使萧奉先说：“在前些天的宴会上，阿骨打态度雄傲豪亢，眼神不同寻常，应借边事将他杀掉。如不然则必留后患。”奉先说：“他是粗人，不懂得礼节和情谊，没有多大过错而杀了他，恐怕会挫伤人们归顺的心情。即使他有二心，又能有什么作为？”他弟弟吴乞买、粘罕、胡舍等人曾随从皇上打猎，会唤鹿、打虎、捉熊。皇上一高兴，便为他们加官进爵。

夏六月庚寅日，皇上在南崖避暑。甲午日，和州回鹘人前来进贡。戊戌日，成安公主朝见皇上。甲辰日，阻卜来进贡。

秋七月乙丑日，皇帝在南山打猎。

九月己未日，皇帝打猎，射获熊，设宴招待群臣，亲自弹奏琵琶。原来，阿骨打自从在混同江参加宴会回来，怀疑皇上知道了他的反叛企图，于是调集军队，先吞并了邻近部族。女真人赵三、阿鹘产抵抗，阿骨打虏去他们的家属。两人跑到咸州告状，详稳司将他们送到北枢密院。枢密使萧奉先作为一般事项禀告皇上后，仍去咸州责问解决，想让阿骨打改过自新。后来几次召见阿骨打，他竟推说有病而不来。

冬十月辛亥，高丽三韩国国公王俣的母亲去世，前来报丧，派使者前往吊祭。王俣虽丧期不满，但仍起用担任原职。这个月皇上在奉圣州驻留。

十一月乙卯日，皇帝到南京。丁卯日，皇帝参拜太祖庙。

是年，放进士韩昉等七十七人。

三年春正月丙寅，赐南京贫民钱。丁卯，如大鱼泺。甲戌，禁僧尼破戒。丙子，猎狗牙山，大寒，猎人多死。

三月，籍诸道户，徙大牢古山围场地居民于别土。阿骨打一日率五百骑突至咸州，吏民大惊。翌日，赴详稳司，与赵三等面折庭下。阿骨打不屈，送所司问状。一夕遁去。遣人诉于上，谓详稳司欲见杀，故不敢留。自是召不复至。

夏闰四月，李弘以左道聚众为乱，支解，分示五京。

六月乙卯，斡朗改国遣使来贡良犬。丙辰，夏国遣使来贡。

秋七月，幸秋山。

九月，驻跸藕丝淀。

十一月甲午，以三司使虞融知南院枢密使事，西南面招讨使萧乐古为南府宰相。

十二月庚戌，高丽遣使来谢致祭。癸丑，回鹘遣使来贡。甲寅，以枢密直学士马人望参知政事。丙辰，知枢密院事耶律俨薨。癸亥，高丽遣使来谢起复。

【译文】

这一年，录取进士韩昉等七十七人。

三年春正月丙寅日，赐给南京贫民钱两。丁卯日，皇帝去大鱼泺。甲戌日，严禁和尚、尼姑违反教规。丙子日，皇帝在狗牙山打猎，天气十分寒冷，很多猎人被冻死。

三月，检查各地户口，将大牢古山猎场地区的住户迁往其他地方。某日阿骨打率领五百骑兵突然来到咸州，官民十分惊慌。第二天，他到详隐司，与赵三等人当面对质，阿骨打不服，被送到主管部门盘查。一天晚上他私自逃走，并派人向皇上禀诉，说详隐司要杀死他，所以不敢留在这里。从此以后，召见他从不再来。

夏闰四月，李弘用妖术惑众作乱，被分尸送往五京示众。

六月乙卯日，斡朗改国派使者来进献良犬。丙辰日，夏国派使者来进贡。

秋七月，皇帝到秋山。

九月，皇帝在藕丝淀驻留。

十一月甲午日，任命三司使虞融掌管南院枢密使事，西南面招讨使萧乐古任南府宰相。

十二月庚戌日，高丽派使者来感谢辽国的吊丧。癸丑日，回鹘派使者来进贡。甲寅日，任命枢密直学士马人望为参知政事。丙辰日，掌管枢密院事耶律俨逝世。癸亥日，高丽派使者来感谢王俣丧期未满，准予复职之事。

四年春正月，如春州。初，女真起兵，以纥石烈部人阿疏不从，遣其部撒改讨之。阿疏弟狄故保来告，诏谕使勿讨，不听，阿疏来奔。至是女真遣使来索，不发。

夏五月，清暑散水原。

秋七月，女真复遣使取阿疏，不发，乃遣侍御阿息保问境上多建城堡之故。女真以慢语答曰："若还阿疏，朝贡如故；不然，城未能已。"遂发浑河北诸军，益东北路统军司。阿骨打乃与弟粘罕、胡舍等谋，以银术割、移烈、娄室、阇母等为帅，集女真诸部兵，擒辽障鹰官。及攻宁江州，东北路统军司以闻。时上在庆州射鹿，闻之略不介意，遣海州刺史高仙寿统渤海军应援。萧挞不也遇女真，战于宁江东，败绩。

【译文】

四年春正月，皇上去春州。开始，女真起兵时，因纥石烈部的阿疏不同意，女真派所属撒改的军队攻打他。阿疏的弟弟狄故保来报告，皇帝命令女真不要打，但女真人不听，阿疏前来投奔。于是女真派使者来索要阿疏，未予交还。

夏五月，皇上在散水原避暑。

秋七月，女真又派使者来索要阿疏，仍旧没有交出，并派侍御阿息保责问女真在边境上大量修建城堡的原因。女真以傲慢的口气回答说："如果交还阿疏，仍和从前一样朝见进贡。若不然，将不断地修城。"随后辽国调集浑河以北各部军队，加强东北路统军司。阿骨打与他弟弟粘罕、胡舍等人一起谋划，由银术割、移烈、娄室、阇母等人为统帅，调集女真各部军队，先捉去辽国的障鹰官。接着攻打宁江州，东北路统军司来禀报。当时皇上正在庆州打鹿，听到报告没太介意，只派海州刺史高仙寿率领渤海军去支援。萧挞不也与女真军遭遇，在宁江以东开战，辽军战败。

冬十月壬寅朔，以守司空萧嗣先为东北路都统，静江军节度使萧挞不也为副，发契丹奚军三千人，中京禁兵及土豪二千人，别选诸路武勇二千余人，以虞候崔公义为都押官，控鹤指挥邢颖为副，引军屯出河店。两军对垒，女真军潜渡混同江，掩击辽众。萧嗣先军溃，崔公义、邢颖、耶律佛留、萧葛十等死之，其获免者十有七人。萧奉先惧其弟嗣先获罪，辄奏东征溃军所至劫掠，若不肆赦，恐聚为患。上从之，嗣先但免官而已。诸军相谓曰："战则有死而无功，退则有生而无罪。"故士无斗志，望风奔溃。

十一月壬辰，都统萧敌里等营于斡邻泺东，又为女真所袭，士卒死者甚众。甲午，萧敌里亦坐免官。辛丑，以西北路招讨使耶律斡里朵为行军都统，副点检萧乙薛、同知南院枢密使事耶律章奴副之。

十二月，咸、宾、祥三州及铁骊、兀惹皆叛入女真。乙薛往援宾州，南军诸将实娄、特烈等往援咸州，并为女真所败。

【译文】

冬十月壬寅初一，守司空萧嗣先任东北路都统，静江军节度使萧挞不也任副都统，派契丹奚军三千人，中京禁卫兵及地方豪强的士卒两千人，另从各路军挑选出英勇武士两千多人，由虞候崔公义任都押官，控鹤指挥邢颖为副都押官，发兵到出河店驻扎。两军对峙，女真军队偷渡混同江，突袭辽兵。萧嗣先的军队被击溃，崔公义、邢颖、耶律佛留、萧曷十等人战死，幸免于死的十七人。萧奉先怕他弟弟萧嗣先被治罪，便禀奏说东征溃散的军队到处抢掠，如不宽赦，唯恐他们聚众酿成祸害。皇上同意了他的意见，萧嗣先被免去了官职。各部军队中的将士彼此议论说："打仗的战死而无功，败退可以活命并无罪。"因而军队士兵毫无斗志，遇敌望风而逃。

十一月壬辰日，都统萧敌里等在斡邻泺以东屯营，又被女真军袭击，士卒死伤很多。甲午日，萧敌里也被免职。辛丑日，任命西北路招讨使耶律斡韩里朵为行军都统，副点检萧乙薛、同知南院枢密使事耶律章奴为副都统。

十二月，咸州、宾州、祥州和铁骊、兀惹等地官兵都反叛逃入女真。萧乙薛前去救援宾州，南军各部将领实娄、特烈等去援救咸州，都被女真人打败。

五年春正月，下诏亲征，遣僧家奴持书约和，斥阿骨打名。阿骨打遣赛刺复书，若归叛人阿疏，迁黄龙府於别地，然后议之。都统耶律斡里朵等与女真兵战于达鲁古城，败绩。

二月，饶州渤海古欲等反，自称大王。

三月，以萧谢佛留等讨之。遣耶律张家奴等六人赍书使女真，斥其主名，冀以速降。

夏四月癸丑，萧谢佛留等为渤海古欲所败，以南面副部署萧陶苏斡为都统，赴之。

五月，陶苏斡及古欲战，败绩。张家奴等以阿骨打书来，复遣之往。

六月己亥朔，清暑特礼岭。壬子，张家奴等还，阿骨打复书，亦斥名谕之使降。癸丑，以亲征谕诸道。丙辰，陶苏斡招获古欲等。癸亥，以惕隐耶律末里为北院大王。是月，遣萧辞剌使女真，以书辞不屈见留。

秋七月辛未，宋遣使致助军银绢。丙子，猎于岭东。是月，都统斡里朵等与女真战于白马泺，败绩。

【译文】

天庆五年春季正月，皇帝发布亲征诏令，派遣僧奴携带书信去女真提出条件讲和，并指名斥责阿骨打。阿骨打派赛剌送来复信，提出如果归还反叛人员阿疏，把黄龙府迁往其他地方，而后才可商谈议和。都统耶律斡里朵等与女真军队在达鲁古城交战，辽军战败。

二月，饶州渤海古欲等人反叛，自称大王。

三月，派萧谢佛留等人征讨反叛人员。派耶律家奴等六人携带书信去女真，指名斥责他们的主子，希望他们赶快投降。

夏季四月癸丑日，萧谢佛留等被渤海古欲打败，由南面副部署萧陶苏斡任都统，前往参战。

五月，陶苏斡与古欲开战，结果大败。张家奴等因为阿骨打复信来，又派他再去见阿骨打。

六月己亥初一，皇上在特礼岭避暑。壬子日，张家奴等人回来，阿骨打复信，也指名斥责，命令投降。癸丑日，通告各地皇上将亲征。丙辰日，陶苏斡招降擒获古欲等人。癸亥日，任命惕隐耶律末里为北院大王。这一月，派萧辞剌出使女真，因所带信件言辞强硬而被扣留。

秋季七月辛未日，宋朝派使臣送来支援军队的银两和布匹。丙子日，皇上在岭东打猎。这个月里，都统斡里朵等人与女真军在白马泺交战，被打败。

八月甲子，罢猎，趋军中。以斡里朵等军败，免官。丙寅，以围场使阿不为中军都统，耶律张家奴为都监，率番、汉兵十万；萧奉先充卫营都统，诸行营都部署耶律章奴为副，以精兵二万为先锋。余分五部为正军，贵族子弟千人为硬军，扈从百司为护卫军，北出骆驼口；以都点检萧胡睹姑为都统，枢密直学士柴谊为副，将汉步骑三万，南出宁江州。自长春州分道而进，发数月粮，期必灭女真。

九月丁卯朔，女真军陷黄龙府。己巳，知北院枢密使萧得里底出为西南面招讨使。辞剌还，女真复遣赛剌以书来报：若归我叛人阿疏等，即当班师。上亲征。粘罕、兀术等以书来上，阳为卑哀之辞，实欲求战。书上，上怒，下诏有“女真作过，大军翦除”之语。女真主聚众，剺面仰天恸哭曰：“始与汝等起兵，盖苦契丹残忍，欲自立国。今主上亲征，奈何？非人死战，莫能当也。不若杀我一族，汝等迎降，转祸为福。”诸军皆曰：“事已至此，惟命是从。”乙巳，耶律章奴反，奔上京，谋迎立魏国王淳。上遣驸马萧昱领兵诣广平淀护后妃，行宫小底乙信持书驰报魏国王。时章奴先遣王妃亲弟萧谛里以所谋说魏国王。王曰："此非细事，主上自有诸王当立，北、南面大臣不来，而汝言及此，何也？"密令左右拘之。有顷，乙信等赍御札至，备言章奴等欲废立事。魏国王立斩萧谛里等首以献，单骑间道诣广平淀待罪。上遇之如初。章奴知魏国王不听，率麾下掠庆、饶、怀、祖等州，结渤海群盗，众至数万，趋广平淀犯行宫。顺国女真阿鹘产以三百骑一战而胜，擒其贵族二百余人，并斩首以徇。其妻子配役绣院，或散诸近侍为婢，余得脱者皆奔女真。章奴诈为使者，欲奔女真，为逻者所获，缚送行在，腰斩于市，剖其心以献祖庙，支解以徇五路。

【译文】

八月甲子日，皇上停止打猎，赶赴军中。斡里朵等人因作战失利，被免除官职。丙寅日，任命围场使阿不任中军都统，耶律张家奴为都监，统领番军、汉军共十万人；由萧奉先任卫营都统，诸行营都部署耶律章奴为副都统，以精锐部队两万人为先遣军。其余兵力划为五部分作为正军，贵族子弟一千人为硬军，朝廷各部门护从人员为护卫军，向北面的骆驼口进发。由都点检萧胡睹姑任都统，枢密直学士柴谊为副都统，率领汉族步兵骑兵共三万人，向南方宁江州进发。从长春州开始分路前进，发给几个月吃用的军粮，决心消灭女真。

九月丁卯初一，女真军队攻陷了黄龙府。己巳日，知北院枢密使萧得里底出任西南面招讨使。辞剌被放回，女真又派赛剌携带书信来报：如果归还我方反叛人员阿疏等，女真军队立即后撤。皇上亲征。粘罕、兀术等写信给皇上，表面上言辞谦卑，貌似无奈，实质上是要打仗。将信呈送皇上，皇上大怒，在写下的诏令中有"女真人太过分，发兵消灭他们"等语。女真首领集合广大将士，用刀划脸仰面大哭着说："原来我与你们共同起兵，是由于遭受契丹的残忍欺侮，打算自立国家。现在宗主皇上亲自率兵来征讨，怎么办？除非大家奋力战斗，否则是阻挡不了的。不如杀了我一家，你们迎降，这样就可以转祸为福。"各将士都说："事情已到了这般地步，我们听从你的决定。"乙巳日，耶律章奴反叛，逃往上京，策划迎立魏国王耶律淳为皇帝。皇上派驸马萧昱率兵到广平淀保护后妃，派行宫小底乙信携带书信急速去告知魏国王。当时章奴曾先派王妃的弟弟萧谛里按他的想法去劝说魏国王。魏国王说："这不是小事，各国王中应该立谁，皇上自有主张，北、南面大臣不来，而由你来谈这样的事，是何道理？”密令左右扣留了他。不久，乙信等人携带皇上的亲笔信来到，详细叙述了章奴等人打算废上立王等情况。魏国王立即斩取萧谛里等人的首级送献给皇上，并单人骑马抄近路往广平淀去等待皇上问罪。皇上见了他一如既往。章奴得知魏国王不顺从他的谋划，便率领部下在庆州、饶州、怀州、祖州等地抢劫掠夺，联合渤海的盗匪，人数多达几万人，拥向广平淀，企图进犯行宫。顺国女真阿鹘产率三百名骑兵一举打败匪徒，擒获其中贵族二百多人，将他们斩首示众。把他们妻子儿女分派给绣院做使役，有的分给皇上的侍从人员做奴婢，其余逃脱了的都去投奔女真。章奴冒充使者，打算逃往女真，被巡逻人员捉住，捆绑押送皇上住地，并被当众腰斩，将他的心挖出祭献祖庙，将尸体肢解拿到各地示众。

冬十一月，遣驸马萧特末、林牙萧察剌等将骑兵五万、步卒四十万、亲军七十万至驼门。

十二月乙巳，耶律张家奴叛。戊申，亲战于护步答冈，败绩，尽亡其辎重。己未，锦州刺史耶律术者叛应张家奴。庚申，北面林牙耶律马哥讨张家奴。癸亥，以北院宣徽使萧韩家奴知北院枢密使事，南院宣徽使萧特末为汉人行宫都部署。

六年春正月丙寅朔，东京夜有恶少年十余人，乘酒执刃，逾垣入留守府，问留守萧保先所在：“今军变，请为备。”萧保先出，刺杀之。户部使大公鼎闻乱，即摄留守事，与副留守高清明集奚、汉兵千人，尽捕其众，斩之，抚定其民。东京故渤海地，太祖力战二十余年乃得之。而萧保先严酷，渤海苦之，故有是变。其裨将渤海高永昌僭号，称隆基元年。遣萧乙薛、高兴顺招之，不从。

【译文】

冬季十一月，派遣驸马萧特末、林牙萧察剌等人率领骑兵五万、步兵四十万、亲军七十万，进至驼门。

十二月乙巳日，耶律张家奴反叛。戊申日，皇上亲自指挥，在护步答冈与女真军队作战，战败，武器辎重全部损失。己未日，锦州刺史耶律术者叛变加入张家奴一伙。庚申日，北面林牙耶律马哥征讨张家奴。癸亥日，由北院宣徽使萧韩家奴执掌北院枢密使事务，南院宣徽使萧特末任汉人行宫都部署。

天庆六年春正月丙寅初一，在东京夜间有十几名少年无赖趁着酒醉，持刀跳墙进入留守府，打听留守萧保先在何处，说："现在军队已经变乱，你须做好准备。"萧保先走出，便被刺杀。户部使大公鼎得知此次事变后，便代行留守职责，与副留守高清明召集了奚兵、汉兵共一千人，捕获了所有作乱人员，全部杀掉，安抚了当地民众。东京是原来渤海的地域，是太祖经过了二十多年的征战才得到的地方。而萧保先在当地施政严厉苛刻，渤海人深受其害，才导致这次事件发生。他的副将渤海高永昌自称帝号，定年号为隆基元年。皇上派萧乙薛、高兴顺前去招降，他不接受。

闰月己亥，遣萧韩家奴、张琳讨之。戊午，贵德州守将耶律余睹以广州渤海叛附永昌，我师击败之。

二月戊辰，侍御司徒挞不也等讨张家奴，战于祖州，败绩。乙酉，遣汉人行宫都部署萧特末率诸将讨张家奴。戊子，张家奴诱饶州渤海及中京贼侯概等万余人，攻陷高州。

三月，东面行军副统酬斡等擒侯概于川州。

夏四月戊辰，亲征张家奴。癸酉，败之。甲戌，诛叛党，饶州渤海平。丙子，赏平贼将士有差；而萧韩家奴、张琳等复为贼所败。

五月，清暑散水原。女真军攻下沈州，复陷东京，擒高永昌。东京州县族人痕孛、铎剌、吴十、挞不也、道剌、酬斡等十三人皆降女真。

六月乙丑，籍诸路兵，有杂畜十头以上者皆从军。庚辰，魏国王淳进封秦晋国王，为都元帅；上京留守萧挞不也为契丹行宫都部署兼副元帅。丁亥，知北院枢密使事萧韩家奴为上京留守。

秋七月，猎秋山。春州渤海二千余户叛，东北路统军使勒兵追及，尽俘以还。

【译文】

闰月己亥日，派萧韩家奴、张琳去讨伐高永昌。戊午日，贵德州守将耶律余睹占据广州、渤海叛归高永昌，被辽军打败。

二月戊辰日，御卫司徒挞不也等人讨伐张家奴，在祖州交战，结果失败。乙酉日，派汉人行宫都部署萧特末率领各将士攻打张家奴。戊子日，张家奴诱使饶州渤海及中京贼寇侯概等一万多人，攻陷了高州。

三月，东面行军副统酬斡等人在川州擒获了侯概。

夏季四月戊辰日，皇帝亲征张家奴。癸酉日，打败了他。甲戌日，处死反叛党徒，平定了饶州渤海。丙子日，对参加征讨张家奴战斗的将士按等级给予奖赏；而萧韩家奴，张琳等又被叛贼打败。

五月，皇上在散水原避暑。女真军攻下沈州，又攻陷东京，擒住了高永昌。东京各州县女真族人痕孛、铎剌、吴十、挞不也、道剌、酬斡等十三人都向女真投降。

六月乙丑日，登记各路军队士兵，凡有各种牲畜十头以上的家户都要出人参加军队。庚辰日，魏国王耶律淳进封为秦晋国王，任都元帅；上京留守萧挞不也任契丹行宫都部署兼副元帅。丁亥日，知北院枢密使事萧韩家奴任上京留守。

秋季七月，皇上在秋山打猎。春州渤海两千多户居民叛逃，东北路统军使率领军队追赶，全部俘获迁回。

八月，乌古部叛，遣中丞耶律挞不也等招之。

九月丙午，谒怀陵。

冬十月丁卯，以张琳军败，夺官。庚辰，乌古部来降。

十一月，东面行军副统马哥等攻曷苏馆，败绩。

十二月乙亥，封庶人萧氏为太皇太妃。辛巳，削副统耶律马哥官。

七年春正月甲寅，减厩马粟，分给诸局。是月，女真军攻春州，东北面诸军不战自溃，女古、皮室四部及渤海人皆降，复下泰州。

二月，涞水县贼董庞儿聚众万余，西京留守萧乙薛、南京统军都监查剌与战于易水，破之。

三月，庞儿党复聚，乙薛复击破之于奉圣州。

夏五月庚寅，东北面行军诸将涅里、合鲁、涅哥、虚古等弃市。乙巳，诸围场隙地，纵百姓樵采。

【译文】

八月，乌古部反叛，派中丞耶律挞不也等去招抚。

九月丙午日，皇上参拜怀陵。

冬季十月丁卯日，张琳因作战失利，被撤销官职。庚辰日，乌古部前来投降。

十一月，东面行军副统马哥等人攻打曷苏馆，战败。

十二月乙亥日，封平民萧氏为太皇太妃。辛巳日，免去耶律马哥副统的官职。

七年春季正月甲寅日，削减厩马饲料粮食，分给各局。这月内，女真军队攻打春州，东北面各部军队未开始作战即自行溃散，女古、皮室等四部及渤海人都投降了，接着泰州又被攻下。

二月，涞水县贼寇董庞儿聚众一万多人，西京留守萧乙薛、南京统军都监查剌与他在易水交战，击溃了他们。

三月，董庞儿党徒又聚集作乱，萧乙薛又在奉圣州将他们击溃。

夏季五月庚寅日，东北面行军的各将领涅里、合鲁、涅哥、虚古等人被当众处死，陈尸于街市。乙巳日，各围猎场之间的地带，允许百姓砍柴。

六月辛巳，以同知枢密院事余里也为北院大王。

秋七月癸卯，猎秋山。

八月丙寅，猎狘斯那里山，命都元帅秦晋王赴沿边，会四路兵马防秋。

九月，上自燕至阴凉河，置怨军八营：募自宜州者曰前宜、后宜，自锦州者曰前锦、后锦，自乾自显者曰乾曰显，又有乾显大营、岩州营，凡二万八千余人，屯卫州蒺藜山。丁酉，猎辋子山。

冬十月乙卯朔，至中京。

十二月丙寅，都元帅秦晋国王淳遇女真军，战于蒺藜山，败绩。女真复拔显州旁近州郡。庚午，下诏自责。癸酉，遣夷离毕查剌与大公鼎诸路募兵。丁丑，以西京留守萧乙薛为北府宰相，东北路行军都统奚霞末知奚六部大王事。

是岁，女真阿骨打用铁州杨朴策，即皇帝位，建元天辅，国号金。杨朴又言，自古英雄开国或受禅，必先求大国封册，遂遣使议和，以求封册。

【译文】

六月辛巳日，任命同知枢密院事余里也为北院大王。

秋季七月癸卯日，皇上在秋山打猎。

八月丙寅日，在狘斯那里山打猎，命令都元帅秦晋王前往边境沿线，会合四路兵马加强警戒，防止外部趁入秋时节进犯。

九月，皇上自燕到阴凉河，建立报怨于女真的怨军八营：士兵从宜州招募来的营叫前宜营、后宜营，从锦州招来的叫前锦营、后锦营，自乾州、显州招来的叫乾营和显营，又有乾显大营、岩州营，共二万八千多人，驻扎在卫州蒺藜山。丁酉日，皇上在辋子山打猎。

冬季十月乙卯初一，皇上到中京。

十二月丙寅日，都元帅秦晋国王耶律淳与女真军相遇，在蒺藜山交战，战败。女真又攻陷了显州邻近的一些州郡。庚午日，皇上下诏令自责。癸酉日，派夷离毕查剌和大公鼎到各地去招募兵卒。丁丑日，由西京留守萧乙薛任北府宰相，东北路行军都统奚霞末执掌奚六部大王事务。

这一年，女真阿骨打采纳铁州杨朴的谋划，即位为皇帝，年号为天辅，国号金。杨朴又进言说，自古以来英雄开基立国或是受禅即位，都必须先求大国封册承认，于是派使者来议和，以争取册封。

八年春正月，幸鸳鸯泺。丁亥，遣耶律奴哥等使金议和。庚寅，保安军节度使张崇以双州二百户降金。东路诸州盗贼蜂起，掠民自随以充食。

二月，耶律奴哥还自金，金主复书曰："能以兄事朕，岁贡方物，归我上、中京、兴中府三路州县；以亲王、公主、驸马、大臣子孙为质；还我行人及元给信符，并宋、夏、高丽往复书诏、表牒，则可以如约。"

三月甲午，复遣奴哥使金。

夏四月辛酉，以西南面招讨使萧得里底为北院枢密使。

五月壬午朔，奴哥以书来，约不逾此月见报。戊戌，复遣奴哥使金，要以酌中之议。是月，至纳葛泺。贼安生儿、张高儿聚众二十万，耶律马哥等斩生儿于龙化州，高儿亡入懿州，与霍六哥相合。金主遣胡突衮与奴哥持书，报如前约。

【译文】

八年春正月，皇上到鸳鸯泺。丁亥日，派耶律奴哥等人出使金国议和。庚寅日，保安军节度使张崇带双州两百户投降金国。东路各州盗贼蜂拥而起，掳掠百姓，以便为自己提供粮食。

二月，耶律奴哥从金国回来，金国国主复信说："如果能以兄长待我，每年进献方地物产，归还上京、中京、兴中府三路州县；将亲王、公主、驸马、大臣子孙做人质；放回我方使者及原来给的信符，以及宋、夏、高丽相互来往的书诏、表牒，那么就可以议和。”

三月甲午日，又派奴哥出使金国。

夏季四月辛酉日，任命西南面招讨使萧得里底为北枢密院使。

五月壬午初一，奴哥带着书信回来，与对方约定不超过这个月给予答复。戊戌日，又派奴哥出使金国，基本意图是大体上按折衷办法与对方商谈。这月内皇上到纳葛泺。贼寇安生儿、张高儿聚众二十万人，耶律奴哥等人在龙化州杀死安生儿，张高儿逃入懿州境内，与霍六哥联合。金国君主派胡突衮和奴哥携带书信回来，答复内容与上次所说的相同。

六月丁卯，遣奴哥等赍宋、夏、高丽书诏、表牒至金。霍六哥陷海北州，趣义州，军帅回离保等击败之。通、祺、双、辽四州之民八百余户降于金。

秋七月，猎秋山。金复遣胡突衮来，免取质子及上京、兴中府所属州郡，裁减岁币之数，“如能以兄事朕，册用汉仪，可以如约”。

八月庚午，遣奴哥、突迭使金，议册礼。

九月，突迭见留，遣奴哥还，谓之曰：“言如不从，勿复遣使。”

闰月丙寅，遣奴哥复使金，而萧宝、讹里等十五人各率户降于金。

冬十月，奴哥、突迭持金书来。龙化州张应古等四人率众降金。

十一月，副元帅萧挞不也薨。

十二月甲申，议定册礼，遣奴哥使金。宁昌军节度使刘宏以懿州户三千降金。时山前诸路大饥，乾、显、宜、锦、兴中等路，斗粟直数缣，民削榆皮食之，既而人相食。

是年，放进士王翚等百三人。

【译文】

六月丁卯日，派奴哥等人携带宋、夏、高丽的书诏、表牒去金国。霍六哥攻占海北州，向义州进发，军帅回离保等人打败了他。通、祺、双、辽等四个州的民众八百多户向金国投降。

秋季七月，皇上在秋山打猎。金国又派突衮来，说明可不要人质和上京、兴中府所属各州郡，减少每年进献的数量，“如果按兄长待我，按照汉制仪礼册封，可以讲和”。

八月庚午日，派奴哥、突迭出使金国，商谈册封仪式事宜。

九月，金国扣留了突迭，只派奴哥回来，他们的说法是："如果不接受所提条件，就不必再派使者前来。"

闰九月丙寅日，派奴哥再去金国，而萧宝、讹里等十五人各自带领当地群众向金国投降。

冬季十月，奴哥、突迭带着金国的信件来。龙化州张应古等四人率领民众向金国投降。

十一月，副元帅萧挞不也逝世。

十二月甲申日，商定了册封仪式，派奴哥出使金国。宁昌军节度使刘宏带领懿州三千户民众投降金国。这时山前各路发生严重饥荒，乾州、显州、宜州、锦州、兴中府等地，一斗谷值好几匹绢，百姓都剥榆树皮吃，后来还发生人吃人的现象。

这一年，录取进士王翚等一百零三人。

九年春正月，金遣乌林答赞谟持书来迎册。

二月，至鸳鸯泺。贼张撒八诱中京射粮军，僭号，南面军帅余睹擒撒八。

三月丁未朔，遣知右夷离毕事萧习泥烈等册金主为东怀国皇帝。己酉，乌林答赞谟、奴哥等先以书报。

夏五月，阻卜补疏只等叛，执招讨使耶律斡里朵，都监萧斜里得死之。

秋七月，猎南山。金复遣乌林答赞谟来，责册文无"兄事"之语，不言"大金"而云"东怀"，乃小邦怀其德之义；及册文有"渠材"二字，语涉轻侮；若"遥芬多戬"等语，皆非善意，殊乖体式。如依前书所定，然后可从。杨询卿、罗子韦率众降金。

八月，以赵王习泥烈为西京留守。

九月，至西京。复遣习泥烈、杨立忠先持册稿使金。

冬十月甲戌朔，耶律陈图奴等二十余人谋反，伏诛。是月，遣使送乌林答赞谟持书以还。

十年春二月，幸鸳鸯泺。金复遣乌林答赞谟持书及册文副本以来，仍责乞兵于高丽。

三月己酉，民有群马者，十取其一，给东路军。庚申，以金人所定

“大圣”二字，与先世称号同，复遣习泥烈往议。金主怒，遂绝之。

【译文】

九年春季正月，金国派遣乌林答赞谟携带书信来迎取封册。

二月，皇上到鸳鸯泺。寇贼张撒八诱骗中京射粮军，自立为王，南面军帅余睹擒获了张撒八。

三月丁未初一，派遣知右夷离毕事萧习泥烈等人册封金国君主为东怀国皇帝。己酉日，乌林答赞谟、奴哥等人先带信回去报告。

夏季五月，阻卜补疏只等人反叛，逮捕了招讨使耶律斡里朵，都监萧斜里得被杀死。

秋季七月，皇上在南山打猎。金国又派乌林答赞谟来，责怪封册文字中没有“按兄长对待”这句话，未称作“大金”而说“东怀”，这是指小国怀念辽的恩德的意思；还有册文中有“渠材”两个字，话里有轻蔑的意思；又如“遥芬多戬”等一些话，都不是善意的，文章格式也特别乖僻不当。要按上次信件所确定的内容修改后，才能同意。杨询卿、罗子韦率领部属投降金国。

八月，任命赵王习泥烈为西京留守。

九月，皇上到西京。又派习泥烈、杨立忠先带着册文的草稿去金国。

冬季十月甲戌初一，耶律陈图奴等二十多人阴谋反叛，被处以死刑。这月内，派使者送乌林答赞谟带着书信返回金国。

十年春季二月，皇上到鸳鸯泺。金又派乌林答赞谟携带信件和册文副本来，还怪罪辽曾向高丽请求援兵。

三月己酉日，凡民众有马群的，每十匹征收一匹，分配给东路军。庚申日，册文中采用金人所提出的“大圣”二字，这与对祖先的称呼相同，又派习泥烈去商谈。金国君主大怒，拒绝谈判。

夏四月，猎胡土白山，闻金师再举，耶律白斯不等选精兵三千以济辽师。

五月，金主亲攻上京，克外郛，留守挞不也率众出降。

六月乙酉，以北府宰相萧乙薛为上京留守、知盐铁内省两司、东北统军司事。

秋，猎沙岭。

冬，复至西京。

保大元年春正月丁酉朔，改元，肆赦。初，金人兴兵，郡县所失几半。上有四子：长赵王，母赵昭容；次晋王，母文妃；次秦王、许王，皆元妃生。国人知晋王之贤，深所属望。元妃之兄枢密使萧奉先恐秦王不得立，潜图之。文妃姊妹三人：长适耶律挞曷里，次文妃，次适余睹。一日，其姊若妹俱会军前，奉先讽人诬驸马萧昱及余睹等谋立晋王，事觉，昱、挞曷里等伏诛，文妃亦赐死；独晋王未忍加罪。余睹在军中，闻之大惧，即率千余骑叛入金。上遣知奚王府事萧遐买、北府宰相萧德恭、大常衮耶律谛里姑、归州观察使萧和尚奴、四军太师萧干将所部兵追之，及诸闾山县。诸将议曰“主上信萧奉先言，奉先视吾辈蔑如也。余睹乃宗室豪俊，常不肯为奉先下。若擒余睹，他日吾党皆余睹也！不若纵之。”还，即绐曰：“追袭不及。”奉先既见余睹之亡，恐后日诸校亦叛，遂劝骤加爵赏，以结众心。以萧遐买为奚王，萧德恭试中书门下平章事兼判上京留守事，耶律谛里姑为龙虎卫上将军，萧和尚奴金吾卫上将军，萧干镇国大将军。

【译文】

夏季四月，皇上在胡土白山打猎，听说金又发兵，由耶律白斯不等人选派三千精锐部队前去支援辽军。

五月，金国君主亲自率军攻打上京，攻破了外城，留守挞不也率领部下出城投降。

六月乙酉日，由北府宰相萧乙薛任上京留守，掌管盐铁内省两司及东北统军司事务。

秋，皇上在沙岭打猎。

冬，皇上又去西京。

保大元年春正月丁酉初一，更改年号，大赦天下。起初，从金人起兵以来，所失守的郡县几乎占了一半。皇上有四个儿子：长子赵王，他母亲是赵昭容；二儿子晋王，他母亲是文妃；再以下是秦王、许王，都是元妃所生。全国上下都知道晋王贤良，极孚众望。元妃的哥哥枢密使萧奉先担心秦王不能被立为皇太子，便暗地谋划使他得立。文妃姐妹共三人：长女嫁给耶律挞曷里，次女就是文妃，三女嫁给余睹。有一天，她们姐妹三人在军营里碰在一起，奉先便暗示别人诬陷驸马萧昱和余睹等人图谋拥立晋王为帝，皇上发觉此事，萧昱和挞曷里等人被杀，文妃也被赐死，唯独对晋王没有忍心治罪。余睹在军队里听说后十分害怕，便带领一千多名骑兵反叛逃去金国。皇上派知奚王府事萧遐买、北府宰相萧德恭、大常衮耶律谛里姑、归州观察使萧和尚奴、四军太师萧干率领所属部队去追击，追到闾山县。各将领商量说："皇上听信萧奉先的话，奉先把我们这些人全然不当一回事。余睹是皇族宗室里的豪爽俊杰人物，平常不肯居萧奉先下。如果我们捉拿住余睹，日后我们这些人就会得到余睹同样下场！不如放过他。"回来后，便谎报说："没有追上。"奉先眼看余睹得以逃走，唯恐日后其他人也叛逃，于是劝皇上大加晋爵封赏，以笼络人心。封萧遐买为奚王，萧德恭为试中书门下平章事兼判上京留守事，耶律谛里姑为龙虎卫上将军，萧和尚奴为金吾卫上将军，萧干为镇国大将军。

二月，幸鸳鸯泺。

夏五月，至曷里狘。

秋七月，猎炭山。

九月，至南京。

冬十一月癸亥，以西京留守赵王习泥烈为惕隐。

二年春正月乙亥，金克中京，进下泽州。上出居庸关，至鸳鸯泺。闻余睹引金人娄室孛堇奄至，萧奉先曰："余睹乃王子班之苗裔，此来欲立甥晋王耳。若为社稷计，不惜一子，明其罪诛之，可不战而余睹自回矣。"上遂赐晋王死，素服三日，耶律撒八等皆伏诛。王素有人望，诸军闻其死，无不流涕，由是人心解体。余睹引金人逼行宫，上率卫兵五千余骑幸云中，遗传国玺于桑干河。

【译文】

二月，皇上到鸳鸯泺。

夏五月，皇上到曷里狘。

秋七月，皇上在炭山打猎。

九月，皇上到南京。

冬十一月癸亥，任命西京留守赵王习泥烈为惕隐。

二年春正月乙亥日，金兵攻占中京，接着又攻下泽州。皇上出居庸关，到鸳鸯泺。听说余睹带领金国人娄室孛堇突然来到，萧奉先说："余睹是王子班的后裔，这次来不过是为了立他外甥晋王为帝。如果为祖宗大业着想，要不惜一个儿子，指明他的罪行处死，可以不必打仗，余睹自己就会回去。"于是皇上赐晋王死，披戴素服三天，耶律撒八等人都被诛杀。晋王在众人中一向很有声望，各地军队听说他被处死，无不泪流满面，哭泣悲伤，由此人心涣散。余睹带领金兵逼近行宫，皇上率领卫队五千多名骑兵到云中，在桑干河遗失了传国玉玺。

二月庚寅朔，日有食之，既。甲午，知北院大王事耶律马哥、汉人行宫都部署萧特末并为都统，太和宫使耶律补得副之，将兵屯鸳鸯泺。己亥，金师败奚王霞末于北安州，遂降其城。

三月辛酉，上闻金师将出岭西，遂趋白水泺。乙丑，群牧使谟鲁斡降金。丙寅，上至女古底仓。闻金兵将近，计不知所出，乘轻骑入夹山，方悟奉先之不忠。怒曰："汝父子误我至此，今欲诛汝，何益于事！恐军心忿怨，尔曹避敌苟安，祸必及我，其勿从行。"奉先下马，哭拜而去。行未数里，左右执其父子，缚送金兵。金人斩其长子昂，以奉先及其次子昱械送金主。道遇辽军，夺以归国，遂并赐死。逐枢密使萧得里底。召挞不也典禁卫。丁卯，以北院枢密副使萧僧孝奴知北院枢密使事，同知北院枢密使事萧查剌为左夷离毕。戊辰，同知殿前点检事耶律高八率卫士降金。己巳，侦人萧和尚、牌印郎君耶律哂斯为金师所获。癸酉，以诸局百工多亡，凡扈从不限吏民，皆官之。初，诏留宰相张琳、李处温与秦晋国王淳守燕，处温闻上入夹山，数日命令不通，即与弟处能、子奭，外假怨军，内结都统萧干，谋立淳。遂与诸大臣耶律大石、左企弓、虞仲文、曹勇义、康公弼集蕃汉百官、诸军及父老数万人诣淳府。处温邀张琳至，白其事。琳曰："摄政则可。"处温曰："天意人心已定，请立班耳。"处温等请淳受礼，淳方出，李奭持赭袍被之，令百官拜舞山呼。淳惊骇，再三辞，不获已而从之。以处温守太尉，左企弓守司徒，曹勇义知枢密院事，虞仲文参知政事，张琳守太师，李处能直枢密院，李奭为少府少监、提举翰林医官，李爽、陈秘十余人曾与大计，并赐进士及第，授官有差。萧干为北枢密使，驸马都尉萧旦知枢密院事。改怨军为常胜军。于是肆赦，自称天锡皇帝，改元建福，降封天祚为湘阴王。遂据有燕、云、平及上京、辽西六路。天祚所有，沙漠已北，西南、西北路两都招讨府、诸蕃部族而已。

【译文】

二月庚寅初一，发生日全食。甲午日，由知北院大王事耶律马哥、汉人行宫都部署萧特末共同任都统，太和宫使耶律补得为副都统，率领军队驻扎在鸳鸯泺。己亥日，金国军队在北安州打败奚王霞末，并让他驻扎的城市投降。

三月辛酉日，皇上得知金军将从岭西出发，于是移向白水泺。乙丑日，群牧使谟鲁斡投降金国。丙寅日，皇上到女古底仓。听说金兵将要很快到来，不知如何是好，便轻装骑马进入夹山，这时才明白萧奉先的不忠。气恼地说："你们父子误我到这般地步，现在真想杀了你们，可是有什么用！怕的是将士们心感愤懑怨恨，你们避敌苟且偷生，但大祸必然降临到我头上。你们不要再跟着我走了。"奉先下马，哭着叩拜而去。没走几里路，左右人逮捕了萧奉先父子俩，捆绑着送交给金兵。金人杀了他的长子萧昂，将萧奉先和他的次子萧昱带上刑具，送往金国君主处。途中遇到辽军，将他们抢到并送回国，随即都被赐死。皇上赶走了枢密使萧得里底。召来挞不也任典禁卫。丁卯日，由北院枢密副使萧僧孝奴掌管北院枢密使事务，同知北院枢密使事萧查剌任左夷离毕。戊辰日，同知殿前点检事耶律高八率领卫士投降金国。己巳日，探子萧和尚、牌印郎君耶律哂斯被金国军队俘获。癸酉日，由于各局百工很多人逃亡，因而凡是当时跟随护从皇上的人，不论是吏是民，都封为官。原来，皇上曾命令宰相张琳、李处温和秦晋国王耶律淳防守燕地。李处温听说皇上进入了夹山，一连几天接不到命令，便和他弟弟李处能、儿子李奭一起，外部借怨军的力量，内部联合都统萧干，谋划拥立淳为皇帝。于是他和各大臣耶律大石、左企弓、虞仲文、曹勇义、康公弼等召集番族、汉族百官、各部军队将士及父老几万人来到耶律淳的府邸。李处温找来张琳，说明了事情的原委。张琳说："临时执政还可以。"李处温说："现在天意人心都已如此，请按班位次序站立吧！"处温等人请淳受朝拜礼，淳刚出来，李奭便拿着赭色皇袍给他披上，让百官叩拜欢呼。淳十分惊异害怕，再三推辞，推不掉只好顺从。于是由李处温任太尉，左企弓任司徒，曹勇义掌管枢密院事，虞仲文为参知政事，张琳任太师，李处能管理枢密院，李奭为少府少监、提举翰林医官，李爽、陈秘等十几人曾经参与商讨大计，都赐给进士及第衔，分别授以官职。萧干任北枢密使，驸马都尉萧旦掌管枢密院事务。将怨军改称为常胜军。于是实行大赦，自称为天锡皇帝，改年号为建福，将天祚降封为湘阴王。占据的疆域有燕、云、平及上京、辽西六路。天祚所有的领土，只有沙漠以北，西南面、西北路两都招讨府及各番部族。

夏四月辛卯，西南面招讨使耶律佛顶降金，云内、宁边、东胜等州皆降。阿疏为金兵所擒。金已取西京，沙漠以南部族皆降。上遂遁于讹莎烈。时北部谟葛失贶马、驼、食羊。

五月甲戌，都统马哥收集散亡，会于沤里谨。丙子，以马哥知北院枢密使事，兼都统。

六月，淳寝疾，闻上传檄天德、云内、朔、武、应、蔚等州，合诸蕃精兵五万骑，约以八月入燕；并遣人问劳，索衣裘、茗药。淳甚惊，命南、北面大臣议。而李处温、萧干等有迎秦拒湘之说，集蕃汉百官议之。从其议者，东立；惟南面行营都部署耶律宁西立。处温等问故，宁曰："天祚果能以诸蕃兵大举夺燕，则是天数未尽，岂能拒之？否则，秦、湘，父子也，拒则皆拒。自古安有迎子而拒其父者？"处温等相顾微笑，以宁煽乱军心，欲杀之。淳欹枕长叹曰："彼忠臣也，焉可杀？天祚果来，吾有死耳，复何面目相见耶！"已而淳死，众乃议立其妻萧氏为皇太后，主军国事。奉遗命，迎立天祚次子秦王定为帝。太后遂称制，改元德兴。处温父子惧祸，南通童贯，欲挟萧太后纳土于宋，北通于金，欲为内应，外以援立大功自陈。萧太后骂曰："误秦晋国王者，皆汝父子！"悉数其过数十，赐死，脔其子奭而磔之；籍其家，得钱七万缗，金玉宝器称是，为宰相数月之间所取也。谟葛失以兵来援，为金人败于洪灰水，擒其子陀古及其属阿敌音。夏国援兵至，亦为金所败。

【译文】

夏季四月辛卯日，西南面招讨使耶律佛顶投降金国，云内、宁边、东胜等州都相继投降。原金国叛逃人员阿疏被金兵俘获。金已占领西京，沙漠以南各部族都向金投降。皇上随后逃往讹莎烈。这时北部的谟葛失送来马匹、骆驼和食羊。

五月甲戌日，都统马哥收集溃散的军队，在沤里谨集合。丙子日，任命马哥为知北院枢密使事，兼任都统。

六月，耶律淳患病卧床不起，听说天祚皇帝向天德州、云内州、朔州、武州、应州、蔚州等地发出檄文，将集合各番族精锐部队五万骑兵，相约在八月进入燕国，并派人来慰劳，索要布衣皮衣、茶叶药品等。耶律淳很害怕，命令南、北面大臣商讨对策。而李处温和萧干等人的意见是迎奉秦王耶律定而抵抗湘阴王天祚，于是召集番族及汉族百官商量。同意这一意见的站在东面，只有南面行营都部署耶律宁站在西面。李处温等问他是何道理，耶律宁说："天祚如果真能够带领各番族军队大举进攻夺取燕地，就是他作为皇帝的气数未尽，哪能拒绝他？若不然，秦王耶律定和湘阴王天祚也是父子关系，要拒绝就都拒绝，自古以来哪里有迎奉儿子而拒绝他父亲的事？"李处温等人相视微笑，便以耶律宁煽动惑乱军心为由，打算杀了他。耶律淳倚在枕头上长叹说："他是忠臣啊，怎么能杀他？如果天祚真回来，我只有一死，哪里还有脸面与他相见呢！"此后不久耶律淳死去。于是大家商议拥立他妻子萧氏为皇太后，主持军国大事。遵照耶律淳的遗命，迎立天祚的次子秦王耶律定为皇帝，由太后行使皇帝的权力，改年号为德兴。李处温父子怕遭祸，便南面串通童贯，打算挟持萧太后归顺宋朝；北面与金国串通，打算作为内应。对外，以援立秦王的大功自我表白。萧太后大骂他说："贻误秦晋国王的，都是你们父子！"历数他的几十宗罪过，赐死，将他儿子肢解碎尸；没收他的家产，抄到钱七万串，金制玉制宝器很多，都是在当宰相几个月内搜刮所得。谟葛失派兵来支援，被金兵在洪灰水打败，金兵还抓去了他的儿子陀古和属将阿敌音。夏国的援兵来到，也被金兵打败。

秋七月丁巳朔，敌烈部皮室叛，乌古部节度使耶律棠古讨平之，加太子太保。乙丑，上京毛八十率二千户降金。辛未，夏国遣曹价来问起居。

八月戊戌，亲遇金军，战于石辇驿，败绩，都统萧特末及其侄撒古被执。辛丑，会军于欢挞新查剌，金兵追之急，弃辎重以遁。

九月，敌烈部叛，都统马哥克之。

冬十月，金兵攻蔚州，降。

十一月乙丑，闻金兵至奉圣州，遂率卫兵屯于落昆髓。秦晋王淳妻萧德妃五表于金，求立秦王，不许，以劲兵守居庸。及金兵临关，崖石自崩，戍卒多压死，不战而溃。德妃出古北口，趋天德军。

十二月，知金主抚定南京，上遂由扫里关出居四部族详稳之家。

【译文】

秋季七月丁巳初一，敌烈部皮室反叛，乌古部节度使耶律棠古攻打平定了他，为棠古加官太子太保。乙丑日，上京毛八十率领民众两千户投降金国。辛未日，夏国派使者曹价前来问候平安。

八月戊戌日，天祚皇帝与金军遭遇，在石辇驿交战，被打败，都统萧特末及他的侄子撒古被俘。辛丑日，将军队集中到欢挞新查剌，金兵追得很紧，辽军扔掉了武器辎重逃走。

九月，敌烈部反叛，都统马哥降伏了他们。

冬十月，金兵攻打蔚州，守兵投降。

十一月乙丑日，皇上听说金兵已到奉圣州，便带领卫兵在落昆髓屯营。秦晋王耶律淳的妻子萧德妃曾五次上书金国，请求立秦王为帝，金不允许，萧德妃便派强兵把守居庸关。待金兵来到关下时，山上崖石自行崩落，守关兵卒大多被压死，尚未开战就自行溃散。德妃出古北口，投奔天德军。

十二月，天祚皇帝得知金国君主已在南京稳定了局势，便经扫里关外出，住到四部族详稳的家里。

三年春正月丁巳，奚王回离保僭号，称天复元年，命都统马哥讨之。甲子，初，张珏为辽兴军节度副使，民推珏领州事。秦晋王淳既死，萧德妃遣时立爱知平州。珏知辽必亡，练兵畜马，籍丁壮为备。立爱至，珏弗纳。金帅粘罕入燕，首问平州事于故参知政事康公弼。公弼曰："珏狂妄寡谋，虽有乡兵，彼何能为？示之不疑，图之未晚。"金人招时立爱赴军前，加珏临海军节度使，仍知平州。既而又欲以精兵三千先下平州，擒张珏。公弼曰："若加兵，是趣之叛也。"公弼请自往觇之。珏谓公弼曰："辽之八路，七路已降；独平州未解甲者，防萧干耳。"厚赂公弼而还。公弼复粘罕曰："彼无足虑。"金人遂改平州为南京，加珏试中书门下平章事，判留守事。庚辰，宜、锦、乾、显、成、川、豪、懿等州相继皆降，上京卢彦伦叛，杀契丹人。

二月乙酉朔，兴中府降金。来州归德军节度使田颢、权隰州刺史杜师回、权迁州刺史高永昌、权润州刺史张成，皆籍所管户降金。丙戌，诛萧德妃，降淳为庶人，尽释其党。癸巳，兴中、宜州复城守。

三月，驻跸于云内州南。

【译文】

保大三年春季正月丁巳日，奚王回离保自立称帝，称天复元年。天祚帝命令都统马哥去讨伐他。甲子日，当初，张珏是辽兴军节度副使，民众推举他主持州事。秦晋王耶律淳死后，萧德妃派时立爱去掌管平州。张珏看出辽国必定灭亡，便操练士卒，储备马匹，登记壮丁为后备。时立爱来到后，张珏不接受替代。金国统帅粘罕进入燕地后，首先向原来的参知政事康公弼征询对平州事务的意见。公弼说："张珏狂妄自大，缺乏谋略，即使有些地方武装，他又能做出什么大事？可以先稳住使他不生疑，以后再处理他也不晚。"金人将时立爱召回军队，加封张珏为临海军节度使，仍旧主持平州事务。不久金人又想派三千名精兵去攻下平州，捉拿张珏。康公弼说："如果出兵攻打，就会促使他反叛。"公弼表示愿意亲自前往观察情况。张珏向公弼说："辽国八路地区，七路已经投降；唯独平州没有放下武器，只不过是为了防备萧干。"给公弼大量贿赂即返回。公弼回复粘罕说："对他不必担心。"于是金人改平州为南京，为张珏加官试中书门下平章事，判留守事。庚辰日，宜、锦、乾、显、成、川、豪、懿等各州相继投降，上京卢彦伦反叛，杀害契丹人。

二月乙酉日初一，兴中府投降金国。来州归德军节度使田颢、统领珏隰州刺史杜师回、统领迁州刺史高永昌、统领润州刺史张成，都携领所管辖民户投降金国。丙戌日，处死萧德妃，死去的耶律淳又被贬降为普通百姓，将他们的党羽全部遣散。癸巳日，收复了兴中府和宜州的城池。

三月，天祚帝驻留在云内州以南。

夏四月甲申朔，以知北院枢密使事萧僧孝奴为诸道大都督。丙申，金兵至居庸关，擒耶律大石。戊戌，金兵围辎重于青冢，硬寨太保特母哥窃梁王雅里以遁，秦王、许王、诸妃、公主、从臣皆陷没。庚子，梁宋大长公主特里亡归。壬寅，金遣人来招。癸卯，答言请和。丙午，金兵送族属辎重东行，乃遣兵邀战于白水泺，赵王习泥烈、萧道宁皆被执。上遣牌印郎君谋卢瓦送兔纽金印伪降，遂西遁云内。驸马都尉乳奴诣金降。己西，金复以书来招，答其书。壬子，金帅书来，不许请和。是月，特母哥挈雅里至，上怒不能尽救诸子，诘之。

五月乙卯，夏国王李乾顺遣使请临其国。庚申，军将耶律敌烈等夜劫梁王雅里奔西北部，立以为帝，改元神历。辛酉，渡河，止于金肃军北。回离保为众所杀。

六月，遣使册李乾顺为夏国皇帝。

秋九月，耶律大石自金来归。

冬十月，复渡河东还，居突吕不部。梁王雅里殁，耶律术烈继之。

十一月，术烈为众所杀。

【译文】

夏四月甲申初一，任命掌管北院枢密使事萧僧孝奴为诸道大都督。丙申日，金兵到居庸关，擒获耶律大石。戊戌日，金兵将辽军武器给养等围截在青冢，硬寨太保特母哥偷带着梁王雅里逃出，秦王、许王、各妃后、公主和随从大臣均落入敌人之手。庚子日，梁宋大长公主特里逃脱回来。壬寅日，金派人来招降。癸卯日，答复对方请求议和。丙午日，金兵将所获家族皇属和物资往东送去，并派兵在白水泺求战，赵王习泥烈、萧道宁都被俘。皇上派牌印郎君谋卢瓦把带兔纽的金印送给金人假投降，随后向西逃到云内。驸马都尉乳奴去金人那里投降。己酉日，金又来书招降，回了信。壬子日，金国统帅来信，不答应议和的请求。这月里，特母哥带着雅里来到，皇上对于他没能把所有人都解救出来感到很生气，训斥了他。

五月乙卯日，夏国王李乾顺派使者来请皇上到他们国家去。庚申日，军队将领耶律敌烈等夜间劫持梁王雅里向西北部逃去，拥立雅里为皇帝，改年号为神历。辛酉日，渡过黄河，停留在金肃军以北。回离保被他的属下官民杀死。

六月，派使者册封李乾顺为夏国皇帝。

秋九月，耶律大石从金国回来。

冬十月，又渡过黄河回到东岸，住在突吕不部。梁王雅里逝世，耶律术烈继承帝位。

十一月，术烈被属下官兵杀死。

四年春正月，上趋都统马哥军。金人来攻，弃营北遁，马哥被执。谟葛失来迎，赆马、驼、羊，又率部人防卫。时侍从乏粮数日，以衣易羊。至乌古敌烈部，以都点检萧乙薛知北院枢密使事，封谟葛失为神于越王。特母哥降金。

二月，耶律遥设等十人谋叛，伏诛。

夏五月，金人既克燕，驱燕之大家东徙，以燕空城及涿、易、檀、顺、景、蓟州与宋以塞盟。左企弓、康公弼、曹勇义、虞仲文皆东迁。燕民流离道路，不胜其苦，入平州，言于留守张珏曰："宰相左企弓不谋守燕，使吾民流离，无所安集。公今临巨镇，握强兵，尽忠于辽，必能使我复归乡土，人心亦惟公是望。"珏遂召诸将领议。皆曰："闻天祚兵势复振，出没漠南。公若仗义勤王，奉迎天祚，以图中兴，先责左企弓等叛降之罪而诛之，尽归燕民，使复其业，而以平州归宋，则宋无不接纳，平州遂为藩镇矣。即后日金人加兵，内用平山之军，外得宋为之援，又何惧焉！"珏曰："此大事也，不可草草。翰林学士李石智而多谋，可召与议。"石至，其言与之合。乃遣张谦率五百余骑，传留守令，召宰相左企弓、曹勇义、枢密使虞仲文、参知政事康公弼至滦河西岸，遣议事官赵秘校往数十罪，曰："天祚播迁夹山，不即奉迎，一也；劝皇叔秦晋王僭号，二也；诋讦君父，降封湘阴，三也；天祚遣知阁王有庆来议事而杀之，四也；檄书始至，有迎秦拒湘之议，五也；不谋守燕而降，六也；不顾大义，臣事于金，七也；根括燕财，取悦于金，八也；使燕人迁徙失业，九也；教金人发兵先下平州，十也。尔有十罪，所不容诛。"左企弓等无以对，皆缢杀之。仍称保大三年，画天祚像，朝夕谒，事必告而后行，称辽官秩。

【译文】

保大四年春季正月，天祚皇帝前往都统马哥军中。金人派兵攻打，皇上放弃军营向北逃去，马哥被敌人俘获。谟葛失前来迎驾，送来马匹、骆驼、羊，又率领所属军队保卫。当时侍从人员连续几天没有粮食，用衣服换羊吃。到了乌古敌烈部，任命都点检萧乙薛为知北院枢密使事，封谟葛失为神于越王。特母哥投降了金人。

二月，耶律遥设等十人阴谋反叛，被处死。

夏季五月，金人占领燕地以后，便强逼燕京的豪门大家东迁，将燕京这一空城和涿、易、檀、顺、景、蓟等州送给宋国作为对修盟的酬谢。

左企弓、康公弼、曹勇义、虞仲文都东迁。燕地民众沿途流离失所，痛苦不堪，进入平州后，便向留守张珏说："宰相左企弓不设法守住燕地，使我们百姓颠沛流离，无处安身。您大人占据着重地，拥有强兵，对辽国尽忠，一定能够让我们重新回到故乡本土去，大家都只有指望大人了。"于是张珏召集各将领商量。大家一致说："听说天祚帝已重振军威，在漠南一带出没。大人应当执仗正义，为帝王效力，迎奉天祚，以求重新振兴国邦；首先谴责左企弓等人叛国投敌的罪行，而后处死他们；使燕地民众都返还故里，重新兴家立业；而使平州归顺于宋国，那么宋绝不会不接受，这样平州就成了宋国的藩镇。即使日后金人派兵来攻，我们内可以使用平山的军队，外可以得到宋国的支援，还怕什么呢！"张珏说："这是大事，不能草率。翰林学士李石机智多谋，可找他来商量。"李石来到后，他的说法与大家的意见一致。于是派张谦率领五百多名骑兵，传达留守的命令，召集宰相左企弓、曹勇义、枢密使虞仲文、参知政事康公弼到滦河西岸，派议事官赵秘校去列举他们的十项罪状说："天祚皇帝流离迁徙到夹山，不立即前去奉迎，这是第一；第二，鼓动皇叔秦晋王耶律淳擅立国号称帝；第三，暴露君王的隐私进行诽谤，并降封为湘阴王；第四，天祚皇帝派知阁王有庆来商量事情而被杀；第五，檄书刚到时有迎立秦王、拒绝湘阴王的论调；第六，不设法防守燕地而投降；第七，不顾大义气节而向金国称臣；第八，搜尽燕地资财去取悦金国；第九，使燕地民众迁徙失业；第十，教唆金人派兵先攻打平州。你们有十大罪行，罪不容诛。"左企弓等人无话可说，全被勒死。仍延用原年号保大三年；画天祚帝像，早晚参拜；凡事必定向皇帝画像禀告以后再施行；官职仍按辽国官制称呼。

六月，榜谕燕人复业，恒产为常胜军所占者，悉还之。燕民既得归，大悦。翰林学士李石更名安弼，偕故三司使高党往燕山，说宋王安中曰："平州带甲万余，珏有文武材，可用为屏翰；不然，将为肘腋之患。"安中深然之，令安弼与党诣宋。宋主诏帅臣王安中、詹度厚加安抚，与免三年常赋。珏闻之，自谓得计。

秋七月，金人屯来州，阇母闻平州附宋，以二千骑问罪，先入营州。珏以精兵万骑击败之。宋建平州为泰宁军，以珏为节度使，以安弼、党为徽猷阁待制，令宣抚司出银绢数万犒赏。珏喜，远迎。金人谍知，举兵来袭，珏不得归，奔燕。金人克三州，始来索珏，王安中讳之。索急，斩一人貌类者去。金人曰：“非珏也，以兵来取。”安中不得已，杀珏，函其首送金。天祚既得林牙耶律大石兵归，又得阴山室韦谟葛失兵，自谓得天助，再谋出兵，复收燕、云。大石林牙力谏曰：“自金人初陷长春、辽阳，则车驾不幸广平淀，而都中京；及陷上京，则都燕山；及陷中京，则幸云中；自云中而播迁夹山。向以全师不谋战备，使举国汉地皆为金有。国势至此，而方求战，非计也。当养兵待时而动，不可轻举。”不从。大石遂杀乙薛及坡里括，置北、南面官属，自立为王，率所部西去。上遂率诸军出夹山，下渔阳岭，取天德、东胜、宁边、云内等州。南下武州，遇金人，战于奄遏下水，复溃，直趋山阴。

【译文】

六月，张贴皇帝的告示令燕地民众都恢复旧业，固定产业凡被常胜军所占据的，全部归还。燕地民众得以返回故乡，大家兴高采烈。翰林学士李石改名为安弼，带领原来的三司使高党前往燕山，向宋国的王安中游说道：“平州有军队一万多人，张珏有文才武略，可用为镇守一方的长官；不然，他将成为一个身旁的祸患。”安中觉得很对，便让安弼和高党去见宋国皇帝。宋帝命令帅臣王安中、詹度给以优厚待遇安抚，准许三年内免交一般赋税。张珏得知后，自以为得计。

秋季七月，金兵驻扎在来州，阇母得知平州归附了宋国，便率领两千名骑兵来问罪，先进入了营州。张珏派精锐骑兵一万人将他打败。宋国将平州建制为泰宁军，任命张珏为节度使，安弼和高党为徽猷阁待制，命令宣抚司拨出几万银两和绢匹进行犒赏。张珏十分高兴，远出去迎接宋使。金人探知这一消息，便派兵趁机前往袭击，张珏无法返回原处，逃向燕。金兵先攻占了三个州，再提出要张珏，王安中回避不予答复。催要得更急，便杀了一个面貌与张珏长得差不多的人送去。金人说：“这不是张珏，要派兵来捉拿。”王安中不得已杀了张珏，把他的首级装入盒内送给金人。天祚有了林牙耶律大石带回的军队，又有了阴山室夷谟葛失的军队，自己说是得到了苍天的助力，又谋划出兵，收复燕地和云州。大石林牙极力劝谏说：“自从金人一开始攻陷长春、辽阳以后，皇上没有前去广平淀，而是退居中京；后来上京陷落，居住在燕山；中京陷落，到了云中；从云中又逃奔到夹山。一向为了保存人员而没有谋划准备打仗，以致全国汉族集居的地区全被金人占据。现在国势到了这般地步，才主动去求战，这不是办法。应该养兵蓄锐，等待时机再行动，不可轻举妄动。”天祚帝不听。耶律大石于是杀死萧乙薛和坡里括，设置北、南面官属，自立为王，率领所属人马向西进发。天祚皇帝便率领各军出夹山，攻下渔阳岭，占据了天德、东胜、宁边、云内等州。往南到武州，与金国军队相遇，在奄遏下水发生战斗，又被打败，一直奔向山阴。

八月，国舅详稳萧挞不也、笔砚祗候察剌降金。是月，金主阿骨打死。

九月，建州降金。

冬十月，纳突吕不部人讹哥之妻谙葛，以讹哥为本部节度使。昭古牙率众降金。金攻兴中府，降之。

十一月，从行者举兵乱，北护卫太保术者、舍利详稳牙不里等击败之。

十二月，置二总管府。

【译文】

八月，国舅详稳萧挞不也、笔砚祗候察剌投降金人。这月内，金国君主阿骨打死去。

九月，建州向金国投降。

冬季十月，皇上收纳突吕不部人讹哥的妻子谙葛，任命讹哥为本部节度使。昭古牙率领部下投降金国。金兵攻打兴中府，兴中府投降。

十一月，随从皇帝出行人员发生兵变，北护卫太保术者、舍利详稳牙不里等打败叛乱人员。

十二月，设置两个总管府。

五年春正月辛巳，党项小斛禄遣人请临其地。戊子，趋天德，过沙漠，金兵忽至。上徒步出走，近侍进珠帽，却之，乘张仁贵马得脱，至天德。己丑，遇雪，无御寒具，术者以貂裘帽进；途次绝粮，术者进麨与枣；欲憩，术者即跪坐，倚之假寐。术者辈惟啮冰雪以济饥。过天德。至夜，将宿民家，绐曰侦骑，其家知之，乃叩马首，跪而大恸，潜宿其家。居数日，嘉其忠，遥授以节度使，遂趋党项。以小斛禄为西南面招讨使，总知军事，仍赐其子及诸校爵赏有差。

二月，至应州新城东六十里，为金人完颜娄室等所获。

八月癸卯，至金。丙午，降封海滨王。以疾终，年五十有四，在位二十四年。金皇统元年二月，改封豫王。五年，葬于广宁府间阳县乾陵傍。

耶律淳者，世号为北辽。淳小字涅里，兴宗第四孙，南京留守、宋魏王和鲁斡之子。清宁初，太后鞠育之。既长，笃好文学。昭怀太子得罪，上欲以淳为嗣。上怒耶律白斯不，知与淳善，出淳为彰圣等军节度使。

【译文】

保大五年春季正月辛巳日，党项的小斛禄派人来请天祚皇帝去他所在的地方。戊子日，皇上出发去天德，越过沙漠，金兵忽然到来。皇上徒步逃出，近身侍从人员送上珠帽，皇上不要，骑上张仁贵的马得以逃脱，到达天德。己丑日，遇上天下大雪，没有御寒衣物，术者把貂皮衣帽，送给皇上；途中没有了粮食，术者送上炒面和枣；皇上想休息，术者便跪坐，让皇上倚在他身上小睡。术者一伙人自己只吃冰雪充饥。过了天德。到夜晚，打算住进民家过夜，便谎称是侦察骑兵，当那家人知道了是皇上，便对马首叩拜，跪着号陶大哭，皇上便藏在他家中。住了几天，皇上很赞赏他的忠心，授他为节度使，随兵往党项去了。任命小斛禄为西南面招讨使，总管军事，并对他儿子和军官们按不同等第封赐爵位奖赏。

二月，到应州新城以东六十里的地方，皇上被金人完颜娄室等人俘获。

八月癸卯日，天祚到达金国。丙午日，降封他为海滨王。因病去世，时年五十四岁，在皇帝位二十四年。金皇统元年二月，改封豫王。五年，葬在广宁府间阳县辽景宗乾陵的近旁。

耶律淳，他所建立的国家被称为北辽。耶律淳小字叫涅里，是兴宗的第四个孙子，是南京留守、宋魏王和鲁斡的儿子。清宁初年，他由太后抚养。长大以后，爱好文学。昭怀太子因故获罪，皇上本打算由耶律淳做继承人。但皇上对耶律白斯很不满，而且知道他与耶律淳要好，于是把耶律淳派出担任彰圣等军的节度使。

天祚即位，进王郑。乾统二年，加越王。六年，拜南府宰相，首议制两府礼仪。上喜，徙王魏。其父和鲁斡薨，即以淳袭父守南京。冬夏入朝，宠冠诸王。

天庆五年，东征，都监章奴济鸭子河，与淳子阿撒等三百余人亡归，先遣敌里等以废立之谋报淳，淳斩敌里首以献，进封秦晋国王，拜都元帅，赐金券，免汉拜礼，不名。许自择将士，乃募燕、云精兵。东至锦州，队长武朝彦作乱，劫淳。淳匿而免，收朝彦诛之。会金兵至，聚兵战于阿里轸斗，败绩，收亡卒数千人拒之。淳入朝，释其罪，诏南京刻石纪功。

保大二年，天祚入夹山，奚王回离保、林牙耶律大石等引唐灵武故事，议欲立淳。淳不从，官属劝进曰："主上蒙尘，中原扰攘，若不立王，百姓何归？宜熟计之。"遂即位。百官上号天锡皇帝，改保大二年为建福元年，大赦。放进士李宝信等一十九人，遥降天祚为湘阴王。以燕、云、平、上京、中京、辽西六路，淳主之；沙漠以北、南北路两都招讨府、诸蕃部族等，仍隶天祚。自此辽国分矣。封其妻普贤女为德妃，以回离保知北院枢密使事，军旅之事悉委大石。又遣使报宋，免岁币，结好。宋人发兵问罪，击败之。寻遣使奉表于金，乞为附庸。事未决，淳病死，年六十。百官伪谥曰孝章皇帝，庙号宣宗，葬燕西香山永安陵。

【译文】

天祚即皇位后，进封耶律淳为郑国王。乾统二年，加封越王。六年，任命他为南府宰相，他第一次提出南北两府礼仪制式。皇帝很高兴，改封他为魏国王。他父亲和鲁斡死后，即由他承袭父位留守南京。每年冬夏季回到朝廷，在各国王中他最受皇帝宠爱。

天庆五年，辽军东征，派都监耶律章奴去支援鸭子河，他与耶律淳的儿子阿撒等三百多人逃跑回来，并先派萧敌里等人把打算废除天祚、立淳王为帝的谋划报告了耶律淳，耶律淳当即杀了萧敌里，将他的首级献给天祚帝，由此耶律淳被进封为秦晋国王，任命为都元帅，赏赐金券，见皇帝免行汉制拜礼，不必通报姓名。皇上允许他自己选择将士，于是在燕地和云州招募精兵。向东行进至锦州，队长武朝彦叛乱，劫持了耶律淳，耶律淳隐藏起来而未被劫走，后来擒获了朝彦并将他处死。这时正好金兵来到，于是集结军队在阿里轸斗交战，耶律淳被打败，搜集几千名散兵继续抵抗。耶律淳回到朝廷，皇上赦免了他的战败之罪，并诏令在南京刻石立碑纪念这次功绩。

保大二年，天祚移入夹山，奚王回离保、林牙耶律大石等人援引唐代灵武的旧事，商量拥立耶律淳为帝。淳不同意，所属官员劝进说："现在国君流亡失位，中原局势混乱，如果国不立王，百姓该听从谁呢？应该予以认真考虑。"于是耶律淳即皇帝位。百官奉其尊号为天锡皇帝，改保大二年为建福元年，实行大赦。录取进士李宝信等一十九人，降封天祚为湘阴王。把燕、云、平、上京、中京、辽西等六路，作为耶律淳的疆土；沙漠以北、南北路两都招讨府、各番部族等，仍隶属于天祚。从此辽国分裂。耶律淳封他妻子普贤女为德妃，任命回离保为知北院枢密使事，军队事务全部委托给耶律大石。又派遣使者通报宋国，免去每年交付的银两，愿友好相交。宋人发兵问罪，被耶律淳打败。不久派使者去向金国上书，乞求作为它的附庸国。事情尚无结果，耶律淳因病去世，时年六十岁。百官奉上谥号为孝章皇帝，庙号宣宗，葬在燕京以西香山的永安陵。

遗命遥立秦王定以存社稷，德妃为皇太后，称制，改建福为德兴元年，放进士李球等百八人。时宋兵来攻，战败之，由是人心大悦，兵势日振。宰相李纯等潜纳宋兵，居民内应，抱关者被杀甚众。翌日，攻内东门，卫兵力战，宋军大溃，逾城而走，死者相藉。五表于金，求立秦王，不从。而金兵大至，德妃奔天德军，见天祚。天祚怒，诛德妃，降淳庶人，除其属籍。

耶律雅里者，天祚皇帝第二子也，字撒鸾。七岁，欲立为皇太子，别置禁卫，封梁王。

【译文】

耶律淳遗命立秦王耶律定继承皇统，德妃成为皇太后，代皇帝摄理国事，改建福年号为德兴元年，录取进士李球等一百零八人。这时宋国派兵来攻打，他们打败了宋兵，于是大家十分兴奋，兵势日渐兴盛。宰相李纯等人暗地里接纳宋兵，居民又在内部接应，守城门的许多士兵都被杀死。第二天，宋兵攻打内东门，防卫的士兵顽强作战，宋军大败，纷纷爬过城墙逃跑，死尸遍地。德妃曾五次上书金国，请求允许立秦王耶律定为帝，金国未同意。随之大批金兵来到，德妃逃奔天德军，见到天祚皇帝。天祚很生气，处死了德妃，将耶律淳的名分降为普通百姓，从皇族中除名。

耶律雅里，是天祚皇帝的第二个儿子，字撒鸾。七岁时，天祚皇帝打算立他为皇太子，单独安排护卫，封为梁王。

保大三年，金师围青冢寨，雅里在军中。太保特母哥挟之出走，间道行至阴山。闻天祚失利趋云内，雅里驰赴。时扈从者千余人，多於天祚。天祚虑特母哥生变，欲诛之。责以不能全救诸王，将讯之。仗剑召雅里问曰："特母哥教汝何为？"雅里对曰："无他言。"乃释之。

天祚渡河奔夏，队帅耶律敌列等劫雅里北走。至沙岭，见蛇横道而过，识者以为不祥。后三日，群僚共立雅里为主。雅里遂即位，改元神历，命士庶上便宜。

雅里性宽大，恶诛杀。获亡者，笞之而已。有自归者，即官之。因谓左右曰："欲附来归；不附则去。何须威逼耶？"每取唐《贞观政要》及林牙资忠所作《治国诗》，令侍从读之。乌古部节度使纠哲、迭烈部统军挞不也、都监突里不等各率其众来附。自是诸部继至。而雅里日渐荒怠，好击鞠。特母哥切谏，乃不复出。以耶律敌列为枢密使，特母哥副之。敌列劾西北路招讨使萧纥里荧惑众心，志有不臣，与其子麻涅并诛之。以遥设为招讨使，与诸部战，数败，杖免官。

【译文】

保大三年，金兵包围了青冢寨，当时雅里在军中。太保特母哥带他逃出，沿小路走到阴山。听说天祚帝打仗失败，正赶向云内，雅里也快马奔赴那里。那时他的护从人员有一千多人，比天祚的还多。天祚唯恐特母哥发生变故，打算处死他，责怪他为何不能救出皇族所有王臣，准备审讯他。皇上手持宝剑先招来雅里问话："特母哥曾教你做什么？"雅里回答说："他什么也没说。"于是放了他们。

天祚渡过黄河逃往夏国，队帅耶律敌列等人劫持雅里向北去。到沙岭，遇见蛇横道爬过，懂得事故的人认为这是不祥的征兆。三天以后，僚属们共同拥立雅里为帝。于是雅里即皇帝位，改年号为神历，命令官民向皇上提出自己认为应该办的事。

雅里性情宽厚大度，讨厌打杀。捉住逃跑的人，打一顿了事。逃跑后自己回来的，便给他官做。因此，向左右人说："愿意来跟从我们的就来，不愿意来的就走，何必威逼强迫呢？"他经常拿出唐代的《贞观政要》和林牙资忠所作的《治国诗》，让侍从人员读。乌古部节度使纠哲、迭烈部统军挞不也、都监突里不等人都率领部下来归附，从此许多部属相继来到。而雅里却越来越荒废政务，喜好踢球。特母哥恳切规劝，仍然不再出来执掌政事。任命耶律敌列为枢密使，特母哥为副使。敌列弹劾西北路招讨使萧纠里迷惑人心，有背叛君主的图谋，把他和他的儿子麻涅一起处死。任命遥设为招讨使，与来犯的军队作战，几次被打败，用木棍痛打后免去官职。

从行有疲困者，辄振给之。直长保德谏曰："今国家空虚，赐赉若此，将何以相给耶？"雅里怒曰："昔畋于福山，卿诬猎官，今复有此言。若无诸部，我将何取？"不纳。初，令群牧运盐泺仓粟，而民盗之，议籍以偿。雅里乃自为直：每粟一车，偿一羊；三车一牛；五车一马；八车一驼。左右曰："今一羊易粟二斗且不可得，乃偿一车！"雅里曰："民有则我有。若令尽偿，民何堪？"

后猎查剌山，一日而射黄羊四十，狼二十一，因致疾，卒，年三十。

耶律大石者，世号为西辽。大石字重德，太祖八代孙也。通辽、汉字，善骑射，登天庆五年进士第，擢翰林应奉，寻升承旨。辽以翰林为林牙，故称大石林牙。历泰、祥二州刺史，辽兴军节度使。

【译文】

随从行军的人中有疲乏困倦的人，便发给钱物。直长保德劝谏说："目前国家空虚，总是这样赏赐，以后用什么东西给呢？"雅里生气地说："过去我在福山打猎，你就诬告狩猎官，现在又说这样的话。如果没有这些部属，我的东西又从哪儿来呢？"没有接受劝说。起初，雅里命令群牧运来盐泊仓储备的粮食，被民众偷窃，商量要他们用东西赔偿。雅里便亲自计算值多少钱：每一车粮食，赔偿一只羊；三车粮食赔一头牛；五车粮食赔一匹马；八车赔一匹骆驼。左右人员说："现在一只羊换二斗米还换不来，竟用一只羊赔偿一车米！"雅里说："百姓有了以后我才能有。如果让他们全数赔偿，百姓怎么受得了？"

后来在查剌山打猎，一天打到黄羊四十只，狼二十一只，累得生了病，随即逝世，享年三十岁。

耶律大石，他所建立的国家被称为西辽。大石字重德，是太祖第八代孙。他懂辽、汉文字，擅长骑马射箭，考取天庆五年进士，提升为翰林应奉，不久又升为承旨。辽称翰林为林牙，所以称他为大石林牙。他历任泰、祥二州刺史，辽兴军节度使。

保大二年，金兵日逼，天祚播越，与诸大臣立秦晋王淳为帝。淳死，立其妻萧德妃为太后，以守燕。及金兵至，萧德妃归天祚。天祚怒诛德妃而责大石曰："我在，汝何敢立淳？"对曰："陛下以全国之势，不能一拒敌，弃国远遁，使黎民涂炭。即立十淳，皆太祖子孙，岂不胜乞命于他人耶？"上无以答，赐酒食，赦其罪。

大石不自安，遂杀萧乙薛、坡里括，自立为王，率铁骑二百宵遁。北行三日，过黑水，见白达达详稳床古儿。床古儿献马四百，驼二十，羊若干。西至可敦城，驻北庭都护府，会威武、崇德、会蕃、新、大林、紫河、驼等七州及大黄室韦、敌剌、王纪剌、茶赤剌、也喜、鼻古德、尼剌、达剌乖、达密里、密儿纪、合主、乌古里、阻卜、普速完、唐古、忽母思、奚的、纠而毕十八部王众，谕曰"我祖宗艰难创业，历世九主，历年二百。金以臣属，逼我国家，残我黎庶，屠翦我州邑，使我天祚皇帝蒙尘于外，日夜痛心疾首。我今仗义而西，欲借力诸蕃，翦我仇敌，复我疆宇。惟尔众亦有轸我国家，忧我社稷，思共救君父，济生民于难者乎？"遂得精兵万余，置官吏，立排甲，具器仗。

明年二月甲午，以青牛白马祭天地、祖宗，整旅而西。先遗书回鹘王毕勒哥曰："昔我太祖皇帝北征，过卜古罕城，即遣使至甘州，诏尔祖乌母主曰：'汝思故国耶，朕即为汝复之；汝不能返耶，朕则有之。在朕，犹在尔也。'尔祖即表谢，以为迁国于此，十有余世，军民皆安土重迁，不能复返矣。是与尔国非一日之好也。今我将西至大食，假道尔国，其勿致疑。"毕勒哥得书，即迎至邸，大宴三日。临行，献马六百，驼百，羊三千，愿质子孙为附庸，送至境外。所过，敌者胜之，降者安之。兵行万里，归者数国，获驼、马、牛、羊、财物，不可胜计。军势日盛，锐气日倍。

【译文】

保大二年，金兵日益逼近，天祚流亡他乡，大石与各位大臣拥立秦晋王耶律淳为帝。耶律淳死后，立他妻子萧德妃为太后，以防守燕地。等到金兵来到时，萧德妃投奔天祚。天祚发怒处死德妃而责备大石说："我还在，你怎敢拥立耶律淳？"大石答道："您以全国的力量，不能抵抗敌人，放弃国家远逃，使黎民百姓遭受涂炭。即使立十个耶律淳，都是太祖的子孙，难道不比乞命于别人更好吗？"皇上无言以对，设酒食招待，赦他无罪。

大石自觉不安，便杀死萧乙薛、坡里括，自立为王，夜里带领二百名精壮骑兵逃走。向北走了三天，渡过黑水，见到白达达详隐床古儿。床古儿赠献马四百匹，骆驼二百头和一些羊。往西走到可敦城，在北庭都护府停留，集合威武、崇德、会蕃、新、大林、紫河、驼等七州和大黄室韦、敌剌、王纪剌、茶赤剌、也喜、鼻古德、尼剌、达剌乖、达密里、密儿纪、合主、乌古里、阻卜、普速完、唐古、忽母思、奚的、纠而毕等十八部的各首领，训示说："我的祖宗艰难创业，已经历九代皇帝，历时二百年。金作为辽的陪臣属国，竟逼我国家，残害我黎民百姓，屠杀践踏我州地城池，使我天祚皇帝流离失所，日夜痛心疾首。现在我仰仗道义西来，想借助各番邦的力量，消灭我的仇敌，恢复我国疆域。你们众位之中，有为我的国家感到痛心，为我的祖宗社稷忧伤，愿意共同救助君主父王，拯救生民于危难之中的人吗？"于是得到精兵一万多人，设置了官吏，建立了护卫兵甲，置备了仪仗器物。

第二年二月甲午日，大石用青牛白马祭奠天地、祖宗，整饬军队向西进发。先派人送信给回鹘王毕勒哥说："从前我太祖皇帝北征，曾经过卜古罕城，当时就曾派使者到甘州，诏示你的祖上乌母主说：'你思念故国吗，我这就为你恢复；你不能返回故国吗，可是我有它。在我手中，就等于在你手中。'于是你祖上即上表感谢，说你们国家迁到了这里，至今已有十几代，军民都已在此安居乐业，不愿再回去了。因此我们与你们国家之间并非一日之好。现在我要西去大食，从你们国家通过，请不必疑心。"毕勒哥接到信，便迎接大石到府邸，大宴三天。临离开时，赠献马六百匹，骆驼一百头，羊三千只；表示愿做附庸，以子孙做人质；并陪送到境外。西行所经地区，抗拒的被打败，降伏的给予安抚。大军行进万里，好几个国家归附，得到骆驼、马匹、牛、羊、财物，不计其数。军队的气势越来越盛，锐气连日倍增。

至寻思干，西域诸国举兵十万，号忽儿珊，来拒战。两军相望二里许。谕将士曰："彼军虽多而无谋，攻之，则首尾不救，我师必胜。"遣六院司大王萧斡里剌、招讨副使耶律松山等将兵二千五百攻其右；枢密副使萧剌阿不、招讨使耶律术薛等将兵二千五百攻其左；自以众攻其中。三军俱进，忽儿珊大败，僵尸数十里。驻军寻思干凡九十日，回回国王来降，贡方物。

又西至起儿漫，文武百官册立大石为帝，以甲辰岁二月五日即位，年三十八，号葛儿罕。复上汉尊号曰天佑皇帝，改元延庆。追谥祖父为嗣元皇帝，祖母为宣义皇后，册元妃萧氏为昭德皇后。因谓百官曰："朕与卿等行三万里，跋涉沙漠，夙夜艰勤。赖祖宗之福，卿等之力，冒登大位。尔祖尔父宜加恤典，共享尊荣。"自萧斡里剌等四十九人祖父，封爵有差。

【译文】

到寻思干，西域各国调集军队十万人，号称忽儿珊，前来阻击作战。双方军队相隔二里左右。大石训示将士们说："他们的军队虽多但无谋略，我们一进攻，他们首尾不能相互救援，我军必胜。"于是派六院司大王萧斡里剌、招讨副使耶律松山等率领两千五百名兵士攻敌人的右翼；枢密副使萧剌阿不、招讨使耶律术薛等率领兵士两千五百人攻打左翼；大石本人率领大部分军队攻打中部。三军同时并进，忽儿珊大败，死尸遍布几十里。大石的军队在寻思干驻扎达九十天，回回国王来投降，进贡地方物产。

继续向西进军到起儿漫，文武百官册立大石为皇帝，在甲辰年二月五日即位，当时大石年三十八岁，尊号葛儿罕。接着又奉上按汉制定的尊号，称为天祐皇帝，改年号为延庆。追奉祖父谥号为嗣元皇帝，祖母为宣义皇后，册封元妃萧氏为昭德皇后。于是向百官说："我与你们各位行军三万里，跋涉沙漠，昼夜艰辛努力。托祖宗的福泽，大家的力量，我贸然登上皇位。对你们的祖先父母也应给以抚恤典祭，共享尊荣。"对自萧斡里剌等四十九人的祖先按等级封赐爵位。

延庆三年，班师东归，马行二十日，得善地，遂建都城，号虎思斡耳朵，改延庆为康国元年。三月，以六院司大王萧斡里剌为兵马都元帅，敌剌部前同知枢密院事萧查剌阿不副之，茶赤剌部秃鲁耶律燕山为都部署，护卫耶律铁哥为都监，率七万骑东征。以青牛白马祭天，树旗以誓于众曰："我大辽自太祖、太宗艰难而成帝业，其后嗣君耽乐无厌，不恤国政，盗贼蜂起，天下土崩。朕率尔众，远至朔漠，期复大业，以光中兴。此非朕与尔世居之地。"申命元帅斡里剌曰："今汝其往，信赏必罚，与士卒同甘苦，择善水草以立营，量敌而进，毋自取祸败也。"行万余里无所得，牛马多死，勒兵而还。大石曰："皇天弗顺，数也！"康国十年殁，在位二十年，庙号德宗。

子夷列年幼，遗命皇后权国。后名塔不烟，号感天皇后，称制，改元咸清，在位七年。子夷列即位，改元绍兴。籍民十八岁以上，得八万四千五百户。在位十三年殁，庙号仁宗。

子幼，遗诏以妹普速完权国，称制，改元崇福，号承天太后。后与驸马萧朵鲁不弟朴古只沙里通，出驸马为东平王，罗织杀之。驸马父斡里剌以兵围其宫，射杀普速完及朴古只沙里。普速完在位十四年。

【译文】

延庆三年，大石带领军队向东返回，骑马走了二十天，遇到一处条件好的地方，便在那里建立都城，称作虎思斡耳朵，改年号延庆为康国元年。三月，任命六院司大王萧斡里剌为兵马都元帅，敌剌部原来的同知枢密院事萧查剌阿不为副元帅，茶赤剌部秃鲁耶律燕山为都部署，护卫耶律铁哥为都监，率领七万骑兵东征。大石用青牛白马祭天，竖旗向大家发誓说："我大辽自太祖、太宗历尽艰难而创成帝业，后来继业的君主贪图享乐无休无厌，不体察国家政事，以致盗贼蜂起，天下土崩瓦解。我带领你们大家，远征到北方不毛之地，为的是恢复祖宗大业，以光耀中兴盛世。这里并非我和你们世代居留之地。"严词命令元帅斡里剌说："这次派你去，赏罚要说到做到，要与士卒同甘共苦，选择水草条件好的地方扎营，根据敌人的力量强弱进兵，不要自吃败仗而遭祸。"行军一万多里毫无所得，牛马死亡很多，只能收兵而回。大石说："皇天不依从我，这是天数啊！"康国十年大石逝世，在位二十年，庙号德宗。

大石的儿子夷列年幼，大石曾留下命令由皇后代主国政。皇后名叫塔不烟，号感天皇后。她行使皇帝权力，改年号为咸清，在位七年。儿子夷列即皇帝位，改纪元为绍兴。统计年满十八岁以上的民众，共八万四千五百户。夷列在位十三年后去世，庙号仁宗。

夷列的儿子年幼，根据遗书让夷列的妹妹普速完掌管国事，行使皇帝权力，改年号为崇福，称号为承天太后。后来她与驸马萧朵鲁不的弟弟朴古只沙里私通，把驸马派出任东平王，并罗列罪名杀了他。驸马的父亲斡里剌派兵包围了她住的宫室，用箭射死了普速完和朴古只沙里。普速完在位十四年。

仁宗次子直鲁古即位，改元天禧，在位三十四年。时秋出猎，乃蛮王屈出律以伏兵八千擒之，而据其位。遂袭辽衣冠，尊直鲁古为太上皇，皇后为皇太后，朝夕问起居，以侍终焉。直鲁古死，辽绝。

耶律淳在天祚之世，历王大国，受赐金券，赞拜不名。一时恩遇，无与为比。当天祚播越，以都元帅留守南京，独不可奋大义以激燕民及诸大臣，兴勤王之师，东拒金而迎天祚乎？乃自取之，是篡也。况忍王天祚哉？

大石既帝淳而王天祚矣，复归天祚。天祚责以大义，乃自立为王而去之。幸藉祖宗余威遗智，建号万里之外。虽寡母弱子，更继迭承，几九十年，亦可谓难矣。

然淳与雅里、大石之立，皆在天祚之世。有君而复君之，其可乎哉？诸葛武侯为献帝发丧，而后立先主为帝者，不可同年语矣。故著以为戒云。

【译文】

仁宗夷列的次子直鲁古即皇帝位，改年号为天禧，在位三十四年。秋天时节外出打猎，乃蛮王屈出律用早已埋伏好的八千名士兵逮捕了他，而占据了他的皇位。于是承袭了辽国的事业，尊奉直鲁古为太上皇，皇后为皇太后，早晚前去问安，一直侍奉到死。直鲁古去世，辽国灭亡。

在天祚当皇帝时，耶律淳多次被封为大国国王，受赐金券，朝见皇帝不必通名。当时对他的恩宠和优厚待遇，无与伦比。当天祚流亡时，让他担任都元帅留守南京，难道他就不能发扬大义的精神，以激励燕地的民众和各大臣，组织效忠皇帝的军队，东去抗拒金兵，而迎回天祚吗？

可是他却自己占据了皇位，这是篡位。更何况他还忍心降封天祚为国王啊！

大石既然曾拥立耶律淳为皇帝，而且参与降封天祚为王，又归附天祚。天祚以大义之词责备他，他便自立为王而离去。有幸凭借祖宗的余威和传给他的知识，在万里以外建国立号。后来虽是寡居的母妇和幼小的儿子，仍然承继更迭，延续近九十年，也可以说是不容易啊！

然而耶律淳和雅里、大石的自立为帝，都是在天祚皇帝尚在位的时候。已有君主而再立君主，这可以吗？这与诸葛武侯先为汉献帝发丧，而后立先主为帝，真是不可同日而语。所以著史者以为应引以为戒。

列女列传

男女居室，人之大伦。与其得烈女，不若得贤女。天下而有烈女之名，非幸也。《诗》赞卫共姜，《春秋》褒宋伯姬，盖不得已，所以重人伦之变也。辽据北方，风化视中土为疏。终辽之世，得贤女二，烈女三，以见人心之天理有不与世道存亡者。

邢简妻陈氏，营州人。父陉，五代时累官司徒。

【译文】

男女在一起生活，是人伦关系中重要的部分。与其有烈女，不如有贤女。天下有烈女这个名称，不是什么好事。《诗经》赞颂卫共的妻子，《春秋》褒扬宋伯的姬妾，那是出于不得已，只好通过那样来强调人伦的变化。辽国占据了北方，风化教育上比起中原来就要差些。整个辽代，也有两位贤慧的女子，三位节烈的女子，从这里也可以看出人心的本性跟世道也有不一致的时候。

邢简的妻子陈氏，营州人。父亲名陉，五代时官做到司徒。

陈氏甫笄，涉通经义，凡览诗赋，辄能诵，尤好吟咏，时以女秀才名之。年二十，归于简。孝舅姑，闺门和睦，亲党推重。有六子，陈氏亲教以经。后二子抱朴、抱质皆以贤，位宰相。统和十二年卒。睿智皇后闻之，嗟悼，赠鲁国夫人，刻石以表其行。及迁祔，遣使以祭。论者谓贞静柔顺，妇道母仪始终无慊云。

耶律氏，太师适鲁之妹，小字常哥。幼爽秀，有成人风。及长，操行修洁，自誓不嫁。能诗文，不苟作。读《通历》，见前人得失，历能品藻。

【译文】

陈氏刚刚到出嫁年龄时，已广泛浏览并精通经典意义，她看过的诗赋，都能背诵，尤其喜欢吟咏作诗，当时人称她为女秀才。二十岁时，嫁给了邢简。她孝敬公婆，家里上下和睦，亲戚族人都很推重她。她有六个儿子，陈氏亲自教他们经籍。后来抱朴、抱质两个儿子，都因为贤能，做到宰相的位子。陈氏死于统和十二年。睿智皇后听说后，叹息痛悼，追赠她鲁国夫人的封号，并且刻石碑来表扬她的品行。到了迁殡附葬的时候，派了使者前去祭祀。人们评价她贞静柔顺，妇道母仪始终没有可疑处等。

耶律氏，太师适鲁的妹妹，小名常哥。小时候爽快聪明，有成人的样子。等到长大，节操品行美好无暇，自己发誓不嫁人。她善于写诗作文，从不马虎。读《通历》，见到前人得失，都能头头是道地做出评价。

咸雍间，作文以述时政。其略曰："君以民为体，民以君为心。人主当任忠贤，人臣当去比周；则政化平，阴阳顺。欲怀远，是崇恩尚德；欲强国，则轻徭薄赋。四端五典为治教之本，六府三事实生民之命。淫侈可以为戒，勤俭可以为师。错枉则人不敢诈，显忠则人不敢欺。勿泥空门，崇饰土木；勿事边鄙，妄费金帛。满当思溢，安必虑危。刑罚当罪，则民劝善。不宝远物，则贤者至。建万世磐石之业，制诸部强横之心。欲率下，则先正身；欲治远，则始朝廷。"上称善。

时枢密使耶律乙辛爱其才，屡求诗，常哥遗以回文。乙辛知其讽己，衔之。大康三年，皇太子坐事，乙辛诬以罪，按无迹，获免。会兄适鲁谪镇州，常哥与俱，常布衣疏食，人问曰："何自苦如此？"对曰："皇储无罪遭废，我辈岂可美食安寝。"及太子被害，不胜哀痛。年七十，卒于家。

【译文】

咸雍年间，她写文章评述当时的政治。大略说："国君把百姓当作肌体，百姓把君主当作心脏。君主应当任用忠良贤明的人，臣子应当摈弃结党；这样，政令教育就能平衡，阴阳就能和顺。想要让远处归附，就应崇尚恩德；想要强国，就应减轻徭役赋税。四端五典是治国教育的根本，六府三事是百姓的命根。过度奢侈可以作为警诫，勤奋节俭可以作为师表。废弃弯曲人们不敢作假，扬显忠诚，人们就不敢欺骗。不拘泥空门，尊崇装饰那些土木（神像）；不想着边疆（侵掠）浪费金银财帛。满的时候应当想着会溢出来，安全的时候一定考虑到有危险存在。刑罚都符合罪行，百姓就会勉励着行善。不把远方的东西当作宝贝，贤能的人就会到来。创建传于万代坚如磐石的事业，控制各部分强悍横逆的心思。想要做属下的表率，就先端正自身；想要治理远方，就从朝廷开始。"皇帝都称赞了她的文章。

当时的枢密使耶律乙辛喜爱她的才华，多次向她求诗，常哥赠给他回文诗。乙辛知道她在讥讽自己，怀恨在心。大康三年，皇太子犯罪，乙辛诬陷她罪名，调查后没有证据，得到赦免。正好她哥哥适鲁贬谪到镇州，常哥跟他一起去，经常穿粗布衣服吃粗粝的饭食。有人问她说："为什么这样自己苦自己呢？"她回答说："皇储没有犯罪都被废弃，我们这些人怎么能吃美食睡安稳觉！"到太子被杀害时，她不胜哀痛。七十岁时，死在自己家中。

耶律奴妻萧氏，小字意辛，国舅附马都尉陶苏斡之女。母胡独公主。

意辛美姿容，年二十，始适奴。事亲睦族，以孝谨闻。尝与娣姒会，争言厌魅以取夫宠；意辛曰："厌魅不若礼法。"众问其故，意辛曰："修己以洁，奉长以敬，事夫以柔，抚下以宽，毋使君子见其轻易，此之为礼法，自然取重于夫。以厌魅获宠，独不愧于心乎！"闻者大惭。

初，奴与枢密使乙辛有隙。及皇太子废，被诬夺爵，没入兴圣宫，流乌古部。上以意辛公主之女，欲使绝婚。意辛辞曰："陛下以妾葭莩之亲，使免流窜，实天地之恩。然夫妇之义，生死以之。妾自笄年从奴，一旦临难，顿尔乖离，背纲常之道，于禽兽何异？幸陛下哀怜，与奴俱行，妾即死无恨！"帝感其言，从之。

【译文】

耶律奴的妻子萧氏，小名意辛，是国舅驸马都尉陶苏斡的女儿。母亲是胡独公主。

意辛姿色容貌美丽，二十岁时，才嫁给耶律奴。侍奉亲人和睦族里，以孝顺恭谨而闻名。曾经跟其他妯娌在一起时，大家争着说要用满足献媚来博取丈夫的宠爱；意辛说："满足献媚不如用礼仪法度。"大家问她原因，意辛说："用贞洁来修养自己，用孝敬来侍奉长辈，用温柔来侍奉丈夫，用宽厚来安抚下人，不要让君子看见她轻佻不敬的地方，这就是礼仪法度，自然会获得丈夫的重视。用满足献媚获得宠爱，难道不会心中有愧吗！"听的人都很惭愧。

当初，耶律奴跟枢密使乙辛有矛盾。等到太子被废，（耶律奴）遭诬陷被剥夺了爵禄，籍没进了兴圣宫，被放逐到乌古都。皇帝因为意辛是公主的女儿，想让她离婚。意辛拒绝说："陛下因为我是疏远的亲戚，让我免于流窜，实在是天地那样博大的恩情。但是夫妻的情分，生死都寄托上了。我从出嫁时就跟从耶律奴，一旦有难，马上就乖剌离异，违背纲常的道义，跟禽兽有什么分别呢？希望陛下可怜我，让我跟耶律奴一起去，我即使马上死了也没有遗憾了！"皇帝被她的话感动了，同意了她的要求。

意辛久在贬所，亲执役事，虽劳无难色。事夫礼敬，有加于旧。寿隆中，上书乞子孙为著帐郎君。帝嘉其节，召举家还。

子国隐，乾统间始仕。保大中，意辛在临潢，谓诸子曰："吾度卢彦伦必叛，汝辈速避，我当死之。"贼至，遇害。

耶律术者妻萧氏，小字讹里本，国舅孛董之女。性端悫，有容色，自幼与他女异。年十八，归术者。谨裕贞婉，娣姒推尊之。

及居术者丧，极哀毁。既葬，谓所亲曰："夫妇之道，如阴阳表里。无阳则阴不能立，无表则里无所附。妾今不幸失所天，且生必有死，理之自然。术者早岁登朝，有才不寿。天祸妾身，罹此酷罚，复何依恃。倘死者可见，则从；不可见，则当与俱。"侍婢慰勉，竟无回意，自刃而卒。

【译文】

意辛久住贬谪的地方，亲自动手做下等人的活，虽然劳苦她都面无难色。侍候丈夫在礼敬上，比从前更加多了。寿隆年间，她上书要求让子孙做著帐郎君。皇帝赞许她的节操，召令她全家回京。

儿子国隐，乾统年间开始出仕。保大年间，意辛在临潢，对儿子们说："我揣度卢彦伦一定要叛乱，你们赶快躲起来，我会以死保全名节的。”叛贼到后，她被杀害。

耶律术者的妻子萧氏，小名讹里本，是国舅孛董的女儿。她性情端正敦厚，容貌姣好，从小就与别的女儿不同。十八岁时嫁给术者。谨慎从容，贞静温婉，姐妹们都推重尊敬她。

等到为术者居丧时，她悲哀到了极点。下葬后，对亲近的的人说：“夫妇的道义，好比阴与阳、表与里。没有阳，阴就不能存在；没有表面，里子就无处依附。我现在不幸死了丈夫，而且有生就有死，也是必然规律。术者早年入朝做官，有才能但寿命不长。上天降祸给我，遭到这种残酷的惩罚，还有什么能够依靠的。如果死去的人可以重现，就跟他在一起；如果不能重现，就应刻去陪他。”侍婢们劝慰勉励她，都没有回心转意，拿刀自杀而死。

耶律中妻萧氏，小字挼兰，韩国王惠之四世孙。聪慧谨愿。年二十归于中，事夫敬顺，亲戚咸誉其德。中尝谓曰：“汝可粗知书，以前贞淑为鉴。”遂发心诵习，多涉古今。

天庆中，为贼所执，潜置刃于履，誓曰：“人欲污我者，即死之。”至夜，贼遁而免。久之，帝召中为五院都监，中谓妻曰：“吾本无宦情，今不能免。我当以死报国，汝能从我乎？”挼兰对曰：“谨奉教。”及金兵徇地岭西，尽徙其民，中守节死。挼兰悲戚不形于外，人怪之。俄跃马突出，至中死所自杀。

论曰：陈氏以经教二子，并为贤相，耶律氏自洁不嫁，居闺阃之内而不忘忠其君，非贤而能之乎。三萧氏之节，虽烈丈夫有不能者矣。

【译文】

耶律中的妻子萧氏，小名挼兰，是韩国王惠的四世孙。聪明贤慧谨慎诚厚。二十岁时嫁给耶律中，侍奉丈夫恭敬温顺，亲戚都赞誉她的品德。耶律中曾经对她说：“你可以粗略地理解书义，以从前贞静贤淑的女人作为镜子。”她于是用心诵读温习，博览古今。

天庆年间，被贼人拘执，她暗中把刀子放在鞋中，发誓说：“有人想污辱我，就自杀。”到了夜晚，贼人逃跑，她才免祸。很久以后，皇帝征召耶律中为五院都监，他对妻子说：“我本来没有做官的兴趣，现在避免不了。我应当以死报国，你能跟从我吗？”挼兰回答说：“我诚心听从你的教诲。”等到金兵占领了岭西，把当地百姓都迁走了，耶律中为守节而死。挼兰悲哀忧虑却不表露出来，别人对此都感到奇怪。不久，她跃马冲出去，到耶律中死的地方自杀了。

评论：陈氏拿经书教育两个儿子，两个儿子都做了贤明的宰相，耶律氏自己保持贞洁不嫁人，住在闺房之内但不忘记忠于她的君主，如果不是贤慧的人，能做得到吗？三萧氏的节烈，即使男子汉大丈夫也有做不到的啊。

〔金史〕

太祖本纪

太祖应乾兴运昭德定功仁明庄孝大圣武元皇帝，讳旻，本讳阿骨打，世祖第二子也。母曰翼简皇后拏懒氏。辽道宗时有五色云气屡出东方，大若二千斛囷仓之状，司天孔致和窃谓人曰："其下当生异人，建非常之事。天以象告，非人力所能为也。"咸雍四年戊申，七月一日，太祖生。幼时与群儿戏，力兼数辈，举止端重，世祖尤爱之。世祖与腊醅、麻产战于野鹊水，世祖被四创，疾困，坐太祖于膝，循其发而抚之，曰："此儿长大，吾复何忧？"十岁，好弓矢。甫成童，即善射。一日，辽使坐府中，顾见太祖手持弓矢，使射群鸟，连三发皆中。辽使矍然曰："奇男子也！"太祖尝宴纥石烈部活离罕家，散步门外，南望高阜，使众射之，皆不能至。太祖一发过之，度所至逾三百二十步。宗室谩都诃最善射远，其不及者犹百步也。天德三年，立射碑以识焉。

世祖伐卜灰，太祖因辞不失请从行，世祖不许而心异之。乌春既死，窝谋罕请和。既请和，复来攻，遂围其城。太祖年二十三，被短甲，免胄，不介马，行围号令诸军。城中望而识之。壮士太峪乘骏马持枪出城，驰刺太祖。太祖不及备，舅氏活腊胡驰出其间，击太峪，枪折，刺中其马，太峪仅得免。尝与沙忽带出营杀略，不令世祖知之。且还，敌以重兵追之。独行隘巷中，失道，追者益急。值高岸与人等，马一跃而过，追者乃还。

【译文】

金太祖，号称应乾兴运昭德定功仁明庄孝大圣武元皇帝，他的名是完颜旻，本名叫阿骨打，是金世祖的第二个儿子。他的母亲是翼简皇后拏懒氏。辽国道宗时代曾经有五色云气多次在东方出现，形状像容量为两千斛的圆形大谷仓，司天孔致和私下对别人说："这片五色云气下面应当有不同寻常的人出生，创建不寻常的事业。老天用气象告诉我们，这不是人力所能做到的。"咸雍四年戊申，七月初一日，太祖降生。年幼时和一群儿童游戏，力气相当于几个孩子的气力，再加上他行为举止端庄持重，世祖特别喜爱他。世祖与腊醅、麻产在野鹊水交战，世祖身上四处受伤，伤势沉重，就让太祖坐在他的膝上，理着他的头发说："这个孩子长大了，我还有什么可忧虑的啊。"十岁时，太祖便喜好弓箭。刚十五岁，就善于射箭。一天，辽国使节坐在府内，看见太祖手中拿着弓箭，让他射群鸟，连发三箭都射中了。辽国使节惊异地说："真是奇异的男子啊！"阿骨打曾经在纥石烈部的活离罕家参加宴会，散步走到门外，向南望见一高坡，让众人射此高坡，都不能射到高坡。太祖一发弓就射过高坡，估量箭所到之处超过高坡不止三百二十步。完颜谩都诃最善于远射，他射出的还差一百步。天德三年，在太祖所射到的地方立射碑用以记住这件事。

金世祖攻伐卜灰，太祖因为辞不失在军中而要求随从前往。世祖不允许但是心里奇怪这件事。乌春已经死了，窝谋罕请求议和。已经请和了，又来进攻，于是包围了窝谋罕的城池。太祖当年二十三岁，身披短甲，不戴头盔，不用马辅助，围着城跑向诸军发号施令。城中的将领瞭望城外认出太祖。壮士太峪骑骏马持枪冲出城，疾驰到太祖面前举枪即刺。太祖来不及防备，他舅父活腊胡疾驰到他们中间，攻击太峪，枪折断，只刺中太峪的马，太峪仅自己脱身。太祖曾经和沙忽带出军营杀伐劫掠，瞒着不让世祖知道此事。而回营时，敌方用重兵追逐他们。太祖单骑走到狭窄的街巷中，没有路了，后面的追兵越来越迫近了。正赶上一高墙与人一样高，太祖的坐骑一跃而过，追击的人只好作罢返回。

世祖寝疾。太祖以事如辽统军司。将行，世祖戒之曰："汝速了此事，五月未半而归，则我犹及见汝也。"太祖往见曷鲁骚古统军，既毕事，前世祖没一日还至家。世祖见太祖来，所请事皆如志，喜甚，执太祖手，抱其颈而抚之，谓穆宗曰："乌雅束柔善，惟此子足了契丹事。"穆宗亦雅重太祖，出入必俱。太祖远出而归，穆宗必亲迓之。

世祖已擒腊醅，麻产尚据直屋铠水。肃宗使太祖先取麻产家属，康宗至直屋铠水围之。太祖会军，亲获麻产，献馘于辽。辽命太祖为详稳，仍命穆宗、辞不失、欢都皆为详稳。久之，以偏师伐泥厖古部跋黑、播立开等，乃以达涂阿为向导，沿帅水夜行袭之，卤其妻子。

初，温都部跋忒杀唐括部跋葛，穆宗命太祖伐之。太祖入辞，谓穆宗曰："昨夕见赤祥，此行必克敌。"遂行。是岁大雪，寒甚。与乌古论部兵沿土温水过末邻乡，追及跋忒于阿斯温山北泊之间，杀之。军还，穆宗亲迓太祖于霭建村。

【译文】

世祖卧病在床。太祖因事要到辽国统军司去。临行前，世祖告诫他说："你快点办完这件事，不到五月半就要回来，那样我还来得及看见你。"太祖去见了曷鲁骚古统军，事情已经办完，在世祖逝世前一天回到家里。世祖见太祖回来了，所希望的事都如了愿，高兴极了，拉着太祖的手，抱着他的脖子爱抚他，对穆宗说："乌雅束柔弱善良，只有这个儿子可以成就契丹的大业。"穆宗也向来推崇太祖，出入一定同行。太祖出远门归来，穆宗一定亲自迎接他。

世祖已经擒获腊醅，可是麻产还占据着直屋铠水。颇剌淑（完颜阿骨打的四叔）派阿骨打先捉拿麻产的家属，乌雅束到直屋铠水围剿麻产。阿骨打与大军会合，亲自捉住了麻产，杀死他后并将他的首级上献于辽朝。辽朝任命阿骨打为详稳，同时还任命盈歌、辞不失、欢都为详稳。时间长了，阿骨打用偏师征伐泥厖古部的跋黑、播立开等。于是以达涂阿为向导，夜间沿着帅水行进偷袭他们，掠获了他们的妻子儿女。

当初，温都部的跋忒杀了唐括部的跋葛，盈歌命令阿骨打去讨伐温都部。太祖入见告辞向盈歌说："昨天见的赤色是祥瑞，这次出征必定战胜敌人。"于是出发了。这一年下大雪，非常寒冷。阿骨打率军和乌古论部的军队沿着土温水越过末邻乡，在阿斯温山北泊之间追上跋忒，将跋忒杀死。军队归来时，盈歌在霭建村亲自迎接阿骨打。

撒改以都统伐留可，谩都诃合石土门伐敌库德。撒改与将佐议，或欲先平边地部落城堡，或欲径攻留可城，议不能决，愿得太祖至军中。穆宗使太祖往，曰："事必有可疑。军之未发者止有甲士七十，尽以畀汝。"谩都诃在米里迷石罕城下，石土门未到，土人欲执谩都诃以与敌，使来告急，遇太祖于斜堆甸。太祖曰："国兵尽在此矣。使敌先得志于谩都诃，后虽种诛之，何益也。"乃分甲士四十与之。太祖以三十人诣撒改军。道遇人曰："敌已据盆搠岭南路矣。"众欲由沙偏岭往，太祖曰："汝等畏敌耶？"既度盆搠岭，不见敌，已而闻敌乃守沙偏岭以拒我。及至撒改军，夜急攻之，迟明破其众。是时，留可、坞塔皆在辽。既破留可，还攻坞塔城，城中人以城降。初，太祖过盆搦岭，经坞塔城下，从骑有后者，坞塔城人攻而夺之釜。太祖驻马呼谓之曰："毋取我炊食器。"其人谩言曰："公能来此，何忧不得食。"太祖以鞭指之曰："吾破留可，即于汝乎取之。"至是，其人持釜而前曰："奴辈谁敢毁详稳之器也。"遣蒲家奴招诈都，诈都乃降，释之。

穆宗将伐萧海里，募兵得千余人。女真兵未尝满千，至是，太祖勇气自倍，曰："有此甲兵，何事不可图也！"海里来战，与辽兵合，因止辽人，自为战。勃海留守以甲赠太祖，太祖亦不受。穆宗问何为不受。曰："被彼甲而战，战胜则是因彼成功也。"穆宗末年，令诸部不得擅置信牌驰驿讯事，号令自此始一，皆自太祖启之。

康宗七年，岁不登，民多流莩，强者转而为盗。欢都等欲重其法，为盗者皆杀之。太祖曰："以财杀人，不可！财者，人所致也。"遂减盗贼征偿法为征三倍。民间多逋负，卖妻子不能偿，康宗与官属会议，太祖在外庭以帛系杖端，麾其众，令曰："今贫者不能自活，卖妻子以偿债。骨肉之爱，人心所同。自今三年勿征，过三年徐图之。"众皆听令，闻者感泣，自是远近归心焉。

【译文】

撒改以都统的身份攻伐留可，谩都诃和石土门合兵攻伐敌库德。撒改和将领们商议，有的想先扫平边地部落城堡，有的要直接攻打留可城，争议而不能决断，都愿意把太祖请到军中。穆宗让太祖到军中去，说："事情一定有可疑之处。军队没派出去的只剩下七十名甲士，全部交付给你。"谩都诃在米里迷石罕城下，石土门没有按时到那里，当地人要抓起谩都诃把他交给敌人，谩都诃派人来告急，在斜堆甸遇到太祖。太祖说："国兵全部都在这里了。如果让敌人先在谩都诃身上得志，今后虽然照样杀了他们，又有什么好处呢？"于是分出四十名甲士给了告急的使者。太祖带领剩下的三十名甲士前往撒改军。途中遇到有人说："敌人已经占据盆搦岭的南路了。"众人想取道沙偏岭前往，太祖说："你们害怕敌人吗？"已经越过了盆搦岭，却没见到敌人，不久又听说敌人据守在沙偏岭来抗拒官军。到了撒改的军队那里，夜间急速进攻沙偏岭，到天明后打败了敌军。当时留可、坞塔都在辽国。破了留可的军队以后，回头又攻打坞塔城，城中人献出城而投降了。当初，太祖翻过盆搦岭，经过坞塔城城下，随从的骑士有落在后面的，遭到坞塔城人的攻击而被夺去了炊事用具。太祖停住马向坞塔城人喊话说："不要拿我的煮饭器具！"那人傲慢地说："您能来此地，还担心什么没有饭吃？"阿骨打用马鞭指着那人说："我攻破留可城，就在你这儿取锅。"至此，那人拿着锅走到太祖面前说："我们这些奴婢谁敢毁坏详稳您的器物呢？"太祖派蒲家奴去招抚诈都，诈都就投降了，于是太祖释放了他。

穆宗将讨伐萧海里，征集士兵一千多人。女真的队伍未曾满过千人的，到这时候，太祖自然是勇气倍增，说："有这些甲兵，什么事不能去图谋呢？"海里来交战，原与辽兵配合，现在劝止了辽人，自己去应战。渤海留守要把铠甲赠给太祖，太祖也不接受。穆宗问为什么不接受，太祖说："披上他的铠甲去打仗，那么打胜了，是因为他的功劳了。"穆宗末年，下令诸部不得擅自设置信牌在驿站间奔驰通信，号令从这时开始统一，这都是由太祖开启的。

乌雅束在位第七年，年景不好，五谷不丰，民间多有流浪饿死的人，强者转而为盗贼。欢都等人想加重其刑法，凡是为盗贼者都杀掉。阿骨打说："因为钱财而杀人，不可以！钱财，人所创造的。"于是减盗贼征偿法为征收的三倍。民间大多拖欠税赋，出卖妻子儿女不能偿还。乌雅束与属吏一起商议，阿骨打在外庭用丝帛系在杖端，指挥众人，下令说："现在贫穷的人不能自己养活自己，出卖妻子儿女用以偿还债务。骨肉之间的爱，是人心所共有的。从现在起三年不要征收税赋，过三年以后慢慢谋求征收税赋。"众人都听从他的命令，听到的人感动得哭了，从这时起，远近民心都归服他。

岁癸巳十月，康宗梦逐狼，屡发不能中，太祖前射中之。旦日，以所梦问僚佐，众皆曰："吉。兄不能得而弟得之之兆也。"是月，康宗即世，太祖袭位为都勃极烈。

辽使阿息保来，曰："何以不告丧？"太祖曰："有丧不能吊，而乃以为罪乎？"他日，阿息保复来，径骑至康宗殡所，阅赗马，欲取之。太祖怒，将杀之，宗雄谏而止。既而辽命久不至。辽主好畋猎、淫酗，怠于政事，四方奏事，往往不见省。纥石烈阿疏既奔辽，穆宗取其城及其部众。不能归，遂与族弟银术可、辞里罕阴结南江居人浑都仆速、欲与俱亡入高丽。事觉，太祖使夹古撒喝捕之，而银术可、辞里罕先为辽戍所获，浑都仆速已亡去，撒喝取其妻子而还。

二年甲午六月，太祖至江西，辽使使来致袭节度之命。初，辽每岁遣使市名鹰海东青于海上，道出境内，使者贪纵，征索无艺，公私厌苦之。康宗尝以不遣阿疏为言，稍拒其使者。太祖嗣节度，亦遣蒲家奴往索阿疏，故常以此二者为言，终至于灭辽然后已。至是，复遣宗室习古乃、完颜银术可往索阿疏。习古乃等还，具言辽主骄肆废弛之状。于是召官僚耆旧，以伐辽告之，使备冲要，建城堡，修戎器，以听后命。辽统军司闻之，使节度使捏哥来问状，曰："汝等有异志乎？修战具，饬守备，将以谁御？"太祖答之曰："设险自守，又何问哉。"辽复遣阿息保来诘之。太祖谓之曰："我小国也，事大国不敢废礼。大国德泽不施，而逋逃是主，以此字小，能无望乎？若以阿疏与我，请事朝贡。苟不获已，岂能束手受制也。"阿息保还，辽人始为备，命统军萧挞不野调诸军于宁江州。

【译文】

癸巳年十月，康宗梦见自己追杀一只狼，屡射都没有打中，太祖上前射中了。天明以后，把所做的梦告诉左右，众人都说："吉祥！这是兄长不能得而弟弟能得到王位的吉祥征兆啊！"就在这个月，康宗就逝世了，太祖承袭了都勃极烈之位。

辽国使者阿息保来见太祖阿骨打，说："你的兄长死了，你为什么不报丧？"太祖说："有丧不能凭吊，你们也认为是罪过吗？"过了些天，阿息保又来，直接骑马到康宗殡仪的场所，看见送葬的马，想取走。太祖发怒了，要杀阿息保，宗雄劝谏止住了他。随之而来的是辽朝的任命令久久不到。辽天祚帝好打猎，荒淫、酗酒怠惰朝政，天下四方送来的奏折往往不予审阅批览。纥石烈阿疏已投奔辽朝，盈歌夺取了他的城池和他属下的兵民众人。他不能回归故地，就和族弟银术可、辞里罕暗地里勾结南江居人浑都仆速，想和他们一起都逃亡到高丽。事情被察觉，太祖派遣夹古撒喝去逮捕他们，然而银术可、辞里罕先被辽国卫戍部队所擒获，浑都仆速已经逃走了，夹古撒喝把他的妻子和儿子抓起来返回。

第二年(1114)六月，太祖到江西，辽国派遣使者来传达要太祖承袭节度使的命令。起初，辽国每年遣派使者在海上购买叫"海东青"的名鹰，来往均要路经境内，使者贪婪放纵，征收索要没有限度，公署或个人对他们的刁难十分厌恶。康宗曾经以辽国不遣回阿疏为理由，稍微抗拒了辽国使者。太祖继承了节度使之职，也派蒲家奴到辽国去索要阿疏，经常谈及这两件事，直至灭辽之后。至此，又派宗室习古乃、完颜银术可前往辽朝索要阿疏。习古乃等人回来，详细地述说了辽天祚帝骄奢放肆、荒疏朝政的情况。于是阿骨打召集官僚及年长的旧好，把将要讨伐辽朝的打算告诉他们，让他们守备军事、交通要道，修建城堡，整修兵器，等待听候命令。辽统军司知道了这情况，派节度使捏哥来询问这事，说："你们是有了反叛的意图吗？修缮作战的装备，整饬城堡营盘，做这些事是为了抵御谁？"阿骨打答复他说："设备险隘守护自己，又有什么可责问的。"辽朝又派阿息保来责问阿骨打。阿骨打对他说："我们是小国，侍奉大国不敢废除礼仪。大国不施行德政恩泽，而且容纳包庇叛逃的人，像这样的姑息豢养小人，能没有企图吗？如果把阿疏交给我们，我们仍然侍奉朝贡。假如擒获不了逃贼，难道能束手接受管制吗？"阿息保回去，辽人才开始准备，命令统军萧挞不野在宁江州调集各部军队。

太祖闻之，使仆聒剌复索阿疏，实观其形势。仆聒剌还言："辽兵多，不知其数。"太祖曰："彼初调兵，岂能遽集如此。"复遣胡沙保往，还言："惟四院统军司与宁江州军及渤海八百人耳。"太祖曰："果如吾言。"谓诸将佐曰："辽人知我将举兵，集诸路军备我，我必先发制之，无为人制。"众皆曰："善。"乃入见宣靖皇后，告以伐辽事。后曰："汝嗣父兄立邦家，见可则行。吾老矣，无贻我忧，汝必不至是也。"太祖感泣，奉觞为寿。即奉后率诸将出门，举觞东向，以辽人荒肆，不归阿疏，并已用兵之意，祷于皇天后土。酹毕，后命太祖正坐，与僚属会酒，号令诸部。使婆卢火征移懒路迪古乃兵，斡鲁古、阿鲁抚谕斡忽、急赛两路系辽籍女真，实不迭往完睹路执辽障鹰官达鲁古部副使辞列、宁江州渤海大家奴。于是达鲁古部实里馆来告曰："闻举兵伐辽，我部谁从？"太祖曰："吾兵虽少，旧国也，与汝邻境，固当从我。若畏辽人，自往就之。"

九月，太祖进军宁江州，次寥晦城。婆卢火征兵后期，杖之，复遣督军。诸路兵皆会于来流水，得二千五百人。致辽之罪，申告于天地曰："世事辽国，恪修职贡，定乌春、窝谋罕之乱，破萧海里之众，有功不省，而侵侮是加。罪人阿疏，屡请不遣。今将问罪于辽，天地其鉴佑之。"遂命诸将传梃而誓曰："汝等同心尽力，有功者，奴婢部曲为良，庶人官之，先有官者叙进，轻重视功。苟违誓言，身死梃下，家属无赦。"师次唐括带斡甲之地，诸军禳射，介而立，有光如烈火，起于人足及戈矛之上，人以为兵祥。明日，次扎只水，光见如初。

【译文】

太祖听说辽国备战的消息，派遣仆聒剌再去索要阿疏，实际任务是去观察辽国的形势。仆聒剌回来说："辽国军队人多，不知道他们的具体数目。"太祖说："他们刚开始调动军队，哪里能聚集这么多人。"又派遣胡沙保前往辽国打探。胡沙保回来说："只有四院统军司和宁江州的军队以及渤海军共八百人而已。"太祖说："果然像我所说的。"又对各位副将说："辽人知道了我们将要举兵，调集诸路军队防备我们，我们必须先发制人，不要被人家先制。"众人都说："好！"于是太祖入内堂拜见母亲，把将征伐辽朝的事告诉她。其母说："你继承父兄的事业建立国家，认为可以做就去进行。我老了，不要带给我忧虑，你一定不至于这样。"太祖感动涕泣，举起酒杯祝她长寿。就侍奉母亲率领诸将出门，举起酒杯向东，把辽人荒淫放肆不归还阿疏，以及自己举兵的用意向皇天后土祈神求福。祭奠完毕，皇后命令太祖端正坐好，和部下干杯，向诸部首领发号施令。太祖派婆卢火去征集移懒路迪古乃的兵士，斡鲁古、阿鲁去安抚斡忽、急赛两路属于辽国籍的女真人，实不迭前往完睹路去逮捕辽国障鹰官达鲁古部的副使辞列、宁江州渤海的大家奴。于是达鲁古部实里馆来报告说："听说举兵伐辽我们这部听从谁？"太祖说："我的兵虽说少，但都是旧时国君的后代，和你们边境相邻，你们本来就应当跟随我。如果惧怕辽人，你们自己前去投奔他们！"

九月，太祖向宁江州进军，到寥晦城。婆卢火征兵拖延了期限，被打了军棍，又被派遣为督军。各路人马会集在来流水，共有两千五百人。太祖罗列辽的罪行，向天地申明禀报："世代侍奉辽国，谨慎、恭敬，按时进贡，平定乌春、窝谋罕的叛乱，打败萧海里纠结的乌合之众。有功劳不省察，反而侵犯侮辱不断增加。罪人阿疏逃到辽国，屡次请求交还却始终不遣送。今天，将向辽国问罪，望皇天后土明察并保佑我们。"继而命令诸将传递梃杖而宣誓说："你们这些人同心尽力，有功的人，是奴婢、部曲的转为平民，是平民的授予官职，原来已有官职的按顺序晋级，晋级大小根据功劳大小而定。假如违背誓言，身死梃杖之下，家属不赦免。"军队到唐括带斡甲这个地方，各军队射箭来祈祷消灾，兵士们有间隔地站立着，突然从他们的脚上和戈矛上发出像烈火似的光，人们认为这是出兵吉祥的象征。第二天，军队行进到扎只水，出现烈火似的光和头一天一样。

将至辽界，先使宗干督士卒夷堑。既度，遇渤海军攻我左翼七谋克，众少却，敌兵直犯中军。斜也出战，哲垤先驱。太祖曰："战不可易也。"遣宗干止之。宗干驰出斜也前，控止哲垤马，斜也遂与俱还。敌人从之，耶律谢十坠马，辽人前救。太祖射救者毙，并射谢十中之。有骑突前，又射之，彻扎洞胸。谢十拔箭走，追射之，中其背，饮矢之半，偾而死，获所乘马。宗干与数骑陷辽军中，太祖救之，免胄战。或自傍射之，矢拂于颡。太祖顾见射者，一矢而毙。谓将士曰："尽敌而止。"众从之，勇气自倍。敌大奔，相蹂践死者十七八。撒改在别路，不及会战，使人以战胜告之，而以谢十马赐之。撒改使其子宗翰、完颜希尹来贺，且称帝，因劝进。太祖曰："一战而胜，遂称大号，何示人浅也。"

进军宁江州，诸军填堑攻城。宁江人自东门出，温迪痕、阿徒罕邀击，尽殪之。十月朔，克其城，获防御使大药师奴，阴纵之，使招谕辽人。铁骊部来送款。次来流城，以俘获赐将士。召渤海梁福、斡答刺使之伪亡去，招谕其乡人曰："女真、渤海本同一家，我兴师伐罪，不滥及无辜也。"使完颜娄室招谕系辽籍女真。

【译文】

快到辽国边界的时候，太祖先派宗干监督士卒平界沟。度过界沟后，遇到辽国渤海的军队攻击左翼部队七谋克，众人稍有退却，敌军直向中军进犯。斜也出战，哲垤却驱马先行。太祖说："交战的时候不可以变换位置。"派遣宗干去阻止他们。宗干纵马驰在斜也前面，控制住哲垤的马，斜也于是和宗干、哲垤一起回来。敌人跟了上来，耶律谢十掉下马来，辽人上前救助他，太祖射死了去救耶律谢十的人，同时还射中了耶律谢十。辽军中有骑马冲在前面的，太祖又瞄准了射他，箭穿透了那个人的胸膛。谢十拔出箭逃跑，太祖又追射一箭，射中了谢十的后背，箭扎进一半，谢十仆倒在地而死，缴获了他所乘的战马。宗干和数名骑兵陷在辽军当中，太祖营救他们，摘去头盔作战。有时敌人的箭就从他旁边射来，箭头擦着他额头而过。太祖扭头看见射箭的人，一箭射去那人就中箭身亡。太祖对将士说:“杀尽敌人而停战!”众人跟随他,勇气倍增。敌人大量奔走逃命,自相践踏而死的十有七八。撒改在其他路上,没有赶上会战,阿骨打派人把打胜仗的消息告诉他,并把耶律谢十的坐骑赏赐给他。撒改派他的儿子完颜宗翰、完颜希尹来祝贺阿骨打,并且称阿骨打为帝,因而劝说阿骨打即皇帝位。阿骨打说:“一次战斗胜利,就称大号,让人看这是多么浅薄!”

阿骨打进军宁江州,各路军马填平堑沟攻打城池。宁江城中人从东门出来,温迪痕、阿徒罕拦击了他们,全部致他们于死地。十月初,攻克了宁江州城,擒获了防御使大药师奴,暗中又把他放了,让他去招抚辽人。铁骊部来送款。大军到达来流城,把俘获的战利品赐给将士。召集渤海的梁福、斡答剌让他们假装逃走,招抚告谕他们同乡的人说:“女真和渤海本来同是一家人,我们兴兵只是讨伐罪人,不会滥杀无辜的百姓。”派完颜娄室去招抚原来是辽国国籍的女真族人。

师还,谒宣靖皇后,以所获颁宗室耆老,以实里馆赀产给将士。初命诸路以三百户为谋克,十谋克为猛安。酬斡等抚定谗谋水女真。鳖古酋长胡苏鲁以城降。

十一月,辽都统萧纥里、副都统挞不野将步骑十万会于鸭子河北。太祖自将击之。未至鸭子河,既夜,太祖方就枕,若有扶其首者三,寤而起,曰:“神明警我也!”即鸣鼓举燧而行。黎时及河,辽兵方坏凌道,选壮士十辈击走之。大军继进,遂登岸。甲士三千七百,至者才三之一。俄与敌遇于出河店,会大风起,尘埃蔽天,乘风势击之,辽兵溃。逐至斡论泊,杀获首虏及车马甲兵珍玩不可胜计,遍赐官属将士,燕犒弥日。辽人尝言女真兵若满万则不可敌,至是始满万云。

斡鲁古败辽兵,斩其节度使挞不野。仆虺等攻宾州,拔之。兀惹雏鹘室来降。辽将赤狗儿战于宾州,仆虺、浑黜败之。铁骊王回离保以所部降。吾睹补、蒲察复败赤狗儿、萧乙薛军于祥州东。斡忽、急塞两路降。斡鲁古败辽军于咸州西,斩统军实娄于阵。完颜娄室克咸州。

是月,吴乞买、撒改、辞不失率官属诸将劝进,愿以新岁元日恭上尊号,太祖不许。阿离合懑、蒲家奴、宗翰等进曰:“今大功已建,若不称号,无以系天下心。”太祖曰:“吾将思之。”

【译文】

大军回还，太祖拜见宣靖皇后，拿所缴获的战利品颁发给宗室老者，把实里馆的资产分给将士。起初命令诸路军队以三百户为一谋克，十谋克为一猛安。酬斡等人安抚平定逸谋水女真族。鳖古的酋长胡苏鲁献出城池投降。

十一月，辽国都统萧纥里、副都统挞不野指挥步兵和骑兵共十万人会集在鸭子河北岸。太祖亲自率领军队去攻击他们。还没到鸭子河，天就黑了，太祖刚要躺下睡觉，好像有三个人抚着他的头，太祖忽然领悟到了什么，赶忙起来，说："神明在警告我啊！"就命令敲响战鼓、举起火把向前进军。黎明时大军到了鸭子河边，辽兵刚要毁坏冰凌道，太祖选壮士十队打跑了他们。大军继续前进，不久登岸。披甲的战士三千七百人，登上对岸的仅剩三分之一。不久与辽军在出河店相遇，正赶上大风骤起，卷起的尘埃遮蔽了天空，阿骨打军乘着风势攻击辽军，辽军大败溃散。追敌到斡论泊，杀死敌人，擒获俘虏以及缴获车马、甲胄、兵器、珍玩不计其数，太祖将这些战利品普遍赏赐下属官员将士，设宴犒劳大军整整一天。辽人曾经说女真兵如果达到一万人则不可抵挡，到现在女真军队开始达到一万人了。

斡鲁古打败辽军，将其节度使挞不野斩首。仆虺等人率军攻打宾州，占领宾州。兀惹的雏鹘室来投降。辽将赤狗儿攻打宾州，仆虺、浑黜打败他。铁骊王回离保率他的部属来投降。吾睹补、蒲察又在祥州东打败赤狗儿、萧乙薛的军队。斡忽、急塞两路军队投降。斡鲁古在咸州西打败了辽军，在阵前斩了辽国统军实娄，完颜娄室攻克咸州。

当月，吴乞买、撒改、辞不失率领官员及诸将领向太祖劝进，表示愿意在新岁元旦那天奉上尊号。阿骨打不准许。阿离合懑、蒲家奴、宗翰等人进言说："现在已建立了大功业，如果不称帝号，就不能维系天下人心。"阿骨打说："我将考虑这问题。"

收国元年正月壬申朔，群臣奉上尊号。是日，即皇帝位。上曰："辽以宾铁为号，取其坚也。宾铁虽坚，终亦变坏，惟金不变不坏。金之色白，完颜部色尚白。"于是国号大金，改元收国。

丙子，上自将攻黄龙府，进临益州。州人走保黄龙，取其余民以归。辽遣都统耶律讹里朵、左副统萧乙薛、右副统耶律张奴、都监萧谢佛留，骑二十万、步卒七万戍边。留娄室、银术可守黄龙，上率兵趋达鲁古城，次宁江州西。辽使僧家奴来议和，国书斥上名，且使为属国。庚子，进师，有火光正圆，自空而坠。上曰："此祥征，殆天助也！"酹白水而拜，将士莫不喜跃。进逼达鲁古城。上登高望辽兵若连云灌木状，顾谓左右曰："辽兵心贰而情怯，虽多不足畏。"遂趋高阜为阵。宗雄以右翼先驰辽左军，左军却。左翼出其阵后，辽右军皆力战。娄室、银术可冲其中坚。凡九陷阵，皆力战而出。宗翰请以中军助之。上使宗干往为疑兵。宗雄已得利，击辽右军，辽兵遂败。乘胜追蹑，至其营，会日已暮，围之。黎明，辽军溃围出，逐北至阿娄冈。辽步卒尽殪，得其耕具数千以给诸军。是役也，辽人本欲屯田，且战且守，故并其耕具获之。

【译文】

收国元年(1115)正月初一，群臣尊奉太祖为皇上称号。当天，太祖即皇帝位。太祖皇帝说："辽国用镔铁为国号，取它坚实的意思。镔铁虽然坚固，最终也变坏了，只有金子不变不坏。金的颜色是白的，完颜部族崇尚白色。"于是定国号大金，改开国年号为收国。

正月初五，太祖皇帝亲自率领大军攻打黄龙府，进军临近益州，州人跑去保卫黄龙府，大军俘获州内余下的人民而归。辽国派遣都统耶律讹里朵、左副统萧乙薛、右副统耶律张奴、都监萧谢佛留，骑兵二十万、步兵七万戍守边疆。把娄室、银术可留下据守黄龙府。皇上率领军队奔向达鲁古城，到达宁江州西面。辽朝派僧家奴来谈判媾和，所带国书直斥太祖名讳，而且要金列为辽的属国。初九日，金国进军，有火光呈正圆状，从天上坠下。太祖说："这是祥瑞的征兆，大概是上天的帮助。"以白水祭奠而拜祭，全军将士没有不欢欣雀跃的。金军前进直逼达鲁古城。太祖登上高处眺望辽营，见其呈连云灌木的形状，环顾左右的下属说："辽国军队有二心而且胆怯，虽然人多却没有什么可畏惧的。"于是急速以高坡摆兵布阵。宗雄作为右翼首先驰入辽军的左军，左军退却。左翼从其阵后冲出，辽右军全体都奋力迎战。娄室、银术可率军冲击辽军中坚，一共九次冲入辽军阵中，都能奋力战斗冲出辽阵。宗翰请准许率中军援助娄室、银术可。太祖派宗干前去虚设以迷惑敌兵。宗雄已获胜利，攻击辽国右军，辽军就溃败了。大军乘胜追蹑，到辽军大营，当时太阳已要落下去，大军包围了辽军营盘。黎明时分，辽军冲破包围逃出，大军追到阿娄冈。辽军中的步兵都战死了，大军将缴获的耕具几千种分给了诸路军队。这场战役，辽人本来打算屯垦种田，边战边守，所以一并缴获了他们的耕具。

二月，师还。三月辛未朔，猎于寥晦城。四月，辽耶律张奴以国书来。上以书辞慢侮，留其五人，独遣张奴回报，书亦如之。五月庚午朔，避暑于近郊。甲戌，拜天射柳。故事，五月五日、七月十五日、九月九日拜天射柳，岁以为常。

六月己亥朔，辽耶律张奴复以国书来，犹斥上名。上亦斥辽主名以复之，且谕之使降。七月戊辰，以弟吴乞买为谙班勃极烈，国相撒改为国论勃极烈。辞不失为阿买勃极烈，弟斜也为国论昊勃极烈。甲戌，辽使辞剌以书来，留之不遣。九百奚营来降。

八月戊戌，上亲征黄龙府。次混同江，无舟，上使一人道前，乘赭白马径涉，曰："视吾鞭所指而行。"诸军随之，水及马腹。后使舟人测其渡处，深不得其底。熙宗天眷二年，以黄龙府为济州，军曰利涉，盖以太祖涉济故也。

九月，克黄龙府，遣辞剌还，遂班师。至江，径渡如前。丁丑，至自黄龙府。己卯，黄龙见空中。癸巳，以国论勃极烈撒改为国论忽鲁勃极烈，阿离合懑为国论乙室勃极烈。

十一月，辽主闻取黄龙府，大惧，自将七十万至驼门。驸马萧特末、林牙萧查剌等将骑五万、步四十万至斡邻泊。上自将御之。

【译文】

二月，大军还朝。三月初一，太祖在寥晦城打猎。四月，辽国使臣耶律张奴带着国书来晋见太祖皇上。皇上因为辽国国书中语句轻慢侮弄，就留下同来的五个人，只让耶律张奴单独回去汇报，带回的国书也像带来的国书那样措辞。五月一日，太祖皇帝到近郊避暑。五日，拜天射柳。按照过去的习俗，五月五日、七月十五日、九月九日拜天射柳，年年这样做习以为常。

六月己亥初一日，辽使耶律张奴又持国书而来，还是直呼太祖名讳。太祖也直呼辽主天祚帝的名讳，以此回复辽朝，并且告谕他让他投降。七月初一日，太祖皇帝命令他的弟弟吴乞买为谙班勃极烈，国相撒改为国论勃极烈，辞不失为阿买勃极烈，另一个弟弟斜也为国论昊勃极烈。七日，辽国使者辞剌带着国书来，被拘留下来不再遣送回去。九百奚营人前来投降。

八月一日，皇上亲自率领军队出征黄龙府。行军到混同江，没有船过河，皇上派一个人在前面开道，骑着赭白色的马涉水过河，皇上说："看我的鞭子所指的地方走。"诸军跟着太祖渡江，江水深及马的肚子。后来派舟兵测量太祖率军渡江的地方，水深得不见江底。金熙宗天眷二年，将黄龙府改为济州，军名为利涉，大概是因太祖在此渡江的缘故。

九月，太祖皇帝率军攻克黄龙府，派遣辞剌先回辽朝，然后班师还朝，到混同江，像来时一样直接涉水渡过去。十一日，至自黄龙府。己卯十五日，黄龙出现在空中。癸巳十九日，以国论勃极烈撒改为国论忽鲁勃极烈，阿离合懑为国论乙室勃极烈。

十一月，辽主听说太祖皇上取得了黄龙府大为恐惧，亲自率领七十万军队到驼门。辽国驸马萧特末、林牙萧查剌等率骑兵五万、步兵四十万到斡邻泊。太祖皇上准备亲自抵御他们。

十二月己亥，行次爻剌，会诸将议。皆曰："辽兵号七十万，其锋未易当。吾军远来，人马疲乏，宜驻于此，深沟高垒以待。"上从之。遣迪古乃、银术可镇达鲁古。丁未，上以骑兵亲候辽军，获督饷者，知辽主以张奴叛，西还二日矣。是日，上还至熟结泊，有光见于矛端。戊申，诸将曰："今辽主既还，可乘怠追击之。"上曰："敌来不迎战，去而追之，欲以此为勇邪？"众皆愧愧，愿自效。上复曰："诚欲追敌，约赍以往，无事馈饷。若破敌，何求不得。"众皆奋跃，追及辽主于护步答冈。是役也，兵止二万。上曰："彼众我寡，兵不可分。视其中军最坚，辽主必在焉。败其中军，可以得志。"使右翼先战。兵数交，左翼合而攻之。辽兵大溃。我师驰之，横出其中。辽师败绩，死者相属百余里。获舆辇帟幄兵械军资，他宝物马牛不可胜计。是战，斜也援矛杀数十人，阿离本被围，温迪罕、迪忽迭以四谋克兵出之，完颜蒙刮身被数创，力战不已，功皆论最。萧特末等焚营遁去。遂班师。加谷撒喝取开州。婆卢火下特邻城，辞里罕降。

二年正月戊子，诏曰："自破辽兵，四方来降者众，宜加优恤。自今契丹、奚、汉、渤海、系辽籍女真、室韦、达鲁古、兀惹、铁骊诸部官民，已降或为军所俘获，逃遁而还者，勿以为罪，其酋长仍官之，且使从宜居处。”

闰月，高永昌据东京，使挞不野来求援。高丽遣使来贺捷，且求保州。诏许自取之。

【译文】

十二月己亥四日，太祖皇上率大军行进到爻剌，召见各位将领议事。大家都说：“辽兵号称有七十万之多，其锋芒不容易抵挡。我军远道而来，人马疲乏，应该驻扎在这里，挖深战壕、垒高城墙来等待他们进攻。”皇上采纳了他们的意见。派遣迪古乃、银术可镇守达鲁古。十二日，皇上带领骑兵亲自守候辽军，擒获了督运粮饷的人，知道辽主因为张奴叛变，已经向西还朝两天了。当天，皇上撤军回到熟结泊，他的矛尖上有光芒闪现。十三日，诸位将领说：“现在辽主既然回去了，可以趁辽军懈怠之机去追击他们。”皇上说：“敌人来了不迎战，撤去了反而去追击，想用这来表现勇敢吗？”众将都很惶恐惭愧，愿意以身报效国家。皇上又说：“真心想追击敌人，就轻装前往，不用运送粮食。如果打败敌人，要什么得不到？”众将都奋勇向前，他们在护步答冈追上了辽主。这场战斗，金兵只有二万。皇上说：“敌众我寡，兵力不要分散。看辽军的中军最坚强，辽主一定就在那里。打败他的中军，就可以达到目的。”派右翼部队先去作战。交战几个回合后，左翼配合右翼发动进攻。辽兵大败。金国军队驰骋沙场，横在辽军中间。辽军队大败，死的人相互连接长达一百多里；缴获的车辇幄帐兵器军用物资，其他宝物牛马等不可胜计。这一仗，斜也举着长矛杀死敌军数十人，阿离本被敌军包围，温迪罕、迪忽迭带四谋克兵把他救了出来，完颜蒙刮身上数处受伤，仍拼死力战斗不已，大家都认为他功劳最大。辽国驸马萧特末等人焚烧了营盘逃跑了。于是太祖班师回朝。夹谷撒喝攻取了开州。婆卢火攻下了特邻城，辞里罕投降。

收国二年正月戊子二十三日，太祖皇帝下诏说：“自从大败辽兵以来，四面八方来投降的人很多，应当加以优抚。从现在开始，契丹、奚、汉、渤海、属辽籍的女真、室韦、达鲁古、兀惹、铁骊各部的官民，已归降或被军队所俘虏，逃跑而返回的，都不要因此定其有罪，他们的酋长仍然做官，并且让他们在适宜自己的地方居住。”

闰正月，高永昌据守东京，派挞不野来求援。高丽派遣使节来祝贺胜利，并且请求把保州给予高丽。皇上下诏准许他们自己去攻取。

二月己巳，诏曰："比以岁凶，庶民艰食，多依附豪族，因为奴隶，及有犯法，征偿莫办，折身为奴者，或私约立限，以人对赎，过期则为奴者，并听以两人赎一为良。若元约以一人赎者，即从元约。"

四月乙丑，以斡鲁统内外诸军，与蒲察、迪古乃会咸州路都统斡鲁古讨高永昌。胡沙补等被害。

五月，斡鲁等败永昌，挞不野擒永昌以献，戮之于军。东京州县及南路系辽女真皆降。诏除辽法，省税赋，置猛安谋克一如本朝之制。以斡鲁为南路都统、迭勃极烈。阿徒罕破辽兵六万于照散城。

九月己亥，上猎近郊。乙巳，南路都统斡鲁来见于婆卢买水。始制金牌。

十二月庚申朔，谙班勃极烈吴乞买及群臣上尊号曰大圣皇帝，改明年为天辅元年。

天辅元年正月，开州叛，加古撒喝等讨平之。国论昊勃极烈斜也以兵一万取泰州。

四月，辽秦晋国王耶律捏里来伐，迪古乃、娄室、婆卢火将兵二万，会咸州路都统斡鲁古击之。

五月丁巳，诏自收宁江州已后同姓为婚者，杖而离之。

【译文】

二月五日，皇帝下诏说："近几年光景恶劣，百姓饥寒，因此多数人依附豪门贵族，去当奴隶，他们中有犯法的，不要对他们惩办；卖身为奴的，有的私自订立条约期限，到时拿人对等赎身，过了期限的，听凭用两个人赎出一人恢复为良民。如果开始约定用一个人赎的，就照原先的约定办。"

四月二日，任用斡鲁统领内外各路军队，和蒲察、迪古乃会合咸州路都统斡鲁古讨伐高永昌。胡沙补等人被杀害。

五月，斡鲁等人率军打败高永昌，挞不野擒获高永昌献来，在军中杀了他。东京州县以及南路属于辽国的女真都投降了金国。皇帝下诏令废除辽国法令，免去税赋，设置猛安谋克类似金朝的制度，任用斡鲁为南路都统。迭勃极烈阿徒罕在照散城打败六万辽军。

九月己亥初九日，太祖皇上在近郊打猎。乙巳十五日，南路都统斡鲁来，在婆卢买水谒见太祖。开始制作金牌。

十二月庚申初一，谙班勃极烈吴乞买以及群臣为太祖加尊号为大圣皇帝，改第二年年号为天辅元年。

天辅元年正月，开州发生叛乱，加古撒喝等人讨伐平定了叛乱。国论昊勃极烈斜也率领一万人马攻取泰州。

四月，辽国秦晋国王耶律捏里来侵犯，迪古乃、娄室、婆卢火率兵二万人，会合咸州路都统斡鲁古还击辽军。

五月三十日，皇上诏令自从收取宁江州以后同姓结婚的，用棍罚让他们分离。

七月戊申，以完颜斡论知东京事。

八月癸亥，高丽遣使来请保州。

十二月甲子，斡鲁古等败耶律捏里兵于蒺藜山，拔显州，乾、懿、豪、徽、成、川、惠等州皆降。

是月，宋使登州防御使马政以国书来，其略曰："日出之分，实生圣人。窃闻征辽，屡破勍敌。若克辽之后，五代时陷入契丹汉地，愿畀下邑。"

二年正月庚寅，辽双州节度使张崇降。使散睹如宋报聘，书曰："所请之地，今当与宋夹攻，得者有之。"

二月癸丑朔，辽使耶律奴哥等来议和。辛酉，孛堇迪古乃、娄室来见。上以辽主近在中京，而敢辄来，皆杖之。劾里保、双古等言，咸州都统斡鲁古知辽主在中京而不进讨，刍粮丰足而不以实闻，攻显州时所获生口财畜多自取。

三月癸未朔，命阇哥代为都统而鞫治之，斡鲁古坐降谋克。壬辰，辽使耶律奴哥以国书来。庚子，以娄室言黄龙府地僻且远，宜重戍守，乃命合诸路谋克，以娄室为万户镇之。

【译文】

七月二十二日，任命完颜斡论为知东京事。

八月八日，高丽国派遣使者来请求分给保州。

十二月甲子十一日，斡鲁古等人在蒺藜山打败耶律捏里的辽军，占领显州，乾、懿、豪、徽、成、川、惠等州都投降了。

当月，宋国派登州防御使马政带着国书来朝，国书大意说："日出的时候，实际是有圣人降生。私下听说贵国征讨辽国，屡次战胜劲敌。假如攻克辽国以后，五代时候陷入契丹的汉族领地，请求贵国把这些城邑交付下国。"

天辅二年正月庚寅初七日，辽国双州节度使张崇投降。皇帝派散睹到宋国传报，书上说："所请求交付的地方，今天应当与宋国夹攻，谁得到这些地方就归谁所有。"

二月癸丑初一日，辽国使臣耶律奴哥等人前来议和。辛酉初九日，孛堇迪古乃、娄室来见皇上。皇上因为辽主近在中京，而孛堇迪古乃、娄室竟敢前来，把他们都打了棍子。劾里保、双古等人说，咸州都统斡鲁古知道辽天祚帝在中京却不进攻讨伐，草料军粮丰富充足而不把真实情况报告朝廷知道，攻占显州时所俘虏的人口、缴获的财物牲畜大多私自取用。

三月癸未初一日，皇帝命令阇哥代理都统去查问惩治斡鲁古，斡鲁古因此降为谋克。壬辰初十日，辽国使者耶律奴哥带着国书来。庚子十九日，根据娄室说黄龙府地处偏僻而且遥远，应当以重兵戍守，于是命令合并诸路谋克，由娄室为万户镇守黄龙府。

四月辛巳，辽使以国书来。

五月丙申，命胡突衮如辽。

六月甲寅，诏有司禁民凌虐典雇良人，及倍取赎直者。甲戌，辽通、祺、双、辽等州八百余户来归，命分置诸部，择膏腴之地处之。

七月癸未，诏曰："匹里水路完颜术里古、渤海大家奴等六谋克贫乏之民，昔尝给以官粮，置之渔猎之地。今历日已久，不知登耗，可具其数以闻。"胡突衮还自辽。耶律奴哥复以国书来。丙申，胡突衮如辽。辽户二百来归，处之泰州。诏遣阿里骨、李家奴、特里底招谕未降者。仍诏达鲁古部勃堇辞列："凡降附新民，善为存抚。来者各令从便安居，给以官粮，毋辄动扰。"

八月，胡突衮还自辽。耶律奴哥、突迭复以国书来。

九月戊子，诏曰："国书诏令，宜选善属文者为之。其令所在访求博学雄才之士，敦遣赴阙。”

闰月庚戌朔，以降将霍石、韩庆和为千户。九百奚部萧宝、乙辛，北部讹里野，汉人王六儿、王伯龙，契丹特末、高从祐等，各率众来降。辽耶律奴哥以国书来。

十月癸未，以龙化州降者张应古、刘仲良为千户。乙未，咸州都统司言，汉人李孝功、渤海二哥率众来降。命各以所部为千户。

十二月甲辰，遣孛堇术孛以定辽地谕高丽。耶律奴哥以国书来。辽懿州节度使刘宏以户三千并执辽候人来降，以为千户。川州寇二万已降复叛，纥石烈照里击破之。

【译文】

四月辛巳二十九日，辽国使臣来递交国书。

五月丙申十五日，命令胡突衮到辽国去。

六月甲寅初三日，太祖下诏书命令官吏禁止百姓凌辱虐待抵押受雇的平民以及加倍收取赎身资金的人。甲戌二十三日，辽通、祺、双、辽等州的八百余户百姓前来归顺，下令将他们分别安置在各部，挑选肥沃的土地让他们居住。

七月癸未初三日，皇帝下诏说：“匹里水路的完颜术里古、渤海大家奴等六谋克的人民贫乏，往昔曾经拿官粮分给他们，把他们安置在可以打鱼打猎的地方。现在经过的日子久了，是丰收了还是减产了，可以把这些具体数目如实报来让我知道。”胡突衮从辽国回来。耶律奴哥又持国书而来。丙申十六日，胡突衮到辽国。辽国二百户百姓来归顺，被安置在泰州。诏令派遣阿里骨、李家奴、特里底号召告谕没投降的人。太祖还下诏书命令达鲁古部勃堇辞列：“凡新来投降归附的人民，要好好收留安抚。来的人分别让他们选择方便的地方安居，发给官粮，不要动不动就去打扰他们。”

八月，胡突衮从辽国归来。耶律奴哥、突迭又持国书而来。

九月戊子初九日，皇帝下诏说：“国书、诏令，应当推选善于写文章的人来起草。要让各地寻访求得博学雄才的士人，督促遣送他们速来朝廷。”

闰月庚戌初一，任用投降的将领霍石、韩庆和为千户。九百奚部的萧宝、乙辛，北部的讹里野，汉人王六儿、王伯龙，契丹的特末、高从祐等人，各自率其部众前来投降。辽国耶律奴哥持国书来。

十月癸未初五日，任用龙化州投降的张应古、刘仲良为千户。乙未十七日，咸州都统司说，汉人李孝功、渤海的二哥率其部众来投降。他们分别被任命为所率部众的千户。

十二月甲辰二十七日，派遣孛堇术孛把平定了辽地的消息告诉高丽。辽国的耶律奴哥又来传递国书。辽国懿州节度使刘宏率三千人户并抓获辽在道路上迎宾客的官吏前来投降，被任用为千户。川州敌寇二万人已经投降了又叛变，纥石烈照里击破了他们。

三年正月甲寅，东京人为质者永吉等五人结众叛。事觉，诛其首恶，余皆杖百，没入在行家属资产之半。诏知东京事斡论，继有犯者并如之。丙辰，诏鳖古孛堇酬斡曰："胡鲁古、迭八合二部来送款，若等先时不无交恶，自今毋相侵扰。"

三月，耶律奴哥以国书来。

四月丙子朔，日有食之。

五月壬戌，诏咸州路都统司曰："兵兴以前，曷苏馆、回怕里与系辽籍、不系辽籍女真户民，有犯罪流窜边境或亡入于辽者，本皆吾民，远在异境，朕甚悯之。今既议和，当行理索。可明谕诸路千户、谋克，遍与询访其官称、名氏、地里，具录以上。"

六月辛卯，辽遣太傅习泥烈等奉册玺来，上擿册文不合者数事复之。散睹还自宋。宋使马政及其子宏来聘。散睹受宋团练使，上怒，杖而夺之。宋使还，复遣孛堇辞列、曷鲁等如宋。

七月辛亥，辽人杨询卿、罗子韦各率众来降，命各以所部为谋克。

八月己丑，颁女真字。

九月，以辽册礼使失期，诏诸路军过江屯驻。

十一月，习泥烈等复以国书来。曷懒甸长城，高丽增筑三尺。诏胡剌古、习显慎固营垒。

【译文】

天辅三年正月甲寅初七日，五个当人质的东京人永吉等结伙叛变。事情被发觉以后，诛杀了他们中的首恶分子，其余的各打一百棍，没收他们在外的家属资产的一半。皇帝诏令主持东京行政事务的斡论，再有犯罪的照此办理。丙辰初九日，诏令鳖古孛堇酬斡说："胡鲁古、迭八合二部来表示归顺，你们这些人以前不是没有相互仇恨，从今以后不要相互侵犯骚扰。”

三月，耶律奴哥持国书来。

四月丙子初一，有日食出现。

五月壬戌十七日，皇帝诏令咸州路都统司说：“兴兵打仗以前，曷苏馆、回怕里和属于辽籍、不属于辽籍的女真族户民，有犯罪流窜到边境或者逃到辽国的，本来都是我国的臣民，他们远在异国，朕很怜悯他们。今天既然讲和，应当按照理数去索要这些人。可以明白地告诉诸路千户、谋克，要普遍去询问查访他们的官职称谓、姓氏名字、居住地址，详细记录送上来。”

六月辛卯十六日，辽国派遣太傅习泥烈等人来奉献表册和玉玺，皇上挑选出册文中不合实际的几件事又退了回去。散睹从宋国回来。宋朝派马政和他的儿子马宏回访金朝。散睹接受宋朝团练使之职，太祖发怒，杖责他并且夺去了他的官职。宋朝使者返回宋朝，太祖又派遣孛董辞列、曷鲁等人到宋朝任使节。

七月辛亥初七日，辽国人杨询卿、罗子韦各自率领部下来投降，被任命为各自所率部众的谋克。

八月己丑十五日，颁行女真文字。

九月，因为辽国册礼使没有按约定期限到来，皇帝诏令各路军队过江屯扎驻守。

十一月，习泥烈等人又来递交国书。曷懒甸长城，高丽又加高修筑三尺。皇帝诏令胡剌古、习显谨慎固守营垒。

四年二月，辞列、曷鲁还自宋。宋使赵良嗣、王晖来议燕京、西京地。

三月甲辰，上谓群臣曰：“辽人屡败，遣使求成，惟饰虚辞，以为缓师之计，当议进讨。其令咸州路统军司治军旅、修器械，具数以闻。”辛酉，诏咸州路都统司曰：“朕以辽国和议无成，将以四月二十五日进师。”令斜葛留兵一千镇守，阇母以余兵来会于浑河。辽习泥烈以国书来。

四月乙未，上自将伐辽。以辽使习泥烈、宋使赵良嗣等从行。

五月甲辰，次浑河西，使宗雄先趋上京，遣降者马乙持诏谕城中。壬子，至上京，诏官民曰：“辽主失道，上下同怨。朕兴兵以来，所过城邑负固不服者即攻拔之，降者抚恤之，汝等必闻之矣。今尔国和好之事，反复见欺，朕不欲天下生灵久罹涂炭，遂决策进讨。比遣宗雄等相继招谕，尚不听从。今若攻之，则城破矣。重以吊伐之义，不欲残民，故开示明诏，谕以祸福，其审图之。”上京人恃御备储蓄为固守计。甲寅，亟命进攻。上谓习泥烈、赵良嗣等曰：“汝可观吾用兵，以卜去就。”上亲临城，督将士诸军鼓噪而进。自旦及巳，阇母以麾下先登，克其外城，留守挞不野以城降。赵良嗣等奉觞为寿，皆称万岁。是日，赦上京官民。诏谕辽副统余睹。壬戌，次沃黑河。宗干率群臣谏曰：“地远时暑，军马罢乏，若深入敌境，粮馈乏绝，恐有后艰。”上从之，乃班师，命分兵攻庆州。余睹袭阇母于辽河，完颜背答、乌塔等战却之，完颜特虎死焉。

【译文】

天辅四年二月，辞列、曷鲁从宋国回来。宋国使臣赵良嗣、王晖来商议燕京、西京两地的归属事宜。

三月甲辰初四日，皇上对群臣说：“辽国军队屡次失败，派遣使者来求和，只用虚辞来掩饰自己，作为缓兵之计，应当讨论去进攻征伐他们。命令咸州路统军司整顿军旅，修理兵器，详细数字向我报告。”辛酉二十一日，诏令咸州路都统司说：“我因为与辽国求和没有成功，将于四月二十五日进军辽国。”命令斜葛留下一千兵卒镇守，阇母率领其余的兵卒到浑河会合。辽国习泥烈持国书前来。

四月乙未二十五日，太祖亲自率军讨伐辽国。让辽使节习泥烈、宋使节赵良嗣等人随行。

五月甲辰初五日，到达浑河西岸，派宗雄先行奔赴上京，遣派投降过来的马乙拿着皇帝诏书去告诉城中人。壬子十三日，到达上京，诏告官民说：“辽主失道，上下同怨。朕兴兵以来，所经过的城邑顽固不服输的，立刻攻打拔了它，对投降的，则安抚慰问他，你们一定听说这情况了。今天同你国和好的事，反复受到欺骗，朕不想让天下生灵长时间蒙受黑暗和苦难，于是决定进行征讨。最近派遣宗雄等人相继招安晓谕，还是不听从诏告。如果今天发动进攻，那么，城早就破了。朕重申怜悯和攻打的用意，不想残害黎民，所以开示明诏，讲明白祸和福，这些大家考虑决定怎么办。”上京人仗着防御设施坚固、储备充分决定采用死守的计策。甲寅十五日，太祖急速下令进攻上京城。太祖对习泥烈、赵良嗣等人说："你们可以观察我用兵的情况，从而选择你们的去从。"太祖亲临上京城下，督促将士各军击鼓喊叫着向上京城逼进。从黎明到上午巳时（九时至十一时），阇母带领部下先登上上京城，攻占上京城外城，辽上京留守挞不野全城投降。赵良嗣等人举酒杯祝太祖长寿，都称太祖万岁。这一天，太祖赦免上京的官员百姓。下诏书告谕辽国副都统余睹。壬戌二十三日，军队驻扎在沃黑河。宗干率领群臣劝谏说："走的远了，又逢暑天，军队和战马都很疲乏，如果继续深入敌人境内，粮食缺乏断绝，恐怕往后会更艰难。"皇上听从了他们的意见，于是班师还朝，命令分出部分兵力去攻打庆州。余睹在辽河袭击阇母，完颜背答、乌塔等人边战边退，完颜特虎在战斗中战死。

七月癸卯，上至自伐辽。

九月，烛隈水部实里古达等杀孛堇酬斡、仆忽得以叛。

十月戊辰朔，日有食之。戊寅，命斡鲁分胡剌古、乌春之兵以讨实里古达。

十一月，东京留守司乞本京官民质子增数番代，上不许，曰："诸质子已各受田庐，若复番代，则往来动摇，可并仍旧。"

十二月，宋复使马政来请西京之地。

五年春正月，斡鲁败实里古达于合挞剌山，诛首恶四人，余悉抚定。

二月，遣昱及宗雄分诸路猛安谋克之民万户屯泰州，以婆卢火统之，赐耕牛五十。

四月乙丑朔，宗翰请伐辽。诏诸路预戒军事。

五月，辽都统耶律余睹等诣咸州降。

闰月辛巳，国论胡鲁勃极烈撒改薨。

六月癸巳，余睹与其将吏来见。丙申，千户胡离答坐擅署部人为蒲里衍，杖一百，罢之。庚子，诏谙版勃极烈吴乞买贰国政。以昊勃极烈斜也为忽鲁勃极烈，蒲家奴为昊勃极烈，宗翰为移赉勃极烈。

【译文】

七月癸卯初五日，皇上伐辽归来。

九月，烛隈水部的实里古达等人杀死孛堇酬斡、仆忽得叛变。

十月戊辰初一，出现日食。戊寅十一日，命令斡鲁分出胡剌古、乌春的军队用以征讨实里古达。

十一月，东京留守司乞求增加东京官员百姓人质轮番代替数，太祖不准，说："这些人质已经分别接受了土地房屋，如果又轮番代替，就因往来而产生动摇，一切照旧。"

十二月，宋朝又派马政前来请求归还西京的土地。

天辅五年春天正月，斡鲁在合挞剌山打败了实里古达，杀了首恶分子四人，对其余人员全都给予安抚让他们安定。

二月，派完颜昱和宗雄从各路猛安谋克百姓中分出一万户在泰州屯田，由婆卢火统领他们，赐给他们五十头耕牛。

四月乙丑初一，宗翰请求讨伐辽国。诏令各路预先装备战斗的事宜。

五月，辽国都统耶律余睹等人到咸州投降。

闰月辛巳十七日，国论胡鲁勃极烈撒改逝世。

六月癸巳日，余睹和他的部将属员朝见皇帝。丙申初四日，千户胡离答因为擅自任命部下为蒲里衍，被打一百杖，并罢免了千户的职务。庚子初七日，诏令谙版勃极烈吴乞买辅佐国政。任用昊勃极烈斜也为忽鲁勃极烈，蒲家奴为昊勃极烈，宗翰为移赉勃极烈。

七月庚辰，诏咸州都统司曰："自余睹来，灼见辽国事宜，已决议亲征，其治军以俟师期。"寻以连雨罢亲征。命昊勃极烈昱为都统，移赉勃极烈宗翰副之，帅师而西。

十二月辛丑，以忽鲁勃极烈杲为内外诸军都统，以昱、宗翰、宗干、宗望、宗盘等副之。甲辰，诏曰："辽政不纲，人神共弃。今欲中外一统，故命汝率大军以行讨伐。尔其慎重兵事，择用善谋，赏罚必行，粮饷必继，勿扰降服，勿纵俘掠，见可而进，无淹师期。事有从权，毋须申禀。"戊申，诏曰："若克中京，所得礼乐仪仗图书文籍，并先次津发赴阙。"

六年正月癸酉，都统杲克高、恩、回纥三城。乙亥，取中京，遂下泽州。

二月庚寅朔，日有食之。己亥，宗翰等败辽奚王霞末于北安州，降。奚部西节度使讹里剌以本部降。壬寅，都统杲遣使来奏捷，并献所获货宝。诏曰："汝等提兵于外，克副所任，攻下城邑，抚安人民，朕甚嘉之。所言分遣将士招降山前诸部，计悉已抚定，续遣来报。山后若未可往，即营田牧马，俟及秋成，乃图大举。更当熟议，见可则行。如欲益兵，具数来上，不可恃一战之胜，辄有弛慢。新降附者当善抚存。宣谕将士，使知朕意。”宗翰驻北安，遣希尹等略地，获辽护卫耶律习泥烈，知辽主猎鸳鸯泊，以其子晋王贤而有人望，恶而杀之，众益离心。虽有西北、西南两路兵马，皆羸弱。遂遣耨碗温都等报都统杲进兵袭之。

三月，都统杲出青岭，宗翰出瓢岭，追辽主于鸳鸯泊。辽主奔西京。宗翰复追至白水泊，不及，获其货宝。己巳，至西京。壬申，西京降。希尹追辽主于乙室部，不及。乙亥，西京复叛。

是月，辽秦晋国王耶律捏里即位于燕。

【译文】

七月庚辰十八日，诏令咸州都统司说：“自从余睹来朝，明确了解辽国事宜以来，朕已经决定亲自去征讨，你们整治军队以等待出兵的时刻。”后来因为天接连下雨而使亲征的事情作罢。任命昊勃极烈昱为都统，移赉勃极烈宗翰为副都统，统率军队向西进发。

十二月辛丑十一日，任命忽鲁勃极烈完颜杲为内外诸军都统，任命昱、宗翰、宗干、宗望、宗盘等为副都统。甲辰十四日，诏书说：“辽国朝政不循纲常，人与神共同抛弃它。现在想中央地方实现一统天下，所以命令你率领大军施行讨伐辽国之事。你对战事要持慎重的态度，采用好的谋略，赏罚一定要分明，粮饷一定要供应及时，不要侵扰已经降服的地方百姓，不要放纵部下俘虏劫掠，看到形势可以就进军，不要延误进攻时间。遇到事情有权自行处分，不必申诉禀报。”戊申十八日，又诏令说：“如果攻克中京，所缴获的礼乐仪仗图书文籍，一并先送到渡口发送回朝廷。”

天辅六年正月癸酉十三日，都统杲攻克高、恩、回纥三座城。乙亥十五日，攻取中京，接着又攻下泽州。

二月庚寅初一日，发生日食。己亥初十日，宗翰等在北安州打败辽奚王霞末，霞末投降。奚部西节度使讹里剌率领本部投降。壬寅十三日，都统完颜杲派使者回朝报捷，并献上所缴获的宝物和财货。皇帝诏说：“你们率兵在外，恪尽职守，攻下城邑，安抚人民，朕很赞赏这些。所说的分别派遣将士去山前诸部招降，预计都已经抚定，要陆续派人来汇报。山后如果不能前往，就实行屯田牧马，等到秋季收获时，就可图谋大事。更应当认真仔细议论，看到时机成熟就行动。如果想增加兵力，把所需数目都送来上报，不能凭借一次战争的胜利，就有所松弛怠慢。对新投降归附的人应当好好抚恤。宣布告谕将士，让他们明白我的意思。”宗翰驻扎在北安，派遣希尹等巡视地面，擒获辽国护卫耶律习泥烈，知道辽主在鸳鸯泊打猎，而且辽主儿子晋王的贤德在人们中间有威望，辽主却厌恶他而把他杀了，众人越发和辽主离心了。辽虽然有西北、西南两路兵马护卫，却都很衰弱。于是希尹派耨碗温都等人报告都统完颜杲可以进军攻击天祚帝。

三月，都统完颜杲从青岭出兵，宗翰从瓢岭出兵，追击辽主天祚到鸳鸯泊。天祚帝奔往西京。宗翰又追天祚帝到白水泺，但未追到，缴获了他的财物珍宝。己巳初十日，金军到西京。壬申十三日，金军攻陷西京，西京守军投降。希尹追击辽主天祚帝到乙室部，但未追到。乙亥十六日，西京又叛变。

这个月，辽国秦晋国王耶律捏里在燕即皇帝位。

四月辛卯，复取西京。壬辰，遣徒单吴甲、高庆裔如宋。戊戌，都统杲自西京趋白水泊，昊勃极烈昱袭毗室部于铁吕川，为敌所败。还会察剌兵，追至黄水北，大破之。耶律坦招徕西南诸部，西至夏，其招讨使耶律佛顶降。金肃、西平二郡汉军四千余人叛去，耶律坦等袭取之。阇母、娄室招降天德、云内、宁边、东胜等州，获阿疏而还。是时，山西城邑诸部虽降，人心未固，辽主保阴山，耶律捏里在燕京，都统杲遣宗望入奏，请上临军。

五月辛酉，宗望来奏捷，百官入贺，赐宴欢甚。先是，获辽枢密使得里底、节度使和尚、雅里斯、余里野等，都统杲使阿邻护送赴阙。得里底道亡，阿邻坐诛。耶律捏里遣使请罢兵。戊寅，使杨勉以书谕捏里，使之降。谋葛失遣其子菹泥刮失贡方物。

六月戊子朔，上亲征辽，发自上京。谙班勃极烈吴乞买监国。辛亥，诏谕上京官民曰：“朕顺天吊伐，已定三京，但以辽主未获，兵不能已。今者亲征，欲由上京路进，恐抚定新民，惊疑失业，已出自笃密吕。其先降后叛逃入险阻者，诏后出首，悉免其罪。若犹拒命，孥戮无赦。”

是月，耶律捏里卒。斡鲁、娄室败夏人于野谷。

七月甲子，诏诸将无得远迎，以废军务。乙丑，上京汉人毛八十率二千余户降，因命领之。丙寅，以斡答剌招降者众，命领八千户，以忽薛副之。壬午，希尹以阿疏见，杖而释之。

八月己丑，次鸳鸯泊。都统杲率官属来见。癸巳，上追辽主于大鱼泊。昱、宗望追及辽主于石辇铎，与战，败之，辽主遁。己亥，次居延北。辛丑，中京将完颜浑黜败契丹、奚、汉六万于高州，孛堇麻吉死之。得里得满部降。昱、宗望追辽主于乌里质铎，不及。

【译文】

四月辛卯初三日，大军再次攻取西京。壬辰初四日，皇上派遣徒单吴甲、高庆裔到宋国。戊戌初十日，都统完颜杲从西京赶到白水泊，昊勃极烈昱在铁吕川袭击毗室部，被敌兵打败，回兵遇到察剌的军队，追到黄水北岸，把察剌的队伍杀得大败。耶律坦在西南诸部招降，西边直到夏国边境，那里的招讨使耶律佛顶投降。金肃、西平二郡的汉族军队四千多人叛逃了，耶律坦等人前去追击他们。阇母、娄室在天德、云内、宁边、东胜等州招降，擒获了阿疏而还。当时，山西城邑诸部虽然投降了，但是人心不稳定，辽主在保卫阴山，耶律捏里坐阵燕京，于是都统完颜杲派遣宗望回朝禀奏，请皇上亲临前沿大军。

五月辛酉初四日，宗望回朝奏捷，百官入朝祝贺，皇上很是欢喜，赐宴款待。在此之前，擒获了辽国枢密使得里底、节度使和尚、雅里斯、余里野等，都统完颜杲派阿邻护送这些人赴朝廷。得里底在途中死亡，阿邻因此被杀。辽国新主耶律捏里派使者前来请求停止进攻。戊寅二十一日，皇上派杨勉持书信前往燕京告谕耶律捏里，让他投降。谋葛失派他的儿子菹泥刮失前来贡献当地特产。

六月戊子初一日，皇上亲自率军征讨辽国，从上京出发。谙班勃极烈吴乞买代管国事。辛亥二十四日，皇上诏告上京官民说："朕顺应天意，讨伐出征，已经平定三京，但是因为还未擒获辽主，所以战斗不能停止。现在我亲征辽国，想从上京路进军，恐怕新招抚安定的百姓惊惧疑虑而失业，已经从笃密吕出兵。那些先投降后又叛逃到艰险阻塞之地的人，受到诏令告谕之后出来自首的都免去所犯之罪。如果还抗拒命令，诛及子孙无一赦免。"这个月，耶律捏里去世。斡鲁、娄室在野谷打败了夏人。

七月甲子初八日，皇帝诏令诸位将领不得远迎，以免荒废军务。乙丑初九日，上京汉人毛八十率领二千多户投降，所以命令接收下来。丙寅初十日，因为斡答剌招降的人多，任命他统领八千户，让忽薛给他当副将。壬午二十一日，希尹带阿疏来谒见皇帝，杖责阿疏而后释放了他。

八月己丑初三日，皇帝率兵到达鸳鸯泊。都统完颜杲率领官员来朝见。癸巳初七日，皇上追击辽主天祚皇帝到了大鱼泊。完颜昱、宗望在石辇铎追上了辽主，与辽主的军队作战，打败了他们，辽主逃跑。己亥十三日，皇上到达居延以北。辛丑十五日，中京的将领完颜浑黜在高州打败契丹、奚、汉族军队六万人，孛堇麻吉在这场战斗中丧生。得里得满部投降。完颜昱、宗望追袭辽主天祚皇帝到乌里质铎，没有追上。

九月庚申，次草泊。阇母平中京部族之先叛者，及招抚沿海郡县。节度使耶律慎思领诸部入内地。乙丑，诏六部奚曰："汝等既降复叛，扇诱众心，罪在不赦。尚以归附日浅，恐绥怀之道有所未孚，故复令招谕。若能速降，当释其罪，官皆仍旧。"归化州降。戊辰，次归化州。甲戌，宗雄薨。丁丑，奉圣州降。

十月丙戌朔，次奉圣州。诏曰："朕屡敕将臣，安辑怀附，无或侵扰。然愚民无知，尚多逃匿山林，即欲加兵，深所不忍。今其逃散人民，罪无轻重，咸与矜免。有能率众归附者，授之世官。或奴婢先其主降，并释为良。其布告之，使谕朕意。"蔚州降。庚寅，余睹等遣蔚州降臣翟昭彦、徐兴、田庆来见。命昭彦、庆皆为刺史，兴为团练使。诏曰："比以幽、蓟一方招之不服，今欲帅师以往，故先安抚山西诸部。汝等既已怀服，宜加抚存。官民未附已前，罪无轻重及系官逋负，皆与释免，诸官各迁叙之。"丁酉，蔚州翟昭彦、田庆杀知州事萧观宁等以叛。丙午，复降。

十一月，诏谕燕京官民，王师所至，降者赦其罪，官皆仍旧。

十二月，上伐燕京。宗望率兵七千先之，迪古乃出得胜口，银术哥出居庸关，娄室为左翼，婆卢火为右翼，取居庸关。丁亥，次妫州。戊子，次居庸关。庚寅，辽统军都监高六等来送款。上至燕京，入自南门，使银术哥、娄室阵于城上，乃次于城南。辽知枢密院左企弓、虞仲文，枢密使曹勇义，副使张彦忠，参知政事康公弼，佥书刘彦宗奉表降。辛卯，辽百官诣军门叩头请罪，诏一切释之。壬辰，上御德胜殿，群臣称贺。甲午，命左企弓等抚定燕京诸州县。诏西京官吏曰："乃者师至燕都，已皆抚定。唯萧妃与官属数人遁去，已发兵追袭，或至彼路，可执以来。"黄龙府叛，宗辅讨平之。

【译文】

九月庚申初四日，到达草泊。阇母平定了中京部族中带头叛乱的人，并招抚沿海郡县。节度使耶律慎思带领诸部进入内地。乙丑初九日，诏令六部奚说：“汝等已经投降却又叛变，煽动诱惑众人离心，罪不容赦。尚且因为归附的天数还少，恐怕我朝绥靖怀柔的政策还有人不太信服，所以还是命令对你们招安，把政策讲给你们知道。如果能速来投降，定当免除罪过，官职仍然照旧保留。”归化州投降。戊辰十二日，驻扎归化州。甲戌十八日，宗雄去世。丁丑二十一日，奉圣州投降。

十月丙戌初一日，皇帝到达奉圣州，诏令说：“朕屡次向将领大臣发令，安抚怀柔归附者，不要有什么侵扰。然而愚民无知，还有许多人逃跑躲藏在山林里，就想使用兵力，又很不忍心。现在那些逃跑散落各处的人民，罪不论轻重，都予以怜惜免罪。有能率领众人归附的，就授给他官职。有奴婢比他主子先投降的，释放他让他从良当平民。把此诏公布，让大家知道朕的旨意。”蔚州投降。庚寅初五日，余睹等人派蔚州投降的臣子翟昭彦、徐兴、田庆谒见太祖。太祖任命翟昭彦、田庆都为刺史，徐兴为团练使。诏书说：“近来因幽、蓟一带招抚他们而不归顺，现在想统率军队去征讨，所以先安抚山西诸部。你们既然已经归服，应当加心抚恤。官吏百姓在归附以前，罪责不分轻重以及拖欠的官府的税赋，都予以赦免，诸官吏各自调任、晋升其官职。”丁酉十二日，蔚州翟昭彦、田庆杀了执掌州事务的萧观宁等人而发动叛乱，丙午二十一日，又投降。

十一月，诏令告谕燕京的官员百姓，金军所到之处，投降的人赦免其罪责，官员的官职保持不变。

十二月，皇上率军攻伐燕京。宗望率七千军队作为先行，迪古乃从得胜口出发，银术哥从居庸关出发，娄室的军队作为左翼，婆卢火的军队充当右翼，取道居庸关。丁亥初二日，皇上到妫州。戊子初三日，到居庸关。庚寅初五日，辽国统军都监高六等人来送款。太祖到燕京，自南门入燕京，派银术哥、娄室在城上布阵，就驻扎在城南。辽国知枢密院左企弓、虞仲文，枢密使曹勇义，副使张彦忠，参知政事康公弼，佥书刘彦宗恭敬地举着降表来归顺。辛卯初六日，辽国百官到军门前叩头请罪。皇上下诏令一切都予以赦免。壬辰初七日，皇上御临德胜殿，群臣称颂祝贺。甲午初九日，皇上命令左企弓等安抚平定燕京各州县。诏令西京的官员说：“现在王师到达燕都，已经全都安抚平定了。只有萧妃和官员数人逃遁了，已经发兵去追袭，或者到了别路躲藏，可以绑缚押来。”黄龙府发生叛乱，宗辅讨伐平定了叛乱。

七年正月丁巳，辽奚王回离保僭称帝。甲子，辽平州节度使时立爱降。诏曲赦平州。又诏谙班勃极烈曰：“比遣昂徙诸部民人于岭东，而昂悖戾，骚动烦扰，致多怨叛。其违命失众，当置重典。若或有疑，禁锢以待。”庚午，诏中京都统斡论曰：“闻卿抚定人民，各安其业，朕甚嘉之。回离保聚徒逆命，汝宜计画，无使滋蔓。”壬申，诏招谕回离保。癸酉，以时立爱言招抚诸部。己卯，宋使来议燕京、西京地。庚辰，宜、锦、乾、显、成、川、豪、懿等州皆降。甲申，诏曰：“诸州部族归附日浅，民心未宁。今农事将兴，可遣分谕典兵之官，无纵军士动扰人民，以废农业。”

二月乙酉朔，命撒八诏谕兴中府，降之。辽来州节度使田颢、隰州刺史杜师回、迁州刺史高永福、润州刺史张成皆降。壬辰，诏谙班勃极烈曰：“郡县今皆抚定，有逃散未降者，已释其罪，更宜招谕之。前后起迁户民，去乡未久，岂无怀土之心？可令所在有司，深加存恤，毋辄有骚动。衣食不足者，官赈贷之。”癸巳，诏曰：“顷因兵事未息，诸路关津绝其往来。今天下一家，若仍禁之，非所以便民也。自今显、咸、东京等路往来，听从其便。其间被虏及鬻身者，并许自赎为良。”仍令驰驿布告。兴中、宜州复叛。宋使赵良嗣来，请加岁币以代燕税，及议画疆与遣使贺正旦生辰、置榷场交易，并计议西京等事。癸卯，银术哥、铎剌如宋。乙巳，诏都统杲曰：“新附之民有才能者，可录用之。”戊申，诏平州官与宋使同分割所与燕京六州之地。癸丑，大赦。

是月，改平州为南京，以张觉为留守。

【译文】

天辅七年正月丁巳初三日，辽奚王回离保僭越称帝。甲子初十日，辽平州节度使时立爱投降。皇上诏令赦免平州，又诏令谙班勃极烈说：“最近派遣完颜昂迁徙各部民人到岭东，然而完颜昂违背朕的旨意，骚动烦扰百姓，招致许多人怨恨叛逃。他违抗命令失去民众，应当按典章加重处置。如果还有什么疑问，先囚禁起来待澄清再处置。”庚午十六日，诏令中京都统斡论说：“听说你招抚安定人民，使百姓各安其业，我非常满意你的做法。回离保聚众反叛，你应当认真谋划，不要使它蔓延。”壬申十八日，诏令招抚告谕回离保。癸酉十九日，按时立爱所言招抚诸部。己卯二十五日，宋朝使节来商议燕京、西京土地的归属。庚辰二十六日，宜、锦、乾、显、成、川、豪、懿等州都投降了。甲申三十日，皇上诏令："诸州部族归附时间短，民心不安宁。现在农事将要繁忙，可以派人分别告诉典兵的官员，不要纵容兵士骚扰人民，以致荒废农业。"

二月乙酉初一日，皇上命令撒八去兴中府传达皇上的旨意，使兴中府投降。辽国来州节度使田颢、隰州刺史杜师回、迁州刺史高永福、润州刺史张成都投降了。壬辰初八日，皇上诏令谙班勃极烈说："郡县现在全部抚定，有逃散没有投降的，已经开释了他们的罪过，更应该招抚告诉他们。前后迁移的户民，离开家乡不久，怎么能没有怀念故土的想法？可以让他们所在地的官员，深入地加以安慰和抚恤，不要动不动就发生骚乱，衣食不足的，官府要赈济借贷给他们。"癸巳初九日，皇帝下诏说："近来因为战事没有停息，各路的关隘、渡口都断绝了往来。现在天下一家，如果仍然禁止通行，不能用来方便人民。从今天起，显、咸、东京等路之间往来，完全听从他们方便。他们中间被俘虏和卖身的，容许他们自己赎身，仍做平民。"还命令官员靠沿途驿站提供夫马粮食，日夜兼程前往外地布告官民。兴中、宜州又叛变。宋朝派赵良嗣入朝，请允许增加每年进贡的银两用以代替燕京的税收，以及议论划定疆界和派遣使者庆贺新年生日、设置征收专卖税的交易场所进行交易，并且计划商议有关西京等事宜。癸卯十九日，银术哥、铎剌到宋朝。乙巳二十一日，诏令都统完颜杲说："新归附的百姓中有才能的人，可以录用他们。"戊申二十四日，诏令平州官员和宋朝使者共同分割燕京六州的土地。癸丑二十九日，大赦天下。

当月，把平州改为南京，任命张觉为留守。

三月甲寅朔，将诛昂，以习不失谏，杖之七十，仍拘泰州。戊午，都统杲等言耶律麻哲告余睹、吴十、铎剌等谋叛，宜早图之。上召余睹等，从容谓之曰："朕得天下，皆我君臣同心同德以成大功，固非汝等之力。今闻汝等谋叛，若诚然耶，必须鞍马甲胄器械之属，当悉付汝，朕不食言。若再为我擒，无望免死。欲留事朕，无怀异志，吾不汝疑。"余睹等皆战栗不能对。命杖铎剌七十，余并释之。宋使卢益、赵良嗣、马宏以国书来。

四月丁亥，遣斡鲁、宗望袭辽主于阴山。壬辰，复书于宋。师初入燕，辽兵复犯奉圣州，林牙大石壁龙门东二十五里。都统斡鲁闻之，遣照立、娄室、马和尚等率兵讨之，生获大石，悉降其众。癸巳，诏曰："自今军事若皆中覆，不无留滞。应此路事务申都统司，余皆取决枢密院。"契丹九斤聚党兴中府作乱，擒之，九斤自杀。命习古乃、婆卢火监护长胜军，及燕京豪族工匠，由松亭关徙之内地。己亥，次儒州。斡鲁、宗望等袭辽权六院司喝离质于白水泊，获之。其宗属秦王、许王等十五人降。闻辽主留辎重青家，以兵万人往应州，遣照里、背答、宗望、娄室、银术哥等追袭之。宗望追及辽主，决战，大败之，获其子赵王习泥烈及传国玺。

五月甲寅，南京留守张觉据城叛。丙寅，次野狐岭。己巳，次落藜泊。斡鲁等以赵王习泥烈、林牙大石、驸马乳奴等来献，并上所获国玺。宗隽以所俘辽主子秦王、许王，女奥野等来见。奚路都统挞懒攻速古、啜里、铁尼所部十三岩，皆平之。又遣奚马和尚攻下品、达鲁古并五院司诸部，执其节度乙列。回离保为其下所杀。辛巳，诏谕南京官民。

【译文】

三月甲寅初一日，打算诛杀完颜昂，因为习不失劝谏，打了完颜昂七十棍，仍然把他拘禁在泰州。戊午初五日，都统完颜杲等人禀报，说耶律麻哲报告余睹、吴十、铎剌等人阴谋叛变，应该早点研究对策。皇上召见余睹等人，从容地对他们说："朕得到天下，都是因为我们君臣同心同德而建成大功，本来不是你们的力量。现在听说你们谋划造反，如果真的是这样，那么你们必需的鞍马、甲胄、器械之类的东西，朕当全部提供给你们，朕绝不食言。如果这样再让我抓到，没有希望免死。想留下为朕做事，不怀二心，我也不会怀疑你们。"余睹等人都吓得战栗不止，不能对答。命令杖责铎剌七十，其余的人都赦免。宋朝派卢益、赵良嗣、马宏持国书来。

四月丁亥初四日，派遣斡鲁、宗望到阴山袭击辽主。壬辰初九日，给宋国回复国书一封。王师刚进入燕地的时候，辽国军队又侵犯奉圣州，林牙大石在龙门东二十五里的地方修筑营垒。都统斡鲁听到消息，派遣照立、娄室、马和尚等人率领军队去征讨，活捉了大石，全部收降他的兵众。癸巳初十日，诏令说："从现在开始战争中如果遭受埋伏，没有不停滞不前的。应当将此路的事务申报到都统司，其余的事务都取决于枢密院。”契丹的九斤聚集其党羽在兴中府搞叛乱，抓获九斤，九斤自杀身亡。皇上命令习古乃、婆卢火监护长胜军，以及燕京的豪族、工匠，从松亭关迁徙到内地。己亥十六日，皇上到儒州。斡鲁、宗望在白水泊袭击了辽国权六院司喝离质，并擒获了他。喝离质的宗室亲属秦王、许王等十五人投降。闻知辽主天祚帝的辎重留在青冢，发一万兵马前往应州，派照里、背答、宗望、娄室、银术哥等人追击天祚帝。宗望追到天祚帝，与之决战，大败天祚帝，擒获他的儿子赵王习泥烈并获得了传国玉玺。

五月甲寅初二日，南京留守张觉依据南京城起兵叛变。丙寅十四日，皇上到野狐岭。己巳十七日，到落藜泊。斡鲁等人带着赵王习泥烈、林牙大石、驸马乳奴等人来朝见皇上，献上这些俘虏，并献上了所缴获的辽国的传国玉玺。宗隽带着所俘获的辽主的儿子秦王、许王、女儿奥野等人来拜见皇上。奚路都统挞懒攻打速古、啜里、铁尼所统领的十三岩，把它们都平定了。又派奚部马和尚攻下下品、达鲁古以及五院司各部，擒获它的节度使乙列。回离保被他的部下所杀。辛巳二十九日，皇上诏告南京官民。

六月壬午朔，次鸳鸯泊。是日，阇母败张觉于营州。丙申，上不豫，将还上京，命移赉勃极烈宗翰为都统，昊勃极烈昱、迭勃极烈斡鲁副之，驻兵云中，以备边。己酉，次斡独山驿，召谙班勃极烈吴乞买。

七月辛酉，次牛山。宗翰还军中。

八月辛巳朔，日有食之。乙未，次浑河北。谙班勃极烈吴乞买率宗室百官上谒。戊申，上崩于部堵泊西行宫，年五十六。

九月癸丑，梓宫至上京。乙卯，葬宫城西南，建宁神殿。丙辰，谙班勃极烈即皇帝位。

天会三年三月，上尊谥曰武元皇帝，庙号太祖，立原庙于西京。天会十三年二月辛酉，改葬和陵，立“开天启祚睿德神功之碑”于燕京城南尝所驻跸之地。皇统四年，改和陵曰睿陵。五年十月，增谥应乾兴运昭德定功睿神庄孝仁明大圣武元皇帝。贞元三年十一月，改葬于大房山，仍号睿陵。

【译文】

六月壬午初一日，皇帝驾临鸳鸯泊。当天，阇母在营州打败张觉。丙申十五日，皇上觉得身体不安适，将要返回上京，命令移赉勃极烈宗翰当都统，昊勃极烈完颜昱、迭勃极烈斡鲁当他的副都统，把军队驻扎在云中，用来防备边事。己酉二十八日，皇上到达斡独山驿站，召见谙班勃极烈吴乞买。

七日辛酉初十日，太祖驻在牛次山。宗翰回到军中。

八月辛巳初一日，出现日食。乙未十五日，驻在浑河北。谙班勃极烈吴乞买率领宗室成员及百官向上谒见太祖。戊申二十八日，太祖在部堵泊西行宫逝世，享年五十六岁。

九月癸丑初三日，皇上的灵柩运到上京。乙卯初五日，将太祖葬在宫城西南，建造宁神殿。丙辰初六日，谙班勃极烈吴乞买即皇帝位。

天会三年三月，太宗皇帝尊谥太祖皇帝叫武元皇帝，定庙号太祖，在西京另外又建立一座祭庙。天会十三年二月辛酉日，又将太祖灵柩改葬在和陵，在燕京城南，太祖曾经停留暂住的地方立下一座石碑，上写"开天启祚睿德神功之碑"。皇统四年，把和陵改叫睿陵。五年十月，增谥为应乾兴运昭德定功睿神庄孝仁明大圣武元皇帝。贞元三年十一月，改葬太祖在大房山，仍称之为睿陵。

赞曰：太祖英谟睿略，豁达大度，知人善任，人乐为用。世祖阴有取辽之志，是以兄弟相授，传及康宗，遂及太祖。临终以太祖属穆宗，其素志盖如是也。初定东京，即除去辽法，减省租税，用本国制度。辽主播越，宋纳岁币，以幽、蓟、武、朔等州与宋，而置南京于平州。宋人终不能守燕、代，卒之辽主见获，宋主被执。虽功成于天会间，而规摹运为实自此始。金有天下百十有九年，太祖数年之间算无遗策，兵无留行，底定大业，传之子孙。呜呼，雄哉。

【译文】

史臣赞说：太祖具有杰出的计谋，高明的韬略，豁达大度，知人善任，人人都乐于为他效用。劾里钵就暗中有夺取辽国的志向，所以以兄弟相继承，传给乌雅束，于是再传给太祖。劾里钵临终时把阿骨打托付给盈歌，他长时期以来的志向也就是这样的。阿骨打刚平定东京，就废除了辽国法令，减免租税，采用本国的制度。辽主天祚帝流亡，宋朝每年贡纳钱币，把幽、蓟、武、朔等州交与宋朝，而在平州设置南京。宋人最终不能守住燕、代之地，其结果是辽主天祚帝被擒获，宋主徽、钦二帝被拘押至北国。虽然成功在天会年间，然而其制度实际是从太祖开始运作的。金有天下一百一十九年，太祖数年之间计谋没有失算，军队没有在行进中受阻滞或停滞不前，终于成就大业，传给子孙。啊，真是英雄啊。

完颜希尹列传

完颜希尹本名谷神，欢都之子也。自太祖举兵，常在行阵，或从太祖，或从撒改，或与诸将征伐，比有功。

金人初无文字，国势日强，与邻国交好，乃延用契丹字。太祖命希尹撰本国字，备制度。希尹乃依仿汉人楷字，因契丹字制度，合本国语，制女真字。天辅三年八月，字书成，太祖大悦，命颁行之。赐希尹马一匹、衣一袭。其后熙宗亦制女真字，与希尹所制字俱行用。希尹所撰谓之女真大字，熙宗所撰谓之小字。

【译文】

完颜希尹本名叫谷神，是欢都的儿子。自从太祖举兵，他常常在军队，或跟从太祖，或跟从撒改，或与其他将领一起征讨，都立有功劳。

金人最初没有文字，随着国势日益强盛，与邻国交往友好，就采用契丹文字。太祖命令希尹编撰本国字，完备各项制度。希尹于是依仿着汉人的楷书字，因袭契丹字的规律，结合本国语的特点，制定女真字。天辅三年八月，字书撰成，太祖非常高兴，命令颁布推行。赏赐给希尹马一匹，衣服一袭。在这之后熙宗也制定女真字，与希尹所制的字一起通行使用。希尹所编撰的称为女真大字，熙宗所编撰的称为小字。

辽人迪六、和尚、雅里斯弃中京走，希尹与迪古乃、娄室、余睹袭之。迪六等闻希尹兵，复走。遂降其旁近人民而还。奚人落虎来降，希尹使落虎招其父西节度使讹里剌。讹里剌以本部降。

宗翰驻军北安，使希尹经略近地，获辽护卫耶律习泥烈，知辽主猎于鸳鸯泺。宗翰遂请进兵。宗翰将会都统杲于奚王岭。辽兵屯古北口。使婆卢火将兵二百击之，浑黜亦将二百人为后援。浑黜闻辽兵众，请益兵。宗翰欲亲往，希尹、娄室曰："此小寇，请以千兵为公破之。"浑黜至古北口，遇辽游兵，逐之入谷中。辽步骑万余迫战，死者数人。浑黜据关口，希尹等至，大破辽兵，斩馘甚众，尽获甲胄辎重。复败其伏兵，杀千余人，获马百余匹。遂与宗翰至奚王岭，期会于羊城泺。

【译文】

辽人迪六、和尚、雅里斯放弃中京逃走，希尹与迪古乃、娄室、余睹袭击他们。迪六等听到希尹军队追击的消息，又逃跑了。希尹于是降服了旁近的百姓就返回了。奚人落虎来投降，希尹使落虎招他的父亲西节度使讹里剌，讹里剌率本部投降。

宗翰把军队驻扎在北安州，派希尹经营宣谕附近各地，俘获辽护卫耶律习泥烈，知道辽帝在鸳鸯泺游猎。宗翰于是请求进兵。宗翰将与都统杲在奚王岭会合。辽兵屯驻在古北口。宗翰派婆卢火带领士兵二百人袭击他们，浑黜也带领二百人为后面的援军。浑黜听说辽兵众多，于是请求增加兵力。宗翰想亲自前往，希尹、娄室说："这是小盗贼，请用一千兵为您击败他。"浑黜到古北口，碰到辽的巡逻兵，就追赶他们，进入了山谷中。辽步兵和骑兵一万多急忙出战，死了好几个人。浑黜据守关口，希尹等赶到，大败辽兵，斩杀特别多，全部缴获了辽兵的甲胄和物资。接着又打败了辽的伏兵，杀了一千多人，获得一百多匹马。于是和宗翰到奚王岭，计划会合于羊城泺。

宗翰袭辽帝于五院司，希尹为前驱，所将才八骑，与辽主战，一日三败之。明日，希尹得降人麻哲，言辽主在漠，委辎重，将奔西京。几及辽主于白水泺南。辽主以轻骑遁去。尽获其内库宝物，遂至西京。西京降，使蒲察守之。希尹至乙室部，不及辽主而还。及宗翰入朝，希尹权西南、西北两路都统。

是时，夏人已受盟，辽主已获，耶律大石自立，而夏国与娄室书责诸帅弃盟，军入其境，多掠取者。希尹上其书，且奏曰："闻夏使人约大石取山西诸郡，以臣观之，夏盟不可信也。"上曰："夏事酌宜行之。军入其境，不知信与否也。大石合谋，不可不察，其严备之。"

及大举伐宋，希尹为元帅右监军。再伐宋，执二主以归。师还，赐希尹铁券，除常赦不原之罪，余释不问。宗翰伐康王，希尹追之于扬州，康王遁去。后与宗翰俱朝京师，请立熙宗为储嗣，太宗遂以熙宗为谙班勃极烈。

【译文】

宗翰在五院司袭击辽帝，希尹为前驱，所率领的才八名骑兵，与辽帝交战，一天三次打败了他。第二天，希尹得到投降的人麻哲，说辽帝在沙漠抛弃军用物资，将要逃奔西京。希尹几乎在白水泺南追到辽帝，辽帝率轻装快速的骑兵逃走。希尹全部获得了他内廷仓库的宝物，于是赶到西京。西京投降，让蒲察守卫这里。希尹到乙室部，没有追上辽帝就回来了。宗翰入朝朝见天子的时候，希尹暂时代理西南、西北两路的都统。

这个时候，夏人已接受盟约，辽帝已经被俘获，耶律大石自己立国，而夏国给娄室文书谴责各将帅背弃盟约，军队进入了他的边界，多有抢掠夺取的。希尹呈上这件文书，并上奏说："听说夏派人相约大石夺取山西各郡，在臣下看来，夏国的盟誓不可信。"皇上说："夏国的事可斟酌情况适当地施行。军队进入他的边境，不知是可信还是不可信。与大石合谋，不可不仔细核查，这件事要严格防备。"

等到大规模讨伐宋朝的时候，希尹任元帅右监军。再一次讨伐宋朝，俘获两个皇帝归来。回师后，皇帝赐给希尹铁券，除了一般赦免不能宽恕的罪过外，其他都除免不予置问。宗翰讨伐康王，希尹追康王到扬州，康王逃走。希尹后来与宗翰在京师一起朝见皇帝，请求立熙宗为皇位继承人，太宗于是任熙宗为谙班勃极烈。

熙宗即位，希尹为尚书左丞相兼侍中，加开府仪同三司。希尹为相，有大政皆身先执咎。天眷元年，乞致仕，不许，罢为兴中尹。二年，复为左丞相兼侍中，俄封陈王。与宗干共诛宗磐、宗隽。三年，赐希尹诏曰："帅臣密奏，奸状已萌，心在无君，言宣不道。逮燕居而窃议，谓神器以何归，稔于听闻，遂致章败。"遂赐死，并杀右丞萧庆并希尹子同修国史把答、符宝郎漫带。是时，熙宗未有皇子，故嫉希尹者以此言谮之。

皇统三年，上知希尹实无他心，而死非其罪，赠希尹仪同三司、邢国公，改葬之，萧庆银青光禄大夫。天德三年，追封豫王。正隆二年，例降金源郡王。大定十五年，谥贞宪。孙守道、守贞、守能。守道自有传。

【译文】

熙宗即位，希尹为尚书左丞相兼侍中，加官开府仪同三司。希尹为丞相，有大的改正都是自身先行认错。天眷元年，希尹请求退休，皇帝不允许，罢朝职改任兴中尹。二年，重新为左丞相兼侍中，不久封陈王。与宗干共同诛杀宗磐、宗隽。三年，赐希尹诏令说："帅臣秘密上奏说，你奸恶的罪状已经萌生，你心中没有君主，言论宣扬非理。居住在家就偷偷议论，说帝位将归属何人，朕久已听到传闻，现在你终于败露了。"于是赐希尹死，并杀了右丞相萧庆和希尹的儿子同修国史把答、符宝郎漫带。这时，因为熙宗没有皇子，所以嫉妒希尹的人就用这种话来诬陷他。

皇统三年，皇上知道希尹实际没有别的用心，死得非罪，就追赠希尹官仪同三司、邢国公，并且改葬了他，追赠萧庆为银青光禄大夫。天德三年，追封希尹为豫王。正隆二年，按例降为金源郡王。大定十五年，谥希尹号贞宪。孙子守道、守贞、守能。守道自己有传。

〔元史〕

耶律楚材列传

耶律楚材，字晋卿，辽东丹王突欲八世孙。父履，以学行事金世宗，特见亲任，终尚书右丞。

楚材生三岁而孤，母杨氏教之学。及长，博极群书，旁通天文、地理、律历、术数及释老、医卜之说，下笔为文，若宿构者。金制，宰相子例试补省掾。楚材欲试进士科，章宗诏如旧制。问以疑狱数事，时同试者十七人，楚材所对独优，遂辟为掾。后仕为开州同知。

贞祐二年，宣宗迁汴，完颜福兴行尚书事，留守燕，辟为左右司员外郎。太祖定燕，闻其名，召见之。楚材身长八尺，美髯宏声。帝伟之，曰："辽、金世仇，朕为汝雪之。"对曰："臣父祖尝委质事之，既为之臣，敢仇君耶！"帝重其言，处之左右，遂呼楚材曰"吾图撒合里"而不名，"吾图撒合里"，盖国语长髯人也。

【译文】

耶律楚材，字晋卿，是辽朝东丹王耶律突欲的八世孙。父亲耶律履，因学问品行出众得以奉事金世宗，特别受到亲近和信任，去世时官至尚书右丞。

楚材三岁时父亲去世，母亲杨氏教他读书。长大后，博览群书，兼通天文、地理、律历、术数以及佛、道、医、卜等学问，下笔写文章，好像早就做好了似的。金朝制度，宰相之子可以按惯例通过考试担任尚书省属官。耶律楚材想参加进士科考试，章宗诏令按原有的制度办。考官用几个疑难案件进行提问，当时一起参加考试的有十七个人，唯独楚材的回答特别好，于是被征召为尚书省属官。此后又担任过开州同知。

贞祐二年，金宣宗迁都汴梁，完颜福兴为行尚书省事，留守燕京，征召耶律楚材为左右司员外郎。太祖成吉思汗攻取燕京，听说楚材的名字，于是召见他。耶律楚材身高八尺，胡须漂亮，声音宏亮，太祖很看重他，说："辽和金是世代的仇敌，我为你报仇雪恨。"楚材回答说："我的父亲和祖父都曾委身奉事金朝，既然做了金朝的臣民，怎敢仇恨自己的君主呢？”太祖很敬重他这番话，把他安排在自己身边，于是称呼楚材为“吾图撒合里”而不叫他的名字，“吾图撒合里”在蒙语中的意思是胡须很长的人。

己卯夏六月，帝西讨回回国。祃旗之日，雨雪三尺，帝疑之，楚材曰：“玄冥之气，见于盛夏，克敌之征也。”庚辰冬，大雷，复问之，对曰：“回回国主当死于野。”后皆验。夏人常八斤，以善造弓，见知于帝，因每自矜曰：“国家方用武，耶律儒者何用？”楚材曰：“治弓尚须用弓匠，为天下者岂可不用治天下匠耶？”帝闻之甚喜，日见亲用。西域历人奏五月望夜月当蚀。楚材曰：“否。”卒不蚀。明年十月，楚材言月当蚀，西域人曰不蚀，至期果蚀八分。壬午八月，长星见西方，楚材曰：“女真将易主矣。”明年，金宣宗果死。帝每征讨，必命楚材卜，帝亦自灼羊胛，以相符应。指楚材谓太宗曰：“此人，天赐我家。尔后军国庶政，当悉委之。”甲申，帝至东印度，驻铁门关，有一角兽，形如鹿而马尾，其色绿，作人言，谓侍卫者曰：“汝主宜早还。”帝以问楚材，对曰：“此瑞兽也，其名‘角端’，能言四方语，好生恶杀，此天降符以告陛下。陛下天之元子，天下之人，皆陛下之子，愿承天心，以全民命。”帝即日班师。

丙戌冬，从下灵武，诸将争取子女金帛，楚材独收遗书及大黄药材。既而士卒病疫，得大黄辄愈。帝自经营西土，未暇定制，州郡长吏，生杀任情，至孥人妻女，取货财，兼土田。燕蓟留后长官石抹咸得卜尤贪暴，杀人盈市。楚材闻之泣下，即入奏，请禁州郡，非奉玺书，不得擅征发，囚当大辟者必待报，违者罪死，于是贪暴之风稍戢。燕多剧贼，未夕，辄曳牛车指富家，取其财物，不与则杀之。时睿宗以皇子监国，事闻，遣中使偕楚材往穷治之。楚材询察得其姓名，皆留后亲属及势家子，尽捕下狱。其家赂中使，将缓之，楚材示以祸福，中使惧，从其言，狱具，戮十六人于市，燕民始安。

【译文】

己卯年夏六月，太祖向西讨伐回回国。祭旗的那一天，雪下了有三尺厚，太祖心中疑惑，耶律楚材说：“盛夏季节出现水汽，这是战胜敌人的预兆。”庚辰年冬天，雷声很大，太祖又问他，他回答说：“回回国王将死在野外。”后来这些话都应验了。西夏人常八斤，因为善于制造弓箭，得到太祖的赏识，所以经常自夸道：“国家正在兴兵打仗，耶律楚材这个书生有什么用！”楚材说：“造弓尚且要用弓匠，取天下的人怎能不用治理天下的工匠呢？”太祖听到后十分高兴，越来越信任和重用他。西域懂得历法的人上奏说五月十五日晚将出现月蚀。楚材说：“不对。”果然没有出现月蚀。第二年十月，耶律楚材说将有月蚀，西域人说没有，到时间果然月蚀八分。壬午年八月，彗星出现在西方，楚材说：“女真将改换皇帝了。”第二年，金宣宗果然去世。太祖每次出师征讨，必定要让耶律楚材占卜吉凶，太祖自己也炙烧羊胛骨，判断天意和人事是否相符。指着楚材对太宗说：“这个人是上天赐给我家的。以后军国大事都要交给他处理。”甲申年，太祖到达东印度，驻扎在铁门关，有一只头上长角的野兽，形状像鹿却长着马的尾巴，绿颜色，会讲人话，对侍卫说：“你的主人应早点回去。”太祖向耶律楚材询问这件事，楚材回答说：“这是吉祥的动物，名叫角端，能说各个地方的语言，喜欢生灵而厌恶杀戮，这是上天降下符瑞以告诫陛下。陛下是上天的大儿子，天下的人都是陛下的子女，希望陛下顺应上天的心意，保全百姓的生命。”太祖当天就班师回去了。

丙戌年冬天，跟随太祖攻克灵武，将领们都争着掠取子女金帛，唯独耶律楚材专门收集失落的书籍和大黄等药材。不久士兵们染上疫病，用大黄一治就好了。太祖亲自经营西方的疆土，来不及制定有关制度。州郡长官，任意生杀，甚至把老百姓的妻子强迫变为奴隶，掠夺财物，兼并土地。燕蓟留后长官石抹咸得卜尤其贪婪暴虐，杀人满市。楚材听说后流下眼泪，随即向太祖上奏，请求向各州郡发布禁令，如果没有皇帝的圣旨，不得随便向百姓征税调役，囚犯应处死刑的必须上报，违反者处以死罪，于是贪暴的风气有所收敛。燕京一带有许多厉害的盗贼，光天化日之下就拉着牛车到富人家索取财物，不给就杀人。当时睿宗拖雷以皇子的身份监理国事，听说这些情况，便派遣宫中使臣和耶律楚材一起前去严厉查办。楚材查问到盗贼的姓名，都是留后长官的亲属和有权势人家的子弟，将他们全部逮捕入狱。盗贼的家里贿赂宫中使臣，使臣企图拖延处理，楚材向他讲明这样做将带来的后果，使臣惧怕，听从了耶律楚材的意见，定案后，在集市上处死十六人，燕京的百姓才得以安定下来。

己丑秋，太宗将即位，宗亲咸会，议犹未决。时睿宗为太宗亲弟，故楚材言于睿宗曰："此宗社大计，宜早定。"睿宗曰："事犹未集，别择日可乎？"楚材曰："过是无吉日矣。"遂定策，立仪制，乃告亲王察合台曰："王虽兄，位则臣也，礼当拜。王拜，则莫敢不拜。"王深然之。及即位，王率皇族及臣僚拜帐下，既退，王抚楚材曰："真社稷臣也。"国朝尊属有拜礼自此始。时朝集后期应死者众，楚材奏曰："陛下新即位，宜宥之。"太宗从之。

中原甫定，民多误触禁网，而国法无赦令。楚材议请肆宥，众以云迂，楚材独从容为帝言。诏自庚寅正月朔日前事勿治。且条便宜一十八事颁天下，其略言："郡宜置长吏牧民，设万户总军，使势均力敌，以遏骄横。中原之地，财用所出，宜存恤其民，州县非奉上命，敢擅行科差者罪之。贸易借贷官物者罪之。蒙古、回鹘、河西诸人，种地不纳税者死。监主自盗官物者死。应犯死罪者，具由申奏待报，然后行刑。贡献礼物，为害非轻，深宜禁断。"帝悉从之，唯贡献一事不允，曰："彼自愿馈献者，宜听之。"楚材曰："蠹害之端，必由于此。"帝曰："凡卿所奏，无不从者，卿不能从朕一事耶？"

太祖之世，岁有事西域，未暇经理中原，官吏多聚敛自私，资至巨万，而官无储偫。近臣别迭等言："汉人无补于国，可悉空其人以为牧地。"楚材曰："陛下将南伐，军需宜有所资，诚均定中原地税、商税、盐、酒、铁冶、山泽之利，岁可得银五十万两、帛八万匹、粟四十余万石，足以供给，何谓无补哉？"帝曰："卿试为朕行之。"乃奏立燕京等十路征收课税使，凡长贰悉用士人，如陈时可、赵昉等，皆宽厚长者，极天下之选，参佐皆用省部旧人。辛卯秋，帝至云中，十路咸进廪籍及金帛陈于廷中，帝笑谓楚材曰："汝不去朕左右，而能使国用充足，南国之臣，复有如卿者乎？"对曰："在彼者皆贤于臣，臣不才，故留燕，为陛下用。"帝嘉其谦，赐之酒。即日拜中书令，事无巨细，皆先白之。

【译文】

己丑年秋天，太宗将要即位，宗室皇亲都聚集在一起，讨论还没有做出决定。当时睿宗拖雷是太宗窝阔台的亲弟弟，所以耶律楚材对睿宗说："这是宗庙社稷的大事，应该尽早确定。"睿宗说："事情还没有完结，另外选个日子怎么样？"楚材说："过了今天就没有吉日了。"于是确定下来，耶律楚材建立礼仪制度，进而对亲王察合台说：“亲王虽然是兄长，但地位则是臣子，按礼节应当跪拜皇帝。您跪拜了，那么就没人敢不拜了。”察合台很赞同他的意见。等到太宗即位，察合台率领全体皇族成员和大臣们在宫帐下跪拜。礼毕退下，察合台手抚着耶律楚材说：“您真是安邦定国的大臣啊！”蒙古国君臣间有跪拜之礼从这时候开始。当时朝会迟到应处死刑的人很多，楚材上奏道：“陛下刚刚即位，应该赦免他们。”太宗听从了他的意见。

中原刚刚平定，老百姓误犯法律的人很多，而国家法令中没有赦免的说法。耶律楚材请求对他们宽大处理，众人都认为这不切实际，唯独楚材严肃地向皇帝建议。皇帝发布诏令，凡是庚寅年正月初一以前犯的事情都不予追究。他还拟订了十八项应办的事情，建议颁行天下。大致是说：“州郡要设置长官以管理百姓，设置万户以统率军队，使文、武双方势均力敌，以防止骄横的作风。中原地区，是国家财富的来源，应该保存和照顾这里的百姓，州县如果没有上司的命令，胆敢擅自科征赋税的要判罪。借贷官府财物做买卖的，也要判罪。蒙古、回鹘、河西等地的人，种地不交税的处以死刑。负责管理的官员自己盗窃官府财物的也要处死。凡是犯死罪的，要将理由上奏朝廷等待批复，然后行刑。各地上贡和进献礼物，为害不小，必须严禁。”太宗全部同意，只有禁止贡献礼物这件事不答应，说：“那些自愿贡献的，应该允许。”楚材说：“腐败的祸端，必然从这里开始。”太宗说：“凡是你奏请的事情，我没有一件不答应，你难道不能顺从我一件事吗？”

太祖在世的时候，每年都要用兵西域，没有时间来经营治理中原，很多官吏都聚敛财物为自己打算，家中财物多得不得了，而官府却没有什么储备。近臣别迭等人说：“汉人对国家没什么用处，可以把他们的土地全部空出来做牧场。”耶律楚材说：“陛下即将向南征伐，军需物资要有来源，如果能均衡地确定中原地区的田税、商税以及盐、酒、铁冶和山林河湖等业的赋税，每年可以得到五十万两白银、八万匹绢帛和四十多万石粟子，足以供给军队需要，怎么能说没什么用处呢？”太宗说：“你为我试着办。”于是奏请设立燕京等十路征收课税使，凡正、副长官都任用读书人，如陈时可、赵昉等都是宽厚的长者、天下第一流的人物，属官都用金朝尚书省六部的原班人员。辛卯年秋天，太宗来到云中，十路都送来储存粮食的簿册和黄金、绢帛，陈列在庭院中，太宗笑着对楚材说：“你没有离开过我的身边，却能使国家经费充裕，南方金国还有像你这样的大臣吗？”楚材回答说：“在那里的人都比我贤明能干，我没什么本事，所以才留在燕京，为陛下所用。”太宗赞赏他的谦虚，赐酒给他。当即任命他为中书令，事无大小，都要先跟他通报商议。

楚材奏：“凡州郡宜令长吏专理民事，万户总军政，凡所掌课税，权贵不得侵之。”又举镇海、粘合，均与之同事，权贵不能平。咸得卜以旧怨，尤疾之，谮于宗王曰：“耶律中书令率用亲旧，必有二心，宜奏杀之。”宗王遣使以闻，帝察其诬，责使者，罢遣之。属有讼咸得卜不法者，帝命楚材鞫之，奏曰：“此人倨傲，故易招谤。今将有事南方，他日治之未晚也。”帝私谓侍臣曰：“楚材不较私仇，真宽厚长者，汝曹当效之。”中贵可思不花奏采金银役夫及种田西域与栽蒲萄户，帝令于西京宣德徙万余户充之。楚材曰：“先帝遗诏，山后民质朴，无异国人，缓急可用，不宜轻动。今将征河南，请无残民以给此役。”帝可其奏。

壬辰春，帝南征，将涉河，诏逃难之民，来降者免死。或曰：“此辈急则降，缓则走，徒以资敌，不可宥。”楚材请制旗数百，以给降民，使归田里，全活甚众。旧制，凡攻城邑，敌以矢石相加者，即为拒命，既克，必杀之。汴梁将下，大将速不台遣使来言：“金人抗拒持久，师多死伤，城下之日，宜屠之。”楚材驰入奏曰：“将士暴露数十年，所欲者土地人民耳。得地无民，将焉用之？”帝犹豫未决，楚材曰：“奇巧之工，厚藏之家，皆萃于此，若尽杀之，将无所获。”帝然之，诏罪止完颜氏，余皆勿问。时避兵居汴者得百四十七万人。

楚材又请遣人入城，求孔子后，得五十一代孙元措，奏袭封衍圣公，付以林庙地。命收太常礼乐生，及召名儒梁陟、王万庆、赵著等，使直释九经，进讲东宫。又率大臣子孙，执经解义，俾知圣人之道。置编修所于燕京、经籍所于平阳，由是文治兴焉。

【译文】

耶律楚材上奏：“凡是地方州郡应该让行政长官专门管理民事，万户统管军政，凡是地方所掌管的征收赋税的事务，权贵不能干预。”又推荐镇海、粘合二人，与他共同工作，权贵们都不服气。咸得卜因为过去跟耶律楚材有仇，尤其忌恨他，在宗王面前诬陷道：“耶律中书令专门任用自己的亲信故旧，必定怀有叛逆之心，应该奏请皇帝杀掉他。”宗王派人告诉了皇帝，太宗觉察到这是诬陷，就斥责了来人，把他打发回去。接着有人控告咸得卜有犯法行为，太宗命楚材审理此事，耶律楚材上奏说：“此人骄傲自大，因而容易招来别人的攻击。现在正要对南方用兵，以后再做处理也不晚。”太宗私下对侍臣说：“楚材不计较私仇，真是宽厚长者，你们应当效法他。”宫中显贵可思不花奏请召募采金银的役夫以及到西域种田、栽葡萄的人户，太宗下令在西京宣德迁移一万多户来充当。楚材说：“先帝遗诏中说，山后的百姓质朴，和蒙古人没有区别，遇到危难时可以利用，不应轻易迁移他们。如今即将征讨河南，请不要分散山后百姓，以便在这次军事行动中使用他们。”太宗同意了他的请求。

壬辰年春天，太宗南下征讨，将要渡黄河，诏令逃难的百姓，前来投降的可以免死。有人说：“这些人危急的时候就投降，没事的时候就逃走，只对敌人有好处，不能宽大处理。”耶律楚材请求制作几百面旗子，发给投降的难民，让他们返回乡里，很多人因此得以保全性命。按照蒙古传统的制度，凡是攻打城池，敌人用弓箭和石块袭击的，就是违抗命令，攻克之后，必定将城中的军民全部杀死。汴梁将要攻下，大将速不台派人来说：“金人抗拒了很长时间，我军死伤很多，汴梁攻克之日，应该屠城。”耶律楚材急忙进去上奏道：“将士们辛苦了几十年，想要得到的不过是土地和人民。得到了土地而失去了人民，又有什么用呢？”太宗犹豫不决，楚材又说：“能工巧匠，富裕人家，都集中在这里，如果将他们全部杀死，将会一无所获。”太宗接受了他的意见，下诏只处罚完颜氏一族，其余都不追究。当时躲避打仗而住在汴梁的有一百四十七万人。

耶律楚材又请求派人进城，寻求孔子的后代，找到孔子的五十一代孙孔元措，奏请由他继承“衍圣公”的封号，将孔林、孔庙的土地交付给他，命令他收集金朝的太常礼乐生。又征召著名的儒生梁陟、王万庆、赵著等人，让他们将《九经》译成口语，讲给太子听。又率领大臣们的子孙，拿着经书讲解其中的含义，使他们知道圣人的学说。在燕京设置编修所，在平阳设置经籍所，从此文明教化开始兴盛。

时河南初破，俘获甚众，军还，逃者十七八。有旨：居停逃民及资给者，灭其家，乡社亦连坐。由是逃者莫敢舍，多殍死道路。楚材从容进曰：“河南既平，民皆陛下赤子，走复何之！奈何因一俘囚，连死数十百

人乎？”帝悟，命除其禁。金之亡也，唯秦、巩二十余州久未下，楚材奏曰：“往年吾民逃罪，或萃于此，故以死拒战。若许以不杀，将不攻自下矣。”诏下，诸城皆降。

甲午，议籍中原民，大臣忽都虎等议，以丁为户。楚材曰：“不可。丁逃，则赋无所出，当以户定之。”争之再三，卒以户定。时将相大臣有所驱获，往往寄留诸郡，楚材因括户口，并令为民，匿占者死。

乙未，朝议将四征不廷，若遣回回人征江南，汉人征西域，深得制御之术，楚材曰：“不可。中原、西域，相去辽远，未至敌境，人马疲乏，兼水土异宜，疾疫将生，宜各从其便。”从之。

丙申春，诸王大集，帝亲执觞赐楚材曰：“朕之所以推诚任卿者，先帝之命也。非卿，则中原无今日。朕所以得安枕者，卿之力也。”西域诸国及宋、高丽使者来朝，语多不实，帝指楚材示之曰：“汝国有如此人乎？”皆谢曰：“无有。殆神人也！”帝曰：“汝等唯此言不妄，朕亦度必无此人。”有于元者，奏行交钞，楚材曰：“金章宗时初行交钞，与钱通行，有司以出钞为利，收钞为讳，谓之‘老钞’，至以万贯唯易一饼。民力困竭，国用匮乏，当为鉴戒。今印造交钞，宜不过万锭。”从之。

【译文】

当时河南地区刚刚攻下，俘虏很多，蒙军返回，俘虏逃跑的有十分之七八。皇帝下令：凡是收留和资助逃亡者的，处死全家，同村邻里也要连坐。因此，没有人敢收留逃亡者，大多饿死在路上。耶律楚材平心静气地对太宗说：“河南已经平定，这里的百姓都是陛下的儿女，还会走到哪里去呢！何必因为一个俘虏，而使几十个甚至上百个人牵连受死呢？”太宗醒悟，下诏解除了这条禁令。金朝灭亡后，只有秦、巩等二十多个州很久没有投降，楚材上奏道：“过去我们的百姓逃避罪罚，有的集中在这些地方，所以拼死抵抗，如果答应不杀他们，将不攻自破。”赦免死罪的诏令一下，这些城池都投降了。

甲午年，讨论将中原百姓登记编户，大臣忽都虎等人建议以成年男子为征税对象。耶律楚材说：“不行。成年男子逃走，那么赋税就征收不到了，应当以户为征收对象。”争论多次，终于确定以户为征收对象。当时将相大臣获得的俘虏，往往寄存在地方州郡，楚材利用登记户口的机会，下令将俘虏全部登记为平民，凡是隐藏私占的均处以死刑。

乙未年，朝廷讨论将四处征伐没有归附的地方，假如派遣回回人征讨江南，汉人征讨西域，那么就能有效地控制他们，耶律楚材说："不行。中原和西域相距遥远，还没有到达敌人的边境，就已经人马疲乏了，加上水土不服，容易生传染病，应该各从其便。"皇帝接受了他的意见。

丙申年春天，宗王们大聚会，太宗亲自拿起酒杯赐给耶律楚材说："我之所以推心置腹地任用你，是因为先帝的命令。没有你，中原地区就没有今天。我之所以能够高枕无忧，都是因为你的努力。"西域各国以及宋朝、高丽的使者前来朝见，说的话大多不可信，太宗指着耶律楚材对他们说："你们国家有这样的人才吗？"使者们都老实地说道："没有。他简直是神人啊！"太宗说："你们只有这句话不假，我也觉得你们国中一定没有这样的人才。"有个叫于元的人奏请发行纸币，耶律楚材说："金章宗时开始推行纸币，与铜钱同时使用，官府以发行纸币来谋利，不愿意回收，称为'老钞'，甚至一万贯纸币只能买一张饼。百姓穷困，国家经费短缺，应该引以为戒。现在印制纸币，不能超过一万锭。"朝廷接受了他的意见。

秋七月，忽都虎以民籍至，帝议裂州县赐亲王功臣。楚材曰："裂土分民，易生嫌隙。不如多以金帛与之。"帝曰："已许奈何？"楚材曰："若朝廷置吏，收其贡赋，岁终颁之，使毋擅科征，可也。"帝然其计，遂定天下赋税，每二户出丝一斤，以给国用；五户出丝一斤，以给诸王功臣汤沐之资。地税，中田每亩二升又半，上田三升，下田二升，水田每亩五升；商税，三十分而一；盐价，银一两四十斤。既定常赋，朝议以为太轻，楚材曰："作法于凉，其弊犹贪，后将有以利进者，则今已重矣。"

时工匠制造，糜费官物，十私八九，楚材请皆考核之，以为定制。时侍臣脱欢奏简天下室女，诏下，楚材泥之不行，帝怒。楚材进曰："向择美女二十有八人，足备使令。今复选拔，臣恐扰民，欲覆奏耳。"帝良久曰："可罢之。"又欲收民牝马，楚材曰："田蚕之地，非马所产，今若行之，后必为人害。"又从之。

丁酉，楚材奏曰："制器者必用良工，守成者必用儒臣。儒臣之事业，非积数十年，殆未易成也。"帝曰："果尔，可官其人。"楚材曰："请校试之。"乃命宣德州宣课使刘中随郡考试，以经义、词赋、论分为三科，儒人被俘为奴者，亦令就试，其主匿弗遣者死。得士凡四千三十人，免为奴者四之一。

先是，州郡长吏，多借贾人银以偿官，息累数倍，曰“羊羔儿利”，至奴其妻子，犹不足偿。楚材奏令本利相侔而止，永为定制，民间所负者，官为代偿之。至一衡量，给符印，立钞法，定均输，布递传，明驿券，庶政略备，民稍苏息焉。

有二道士争长，互立党与，其一诬其仇之党二人为逃军，结中贵及通事杨惟忠，执而虐杀之。楚材按收惟忠。中贵复诉楚材违制，帝怒，系楚材；既而自悔，命释之。楚材不肯解缚，进曰：“臣备位公辅，国政所属。陛下初令系臣，以有罪也，当明示百官，罪在不赦。今释臣，是无罪也，岂宜轻易反覆，如戏小兒？国有大事，何以行焉！”众皆失色。帝曰：“朕虽为帝，宁无过举耶？”乃温言以慰之。楚材因陈时务十策，曰：“信赏罚，正名分，给俸禄，官功臣，考殿最，均科差，选工匠，务农桑，定土贡，制漕运。”皆切于时务，悉施行之。

太原路转运使吕振、副使刘子振，以赃抵罪。帝责楚材曰：“卿言孔子之教可行，儒者为好人，何故乃有此辈？”对曰：“君父教臣子，亦不欲令陷不义。三纲五常，圣人之名教，有国家者莫不由之，如天之有日月也。岂得缘一夫之失，使万世常行之道独见废于我朝乎！”帝意乃解。

【译文】

秋七月，忽都虎送来了户口簿，太宗打算分割州县赏赐给亲王、功臣。耶律楚材说：“分割土地和人民，容易发生冲突和纠纷。不如多赐给他们金帛财物。”太宗说：“已经答应了，怎么办呢？”楚材说：“如果朝廷设置官吏，征收上交给诸王功臣的赋税，到年底分给他们，不让他们自行征收，这样就可以了。”太宗同意他的想法，于是确定全国的赋税，每两户出丝一斤，以供国家使用；五户合出丝一斤，作为诸王和功臣封地的收入。地税，中等田每亩交二升半，上等田交三升，下等田交二升，水田每亩交五升；商税征收三十分之一；盐价，白银一两可买四十斤。正常的赋税额确定后，朝廷讨论认为太轻，楚材说：“赋税从轻，仍会产生贪污的弊端，以后将会有人以增加国家收入为升官的途径，那样的话现在的赋税额就已经够重的了。”

当时的工匠制造物品，随意浪费官府的物资，十之八九被他们私自占有，耶律楚材请求全部加以考核，建立起固定的制度。当时侍臣脱欢奏请在天下没有出嫁的女子中挑选美女，诏令已经颁发，耶律楚材拦住不执行，太宗发怒。楚材进谏道："以前挑选了二十八个美女，已经足够用来使唤。现在又要挑选，我担心骚扰百姓，正想再向陛下汇报。"太宗过了好一会儿才说："可以取消这件事。"又打算征收民间的母马，楚材说："耕种养蚕的地方，不出产马，现在如果推行收马之法，以后必定成为百姓的祸害。"太宗又接受了他的意见。

丁酉年，耶律楚材上奏说："制造器具必须用好的工匠，要保持国家已取得的成就必须任用儒臣。儒臣的事业，不进行几十年的积累，是难以成功的。"太宗说："果真是这样的话，可以让这些人做官。"楚材说："请加以考试选拔。"于是命令宣德州宣课使刘中到各郡去主持考试，分为经义、词赋、论三个科目，被俘为奴的读书人，也让他们参加考试，主人隐藏不让他们应试的就处以死刑。共选拔了四千三百名读书人，免去奴隶身份的占四分之一。

以前，州郡官吏中有很多人借商人的银钱来偿还欠官府的债务，利息累计为本钱的好几倍，称为"羊羔儿利"，甚至妻子儿女都被变卖为奴隶，还是还不清。耶律楚材上奏，下令利息与本钱相等后不许再增加，永远成为固定的制度，民间所欠的债务，由官府代为偿还。直至统一度量衡、颁发符印、建立钞法、制定统一的贸易法规、设置邮政系统、明确驿站的使用凭证，各种政务大致齐备，百姓稍微能够休养生息。

有两个道士争当道长，彼此都聚集了一批党羽，其中一个道士诬陷对手党羽中的两个人是逃兵，勾结宫中侍从和通事杨惟忠，将那两人抓起来残酷杀害。耶律楚材将杨惟忠拘留审问，宫中侍从却说楚材违反朝廷制度，太宗发怒，逮捕楚材。随即又很后悔，下令释放他。楚材不肯松绑，对太宗说："我身为宰相，关系到国家大政。陛下开始时下令逮捕我，是因为我有罪，应当在百官面前公开宣布我的罪行不可饶恕。现在释放我，是因为我无罪，怎么能这样随便翻来覆去像戏弄小孩一样呢？如果国家有大事，也能这样干吗？"众人吓得脸色都变了。太宗说："我虽然是皇帝，难道就没有错误的举动吗？"于是好言安慰了他一番。楚材乘机陈述了十条处理当今时务的措施，这十条措施是：信赏罚，正名分，给俸禄，官功臣，考殿最，均科差，选工匠，务农桑，定土贡，制漕运。都切合当前时务，太宗全部同意施行。

太原路转运使吕振、副使刘子振，因为贪污而获罪。太宗责备耶律楚材说："你讲过孔子的教导可行，读书人是好人，为什么还有这种人？"楚材答道："君主、父亲教导臣属、子女，也不想让他们去做不讲道义的事情。三纲五常是圣人的教导，管理国家的人没有不遵循的，好比是天上有太阳和月亮一样。怎么能因为一个人的过失，而使得万世经常奉行的学说单单在我们这个朝代被废止呢？"太宗的恼怒这才缓解。

富人刘忽笃马、涉猎发丁、刘廷玉等以银一百四十万两扑买天下课税，楚材曰："此贪利之徒，罔上虐下，为害甚大。"奏罢之。常曰："兴一利不如除一害，生一事不如省一事。任尚以班超之言为平平耳，千古之下，自有定论。后之负谴者，方知吾言之不妄也。"帝素嗜酒，日与大臣酣饮，楚材屡谏，不听，乃持酒槽铁口进曰："曲糵能腐物，铁尚如此，况五脏乎！"帝悟，语近臣曰："汝曹爱君忧国之心，岂有如吾图撒合里者耶？"赏以金帛，敕近臣日进酒三钟而止。

自庚寅定课税格，至甲午平河南，岁有增羡，至戊戌课银增至一百一十万两。译史安天合者，谄事镇海，首引奥都剌合蛮扑买课税，又增至二百二十万两。楚材极力辩谏，至声色俱厉，言与涕俱。帝曰："尔欲搏斗耶？"又曰："尔欲为百姓哭耶？姑令试行之。"楚材力不能止，乃叹息曰："民之困穷，将自此始矣！"

楚材尝与诸王宴，醉卧车中，帝临平野见之，直幸其营，登车手撼之。楚材熟睡未醒，方怒其扰己，忽开目视，始知帝至，惊起谢，帝曰："有酒独醉，不与朕同乐耶？"笑而去。楚材不及冠带，驰诣行宫，帝为置酒，极欢而罢。

【译文】

富人刘忽笃马、涉猎发丁和刘廷玉等人用银一百四十万两承包天下赋税，楚材说："这些都是贪图财利的家伙，欺骗朝廷坑害百姓，为害很大。"奏请皇帝取消这种做法。他经常说："兴一利不如除一弊，多一事不如少一事。任尚以为班超的话平淡无奇，但是千年之后，自有定论。以后遭到谴责的人，才知道我这话不假。"太宗素来喜欢喝酒，每天与大臣们开怀畅饮，楚材多次劝阻，太宗不听，于是就拿着酒槽的铁口对太宗说："酒能够使东西腐烂，铁尚且如此，何况是人的五脏呢？"太宗醒悟，对近臣说道："你们这些人爱护君王、为国忧虑的心意，难道能比得上吾图撒合里吗？”于是赐给他金帛财物，下令侍从们每天进酒以三钟为限。

自从庚寅年确定征税规则，到甲午年平定河南，税额每年都有增加，到戊戌年征收的白银达一百一十万两。有个翻译名叫安天合，讨好镇海，率先招引奥都剌合蛮包买赋税，又增加到二百二十万两白银。耶律楚材极力争辩劝阻，甚至于声色俱厉，一边说一边哭。太宗说：“你想打架呀？”又说：“你想为百姓哭泣吗？姑且让他们试着做做再说。”楚材无法阻止，于是叹息道：“百姓困穷，将从此开始了！”

耶律楚材曾与宗王一起吃饭，喝醉后躺在车中，太宗在原野上看见了，直接来到他的营盘里，登上车用手推他。楚材睡得正香，正为别人打扰自己而恼怒，忽然睁开眼睛一看，才知道是皇帝来了，慌忙起身谢罪，太宗说：“有酒一个人喝醉，不想跟我一起快活快活吗？”笑着走了。楚材来不及穿戴好衣冠，赶紧骑马前往皇帝的行宫，太宗为他摆开酒席，尽兴而罢。

楚材当国日久，得禄分其亲族，未尝私以官。行省刘敏从容言之，楚材曰：“睦亲之义，但当资以金帛。若使从政而违法，吾不能徇私恩也。”

岁辛丑二月三日，帝疾笃，医言脉已绝。皇后不知所为，召楚材问之，对曰：“今任使非人，卖官鬻狱，囚系非辜者多。古人一言而善，荧惑退舍，请赦天下囚徒。”后即欲行之，楚材曰：“非君命不可。”俄顷，帝少苏，因入奏，请肆赦，帝已不能言，首肯之。是夜，医者候脉复生，适宣读赦书时也，翌日而瘳。冬十一月四日，帝将出猎，楚材以太乙数推之，亟言其不可，左右皆曰：“不骑射，无以为乐。”猎五日，帝崩于行在所。皇后乃马真氏称制，崇信奸回，庶政多紊。奥鲁剌合蛮以货得政柄，廷中悉畏附之。楚材面折廷争，言人所难言，人皆危之。

癸卯五月，荧惑犯房，楚材奏曰：“当有惊扰，然讫无事。”居无何，朝廷用兵，事起仓卒，后遂令授甲选腹心，至欲西迁以避之。楚材进曰：“朝廷天下根本，根本一摇，天下将乱。臣观天道，必无患也。”后数日乃定。后以御宝空纸，付奥都剌合蛮，使自书填行之。楚材曰：“天下者，先帝之天下。朝廷自有宪章，今欲紊之，臣不敢奉诏。”事遂止。又有旨：“凡奥都剌合蛮所建白，令史不为书者，断其手。”楚材曰：“国之典故，先帝悉委老臣，令史何与焉？事若合理，自当奉行，如不可行，死且不避，况截手乎！”后不悦。楚材辩论不已，因大声曰：“老臣事太祖、太宗三十余年，无负于国，皇后亦岂能无罪杀臣也。”后虽憾之，亦以先朝旧勋，深敬惮焉。

甲辰夏五月，薨于位，年五十五。皇后哀悼，赙赠甚厚。后有谮楚材者，言其在相位日久，天下贡赋，半入其家。后命近臣麻里扎覆视之，唯琴阮十余，及古今书画、金石、遗文数千卷。至顺元年，赠经国议制寅亮佐运功臣、太师、上柱国，追封广宁王，谥“文正”。子铉、铸。

【译文】

耶律楚材主持政务很长时间，把得到的俸禄全部分给自己的亲族，从来没有徇私情让他们做官。行省刘敏严肃认真地向他提起此事，楚材说：“使亲族和睦的道理，只应用财物资助他们。我不能为了照顾私人感情而让他们去做官违法。”

辛丑年二月三日，太宗病危，医生说脉搏已经不动了。皇后不知所措，把耶律楚材召来询问，楚材回答说：“现在任用的官员不合适，出卖官职，打官司要贿赂，囚禁无辜的人很多。古人一句好话就可以使火星退到原来的位置，我请求赦免天下的囚徒。”皇后想立即去做，楚材说：“没有皇帝的命令可不行。”过了一会儿，太宗稍微苏醒过来，于是上奏请求赦免囚犯，太宗已不能说话，点头表示同意。当天夜里，太医测到脉搏重新跳动，正好是宣读赦免令的时候，第二天病就好了。冬十一月四日，太宗将要出去打猎，楚材用太乙数来推算，赶紧说不能打猎，左右侍从们都说：“不骑马射箭，就谈不上快乐。”打猎五天，太宗在行营中去世。皇后乃马真氏行使皇帝权力，重用和信任奸邪之人，政务都被搞乱。奥都剌合蛮因为包买赋税而执掌大权，朝廷里的人都害怕他、依附他。楚材当面斥责，在朝廷中争辩，说别人不敢说的话，人们都为他担心。

癸卯年五月，火星侵犯房星的区域，耶律楚材上奏说：“将有惊扰发生，但最后会没事的。”没过多久，朝廷用兵，事情仓促发生，群情纷扰，皇后于是下令将靠得住的人武装起来，甚至想向西迁移以躲避面临的危机。楚材说：“朝廷是天下的根本，根本一旦动摇，天下将会动乱。我观察天象，肯定没有灾难。”过了几天就安定下来。皇后将盖有皇帝大印的空白纸张交给奥都剌合蛮，让他自行填写办事。楚材说：“天下是先皇帝的天下。朝廷自有法律规章，现在要搅乱，我不敢遵从命令。”这件事因此而中止。又有旨令说：“凡是奥都剌合蛮提出的建议，令史如果不记录下来，就砍断他的手。”楚材说：“国家的典章制度，先帝都托付给老臣我来维护，跟令史有什么关系呢？事情如果合理，自然应当奉命执行，如果不能照办的，死都不怕，何况是断手呢！”皇后很不高兴。楚材仍然争辩不已，并大声说：“老臣我奉事太祖、太宗三十多年，没有辜负国家，皇后又怎么能没有罪名而处死我呢！”皇后虽然恨他，也因为他是先朝的有功旧臣，对他既尊敬又畏惧。

甲辰年夏五月，耶律楚材死在官位上，终年五十五岁。皇后哀悼，赠赐非常丰厚。后来有人诬陷楚材，说他当宰相时间很长，天下进贡的赋税有一半都落到他的家中。皇后命令侍从大臣麻里扎前去查看，只有十几张琴、阮以及几千卷古今书画、金石和遗文。至顺元年，赠官号为经国，议制寅亮佐运功臣、太师、上柱国，追封为广宁王，谥号“文正”。有儿子铉、铸。

郭守敬列传

郭守敬字若思，顺德邢台人。生有异操，不为嬉戏事。大父荣，通五经，精于算数、水利。时刘秉忠、张文谦、张易、王恂，同学于州西紫金山，荣使守敬从秉忠学。

中统三年，文谦荐守敬习水利，巧思绝人。世祖召见，面陈水利六事：其一，中都旧漕河，东至通州，引玉泉水以通舟，岁可省雇车钱六万缗。通州以南，于蔺榆河口径直开引，由蒙村跳梁务至杨村还河，以避浮鸡淘盘浅风浪远转之患。其二，顺德达泉引入城中，分为三渠，灌城东地。其三，顺德沣河东至古任城，失其故道，没民田千三百余顷。此水开修成河，其田即可耕种，自小王村经滹沱，合入御河，通行舟筏。其四，磁州东北滏、漳二水合流处，引水由滏阳、邯郸、洺州、永年下经鸡泽，合入沣河，可灌田三千余顷。其五，怀、孟沁河，虽浇灌，犹有漏堰余水，东与丹河余水相合。引东流，至武陟县北，合入御河，可灌田二千余顷。其六，黄河自孟州西开引，少分一渠，经由新、旧孟州中间，顺河古岸下，至温县南复入大河，其间亦可灌田二千余顷。每奏一事，世祖叹曰：“任事者如此，人不为素餐矣。”授提举诸路河渠。四年，加授银符、副河渠使。

【译文】

郭守敬，字若思，是顺德路邢台人。他的志趣从小就跟别人不同，不喜欢玩耍游戏。他祖父郭荣熟悉五经，精通数学与水利。当时正好有刘秉忠、张文谦、张易与王恂等人，一起在滋州西部紫金山学习，郭荣就让郭守敬去跟刘秉忠学习。

中统三年时，张文谦向朝廷推荐郭守敬是位擅长水利工程的人才，并且思想灵巧，胜过常人。元世祖忽必烈命他进见时，他当面陈述了应该兴办的六项水利事业如下：第一，金代中都原有的水运河道，东面可到通州。如果引西郊玉泉山的水流入，使舟船能通行，每年可节省雇车的运输费六万缗。通州南面，在蔺榆河口直向开引河道，从蒙村跳梁务至杨村回到原有河道，可以避开浮鸡淘一段河浅湾多路长有风浪的害处。第二，将顺德府达活泉的水引进到城里，分为三支，可用以灌溉城东的土地。第三，顺德府的沣河，本来向东通往古任城。现在原有河道已被淤没，水流漂淹百姓土地一千三百余顷。如果将它开通，这些田就可以耕种。从小王村经滹沱河汇合入御河，还可通行船舶。第四，从磁州东北滏河与漳河汇合处，引水由滏阳、邯郸、洺州、永年，往下经鸡泽而流入沣河，可以灌溉土地三千余顷。第五，怀、孟路的沁河，虽然灌溉了农田，但还有穿过土堰的余水，向东与丹河的余水相汇合。如果引此水向东流送至武陟县北，合流入御河，可以灌溉土地两千余顷。第六，从孟州西部开渠引黄河的水，穿过新旧孟州之间，再沿黄河的古岸边东下到温县南面重新进入典河，这一段亦可灌溉良田两千余顷。每奏报一项，皇帝总是赞赏道："像这样去办事的人，方才不是白吃饭的。"于是派他担任提举诸路河渠的官职。中统四年，升任佩银符副河渠使。

至元元年，从张文谦行省西夏。先是，古渠在中兴者，一名唐来，其长四百里，一名汉延，长二百五十里，它州正渠十，皆长二百里，支渠大小六十八，灌田九万余顷。兵乱以来，废坏淤浅。守敬更立插堰，皆复其旧。

二年，授都水少监。守敬言："舟自中兴沿河四昼夜至东胜，可通漕运，及见查泊、兀郎海古渠甚多，宜加修理。"又言："金时，自燕京之西麻峪村，分引卢沟一支东流，穿西山而出，是谓金口。其水自金口以东，燕京以北，灌田若干顷，其利不可胜计。兵兴以来，典守者惧有所失，因以大石塞之。今若按视故迹，使水得通流，上可以致西山之利，下可以广京畿之漕。”又言：“当于金口西预开减水口，西南还大河，令其深广，以防涨水突入之患。”帝善之。十二年，丞相伯颜南征，议立水站，命守敬行视河北、山东可通舟者，为图奏之。

【译文】

至元元年，郭守敬随从张文谦去到已改为行省的前代西夏国地方去任职。那里的中兴州本来有两处古代的河渠。一条名唐来渠，长四百里；另一条名汉延渠，长二百五十里。其他各州还有正渠十条，都长二百里；大大小小的支渠有六十八条，一共灌溉着九万多顷的土地。发生战乱以来，渠道废坏，河也淤积了。郭守敬修复了水坝水闸，整治了河身，恢复了原状。

至元二年，郭守敬升任都水少监。他上奏说：“从中兴州乘船沿黄河而行，四昼夜可抵达东胜。这一段能够开辟水运，应该加以修治。”又说：“金朝时，从燕京西面的麻峪村，引卢沟河一条支流穿过西山向西，叫作金口河。它灌溉着金口以东、燕京以北的一大片土地，利益是极大的。自从进军燕京以来，守卫人员惧怕发生失误，用大石块将它填塞了。现在如查察原有河道，仍使水道畅流，上游段可把西山的货物运出来，下游段可以沟通燕京的水运。”他又道：“还应该在金口西面预先开挖一条分水渠，从西南方回归到主流道，要深一些、宽一些，以防涨水时洪水冲入京师。”皇帝认为这些都是很好的意见。至元十二年，伯颜丞相进军南宋，需要设立水路驿站，派郭守敬去视察河北、山东一带可以行船的河道，绘图上报。

初，秉忠以《大明历》自辽、金承用二百余年，浸以后天，议欲修正而卒。十三年，江左既平，帝思用其言。遂以守敬与王恂，率南北日官，分掌测验推步于下，而命文谦与枢密张易为之主领裁奏于上，左丞许衡参预其事。守敬首言：“历之本在于测验，而测验之器莫先仪表。今司天浑仪，宋皇祐中汴京所造，不与此处天度相符，比量南北二极，约差四度；表石年深，亦复欹侧。”守敬乃尽考其失而移置之。既又别图高爽地，以木为重棚，创作简仪、高表，用相比覆。又以为天枢附极而动，昔人尝展管望之，未得其的，作候极仪。极辰既位，天体斯正，作浑天象。象虽形似，莫适所用，作玲珑仪。以表之矩方，测天之正圜，莫若以圜求圜，作仰仪。古有经纬，结而不动，守敬易之，作立运仪。日有中道，月有九行，守敬一之，作证理仪。表高景虚，罔象非真，作景符。月虽有明，察景则难，作窥几。历法之验，在于交会，作日月食仪。天有赤道，轮以当之，两极低昂，标以指之，作星晷定时仪。又作正方案、丸表、悬正仪、座正仪，为四方行测者所用。又作《仰规覆矩图》《异方浑盖图》《日出入永短图》，与上诸仪互相参考。

【译文】

当初，刘秉忠鉴于从辽、金两代沿用到元初的《大明历》，已经二百多年了。历法上的天象渐渐地落后于实际上的天象，曾计议修改历法。随即他去世了。至元十三年时，江东的南宋已攻灭，皇帝想到了刘秉忠的改历意见。于是就委派郭守敬与王恂，率领原有的以及来自亡宋的天文官员，进行具体的天文测量并做计算；又委派张文谦和枢密张易为主管，裁夺奏报，左丞许衡共同参与工作。郭守敬首先指出："治历的根本在于做测量，做测量的工具首先在于仪器。现在司天台上的浑仪，是故宋皇祐年间制作于汴京开封府，跟这里的天文度数并不相合。测量天球上南北二极，相差约四度多。圭表的基石，因年久亦已倾斜。"郭守敬于是考察缺点，重新做了安顿。接着，又另外选找高爽的地段，搭设并列的木棚，创制简仪和高表，用以测量校比。他又认为，天枢星在北极旁边转动，以前有人用窥管观测，未能测定北极位置，于是制做了候极仪。北极的位置测定了，其余天体的位置就能正确标定，又制做了浑天象。浑天象形状虽然很像，但还不太适用，再制作玲珑仪。圭表像矩尺，是方的，要测圆形的天，不如以圆求圆，他又创制了仰仪。古代有经纬制度，结合成固定的网格形，不能转动，郭守敬变更一下，制做了立运仪。太阳和月亮的运行，分别有黄道和九行道，他合起来做了证理仪。高表虽然高，但所得表影端部模糊不够真切，他制做了景符。月虽然明亮，观测它照射出的影子时则较困难，他做了窥几。检验历法的正确性在于日月食观测，又做了日月食仪。天球上的赤道，可用圆轮置于相当的位置来表示，南北极方向的高低可用标杆指明，按此而制做了星晷定时仪。另又做正方案、丸表、悬正仪和座正仪，都是为到外地去做测量时使用的。此外还制做了《仰规覆矩图》《异方浑盖图》和《日出入永短图》，可以同以上各种仪器测量互相参照使用。

十六年，改局为太史院，以恂为太史令，守敬为同知太史院事，给印章，立官府。及奏进仪表式，守敬当帝前指陈理致，至于日晏，帝不为倦。守敬因奏："唐一行开元间令南宫说天下测景，书中见者凡十三处。今疆宇比唐尤大，若不远方测验，日月交食分数时刻不同，昼夜长短不同，日月星辰去天高下不同，即目测验人少，可先南北立表，取直测景。"帝可其奏。遂设监候官一十四员，分道而出，东至高丽，西极滇池，南逾朱崖，北尽铁勒，四海测验，凡二十七所。

十七年，新历告成，守敬与诸臣同上奏曰：

【译文】

至元十六年，太史局改为正式机构太史院，发给公章，设立官署。王恂当太史令，郭守敬任副职为知太史院事。在上呈并汇报各种仪器式样时，郭守敬在皇帝面前解释使用方法及其原理，一直到傍晚，皇帝并不厌倦。郭守敬随而奏报："唐代一行在开元年间命南宫说到各地去测量日影，书上记载有十三处地方。现在疆土比唐代还要广大，如果不到远方去做测量，怎知日月食时刻与食分的不同、昼夜长短的不同以及日月星辰在天上位置高低的不同？现今做测量的人员较少，可以先在南北若干地方立表杆，测定准确的日影长度。"皇帝同意他的意见，设置了十四个监候官，分路到各地去。东方去到高丽，西方直至滇池，南方超越朱崖，北方达到铁勒，做四海测验场的总共有二十七个地方。

至元十七年，新历完成了。郭守敬同其他负责人一起上奏说：

臣等窃闻帝王之事，莫重于历。自黄帝迎日推策，帝尧以闰月定四时成岁，舜在璇玑玉衡以齐七政。爰及三代，历无定法，周、秦之间，闰余乖次。西汉造《三统历》，百三十年而后是非始定。东汉造《四分历》，七十余年而仪式方备。又百二十一年，刘洪造《乾象历》，始悟月行有迟速。又百八十年，姜岌造《三纪甲子历》，始悟以月食冲检日宿度所在。又五十七年，何承天造《元嘉历》，始悟以朔望及弦皆定大小余。又六十五年，祖冲之造《大明历》，始悟太阳有岁差之数，极星去不动处一度余。又五十二年，张子信始悟日月交道有表里，五星有迟疾留逆。又三十三年，刘焯造《皇极历》，始悟日行有盈缩。又三十五年，傅仁均造《戊寅元历》，颇采旧仪，始用定朔。又四十六年，李淳风造《麟德历》，以古历章蔀元首分度不齐，始为总法，用进朔以避晦晨月见。又六十三年，一行造《大衍历》，始以朔有四大三小，定九服交食之异。又九十四年，徐昂造《宣明历》，始悟日食有气、刻、时三差。又二百三十六年，姚舜辅造《纪元历》，始悟食甚泛余差数。以上计千一百八十二年，历经七十改，其创法者十有三家。

自是又百七十四年，圣朝专命臣等改治新历，臣等用创造简仪、高表，冯其测实数，所考正者凡七事：

【译文】

我们知道帝王最重要的事情要算治历。自从黄帝观测太阳，记录并做推算，帝尧设立闰月定四季作为一年，帝舜用仪器窥管测量日月五星以来，到夏、商、周三代，治历还没有固定的方法。周、秦之间，以闰月调整一年长度，仍有差错。西汉制定《三统历》，三十年之后方才是非分明，确认其正确。东汉作《四分历》，经七十多年方才比较完整。又过了一百二十年，刘洪作《乾象历》，才明白月亮运行的速度有慢有快。又过了一百八十年，姜岌作《三纪甲子历》，方懂得以月食时对冲的星宿来推定太阳的位置。又过五十七年，何承天作《元嘉历》，方知晓朔日、望日及上、下弦的月亮位置，时间上还有余份。六十五年后，祖冲之作《大明历》，才发现太阳运动中冬至点有岁差，北极星离天球北极还有一度多。又隔五十二年，张子信方了解日月食同它们在黄道与白道交点附近的位置有关，五个行星的速度有快慢变化，并有留和逆行现象。又三十三年，刘焯作《皇极历》，方明了太阳的运动也有快慢。又三十五年，傅仁钧作《戊寅元历》，较多采用旧的仪制，方才采用定朔。又过四十六年，李淳风作《麟德历》，鉴于古历中的章、蔀和元起首日期取数不同，改用总法一个数据，用进朔法避开月末晦日早晨出现月亮。又六十三年，一行作《大衍历》，应用定朔，得连续四个大月和三个小月，定出不同地区日月食时刻和食分的差别。又九十四年，徐昂作《宣明历》，方知道日食有气差、刻差和时差这三种差数。又二百三十六年，姚舜辅作《纪元历》，方知道日食的食甚时刻，食分大小，起讫时刻。以上共计一千一百八十二年，历法改了七十次，有创造的计十三家。

此后又一百七十四年，本朝命我们专门改制新历。我们用新创制的简仪和高表实测所得的数据，考证了七项内容：

一曰冬至。自丙子年立冬后，依每日测到晷景，逐日取对，冬至前后日差同者为准。得丁丑年冬至在戊戌日夜半后八刻半，又定丁丑夏至在庚子日夜半后七十刻；又定戊寅冬至在癸卯日夜半后三十三刻；己卯冬至在戊申日夜半后五十七刻半；庚辰冬至在癸丑日夜半后八十一刻半。各减《大明历》十八刻，远近相符，前后应准。

二曰岁余。自《大明历》以来，凡测景、验气，得冬至时刻真数者有六，用以相距，各得其时合用岁余。今考验四年，相符不差，仍自宋大明壬寅年距至今日八百一十年，每岁合得三百六十五日二十四刻二十五分，其二十五分为今历岁余合用之数。

三曰日躔。用至元丁丑四月癸酉望月食既，推求日躔，得冬至日躔赤道箕宿十度，黄道箕九度有奇。仍凭每日测到太阳躔度，或凭星测月，或凭月测日，或径凭星度测日，立术推算，起自丁丑正月至己卯十二月，凡三年，共得一百三十四事，皆躔于箕，与月食相符。

【译文】

一为冬至。自丙子年冬至日之后，根据每天测得的太阳表得的太阳表影长度，依冬至前后日子相差数前后相同者，每日取以对比。得丁丑年冬至时刻在戊戌日夜半后八刻半，定夏至在庚子日夜半后七十刻；又定戊寅年冬至在癸卯日夜半后三十三刻，己卯年冬至在戊申日夜半后五十七刻半；庚辰年冬至在癸丑日夜半后八十一刻半。都比《大明历》减少十八刻，远近相合，前后应该是准确的。

二为岁余。自《大明历》以来，经测表影和验节气，得到冬至时刻确数的共有六次。按照它们的时间差数，分别可得到那时合用的一年长度所余的尾数。现经过四年校验，其数值是符合的。从刘宋大明壬寅年到今八百一十年，每年得三百六十五日二十四刻二十五分，这二十五分是现今新历法内通称为岁余的数值。

三为日躔。应用至元丁丑年四月癸酉日望月食食既时的位置，推求太阳的位置；得到冬至日太阳位置依赤道宿度计算是箕宿十度，按黄道宿度计算为箕宿九度余。再按凭星测月，凭月测日或直接凭星度测日等方式，每日测量太阳位置，依法做了计算。从丁丑年正月到己卯年十二月，三年内共得一百三十四项数据，都跟按月食所得结果一样，冬至日太阳位于箕宿。

四曰月离。自丁丑以来至今，冯每日测到逐时太阴行度推算，变从黄道求入转极迟、疾并平行处，前后凡十三转，计五十一事。内除去不真的外，有三十事，得《大明历》入转后天。又因考验交食，加《大明历》三十刻，与天道合。

五曰入交。自丁丑五月以来，凭每日测到太阴去极度数，比按黄道去极度，得月道交于黄道，共得八事。仍依日食法度推求，皆有食分，得入交时刻，与《大明历》所差不多。

六曰二十八宿距度。自汉《太初历》以来，距度不同，互有损益。《大明历》则于度下余分，附以太半少，皆私意牵就，未尝实测其数。今新仪皆细刻周天度分，每度分三十六分，以距线代管窥，宿度余分并依实测，不以私意牵就。

【译文】

四为月离。自丁丑年以来至今日，从每天所测得的月亮连续的经行度数，计算出月亮运行中速度最快、最慢位置以及相对于恒星的月平行度，前后共十三个周期，五十一项。除去其中不太真切的以外，共有三十项，得知《大明历》落后于天象。又据考验日月交食所得，对《大明历》数据加上三十刻，就与天象相合。

五为入交。从丁丑年五月以来，依每日所测月亮距北极的度数，比照黄道上的去极度数，求得了白道与黄道的相交点，共得八项数据。仍然依日食法式推算，可算得食分，并可算得月亮过白道与黄道交点的时刻。这同《大明历》所算相差不多。

六为二十八宿距度。自从汉代《太初历》以来，二十八宿的二十八距度，曾有所增减，并不完全相同。《大明历》在度的单位以下附有尾数，分为太、半、少三种。但都是以个人意见牵强附合的，这并非经过实测而得。现在的新仪器都详细地刻有全天度、分的刻度。每度分为三十六分；采用结线做瞄准来代替原有的窥管。宿度下的分数都是实测结果，不是牵强地配合上去的。

七曰日出入昼夜刻。《大明历》日出入昼夜刻，皆据汴京为准，其刻数与大都不同。今更以本方北极出地高下，黄道出入内外度，立术推求每日日出入昼夜刻，得夏至极长，日出寅正二刻，日入戌初二刻，昼六十二刻，夜三十八刻。冬至极短，日出辰初二刻，日入申正二刻，昼三十八刻，夜六十二刻。永为定式。

所创法凡五事：一曰太阳盈缩。用四正定气立为升降限，依立招差求得每日行分初末极差积度，比古为密。二曰月行迟疾。古历皆用二十八限，今以万分日之八百二十分为一限，凡析为三百三十六限，依垛叠招差求得转分进退，其迟疾度数逐时不同，盖前所未有。三曰黄赤道差。旧法以一百一度相减相乘，今依算术勾股弧矢方圜斜直所容，求到度率积差，差率与天道实吻合。四曰黄赤道内外度。据累年实测，内外极度二十三度九十分，以圜容方直矢接勾股为法，求每日去极，与所测相符。五曰白道交周。旧法黄道变推白道以斜求斜，今用立浑比量，得月与赤道正交，距春秋二正黄赤道正交一十四度六十六分，拟以为法。推逐月每交二十八宿度分，于理为尽。

【译文】

七为日出入昼夜时刻。《大明历》按太阳出没时刻而定的昼夜时间，都根据汴京开封府地理位置所定，它的刻数跟大都不相同。现另依本地北极出现高度，黄道距赤道内外的度数，计算出每天太阳出没及昼夜时间长短的刻数。得知夏至日最长，日出于寅正二刻，日入于戌初二刻，昼长六十二刻，夜长三十八刻。冬至日最短，日出于辰初二刻，日没于申正二刻，昼长三十八刻，夜长六十二刻。这是永远可取以为依据的。

所创制的方法有五项内容：

一是太阳盈缩。按定气的冬、夏至和春、秋分这四正日期。立出加速和减速的区段，依招差术方法求得太阳在黄道上运行时，每天的快慢情况及经行距离，比古代要精确。

二是月行迟疾。古历以“限”作为时间区分单位，都采用二十八个限。现在改以一日的一万分之八百二十作为一限，一个月分为三百三十六限。依垛叠招差法求得月亮运行速度的变化，得到逐时不同的快慢速度，这是以前所没有的。

三是黄赤道差。以前是以一百零一度相减相乘而得。现在依勾股弧矢方圆斜直关系的方法计算，求出黄道与增道上两种度数的差数和积差，它的差额跟天上的实际情况都相符合。

四是黄赤道内外度。根据数年实际测量，黄道内外距赤道二十三度九十分。用以圆容方直矢接勾股的计算方法，求得太阳每日的去极度，跟实测所得均相符合。

五是白道交周。旧法从黄道推求白道位置的方法是以斜求斜；现在用立浑法计算，得月亮白道与赤道的交点，距黄、赤两道交点即春分点和秋分点为十四度六十六分，作为定法。再按月推算月亮距二十八宿的度分，在理论上这是正确的。

十九年，恂卒。时历虽颁，然其推步之式，与夫立成之数，尚皆未有定稿。守敬于是比次篇类，正齐分杪，裁为《推步》七卷，《立成》二卷，《历议拟稿》三卷，《转神选择》二卷，《上中下三历注式》十二卷。二十三年，继为太史令，遂上表奏进。又有《时候笺注》二卷，《修改源流》一卷。其测验书，有《仪象法式》二卷，《二至晷景考》二十卷，《五星细行考》五十卷，《古今交食考》一卷，《新测二十八舍杂生诸星入宿去极》一卷，《新测无名诸星》一卷，《月离考》一卷，并藏之官。

二十八年，有言滦河自永平挽舟逾山而上，可至开平；有言泸沟自麻峪可至寻麻林。朝廷遣守敬相视，滦河既不可行，泸沟舟亦不通，守敬因陈水利十有一事。其一，大都运粮河，不用一亩泉旧源，别引北山白浮泉水，西折而南，经瓮山泊，自西水门入城，环汇于积水潭，复东折而南，出南水门，合入旧运粮河。每十里置一闸，比至通州，凡为闸七，距闸里许，上重置斗门，互炎提阏，以过舟止水。帝览奏，喜曰："当速行之。"于是复置都水监，俾守敬领之。帝命丞相以下皆亲操畚锸倡工，待守敬指授而后行事。

【译文】

至元十九年，王恂去世了。这时，新历虽然已经颁发，可是计算的方式方法以及有关的数据表，都还没有正式的定稿。于是，郭守敬就整理各种数据和资料，分门别类，加以编纂。共编成《推步》七卷，《立成》二卷，《历议拟稿》三卷，《转神选择》二卷，《上中下三历注式》十二卷。至元二十三年，他正式继任太史令，于是上表章呈进历法资料。上述以外，又有《时候笺注》二卷,《修改源流》一卷。他的测验用书有《仪象法式》二卷,《二至晷景考》二十卷,《五星细行考》五十卷,《古今交食考》一卷,《新测二十八舍杂生诸星入宿去极》一卷,《新测无名诸星》一卷,《月离考》一卷,都收藏在官府中。

至元二十八年,有人向朝廷上报说,滦河河道上,如从永平行船,拉牵越山而上可抵开平。另有人说,泸沟河如经麻峪村通船,可至寻麻林。朝廷派郭守敬去视察。他回来汇报道,滦河不能通行,泸沟河也不能通舟。他就此陈报关于水利的十一项工作。其中之一为大都城的运粮河,可不再采用一亩泉原有的水源,另外开引北山白浮泉的水,先向西行,再折而向南,通过瓮山泊,从西水门流入城内,汇集于积水潭。然后再往东,转向南面出南水门,使它流入原有的运粮河。每隔一里设置一道水闸,通往通州共设水闸七道。离闸一里多,再加设斗门,配合作开闭,以便调整河水而通船。皇帝看了奏章,高兴地说,应该赶快就办。就此又重新设立了都水监机构,使郭守敬为主管。皇帝命令,开工时自丞相以下百官,都亲自拿起畚锸等工具,等待郭守敬安排,带头参加劳作。

先是,通州至大都,陆运官粮,岁若干万石,方秋霖雨,驴畜死者不可胜计,至是皆罢之。三十年,帝还自上都,过积水潭,见舳舻蔽水,大悦,名曰通惠河,赐守敬钞万二千五百贯,仍以旧职兼提调通惠河漕运事。守敬又言:于澄清闸稍东,引水与北霸河接,且立闸丽正门西,令舟楫得环城往来。志不就而罢。三十一年,拜昭文馆大学士、知太史院事。

大德二年,召守敬至上都,议开铁幡竿渠。守敬奏:“山水频年暴下,非大为渠堰,广五七十步不可。”执政吝于工费,以其言为过,缩其广三之一。明年大雨,山水注下,渠不能容,漂没人畜庐帐,几犯行殿。成宗谓宰臣曰:“郭太史神人也,惜其言不用耳。”七年,诏内外官年及七十,并听致仕,独守敬不许其请。自是翰林太史司天官不致仕,定著为令。延祐三年卒,年八十六。

【译文】

原先,运河只到通州,通州到大都是改从陆路运送官粮的。每年运来几万石,正值秋天霖雨时节,拉车的驴子等牲畜不知要累死多少。这时都可免除了。至元三十年,皇帝从上都回朝,路过积水潭,只见船头接连船尾，把水面都遮没了。他大为高兴，把它起名为通惠河，赐给郭守敬钱钞一万二千五百贯，仍任太史令，兼任提调通惠河漕运事。郭守敬又上言，在通惠河澄清闸稍东处，引水跟北坝河相接，在丽正门西边设立闸门，则舟船可环绕大都城护城河通行。这件事并没有实现。至元三十一年，他被任命为昭文馆大学士，知太史院事。

大德二年，朝廷召郭守敬到上都，商议开展有关铁幡竿渠的工作。郭守敬汇报道："山洪常年暴发，渠道一定要宽广，并加设土坝，宽度非五十步到七十步不可。"办事人员不愿多花工资费用，认为郭守敬所说太过头了，缩小了三分之一。第二年大雨，山水暴发，渠不能容，淹没了人畜及庐帐差点危及行宫。元成宗对负责官员说："郭太史真是个神奇的人物！可惜没有听从他的话。"大德七年，朝廷下诏书，内外官员年纪到了七十岁的，都可以退休，唯独没有同意郭守敬的请求。从此以后，翰林、太史、司天官员都不退休，成为一项规定。延祐三年，郭守敬八十六岁时去世了。

〔明史〕

戚继光列传

戚继光，字元敬，世登州卫指挥佥事。父景通，历官都指挥，署大宁都司，入为神机坐营，有操行。继光幼倜傥负奇气。家贫，好读书，通经史大义。嘉靖中嗣职，用荐擢署都指挥佥事，备倭山东。改佥浙江都司，充参将，分部宁、绍、台三郡。

三十六年，倭犯乐清、瑞安、临海，继光援不及，以道阻不罪。寻会俞大猷兵，围汪直余党于岑港。久不克，坐免官，戴罪办贼。已而倭遁，他倭复焚掠台州。给事中罗嘉宾等劾继光无功，且通番。方按问，旋以平汪直功复官，改守台、金、严三郡。

继光至浙时，见卫所军不习战，而金华、义乌俗称慓悍，请招募三千人，教以击刺法，长短兵迭用，由是继光一军特精。又以南方多薮泽，不利驰逐，乃因地形制阵法，审步伐便利，一切战舰、火器、兵械精求而更置之。"戚家军"名闻天下。

【译文】

戚继光，字元敬，家中历代担任登州卫指挥佥事。父亲名景通，曾任都指挥使，代理大宁都指挥使司的事，召入京师神机营任坐营，有品行。戚继光少年时便很洒脱，气度不凡。家穷，喜好读书，通晓经史主要的意思。嘉靖中继承职务，由于推荐被提升为代理都指挥佥事，在山东防御倭寇。改佥浙江都司，充任参将，分别统辖宁、绍、台三郡。

嘉靖三十六年，倭寇侵犯乐清、瑞安、临海，戚继光来不及援救，因为是道路阻隔，不予加罪。接着会合俞大猷的部队，把汪直余党围困在岑港。很久都没有攻克，被免官，戴罪惩办贼寇。不久倭寇逃跑，其他倭寇再到台州焚烧抢掠。给事中罗嘉宾等弹劾戚继光没有功劳，而且私通外国。正在调查审问，接着因为平定汪直的功劳恢复官职，改为防守台、金、严三郡。

戚继光初到浙江的时候，见卫所军队不习惯作战，而金华、义乌人却以彪悍著称，便请准招募了三千人，教他们剑术和戈盾相攻等方法，长短兵器更番使用，从此戚继光这支部队特别精锐。又因为南方有很多少水多草的泽地，不便骑马追击，于是按照地形制成阵法，考虑步行作战的方便。一切战舰、火药武器、兵械都精心寻求然后加以置换。“戚家军”驰名天下。

四十年，倭大掠桃渚、圻头。继光急趋宁海，扼桃渚，败之龙山，追至雁门岭。贼遁去，乘虚袭台州。继光手歼其魁，蹙余贼瓜陵江尽死。而圻头倭复趋台州，继光邀击之仙居，道无脱者。先后九战皆捷，俘馘一千有奇，焚溺死者无算。总兵官卢镗、参将牛天锡又破贼宁波、温州。浙东平，继光进秩三等。闽、广贼流入江西。总督胡宗宪檄继光援。击破之上坊巢，贼奔建宁。继光还浙江。

明年，倭大举犯福建。自温州来者，合福宁、连江诸倭攻陷寿宁、政和、宁德。自广东南澳来者，合福清、长乐诸倭攻陷玄钟所，延及龙岩、松溪、大田、古田、莆田。是时宁德已屡陷。距城十里有横屿，四面皆水路险隘，贼结大营其中。官军不敢击，相守逾年。其新至者营牛田，而酋长营兴化，东南互为声援。闽中连告急，宗宪复檄继光剿之。先击横屿贼。人持草一束，填壕进。大破其巢，斩首二千六百。乘胜至福清，捣败牛田贼，覆其巢，余贼走兴化。急追之，夜四鼓抵贼栅。连克六十营，斩首千数百级。平明入城，兴化人始知，牛酒劳不绝。继光乃旋师。抵福清，遇倭自东营澳登陆，击斩二百人。而刘显亦屡破贼。闽宿寇几尽。于是继光至福州饮至，勒石平远台。

【译文】

嘉靖四十年，倭寇大肆侵略桃渚、圻头。戚继光急忙赶到宁海，据守桃渚，在龙山把他们打败，一直追到雁门岭。贼寇逃脱后，趁机袭击台州。戚继光亲手消灭了他们的魁首，把其余的匪徒逼迫到瓜陵江全都溺死。而圻头的倭寇再赶到台州，戚继光在仙居拦击他，路上没有能逃脱的。先后九仗均大捷，俘虏斩首一千多人，焚溺死的无数。总兵官卢镗、参将牛天锡又在宁波、温州打败了敌人。浙东平定，戚继光提升三级俸禄。福建、广东匪徒流入江西。总督胡宗宪发文征召戚继光援助。戚继光捣毁了上坊的贼巢，匪徒跑到建宁。戚继光回浙江。

第二年，倭寇大规模的侵犯福建。从温州来的，汇合了福宁、连江各倭寇攻陷寿宁、政和、宁德。从广东南澳来的，会合福清、长乐各倭寇攻陷玄钟所，蔓延到龙岩、松溪、大田、古田、莆田。这时宁德已经屡次失陷。离城十里有个地方叫横屿，四面都是狭窄险要的水路，盗贼的大本营就驻扎在里面。明朝军队不敢攻打它，对峙一年多。那些新来的倭寇驻扎在牛田，而酋长驻扎在兴化，东南互相声援。福建接连告急，胡宗宪再发文征召戚继光前去征讨。戚继光先进攻横屿的匪徒。令兵士每人拿一捆草，填沟前进。大破贼巢，斩首两千六百级。乘胜进到福清，打败了牛田的匪徒，捣毁了贼巢，其余匪徒跑到兴化。戚继光急忙追赶，晚上四鼓时分抵达匪徒的栏栅。接连攻克了六十个营，斩首千数百级。天亮进城，兴化人才知道，送牛和酒，前往慰劳的人络绎不绝。戚继光于是班师回朝。到了福清，遇上倭寇从东营澳登陆，戚继光迎击斩杀了二百人。而刘显也多次打败敌人。以前在福建的倭寇已基本被消灭干净。于是戚继光到福州大宴庆功，刻石于平远台。

及继光还浙后，新倭至者日益众，围兴化城匝月。会显遣卒八人赍书城中，衣刺“天兵”二字。贼杀而衣其衣，绐守将得入，夜斩关延贼。副使翁时器、参将毕高走免，通判奚世亮摄府事，遇害，焚掠一空。留两月，破平海卫，据之。初，兴化告急，时帝已命俞大猷为福建总兵官，继光副之。及城陷，刘显军少，壁城下不敢击。大猷亦不欲攻，需大军合以困之。四十二年四月，继光将浙兵至。于是巡抚谭纶令将中军，显左，大猷右，合攻贼于平海。继光先登，左右军继之，斩级二千二百，还被掠者三千人。纶上功，继光首，显、大猷次之。帝为告谢郊庙，大行叙赉。继光先以横屿功，进署都督佥事，及是进都督同知，世荫千户，遂代大猷为总兵官。

明年二月，倭余党复纠新倭万余，围仙游三日。继光击败之城下，又追败之王仓坪，斩首数百级，余多坠崖谷死，存者数千奔据漳浦蔡丕岭。继光分五哨，身持短兵缘崖上，俘斩数百人，余贼遂掠渔舟出海去。久之，倭自浙犯福宁，继光督参将李超等击败之。乘胜追永宁贼，斩馘三百有奇。寻与大猷击走吴平于南澳，遂击平余孽之未下者。

【译文】

当戚继光回到浙江后，新到的倭寇越来越多，包围了兴化城整整一个月。刚好刘显派了八个士兵带信入城，衣服上刺着“天兵”两个字。匪徒杀了他们并穿了他们的衣服，瞒过守城将领进了城，晚上斩开城门门闩接应匪徒进城。副使翁时器、参将毕高逃跑得免于难，通判奚世亮当时兼理府的政务，遇害，城被焚烧抢掠一空。停留了两个月，攻破平海卫，占领了它。当初，兴化告急，当时皇帝已经命令俞大猷为福建总兵官，戚继光为副。及至兴化城陷落，刘显军队少，建营垒在城下不敢攻打。俞大猷亦不想攻打，等待大部队联合围困他。嘉靖四十二年四月，戚继光率领浙江兵到。于是巡抚谭纶令戚继光统率中军，刘显在左，俞大猷在右，合力在平海攻打敌人。戚继光率先入城，左右军接着赶到，斩首两千两百级，夺回被抢掠去的三千人。谭纶上报功绩，首功戚继光，刘显、俞大猷其次。皇帝因为这次胜利禀告致谢天地祖宗，大规模地评功赏赐。戚继光先是因为在横屿的功劳，升代理都督佥事，现在升都督同知，世袭荫千户，于是替代俞大猷为总兵官。

明年二月，倭寇的残余势力又纠集新的倭寇一万多人，包围了仙游三天。戚继光在城下把他打败，又追到王仓坪把他打败，斩首数百级，其余的很多都坠落崖谷跌死，剩下的几千人跑去占据了漳浦的蔡丕岭。戚继光分设五个哨，亲自带领带短兵器刀剑等的兵士攀着山崖上去，俘虏斩杀几百人，其余的匪徒便抢掠了渔船逃到了海上去。时间长了以后，倭寇又从浙江来侵犯福宁，戚继光督参将李超等把他打败。乘胜追击永宁的匪徒，斩首三百多。接着又和俞大猷在南澳打跑了吴平，于是攻打那些没有投降的吴平残众。

继光为将号令严，赏罚信，士无敢不用命。与大猷均为名将。操行不如，而果毅过之。大猷老将务持重，继光则飚发电举，屡摧大寇，名更出大猷上。

隆庆初，给事中吴时来以蓟门多警，请召大猷、继光专训边卒。部议独用继光，乃召为神机营副将。会谭纶督师辽、蓟，乃集步兵三万，征浙兵三千，请专属继光训练。帝可之。二年五月命以都督同知总理蓟州、昌平、保定三镇练兵事，总兵官以下悉受节制。至镇，上疏言：

蓟门之兵，虽多亦少。其原有七。营军不习戎事，而好末技，壮者役将门，老弱仅充伍，一也。边塞逶迤，绝鲜邮置，使客络绎，日事将迎，参游为驿使，营垒皆传舍，二也。寇至，则调遣无法，远道赴期，卒毙马僵，三也。守塞之卒约束不明，行伍不整，四也。临阵马军不用马，而反用步，五也。家丁盛而军心离，六也。乘障卒不择冲缓，备多力分，七也。七害不除，边备曷修。

【译文】

戚继光为将军号令严明，赏罚公平，兵士没有敢不服从命令的。戚继光和俞大猷都是名将，品行不如俞大猷，但果敢刚毅却超过他。俞大猷是老将，办事慎重，戚继光却习惯风驰电掣般进军，屡次摧毁大量倭寇，名声更在俞大猷之上。

隆庆初年，给事中吴时来因为蓟门常有警报，建议召俞大猷、戚继光专门训练边境的兵士。兵部意见只用戚继光，于是召入京师任神机营副将。刚好谭纶督师辽、蓟，于是集中三万步兵，征集三千浙江兵，请求专门归戚继光训练。皇帝批准了。隆庆二年五月，命令以都督同知总理蓟州、昌平、保定三镇练兵的事，总兵官以下全部受他节制。戚继光到蓟镇后，上疏说：

蓟门的兵，虽然多但也很少。其原因有七。营军不熟悉不练习兵事，而喜好那些不重要的事，壮健的在将官家里服役，老弱的才在队伍，这是第一。边关要塞位置弯弯曲曲延续不断，很少驿站，使者客人来往不绝，每天忙于送往迎来，参游做了传递公文的人，兵营堡垒都是旅舍，这是第二。敌寇来时，则调遣不得其法，远道赶路，兵士倒毙马僵死，这是第三。守卫要塞的兵士纪律不严明，队伍不整齐，这是第四。临阵时马军不用马，反而步行，这是第五。家丁兴盛而军心离散，这是第六。布置防守堡垒的士卒不管地形是否重要，到处安排力量分散，这是第七。这七害不除掉，边境的守备怎能治理。

而又有士卒不练之失六，虽练无益之弊四。何谓不练？夫边所藉惟兵，兵所藉惟将；今恩威号令不足服其心，分数形名不足齐其力，缓急难使，一也。有火器不能用，二也。弃土著不练，三也。诸镇入卫之兵，嫌非统属，漫无纪律，四也。班军民兵数盈四万，人各一心，五也。练兵之要在先练将。今注意武科，多方保举似矣，但此选将之事，非练将之道，六也。何谓虽练无益？今一营之卒，为炮手者常十也。不知兵法五兵迭用，当长以卫短，短以救长，一也。三军之士各专其艺，金鼓旗帜，何所不蓄，今皆置不用，二也。弓矢之力不强于寇，而欲借以制胜，三也。教练之法，自有正门。美观则不实用，实用则不美观，而今悉无其实，四也。

臣又闻兵形象水，水因地而制流，兵因地而制胜。蓟之地有三。平原广陌，内地百里以南之形也。半险半易，近边之形也。山谷仄隘，林薄蓊翳，边外之形也。寇入平原，利车战。在近边，利马战。在边外，利步战。三者迭用，乃可制胜。今边兵惟习马耳，未娴山战、林战、谷战之道也，惟浙兵能之。愿更予臣浙东杀手、炮手各三千，再募西北壮士，足马军五枝，步军十枝，专听臣训练，军中所需，随宜取给，臣不胜至愿。

【译文】

而又有不训练士卒的失误六项，虽然练了也没有用处的弊病四项。什么是不练？边防所依靠的是兵，兵所依靠的是将。现在恩威号令不能服他们的心，言行不一就不能集中他们的力量，当情况紧张时就难以使用。这是第一。有火药武器而不能使用，这是第二。撇开本地人不加训练，这是第三。各镇入卫的兵，讨厌不是自己的统属，漫无纪律，这是第四。班军民兵数目超过四万，人各一心，这是第五。练兵的要领在于首先训练将领，现在注意武科，好像是多方保举了，但这是挑选将领的做法，而不是培养将领的方法，这是第六。什么是虽然练了但没有用呢？现在一个营的兵士，当炮手的常有十个。不知道兵法是五个兵轮番使用，应当以配备戈矛弓箭之类长武器的兵士掩护那些配备刀剑等短武器的兵士，用配备短武器的兵士救援那些配备长武器的兵士，这是第一。三军的兵士各有技艺，钟鼓旗帜，什么没有，现在都放置不用，这是第二。我方弓箭的力量不比敌人强，却想依靠它取得胜利，这是第三。培养训练的方法，自有正当的门径，只图好看便难得实用，实用的便难得好看，现在完全不讲究实用，这是第四。

我又听说军队的情况就像流水，水因为地势而决定流向，军队因为地势而制定取胜的战略。蓟镇的地形可以分为三类。广阔的平原，是内地百里以南的地形。一半险要一半平地，是靠近边界处的地形。山谷狭窄，林木茂密相迫难以入内，这是边塞外的地形。敌寇进入平原，适宜车战。进入靠近边界地方，适宜用马战。在边塞以外，适宜用步战。三种方式交替使用，这才可以取得胜利。现在边兵只练习马上作战，不熟悉山地作战、林中作战、峡谷作战的方法，只有浙江兵可以这样做。希望再给我浙东的杀手、炮手各三千人，再招募西北的壮士，足够马军五支，步军十支，专听我的训练，军队中所需要的东西，随时适当领取，我祈望恳切。

又言："臣官为创设，诸将视为缀疣，臣安从展布。"

章下兵部，言蓟镇既有总兵，又设总理，事权分，诸将多观望，宜召还总兵郭琥，专任继光。乃命继光为总兵官，镇守蓟州、永平、山海诸处，而浙兵止弗调。录破吴平功，进右都督。寇入青山口，拒却之。

自嘉靖以来，边墙虽修，墩台未建。继光巡行塞上，议建敌台。略言："蓟镇边垣，延袤二千里，一瑕则百坚皆瑕。比来岁修岁圮，徒费无益。请跨墙为台，睥睨四达。台高五丈，虚中为三层，台宿百人，铠仗糗粮具备。令戍卒画地受工，先建千二百座。然边卒木强，律以军法将不堪，请募浙人为一军，用倡勇敢。"督抚上其议，许之。浙兵三千至，陈郊外。天大雨，自朝至日昃，植立不动。边军大骇，自是始知军令。五年秋，台功成。精坚雄壮，二千里声势联接。诏予世荫，赉银币。

【译文】

又说："我现任的官职是首次设置，各个将领看作是赘疣，我怎能开展工作。"

奏章发下兵部，认为蓟镇既有总兵，又设总理，权力分散，各将领很多都在观望，应该召回总兵郭琥，专职委任戚继光。于是命戚继光为总兵官，镇守蓟州、永平、山海各处，而浙江兵不予调动。确认攻破吴平的功劳，升右都督。敌寇进入青山口，戚继光击退了他。

自嘉靖以来，边界的城墙虽然有修筑，墩台却没有建起。戚继光在塞上巡视，提出建筑敌台。大致说："蓟镇边境的城墙，周围延续两千里，一处出了问题则其他地方再坚固也都要出问题。近来每年修筑每年倒塌，徒然耗费资财并无好处。请跨墙建台，四处都可以斜着眼察看敌人。台高五丈，中空为三层，台可以住一百人，盔甲武器炒熟的米麦和粮食全都齐备。令戍守的兵士定点施工，先建一千两百座。但是边界的兵士性格直爽刚强，不能忍受军法的约束，请招募浙江人独立为一军，用以提倡勇敢。"督抚把他的意见上奏，皇帝允许了。浙兵三千人来到，排列在郊外。天下大雨，从早上到太阳西斜，直立不动。边界的军士非常惊骇，从此才知道什么是军令。隆庆五年秋天，建敌台的工程完成。精细坚固雄伟壮观，两千里声势相连接。下诏给予戚继光世袭荫职，赐给银币。

继光乃议立车营。车一辆用四人推挽，战则结方阵，而马步军处其中。又制拒马器，体轻便利，遏寇骑冲突。寇至，火器先发，稍近则步军持拒马器排列而前，间以长枪、筤筅。寇奔，则骑军逐北。又置辎重营随其后，而以南兵为选锋，入卫兵主策应，本镇兵专戍守。节制精明，器械犀利，蓟门军容遂为诸边冠。

当是时，俺答已通贡，宣、大以西，烽火寂然。独小王子后土蛮徙居插汉地，控弦十余万，常为蓟门忧。而朵颜董狐狸及其兄子长昂交通土蛮，时叛时服。万历元年春，二寇谋入犯。驰喜峰口，索赏不得，则肆杀掠，猎傍塞，以诱官军。继光掩击，几获狐狸。其夏，复犯桃林，不得志去。长昂亦犯界岭。官军斩获多，边吏讽之降，狐狸乃款关请贡。廷议给以岁赏。明年春，长昂复窥诸口不得入，则与狐狸共逼长秃令入寇。继光逐得之以归。长秃者，狐狸之弟，长昂叔父也。于是二寇率部长亲族三百人，叩关请死罪，狐狸服素衣叩头乞赦长秃。继光及总督刘应节等议，遣副将史宸、罗端诣喜峰口受其降。皆罗拜，献还所掠边人，攒刀设誓。乃释长秃，许通贡如故。终继光在镇，二寇不敢犯蓟门。

【译文】

戚继光这才建议成立车营。每辆车用四个人推拉，作战时结集成方阵，而骑兵步兵在其中。又制造拒马器，形体轻便，阻挡敌骑兵的冲突。敌寇到，先发火药武器，比较近则步兵拿着拒马器列队向前，中间杂有用长枪、筤筅的。敌寇逃跑，就派骑兵追击。又设置辎重营跟随在后面，而用南兵为先锋，入卫兵负责接应，本镇兵专职防守。管理制度周到严明，器械锋利，蓟门的军容便居各边塞的首位。

在那时，俺答已经来朝贡，宣府、大同以西，全无战事。只有小王子的后人土蛮迁居到插汉的地方，拥有十余万军士，经常使蓟门担忧。而朵颜董狐狸和他兄长的儿子长昂勾结土蛮，一会叛变，一会降服。万历元年春天，这两股敌人计划入侵。骑兵到了喜峰口，勒索赏赐没有得到，便大肆烧杀抢掠，在关塞附近打猎，以引诱明政府的军队。戚继光趁其不备出击，几乎抓获狐狸。这年夏天，朵颜董狐狸再侵犯桃林，达不到目的走了。长昂也侵犯界岭。明军斩首俘虏很多，边关的官员劝他投降，狐狸这才老老实实地到关请求朝贡。廷议每年给以赏赐。第二年春天，长昂再窥伺各个关口不能入，便与狐狸共同逼长秃令他进犯明朝。戚继光驱逐他们抓了长秃回来。长秃，是狐狸的弟弟，长昂的叔父。于是这两个敌寇率领部长亲族三百人，入国求见请死罪，狐狸穿白色冠服乞求赦免长秃。戚继光和总督刘应节等商议，派遣副将史宸、罗端前往喜峰口接受他们的投降。都围绕着拜，献还所抢掠去的边界的百姓，把刀聚在一起发誓。这才释放了长秃，准他像过去一样来朝贡。戚继光在蓟镇期间，这两个敌寇再也不敢侵犯蓟门。

寻以守边劳，进左都督。已，增建敌台，分所部十二区为三协，协置副将一人，分练士马。炒蛮入犯，汤克宽战死，继光被劾，不罪。久之，炒蛮偕妻大嬖只袭掠边卒，官军追破之。土蛮犯辽东，继光急赴，偕辽东军拒退之。继光已加太子太保，录功加少保。

自顺义受封，朝廷以八事课边臣：曰积钱谷、修险隘、练兵马、整器械、开屯田、理盐法、收塞马、散叛党。三岁则遣大臣阅视，而殿最之。继光用是频荫赍。南北名将马芳、俞大猷前卒，独继光与辽东李成梁在。然蓟门守甚固，敌无由入，尽转而之辽，故成梁擅战功。

自嘉靖庚戌俺答犯京师，边防独重蓟。增兵益饷，骚动天下。复置昌平镇，设大将，与蓟相唇齿。犹时躏内地，总督王忬、杨选并坐失律诛。十七年间，易大将十人，率以罪去。继光在镇十六年，边备修饬，蓟门宴然。继之者，踵其成法，数十年得无事。亦赖当国大臣徐阶、高拱、张居正先后倚任之。居正尤事与商榷，欲为继光难者，辄徙之去。诸督抚大臣如谭纶、刘应节、梁梦龙辈咸与善，动无掣肘，故继光益发舒。

【译文】

不久因为守卫边疆的功劳，升左都督。随后，增建敌台，分所统属的十二区为三协，每协置副将一人，分别操练兵马。炒蛮入侵，汤克宽战死，戚继光被弹劾，不惩罚他。时间长了以后，炒蛮和他的妻子大嬖只袭击虏掠边境士卒，明军追击打败了他。土蛮侵犯辽东，戚继光急忙赶往，和辽东军一起阻击打退了他。戚继光已经加了太子太保，记录功劳加少保。

自从顺义受封以后，朝廷从八个方面考核边关大臣，这就是：钱粮储备、修葺险要关隘、操练兵马、整治器械、开垦屯田、清理盐法、收牧塞马、分散叛党。每三年派大臣视察，而分别等第，戚继光因此频频得到荫职赏赐。南方北方的名将马芳、俞大猷在之前已经去世，只有戚继光与辽东李成梁还健在。然而蓟门防守非常坚固，敌人无法入侵，全部转到了辽东，故此李成梁得以独擅战功。

自从嘉靖庚戌年俺答侵犯京师，边防最重视蓟镇。增兵加饷，以致天下骚动。再设置了昌平镇，设大将，与蓟镇互相关联。俺答部队还常常蹂躏关内土地，总督王忬、杨选都被以行军不守纪律罪判处死刑。十七年间，换了大将十人，都因为获罪免职。戚继光在蓟镇十六年，边防的守备井井有条，蓟门太平安定。后继的人，遵照他制定的法则，几十年亦得以无事。亦倚赖当时朝中执政大臣徐阶、高拱、张居正先后依靠任用他。张居正尤其是事事和他商议，想刁难戚继光的人，常常被调走。各督抚大臣如谭纶、刘应节、梁梦龙等都和他友好，行动没有掣肘，故此戚继光更加得以舒展自己的抱负。

居正殁半岁，给事中张鼎思言继光不宜于北，当国者遽改之广东。继光悒悒不得志，强一赴，踰年即谢病。给事中张希皋等复劾之，竟罢归。居三年，御史傅光宅疏荐，反夺俸。继光亦遂卒。

继光更历南北，并著声。在南方战功特盛，北则专主守。所著《纪效新书》《练兵纪实》，谈兵者遵用焉。

弟继美，亦为贵州总兵官。

【译文】

张居正死后半年，给事中张鼎思说戚继光不适合在北方，执政者马上把他调到广东。戚继光郁郁不得志，勉强前往，年余即称病。给事中张希皋等再弹劾他，竟被罢官回老家。过了三年，御史傅光宅上疏推荐他，反而被剥夺了俸粮。戚继光也就去世了。

戚继光任职南方北方，都有好名声。在南方战功尤其显赫，在北方则专一主张防守。所撰写的《纪效新书》《练兵纪实》，研究军事的人都遵从采用。

弟继美，也担任贵州总兵官。

张居正列传

张居正，字叔大，江陵人。少颖敏绝伦，十五为诸生。巡抚顾璘奇其文，曰："国器也。"未几，居正举于乡，璘解犀带以赠，且曰："君异日当腰玉，犀不足溷子。"嘉靖二十六年，居正成进士，改庶吉士。日讨求国家典故，徐阶辈皆器重之。授编修，请急归，亡何还职。

居正为人，颀面秀眉目，须长至腹。勇敢任事，豪杰自许。然沉深有城府，莫能测也。严嵩为首辅，忌阶，善阶者皆避匿。居正自如，嵩亦器居正。迁右中允，领国子司业事。与祭酒高拱善，相期以相业。寻还理坊事。迁侍裕邸讲读，王甚贤之，邸中中官亦无不善居正者。而李芳数从问书义，颇及天下事，寻迁右谕德兼侍读，进侍讲学士，领院事。

【译文】

张居正，字叔大，江陵人。从小聪敏过人，十五岁成为诸生。湖广巡抚顾璘认为他的文章非同一般，说："这是可以主持国家大事的人才。"不久，张居正参加乡试中举人，顾璘解自己的犀带送给他，并且说："你日后当腰佩玉带，这犀带不配玷辱你。"嘉靖二十六年，张居正成为进士，改选庶吉士。每天采求国家的典章制度和各种掌故。徐阶等人都很器重他。任他为编修，因急事请假回家，不久回到职上。

张居正这个人，长脸形，眉目清秀，胡须长至腹部。勇于任事，素以豪杰自许。然而性格深沉，胸有城府，人莫能测。严嵩为内阁首辅时，妒忌徐阶，和徐阶友好的人都躲开徐阶不相往来。张居正却行为自如，严嵩也器重他。升任右中允，掌管国子监司业的事务。与祭酒高拱关系很好，互相勉励将来能够担当宰相的大业。不久又回去管理春坊。升任裕王府讲读，裕王很善待他。王府中的太监也无不和张居正友好，而李芳更是经常向他请教书中的义理，广泛地联系到国家的大事。不久升任右谕德兼侍读，进侍讲学士，负责翰林院的事务。

阶代嵩首辅，倾心委居正。世宗崩，阶草遗诏，引与共谋。寻迁礼部右侍郎兼翰林院学士。月余，与裕邸故讲官陈以勤俱入阁，而居正为吏部左侍郎兼东阁大学士。寻充《世宗实录》总裁，进礼部尚书兼武英殿大学士，加少保兼太子太保，去学士五品仅岁余。时徐阶以宿老居首辅，与李春芳皆折节礼士。居正最后入，独引相体，倨见九卿，无所延纳。间出一语辄中肯，人以是严惮之，重于他相。

高拱以很躁被论去，徐阶亦去，春芳为辅。亡何赵贞吉入，易视居正。居正与故所善掌司礼者李芳谋，召用拱，俾领吏部，以扼贞吉，而夺春芳政。拱至，益与居正善。春芳寻引去，以勤亦自引，而贞吉、殷士儋皆为所构罢，独居正与拱在，两人益相密。拱主封俺答，居正亦赞之，授王崇古等以方略。加柱国、太子太傅。六年满，加少傅、吏部尚书、建极殿大学士。以辽东战功，加太子太师。和市成，加少师，余如故。

【译文】

徐阶代替严嵩成为内阁首辅以后，全心信任张居正。世宗去世，徐阶草拟遗诏，拉张居正和他共同谋划。不久升为礼部右侍郎兼翰林院学士。一个多月以后，与裕王府原来的讲官陈以勤一齐进入内阁，张居正任吏部左侍郎兼东阁大学士。不久充任《世宗实录》总裁，进升为礼部尚书兼武英殿大学士，加少保兼太子太保，这时距离他担任学士五品官仅仅一年多。当时徐阶以前朝老臣任内阁首辅，和李春芳都能屈己礼贤下士。张居正最后入阁，唯独他以宰相的身分自居，见到九卿傲慢得很，没有延请接纳过什么人。间或说出一句话总是很中肯，所以人们特别害怕他，尊重也超过其他的宰相。

高拱因凶狠暴躁被弹劾去官，徐阶也离职去官，李春芳成为内阁首辅。没过多久赵贞吉进入内阁，轻视张居正。张居正与故旧友好掌管司礼监太监李芳合谋，召用高拱，使他负责吏部，以扼制赵贞吉，而夺李春芳权力。高拱到任后，更加与张居正友好。李春芳不久引退，陈以勤也自行引退，而赵贞吉、殷士儋都被诬陷而罢了官，只有张居正与高拱在内阁，两人的关系更为密切。高拱主张封贡俺答，张居正也赞成，并将治边的策略教给王崇古等人。封张居正为柱国、太子太傅。六年考满，加少傅、吏部尚书、建极殿大学士。因辽东战功，加太子太师。边境互市成功，再加少师，其余官衔如故。

初，徐阶既去，令三子事居正谨。而拱衔阶甚，嗾言路追论不已，阶诸子多坐罪。居正从容为拱言，拱稍心动。而拱客构居正纳阶子三万金，拱以诮居正。居正色变，指天誓，辞甚苦。拱谢不审，两人交遂离。拱又与居正所善中人冯保郄。穆宗不豫，居正与保密处分后事，引保为内助，而拱欲去保。神宗即位，保以两宫诏旨逐拱，事具《拱传》居正遂代拱为首辅。帝御平台，召居正奖谕之，赐金币及绣蟒斗牛服。自是赐赉无虚日。

帝虚己委居正，居正亦慨然以天下为己任，中外想望丰采。居正劝帝遵守祖宗旧制，不必纷更，至讲学、亲贤、爱民、节用皆急务。帝称善。大计廷臣，斥诸不职及附丽拱者。复具诏召群臣廷饬之，百僚皆惕息。帝当尊崇两宫。故事，皇后与天子生母并称皇太后，而徽号有别。保欲媚帝生母李贵妃，风居正以并尊。居正不敢违，改尊皇后曰仁圣皇太后，贵妃曰慈圣皇太后，两宫遂无别。慈圣徙乾清宫，抚视帝，内任保，而大柄悉以委居正。

【译文】

当初，徐阶离职以后，命令三个儿子恭恭谨谨地跟随张居正。但是高拱很是怀恨徐阶，唆使言官不断追究弹劾，徐阶的几个儿子多被治罪。张居正从旁向高拱为徐阶说情，高拱有些动心。而高拱的门客诬陷张居正接受徐阶儿子三万贿金，高拱为此责备张居正。张居正一听脸色大变，指天为誓，话说得非常沉痛。高拱当即表示道歉，说自己不了解情况，两人的交情于是疏远。高拱又与同张居正友好的太监冯保有矛盾。穆宗皇帝患病时，张居正与冯保密商处理后事，拉拔冯保充当他在内廷的助手，而高拱却想除掉冯保。神宗皇帝即位，冯保用两宫皇太后的诏旨驱逐高拱。这些事都记在《高拱传》里。张居正于是代替高拱成为内阁首辅。神宗皇帝在平台召见张居正，对他加以奖赏勉励，赐给金币及绣蟒斗牛服。从此赐赏不断。

神宗皇帝虚心重用居正，居正也慷慨地以天下为己任，朝廷内外都想望他的风采。居正劝说神宗皇帝遵守祖宗制定的制度，不必多做更改，至于讲学、亲贤、爱民、节用都是当务之急。神宗皇帝说这些意见很好。考核廷臣时，罢免不称职的以及依附高拱的人，又用诏旨在朝廷召集群臣严加整饬，文武百官都胆战心惊不敢出声。皇帝应当尊敬崇奉两宫皇太后。按照过去的制度，皇后与皇帝的生母并称为皇太后，而徽号则有所区别。冯保想讨好神宗皇帝的生母李贵妃，暗示张居正将两宫太后并加尊崇。张居正不敢违背，议定尊崇皇后为仁圣皇太后，皇贵妃为慈圣皇太后，两宫的徽号于是就没有差别了。慈圣迁居乾清宫，抚养照顾神宗皇帝，宫内的事务委任冯保，而把国家大权全部交给张居正。

居正为政，以尊主权、课吏职、信赏罚、一号令为主。虽万里外，朝下而夕奉行。黔国公沐朝弼数犯法，当逮，朝议难之。居用擢用其子，驰使缚之，不敢动。既至，请贷其死，锢之南京。漕河通，居正以岁赋逾春，发水横溢，非决则涸，乃采漕臣议，督艘卒以孟冬月兑运，及岁初毕发，少罹水患。行之久，太仓粟充盈，可支十年。互市饶马，乃减太仆种马，而令民以价纳，太仆金亦积四百余万。又为考成法，以责吏治。初，部院覆奏行抚按勘者，尝稽不报。居正令以大小缓急为限，误者抵罪。自是，一切不敢饰非，政体为肃。南京小奄醉辱给事中，言者请究治。居正谪其尤激者赵参鲁于外以悦保，而徐说保裁抑其党，毋与六部事。其奉使者，时令缇骑阴诇之。其党以是怨居正，而心不附保。

居正以御史在外，往往凌抚臣，痛欲折之。一事小不合，诟责随下。又敕其长加考察。给事中余懋学请行宽大之政。居正以为风己，削其职。御史傅应祯继言之，尤切。下诏狱，杖戍。给事中徐贞明等群拥入狱，视具橐饘，亦逮谪外。御史刘台按辽东，误奏捷。居正方引故事绳督之，台抗章论居正专恣不法，居正怒甚。帝为下台诏狱，命杖百，远戍。居正阳具疏之，仅夺其职。已，卒戍台。由是诸给事御史益畏居正，而心不平。

【译文】

张居正执掌朝政，以尊崇皇权、考核官吏、明信赏罚、统一号令为主。虽然在万里之外，早晨下令，到了傍晚即可得到施行。黔国公沐朝弼多次犯法，应当逮捕，朝臣商议以为难办。张居正提拔重用沐朝弼的儿子，迅速遣使去抓他，沐朝弼不敢反抗。沐朝弼到京师以后，张居正请免其死罪，把他禁锢在南京。运漕粮的运河修通以后，张居正根据每年赋税都是过了春天以后才起运，河流发水横溢，不是决堤便是干涸，于是采纳漕臣的意见，督令漕船的运军在冬十月兑运，到第二年初全部发完，减少了水患的祸害。经过长期实行这种办法，太仓库的粮食储备充足，可以使用十年。通过边境互市增添了马匹，于是减少太仆寺的种马，而令百姓用银按价折纳，太仆寺也由此积蓄了四百余万两的银子。又用考成法督责吏治。起初，部、院复奏行令巡抚、巡按查勘的公事，经常拖延不报。张居正命令按照大小缓急为期限，违误者都要抵罪。从此，一切都不敢文过饰非，政体肃然。南京小宦官酒醉侮辱给事中，言官请追究治罪。张居正把其中尤为激烈的赵参鲁降调到外地以讨好冯保，而后慢慢劝说冯保制裁抑止他的党羽，不要干预六部的事务。对奉命出使的太监，时常令缇骑暗中监视他们。冯保的党羽因此怨恨张居正，并且在心里不依附冯保。

张居正因为御史在外面，往往欺凌巡抚，因而决心想惩治他们。遇事稍有处理不妥，责骂之声随之而下，又令他们的长官加紧考察他们。给事中余懋学请实行宽大的政策，张居正认为是讽刺自己，夺了他的官职。御史傅应祯继而提出这个问题，而且说得更为中肯迫切。张居正把他关入诏狱，杖打充军戍边。给事中徐贞明等人成群拥入监狱，带着衣物、饭食看望傅应祯，也被逮捕贬到外地。御史刘台巡按辽东，误奏捷报。张居正准备根据以往的典章制度制裁和督责他，刘台却抗命上奏批评张居正专横恣肆不守法度，张居正十分愤怒。神宗皇帝为此把刘台关入诏狱，命令杖打一百，流放到边远地区充军戍边。张居正在表面上假意上疏申救他，仅夺了他的官职。过了不久，还是把他流放充军。由此，各位给事中和御史更加害怕张居正，因而心里一直愤愤不平。

当是时，太后以帝冲年，尊礼居正甚至，同列吕调阳莫敢异同。及吏部左侍郎张四维入，恂恂若属吏，不敢以僚自处。

居正喜建竖，能以智数驭下，人多乐为之尽。俺答款塞，久不为害。独小王子部众十余万，东北直辽左，以不获通互市，数入寇。居正用李成梁镇辽，戚继光镇蓟门。成梁力战却敌，功多至封伯，而继光守备甚设。居正皆右之，边境晏然。两广督抚殷正茂、凌云翼等亦数破贼有功。浙江兵民再作乱，用张佳胤往抚即定，故世称居正知人。然持法严。核驿递，省冗官，清庠序，多所澄汰。公卿群吏不得乘传，与商旅无别。郎署以缺少，需次者辄不得补。大邑士子额隘，艰于进取。亦多怨之者。

时承平久，群盗猬起，至入城市劫府库。有司恒讳之，居正严其禁。匿弗举者，虽循吏必黜。得盗即斩决，有司未敢饰情。盗边海钱米盈数，例皆斩，然往往长系或瘐死。居正独亟斩之，而追捕其家属，盗贼为衰止。而奉行不便者，相率为怨言，居正不恤也。

【译文】

在这个时候，皇太后因为神宗皇帝年幼，对张居正非常尊敬有礼，与张居正一起在内阁共事的吕调阳不敢发表任何不同意见。到吏部左侍郎张四维进入内阁时，更是恭恭敬敬地像他的下属一样，不敢以同僚自居。

张居正喜欢建功立业，能够运用智谋和权术驾驭他的下属，人们多愿意为他尽力效劳。俺答和明朝政府在边境互市成功以后，很久没有入犯扰害。唯独小王子的部众十余万人，从东北直至辽东，因没有获得通贡互市，数次入边劫掠。张居正用李成梁镇守辽东，戚继光镇守蓟门。李成梁奋力作战打退了敌人的进攻，积累了很多战功以至被封为伯，而戚继光的守备设施也甚为周全。张居正都很支持他们，边境安然无事。两广督抚殷正茂、凌云翼等人也多次打败贼寇立有战功。浙江的士兵和民众再次叛乱时，张居正用张佳胤前去安抚立即平定，所以世人都说张居正知人善任。然而他执法非常严格。查核驿递，裁减冗官，清理学校，淘汰了很多人。公卿和众吏不得乘坐驿站的车马，与外出经商的商人没有区别。因为衙门官员减少，需要依次提升的人总是得不到补缺。大县的学生因名额太少，很难进取。也有很多人埋怨张居正。

当时天下太平已经很久了，各地的盗贼像刺猬的毛那样繁多，纷纷起来闹事，甚至进入城市抢劫仓库。有关部门往往不敢禀报这类的事情，张居正严厉禁止这种做法。隐瞒不报的，即使是勤政廉洁的官吏也必须革职开除。抓到盗贼立即斩死，有关部门不敢掩饰实情。盗窃边防、海防地区的银钱和粮食数额巨大的，按例都要斩首，然而以往常常是长期关押或者病死在狱中。只有张居正极力主张马上处斩，而且要追究逮捕他们的家属。盗贼为此衰败平息。但是执行这些命令而感到不方便的人，相继为此发出怨言，张居正从不怜悯他们。

慈圣太后将还慈宁宫，谕居正谓："我不能视皇帝朝夕，恐不若前者之向学、勤政，有累先帝付托。先生有师保之责，与诸臣异。其为我朝夕纳诲，以辅台德，用终先帝凭几之谊。"因赐坐蟒、白金、彩币。未几，丁父忧。帝遣司礼中官慰问，视粥药，止哭，络绎道路，三宫赙赠甚厚。

户部侍郎李幼孜欲媚居正，倡夺情议，居正惑之。冯保亦固留居正。诸翰林王锡爵、张位、赵志皋、吴中行、赵用贤、习孔教、沈懋学辈皆以为不可，弗听。吏部尚书张瀚以持慰留旨，被逐去。御史曾士楚、给事中陈三谟等遂交章请留。中行、用贤及员外郎艾穆、主事沈思孝、进士邹元标相继争之。皆坐廷杖，谪斥有差。时彗星从东南方起，长亘天。人情汹汹，指目居正，至悬谤书通衢。帝诏谕群臣，再及者诛无赦，谤乃已。于是使居正子编修嗣修与司礼太监魏朝驰传往代司丧，礼部主事曹诰治祭，工部主事徐应聘治丧。居正请无造朝，以青衣、素服、角带入阁治政，侍经筵讲读，又请辞岁俸。帝许之。及帝举大婚礼，居正吉服从事，给事中李涞言其非礼，居正怒，出为佥事。时帝顾居正益重，常赐居正札，称“元辅张少师先生”，待以师礼。

【译文】

慈圣太后即将回到慈宁宫，告谕张居正说：“我不能早晚照护皇帝，恐怕他不像从前那样向学、勤政，有负于先帝的付托。先生负有师、保的责任，与各位大臣不同。请你代替我朝夕教诲他，以辅助他有更好的品德，如此才能始终不辜负先帝临终时托付的情谊。”为此赐给张居正坐蟒、白金、彩币。不久，张居正为父亲去世丁忧。神宗皇帝派遣司礼监的太监前去慰问张居正，劝他吃饭服药，不要过分哀伤痛哭，前往看望的使臣络绎不绝，三宫送给他帮助办理丧事的礼物甚为丰厚。

户部侍郎李幼孜想讨好张居正，建议他不要离开职位回家守丧，张居正被此议说动。冯保也坚持留下张居正。各位翰林官王锡爵、张位、赵志皋、吴中行、赵用贤、习孔教、沈懋学等人都以为不可以这样，张居正不听。吏部尚书张瀚因为抵制皇帝慰留张居正的诏旨，被张居正斥逐去职。御史曾士楚、给事中陈三谟等于是纷纷上疏请求留下张居正。吴中行、赵用贤以及员外郎艾穆、主事沈思孝、进士邹元标相继为此抗争，结果他们都受到廷杖，分别被罢斥和发配充军。当时彗星从东南方出现，长长地横贯在天空中。群情动荡不安，手指目视责备张居正，以至于在通衢大道上张贴诽谤他的文章。神宗皇帝诏令群臣，再提及这事的一律杀死绝不赦免，诽谤的事才得到制止。于是指派张居正的儿子，编修张嗣修和司礼监太监魏朝为专使乘坐驿站的车马前去代表张居正主持丧礼，礼部主事曹诰负责祭祀，工部主事徐应聘负责办丧事。张居正请求不到朝堂，以穿青衣、素服、角带到内阁处理政务，侍候经筵讲读，又请求辞去年俸。神宗皇帝准许了他的请求。到神宗皇帝举行大婚典礼时，张居正穿吉服办事。给事中李涞说他这样做不符合礼法，张居正发怒，把他调到外地当佥事。当时神宗皇帝更加眷顾和尊重张居正，常常赐给张居正御札，称他为“元辅张少师先生”，用对待老师的礼节对待他。

居正乞归葬父，帝使尚宝少卿郑钦、锦衣指挥史继书护归，期三月，葬毕即上道。仍命抚按诸臣先期驰赐玺书敦谕。范“帝赉忠良”银印以赐之，如杨士奇、张孚敬例，得密封言事。戒次辅吕调阳等“有大事毋得专决，驰驿之江陵，听张先生处分。”居正请广内阁员，诏即令居正推。居正因推礼部尚书马自强、吏部右侍郎申时行入阁。自强素迕居正，不自意得之，颇德居正，而时行与四维皆自昵于居正，居正乃安意去。帝及两宫赐赉慰谕有加礼，遣司礼太监张宏供张饯郊外，百僚班送。所过地，有司饬厨传，治道路。辽东奏大捷，帝复归功居正。使使驰谕，俾定爵赏。居正为条列以闻，调阳益内惭，坚卧，累疏乞休不出。

居正言母老不能冒炎暑，请俟清凉上道。于是内阁、两都院寺卿、给事、御史俱上章，请趣居正亟还朝。帝遣锦衣指挥翟汝敬驰传往迎，计日以俟；而令中官护太夫人以秋日由水道行。居正所过，守臣率长跪，抚、按大吏越界迎送，身为前驱。道经襄阳，襄王出候，要居正宴。故事，虽公侯谒王执臣礼，居正具宾主而出。过南阳，唐王亦如之。抵郊外，诏遣司礼太监何进宴劳，两宫亦各遣大珰李琦、李用宣谕，赐八宝金钉川扇、御膳、饼果、醪醴，百僚复班迎。入朝，帝慰劳恳笃，予假十日而后入阁，仍赐白金、彩币、宝钞、羊酒，因引见两宫。及秋，魏朝奉居正母行，仪从煊赫，观者如堵。比至，帝与两宫复赐赉加等，慰谕居正母子，几用家人礼。

【译文】

张居正请求回家葬父，神宗皇帝令尚宝少卿郑钦、锦衣指挥史继书护送他回去，期限三个月，安葬完毕立即上路回朝。还命令巡抚、巡按等大臣先期驰往赐给玺书敦促。又铸“帝赉忠良”的银印赐给他，依照杨士奇、张孚敬的例子，可以密封言事。同时告诫内阁次辅吕调阳等人：“遇有大事不可专断，把公文由驿站驰送到江陵，听凭张先生处理。”张居正请求增加内阁成员，神宗立即下诏令张居正自己推举。张居正因此推举礼部尚书马自强、吏部右侍郎申时行入内阁。马自强历来不顺从张居正，自己没有想到会得到他的推举，对张居正颇为感恩戴德，而申时行与张四维都主动和张居正亲近，张居正才安心地回去。神宗皇帝以及两宫皇太后赏赐和慰谕都大大超过常礼的规定，派遣司礼监太监张宏在郊外陈设帷帐饯行，文武百官班列相送。张居正所要经过的地方，有关部门都命令备好食宿车马，整治道路。辽东打仗奏报大捷，神宗皇帝再归功于张居正。派使者驰送诏旨，让他评定爵赏。张居正拟出方案上报，吕调阳更加感到内心惭愧，坚持卧病不起，一再上疏恳乞退休不出来办事。

张居正说他母亲年老不能忍受炎热酷暑，请求等到气候清快凉爽以后再动身上路来京。于是内阁、南北两都部院寺卿、给事中、御史都上奏章，请求敦促张居正赶快回朝。神宗皇帝派锦衣指挥翟汝敬乘驿传前去迎接，计日以待；而令宦官护送张母太夫人在秋天由水路行走。张居正一路所经过的地方，府州县官都要长久地跪在道旁，巡抚、巡按这些大吏要越过自己的辖区去迎接和送行，亲自在前面开道。张居正路经襄阳时，襄王出城恭候，邀请张居正赴宴。按照以往的制度，虽然是公、侯谒见藩王也要执行为臣的礼节，张居正只用了宾主相见的礼节便出来了。经过南阳时，唐王也是如此。抵达京都郊外时，下诏令派司礼监太监何进设宴慰劳，两宫皇太后也各派太监李琦、李用宣读谕旨，赐给八宝金钉川扇、御膳、饼果、好酒，文武百官再次排班迎接。进入朝廷时，神宗皇帝对他的慰劳更是诚恳亲切，给他休假十日后才入内阁办事，还赐给白金、彩币、宝钞、羊酒，于是引见两宫皇太后。到了秋天，魏朝侍候张居正的母亲起行，仪仗随从浩浩荡荡，观看热闹的人像城墙一样。等到了京师，神宗皇帝与两宫皇太后又加倍赏赐，慰问张居正母子，几乎用了对待家人的礼节。

时帝渐备六宫，太仓银钱多所宣进。居正乃因户部进御览数目陈之，谓每岁入额不敌所出，请帝置坐隅时省览，量入为出，罢节浮费。疏上，留中。帝复令工部铸钱给用，居正以利不胜费止之。言官请停苏、松织造，不听。居正为面请，得损大半。复请停修武英殿工，及裁外戚迁官恩数，帝多曲从之。帝御文华殿，居正侍讲读毕，以给事中所上灾伤疏闻，因请振。复言："上爱民如子，而在外诸司营私背公，剥民罔上，宜痛钳以法。而皇上加意撙节，于宫中一切用度、服御、赏赉、布施，裁省禁止。"帝首肯之，有所蠲贷。居正以江南贵豪怙势及诸奸猾吏民善逋赋，选大吏精悍者严行督责。赋以时输，国藏日益充，而豪猾率怨居正。

居正服将除，帝召吏部问期日，敕赐白玉带、大红坐蟒、盘蟒。御平台召对，慰谕久之。使中官张宏引见慈庆、慈宁两宫，皆有恩赉，而慈圣皇太后加赐御膳九品，使宏侍宴。

【译文】

当时神宗皇帝的六宫后妃渐趋完备，太仓库的银钱多次被命令调进宫中支用。张居正于是根据户部进呈皇帝阅览的数目加以陈述，说每年收入的数额不及所出，请皇帝把它放在座位的旁边时时翻看，量入为出，罢去和节省不必要的费用。奏疏呈上，神宗皇帝把它留在宫中不发。神宗皇帝再命令工部铸钱供给使用，张居正因为铸钱所得的利益不能胜过铸钱的花费而制止。言官请旨停止苏州、松江地区的织造，神宗皇帝不听。张居正为此当面去请求，才得以减去一大半。再请求停止修建武英殿的工程，以及裁减优待外戚升官的数额，神宗皇帝大都勉强准从其请。神宗皇帝到文华殿，张居正侍候讲读完毕，将给事中所呈上的灾害的奏书告诉皇帝，于是请求救济。又说："皇上爱民如子，而在外各衙门营私背公，剥民欺上，应当依法严治。皇上也应尽心节省，宫中的一切用度、服御、赏赐、布施等，宜于裁减禁止。"神宗皇帝点头答应他，有所减少。张居正因为江南权贵豪强依仗权势及各种奸猾吏民都善于采取各种手段拖欠赋税，选派精明能干的大吏严加督责。赋税因此按时输纳，国家的库藏日益充足，所以豪强和奸猾之徒都埋怨张居正。

张居正即将脱去孝服时，神宗皇帝召见吏部的官员问明日期，敕赐给白玉带、大红坐蟒、盘蟒。神宗皇帝在平台召对他，进行长时间的安慰和劝谕。派宦官张宏引见慈庆、慈宁两宫皇太后，都有恩赐，并且慈圣皇太后还加赐御膳九品，令张宏侍候宴请。

帝初即位，冯保朝夕视起居，拥护提抱有力，小扞格，即以闻慈圣。慈圣训帝严，每切责之，且曰："使张先生闻，奈何！"于是帝甚惮居正。及帝渐长，心厌之。乾清小珰孙海、客用等导上游戏，皆爱幸。慈圣使保捕海、用，杖而逐之。居正复条其党罪恶，请斥逐。而令司礼及诸内侍自陈，上裁去留。因劝帝戒游宴，以重起居；专精神，以广圣嗣；节赏赉，以省浮费；却珍玩，以端好尚；亲万几，以明庶政；勤讲学，以资治理。帝迫于太后，不得已，皆报可，而心颇嗛保、居正矣。

帝初政，居正尝纂古治乱事百余条，绘图，以俗语解之，使帝易晓。至是，复属儒臣纪太祖列圣《宝训》《宝录》分类成书，凡四十：曰创业艰难，曰励精图治，曰勤学，曰敬天，曰法祖，曰保民，曰谨祭祀，曰崇孝敬，曰端好尚，曰慎起居，曰戒游佚，曰正宫闱，曰教储贰，曰睦宗藩，曰亲贤臣，曰去奸邪，曰纳谏，曰理财，曰守法，曰儆戒，曰务实，曰正纪纲，曰审官，曰久任，曰重守令，曰驭近习，曰待外戚，曰重农桑，曰兴教化，曰明赏罚，曰信诏令，曰谨名分，曰裁贡献，曰慎赏赉，曰敦节俭，曰慎刑狱，曰褒功德，曰屏异端，曰饬武备，曰御戎狄。其辞多警切，请以经筵之暇进讲。又请立起居注，纪帝言动与朝内外事，日用翰林官四员入直，应制诗文及备顾问。帝皆优诏报许。

【译文】

神宗皇帝刚登帝位的时候，冯保日夜护起居，竭力保护，神宗皇帝稍有违反常规，立即奏报慈圣皇太后。慈圣皇太后教育皇帝非常严格，往往痛责，并且说："假使让张先生知道了，如何是好！"因此神宗皇帝很害怕张居正。到神宗皇帝渐渐长大以后，从心里厌恶他。乾清宫的小太监孙海、客用等人诱导皇上游玩嬉戏，都得到皇上的喜欢宠信。慈圣皇太后令冯保逮捕孙海、客用，进行杖打并且赶走他们。张居正再开列他们同伙的罪恶，请求罢斥驱逐他们，并且令司礼监及各内侍自己陈述所作所为，由皇上裁夺去职或留用。张居正于是劝神宗皇帝戒除游戏、夜宴以慎重起居，专注精神以广储圣嗣，节省赏赐以减少浪费，拒绝珍珠宝玩以端正好尚，亲自日理万机以清明政治，勤于讲学以帮助治理国家。神宗皇帝为皇太后所迫，不得已，都同意了，但是心里却很是怀恨冯保、张居正。

神宗皇帝执政之初，张居正曾经编纂古代治乱得失的事例一百多条，画成图，用通俗的语言解释它，使神宗皇帝明白易懂。至此，再嘱咐儒臣记录太祖等几位皇帝的《宝训》《宝录》分类成书，共计四十种：分别为创业艰难、励精图治、勤学、敬天、法祖、保民、谨祭祀、崇孝敬、端好尚、慎起居、戒游佚、正宫闱、教储贰、睦宗藩、亲贤臣、去奸邪、纳谏、理财、守法、警诫、务实、正纪纲、审官、久任、重守令、驭近习、待外戚、重农桑、兴教化、明赏罚、信诏令、谨名分、裁贡献、慎赏赉、敦节俭、慎刑狱、褒功德、屏异端、饬武备、御戎狄。里面所说的话很多都是非常发人深省的，请在经筵之暇进讲。又请建立起居注，记录皇帝的言论行动和朝廷内外的事情，每日用翰林院的官员四人入内阁轮流值班，按照皇帝的要求撰写诗文以及担任皇帝的顾问。神宗皇帝都很满意地同意。

居正自夺情后，益偏恣。其所黜陟，多由爱憎。左右用事之人，多通贿赂。冯保客徐爵擢用至锦衣卫指挥同知、署南镇抚。居正三子皆登上第。苍头游七入赀为官，勋戚文武之臣多与往还，通姻好。七具衣冠报谒，列于士大夫。世以此益恶之。

亡何，居正病。帝频颁敕谕问疾，大出金帛为医药资。四阅月不愈，百官并斋醮为祈祷。南都、秦、晋、楚、豫诸大吏，亡不建醮。帝令四维等理阁中细务，大事即家令居正平章。居正始自力，后惫甚不能遍阅，然尚不使四维等参之。及病革，乞归。上复优诏慰留，称“太师张太岳先生”。居正度不起，荐前礼部尚书潘晟及尚书梁梦龙，侍郎余有丁、许国、陈经邦。已，复荐尚书徐学谟、曾省吾、张学颜，侍郎王篆等可大用。帝为黏御屏。晟，冯保所受书者也，强居正荐之。时居正已昏甚，不能自主矣。及卒，帝为辍朝，谕祭九坛，视国公兼师傅者。居正先以六载满，加特进中极殿大学士；以九载满，加赐坐蟒衣，进左柱国，荫一子尚宝丞；以大婚，加岁禄百石，录子锦衣千户为指挥佥事；以十二载满，加太傅；以辽东大捷，进太师，益岁禄二百石，子由指挥佥事进同知。至是，赠上柱国，谥文忠，命四品京卿、锦衣堂上官、司礼太监护丧归葬。于是四维始为政，而与居正所荐引王篆、曾省吾等交恶。

【译文】

张居正自从父死而不离职守丧以后，更加偏激恣横。他所罢免和提升的官员，多数是由个人的爱憎出发。在他左右办事的人也多接受贿赂。冯保的门客徐爵被提拔重用为锦衣卫指挥同知，代理南镇抚司。张居正的三个儿子都举进士及第。家奴游七用钱捐官，勋臣国戚和文武官员多与他互相往来，通婚结为亲好。游七穿戴官服官帽拜见应酬，置身于士大夫之中。世人因此更加憎恶他。

不久，张居正患病。神宗皇帝频频颁发敕文询问病情，拿出大量的金钱布帛作为医药费。过了四个月病还没有治愈，文武百官一起设斋建醮为张居正祈祷。南京、陕西、山西、湖北、河南各地的大吏，无不建醮祈祷。神宗皇帝命令张四维等人处理内阁中的琐细事务，大事责令送到张居正家里由他决断处理。张居正起初还能亲自办理，后来因过于疲乏不能一一审阅，然而还是不让张四维等人参与。到病危时，乞求回乡。皇上再次下诏好言挽留，称他为“太师张太岳先生”。张居正估计到自己病重不能再起，推荐前礼部尚书潘晟以及尚书梁梦龙，侍郎余有丁、许国、陈经邦，在这之后，又推荐尚书徐学谟、曾省吾、张学颜，侍郎王篆等人可以重用。神宗皇帝把他们的名字粘贴在御屏上。潘晟，是教过冯保读书的人，冯保强迫张居正推荐他。当时张居正已经严重昏迷，不能控制自己了。到他死的时候，神宗皇帝为之停止视朝，令祭九坛，视他为国公兼师傅。张居正因六年考满，加特进中极殿大学士；因九年考满，加赐坐蟒衣，进左柱国，荫一子为尚宝丞；因神宗皇帝大婚，每年增加俸禄一百石，封其子锦衣千户为指挥佥事；因十二年考满，加太傅；因辽东大捷，进为太师，每年再增加俸禄二百石，其子由锦衣指挥佥事进升为同知。至此时，赠上柱国，谥文忠，命令四品京卿、锦衣堂上官、司礼监太监护送棺柩回乡安葬。于是张四维才开始在内阁主持政务，而与张居正所推荐的王篆、曾省吾等人关系很坏。

初，帝所幸中官张诚见恶冯保斥于外，帝使密诇保及居正。至是，诚复入，悉以两人交结恣横状闻，且谓其宝藏逾天府。帝心动。左右亦浸言保过恶，而四维门人御史李植极论徐爵与保挟诈通奸诸罪。帝执保禁中，逮爵诏狱。谪保奉御居南京，尽籍其家金银珠宝巨万计。帝疑居正多蓄，益心艳之。言官劾篆、省吾并劾居正，篆、省吾俱得罪。新进者益务攻居正。诏夺上柱国、太师，再夺谥。居正诸所引用者，斥削殆尽。召还中行、用贤等，迁官有差。刘台赠官，还其产。御史羊可立复追论居正罪，指居正构辽庶人宪㸅狱。庶人妃因上疏辩冤，且曰：“庶人金宝万计，悉入居正。”帝命司礼张诚及侍郎丘橓偕锦衣指挥、给事中籍居正家。诚等将至，荆州守令先期录人口，锢其门，子女多遁避空室中。比门启，饿死者十余辈。诚等尽发其诸子、兄弟藏，得黄金万两，白金十万余两。其长子礼部主事敬修不胜刑，自诬服寄三十万金于省吾、篆及傅作舟等，寻自缢死。事闻，时行等与六卿大臣合疏，请少缓之；刑部尚书潘季驯疏尤激楚。诏留空宅一所、田十顷，赡其母。而御史丁此吕复追论科场事，谓高启愚以舜、禹命题，为居正策禅受。尚书杨巍等与相驳。此吕出外，启愚削籍。后言者复攻居正不已。诏尽削居正官秩，夺前所赐玺书、四代诰命，以罪状示天下，谓当剖棺戮死而姑免之。其弟都指挥居易，子编修嗣修，俱发戍烟瘴地。

【译文】

当初，神宗皇帝所庞信的宦官张诚为冯保所厌恶排斥于宫外，神宗皇帝令他在暗中刺探冯保以及张居正的动静。至此，张诚再次进入宫内，将冯保和张居正两人互相交结恣横不法的情形全部报告给神宗皇帝，并且说他们所积蓄的珍宝财物超过皇家的仓库。神宗皇帝于是为之动心。在皇上左右的人也连续不断地诉说冯保的过错和罪恶，其后张四维的学生御史李植更加激烈攻击徐爵和冯保挟制诈骗狼狈为奸的各种罪行。神宗皇帝将冯保抓起来关押在宫中，逮捕徐爵将他关入诏狱。后来把冯保贬为奉御安置在南京，将他家里总计巨万的金银珠宝全部没收。神宗皇帝怀疑张居正的积蓄更多，心里尤其羡慕。言官弹劾王篆、曾省吾并弹劾张居正，王篆、曾省吾都被认定有罪。新升官的人更加致力于攻击张居正。神宗皇帝下诏令削夺张居正的上柱国、太师，再除夺谥号。张居正所推荐任用的官员，几乎全部被罢斥和革职。召还吴中行、赵用贤等人，分别予以提升。刘台给予赠官，退还所没收的财产。御史羊可立再追究张居正的罪行，指责张居正制造了辽王府庶人宪㸅的冤案。庶人宪㸅的妃子于是上疏申冤，并且说："庶人金银财宝数以万计，都落入了张居正的手里。"神宗皇帝命令司礼太监张诚以及侍郎丘橓同锦衣卫指挥、给事中查抄张居正的家产。张诚等人即将到张居正的老家江陵时，荆州知府已事先登记了张居正家的人口，封锁门窗，他的子女多数逃避到空房里，到开门时，已有十多人饿死。张诚等人将张居正几个儿子、兄弟的家产全部抄没，共得黄金一万两，白银十余万两。张居正的长子、礼部主事张敬修忍受不了严刑拷打，自已伪供有三十万两金银寄存在曾省吾、王篆以及傅作舟等人那里，不久上吊身亡。此事上报以后，申时行等人与六部尚书联名上疏，请求稍加宽大他们；刑部尚书潘季驯的奏疏说得尤其愤激苦楚。诏令留空房一所、田十顷，以供赡养张居正的母亲。而后御史丁此吕又追究科举考试中的问题，说高启愚用舜、禹命题，是为张居正策划接受禅让。尚书杨巍等人对他进行反驳。结果丁此吕被调外任，高启愚被革职为民。后来言官又不断攻击张居正。诏令革除张居正所有的官职和俸禄的等级，追夺以前所赐给的玺书、四代的诰命，将他的罪状公布于全国，说本来应当开棺戮尸，今姑且宽免。张居正的弟弟都指挥张居易、儿子编修张嗣修，都被发配到西南边远地方充军。

终万历世，无敢白居正者。熹宗时，廷臣稍稍追述之。而邹元标为都御史，亦称居正。诏复故官，予葬祭。崇祯三年，礼部侍郎罗喻义等讼居正冤。帝令部议，复二荫及诰命。十三年，敬修孙同敞请复武荫，并复敬修官。帝授同敞中书舍人，而下部议敬修事。尚书李日宣等言："故辅居正，受遗辅政，事皇祖者十年。肩劳任怨，举废饬弛，弼成万历初年之治。其时中外乂安，海内殷阜，纪纲法度莫不修明。功在社稷，日久论定，人益追思。"帝可其奏，复敬修官。

【译文】

直到万历朝结束为止，没有人敢为张居正伸冤昭雪。明熹宗时，廷臣才渐渐追述他的事迹。邹元标任都御史，也称赞张居正。明熹宗下诏恢复张居正原来的官职，按照仪礼给予安葬祭祀。崇祯三年，礼部侍郎罗喻义等人申诉张居正遭受冤枉。崇祯皇帝命令吏部商议，恢复两个荫职和诰命。崇祯十三年，张敬修的孙子张同敞请求恢复所荫的武职，并恢复张敬修的官职。崇祯皇帝任命张同敞为中书舍人，并且将他的奏疏交给吏部，命商议恢复张敬修官职问题。尚书李日宣等人说："前内阁首辅张居正，接受穆宗皇帝的遗诏辅佐政事，侍奉皇祖神宗皇帝十年。任劳任怨，举废振衰，辅助成万历初年的太平治世。当时内外安定，国家殷实富裕，纪纲法度无不清明。张居正功在国家，时间一久自有定论，人们越来越追忆和思念他。"崇祯皇帝同意他的上奏，下令恢复张敬修的官职。

翰墨国学馆

HANMO GUOXUEGUAN

论语	〔春秋〕孔子　著
道德经	〔春秋〕老子　著
孟子	〔战国〕孟子　著
荀子	〔战国〕荀子　著
庄子	〔战国〕庄周　著
鬼谷子	〔战国〕鬼谷子　著
楚辞	〔战国〕屈原　著
诗经	张晓琳　注析
周易	任宪宝　编著
尚书·礼记	高　山　译注
大学·中庸	高　山　译注
四书五经	〔春秋〕孔子　等著
左传	〔春秋〕左丘明　著
黄帝内经	〔上古〕黄帝　等著　赵建佳　译
本草纲目	〔明〕李时珍　著
唐诗三百首	〔清〕蘅塘退士　编选
宋词三百首	〔清〕上彊村民　编选
元曲三百首	郑红峰　注析
孙子兵法	〔春秋〕孙武　著
三十六计	张婷婷　编
资治通鉴	〔宋〕司马光　著
二十四史	高　山　主编
史记	〔汉〕司马迁　著
古文观止	〔清〕吴楚材　吴调侯　编选
山海经	王馨苑　编著
三字经 百家姓 千字文 弟子规	弘　丰　编著
唐宋八大家散文鉴赏	弘　丰　编著
茶经·续茶经	〔唐〕陆羽　著

菜根谭	〔明〕洪应明 著
纳兰词	纳兰容若 著
人间词话	王国维 著
了凡四训	〔明〕袁了凡 著
世说新语	〔南朝宋〕刘义庆 著
传习录	〔明〕王阳明 著
声律启蒙·笠翁对韵	〔清〕车万育 李渔 著
中华上下五千年	张婷婷 编
中华成语典故	胡丽敏 编著
小学生必背古诗词	田 凯 编著
初中生必背古诗文	周香英 编著
三国志	〔晋〕陈寿 著
中国通史	吕思勉 著
红楼梦	〔清〕曹雪芹 高鹗 著
水浒传	〔明〕施耐庵 著
三国演义	〔明〕罗贯中 著
西游记	〔明〕吴承恩 著
封神演义	〔明〕许仲琳 编
东周列国志	〔明〕冯梦龙 著
隋唐演义	〔清〕褚人获 编
聊斋志异	〔清〕蒲松龄 著
儒林外史	〔清〕吴敬梓 著
镜花缘	〔清〕李汝珍 著